中国法治年鉴（2023）

（下卷）

指导：中国法学会中国特色社会主义法治理论研究会

主办：中 国 反 腐 倡 廉 发 展 史 编 纂 委 员 会

主编：中 国 法 治 年 鉴 编 委 会

当代中国出版社
Contemporary China Publishing House

目录 中国法治年鉴（2023）CONTENTS

第三部分　地方各省法治建设

第四部分　法治中国建设案例选编

第五部分　依法兴企

第三部分

地方各省法治建设

DIFANG GESHENG FAZHI JIANSHE

北京市高级人民法院工作报告

——2023年1月17日在北京市第十六届人民代表大会第一次会议上

北京市高级人民法院院长　寇昉

各位代表：

现在，我代表北京市高级人民法院向大会报告工作，请予审议，并请市政协各位委员提出意见。

过去五年工作的回顾

过去五年，是党和国家事业取得举世瞩目重大成就，首都北京发生新的历史性变化的五年，是全市法院始终沿着习近平新时代中国特色社会主义思想指引的方向勇毅前行，坚定捍卫“两个确立”，增强“四个意识”、坚定“四个自信”、做到“两个维护”，推动习近平法治思想落地生根、形成生动实践的五年。五年来，在市委坚强领导、市人大及其常委会有力监督和最高人民法院正确指导下，全市法院坚持旗帜鲜明讲政治，坚持服务大局、司法为民、公正司法，坚持求真务实、埋头苦干、勇立潮头、争创一流，忠实履行宪法法律赋予的职责，以首善标准奋力推动全市法院工作取得新的重要发展。

一、坚持总体国家安全观，坚决维护首都安全稳定，有力推进平安北京建设

依法严惩各类严重刑事犯罪，有力促进人民群众安全感不断提升，达到历史新高。把维护政治安全放在第一位，坚决依法严惩危害国家安全犯罪，保持对严重暴力犯罪的高压态势，依法审结杀人、抢劫、重伤害等案件12259件。深入贯彻党中央关于扫黑除恶的重大决策部署，打赢扫黑除恶专项斗争，推动扫黑除恶常态化，审结涉黑恶案件213件1034人，“保护伞”案件29件30人，追缴“黑财”16.9亿元，发送司法建议220篇，做到“一案一建议”，有力推动从源头上铲除黑恶势力滋生土壤。坚决贯彻党中央反腐败斗争决策部署，完善刑事诉讼与监察程序衔接机制，依法审结贪污、贿赂等案件850件971人。五年审结各类刑事案件104120件，有力保障各项重大活动安全稳定，助力群众安全感持续提升到99%以上，创历史最好水平。

主动应对社会治安形势新变化，刑事审判打击、预防、保护功能的发挥更加精准有效。针对非法集资、电信诈骗等涉众型经济犯罪多发态势，依法加大打击力度，大力开展追赃减损工作，审结此类案件4865件，为435万名投资人和受害者挽回经济损失431亿元。针对群众反映突出的养老诈骗问题，深入开展打击养老诈骗专项行动，审结此类案件65件514人，为5900余名老人追回养老钱3200余万元。针对影响群众安全感的新情况新问题，依法审结危害食品药品安全案件2235件、高空抛物案件58件、危险驾驶案件20958件、侵犯公民个人信息案件260件，全面保障群众“舌尖上”“头顶上”“道路上”“网络上”的安全。

坚持罪刑法定、证据裁判等原则和制度，刑事审判理念不断深化。深入开展以审判为中心的诉讼制度改革，推进庭审实质化，落实刑事案件律师辩护全覆盖，全面设立法律援助工作站，确保无罪的人不受刑事追究，对16名公诉案件被告人依法宣告无罪。贯彻宽严相济刑事政策，认真落实认罪认罚从宽制度。对未成年人犯罪，坚持“教育、感化、挽救”方针，审结未成年人犯罪案件702件798人，对145名未成年被告人适用非监禁刑，开展回访帮教2000余次，其中40余人考上大专院校。

二、坚持新发展理念，主动融入首都发展大局，紧紧围绕高质量发展提供优质司法服务

充分发挥知识产权审判激励自主创新、保护公平竞争的职能作用，知识产权审判取得新的跨越式发展。五年审结知识产权案件357927件，我市知识产权案件类型最全、新类型案件最多、案件总量居全国前列。围绕国际科技创新中心建设，强化对关键核心技术的知识产权保护，有力促进“硬核”科技创新发展。围绕全球数字经济标杆城市建设，依法审结涉数字经济案件23608件，年均增长38.1%，全国首例智能产品语音指令案等一批新类型案件的依法审判，在经济科技发展新领域及时确立了行为规范和竞争规则，有效促进和规范了新产业、新业态、新模式的健康发展。破解知识产权维权“周期长、举证难、赔偿低”难题取得新成效，专利案件审判效率居全球前列，技术类案件平均判赔数额从52万元上升到286万元，北京知识产权法院建设得到进一步加强，在怀柔科学城等7个园区新设了知识产权巡回审判庭，在3个国家实验室建立了法官工作站，知识产权司法保护更加精准有力。

充分发挥商事审判保障产权、稳定预期的职能作用，优化营商法治环境取得突破性进展。围绕我市“两区”建设，制定23项服务保障措施，成立北京国际商事法庭，建设国际商事纠纷一站式多元解纷中心，上线全国首个金融案件多元解纷一体化平台，被商务部评选为“国家服务业扩大开放综合示范区最佳实践案例”，五年审结各类商事纠纷726812件，加大产权司法保护力度，依法平等保护各类市场主体合法权益，50个服务发展案例入选全国典型案例。为降低商事主体纠纷解决成本，实施全流程网上办案等35项改革举措，五年来商事案件平均审理期限缩短19.6%，首次执行案件用时压缩61.6%，鉴定评估用时压缩88.8%，在世界银行营商环境评价中北京法院司法程序质量指数居全球第一。为完善市场主体救治和退出机制，设立北京破产法庭，集中管辖破产案件，五年来通过破产重整救活企业46家，引入投资1500多亿元，化解债务5500多亿元，为9万余名职工稳住就业。

充分发挥民事审判化解矛盾、维护权益的职能作用，民生司法保障取得扎实成效。正确实施民法典，依法审结涉及教育、医疗、住房、社保、就业、婚姻家庭等民事案件386742件，审结涉农业农村案件19856件，对追索赡养费、医疗费等案件设立绿色通道，统一城乡人身损害赔偿标准，历史性消除城乡居民赔偿差异。依法妥善审理涉军案件，有力维护军人军属合法权益和国防利益。面对疫情影响，迅速制定为疫情防控和经济社会发展提供司法保障的意见，引导当事人互谅互让、共渡难关，审结因疫情产生的房屋租赁、劳动争议等民事案件7888件，70%以上通过调解和解妥善解决。

充分发挥行政审判监督支持依法行政的职能作用，服务保障京津冀协同发展不断取得新业绩。制定关于为“疏解整治促提升”专项行动提供司法保障的意见等文件，对我市重点工作、重点工程，提前向各级党委政府提出法律建议，深入群众开展矛盾化解，实现重点项目涉诉比例维持在潜在纠纷10%以下，进入诉讼的纠纷30%以上通过调解和解方式解决。监督支持行政机关依法行政，五年审结行政案件118346件，发布行政审判

白皮书155份，发送司法建议742份，实现16区政府负责人出庭应诉全覆盖，有力助推法治政府建设。

三、坚持司法为民，维护司法公正，努力让人民群众切实感受到公平正义就在身边

全面实现“基本解决执行难”目标，不断健全解决执行难长效机制。五年来执行联动机制不断完善，实现对被执行人存款、房产、车辆等16类信息的在线查询和控制，基本实现主要财产形式“一网打尽”，深刻改变传统执行模式。执行力度不断加大，公布失信被执行人266044次，限制出行487万余人次，让失信被执行人“一处失信、处处受限”。科技助推效用进一步显现，全面推行网络司法拍卖，成交金额1284亿元，成交率、溢价率显著增长，为当事人节约佣金28.9亿元，北京法院网络拍卖率居全国法院前列，有力破解财产变现难题，实现执行方式重大变革。五年执结案件1221164件，执行到位金额5119亿元，有财产可供执行案件法定期限内结案率达到99.1%，比五年前提高14.5个百分点。

全面强化审判监督，以攻坚克难精神解决群众反映的审判中急难愁盼问题。为强化民商事案件监督，研究制定《关于强化民商事案件审判内部监督的实施意见》等11个审判监督制度文件，开展民商事案件专项评查，全面开展违规延长、扣除审限问题专项清查，实现违规延长、扣除审限案件清零，法定审限内结案率达到98.9%，生效裁判服判息诉率达到99.3%。全面推行随机分案，实现“应随机尽随机”。深入开展执行领域突出问题集中整治，集中清理超期未发案款，执行案款发还率上升至全国前列。

全面建立便民利民诉讼机制，努力让每一名群众都能享有优质高效的诉讼服务。建立“接诉即答”“接单即办”机制，发挥12368联系法官主渠道作用，从根本上解决当事人找不到法官的问题，2022年12368热线人工接听量达到120余万件，实现联系法官到位率100%、反映事项回复率100%。建设“北京云法庭”，让当事人足不出户就能享受到便捷诉讼服务，推动互联网审判取得突破性进展。建立夜间法庭机制，夜间开庭3100余次，有效缓解大型社区上班族职住分离产生的诉讼难问题。建立精准普法机制，“京法巡回讲堂”“京小槌普法”走进地铁公交商圈，北京高院“京法网事”连续四年获评中央政法委“四个一百”优秀政法新媒体，是全国唯一获此殊荣的法院。在全市政法系统社会测评中，北京法院总体满意度评分五年间从85.1分逐年提升到91.2分，4家法院被最高法院评为“为群众办实事示范法院”。

四、坚持改革创新，深入推进司法体制机制改革，努力实现审判体系和审判能力现代化

高起点高标准建设北京金融法院和北京互联网法院，将党中央设立两个法院的目标落地落实。坚决贯彻党中央决策部署，迅速落实金融法院和互联网法院筹建任务。加强金融审判体制机制创新，建设国家级金融法治协同平台，金融法院成立以来审结金融案件10714件，有力服务国家金融战略实施和国家金融管理中心功能建设。北京互联网法院打造了具有世界影响力的互联网司法平台，建立全国首个“天平链”电子证据平台，成立以来审结互联网案件164370件，有力促进网络强国战略实施和网络空间治理。

全面落实司法责任制，实现审判权力运行机制重大变革。坚持“让审理者裁判、由裁判者负责”，制定各类审判人员权责清单，转变层层审批的管理模式，院庭长承办案件占结案总数的35.8%，比五年前提高14.6个百分点。为确保“放权不放任、用权受监督”，制定完善审判委员会工作规则、法官会议工作规则，建立类案检索、参阅案例等制度，选编典型案例1300余个，促进法律正确统一适用。持续深化司法公开“四大平台”建设，应公开裁判文书上网率达99.9%。

建立“多元调解+速裁”和诉源治理新机制，推动纠纷解决模式系统性重塑。坚持和发扬新时代“枫桥经验”，通过“多元调解+速裁”，实现60%以上的一审民商事案件在诉讼前端得到快速解决。建立“一号响应”诉源治理机制，2022年响应基层组织诉源治理司法需求2701个，实现街道乡镇全覆盖，促进从源头化解矛盾纠纷，经过努力，2022年新收案件比上年下降21.9%。认真开展民事诉讼繁简分流、法院审级职能定位等改革试点，持续开展司法改革微创新，入选最高法院司法改革典型案例数量居全国首位。

五、坚持加强过硬队伍建设，持续锻造忠诚干净担当的首都法院铁军

始终将旗帜鲜明讲政治放在首位，政治建设更加坚强有力。坚持以习近平新时代中国特色社会主义思想武装头脑，深入学习贯彻习近平法治思想，扎实开展党史学习教育等主题教育，建立党组会前集体学习和基层党组织政治理论固定学习日制度。制定北京法院基层党建和党小组建设“两项制度”，实现党小组在内设机构、办案团队全覆盖，打造优秀党建创新品牌100个，7个入选全国法院党建创新案例，入选数量居全国法院首位。

深入贯彻新时代党的组织路线，队伍素质能力持续提升。突出政治标准，制定政治素质考察办法，建立政治素质档案。突出实绩导向，构建全面从严治党和审判执行“双一百”目标责任考核体系，强化考核结果刚性运用。突出专业化建设，打造北京法院审判业务、审判研究、改革创新、人才聚集“四大高地”，举办各类培训班516期，在10家法院创建特色人才高地，评选审判业务专家137人、司法实务研究专家35人，在最高法院优秀裁判文书、学术论文、案例分析等评比中，北京法院保持全国领先。

坚持全面从严治党，历经革命性锻造的审判队伍更加昂扬奋发。建立全市法院党建工作领导小组听取中基层法院全面从严治党工作报告等制度，每年制定全面从严治党任务清单，确保全面从严治党主体责任落实到位。深入开展政法队伍教育整顿，全面落实市委巡视整改任务，持续巩固教育整顿和整改成果。深入推进党风廉政建设和反腐败斗争，五年来制定修订强化监督管理、防控廉政风险的制度文件175项，常态化开展审务督察、司法巡查、警示教育，坚决支持纪检监察机关监督执纪，五年查处违法违纪干警179人。五年来，全市法院审结案件4445006件，法官人均结案连年居全国首位，205个集体、395名个人获得省部级以上表彰奖励，涌现出刘黎、赵鑫、王志勇等一批全国先进典型。

五年来，全市法院认真践行全过程人民民主，深入贯彻人民代表大会制度，自觉接受市人大及其常委会监督，每年向市人大常委会报告专项工作，办理代表建议154件。自觉接受政协民主监督，办理委员提案122件。加强与代表委员的联络沟通，举办线上线下代表委员联络活动1659场，邀请代表委员视察法院5368人次。认真贯彻中央关于加强新时代检察机关法律监督的意见，自觉接受检察机关监督。认真落实人民陪审员制度，邀请陪审员参审案件43万余件。

五年来法院工作成绩的取得，根本在于习近平总书记作为党中央的核心、全党的核心掌舵领航，根本在于习近平新时代中国特色社会主义思想科学指引，是市委坚强领导、人大有力监督和政府、政协、监委及社会各界关心支持的结果，各位人大代表、政协委员高度关心支持法院工作，有力推动了法院工作发展进步。在此，我代表全市法院，向各级党委、人大、政府、政协、监委和社会各界，向各位代表、委员表示衷心的感谢和崇高的敬意！

在看到成绩的同时，我们清醒认识到，全市法院工作还存在一些问题和不足：诉源治理成效需要进一步提升，审判质量效率有待继续提高，高素质专业化审判人才的培养与首都高质量发展需

求相比还存在差距，法院党的建设和队伍建设还需要进一步加强。对此，全市法院将采取更加有力的举措坚决改进和解决。

今后五年工作思路和2023年重点任务

今后五年全市法院工作总体思路是：坚持以习近平新时代中国特色社会主义思想为指导，深入学习贯彻习近平法治思想，深入贯彻党的二十大精神和习近平总书记对政法工作重要指示精神，坚持和捍卫“两个确立”，增强“四个意识”、坚定“四个自信”、做到“两个维护”，全面贯彻落实政法工作会议、全国法院工作会议、市第十三次党代会和市委全会精神，坚持以政治建设为统领，坚持服务大局、司法为民、公正司法，坚持稳中求进、守正创新，奋力推进首都法院工作现代化，为首都率先基本实现社会主义现代化提供优质司法服务和有力司法保障。今年重点做好以下工作：

牢牢把握正确政治方向，坚定不移走中国特色社会主义法治道路。深入学习贯彻习近平新时代中国特色社会主义思想，认真学习贯彻习近平法治思想和习近平总书记对政法工作重要指示精神，持续兴起学习贯彻党的二十大精神的热潮，深刻领悟“两个确立”的决定性意义，坚决做到“两个维护”，不断提升政治判断力、政治领悟力、政治执行力。坚持党对法院工作的绝对领导，认真贯彻政法工作条例，更加自觉把党的领导落实到法院工作各领域各环节。

牢牢把握中国式现代化对法院工作的新要求，更好服务新时代首都发展。围绕维护政治安全和首都社会稳定，依法严惩各类严重犯罪，推进扫黑除恶常态化，依法防范化解经济金融风险。围绕稳增长、稳就业、稳物价，落实以公平为原则的产权保护制度，依法维护合同效力，弘扬契约精神，依法妥善化解劳动纠纷，维护和谐稳定劳动关系。围绕首都经济高质量发展，加大知识产权司法保护力度，优化法治化营商环境，完善涉外案件集中管辖，持续提升涉外案件审判专业化水平。围绕京津冀协同发展，依法妥善审理涉“疏整促”、副中心建设、中轴线申遗保护等案件。依法加强涉军案件审判工作。围绕增进民生福祉，认真落实“接诉即答”“接单即办”，依法妥善审理涉及医疗、就业、教育等民生案件，进一步加强诉源治理，推进精准普法，为促进共同富裕提供优质司法服务。

牢牢把握全面依法治国新要求，坚持司法为民、公正司法，推进法治中国首善之区建设。深化司法体制综合配套改革，全面准确落实司法责任制，推进以审判为中心的诉讼制度改革，认真探索和总结审级职能定位改革北京经验，进一步加强审判监督，提高审判效率。深化知识产权法院、金融法院、互联网法院改革，加强国际商事法庭、破产法庭建设，发挥改革创新的排头兵作用。

牢牢把握新时代党的建设总要求，进一步打造适应现代化建设需要的高素质专业化审判队伍。坚持全面从严治党，完善落实基层党建“两项制度”，以党建带队建促审判。深化“四大高地”建设，推动各审判领域人才梯次化培养、集群化发展。持续巩固队伍教育整顿成果，一刻不停推进党风廉政建设和反腐败斗争。

各位代表，全市法院将在市委领导、市人大及其常委会监督和最高法院指导下，认真落实本次会议决议，踔厉奋发、勇毅前行，为奋力谱写全面建设社会主义现代化国家、实现中华民族伟大复兴的北京篇章作出全市法院新的更大贡献。

北京市人民检察院工作报告

——2023年1月17日在北京市第十六届人民代表大会第一次会议上

北京市人民检察院检察长　朱雅频

各位代表：

我代表北京市人民检察院向大会报告工作，请予审议，并请市政协各位委员提出意见。

过去五年的主要工作

过去五年，党和国家事业取得举世瞩目的重大成就，首都北京发生新的历史性变化。全市检察机关在市委和最高检坚强领导、市人大及其常委会有力监督下，坚持以习近平新时代中国特色社会主义思想为指导，学思践悟习近平法治思想，深刻领悟“两个确立”的决定性意义，切实做到“两个维护”，围绕党中央决策部署及市委、最高检落实要求，忠实履行宪法法律赋予的职责，在检察履职中坚持党的领导、人民当家作主、依法治国有机统一，在法律监督中突出首都意识、首善标准、首都特色，为服务和保障新时代首都发展作出积极贡献。

一、坚持党对检察工作的绝对领导，强化新时代检察工作的政治引领和根本保障

牢记“看北京首先要从政治上看”，强化检察机关的政治属性，凡事从政治上考量、在大局下行事，确保新时代首都检察发展的正确政治方向。

严格执行《中国共产党政法工作条例》。将检察履职纳入党内法规要求的轨道，向市委常委会报告年度检察工作，五年向市委请示报告重大事项205项，紧紧依靠党的领导推动检察发展。在落实市委和最高检贯彻党中央决策部署的要求中，履行把方向、管大局、保落实的领导职责，把握政策取向、改革方向、办案导向，推动把党的领导政治优势转化为检察制度效能。

为检察能力建设注入“思想硬核”。增强党组会第一议题、党组理论中心组学习制度执行力，用习近平新时代中国特色社会主义思想凝心铸魂，推动京津冀检察机关联动研学习近平法治思想。着眼强化检察机关法律监督在党和国家监督体系中的要素功能，跟进思考和谋划解决事关新时代首都检察发展的一系列理论与实践问题，加强以理论清醒保持政治坚定的思想淬炼。

把握检察事业发展的历史主动。在建党百年、党创建人民检察制度90周年，党中央首次印发《中共中央关于加强新时代检察机关法律监督工作的意见》（以下简称中央《意见》），为新时代检察发展提供明确指引。全市检察机关以贯彻中央《意见》及市委实施意见带动检察全局工作，提请建立和实施“1+N”配套落实制度体系，乘势推动检察工作转入高质量发展阶段，确保党中央重要部署在京华大地形成生动实践。

服务保障“国之大者”的首都实践。以首都城市战略定位和履行首都职责的要求为牵引，统

筹服务首都高质量发展与推进检察高质量发展。

——服务保障全国政治中心建设，落实统筹发展和安全要求，突出以政治安全为根本，围绕召开党的二十大，建党百年、新中国成立70周年庆祝活动和举办北京冬奥会、冬残奥会，全力做好安保维稳检察工作，严惩各类渗透颠覆破坏犯罪34件34人。发挥检察机关在扫黑除恶斗争中的职能，依法起诉242件1116人，办理陈海涛、林国彬、周广森等一批涉黑恶重大案件，44名“保护伞”受到法律制裁，助力巩固党长期执政根基。强化以经济安全为基础，组建金融检察团队服务国家金融管理中心建设，加大对非法集资、洗钱、金融诈骗、证券期货犯罪等打击力度，依法办理冠群驰骋、易商通、通金所等一批重特大经济犯罪案件，运用法治方式助力化解金融风险。维护国防安全和军人军属权益，开展军用机场净空、国防光缆保护等专项活动，严惩涉军犯罪120人。

——服务保障全国文化中心建设，强化北京历史文化名城文物和文化遗产保护，立案办理文物保护公益诉讼案件177件，推动修缮全国重点文物保护单位石塘路城堡、关上城堡等。西城院办理“谦祥益”行政公益诉讼案护航中轴线申遗，通州院联手行政机关推动“金口新河故道”焕然一新，助力擦亮北京历史文化金名片。检察履职注重强化权由法定、权依法使的法治观念，检察办案注重体现社会主义核心价值观，助力社会主义法治文化建设。

——服务保障国际交往中心建设，立足检察办案服务“两区”建设和世园会、服贸会等国际交往活动；着眼统筹国内法治和涉外法治组建涉外检察团队，完善涉外案件专门管辖、领事探视与司法协助工作机制，设立涉外法治人才实训研修基地，五年办理涉外案件574件。门头沟院通过驻外领事馆开展境外取证办理的蒋某某行贿案，入选最高检第二批国际（区际）刑事司法协助典型案例。

——服务保障国际科技创新中心建设，对接“三城一区”主平台建设、全球数字经济标杆城市建设等法治需求，组建融合履职的知识产权检察团队，五年办理涉专利、商标、版权等案件1635件，连续6年发布知识产权检察白皮书。办理全国首例涉北京冬奥会知识产权犯罪案、利用“爬虫”技术窃取计算机数据案，引领保护知识产权就是保护创新意识；长年讼争的杜康、蒙娜丽莎商标行政诉讼监督案以及假冒全聚德商标等案件产生案结事了示范效应，3个集体、11名个人获评国家版权局2021年度查处重大侵权盗版案件有功单位和个人。

深化全面从严管党治检。强化检察机关各级党组织的政治功能和组织功能，扎实开展主题教育、党史学习教育、检察队伍教育整顿，以严的基调推进检察机关自我革命。完善与驻市院纪检监察组专题会商、“一岗双责”压力传导等机制，完成16个区院巡视全覆盖和对4个区院的政治督察，深化运用“四种形态”监督执纪，五年给予党纪政务处分60人，记录报告执行“三个规定”重大事项6631件。发挥检察机关在反腐败斗争中的职能，五年共受理监委移送职务犯罪1749人，检察机关立案侦查司法工作人员相关职务犯罪70人，其中2021—2022年查办63人，助力清除腐败毒瘤。通过深化党建引领“双一流”建设，加强政治历练、实践锻炼、专业训练，创新基层结对共建机制，评审出北京检察机关业务专家、骨干、能手940人，占检察业务人员总数的36.4%，其中161人入选全国检察人才库，有629个集体和个人获省级以上表彰奖励，涌现出全国先进工作者姜淑珍、守望正义——新时代最美检察官周媛媛、全国检察机关十佳公诉人陈禹橦、魏雪等一批先进典型。

二、站稳为民检察立场，通过提升司法公正性增强人民群众司法获得感

贯彻以人民为中心的发展思想，强化检察机关的人民属性，以努力让人民群众在每一个司法

案件中感受到公平正义为目标导向、以体现人民根本意志、符合人民根本利益的法律执行和实施为重心践行全过程人民民主，五年有 69 件案件入选最高检指导性案例和典型案例，2 件案件入选 2022 年度十大法律监督案例，北京检察机关办案的代表性指向性明显增强。

保护人民群众生命财产安全。以人民安全为宗旨，融入平安北京建设，从人民群众最基本、最普遍的愿望出发，严惩危害群众生命财产安全、公共安全等犯罪，五年批捕 38173 人，起诉 68569 人（含未经逮捕提起公诉人数），助力实现“群众安全感创历史最好水平”。起诉杀人、抢劫、重伤害等严重暴力犯罪 12506 人，形成有力震慑，该类案件较前五年下降 45%；起诉盗窃、诈骗等多发性侵财犯罪 28595 人，将追赃挽损工作纳入检察办案绩效评价指标，推动侵财型犯罪案件追赃挽损率由 2020 年的 10.2% 提升到 2022 年的 57.4%，人民群众财产安全更有保障。针对新型网络犯罪高发多发态势组建网络检察团队，严惩电信网络诈骗以及帮助信息网络犯罪活动、侵犯公民个人信息等“黑灰产”犯罪 3399 人，宣示网络空间不是法外之地。统筹疫情防控和检察履职，落实人民至上、生命至上理念，运用法治方式履职战疫，发布疫情防控刑事政策十问十答，突出打击募捐诈骗、制假售假等“借疫生财”犯罪 81 件 130 人；5 万余人次检察干警投身一线防疫，同步建立 AB 角、24 小时三班倒等机制，检察履职“不打烊”。

以法治方式稳企业保就业。把握经济发展内生法治需求，依法起诉破坏市场经济秩序犯罪 15697 人，妥善办理各类侵害企业产权与合法权益案件，监督撤销涉民营企业刑事诉讼“挂案”412 件，让法治成为最好的营商环境。坚持依法保障企业权益和促进守法合规经营并重，以推进涉案企业合规改革保市场主体，建立完善合规必要性审查、第三方监督评估等配套机制，出台知识产权、税收、证券等类案合规办案指引，办理企业合规案件 82 件 148 人，涉上市企业 5 个、科创属性企业 30 个，依法对 65 人作出不起诉、捕后变更强制措施、提出宽缓量刑建议等处理决定，避免办了案子、垮了企业、失了就业，推动“法治元素”成为企业“发展要素”。

打造首都检察版接诉即办。以新时代人民群众内涵更丰富、标准更高的法治需求为牵引，加强重点领域民生检察，2022 年打通 12345 市民服务热线与 12309 检察监督热线，靶向涉法高频投诉问题开展销假销劣等 27 项“小专项”监督，助力解决群众“急难愁盼”。惩治诈骗医保基金犯罪 64 人，追赃 482 万余元；深挖“假官司”套取住房公积金监督线索，追回 635 万余元；办理侵害老年人权益案件 4587 件，挽损 3.4 亿余元。支持农民工讨薪、残疾人维权、妇女权益保障等起诉 3438 件，督促整治妇女就业歧视案入选最高检、全国妇联发布的妇女权益保障检察公益诉讼典型案例。

守护人民群众美好生活。强化检察机关公共利益代表职能，五年立案办理公益诉讼案件 6526 件，2021—2022 年办案量年均增长 2.5 倍。对接中央环保督察整改等要求，五年立案办理生态环境和资源保护公益诉讼案件 3304 件，起诉相关犯罪 898 人，一起非法采矿刑事附带民事公益诉讼案，诉请赔付生态环境修复费等 2500 余万元获判决支持，2 件案件分别入选生态环境部发布的生态环境损害赔偿磋商典型案例、中国法学会环境资源法学研究会与案例法学研究会联合发布的年度“中国十大环境司法案例”。

集中开展打击整治养老诈骗专项行动，办理以房养老噱头的房产抵押欺诈案件 33 件，涉案房产 2400 余套、涉案金额 70 余亿元，推动部分银行实施老年人贷款录音录像、成年子女陪同等举措，促进金融监管机构完善风险防控机制。落实食品药品安全“四个最严”要求，办理相关案件 2468 件，制售有毒有害食品、假药劣药案件较前五年分别下降 32.6%、86%；北京铁路运输检察院督促整治直播和短视频平台食品交易违法违规问题，推动下线问题商户950户，保障人民群众“舌尖上的安全”。践行新时代“枫桥经验”，加强释法说理、化解矛盾，息诉罢访6345件，常态化开展行政争议实质性化解，促进事心双解。针对民法典衔接适用、民事诉讼审理期限、公告送达、刑民交叉办案等影响权益保障问题，制发检察建议2458件，让人民群众切实感受到公平正义就在身边。

护航未成年人健康成长。贯彻未成年人保护法、预防未成年人犯罪法，五年严惩校园欺凌、性侵、虐待等侵害未成年人犯罪1864件2139人，办理了全国首例对猥亵儿童教职人员宣告终身禁业案；加强对失足未成年人教育感化挽救，附条件不起诉407人，起诉严重犯罪759人，宽容不纵容；协同相关部门建立健全强制报告、一站式询问、家庭教育指导等制度机制，制发240份督促监护令，310名检察人员担任中小学法治副校长宣讲法治；开展违规向未成年人售烟、校园周边开设不适宜未成年人活动场所等专项监督，推动故宫、八达岭长城等40余家爱国主义教育基地向未成年人免费开放，诠释检察机关融入家庭、学校、社会、网络、政府五大保护，全过程参与未成年人司法保护工作特性。

加强人权司法保障。根据犯罪情况和治安形势变化，统筹落实少捕慎诉慎押刑事司法政策和适用认罪认罚从宽制度，当宽则宽，当严则严，推动刑事案件律师辩护全覆盖试点。2022年，认罪认罚从宽制度适用率达90.6%，依法不批捕11341人、不起诉6278人，不捕率、不起诉率分别为56.4%、28.9%，较2020年分别上升17.1、12.2个百分点，诉前羁押率由2020年的57.8%下降到46.6%，刑事案件律师辩护率达94.5%。五年针对刑罚执行和监管执法中的违法违规问题提出监督意见2752件，采纳率为96.8%，深化监狱、看守所、社区矫正巡回检察，依法保障被监管人合法权益。设立天堂河强制隔离戒毒所派驻检察官办公室，检察监督不留盲区。五年向172人发放司法救助金1000余万元，传递司法温度。

保障人民群众监督权知情权参与权。五年来，依法向市人大报告年度工作、向市人大常委会作专题报告15次，建立健全菜单式+专题式+定制式联系代表委员等工作机制，常态化邀请代表委员参与线上线下联络活动3100余人次，办复代表建议、政协提案88件，在加强和改进检察工作中吸纳民意、集聚民智。推动工作动态、案件信息、办案数据等检务公开，深化人民监督员制度实践，创新应用公开听证方式审查监督案件3912件，确保群众有序参与检察活动，推动检察办案的政治效果、社会效果、法律效果有机统一，不断提升司法公信力。北京市社情民意调查中心测评结果显示，人民群众对检察机关满意度由2018年的89分提升到2021年的92.9分。

三、强化法律监督职能，助力首都治理体系和治理能力现代化

牢牢把握法定职责必须为的法治原则，强化检察机关的法律属性，把有效破解检察机关法律监督职能作用发挥还不够充分的问题，与充分释放检察制度的生机活力有机统一起来，推动具有基础性、标志性和重大牵引力的重要工作，在法治中国首善之区建设中发挥积极作用。

全面履行“四大检察”职能。聚焦检察办案供给不足、质效不高、结构失衡问题，以检察业务高质量发展出题目，以深化检察办案供给侧结构性改革做文章，推动刑事、民事、行政、公益诉讼检察业务全面协调充分发展。五年办理“四大检察”案件364796件，同比上升95.8%。2022年，办理刑事、民事、行政、公益诉讼检察案件63715件、15167件、7661件、4566件，分别是转入高质量发展阶段前一年的1.2倍、5倍、5.5倍、5.9倍；在办案总量上升的情况下，刑事检察办案比重由2020年的91%下降至69.9%，民事、行政、公益诉讼检察办案比重由9%上升至

30.1%，在满足新时代人民群众多元法治需求上进步明显，检察履职由刑事检察一枝独秀向“四大检察”更趋全面协调、结构更趋优化转变。

强化检察机关法律监督职能。统筹把握检察履职的司法被动性和监督主动性，通过监督线索集约管理、重大监督事项案件化办理，促进法律监督由虚向实、由软向硬转变。2022年，侦查、审判、执行等监督办案55494件，占全年办案总量的比重由2020年的25.1%上升至60.9%；审查逮捕、审查起诉等司法办案35615件，比重由74.9%下降至39.1%，两类案件比重首次实现逆转，检察行权的监督属性明显增强；2021年以来，检察机关依职权主动监督52731件，是前三年总数的4.8倍，检察履职的能动性明显增强。

推进检察改革系统协同。适应新时代法治建设新要求，推进检察机关职能重塑、机构重组、机制重构，增强检察职能体系、检察能力建设与首都发展需求的适配性。

——以构建检察业务质效评价指标体系，推进检察业务发展质量变革。强化检察核心业务评价指标的指向性，常态化开展检察业务指标数据分析研判，会商解决指标数据表象背后的案件质量问题，首都检察业务高质量发展的积极变化明显增多。2022年，排名全国检察机关前列的业务指标37项，占评价指标总数的63.8%。五年共压减1.4万个非必要办案环节，刑事“案－件比”下降至1.13，有效减轻群众诉累；2022年行政公益诉讼全部通过诉前程序完成问题整改，最大限度降低司法成本，实现检察办案“降碳减排”。

——以专业性检察力量支撑专门化检察监督，推进检察业务发展效能变革。加强对知识产权、金融等专门法院和互联网法院的监督，办理相关案件840件，推进跨行政区划检察院改革，打造“6+N”项首都特色检察品牌。持续提升法律监督的实效性，五年提出刑事、民事、行政抗诉1051件，同比上升62.2%，采纳率由2018年的61.9%提升至2022年的70.7%；提出再审检察建议336件，同比增加2.5倍，采纳率由2018年的36.4%提升至2022年的95.7%；对诉讼活动违法等提出监督纠正意见和检察建议15999件，同比增加5.3倍，采纳率为99.7%。坚持监督与支持并重，依法不支持民事、行政诉讼监督申请13406件，维护正确司法裁判的权威性。

——以深化司法责任制综合配套改革，推进检察业务发展动力变革。贯通推进执法司法制约监督体系与执法司法责任体系改革和建设，完善应当发现和监督纠正问题的制约监督机制，强化办案质量终身负责和错案责任倒查问责。加强具体制度层面的司法规范建设，单独或者联合其他执法司法机关研制检察办案指引89件，2022年编发金融、网络、涉外等业务领域6批35件参考性案例，确保检察权始终在法治轨道上运行。

助推各类监督贯通协调。着眼完善党和国家监督体系，落实以党内监督为主导，推动检察机关法律监督与其他各类监督贯通协调要求，以形成监督合力增强监督效能。

——完善线索移送和监督衔接。2021年以来，承接办理12337政法干警违法违纪举报平台转交调查核查的涉法涉诉监督线索6104条；完善行刑衔接、监检衔接和配合制约等机制，移送相关监督线索46071条，成案34651条；会同市律师协会搭建检察监督线索移送平台，接收调查监督案件22件，提出抗诉2件。

——统筹重点领域专项监督。2022年，部署开展有案不立、压案不查、有罪不究，大标的额民商事诉讼案件自由裁量行权不当，违规违法减刑、假释、暂予监外执行等三个重点领域专项监督，监督侦查机关立案507件，纠正漏捕漏诉549人；监督审查大标的额民商事审判案件593件，提出抗诉和再审检察建议111件，同比上升52.1%，法院审结的84件案件均采纳检察机关监督意见，8份法律文书获评年度全国检察机关优秀民事检察法律文书；向刑罚执行机关提出违规违法“减假暂”监督意见69件，采纳率为

100%，监督撤销减刑、假释2人，收监执行14人，常态化整治执法司法领域顽瘴痼疾。

释放数字检察监督效能。发挥“数字革命”能够牵引和带动新时代检察理念、方式、机制和实践创新的效能，以推动“业务数据化”向“数据业务化”转变，探索开辟检察高质量发展新领域新赛道。2022年以来，依托“25+N”项数据赋能检察工作布局，建用大数据法律监督模型75项，在中科院空天信息创新研究院、交通、税务等部门鼎力支持下，朝阳、丰台、房山、通州、顺义、大兴、昌平、怀柔等区院试点带动应用成品油涉税数据模型，以最低成本的法治约谈方式，督促124家加油站主动补缴税款等1.5亿余元；应用危化品安全生产经营数据模型，协同公安机关查办黑加油点位31个、刑事立案31件，助力重点行业领域提升公共安全治理水平。东城院“幌子公司”监管治理数据模型，筛查利用“空壳公司”实施犯罪的市场主体130个，移送监管部门立案调查22家，已有11家被吊销营业执照；房山院虚假诉讼套取住房公积金数据模型、密云院网络赌博案件资金穿透、医保基金诈骗等数据模型应用效能逐步显现，大数据赋能检察的应用场景不断丰富，数字检察对监督线索发现、监督案件办理的贡献率首度达到27.1%和33.6%，数字检察实践呈现“一子落而全盘活”态势，成为驱动法律监督高质量发展的重要引擎和关键变量。

助力超大城市溯源治理。强化“法治建设既要抓末端、治已病，也要抓前端、治未病”意识，创新“个案办理—类案监督—系统治理”履职方式，以检察机关依法监督的“我管”促职能机关依法履职的“都管”。发挥检察建议查漏补缺、完善制度体系的功能作用，五年制发社会治理类检察建议4759件，其中危险化学品安全管理问题检察建议获评年度全国检察机关优秀社会治理检察建议；针对中国知网期刊收录管理漏洞，制发健全身份查验、审核期刊真伪等机制的检察建议，通过问题整改保护数字版权；针对近两年“超市盗”案件呈加速增长态势，提出完善自助结账防损机制的深层治理检察建议，推进治罪与治理相结合，2022年该类案件同比下降28.1%。在引领法治意识、凝聚法治共识中，加快构建新时代检察话语与叙事体系，连续3年发布北京检察年度工作白皮书，召开打击治理电信网络诈骗等新闻发布会52场，联合北京卫视“向前一步”诠释检察履职“向前一步”，录制播放轻罪治理、养老诈骗治理等6期专题节目，通过地铁、公交电视播放普法公益广告，开展“十进百家、千人普法”2700余场次，积极营造办事依法、遇事找法、解决问题用法、化解矛盾靠法的法治环境。北京检察网、“京检在线”官微分别获评2022年度中国最具影响力政法网站、政法新媒体。

各位代表，过去五年首都检察取得的发展进步，是市委和最高检坚强领导，市人大及其常委会有力监督，政府、政协、监委和社会各界关心、支持和帮助的结果。在此，我代表全市检察机关表示衷心的感谢！

我们深切体会到，推进新时代首都检察发展，必须坚持党对检察工作的绝对领导，必须践行以人民为中心的发展思想，必须聚焦法律监督主责主业，必须以推进检察高质量发展服务保障首都高质量发展，必须狠抓全面从严管党治检。与此同时，我们也清醒认识到，与新时代首都发展和人民群众的法治需求相比，学思践悟习近平法治思想的检察实践仍需持续深入，服务大局、检察为民的实效仍需持续提升，法律监督的效能仍需持续强化，建设堪当重任的高素质检察队伍仍需持续发力，等等。我们将高度重视、着力加以解决。

今后五年工作思路及2023年重点任务

未来五年是全面建设社会主义现代化国家开局起步的关键时期。全市检察机关要以习近平新时代中国特色社会主义思想为指导，深入学习贯彻党的二十大精神，认真落实市委、最高检工作部署和本次会议的决议，在检察履职中增强识变应变求变意识，持续深化以党的政治建设统领检察发展、以首善标准创造一流工作业绩的实践，为首都现代化发展和法治中国首善之区建设提供更为有力的检察保障。2023 年是全面贯彻落实党的二十大精神的开局之年，我们将重点抓好以下工作：

强化党的政治建设统领。坚持党对检察工作的绝对领导，把全面学习、全面把握、全面落实党的二十大精神与学思践悟习近平法治思想有机结合起来，坚持和捍卫“两个确立”，坚决做到“两个维护”，紧紧依靠党的领导破解检察发展难题。持续强化检察机关各级党组织的政治功能和组织功能，自觉把检察工作置于党和国家工作的中心任务与首要任务中思考谋划推进，牢牢把握新时代新征程检察工作的历史方位和历史主动，切实把握检察实践得出的至关重要的规律性认识，不断破解影响检察制度效能的突出问题，持续推动党的政治建设成效关键要在发挥检察效能的“事上见”。

服务首都现代化发展大局。注重从全局谋划一域、以一域服务全局，对标市第十三次党代会和市委十三届二次全会部署要求，以新时代首都发展和现代化为统领，坚持“五子”联动服务和融入新发展格局，落实更好统筹疫情防控和经济社会发展、更好统筹发展和安全要求，聚焦扎实推进中国式现代化的各项任务和市委 2023 年十个方面重点工作，找准把握检察履职的切入点和着力点，准确把握疫情防控新阶段的法律适用和政策导向，发挥法治固根本、稳预期、利长远的重要作用，为保障率先基本实现社会主义现代化开好局起好步履职担当。

强化检察机关法律监督效能。聚焦强化对司法活动的制约监督，促进司法公正的目标任务，对标市委政法工作会议和全国检察长会议的要求，落实党中央关于加强新时代检察机关法律监督工作的部署，以理念变革推进实践创新，举纲张目推进新一轮检察改革、把握“数字检察”驱动检察高质量发展关键变量、以依法能动履职推进个案办理促类案监督、助力溯源治理系统治理等重点工作，以专项监督支撑提升监督效能，推进检察实践取得更多制度性成果和更大治理效能。坚持为民检察，以公正司法践行法律执行和实施领域的全过程人民民主，不断完善首都检察版接诉即办机制，深化落实普法责任制，持续推进检察为民办实事实践。

推进北京检察现代化发展。明确中国式现代化蕴含法治现代化、政法工作现代化、检察工作现代化命题，在中国式现代化大局中，思考谋划以检察工作现代化服务保障首都现代化的思路、方法和路径。聚焦加快建设公正高效权威的社会主义司法制度目标任务，加紧编制《北京检察现代化发展纲要》，推进法律监督理念现代化、体系现代化、机制现代化、能力现代化。深化全面从严管党治检实践，加强检察队伍和基层基础建设，培养高素质专门人才，完善严管厚爱相结合的制度机制，打造符合现代化要求的检察铁军。

各位代表，新时代新征程，全市检察机关要以更加奋发有为的精神状态和更加强烈的使命担当，为谱写全面建设社会主义现代化国家的北京篇章作出新的更大贡献！

天津市高级人民法院工作报告

——2023年1月13日在天津市第十八届人民代表大会一次会议上

天津市高级人民法院院长　李静

各位代表：

我代表天津市高级人民法院向大会报告工作，请予审议，并请市政协委员和其他列席人员提出意见。

过去五年的工作

2018年以来，全市法院坚持以习近平新时代中国特色社会主义思想为指导，深刻领悟“两个确立”的决定性意义，增强“四个意识”、坚定“四个自信”、做到“两个维护”，全面贯彻党的十九大及历次全会精神，深入学习宣传贯彻党的二十大精神和习近平法治思想，认真落实市第十一次、十二次党代会要求和市十七届人大历次会议决议，忠实履行宪法法律赋予的职责，为天津高质量发展提供有力司法服务和保障。全市法院收案221.51万件，结案219.75万件，诉讼标的额13765.02亿元。市高院收案39019件，结案39132件。

一、贯彻总体国家安全观，服务保障更高水平的平安天津建设

严惩危害国家安全社会稳定犯罪。严厉打击颠覆国家政权、间谍、邪教等犯罪，坚决维护国家政治安全。认真实施《反有组织犯罪法》，深入开展、常态化推进扫黑除恶，判处涉黑恶罪犯2154人，处置清缴“黑财”9.73亿元，颜锦、刘凤学等一批为非作恶、欺压百姓的黑恶团伙受到严惩。加大对涉恐涉枪涉爆涉毒等犯罪打击力度，严惩重大责任事故、危险驾驶、高空抛物等犯罪，判处罪犯20987人，审结我市首例妨碍公交车行驶安全案，全力维护社会公共安全。

严惩腐败犯罪。坚决落实中央严惩腐败的决策部署，依法判处贪污、贿赂等犯罪1101件1661人，其中原为县处级以上职务的261人。审结孙政才、赵正永、孟宏伟等重大职务犯罪案件11件，对中国华融资产管理股份有限公司原董事长赖小民判处并执行死刑。积极配合市纪委监委开展国际追逃追赃，对拒不归国投案的李宏林，首次适用违法所得没收程序收缴赃款赃物。审结涉征地拆迁、扶贫资金、民生补贴等领域的职务犯罪案件858件，依法打击群众身边的“微腐败”。

严惩危害人民群众生命财产安全犯罪。加大对故意杀人、抢劫、绑架等严重暴力犯罪的打击力度，判处罪犯1887人，重刑率为52.94%。对社会广泛关注的营口道滥杀无辜行人、为泄私愤故意纵火致6人死亡等重大案件的被告人坚决判处死刑。开展打击养老诈骗、电信诈骗、非法吸收公众存款等专项行动，判处罪犯15283人，挽回经济损失53.1亿元。依法惩处销售伪劣产品、危害食品药品安全等犯罪，审结案件338件，对65

人加判禁止从业，切实保障人民群众生命健康安全。天津法院被最高法院确定为全国证券期货犯罪审判基地。

加强人权司法保障。认真落实国家主席特赦令和全国人大常委会特赦决定，对九类服刑罪犯依法裁定特赦。坚持罪刑法定、证据裁判等原则，依法宣告105名被告人无罪，坚守防范冤假错案底线。张那木拉正当防卫无罪案入选最高法院指导性案例。贯彻宽严相济刑事政策，对犯罪情节较轻、社会危害性不大的被告人，依法判处缓刑等非监禁刑。审结国家赔偿案件574件。实现刑事案件律师辩护全覆盖，为22632名被告人指派援助律师，依法保障律师执业权利。严格规范减刑、假释、暂予监外执行工作，对191名不符合监外执行条件的罪犯予以收监，坚决防止“纸面服刑”。

积极参与基层社会治理。主动融入党委领导的社会治理大格局，设立72个调解工作室，聘请2392名特邀调解员入驻人民法院调解平台，选派2115名干警轮流进驻三级矛盾纠纷调处中心、下沉村居网格加强诉讼解纷，诉前化解纠纷198592件，大量矛盾纠纷在诉前得到有效化解。加强涉诉信访治理，强化集中评查、领导包案、挂牌督办，754件重点信访案件全部妥善处理，全力维护建党百年、党的二十大等重要时段的安全稳定。加强普法宣传，与市电视台联办《今日开庭》栏目1772期，通过开展“法律六进”，发布典型案例等活动，大力弘扬法治精神。4家法院官方微博和头条号获评中央政法委“四个一百”优秀政法新媒体，22部微电影、微视频获全国法院“金法槌”奖。“法院天平艺术团”等2个项目入选全国法院文化特色项目。市高院陈列馆被命名为“全国法治宣传教育基地”。

二、贯彻新发展理念，服务保障天津高质量发展

服务保障京津冀协同发展和对外开放。与京冀法院会签司法协作协议17个，充分发挥驻北京、河北、雄安新区海事巡回法庭和巡回审判点的作用，在全国率先开通京津冀网上立案系统，建立三地诉调对接平台，强化信息互通、要案会商、审执联动，依法审理涉京津冀协同发展案件158150件。着力服务高水平对外开放，制定服务“一带一路”建设、支持海洋经济、深化两岸融合发展等司法保障措施，成立天津国际商事审判庭，审结耐克、曼联商标纠纷等涉及44个国家和地区的案件9308件，依法平等保护中外当事人合法权益。

服务保障创新驱动发展。出台加强知识产权司法保护实施意见，推动“三合一”审判，形成刑事、民事、行政司法保护合力。审结各类知识产权案件40279件。妥善审理涉“同仁堂”“正阳春”等“中华老字号”案件，保护传统品牌价值。依法审结涉《红岩》《人民的名义》《明朝那些事儿》等著作权、网络传播权纠纷，对盗播北京冬奥会、世界杯、NBA等行为及时作出禁令，促进文化产业健康发展。依法审理涉百度、腾讯等侵权案件，判决全市首例适用惩罚性赔偿涉外专利侵权案，保护企业自主创新。加强对植物新品种、半导体集成电路等新类型案件审理，保护农林种业安全和科技创新。出台审判委员会纪要，规范涉中医药专利、商标等案件的审理，助力中医药产业健康发展。阿克苏诺贝尔化学品公司专利权属纠纷案入选最高法院知识产权司法保护白皮书。

服务保障优化营商环境。着力服务民营经济发展，出台促进民营经济发展42项保障措施，在市、区工商联设立17个法官商会工作室，及时化解涉民企纠纷。着力服务保障供给侧结构性改革，审结破产案件3180件，完成167家企业司法重整，盘活资产4175亿元，促进企业重生。经最高法院批复，集中管辖全国涉天房、物产纠纷案件，保障企业加快重整。着力服务金融业健康发展，审结借贷、融资租赁、保险等涉金融案件132112件，设立金融法庭，创新互联网金融审判模式，建立集约化审理平台，防范化解金融风险。

着力服务国际消费中心城市建设，加大对直播带货、平台购物等新型网络消费案件的审判指导，促进服务业健康发展。

服务保障美丽天津建设。落实最严格的司法保护要求，依法惩处制污排污、乱耕滥伐、非法捕猎等破坏生态环境的行为，审结案件15601件，判处罪犯1208人，判处赔偿1.02亿元。积极推进环境公益诉讼，促进生态环境修复。针对“康菲”案审理中发现的问题，及时提出加强海洋保护司法建议，被中央有关部门采用。设立我市首家司法生态修复和示范教育基地，成立环境资源审判庭，建立审判专家库，推进环境资源审判“三合一”改革，发挥刑事审判惩罚教育、民事审判救济修复、行政审判监督预防的综合功能，以司法手段护卫蓝天、碧水、净土。

服务保障法治天津建设。审结登记、许可、政府信息公开等行政案件48644件。妥善处理涉棚户区改造、违建拆迁等案件，既监督支持行政机关依法行政，保障重大项目实施，又依法维护行政相对人合法权益。制定10条措施推动行政争议实质化解，成立我市首家行政争议多元解纷中心。行政机关负责人认真落实行政诉讼法，出庭应诉率达99.66%，较2018年上升76个百分点。全面完成涉军停偿审判执行任务，审结涉军案件983件，维护国防利益和军人军属合法权益。

服务保障脱贫攻坚和乡村振兴战略。审结乱占耕地、农村土地承包流转、宅基地纠纷等涉农案件12213件，加大对涉休闲农业、民宿经济、农产品销售等案件审判力度。严惩恶意欠薪、拒不支付劳动报酬等犯罪，对农民工追索劳动报酬案件快审快执，为农民工追回劳动报酬1.22亿元。充分发挥人民法庭化解矛盾纠纷的前沿阵地作用，出台人民法庭建设三年发展规划，推动审判力量下沉，大力开展巡回审判、就地办案，参与无讼乡村建设。天津人民法庭服务基层治理、强化配套改革等经验被最高法院推广。全市法院派出驻村工作队20个，选派第一书记9名，开展驻村帮扶。

服务保障疫情防控大局。出台37条举措，加强疫情防控司法保障。依法惩处严重妨害疫情防控的犯罪。坚持善意文明理念，妥善审理、执行因疫情引发的劳资用工、购销合同、商铺租赁等案件6622件。针对履约难等问题，准确适用“不可抗力”规则，加大调解力度，审慎采取保全、查封等措施，最大限度降低疫情影响。对涉隔离点建设等案件，耐心细致做好释法说理工作，实现法律效果和社会效果有机统一。全市法院选派5942名干警下沉社区村居，积极参与疫情防控。

三、贯彻以人民为中心发展思想，服务保障人民群众多元司法需求

持续强化民生司法保障。全面贯彻实施民法典，审结涉民生案件441633件。对家庭暴力、拒不赡养老人、遗弃虐待儿童等行为加大惩处力度，发出人身安全保护令362份、家庭教育令24份，选派139名干警担任法治副校长，设立家事、少年法庭，保护妇女、儿童、老年人合法权益。妥善审理涉外卖骑手、网约车司机、家政服务等新型劳动争议案件，加强对新业态从业者权益保护的司法应对。妥善审理商品房预售、建设工程、少儿教育培训等涉众型合同纠纷案件89956件，落实保交楼、稳民生要求。依法维护公民个人信息安全，审结我市首例“人脸识别”案，对非法获取、出售公民信息的行为依法严惩。加强对公民名誉、荣誉等人格权的司法保护，依法审理贬损袁隆平、四川凉山救火烈士名誉等案件，通过司法审判大力弘扬社会主义核心价值观。加大对困难当事人的司法救助，缓减免诉讼费634.06万元，发放司法救助款8377.46万元，体现人民司法的关怀温暖。

着力提升诉讼服务水平。聚焦群众诉讼过程中的“急难愁盼”，开展“为群众办实事示范法院”创建活动，推出便民利民措施130项。针对立案难，持续推动立案登记制改革，坚决纠正年底不立案，全市法院当场立案率达98%，高于全

国平均水平2.3个百分点。针对诉讼不方便，坚持把最好的场所、最优的服务提供给群众，全市22家法院基本完成诉讼服务中心升级改造，实现立案、保全、送达等诉讼服务事项一站通办、一网通办。针对诉讼时间长，开展长期未结案件专项清理，大力推动简易、速裁程序适用，成立21个速裁法庭，79.52%的物业服务、交通事故等纠纷通过速裁、简易程序予以化解。

推进切实解决执行难。开展涉民生、涉中小企业、涉党政机关等专项执行行动，公布失信被执行人19.2万人次，在招投标、融资租赁、高消费等方面加强联合惩戒，判处拒执犯罪192人，被执行人自动履行率同比提高111%。针对查人找物难，加强与有关部门配合协作，市及16个区全部建成司法裁判执行联动中心，建立不动产司法拍卖联动机制，健全网上查控、拍卖系统，查封资金885.78亿元、房产车辆57.36万次，拍卖成交金额351.91亿元。大力推进执行规范化，深化“一案双查”，集中整治查封不规范、案款发放不及时等问题。全市法院执结案件623963件，执行到位金额1997.92亿元。首次执行案件执行完毕率、法定期限内执结率等指标连续多年位居全国法院前列。

四、深化司法体制改革，提升司法公信力

优化司法资源配置。成立市第三中级人民法院、天津自贸区法院，设立27个知识产权、破产、金融、道交、环资等专业法庭，提高专业化审判水平，不断满足天津高质量发展的司法需求。深化人员分类管理改革，遴选法官748名，招录辅助人员1025名。注重强基导向，新增人员重点向基层和办案一线倾斜，基层法官员额比例最高达42.13%，缓解案多人少矛盾，保证审判质效。

强化审判权监督制约。严格落实司法责任制，加强重点案件监督管理，完善网上监管系统，强化全程留痕。制定院庭长权力清单、责任清单，压实院庭长办案和监管职责，办案数量占全市法院总量的40.9%。加强审级监督指导，强化类案强制检索，发布参考性案例，制定专业法官会议、审判委员会工作规程，发挥把关作用，进一步统一裁判尺度。加强庭审、裁判文书、案件质量等评查，及时发现问题，通报整改。全市法院法定审限内结案率达99.26%，生效裁判服判息诉率达99.16%。

深化诉讼和审判机制改革。根据全国人大常委会授权，稳步推进三级法院审级职能定位改革，案件分流平稳有序。持续深化以审判为中心的刑事诉讼制度、认罪认罚从宽、量刑规范化改革，制定23个常见罪名量刑指导意见，被最高法院向全国推广。大力推进行政案件异地管辖、家事审判方式、“分调裁审”等改革，以改革提质效促公正。

加强智慧法院建设。制定天津法院信息化建设五年发展规划，建设移动微法院、互联网法庭，实现立案、庭审、调解、保全等事项网上办、掌上办。研发语音文字转化、文书智能纠错等辅助办案系统，推动审判工作智能化。疫情期间，网上立案、庭审、调解61.48万件，做到疫情防控和审判执行工作双推进。加大司法公开力度，发布司法信息和裁判文书258.61万件，直播庭审11.76万场，以公开促公正树公信。

五、落实全面从严治党要求，打造忠诚干净担当的法院队伍

大力加强法院党的政治建设。深入学习贯彻党的十九大、二十大精神，习近平总书记重要指示精神和中央、市委部署要求，扎实开展党史学习教育、“不忘初心、牢记使命”“迎盛会、铸忠诚、强担当、创业绩”等主题教育活动，通过党组会、中心组学习、专题读书班等形式，开展大学习大讨论，组织全员政治轮训，坚定不移走中国特色社会主义法治道路，切实筑牢政治忠诚。严格贯彻《中国共产党政法工作条例》，重要工作及时向市区党委及政法委请示报告，认真落实

巡视整改要求。制定加强对全市法院“一把手”和领导班子监督，加强政治生态、意识形态建设等具体措施，坚决肃清周永康、孙力军等流毒影响，营造风清气正的政治生态。

大力加强司法廉洁和纪律作风建设。认真落实中央八项规定精神、新时代政法干警“十个严禁”和防止干预司法“三个规定”，深入开展政法队伍教育整顿，深化形式主义官僚主义、不担当不作为问题专项治理，制定进一步推进天津法院全面从严治党向纵深发展、加强廉政风险防控等具体措施。聘请35名特约监督员，市高院每年对全市法院开展专项巡查和审务督察，及时发现问题、督促整改。支持驻院纪检监察组工作，建立联动监督机制，开展廉政教育、问题案件查纠。开展司法作风专项整治，严惩司法腐败，全市法院查处违法违纪干警232人，进一步纯洁法院队伍。

大力加强司法能力建设。圆满承办中国网络法治建设论坛，参加“中国—上合组织国家地方法院大法官论坛”等活动，开展交流研讨。选派597名干警到窗口单位或上下级法院双向交流轮岗，加强实践锻炼。开展精品案例、优秀庭审、裁判文书评选等活动，举办各类培训班1516期，培训干警20.45万人次。44名法官被评为全国审判业务专家或入选全面依法治市等专家库，214个案例、庭审、裁判文书、论文被评为全国法院优秀。

六、自觉接受监督，着力加强和改进法院工作

全市法院把自觉接受人大、人大代表及各方监督作为改进工作作风、提升工作水平的重要抓手。认真落实市人大及其常委会决议，专题报告基本解决执行难、为支持和促进民营经济发展提供司法保障、扫黑除恶专项斗争、知识产权审判、多元解纷和诉讼服务等工作，首次接受市人大常委会专题询问，认真落实审议意见。向市人大常委会报送备案规范性文件55件。认真办理代表建议、政协提案，邀请代表视察法院、旁听庭审、参与调解等3148人次，通过信函、手机报等方式及时报送工作信息8900余条，支持保障代表依法履职。自觉接受政协民主监督、纪检监察和检察机关法律监督，认真办理监督、检察建议，办理抗诉案件731件。广泛接受社会监督，主动听取特约监督员意见，人民陪审员参审案件18.54万件，加强与新闻媒体互动，召开新闻发布会199次，积极回应社会关切。

各位代表，2018年以来的五年，是天津发展极不平凡、奋力开拓的五年，也是天津法院团结奋进的五年。

五年来，我们始终坚持以习近平新时代中国特色社会主义思想凝心铸魂，坚定拥护“两个确立”、坚决做到“两个维护”，全面贯彻习近平法治思想，坚持党对法院工作的绝对领导，大力加强机关党的建设。“津法党员之声”等4个项目获评全国法院党建优秀创新奖。市高院党组理论中心组学习经验被中宣部《党委中心组学习》刊发，党建工作连续七年获评好等次。

五年来，我们深入贯彻总体国家安全观，围绕平安天津建设，坚决维护国家安全、社会安定、人民安宁。赖小民案入选新时代推动法治进程2021年度十大案件和全国法院十大案件。穆嘉涉黑案入选2018年度人民法院十大刑事案件。市高院连续两年被评为全国扫黑除恶专项斗争先进单位。

五年来，我们认真贯彻新发展理念，紧紧围绕全市工作大局，全力服务保障天津高质量发展。渤钢重整、台资公司旅游合同纠纷等8起案件入选全国法院商事、海事、环境资源、台胞权益保障、人民陪审员参审等十大典型案例。法院牵头的“执行合同”等指标在国家营商环境评价中被评为标杆指标。法官商会工作室获评全国工商联实践创新奖。知识产权保护、多元解纷、大要案审判等工作经验被《人民日报》、新华社、中央电视台等媒体报道。

五年来，我们自觉践行以人民为中心的发展思想，用心用力解决人民群众诉讼过程中的“立案难”“诉讼难”“执行难”等问题。广大干警开拓进取、辛勤付出，全市法院195个集体和个人荣获全国先进基层党支部、全国优秀法院、优秀法官、全市人民满意政法集体等荣誉称号。

五年来，我们坚持向改革要质效，不断深化司法体制改革，推动公正司法。全市法院结案较上个五年增长56.8%，法官人均办案增长66.7%。司法行政标准化、行刑衔接、执行联动中心建设等29项工作受到中央政法委、最高法院肯定推广，院庭长办案等8项改革措施入选最高法院司法改革典型案例。

五年来，我们坚定不移落实全面从严治党责任，以严的基调治院治警、正风肃纪，营造勇于担当、干事创业的浓厚氛围。市高院连续三年班子考核、绩效考核优秀，被评为全市落实全面从严治党主体责任优秀单位。

回顾五年来的工作，我们深切体会到：做好法院工作，党的领导是根本保证，服务大局是职责使命，司法为民是初心宗旨，公正司法是价值追求，队伍建设是坚实基础。

回顾五年来的工作，我们深切体会到：成绩的取得根本在于习近平新时代中国特色社会主义思想科学指引，是市委和各区党委坚强领导，最高法院、市及各区人大有力监督指导，政府、政协、各位人大代表、政协委员及社会各界大力关心支持的结果。在此，我代表全市法院表示衷心的感谢和崇高的敬意！

我们也清醒地认识到，全市法院工作还存在着许多差距和不足：服务保障天津高质量发展的理念、能力和水平还需进一步提高；有的案件办理质效不高；诉讼服务、诉源治理效能还没有充分发挥；审判监督机制还不够健全；队伍严管的力度还需进一步加大，等等。对此，我们将强化措施、推动解决。

2023年工作总体思路和重点任务

各位代表，党的二十大擘画了新时代中国特色社会主义的宏伟蓝图。市委确立了全面建设社会主义现代化大都市的奋斗目标和十项行动任务。新的形势任务对人民法院工作提出了新的期待要求。全市法院工作的总体思路是：坚持以习近平新时代中国特色社会主义思想为指导，深刻领悟“两个确立”的决定性意义，增强“四个意识”、坚定“四个自信”、做到“两个维护”，深入贯彻党的二十大精神和习近平法治思想，以加强党的政治建设为统领，充分发挥审判职能作用，坚持服务大局、司法为民、公正司法，深化司法体制改革，推动全面从严治院治警，加快推进审判体系和审判能力现代化，为天津高质量发展提供更加有力的司法服务和保障。

今年是贯彻落实党的二十大战略部署的开局之年，全市法院将重点抓好以下工作：

一、全面学习贯彻党的二十大精神，在筑牢政治忠诚上做到更加坚定。把学习宣传贯彻落实党的二十大精神作为首要政治任务，强化理论武装，不断提高政治判断力、政治领悟力、政治执行力，筑牢政治忠诚。坚持党对法院工作的绝对领导，坚定不移走中国特色社会主义法治道路，大力加强机关党的建设，确保法院工作正确政治方向。

二、充分发挥审判职能作用，在服务保障高质量发展上展现更大作为。牢记“国之大者”，认真贯彻总体国家安全观，依法严惩各类犯罪，推进扫黑除恶常态化，推动更高水平的平安天津建设。深入贯彻新发展理念，聚焦党的二十大确立的目标任务和市委十项行动要求，充分发挥知识产权、环境资源、涉企、涉农、涉外、涉金融等审判职能作用，以高质量司法服务天津高质量发展。

三、坚持以人民为中心发展思想，在落实司法为民要求上实现更大发展。围绕增进民生福祉，加强司法保障，妥善审理业教保医等涉民生案件，持续深化“为群众办实事示范法院”创建活动，积极参与基层社会治理，提升诉讼服务水平，推进切实解决执行难，加强司法救助，努力让人民群众感受到公平正义就在身边。

四、紧扣公正高效权威目标，在深化司法体制改革上力求更大突破。坚持守正创新，巩固司法体制改革成果，全面落实司法责任制，加强对审判权的监督制约，推进三级法院审级职能定位、繁简分流、以审判为中心的刑事诉讼制度改革等重大改革任务落地见效，促进严格公正司法。

五、持之以恒从严治院治警，在着力打造过硬法院队伍上取得更大成效。发扬自我革命精神，切实增强全面从严治党永远在路上的政治责任。深入推进队伍教育整顿常态化，自觉接受监督，驰而不息正风肃纪反腐，大力加强司法能力、司法作风和司法廉洁建设，打造忠诚干净担当的过硬法院队伍。

各位代表，新的一年，全市法院将更加紧密地团结在以习近平同志为核心的党中央周围，在市委坚强领导下，认真落实本次大会决议，踔厉奋发、忠诚履职、勇于担当，为全面建设社会主义现代化大都市作出新的更大贡献。

天津市人民检察院工作报告

——2023年1月13日在天津市第十八届人民代表大会第一次会议上

天津市人民检察院检察长　陈凤超

各位代表：

现在，我向大会报告市人民检察院过去五年的主要工作，请予审议，并请市政协委员和列席人员提出意见。

过去五年工作回顾

过去的五年，是法治中国建设取得历史性成就、发生历史性变革的五年，是检察机关职能重塑、机构重组、机制重构的五年，也是天津检察工作取得长足发展的五年。五年来，在市委和最高人民检察院的正确领导下，在市人大及其常委会的有力监督下，全市检察机关坚持以习近平新时代中国特色社会主义思想为指导，全面贯彻习近平法治思想，认真落实党的十九大、二十大和市第十一次、十二次党代会精神，按照市十七届人大历次会议决议要求，始终忠实履行宪法和法律赋予的神圣职责，为如期全面建成高质量小康社会、全面建设社会主义现代化大都市作出了积极贡献。

一、坚定捍卫“两个确立”、坚决做到“两个维护”，确保检察工作正确政治方向

五年来，我们自觉用习近平新时代中国特色社会主义思想武装头脑、指导实践，坚持把党的绝对领导贯穿检察工作全过程，不断增强“四个意识”、坚定“四个自信”、做到“两个维护”。

（一）坚持用党的创新理论凝心铸魂。把学思践悟习近平新时代中国特色社会主义思想作为首要政治任务，强化以忠诚为核心的理想信念教育，深入开展“不忘初心、牢记使命”主题教育、党史学习教育，扎实推动“迎盛会、铸忠诚、强担当、创业绩”主题学习宣传教育实践活动工作，以真理伟力塑造对党忠诚、服务人民的新时代检察人。坚持党管意识形态，强化意识形态阵地建设，旗帜鲜明同西方“宪政”、“三权鼎立”、“司法独立”等错误思潮作斗争，坚定不移走中国特色社会主义法治道路。

（二）坚持党对检察工作的绝对领导。把制度建设作为强化党的绝对领导的有力抓手，制定《贯彻落实〈中国共产党政法工作条例〉实施细则》《政治督察工作办法》等文件，强化政治纪律和政治规矩，主动向党委请示报告重大事项、重大案件，推动党的领导制度化、规范化。加强党对司法办案的领导，坚决执行中央和市委、最高检决策部署，在履行法律监督职责中把党对检察工作的绝对领导落到实处。

（三）坚持用习近平法治思想引领检察实践。深学深悟习近平法治思想，全面把握检察机关法律实施和法律监督“双职能”定位，倡导“勇于担当、百折不挠”的法律监督精神，树立“依

法、善意、精准、合作、效能”监督理念。自觉运用习近平法治思想指导司法办案，坚持“合目的性、合规则性、合理性”相统一，努力办出人民群众认同的“有灵魂”案件，实现政治效果、社会效果和法律效果有机统一。

二、紧紧围绕全市大局能动履职，助推经济社会高质量发展

五年来，我们坚持把主动服务发展、切实维护稳定作为检察工作的着力点，积极投入平安天津、法治天津建设，全面发挥惩治、预防、监督等作用，营造安全稳定的政治、经济和社会环境。

（一）坚决筑牢首都政治“护城河”。坚持总体国家安全观，依法严惩危害国家安全和社会稳定的各类刑事犯罪，批准逮捕38927人、提起公诉92602人。把维护国家政治安全作为头等大事，严厉打击间谍、情报、网络政治谣言和有害信息等犯罪，构建护航党的二十大维稳安保工作体系，建立风险排查处置机制，确保重要节点安全稳定。坚决打好为期三年的扫黑除恶专项斗争，坚持依法从严打击，起诉涉黑恶犯罪2145人，办理全国首例“套路贷”涉黑案等一批有影响案件。认真贯彻《反有组织犯罪法》，建立政策研判、专案办理、综合治理等常态化工作机制，开展涉黑恶罪犯刑罚执行和财产刑执行专项检察，决不允许黑恶势力死灰复燃。突出惩治影响人民群众安全感的犯罪，起诉故意杀人、抢劫等严重暴力犯罪2522人，电信网络诈骗以及利用网络赌博、泄露个人信息等网络犯罪8062人。积极投身反腐败斗争，起诉职务犯罪1248人，其中受贿犯罪471人、行贿犯罪195人，立案侦查司法工作人员职务犯罪40人，依法对孙政才、赵正永、赖小民等提起公诉，得到中央和市委、最高检的充分肯定。

（二）主动服务全市重点工作。聚焦“京津冀协同发展”，连续5年与京冀两地检察机关召开工作对接会，相继在网络综合治理、生态环境资源保护、知识产权保护等方面建立协作机制，以区域检察一体化服务保障协同发展。聚焦“依法防范化解各类风险”，起诉金融诈骗、破坏金融管理秩序犯罪5828人，非法吸收公众存款、集资诈骗等涉众型经济犯罪5265人，洗钱犯罪82人，与市证监局建立行政执法与检察履职衔接协作机制，维护经济金融安全。聚焦“知识产权强市”，出台加强知识产权检察工作意见，与市知识产权局会签合作协议，在种业、中医药等领域开展专项调研，起诉假冒注册商标等侵犯知识产权犯罪526人。聚焦“依法防疫”，将打击严重涉疫犯罪与化解涉疫纠纷相结合，切实维护防疫秩序和社会稳定。

（三）着力建设法治化营商环境。落实“法治是最好的营商环境”要求，依法同等保护各类市场主体，切实维护企业合法权益，起诉合同诈骗、非法经营等破坏市场经济秩序犯罪11394人。大力支持企业生产经营，坚决防止将经济纠纷作为刑事案件处理，对涉经营类犯罪的企业负责人，根据企业发展需要和案件情节危害，依法予以从宽处理，对非国有公司企事业单位涉罪人员不批捕2808人、不起诉2534人。用改革的思维和方法服务、规范涉案企业，全面推开涉案企业合规改革，与市工商联、市国资委等12个部门建立第三方监督评估机制，帮助108个涉案企业依法整改，既保证企业“活下来”“留得住”，又促进企业提升依法经营管理水平。如检察机关对某涉案民营企业实行合规整改，保证企业在诉讼期内顺利签约1.6亿余元订单，为企业平稳发展提供有力法治支持。

（四）积极参与社会治理。秉持恢复性司法理念，全面贯彻宽严相济刑事政策和少捕慎诉慎押刑事司法政策，既对严重刑事犯罪坚持“严到位”，又对绝大多数轻罪案件慎重羁押、慎重追诉，认罪认罚从宽制度适用率达90%以上，最大限度增加社会稳定因素。坚持惩治犯罪与延伸治理并重，针对办案中发现的集中配餐安全、城市基础设施管理、利用寄递渠道违法犯罪等问题，制

发检察建议1008件，促进提升社会治理效能。落实“谁执法谁普法”普法责任制，常态化发布典型案例，深入社区、企业、农村、学校开展法治宣传，积极引领社会法治意识。

三、依法履行法律监督职责，构建新时代检察工作新格局

认真贯彻《中共中央关于加强新时代检察机关法律监督工作的意见》（以下简称《意见》），主动向党委、人大报告，市委、市人大常委会分别迅速出台《实施意见》和《决定》，为检察机关加强法律监督工作提供了坚实的政治和法治保障。五年来，我们不断强化监督意识、完善监督机制，刑事、民事、行政和公益诉讼“四大检察”新格局基本形成。

（一）着力加强刑事诉讼监督。针对应立案不立案、应追究犯罪不追究、不当介入经济纠纷等问题，监督立案1837件、监督撤案1076件。针对不构成犯罪或证据不足的案件，不批捕11510人、不起诉1966人，切实保障人权。针对侦查取证不规范、强制措施适用不当等问题，提出书面纠正违法意见993件，采纳率为93%。侦查监督与协作配合办公室实现全覆盖，既共同提升办案质量，又强化侦查活动监督。针对定罪错误、量刑明显不当等问题，提出抗诉552件，采纳率逐年上升。针对“纸面服刑”“提钱出狱”等问题，采取“派驻+巡回”方式强化监管执法监督，有力维护刑罚执行公平公正和在押人员合法权益。

（二）精准开展民事诉讼监督。以民法典精神为指导，依法加强对损害社会公共利益、程序严重违法、裁判显失公平等突出问题的监督，对民事生效裁判提出抗诉和再审检察建议550件。加大主动监督力度，对民事审判程序和执行活动提出检察建议1100件，依职权监督启动率从2018年的37.1%上升至2022年的75.4%。对5767件不支持监督申请案件，悉心做好释法说理、服判息诉工作。构建虚假诉讼常态化监督体系，连续3年开展虚假诉讼专项监督，办理案件445件，提出监督意见339件，有力维护诉讼秩序和司法权威。

（三）持续深化行政检察监督。全面发挥行政检察促进审判公正和依法行政的双重作用，把维护公民合法权益和社会公共利益相结合，提出抗诉、再审检察建议和检察建议722件。重视行政争议实质性化解，与市司法局建立协作机制，综合运用调查核实、公开听证等手段，化解行政争议667件。积极推进土地领域行政执法规范化，监督行政机关怠于申请执行、审判机关不规范执行等案件243件，制发检察建议211件。开展护航民生民利专项监督，督促解决土地房屋征收补偿中保护群众利益不到位、社会抚养费征收执行不当等群众揪心事。如检察机关成功监督一起因房屋被错误认定为“违建”而无法获得征收补偿的案件，依法协调给予当事人70万元应有补偿，有效化解多年讼争。

（四）依法积极推进公益诉讼检察。主动争取党委领导和政府支持，以市委全面依法治市委员会出台加强公益诉讼检察工作意见为动力，推动工作走深走实，法定监督领域由“4+1”大幅扩展到“4+9”，2022年立案1100件，较2018年增长5.1倍。积极以诉前程序实现维护公益目的，发出诉前检察建议2470件，99.8%的问题诉前即获解决。依法提起公益诉讼91件，法院判决支持70件，达成公益保护目的后撤回起诉或调解结案18件。开展“守护渤海”、水生态环境和资源保护、烈士纪念设施保护等专项监督，与市水务局、税务局、审计局等建立协作机制，共同维护公共利益。深化军地协作，立案涉军公益诉讼案件45件，办理的军用机场飞行安全相关案件得到中央军委政法委和最高检的肯定。主动联合河北省检察机关办理互花米草外来物种入侵案，破解跨区域治理难题。依法办理2起侵害袁隆平院士名誉荣誉案，坚决维护国家功勋尊严。

四、坚持以人民为中心的发展思想，做实做好民心检察工作

五年来，我们顺应新时代人民群众对美好生活的新需求，把纾民困、解民忧作为检察工作的出发点和落脚点，用心用情履职，让人民群众感受到公平正义就在身边。

（一）着力纾解群众急难愁盼。紧盯“舌尖安全”，起诉制售假药劣药、有毒有害食品等犯罪660人，立案食药安全领域公益诉讼案件408件。紧盯“脚下安全”，与市城管委制定加强窨井盖安全管理意见，严惩盗窃、破坏窨井盖等犯罪，推动整治窨井安全隐患7300余处。紧盯“出行安全”，开展平安铁路“清朗行动”，整治高铁沿线外部环境安全隐患870余处。紧盯“生产安全”，与市应急管理局会签安全生产监督管理协作意见，开展交通运输、燃气电力、消防通道等领域专项治理，制发检察建议331件，督促整治安全隐患，让群众收获实实在在的安全感。

（二）将心比心真诚回应群众诉求。秉持“只要上访群众申诉有1%的道理，也要100%维护好”的理念，妥善办理群众来信来访，善于在“重复访”“终结访”中发现群众合理诉求，对法律终结、“心结”未解的，通过检察长接访、院领导包案、司法救助等方式，释法说理、定分止争、化解积怨。一因工致残的申诉人以赔偿协议显失公平为由提起诉讼，未获法院支持，检察机关审查认为裁判并无不当，但申诉人生活困难，通过检察长接访和司法救助，最终实现“案结事了”。落实群众信访“件件有回复”，7日内程序回复率为100%，2022年全市涉检信访、重复信访量为近年来最低。全面推开检察公开听证，邀请人大代表、政协委员、专家学者参与评议案件，以公开促公正、赢公信。

（三）用心呵护未成年人健康成长。把强化未成年人司法保护作为民心工程和社会治理大事来抓，既从严惩治侵害未成年人犯罪，提起公诉2414人，被判处三年有期徒刑以上刑罚567人，占判决总人数的29.2%，高出整体刑事犯罪13个百分点，又最大限度挽救涉罪未成年人，依法决定附条件不起诉894人。全力关爱未成年被害人，建立“一站式”询问机制，避免反复询问取证造成“次生伤害”。强化诉源治理，推动适用从业禁止、入职查询、强制报告等制度，筑牢未成年人保护“防火墙”。全面推进法治进校园，全市244名检察官在526所中小学校担任法治副校长，形成“全时空”青少年法律服务、“小曦姐姐讲故事”等工作品牌，为孩子们营建法治安全港。

（四）依法维护特殊群体合法权益。将司法保护和关爱向特殊群体倾斜，更加专注做好权益保障工作。围绕“欺老骗老”问题，起诉侵害老年人犯罪2342人，积极参与打击整治养老诈骗专项行动，帮助追回“养老钱”2100万余元。围绕“拖欠农民工工资”问题，连续5年开展专项监督，支持农民工起诉1156件，追讨薪金1765万余元。围绕“残障人士权益保护”问题，与市残联开展无障碍环境建设公益诉讼活动，立案41件，督促解决“信息障碍”“设施障碍”等问题，让残障人士切身感受到司法态度与温情。围绕“因案致贫返贫”问题，坚持“应救助尽救助”，为489名案件当事人及其近亲属发放救助金1336万余元，用法治惠民生、暖民心。

五、持续推进检察改革，增强检察工作发展动能

五年来，我们始终把检察改革作为破解发展难题的关键之举，积极参与以审判为中心的刑事诉讼制度改革，深入推进司法责任制改革，支持配合国家监察体制改革，在改革全局中巩固深化检察改革，推动全市检察工作科学规范高效发展。

（一）全面深化司法体制改革。坚持司法责任制改革不动摇，秉持因责赋权、权责一致的原则，完善检察官办案权责清单，切实做到“谁办案谁负责、谁决定谁负责”。坚持放权到位、监督有力，加强检察办案监督制约体系建设，强化

检察长监督责任。健全并实施案件评查、错案倒查等司法责任追究机制，建立检察官惩戒委员会，做实司法责任制改革“后半篇文章”。积极推进检察人员分类管理，完善检察官增补、逐级遴选、退出等机制，遴选检察官363人、退出员额326人，落实检察官等级晋升政策及工资制度，充分调动监督办案积极性。

（二）健全和规范检察机关组织机构。顺利完成全市三级检察院内设机构改革，增设未成年人、公益诉讼、知识产权等检察机构和办案组织，建立“捕诉一体”刑事案件专业化办案机制，为“十大业务”提供组织保障。成立市检察院第三分院，整合重组滨海新区院，理顺滨海新区检察管理体制，为打造“津城”“滨城”双城发展格局提供检察保障。

（三）不断创新检察管理机制。坚持以科学管理提升检察生产力，创新管理理念和模式，推动案件管理由传统的“诊病式”向“治病式”转变，定期开展业务数据分析研判会商，刑事检察“案－件比”等主要业务指标持续向好，司法办案工作迈向绿色发展新阶段。改进检察业务综合评价办法，构建以达标率和贡献率为核心的动态评价体系，促进全市检察工作一体化协同发展。建立三级院党组共抓相对薄弱基层院的工作机制，主动加强与区委沟通，合力推动“脱薄攻坚”战役，全市基层检察工作实现整体提升。注重标准化、规范化建设，以“一个问题一套措施”为抓手推进“质量建设年”，该做法被最高检在全国检察机关推广。加强数字检察建设，建成刑事执行检察大数据监督平台、远程提讯系统等信息化项目，以大数据赋能法律监督。

六、坚定不移全面从严管党治检，锻造堪当时代重任的高素质检察队伍

五年来，我们坚持“政治建检、能力强检、文化兴检、廉洁护检”，一体推进政治建设和业务建设，努力打造一支忠诚干净担当的新时代检察铁军。

（一）始终把党的政治建设摆在首位。制定加强检察机关党的政治建设21条实施意见，创新实施分院协助市院抓基层院党建工作模式，形成以政治建设为“灵魂”的党建工作体系。出台《关于加强全市检察机关政治生态建设的实施意见》，建立促进政治文化、政治生活、政治生态一体建设长效机制，深入开展肃清流毒影响专项整治，促进政治生态出清向好。抓好最高检巡视整改反馈意见落实，持续开展系统内巡视和政治督察，推动政治建设全面过硬。

（二）着力增强领导班子整体能力。坚持党管干部原则，协助党委选优配强各级检察院领导班子，推进领导干部交流轮岗制度化、常态化。加强检察院党组建设，不断完善党组工作规则和中心组理论学习制度，建立检察长专题会议制度，提高领导班子科学决策水平。抓实领导干部带头办理重大疑难案件制度，落实检察长列席法院审判委员会制度，各级检察院入额院领导办案7609件、列席审委会313次，以“头雁效应”激发“群雁活力”。

（三）持之以恒提升队伍专业素养。常态化开展教育培训、岗位练兵和业务竞赛，形成“公检法司同讲一堂课”“京津冀检察联合培训”等特色培训品牌，被最高检确定为精品课程的数量位列全国第二。注重检察理论和实务研究，制定《检察业务研修工作规定》，建立案例研究中心，32个案件入选最高检指导性案例、典型案例。大力开展争先创优，90名干警入选全国检察机关各类人才库，12名干警荣获全国检察业务“标兵”“能手”称号，涌现出全国“人民满意的公务员”谢文凯、“全国模范检察官”刘家卿等一批检察英模。

（四）坚持不懈抓好党风廉政建设。高标准推进政法队伍教育整顿，坚持刀刃向内、刮骨疗毒，坚决整治顽瘴痼疾，配合纪检监察机关立案查处违纪违法检察人员101人，切实维护检察队伍肌体健康。严格落实中央八项规定精神，逐年制定为基层减负措施，持续整治形式主义官僚主

义、不作为不担当问题。认真落实防止干预司法“三个规定”，记录报告重大事项6700余件，严防人情案、关系案、金钱案。常态化开展党风廉政建设分析研判，与驻院纪检监察组建立会商机制，推动不敢腐、不能腐、不想腐一体化建设。

各位代表，检察权是人民赋予的，必须对人民负责、受人民监督。五年来，我们切实将全过程人民民主融入检察实践，牢固树立“监督者更要接受监督”的理念，自觉接受人大监督和民主监督，坚持每年向市人大常委会报告专项工作情况，2022年就认罪认罚从宽制度落实情况首次接受专题询问，有力推动了专项工作开展。主动向市政协通报工作情况，诚恳听取意见建议，有针对性地加强和改进工作。尊重和保障人大代表、政协委员主体地位，制定和完善联系工作办法，邀请参与视察调研、公开听证等检务活动。实行检察长负责制，办理代表建议、委员提案40件，通过“面对面”方式予以答复，满意率为100%。自觉接受社会监督，常态化开展检察宣传周、检察开放日等活动，邀请社会各界走进检察、了解检察，组织人民监督员监督办案活动1352件次。深化检律良性互动，全面推行律师互联网阅卷，邀请律师参与公开听证、信访化解等工作，真心尊重、支持律师履职。定期分析公布法律监督工作有关情况，深化检务公开，常态化举办新闻发布会，依托新媒体讲好检察故事，促进法治文化、检察文化更好融入百姓生活。

各位代表，过去五年检察工作的发展进步，根本在于习近平总书记掌舵领航，在于习近平新时代中国特色社会主义思想科学指引，是市委和最高人民检察院正确领导，市人大及其常委会有力监督，各级党委、人大、政府、政协及各位代表、委员和社会各界关心、支持与帮助的结果。在此，我代表全市检察机关，表示衷心的感谢，并致以崇高的敬意！

回顾五年来的工作，我们深切体会到，做好新时代检察工作，必须坚持以下几点。一是必须坚持党对检察工作的绝对领导，坚定正确政治方向。二是必须坚持依法能动履职，以检察工作高质量发展服务保障经济社会高质量发展。三是必须坚持以人民为中心的发展思想，依法竭力维护和保障人民权益。四是必须坚持检察机关的宪法定位，强化法律监督，维护公平正义。五是必须坚持改革创新，推动“四大检察”全面协调充分发展。六是必须坚持全面从严管党治检，确保检察队伍绝对忠诚、绝对纯洁、绝对可靠。

与此同时，我们也清醒地认识到，全市检察工作仍然存在不少问题和短板。一是深学笃行习近平法治思想仍需走深走实，新时代检察理念更新还不到位。二是检察工作服务大局的切入点、结合点不够精准，服务保障水平有待提升。三是主动扛起法律监督责任的意识还不够强，依法履职能力仍需提高。四是全面从严管党治检仍需加力，检察人员违纪违法问题仍有发生。以上问题，我们一定高度重视，下实功夫加以解决。

2023年工作安排

2023年是全面贯彻落实党的二十大精神的开局之年。党的二十大报告强调加强检察机关法律监督工作，充分体现了党中央对检察机关法律监督工作的高度重视和殷切期望，赋予了检察机关更重政治责任。全市检察机关将坚持以习近平新时代中国特色社会主义思想为指导，全面贯彻落实党的二十大精神，深入贯彻落实习近平总书记对天津工作“三个着力”重要要求和一系列重要指示批示精神，按照市第十二次党代会和市委经济工作会议部署要求，以高质量发展为目标，谋划推进检察工作现代化，充分发挥法律监督职能作用，以检察新作为服务保障全市高质量发展大局。

一是以党的二十大精神为引领，不断强化检察机关党的政治建设。把学习宣传贯彻党的二十大精神融入常态化学习教育，准确把握贯穿其中的立场观点方法，以理论上的清醒保持政治上的坚定。加快健全党对检察工作绝对领导的制度机制，切实把讲政治融入司法办案实践，确保检察工作始终保持正确政治方向。

二是以推进现代化大都市建设为着力点，更好发挥检察服务保障功能。围绕我市“十项行动”，抓实抓细京津冀检察协作、涉案企业合规改革、知识产权综合司法保护等服务举措，促进营造良好创新生态和更优营商环境。常态化开展扫黑除恶斗争，规范适用认罪认罚从宽制度，积极推进高效能治理，为更高水平的平安天津建设贡献检察之力。

三是以贯彻党中央《意见》为主线，全面加强法律监督工作。深入落实中央和市委、市人大常委会关于加强法律监督工作的要求，持续强化刑事、民事、行政诉讼活动监督，完善公益诉讼检察制度，提升法律监督效能。加强协作配合，健全行政执法和刑事司法衔接机制，共同营造公平公正的法治环境。

四是以为人民司法为宗旨，不断提升民生司法保障水平。盯住人民群众反映强烈的执法不严、司法不公等问题，加大法律监督力度，用心办好群众身边“小案”，真正让公平正义可见可感。抓实群众信访“件件有回复”、行政争议实质性化解、司法救助等工作，不断满足人民群众高品质生活新期待。

五是以改革创新为动力，持续推动检察工作高质量发展。制定并实施《天津检察工作高质量发展三年规划》，以机制创新、项目推动等方式，促进检察工作迈上新台阶。巩固深化司法体制改革，全面准确落实司法责任制。完善检察管理机制，加快推进检察大数据战略，推动天津检察工作走绿色健康发展之路。

六是以堪当时代重任为目标，着力打造过硬检察队伍。加强检察人才建设，实施检察机关“壮苗”工程，健全各类培训制度，全面提升履职能力。巩固政法队伍教育整顿成果，完善廉政风险防控体系，持续狠抓“三个规定”落实，切实保障检察权依法规范运行、检察官依法公正履职。各位代表，新的一年，我们将更加紧密团结在以习近平同志为核心的党中央周围，在市委的坚强领导下，全面落实本次会议要求，解放思想、守正创新，勇于担当、能动履职，为开创全面建设社会主义现代化大都市新局面贡献检察力量！

河北省高级人民法院工作报告

——2023年1月13日在河北省第十四届人民代表大会第一次会议上

河北省高级人民法院院长　黄明耀

各位代表：

现在，我代表省高级人民法院向大会报告工作，请予审议，并请省政协各位委员和列席同志提出意见。

过去五年工作回顾

十九大以来的五年，是全省各项事业取得辉煌成就的五年，也是河北法院全面发展进步的五年。全省法院在省委领导和最高法院监督指导下，在各级人大及其常委会有力监督和各级政府、政协以及社会各界关心支持下，坚持以习近平新时代中国特色社会主义思想为指导，全面贯彻党的十九大、二十大精神，深入贯彻习近平法治思想和习近平总书记对河北工作一系列重要指示批示精神，认真落实省委决策部署和省十三届人大历次会议决议，忠诚捍卫“两个确立”，坚决做到“两个维护”，紧紧围绕“努力让人民群众在每一个司法案件中感受到公平正义”的目标，解放思想、奋发进取，忠实履行宪法和法律赋予的职责，实现全省法院司法质量、效率和公信力持续提升。五年来，全省法院受理各类案件615.65万件，结案599.80万件，比上一个五年分别增长64.54%和60.86%，其中省法院受理各类案件8.90万件，结案8.71万件，分别增长78.00%和81.84%。通过充分发挥审判职能作用，为加快建设经济强省、美丽河北提供优质司法服务。

一、坚定不移贯彻总体国家安全观，推动建设更高水平的平安河北、法治河北

有力维护国家政治安全和社会稳定。依法惩治各类犯罪，共审结一审刑事案件24.85万件34.53万人。依法严惩煽动颠覆国家政权、间谍窃密、邪教等犯罪，坚定维护国家政权安全、制度安全、意识形态安全。依法严惩涉枪涉爆等严重影响人民群众安全感犯罪，审结杀人、抢劫等案件5981件，形成有力震慑。

深入推进扫黑除恶常态化开展。压实扫黑除恶专项斗争政治责任，2018—2020年一审审结涉黑案件210件、涉恶案件1840件，移送涉黑恶犯罪及保护伞线索1118条，提出司法建议1477份，省法院被评为全国扫黑除恶专项斗争先进单位。坚持常态化扫黑除恶，保持依法严打高压态势，2021年以来一审审结涉黑案件103件、涉恶案件287件，追缴“黑财”91.51亿元，石家庄中院创新涉黑涉恶财产“财政打包＋府院联动”处置新模式，斩断黑恶势力经济基础。妥善审理社会广泛关注的“唐山烧烤店打人案”，依法严惩以陈继志为纠集者的恶势力组织，以除恶务尽的坚定决心回应群众关切，被评为2022年度人民法院十大案件。

始终保持惩治腐败犯罪高压态势。依法审结职务犯罪案件3099件4876人，包括涉孙力军政治团伙的龚道安、邓恢林、刘新云在内的原省部级6人、厅局级93人。加大职务犯罪赃款赃物追缴力度，实际追缴到位18.27亿元。落实受贿行贿一起查，斩断“围猎”腐蚀、权钱交易的利益链条，彰显党中央有腐必惩、有贪必肃的坚定决心。

坚决守好民生安全底线。严格落实安全生产责任制，依法妥善审理“12.4”特大爆炸案等危害安全生产刑事案件373件。加大危害食药安全犯罪惩处力度，审结相关案件2569件，守护百姓餐桌和用药安全。审结非法集资、“校园贷”等涉众型经济犯罪案件4706件，维护经济金融秩序。严厉打击电信网络诈骗犯罪，2022年两批集中宣判156件375人、涉案金额4亿余元，扎实开展打击整治养老诈骗专项行动，打好反诈人民战争。

不断强化人权司法保障。坚持惩罚犯罪与保障人权相统一，坚持罪刑法定、疑罪从无、证据裁判，依法宣告395名被告人无罪，确保无罪的人不受刑事追究。审结国家赔偿案件2629件，其中司法赔偿案件1290件。推动实现刑事案件律师辩护全覆盖，充分发挥律师促进公正司法和人权保障的重要作用。

二、坚定不移服务构建新发展格局，护航经济社会高质量发展

保障国家重大战略实施。认真落实京津冀协同发展战略，出台服务保障实施方案，不断健全与京津法院司法协同机制。高起点建设雄安新区中级人民法院，先后设立跨区域集中管辖的知识产权审判庭、环境资源审判庭，赋权新区法院先行先试，积极争取最高法院设立了青年法官（雄安新区）实践基地，全力保障构建绿色、智能、创新之城。与国家体育总局共建“冰雪运动法律问题研究（张家口）基地”，并成功举办首届学术交流会，服务后奥运经济发展。

营造法治化营商环境。审结一审商事案件109.24万件。全面落实“疫情要防住、经济要稳住、发展要安全”的重要要求，精准服务“六稳”“六保”，对6800余家企业适用“活封活扣”措施，为企业纾难解困，促进提振市场信心。设立石家庄金融法庭，促进省会金融市场健康发展。邢台、张家口等中院开展专项行动，为招商引资提供全流程法律服务。省法院和设区市中院全部设立清算与破产审判庭，审理破产及衍生诉讼案件4661件，推动609家国有“僵尸企业”有序退出市场，盘活企业资产近400亿元，化解企业债务近800亿元，安置相关企业职工5.73万人。“庞大集团破产重整案”被全国工商联等评为“新时代加强民营经济法治建设十大事件”，法院系统牵头的2项营商环境任务指标明显提升。

服务法治政府建设。审结一审行政案件5.05万件。加强府院联动，实现行政争议化解平台全省覆盖，成功化解案件9223件，雄安中院创新行政争议多元化解机制受到最高法院主要领导充分肯定。在全国率先实施“裁执分离”模式，每年发布行政审判白皮书，及时向相关部门提出司法建议，助力提升依法行政水平。

促进创新驱动发展。审结一审知识产权案件3.27万件。新增14家基层法院跨区域集中管辖知识产权民事、行政案件，推动适用小额诉讼程序，平均审理天数仅为21天。坚持个人信息保护与数字经济发展共同推进，妥善审理“侵犯个人信息附带公益诉讼案”“未成年人平台支付返还案”等案件，引导新业态新模式在法治轨道上健康发展。出台服务保障自贸试验区建设的实施意见，4项经验做法入选河北自贸试验区制度创新案例。

推动发展方式绿色转型。大力弘扬塞罕坝精神，审结一审环境资源案件6.05万件，成立生态保护司法教育基地16个，有力保障生态文明建设。通过召开联席会议、出台指导意见、调整案件管辖等方式，不断健全完善太行山、燕山、大运河、白洋淀、衡水湖等司法保护协作机制，以法治行动践行“绿水青山就是金山银山”理念。秦皇岛山

海关法院成立全国首家长城文化保护法庭，司法守护中华民族精神根脉。

三、坚定不移增进民生福祉，不断满足群众多元司法需求

加强民生司法保障。切实实施民法典，审结涉及老百姓“衣食住行”等一审民事案件181.35万件。深入开展“我为群众办实事”实践活动，累计推出便民利民举措2226项，4家法院被最高法院评为“为群众办实事示范法院”。坚持最有利于未成年人原则，实现少年法庭基层法院全覆盖，建立回访帮教等机制，为未成年人托起“法治蓝天”。扎实开展根治欠薪专项行动，帮助农民工追回“血汗钱”10亿余元。与省民政厅等11个部门联合建立困难申请执行人社会救助工作机制，传递司法温情。在全国率先建立涉军司法救助“绿色通道”，切实维护军人军属合法权益。唐山中院建立“烂尾楼盘”复工复建司法保障机制，推动“保交楼、稳民生”见实效。

践行社会主义核心价值观。发挥司法断案惩恶扬善功能，“朱振彪追赶交通肇事逃逸者见义勇为无责案”被最高法院评为“2018年推动法治进程十大案件”。审理“空巢”老人追索赡养费案，支持村委会向未尽到赡养义务的子女追索垫付费用。审理父母拒绝子女“啃老”案，对成年子女“躺平”却让父母负重前行的行为坚决予以否定。审理婚内监护权案，对婚姻存续期间“抢孩子”现象作出法律“制止”评价。讲清群众身边“小案件”的法理事理情理，弘扬社会正气、正义。

提升诉讼服务品质。协同京津法院在全国率先实现跨域立案服务全覆盖。完善在线诉讼服务，网上立案167.96万件，网上开庭52.96万次，网上调解172.28万件，疫情期间“大显身手”。深化一站式诉讼服务体系，全面加强与非诉调解、仲裁、公证机构工作衔接，为群众提供一站通办、一网通办、一号通办、一次通办的诉讼服务，质效评估得分长期位居全国前列。省法院诉讼服务中心被中宣部命名为“全国学雷锋活动示范点”。

推进切实解决执行难。逐步完善综合治理执行难工作大格局，推动出台《关于加强综合治理从源头切实解决执行难问题的实施意见》，与住建、自然资源、市场监管等部门加强执行联动，有力解决“人难找、物难查、车难扣”等问题。坚持公正高效规范文明执行，组织开展“冀执利剑”等集中执行活动，受理首次执行案件136.49万件，执结131.25万件，执行到位金额3603.69亿元。用足用好联合信用惩戒，发布失信被执行人信息92.61万人次、限制高消费126.74万人次，“守信者受益、失信者受限”的社会氛围愈加浓厚。

助力基层社会治理体系建设。主动融入党委领导下的社会治理格局，诉前调解147.27万件、调解成功88.75万件，位居全国前列。承德中院打造“三个一”工作机制，沧州中院对接“一轴八员”工作机制，廊坊中院重塑和推广“廊坊经验”，开辟共建共治共享治理新路径。与12家省直单位建立“总对总”多元解纷和诉调对接机制，参与诉前调解7.04万件，行业化、专业性调解效能逐渐凸显。畅通群众诉求表达渠道，通过领导接访、办理群众留言来信等方式，化解信访积案2972件，帮助群众解开“法结”“心结”。有序推进新时代人民法庭建设，服务全面推进乡村振兴，8个法庭先后入选最高法院新时代人民法庭建设典型案例。

四、坚定不移深化改革创新，持续推进审判体系和审判能力现代化

完善审判权运行模式。全面落实司法责任制，优化审判权力责任配置，85%以上人员向办案一线集中。深化法官员额制改革，共遴选法官1690人，其中基层法院占比83.91%，实现人案科学配比。完善人员分类管理制度，落实法官单独职务序列管理，推动审判辅助事务集约化、社会化管理，让法官集中精力办好案、尽好责。

健全司法制约监督机制。建立审判权责清单

制度，强化院庭长监管，首创“四类案件”监管模式，被最高法院推广。构建“类案强制检索初步过滤、专业法官会议凝聚共识、审判委员会讨论决定”的法律统一适用机制，建成全省法院优秀案例库，先后发布4批参考性案例，公布各类典型性案例124个。推进建立法官依法履职保障制度和法官惩戒制度，确保依法办案者不受追究，违法办案者严肃问责。

深化诉讼制度改革。推进以审判为中心的诉讼制度改革，推行庭前会议、非法证据排除、法庭调查“三项规程”，正确适用认罪认罚从宽制度，不断健全刑事司法权力运行机制。深入开展繁简分流，三级法院均成立速裁团队，2022年审结民事简案23.21万件。有序推进四级法院审级职能定位改革，推动案件自下而上有效过滤，实现矛盾纠纷化解效果有效提升。

拓展智慧法院建设成果。以“四个服务”为主线，建成“五大网系”“八大平台”，成立全国首家法院人工智能实验室，全国法院第五次网络安全和信息化工作会议在河北召开，河北智慧法院应用成果产生广泛影响。加强数据决策分析，保定中院连续两年荣获全国法院“数助决策”整体示范应用一等奖。创新研发“一体化审判权监督制约平台”，最高法院主要领导予以批示肯定。

五、坚定不移落实新时代党的建设总要求，打造忠诚干净担当的燕赵法院铁军

加强政治机关建设。坚持以党的创新理论武装头脑，切实践行习近平法治思想。认真组织开展“不忘初心、牢记使命”主题教育、党史学习教育，扎实开展政法队伍教育整顿，大力弘扬伟大建党精神，创新开设“河北法院政治讲堂”，引导广大干警坚决筑牢政治忠诚。深入学习宣传贯彻党的二十大精神，出台意见司法服务保障推进中国式现代化河北场景。坚持抓党建带队建强管理促审判，沧州、保定、承德、雄安四家中院做法入选全国法院党建创新优秀案例。大力弘扬新时代人民法院文化，廊坊中院《动漫说法》普法课堂、邯郸磁县法院“三化”建设作为全国法院文化建设特色项目予以推介。

提升司法能力水平。先后组织各类培训班251期，培训人员38万余人次。深入实施“人才强院”战略，评选出41名全省审判业务专家，254篇论文荣获全国性奖项。创新高层次审判人才实践养成机制，与最高法院开展干部双向交流锻炼，联合中国政法大学等高校建立实践研究基地57个。完善优秀年轻干部选育管用机制，全省中级法院院长“70后”比例达到50%，一批“80后”“90后”进入中基层法院领导岗位。建立中基层法院领导干部政治素质和工作业绩档案，以正确用人导向激励干部担当作为。

狠抓党风廉政建设。严格执行“三个规定”、新时代政法干警“十个严禁”等铁规禁令，扎实开展“以案三释”警示教育，通报违纪违法典型案例96起，通过司法巡查、审务督察等方式提出整改建议。坚持有案必查、违纪必惩，综合运用监督执纪“四种形态”，1112人受到党纪政务处分，其中70人受到刑事处罚，以零容忍的态度严惩司法腐败。

六、坚定不移贯彻全过程人民民主，凝聚推动法院发展的强大合力

依法接受人大监督。向省人大常委会专题报告整治虚假诉讼、案件评查等工作，全面落实审议意见和决议事项，积极配合人大对三级法院民事执行工作开展联动监督。依托“办前联系、办中协商、办后回访”工作机制，邀请人大代表视察法院、出席会议、旁听庭审、见证执行，联络人大代表4.23万人次，扎实办理人大代表意见建议及其他事项2605件，确保做到件件有着落、事事有回音。

自觉接受民主监督。积极加强与政协、民主党派、人民团体、工商联和无党派人士沟通，认真听取意见建议，办理政协提案975件，走访接

待政协委员 1.91 万人次。

依法接受监察、检察监督。深入贯彻监察法，自觉接受监察机关对法院工作人员进行监督。积极配合检察机关履行诉讼监督职责，审结抗诉案件 3549 件，认真办理检察建议，落实检察长列席审委会制度，共同维护司法公正。

广泛接受社会监督。大力推进阳光司法，公开裁判文书及文书信息 358.55 万份，衡水中院“码上通”被评为省践行网上群众路线典型案例。加强案例解读，创新法治宣传形式，通过法院开放日、全媒体直播、民法典小剧场等活动，让社会各界了解、参与和监督法院工作。

各位代表，法安天下，德润人心。五年来，全省 190 个法院、1.7 万余名干警踔厉奋发、勇毅前行，463 个集体和 1270 名个人获省部级以上表彰，20 项工作在全国交流经验，书写了忠于党、忠于人民、忠于法律的时代答卷。各项成绩的取得，离不开省委领导和各级人大及其常委会有力监督，离不开各级政府、政协大力支持，离不开各位人大代表、政协委员和社会各界给予法院工作的理解、信任和支持。在此，我代表全省法院表示衷心的感谢和崇高的敬意！

五年砥砺奋进，我们深刻感受到，必须坚持党对司法工作的绝对领导，坚持走中国特色社会主义法治道路，才能确保各项工作行稳致远；必须牢记“国之大者”，围绕中心、服务大局，才能更好发挥法治固根本、稳预期、利长远的保障作用；必须践行司法为民宗旨，始终保持同人民群众的血肉联系，才能满足人民群众对司法工作的新期待；必须强化改革创新，深化司法体制综合配套改革，才能推进审判体系和审判能力现代化；必须发扬斗争精神，坚持直面问题、解决问题，才能不断开拓司法事业新局面；必须全面从严治院，勇于自我革命，才能打造一支高素质法院队伍。这既是过去工作取得成功的经验，也是今后实现高质量发展必须坚持的方向。

同时，我们也清醒地看到，当前全省法院工作还存在一些不足和问题。一是服务保障经济社会发展的措施还不够精准，司法理念、工作机制与发展新阶段、群众新期待相比还有差距。二是应对新类型案件能力不足，金融、破产、涉外、知识产权等领域高层次审判人才短缺。三是审判管理还存在薄弱环节，司法权力制约监督和规范化程度需要进一步加强。四是司法作风还需进一步改进，少数干警违纪违法问题仍时有发生。对此，我们将采取有效措施，认真加以解决。

2023 年工作安排

2023 年是全面贯彻落实党的二十大精神的开局之年。全省法院将坚持以习近平新时代中国特色社会主义思想为指导，以深入学习贯彻习近平法治思想为引领，以学习宣传贯彻党的二十大精神为主线，全面落实省委决策部署和本次会议决议，不断强化“六种观念”，解放思想、奋发进取，倾力把河北法院建设成为新时代现代化人民法院的省域范例，为加快建设经济强省、美丽河北提供有力司法保障。

一是更加自觉加强法院政治建设。大力推进政治机关建设，深刻领会“两个确立”的决定性意义，始终把“两个维护”作为最高政治原则和根本政治规矩，把党的绝对领导贯穿法院工作全过程各方面，严格执行政法工作条例，确保党中央、省委决策部署在全省法院落地生根。

二是更加主动保障全省发展大局。坚持总体国家安全观，依法严惩各类刑事犯罪，坚决筑牢首都“护城河”。有力保障京津冀协同发展和雄安新区建设，充分发挥最高法院青年法官（雄安新区）实践基地和冰雪运动法律问题研究（张家口）基地作用。落实“两个毫不动摇”，加强产权和知识产权司法保护，优化“稳增长、稳就业、稳物价”司法政策，营造法治化营商环境。加强太行山、燕山、白洋淀等区域环境保护治理，护航天蓝地绿水秀的美丽河北。

三是更加坚定践行司法为民宗旨。加大民生司法保障力度，坚持和发展新时代“枫桥经验”，发掘和重塑“廊坊经验”，提升一站式多元纠纷解决和诉讼服务体系综合效能，大力弘扬社会主义核心价值观，积极回应人民群众司法新期待。健全完善切实解决执行难工作机制，牢固树立依法善意文明执行理念，确保人民群众胜诉权益及时得到兑现。

四是更加深入推进司法改革创新。全面落实司法责任制，进一步完善审判监督管理、法律统一适用、法官遴选惩戒等工作机制。深化司法体制综合配套改革，推动四级法院审级职能定位改革落地落实。巩固拓展智慧法院建设成果，真正把改革创新成果转化为司法为民、公正司法的实际成效。

五是更加有力打造过硬法院队伍。加强斗争精神和斗争本领养成，不断提高队伍革命化、正规化、专业化、职业化水平。大力弘扬新时代人民法院文化，教育引导干警坚定理想信念、坚守法治信仰。自觉接受人大、政协和社会各界监督，持续转变司法作风，对司法腐败严惩不贷，打造忠诚干净担当的燕赵法院铁军。

各位代表，时代呼唤奋斗，蓝图催人奋进。全省法院将在省委领导、各级人大及其常委会有力监督下，深刻领会新时代新征程党的使命任务，始终牢记“三个务必”，一步一个脚印把党中央和省委的重大决策部署付诸行动、见之于成效，奋力谱写全省法院工作新篇章，为推进中国式现代化河北场景贡献更多司法智慧和力量！

河北省人民检察院工作报告

——2023年1月13日在河北省第十四届人民代表大会第一次会议上

河北省人民检察院检察长　董开军 *

各位代表：

现在，我代表省人民检察院向大会报告工作，请予审议，并请省政协各位委员和列席同志提出意见。

过去五年的主要工作

党的十九大以来，全省检察机关始终坚持以习近平新时代中国特色社会主义思想为指导，深入贯彻党的十九大、二十大精神，全面贯彻习近平法治思想，认真贯彻习近平总书记对河北工作一系列重要指示批示精神，深刻领悟“两个确立”的决定性意义，进一步增强“四个意识”，坚定“四个自信”，做到“两个维护”，坚决落实《中共中央关于加强新时代检察机关法律监督工作的意见》及省委实施意见，在省委、最高人民检察院的领导下，在各级人大及其常委会的有力监督和各级政府、政协的大力支持下，紧紧围绕省委中心工作，深入落实省十三届人大历次会议精神，依法能动全面履行检察职责，各项工作不断取得新成效。五年来，共办理各类案件754866件。其中，审查逮捕案件160487件，审查起诉案件302602件，刑事、民事、行政申诉案件26489件，公益诉讼案件51577件，监督诉讼活动违法案件213711件。111件案件被最高检评为指导性案例、典型案例，案件质量总体业务指标稳步提升并位居全国前列。

一、坚持为大局服务，全力保障经济社会高质量发展

深入落实习近平总书记关于完整、准确、全面贯彻新发展理念和加快建设经济强省美丽河北等重要指示精神，进一步强化工作措施，增强服务大局实效。

一是着力服务重大国家战略实施。服务京津冀协同发展，每年与京津检察机关召开联席会，先后会签5个实施意见。围绕非首都功能疏解，为产业转移、园区建设等提供优质检察服务。对接雄安新区不同阶段司法需求，围绕白洋淀治理、征地拆迁、基础设施及大规模建设等，打击犯罪、化解矛盾、强化监督。以检察综合履职服务冬奥，高质效办理涉奥涉外案件。2022年，开展服务保障京张体育文化旅游带建设专项行动，助力后奥运经济发展。以法治之力服务脱贫攻坚和乡村振兴，严厉打击制售假劣农资犯罪，推动扶贫领域涉案财物快速返还，司法救助10125人。

二是着力构建法治化营商环境。全力服务企

* 2023年2月24日，第十三届全国人民代表大会常务委员会第三十九次会议通过，批准任命董开军为河北省人民检察院检察长。

业发展。完善与省工商联协作机制，凝聚工作合力。严惩侵害企业利益犯罪，起诉1572人，清理涉企“挂案”299件。推动简化社区矫正人员外出从事生产经营审批程序。对涉案企业管理人员，审慎采取强制措施，不捕1377人，不诉1935人。最高检组织多家中央媒体全方位报道我省服务企业经验做法。2022年，深化涉案企业合规改革，推动组建第三方机制管委会，办理相关案件214件，办案数量位居全国前列。全力防范重大风险。起诉非法吸收公众存款、集资诈骗等犯罪8564人，千方百计追赃挽损。深入开展反洗钱工作，起诉洗钱犯罪207人。全力加强知识产权司法保护。省检察院成立知识产权检察办公室，坚持挂牌督办、“一案四查”。部署开展惩治知识产权恶意诉讼专项监督，起诉侵权假冒犯罪6240人。

三是着力促进生态文明建设。弘扬塞罕坝精神，完善“河湖长、林长+检察长”“专业化监督+恢复性司法+社会化治理”机制。持续开展“利剑斩污”专项行动，起诉10472人。深化环保领域公益诉讼检察，部署“违法违规矿山采砂场治理”等专项活动，立案30566件，督促恢复林地、草原等2万余亩，清理河道1720余公里。2022年，突出重点区域治理，加强大运河生态环境和文化遗产双重保护。监督黄壁庄水库拆违清污，有力解决环保难题。加强区域协作，与晋蒙辽检察机关共筑祖国北部生态安全屏障，与津辽鲁检察机关加强环渤海司法保护。

四是着力维护社会和谐稳定。围绕为党的二十大等党和国家大事营造安全稳定社会环境，全力抓好检察环节保安全、护稳定工作，筑牢首都“护城河”。坚持当严则严，严惩危害国家安全犯罪，起诉故意杀人、抢劫等严重暴力犯罪14479人。扎实推进扫黑除恶斗争，坚持精准高效、打深打透，批捕7324人，起诉14211人。推进工程建设等重点行业领域整治，促进抓源治本。2022年，依法办理陈继志等人在烧烤店滋事打人案，从严从快惩治该恶势力组织。省检察院连续三年被评为全国扫黑除恶专项斗争先进单位。坚持依法从宽，适应轻刑犯罪比重持续上升趋势，坚持少捕慎诉慎押、认罪认罚从宽和羁押必要性审查，一审服判率提升至96.7%，审前羁押率由2018年的48.3%下降至2022年的24.8%。深化诉源治理，一体落实最高检第一至八号检察建议，制发社会治理类检察建议9809份，督促消除窨井盖、寄递、燃气、有限空间作业等安全隐患。加强军地检察协作，会同石家庄军事检察院在全国全军率先制定公益诉讼协作意见。依法惩治涉军犯罪92人，开展军粮供应、军娃保护等专项检察监督。

二、坚持为人民司法，有力解决人民群众急难愁盼问题

深入落实习近平总书记以人民为中心的发展思想，扎实办好检察为民实事，不断厚植党的执政根基。

一是将心比心化解群众涉检信访。大力践行新时代“枫桥经验”，群众信访件件有回复11万余件。部署开展信访积案攻坚、重复信访集中治理等专项活动，综合运用司法救助、一案一策、检察听证等方式清理信访积案4645件，经验做法被最高检推广。发挥领导包案“头雁效应”，基层检察院受理首次申诉信访全部由院领导办理，最大限度把矛盾解决在基层、化解在萌芽。

二是用心用情办好群众身边“小案”。“小案”连着大民生、关系千万家。坚持“小案不小看”“小案不小办”。办理的某务工人员偷盒饭果腹不批捕案等案件，受到最高检领导肯定。开展“四个最严”和“保障千家万户舌尖上的安全”等专项活动，筑牢食药安全防线。积极参与断卡行动，全链条追诉电信网络诈骗犯罪13070人。突出网络时代人格权保护，有力宣示网络空间并非法外之地，办理的岳某损害他人名誉案被最高检评为指导性案例。打击整治养老诈骗，起诉187人。办理的代办养老保险诈骗案被最高检评为典型案例。2022年，针对养老机构安全监管漏洞，省检察院

制发检察建议推动开展专项行动，保障老年人安享晚年。连续4年开展专项活动，帮助农民工讨薪8000余万元，依法支持妇女、残疾人等起诉6044件，为弱势群体撑起“法治蓝天”。

三是精心呵护未成年人健康成长。认真落实未成年人“两法”，会同教育、妇联、团委等部门落实强制报告等制度，共画未成年人保护同心圆。推动设立家庭教育指导站1849个，唤醒“甩手”家长，发出督促监护令4608份，督促开展入职查询82万余人次。零容忍打击侵害未成年人犯罪，起诉11280人。最大限度教育、感化、挽救涉罪未成年人，不批捕、附条件不起诉、帮教8859人。开展未成年人犯罪记录封存监督，帮助“迷途”少年终圆高考梦。部署远离游戏沉迷、电竞酒店监管、“盲盒”乱象治理等涉未成年人公益诉讼检察专项监督，立案637件。开展法治进校园，检察长和检察官担任法治副校长实现全覆盖，组建“冀望望”巡讲团，开展宣讲等活动10092次。

三、坚持为正义担当，全面加强新时代法律监督工作

深入落实习近平总书记关于全面依法治国、维护公平正义的重要指示精神，做优做强“四大检察”，促进严格执法、公正司法。

一是刑事检察提质增效。积极参与反腐败斗争，起诉职务犯罪2929人，办理中管干部专案11人，包括涉孙力军政治团伙的龚道安、刘新云、邓恢林等人，立案侦查司法工作人员相关职务犯罪244人。加强侦查监督，监督立案3562件、撤案3889件，追捕5397人、追诉13623人。狠抓捕诉质量，捕后判处轻、缓、免刑率和无罪判决率分别从2018年的25.9%、3.3‰下降至2022年的6.6%、0.1‰。2022年，完善侦查监督与协作配合机制，与全省公安机关共同设立专门办公室，率先实现全覆盖。妥善办理“涞源反杀”案等社会影响较大的一系列案件。加强刑事审判监督，依法抗诉2832件。加强刑事执行监督，纠正减刑、假释、暂予监外执行不当13361人。对监狱、看守所开展巡回检察，监督纠正问题659个。

二是民事检察更加精准。推进实施民法典，优化生效裁判监督，抗诉822件，改变率由2018年的75%上升到2022年的95%；提出再审检察建议1439件，采纳1135件。加强民事审判活动监督，提出检察建议6235件。2022年，部署开展民事执行监督专项活动，办案规模与质量得到双提升。加大民间借贷、离婚析产、破产清算等领域虚假诉讼打击力度，抗诉或提出监督意见558件，挽回损失5000余万元。加强民事和解工作，办理一件涉及93人的劳动争议纠纷案，推动最终达成和解。

三是行政检察持续做实。加强对裁判结果、审判和执行活动监督，2022年办理行政检察案件数量是2018年的2.2倍。围绕社会抚养费征收、不动产登记等领域，部署开展深化行政检察监督专项活动，实现办理一案、治理一片。实质性化解行政争议1299件，其中讼争10年以上的47件。探索推进行政违法行为监督，稳妥开展行政强制隔离戒毒检察监督试点。开展土地执法领域行政非诉执行监督专项活动，向法院和行政机关提出检察建议1209件，采纳1195件。

四是公益诉讼检察不断深化。切实履行“公共利益代表”职责，公益诉讼检察实现由小变大、由大变强跨越式发展。办案数量和质效始终处于全国前列，20件案件被最高检评为典型案例，193件案件入选最高检“千案展示”活动。深入落实省人大常委会《关于加强检察公益诉讼工作的决定》，与11个部门会签协作意见。加强国有财产保护、国有土地使用权出让领域公益保护，挽回损失6亿余元。诉前保护公益是最佳司法状态，向行政机关发出检察建议37370件，诉前整改99.8%。开展长城保护专项检察监督，督促修复104处、拆除违建41247平方米，被评为全省“十大法治事件”。有序拓展公益诉讼案件范围，立案办理个人信息保护、停车场监管等领域案件4459件。

四、坚持为事业强基，锻造忠诚干净担当的检察铁军

深入落实习近平总书记关于加强政法队伍建设、注重强基导向等重要指示精神，坚持严管厚爱，抓班子带队伍，打基础利长远，确保检察队伍“五个过硬”。

一是强化政治建设引领。深入学习宣传贯彻党的二十大精神，开展多层次多形式学习活动。跟进学习习近平总书记最新重要讲话重要指示精神，省检察院党组“第一议题”学习 90 次、理论学习中心组研讨 49 次，组织政治轮训 85 期。巩固深化“不忘初心、牢记使命”主题教育、党史学习教育成果，赓续人民检察红色基因，涌现出 331 个省级以上先进集体和 1204 名先进个人，创建的“融 +N”党建业务融合品牌被最高检评为优秀案例。严格落实政法工作条例，向省委、最高检请示报告工作 170 余次。

二是强化司法改革驱动。推进内设机构系统性改革，完成省以下检察院人财物统一管理。落实司法责任制，完善检察官入额遴选、退出、惩戒机制，明晰检委会、检察长、检察官职责权限。坚持放权不放任，推行案件序号终身制，加强案件评查和流程监控，推动刑事错案责任追究。强化科学管理，实行全员全面全时考核，推动“案－件比”由 1:1.939 下降至 1:1.087，压减 5.4 万个空转程序，各级检察院领导带头办案 161073 件。

三是强化全面从严治检。严格落实中央八项规定及其实施细则精神，开展深化纠正“四风”和作风纪律专项整治活动，组织全系统警示教育 20 次。开展系统内巡视巡察，实现市级检察院全覆盖。2022 年，对 4 个市级检察院开展政治督察。深入推进检察队伍教育整顿，扎实做好最高检政治巡视和“回头看”整改工作，严格落实新时代政法干警“十个严禁”和“三个规定”，营造风清气正的政治生态。

四是强化基层基础建设。大力开展质量建设年等活动，11 个基层检察院被评为全国先进检察院。坚持领导包联、条线指导，压茬推进薄弱基层检察院建设。突出专业能力提升，推进与法官、律师等同堂培训，聘任特邀检察官助理 2477 名，与中国政法大学等 7 所高校共建研究基地。加强检察文化建设，“琢玉”“益守护”等办案团队被评为全国十佳（优秀）检察文化品牌。深化智慧检务工程，开展“区块链 + 检察”全国试点，有效提升数字检察水平。

五、坚持为公信聚力，确保检察权始终在阳光下运行

深入落实习近平总书记关于加强权力制约的重要指示精神，强化监督者更要接受监督的意识，畅通监督渠道，提升司法公信。

一是自觉接受人大监督、政协民主监督。认真落实中央、省委人大工作会议精神，向省人大常委会专题报告控告申诉检察等情况 16 次，积极配合开展案件评查、公益诉讼执法检查等工作。定期向民主党派、工商联和无党派人士通报工作、听取意见。与省政协会签《关于建立公益保护协同监督机制的意见》，在全国首创协同监督新模式。加强与代表委员日常联络，办理代表建议、委员提案 70 件，邀请代表委员视察检察工作、参与公开听证等检察活动 1840 人次，相关经验做法被最高检推广。

二是自觉接受履职制约监督。主动接受监察机关、审判机关、公安机关、司法行政机关的制约，对法院宣告无罪的公诉案件逐案阅卷复查，公诉失当的依法追责；对公安机关提请复议复核的案件重新审查。常态化开展检律会商，连续三年与省司法厅、省律协召开保障律师执业权利联席会，与省律协会签关于侵犯律师执业权利线索移送办法，办理律师控告申诉 40 件。

三是自觉接受社会各界监督。以看得见的方式实现公正，邀请人民监督员参与各类活动 18185 人次，运用上门听证、“云听证”等方式

听证案件21930件。深化检务公开，省检察院举行开放日10次和新闻发布会29场，省检察院新媒体连续4年在全国政法新媒体评选中获奖。检察队伍第三方群众满意度测评，满意率连续五年稳步提升。

各位代表，过去五年全省检察工作取得的成绩，是省委、最高检加强领导的结果，是各级人大及其常委会有力监督和政府、政协大力支持的结果，是社会各界和广大人民群众关心帮助的结果。在此，我代表全省检察人员表示衷心的感谢！

回顾五年来的实践，我们深刻地体会到，坚持习近平新时代中国特色社会主义思想的科学指引，坚持党对检察工作的绝对领导是检察事业行稳致远的根本保证，必须把忠诚捍卫“两个确立”、坚决做到“两个维护”落实到检察工作各方面；围绕中心、服务大局是检察机关依法履职的根本要求，必须始终胸怀“国之大者”，在服务经济社会高质量发展中谋划和推动检察工作；人民性是检察机关的本质属性，必须坚持人民至上，努力让人民群众在每一个司法案件中感受到公平正义；检察监督是党和国家监督体系的重要组成部分，必须敢于监督、善于监督，充分发挥检察机关参与、跟进、融入式监督的最大特色和优势；建设过硬队伍是检察工作的永恒主题，必须坚持不懈加强自身建设，深入推进检察改革，坚持全面从严治检不动摇。

我们也清醒地看到，检察工作还存在一些问题和不足：一是护航经济社会高质量发展的针对性举措还不够强，服务保障效果有待进一步深化。二是回应群众关切、解决突出问题还不够到位，检察为民办实事还需要进一步拓展。三是法律监督质效还有待进一步提升，数字赋能监督、促进治理的成效还不够明显。四是队伍专业化职业化水平还有待进一步提高，检察人员违纪违法现象仍有发生。对于这些问题，我们已经开始采取一系列措施加以解决，今后将进一步加大工作力度。

2023年主要工作安排

党的二十大报告强调“加强检察机关法律监督工作”，省委十届三次全会对推进全面依法治省作出新部署，检察工作迈上了新征程。全省检察机关将坚持以习近平新时代中国特色社会主义思想为指导，深入贯彻习近平法治思想，全面贯彻党的二十大精神和省委各项部署，解放思想、奋发进取，强化担当、能动履职，全面加强新时代法律监督工作，始终走在全国检察机关第一方阵，为奋力开创经济强省、美丽河北新局面贡献检察力量。

一是以学习宣传贯彻党的二十大精神为主线，始终保持检察工作正确政治方向。在全面学习、全面把握、全面落实上持续用力，抓实全员轮训，把党的二十大精神融于心、践于行，忠诚捍卫“两个确立”、坚决做到“两个维护”。紧紧依靠党的领导破解检察发展难题，紧紧围绕省委中心工作加强法律监督，坚决扛起服务保障中国式现代化河北场景的检察使命。

二是以服务保障经济社会高质量发展为主题，不断提升检察机关服务大局成效。坚持以法治一体化提升服务营商环境水平，助推京津冀协同发展和雄安新区建设。依法平等保护各类市场主体，抓实涉案企业合规改革，依法严惩金融领域犯罪，强化创新成果司法保护。全方位加强生态环境司法保护和文化遗产保护，促进长城、大运河国家文化公园建设。依法办理关系群众切身利益的民生案件，促进提升人民生活品质。

三是以强化法律监督维护公平正义为主责，促进更高水平平安河北法治河北建设。坚决打好维护国家政治安全主动仗，常态化推进扫黑除恶斗争，深化诉源治理，有力维护安全稳定。坚持把监督重心放到提质量、增效率、强效果上，持续深化侦查监督与协作配合机制，着力完善民事行政检察精准监督机制，积极探索公益诉讼检察新领域，提升未成年人检察工作专业化水平，全面加强控告申诉检察工作。创新监督履职方式，以大数据法律监督促进解决法治领域深层次问题。

四是以提升专业化职业化能力为主旨，持之以恒加强检察队伍建设。深化司法体制综合配套改革，运用“案－件比”质效评价标准，深入推进检察考核，完善领军人才培养。加强基层检察品牌选树，大力推进薄弱基层检察院“脱薄争先”。扎实推进全面从严管党治检，巩固深化教育整顿成果，常态化抓好警示教育、“三个规定”、检察官追责惩戒等，锻造堪当时代重任的高素质检察队伍。

各位代表，新的一年，全省检察机关将高举习近平新时代中国特色社会主义思想伟大旗帜，牢记“三个务必”谆谆教导和团结奋斗的时代要求，在省委和最高检的领导下，认真贯彻本次会议精神，撸起袖子加油干、风雨无阻向前行，奋力谱写中国式现代化河北检察新篇章！

山西省高级人民法院工作报告（摘要）

——2023年1月14日在山西省第十四届人民代表大会第一次会议上

山西省高级人民法院院长　冯军

过去五年主要工作

过去五年，是党和国家事业发展极不寻常、极不平凡的五年，是全省新时代发展进程中具有里程碑意义的五年，也是全省法院工作取得重大发展进步的五年。五年来，全省法院坚持以习近平新时代中国特色社会主义思想为指导，深入学习贯彻习近平法治思想，全面贯彻党的十九大和二十大精神，深入贯彻习近平总书记考察调研山西重要讲话重要指示精神，在省委的坚强领导、省人大及其常委会的有力监督和最高人民法院的正确指导下，忠实履行宪法法律赋予的职责，各项工作取得新成效、实现新发展。五年来，全省法院共受理各类案件261.75万件，审执结257.92万件，分别比前五年上升80.6%和64.93%。2022年，全省法院受理案件63.39万件，审执结59.56万件，克服疫情影响再创历史新高。

一、深刻领悟“两个确立”的决定性意义，坚决把做到“两个维护”落实到法院工作各方面全过程

五年来，我们始终把旗帜鲜明讲政治作为第一要求，在坚定捍卫“两个确立”、坚决做到“两个维护”中坚守司法之魂，坚决把牢法院工作正确政治方向。深学细悟笃行习近平新时代中国特色社会主义思想，研究制定《加强全省法院党的政治建设的实施意见》，深入开展“两个确立”主题教育，省高院领导班子在蔡家崖晋绥边区革命纪念馆追寻领袖足迹、在右玉绿化丰碑前重温入党誓词，沉浸式感悟习近平总书记重要批示指示精神。认真贯彻落实《中国共产党政法工作条例》，组织开展习近平法治思想学习宣传研讨实践活动，举办3期全省法院院长加强政治建设专题培训班。坚持把学习宣传贯彻党的二十大精神作为首要政治任务，全省法院迅速掀起学习宣传贯彻热潮，省高院领导班子成员带头深入基层和审判一线开展宣讲活动，组织干警20.8万人次参加网络答题竞赛。广大干警深刻领悟“两个确立”的决定性意义，坚决做到“两个维护”，交出了一份忠于党、忠于国家、忠于人民、忠于法律的新时代司法答卷。全省法院诉服质效和诉源治理、多元解纷位居全国第一，创优法治化营商环境、防范化解经济金融风险、行政审判等工作受到省委、最高法院领导批示肯定，环境资源审判、政治督察工作、廉洁文化建设在全国法院专题会议上介绍经验，全国法院媒体融合推进现场会在山西召开，164个集体、235名个人受到省部级以上表彰表扬。

二、深入贯彻总体国家安全观，坚持统筹发展和安全，坚决维护国家安全和社会稳定

五年来，我们锚定建设更高水平的平安山

西，审结一审刑事案件12.21万件，在维护国家安全和社会稳定上展现新作为。

严惩各类犯罪，守护三晋平安。依法严惩煽动颠覆国家政权、间谍窃密、邪教等犯罪269件，坚决捍卫国家政权安全和制度安全。严惩危害社会稳定犯罪，审结杀人、抢劫等严重暴力犯罪案件2589件。深入开展打击整治养老诈骗专项行动。审理职务犯罪案件3293件，彰显了有腐必惩、有贪必肃的坚定决心。

强力扫黑除恶，清除社会毒瘤。依法审结一审黑恶案件1891件，二审审结1142件，判处3469名涉黑涉恶被告人五年以上有期徒刑直至死刑，依法惩治涉黑“保护伞”73案85人。财产刑追缴、没收违法所得执行到位306.15亿元，位列全国第一。

深化社会治理，维护社会稳定。坚持和发展新时代“枫桥经验”，将237个法庭接入人民法院调解平台，将33个法庭“嵌入”当地矛盾纠纷调解中心，在社区、乡村建立610个法官工作室。

三、始终牢记“国之大者”，立足司法职能服务大局，全力护航全方位推动高质量发展

五年来，我们紧紧围绕习近平总书记考察调研山西重要讲话重要指示精神，聚焦省委全方位推动高质量发展重大部署，出台18件审判工作指导意见，服务大局不断取得新成效。

全力服务经济高质量发展。省高院设立转型综改示范区法院，太原中院出台《服务保障全方位推动高质量发展实施意见》，忻州中院制定27项服务太忻一体化经济区发展的具体举措。助力创新驱动发展，全面推进知识产权审判“三合一”工作机制，审结知识产权案件9619件。服务促进新旧动能转换，妥善审结企业重整、破产案件1406件。

倾力打造法治化营商环境。省高院出台《法治化营商环境建设工作方案》，五年来审结一审商事案件92.54万件。搭建促进民营企业健康发展服务平台，2022年各级法院领导班子成员开展联企入企活动1918次。持续开展为企业办实事解难题活动和损害营商环境突出问题专项整治，依法审结非法经营、虚假出资、串通投标等扰乱市场秩序犯罪案件841件。

着力防范化解重大风险。建立地方金融风险防控平台，推送风险预警提示7603次；审结集资诈骗、非法吸收公众存款等涉众经济犯罪案件1513件。省高院研究提出和运用“诉前人民调解+司法确认”模式，有力服务保障“保交楼、保民生、保稳定”。

竭力为企业发展纾困解难。认真落实司法助力中小微企业发展20条，积极运用执行和解、“放水养鱼”等柔性执行方式，对4781家企业暂缓适用强制措施，为企业释放资金171.72亿元，帮扶2779家企业正常生产经营。

助力打赢脱贫攻坚战促进乡村振兴。审结农村土地流转等涉农案件3180件，支持保护“宁化府”“沁州黄”等特色品牌做大做强。三级法院驻村工作队精准开展定点帮扶，省高院驻村工作队被省委省政府评为山西省脱贫攻坚先进集体。

大力支持“放管服”改革。建立省市两级府院联席会议机制，实现行政案件交叉管辖、集中管辖全覆盖，审结各类一审行政案件23275件。省高院连续三年举办省直机关厅级领导干部旁听庭审活动，连续五年公布行政审判典型案例，连续九年发布行政审判白皮书，为“放管服”改革营造良好法治环境。

有力助推守护“山西好风光”。深入践行“两山”理念，审理各类环境资源案件17789件，7起案件入选最高法院环境资源审判典型案例。积极构建汾河全流域司法保护格局，引入“补植复绿”“增殖放流”等恢复性司法新模式，护佑绿水青山、黄河安澜。

努力保护中华优秀传统文化根脉。审结盗掘

古文化遗址、古墓葬类犯罪案件684件。建立右玉长城司法保护基地,设立大同云冈、应县木塔、碛口古镇等文化保护法庭，切实以法治力量筑牢文物安全底线、守护千年文化瑰宝。

四、牢记初心使命，践行司法为民，努力让人民群众切实感受到公平正义就在身边

五年来,我们坚持人民至上,强化司法供给,司法为民迈上新台阶。

用心用情用力保障民生权益。依法审结危害食品药品安全犯罪案件1439件，坚决保护“舌尖上的安全”。审结家事案件21.78万件，调撤率达52.79%，在全省推广阳泉市平定县法院婚姻家庭矛盾纠纷“五色预警”处置机制，最高法院周强院长批示肯定。临汾市曲沃县法院成功调解我省首例涉及93岁老人的赡养类公益诉讼案件。太原市杏花岭区法院公开审理我省首例涉未成年人文身民事公益诉讼案件，央视《法治深壹度》予以报道。

向上向善引领社会风尚。坚持把社会主义核心价值观融入司法办案全过程。忻州中院公开审理侵害续范亭将军名誉荣誉民事公益诉讼案，坚决捍卫英烈荣光。省高院录制播出50期“法官说民法典”节目，培育良好社会风尚，深化全民法治观念。

常态长效攻坚执行难题。先后开展“晋法出击”“三晋执行护民生”等6次执行集中攻坚行动，执结各类案件80.57万件，执行到位金额2172.87亿元，执行工作进入全国法院第一方阵。2022年在省委政法委领导下，组织开展“三晋执行利剑”集中攻坚行动，执结案件16.16万件，执行到位金额552.72亿元。

全心全意优化诉讼服务。省高院牵头建成山西多元解纷平台，诉前调解案件40.85万件，成功率达76.45%。积极推行互联网司法新模式，全省法院网上办理诉服事项167.63万项，12368诉服热线提供24小时在线服务74.28万次，切实为群众提供全天候全地域全流程诉讼服务。

五、深化司法体制改革，持续强化审判监督管理，深入推进审判体系和审判能力现代化

五年来，我们坚持守正创新，司法改革实现新突破。

深化司法体制综合配套改革。紧紧牵住司法责任制这个牛鼻子，明确入额必办案，98%以上的裁判文书由独任庭、合议庭直接签发。省高院为人案矛盾突出的法院增加312个员额编制，会同省委组织部在全国率先出台规范市县法院公务员管理工作办法，得到最高法院充分肯定。

深化诉讼制度和审判机制改革。积极推进四级法院审级职能定位改革试点工作，去年全省法院一审判决案件发回重审率0.9%，同比下降0.8个百分点。积极推进民事诉讼繁简分流改革，2022年一审案件简易程序适用率达85.01%，案件平均审理时间40.8天，较2017年缩短53.8天。

深化审判权力制约监督机制改革。制定审判委员会、专业法官会议、合议庭工作细则和院庭长审判监督管理办法，强化审级监督，依法裁定再审案件2091件。深入推进涉诉信访工作机制改革，建立涉诉信访处控平台。2022年省高院信访局被表彰为“全国信访系统先进集体”，央视《新闻联播》予以报道。

深化智慧法院建设和应用。推进智慧审判、智慧执行、智慧管理，实现审判执行关键节点全程留痕，质效数据实时动态自动生成，执法办案全程可视化监督，研发的“刑罚变更类案件智慧判案辅助系统”入选第二届“数字中国”成果展。

六、发扬自我革命精神,驰而不息正风肃纪,着力建设忠诚干净担当法院铁军

五年来，我们狠抓全面从严治党管院，队伍建设焕发新面貌。

强化政治引领铸忠诚之魂。深入开展“不忘初心、牢记使命”主题教育、党史学习教育、队伍教育整顿。举办英模事迹报告会，组织晋法融媒体系列报道，大型党建全媒体节目“奋进赶考路”法院篇，讲述全省法院抓党建带队建促审判的感人故事和生动实践，把对党绝对忠诚融入血脉。

坚持从严治党立干净之本。开展专题警示教育活动。与省纪委监委共同制作警示教育片《衡鉴》，全国首创“三个规定”微动漫、表情包，建立常态化跟踪监管和响应机制，受到中央政法委充分肯定。全面加强清廉机关建设，深入开展司法作风突出问题集中整治，以零容忍态度惩治司法腐败，教育整顿期间严肃查处违纪违法干警480名。

锤炼过硬本领尽担当之责。举办各类培训班274期，线上线下培训干警7.9万人次。27名同志获评全国优秀法官、全国法院办案标兵、全国审判业务专家，50名法官获评我省审判业务专家，以先进典型激励干警担当作为，激发队伍活力。

七、践行全过程人民民主，更加自觉接受监督，不断改进和提升法院工作水平

自觉接受人大监督、政协民主监督。向省人大常委会专题报告民事执行、刑事审判等工作情况10次。办理代表意见建议、委员提案111件，办复率100%。深入推进阳光司法，公开案件审判流程信息140.66万件、裁判文书156.72万篇，庭审直播51.78万场，省高院直播场次稳居全国高院前列。“两网两微八号”晋法融媒矩阵发布信息14.5万条，阅读量逾22.2亿人次。省高院连续三年被中央政法委评为新媒体建设先进单位。自觉接受监察机关监察监督、检察机关法律监督，广泛接受社会监督，让司法活动始终置于人民监督之下。

五年来的奋进历程，我们深切体会到：做好新时代人民法院工作，必须坚持党的绝对领导的本质要求，必须坚持习近平新时代中国特色社会主义思想的科学指引，必须坚持履行围绕中心服务大局的重要职责，必须坚持以人民为中心的根本立场，必须坚持维护公平正义的价值追求，必须坚持发扬斗争精神的意志品质，必须坚持深化改革创新的发展要求，必须坚持打造过硬队伍的重要保障。这八个方面的经验，我们将在新的赶考路上牢牢坚持、笃行不怠。

全省法院工作还存在一些问题和不足：司法理念、司法能力与新时代新要求相比仍有差距；案件数量高位增长，诉源治理工作仍需积极推进；审判执行工作的质量和效率仍需进一步提高；少数干警仍存在司法作风不正、司法不廉的问题。对此，我们要采取有效措施切实加以解决。

2023年工作安排

2023年是全面贯彻落实党的二十大精神的开局之年，是实施“十四五”规划承上启下的关键之年，是疫情防控政策优化调整后的奋进之年。全省法院将以习近平新时代中国特色社会主义思想为指导，全面贯彻落实党的二十大精神，深入贯彻习近平法治思想和习近平总书记对政法工作的重要指示精神，认真贯彻中央经济工作会议、中央政法工作会议精神，贯彻落实省委和最高法院部署要求，深刻领悟“两个确立”的决定性意义，增强“四个意识”、坚定“四个自信”、做到“两个维护”，牢牢坚持党对司法工作的绝对领导，坚持服务大局、司法为民、公正司法，全力履行维护国家政治安全、确保社会大局稳定、促进社会公平正义、保障人民安居乐业的职责使命，奋力推进新时代新征程法院工作现代化，为全方位推动高质量发展提供更加有力的司法服务和保障。

一是全面贯彻落实党的二十大精神，在捍卫“两个确立”、做到“两个维护”上更加坚定自觉。持续掀起学习贯彻党的二十大精神热潮，举办法院领导干部学习贯彻党的二十大精神专题研讨班，开展全员培训轮训，坚持不懈用习近平新时代中国特色社会主义思想凝心铸魂，不断提高广

大法院干警的政治判断力、政治领悟力、政治执行力，在任何时候、任何情况下始终坚定捍卫“两个确立”、坚决做到“两个维护”，切实把党的绝对领导贯彻落实到法院工作各方面全过程。

二是紧紧围绕大局履职尽责，在服务全方位推动高质量发展上发挥更大作用。坚定不移贯彻总体国家安全观，严厉打击各种渗透颠覆破坏、暴力恐怖、民族分裂、宗教极端等犯罪，严惩杀人、抢劫等严重暴力犯罪，推进扫黑除恶常态化，坚决维护国家安全和社会稳定。完整准确全面贯彻新发展理念，依法平等保护各类市场主体产权和合法权益，营造“三无”“三可”一流营商环境。服务同步推进“两个转型”重大战略，依法妥善审理涉及新技术新业态新模式案件，助力提升数字经济科技实力和创新能力。依法妥善审理各类房地产、金融案件，加强破产审判工作，服务保障化解经济金融风险。

三是坚定不移践行为民宗旨，在依法保障人民群众合法权益上展现更大担当。深化“为群众办实事示范法院”创建活动，依法妥善审理涉民生案件，加强妇女、儿童、老年人、残疾人合法权益保护。坚持和发展新时代“枫桥经验”，巩固拓展我省诉源治理以及一站式多元解纷与诉讼服务体系的特色优势。巩固深化“三晋执行利剑”集中攻坚行动成果，进一步提升执行工作质效。

四是坚持深化改革和科技赋能双轮驱动，在加快推进法院工作现代化上实现更大突破。深化司法体制综合配套改革，全面准确落实司法责任制，积极推进四级法院审级职能定位改革，深入推进以审判为中心的诉讼制度改革。加强智慧法院建设与应用，深化互联网审判机制创新，努力创造数字时代更高水平的公平正义。

五是时刻牢记“两个永远在路上”，在锻造过硬法院队伍上取得更大成效。坚持不懈强化以习近平新时代中国特色社会主义思想特别是习近平法治思想武装头脑、指导实践、推动工作，不断加强法院领导班子建设和队伍建设，抓好高素质专业化审判人才培养，大力培养选拔优秀年轻干部。严格落实全面从严治党政治责任，认真贯彻落实中央八项规定及其实施细则精神，坚持以严的基调强化正风肃纪，深入推进清廉机关创建活动，始终保持零容忍的警醒、零容忍的力度，一体推进不敢腐、不能腐、不想腐，确保全面从严治党在人民法院永远吹冲锋号。

山西省人民检察院工作报告（摘要）

——2023年1月14日在山西省第十四届人民代表大会第一次会议上

山西省人民检察院检察长　杨景海

过去五年检察工作回顾

五年来，在省委和最高检的坚强领导下，在省人大及其常委会的有力监督下，全省检察机关坚持以习近平新时代中国特色社会主义思想为指导，深悟践行习近平法治思想，全面贯彻党的十九大、二十大精神，深入贯彻习近平总书记考察调研山西重要讲话重要指示精神，全面落实《中共中央关于加强新时代检察机关法律监督工作的意见》（下称中央《意见》）和省委《实施意见》，认真执行省十三届人大历次会议决议，以深入贯彻习近平新时代中国特色社会主义思想“大学习、大调研、大落实、大提升”活动为抓手，在服务保障全方位推动高质量发展大局中能动履职，在坚守底线、勇攀高线中拼搏进取，山西检察整体工作迈进全国第一方阵。

政治统领业务取得新成效。建立习近平法治思想学习交流长效机制，引领办案理念深化、变革。省检察院承办全国检察机关政治建设研讨会并作经验介绍。61个案例被最高检评为指导性案例、典型案例。

服务保障大局展现新作为。制定实施11项检察服务保障意见，配套开展近百个专项行动。发布典型案例、检察工作白皮书、法律风险提示函等深化诉源治理，助推更高水平平安山西、法治山西建设。省检察院连续三年被全国扫黑除恶专项斗争领导小组评为先进单位。

维护社会公益体现新担当。聚焦人民群众关切的食品药品等领域，推动构建跨地区、跨部门协作机制，运用磋商、检察建议等方式，督促依法行政。山西检察公益诉讼立案数、典型案例数居全国前列。浑源生态环境行政公益诉讼案被评为全国指导性案例。

法律监督形成新格局。以内设机构改革为突破口，深化司法体制改革，强化工作机制创新，实现新时代检察职能重塑、机构重组、机制重构，形成“四大检察”全面协调发展的法律监督新格局。巡回检察改革等多项工作被最高检推广。

业务工作跃上新台阶。构建“案－件比”指标体系，建立“三全”考核机制，推行“四看”工作标准，促进办案质效逐年提升。10件案（事）例写入最高检工作报告，190余项工作经验被最高检推广。2022年，87%的核心业务指标进入全国前二十位，其中前十位占54%。

自身建设取得新进步。大力推进政治立检、人才兴检、文化育检、从严治检、科技强检，持之以恒严格教育、管理和监督。310个集体和个人受到省级以上表彰，63个检察院为省级文明单位、9个为全国文明单位，省检察院机关连续荣膺省直文明标兵单位。

一、深刻领悟新时代党的创新理论，在政治统领业务中做实检察工作

全面学习贯彻习近平新时代中国特色社会主义思想和习近平法治思想，深入开展以党史为重点的“四史”学习教育和人民检察史教育，建立“不忘初心、牢记使命”长效机制，推动“第一议题”制度在各级党组织落实。接续开展两批次队伍教育整顿，全省检察人员接受了深刻政治洗礼。组织开展“喜迎二十大、建功新时代”系列主题活动，建立学习宣传贯彻党的二十大精神任务清单和工作台账，切实把党的二十大精神落实到检察履职全过程各环节。

二、深入贯彻落实总体国家安全观，在高水平平安山西建设中体现检察担当

安全稳定是最重要的发展环境，也是最大的民生。我们依法严惩各类违法犯罪，保安全护稳定促发展。全力维护国家安全和社会稳定。批捕各类刑事犯罪97393人，起诉173375人。其中，杀人等严重暴力犯罪6077人，盗窃等侵财犯罪33172人，电信网络及其关联犯罪14273人。依法从严惩治黑恶势力犯罪。扛牢扫黑除恶专项斗争政治责任，采取“三个三”举措，做到“是黑恶犯罪一个不放过、不是黑恶犯罪一个不凑数”。2021年以来，坚持机构不撤、标准不降、力度不松，推动扫黑除恶常态化。五年共审查起诉涉黑恶犯罪12116人，提出综合治理检察建议1013份。深入推进诉源治理。落实认罪认罚从宽制度和少捕慎诉慎押刑事司法政策，认罪认罚从宽适用率由36.7%上升到89.1%，适用人数达11.6万人。对犯罪情节轻微、社会危险性较小的犯罪嫌疑人依法不捕24211人、不诉26025人，诉前羁押率由60.1%下降到34.5%。

三、深入贯彻落实新发展理念，在服务保障全方位推动高质量发展中贡献检察力量

围绕省委“三区三地”建设等重大部署，深入分析司法需求，实施系列检察服务保障举措。主动融入重大战略实施。制定服务保障太忻一体化经济区建设等指导意见，设立转型综改示范区检察院，在各地开发区、产业园设立法律服务站等28个。主动发布法律监督工作白皮书等，服务决策治理。营造法治化营商环境。起诉破坏市场经济秩序犯罪13797人，积极防范化解金融风险。成立知识产权检察办公室，建立一体化办案机制和打击涉知识产权恶意诉讼专项协作配合机制。护航各类企业健康发展。持续做实对国企民企、内资外资、大中小微企业平等保护，三级院领导“一对一”包联企业，精准服务。建立第三方监督评估机制，全面推进涉案企业合规改革。会同省公安厅清理涉民营企业刑事“挂案”271件。加强生态环境司法保护。建立多部门协作机制，严打破坏生态环境资源犯罪。发挥“河（湖）长+检察长”制度优势，推行“专业化监督+恢复性司法+社会化治理”检察模式，督促恢复被污染破坏的耕地、林地、水源地。

四、深入贯彻落实以人民为中心思想，在解决群众“急难愁盼”中诠释检察温度

始终坚持人民至上，将心比心解决好人民群众操心事、揪心事、烦心事。办好群众身边“小案”。与多部门联手重拳治乱，起诉食药犯罪1943人，办理食药领域公益诉讼案件4579件。连续数年开展惩治欠薪行动，支持起诉6643件。建立涉农案件财物快速返还机制。为8077名涉案困难群众发放国家司法救助金。省检察院被省委省政府评为脱贫攻坚先进单位。“如我在诉”办理群众信访。收到的9.6万余件群众信访均在7日内告知“已收到、谁在办”，3个月办理情况答复率超过99.8%。实行院领导主办信访案件机制，针对疑难复杂信访问题，组织300余场检察听证。压减非必要的办案往返环节近六成，个案平均审查起诉时间减少了16天。用心做好未成年人司法保护。深化涉罪未成年人教育感化挽救工作，帮助760人回归社会。严打侵害未成年人犯罪，起诉5041

人。建立强制报告和入职查询制度。员额检察官全部入校担任法治副校长，涌现出“静芳工作室”等一批品牌。制发1536份督促监护令，督促“甩手家长”依法带娃。

五、深入贯彻落实加强法律监督工作要求，在维护社会公平正义中展现检察作为

认真贯彻中央《意见》和省委《实施意见》，充分发挥检察机关法律监督“专责”优势，更好维护司法公正。刑事检察更加有力。全覆盖建立侦查监督与协作配合办公室，构建执法监督新模式。监督立案5714件，监督撤案3524件，纠正漏捕和遗漏同案犯8296人。对认为确有错误的刑事裁判提出抗诉2697件。全面排查1990年以来刑罚变更执行案件，纠正383件。民事检察更加精准。建立法院正副卷一并调阅机制。对认为确有错误的民事生效裁判提出抗诉808件，提出再审检察建议583件。深化正确裁判释法说理，促成3347件案件息诉服判。持续惩治虚假诉讼“毒瘤”，依法监督纠正141件。行政检察持续做实。认真履行对行政机关违法行使职权或者不行使职权检察监督新职能。办结行政诉讼监督案件3557件，办理行政违法行为监督案件588件。实质性化解行政争议1551件。公益诉讼检察蓬勃发展。落实省人大常委会《关于加强检察公益诉讼工作的决定》，构建形成山西公益保护协同发展大格局。始终把诉前解决公益损害问题作为落脚点，综合运用沟通磋商等方式，督促行政机关自我纠错、依法履职。

六、深入贯彻落实全面深化改革部署，在推进司法体制改革中改进检察工作

以健全检察权运行机制、规范司法行为、强化司法监督为目标，统筹推进各项改革。完成内设机构改革。以案件类型和业务性质重新设置业务机构，完成检察机关自恢复重建以来规模最大、调整最多的系统性、重塑性变革。深化司法体制改革。突出检察官办案主体地位，制定检察官权力、案件、责任清单和进退流转办法，完善业绩考评，出台领导办案正负面清单，各级院领导办案10.3万余件。创新监督工作机制。注重从执法司法突出问题中检视检察监督意识不强、监督责任不落实等问题，建立监督意见落实情况“跟进监督”、上下级检察机关“接续监督”和监督不到位问责机制。推进数字检察变革。构建大数据资源库，检察网络内外部互联互通。制定加快数字检察建设实施意见，部署8个数字检察集中专项行动，大数据法律监督工作强势起步。积极参与反腐败斗争。受理监察机关移送职务犯罪3849人，起诉3664人，其中，厅局级以上干部113人。圆满完成季缃绮、宋太平、徐宝义等5名中管干部审查起诉工作。立案侦查司法工作人员相关职务犯罪案件107件152人。

七、深入贯彻落实全面从严管党治检要求，在自我革命中锻造过硬检察队伍

全面贯彻《关于新形势下加强政法队伍建设的意见》，努力建设一支信念坚定、执法为民、敢于担当、清正廉洁的检察铁军。抓党建带队建。制定新时代检察机关党建工作指导意见，建立工作机制，构建工作体系，实施“党建品牌工程”。省检察院被确定为第三批省级社会主义核心价值观建设示范点。抓监督严管理。与驻院纪检监察组建立全面从严管党治检会商机制，开展清廉机关建设，狠抓“三个规定”落实，统筹推进巡视等反馈问题整改，“零容忍”查处违纪违法检察人员304人。抓基层打基础。以“脱薄争先”为抓手，接续开展基层建设年、落实年、深化年活动。坚持人员下沉基层、政策倾斜基层、待遇优先基层，选齐配强基层检察工作“领头羊”，筑牢基层根基、释放基层活力。

八、深入贯彻落实全过程人民民主，在全面接受监督中提升检察公信力

始终把检察工作置于监督之下，自觉强化履

职制约，确保检察机关用权不滥权。依法接受人大监督。落实省十三届人大历次会议决议，向省人大常委会专题汇报认罪认罚等工作。建立清单式管理回复机制，代表提出的720件意见建议和192件转交办事项全部办结反馈。主动接受民主监督。定期向政协通报工作，办结答复委员提案56件。省检察院检察长登门走访各民主党派省委机关，主动接受监督。诚恳接受社会监督。邀请人民监督员监督案件5044件。及时向社会宣介重大专项活动、典型案例，检务透明度指数居全国检察机关前列。自觉接受履职制约。认真落实同审判机关、侦查机关、司法行政机关互相配合、互相制约原则。尊重和保障律师依法执业，开设绿色通道，办理反映侵犯律师执业权利案件325件。

各位代表，山西检察五年的发展和进步，是各级党委领导、人大监督和政府、政协以及社会各界关心支持帮助的结果。在此，我代表全省检察机关致以最崇高的敬意和最衷心的感谢！

我们也清醒地认识到，检察工作还有许多不足。我们将高度重视并持续努力改进。

2023年检察工作建议

总的要求是：坚持以习近平新时代中国特色社会主义思想为指导，全面贯彻落实党的二十大精神，深入贯彻习近平法治思想和习近平总书记对政法工作、检察工作、山西工作的重要指示精神，认真落实中央政法工作会议、省第十二次党代会、省委经济工作会议部署和本次会议决议，深刻领悟“两个确立”的决定性意义，增强“四个意识”、坚定“四个自信”、坚决做到“两个维护”，全面深入贯彻中央《意见》和省委《实施意见》，围绕全方位推动高质量发展大局，依法能动履职，着力推进全省检察工作现代化，为奋力谱写全面建设社会主义现代化国家山西篇章贡献检察力量。要全面深入学习贯彻党的二十大精神。对照检察工作现代化新要求，进一步细化任务清单和工作台账，健全督促考评机制，确保二十大精神在检察机关落地落细。要全面主动融入“两个转型”大局。维护国家安全和社会稳定，平等保护市场主体合法权益，跟进全省重点工程项目，积极维护社会公共利益，促进社会治理创新。要全面对标人民群众法治新需求。聚焦重点民生领域，办理一批“硬骨头”案件。处理好人民群众信访事项和个案诉求，使人民群众获得感、幸福感、安全感更加充实。要全面加强检察机关法律监督工作。健全行政执法与刑事司法衔接机制，加强刑事立案、侦查、审判和执行监督，精准开展民事诉讼监督，全面深化行政检察工作，积极稳妥推进公益诉讼检察，全面实施检察大数据战略。要全面准确落实司法责任制。持续完善检察官遴选和退出、惩戒和保护机制，健全检察权运行制约监督体系，构建更加符合司法规律的检察工作机制。要全面锻造高素质检察队伍。坚持思想淬炼、政治历练、实践锻炼、专业训练相结合，着力提升队伍素质和基层战斗力。深化清廉建设，巩固深化政法队伍教育整顿成果，做实严管厚爱。

各位代表，历史在奋斗中铭刻，未来在奋进中开拓。面对更重责任，我们始终胸怀“两个大局”，心系“国之大者”，紧密团结在以习近平同志为核心的党中央周围，锚定中国式现代化建设宏伟蓝图，全面落实本次会议精神，主动接受新一届代表监督，矢志不渝、笃行不怠，以履职实践让党的二十大精神在检察事业发展中落地生根、开花结果！

内蒙古自治区高级人民法院工作报告

——2023年1月13日 在内蒙古自治区第十四届人民代表大会第一次会议上

内蒙古自治区高级人民法院院长　杨宗仁

各位代表：

现在，我代表自治区高级人民法院向大会报告工作，请予审议，并请各位政协委员和列席会议的同志提出意见。

2018年以来，全区法院坚持以习近平新时代中国特色社会主义思想为指导，深入贯彻习近平法治思想，全面贯彻党的十九大、十九届历次全会精神和党的二十大精神，认真落实习近平总书记对内蒙古重要讲话重要指示批示精神，深刻领悟“两个确立”的决定性意义，增强“四个意识”、坚定“四个自信”、做到“两个维护”。坚决执行自治区十三届人大历次会议决议，以提升审判执行工作质效为主轴主线，连续开展“提质增效年”“创新管理年”“纪律作风建设年”“巩固提升年”等活动，扎实开展弘扬“蒙古马精神”大实践活动，全区法院司法为民举措不断完善，办案质效持续向好，素质能力显著提升，政治生态逐步改善，精神面貌焕然一新，服务保障自治区经济社会高质量发展成效明显。五年来，全区法院共受理案件391.8万件，审结386.5万件。2022年，克服疫情连续冲击带来的严重困难，全区法院上下一心，争分夺秒快办案，多措并举办好案，办案质效取得了历史性突破，全年收案86.7万件，结案81.3万件，结案率93.9%，人均结案226件，结案率排名从2017年底的23位跃升至全国第6位，案件结收比全国排名第1位，一审服判息诉率全国排名第10位。高院机关结案率在全国高院排名第3位。

铸牢法治之魂，坚持党的全面领导更加坚强有力

加强党的政治建设。全区法院牢固树立政治机关意识，始终把“两个维护”作为最高政治原则并贯穿到法院工作全过程，坚决做到党中央决策部署到哪里，人民法院的服务保障就跟进到哪里。坚持旗帜鲜明讲政治，深入学习宣传贯彻党的二十大精神，全区法院组织宣讲150余场次，利用全媒体手段持续加大宣传力度。扎实开展“不忘初心、牢记使命”主题教育、党史学习教育、“两个确立”专题教育等活动，通过机关党校、内蒙古法院云课堂开展全员政治轮训，举办习近平法治思想等系列辅导讲座132场次，广大干警把绝对忠诚绝对纯洁绝对可靠刻在灵魂中落实在行动上，政治判断力、政治领悟力、政治执行力持续提升。

落实党的决策部署。围绕贯彻落实习近平总书记重要讲话重要指示批示精神，落实“第一议题”制度，建立专门台账和督办机制，持续跟踪问效。出台《全区法院服务保障内蒙古“五大任务”的意见》《司法服务保障“五个大起底”行动工

作方案》，坚持从政治上谋划、部署和推动法院工作。认真贯彻落实《中国共产党政法工作条例》和自治区实施办法，严格执行重大事项请示报告制度，落实各级法院党组主体责任，法院党组政治建设更加坚强有力。坚决铸牢中华民族共同体意识，在化解矛盾纠纷中促进民族团结，发挥审判职能呵护“模范自治区”崇高荣誉。内蒙古法官进修学院等五家单位被评为“全区民族团结进步示范单位”。

推进全面从严治党。认真履行管党治党主体责任，制定并落实好从严治党、从严治院的七个方面27条具体举措，严格执行新时代政法干警“十个严禁”、防止干预司法“三个规定”等铁规禁令，开展151次司法巡查和审务督察，实现了全区法院全覆盖，坚决把全面从严治党、从严治院要求贯彻到具体工作中。认真开展党风廉政建设和反腐败斗争，一体推进不敢腐、不能腐、不想腐，常态化组织警示教育和以案促改，零容忍惩治司法腐败。扎实开展政法队伍教育整顿，培养选树了王爱林等23名政法英模和先进个人，突出问题得到有效整治，政治生态全面重塑、持续向好，从严管党治警不断走深走实。全力抓好自治区巡视反馈意见整改落实，制定问题清单和整改台账，整改任务全部完成。

扛牢安全之责，保障“两个屏障”建设更加坚实有力

筑牢我国北方重要生态安全屏障。围绕自治区走以生态优先绿色发展为导向的高质量发展新路子、“一湖两海”、黄河流域生态保护等工作，制定司法保障措施，发布环境资源审判白皮书和典型案例，织密生态环境司法保护网。全面推行环境资源民事、刑事、行政案件“三合一”归口审理，审结各类环境资源案件5.3万件，积极参与自治区煤炭资源领域违法问题和破坏草原林地违规违法行为专项整治，审结涉煤领域相关案件781件，累计完成追损挽损26.87亿元；审结涉林草刑事案件988件，用最严格制度最严密法治保护生态环境。呼伦贝尔市法院被确定为全国首批司法保护实践基地，通辽市、兴安盟等法院探索构建“恢复性司法实践+社会化综合治理模式”，呼和浩特市、乌兰察布市、巴彦淖尔市等地法院设立生态环境法律服务站、旅游法庭、环保法庭，以司法之力守护绿水青山。

筑牢祖国北疆安全稳定屏障。坚持惩罚犯罪、保护人民，五年来，审结一审刑事案件12.9万件，判处罪犯17.2万人。依法严惩危害国家安全犯罪，依法维护国家政治安全，严厉打击敌对势力渗透破坏颠覆活动，依法保障民族团结、边疆稳定。决战决胜并常态化开展扫黑除恶，聚焦“案件清结”“黑财清底”，共审结涉黑涉恶案件1120件1.06万人，财产处置到位75.9亿元，处置到位率84.4%，史春杰、冯强、王利明、易连峰等一批黑恶犯罪分子受到法律严惩。严重暴力犯罪案件从2018年的4417件，下降至2022年的2114件，社会治安持续向好。坚定不移惩贪治腐，建立重大职务犯罪案件督办机制，一审审结贪污贿赂、渎职等犯罪案件2755件4220人，其中原厅局级被告人131人，原中管干部孙怀山、蒙永山接受法律审判，“百名红通人员”白静违法所得被依法裁定没收，为巩固反腐败斗争压倒性胜利提供了有力司法保障。

不断提升人权法治化保障水平。圆满完成特赦重大任务，依法特赦罪犯331人。坚持罪刑法定、疑罪从无、证据裁判，依法对134件案件的186名被告人宣告无罪，确保无罪的人不受刑事追究。开展违规违法减刑、假释、暂予监外执行问题专项整治，不允许任何人有法外特权。

胸怀国之大者，司法护航高质量发展更加积极有为

全方位优化法治化营商环境。强化司法理念转变，制定优化法治化营商环境评估指标体系及具体措施30条，出台《依法加强民营经济高质量

发展司法保障的若干意见》等制度机制43项，推出涉企诉讼“绿色直通车”、减缓诉讼费、设立“驻企法官工作站”等惠企举措，构建对企全流程“开门纳谏”长效机制，以法治力量助力企业发展。加强产权和企业家权益保护，严格把握涉企案件罪与非罪的界限标准，制定规范涉企刑事案件审判的实施意见，判决企业家无罪案件24件44人，企业家专心创业、放心投资、安心经营的信心持续提振。优化创新创造创业法治环境，出台《自治区创新驱动发展战略司法保障意见》，发布知识产权司法保护白皮书和典型案例，审结知识产权案件9701件，“华面香粥”“老潼关肉夹馍”等一批社会关注度较高的知识产权侵权案件得到依法审结，在严格保护知识产权的同时，有效维护了中小微企业的合法权益，产权保护和优化营商环境工作得到最高法院主要领导批示肯定。

做好“六稳”工作、落实“六保”任务。落实纾困惠企政策，助力企业复工复产，制定10项助企举措和14条服务措施，出台司法高效统筹服务疫情防控和经济社会发展的13项措施，运用司法手段帮助企业留下来、发展好。出台《关于为中小微企业依法提供缓交、减交诉讼费用的司法救助工作指引》，不让困难企业打不起官司。树立善意文明执行理念，出台《关于进一步规范对被执行人采取惩戒措施的意见》，严格区分失信和丧失履行能力，尽可能对被执行企业采取“活封”措施，让查封财产保持运营价值，最大限度降低对被执行企业正常生产经营的不利影响。严厉打击拖欠中小微企业账款行为，开展涉金融案件集中执行行动，共执结案件2.8万件，执行到位金额298.7亿元，一批困扰企业经营发展的“骨头案”“钉子案”得以有效执结。加强破产审判，建立“破产处置府院协调联动机制”，出台《破产案件简易高效审理操作规程》，完善破产管理人名册，推动各地成立破产管理人协会，审结破产案件654件，盘活资产174亿元。赤峰市法院着力清理涉企积案，帮助兴业集团、蒙都羊业等企业脱困重生。主动适应常态化疫情防控要求，拓展线上办案、网上立案、线上调解、云上开庭、电子送达，确保诉讼服务“不打烊”、案件审理“不停摆”。

深度服务脱贫攻坚和乡村振兴。司法助力打赢脱贫攻坚战，妥善审理涉农涉贫案件，积极化解涉贫领域矛盾纠纷，全区法院先后选派300余名干警担任驻村干部，深入基层参与脱贫和对口帮扶工作。高院分期选派多名领导干部到国家级贫困旗巴林右旗担任自治区脱贫攻坚工作总队长，创新探索司法服务助力脱贫攻坚，累计争取2000余万元物资，助力巴林右旗在2018年底实现66个贫困嘎查村全部脱贫出列，受到自治区党委表彰以及社会各界一致好评。巩固脱贫攻坚成果同乡村振兴有效衔接，全区380个人民法庭链接1242个基层治理单位，有效激活基层解纷服务网络，最大限度将矛盾化解在基层和萌芽状态。发挥“跨域审判+”、巡回审判车、诉讼服务110、马背法庭等优势作用，定期深入田间草场、牧民毡房开展巡回审判、入户调解、以案说法、以事普法，助推法治乡村建设。

顺应民之所需，
法治保障人民安居乐业更加坚实完善

加强民生权益司法保障。切实实施民法典，五年来，审结各类民事案件228.6万件，其中涉及就业、教育、医疗等案件15.8万件，保障和改善民生。持续开展“根治欠薪百日攻坚”专项行动，帮助农牧民工追回“血汗钱”4.21亿元，让劳动者劳有所得。深入推进家事审判，建立多部门协调联动机制，完善家事调解、家事调查制度，签发人身保护令333份，促进家庭和睦、社会安定。开辟涉军案件“绿色诉讼通道”，平等保护军地双方当事人的合法权益，阿拉善盟中院等5家法院被评为“涉军维权先进单位”。

依法维护群众切身利益。依法严惩涉众型经济犯罪，审结“金道堂”集资诈骗、非法吸收公

众存款案以及“兴麟系列”房地产公司合同诈骗案等2018件，切实维护群众钱袋子安全。2022年，开展打击整治养老诈骗专项行动，审结养老诈骗案件22件，涉案金额24亿元，坚决守护百姓“养老钱”。发布反诈宣传视频百余个，在媒体发稿2000余篇，“不敢骗、不能骗、骗不了”的氛围深入人心。坚持“教育、感化、挽救”方针，审结未成年人犯罪案件2092件2642人，封存犯罪记录，进行回访帮教，发出家庭教育令120余份，以“爱林工作室”“赵婧工作室”为代表的未成年审判，用司法温情为孩子们擎起了一片“法治蓝天”。

切实解决群众急难愁盼。持续强力推进执行攻坚，连续开展“草原雄鹰”“凛冬亮剑”等专项执行行动，五年来，共执结案件133.5万件，执行到位金额2927亿元。完善执行管理体制机制，推动构建“党委领导下的执行难综合治理工作大格局”，列入为民办实事清单的364件涉府案件全部执结，最高法院周强院长批示“成效显著，值得认真总结和推广”。有效破解查人找物和财产变现难题，与住建、公安等10余家单位建立网络执行查控系统，人口信息、住房信息、车辆轨迹等均实现“线上”查询。上线网络司法拍卖平台，网络拍卖12.9万次，成交额169.8亿元，有力维护了胜诉当事人的合法权益。依法制裁拒不执行生效裁判的犯罪行为，审结相关案件222件，256名被执行人被判处刑罚。强力开展联合失信惩戒，建立失信被执行人名单制度，联合工商、金融等部门构建信用惩戒网络，累计公开失信被执行人信息9.8万人次，有力促进了社会诚信体系建设。

秉持公正之心，
办案质效提升更加稳健有力

狠抓案件质量。将审判能力建设作为基础性工程，2018年以来，内蒙古法院在全国法院率先编辑出版280余万字的《人民法院办案程序指引》，编写涵盖刑事、民事、行政、执行共19个案由的《内蒙古法院裁判规则指引参考》，建立包含3.8万篇行政裁判文书及典型案例的行政诉讼案例数据库。通过聚焦聚力审判能力建设，全区法院案件审理程序标准化、规范化水平进一步提升，反映裁判尺度和法律适用统一的二审改判数、发回重审数明显下降。建立类案、串案、新类型案件研判机制，开展多种形式的案件评查，优化审判质效评价体系，因时因势研判指导，确保案件质量。2022年，进入法院审理的案件有90%通过第一次审理就服判息诉。

提升办案效率。深入推进“繁简分流”改革，实施繁案精审、简案快审，全区法院案件平均办理天数较2018年缩短27天。坚持高效便民原则，建成覆盖三级法院的“人民法院在线服务平台”，呼和浩特市、呼伦贝尔市、乌海市等52家法院建立“24小时自助诉讼服务站”，提供网上立案、申请调解等一站式诉讼服务，人民群众办理诉讼事务实现全流程“掌上办”，让信息多跑路、群众少跑腿。坚持和发展新时代“枫桥经验”，搭建人民法院调解平台，5060个调解组织和8358名调解员进驻，平均每小时就有近30件纠纷成功化解在诉前。通辽市中院积极争取党委支持，建立“分层过滤+诉调对接+司法确认”工作机制，2022年新收案件同比下降21%，诉源治理成效明显。鄂尔多斯市中院打造“三端五防线”模式，实现矛盾梯次过滤、全域管理。赤峰市翁牛特旗法院“融合党建”推动矛盾化解、巴彦淖尔市临河区法院“主动融入诉源治理大格局”、呼和浩特市赛罕区法院引入区外专业性调解组织，各地法院独具特色的多元解纷模式让正义提速，诉讼成本显著降低。

注重办案效果。强化裁判文书释法说理，锡林郭勒盟、乌兰察布市、阿拉善盟等地法院开展裁判文书评查、释法说理讲座，让正义看得见、讲得明，努力实现政治效果、法律效果、社会效果的有机统一。依法保障人民群众参与司法民主权利，80%以上的一审普通程序案件都有人民陪审

员参审，让审判更加贴近社情民意，更符合社会主义核心价值观。做好涉诉信访案件化解工作，开展“院长带头下基层、我为群众办实事”活动，各级法院领导定期接访、约访、下访2000余次，推出便民举措621项，解决问题509个，切实帮助群众了结案件、解开心结。

筑牢法治之基，助力“法治内蒙古”建设更加协同高效

服务法治政府建设。发挥行政审判职能作用，审结行政案件5.1万件，依法维护公民、法人、其他组织合法权益。在全国率先出台《行政诉讼中一并审理相关民事争议指导意见》，优化资源配置、提高诉讼效率、减少当事人诉累，大量行政争议得到实质性化解，有效促进案结事了。监督支持行政机关依法行政，发布《行政机关负责人出庭应诉白皮书》，及时通报行政机关败诉案件和行政机关负责人出庭应诉情况，全区行政机关负责人出庭应诉率逐年递升至100%。延伸司法服务，建立常态化联席会议机制，发布《行政审判白皮书》《履行行政审判司法监督职能报告》，得到最高法院主要领导批示肯定。

深化司法体制改革。全面落实司法责任制，完善审判权责清单制度，落实差错案件责任追究制度，确保“让审理者裁判，由裁判者负责”。深化司法制约监督体系建设，围绕审判工作事前、事中、事后三个环节，出台院庭长办案、案件质量评查等20余项审判管理制度，全面落实院庭长审判监督管理职责，建立“四类案件”识别监管平台，做到放权不放任，用权受监督。建立单独职务序列的司法人员管理制度，遴选员额法官4批次1589人充实办案一线，推进院庭长办案常态化，让法官专注审判、回归办案。五年来，全区法院人均办案数从169件上升至226件，机制优势充分显现。统筹内部管理机制建设，推进三级法院审级职能定位改革，一半以上的冗余机构得以精简，内部管理更加顺畅高效。健全司法人员依法履职保障制度，工资、津贴等与法官等级相匹配的职业保障体系基本建立，鼓励多办案办好案。

加强智慧法院建设。向数字技术要司法生产力，全区法院建成数字化科技法庭1420个，深度应用庭审语音识别、卷宗图像识别、文书自动生成、庭审职能巡查、无纸化办公等技术，法官事务性工作减轻20%以上，庭审效率提升15%以上。坚持主动作为、先行先试，2022年，建成“内蒙古法院区块链证据核验中心”，涵盖61个数据上链节点和应用场景，全区法院全部推开区块链司法应用工作，累计上链存证2438.6万件，上链核验证据5.5万次，电子送达司法数据上链100%，实现了从推广覆盖面、应用场景设计、证据验核次数、制度建设等全面推进，第三方机构评价内蒙古法院区块链司法应用在全国遥遥领先。自主定制研发内蒙古法院大数据平台，对接审判、执行等16个系统，累计汇集769.7万件案件信息，每年自动生成司法统计报表约1万张，让大数据跑出办案“加速度”，真正实现“一屏看全区、一网管全程”。

锤炼堪当大任之志，队伍素质能力更加过硬全面

着力强化党建引领。坚持抓党建带队建促审判，推进支部标准化规范化建设和“最强党支部”创建，鄂尔多斯市中院、呼铁中院党建案例获评全国法院党建创新优秀案例，包头市、锡林郭勒盟等法院被评为“全国法院党建工作先进集体”，自治区高院30个基层党组织、12名个人被最高法院、区直机关工委表彰。创新“党建+”工作思路，2022年，开展“党建引领推进信访积案清仓见底”集中攻坚行动，300余名党员干警揭榜化解200余件信访案件。在疫情防控中发扬党员先锋模范作用，自治区高院432名党员干部下沉防控一线，彰显了担当作为的政治本色。

全面提升履职能力。加强年轻干部和人才队伍建设，制定全区法院人才培养五年规划，建立

专家型审判人才梯次培养机制，评选全区法院审判专家、“五个一百”优秀调研人才，具有本科及以上学历干警由2018年的7679人增加至9440人。强化教育培训，常态化开展“天平之星”法官大讲堂、优秀裁判文书评选、优秀庭审评比、岗位练兵、司法警察实战化训练等活动，专业化、职业化水平不断提升。针对服务大局、人才队伍建设、人民法庭建设等工作开展专题调研，形成48件条线指导意见，73项调研成果在全国范围内获奖。树立重实干重实绩的用人导向，高院机关累计培养22批409人次到副处级以上岗位，开展“担当作为 以案促改”专项行动，全区法院选树了100名“担当作为好干警”，内蒙古法院实字当头、真抓实干的新形象逐渐树立起来。

加强法院文化建设。扎实开展弘扬“蒙古马精神”大实践活动，被评为2022年度内蒙古“十大法治事件”。推进“书香法院”、学习型法院建设，精心打造“文化长廊”，组建法院业余乌兰牧骑，发挥文化阵地作用，凝心聚力铸魂。2022年，“鹿小法”普法文创项目获评全国法院文化建设特色项目，14件作品荣获“金法槌奖”，司法影响力充分彰显。积极开展英模选树宣传活动，五年来，486个集体、1407名个人获得自治区级以上表彰，诠释了司法为民、公正司法的初心使命。

汇集监督之力，
全过程人民民主更加广泛充分

坚持把自觉接受人大监督、政协民主监督作为促进公正司法的重要保障，及时向人大汇报工作情况，五年来，邀请各级人大代表、政协委员参加会议、视察法院、旁听审判、见证执行2062人次，办理自治区人大、政协交办的建议提案1476件。自觉接受纪委监委监督，依法接受检察机关法律监督，广泛接受社会监督，主动接受新闻媒体、律师界监督，促进法院工作高质量发展，共同维护司法公正。

各位代表，五年来，法院工作从理念到实践、从体制到机制、从能力到作风都发生了深刻变革、实现了长足发展。这些发展与进步，根本在于习近平新时代中国特色社会主义思想科学指引，是习近平法治思想在司法领域的生动实践。这些成绩的取得，离不开党委的坚强领导，各级人大及其常委会有力监督，各级政府大力支持，政协民主监督，社会各界和广大人民群众关心支持帮助。在此，我代表自治区高级人民法院表示衷心的感谢和崇高的敬意！

同时，我们也清醒地认识到，全区法院工作还存在不足和差距：一是司法理念、能力水平还不能完全适应服务保障经济社会高质量发展的需要，队伍素质和司法作风还需大力提升；二是对审判权的监督管理仍需进一步加强；三是党风廉政建设任务依然繁重，从严管党治警治院仍需加强，违纪违法人员涵盖面较广、涉及不同职级，教训十分深刻；四是基层基础建设还存在短板，一些法院人案矛盾仍然突出。对于这些问题，我们将在党委的坚强领导下采取有力措施，切实加以解决。

2023年是全面贯彻党的二十大精神、开启中国式现代化新征程的开局之年。全区法院将坚持以习近平新时代中国特色社会主义思想为指导，自觉对标对表党的二十大精神，全面贯彻落实中央、自治区经济工作会议精神，认真贯彻中央政法工作会议精神、全国高院院长会议精神，全面落实自治区党委十一届四次全会精神，巩固拓展全区法院在激励担当作为、提升案件质效方面积累的好经验、好做法，开展“规范、精减、提速”促进年活动，忠诚履行法律赋予的职责使命，服务大局、司法为民、公正司法，奋力推进政法工作现代化。一是坚持以更高站位把牢政治方向。深刻领悟“两个确立”的决定性意义，增强“四个意识”、坚定“四个自信”、做到“两个维护”，坚定不移走中国特色社会主义法治道路。二是坚持以更大作为服务自治区“加快发展、大抓发展”。

端正发展理念，做到“七个摒弃”，落实《全区法院服务保障内蒙古“五大任务”的意见》，开展“优化法治化营商环境主题服务”活动，坚持办案与服务并行、严格公正司法，加强纠纷实质化解，优化法治化营商环境，支持民营经济发展，助力我区优化经济布局和做大经济总量。三是坚持以更深情怀践行司法为民。扎实做好惠民生、防风险、保稳定工作，抓紧抓实审判执行第一要务，深化以审判为中心的诉讼制度改革，完善诉讼服务和诉源治理，努力解决群众“急难愁盼”问题，让人民群众切实感受到公平正义就在身边。四是坚持以更实标准推进改革创新。继续聚焦审判执行质效巩固提升，规范司法权力运行，精减办案办事程序，提升案件办理质效。完善审判权运行制约监督机制建设，拓展区块链技术应用，不断提升司法效能和公信力。五是坚持以更严要求锻造过硬队伍。牢记“三个务必”，深化弘扬“蒙古马精神”大实践活动，增强斗争精神，强化担当作为。加强党风廉政建设，聚焦“三多、三少、三慢”问题，讲政治、讲法治、讲学习、讲担当、讲纪律，严格执行防止干预司法“三个规定”、新时代政法干警“十个严禁”等铁规禁令，落实近亲属“禁业清单”，努力锻造一支堪当重任、素质优良的法院铁军。

各位代表，新的一年全区法院将更加紧密地团结在以习近平同志为核心的党中央周围，在自治区党委的坚强领导、人大及其常委会的有力监督、政府及社会各界的大力支持下，大力弘扬蒙古马精神，努力推进落实总书记交给内蒙古的“五大任务”，助力全方位建设“模范自治区”，扎实有效做好服务大局、司法为民、公正司法各项工作，在中国式现代化内蒙古实践的进程中展现司法新担当新作为。

内蒙古自治区人民检察院工作报告

——2023年1月13日在内蒙古自治区第十四届人民代表大会第一次会议上

内蒙古自治区人民检察院检察长　李琪林*

各位代表：

现在，我代表自治区人民检察院，向大会报告工作，请予审议，并请自治区政协委员提出意见。

过去五年工作回顾

过去的五年，是党和国家发展进程中具有里程碑意义的五年。全区检察机关坚持以习近平新时代中国特色社会主义思想为指导，深入学习贯彻习近平法治思想和习近平总书记对内蒙古重要讲话重要指示批示精神，主动适应我国社会主要矛盾发生的历史性变化，着力破解检察工作高质量发展中的矛盾和问题，讲政治、顾大局、谋发展、重自强，全面履行法律监督职责，各项检察工作在落实中稳进提升。

一、聚焦党的绝对领导，坚定正确政治方向

坚持政治机关根本定位，把拥护“两个确立”、做到“两个维护”贯穿于检察工作全过程。建立学用评价机制，深入开展“不忘初心、牢记使命”主题教育、党史学习教育和政法队伍教育整顿，在思想上跟上新思想、在行动上跟进新时代，不断激发检察干警履职尽责的内生动力和使命担当。坚决贯彻政法工作条例，严格执行重大事项请示报告等制度规定，自治区检察院及时请示报告重点事项、重要情况、重大案件557次。深化落实《中共中央关于加强新时代检察机关法律监督工作的意见》，紧紧围绕“五大任务”发挥检察职能作用。纵深推进扫黑除恶专项斗争，扎实开展煤炭资源领域和破坏草原林地违规违法专项整治，坚决贯彻推行国家统编教材决策部署，积极开展民族团结进步创建，持之以恒优化法治化营商环境，依法服务疫情防控大局，检察干警下沉企业社区乡村13万多人次，助力联防联控、复工复产，以实际行动践行对党忠诚。

二、聚焦服务大局，助力经济社会高质量发展

围绕我国北方重要生态安全屏障建设，持续打好污染防治攻坚战，探索实践“内蒙古生态检察模式”，起诉破坏环境资源犯罪8963人，办理环境资源领域公益诉讼18066件。着眼山水林田湖草沙系统治理，与行政执法机关构建环境资源保护共治格局，“林长、河湖长+检察长”联动协作，开展“保护黄河”“河湖清四乱”“守

* 2023年2月24日，第十三届全国人民代表大会常务委员会第三十九次会议通过，批准任命李永君为内蒙古自治区人民检察院现任检察长。

护北疆草原林地”等专项监督，督促修复被损毁耕地、林地、草原、湿地188.3万亩，督促清理被污染水域面积2.1万亩。持续深化生态保护跨区域协作，呼包鄂乌检察机关同步发力防治大气污染，与毗邻省区检察机关共抓大兴安岭、辽河、黄河、腾格里沙漠、贺兰山等跨域环境治理，与俄蒙检察机关协力加强边境生态环境保护，助力筑牢北疆万里绿色长城。

围绕祖国北疆安全稳定屏障建设，贯彻总体国家安全观，严惩危害国家安全、公共安全和破坏民族团结犯罪，突出打击严重暴力犯罪和多发性犯罪，共批捕相关犯罪嫌疑人21143人、起诉30162人，较前五年分别下降19.7%和23.8%。其中杀人、抢劫、绑架犯罪下降55.8%，盗窃、抢夺、聚众斗殴犯罪下降32.2%，毒品犯罪下降49.1%。深入开展扫黑除恶专项斗争并常态化推进，起诉易连峰、范泉智、郭全生等黑恶团伙及其“保护伞”6100人。积极参与安全生产专项整治三年行动，起诉危害公共安全等犯罪59986人。打好防范化解金融风险攻坚战，起诉金融诈骗、破坏金融管理秩序、洗钱犯罪3437人。因时因势服务疫情防控，及时出台文件指导各地准确把握涉疫案件法律政策，严格法律适用标准，筑牢抗疫法治防线。

围绕国家重要能源和战略资源基地、国家重要农畜产品生产基地建设，部署开展煤炭资源领域国有财产、国有土地保护专项监督，督促开展矿山生态环境修复治理，挽回国有财产损失62亿元，督促收回国有土地出让金9亿元、被非法占用国有土地1525亩。依法打击制售伪劣农资、非法占用农用地等犯罪5157人，保护农民利益和粮食安全。持续开展土地执法查处领域非诉执行专项监督，督促清理整治违法占地1.9万亩，助力守牢耕地红线。与俄蒙就打击走私犯罪、边境口岸司法协作、检察人员会晤交流等建立长效机制，服务“一带一路”和向北开放桥头堡建设。

优化法治化营商环境，起诉破坏市场经济秩序犯罪9985人，较前五年上升23.1%。持续做实民营经济平等保护，2018、2021、2022年相继发布检察政策和具体措施，努力营造安商惠企的法治化营商环境。进一步加强涉民营企业立案监督和羁押必要性审查，营造宽缓司法环境，依法对涉罪民营企业人员不捕不诉3927人，不捕不诉率高出总体刑事犯罪5.9个百分点。全面推开涉案企业合规改革试点，在依法不捕、不诉或者提出轻缓量刑建议的同时，督促51家涉案企业进行合规整改，促进完善企业管理机制、依法守规经营，以容错纠错护航企业发展。为防止以虚假合规逃避刑事罪责，会同工商联、国资委等8部门共建第三方监督评估机制，加强第三方专业化监管，确保真整改、真合规。会同公安机关连续4年清理久拖不决涉企“挂案”44件，解除企业发展羁绊。会同司法行政机关对229名社区矫正对象，准予其临时赴外地从事生产经营，以弹性监管释放司法善意。强化知识产权综合司法保护，自治区和43个盟市、基层检察院专设知识产权检察办公室或办案组，一体履行刑事、民事、行政、公益诉讼检察职能，与自治区知识产权局、版权局等部门建立协同保护机制，起诉侵犯知识产权犯罪290人。在伊利、蒙牛、蒙草等重点企业挂牌“检察联系点”，主动提供检察服务。

将诉源治理贯穿检察办案各环节，应用尽用认罪认罚从宽制度，对86834名自愿认罪服法的犯罪嫌疑人提出轻缓量刑建议，一审服判率达到95.4%，高出总体刑事案件4.9个百分点，有效减少对抗，促进和谐稳定。对大多数轻微犯罪、初犯偶犯等坚持少捕慎诉慎押，不捕不诉率较前五年增加6.9个百分点；对不需要继续羁押的犯罪嫌疑人，建议变更强制措施6057人。在呼和浩特等地推广使用电子手环监控、赔偿保证金提存等非羁押监管措施，在精准监管下体现司法温情。参与推进市域社会治理，深入落实第一至八号检察建议，针对快递物流、金融信贷、社区矫正、安全生产等领域问题，向有关部门制发检察建议

1882件，促进堵漏建制、源头防范。武川县两村民因一只羊归属问题引发纠纷，造成3死2伤，县检察院向县政府公开宣告送达检察建议，督促开展社会矛盾纠纷隐患排查整治，助力提升基层治理水平。坚持“谁执法谁普法”，编译民法典等39部普法宣传手册，持续送法下基层，实现全区苏木嘎查、民族院校全覆盖。引领社会法治观念，常态化发布法律监督数据和典型案例，60个检察院、81个新媒体账号、156部宣传作品受到国家级表彰，“内蒙古检察”连续三年蝉联中国最具影响力政法新媒体。

三、聚焦司法为民，全力解决人民群众急难愁盼

助力脱贫攻坚和乡村振兴，起诉扶贫领域“微腐败”131人，向因案致贫返贫的2935个受害家庭发放救助金5132万元，较前五年增长4.8倍。紧盯群众身边的侵权案件，严惩网络诈骗、制售假冒伪劣食品药品、高空抛物、窨井伤人等威胁“钱包”“舌尖”“头顶”“脚下”安全犯罪，从严起诉2403人，让群众生活更安心。开展整治养老诈骗专项行动，起诉116人，追赃挽损675万元。赤峰黄某等17人以代办养老保险为由实施诈骗，涉案金额近1.1亿元。检察机关协力追赃挽损，并督促社保部门完善养老保险办理和监管制度。助力弱有所扶，支持起诉860件，帮助农民工追回欠薪2671万元；协同妇联对困难妇女群体开展专项司法救助；开展无障碍环境建设专项监督，合力扶残助残。

及时跟进群众司法需求，在各盟市开通“检察直通车”，把司法服务送到农牧民“家门口”。以“如我在诉”用心做实群众信访件件有回复，对收到的93343件群众信访按时答复、及时办理。以推动信访矛盾实质性化解为目标，全面实行“包案+听证+救助”工作机制，到基层检察院首次信访申诉案件全部由院领导办理，力争首办即化解。对有较大争议的案件，组织听证3943件，让公平公正可见可感。

持续加强未成年人综合司法保护，针对拉拢、诱迫未成年人参与有组织犯罪，一律依法从严追诉、从重提出量刑建议，起诉侵害未成年人犯罪5060人，较前五年增长5.4倍。最大限度教育感化挽救涉罪未成年人，依法决定附条件不起诉1034人，适用率由2018年的10.1%上升到40.5%。坚持宽容不纵容、厚爱又严管，起诉较严重犯罪未成年人2657人，较前五年下降48.2%。积极参与校园安全专项整治，促推建立完善预防性侵害、校园欺凌等工作机制，1100多名法治副校长开展宣讲近5000场次。会同教育、公安等部门落实入职查询、强制报告制度，与民政、共青团、妇联等部门合力构建社会化保护大格局，全力守护未成年人安全健康成长。

四、聚焦法律监督，维护执法司法公平公正

严把刑事诉讼第一道关口，与公安机关共同设立侦查监督与协作配合办公室118个，监督立案、撤案5141件，较前五年上升12.5%。坚守客观公正立场，对不构成犯罪或证据不足的，依法不捕13175人，不诉7931人，较前五年分别上升29.7%和156%。对认为确有错误的刑事裁判提出抗诉和再审检察建议1643件，较前五年上升75.7%。全面倒查1979年刑法和刑事诉讼法施行以来的刑事执行案件，监督整改违规违法减假暂3571件，监督收押收监610人。强化对计分考核、病情鉴定等关键环节的实质化审查，坚决纠防“纸面服刑”。对18所监狱、55个看守所和55个社区矫正机构开展巡回检察，督促纠正监管违法、驻所监督不力等问题3000余个。监检协同完善线索移送、提前介入、指定管辖等衔接机制，受理各级监委移送职务犯罪3442人，对4名原省部级干部、197名原厅局级干部和342名原县处级干部提起公诉。对“百名红通”人员白静贪污案，准确把握违法所得证明标准，提出全区首例没收违法所得申请，入选全国指导性案例。从严查办司

法工作人员职务犯罪226人，维护清朗的执法司法环境。

加强民事诉讼精准监督，深入贯彻实施民法典，建立正副卷一并调阅制度，全面把握案情，提升监督质效。对认为确有错误的民事裁判提出抗诉822件，抗诉改变率较前五年增加11.7个百分点；提出再审检察建议1110件，法院采纳率较前五年增加19.5个百分点。持续加大民事执行监督力度，对案款发放、终结本次执行程序等问题开展专项监督，提出纠正意见13450件，起诉拒不执行判决、裁定犯罪258人，助力破解“执行难”。连续四年开展虚假诉讼专项监督，会同公安、法院健全防范、发现、制裁工作机制，监督纠正“假官司”190件，起诉相关犯罪207人，切实维护司法权威和公信力。通辽两级检察机关对20起“套路贷”系列虚假诉讼跟进监督，原民事判决、裁定全部被撤销，2名被告人被依法判处刑罚。

持续做实行政检察监督，对认为确有错误的行政裁判提出抗诉和再审检察建议82件，监督纠正行政审判和执行活动中违法情形6557件，较前五年分别增长18倍和113倍。对一些诉讼程序终结但当事人仍然不服的案件，自2019年起开展行政争议实质性化解专项监督，综合运用公开听证、司法救助、检察建议等方式，有效化解行政争议304件，其中讼争5年以上的40件。兴安盟某公司承包土地后因占用林地并硬化地面被行政处罚。历经行政复议、一审、二审、再审，行政争议仍未解决。检察机关通过提出抗诉、开展调解，推动解决了持续多年的纷争。

认真履行公益守护者责任，公益诉讼全面推开五年来，深耕细作“4+9”法定领域，立案公益诉讼29936件，入选全国典型案例23件。树立双赢多赢共赢理念，通过诉前程序结案的行政公益诉讼案件比例达到96.7%，以最少司法投入争取最佳社会效果。对检察建议未落实的，提起诉讼1013件，裁判支持率100%，促进依法行政，警示教育社会。针对呼和浩特市某电厂贮灰扬尘、某生物公司排放恶臭气体、包头某铝业公司填埋废渣等污染环境案，检察机关依法提起民事公益诉讼，力促企业环保升级，实现惩罚追责与修复生态、维护公益与促进发展相统一。常态化开展公益诉讼“回头看”，以钉钉子精神推动问题源头治理、系统解决。围绕国防利益、英烈权益保护等问题，军地联合开展军用土地保护、烈士纪念设施管理等专项行动。积极拓展办案新领域，办理公共卫生、道路交通、文物和文化遗产保护等领域案件4694件，公益保护更为全面。构建协同共治格局，与市场监管、应急管理、生态环境等多部门强化协作，积极打造公益志愿者团队、公益守护人驿站，促进全社会形成关心公益、参与公益、支持公益的良好氛围。

五、聚焦检察改革，不断增强检察工作活力

深化司法责任制综合配套改革，动态完善检察官权力清单，组建以检察官为核心的办案团队1909个，谁办案谁负责全面落实，权责明晰的新型办案机制有效运行。压实领导干部办案责任，三级检察长办理案件7957件、列席审委会2357次。健全检察官、检察辅助人员和司法行政人员分类招录、管理、保障制度，在全国率先建立检察官员额自治区级统筹、动态调整机制，累计遴选员额检察官3059人，85%以上的人员集中到办案一线。检察人员职业保障全面落地，职业荣誉感显著增强。

坚持放权与监督相结合，压实检察长、部门负责人监管责任，建立以业务数据会商通报、业务态势预判预警、案件流程实时监控、申诉信访反向审视、案件质量评查等手段相统一的监督管理机制，强化检察官惩戒和错案责任追究，让检察官担好责、办好案。对过问或干预、插手司法办案等重大事项“逢问必录”，持续抓实记录报告，2022年填报2592件，是2019年的12倍。全面应用检察业务系统2.0，对监督办案进行全程、统一、实时、动态监管。

完成系统性、整体性、重塑性内设机构改革，三级检察院内设机构由1491个减少到855个，减幅42.7%，构建形成“四大检察”全面发展的法律监督总体布局。发挥检察一体化优势，未成年人、知识产权等业务实行刑事、民事、行政、公益诉讼一体履职，增强综合监督质效；通过提级办理、异地交办、异地调派检察官、跨地域协作配合等机制，聚合检察资源，提升监督效能。在呼伦贝尔等地探索建立“相邻院一体化集中办案”机制，整合优化基层办案力量，被最高检评为检察改革典型案例。

六、聚焦队伍建设，打造忠诚干净担当检察铁军

扎实开展“不忘初心、牢记使命”主题教育和党史学习教育，融合推进政治教育、英模教育、警示教育，一体推进政治建设、业务建设、职业道德建设，筑牢对党忠诚政治品格。以创建“最强党支部”为引领，夯实基层战斗堡垒。将“忠诚、尚法、包容、坚韧”检察精神融入履职，全区259个集体、141名个人受到省部级以上表彰，以潘志荣、白静、春华等为代表的一批先进典型，展现了新时代检察人为民司法的良好形象。

大力推进专业素质能力建设，把“客观公正立场”“双赢多赢共赢”“三个效果有机统一”等新时代检察理念融入教育培训，加快理念更新。实行领导干部上讲台、检察官教检察官、指导性案例进课堂等模式，开展检察官与法官、警察、律师同堂培训和跨区域联合培训，五年来累计培训11万余人次。强化智慧借助，持续推进与江浙沪检察机关交流合作，与自然资源、环境保护等行政机关互派挂职，与中国政法大学、内蒙古大学等院校协力推进人才培养、理论研究，全方位提升专业化水平。

以自我革命精神抓实检察队伍教育整顿，全力抓好巡视、督导、审计等反馈意见整改落实，对盟市和基层检察院开展巡视巡察，纠正偏差落差。持续推进全面从严管党治检，对党内政治生活庸俗化交易化、不当交往、违规吃喝等问题开展集中治理，将警示教育、以案促改融入日常。以零容忍态度查处违纪违法检察人员274人。持续为基层减负松绑，深度应用电子政务，提升办公效率，自治区检察院督查、发文、会议较2018年压减近三分之一。

七、聚焦基层基础，夯实检察工作发展根基

全区三级院全部建成远程案件会商、远程提讯、远程开庭系统，荣获全国智慧检务十大创新案例。建成律师互联网阅卷服务平台，高效保障律师异地阅卷3157次。检察大数据中心、智慧公益诉讼应用系统、智能辅助办案系统深度支撑、服务办案。积极支持全区政法大数据智能化应用平台建设，以信息共享共建强化制约监督。派驻检察室与监管场所实现监控和信息联网，建设视频智能分析监督平台，科技赋能法律监督更加有力。

深化运用以“案－件比”为核心的案件质量评价指标，健全完善以办案质量、效率、效果为导向的考评机制，组织开展全员、全面、全时考核，引领办案质效提升，激励担当作为。刑事检察“案－件比”从2019年的1.7下降至1.08，四年来共压减了16945个不必要的办案环节，延长审查起诉期限、退回补充侦查较前五年分别下降1.4%和0.9%。2022年70%的案件质量评价指标同比上升，31%的指标进入全国第一方阵。

全面加强新时代基层检察院建设，人财物更多投向基层，业务指导更实落到基层。大力推进干部交流任职，选优配强基层院领导班子，全日制大专以上学历和法学专业占比分别提高到64%、73%，班子结构明显优化。编制、员额向基层倾斜，下派、招录补员872人，缓解基层力量薄弱难题。通过领导包联、结对共建、帮助式培训等方式，全面助力10个相对薄弱基层院脱薄争先。全区有6个院被评为全国先进基层检察院，1个院被评为全国模范检察院，1个院被评为全国

“人民满意的公务员”集体。

检察权来自人民，受人民监督。五年来，向自治区人大常委会专题报告公益诉讼、控告申诉等检察工作6次，认真抓好审议意见和重大事项决定的贯彻落实。邀请全国和自治区人大代表、政协委员视察检察工作、参加公开听证等检察活动5497人次。代表委员提出的148件议案、提案和建议全部办结并逐一反馈。自觉接受纪检监察机关、公安机关、人民法院履职制约，与警察、法官、律师积极构建法律职业共同体，合力维护司法公正。自觉接受社会监督，举办检察开放日、新闻发布会81次，邀请律师参与接访6680人次，邀请人民监督员监督办案3664件次，主动接受和回应舆论监督，确保检察权公正高效行使。

各位代表，过去五年，伴随着党和国家事业取得新的历史性成就、发生新的历史性变革，现代化内蒙古建设深入推进，全区检察工作实现了检察理念变革、职能体系重构、内设机构重塑的巨大变化，正在向高质量发展新阶段迈进。内蒙古检察事业的发展进步，是自治区党委、最高检对法治建设和检察工作坚强领导的结果，是各级人大及其常委会有力监督、政府大力支持、政协民主监督，监察委员会、政法各单位配合制约的结果，是社会各界特别是各位人大代表、政协委员关心、支持和帮助的结果！同时，也是全区广大检察人员拼搏奋斗的结果！在这里，我代表自治区人民检察院表示衷心的感谢，致以崇高的敬意！

回顾五年来的发展历程，我们深刻认识到，推进全区检察事业发展，必须始终坚持以习近平新时代中国特色社会主义思想为根本遵循，毫不动摇坚持和捍卫党对检察工作的绝对领导，把“两个确立”转化为高举旗帜、听党指挥、履行使命的实际行动；必须始终坚持把司法为民作为出发点和落脚点，不断解决人民群众的急难愁盼，用高质量法律监督保障人民安居乐业；必须始终坚持服务发展和安全，强化依法能动履职，为自治区改革发展稳定提供有力法治保障；必须始终坚持敢于监督、善于监督、勇于开展自我监督，努力让人民群众在每一个司法案件中感受到公平正义；必须始终坚持全面从严治检不动摇，不断深化自我革命，确保检察队伍绝对忠诚、绝对纯洁、绝对可靠。这些经验和认识，我们将继续坚持并不断深化。

面对新时代新征程赋予的更重责任和人民群众的更高期待，检察工作还存在一些跟不上、不适应的问题：一是思想观念跟不上不适应，从政治方向、人民立场、法治精神有机统一的角度审视案件的自觉不够强，就案办案、机械司法问题仍然存在。二是专业能力跟不上不适应，准确适用法律、精准认定事实证据的能力不够强，“求极致”的工匠精神仍需大力培树。三是纪律作风跟不上不适应，庸粗慢浮等作风顽疾仍未根治，严深细实的工作作风和精细化、规范化的办案习惯尚未全面养成。对这些问题，我们已经采取措施推进解决，今后将继续加大工作力度。

2023年工作建议

在全面贯彻落实党的二十大精神开局之年，全区检察机关要深刻领悟“两个确立”的决定性意义，更加坚定自觉地做到“两个维护”，持续推进习近平总书记交给内蒙古的“五大任务”落实见效，有形有感有效做好检察机关民族团结进步创建，进一步加强新时代检察机关法律监督工作，为全面建设现代化内蒙古提供更加有力的司法保障。

一是以更大力度推进平安内蒙古建设。把防风险、保安全、护稳定融入日常，常态化推进扫黑除恶，深入开展民族团结进步创建。规范落实少捕慎诉慎押刑事司法政策和认罪认罚从宽制度，做实做优检察建议，以诉源治理促进社会内生稳定。

二是以更大力度服务高质量发展。坚持能适用尽适用，深化涉案企业合规改革试点，常态化加强涉企案件法律监督，强化知识产权综合司法保护。突出草原、森林生态环境保护，积极参与推进重要生态系统保护和修复，服务绿色内蒙古建设。

三是以更大力度强化民生司法保障。持续抓实群众信访件件有回复、未成年人综合司法保护、行政争议实质性化解、打击整治养老诈骗，进一步办好公开听证、支持起诉、司法救助等为民实事。

四是以更大力度助力法治内蒙古建设。会同公安部门深化侦查监督与协作配合机制建设，以“巡回＋派驻”加强刑罚执行监督，深化民事行政检察精准监督，持续推进公益诉讼诉前检察建议整改落实“回头看”。协同完善政法大数据智能化应用平台，以数字检察赋能法律监督。

五是以更大力度推进检察工作现代化。巩固深化党史学习教育和检察队伍教育整顿成果，着力增强各级院党组织政治功能和组织功能。融合推进政治建设和业务建设，加快提升检察队伍专业能力。深化顽瘴痼疾整治，大力解决“三多三少三慢”问题，摒弃不合时宜的观念和作风，强化担当作为。

各位代表，开启中国式现代化新征程要求检察机关有新作为。我们将更加紧密团结在以习近平同志为核心的党中央周围，全面落实本次大会决议，大力发扬蒙古马精神，团结奋斗、忠诚履职，不断谱写内蒙古检察事业发展新篇章，为把祖国北部边疆这道风景线打造得更加亮丽，全面推进内蒙古现代化建设作出新的检察贡献！

黑龙江省高级人民法院工作报告

——2023年1月14日在黑龙江省第十四届人民代表大会第一次会议上

黑龙江省高级人民法院院长　党广锁*

各位代表：

我代表省高级人民法院向大会报告工作，请予审议，并请各位政协委员和列席人员提出意见。

过去五年主要工作

省十三届人大一次会议以来，在省委坚强领导下，在省人大及其常委会有力监督和省政府、省政协及社会各界关心支持下，省法院坚持以习近平新时代中国特色社会主义思想为指导，全面贯彻党的十九大和二十大精神，深入践行习近平法治思想，认真落实省第十二次、十三次党代会精神和省十三届人大历次会议决议，各项工作取得新成绩。2018年至2022年，全省法院结案427.9万件，比上五年增长101.1%，其中，2022年结案115.1万件，比上年增长11.2%；省法院结案5.8万件，比上五年增长108.6%。

过去的五年，全省法院以高度的政治责任感和职业使命感，圆满完成了党中央和省委部署的政治任务：隆重开展庆祝建党100周年系列活动；扎实推进“不忘初心、牢记使命”主题教育和党史学习教育；深化扫黑除恶专项斗争；深入开展政法队伍教育整顿；强力推进“能力作风建设年”；统筹疫情防控和司法办案，是极不寻常、极不平凡的五年。

一、坚持政治建院，确保沿着正确政治方向坚定前行

牢牢把握政治机关定位，以党的领导举旗定向，以党的理论培根铸魂，以党的建设统领发展。

（一）坚持党的绝对领导。把捍卫“两个确立”、做到“两个维护”作为最高政治原则和根本政治规矩，始终同以习近平同志为核心的党中央保持高度一致。严格落实意识形态责任制，维护意识形态安全。坚决贯彻党中央决策部署，建立7方面15本任务台账，全部纳入“四个体系”，由“一把手”推进落实。严格执行重大事项请示报告制度。省法院党组向省委请示报告重大事项215次。

（二）强化创新理论武装。以习近平新时代中国特色社会主义思想统一思想、统一意志、统一行动。以党的创新理论武装头脑，落实第一议题制度，跟进学习习近平总书记重要讲话重要指示精神，扎实开展“解放思想、振兴发展”研讨，有力推动创新理论转化为司法实践。大力开展“学习型法院”建设，举办三级法院院长专题研讨班和省法院机关庭处长以上领导干部专题读书班，组

* 2023年1月16日，黑龙江省第十四届人民代表大会第一次会议，选举党广锁为省高级人民法院院长。

织“万名干警读百本书”活动，推动党的创新理论入脑入心、常悟常进。

（三）加强党的政治建设。把政治建设作为根本性建设摆在首要位置。以政治建设为统领，坚持党建工作与审判工作深度融合。制发全系统党建工作指导意见，每年听取各中院党建工作汇报，持续实施基层党组织组织力提升工程。省法院9次在最高法院、省委党建工作会议上介绍经验。省法院党组被评为省直机关基层党建三年全面提升工程先进党组。

（四）营造良好政治生态。践行新时代党的组织路线，让敢干者有“舞台”、实干者有“平台”、快干者有“擂台”、能干者有“奖台”。坚持正确的选人用人导向，突出政治标准，在干部考察中做到“十看”，确保政治过硬。增加家访、党支部书记签名背书等内容。优化队伍结构，大力加强年轻干部队伍建设，实现年轻干部培养选拔机制化、常态化。省法院政治生态考核连续被评为A档。省法院党组每年被省委考核评定为优秀领导班子。

二、坚持公信立院，以严格公正司法捍卫社会公平正义

坚持人民至上，坚守法治精神，守护天理人情，让人民群众切实感受到公平正义就在身边。

（一）努力实现司法裁判更公正。加强理念指引、健全制度约束、强化责任追究，确立“明规则”、打破“潜规则”、拒绝“和稀泥”，以更加有力量、有是非、有温度的司法回应人民关切。社会高度关注的“汤兰兰案”以及一大批与群众生活密切相关的热点案件、标志性案件得到公正审判，司法公信力显著提升。当事人服判率由2017年的91.9%提升到2022年的93.9%，排名全国第一。

（二）努力实现案件办理更高效。打破庭室界限组建复合型审判团队748个，完善“审判庭、审判团队、法官”三级考核的审判绩效考核机制。案件平均审理天数由60.9天缩短为20.3天。

（三）努力实现胜诉权益兑现更及时。以空前力度向“切实解决执行难”迈进，执行到位2843.3亿元。哈尔滨华凤国际商城“烂尾楼”等一大批“骨头案”得到执结。涉党政机关案件全部得到有力执行，获中央政法委通报表扬。执行到位率指标连续排名全国第一。

（四）努力实现诉讼服务更便捷。向全省人民作出“努力让老百姓在全省法院打官司不求人”的庄重承诺，经第三方评估，当事人对推进“打官司不求人”工作满意率95.18%。全省法院均建成一站式诉讼服务中心，实现一站通办、一网通办。

三、坚持服务兴院，助力龙江全面振兴全方位振兴

全面准确贯彻党中央重大战略和省委决策部署，始终做“六个龙江”建设的维护者、服务者、推动者。

（一）服务高质量发展。聚焦构建“4567”现代产业体系。服务优化国有经济布局，助力国企改革三年行动。制发“服务保障民营经济发展50条”，促进民营经济发展壮大。专班推进破产及衍生案件审判执行，化解企业债务781亿元。完成全省法院知识产权审判“三合一”改革。配合省人大常委会制定全国首个加强环境资源审判工作的法规性决定，全省法院建成17个司法生态修复基地，审结环境资源案件11.5万件。妥善审理各类涉农案件，严惩盗采泥炭黑土等犯罪，维护耕地安全、种业安全。

（二）助力营造一流营商环境。紧扣建设市场化法治化国际化一流营商环境目标，发挥司法裁判对市场规则的保护和引领作用。三级法院院长牵头优化营商环境“执行合同”“办理破产”两个专班工作，各类合同案件平均审理天数缩短28.8天。设立松北区等3个自贸区法庭，服

务更高水平对外开放。11项营商环境指标保持100%，多项指标排名全国第一。让企业在龙江投资更有底气、更有作为。行政机关负责人出庭应诉率连续六年位列全国第一，助推法治政府建设。常态化开展“公众开放日”1.92万期，105万各界人士走进法院。最高法院院长周强肯定这一做法“为全国法院贡献了一条很重要的经验”。

（三）助推更高水平平安黑龙江建设。贯彻总体国家安全观，严惩危害政治安全、经济安全各类犯罪。审结“呼兰四大集团”等涉黑涉恶及“保护伞”案件1096件6192人，“打财断血”132.58亿元。严惩危害群众生命安全的严重暴力犯罪，严厉打击养老诈骗等群众反映强烈的犯罪，依法审理职务犯罪4458件6240人。设置158家少年法庭，严惩建三江虐童案等侵害未成年人犯罪。配合省人大常委会在全国率先出台社会矛盾纠纷多元化解条例，推进诉源治理纵深开展。

（四）保障统筹疫情防控和经济社会发展。制发13个审理涉疫案件指导意见，以司法手段稳企促好。建立省金融司法协同中心，清收贷款3346亿元。向省委报告银行机构商事案件审判情况，促进我省地方法人银行机构规范内部管理。执行涉民生案款48亿元，为企业清收回款920亿元。为疫情冲击下的企业和群众撑起司法屏障。

四、坚持改革强院，深入推进审判体系和审判能力现代化

蹄疾步稳推进重点领域改革，改革完成率96.67%，推动法院实现历史性变革、系统性重塑、整体性重构。

（一）体制改革立柱架梁。党中央部署的司法体制四项基础改革基本完成。司法责任制改革全面推进，独任法官、合议庭裁判案件占案件总数98%以上；在全国率先出台院庭长办案工作规定，85%以上人员向办案一线集中；在全国率先研发法官监督平台、率先启动法官惩戒试点，制定66个统一法律适用标准指导意见，司法权运行更加成熟定型。

（二）特色改革攻坚完成。推动农垦、林区法院体制和机构改革，农林两级法院整体纳入国家司法体系管理，建立与行政区划适当分离的行政诉讼管辖制度。加大行政诉讼管辖制度改革，将哈尔滨、齐齐哈尔、牡丹江、佳木斯相关行政案件依法调整由铁路运输法院集中管辖，建立起与行政区划适当分离的行政诉讼管辖制度。

（三）智慧法院加速升级。建成大数据管理中心等32个信息系统，以及1404个科技法庭等智慧审判平台，“智能办案辅助系统”存储法律法规、案例资源超过1.4亿份，数字时代的司法新模式基本成型。

（四）一体管理全面深化。每年听取中级法院党组工作汇报，一体实施全省法院院长和所有干警统一考勤，一体排名全省法院、全体法官办案质效，极大地调动了单位和个人争先创优的热情和积极性。最高法院专门下发文件要求全国各高级法院学习我省“一体化管理”经验做法。

五、坚持从严治院，努力打造堪当时代重任的龙江法院铁军

牢记全面从严治党永远在路上、党的自我革命永远在路上，持之以恒推进全面从严管党治警，永葆忠诚纯洁可靠本色。

（一）以思想政治教育筑牢队伍信念。省法院建成“领袖故事”长廊等红色阵地，常态化推进“两个确立”主题教育等一系列教育活动。涌现出“最美奋斗者”孙波、“全国先进工作者”刘春荣、“全国优秀共产党员”吕仙华、全国“人民满意的公务员”张淑霞等一批先进典型，120个集体、178名个人受到国家级表彰。

（二）以全面从严治党确保队伍纯洁。每年召开全系统党风廉政建设和警示教育大会，制发加强对“一把手”和领导班子监督的若干规定，与派驻纪检监察组建立常态化会商制度，坚持刀刃

向内，查处违纪违法干警 1593 人次，其中重处分 142 人次，移送司法机关 85 人。

（三）以能力作风建设促进队伍担当。扎实开展“能力作风建设年”活动，全省法院有指标争第一、无指标创典型。31 项工作指标站位全国第一，六大攻坚破难项目全部高质量完成。争先创优的经验做法先后 15 次受到最高法院和省委主要领导的批示肯定，被国家部委和上级机关推介经验 31 次。全省法院队伍展现出了新时代的新气象。

（四）以繁荣法院文化塑造队伍精神。将社会主义核心价值观深度融入法院文化建设，“黑龙江高院微信公众号”传播力连续位居全国法院第一，获评中央政法委“四个一百”优秀政法新媒体。涌现出一批生动彰显龙江法院风貌的优秀文艺作品。

五年来，我们始终自觉主动接受监督。认真落实省十三届人大历次会议审议法院工作报告提出的意见建议。人大代表建议 47 件全部办结。自觉接受民主监督、法律监督。政协委员提案 20 件全部办结。依法审结检察机关提起的再审抗诉案件。召开新闻发布会，广泛接受社会各界监督。

各位代表，过去五年成绩的取得，最根本的原因在于有习近平总书记作为党中央的核心、全党的核心掌舵领航，在于有习近平新时代中国特色社会主义思想科学指引。是省委坚强领导的结果，是省人大及其常委会有力监督，省政府、省政协和社会各界大力关心支持的结果，是全省法院干警勠力同心、奋力拼搏的结果。五年来，各位人大代表、政协委员对法院工作给予了有力支持和有效监督。在此，我代表全省法院表示崇高的敬意和衷心的感谢！

我们也清醒地认识到，全省法院工作还有不小差距。一是适应新发展阶段，全省法院思想观念还需要进一步解放、精神状态还需要进一步振奋。二是对标新发展理念，机械司法、孤立办案、就案办案现象还不同程度存在，服务保障振兴发展的能动性、精准性还需要进一步提高。三是对照新发展格局，加强司法权运行监督制约等改革创新还需深化，队伍能力素质还待进一步提高，全面从严治党、提升能力作风仍需加力。对此，我们将认真研究解决。

2023 年工作安排

2023 年，是全面贯彻落实党的二十大精神的开局之年，也是龙江振兴发展和现代化强省建设的关键之年。全省法院将以习近平新时代中国特色社会主义思想为指导，全面贯彻党的二十大精神，深入贯彻习近平法治思想，认真贯彻省委十三届历次全会精神和本次会议决议，强化政治担当、时代担当、责任担当，坚持服务大局、司法为民、公正司法，努力推进审判体系和审判能力现代化，为奋力开创龙江全面振兴全方位振兴新局面提供更加有力的司法服务和保障。

一是以党的二十大精神为统领，确保法院工作正确政治方向。把深入学习宣传贯彻党的二十大精神作为全省法院首要政治任务，更加自觉做“两个确立”的坚决捍卫者和“两个维护”的忠实实践者。严格执行政法工作条例，贯彻落实党中央决策部署，大力加强党的政治建设，坚定不移走中国特色社会主义法治道路。

二是以服务现代化强省为目标，坚决扛起新时代新征程使命任务。准确把握新时代新征程党的中心任务，全面聚焦省委战略部署。贯彻总体国家安全观，强化知识产权司法保护，提高涉外司法水平，创新环境资源审判，加强产权平等保护，助力法治政府建设，营造一流的法治化营商环境。

三是以人民至上为理念，持续提升人民群众司法满意度和获得感。努力为人民群众提供更加高效便捷、智慧精准的诉讼服务，让人民群众切实感受到公平正义就在身边。加大执行攻坚力度，深入开展源头治访，大力推进多元纠纷化解，促进社会和谐稳定。

四是以深化司法改革为动力，加快推进法院工作高质量发展。统筹推进三级法院审级职能定位改革试点。抢抓科技发展重大机遇，巩固深化“一体化管理”成果，强化基层基础建设，推动法院管理向更加系统集成、科学规范、协同高效迈进。

五是以全面从严治党为保障，持之以恒锻造过硬法院队伍。完善能上能下用人机制，持续深化能力作风建设，深入推进党风廉政建设和反腐败斗争，强化对“一把手”和领导班子监督制约，加强年轻干部教育管理监督，深入整治纪律作风，确保队伍廉洁纯净。繁荣新时代法院文化，发挥文化引领促进作用，助推法院高质量发展。

各位代表，新蓝图引领新时代，新伟业激励新担当。2023 年，我们将更加紧密地团结在以习近平同志为核心的党中央周围，在省委坚强领导下，解放思想，坚定信心，撸起袖子加油干，闯关夺隘向前行，为奋力谱写全面建设社会主义现代化国家龙江新篇章作出新的更大的贡献。

黑龙江省人民检察院工作报告

——2023年1月14日在黑龙江省第十四届人民代表大会第一次会议上

黑龙江省人民检察院检察长　刘永志*

各位代表：

现在，我代表省人民检察院向大会报告工作，请予审议，并请各位政协委员和列席人员提出意见。

过去一年和五年工作回顾

2022年，在省委和最高检的坚强领导下，在省人大及其常委会的有力监督下，在省政府和省政协及社会各界的关心支持下，全省检察机关认真落实《中共中央关于加强新时代检察机关法律监督工作的意见》和省委贯彻具体措施，严格按照“讲政治、顾大局、谋发展、重自强”检察工作总体要求，依法能动履行各项检察职能，全力推动“四大检察”“十大业务”全面协调充分发展，努力为党的二十大胜利召开营造良好环境。我们坚决筑牢政治忠诚，始终坚持党对检察工作的绝对领导，深入贯彻党的十九大、十九届历次全会和党的二十大精神，更加自觉地用习近平法治思想武装头脑、指导实践、推动工作，确保检察队伍绝对忠诚、绝对纯洁、绝对可靠。我们自觉树牢大局观念，接续出台服务保障“六个龙江”建设意见、服务数字经济发展意见、服务自贸区建设意见，努力做到省委决策部署到哪里，检察监督保障就跟进到哪里，推动省第十三次党代会和省委十三届二次全会精神得到不折不扣贯彻落实。我们努力打造龙检品牌，以身在边疆、敢争一流的信心和决心固强补短、争先创优，18项业务指标位居全国前列，公益诉讼、司法工作人员相关职务犯罪侦查等工作继续保持领先，积极推动中俄边境地区检察机关会晤并作主题发言。我们不断深化改革创新，认真开展跨行政区划检察改革试点，不断完善司法体制综合配套改革，全面推开涉案企业合规改革试点，加快实施检察大数据战略，确保各项改革系统集成、协同高效。我们持续锤炼过硬队伍，严格执行中央八项规定和省委九项规定，深入开展“能力作风建设年”活动和“质量建设年”活动，不断深化各类检察人员考核，确保检察队伍自身正、自身硬、自身净。

过去的五年，是党和国家发展进程中极不平凡的五年，对于赓续红色基因、融入复兴大局的人民检察事业而言，也是极不平凡的五年。五年来，全省检察机关坚持以习近平新时代中国特色社会主义思想为指导，深入践行习近平法治思想，全面贯彻党的十九大、二十大精神，认真落实省第十二次、十三次党代会精神和省十三届人大历次会议决议，面对复杂多变的外部环境、艰巨繁重的改革任务、突如其来的疫情冲击，强化

* 2023年2月24日，第十三届全国人民代表大会常务委员会第三十九次会议通过，批准任命刘永志为黑龙江省人民检察院检察长。

作为意识，提升能为本领，找准善为路径，创造有为业绩，攻难关、解困局，办实事、开新局，强力推动龙江检察事业驶入快车道、迈上新台阶，坚持不懈为我省加力推进全面振兴全方位振兴提供坚实司法保障。

一、胸怀“国之大者”，努力做到服务大局更有力

全省检察机关有效应对环境之变、改革之变、职能之变，始终保持服务大局的定力不变。省检察院接续出台服务优化营商环境18条意见、服务民营经济10条措施、服务乡村振兴发展意见等11个指导文件，严格执行“四个体系”工作机制，带领全省检察机关全程跟进、深度融入、全力服务我省经济社会高质量发展大局。

——助力构建风清气正的政治环境。始终坚持总体国家安全观，坚决维护国家安全特别是政治安全和制度安全，积极参与反渗透反颠覆、反恐怖反分裂、反邪教斗争，建立落实危害国家安全犯罪、涉外犯罪、涉邪教组织犯罪等案件备案审核、指导把关制度，确保办案程序无瑕、质量过硬、效果最佳。坚决服务党风廉政建设和反腐败工作大局，加强监检衔接配合，严格落实《关于进一步推进受贿行贿一起查的意见》，依法起诉各类职务犯罪4274人，其中厅局级137人、县处级470人。严格依法行使职务犯罪侦查权，立案查办司法工作人员相关职务犯罪346人，连续四年位居全国前列。

——助力构建平稳健康的经济环境。依法惩治破坏市场经济秩序犯罪，起诉12927人。严厉惩处金融诈骗和破坏金融管理秩序犯罪，起诉5080人。深入开展打击治理洗钱违法犯罪三年行动，同步审查上游犯罪和洗钱犯罪，起诉76人。开展小煤矿关闭整治公益保护法律监督专项工作，助力淘汰落后产能化解过剩产能，为国家挽回经济损失4600余万元。联合省法院、省公安厅出台《关于防范和制裁虚假诉讼的若干意见》，依法惩治虚假诉讼、虚假破产、拒不执行判决裁定等犯罪。在全省检察机关部署开展虚假诉讼专项监督，办理虚假诉讼监督案件1112件，移交移送违纪违法线索31件。积极探索知识产权刑事、民事、行政检察集中统一履职，省检察院组建知识产权检察办公室，建立落实涉科研骨干职务犯罪批捕、起诉层报省检察院统一审批制度，更好服务创新驱动发展。

——助力构建安商惠企的发展环境。全面推开涉案企业合规改革试点，办理合规案件171件，其中适用第三方监督评估机制147件，对于真整改、真合规的依法不捕、不诉或提出从轻处罚量刑建议。积极护航民营经济，对民企负责人涉经营类犯罪的，依法能不捕的不捕，能不诉的不诉，能不判实刑的提出适用缓刑建议，不批捕180人，不起诉254人，提出适用缓刑建议118人。建立完善涉产权冤错案件依法甄别纠正机制，常态化开展涉企业“挂案”清理，清理“挂案”78件，努力让企业安心安业、轻装前行。着力打造“平台建在工商联、联络放在各商会、服务面向各企业”服务非公经济新模式，建立领导包联企业制度，全省三级院班子成员走访企业7885次，走访企业家4900人。

——助力构建国泰民安的社会环境。深入贯彻反有组织犯罪法，扎实开展扫黑除恶专项斗争并实现常态化，始终坚持“是黑恶一个不放过、不是黑恶一个不凑数”，897个黑恶团伙被连根拔起，6073名黑恶分子被绳之以法。全力服务疫情防控，建立涉疫案件办理三级联动、快速响应机制，坚持以法律为准绳入罪出罪、以事实为依据宽严相济，依法妥善办理涉疫案件。全力做好党的二十大安保维稳，依法惩治危害社会安定、群众安全各类犯罪，起诉危害公共安全、妨害社会管理秩序犯罪91373人，起诉侵犯公民人身权利、民主权利、侵犯财产犯罪55949人，先后参加打击跨境赌博、暴力伤医、电信网络诈骗、有害出版物及信息等21个专项行动，努力推动群众

安全感更可持续。

——助力构建山清水秀的生态环境。依法打击破坏生态环境资源犯罪，接续开展打击危险废物环境违法犯罪专项行动、破坏环境资源犯罪专项立案监督等活动，起诉7728人。认真办理生态环境及资源保护领域公益诉讼案件，立案12077件，制发诉前检察建议10175件，提起公益诉讼789件。组织开展农村面源污染治理公益保护法律监督专项工作，排查99个县区、347个乡镇、2038个村屯、4287家农药经销商，立案1521件，制发诉前检察建议1232件，移送违法违规线索、犯罪线索94件。大力推行“专业化监督+恢复性司法+社会化治理”生态检察工作模式，建立落实“河湖林长+检察长”、生态环境资源公益保护跨区域协作等7项工作机制。

二、饱含人民情怀，努力做到检察为民暖人心

民生无小事。群众身边再“小”的案件也是“天大”的案件。全省检察机关始终坚持人民立场，以初心的执着、守心的标准为民司法，努力让人民群众在每一个司法案件中感受到公平正义。

——坚决服务粮食安全战略实施。依法严惩涉农、涉地、涉粮犯罪，开展打击盗采泥炭黑土等系列专项行动，起诉3648人。组织开展土地执法查处领域行政非诉执行监督专项活动，制发检察建议149件。深入开展黑土地公益保护专项监督，深入124个县区、832个乡镇、3394个村屯实地踏查，立案3638件，制发诉前检察建议2918件，移送违法违规线索、犯罪线索483人，监督挽回、复垦农用地7万余亩，保护土壤3万余亩，督促清除处理农村生活垃圾4万余吨，坚决保护好“黑土地这个‘耕地中的大熊猫’”。

——积极回应人民群众急难愁盼。依法惩治侵犯公民个人信息犯罪，起诉578人。用心用情办好冒用身份信息导致的控告申诉案件，妥善解决群众烦心事。开展打击整治养老诈骗专项行动，起诉136人，制发检察建议11件，助力守好老年人的“钱袋子”。大力开展支持起诉，常态化开展支持农民工讨薪专项监督活动，依法帮助弱势群体请求给付工伤事故等各类损害赔偿、请求给付赡养费等各类费用，办理支持起诉案件8278件。积极推动司法救助与社会救助相衔接，办理司法救助案件1759件，救助困难群众2017人，发放救助金3189.4万元，雪中送炭，更暖民心。督促、推动解决儿童事实无人抚养、残疾人出行难、预付费储值卡交钱容易退钱难等群众身边问题，以“我管”促“都管”。

——助力守护人民群众食药安全。依法惩治危害食药安全犯罪，起诉涉食药及医疗器械犯罪781人。组织开展落实食品药品安全“四个最严”要求专项行动、医疗美容行业突出问题专项治理，持续推进食用农产品“治违禁 控药残 促提升”三年行动。坚决打好食药安全领域损害公益问题持久战，先后开展“公益诉讼守护美好生活”“‘消’字号抗（抑）菌制剂非法添加案件专项监督”等8个全省性公益保护专项监督，“外卖食品安全”“冷链食品安全”“寒地黑土农副产品保护”等30个区域性公益保护专项监督，立案食药领域公益诉讼案件6461件，制发诉前检察建议5715件，提起公益诉讼123件。扎实组织开展“水源地保护”和“二次供水安全”公益保护检察监督，立案1905件，提出诉前检察建议1655件，督促整治各级水源地保护区104处，督促清理被污染水域、河道4.15万亩，督促整治二次供水设施481处，涉及606个小区88万居民。针对专项监督中发现的系列问题，向省政府制发检察建议书，省政府高度重视并投入15.6亿元资金统筹推进二次供水设施改造。

——妥善解决信访群众关切诉求。会同省法院出台意见，协同做好涉法涉诉信访工作。深入推进治理重复信访、化解信访积案专项工作，不断健全信访矛盾全链条控增减存机制，治理重复信访561件，化解疑难信访积案39件。严格落实信访首办责任，基层院院领导坚持“真包真办”，包

案办理首次申诉信访案件1669件，促进信访矛盾化解在萌芽、解决在基层。大力推进领导干部带头接访，全省三级院院领导共接访4770件。面向全省人民作出“老百姓主张法律公道不求人”庄严承诺，受理群众信访11.06万件，全部在七日内告知“已收到、谁在办”，3个月内办理情况答复率达到98.56%。

——用心呵护未成年人健康成长。以零容忍态度严惩侵害未成年人犯罪，开展惩治预防性侵害未成年人犯罪等10个专项行动，起诉5418人。最大限度教育、感化、挽救涉罪未成年人，对涉罪未成年人不批捕1706人，不起诉1508人，附条件不起诉1407人。全面推行未成年被害人“一站式”询问、救助机制，建成“一站式”询问、救助场所85个。督促落实强制报告、入职查询、从业禁止、未成年人犯罪记录封存等制度。开展校园食品安全公益保护法律监督专项工作，对119个县区5339所幼儿园、学校的食品安全情况进行全覆盖调查，对七大类突出问题制发诉前检察建议495件；移送违法违规线索、犯罪线索87件，切实维护52.75万名学生校园用餐安全。聚焦家庭监护缺位问题，制发“督促监护令”1773份。在全省中小学校、幼儿园同步开通“未成年人权益保护热线”，接收并助力教育部门及时处置问题线索。大力加强青少年法治教育，1496名检察官担任法治副校长，开展送法进校园活动2896场次。

三、强化忠诚履职，努力做到深化监督求实效

全省检察机关始终坚守客观公正立场，践行双赢多赢共赢理念，在省市县三个层面与司法机关、行政部门、社会组织广泛建立各类合作交流机制，努力形成最大合力，共同推动严格公正司法，助力我省治理体系和治理能力现代化建设。

——持续强化刑事诉讼监督。监督公安机关立案2345件、撤案3064件，纠正公安机关侦查活动违法9882件次，纠正漏捕1596人、漏诉2863人。深入落实侦查监督与协作配合机制，设立侦查监督与协作配合办公室211个，推动监督关口前移，形成监督合力。积极开展自行补充侦查工作，自行补充侦查9218件，相较于上一个五年增长262.4倍。对认为确有错误的判决裁定以及严重违反诉讼程序的案件，提出抗诉772件，制发再审检察建议33件；对审判机关违法行为提出纠正2735件次。积极运用刑事“案-件比”质量评价机制引导提升办案质效，刑事“案-件比”降至1:1.09良性区间，约8.9万个非必要办案环节得以消解，平均办案时间减少4.8天。

——持续强化刑罚执行和监管执法监督。对“减假暂”执行不当提出纠正5880人，对财产刑执行不当提出纠正2537件。积极构建“巡回+派驻”监狱、看守所检察新格局，实现监狱、看守所巡回检察全覆盖，提出书面监督意见706件，移送违纪违法线索、犯罪线索315件，立案查办司法工作人员相关职务犯罪46人，巡回检察工作成为全国范本。积极探索社区矫正巡回检察，39个基层院参与试点工作，对社区矫正的交付、监管、变更、解除等各执法环节进行全程监督，有效预防和纠正监外执行罪犯脱管、漏管和重新犯罪。先后围绕“财产刑执行”“剥夺政治权利刑罚执行”“在押人员合法权益”“犯罪嫌疑人、被告人未依法收押和判处实刑罪犯未依法交付执行”“超期羁押、久押不决及患有严重疾病不适宜羁押人员”等开展5个专项监督，有效推进提升刑罚执行和监管执法活动规范化水平。

——持续强化民事诉讼监督。对民事生效裁判提出抗诉1266件，提出再审检察建议1080件。在省法院的支持下，率先推动全省民事诉讼监督案件正卷、副卷一并调阅制度落地落实，被最高检面向全国推广。开展促进解决“执行难”专项监督活动，对滥用终结本次执行程序结案、司法网络拍卖活动以及适用执行威慑机制违法问题共提出检察建议5868件，涉案金额达13亿元。对民事审判活动违法提出检察建议14534件，对民事执行活动违

法提出检察建议11150件，采纳率分别为98.8%和97.4%。对司法鉴定、公告送达中的违法问题开展专项监督，提出检察建议3750件。

——持续强化行政诉讼监督。对行政生效裁判提出抗诉45件，提请最高检抗诉6件，提出再审检察建议8件。对行政审判活动违法提出检察建议2047件，采纳率99.7%。对行政执行活动违法提出检察建议3173件，采纳率99.3%。开展长期未结案件专项清理，清理应结未结案件109件。探索开展行政违法行为监督，办理行政违法监督案件1211件。深入推进行政非诉执行监督专项活动，受理国土、国财等领域监督案件1257件，向法院和行政机关提出检察建议1237件。加强与司法行政部门沟通，在6个戒毒所积极稳妥开展司法行政强制隔离戒毒检察监督试点工作。

——持续强化监督办案引领。充分发挥领导干部带头办案的表率示范作用，2019年纳入统计体系以来全省三级院院领导办案73544件，占办案总量的15.4%，领导带头亲历性办案已成常态。充分发挥典型案例的法治引领作用，省检察院成立检察理论与司法案例研究中心，加大研究力度，73件案例入选最高检指导性案例、典型案例、参考性案例，省检察院先后评选发布16个专题27批次170件典型案例，黑土地保护、小煤矿整治等领域相关案件、有关情况被人民日报、中央电视台等权威媒体专题报道，城市二次供水安全专项监督等多项工作被写入最高检工作报告。

四、促进标本兼治，努力做到诉源治理显担当

全省检察机关坚持治罪与治理并重、治标与治本统筹，努力通过履职办案发现社会治理中的各类问题，充分发挥职能作用，有效预警社会、引领法治意识，全力促进防患未然、溯源治本。

——更加注重促进社会内生稳定。深入贯彻宽严相济刑事政策，坚持该严则严，当宽则宽。持续落实少捕慎诉慎押刑事司法政策，认真执行省人大常委会关于推进落实少捕慎诉慎押刑事司法政策的决定，坚决纠正“构罪即捕”“一诉了之”等问题，2022年不捕率43.2%，不诉率24.1%，相较于2017年分别上升17.5、21.2个百分点。深入开展羁押必要性审查，强化延长羁押期限实质化审查，坚决纠正“一押到底”“关多久判多久”等问题，2022年诉前羁押率27.54%，相较于2020年减少15.49个百分点。持续推动认罪认罚从宽制度全面适用，从2019年适用该项制度以来，117360名犯罪嫌疑人认罪认罚，适用率从零开始稳步提升， 2022年制度适用率达到92.3%，最大限度强化人权司法保障，减少社会对抗，促进社会和谐。

——更加注重实现案结事了人和。全面推开检察听证工作，建成标准化听证室136个，听证办理案件16964件，其中公开听证15307件，上门听证88件，让当事人把事讲清、听证员把理辩明、检察官把法讲透。持续深入开展行政争议实质性化解，综合运用调查核实、公开听证、释法说理、司法救助等手段，有力有效化解行政争议819件，其中诉争十年以上的19件，全力推动案结事了、定分止争。深化落实“谁执法谁普法”普法责任制，持续做实检察官以案释法和法律文书说理工作，让涉诉群众既解“法结”，又解“心结”。

——更加注重维护社会公共利益。坚决当好“公益代表人”，坚持小切口大作为、以专项带全局，部署开展“全省城市和农村地区黑臭水体污染治理”等9个全省性公益保护专项监督，“燃气安全”“高层住宅消防安全”等106个区域性公益保护专项监督。积极稳妥拓展公益诉讼案件范围，继续深化残疾人、妇女、老年人等特定群体权益保护，加大安全生产、公共安全、个人信息保护、军人地位和权益保障等新领域探索力度。省委省政府专门出台意见，省人大常委会专门出台决定，省编办支持全省三级院同步建成公益损害举报中心，有力推动我省公益诉讼深入开展，并在全国形成示范效应。

——更加注重发挥检察建议作用。制发各类

检察建议38777件，回复率和采纳率分别达到82.8%和99.37%。持续跟踪落实最高检1至8号检察建议，专题督促解决防治校园性侵、强化金融监管、防治虚假诉讼等领域突出问题。省检察院制发1至6号检察建议，专题督促解决二次供水安全、校园食品安全、防范金融风险等领域突出问题，助推行业治理体系完善、制度健全和能力提升。省检察院成立专门议事协调机构，加大督导力度，完善工作机制，全力提升检察建议质效，切实发挥检察建议推动社会治理、维护司法公正、促进依法行政等应有作用。

五、聚焦强基固本，努力做到从严治检铸铁军

全省检察机关始终把政治建设摆在首位，大力推进执法司法服务提升攻坚行动，努力锻造一支党和人民信得过、靠得住、能放心的检察铁军。

——一体推进政治和业务建设。持续开展习近平新时代中国特色社会主义思想、习近平法治思想、习近平总书记对我省重要讲话重要指示批示精神大学习、大讨论活动，努力做到学思用贯通、知信行统一。自觉接受政治体检，实现全省三级院接受巡视巡察全覆盖。大力开展政治轮训，省检察院组织政治轮训13期，参训干警43578人次，实现全省三级院各类检察人员全覆盖。扎实开展党史学习教育，培基固本，守心铸魂。主动与行政机关沟通协调，互派干部交流挂职，先后派出332人，接收415人；省检察院与浙江省检察院联合建立人才培养交流机制；深入开展系统内岗位练兵、业务培训、实战演练和“公检法律”同堂培训，举办全省优秀公诉人大赛等各类业务竞赛14个、培训班254个。建立检察人员业务素能定期测试考核制度，引领和督促检察干警在学中干、在干中学。118个集体、112名个人受到省部级以上表彰，4个集体、6名个人荣立一等功。

——一体深化改革和创新工作。坚决拥护、积极配合国家监察体制改革，1824名检察人换下“检察蓝”、转隶新岗位，做到思想不乱、队伍不散、工作不断。同步完成全省三级院内设机构重塑性改革，建立落实捕诉合一机制，“四大检察”“十大业务”并行的新时代龙江检察工作新格局得以确立，机构配置更加协同高效。顺利完成农林检察体制改革，整合优化农垦、林区、伊春、大兴安岭基层院设置，精简基层院33个，208名检察人员被调配至案多人少地区，司法资源配置更加科学均衡。持续推动员额检察官队伍能进能出，入额1355人，退额756人，绝不让员额岗位成为“保险箱”“铁饭碗”。注重发挥检察创新示范引领作用，出台创新指导意见，以项目管理、年度评比等方式推进品牌建设，“司法云庭荟”“油城·童心圆”等75个品牌走出龙江、走向全国。

——一体做到严管和厚爱队伍。坚持严的总基调不动摇，处理处分违规违纪违法干警467名，立案查处检察人员职务犯罪12人，坚决支持并配合纪检监察机关立案查处严重违纪违法检察人员415人，绝不容忍执法犯法。严格落实《领导干部配偶、子女及其配偶经商办企业管理规定》和检察干警家属禁业清单，开展2轮地毯式清查。严格执行“十个严禁”“三个规定”，记录报告相关事项24848项，历年数量始终处于全国前列。出台并及时修订全省三级院五类检察人员十三类业务领域权责清单，确保有权必有责、放权不放任。建立检察官权益保障委员会，健全受到侵害救济保障、不实举报澄清机制，出台检察人员容错免责暂行办法，努力营造宽容失误、允许试错的良好氛围。

——一体夯实管理和科技支撑。以落实人财物省级统管制度为抓手，持续推动人财物向基层基础、业务一线倾斜。开展相对薄弱基层院脱薄工程，坚持脱薄一批、补充一批，循环推进基层院建设全面进步、整体提升，15个全国、全省薄弱基层院摘帽脱薄。深度运用检察业务应用系统，对所有案件进行全天候、全流程、全方位管理监督，深化落实以“案－件比”为核心的案件质量评价指标体系、以员额检察官为重点的检察人员业绩分类考核体系，市分院检察长差异化考

评机制被最高检面向全国推广。以大数据战略为牵引持续强化智慧检务建设，对接各级各类数据池，构建法律监督模型64个，探索通过大数据对比、碰撞、分析发现监督线索，“非羁押数字监管云平台”被全国多家政法单位引进使用，监督办案智能化水平大幅提升。

——一体强化外部和内部监督。主动接受人大监督和政协民主监督，省检察院邀请人大代表、政协委员视察检察工作、参加各类活动376人次，用心办好建议提案22件，省检察院领导班子成员直接联系全国、省人大代表，经常性听取意见建议。认真接受人民监督员监督，组织人民监督员15046人次参与监督案件12150件次，实现全省三级院、检察业务各领域、“十种参与监督方式”全覆盖。持续深化检务公开，建立检察机关新闻发言人制度、主要办案数据定期公开发布制度，全省三级院召开新闻发布会496场，省检察院公开发布主要办案数据12次。落实检察官惩戒制度，健全完善司法责任与纪律处分、刑事责任追究衔接机制。

各位代表，过去五年，全省检察工作持续深化、强化、优化，根本在于习近平新时代中国特色社会主义思想的科学指引，在于省委的坚强领导和省人大、省政府、省政协的监督支持，在于各位代表、委员和社会各界的关心支持。在此，我代表省人民检察院表示衷心感谢！

回顾五年来的工作，我们深刻认识到，新时代龙江检察事业之所以能够持续健康发展：一是始终坚持党对检察工作的绝对领导。二是始终坚持以习近平法治思想为行动指南。三是始终坚持把人民群众的利益摆在最高位置。四是始终坚持将检察工作放到大局中谋划推进。五是始终坚持宪法定位深耕法律监督主责主业。六是始终坚持全面从严治检锻造过硬检察队伍。成绩来之不易，经验弥足珍贵，必须坚守坚持并不断丰富发展。

同时，我们也清醒地认识到，检察工作仍然存在一些突出问题：一是学思践悟习近平法治思想仍需持续做深做实。二是新时代检察理念仍需持续更新、入脑入心。三是服务保障经济社会高质量发展的精准性、实效性仍需进一步提高。四是法律监督质效仍需更好地适应新发展阶段需要。五是基层基础建设薄弱问题仍需下大气力解决完善。六是全面从严治检仍需继续坚持和深化。问题就是责任，我们将紧盯不放，努力解决。

2023年工作安排

党的二十大吹响了中华民族向第二个百年奋斗目标进军的号角。特别是党的二十大报告关于“加强检察机关法律监督工作”“完善公益诉讼制度”的明确要求，让广大检察干警备受激励鼓舞、更加自信自强。2023年，全省检察机关要坚持以习近平新时代中国特色社会主义思想为指导，深学笃行习近平法治思想，全面贯彻党的二十大精神和省第十三次党代会精神，进一步强化政治自觉、法治自觉、检察自觉，紧紧围绕“六个龙江”奋斗目标、“八个振兴”部署规划，以检察工作高质量发展为主题，以完善检察机关法律监督体系、提升法律监督能力为主线，踔厉奋发，勇毅前行，更好谱写新时代新征程龙江检察事业新篇章。

第一，在统筹发展和安全中依法能动履职。更加靠前有力地保安全、护稳定，深入贯彻落实宽严相济刑事政策、少捕慎诉慎押刑事司法政策，依法惩治危害国家安全、危害社会安定、危害人民安宁犯罪，积极推动诉源治理、市域治理、行业治理。更加靠前有力地优环境、促发展，依法惩治破坏社会主义市场经济秩序各类犯罪，全面推进涉案企业合规改革试点，全面加强对数字经济、生物经济、冰雪经济和创意设计产业发展的司法保护，积极助力打造市场化法治化国际化营商环境。更加靠前有力地解民忧、惠民生，持续做好公益诉讼检察，全面加强对人民群众合法权益的司法保护，突出强化对困难群众、特殊群体合法权益的司法保护，努力提升人民群众获得感、幸福感、安全感。

第二，在树牢自信和自强中强化法律监督。持续更新法律监督理念，坚持分工负责、互相配合、互相制约，着力构建检察机关与被监督对象良性、互动、积极的工作关系，坚决纠正重配合轻监督倾向，实现相向而行、共同进步，合力推进法治黑龙江建设。持续完善法律监督格局，进一步做优刑事检察、做强民事检察、做实行政检察、做好公益诉讼检察，推动法律监督与司法办案深度融合、检察司法与行政执法紧密衔接、法律监督与其他监督有机贯通、实体正义与程序正义齐头推进，努力构建“四大检察”“十大业务”全面协调充分发展新格局。持续提升法律监督质效，妥善处理好法律监督质量、效率、效果的关系，不断拓宽法律监督路径渠道，综合运用法律监督方法措施，持续加大接续监督力度，特别要坚定不移地用好法律赋予的刚性手段，立案查办司法工作人员利用职权实施的侵犯公民权利、损害司法公正犯罪，增强法律监督刚性。

第三，在深化改革和管理中提升检察质效。进一步健全检察权力运行制约体系，深化司法体制综合配套改革，完善检察人员权责清单，严格司法责任认定追究，推动健全侦查权、检察权、审判权、执行权相互配合、相互制约体制机制，确保检察权始终在制度的笼子里规范有序运行。进一步健全检察工作开展管理体系，完善落实案件质量评查、业务数据管理、检察官单独职务序列管理、检察工作绩效管理等机制，同步强化检察事务管理，努力推动“管人”“管案”“管财”“管事”规范化、精细化、信息化、绩效化。进一步健全检察事业发展支撑体系，扎实推进相对薄弱基层院脱薄工程，严格按照标准推进办案用房和专业技术用房建设，提高经费保障能力，加强科技装备建设，大力推进智慧检务、数字检察建设，夯实新时代龙江检察事业发展根基。

第四，在淬炼思想和本领中锻造过硬队伍。坚定不移地捍卫习近平总书记核心地位和习近平新时代中国特色社会主义思想指导地位，做“两个确立”的坚决拥护者、“两个维护”的忠实践行者，始终在思想上政治上行动上同以习近平同志为核心的党中央保持高度一致。坚定不移地统筹推进政治建设、业务建设和职业道德建设，持续巩固深化党史学习教育成果，大力开展大学习、大讨论、大比武、大练兵，着力提升“政治三力”、检察业务基本能力、法律监督核心能力。坚定不移地持续推进全面从严管党治检，深刻领悟“三个务必”的政治深意，常态化开展政法队伍教育整顿，更严格落实防止干预司法“三个规定”，对害群之马坚决清除，对歪风邪气坚决亮剑，对“慵懒散慢浮”问题坚决整治。

各位代表，号角激越，催人奋进。新的一年，全省检察机关将在省委和最高检的坚强领导下，坚决当好党和人民的“刀把子”、宪法法律和公共利益的维护者，力求极致，止于至善，依法、全面、充分、能动履行检察职能，为奋力谱写全面建设社会主义现代化国家龙江新篇章作出更大的贡献。

辽宁省高级人民法院工作报告

——2023年1月14日在辽宁省第十四届人民代表大会第一次会议上

辽宁省高级人民法院院长　郑青

各位代表：

现在，我代表辽宁省高级人民法院向大会报告工作，请予审议，并请省政协委员和列席会议的同志提出意见。

过去五年的主要工作

2018年以来，在省委坚强领导、最高法院正确指导、省人大及其常委会有力监督、省政府和省政协及社会各界关心支持下，全省法院坚持以习近平新时代中国特色社会主义思想为指导，全面贯彻党的十九大、十九届历次全会和党的二十大精神，深入贯彻习近平法治思想，紧紧围绕“努力让人民群众在每一个司法案件中感受到公平正义”目标，忠诚履职，为辽宁振兴发展提供有力的司法服务。全省法院收案573.26万件，审结560.23万件，同比上升60.26%和64.84%。其中，省法院收案9.13万件，审结8.83万件，同比上升52.65%和66.75%。

一、依法惩治犯罪，坚决维护安全稳定

始终坚持总体国家安全观，审结一审刑事案件17.54万件，同比下降7.7%，辽宁平安之基更牢。

严惩危害国家安全犯罪。依法严惩颠覆国家政权、煽动分裂国家等犯罪，坚决维护国家安全。依法严惩间谍窃密犯罪，构筑反间防谍司法防线。依法严惩涉恐怖、邪教、网络政治谣言等犯罪，筑牢安全屏障。

切实维护社会稳定。始终保持对严重暴力犯罪、涉枪涉爆、侵财犯罪打击的高压态势，依法审理故意杀人、抢劫等严重暴力犯罪案件，依法审理盗窃、诈骗等侵财犯罪案件，依法审理“5·22”驾车撞人案，切实保护人民群众生命财产安全。积极参与禁毒斗争，严惩各类毒品犯罪。严惩网络犯罪，依法审理网络诈骗、网络传销、网络赌博等案件，决不让网络成为法外之地。依法严惩泄露和非法买卖个人信息犯罪，维护公民信息安全。

深入开展扫黑除恶斗争。坚持铁案标准，重拳打击黑恶势力，依法审理宋琦等涉黑涉恶案件。深化“打财断血”，彻底摧毁黑恶势力经济基础。深挖“保护伞”，坚决铲除黑恶势力滋生土壤。对办案中发现的突出问题，发送司法建议3816份，促进行业和基层治理。常态化开展扫黑除恶斗争，坚决防止“死灰复燃”。

加强人权司法保障。坚持罪刑法定、疑罪从无、证据裁判，确保无罪的人不受刑事追究，有罪的人受到公正裁判。审结国家赔偿案件3031件，保障赔偿请求人合法权益。推进刑事案件律师辩护全覆盖，发挥律师促进公正、保障人权的重要作用。落实特赦决定，依法特赦罪犯，体现法安天下、德润人心。

着力防范化解风险。开展减存控增、集中治理重复访等专项行动，三级法院院长带头接访。2022年，涉诉信访总量明显下降。坚决维护金融安全，防范金融风险。

二、坚持服务大局，全力护航振兴发展

制定《关于依法服务辽宁振兴发展取得新突破的司法措施》和服务民营经济发展等意见，坚决做到党中央决策部署及省委工作要求指向哪里，司法服务举措就跟进到哪里。

服务法治化营商环境建设。牢固树立“人人都是营商环境，案案都是试金石”理念，落实省委政法委“六抓六促”要求，建立“5+5+5+1”工作体系，打出一套服务市场主体组合拳。坚持刀刃向内，清理超审限案件，返还胜诉退费，解决市场主体痛点堵点。惩处强迫交易、虚假诉讼等968人，开展涉特殊主体执行积案清理，增强司法护企的针对性。开展企业办案、办事、反映问题不用找关系等暖企活动，鞍山、铁岭、铁路法院积极服务企业，助企纾困。立足更高水平的司法保护，出台《涉企案件生产经营影响评估办法》，通过“活封活扣”、财产置换盘活资产，对民营企业经营者取保候审、适用非监禁刑137人，将司法行为对生产经营的影响降至最低，给企业吃了一颗“定心丸”。促进诚信辽宁建设，审结合同纠纷200.79万件，弘扬“言而有信、有约必践”契约精神。依法打击违法失信行为，限制高消费134.45万人次，纳入失信人名单44.98万人，让失信者“一处失信、处处受限”。审结行政案件14.43万件，促进法治政府建设，维护市场主体等行政相对人合法权益。

服务创新驱动发展。加大对“卡脖子”关键核心技术、新兴产业、重点领域知识产权保护力度，依法公正审理各类知识产权案件，营造良好创新生态。设立智能化、国际化的沈阳知识产权法庭，集中管辖技术类知识产权案件。完善多元解纷、惩罚性赔偿等制度，破解举证难、周期长、赔偿低等维权难题。用创新方法保护创新，构建“司法区块链+”机制，提升认定事实准确性，降低企业维权成本。支持向滥诉者索赔合理开支，对阻碍创新行为说“不”，推动辽宁成为知识产权司法保护新高地。

服务供给侧结构性改革。聚焦结构调整“三篇大文章”，充分发挥破产审判拯救出清功能，依法处置债务，盘活资产，帮助职工保住就业，助力企业涅槃重生。依法审理涉国企破产案件，助力国资国企深化改革。妥善审理东北特钢、沈阳机床、STX造船等案件，促进传统产业数字化赋能、转型升级。大连法院实施大船海工“自救式”重整，成功挽救了海工装备制造的龙头企业。

服务绿色发展。践行“两山”理念，确定7个中院、16个基层院跨区域管辖环资案件，构建刑事民事行政“三合一”审判机制，依法审理环资案件，严惩偷排废水、非法处置危险废物等犯罪。坚持恢复性司法理念，判决补种复绿37.4万株、修复土地650亩、生态环境损害修复金1.15亿元。盘锦法院服务“退养还湿”，助力修复红海滩湿地。设立辽河口、蛇岛等司法保护基地。联合公安厅、生态环境厅等开展污染防治攻坚战，与自然资源厅、水利厅、文旅厅、林草局等建立协调联动机制，形成保护合力。司法守护辽东湾精灵斑海豹，入选最高法院生物多样性保护典型案例。

服务高水平对外开放。审结涉外商事海事案件1.1万件，平等保护中外当事人合法权益。公正审理新加坡新鑫海公司提单纠纷案，入选最高法院“一带一路”建设典型案例。平稳审结“康菲”溢油事故系列案，促进海洋经济可持续发展。妥善审理涉海洋运输、港口物流等案件，服务海陆大通道建设。设立沈阳、大连、营口、海事自贸区法庭，提供专业化便利化的争端解决服务，助力打造对外开放新前沿。

三、践行司法为民，积极回应群众期盼

民生连着民心，民心是最大的政治。坚持人民

至上，积极回应人民群众对高品质司法的新需求。

守护民生福祉。通过审理“好意同乘”等与百姓息息相关的案件，让民法典走入千家万户。审执结教育、就业、医疗、住房等民生案件149.88万件。依法审理农村土地“三权分置”等案件，平等保护农民合法权益。发布新业态劳动争议白皮书，为外卖骑手、电商主播等依法维权提供指引。严惩危害食品药品安全犯罪，依法审理高空抛物、偷盗窨井盖等案件，守护群众舌尖上、头顶上、脚底下的安全。帮助农民工兄弟追回“血汗钱”5.7亿元，让劳动者既“安薪”又安心。深入推进家事审判改革，审结婚姻、继承等案件32.15万件，弘扬文明和谐家风。严惩针对妇女儿童的暴力、虐待、性侵、拐卖等犯罪，发布人身安全保护令，筑起坚实司法屏障。维护国防利益和军人军属合法权益，依法审理涉军案件。严惩侵害戍边英雄名誉权等犯罪，决不让英雄之名受到玷污。为有困难的当事人缓减免交诉讼费，发放司法救助金，把党和政府的温暖送到群众心坎。

呵护“一老一幼”。依法审理赡养费等“涉老”纠纷，营造尊老爱老护老氛围。严惩以房养老、投资骗老、保健坑老等诈骗犯罪，守护百姓“养老钱”。坚持最有利于未成年人原则，出台未成年人审判工作意见，依法审理未成年人民事案件。推广圆桌审判、社会调查、回访帮教等举措，妥善审理未成年人犯罪案件。封存犯罪记录，帮助未成年人“无痕”重返正途。对侵害未成年人犯罪零容忍，严惩刘某猥亵儿童等一批侵害未成年人犯罪。开展“辽法护蕾”行动，358名法官担任法治副校长，辽阳、葫芦岛等法院送法进校园，让法治的种子在校园生根发芽。近五年未成年人犯罪数呈下降趋势。抚顺新抚区等三家基层法院被团中央命名为“全国青少年维权岗”。

全力兑现胜诉权益。在省委领导下，把基本解决执行难列入党委督办事项，形成共治大格局，执行工作四项核心指标进入全国法院第一方阵。全面推进执行指挥中心实体化运行，实施网络查控、网络拍卖，促进公正高效规范执行。与公安、检察院等协调联动，健全执行难综合治理、源头治理长效机制，精准惩戒和打击拒执行为，司法拘留9804人，罚款1778.05万元，判处拒执罪237人。开展涉民生、民企积案攻坚等专项行动。五年来，受理执行案件190.78万件，执结188.11万件，将“纸上权利”变为“真金白银”。

切实方便群众诉讼。坚持把非诉讼纠纷解决机制挺在前面，聘任特邀调解员 7861人，与人社厅、省银保监局、省总工会等1123个机构建立诉调对接机制，为群众提供多样化纠纷解决方案。认真落实省委强化源头治理的要求，推动“万人成讼率”纳入“平安辽宁建设”考评体系，诉前化解案件数逐年上升，尽最大努力将矛盾化解在基层和诉前。升级全省法院诉讼服务中心，为群众提供一站式、集约式、菜单式服务。加强智能化改造，实现诉讼事务全流程“掌上办理”，网上立案64.51万件，跨域立案1.47万件，电子集约送达192.88万次，司法服务更加贴近群众、便利百姓。

四、狠抓审判质效，努力维护公平正义

始终坚持“精管理、抓改革、强科技、重基层”，不断提升人民群众对司法公正的获得感，全省法院审判质效稳中向好。

创新管理提质效。坚持审判管理一体贯通三级法院，推动审判质效整体提升。上下级法院之间开展审判质效面对面评议565场，点对点直面问题、精准对下指导。依托审判质效管理平台，加强大数据分析研判，实时展示全省127个法院和297个人民法庭质效指标，促进创先争优。建立类案强制检索和法律适用分歧解决机制，发布参考性案例和典型案例，统一裁判尺度。全省法院一审改判发回重审率、生效案件再审率同比下降，法定审限内结案率、一审服判息诉率同比上升。

深化改革提质效。纵深推进司法体制改革，最大限度向人民群众释放公正、高效、便捷的改革红利。构建制约有效、监督到位、权责统一的审

判权力运行机制，划定137个履职红线，院庭长监管“四类案件”，确保有序放权和有效监督相统一。深入推进以审判为中心的刑事诉讼制度改革，精准适用认罪认罚。有序推进民事、行政诉讼程序繁简分流改革，速裁快审案件。推动四级法院审级职能定位改革试点工作，实现绝大多数案件在基层法院高效审结，各级法院职能定位更趋科学合理。

科技赋能提质效。立足全业务网上办理、全流程依法公开、全方位智能服务，将现代科技与法院工作深度融合。开发智能辅助办案系统，实现电子卷宗随案同步生成、文书辅助制作等功能，促进“办案提速”。深化大数据、人工智能、区块链等现代科技应用，运用类案自动推送、裁判文书纠错等功能，助力“办案提质”。研发执行廉政风险防控系统和大数据监督模型，打通“数据壁垒”，实现“科学监管”。辽宁智慧法院建设由落后到连续三年位居全国前列，互联网综合业务平台、庭审云平台、区块链在线审判中台被评为全国智慧法院创新案例。

强化基层提质效。基层承担全省法院87%的案件，是提升审判质效的关键。省法院以抓基层初始案件质效为中心，实施为期三年的强基工程，确保省人大常委会《关于加强人民法院基层基础建设进一步提升审判质效的决议》落地见果。制定加强基层基础建设的意见、“五化”人民法庭建设标准和“示范”人民法庭创建方案，项目化清单化工程化推进9方面44项任务。在各级党委政府支持下，为基层法院增编537个，动态调整法官员额108名，下派到基层挂职、任职199人，争取基层安保、便民设施和人民法庭智能化建设保障资金2.02亿元。调整优化人民法庭布局，在农村设立综合性法庭，在偏远地区建设65个巡回审判点，在类型化纠纷相对集中的区域成立专业法庭、特色法庭，满足群众对“家门口法院”的期待。完善巡回审判制度，推广车载法庭、移动科技法庭，让“流动的人民法庭”更好满足群众司法新需求。本溪法院打造“枫桥式人民法庭”，阜新法院建立“1035”服务制度，辽河法院开展“司法赶大集”活动，护航乡村振兴，促进基层治理。2022年，110家基层法院主要质效指标持续向好。锦州石山法庭等2家人民法庭被评为全国法院先进集体。

五、勇于自我革命，加快打造过硬队伍

大力打造忠诚、干净、担当的过硬法院队伍，全省法院438个集体、707名个人受到省级以上表彰。

把牢政治方向。强化理论武装，深入学习贯彻党的十九大、二十大精神，全面把握习近平新时代中国特色社会主义思想蕴含的立场观点方法，不断提高政治判断力、政治领悟力和政治执行力。扎实开展“不忘初心、牢记使命”主题教育、党史学习教育等，举办政治轮训班16期、理论读书班142期，三级法院院领导讲党课3248次，引导干警深刻领悟“两个确立”的决定性意义，自觉做到“两个维护”，正确认识每一起案件都与大局相关、与民心相连，努力实现最佳的政治效果、法律效果、社会效果。

提升业务水平。着眼后继有人这个根本大计，制定人才工作意见，推进青年干部成长工程。坚持实战实用实效导向，开设“辽法大讲堂”，改进教育培训方式，开展分级分类培训。创建“审学研”一体化机制，培养储备一批能办案、理论强、会教学的审判领军人才后备队伍。以“评典型案例、推创新成果、树优秀人才”为载体，大规模开展学、练、赛活动，培育全国审判业务专家、36名省级审判业务专家、20名理论研究人才、100名办案能手、100名岗位标兵，人才培养呈现出“满园春色”的新气象。

持续正风肃纪。扎实开展队伍教育整顿，整治顽瘴痼疾，巩固教育整顿成果。严格落实中央八项规定及省委实施细则，毫不松懈纠治“四风”。开展司法作风专项整治，将政治督察、司法巡查、审务督察覆盖全省法院。开展“学英模、争先进、做

贡献”活动，弘扬全国模范法官滕启刚的先进事迹，引领干警公正裁判、干净干事、清白做人。深入开展警示教育活动，从违纪违法案件中深刻汲取教训，用身边事教育身边人。严格落实“三个规定”“十个严禁”等铁规禁令，全省法院健全监督机制，构筑制度铁笼。坚持零容忍，严肃查处违规违纪干警。

六、落实全过程人民民主，自觉接受监督

认真践行全过程人民民主，以自觉接受监督促进审判权依法正确行使。

主动接受人大监督。全面落实省人大及其常委会的决议决定，积极配合专项调研检查。向省人大常委会专题报告贯彻民法典、实施外商投资法和民商事审判、民营企业司法保护、加强基层建设等情况，全面落实审议意见。认真办理意见建议。开展邀请代表视察、参加会议、旁听庭审、见证执行等活动。

认真接受政协民主监督。及时通报法院工作情况，办理委员提案。落实与民主党派、工商联、人民团体、无党派人士沟通协调机制，邀请委员进行民主监督，真心诚意听取意见建议。

依法接受检察机关诉讼监督。公正审理抗诉案件，认真办理检察建议，邀请检察长列席审判委员会。建立与检察机关的衔接互动机制，共同维护公平正义。

广泛接受社会监督。召开新闻发布会355场，发布知识产权、行政审判等领域白皮书201份，庭审直播137万场，公布裁判文书410万份，召开各界人士参加的座谈，吸纳民意、汇集民智、回应民愿。

各位代表，回顾过去，我们深刻认识到：必须始终坚持党的绝对领导，坚定不移沿着习近平法治思想指引的方向前进；必须坚持牢记“国之大者”“省之要事”，自觉围绕大局履职尽责；必须坚持以人民为中心，积极回应人民群众新要求新期待；必须坚持维护公平正义，不断提升审判质量效率；必须坚持守正创新，深入推进司法改革和信息化建设双轮驱动；必须坚持固本培元，狠抓队伍和基层建设；必须自觉接受人大和各方面监督，保障司法权公正行使。

辽宁法院工作的进步和经验的取得，是各级党委领导、人大监督、政府、政协和社会各界关心支持的结果，是最高法院监督指导的结果，是人大代表监督帮助、政协委员建言献策的结果。在此，我代表全省法院和广大干警表示衷心的感谢和崇高的敬意！

我们也清醒认识到存在的短板和弱项：一是服务大局的针对性、实效性还需加强；二是审判质效离人民群众期盼还有一定差距；三是基层基础工作仍存薄弱环节；四是对司法权的制约监督仍需强化；五是极少数干警司法作风不端、违纪违法现象仍然存在。对此，我们正积极采取措施，努力加以解决。

今后五年工作总体思路和2023年工作安排

总体思路是：坚持以习近平新时代中国特色社会主义思想为指导，全面贯彻落实党的二十大精神，深入贯彻习近平法治思想，深入落实习近平总书记关于东北、辽宁振兴发展的重要讲话和指示批示精神，认真落实省委工作要求，始终坚持党对法院工作的绝对领导，始终坚持以人民为中心，紧紧围绕“努力让人民群众在每一个司法案件中感受到公平正义”目标，以政治建设为统领，以服务全面振兴取得新突破为主线，锚定“上台阶、创一流”工作定位，狠抓“精管理、抓改革、强科技、重基层、提素能”五项重点工作，奋力推进新时代新征程法院工作现代化，在服务辽宁全面振兴新突破上展现司法更大担当和作为。2023年，我们将全力以赴服务全面振兴新突破三年行动首战告捷。

一是以更大的担当服务全面振兴新突破。围绕全面振兴新突破三年行动，制定具体司法服务

措施。紧扣防风险、保安全、护稳定，依法严惩危害国家安全和影响群众安全感的犯罪，全力防范各类风险，促进更高水平平安辽宁建设。聚焦“加快营造稳定公平透明可预期的营商环境”，依法平等保护各类企业产权和企业家合法权益，稳定预期、提振信心。优化知识产权“三合一”审判机制，服务创新驱动。加强涉外商事审判工作，依法平等保护外商投资合法权益，服务高水平对外开放。发挥海事审判职能作用，促进东北海陆大通道和海洋强省建设。强化环资审判职能，全力打好蓝天、碧水、净土保卫战，以新气象新担当新作为助力打赢新时代“辽沈战役”。

二是以更实的举措践行司法为民。加强涉民生案件审判，保障人民群众安居乐业。维护老年人妇女儿童农民工等合法权益，积极解决急难愁盼问题。加大执行工作力度，打通查人找物、财产变现等堵点，努力向“切实解决执行难”目标迈进。巩固提升一站式多元解纷和诉讼服务体系建设成果，切实方便群众诉讼。

三是以更优的质效彰显公平正义。实现公平公正，提升执法办案质效是根基。坚持向管理要质效，加强一体化、精细化、闭环管理，促进审判质效整体提升。以改革思维破解高质量发展难题，深化司法体制综合配套改革，全面准确落实司法责任制，规范司法权力运行，深入推进诉讼制度改革，强化司法监督，促进司法公正。加快全域数字法院建设，让实现公平正义更加高效便捷。以抓初始案件质效为中心，强力推动强基工程，夯实提升审判质效基础。

四是以更严的要求锻造法院铁军。以党的政治建设为统领，强化理论武装，坚决筑牢政治忠诚。加强职业道德教育，引导法官恪守职业良知。坚持选人用人正确导向，加大青年干部培养，加强专业化领军人才建设。以严的基调强化正风肃纪，一体推进不敢腐、不能腐、不想腐。加强廉洁文化建设，激励干警以忠诚干净担当的实际行动服务发展大局。

各位代表，新的一年，全省法院将在省委领导下，坚决执行本次会议决议，发扬斗争精神，主动担当作为，为新时代辽宁全面振兴新突破作出更大贡献！

辽宁省人民检察院工作报告

——2023年1月14日在辽宁省第十四届人民代表大会第一次会议上

辽宁省人民检察院检察长　高鑫*

各位代表：

现在，我代表辽宁省人民检察院向大会报告工作，请予审议，并请政协委员和列席同志提出意见。

过去五年工作回顾

2018年省第十三届人民代表大会第一次会议以来，全省检察机关坚持以习近平新时代中国特色社会主义思想为指导，深入践行习近平法治思想，全面学习贯彻党的十九大、二十大精神，认真落实《中共中央关于加强新时代检察机关法律监督工作的意见》及省委实施意见，在省委和最高检的坚强领导下，在省人大及其常委会的有力监督和省政府、省政协的大力支持下，紧紧围绕全省中心工作，忠实履行宪法法律赋予的职责，检察工作取得新进展。

一、扛牢政治责任，更加有力维护安全稳定

坚决维护国家安全。贯彻总体国家安全观，严厉打击各类渗透、破坏、颠覆、分裂活动，严惩恐怖主义、极端主义和组织、利用邪教组织破坏法律实施等犯罪。起诉危害国防利益、侵犯军人军属合法权益犯罪119人。加强国防军事设施保护，三级检察机关联动，与军事检察机关协作办理的某军用机场周边环境污染案、某军用机场净空保护案，有力服务保障了国防利益和军队建设。

全力投入扫黑除恶。依法严惩黑恶势力犯罪，着力“破网打伞”，推动“以案促治”。起诉涉黑涉恶犯罪7541人，起诉“保护伞”130人，对徐长元家族，宋琦、宋鹏兄弟等重大涉黑涉恶案件依法提起公诉，形成强大震慑。严格审查案件，依法纠正漏捕235人，发现遗漏同案犯242人，纠正遗漏罪行281人。制发检察建议397件，推动系统治理、源头治理。倾力守护人民安宁。严厉打击影响群众安全感犯罪，起诉故意杀人、抢劫等严重暴力犯罪7833人，起诉危害公共安全犯罪58686人。依法严惩黄赌毒、盗抢骗、食药环等损害群众利益犯罪70417人。积极参与打击整治枪爆违法犯罪专项行动，起诉涉枪涉爆犯罪1386人。深入推进“断卡”行动，起诉电信网络诈骗及黑灰产业链关联犯罪10166人。积极服务疫情防控大局，准确把握涉疫案件法律政策适用标准，严惩哄抬物价、制假售假等妨害疫情防控犯罪。

促进社会内生稳定。坚持宽严相济，落实少捕慎诉慎押的刑事司法政策，依法不批捕52875人、不起诉27876人。加强羁押必要性审查，对

* 2023年2月24日，第十三届全国人民代表大会常务委员会第三十九次会议通过，批准任命高鑫为辽宁省人民检察院检察长。

诉讼中不需要继续羁押的建议或决定变更强制措施8137人。认真落实认罪认罚从宽制度，截至2022年底，认罪认罚从宽适用率稳定在88%以上，确定刑量刑建议采纳率达99%，有效促成刑事和解、修复社会关系。2022年率先探索建立赔偿保证金提存制度，共适用该制度办理案件223件，已促成刑事和解150件，提存保证金合计2800余万元，确保被害人能够得到应有的经济赔偿。秉持谦抑审慎善意的司法理念，努力实现人民群众认可的公平正义。葫芦岛检察机关在办理一起偷逃高速公路通行费诈骗案中，在对车队经营者赵某某、徐某等主犯以诈骗罪依法提起公诉的同时，全面审查、综合评判，对受主犯雇佣和指使的60名货车司机作出相对不起诉决定，实现了政治效果、法律效果、社会效果有机统一。

合力推进反腐败斗争。强化监检衔接，落实好互相配合、互相制约的要求，起诉监委移送职务犯罪3152人，其中省部级2人，厅局级118人，依法办理了努尔·白克力、李金早、云光中等一批在全国范围内有重大影响的案件，持续助力净化政治生态。严格执行六部门《关于进一步推进受贿行贿一起查的意见》，进一步统一行贿犯罪案件办理标准，依法对185名行贿人和74个行贿单位提起公诉，打击腐蚀围猎、推动标本兼治。

二、依法能动履职，更加精准服务振兴发展

助推法治化营商环境建设。依法严惩破坏市场竞争秩序、侵害市场主体合法权益犯罪，起诉19327人。开辟涉民营企业案件办理“绿色通道”，实现流程提速、监督提效。印发《关于办理涉民营企业刑事犯罪案件工作指引》，准确区分民事纠纷与刑事犯罪、民事欺诈与刑事诈骗，统一规范全省涉民营企业刑事案件的执法司法标准。对民营企业及其负责人涉经营类犯罪，依法不批捕1869人，不起诉1652人。与公安机关合力攻坚，清理长期未办结的涉民营企业“挂案”573件。做好涉民营企业社区矫正对象外出从事生产经营活动检察监督，确保“出得去”且“管得住”，共有2556人（次）获批外出，帮助企业把握宝贵商机。

全面保障创新驱动发展。加大对侵犯知识产权犯罪的打击力度，加强商业秘密保护，起诉侵犯知识产权、商业秘密犯罪1125人。将“小微科技企业提起保护知识产权案件”纳入民事支持起诉案件范围，有力保护合法权益、激发创新活力。稳步推进知识产权检察集中统一履职，提供精准化、专业化法律服务，以沈阳检察机关“检察蓝护航创业者”法律服务站、大连检察机关“知识产权法律服务站”、本溪检察机关“枫·帆”民企法治服务中心为代表，全省各地检企对接平台覆盖企业1万余家。

协同维护金融秩序。加强检察机关证券期货犯罪办案基地建设，依法惩治内幕交易、泄露内幕信息等证券期货犯罪，起诉63人，促进资本市场规范发展，助推社会诚信体系建设。丹东市检察院办理的欣泰电气股份有限公司、温德乙、刘明胜等人欺诈发行股票、违规披露重要信息案入选最高检联合中国证监会发布的首批证券犯罪典型案例。与金融、保险、证券监管机构联合行动，加大对洗钱犯罪线索的审查力度，起诉洗钱犯罪156人。全力协助做好辽宁地方中小银行深化改革、化解风险工作，在中小银行清收案件办理中，共提前介入案件468件，审查批捕514人，提起公诉426人，合力追赃挽损6亿余元。

深入推进涉案企业合规改革。总结把握涉企刑事案件规律特点，以推动诉源治理、守法经营为着力点，会同工商联、行政主管机关等多方力量，进一步健全第三方监督评估机制。针对涉案企业暴露出来的管理漏洞量身定制整改方案，促进企业加强风险管理，依法合规发展，避免再次犯罪。共办理企业合规案件219件，第三方监督评估机制适用率达84.9%，监督、促进229家企业进行合规整改，真正使“带病”企业获得“司法康复”。

三、强化法律监督，更加充分保障合法权益

刑事检察监督持续深化。与公安机关共同推进侦查监督与协作配合办公室建设，实现了对全省市县两级公安机关执法办案管理中心全覆盖，让监督制约更有力、协作配合更有效。监督侦查机关立案3544件、撤案3553件、监督纠正侦查活动违法情形4857件（次），决定追加逮捕2334人、追加起诉2903人，把好防范冤错案件第一关。秉持客观公正立场，对认为确有错误的刑事裁判提出抗诉1792件，法院已审结1364件，其中改判、发回重审911件。全面推开监狱、看守所巡回检察，加强对刑事执行和监管执法、监外执行活动监督，纠正不当减刑、假释、暂予监外执行9548人，监督收监464人，纠正看守所执法不当问题331件。刑事检察监督的实时性、融入性优势得到充分发挥。

民事检察监督精准有力。把握规律、突出重点，对认为确有错误的民事生效裁判、调解书提出抗诉1072件，抗诉案件再审改变率为86.7%。提出民事审判活动违法监督检察建议6148件，采纳率为96.6%。以民事执行领域为监督重点，全面监督纠正执行违法问题，提出执行违法监督检察建议6596件，采纳率为95.7%。强化虚假诉讼监督，提出抗诉605件，深挖虚假诉讼案件背后违法犯罪线索，移送相关犯罪线索96件，有力维护了诉讼秩序和司法权威。

行政检察监督积极主动。既监督行政审判是否公正，又监督行政行为是否合法，更关注当事人的实际问题是否解决。办理各类行政检察案件8226件。行政审判违法行为监督和执行活动监督检察建议采纳率分别为97.2%和97.5%。稳妥开展行政违法行为监督，发出检察建议295件，行政机关全部采纳并纠正。深化行政争议实质性化解，携手行政、审判机关解决群众困难，化解争议案件910件，行政检察监督的“放大”效应得到充分显现。

公益诉讼检察拓展创新。深入贯彻落实党中央关于建立检察机关提起公益诉讼制度的决策部署，紧盯公益保护难点问题，办理公益诉讼案件30130件。积极开展“水环境保护”“守护海洋”“保护黑土地、守护大粮仓”等专项活动，推动整治入海河道123公里，治理水域1032亩，恢复被毁损的耕地、林地、湿地、草原4.9万亩，追偿修复生态、治理环境费用9600余万元。聚焦百姓“舌尖上的安全”，办理食药安全领域公益诉讼案件9730件，督促查处假冒伪劣食品27.8万千克，追偿食药领域损害赔偿金、惩罚性赔偿金1.1亿元。开展英烈名誉权荣誉权保护和英烈纪念设施保护公益诉讼专项活动，办理英烈保护等公益诉讼案件148件，坚定捍卫英烈荣光、守护红色记忆。积极稳妥拓展新领域公益诉讼工作，加大对文物和文化遗产保护、网络空间治理、新业态劳动者权益保障等领域的探索力度，针对外卖骑手交通违法现象，创新开展“算法”监督，促进减少公共交通安全隐患。

侦查工作开启法律监督新局面。修改后的刑事诉讼法规定，人民检察院在对诉讼活动实施法律监督中，发现司法工作人员存在徇私枉法等犯罪，可以立案侦查。全省检察机关深入贯彻落实省人大常委会《关于加强司法工作人员相关职务犯罪侦查工作 切实维护司法公正的决议》，紧盯徇私枉法、枉法裁判等职务犯罪奋力攻坚。立案侦查司法工作人员392人，黑恶势力司法“保护伞”84人，推动查办涉黑涉恶案件14件。严肃查处侵犯民营企业权益、破坏营商环境的司法不公案件，立案侦查97人。辽宁检察机关“复查支持侦查、查人推动纠案、监督维护公正”的工作经验被最高检在全国检察机关推广。

四、勇于自我革命，更加深入践行司法为民

强化政治引领，涵养为民情怀。深入学习贯彻党的十九大、二十大精神，深刻领悟“两个确立”的决定性意义，坚决做到“两个维护”，让“讲政治”更好内化为检察人员的行动自觉。兑现检察机关“群众信访件件有回复”的郑重承诺，受理群众信访135635件，均在七日内回复、三个月内办理

过程或结果答复。三级院检察长带头包案攻坚，带动化解信访积案8433件，化解率达98%。全面推开公开听证工作，积极开展上门听证，通过公开听证审查案件10061件，让人民群众切实感受到公平正义就在身边。聚焦“一老一幼”，撑起司法保护屏障。协同开展打击整治养老诈骗专项行动，起诉370人，追回赃款3900余万元。悉心呵护未成年人，起诉侵害未成年人权益犯罪5865人，对未成年人涉嫌轻微犯罪，依法不批准逮捕2701人，不起诉1203人。创新开展未成年犯“两个帮扶”工作，协同有关部门衔接落实复学、就业、技能培训，累计帮助551名未成年犯更好融入社会。常态化开展“法治进校园”活动，609名检察人员担任法治副校长，法治宣传教育覆盖215万人。以民事支持起诉助力农民工、残疾人等特殊群体维权，办理案件3596件，其中支持农民工起诉1983件，帮助农民工讨薪4000余万元，确保合法权益得到无差别的兑现。

深化司法改革，提升履职能力。针对起诉环节一些案件退回补充侦查、延长审查期限，导致“案”数没变但“件”数增加问题，持续抓住“案－件比”这个核心业务指标发力，推动办案提质增速。刑事“案－件比”由2019年度的1:1.6优化到1:1.1，“程序空转”有效破解，公平正义提速实现。构建完善以办案质量、效率和效果为核心的业绩评价指标和考评机制，切实发挥科学考核评价的导向激励作用，着力实现办案质效最高、当事人感受最好、“三个效果”最优的司法目标。常态化开展追责惩戒，先后组织对215件问题案件开展评查及责任认定，处理处分95名检察人员，确保司法责任制落地落细。加大高层次人才培养力度，培养全国检察业务专家3名，全省检察业务专家75名，业务骨干203名，办案能手442名，推动形成人尽其才、人才辈出的生动局面。五年来，通过推进司法改革、落实司法责任，促使每名检察官强化职业认知和责任自觉，不断改变自我、实现提升。

坚持从严治检，改进工作作风。严格落实全面从严管党治检主体责任，紧盯关键环节，加强内部管理。坚持以案为鉴，建立检察人员违纪违法典型案例公开通报制度，常态化开展警示教育。严格执行“三个规定”等重大事项记录报告制度，推动干警形成“有问必录”的行动自觉，共记录报告16463件，从源头上防止关系案、人情案、金钱案。落实检察人员配偶、子女及其配偶禁业清单，建立动态核查整改机制。坚持以案促改，针对宋兴伟等案件暴露出来的问题，开展案件请示答复程序和举报线索管理处置专项督察工作。坚持以案示警，处理违纪违法检察人员295人，坚决清除害群之马。把纠治“四风”特别是力戒形式主义、官僚主义贯穿检察工作始终。持续推进检察权运行公开化，升级全省12309检察服务中心，以公开促公正、赢公信。

党建业务融合，提升事业格局。省检察院印发了《关于大力推进党建与业务深度融合　着力办好检察为民实事的意见》，把司法救助等工作作为党建与业务融合的生动载体。持续加大司法救助力度，共救助困难当事人2783人，救助金额5800余万元。针对命案受害家庭因失去“顶梁柱”而陷入困境这一突出问题，在命案办理过程中“嵌入”检察官实地走访程序，实现救助的有效前置。对命案受害家庭实地走访1907次，向560个受害家庭发放司法救助金1543万元。协同民政、教育等部门开展联合救助169次，衔接低保、就学保障等社会救助，省检察院命案协同救助机制获评辽宁省首届制度性创新成果。联合省乡村振兴局建立防止返贫动态监测和帮扶机制，将1256名农村低收入司法救助对象全部纳入监测范围，巩固脱贫攻坚成果、兜牢民生底线。全省检察机关共有90个党支部在办完司法救助案件后，把特别困难的家庭作为长期帮扶联系点，与其他单位基层党组织一道开展党建帮扶活动。这些工作既体现了检察机关的法治责任，更承载着巩固党执政根基的政治责任和融入基层治理的社会责任，日益成为新时代中国特色社会主义检察制度的重要特征，也进一步丰富了检察工作的内涵，提升了检察事业的格局。在司法为民的实践中，党的二十大代表、全国“人民满意的公务员”苏凤琴等一批优秀检察官脱颖而出，省检察院第十检察部司法救助办案团队和本溪市检察院“4·06”专案办案团队被最高检评为优秀办案团队，在全国叫响了“辽宁检察品牌”。

自觉接受人民监督，是检察机关贯彻落实全过程人民民主的具体体现。五年来，我们自觉接受人大监督，深入贯彻中央及省委人大工作会议精神，全面落实省十三届历次人大会议决议，先后向省人大常委会专题报告检察机关推进公益诉讼、依法预防和打击危害公共安全犯罪、开展司法工作人员相关职务犯罪侦查等工作情况，在省人大及其常委会的监督支持下进一步改进检察工作、推动事业发展。我们将代表建议办理作为深化自我革命、确保司法公正、提高司法公信力的重要抓手，持续完善代表意见建议办理及反馈机制，认真办理代表意见建议 758 件，代表满意率 100%。我们坚持常态化走访联络人大代表，邀请代表视察检察工作、参加公开听证，确保人民检察永远扎根人民。我们自觉接受民主监督和社会监督，定期向省政协、各民主党派、工商联和无党派人士通报检察工作情况，诚恳听取意见建议，认真办理政协委员提案。邀请人民监督员监督检察办案活动 685 人（次），邀请各界群众观摩司法活动 750 人（次），在深化互动中提升新时代辽宁检察工作的代入感和参与度。我们自觉接受履职制约，严格审查公安机关提请复议复核的案件，改变原决定 67 人。对 2018 年以来经审判监督程序改判无罪的案件逐案阅卷评查，落实检察环节责任追究。依法监督保障律师会见通信、阅卷、调查取证等权利，办理律师网上阅卷 1588 件，全面推开审判阶段为辩护（代理）律师提供检察电子卷宗阅卷服务，在指控与抗辩中一道还原事实、保障人权、实现正义。

各位代表，过去五年全省检察工作成绩的取得，根本在于以习近平同志为核心的党中央坚强领导，在于习近平新时代中国特色社会主义思想科学指引。离不开各级党委的正确领导，人大及其常委会的有力监督，政府的大力支持，政协的民主监督；离不开各位代表、委员和社会各界的关心、支持、帮助。辽宁检察工作因此有了坚强的政治保证、坚实的制度基础、良好的推进氛围和广阔的发展空间。在此，我谨代表全省检察机关向大家表示崇高的敬意和衷心的感谢！

过去五年的辽宁检察工作实践也让我们深深体会到，做好新时代检察工作，必须始终坚持党的绝对领导，养成在吃透党中央精神的前提下开展工作的习惯，并注重在检察工作实践中不断去诠释衔接和创造性落实；必须始终胸怀“国之大者”，在统筹发展和安全中依法能动履职，护航辽宁振兴发展；必须强化制约监督，充分整合各项检察职能优势，守住公正司法的底线；必须坚持人民至上，顺应新时代人民群众对美好生活的新需求，将合法权益兑现、把为民实事做实，不断增强人民群众的司法获得感；必须发扬斗争精神、提高斗争本领，做到敢于监督、善于监督、勇于开展自我监督，以高质量的检察履职书写对党和人民的无限忠诚。

同时，我们也清醒认识到，检察工作仍存在一些不足：一是服务中心大局、推进法治建设的引领性不够强，以检察标志性成果助力实现辽宁全面振兴新突破还需要深入探索实践。二是法律监督能力、质效有待提升，与高质量发展的目标要求还有一定差距。三是检察权运行制约监督机制落实不够到位，全面从严管党治检还有薄弱环节，检察人员违纪违法问题仍时有发生。对这些问题，我们将高度重视，认真解决。

今后五年工作思路和 2023 年重点工作安排

今后五年，全省检察工作的总体思路是：坚持以习近平新时代中国特色社会主义思想为指导，深入践行习近平法治思想，全面贯彻党的二十大精神，坚决落实习近平总书记关于东北、辽宁振兴发展的重要讲话和指示批示精神，坚持党对检察工作的绝对领导，坚持以人民为中心，坚持改革创新，坚持发扬斗争精神，奋力推进全省检察工作现代化，进一步完善法律监督机制、提升法律监督能力、加强过硬队伍建设，更加主动把履行检察职能与助推经济社会高质量发展结合起来，全力投入和保障辽宁全面振兴新突破三年行动，为开创营商环境好、创新能力强、区域格局优、生态环境美、开放活力足、幸福指数高的辽宁振兴发展新局面提供更加有力的检察履职支撑。

一是以检察之为，助力净化司法环境、涵养政治生态。对标中央政法工作会议及全国检察长会议部署，用好法律监督利器，前移监督端口，对侦查、批捕、起诉、审判、刑罚执行等各办案环节进行全面、系统、同步监督，紧盯有案不立、压案不查、有罪不究、徇私枉法等职务犯罪斗争到底。坚持“对事监督”与“对人监督”并重，深化“以案查人、由人纠案”的检察实践。以自由裁量权规制为重点，加强类案监督，推动“同案同判、同案同处理”落实落地。加强案例剖析和反向审视，及时向党委报告工作，与政法各单位携手为营造公平公正的司法环境、风清气正的政治生态贡献力量。

二是以法治之力，促进优化营商环境、服务全面振兴。深入贯彻落实中央及省委经济工作会议精神，坚持对各类市场主体权益平等保护，加大知识产权保护力度，深化民营企业涉案合规改革，探索对涉及创新型企业案件的集中统一办理。建立支持创新创业，宽容创新失误，保护创新成果的办案机制，为科研机构、创新型企业和科技工作者营造良好创新环境。主动对接自贸区建设，拓展原有派驻检察机构职能，强化司法供给。用好“辽商·检察官面对面”平台，持续深化与统战部、工商联等部门的协作配合，建立倾听企业家意见建议长效机制，凝聚推动全面振兴的合力。

三是以公仆之心，着力回应人民期盼、解决民生难题。开展老年人、未成年人权益保护专项行动，统筹民事支持起诉、公益诉讼、司法救助等职能，形成对“一老一幼”全方位司法保护格局。探索构建检察咨询调解机制，以最为经济和为群众接受的方式化解矛盾纠纷于萌芽，强化诉源治理。继续抓实“群众信访件件有回复”，以事要解决为关键，持续推动信访积案实质性化解。不断拓宽“审查起诉＋司法救助＋社会救助”的工作路径，妥善解决好人民群众的“燃眉之急”。

四是以革新之举，深化检察能动履职、推动工作现代化。实施数字检察战略，以数字赋能法律监督更高层次发展。根据办案实际组建跨院际、跨层级的专业办案团队，加强互学互鉴、强化实践历练，充分发挥专业人才的办案攻坚作用，带动检察队伍业务素质整体提升。

五是以无我之境，引领检察队伍建设、诠释法治精神。完善检察权运行制约监督体系，建立案件评查、追责惩戒与违纪违法调查、职务犯罪侦查有机衔接机制，强化自我监督。坚持刀刃向内、正风肃纪，对于检察人员违纪违法问题严肃查处、绝不姑息。突出正向激励，提振争先、创新、实干的精神，激发敬业、奉献、忘我的热情，推动辽宁检察工作走向更美好的未来。

各位代表，新时代赋予我们新的使命，新征程要求我们有新的作为。新的一年里，在省委和最高检的坚强领导下，全省检察机关将认真落实本次大会决议，不忘初心、牢记使命，高举旗帜、勇毅前行，为实现辽宁全面振兴新突破，为全面建设社会主义现代化国家作出新的更大贡献！

吉林省高级人民法院工作报告（摘要）

——2023年1月16日在吉林省第十四届人民代表大会第一次会议上

吉林省高级人民法院院长　徐家新

各位代表：

现在，我代表省高级人民法院向大会报告工作，请予审议，并请政协委员提出意见。

过去五年的主要工作

过去五年，是吉林振兴发展进程中极不寻常、极不平凡的五年，也是全省法院攻坚克难、砥砺奋进的五年。面对经济社会高质量发展、人民美好生活新需要对法院工作提出的新要求和新冠疫情延宕起伏、执法办案压力剧增的新挑战，省高级人民法院坚持以习近平新时代中国特色社会主义思想为指导，深入贯彻习近平法治思想，全面贯彻党的十九大和二十大精神，贯彻落实习近平总书记对政法工作、法院工作和吉林工作的重要指示精神，在省委坚强领导、省人大及其常委会有力监督和最高人民法院监督指导下，在省政府、省政协和社会各界大力支持下，以战略思维观大势，用统筹方法谋全局，紧扣高质量发展工作主题，坚持“5511”工作总体思路，围绕“1313”工作总体布局，弘扬伟大建党精神，团结带领全省各级法院推动高质量发展实现突破性进展、取得历史性成就。五年来，全省法院共受理案件2437963件，审执结2421017件，比上一个五年分别增长42.4%和44.8%，法官年人均结案量从前五年的90.6件增至172.2件；省高院受理案件43018件，审执结42525件，分别增长50.8%和51.6%。在案件数量持续增加情况下，全省法院审判执行质效在2019年一举摆脱长期低迷乃至垫底窘境后，逐年稳步提升，持续稳居全国前列。其中，2022年受理案件483193件，审执结466247件，结案率96.5%，居全国第3位，自2019年9月以来连续40个月稳居全国前5位；案件结收比104.5%，居全国第5位；执行工作22项质效指标中有18项进入全国前5位。

一、坚持围绕中心、保障大局，服务经济高质量发展

保障重大战略实施。省高院出台12个司法指导意见，确保审判执行工作同国家和我省重大战略部署同频共振、精准对接。围绕实施“一主六双”高质量发展战略，建立长春现代化都市圈司法协作机制，助力打造高质量发展核心引擎。服务深化供给侧结构性改革，审结破产案件679件，38家重点企业成功实现司法重整，帮助8.4万名员工稳住就业，36户“僵尸企业”通过破产程序出清。服务创新驱动发展，审结知识产权案件20513件。服务生态强省建设，推行环境资源案件“1+10”集中管辖改革，牵头成立环境治理司法协同中心，建立松花江、东辽河流域司法协作机制和查干湖、东北虎豹国家公园司法保护基地，审结环境资源案件28819件。服务乡村振兴战略，审结

涉农案件29683件；实施黑土地司法保护工程，审结破坏黑土地刑事案件1751件，土地承包等民事行政案件15736件。服务扩大开放战略，推进建设延边东北亚区域国际商事争端解决中心，审结涉外商事案件281件。

创新暖企安商措施。出台服务民营经济、保障企业发展4份指导意见，推出42项暖企安商、纾困惠企司法措施。畅通企业涉诉维权通道，涉企案件诉前化解率30.6%，适用简易程序速审速裁占比42.8%。持续开展涉产权冤错案件甄别纠正专项行动，对11件刑事案件改判无罪或减轻处罚、319件民事行政案件再审改判。落实民营企业及经营者轻微犯罪依法免责免罚清单，审结案件242件，从宽处理150人。制定涉民营企业刑事案件羁押必要性审查规定，对133名在押企业经营者变更强制措施。完善清理拖欠企业债务长效机制，执结案件1751件，执行到位金额16.9亿元。

优化营商法治环境。创设涵盖6大维度35项指标的考核评价体系，先后推出67项重点任务193项具体措施，接续开展法治化营商环境建设专项行动和提升行动，省高院牵头主抓的“三项指标”排名大幅提升，两项指标进入全国标杆行列。迅速落实省委决策部署，高标准完成5个专业法庭建设任务，圆满实现2022年度内全部入驻并实质化运行的工作目标，形成6个专业法庭齐聚长春智慧法务区的工作布局。依法规制不正当竞争和垄断行为，审结案件1761件，维护市场竞争法治秩序。审理行政许可、行政协议案件992件，促进优化投资便利，助推诚信政府建设。针对营商环境建设、行政协议履行等重点问题，提出9份司法建议，得到省政府高度重视并采取措施推进落实。

依法保障抗疫大局。出台服务疫情防控、保障复工复产8份司法文件，实行涉疫案件专项台账管理，全省法院受理的400件涉疫案件全部高效审结。准确适用法律规定，正确把握政策标准，审结利用疫情诈骗、哄抬物价等涉疫刑事案件185件，发布10个涉疫犯罪典型案例。对疫情防治防控企业涉诉案件，实行“四个一律”司法政策，确保防疫物资生产供应。对受疫情影响较大的购销合同、商铺租赁、劳动用工领域涉诉纠纷，建立联调联动化解机制，促进实现“双赢”效果，审执结涉疫民事、执行案件215件。

二、坚持惩罚犯罪、化解矛盾，助推社会高效能治理

严惩严重刑事犯罪。审结一审刑事案件113197件，判处罪犯154110人。如期完成扫黑除恶专项斗争，审结涉黑涉恶案件690件，判处罪犯3581人，3年专项斗争审结的一审涉黑案件是前10年总和的1.25倍；执结涉黑恶财产执行案件517件，执行到位金额20.02亿元。审结严重危害社会治安犯罪15932件18568人、危害食药安全犯罪1253件3601人。集中开展打击整治养老诈骗专项行动，审结案件139件393人，追赃挽损100.9亿元。审结电信网络诈骗、开设网络赌场等新型网络犯罪2495件9581人。坚定不移惩治贪腐，审结国家工作人员贪污贿赂犯罪1940件2430人；高质量完成孙力军政治团伙系列案件审判工作，中央领导予以充分肯定。

防范化解重大风险。与人民银行、银保监局建立金融纠纷多元化解机制，审结金融纠纷案件98196件，判处金融诈骗、非法集资等犯罪2634件5964人。审理房地产纠纷案件32586件，依法制裁违规销售、合同欺诈、违约失信行为。坚持“动态清零”工作方针，持续开展信访积案化解攻坚行动，实现积案化解和进京访“双清零”目标。建立群体性纠纷代表人诉讼制度，妥善化解涉诉矛盾，维护群众切身利益，确保社会大局稳定。

构建府院联动机制。与省政府联合印发《关于建立府院联动机制的意见》，推动在全省形成全层级覆盖、宽领域联动、常态化运行的府院联动工作格局，并逐步实现由个案协调、事后化解

向源头预防、前端治理延伸。行政争议联动化解取得明显成效，全省三级行政争议协调化解中心三年共受理案件5979件，成功化解3794件，化解率63.4%，2022年全省一审行政诉讼案件比2019年下降23.4%，非诉执行审查案件同比下降66.9%；涉诉法治政府建设核心指标全面优化，行政机关负责人出庭率从2019年的21.1%提升到100%，行政机关败诉率从24.8%下降至19.9%。府院联动在全国形成“吉林样板”，最高人民法院予以充分肯定并总结推广。

创新推进社会治理。坚持和发展新时代“枫桥经验”，与相关部门联合出台12个诉调对接意见，各地法院诉调中心全部入驻或接入本地综治中心或矛调中心，569501起矛盾纠纷实现诉前化解，占一审民事诉讼案件总量47.3%，调解成功率从2018年的59.4%提升到88.3%，2022年全省法院新收案件同比下降21.1%。建立“法官进网格”工作机制，2048名基层法官全面对接辖区基层网格；组织开展“无讼社区”“无讼村屯”创建活动，确立388个培育对象，推动基层矛盾纠纷源头预防、前端治理。持续推进“普法七走进”活动，加大以案释法工作力度，用“小案件”诠释“大道理”，弘扬社会主义核心价值观。

三、坚持人民至上、司法为民，守护人民高品质生活

强化民生司法保障。认真贯彻实施民法典，创新完善民生司法保障机制。加大稳就业司法保障力度，审结劳动争议案件75787件，61.8%的案件通过调解解决。与省妇联合作建立10项工作机制，审结婚姻家庭案件152013件，和解解决比例65.6%。高度关注重点领域民生诉求，审结住房、教育、医疗、社保、养老等案件63589件。改革人身损害赔偿制度，统一城乡居民赔偿标准，“同命不同价”问题得到彻底解决。建立军地法院协作机制，如期完成涉军停偿司法保障任务。

加强特殊群体保护。在全省69家中、基层法院挂牌少年法庭，审结涉未成年人刑事案件2897件、民事案件16249件，选派1455名法官担任中小学“法治副校长”。积极参与根治欠薪行动，对170名恶意欠薪人员依法定罪处刑，速审速执农民工讨薪维权案件6443件，帮助9639名农民工追回“血汗钱”1.17亿元。在全国法院首创涉贫案件专项管理，190件涉贫案件全部审结；与省民政厅等联合出台司法救助同社会救助相衔接的两个《意见》，与省慈善总会联合建立司法救助慈善基金，对1297人实施司法救助5349万元。

完善诉讼服务体系。深入推进“一站式”建设，诉讼服务“九大平台”全部建成。持续开展规范立案行为专项整治，基本解决了“年底不收案、年初不办案”的沉疴积弊。全面推行审判服务“好差评”制度，形成当场、诉中、诉后全流程闭环式审判服务评价体系，人民群众现场评价满意度98.7%。建立“全域通办”工作机制，实现跨域立案等7大事项就近可办，涉诉群众不需再异地奔波。如期完成人民法庭布局优化调整，204个人民法庭和428个巡回审判点全部实质化运行。扎实开展司法“三服务”活动，推出42项“实事清单”。我省法院诉讼服务质效持续稳居全国前列，其中2022年居全国第2位。

四、坚持改革驱动、科技赋能，保障审判高水平运行

规范司法权力运行。以完善制约监督体系为重点，出台48份指导意见，规范法官公正行权。压实院庭长办案和监督管理双重职责，加强事前、事中、事后监管，全省法院入额院庭长直接办案占比45.2%，“四类案件”实际监管率98.5%。创立“诉—程比”指标并纳入审判绩效考评体系，建立审判执行质效“135+N”常态化监管机制，全省法院审判质量逐年稳步提升，一审案件和生效案件服判息诉率分别从2018年的88.7%、96.9%提升到91.2%和98%，信访率从1.55‰下降至0.5‰。

深化诉讼制度改革。稳妥推进四级法院审级职能定位改革试点。深入推进以审判为中心的诉讼制度改革，牵头制定80个常见罪名刑事案件证据标准，坚持罪刑法定、疑罪从无、证据裁判，对101名被告人依法宣告无罪，刘忠林、金哲红等重大冤错案件得到及时纠正。持续推进繁简分流、简案快审机制建设，2022年全省法院一审案件简易程序适用率92.4%，比2018年提升14.6个百分点；诉讼案件平均审理周期27.8天，同比减少18.9天。深化执行体制机制改革，如期完成“基本解决执行难”目标，坚定不移向“切实解决执行难”迈进，共执结案件755660件，执行到位金额1430.2亿元。司法公开持续深化拓展，司法透明度指数评估连续七年稳居全国前列。

加强智慧法院建设。全省法院全部实现全流程无纸化网上办案，全面开通电子诉讼档案网上阅卷服务，在线诉讼应用年均增长41.7%。建成14个区块链司法应用场景，居全国领先地位，“区块链+审判”入选国家区块链创新应用特色领域试点，“区块链技术与司法建设融合创新”被评为全国党政信息化最佳实践标杆案例，3个项目入选全国政法智能化建设创新案例。实现法院“一张网”与“数字吉林”政务服务平台对接。吉林智慧法院建设在全国整体排名中，实现了由2018年第13位到2019年第7位、再到2020年和2021年均居第3位的连续跃升，快步迈入全国第一方阵。

五、坚持政治统领、严字当头，锻造高素质法院队伍

推进全面从严治党。旗帜鲜明把党的政治建设摆在首位，扎实开展“两个确立”主题教育、党史学习教育和队伍教育整顿，举办学习贯彻习近平法治思想专题研讨班，筑牢政治忠诚。严格落实《政法工作条例》，自觉接受党对司法工作的绝对领导。制定全面从严治党主体责任清单，实施基层党组织组织力提升工程，实现对12家中级法院党组政治巡察全覆盖。深入推进肃清流毒影响专项整改，纯洁法院政治生态。持续开展意识形态专项教育，构建法院文化建设“6+1”工作布局。

加强司法能力建设。接续实施队伍建设“先锋工程”和队伍素质“提升工程”。加强优秀年轻干部选育管用，选派564名优秀年轻法官互派挂职。完成基层法院内设机构和省高院审判业务部门改革，扎实推进专业化审判团队建设。认真落实省委“基层建设年”部署，建立领导包保基层制度，强化基层工作指导，帮助基层解决难题；为基层法院增补编制762人，选调招录法官助理等1668人，动态调整法官员额124人，在全省选派49名办案骨干派驻支援审判压力较大的基层法院，努力缓解部分基层法院审判力量不足问题。完善法官考评体系，建立由法官为参与主体的法官业绩考评委员会，实现法官自我评价、自我管理。

狠抓党风廉政建设。突出“教育、监督、整治、责任”四个关键环节，构建党风廉政建设“5+N”内部责任体系，建立法院党组与驻院纪检监察组联席会议制度，推动形成上下贯通、工作联动、一抓到底的工作闭环。持续深化以案促改工作，将防止干预司法“三个规定”嵌入执法办案各环节，出台系列铁规禁令，扎紧制度笼子。接续开展“作风建设年”“加强管理年”“标准化建设年”，全省法院整改顽瘴痼疾2607个，新建规章制度1753项，省高院现已完成79项标准化建设项目。

过去五年，全省法院工作从司法理念到具体实践、从体制改革到科技应用、从司法作风到履职能力、从精神面貌到管理效能都发生深刻变革、实现长足进步，12项工作在全国形成“吉林经验”，26项改革建设成果入选全国法院典型案例，56个集体和62名个人受到省部级以上表彰，靖宇县法院和梨树县法院孤家子法庭荣膺全国“人民满意的公务员集体”称号。

总结过去五年工作，我们深刻体会到，做好新时代人民法院工作，必须坚持党对司法工作的绝对领导，坚定不移走中国特色社会主义法治道

路；必须坚持围绕党和国家工作大局履职尽责，在服务大局中践行对党忠诚、彰显使命担当；必须坚持司法为民、公正司法工作主线，不断增强人民群众司法领域获得感、幸福感、安全感；必须坚持目标引领、问题导向，以“咬定青山不放松”的毅力和“钉钉子”精神稳步推进工作；必须坚持弘扬团结奋斗精神，以一流的精神状态创造一流的工作业绩。

检视过去五年工作，我们也清醒认识到，吉林法院高质量发展的基础还不牢固、成色还不够足，发展不平衡不充分的问题还较突出，工作中还存在一些薄弱环节，需要在今后工作中采取更加有力的措施切实加以解决。

2023年工作安排

未来五年，全省法院工作的总体思路是：高举习近平新时代中国特色社会主义思想伟大旗帜，深入贯彻习近平法治思想，全面贯彻党的二十大精神，贯彻落实省第十二次党代会和省委十二届二次全会部署，把“两个确立”“两个维护”落实到法院工作全过程各方面，继续坚持“5511”工作总体思路和“1313”工作总体布局，坚持服务大局、司法为民、公正司法，坚持系统观念、法治思维、强基导向，坚持稳中求进、自信自强、守正创新，在新的起点上加快推进审判体系和审判能力现代化，全面提升法院工作现代化水平，为在中国式现代化进程中推动吉林全面振兴取得新突破、建设更高水平的平安吉林法治吉林提供更加有力的司法服务和保障。2023年，重点做好服务振兴发展、守护稳定安全、增进民生福祉、深化司法改革、锻造过硬队伍各项工作。

各位代表，新的一年，我们要更加紧密地团结在以习近平同志为核心的党中央周围，在省委坚强领导和省人大有力监督下，不忘初心、牢记使命，踔厉奋发、勇毅前行，为推动吉林全面振兴取得新突破、全面建设社会主义现代化新吉林作出新贡献！

吉林省人民检察院工作报告（摘要）

——2023年1月16日在吉林省第十四届人民代表大会第一次会议上

吉林省人民检察院检察长　尹伊君

各位代表：

现在，我代表省人民检察院向大会报告工作，请予审议，并请省政协各位委员提出意见。

五年来，全省检察机关坚持以习近平新时代中国特色社会主义思想为指导，深入贯彻习近平法治思想，认真学习贯彻党的十九届历次全会和二十大精神，贯彻落实《中共中央关于加强新时代检察机关法律监督工作的意见》，着力转变司法理念、全力强化法律监督、有力服务振兴发展、奋力谱写检察工作新篇章，全省检察队伍政治建设全面加强、能力建设全面提升、作风建设全面强化。在省委和最高检坚强领导、省人大及其常委会有力监督下，省政府、省政协、社会各界大力支持下，全省检察机关依法履行宪法法律赋予的职责，各项检察工作取得显著成效。

一、紧紧围绕全省大局，依法服务振兴发展

深入推进平安吉林建设。坚持总体国家安全观，依法严惩危害国家安全犯罪。严厉打击故意杀人、强奸、抢劫等严重暴力犯罪，批捕7358人、起诉8402人。坚持“是黑恶犯罪一个不放过、不是黑恶犯罪一个不凑数”，批捕涉黑涉恶犯罪2038人、起诉3534人，对涉黑涉恶犯罪做到精准定性、严厉打击。

着力优化法治化营商环境。建立健全“全省三级院检察长抓营商环境”工作机制，部署开展“5+10”护企安商和“服务企业335工程”检察行动，依法平等保护民营企业合法权益。部署推进“一基地两中心”入驻长春智慧法务区。组织开展涉企行政处罚检察监督专项活动，办理维护市场主体权益案件1605件。

积极助力生态吉林、美丽吉林建设。持续从严打击破坏环境资源犯罪，依法起诉7690人；依法办理生态环境和资源保护领域公益诉讼案件4400件。建立健全“田长＋检察长”“林长＋检察长”“湖长＋检察长”工作机制，督促治理修复受损耕地、林地、湿地等10.4万亩。

主动服务保障乡村振兴。严厉打击坑农害农犯罪行为，依法起诉生产销售伪劣农药、兽药、化肥、种子、非法占用农用地等犯罪2271人。不断加大对因案致贫返贫家庭的司法救助力度，发放国家司法救助金从156.6万元逐年增长到997.2万元，五年间年均增长率达58.9%。

合力推进反腐败斗争。与省监委联合制定相关工作办法，不断完善监检衔接机制，助力反腐败斗争。认真履行刑事诉讼法新赋予的职务犯罪侦查职责，严肃查办司法工作人员侵犯公民权利、损害司法公正案件。

二、坚持以人民为中心，依法保障民生民利

做实"群众信访件件有回复"。妥善办理群众信访案件，全部做到"7日内程序回复、3个月内办理过程或结果答复"。坚持领导带头办理疑难复杂信访案件，首次信访案件全部由全省三级院院领导直接办理。

依法守护人民群众美好生活。深入落实"四个最严"要求，办理食品药品相关领域犯罪2258件。对非法买卖公民信息犯罪加大打击力度，办理帮助信息网络犯罪活动案件8731件。以更实举措保障残障人士合法权益，推动建设、修复盲道200余处。

切实当好公共利益代表。坚持"诉前实现保护公益目的是最佳司法状态"公益诉讼理念，向行政机关发出诉前检察建议7066件。大力推广"小案快办"工作机制，切实以检察速度回应群众关切。

全力保护未成年人健康成长。坚持依法惩治与教育挽救并重，建立"一案八查"办案机制，依托刑事案件共发现并办理涉未成年人公益诉讼案件252件、民事行政案件106件。深入开展"法治进校园""法治副校长"工作，举办法治宣传教育活动19707次。

三、提升法律监督质效，维护社会公平正义

持续优化刑事诉讼监督。以"止于至善"标准办好每一个案件，体现检察工作质效的核心指标"案－件比"明显优化，相当于压缩了21398个非必要办案环节。会同公安机关出台"加强侦查监督与协作配合的指导意见"，在全省设立侦查监督与协作配合办公室，市县（区）实现"全覆盖"。

全面深化刑事执行监督。依法监督刑罚执行和监管活动，常态化对省内监狱和看守所开展交叉巡回检察，对监管场所执法活动、检察机关履职情况实施"一检双察"。加强羁押必要性审查，提出变更强制措施建议5373件。

不断做强民事诉讼监督。对法院生效裁判提出抗诉616件、再审检察建议723件，监督纠正民事裁判结果案件804件。监督纠正民事审判程序问题和瑕疵案件4229件。监督纠正民事执行案件5880件。深入开展虚假诉讼深层次违法监督专项活动，监督纠正"假官司""假调解""假仲裁"。

进一步做实行政检察监督。深化推进"府院联动"，推动实质性化解行政争议1066件。深化行政执行监督，以非诉执行监督案件为重点，受理执行监督案件4830件。最高检在我省召开全面深化行政检察监督现场会，行政违法行为监督、强制隔离戒毒检察监督经验在全国推广。

四、不断加强队伍建设，提升检察履职能力

切实加强政治建设。深入学习贯彻习近平新时代中国特色社会主义思想，扎实开展"不忘初心、牢记使命"主题教育、党史学习教育、政法队伍教育整顿，确保全省检察工作始终沿着正确方向前进。创建新时代、新党建、新理念、新作为"四新"党建大讲堂，被评为全国检察机关党建业务深度融合十大典型案例。

持续深化检察改革。坚持领导带头办案，全省三级院入额院领导直接办理重大复杂疑难案件51853件。在全国率先开展检察官业绩考评试点工作，以好使管用的办法激发队伍活力。

大力夯实基层基础。切实加强检察素能建设，持续推进全覆盖培训、全岗位练兵，集中培训检察人员12381人次，组织业务竞赛747次，岗位练兵2892次，做到全省检察人员每年轮训一次。基层院建设全面加强，省检察院以"三帮扶"促薄弱基层院"脱薄争先"的做法获得吉林省"奋斗十四五"优秀成果奖。

推进全面从严治党、全面从严治检。坚持以自我革命精神，深入开展检察队伍教育整顿。全面落实"三个规定"，引导全体检察人员自觉做到"逢问必录"。全面加强党风廉政建设，坚决支持和配合驻院纪检监察组工作，定期开展专题

会商，不断完善工作协商、线索移送等机制。

五年来，全省检察机关主动接受各方监督，确保检察权始终规范行使，共有 92 个集体和 186 名个人荣获省级以上荣誉，7 个检察院被评为全国模范检察院、先进检察院，培养出全国“人民满意的公务员”“全国模范检察官”王利斌、郭恩慧等一批先进典型，检察队伍战斗力、凝聚力显著增强。

在看到成绩的同时，我们也清醒认识到，检察工作仍然存在一些亟待解决的问题，服务大局的精准性、实效性还不够强，保护民生民利范围还不够全面，检察机关数字化、智能化建设应用还相对薄弱，仍有较大提升空间。这些问题我们将紧盯不放，在今后工作中认真加以解决。

2023 年，全省检察机关将坚持以习近平新时代中国特色社会主义思想为指导，深入学习贯彻习近平法治思想，全面落实党的二十大精神，深化落实《中共中央关于加强新时代检察机关法律监督工作的意见》及省委若干措施，聚焦省第十二次党代会提出的奋斗目标和主要任务，坚持人民至上，创新能动履职，切实推进检察工作现代化，为推动吉林全面振兴贡献检察力量。

一是着力加强政治建设。坚持把学习宣传贯彻党的二十大精神作为首要政治任务，认真贯彻省委部署要求，以“五化”闭环工作法全力抓好落实。坚持党对检察工作的绝对领导，坚定不移走中国特色社会主义法治道路，以法治力量捍卫党的全面领导。

二是着力维护社会大局稳定。扎实推进更高水平法治吉林、平安吉林建设，坚决惩治危害国家安全犯罪，常态化推进扫黑除恶，积极促进社会和谐稳定。深化严打暴恐专项行动，加大网络犯罪惩治和预防力度。持续加大反洗钱工作力度，依法严惩金融信贷领域犯罪，维护资本市场健康发展。

三是着力服务吉林全面振兴取得新突破。紧紧围绕全省“一主六双”高质量发展战略，突出服务保障“六新产业”发展、“四新设施”建设，不断提升检察服务效果。依法惩治各类破坏市场经济秩序犯罪，平等保护企业合法权益，进一步深化涉案企业合规改革，促进优化法治化营商环境。

四是着力维护社会公平正义。进一步深化侦查监督与协作配合办公室及配套机制建设、民事行政检察精准监督等工作，促推执法司法制约监督更加有力有效。深入开展“4+9”法定领域公益诉讼，更实履行好“公共利益代表”的神圣职责。协同监察机关持续推进受贿行贿一起查，持续提升反腐效果。

五是着力保障民生民利。认真办好事关群众切身利益的“小案”，坚决整治养老诈骗、打击电信网络诈骗，最大限度避免和挽回群众经济损失。加大对残疾人、老年人、农民工、妇女儿童等合法权益的保护力度，提升人民群众获得感。推动落实强制报告、入职查询、家庭教育指导等机制，守护好“祖国的明天”。

六是着力建设过硬队伍。狠抓检察队伍素能提升，持续抓实检察人员全员考核。一以贯之抓好中央八项规定及其实施细则精神的贯彻落实，持续从严落实防止干预司法“三个规定”。巩固深化党史学习教育和检察队伍教育整顿成果，不断深化检察机关党风廉政建设和反腐败工作。

各位代表，在新的一年里，我们将以更加昂扬的精神状态，坚定信心、真抓实干、奋勇争先，努力为吉林全面振兴取得新突破作出新的更大贡献！

上海市高级人民法院工作报告

——2023年1月12日在上海市第十六届人民代表大会第一次会议上

上海市高级人民法院院长　贾宇

各位代表：

现在，我代表上海市高级人民法院向大会报告工作，请予审议，并请市政协委员和列席人员提出意见。

过去五年的主要工作

市十五届人大一次会议以来，全市法院坚持以习近平新时代中国特色社会主义思想为指导，全面贯彻党的十九大和二十大精神，在市委的坚强领导下，在市人大及其常委会的有力监督下，在最高人民法院的大力指导下，坚持服务大局、司法为民、公正司法，进一步提高政治站位、功能站位、工作站位，忠实履行宪法法律赋予的职责，各项工作取得新的进展。

——审判质效持续走在全国前列。五年来，全市法院共受理各类案件419.4万件，审结417.3万件，同比分别上升32%和32.6%。全市法院在收结案数量持续保持高位运行的情况下，坚持将案件质量放在首位，93.4%的案件经一审即息诉，经二审后的息诉率为98.9%，结案均衡度、案件结收比、执行案件法定期限内结案率等反映审判执行质效的指标位居全国前列；入选最高人民法院指导性案例和公报案例47件，占全国的20.4%。

——法治化营商环境持续优化。据世界银行营商环境评估报告，上海司法时间、成本等方面均好于经合组织高收入经济体的平均水平，“司法程序质量指数”连续两年位居全球城市第一。在国家营商环境评价中，上海法院“解决商业纠纷耗时”和“破产法律框架质量指数”两项指标均获得满分，成为“国内最佳实践”。

——司法体制改革持续发挥示范引领作用。作为全国首批司法体制改革试点单位和首个司法体制综合配套改革试点法院，上海法院大胆探索、统筹推进，将形成的200余项改革制度成果系统集成为18项综合配套长效机制，构建起6大司法运行基础制度体系，30余项改革举措在全国法院推广。

——智慧法院建设效能持续彰显。全面推进全流程网上办案体系建设，打造涵盖诉调、立案、庭审、执行和诉讼服务、申诉信访、审判监督、司法公开等30多个节点的网上办案体系，网上立案、线上诉讼服务、在线庭审成为法院工作新常态，让人民群众切身感受到“指尖诉讼、网上解纷”的便利。

——队伍能力素质持续提升。深入学习贯彻习近平总书记对邹碧华先进事迹重要批示精神，涌现出以全国党代表周欣、乔蓓华为典型的一批政治立场坚定、审判业务精湛、工作实绩突出的高素质法院人才，累计共有10名法官荣获全国审判业务专家称号，8名法官荣获市优秀中青年法学家称号，47名法官荣获上海审判业务专家称号，300余名法官荣获上海审判业务骨干称号。635份司法研究重大课题、裁判文书、案例分析、学术论文在全国法院获奖，位居全国前列。

一、贯彻落实新发展理念，服务保障经济社会高质量发展

紧紧围绕国家重大战略和上海工作大局，制定实施一系列司法服务保障意见，积极发挥司法职能作用，为经济社会发展营造良好法治环境。

依法保障疫情防控。坚决扛起疫情防控重大政治责任，严格落实各项防疫举措，确保法院工作正常运转、确保司法职能充分发挥。完善服务保障“六稳”“六保”司法举措，及时回应人民群众和企业关注的法律热点难点，出台《关于司法服务保障疫情防控和经济社会发展的若干意见》，发布《关于涉新冠疫情案件法律适用问题的系列问答》，全网传播量超700万，有力发挥司法树规则、稳预期作用。坚持依法战疫，从严从快惩治哄抬口罩价格、殴打防疫志愿者、假借社区团购诈骗等犯罪行为，对324名被告人追究刑事责任，形成有力震慑。深入开展“防疫情、稳经济、保安全”大走访大排查，准确适用情势变更、不可抗力等规则，妥善化解因疫情引发的劳动争议、房屋租赁、企业融资等纠纷1545件，采取暂缓强制执行、“灵活查封”等措施，千方百计帮助企业特别是中小微企业渡过难关。奉贤法院审结的某航空救援公司申请延期履行案，通过力促双方达成和解，有力保障抗疫医疗物资及时送达，该案入选“全国法院服务保障疫情防控期间复工复产典型案例”。2022年疫情封控期间，依托网上立案、在线庭审，平均每月网上立案5.8万件、审结案件2.3万件，实现审判执行不停摆、公平正义不止步。全市法院积极投身抗疫一线，共6569名干警参与志愿者服务，为打赢大上海保卫战贡献力量。

持续助力一流法治化营商环境。审结一审商事案件111.9万件，同比上升88.7%。连续五年制定实施推进法治化营商环境建设专项行动计划，就保护市场主体权益、完善立审执衔接机制、降低诉讼时间成本等方面出台改革举措，法治化营商环境水平持续提升。上海法院网上立案、司法数据常态化公开、全流程网络化办案等优化营商环境改革举措向全国推广。加强产权司法保护，制定实施为企业家创新创业营造良好法治环境的31条举措，坚决防止把经济纠纷认定为刑事犯罪，让企业家专心创业、放心投资、安心经营。发布依法保障民营企业健康发展4批40个典型案例，“吴微微被判无罪案”入选“全国法院平等保护民营企业家人身财产安全十大典型案例”。提升商事纠纷解决质效，审结涉买卖合同、股权转让、投资贸易等合同类纠纷54.5万件，依法维护合同效力和诚信交易；严格审限管理，缩短诉讼周期，降低当事人诉讼时间和成本，提升市场主体获得感。优化办理破产程序，配合市人大常委会制定《上海市浦东新区完善市场化法治化企业破产制度若干规定》，设立上海破产法庭和浦东新区法院破产审判庭，完善破产案件集中管辖，健全执行转破产程序衔接、破产府院联动等机制，办结破产、清算案件数从2018年161件上升到2022年1288件，盘活650亿元的资产，清理了结2.3万户债权人逾2500亿元债权债务，让危困企业脱困重生、僵尸企业快速出清。上海法院3件案例入选“全国法院十大破产典型案例”。

服务保障重大战略实施。围绕服务保障浦东引领区建设，制定《关于支持和保障浦东新区高水平改革开放打造社会主义现代化建设引领区的实施方案》，加强与浦东科技创新体制改革、政府服务管理方式创新、投资贸易自由化等改革领域司法衔接，推动建立与浦东大胆试、大胆闯、自主改相适应的司法保障体系。围绕服务保障临港新片区建设，出台专项司法保障意见，与自贸区临港新片区共建一站式争议解决中心，加强自贸

区法庭建设，依法审理涉临港新片区国际贸易、跨境投资等民商事案件，“自贸区数字法庭”“涉外商事纠纷一站式解决工作室”相关经验在全国推广。围绕服务保障科创板设立，出台《关于服务保障设立科创板并试点注册制改革的实施意见》，健全涉科创板案件专业审判机制，规范引导资本市场创新。围绕服务保障长三角一体化发展，与苏浙皖三地法院全面深化异地审执协作、司法数据共享、联合信用惩戒、法律适用统一等工作，全方位、多维度推进长三角区域司法协作。

强化知识产权司法保护。审结一审知识产权案件 16.7 万件，同比上升 277.8%。发布《关于加强新时代知识产权审判工作为知识产权强市建设提供有力司法服务和保障的意见》，将知识产权案件管辖扩展至全市所有基层法院，在全国率先建立知识产权价值评估专家咨询制度，推动损害赔偿金额与知识产权的市场价值相匹配，依法判决赔偿总额 52.4 亿元，使侵权者得不偿失。杨浦法院连续 11 年被国家版权局授予“全国查处侵权盗版案件有功单位”，浦东法院被外商投资协会评为“知识产权保护最佳实践单位”。加强上海知识产权法院建设，与世界知识产权组织仲裁与调解中心签署合作谅解备忘录，完善国际知识产权多元化纠纷解决机制，打造知识产权诉讼优选地。加强涉数字经济司法保护，依法审结“腾讯诉蚂蚁平台不正当竞争纠纷案”等典型案件，成立数字经济司法研究及实践（嘉定）基地，保障平台经济规范健康发展。加大“南翔小笼”等“老字号”司法保护力度，惩治“傍名牌”“搭便车”等不正当竞争行为，彰显品牌价值。五年来入选全国法院十大知识产权案件和 50 件知识产权典型案例共 23 件，数量位居全国前列。

维护金融秩序安全。审结一审金融商事案件 84.4 万件，标的额 4220.8 亿元，同比分别上升 76.6% 和 140.5%。成立全国首家金融法院，完善金融专业化审判机制，在全国首创证券纠纷示范判决、中小投资者保护智慧舱、大宗股票司法协助执行、金融市场案例测试等一系列具有引领示范意义的金融审判执行和司法服务新机制，建立“示范判决 + 专业调解或集约化审理 + 自动履行”全链条多元化解机制，被世界银行营商环境专家评为“全球金融法治的最佳实践”。审结全国首例民事赔偿责任优先的证券操纵侵权责任纠纷案、信托金融借贷纠纷案等一批具有规则示范和市场导向意义的新类型案件，相关裁判规则被中国人民银行等金融监管机构采纳。妥善审理明天系、安邦系、华信集团等重大涉众型金融案件，积极防范化解金融风险。出台《服务保障进一步扩大金融业对外开放若干意见》，在全国首创金融纠纷法律风险防范报告年度发布机制，聘请国际金融法律专家，举办陆家嘴金融司法国际研讨会，上海金融审判国际国内影响力进一步提升。

服务国际航运中心建设。审结一审海事海商案件 1.4 万件，同比上升 32.9%。深入实施海事审判精品战略，在全国率先建立海事案件外国法查明平台、首推境外诉讼主体概括性授权、首创船舶扣押预担保等机制，8 件案例入选全国海事审判典型案例，上海海事司法透明度连续四年位居全国第一。全面推进国际海事司法中心建设，联合航运行业协会、海事仲裁机构等倡议组建“航运法治发展联盟”，成立高端海事司法智库，首次采用法律互惠标准承认外国法院判决，传递我国司法开放包容的积极信号。朝鲜、韩国两国货船在非我国管辖海域发生碰撞后协议选择上海海事法院管辖，充分彰显上海海事司法国际公信力与影响力。依法审结航空货物旅客运输、飞机融资租赁、飞行员劳动争议等涉航空纠纷案件 2171 件，长宁法院与中国航空运输协会成立全国首个“航空争议调解中心”，为维护航空秩序提供更加专业、便捷的多元解纷渠道。

服务对外开放新格局。主动融入开放型经济新体制，依法审理涉外民商事案件 1.7 万件，平等保护中外当事人合法权益。加强与国际投资和贸易通行规则衔接，准确查明适用国际公约、外国法律作为裁判依据，推进中外民商事判决相互承认与执行，提升涉外争议解决的可预见性，打造涉外法治高地。加强诉讼与仲裁对接机制建设，审结仲裁司法审查案件1968件，依法审查境外仲裁机构在上海仲裁的协议效力确认案等一批具有典型意义的案例，充分尊重当事人选择仲裁解决纠纷的意愿，保障上海“面向全球的亚太仲裁中心”建设。对接中国国际进口博览会司法需求，成立西虹桥（进口博览会）人民法庭，设立“服务保障进博会专窗”，提供跨域立案、法律咨询、诉前调解、判后答疑等一站式诉讼服务，涉展会相关纠纷高效化解。

二、维护国家安全和社会稳定，平安上海、法治上海建设向纵深推进

坚持严格公正司法，积极参与社会治理创新，推动更高水平的平安上海、法治上海建设，助力上海超大城市治理现代化水平提升。

依法惩治刑事犯罪。审结一审刑事案件13.3万件，同比下降10.9%。社会治安持续改善，严重暴力犯罪案件处于低位，占全部刑事案件比重稳步下降。深入推进扫黑除恶常态化，审结涉黑涉恶案件441件1631人，重刑率38.2%，惩治“套路贷”“消费贷”“敲墙党”等涉黑涉恶犯罪，铲除黑恶势力，净化社会风气；累计判处追缴、罚没、退赔财产16亿元，坚决摧毁黑恶势力经济基础；严惩卢焱等公职人员包庇、纵容黑社会性质组织犯罪，彰显有“伞”必打的决心。严惩杀人、抢劫等严重暴力犯罪6599件，依法判处“杀妻藏尸案”“浦北路杀害小学生案”等案件被告人死刑。加大对涉众型经济犯罪的打击力度，依法审理“联璧金融”“巨如系”“快鹿系”等一批超百亿元P2P网络借贷案件，上线“非法集资犯罪案件被害人信息核对平台”，为40万余名受害人追赃挽损74亿余元。依法惩治民生领域犯罪，重拳打击制售“注水牛肉”“染色黄鱼”“毒减肥药”等危害人民群众健康的犯罪1663件，严惩“以房养老”“投资养老”等诈骗犯罪1.1万件，守好民生安全底线。坚持受贿行贿一起查，审结福建省原省长苏树林、中船重工原总经理孙波等职务犯罪案件690件881人，审结行贿犯罪案件111件162人，依法追缴行贿获利，始终保持“打虎”“拍蝇”高压态势。

强化人权司法保障。准确贯彻宽严相济刑事政策，该宽则宽、当严则严，落实疑罪从无原则和证据裁判制度，健全非法证据排除机制，依法宣告26名公诉案件被告人和5名自诉案件被告人无罪，确保无罪的人不受刑事追究。深化认罪认罚从宽制度改革，对4.7万名罪行较轻的被告人判处缓刑、管制或免予刑事处罚，轻罪适用率占全部刑事案件比重逐步上升。尊重和保障律师依法履职，持续保持被告人被判处三年以上有期徒刑案件律师辩护全覆盖，认真听取律师辩护和代理意见，充分发挥律师促进公正司法和人权保障的重要作用。贯彻少年审判的教育、感化、挽救方针，健全轻罪记录封存、回访帮教等制度，未成年人犯罪案件同比下降70.8%。全面核查近三十年来减刑、假释、暂予监外执行案件16.8万件，坚决防止“纸面服刑”。完善国家赔偿制度，依法维护赔偿请求人合法权益。加大司法救助力度，体现司法人文关怀。

助推法治政府建设。审结一审行政案件2.6万件，同比上升5.1%。监督行政机关依法履职，行政机关负责人出庭应诉率从2018年的17.5%上升至2022年的65.5%，行政机关负责人出庭、旁听、讲评“三合一”模式获评第五届“中国法治政府奖”。强化行政争议实质性化解，全市三级法院成立行政争议多元调处中心，开展行政争议协调和解，督促主动纠错、实质化解，依法维护行政相对人的合法权益，行政案件协调和解率27.4%。积极探索旧改征收司法执行新机制，加快旧改案件审判执行进度，平均征收周期缩短半年以上，在充分保护被征收人合法权益的同时，有力保障城市更新。

健全执行长效机制。五年来共执结案件79.4万件，执行到位金额1985.3亿元，同比分别上升29.8%和10%，执行力度持续加大。深化执行难综合治理，将执行工作融入市（区）平安建设考评体系，与市发改委、市公安局以及银行、房产、电信等单位共同推动跨部门、跨地区、跨行业协同“找人、查物”联动机制，共查询车辆房产、银行证券、工资社保等信息1亿余次，实现对被执行人主要财产和相关信息的有效覆盖。坚持常态化执行攻坚，开展涉民生、金融债权等六大专项执行行动，加大联合信用惩戒力度，在行业准入、生活消费、融资信贷等方面对失信被执行人进行信用惩戒，共发布失信被执行人信息43.1万条，限制失信被执行人高消费、担任公司高管、购置不动产、招投标建设工程等71.9万人次。强化善意文明执行理念，结合疫情防控与复工复产实际情况，全力促成双方达成执行和解协议，对已履行执行义务的及时实施信用修复，营造诚实守信、诚信经营的社会氛围。推进阳光执行，在全国法院率先上线执行财产处置管理系统和终本案件动态管理系统，加强对财产查控、司法拍卖、案款管理、案件终本等重点环节监督管理，有效约束和规范执行权。

主动融入基层社会治理。坚持矛盾纠纷源头治理，推广运用上海法院一站式多元解纷平台，与全市17家非诉讼争议解决中心、6400多家人民调解组织和金融、经贸、航运、知产等行业调解组织在线对接，引导当事人优先选择非诉方式解决纠纷。平台成立以来，全市法院在线委派委托调解案件30.2万件，调解成功10.2万件。“一站式多元解纷服务”入选“上海市法治为民办实事市级十大重点项目”。与市司法局联合发布《关于深化探索实行调解程序前置工作的若干意见》，在全市法院开展家事、小额债务、消费者权益、劳动争议等纠纷调解程序前置工作，2021年试点以来通过调解前置程序受理纠纷9.2万件，调解成功6.1万件。加强符合超大城市治理需求的人民法庭建设，浦东法院自贸区法庭、松江法院泗泾法庭、青浦法院青东法庭入选最高人民法院新时代人民法庭建设典型案例。深入开展巡回审理、公开宣判、送法下乡活动，搭建徐汇“甘棠树下”社区法官工作室、黄浦南京东路商圈巡回审判工作站、宝山“枫桥法庭”、金山亭林“屋里厢法庭”等一批接地气暖民心的基层解纷品牌项目。积极推进普法宣传教育，开展法律进机关、进乡村、进社区、进学校、进企业、进军营“法律六进”活动，推出“百校百讲”“法进百企”“诉讼服务进行时”“执行第一线”“法院院长在线”等一系列受欢迎的法治宣传栏目。全方位构建新媒体矩阵，在微信、微博、今日头条、抖音、快手等平台发布宣传报道3.6万条。延伸司法职能，对执法办案中发现的有关社会治理、行业监管等方面的问题，发送司法建议2136份。

三、践行司法为民根本宗旨，人民群众司法获得感不断增强

坚持把满足人民群众的司法需求作为工作导向，相继推出深化立案登记制改革、建设一站式多元纠纷解决和诉讼服务体系等一系列司法便民举措，一个难题接着一个难题破，不断增添司法为民成色。

加强民生权益保障。审结一审民事案件145.5万件，同比上升1.8%。深入贯彻实施民法典，依法审结与群众利益密切相关的房屋买卖、网络购物、社会保障等纠纷25.1万件，妥善处置长租公寓“爆雷”、教育培训引发的群体诉讼，加强对外卖骑手、快递小哥、网约车司机等从业者合法权益的保护，让司法更具力度、更有温度。妥善审理劳动争议案件6.4万件，常态化开展“为农民工讨薪”活动。加大妇女儿童权益司法保护力度，审结婚姻家庭、赡养抚养等案件15.4万件，通过引入家事调解员、签发人身安全保护令、完善探望监督人制度等举措，促进家庭和睦、社会和谐。闵行法院获评“全国维护妇女儿童权益先

进集体”。全面推行环境资源刑事、民事、行政“三合一”审判机制，依法审结首例洋垃圾进口案、废油污染案、非法捕杀中华鲟案等一系列具有典型意义的公益诉讼案件，加强崇明世界级生态岛司法保护，共建长三角区域生态司法保护基地，联合发布长江大保护典型案例，推动绿色低碳发展，促进人与自然和谐共生。

构建高品质诉讼服务。坚持把方便留给群众的理念，打造诉讼服务大厅、“上海一网通办”诉讼服务栏目、12368诉讼服务热线等现场、网络、热线“三位一体”诉讼服务体系，实现“线下一站式、线上一网通”，最大程度减轻群众“问累”“诉累”“跑累”。二中院、普陀、长宁法院被评为“全国法院一站式多元解纷和诉讼服务体系建设先进单位”。徐汇、静安、崇明、上海铁路运输法院被最高人民法院评为“为群众办实事示范法院”。设立诉讼服务智慧舱，成为“不打烊”的法院窗口，该项目获评“上海市法治为民办实事十大项目”和“智慧城市建设优秀案例”。巩固立案登记制成果，在全国率先开发立案系统“智能审查”功能，对符合条件、审查期满7日的案件以及诉调期限届满2个月的案件由系统自动完成立案。开展跨域立案工作，破解异地立案不便问题。推出适老、适残立案服务机制，增设特殊立案窗口，提供聋哑人士手语服务等便民举措。开展“胜诉退费”专项整治，严格执行“案件生效后15日内一次、全案、全额”退费，该项目入选“上海市人民群众最期待的法治为民办实事项目”。

引领良好社会风尚。大力弘扬社会主义核心价值观，依法审理一批紧系人民生活、关乎群众利益、紧贴民法典实施的案件，开设“小案大道理”栏目，定期发布典型案例，弘扬为行善者撑腰、让失德者失利的司法理念，让广大群众知道法治社会提倡什么、反对什么、禁止什么，以司法引领社会正气、正义。依法审结“居家隔离期间违法解除劳动关系案”，坚决纠正就业歧视行为。依法审结“遗产无人继承案”，判决对无继承权但承担扶养义务的人适当分予遗产，弘扬积极赡养老人的传统美德。依法审结“校外机构教员猥亵未成年人案”，对未尽安全保障义务的校外机构判决承担赔偿责任，对实施猥亵行为的教员判处猥亵儿童罪并终身禁业，为未成年人健康成长撑起法治蓝天。依法审结“可视门铃侵犯隐私判令拆除案”，确立个人行使权利的边界，弘扬邻里相处正道。依法审结“侮辱、诽谤死者江歌及其母亲案”，坚决打击网络暴力行为，维护风清气正的网络环境。

四、系统推进司法体制改革和智慧法院建设，审判体系和审判能力现代化水平持续提升

坚持体制改革和科技创新双轮驱动，敢啃硬骨头、勇于闯难关，司法效能进一步释放，司法质量、效率和公信力进一步提升。

全面准确落实司法责任制。严格落实独任法官、合议庭办案责任制，完善审判权责清单，并嵌入办案平台和日常工作考核系统，做到“让审理者裁判、由裁判者负责”。优化院庭长办案常态化机制，全市法院院庭长办案96.1万件，进一步凸显院庭长带头办理重大疑难复杂案件和对重大案件监督管理的导向。深化人员分类管理，落实单独职务序列改革，建立法官员额全市动态调整和惩戒退出机制，实现法官等级按期晋升、择优选升和法官助理入额遴选常态化，85%以上法院人员向办案一线集中。加强新型审判团队建设，在全市法院组建审判团队738个，推动法官向团队化工作模式转变。在全国率先完成三级法院内设机构改革，全市法院机构减幅达32%，形成科学合理的内设机构布局。

深化司法体制综合配套改革。深入推进集“流程监督、制度监督和信息化监督”于一体的新型审判权力制约监督体系，使权责行使、管理、评价更加标准规范。强化对重大疑难复杂等“四类案件”监督管理，建立“四类案件”识别发现、程

序运行和配套保障机制，确保院庭长监督不缺位、可追溯。充分发挥专业法官会议监督把关作用，严格落实“符合规定必须提交讨论”等刚性要求，全市法院召开专业法官会议4.4万次，意见采纳率99.2%。全面运用“上海法院审判执行监督预警分析系统”，设置“未随机分案”“调解案件被申诉”等24个预警点，对审判权力运行进行实时监督，该系统被最高人民法院在全国推广。完善适法统一机制，发布系列“类案办案要件指南”，覆盖63种常见案件类型，统一法律适用标准和尺度，严格规范法官裁量权。建立改革重大项目培育机制，推动形成一批特色改革成果。

深入推进诉讼制度改革。顺利完成全国人大常委会授权开展的民事诉讼程序繁简分流改革试点任务，出台小额诉讼、司法确认、特邀调解等10余项制度规定，试点成果被新修改的民事诉讼法吸纳。2020年试点以来，适用小额诉讼程序审结案件26.6万件，平均审理期限15.6天，较全国平均审理期限缩短近一半。积极推进法院审级职能定位改革试点，完善案件级别管辖、提级管辖、再审程序改革等配套机制，实现审判重心合理下沉，重大典型案件提级管辖有效激活，再审纠错能力稳步提升。深化行政案件集中管辖改革，浦东、闵行、静安、上海铁路运输法院集中管辖全市基层法院一审行政案件，在全国率先实现基层法院行政案件集中交叉管辖。

全面加强智慧法院建设。在全国率先推进全流程网上办案体系建设，统一网上办案流程规则，积极推进在线庭审、异步诉讼、电子送达、庭审记录改革、电子卷宗单轨制、智能辅助办案等工作。全市法院网上立案率89.5%、随机分案率91.2%、在线庭审适用率58.6%、电子送达适用率59.1%，新收案件实现100%电子档案单轨制归档，市高院顺利通过国家档案局等部门电子卷宗归档改革国家级试点验收，获评“上海市示范数字档案室”。持续深化刑事案件智能辅助办案系统运用，打造涵盖侦查、审查、起诉、审判、减刑假释等全流程刑事案件办案体系，智能辅助办案作用进一步加强。

五、打造忠诚干净担当的法院铁军，队伍建设取得新进步

按照习近平总书记对政法队伍提出的“五个过硬”要求，加强法院队伍革命化、正规化、专业化、职业化建设，为公正司法提供有力保证。五年来全市法院共有115个集体、201人次获得全国级的表彰奖励，虹口、长宁、崇明法院被评为“全国模范法院”“全国优秀法院”，44人次被评为“全国模范法官”“全国优秀法官”“全国法院办案标兵”“全国法院先进个人”。

加强法院政治建设。坚持把党的政治建设放在首位，深入学习贯彻党的十九大、二十大精神，扎实推进“不忘初心、牢记使命”主题教育、“四史”学习教育、“两个确立”主题教育等一系列学习教育活动，组织参加政治轮训7.4万人次，政治判断力、政治领悟力、政治执行力进一步提高。持续加强政治机关建设，制定《上海法院领导干部政治建设考察实施办法》，建立干部政治素质档案，严格执行意识形态工作责任制，把政治标准和政治要求贯穿法院工作全过程。深入开展政法队伍教育整顿和市委巡视整改，深刻汲取任湧飞、张铮等反面典型教训，坚决彻底肃清孙力军等流毒影响；深入整治顽瘴痼疾，重点对涉法涉诉信访、长期未结案件、裁量权行使不规范等问题开展专项整治，有效整治四大方面19类顽瘴痼疾，推动长效常治。实施基层党组织组织力提升工程，培育和推广上海法院党建工作品牌，“智慧云快车直通法院党建制高点”等7个案例被评为“全国法院党建工作创新案例”。弘扬新时代法院文化，“邹碧华精神引领工程”“至正剧社”被评为“全国法院文化建设特色项目”。

加强高素质人才队伍建设。制定实施《进一步加强上海法院审判业务领军人才队伍建设的实施意见》，优化审判业务领军人才培育机制，开

展上海法院审判业务专家、骨干评选，形成以审判业务领军人才为引领、以审判业务骨干为后备的人才梯队。优化年轻干部成长成才路径，用好“邹碧华式的好法官、好干部”“上海法院十佳青年”等平台，常态化推动优秀年轻干部培养选拔。抓好分类分级精准化培训，举办高级法官、人民法庭庭长、审判团队负责人、中青年干部等各类培训班401期，7.8万人次参训，队伍能力素质进一步提升。

加强廉洁司法建设。深化全面从严治党“四责协同”机制，首次对落实“四责协同”情况进行量化考核，督促管党治党责任落实。严格执行防止干预司法“三个规定”，共有1091人次主动报告信息1147条，切实防止干预司法行为。开展案件评查、司法巡查、审务督察、明查暗访等，常态化对法官履职、司法作风等情况督促检查。开展“促发展、保安全”专项自查和司法作风突出问题集中整治，重点排查整治审判执行、诉讼服务、信访工作等方面存在的司法作风问题，以群众真满意检验司法作风改进的成效。坚持零容忍惩治腐败，五年来共查处严重违纪违法案件32件33人。

六、自觉接受监督，法院工作持续改进

坚持把接受监督作为推动法院工作高质量发展的强大动力，健全完善常态化沟通机制，加强意见建议办理和反馈，推动改进法院工作。

主动接受人大监督。向市人大常委会专题报告优化法治化营商环境、以审判为中心的诉讼制度改革、环境资源司法保障、代表建议办理等工作情况，配合市人大常委会对商事审判、破产审判和涉诉信访等工作开展专项调研。市人大代表提出的178件建议全部办结，转化为推动法院工作发展的务实举措。认真落实市人大常委会规范性文件备案审查制度，按期完成报备工作。完善联络机制，开展走进法院活动，邀请人大代表视察法院、旁听庭审、见证执行。

认真接受政协监督。向市政协专题通报法院工作，加强与政协委员的日常沟通联络，广泛听取意见建议，认真改进工作。142件市政协提案已全部办结，积极采纳意见建议并及时反馈。加强与民主党派、工商联和无党派人士的沟通联系，主动听取意见建议。

依法接受纪检监察监督。深入贯彻落实监察法，支持配合监察机关依法履行监督、调查、处置职责，接受监察机关对法院公职人员监督，健全动态监控和风险预防机制，堵塞管理漏洞，以监督促公正。

自觉接受检察机关法律监督。贯彻落实《中共中央关于加强新时代检察机关法律监督工作的意见》，审结检察机关抗诉启动的再审案件440件、依再审检察建议启动的再审案件472件，办结其他检察建议1946份，配合开展民事执行案件专项监督等活动，进一步规范检察建议办理流程，共同维护司法公正。

广泛接受社会监督。坚持以公开促公正，网上发布生效裁判文书291.5万份，及时公开审判执行信息263万件，庭审直播案件10.8万件，召开新闻发布会254场，发布审判白皮书420份。充分发挥人民参与司法的重要作用，人民陪审员参与审理一审案件25.2万件，陪审率89.4%。邀请特约监督员、特邀咨询员开展调研座谈，走访律协、企业家协会、企业园区，听取意见建议，及时改进工作。

各位代表，五年来全市法院工作取得的成绩，最根本的是以习近平同志为核心的党中央坚强领导的结果，是全市各级党委领导、人大监督和政府、政协、社会各界关心支持的结果。各位人大代表、政协委员对法院工作给予了充分的理解、信任、监督和支持，有力推动了法院工作的进步。在此，我代表全市法院向大家表示衷心的感谢和崇高的敬意！

五年来的奋斗历程启示我们，做好法院工

作，必须坚持党的领导这一根本原则，始终把“两个维护”作为最高政治原则和根本政治规矩，做到维护核心、绝对忠诚、听党指挥、勇于担当；必须坚持人民司法这一根本立场，在司法为民、公正司法中解决人民群众急难愁盼问题，切实提高人民群众司法获得感和满意度；必须坚持改革创新这一根本方法，把深化司法体制改革和现代科技应用结合起来，持续提升审判体系和审判能力现代化水平；必须坚持人才队伍这一根本保障，按照既政治过硬又本领高强的要求，打造一支让党放心、让人民满意的法院队伍。

我们清醒地认识到，全市法院工作还存在一些问题和不足：一是面对高质量发展新要求，审判质量还有待进一步提高，有些案件办理周期过长，有些案件法律适用不尽统一，切实解决执行难仍需付出艰苦努力。二是面对人民群众司法新期待，司法作风还需要进一步改进，涉诉信访问题仍然突出，个别干警对待当事人态度冷淡、语言生硬、推诿拖延等问题依然存在，法院内部评价与人民群众切身感受还存在“温差”。三是面对深化司法改革新任务，审判权力制约监督机制还需要进一步健全，改革系统集成、协同高效有待加强，落实司法责任制还需更加全面准确。四是面对全面从严治党新形势，队伍教育整顿成果还需要进一步巩固，党风廉政建设方面面临不少顽固性、多发性问题，个别干警违纪违法，损害了法院形象和司法公信力。对此，我们将切实采取有效措施，努力加以解决。

2023 年工作建议

党的二十大对全面依法治国作出重大部署，为人民法院工作指明了方向。全市法院要以习近平新时代中国特色社会主义思想为指导，认真学习贯彻党的二十大精神，深入贯彻习近平总书记关于政法工作的重要指示精神，弘扬伟大建党精神，坚持政治建设引领、司法质效为本、数字改革赋能，以高质量司法服务高质量发展，努力让人民群众在每一个司法案件中感受到公平正义。

一是深入贯彻习近平法治思想，牢牢把握法院工作正确政治方向。坚持不懈用习近平新时代中国特色社会主义思想凝心铸魂，持续开展大学习大研讨大培训，深刻领悟“两个确立”的决定性意义，坚决做到“两个维护”，进一步筑牢政治忠诚。坚持党对法院工作的绝对领导，严格执行《中国共产党政法工作条例》及市委《实施细则》，认真落实重大事项请示报告制度，确保中央、市委重大决策部署在上海法院得到不折不扣贯彻执行。充分发挥人民代表大会制度巨大优越性和社会主义协商民主独特优势，自觉把全过程人民民主要求贯彻到法院工作各领域各环节。

二是围绕中心履职尽责，持续提升司法服务大局水平。牢记“国之大者”，坚持“四个放在”，全面贯彻新发展理念，积极应对疫情带来的冲击挑战，精准服务稳增长、稳就业、稳物价工作，依法审理好各类经济纠纷案件，切实为企业发展纾困解难，在司法固根本、稳预期、利长远上展现新作为。创新知识产权审判体制机制，严格落实惩罚性赔偿制度，加大对“卡脖子”关键核心技术知识产权司法保护力度。积极防范化解重大经济金融风险，深化金融审判专业化建设，为金融市场改革创新提供明确规则指引。依法审理涉平台经济、共享经济等新交易新模式新业态案件，服务数字经济健康发展。持续深化法治化营商环境建设，加大产权保护力度，优化破产办理程序，完善高水平涉外审判机制，进一步压缩纠纷解决时间成本，不断提升审判质量效率，为推进国际一流营商环境建设持续发力。统筹发展和安全，严惩危害国家安全犯罪，坚持常态化开展扫黑除恶，依法惩治黄赌毒、盗抢骗、食药环等人民群众反映强烈的各类犯罪，保持惩治贪污受贿犯罪高压态势。

三是认真践行以人民为中心发展思想，努力满足人民群众高品质司法新需求。围绕增进民生福祉，依法保障民生权益，深化家事审判改革，加强个人信息司法保护，常态化开展“我为群众办实事”“我为基层解难题”活动，维护好人民群众合法权益。践行“两山”理念，加强环境资源审判。创建“枫桥式人民法庭”，服务乡村振兴。推进执行难综合治理源头治理，在切实解决执行难上下更大功夫，及时兑现人民群众胜诉权益。全面深化一站式多元纠纷解决和诉讼服务体系建设，大力发展替代性纠纷解决机制和在线纠纷解决机制，为人民群众公正、高效、实质性化解矛盾纠纷提供便利。积极回应人民群众新期待，依法保障当事人诉权，深化司法公开，改进司法作风，强化裁判文书释法说理，完善判后答疑机制，让当事人赢得清楚、输得明白。

四是巩固深化司法体制改革成果，持续推动改革系统集成协同高效。全面准确落实司法责任制，坚持放权与监督相统一，压紧压实监督管理责任，完善与新型司法权力运行机制相适应的制约监督体系，进一步规范法官裁量权，坚决守住维护社会公平正义的最后一道防线。深化司法体制综合配套改革，统筹抓好法院审级职能定位改革、以审判为中心的诉讼制度改革等重点改革任务，持续优化专业法官会议制度、法律适用统一机制、“四类案件”监督管理机制，从更高水平上推动解决影响司法公正、制约司法能力的深层次问题。创新完善公益诉讼审理机制，依法公正审理公益诉讼案件，切实维护国家利益和社会公共利益。加强智慧法院建设，严格落实在线诉讼规则、在线调解规则和人民法院在线运行规则要求，加大全流程网上办案系统应用力度，确保在线诉讼“降成本不降质量、提效率不减权利”，努力创造更高水平的数字正义。

五是坚定不移推进全面从严治党，全力锻造高素质过硬法院队伍。全面落实新时代党的建设总要求，持续深入学习贯彻党的二十大精神。加强司法能力建设，完善审判领军人才、骨干人才递进式培育机制，推进涉外法治人才和紧缺领域司法人才培养储备，全力培养更多具有全国影响力的审判领军人才。强化正风肃纪，锲而不舍落实中央八项规定及其实施细则精神，巩固深化队伍教育整顿成果，严格执行防止干预司法“三个规定”、新时代政法干警“十个严禁”等铁规禁令，健全一体推进不敢腐、不能腐、不想腐的体制机制，确保公正廉洁司法。大力弘扬邹碧华精神，驰而不息涵养新风正气，积极营造“比学赶超”的浓厚氛围，激励广大法院干警以更加昂扬的精神状态和真抓实干的实际行动投身上海现代化建设。

各位代表，全市法院将在市委的坚强领导下，在市人大及其常委会的有力监督和最高人民法院的大力指导下，不忘初心、牢记使命，踔厉奋发、勇毅前行，奋力推进新时代新征程上海法院工作高质量发展，为上海加快建设具有世界影响力的社会主义现代化国际大都市作出新的更大贡献！

上海市人民检察院工作报告

——2023年1月12日在上海市第十六届人民代表大会第一次会议上

上海市人民检察院检察长　陈勇*

各位代表：

现在，我代表市人民检察院向大会报告工作，请予审议，并请市政协委员和其他列席同志提出意见。

过去五年工作回顾

市十五届人大一次会议以来，上海检察机关坚持以习近平新时代中国特色社会主义思想为指导，全面落实习近平法治思想，深入贯彻党的十九大、十九届历次全会和二十大精神，坚持把学习贯彻习近平总书记考察上海重要讲话精神作为全部工作的鲜明主题和贯穿始终的突出主线，深刻领悟“两个确立”的决定性意义，增强“四个意识”、坚定“四个自信”、做到“两个维护”。在市委和最高人民检察院（以下简称最高检）正确领导下，在市人大及其常委会有力监督下，在各级政府、政协及社会各界关心支持下，认真落实《中共中央关于加强新时代检察机关法律监督工作的意见》（以下简称党中央《意见》）和市委《关于贯彻落实〈中共中央关于加强新时代检察机关法律监督工作的意见〉的重点措施》（以下简称市委《重点措施》）、市人大常委会《关于加强新时代检察机关法律监督工作的决定》（以下简称市人大常委会《决定》），弘扬伟大建党精神，忠诚履行宪法法律赋予的职责，不忘初心、牢记使命，守正创新、奋发进取，各项工作迈上了新的台阶。

一、聚焦国家战略全局和上海发展大局，能动履职服务高质量发展

五年来，全市检察机关始终胸怀“国之大者”、紧扣“城之要者”，统筹发展和安全，做优服务和保障，积极展现新担当、实现新作为。

主动融入构建新发展格局。护航国家战略实施。围绕浦东打造社会主义现代化建设引领区、临港新片区建设、长三角一体化发展等国家战略，制定16个服务大局的意见，落实383项保障举措，努力将重大决策部署转化为司法政策、融入到办案实践，4项立法建议被“浦东新区法规”采纳。筑牢金融安全司法防线。起诉破坏金融管理秩序、金融诈骗、洗钱等犯罪11389人，呈现先升后降态势，彰显惩的力度、治的效果。依法办理虚假申报型操纵证券市场案、利用“沪港通”内幕交易案等“全国首案”，率先实施涉案易贬值易耗损财物先行处置、证券领域适用“从业禁止”等“全国首例”，保障更高能级的国际金融中心

*2023年2月24日，第十三届全国人民代表大会常务委员会第三十九次会议通过，批准任命陈勇为上海市人民检察院检察长。

建设。服务创新驱动发展。在临港新片区、虹桥国际中央商务区等重要功能区设立知识产权保护中心。首创知识产权权利人诉讼权利义务告知、实质性参与刑事诉讼等机制，起诉5396人，较上一个五年增加1.45倍，协同追赃挽损11.9亿元，让“无形资产”得到“刚性保护”。优化法治化营商环境。持续做实对各类市场主体的平等保护，首批开展涉案企业合规改革试点，探索社会调查、繁简分流、异地协作等机制，获最高检认可并推广。2020年试点以来，对犯罪情节轻微、通过合规考察的40家企业、62人依法不起诉；对合规整改不到位的4家企业依法起诉，真正做到既“厚爱”更“严管”。与市公安局建立长效机制，清理涉企“挂案”381件，更好服务“六稳六保”。

合力推进平安上海建设。坚决贯彻总体国家安全观。充分履行维护国家安全、社会安定、人民安宁重大责任，批捕各类刑事犯罪120561人、起诉190125人。从重打击严重影响人民群众安全感的犯罪，起诉杀人、抢劫等严重暴力犯罪3009人，形成有力震慑，五年间同比下降44.4%。对黑恶犯罪保持高压态势。批捕1235人、起诉1787人；追加认定150件、不认定230件，坚决做到“一个不放过，一个不凑数”。开展重点行业领域整治，针对“敲墙党”“黑加油站”、网络黑灰产业链等制发检察建议115份，坚决铲除黑恶势力滋生土壤。守护群众安宁。起诉道路交通安全、生产安全等领域犯罪21748人，携手开展高空抛物、窨井盖隐患、电动车“飞线”充电、“断卡”行动等专项治理，全力维护群众头顶脚下、居家出行、“钱袋子”等切身安全。促进内生稳定。针对重罪下降、轻罪上升的犯罪新结构，深入落实宽严相济刑事政策和少捕慎诉慎押刑事司法政策。五年间，不捕率、不诉率分别增长27.2和23.7个百分点，诉前羁押率从68.1%降至24.1%；对19007名在押人员进行羁押必要性审查，建议和决定变更强制措施9260人；认罪认罚从宽制度适用率从50%跃升至89.6%，在依法惩治犯罪同时，最大程度释放司法善意，减少社会对立面。助推源头治理。制发社会治理类检察建议3180份，加强事前沟通会商、事中衔接配合，落实整改率达100%。持续三年开展“维护高铁沿线安全专项监督”，努力实现“办理一案，治理一片”，为全国范围内专项治理提供范例。

自觉强化疫情防控法治保障。坚持依法战疫。建立特殊时期快速反应机制，围绕涉疫法律适用、司法政策、办案程序、保障复工复产等，制发17份办案指引、工作细则、系列问答。对哄抬物价、暴力伤医等涉疫刑事案件，坚持每案提前介入，依法快捕快诉513人，办理张某生倒卖捐赠物资案、“问题猪肉”案等社会影响较大案件。对情节轻微、危害不大的，依法不捕114人、不诉111人。加大“云办案”力度。推行法律文书电子送达，开展网络出庭、云听证等工作，确保疫情期间办案“不打烊”、履职不停步。积极投身大上海保卫战。全市检察人员响应号召，“检察蓝”化身“志愿红”“抗疫白”，参与志愿服务5.7万人次。

二、聚焦增进民生福祉，用心用情办好检察实事

五年来，全市检察机关深入践行以人民为中心的发展思想，认真贯彻人民城市重要理念，立检为公，司法为民，保障高品质生活。

守护人民美好生活。保护蓝天碧水青山。坚持惩治犯罪、修复生态、预防污染全面发力，办理破坏环境资源刑事案件1458件、公益诉讼4191件，督促恢复被毁损的耕地、林地等443.5亩，追偿修复费6529万元。开展“守护海洋”、打击危险废物破坏环境违法犯罪、环太湖流域生态环境保护等专项行动，推动“河湖长+检察长”“碳汇”认购修复生态等机制创新，助力绿色成为城市最动人的底色、最温暖的亮色。保障食品药品安全。坚决贯彻“四个最严”要求，聚焦农贸市场、网络餐饮、保健品等重点领域，办理涉食药品刑事

案件1656件、公益诉讼883件，督促查处、回收、销毁假冒伪劣食品20.3万公斤。与市食安办等五部门建立执法司法协作机制，协同完善食药品重点监管“黑名单”制度，联合开展食药品虚假广告、农贸批发市场注水牛肉等专项治理。“跨区检察蓝，守‘沪’食药环”获评全国检察机关十佳品牌。

化解群众揪心事烦心事。最大限度减少诉累。2019年最高检创新提出“案－件比”指标，当事人的一个“案”，经过司法程序形成的“件”，数量越少，诉累越轻。全市检察机关通过繁简分流提高效率，从严把关减少往复，努力“求极致”办案，“案－件比”从1.79降至1.14，延长审查起诉期限、退回补充侦查数量分别下降96.6%和71.9%，年均减少近2万个不必要的办案环节，有效提升司法效率，节约司法成本，增强当事人司法获得感。最大限度减轻访累。受理群众信访24.7万件，均在七日内告知“已收到、谁在办”，三个月内办理过程或结果答复率97.7%，以“如我在访”增进理解、赢得信赖，信访总量年均下降16%，攻坚化解2316件重复信访案件，真正解法结、化心结。最大限度争取案结事了。综合运用公开听证、检察建议、领导包案等措施，与执法司法部门共同化解行政争议案件1034件，切实将“解决问题”作为“监督权力”和“保护权利”的结合点和落脚点。

传递可感可触的司法温度。呵护孩子们更好成长。对未成年人犯罪宽容不纵容，依法不捕693人、不诉657人，附条件不起诉770人，落实精准帮教措施8060人次；对主观恶性深、后果严重的，批捕763人、起诉923人。巩固未成年人检察工作发源地优势，推出涉性侵违法犯罪人员从业限制、强制报告、督促监护令、一站式取证、检校问诊室等创新制度，推动点播影院、密室剧本杀等新业态整治，729名检察官担任法治副校长、法治辅导员，促进“六大保护”相融与共。护佑老年人乐享生活。积极探索涉老年人犯罪案件专办机制，开展打击整治养老诈骗专项行动，严惩涉“养老服务”“养老投资”等犯罪，起诉325人、追捕追诉228人。“老年人特殊司法保护”入选市法治为民办实事十大重点项目。倾力扶弱纾困。以妇女、残疾人、低收入群体等为重点，依法支持起诉552件；对因案致贫困难群众，应救即救、应救尽救，向3358人发放司法救助金4203.7万元。尊崇和保护“最可爱的人”。制定实施军地检察协作实施办法、公益诉讼协作意见。起诉危害国防利益、侵犯军人军属合法权益犯罪37人，办理英烈保护、红色资源保护公益诉讼35件。与上海军事检察院、退役军人事务局联合开展保障军人优先出行、红色历史文化遗产保护等专项监督，坚决维护军人权益，捍卫英烈荣光，留住红色记忆。

三、聚焦法律监督主业，助力法治成为上海软实力和核心竞争力的重要标志

五年来，全市检察机关积极构建完善刑事检察、民事检察、行政检察、公益诉讼检察的法律监督新格局，推动“四大检察”全面协调充分发展，更好维护社会公平正义。

刑事诉讼监督更为有力。加强侦查监督。与市公安局会签实施办法，推动区级层面全面设立侦查监督与协作配合办公室，稳步健全信息共享、监督制约、繁简分流等机制，促进监督更有力、配合更顺畅。对应当立案而不立案的督促立案3621件、不应当立案而立案的监督撤案5849件，纠正违法取证、扣押等情形9392件。加强审判监督。对认为确有错误的刑事裁判提出抗诉391件，法院已审结案件中，改判、发回重审103件。与市高级法院会签《常见犯罪量刑指导意见》，共同破解类案不同判、刑期计算不当等问题。对审理程序不规范提出纠正意见724次。加强行政执法与刑事司法双向衔接。督促行政执法机关移送涉嫌犯罪案件280件，已刑事立案250件，严防以罚代刑；对依法不起诉需要给予行政处罚的，通报行政执法机关，避免不刑不罚。

刑事执行监督更具刚性。办理刑罚变更执行监督案件11530件，依法提出检察意见1056件，采纳率95.3%。联合政法各单位对本市30年减刑、假释、暂予监外执行案件全面倒查，排查16.9万件，立案侦查徇私舞弊减刑假释案件5件，严防“纸面服刑”“提钱出狱”。部署财产刑执行专项监督，监督执行5306万元，不让裁判变“白条”。对外出从事生产经营活动的社区矫正对象，依法监督7264人次，保障出得去、管得住。深化“派驻+巡回”检察。在对各类监管场所全面派驻的基础上，开展巡回检察227次，查纠执法监管、教育改造和派驻检察等方面问题1378项，移送相关职务犯罪线索23条，真正发挥“驻”的便利和“巡”的优势。

民事检察监督更显精准。办理各类民事检察监督案件10181件，年均增长19.1%。向法院提出各类监督意见2516件，采纳率93.5%。强化虚假诉讼监督。紧盯“套路贷”、房屋买卖、道路交通事故损害赔偿等虚假诉讼易发多发领域，专项监督纠正382件，让假官司“现原形”。强化类案监督。对涉及立案登记、中小股东权益保护、执行异议等10956件案件开展专项评查，制发检察建议229件，主动回应社会关切，合力维护司法公正。

行政检察监督更重实效。办理各类行政检察监督案件8950件，年均增长33.7%。向法院、行政机关提出各类书面监督意见1426件，采纳率99.1%。探索行政检察监督机制创新。与市法治政府建设领导小组办公室、市高级法院建立行政规范性文件审查衔接机制。在16个依法治区委员会下设行政检察监督协调机构，联合开展法治督察、专项检查、矛盾调处等工作，检察监督更加靠前融入，依法治理更为紧密协同。

公益诉讼检察更加稳进。认真贯彻市委市政府《关于支持检察机关依法开展公益诉讼的意见》、市人大常委会《关于加强检察公益诉讼工作的决定》，办理各类公益诉讼案件7488件，五年增长8.1倍，实现法定领域全覆盖。探索超大城市公益保护“上海模式”。根据市人大常委会决定，结合本市实际，在城市公共安全、优秀历史建筑保护、金融、知识产权、公民个人信息领域加强公益保护，被最高检称为新领域探索的“试验田”。完善公益诉讼检察保障机制。汇集市民热线、“益心为公”志愿者平台、“随申办公益诉讼线索举报”等多领域数据，首创技术调查官制度，建立公益诉讼快检实验室，研发应用公益诉讼全息办案智能辅助系统，让公益保护汇众力、更智慧。

四、聚焦提质增效赋能，深化检察领域司法改革

五年来，全市检察机关深化改革、锐意创新，推动职能重塑、机构重组、机制重构，为做优司法保障、维护司法公正提供更为完备的体制机制保障。

积极配合国家监察体制改革。以高度的政治自觉圆满完成“两反”职能、机构和人员转隶，检察机关继续承担批捕、起诉职务犯罪，以及立案侦查司法工作人员利用职权实施的14类犯罪职能，为反腐败斗争贡献力量。五年来，受理监委移送职务犯罪843人，其中原厅局级29人，已起诉754人。稳妥办理福建省原省长苏树林案、中船重工原总经理孙波案等4件最高检交办案件。积极参与追逃追赃，配合有关部门开展跨境追逃16人，办理本市首例“红通人员”违法所得没收案，依法对其境内相关土地使用权、资产4742万元提出没收申请，决不让腐败分子继续享受“不义之财”。坚持受贿行贿一起查，起诉“围猎”公职人员的行贿犯罪153人（单位）。对司法工作人员压案不查、有罪不究等侵犯公民权利、损害司法公正犯罪，立案侦查28件35人，严防“灯下黑”，做到“零容忍”。

全面深化司法体制改革。实行检察人员分类管理。将检察人员划分为检察官、检察辅助人员和司法行政人员三类，完善相应的管理制度，实现各司其职、各展所长、各得其所。率先推行全市检察官员额统筹管理，五年遴选入额383人，因

调岗、辞职、不胜任一线办案等原因退出员额307人，遴选30名基层院检察官到上级院任职，22名上级院检察官助理到基层院入额，实现能进能出、能上能下。落实司法责任制。坚持“入额必办案”，三级检察院检察长带头办理重大疑难复杂案件8071件，列席审判委员会390次；动态修订检察官权力清单，优化配置办案职权431项，做到“谁办案谁负责、谁决定谁负责”；出台《关于司法办案职权配置和运行的规定》，压实检委会、检察长、部门负责人等监督管理责任，构建流程监控、质量评查、检务督察、绩效考核等制约监督体系，确保“放权不放任、放权能放心”。在2022年最高检首次施行的案件管理工作主要评价指标中，上海整体排名位居全国第一。

深入推进司法体制综合配套改革。按照中央部署开展首批试点，全面完成126项改革任务，51项在全国推广。推动内设机构系统性、整体性、重塑性改革。三级检察院内设机构精简28%，民事、行政、公益诉讼检察力量翻了一番，“四大检察”“十大业务”法律监督格局更为凸显。推动检察一体化建设。横向上，刑事检察实行捕诉一体，未成年人检察、知识产权检察推行“四大检察”集中统一履职，完善线索移送、协同办案等融合机制，促进办案、监督、治理一体化；纵向上，建立健全全市办案力量统一调配，重大案件交办、提办、督办等机制，实现上下贯通、接续监督。推动大数据赋能法律监督。制定全流程全息在线办案综合平台总体规划，依托市大数据中心、34个检察信息化平台、33个法律监督数字化模型，加强数据归集整合、碰撞比对、分析应用，促进法律适用更统一、监督办案更充分。

五、聚焦全面从严管党治检，努力锻造可堪重任的检察铁军

五年来，全市检察机关牢记打铁必须自身硬，一体提升检察人员政治素质、业务素质、职业道德素质，努力做到让党放心、让人民满意。

突出政治引领。强化理论武装。深入开展习近平新时代中国特色社会主义思想大学习大培训，市检察院党组集中学习、理论学习中心组学习研讨201次，举办学习贯彻党的二十大精神专题政治轮训，更加忠诚拥护“两个确立”、坚决做到“两个维护”。严守纪律规矩。认真落实《中国共产党政法工作条例》，市检察院党组主动向市委、市委政法委请示报告233次。严格执行防止干预司法“三个规定”，全市检察人员填报重大事项7239件，依规依纪处理漏报、不报、瞒报9人次。建立完善落实意识形态工作责任制等制度7项，牢牢把握意识形态领导权、主导权、话语权。加强党性锻炼。扎实开展“不忘初心、牢记使命”主题教育、党史学习教育，悟原理、找差距、抓落实，狠抓380项整改措施落地，检察队伍在革命性锻造中更加忠诚、纯洁、可靠。涌现出以党的二十大代表、新时代政法英模施净岚为代表的一批先进典型，105个集体、85名个人受到省部级以上表彰，选树“身边的榜样”206人，弘扬英模精神，凝聚奋进力量。

坚持从严治检。从严从实担责任。制定《推进全面从严治党“四责协同”机制建设的实施办法》，细化77项责任清单，构建知责明责、履责督责、考责问责的“闭环”。“零容忍”查处违法违纪问题，运用“四种形态”处置262人次，坚持抓早抓小，出台“四大检察”廉政风险防控规定，第一种、第二种形态占比92%。从严从实抓整顿。认真开展政法队伍教育整顿，全面查摆和整改“六大顽瘴痼疾”、机关作风顽疾、司法不规范等突出问题282个，核查办结线索2889条，抽查重点案件4203件。落实“自查从宽、被查从严”政策，检察人员如实向组织说明问题65人，被组织查处58人。统筹抓好最高检党组巡视及“回头看”、中央审计委员会和国家审计署经济责任审计等反馈问题整改工作，制定整改措施554项，整改率100%。从严从实强作风。严格落实中央八项规定及其实施细则精神，制定“为基层减负10条措施”。五年间，全市性会议、市

检察院对下发文分别减少88.5%和82.3%。常态化开展“指尖上的形式主义”整治，清理不必要的应用程序和微信工作群45个，解脱“指尖束缚”，带来工作新风。

夯实基层基础。坚持重心下移。出台《加强新时代基层检察院建设的实施方案》，明确138项强基任务，召开基层检察院建设推进会，系统总结三年攻坚情况，专题部署基层检察院高质量发展。深耕“一院一品”，“党旗红引领检察蓝”“长江入海口的检察守护”等17个基层检察品牌各具特色、亮点纷呈。五年间，又有5家基层院获评全国模范检察院、全国先进基层检察院、全国文明单位。坚持检力下沉。帮助基层配强班子、建强队伍，配合选任基层院“一把手”18人，80%以上的基层院班子配备“80后”干部；基层院检察官员额比例较市检察院高4个百分点，为基层招录检察官助理441名、辅助文员346名；选派31名基层检察干部参加援疆援藏、市检察院轮岗锻炼，帮助开拓眼界、锤炼意志、增长才干。坚持帮扶下倾。按照最高检统一部署，坚持以点带面、补短强弱，对4个相对薄弱基层院实行动态管理，建立“一院一档”和薄弱问题、脱薄任务、工作进展“三张清单”，完善市检察院领导对口联系、条线指导、结对共建、跟踪督导等帮扶机制，2个相对薄弱院已成功脱薄并进入先进行列。

提升专业素能。强化教育培训。用好领导干部上讲台、检察官教检察官等机制，开展各类政治业务培训141期，参训3.4万人次，其中，法律职业共同体同堂培训14期。强化办案磨砺。建立健全实战实训、岗位带教、推门听庭等素能养成机制，集中业务骨干和精锐力量，组建17个跨院际、跨层级的专业化办案团队，打造“专办+专研”的“金字塔尖”。五年来，获评全国优秀办案团队5个、全国优秀办案检察官7人、全国业务标兵能手16人，入选全国检察机关人才库99人次。130件案件入选最高检指导性案例和典型案例。强化理论研究。与15所高校和机构建立48项合作机制，公开发表核心期刊论文和出版专著、译著等301篇（部），连续三年在全国检察理论研究绩效通报中名列前茅。强化年轻干部培养。抓好后继有人这个根本大计，配合市委选拔任用45岁以下局级干部4人，选任40岁以下处级干部50人。35岁以下人员占比42.1%，研究生以上学历占比44%，比五年前增长12.2个百分点。举办4期青年干部研习班，择优挑选205名年轻干部参加专业训练、实践锻炼，为事业发展储备有生力量。

六、聚焦落实全过程人民民主，自觉接受监督

五年来，全市检察机关始终秉持“监督者更要自觉接受监督”，积极拓展渠道、创新机制，让人民群众更广泛地参与、更深入地监督检察工作，努力做到对人民负责、受人民监督。

自觉接受人大监督。认真落实市人大常委会关于加强法律监督、公益诉讼工作的决定，专题汇报实施情况。积极配合市人大专项监督和调研，专题报告优化营商环境、生态环境和资源保护、适用认罪认罚从宽制度等工作，不断加强和改进检察履职。办理代表议案、建议71件，3件代表建议答复意见获评全市优秀案例。出台做好新时代人大代表联络工作的20条意见。邀请各级人大代表视察检察工作11375人次。先后选派10名优秀检察官参与市人大涉法涉诉信访工作，实现人大监督和检察机关法律监督同向发力、同频共振。

主动接受民主监督。坚持每年向市政协通报工作，配合开展知识产权保护、防范电信网络诈骗犯罪等专题视察和调研，办理政协提案53件，3件答复意见获评全市优秀案例、市政协优秀提案。邀请各级政协委员视察检察工作4896人次。连续两年走访各民主党派市委，聘请21名党外人士担任市检察院特约检察员，在协同监督办案、反映社情民意等方面发挥特殊优势。联合市工商联推出“法治服务民营经济高质量发展计划”，浦东、静安、徐汇、金山四区工商联与检察机关协作机制

入选全国“百优”。

依法接受监督制约。坚持分工负责、互相配合、互相制约原则，全市检察机关自觉接受监委、法院、公安等机关履职制约。加强监检衔接，建立案件管辖、线索移送、联席会议、同堂培训、反洗钱协作等系列机制。对公安机关提请复议复核的不批捕、不起诉案件，严格依法重新审查，改变原决定 6 人。对诉判不一、无罪判决等逐案评查，与法院统一司法尺度，提高审查起诉质量。与司法局建立联席会议机制，共同助力依法治市工作，促进刑罚执行更加公正。

广泛接受社会监督。组织各类公开听证 6369 件，全面覆盖“四大检察”“十大业务”。邀请人民监督员监督办案活动 4034 人次。创新司法监督模式，首次聘任 50 位特邀监督员，深度参与案件质量评查、公益诉讼“回头看”等业务工作 189 人次。真诚尊重、真心支持律师履职，审查办理侵犯律师执业权利控告申诉案件 237 件，律师参与信访案件办理、矛盾化解等 500 人次，每年定期召开检律座谈会听取律师意见，做到“亲”不逾矩、“清”不远疏。常态化开展线上线下检察开放日活动，市检察院公开发布检察白皮书 26 份、典型案例 137 件、检察业务数据 120 批，更好接受群众监督、社会监督，更好引领社会法治风尚，弘扬社会主义核心价值观。

各位代表，刚刚过去的一年极不平凡、尤为特殊。党的二十大胜利召开，擘画了全面建设社会主义现代化国家的宏伟蓝图，为党和国家事业发展指明了前进方向、提供了根本遵循。2022 年 3 月，面对空前严峻复杂的疫情，全市人民守望相助、众志成城，打赢了大上海保卫战。在全力服务保障盛事、大事的时候，上海检察机关经受张本才严重违纪违法案件的冲击。在市委和最高检正确领导下，在社会各界关心支持下，6 月以来，全市检察机关以高度的政治自觉、法治自觉、检察自觉，知不足而奋进、抓履职以自强，重拾信心、重塑形象，重整行装再出发。

一是全力稳思想、稳队伍、稳工作。通过召开全市检察干部大会、谈心谈话等方式，扎实细致做好队伍思想政治工作，切实将思想和行动统一到党中央决策部署上来，坚决拥护党中央决定，坚决将队伍主流、本质与个别人、个别事区分开来，帮助卸下思想包袱，激发责任感和荣誉感。围绕落实党中央《意见》、贯彻市第十二次党代会精神、党的二十大维稳安保等工作，制定详细分工方案，细化 160 项具体任务。组织首次联合调研督导，对全市 20 家检察院重点工作落实情况开展实地督查，推动全市检察人员心无旁骛办好自己的事，以“工作稳”检验“思想稳、队伍稳”的成效。

二是狠抓清积案、补欠账、提质效。面对疫中存案多、疫后增案快，以及部分工作延滞等情形，及时按下“快进键”。特别是紧抓办案质效下滑的主要矛盾，建立业务数据周调度、月分析机制，开展取保候审案件积案清结等 8 个专项活动，奋力把失去的时间夺回来，推动重点院、重点指标向好发展。经过半年超常规努力，6 月份近一半办案质效指标处于全国后十位的态势得到根本扭转，至年底，在最高检 56 项办案质效主要评价指标中，13 项通报值指标全部达标；43 项竞争性指标中，30 项位列全国前十位，其中前五位 20 项，第一位 11 项，全年办案质效位居全国前列。

三是坚决清流毒、做检视、抓整改。全市检察机关清醒认识到，张本才弃守职责使命、非法收受巨额财物等严重违纪违法问题，严重损害检察机关形象，必须深刻汲取教训，从思想、政治、组织、纪律、作风、工作等方面，全面彻底肃清流毒影响。市检察院党组召开专题民主生活会，对照检查、举一反三，查摆突出问题 38 项，明确整改措施 91 项，以案为鉴、以案促改、以案促治。坚持将制度建设作为全面从严治检、科学有效管理的关键，2022 年 7 月以来，以专班形式大力推进建章立制，全面梳理议事决策、自身建设、意识形态、监督管理、风险防控等问题，制定或修订党组工作规则、检察委员会工作规则等25项重要制度，推动用制度管人管事管案。

各位代表，五年来全市检察工作取得的成绩，最根本的在于习近平总书记掌舵领航，在于以习近平同志为核心的党中央坚强领导，在于习近平新时代中国特色社会主义思想科学指引，是市委和最高检正确领导、市人大及其常委会有力监督、市政府市政协大力支持的结果，同时也离不开执法司法部门的密切协作，离不开各区党委、人大、政府、政协和各级人大代表、政协委员、媒体、社会各界的关心帮助。在此，我代表全市检察机关表示衷心的感谢，并致以崇高的敬意！

回顾五年发展历程，我们深切体会到，做好检察工作必须坚持党的绝对领导，更加坚定拥护“两个确立”、自觉做到“两个维护”，始终同以习近平同志为核心的党中央保持高度一致。必须坚持人民至上，想人民之所想，行人民之所嘱，用法治更好守民心、护民利。必须坚持服务大局，着眼“四个放在”谋划和推进检察工作，以法治之力保障上海创造新奇迹、展现新气象。必须坚持敢于监督、善于监督，践行双赢多赢共赢理念，全面提升法律监督质效，让上海法治名片更加闪亮。必须坚持改革创新，依靠改革破难题、补短板、促发展，加快建设公正高效权威的社会主义司法制度。必须坚持自我革命，以严的基调强化正风肃纪，一体推进不敢腐、不能腐、不想腐，锻造忠诚干净担当的检察铁军。

我们也清醒认识到，与党和人民的新期待新要求相比，全市检察工作还存在一些问题和不足：一是学懂弄通做实习近平新时代中国特色社会主义思想、全面贯彻习近平法治思想需久久为功，理论武装在学思用贯通、知信行统一上存在差距。二是服务大局、为民司法的全面性、实效性有不足，少数检察人员对案件背后的“大政治”“大民生”体悟不深、把握不好。三是法律监督能力、水平、质效还有差距，仍有一些薄弱环节、瓶颈困难需要补强和攻克。四是检察队伍结构有待持续优化，年轻干部培养需加大力度，领军型拔尖人才不多，与上海法治水平不相适应。五是市检察院原“一把手”因严重违纪违法被查处，个别检察人员违纪违法问题也时有发生。对于这些问题，我们一定高度重视，紧盯不放加以解决。

2023年工作建议

各位代表，今年是全面贯彻落实党的二十大精神的开局之年，也是实施“十四五”规划承上启下的关键一年。全市检察机关要坚持以习近平新时代中国特色社会主义思想为指导，全面贯彻习近平法治思想，深入学习贯彻党的二十大精神，认真落实习近平总书记对政法工作的重要指示精神，深刻领悟“两个确立”的决定性意义，增强“四个意识”、坚定“四个自信”、做到“两个维护”，牢记“三个务必”，深入贯彻市第十二次党代会精神，按照市委、中央政法委、最高检部署要求，深入落实党中央《意见》以及市委《重点措施》、市人大常委会《决定》，更加充分履职、能动履职、忠诚履职，以高水平法治服务保障上海继续当好改革开放排头兵、创新发展先行者，以检察工作高质量发展服务经济社会高质量发展，以检察工作现代化服务推进中国式现代化。

第一，在筑牢政治忠诚上彰显新气象。坚持不懈用习近平新时代中国特色社会主义思想凝心铸魂，按照“五个牢牢把握”“三个全面”要求，推动学习贯彻党的二十大精神走深走实，持续提升政治判断力、政治领悟力、政治执行力。坚持党对检察工作的绝对领导，健全做到“两个维护”的制度，从严执行重大事项请示报告制度、党中央重大决策部署落实机制、政治督察要求，始终确保正确政治方向。坚持一切“从政治上看”，深入探索讲政治与抓业务有机统一的路径方法，以实际行动、实际成效彰显政治自觉、法治自觉、检察自觉。进一步加强三级检察院党组自身建设，严肃党内政治生活，认真贯彻民主集中制，不断提升领导力和战斗力。持续肃清流毒影响，为干事创业营造风清气正的政治生态。

第二，在精准服务大局上作出新贡献。紧扣浦东引领区建设、深入实施“三大任务”“五个中心”功能升级、聚力建设“三大平台”等新部署，优化落实检察服务保障举措。以新安全格局保障新发展格局，坚定不移贯彻总体国家安全观，坚定维护政权安全、制度安全，守护城市安全和社会稳定，主动参与金融风险防控治理，推进扫黑除恶常态化。牢记“法治是最好的营商环境”，坚持“两个毫不动摇”，认真落实本市加强集成创新持续优化营商环境行动方案，深化涉案企业合规改革，常态化开展涉企案件羁押必要性审查、“挂案”清理等工作，探索反垄断领域公益诉讼。保障高水平改革开放，加大自贸检察实践创新，拓展涉外法治实践和研究，推动完善与国际通行规则相衔接的法律制度体系。服务发展新动能新优势，深化知识产权“四合一”履职，开展版权、商业秘密保护专项活动，助力完善大数据、基因技术等知识产权司法保护制度。

第三，在践行司法为民上展现新作为。主动跟上、更好满足人民群众在民主、法治、公平、正义、安全、环境等方面日益增长的新需求新期待，做好检察为民实事，办好群众身边“小案”，讲好以案释法的“检察故事”，努力让人民群众在每一个司法案件中感受到公平正义。积极回应群众关切，加大生态环境、食药安全、个人信息安全、特殊群体保护、财产权益保障等方面监督办案力度，紧扣美好生活强化司法供给、破解痛点堵点。深入倾听群众诉求，抓实信访件件有回复、重复信访治理、领导包案办理首次信访、公开听证等工作，用心听民声、解民忧。切实维护群众合法权益，深化落实少捕慎诉慎押刑事司法政策和认罪认罚从宽制度，坚持和发展新时代“枫桥经验”，充分发挥司法救助、支持起诉、行政争议实质性化解等机制的保障权益、暖心稳心作用，深化诉源治理，增进社会和谐。

第四，在做强法律监督上取得新成效。认真落实党的二十大关于全面依法治国的专章部署，特别是“加强检察机关法律监督工作”“完善公益诉讼制度”等要求，切实扛起更重责任。建立健全高质量发展长效机制，聚焦最高检案件质量评价指标体系，加强法律监督协同，破解法律监督难题，下大力气补齐短板弱项，确保办案质效保持全国前列水平。深化司法体制综合配套改革，全面准确落实司法责任制，加快健全全市检察一体化机制，深入推进数字检察战略，稳步构建适应现代化要求的检察权运行体系和科学管理体系。深化“四大检察”创新实践，进一步完善侦查监督与协作配合、精准监督、穿透式监督等机制，加大公益诉讼创新履职力度，努力贡献更多首创、首例，上海样本、上海经验，充分发挥法治固根本、稳预期、利长远的保障作用。

第五，在锻造过硬队伍上呈现新面貌。坚决扛牢全面从严治党政治责任，深化“四责协同”，增强对“一把手”和领导班子监督实效，加强巡视整改和成果运用，以身边人身边事开展警示教育，以自我革命的精神抓作风、树正气、塑形象。落实“制度治党、依规治党”要求，深化建章立制，力争用一年时间，形成系统完备、执行有力的上海检察制度体系。坚持大抓基层鲜明导向，完善基层院考评制度，强化过程管理，持续减负赋能，不断夯实事业发展基础。树立选人用人正确导向，着力加强班子建设和年轻干部培养，进一步优化队伍结构，更新思想理念，提升履职能力，弘扬斗争精神，打造“特别忠诚、特别讲法、特别硬朗、特别正气”的高素质人才队伍。

各位代表，迈上新征程，全市检察机关将更加紧密地团结在以习近平同志为核心的党中央周围，认真落实本次大会决议，锚定“争一流、走在前、排头兵”目标，以崭新姿态和昂扬斗志，以务实作风和勤勉履职，踔厉奋发、勇毅前行，为上海加快建设具有世界影响力的社会主义现代化国际大都市作出新的更大贡献！

江苏省高级人民法院工作报告

——2023年1月17日在江苏省第十四届人民代表大会第一次会议上

江苏省高级人民法院院长　夏道虎

各位代表：

现在，我代表江苏省高级人民法院向大会报告工作，请予审议，并请各位政协委员提出意见。

过去五年的主要工作

过去的五年，在省委坚强领导下，在省人大及其常委会有力监督下，省法院坚持以习近平新时代中国特色社会主义思想为指导，深学笃行习近平法治思想，全面贯彻党的十九大、二十大和省第十三次、十四次党代会精神，认真落实省十三届人大历次会议决议，紧扣“努力让人民群众在每一个司法案件中感受到公平正义”工作目标，坚持司法为民、公正司法工作主线，确立“打造高质量司法、服务高质量发展”工作思路，忠实履行宪法法律赋予的职责，推动全省法院工作持续走在全国前列，为“强富美高”新江苏现代化建设提供有力司法服务和保障。全省法院共受理案件1021.8万件，审执结998.1万件，结案标的额7.1万亿元，分别比前五年上升44.3%、47.9%、178.9%，其中省法院受理案件11万件，审执结9.5万件，分别上升90.8%、80%。

一、贯彻新发展理念，服务高质量发展

打造一流法治化营商环境。聚焦提升江苏法治核心竞争力，推进南京法治园区建设，一批优质司法资源进驻，吸引一批国内外高端法律服务资源向园区集聚。贯彻省优化营商环境行动计划，树立“案案都是营商环境”理念，一审审结商事案件75.3万件，标的额8748.7亿元。服务保障全国统一大市场建设，出台26条措施，审结平台强制“二选一”、大数据杀熟等垄断和不正当竞争案件2332件。服务长三角一体化发展，与沪浙皖法院建立9项协作机制，推进信息全域共享、法律适用统一。妥善化解新型基建、产业升级等领域矛盾纠纷，保障沿江高铁、京沪高速扩容等重大项目实施。完善企业信用治理，联合省发改委等部门建立破产重整企业信用修复机制，开展“优化法治化营商环境执行年”1+4专项行动，为47794家失信企业修复信用；开展与个人破产制度功能相当的改革试点，为64名诚信的创业失利者提供东山再起的机会。在全国率先实现企业破产处置府院联动机制省市县全覆盖，审结破产案件1.4万件，释放沉淀资产1万多亿元，安置职工23.9万人，盘活土地房产1.9亿平方米，一批企业经清算有序退出市场，南京建工、申特钢铁等972家企业经重整获得新生。

依法保护产权和企业家权益。坚持“两个毫不动摇”，制定相关司法文件20余份，与省工商联建立服务民营经济协作机制，依法平等保护各类市场主体，严格区分经济纠纷与经济犯罪，对

不构成犯罪的民企负责人依法宣告无罪，让企业家敢闯敢干、安心经营。开展“法润民企”“六访六助”等活动，走访企业3.2万家，促进企业防范风险、合规经营。强化善意文明司法，利用“物联网+执行”“放水养鱼”等柔性执行方式，最大限度减少对企业生产经营的影响。扬州某被执行企业手握亿元订单，但因厂房租赁纠纷败诉被申请限期搬离，法院组织十余轮磋商促成延期搬离，并帮其找到新厂房，保障了接续生产、按时交货。

服务创新驱动发展。在全国率先实施最严格知识产权司法保护，出台36条措施，创新审判机制和裁判规则，新增无锡、徐州知识产权法庭，4家知产法庭全国最多，一审审结知产案件10.7万件。加大侵权损害赔偿力度，对298件案件适用惩罚性赔偿，最高判赔2亿元。创设知识产权省级执法司法协作机制，成立南京都市圈知识产权保护联盟，增强保护合力，在国家知识产权局知产保护社会满意度调查中，江苏得分全国第一。审结华为公司与康文森公司专利权案等一批在全国具有标杆意义的案件，保护重大发明成果和技术创新，助企攻坚“卡脖子”难题。某外国企业状告江苏微导公司专利侵权，法院依法认定利用已公开技术消化吸收再创新不构成侵权，促进国内半导体产业创新发展。出台服务数字经济发展14项措施，设立互联网知识产权保护调研基地，审理全国首例恶意干扰百度搜索排序结果的“万词霸屏”案，依法打击网络黑灰产业。审结涉粮食新品种案244件，依法保护“农业芯片”。强化著作权保护，审理《流浪地球》、“童话大王”郑渊洁作品被盗版等重大案件。江苏两项创新举措获评知识产权强国建设首批典型案例，2个案例入选世界知识产权组织典型案例，省法院连续三年被国家版权局评为打击侵权盗版有功单位。

服务美丽江苏建设。深入践行“两山”理念，设立全国首家环境资源法庭，首创环境资源审判“9+1”机制，被中央深改委办公室向全国推介，审结环资案件4.3万件。聚焦打好污染防治攻坚战，审结环境污染案件1402件。贯彻长江保护法，审结相关案件814件。审理“3·07长江特大非法采砂案”，在全国首次主动跨省移交生态修复金，促进长江全流域一体化保护；审理“高邮湖特大电捕鱼案”，农业农村部组织21省渔业主管部门负责人旁听庭审，促进环境司法与行政执法有效互动。强化滩涂湿地保护，审理高公岛紫菜养殖非法占海系列案，依法支持行政机关强制执行，累计清退非法养殖4500亩，有效改善近海环境。加强生物多样性保护，设立全国首家生物多样性司法保护馆，审理“特大走私象牙案”“非法捕捞长江鳗鱼苗案”等一批具有全国影响的大案要案。首创全链条追责、劳务代偿等一批裁判规则和执行机制，建立长江新济洲、海洋牧场、条子泥等42个生态修复基地，推广异地补植、增殖放流等生态修复新模式。增强全民环保意识，编写《漫画生物多样性保护》被央视《读书》栏目作为特色好书专题推荐，以江苏环境司法为背景的环保大剧《江河之上》即将开播。省法院在世界环境司法大会上作专题发言，展示江苏环境司法生动实践，4个案例入选联合国环境规划署典型案例。

服务高水平对外开放。在全国率先设立苏州、无锡两个地方国际商事法庭，新设3个自贸试验区法庭，建立健全外国法查明和中立评估调解机制，着力打造国际商事纠纷解决优选地，一审审结涉外、涉港澳台案件11570件，涉及143个国家和地区，西门子、香奈儿等多家全球知名企业主动选择在我省提起诉讼，涉外商事判决得到美国、澳大利亚、埃塞俄比亚等国家承认和执行，涉外司法国际影响力和公信力显著提升。针对涉外司法领域长臂管辖、平行诉讼等问题，积极开展法律斗争，依法驳回28起案件外方当事人管辖权异议，坚决维护国家司法主权。服务“一带一路”交汇点建设，举办新亚欧陆海联运通道司法协作论坛，化解相关纠纷1457件。贯彻外商投资法，审结相关案件992件。在全国率先出台服务RCEP高质量实施举措，助力推进国际贸易和投资的自由化便利化。南京海事法院实现良好开局，3年受案8406件，跃居全国11家海事法院第4位。在一起船舶建造案中，挪威船东主动选择南京海事法院管辖，该院27天即化解持续5年多的国际纠纷，受到外方当事人由衷赞许。

服务保障常态化疫情防控。全省法院共组织48.4万人次投入一线防控，省法院出台21份司法文件，强化疫情应对分类指导，建成互联网司法新模式，在线立案、在线开庭、在线调解、在线执行成为司法新常态，实现审判执行不停摆、公平正义不止步。依法打击暴力伤医、制假售假等涉疫犯罪，一审审结此类案件962件。落实“苏政40条”，出台12条司法措施，为企业纾困，帮群众解难。苏州中院调解两起案值达5.5亿元的金融案件，引导双方达成延期还款协议，盘活企业流动资金。南通、睢宁等法院协助破产重整企业恢复防疫物资生产，实现各方利益共赢。4个案例入选全国法院服务保障复工复产典型案例。

二、贯彻总体国家安全观，保障高水平安全

严惩危害国家安全和社会稳定犯罪。一审审结刑事案件37.5万件，判处罪犯52.6万人。严惩煽动颠覆国家政权、间谍窃密、邪教等犯罪，坚决维护国家政权安全、制度安全。严惩严重践踏基本人权、严重挑战法律和伦理底线的犯罪，对暴力抗法袭警的马氏兄弟、杀害南医大女学生的麻继钢、杀害瘫痪老人的保姆虞海娣等罪大恶极犯罪分子依法判处死刑。严惩毒品犯罪，审结相关案件13102件。2022年八类严重暴力犯罪受案数比2017年下降35.7%，江苏被公认为全国最安全省份之一。

维护群众生产生活安全。严厉打击电信网络诈骗犯罪，从严从快审结案件6020件，为群众挽回损失6.9亿元；对被告人达800多名的“10·30”跨境电信网络诈骗案、涉案金额近30亿元的“创赢集团”网络诈骗案罪犯依法严惩。参与打击整治养老诈骗专项行动，审结案件141件，对虚构“地宫穴位”等涉老项目，骗取资金近19亿元的朱国华依法顶格判处无期徒刑。在东鼎保健品诈骗案中，常州法院会同有关部门为418名受害老年人，全额追回1161万元“养老钱”。严惩制售“毒牛肉”、生理盐水假冒疫苗等犯罪，守护食药安全。严惩高空抛物、抢夺方向盘、偷盗窨井盖等犯罪，守护出行安全。严惩重大责任事故犯罪，守护生产安全。审理全国首例“暗网”传播淫秽物品案、网络“爬虫”侵入直播平台盗取用户信息案，守护清朗网络环境和个人信息安全。

扎实推进扫黑除恶。坚持依法严惩、不枉不纵，坚决“打伞破网”、“打财断血”，一审审结涉黑涉恶案件1293件8843人、涉黑涉恶腐败及保护伞案件291件311人，处置“黑财”80.3亿元，对聂元元、索春瑞等黑恶势力组织者依法判处死刑，实施“套路贷”疯狂敛财的周化侠、“软暴力”非法讨债的龚品文、侵蚀基层政权的“沙霸”嵇玉东等一批为害一方的黑恶团伙受到依法严惩。推进扫黑除恶常态化，建立常治长效机制18项，发送司法建议1268件，促进重点行业领域专项整治。省法院连续三年被全国扫黑办表彰为扫黑除恶先进单位。

始终保持反腐败高压态势。坚持“打虎拍蝇”不放松，完善监察与刑事司法衔接机制，一审审结贪污贿赂、渎职等犯罪案件4615件5800人，其中项俊波、陈刚等原中管干部9人，祁彪、杜荣良等原省管干部64人。坚决惩治群众身边的“微腐败”，审结贪污挪用扶贫款、拆迁款、社保资金等犯罪案件401件。依法惩治“影子公司”“影子股东”等新型、隐性腐败犯罪，隐藏在安全生产事故、融资平台背后的腐败犯罪，一批“靠企吃企”、以权谋私的腐败分子受到严惩。落实受贿行贿一起查，审结行贿类案件544件，追缴行贿非法获利11.8亿元，斩断“围猎”腐蚀利益链。

防范化解风险隐患。一审审结金融案件46.8万件，标的额5506.2亿元，依法维护金融安全。

妥善审理证券、期货等重大案件，审结“原油宝”系列案件全国第一案，为依法高效处理这批波及全国的系列纠纷提供了范例；审结澄星股份破产和解案，有效化解上市公司退市风险。积极参与非法金融活动专项治理，审结“钱宝”“统资联”等重大非法集资案件180件，追赃222.7亿元；在全国率先开展“套路贷”及虚假诉讼专项整治，研发全国首个“套路贷”智能预警系统，对民间借贷等8类案件强化甄别防范，民间融资环境持续改善。妥善化解涉“问题楼盘”矛盾纠纷，淮安法院通过府院联动推进“淮海青年城”复工续建，实现拿房、办证、清债“三个百分百”；南通法院走访全市500家建筑企业，量身定制7大类26项行业风险提示手册，促进房企防范风险平稳发展。

维护国防利益和军人军属合法权益。制定20条司法措施，着力打造“钢铁长城、齐心共筑”司法拥军工作品牌，全省三级法院均设立涉军维权专门合议庭，畅通快审快执绿色通道，一审审结涉军案件2176件。常态化开展“送法进军营”活动，受到官兵欢迎。如期完成涉军停偿司法保障工作，审执结案件数占全国总数的1/8，南京中院受到中央军委表彰。

三、坚持人民至上，守护高品质生活

强化民生司法保障。立足司法推动解决人民群众急难愁盼问题，一审审结民事案件373.5万件，用心用情化解涉诉信访，努力增强群众司法获得感，5家法院获评全国首批“为民办实事示范法院”。设立全国首家地方劳动法庭，注重保护劳动者权益与促进企业健康发展并重，全省共审结劳动争议案件21.1万件。持续开展治理欠薪等涉民生专项执行行动，执行到位246亿元，其中为农民工追回“血汗钱”39亿元。会同省人社厅等部门出台新业态劳动者权益保护意见，审理外卖骑手“被个体户”案，破解网络用工劳动关系认定难问题。适用民法典审理“胚胎移植手术被拒”、“医美整容失败索赔”案，妥善化解医患矛盾；审理“微信朋友圈骂人”、“可视门铃侵犯邻居隐私”案，加强人格权保护；审理“老小区加装电梯受阻”、“团长带货售假”案，促进和谐社区建设。通过一个个鲜活案例，让民法典走进千家万户，真正成为人民权利的保障书。

强化妇女儿童权益保护。坚决惩治针对妇女儿童的暴力、虐待、拐卖和性侵害犯罪，审结相关案件11291件。参与妇女儿童权益保障问题专项整治，排查案件210万件，移送犯罪线索877条，对受害人及时救助。审结婚姻家庭案件53.6万件，发出人身安全保护令1309份。审理女职工“延长产假被解雇案”、“诉请补发生育津贴案”，判令用人单位承担责任，维护女职工合法权益。守护未成年人健康成长，在全国率先实现三级法院少年审判机构全覆盖，审结涉少案件6.1万件，发出家庭教育令917份、从业禁止令134份，救助困境儿童582人。审理全国首例电竞酒店向未成年人提供上网服务案、未成年人网游充值退款案等案件，判令经营者停止违法行为，防范未成年人打赏主播、沉迷网游。贯彻教育感化挽救方针，推行心理疏导、轻罪记录封存等机制，我省未成年人再犯罪率保持在13‰较低水平。

加强公共权益保护。强化涉英烈权益、消费、安全生产、环境资源等公益保护，会同有关部门完善消费公益诉讼赔偿金、生态修复金管理使用办法，审结检察机关和社会组织提起的公益诉讼1312件。审理“辣笔小球侵害英烈名誉案”、“革命烈士墓地被侵占案”，以法治力量维护英烈形象、弘扬英烈精神，3个案例入选全国法院涉英烈权益保护十大典型案例。审理全国首例电视开机广告公益诉讼案，推动生产商设置开机广告“一键关闭”功能，保障消费者选择权。审理全省首例安全生产领域民事公益诉讼案，督促某居民区附近企业升级老旧生产设备，消除安全隐患。审理全省首例海洋领域非法采矿公益诉讼案，严惩越红线闯禁区盗采海砂行为，保护海洋自然资源。

全力兑现胜诉权益。完成“基本解决执行难”

攻坚任务，保持执行工作高水平运行，以全国约1/20的执行人员承担了近1/10的执行案件，执结案件304.5万件，执行到位4522亿元。贯彻中央全面依法治国委“一号文件”，推动形成31家单位参与的综合治理、源头治理执行难工作格局。迭代升级执行“854”模式，运用信息化手段实现执行工作深刻变革。网络查控系统实现一键查询、线上控制，有效破解查人找物难，累计查控548.9万件次、冻结资金2570亿元。司法拍卖系统有效破解财产变现难题，有效防范暗箱操作和权力寻租，拍卖成交2410亿元，为当事人节约佣金120亿元。联合信用惩戒机制让严重失信被执行人“一处失信、处处受限”，63.9万人迫于信用惩戒压力主动履行了义务。建成智能执行指挥中心，显著提升执行效率，首次执行结案平均用时从154天缩短至81天，结案率从75.2%提高到97.1%。

服务全面推进乡村振兴。紧扣产业、人才、文化、生态、组织振兴，出台45条措施，建立23个司法服务乡村振兴实践基地，助力打造宜居宜业和美乡村。审理涉农电商、乡村文旅等案件，帮助农民增收致富。宜兴法院依托“法官+工作站”模式，服务“陶乡”、电缆城等产业发展。落实最严格耕地保护制度，严惩破坏土地资源犯罪，审结土地“三权分置”案件17562件。镇江法院妥善化解山水湾公司土地承包纠纷，900亩特色农业承包协议得以继续履行，射阳法院妥善化解融通公司万亩养殖水面清退纠纷，促成企业追加4.5亿元投资，既保障了村民收入和企业发展，又改善了基础设施和生态环境。

四、夯实法治根基，助推高效能治理

全面推行一站式多元解纷和诉讼服务。坚持把非诉讼纠纷解决机制挺在前面，着力打造一站式解纷“门诊部”，会同司法行政机关在三级法院统一设立“非诉讼服务分中心”，整合7种非诉解纷资源；建立30多项诉调对接机制，与省银保监局、省总工会等13家单位建立在线诉调对接机制；开通“江苏微解纷”线上平台，2653个调解组织和1.5万名调解员进驻，平均每分钟在线化解纠纷11起；推行“示范诉讼+集中调解”机制，解决一个，化解一片。宿迁法院“四调并进”解纷体系获评全国法院一站式建设十大典型经验。打造“家门口式”诉讼服务，开发全域诉服平台，当事人办理立案、保全等诉讼事项，就近选择任一法院，即可实现“一窗通办、一站全办、跨域联办”。推广律师服务平台，律师网上参与诉讼“一码通行”。

深度参与基层社会治理。创新和发展新时代“枫桥经验”，把定分止争职能从传统开庭审判向纠纷产生的前端和源头延伸，推动“民事案件万人起诉率”纳入地方综治考核全覆盖，“无讼村居”创建全覆盖，“审务进基层、法官进网格”全覆盖。法官进网格参与化解纠纷176万起，诉前成功调解130万起，案件总量由五年前的连续四年全国第一下降到去年的全国第三。发挥人民法庭解纷前沿阵地作用，深化“一法庭一品牌”创建，“法润乡风”、“左邻右理”等品牌深受群众认可。泰兴宣堡法庭在审理一起“天价彩礼棒打鸳鸯”案时，指导村民代表大会把婚丧嫁娶不铺张写入村规，明确彩礼不超3万元，既让有情人终成眷属，又破除了陈规陋习，被央视《乡理乡亲》深度报道。

监督支持依法行政。一审审结行政案件83349件，服务“放管服”改革和法治政府建设。加大涉房屋土地、城市治理、社会保障等行政案件审判力度，依法维护群众合法权益。加强行政执法与司法良性互动，联合省司法厅建立预防化解行政争议7项机制，行政机关负责人出庭应诉率保持在95%左右，盐城、镇江、苏州地区达100%，有效促进行政争议实质化解。在全国率先开展行政诉讼法律援助试点，两年多来办理法援案件3077件，实现受援人数和服判息诉率双上升。审理“未婚女5次被结婚”案，确认冒名婚姻登记行为无效，“两高两部”为此专门出台文件，畅通法律救济渠道。南通中院与依法治市办在全国首创行政行为自我纠正制度，促进行政争议源头治理，被省行政程序条例立法吸收。

弘扬社会主义核心价值观和中华优秀传统文化。发挥司法教育、评价、指引、规范功能，审理“空巢老人要求子女探望案”，弘扬敬老爱老美德；审理“业主为小区捐赠滑梯被索赔案”，弘扬乐善好施美德；审理“女童热心助人致伤案”，弘扬助人为乐美德；审理“乘客无视黄灯警告抢上地铁受伤案”，杜绝“谁受伤谁有理”的“和稀泥”做法；审理“小偷逃逸跳河溺亡案”，依法判决见义勇为不担责。成立中国法学会案例法学研究会江苏研究基地，发布法治和德治相结合典型案例50个。落实普法规划，编写《漫画民法典》，上榜“2020年度影响力图书”；面向全省中小学生推出“法治第二课堂”，运用真实案例开展“沉浸式”普法，丰富“双减”政策后的“课后两小时”；推出系列普法剧《第十五法庭》，刷新同时段收视纪录，视频播放量超2亿次。通过以案释法，用有力量、有是非、有温度的司法裁判，讲好法治故事，弘扬法治精神，引领社会风尚。

五、深化司法改革，打造高质效审判

强化司法制约监督。厘清审判执行权力边界，明确8类办案人员权责清单203条，细化合议庭、专业法官会议、审委会运行规则，确保履职有据、用权规范。实行办案全流程监管，上线院庭长监督管理系统，实现全程留痕、实时查询、及时追溯。出台业务指导文件111份，发布参阅案例153个，实施类案强制检索，严防“类案不同判”。以公开促公正、以透明保廉洁，庭审直播和上网裁判文书数量持续位居全国前列，让正义以看得见的方式实现。坚持入额必办案，实现员额法官能进能出、能上能下、动态调整。在全国率先推进法官惩戒实质化运行，对不实举报及时澄清正名，确保违法审判必被问责、依法办案不受追究。

提高诉讼程序效能。深化以审判为中心的刑事诉讼制度改革，发挥庭审在查明事实、认定证据、保护诉权、公正裁判中的决定性作用，推进律师辩护全覆盖，适用认罪认罚从宽制度审结案件23万余件，对34名公诉案被告人、147名自诉案被告人依法宣告无罪，审结国家赔偿案件1773件，司法救助18585人，切实保障人权。强化减刑假释案件实质化审理，严防“提钱出狱”、“纸面服刑”，倒查30年来“减假暂”案件80余万件，依法纠正违规违法问题77件。开展繁简分流改革试点，提炼试点经验，为民诉法修改贡献了江苏智慧。开展审级职能定位改革试点，推动审判重心合理下沉，重大典型案件提级管辖有效激活。通过程序赋能，案件质效核心指标位居全国前列，法官年均结案数由257件上升至317.5件，平均审理天数由106.8天下降至63.2天。

深化智慧法院建设。建成全业务网上办理、全流程依法公开、全方位智能服务的智慧法院，真正实现了为群众服务、为法官减负、让正义提速。大数据、云计算、人工智能等新兴技术司法应用场景不断拓展，文书智能生成、类案识别推送、区块链存证等技术深度应用，法官事务性工作减轻30%，庭审效率提高20%。诉讼文书集中送达中心实现全覆盖，有效破解送达难，首次送达成功率上升到83.6%，半数以上案件实现电子即时送达。研发全链条要素式审判应用系统，获评全国法院重大科技创新成果一等奖。“庭审云”等19个系统入选全国政法智能化建设创新案例。我省智慧法院建设综合指数位居全国第二，为中国特色互联网司法模式从技术领先迈向规则引领贡献了江苏力量。

六、全面从严管党治院，锻造高素质队伍

持续加强政治建设。开展“不忘初心、牢记使命”主题教育、党史学习教育，“两个确立”主题教育、“两个坚持”专题教育，引导干警永葆忠诚本色。认真贯彻政法工作条例及省委实施意见，严格执行重大事项请示报告制度，切实做好省委巡视整改。探索开展政治督察，配合地方

党委对11家中级法院进行巡察。开展队伍教育整顿，坚决肃清沈德咏、王立科流毒影响，完成顽疾整改任务284项，出台江苏法院八条禁令等制度机制28项。实施基层组织力提升工程，6个党建品牌入选全国法院党建创新优秀案例。创作机关民谣《宁海路75号》等文化精品，2个项目入选全国法院文化建设特色项目。

持之以恒正风肃纪。严格落实中央八项规定及其实施细则精神，开展司法作风突出问题集中整治，严防“四风”问题反弹回潮。严格执行防止干预司法“三个规定”，广大干警逢问必记意识普遍增强。坚决清除害群之马，查处利用司法权违纪违法人员463人，追究刑事责任56人。扎实开展司法巡查、审务督察和队伍风险点排查整治，着力营造风清气正司法环境。

持续提升履职能力。突出实战实用实效导向，培训干警53万余人次。注重培养高层次、复合型领军人才，培育全国、全省审判业务专家155人，全省青年法学家10人，入选省“333工程”17人。强化人才梯队建设，招录“名校优生”80人。持续开展办案竞赛、技能比武、最美法官评选活动，15场庭审、29篇文书获评全国百优，57个案例入选最高人民法院指导性案例和公报案例，居全国首位。677个集体、1538名个人受到中央、最高人民法院和省有关部门表彰，“全国自强模范”王小莉、“人民满意的公务员”杜开林受到习近平总书记亲切接见，杨增超、戴宜等24名干警牺牲在岗位上，广大法院干警知重负重，用奉献和智慧应对案多人少，用信仰和担当守护公平正义，甚至用鲜血和生命诠释对党和人民的忠诚。

各位代表，自觉接受监督是践行全过程人民民主的必然要求，是确保司法权依法正确行使的重要保障。过去五年，全省法院向各级人大、政协报告专项工作1509次，邀请代表委员监督、见证审判执行活动10.6万人次，省两会交办的建议、提案188件全部办结，满意率100%。依法接受检察监督，审结抗诉案件1777件，办结再审检察建议4015件，共同维护司法公正。广泛接受社会监督，3.4万名人民陪审员参审案件93.7万件，召开新闻发布会3611场，及时回应社会关切。习惯在监督下办案正在成为法官的普遍自觉。

各位代表，全省法院工作的发展进步，根本在于习近平新时代中国特色社会主义思想的科学指引，离不开省委坚强领导、省人大及其常委会有力监督、省政府大力支持、省政协民主监督、省监委和省检察院监督，离不开市县党政机关和各级人大代表、政协委员以及社会各界关心支持。在此，我谨代表省法院一并表示衷心的感谢和崇高的敬意！

我们清醒认识到，全省法院工作还存在不少问题和困难，主要是：对司法实践新情况新问题研究解决不够，精准服务大局的能力水平有待提升；有的案件审判质量效率效果与群众期盼还有差距，就案办案、机械办案问题依然存在；司法权制约监督和责任体系仍需完善，司法改革综合配套举措落实存在差距；案多人少矛盾依然突出，一些领域高层次专业化审判人才短缺；少数干警司法作风不正甚至发生腐败问题，党风廉政建设需要持续加强。对此，我们将采取有力措施，努力加以解决。

今年工作总体安排

2023年，我们将以习近平新时代中国特色社会主义思想为指导，深入践行习近平法治思想，全面贯彻党的二十大精神，认真落实省委十四届三次全会精神，紧扣中心大局，依法履职尽责，奋力推进法院工作现代化，为中国式现代化江苏新实践开好局、起好步提供有力司法保障。

一是持续筑牢政治忠诚。坚持不懈用党的创新理论凝心铸魂，开展“大学习、大讨论、大调研”活动，深入学习宣传贯彻党的二十大精神。牢牢坚持党对法院工作绝对领导，全面加强政治建设，坚定拥护“两个确立”，坚决做到“两个维护”。严明政治纪律和政治规矩，深入贯彻政法工作条例及省委实施意见，不折不扣把中央、省委决策部署落到实处。

二是持续强化服务大局。着力打造一流法治化营商环境，不断提升法治核心竞争力，更好服务我省“走在前、挑大梁、多作贡献”。平等全面依法保护产权，维护企业家合法权益，弘扬契约精神，提振市场信心。强化知识产权司法保护，更好服务创新驱动发展。加强环境资源审判，更好服务美丽江苏建设。加强涉外审判，更好服务开放强省建设。依法惩治刑事犯罪，防范化解矛盾风险，积极参与社会治理，推进平安江苏、法治江苏建设。

三是持续推进为民司法。站稳人民立场，增强群众感情，妥善审理教育、就业、医疗、住房等涉民生案件，加强妇女、儿童、老年人、残疾人权益保护。强化行政争议实质化解，维护行政相对人合法权益。纵深推进“切实解决执行难”，更好兑现胜诉权益。提升一站式多元解纷和诉讼服务体系综合效能，着力解决群众急难愁盼问题，让人民群众切实感受到公平正义就在身边。

四是持续深化司法改革。深化司法体制综合配套改革，全面准确落实司法责任制，从体制机制上保障严格公正司法。深化司法权力制约监督体系建设，纵深推进以审判为中心的诉讼制度改革，加强知产、海事、环资等专业化审判体系建设，完善法律统一适用机制，着力提升审判质效和公信力。深化人员分类管理改革，加强法官单独职务序列管理。巩固拓展智慧法院建设成果，以科技促公正、向科技要效率，努力创造更高水平数字正义。

五是持续锻造过硬队伍。一刻不停推进全面从严管党治院，巩固深化队伍教育整顿成果，坚持以严的基调强化正风肃纪、严惩司法腐败。加强司法能力建设，加大紧缺司法人才培养储备力度。更加自觉接受监督，诚恳听取意见建议，持续推动法院工作高质量发展。

各位代表，新的一年，我们将在省委坚强领导下，在省人大及其常委会有力监督下，认真落实本次大会决议，以忠诚履职坚守司法公正，以拼搏奋斗彰显司法担当，为在新征程上更好“扛起新使命、谱写新篇章”贡献司法智慧和力量！

江苏省人民检察院工作报告

——2023年1月17日在江苏省第十四届人民代表大会第一次会议上

江苏省人民检察院检察长　刘华*

各位代表：

现在，我代表江苏省人民检察院，向大会报告检察工作，请予审议，并请各位政协委员提出意见。

过去五年工作回顾

过去的五年，是江苏发展进程中极不平凡的五年，法治江苏建设蹄疾步稳、成效明显。省委高度重视检察工作，省委常委会连续五年听取省检察院党组工作汇报，作出一系列部署，为检察工作指明了方向。全省检察机关坚持以习近平新时代中国特色社会主义思想为指导，全面贯彻党的十九大和二十大精神，紧紧围绕省委中心工作部署，深入贯彻最高检“讲政治、顾大局、谋发展、重自强”的总体要求，认真落实省十三届人大历次会议决议，全面加强新时代法律监督工作，努力为“扛起新使命、谱写新篇章”作出检察贡献。五年来，共办理刑事、民事、行政、公益诉讼等各类案件110.5万余件。其中，刑事案件928261件，民事案件103633件，行政案件28587件，公益诉讼案件45154件。21件案件入选最高检指导性案例、173件入选典型案例。

一、贯彻新发展理念，主动保障江苏经济稳进提质

围绕省委“综合发展实力显著提升”目标任务，创新服务经济高质量检察举措，保障全省经济平稳健康发展。

——参与优化法治营商环境。认真落实省委省政府“惠企22条”等重要部署，出台保障企业健康发展意见，依法审慎办理涉企犯罪，对危害食药安全等严重犯罪从严追诉，对犯罪情节较轻的依法从宽。率先开展企业合规改革探索，联合省工商联等八部门建立第三方监督评估机制，对涉案企业自愿改进经营管理、经评估消除再犯风险的，依法适用宽缓政策。共办理合规案件463件，对169家企业不起诉，起诉后作轻缓刑处理95人。无锡检察机关督促一家涉税犯罪民营企业合规整改，经评估合格，依法决定不起诉，入选最高检指导性案例。针对一些涉企案件长期“挂案”，该结不结、该撤不撤，影响企业生产经营及企业家个人生活问题，会同省公安厅开展专项清理，对证据不足、促查无果的督促撤案337件，最高检在全国推广我省经验。与省司法厅推动长三角四地出台社区服刑人员外出管理办法，规定企业社区服刑人员外出经商可“准假”，最高检在

* 2023年2月24日，第十三届全国人民代表大会常务委员会第三十九次会议通过，批准任命石时态为江苏省人民检察院检察长。

11个省市试点推行该做法。

——努力保障科技创新。聚焦省委科技强省战略部署，出台保障创新发展意见，指导各地起诉侵犯知识产权犯罪6370人。南京、苏州检察机关办理了仿制芯片侵权案、侵犯治癌药物研发龙头企业商业秘密案等一批重大案件。南通检察机关开展保护冬奥知识产权冰盾行动，会同市场监管部门依法治理非法销售冬奥吉祥物“冰墩墩”“雪容融”侵权行为。针对履职中发现的企业海外知识产权维权援助问题，省检察院建议并推动出台相关制度、建立维权专项基金。建立涉科研骨干职务犯罪批捕起诉层报省检察院审批制度，依法依规甄别科研过程中违规与犯罪的界限。

——助力化解金融风险。参与省非法金融活动信息监测平台建设，及时移送问题线索。协同开展非法金融专项治理、互联网金融风险专项整治，严惩各类打着金融创新旗号的违法犯罪，起诉非法吸收公众存款、集资诈骗等犯罪12365人，南京、扬州检察机关办理了“钱宝”“蛙宝”“联宝”等社会广泛关注案件。依法办理最高检交办的证券领域犯罪案件25件。惩治洗钱犯罪，会同人行南京分行等开展专项行动，起诉243人。无锡检察机关对跨境洗钱2300余万元的案件提起公诉，入选最高检典型案例。

二、坚持总体国家安全观，全力防风险保安全护稳定

围绕省委“实现高质量发展和高水平安全良性互动”目标，积极参与高水平平安江苏建设，努力为全省发展提供安全保障。

——捍卫国家政治安全。按照省委统一部署，全力参与二十大安保维稳，开展维护社会稳定和政治安全专项行动，对镇江、扬州进行驻点督导。持续开展反分裂反渗透反间谍斗争，严厉打击危害国家安全犯罪。维护国防安全和军人军属权益，与南京军事检察院加强常态化协作，起诉破坏军事设施、冒充军人招摇撞骗、破坏军婚等犯罪58人。指导南京、淮安检察机关办理“辣笔小球”诋毁戍边官兵、曾某侮辱消防烈士案，树起规范网络言论的司法界碑，以法律之名为英烈正名。积极参与反腐败斗争，会同省监委出台办案衔接规定，起诉监委移送职务犯罪4096人；依法办好最高检交办的大要案，审查起诉甘荣坤、彭波、蔡鄂生、曹广晶等10名原省部级干部和92名原厅局级干部职务犯罪案件。

——维护社会公共安全。起诉故意杀人、强奸、抢劫等八类严重暴力犯罪15797人，恶性案件发案呈现逐年下降趋势。南京、常州等地检察机关办理了杀妻碎尸案、保姆杀害看护老人案等一批重大刑案。依法报请并获最高检核准追诉“南医大女生被害案”等21起陈年命案，不让正义缺席。会同公安机关妥善办理“昆山反杀案”，激活正当防卫沉睡条款，增强了老百姓面对不法侵害敢于制止的底气。常态化开展扫黑除恶斗争，起诉黑恶犯罪8878人、黑恶组织团伙779个，办结全国扫黑办和最高检挂牌督办的周化侠、虞凌云、嵇玉东等9起涉黑犯罪。省检察院连续两年被全国扫黑办表彰为专项斗争先进单位。积极参与全省安全生产专项整治三年行动，指导各地起诉重大责任事故等犯罪3039人，办理安全生产领域公益诉讼案件3630件。开展保障寄递安全专项活动，与省邮政管理局等会签协作机制，协力惩治运用寄递渠道贩运毒品、枪支配件、野生动物制品等违法犯罪。

——保障疫情防控秩序。落实依法防控疫情部署，共起诉暴力袭警伤医、制售伪劣防护用品等犯罪1196人。指导扬州、苏州检察机关办理了冒充流调人员诈骗案、特大制售假新冠疫苗案。15起案件入选最高检典型案例。与省教育厅共同召开新闻发布会，针对疫情期间犯罪分子冒充教师诈骗家长钱财案件多发问题，及时提示家长防范风险；与省公安厅联合发布涉疫犯罪典型案例，以案释法加强宣传警示、维护疫情防控秩序。

——协同推进依法治网。参与“断卡”行动，起

诉电信网络诈骗、非法买卖电话卡和银行卡等犯罪7509人。淮安、盐城检察机关办理谎称招聘兼职骗取8000余名“宝妈”押金、以少儿艺术比赛为名诈骗家长钱财等一批新型诈骗案。参与“净网”“清朗”等专项行动，起诉传播淫秽电子信息、网络赌博等犯罪20642人。指导淮安、连云港检察机关办理“小棉袄”跨国网络直播平台涉黄涉赌案、私自搭建网站售卖巨额彩票案。办理个人信息保护领域公益诉讼1116件，苏州、镇江等地检察机关对利用人脸识别等手段违法收集个人信息问题开展监督，推动有关部门加强监管。

三、坚持检察为民，着力守护人民群众美好生活

省委、省人大常委会均专门出台文件支持检察公益诉讼工作，为我们守护社会公共利益提供了指引。检察机关坚持以人民为中心的发展思想，切实履行公共利益代表职责，通过刑事诉讼与公益诉讼保障人民群众衣食住行安全。

——保障群众生活安康。会同省农业农村厅、省市场监管局、省卫健委等部门，开展农产品、早餐食品、美容药品等领域专项治理，起诉制售有毒有害食品、假药劣药等犯罪8033人，提起公益诉讼599件。扬州检察机关对非法销售“罂粟老鹅”案提起刑事附带民事公益诉讼，诉请十倍惩罚性赔偿。常州检察机关办理了用自来水勾兑假冒心脑血管药品案。与省食安办共同发布食药安全状况白皮书，提高群众安全风险意识。会同省住建厅开展窨井隐患专项排查，消除窨井伤人风险。

——守护宜居宜业美丽环境。与省自然资源厅、省水利厅等会签协作办法，增强保护合力。起诉破坏环境资源犯罪13995人。参与整治中央环保督察反馈问题，省检察院直接立案调查重大环境污染线索，指导各地办理案件257件。开展守护长江生态安全、船舶污染治理等专项行动，起诉非法采砂、非法捕捞等犯罪6460人，办理公益诉讼12203件。南京检察机关依法对偷排废水的某公司提起刑事附带民事公益诉讼，促其赔偿4.7亿元生态环境修复费用。开展江河湖海公益保护专项监督，指导徐州、苏州、扬州检察机关办理最高检交办的南四湖、太浦河、尚桥冲污染专案。深化跨区域协作，联合长三角检察机关开展办案协作，与天津等15地共建黄（渤）海沿岸联动保护格局。

——呵护孩子们更好成长。对性侵、虐待等严重侵害未成年人犯罪决不宽容，共起诉8640人。依法惩治未成年人犯罪，并最大限度教育感化挽救，对轻微犯罪附条件不起诉6462人，403人经帮教知错悔改考上大学。为遏制未成年人文身严重侵害身心健康现象，宿迁检察机关办理全国首例未成年人文身公益诉讼案，对提供文身服务的店家提起诉讼，最高检为此建议并推动国务院专门发文加强治理。针对办案中发现的事实孤儿缺少抚养和监护问题，配合省民政厅、省财政厅等7部门出台专门意见，国家12部委就此联合立规，让全国范围50余万事实孤儿“幼有所依”。会同公安、教育等部门落实强制报告、入职查询制度，推动解聘171名有侵犯未成年人权益前科劣迹人员。为使甩手家长“依法带娃”，会同省妇联出台亲职教育工作实施意见，发出督促监护令1724份，建议撤销监护人资格65件。

——给特殊群体更多司法关爱。参与打击整治养老诈骗专项行动，起诉诈骗老年人犯罪603人。南京、镇江检察机关办理了以养老投资为名非法吸收资金132亿余元的“爱晚系”案、假冒“抗衰神药”敛财7亿余元养老诈骗案。2起案件入选最高检典型案例。开展妇女权益保障问题专项排查整治，严惩拐卖、强奸、虐待妇女等犯罪。携手省住建厅、省残联开展无障碍环境建设公益诉讼专项监督，为残疾人创造“有爱无障”社会环境。加强对因案陷入困境的当事人救助，运用全国首家远程司法救助系统，发放救助金1.2亿余元。参与集中整治拖欠农民工工资问题专项

行动，严惩欠薪“老赖”，帮助追索劳动报酬6.6亿余元。

——化解群众涉法涉诉烦心事。对于群众信访，努力“件件有回复”，及时告知“已收到、谁在办”。过去五年信访总量逐年下降。开展集中治理重复信访专项活动，各级院领导带头化解信访积案。组织检察官进网格，直接下沉社区参与化解矛盾纠纷、提供法治服务。创新矛盾化解方式，聘任2545名社会各界代表担任听证员，对1.3万余件案件开展听证。会同省司法厅率先在全国开展刑事和解平台建设，化解亲属邻里间轻微刑事案件3917件。“建国调解工作室”“明霞窗口”等一批矛盾调处平台受到当地群众欢迎。

四、强化诉讼监督，促进更高水平法治江苏建设

坚决贯彻中央关于加强新时代法律监督工作的意见，落实省委常委会专题审议要求，认真践行双赢多赢共赢理念，不断深化监督深度、广度和力度，与政法各单位共同维护司法公正。

——聚焦重点问题优化刑事监督。落实少捕慎诉慎押刑事司法政策，加强对批捕、起诉、羁押等重点环节监督，诉前羁押率降至15.9%，不起诉率上升14.6个百分点。依法监督侦查活动，组织开展指定居所监视居住、刑拘后未提捕未移诉等专项监督，依法纠正侦查活动违法及不当立案撤案。联合省公安厅出台意见，在公安执法办案中心设立侦查监督与协作配合办公室，使监督更有力、配合更有效。深化刑事审判监督，连续两年开展刑事抗诉质效提升专项活动，提出抗诉、再审检察建议2117件，法院审结案件中改判和发回重审996件；省检察院提出抗诉和再审检察建议13件。宿迁检察机关办理的梅某某放火抗诉案等4起案件入选最高检典型案例。开展刑事执行监督，接续开展违规违法减刑假释暂予监外执行、判实刑未交付执行等11个专项监督，纠正执行不当行为。推行“派驻+巡回”检察监督新模式，实现对全省监狱、看守所巡回检察全覆盖，发现并纠正了一批违规违法问题。

——紧盯群众诉求加强民事监督。省人大常委会专题审议检察机关民事虚假诉讼监督工作，我们认真落实审议意见，监督各类虚假诉讼3936件，让打“假官司”者吃上“真官司”。认真办理当事人不服法院民事判决裁定申请监督案件，共受理21250件，提出抗诉和再审检察建议4908件，法院审结案件中改判、发回重审、调解等2846件。其中，省检察院提请抗诉的某国有公司近亿元资金确权纠纷案、侯某虚增556万元建设工程款合同纠纷案等50件案件获法院改判。会同省法院在全国率先出台民事行政案件正副卷一并调阅制度，指导各地规范开展监督。当事人不仅关注官司输赢更关注判决是否执行到位，8个设区市检法两院会签民事执行监督协作机制，纠正一批超标的执行、选择性执行案件。镇江检察机关监督纠正一起不当认定案外被执行人案件，260万元被错误执行款得以返还，入选最高检指导性案例。

——着眼群众期盼做实行政检察。受理审查行政生效裁判监督4729件。经严格审查对确有错误的行政判决裁定，提出抗诉和再审检察建议99件，法院审结案件中改判、发回重审等26件。无锡检察机关依法对某区市场监管局行政登记错误案提出抗诉，督促撤销冒名企业登记，获评最高检十大行政检察典型案例。对一些程序已结但讼争未解的案件，依法开展争议化解。省政府专门要求各地给予支持，各级政府部门会同检察机关化解行政争议2151件。省检察院就一企业女职工因岗位性质认定错误被提前退休问题，依法监督促成化解长达七年的劳动争议，并推动有关部门明确女职工退休年龄认定问题。针对实践中多发的工伤认定、拆迁房屋权属纠纷、冒名婚姻登记等行政争议，无锡、南通、盐城检察机关依法化解一批长期困扰群众的案件。联合省司法厅开展司法行政强制隔离戒毒检察监督试点，促进提升执法水平。

——查办司法人员职务犯罪。2018年修订后的刑事诉讼法赋予检察机关对司法工作人员相关职务犯罪侦查权，我们建立上下一体侦查机制，统筹精干力量担好职责。五年来，聚焦人民群众反映强烈的违法侦查、徇私枉法、违规减刑假释等问题，立案侦查司法人员职务犯罪173人。3起案件入选最高检典型案例。

——推动完善相关政策法规。坚持治罪与治理并重，在办案同时更加注重抓前端、治未病，围绕公共管理风险隐患，制发社会治理检察建议5234份。针对扶贫开发资金发放、矿产资源保护等问题，向省有关部门提交研判报告、制发检察建议，推动加强专项治理。顺应犯罪态势变化及时调整办案政策，省检察院制定办案指引，统一醉驾起诉标准，近两年起诉数量持续下降；对于实体企业不以骗税为目的且未造成税款损失的虚开增值税专用发票行为，严把入罪尺度，减少企业涉案。针对办案中发现的“电捕蚯蚓”严重破坏耕地资源问题，指导淮安检察机关督促有关部门加强野生蚯蚓保护，农业农村部等国家7部委联合来苏调研、出台专门保护制度。指导徐州检察机关妥善办理“费氏鹦鹉案”，建议并促成司法解释出台，明确买卖人工繁育技术成熟、已成规模的野生动物，一般不作为犯罪处理。

五、坚持深化改革，更好赋能检察工作高质量发展

认真贯彻中央、省委和最高检各项改革部署，积极回应人民群众新需求新期待，由省检察院牵头承担的46项改革任务已基本完成，为大局服务、为人民司法有了更加坚实的保障。

——优化机构人员配置。坚决落实中央和省委监察体制改革部署，全省检察机关共划转政法专项编制2914个，转隶人员2273人。严格依据省委、最高检方案实施内设机构改革，全省三级检察院机构数量从1327个精简为770个，实现机构“瘦身”、履职增效。坚持专业化职业化方向，开展人员分类管理改革，检察官、检察辅助人员和司法行政人员按比例配备。严格开展检察官遴选，3410名员额检察官全部配置到办案岗位。明确各级院领导办案责任，带头承办重大疑难复杂案件。从单兵作战向团队协作变革，针对环境资源、知识产权、电信网络等领域新类型犯罪设置专业化办案组700余个。

——着力提升办案质量。落实司法责任制改革，实行“谁办案谁负责、谁决定谁负责”，完善检察官职权清单，改革后检察官独立作出决定的案件占比77.4%，并实行终身负责。推进以审判为中心的刑事诉讼制度改革，依法履行审前把关责任，排除非法证据，对不构成犯罪或证据不足的依法决定不捕不诉，防止构罪即捕、带病起诉。完善案件质量保障机制，在全国率先开展网上异地交叉评查，及时通报问题督促整改。健全科学考核体系，开展检察官追责惩戒工作，31人因能力不足等原因被责令退出检察官岗位。五年来，办案指标持续优化，23项位居全国前列，入选最高检指导性案例、典型案例数量居全国首位，案－件比由1.72降至1.08。

——加快推进司法便民。会同公安、法院推进刑事诉讼繁简分流改革，减轻群众诉讼负累，实行简案简办快办，五年来适用速裁或简易程序办理案件占比达77.7%，部分轻微刑事案件48小时内“一步到庭”得以判决。推进认罪认罚从宽制度改革，刑事案件适用率稳步提升至91.1%，一审判决后被告人上诉率逐年下降至1.1%。以科技赋能检察惠民便民改革，省委省政府对检察网信工作给予大力支持，检务指挥中心等12个基础设施和硬件项目投入使用，自主研发的“案管机器人”“执检小智”等16个智能办案辅助系统上线运行，助力履职办案和检察服务高质高效。

六、坚持从严治检，努力建设新时代过硬检察队伍

落实新时代党的建设总要求，加强思想淬

炼、政治历练、实践锻炼、专业训练，努力打造让党放心、让人民满意的检察队伍。

——始终坚持党的绝对领导。牢牢把握检察机关政治属性，忠诚捍卫“两个确立”，坚决做到“两个维护”，切实将党的领导贯穿检察全局。五年来围绕三大攻坚战、长三角一体化发展、乡村振兴等中央、省委重大部署，出台贯彻落实意见757份。严格执行政法工作条例和重大事项请示报告制度，向各级党委请示报告5985件次。强化意识形态责任制，未发生重大涉检舆情。对全省13个设区市检察院开展政治督察，促进增强政治意识、政治能力。加强各级院领导班子建设，协助党委选任调整一批检察机关领导班子成员。

——持续用党的创新理论凝心铸魂。深入学习贯彻习近平新时代中国特色社会主义思想，迅速掀起学习贯彻党的二十大精神热潮，多层次开展政治轮训、专题研讨、宣讲辅导，努力用党的创新理论统一思想。开展“不忘初心、牢记使命”主题教育和党史学习教育，建成江苏检察历史文化教育基地，引领检察人员学习践行伟大建党精神、坚定履职自觉。一体推进政治建设和业务工作，创新开展的“融党建”、青年理论学堂等特色工作被省级机关工委推广。17个检察院获评全国先进基层检察院、全国文明单位。王勇、王帆、李思雪等13人获全国先进工作者、全国“人民满意的公务员”等省级以上荣誉称号。

——聚力培育专业化人才。制定实施“三年百名领军人才计划”，着力培养优秀年轻干部。创新运用订单式培训、检察微课、送教下基层等形式提升业务素能。推动法官、检察官、警官、律师等同堂培训。根据最高检部署，与西藏、青海、新疆等地检察机关互派人员挂职交流。与省法院、省公安厅、省生态环境厅等互派挂职干部，聘任880名行政机关工作人员兼任检察官助理，助力提升检察办案能力。9个办案集体和个人获评全国优秀办案团队、优秀检察官，22名检察官获评全国检察机关业务标兵、办案能手。

——持之以恒正风肃纪。开展检察队伍教育整顿，全面彻底肃清王立科流毒影响，深入排查整治顽瘴痼疾，建立检察官退出员额等18项长效机制。坚决落实中央八项规定，持续深化纠治“四风”，建立四项铁规、十条禁令等制度15项。认真接受最高检系统内巡视，相关问题整改到位。开展系统内巡察和专项审计工作，督促整改突出问题。主动配合纪检监察机关查处检察人员违纪违法。

——自觉接受外部监督。主动向人大常委会报告工作，全省三级检察院围绕司法改革、公益诉讼等作专题报告890次，接受审议评议改进工作。精准服务代表委员履职，定期邀请视察工作、观摩司法活动，代表委员提出的1025件建议提案全部办结回复，据此健全完善制度机制451项。自觉接受履职制约，邀请人民监督员监督办案活动7776件次；对公安机关提请复议复核案件更换承办人严格审查，改变原决定24人；对生效无罪判决案件逐案评查审视。深化检律良性互动，省检察院连续五年召开检律座谈会9场，全省检察机关办理律师控告申诉267件，查实纠正165件。自觉接受社会监督，建成全国首家检察门户网站集群，常态化向公众发布办案信息。围绕未成年人保护、护航企业发展、惩治洗钱犯罪等社会关切问题召开新闻发布会1179次。

各位代表，过去五年全省检察工作取得的发展进步，根本在于习近平新时代中国特色社会主义思想的科学指引，依靠的是党委的坚强领导、人大的有力监督、政府的大力支持、政协的民主监督、监委和政法各单位的配合与制约，也离不开各位人大代表、政协委员和社会各界的热忱关心和帮助。在此，我代表全省检察机关表示衷心的感谢！

同时，我们清醒地认识到，对标党和人民的更高要求，检察工作还存在一些短板不足：一是学思践悟习近平法治思想仍需走深做实，检察办案理念与新的发展要求还不完全适应。二是服务全省高质量发展的精准度实效性仍需提升，融入大局促进发展意识还不够强，在保障经济社会发展中的贡献还不够大。三是法律监督职能履行仍不够充分，检察机关法律监督的方式方法还要加大探索力度。四是检察机关基层基础工作仍有短板，全面从严治检存在薄弱环节。对此，我们将认真研究解决。

2023年工作打算

党的二十大擘画了全面建成社会主义现代化强国的宏伟蓝图，对“坚持全面依法治国，推进法治中国建设”作出重要部署，其中专门强调加强检察机关法律监督与完善公益诉讼制度，为我们指明了前进方向、确立了行动指南。全省检察机关将深入学习贯彻党的二十大精神，为新时代新征程更好“扛起新使命、谱写新篇章”，让中国式现代化在江苏大地充分展现可观可感的现实图景贡献检察力量。

一是强化政治引领，学深悟透忠实践行党的二十大精神。持续拓展学习深度、延伸广度，自觉用党的二十大精神统一思想、统一意志、统一行动。围绕贯彻党的二十大重大部署以及省委十四届三次全会要求，组织开展“大学习、大讨论、大调研”活动，促进检察人员更加深刻领悟“两个确立”的决定性意义，增强“四个意识”、坚定“四个自信”、做到“两个维护”。

二是依法能动履职，更好保障中国式现代化江苏新实践。积极参与更高水平平安江苏建设，全力维护国家安全、社会稳定和人民安宁，努力服务保障新发展格局。依法惩治经济金融领域犯罪，加大知识产权保护力度，平等保护各类市场主体合法权益，深化涉案企业合规建设。守护人民群众美好生活，依法惩治影响民生幸福的制售伪劣食品药品、电信网络诈骗、污染环境等多发犯罪，用心用情解决好“一老一小”等群众急难愁盼问题，努力让现代化建设成果惠及人民。

三是加强法律监督，扛起推进法治江苏建设的检察责任。落实中央和省委关于加强新时代检察机关法律监督工作的部署，持续深化法治江苏建设，不断完善侦查监督与协作配合、“派驻＋巡回”检察、民事行政检察精准监督等机制，促进规范司法权力运行。更好履行公共利益代表职责，聚焦社会各界关注的生态环境、安全生产、妇女儿童权益保障等领域，加大公益诉讼办案力度。

四是从严管党治检，努力锻造堪当现代化建设重任的检察队伍。认真落实新时代党的建设总要求，深入学习贯彻党章，不断巩固拓展党史学习教育成果，一体加强检察机关政治建设、业务建设和职业道德建设。深化司法体制综合配套改革，进一步加强检察官单独职务序列管理，建设高素质专业化检察队伍。坚持以严的基调强化正风肃纪，持续纠治“四风”，常态化开展司法顽瘴痼疾排查整治，严格落实防止干预司法“三个规定”，建设清正廉洁检察队伍。

各位代表，我们将在省委和最高检领导下，认真落实本次会议审议意见，忠实履行法律监督职责，努力为全面推进中国式现代化江苏新实践提供有力司法保障！

浙江省高级人民法院工作报告

——2023年1月13日在浙江省第十四届人民代表大会第一次会议上

浙江省高级人民法院院长 李占国

各位代表：

现在，我代表省高级人民法院向大会报告工作，请予审议，并请省政协委员和其他列席人员提出意见。

过去五年的主要工作

五年来，在省委坚强领导、省人大及其常委会有力监督和最高正确指导下，在省政府、省政协及社会各界关心支持下，全省法院高举习近平新时代中国特色社会主义思想伟大旗帜，深入贯彻习近平法治思想，紧扣忠实践行“八八战略”、奋力推进“两个先行”、加快打造“重要窗口”，坚持“三并原则”、兑现“三项承诺”、加强“四项建设”，各项工作取得明显成效。全省法院新收各类案件695.8万件，办结707.1万件，其中省法院收案7.5万件，办结7.5万件，主要办案质量、效率、效果指标均位居全国前列。

一、坚持服务大局，为浙江“两个先行”提供有力司法保障

始终在大局下谋划、在大势中作为，坚持打击与防范并举、惩治与保护并重、办案与服务并行，及时出台司法服务“重要窗口”“共同富裕”“两个先行”“疫情防控”等意见，统筹疫情防控和经济社会发展，较好地发挥了司法固根本、稳预期、利长远的保障作用。

维护国家安全和社会稳定。贯彻总体国家安全观，落实宽严相济刑事政策，审结一审刑事案件32万件，判处罪犯48.5万人，切实履行维护国家安全、社会安定、人民安宁的重大责任。圆满完成扫黑除恶专项斗争任务，坚决“打伞破网”“打财断血”，审结黑恶案件4112件，黑恶财产执行到位88亿元，省法院获评全国扫黑除恶专项斗争先进集体。严格依法减刑8.9万人、假释2.3万人，对1678名不符合监外执行条件的罪犯决定收监执行，严防“纸面服刑”。严惩人民群众深恶痛绝的犯罪，审结P2P非法集资等涉众型经济犯罪案件3740件，判处罪犯8122名，涉案金额2.9万亿元；审结养老诈骗犯罪案件80件，判处罪犯189人，挽回老年人损失2841万元；审结危害食品药品安全犯罪案件2705件、电信网络诈骗犯罪案件9671件、侵犯公民个人信息犯罪案件1489件，守护老百姓生命健康、人格尊严和财产安全。审结危害国家安全、杀人抢劫等严重刑事犯罪案件5.2万件，依法判处“保姆纵火案”“杀妻碎尸案”“外教杀人案”等被告人死刑，使严重刑事犯罪分子受到严惩，起到了应有的震慑作用。

依法惩治职务犯罪。坚决贯彻党中央反腐败工作部署，完善纪检监察与刑事司法衔接机制，合

力“打虎”“拍蝇”“猎狐”，审结贪污、贿赂、渎职等职务犯罪案件2782件，判处罪犯3370人，其中原为中管干部3人、厅局级45人、县处级222人；落实受贿行贿一起查，审结行贿案件190件220人，斩断“围猎”腐蚀、权钱交易的利益链条。湖州市委原书记马晓晖犯受贿罪、滥用职权罪，被判处有期徒刑十六年；金华市政协原主席陶诚华犯受贿罪，被判处有期徒刑十一年六个月；中央宣传部原副部长鲁炜犯受贿罪，被判处有期徒刑十四年；陕西省人民政府原副省长冯新柱犯受贿罪，被判处有期徒刑十五年；江西省人大常委会原副主任史文清犯受贿罪、非法持有枪支罪，被判处死刑、缓期两年执行，彰显党中央有腐必惩、有贪必肃的坚强决心。

打造市场化法治化国际化一流营商环境。落实“疫情要防住、经济要稳住、发展要安全”的要求，及时制定、优化调整涉疫情司法政策，开展助企纾困专项行动，审结涉企纠纷172.5万件，依法采用信用修复、“活扣”“活封”、调解、和解、司法重整等法律调节手段，帮助2.8万家企业恢复正常生产经营，尽可能帮助企业排忧解难，尽可能减少企业关门倒闭。吴兴法院在执行某大型农副产品交易中心案件中，引入第三方投资，兑现债权2320万元，保住2100名员工的“饭碗”。设立杭州、温州破产法庭，总结推广绍兴企业破产“一件事”改革，发挥破产审判“积极拯救”和“及时出清”功能，审结破产案件1.6万件，化解不良金融资产4670亿元、盘活土地49.3万亩、房屋4428万平方米，安置职工12.3万名，有力促进腾笼换鸟、转型升级。积极争取最高法院支持，对涉盾安集团特大债务风险系列案实行集中管辖，统一法律适用、统一资产处置，一揽子化解债务350亿元，尽可能确保员工不失业、生产不停顿、企业不倒闭。总结温州、台州等地做法，审结个人债务集中清理案件1322件，让依法经营、诚实守信的债务人可以“从头再来”。设立杭州、宁波国际商事法庭，舟山中院、宁波海事法院自贸试验区法庭，实施涉外商事海事审判精品战略，审结涉外民商事案件1.4万件、海事案件1.1万件，70多个国家和地区的外国当事人主动选择到宁波海事法院诉讼，浙江涉外司法的国际影响力明显扩大。

服务创新驱动发展。全面推进知识产权审判“三合一”改革，设立杭州、宁波、温州知识产权法庭，审结各类知识产权案件12.6万件，加大对核心技术、新兴领域的知识产权司法保护力度，激发企业家创新创业创造活力。依法打击侵犯知识产权行为，推行侵权人“黑名单”制度，健全落实惩罚性赔偿机制，着力破解知识产权诉讼“举证难、周期长、赔偿低、成本高”问题，依法判决侵权人赔偿损失总额47.2亿元，是前五年的3倍，其中惩罚性赔偿7683.8万元。加大对侵犯商业秘密等行为的刑事打击力度，某公司研发部负责人郑某窃取公司核心技术，伙同他人另立公司并生产侵权产品，宁波中院以侵犯商业秘密罪判处其有期徒刑四年。加强数据权利保护，审结“大数据杀熟案”“短视频侵权案”“直播流量造假案”“平台虚拟权益案”等涉数字经济案件7.8万件，促进数字经济在法治轨道上健康发展。金华、温州等地法院妥善审理“饿了么”与“美团”不正当竞争案，依法严惩平台强制“二选一”行为，保障平台经济健康发展公平竞争。

助推法治政府建设。监督和支持行政机关依法行政，审结一审行政案件7.8万件。在全国率先建立覆盖省市县三级的“行政争议调解中心”，协调化解近40%的行政案件，一大批涉及重点工程、重大项目的行政争议得到妥善处理。行政收案数自2019年起持续下降，系全国唯一连续3年收案量下降的省份。出台意见支持“大综合一体化”行政执法改革，健全府院联席会议制度，2022年行政机关负责人一审出庭应诉率比2017年上升48.5个百分点，行政机关败诉率下降5.3个百分点，有力推动法治中国示范区建设。

促进人与自然和谐共生。践行“绿水青山就

是金山银山”理念，审结一审环境资源案件1.8万件，其中审结环境资源刑事案件5068件，判处罪犯9444人，实刑率35.8%；审结环境公益诉讼案件673件，落实生态环境损害赔偿制度，综合采用补植复绿、增殖放流、环保禁令等司法举措，助力复绿山水、恢复生态。南太湖法院探索碳汇生态司法修复机制，促成碳汇交易1.4万吨，完成596亩树林、62亩湿地修复，为村民增收70.3万元，探索出一条生态保护、经济发展、群众增收的多赢路径。持续深化环境资源保护跨部门、跨区域协作，推动钱塘江、瓯江、新安江等重点流域一体协同保护，共同守护“母亲河”。嘉兴法院大力推动跨域司法协同，服务和保障长三角一体化发展。

二、坚持人民至上，努力让人民群众在每一个司法案件中感受到公平正义

健全以人民为中心的诉讼服务机制。站稳人民立场，聚焦群众急难愁盼问题，不断优化司法为民措施，把体现人民愿望、维护人民权益、增进人民福祉落实到工作各方面全过程。严格落实立案登记制，全省法院当场立案率98%。构建诉讼服务中心、司法公开网、12368司法服务热线、移动微法院、共享法庭五位一体的诉讼服务体系，让身处本地外地、境内境外的当事人，无论是在工作时间内还是八小时外，均可通过有线无线、线上线下方式参与诉讼活动。探索适老扶弱助残诉讼机制，引入“陪同诉讼”“老年人权益律师保护团”，填平“数字鸿沟”，畅通“无障碍”服务。改革和优化人民法庭布局，创建“枫桥式人民法庭”，全省法庭总数从2017年的243个增至338个，成为服务基层群众、助力乡村振兴的前沿阵地。

扎牢民生司法保障网。全面准确施行民法典，审结一审民事案件352.1万件，充分彰显关心人、尊重人和发展人的民法精神。审理“人脸识别第一案”，依法支持原告删除人脸和指纹识别信息的诉请，树立严格保护个人信息的鲜明价值导向。聚力“保交楼、保民生、保稳定”，审结商品房买卖等案件7.7万件，助力房地产风险防控处置。服务保障共同富裕，审结劳动争议案件7.8万件，帮助农民工追回“血汗钱”6.8亿元；审结涉外卖骑手、快递小哥、网约车司机等案件4373件，依法保护新业态从业者的合法权益；充分发挥司法救助“托底”作用，依法救助7664件10636人，救助总额2.3亿元。深化家事审判方式改革，审结婚姻、继承、抚养、赡养等案件28.8万件，发出人身安全保护令1166件、家庭教育令335件，为妇女、儿童、老年人筑起法治护盾。深入贯彻未成年人“两法”，审结涉未成年人案件8126件，判决“从业禁止”106件，确保未成年人依法得到特殊、优先保护。加强涉军维权工作，审结涉军案件863件，高质量完成涉军停偿司法保障工作，坚决维护国防利益和军人军属合法权益。

攻坚“切实解决执行难”。巩固“基本解决执行难”三年行动成果，执结案件205万件，到位金额6692亿元，努力破除实现公平正义的最后一道藩篱。推动完善综合治理执行难大格局，省市县党委均出台支持综合治理执行难的实施意见，全省党政对执行破难的领导支持力度不断加大。丽水市委总结推广景宁做法，各县党政“一把手”挂帅、全县“一盘棋”统筹，合力破解执行难，出清终本案件10483件、执行到位25.9亿元。坚持正向激励与失信惩戒相结合，健全“自动履行为主、强制执行为辅”长效工作机制，出台被媒体称为“史上最强执行措施”的13条意见，持续开展打击拒执专项行动，审结拒执罪案件4326件，是前五年的6.8倍，2022年自动履行率51.3%，较2017年提升8.4个百分点。总结推广诸暨经验，推进“执行一件事”综合集成改革，变“法院单打独斗”为“多部门协同作战”，有效解决查人找物难、财产变现难、精准惩戒难等问题，司法拍卖用时缩短40%，办证平均用时由20天缩短至2天。杭州中院仅用1天时间，向“龙炎”非法集资案遍布全国各地的17万名当事人发放案款17亿元，极大提升了执行效率。

弘扬社会主义核心价值观。注重发挥司法教育、评价、指引、规范作用，以公正裁判树立行为规则、传递社会正能量。审结“就业地域歧视案”，判决被告酒店向应聘者支付精神抚慰金，促进劳动力、人才顺畅有序流动；审结“地铁萌娃”肖像权纠纷案，判决网上造谣中国女孩为“日本萌娃”的杜某赔礼道歉并赔偿精神抚慰金，清朗网络空间，彰显文化自信；审结“扔香蕉皮致老人滑倒受伤案”，判决扔香蕉皮女子承担相应赔偿责任，让有失公德者付出应有代价；审结“好意同乘”案，判决驾驶人依法减轻赔偿责任，对善意行为予以肯定和倡导；审结“保安陪同送医无须赔偿案”，判决积极送医救治的保安和物业无须赔偿，传递“好人不能吃亏”的社会风尚。通过一系列司法判决，让广大群众知道法治提倡什么、反对什么、禁止什么，破解长期困扰群众的“扶不扶”“劝不劝”“追不追”“救不救”“为不为”“管不管”等法律和道德风险，发挥司法断案惩恶扬善功能，引导崇德向善。

三、坚持守正创新，加快推进新时代法院现代化建设

不断深化诉源治理“浙江经验”。坚决落实习近平总书记“坚持把非诉讼纠纷解决机制挺在前面，从源头上减少诉讼增量”的重要指示精神，坚持和发展新时代“枫桥经验”，主动将法院调解工作置于党委政府大治理格局之中，分别在乡镇、县级、全省层面总结推广永康“龙山经验”、舟山“普陀模式”和“浙江解纷码”，助推“信访打头、调解为主、诉讼断后”的县级社会治理中心建设，构建起递进式矛盾纠纷分层过滤体系，源头治理效应日益显现。全省法院收案2018年首次实现个位数增长，此后逐年稳步下降，目前收案数已从过去的全国第2位降至第8位，我省“诉讼大省”的状况得到明显改观。

发挥互联网司法先行优势。杭州互联网法院开创“网上案件网上审”的历史先河，实现数字时代审判模式的革命性重塑，入选改革开放40年40个“第一”，写入“党的十八大以来大事记”，引起国际社会广泛关注，成为展示我国司法改革成果的“重要窗口”。总结推广利用微信小程序打官司的宁波经验，让当事人和法官充分感受“指尖诉讼、掌上办案”的便利。2019年“浙江移动微法院”上升为“中国移动微法院”，2022年更名为“人民法院在线服务”，目前已接入全国3500多家法院，访问35亿次。疫情期间，移动微法院大显身手，全省法院网上立案395.8万件、开庭14.4万次，做到审判执行“不打烊”、司法服务“不打折”。移动微法院获评首届人民法院改革创新奖，为建设全球领先的移动电子诉讼体系贡献了浙江经验。

大力推进“全域数字法院”建设。以线上线下深度融合、内网外网共享协同、有线无线互联互通为基本要求，巩固提升“杭州互联网法院”“移动微法院”等创新成果，变“盆景”为“风景”，努力打造全生命周期司法平台、全时空在线司法服务、全流域智能司法模式、全方位变革司法制度的现代化法院。建成“一体化办案办公平台”，全省106家法院、1.5万名干警在同一平台上办案办公，每年为群众提供在线服务近5亿次。打造“浙江法院智慧大脑”，融合司法数据123亿条、司法案例635万个，构建法律知识图谱85个，推动人工智能与司法活动深度融合，办案效率提升14.1%。在线诉讼、异步审理、区块链存证、电子送达等浙江首创经验被最高法院《人民法院在线诉讼规则》吸收。浙江智慧法院建设综合评价连续3年全国第一，并在世界互联网法治论坛、数字经济法治论坛上介绍经验，在国际上引起良好反响。

全面加强“共享法庭”建设。总结杭州、丽水等地经验，在全省推广“共享法庭”建设，依托数字化手段，把指导调解、化解纠纷、线上诉讼、普法宣传等司法服务送到群众家门口，打造学习宣贯彻习近平法治思想的基层阵地，打造一站式诉讼服务、一站式多元解纷、一站式基层治理的最小支点。目前已建成“共享法庭”2.7

万个，指导调解 24.7 万件次，化解矛盾纠纷 18.8 万件，开展普法宣传 5.9 万次，以“小支点”撬动基层社会治理，受到基层和群众广泛好评。

深化司法体制综合配套改革。全面落实司法责任制，深化法官员额制和人员分类管理改革，完善审判监督管理机制审判权力运行机制更加完善。压实院庭长监督管理责任，纳入“四类案件”数字监管 5.5 万件，防范办案风险。扎实推进以审判为中心的刑事诉讼制度改革，准确实施认罪认罚从宽制度，全面贯彻证据裁判原则，关键证人到庭率 99%，依法宣告 30 名被告人无罪。深入开展民事诉讼程序繁简分流改革试点，更好满足当事人多元、高效、便捷的解纷需求。积极开展四级法院审级职能定位改革试点，优化司法资源配置，促进裁判尺度统一，全省法院一审判决案件改判发回瑕疵率降至万分之六。

四、坚持全面从严，锻造忠诚干净担当的法院队伍

以思想建设筑牢政治忠诚。扎实开展“不忘初心、牢记使命”主题教育、党史学习教育、“两个确立”主题教育，连续五年组织开展思想建设年活动，创新开展“院长论坛”“法官论坛”，深入开展“政治大学习”“理论大培训”“思想大讲堂”“认识大讨论”，引导干警深刻领悟“两个确立”的决定性意义，坚决做到“两个维护”。发挥省法院党组的领导作用，加大对全省法院政治建设、班子建设和队伍建设的协管力度，全覆盖开展政治督察、司法巡查。认真落实《中国共产党政法工作条例》，自觉向省委汇报重大工作、请示重大事项，坚决把党的领导贯彻到法院工作各方面全过程。省委及市（县、区）党委对法院工作的领导更加有力，各地市相继召开市委法院工作会议，出台推动法院工作高质量发展意见，为新时代法院现代化建设提供了坚强政治保障。

以从严管理确保公正司法。围绕审判执行、机关管理、队伍建设等存在的问题，加强规范化建设，制定各类规范性文件 120 余个，建立起权责明晰、权责统一、管理科学、高效有序的管理制度机制。持续开展质量建设年活动，强化上级法院和院庭长对办案工作的管理、指导和监督责任，连续五年组织开展司法质量监督大检查，评查案件 7.4 万件，问责 2000 余人次，倒逼规范办案行为、提升办案质量。持续开展打击虚假诉讼专项行动，查处虚假诉讼 1.1 万件，坚决铲除危害公平正义的“毒瘤”；持续开展打击扰乱诉讼秩序专项行动，依法惩处扰乱诉讼秩序行为 5780 件，坚决维护司法权威；持续开展清理长期未结案专项行动，12 个月以上长期未结案从 2017 年的 11808 件降至 2022 年底的 229 件，创 15 年来最低。

以作风建设打造过硬队伍。落实党风廉政建设主体责任和监督责任，驰而不息正风肃纪，以零容忍态度严惩司法腐败，查处违纪违法 524 件 570 人。高标准高质量开展政法队伍教育整顿，坚持刀刃向内、刮骨疗毒、激浊扬清、铸魂扬威，思想作风发生深刻变化，能力素质全面加强，精神面貌焕然一新。全省法院 611 个集体、1105 名个人荣获省级以上荣誉，西湖法院获评“全国模范法院”，涌现出陈辽敏、黄文娟、叶科技、叶飞、王建强、林朝晖、应建勇等一大批先进典型，形成了浙江法院的模范法官群体，为全省法院树立了榜样。

五、坚持自觉接受监督，把全过程人民民主要求贯彻到工作各领域各环节

自觉接受人大监督。坚决贯彻省十三届人大历次会议决议，认真办理省人大代表建议 159 件。主动向省人大常委会报告工作，就执行、依法公正履职、扫黑除恶、执法司法制约监督、以审判为中心的刑事诉讼制度改革等工作接受专项监督。开展全省三级法院院领导大调研、大走访、大接访，邀请代表参加会议、视察法院、旁听庭审、见证执行等 5.2 万人次。衢州法院打造“共享法庭”融治理，融合人大代表联络站等 6 大法治元素，推动形成基层治理共同体；天台法院联合县人大开

发“行政诉讼 e 监督”数字化应用，以全链条监督促进依法行政。

认真接受政协民主监督。向省政协和各民主党派、工商联、无党派人士通报情况，听取意见建议，改进自身工作，办理省政协委员提案78件。依托宁波知识产权法庭设立知识产权司法保护政协委员会客厅，讲好知产保护的“中国故事”，展示中国协商民主和司法制度的双重魅力，被省政协评为“五星级委员会客厅”。

依法接受检察机关法律监督。落实中央、省委加强新时代检察机关法律监督工作意见，支持检察机关法律监督工作，邀请检察长列席审委会2017人次，办理检察建议1.3万件，审结抗诉案件3089件，依法改判发回1624件，共同维护司法公正。

广泛接受社会监督。大力推进司法公开，庭审直播112.2万场，在中国裁判文书网公开裁判文书928.2万篇，满足人民群众知情权。认真实施《人民陪审员法》，全省人民陪审员参审案件68.5万件，促进司法民主。建立律师投诉快速办理机制，创新开展法官与律师互评，充分发挥律师促进公正司法、改进司法作风的作用。总结推广丽水法院“司法公正在线”应用，构建线上投诉、建议、评价和反馈渠道，让司法公正更加可感、可见、可及。

各位代表，过去五年全省法院工作的发展进步，根本在于习近平新时代中国特色社会主义思想的科学指引，是省委正确领导、最高人民法院有力指导的结果，是省人大及其常委会有力监督、省政府大力支持、省政协和各民主党派民主监督的结果，是地方各级机关、社会各界人士、人大代表、政协委员和全省人民关心、支持、帮助的结果。在此，我谨代表省高级人民法院表示衷心的感谢，并致以崇高的敬意！

五年来的实践启示我们，做好新时代法院工作：必须把党的领导作为首要原则，深刻领会“两个确立”的决定性意义，牢牢坚持党对法院工作的绝对领导，把政治优势转化成法院工作高质量发展的最大胜势。必须把人民至上作为根本立场，坚持人民法院为人民、司法公正为人民，把方便留给群众，把麻烦留给自己，不断提升人民群众的司法获得感和满意度。必须把服务大局作为重要职能，时刻胸怀“国之大者”，准确把握坚守法治和顾全大局的关系，紧紧围绕大局发挥职能作用，服务保障在法治轨道上全面推进社会主义现代化国家建设。必须把守正创新作为发展动力，坚持依法有据，遵循司法规律，以数字化改革引领全方位、系统性变革，奋力推进工作现代化，加快建设中国式现代化法院。必须把自我革命作为强大支撑，坚持严管厚爱、抓早抓小，敢于斗争、善于斗争，全面从严治党治院，锻造过硬法院队伍，为中国式现代化建设提供有力服务保障。

同时，我们也清醒看到，全省法院工作中还存在不少问题和困难。一是正确司法理念需进一步树牢，有的干警对讲政治与讲法治、能动司法与被动司法、诉源治理与立案登记制的关系把握不够好，一些案件办理没有真正实现法律效果、社会效果和政治效果有机统一。二是司法能力水平需进一步提升，与中国式现代化要求和人民群众日益增长的公平正义需求相比还有差距，实现审判体系和审判能力现代化还需下更大力气。三是司法权力运行的规范化程度需进一步加强，有的法院落实司法责任制不够到位，对案件监督管理不够严格，办案瑕疵问题屡有发生。四是司法环境需进一步优化，虚假诉讼、扰乱诉讼秩序、拒不履行法院判决裁定等问题时有发生，社会诚信体系建设需加快推进，综合治理执行难大格局需进一步深化。五是纪律规矩需进一步严实，一些干警严重违纪违法，对司法公信和权威造成损害。对于这些问题和困难，我们将采取有力措施，坚决予以解决。

今后一个时期的工作思路和2023年重点工作

各位代表，当前和今后一个时期，是全面建设社会主义现代化国家新征程开局起步的关键阶段。全省法院的总体工作思路是：高举习近平新时代中国特色社会主义思想伟大旗帜，全面贯彻党的二十大精神，深入贯彻习近平法治思想，坚定捍卫“两个确立”、坚决做到“两个维护”，按照省第十五次党代会部署要求，坚持服务大局、司法为民、公正司法，全力履行维护国家政治安全、确保社会大局稳定、促进社会公平正义、保障人民安居乐业的职责使命，以深化“四项建设”为抓手，不断加快新时代法院现代化建设，为忠实践行“八八战略”、以“两个先行”打造“重要窗口”、奋力谱写中国式现代化浙江篇章贡献新力量、展现新作为。2023年，我们将重点抓好以下工作：

一是强化政治统领，确保党的二十大精神在全省法院见行见效。扎实开展党中央即将部署的主题教育，深化思想建设年活动，提高政治站位和政治判断力、政治领悟力、政治执行力，坚持党对法院工作的绝对领导，坚定捍卫“两个确立”、坚决做到“两个维护”，坚定不移走中国特色社会主义法治道路。对标对表党的二十大作出的重大部署，深刻把握人民法院工作的历史方位、职责定位，找准切入点、结合点、着力点，自觉把党中央战略部署转化为全省法院的工作任务，坚决做到“总书记有号令、上级有部署、浙江法院见行动”。

二是坚持法治为基，服务以“两个先行”打造“重要窗口”。切实落实“两个毫不动摇”，健全以公平为原则的产权保护制度，弘扬契约精神和企业家精神，保护民营企业产权和企业家权益，保障数字经济和平台经济规范健康发展，服务全国统一大市场建设，实施营商环境优化提升“一号改革工程”，以高水平司法服务高质量发展，激励企业提振信心、抢抓机遇、拓展市场、突围发展。统筹安全与发展，依法严惩各类犯罪，支持“大综合一体化”行政执法改革，筑法治之基、行法治之力、积法治之势，推进高水平平安浙江、法治浙江建设。统筹国内法治和涉外法治，努力打造知识产权司法保护示范地、破产司法保护标杆地、国际商事海事纠纷争端解决优选地，更好地服务创新发展、转型升级、改革攻坚、开放提升。

三是践行司法为民，维护社会公平正义。坚持严格公正司法，深化质量建设年活动，加强案件全生命周期质量管控，深化司法公正评价体系建设，尊重人民群众朴素公平正义观，让人民群众成为法院工作好坏的最高评判者，让人民群众成为法治中国建设的最大受益者。严格落实立案登记制，深化司法领域“当事人一件事”改革，努力用最少的程序解决每一个纠纷。推动为群众办实事常态化长效化，健全适老助残扶弱诉讼服务机制，完善综合治理执行难长效机制，深入开展法治宣传教育，让人民群众都能平等地享受到优质司法服务，让人民群众切实感受到公平正义就在身边。

四是深化改革创新，大力推进新时代法院现代化建设。深化司法体制综合配套改革，全面准确落实司法责任制，进一步规范司法权力运行，推进审判体系和审判能力现代化。深化“浙江全域数字法院”改革，建强“法院大脑”，加快打造数字时代互联网司法高地。坚持和发展新时代“枫桥经验”，巩固深化诉源治理“浙江模式”，大力建设“枫桥式人民法庭”，全面加强“共享法庭”建设，更好地服务乡村振兴、共同富裕和基层治理现代化。

五是发扬斗争精神，建设高素质法院队伍。压实全面从严治党政治责任，锲而不舍落实中央八项规定精神，自觉接受各方面监督，持续开展作风建设年活动，高标准高水平建设清廉法院。牢记“三个务必”，弘扬伟大建党精神和红船精神、浙江精神，大力推进队伍革命化、正规化、专业化、职业化建设，不断开创全省法院干在实处、走在前列、勇立潮头的新局面。

各位代表，新征程呼唤新担当、新作为。全省法院将紧密团结在以习近平同志为核心的党中央周围，在省委的正确领导和最高法院的有力指导下，认真贯彻落实本次大会决议，忠实履行宪法法律赋予的职责，不忘初心、牢记使命，踔厉奋发、勇毅前行，为我省以“两个先行”打造“重要窗口”，奋力谱写中国式现代化浙江篇章作出新的更大贡献！

浙江省人民检察院工作报告

——2023年1月13日在浙江省第十四届人民代表大会第一次会议上

浙江省人民检察院检察长　林贻影*

各位代表：

现在，我代表省人民检察院向大会报告工作，请予审议，并请省政协委员和其他列席人员提出意见。

过去五年工作回顾

省十三届人大一次会议以来的五年极不平凡，是全省沿着“八八战略”指引的道路感恩奋进、实干争先的五年，也是新时代检察工作重塑变革、跨越发展的五年。在省委和最高人民检察院坚强领导下，在省人大及其常委会有力监督下，在省政府、省政协和社会各界大力支持下，全省检察机关坚持以习近平新时代中国特色社会主义思想为指导，认真贯彻党的十九大、党的二十大精神，以坚定捍卫“两个确立”、坚决做到“两个维护”的自觉，忠实履行宪法法律赋予的法律监督职责，全力服务保障以“两个先行”打造“重要窗口”，各项检察工作取得新进步。

一、主动顺应变革，锚定新时代检察工作发展方向

立足检察工作转型发展新形势，在坚持和完善中国特色社会主义检察制度中强化担当作为。

坚定推进检察职能重塑。牢记习近平总书记在浙江工作期间对检察机关“敢于监督、善于监督、勇于开展自我监督”的殷切嘱托，2018年以来，面对国家监察体制改革、司法体制改革和诉讼制度改革叠加的历史性变革，鲜明提出“深化法律监督，彰显司法权威，维护公平正义”工作主线，全面引领检察理念更新、职能体系重构、内设机构重组，刑事、民事、行政、公益诉讼“四大检察”法律监督新格局逐步成熟稳固，检察机关作为国家法律监督机关的宪法定位更加突显。

坚持党对检察工作的绝对领导。深刻领悟党中央专门出台《关于加强新时代检察机关法律监督工作的意见》的战略考量，深入贯彻省委《进一步加强检察机关法律监督工作的若干意见》，认真落实省人大常委会《关于进一步加强新时代检察机关法律监督工作的决定》。全省市县两级党委全部召开检察工作会议或加强法律监督工作会议，省政府、政协及有关执法司法部门配套出台十余项机制支持配合检察工作，党委全面领导、各方鼎力支持的法律监督工作格局深入形成。

坚守检察事业高质量发展路径。对标省委“打造法律监督最有力示范省份”和最高人民检察院赋予“从浙江看全国，以浙江促全国”的使

* 2023年2月24日，第十三届全国人民代表大会常务委员会第三十九次会议通过，批准任命林贻影为浙江省人民检察院检察长。

命重任，紧扣高质量发展主题，研究制定并全力落实“1决定+6意见”，以高水平做优“四大检察”、深入实施人才兴检战略、全面深化改革创新为路径，加快打造数字检察高地、服务保障市场主体最优模式等12项重大检察标志性成果，着力推进检察工作现代化先行。浙江检察事业发展的目标、思路、举措更加清晰。

二、聚焦“两个先行”，保障高质量发展与高水平平安良性互动

着眼统筹发展和安全两件大事，在履职护航我省打造“重要窗口”、推进共同富裕等重大使命中强化担当作为。

坚决保平安护稳定防风险。贯彻总体国家安全观，依法严厉打击分裂国家、危害公共安全、严重暴力等犯罪，有力维护国家政治安全、社会安定、人民安宁。五年来，共批准逮捕各类刑事犯罪200075人、起诉485826人。依法惩治哄抬物价、制假售假等涉疫犯罪，助力统筹疫情防控和经济社会发展。从三年专项斗争到常态化开展扫黑除恶，始终践行“是黑恶犯罪一个不放过、不是黑恶犯罪一个不凑数”，起诉涉黑涉恶犯罪16189人、保护伞215人。省人民检察院连续三年获评全国扫黑除恶先进集体。积极防范化解经济金融风险，起诉破坏金融管理秩序、金融诈骗犯罪11732人，突出惩治证券、洗钱及互联网金融犯罪，维护金融大局稳定。

全力营造一流法治化营商环境。出台“服务经济稳进提质10条”等十余项文件，检察助企扶企政策体系不断完善。连续开展涉企刑事“挂案”及刑事申诉积案清理、民企内部人员职务犯罪立案监督等专项行动，有力回应企业呼声。坚持治罪和治理并重，防止“办了案子、垮了企业”，同时避免“一宽了之、一放了之”，协同省工商联等22家单位深化涉案企业合规改革。已办理企业合规案件228件，涉及市场主体256家。适应我省中小微企业发展现实需求，推进范式合规、简式合规差异发展，并由个案合规延伸拓展至行业合规、预防性合规，助力一大批企业走上健康发展道路。宁波市人民检察院牵头在全国率先成立营商环境投诉监督中心，实现市场主体解忧纾困“只进一扇门”；省人民检察院打造“企业家法治会客厅”，入选我省高质量发展建设共同富裕示范区最佳实践。

积极服务国家重大战略实施。聚焦创新驱动发展，深化知识产权刑事、民事、行政检察综合履职，形成知识产权检察专业化保护体系。依法起诉侵犯商业秘密、商标权等知识产权犯罪4464人，办理知识产权民事、行政监督案件178件。坚持以司法救助巩固脱贫攻坚成果，防止因案致贫、因案返贫，向10964人发放救助金1.14亿元。部署公益诉讼专项监督服务我省高质量创建乡村振兴示范省，立案办理案件1525件，助推农村耕地、古树名木、农业文化遗产等领域系统保护。深度融入长三角一体化、自贸区建设，先后出台“服务保障‘一带一路’意见11条”“服务保障长三角一体化发展13条”，发布首个自贸检察“舟山宣言”，以区域协作、陆海统筹助力海洋强省、国际强港建设。

切实履行反腐败检察职责。会同各级监察委员会完善查办职务犯罪案件提前介入、退回补充调查等配合制约机制，依法起诉职务犯罪案件3467人。坚决贯彻党中央关于受贿行贿一起查的决策部署，配合开展行贿人联合惩戒机制建设。认真落实对腐败犯罪全链条打击要求，推动出台《关于在查办贪污贿赂犯罪中协同推进打击治理洗钱犯罪的意见》。依法行使侦查权，紧扣扫黑除恶、政法队伍教育整顿，深挖执法司法领域深层次问题，立案侦查徇私枉法、滥用职权等司法工作人员相关职务犯罪336件416人，助力更高水平清廉浙江建设。

三、恪尽宪法职责，以最有力法律监督助推法治中国示范区建设

牢牢把握省委全面深化民主法治建设要求，在进一步加强法律监督、促进执法司法公正高效权

威中强化担当作为。

客观公正做优刑事检察。深刻把握“检察官既是犯罪的追诉者、也是无辜的保护者，更是中国特色社会主义法律意识和法治进步的引领者”。依法追诉周利武故意杀人案等案发十年以上命案316件，让逝者安息、给生者慰藉，昭示公平正义永不缺席。持续加强刑事诉讼监督，对侦查机关开展监督立案5870件、监督撤案3298件，纠正漏捕1191人、纠正漏诉5213人，对认为确有错误的刑事裁判提出抗诉1730件。针对群众反映强烈的“纸面服刑”问题，深入推进监狱、看守所派驻检察向“派驻+巡回”模式转变，监督纠正减刑、假释、暂予监外执行不当3492人。坚持以典型案例引领法治进步，依法办理盛春平正当防卫案、“取快递女子被造谣出轨”自诉转公诉案等一批具有重大影响力的案件，让“法不能向不法让步”“网络空间不是法外之地”等现代法治理念深入人心。

精准监督做强民事检察。深入贯彻实施民法典，办理民事诉讼监督案件61162件，提出监督意见42336件，同比分别增长4.5倍、26倍，其中对民事生效裁判提出抗诉、再审检察建议8427件，抗诉案件改变率、再审检察建议采纳率等核心质效指标位居全国前列。依法严惩“假官司”，首推虚假诉讼类案监督模式，办理案件9725件，涉案金额超34亿元，移送涉嫌拒不执行判决裁定、“套路贷”等犯罪线索816人，让打“假官司”者付出真代价，维护人民法院司法公信力。大力加强民事执行监督，开展司法网络拍卖等专项监督10项，企业破产、车辆查封扣押、信用惩戒措施监督等经验被推广全国。以司法不公背后的深层次、实质性问题为重点，强化审判程序和审判人员违法监督。在全国率先开展法院预立案问题监督，促进法院立案工作依法规范。

全面深化做实行政检察。加强行政诉讼监督，办理生效裁判监督案件3266件，提出抗诉、再审检察建议52件，就审判程序及执行违法问题发出检察建议13465件，同比分别增长313.42%、160%和399.07%。聚焦推动解决违法乱占耕地等行政处罚决定执行难问题，积极开展行政非诉执行专项监督，督促清理非法占用耕地222万余平方米、执行到位1112万余元。针对一些行政案件“程序空转、案结事不了”难题，扎实开展行政争议实质性化解，通过监督纠正、公开听证、司法救助等方式化解各类行政争议1282件。积极稳妥探索行政违法行为监督，出台工作指引、部署专项行动，围绕促推依法行政提出检察建议550件。主动融入“大综合一体化”行政执法改革，护航我省打造法治政府升级版。

质效导向做好公益诉讼检察。始终牢记习近平总书记“检察官作为公共利益的代表，肩负着重要责任”的期望嘱托，深入贯彻省人大常委会《关于加强检察公益诉讼工作的决定》，持续完善公益司法保护浙江方案。在全国率先成立三级检察院公益损害与诉讼违法举报中心、出台重特大案件标准，紧扣大局所需、民生所系，深耕生态环境和资源保护、国有财产保护等传统领域监督，拓展深化英烈保护、安全生产等法定新领域办案成效，77件案件入选最高人民检察院典型案例。践行“双赢多赢共赢”理念，开展代表委员建议提案与公益诉讼检察建议双向衔接转化，推广应用“益心为公”检察云平台，联合省委统战部、团省委招募3502名公益诉讼志愿者，不断扩大公益保护“朋友圈”。浙江公益诉讼检察实践获评“法治浙江建设十五周年十大最佳实践”。

四、牢记司法为民，依法能动履职纾解群众急难愁盼

深入开展“三服务”“检察为民办实事”系列实践活动，在坚持以人民为中心、加强民生司法保障上强化担当作为。

全力守护人民群众美好生活。认真落实最高人民检察院第一至八号检察建议，深入推进窨井盖、寄递行业等综合治理，筑牢群众“脚底下”“包裹里”等重点领域安全防线。扎实开展落实食品

药品安全“四个最严”等专项监督，起诉危害食品药品犯罪4767人，立案办理公益诉讼6004件，保障老百姓吃得放心、用药安心。坚持绿水青山就是金山银山，联合八部门建立生态环境和资源保护执法司法协作机制，督促恢复被毁损的耕地、林地、湿地等7万余亩。大力推进网络综合治理，起诉电信网络诈骗、侵犯公民个人信息等群众深恶痛绝的违法犯罪79301人，义乌市人民检察院办理全国首例反电信网络诈骗公益诉讼案。坚持严格依法打击和释放司法善意并举，某职业学院21名大学生实习误入电诈窝点被刑事立案，检察机关依法建议撤案处理，挽救受骗大学生前途命运。

倾心呵护未成年人健康成长。扎实履行未成年人司法保护职能，守护祖国的未来、民族的希望。坚决落实双向保护原则，零容忍从严惩治侵害未成年人犯罪13278人，对情节轻微、悔罪表现较好的涉罪未成年人依法不起诉7463人。积极探索融“四大检察”为一体的未成年人检察监督新机制，强化校园、网络、公共场所等重点环节安全保护，延伸推进全省未成年人文身和不宜进入场所等领域系统治理。创新开展嵌入式法治教育，全省850名检察长、检察官担任法治副校长，深入中小学授课6138次，覆盖师生家长526万人次，获评我省“十大普法影响力事件”。首创的侵害未成年人强制报告制度和密切接1触未成年人行业入职查询制度均被写入修订后未成年人保护法。

有力维护特殊群体合法权益。坚持为劳动者撑腰，连续四年开展助力解决拖欠农民工工资专项行动，起诉恶意欠薪犯罪789人，支持起诉追索劳动报酬191件。桐庐、新昌等地检察机关督促有关部门规范监管农民工工资专户，有力将欠薪问题遏制在源头。筑牢维护妇女权益法治屏障，从严惩处拐卖妇女犯罪41人，依法办理首起保护妇女平等就业权益公益诉讼案。瑞安市人民检察院推动公安机关、妇联等部门形成区域内反家暴联动体系，获全国妇联点赞。坚持保护侨胞、台胞合法权益，联合省侨联出台工作意见，青田县“检侨之家”、嘉善县涉台检察联络室等特色做法得到最高人民检察院肯定。切实维护国防军事利益和军人军属权益，部署开展人防工程公益诉讼、涉退役军人司法救助等专项行动，办理的淳安县“孤魂碑”红军烈士墓保护公益诉讼案，让128名无名英烈魂有所安。全面推进整治养老诈骗专项行动，起诉以投资养老、保健治病为名的欺老骗老犯罪379人，捂住养老钱、守护夕阳红。率先开展无障碍环境建设公益诉讼，经验做法推广全国，悉心守护老年人、残疾人出行“有爱无障”。

积极促推社会治理现代化。坚持和发展新时代“枫桥经验”，创新打造“乡村检察官”“片区检察官”“网格+检察”等工作品牌，实现基层12309检察服务中心入驻县级社会治理中心全覆盖，打通服务群众“最后一公里”。深入践行“群众信访件件有回复”，开展首次信访院领导包案办理，让群众有理能讲、有怨能诉。聚焦矛盾源头化解，部署重复信访积案清理专项行动，组织公开听证案件1522件，做到“法结”“心结”一起解。注重抓前端治未病，针对监督中发现的普遍性、突出性问题，制发社会治理检察建议1万余份，首创的法律监督年度报告制度被写入最高人民检察院《“十四五”时期检察工作发展规划》。

五、坚持守正创新，以数字检察引领新时代检察改革

锚定我省为全国改革探路的要求，在全力推进数字化改革、政法领域全面深化改革中强化担当作为。

全面推进数字检察改革。落实省委数字化改革部署，在全国率先建设检察大数据法律监督和“检察+”协同共治两大平台，创新推进“数字赋能监督，监督促进治理”法律监督模式重塑变革，数字检察理念深入人心。突出实战实效，一体推进医保基金诈骗、空壳公司治理、油品走私及偷漏税、网约车虚增里程等25个领域数字监督全省专项，协同有关单位开展常态化治理，各地

数字监督类案达到200余项，“个案办理—类案监督—系统治理”标志性成果不断涌现。全国大数据法律监督模型竞赛中浙江获奖总数占近三分之一，3项入选全国五佳。在省委政法委统筹指导下，牵头建设政法一体化办案应用，实现刑事办案全流程线上移送卷宗文书，有力破解“判实未执”、涉案款物处置不规范等执法司法顽瘴痼疾。编纂出版《大数据法律监督办案指引》，完善数字检察办公室工作机制，数字检察话语体系和制度体系不断成熟。最高人民检察院在浙江召开全国数字检察工作会议，推广浙江经验。数字检察成为浙江检察改革最鲜明底色。

认真落实以审判为中心的刑事诉讼制度改革。切实扛起刑事诉讼审前程序主导责任，实行捕诉一体办案模式，全面加强和规范侦查引导。深入推进侦查监督与协作配合办公室实体化运作，协同构建以证据为核心的刑事指控体系，确保案件事实和证据经得起庭审这一关键环节检验。温州市瓯海区人民检察院在办理一起故意伤害案中，通过法医技术性证据审查、自行补充侦查发现“被害人”为自伤，依法作出不予批准逮捕决定，并对诬告者立案监督、依法起诉，守住纠防冤假错案底线。积极适应近年来重罪案件持续下降、轻罪占比逐年上升的刑事犯罪结构变化，扎实推进认罪认罚从宽制度适用，全面准确落实少捕慎诉慎押刑事司法政策。全省认罪认罚适用率达到88.67%，诉前羁押率降至18.48%，逐步形成具有浙江辨识度、顺应国家治理体系和治理能力现代化的新时代中国特色刑事司法改革样本。

稳步深化司法体制改革。实行并完善检察官、检察辅助人员、司法行政人员分类管理制度，先后完成5批1020名员额检察官遴选工作，严格落实“谁办案谁负责”“办案质量终身负责”等要求，形成权责统一的检察权运行机制。开展政法专项编制动态调整和面向基层检察院逐级遴选检察官，制定员额检察官退出实施办法，让有进有出、优胜劣汰成为常态。坚持以“求极致”标准倒逼办案质效提升，全省“案－件比”从1.9下降至1.22，相当于压减5.75万个非必要办案环节，切实让人民群众在感受到司法公正、效率。

六、传承赶考初心，锻造堪当时代重任的过硬浙检铁军

以自我革命精神推进检察履职能力现代化建设，在打造“勇于开展自我监督最有力示范省份”中强化担当作为。

坚持以政治建设为统领。始终把学深悟透习近平新时代中国特色社会主义思想作为最大政治任务，高质量开展“不忘初心、牢记使命”主题教育、党史学习教育、政法队伍教育整顿。深入实施“红色根脉强基工程”，创建“党旗红引领检察蓝”党建品牌，建立健全习近平法治思想进课堂、领导干部政治素质考察、意识形态工作责任落实等工作机制，教育引导全体干警深刻领悟“两个确立”的决定性意义，切实增强“两个维护”的政治自觉。

大力加强干部人才队伍建设。扎实推进干部队伍组织工作系统性重塑，突出实干导向、实践标准、实绩依据，营造山清水秀的选人用人生态。制定实施检察人才培养系列文件，打造浙检大讲堂、青干班、检察官辨法沙龙等教育培训平台，深入开展岗位练兵、业务竞赛，强化分层分类培养使用，形成拥有31名检察业务专家、54个优秀办案团队和优秀办案检察官、611名专业人才库成员的人才体系，“四大检察”专业人才队伍支撑更加有力。

抓实从严管党治检。自觉接受最高人民检察院巡视及“回头看”、省委政法委政治督察，认真做好问题整改落实。加强对“一把手”和领导干部监督，完成省人民检察院党组一届任期内对下巡视全覆盖，建立市、县级检察院检察长向上级检察院党组述职制度。以政法队伍教育整顿为契机，突出顽瘴痼疾整治和检察权运行监督等重点，健全制度规范36项，追究司法责任14人。常态化严格落实防止干预司法“三个规定”等重大事项记录报告制度，让“有问必录”成为铁规矩。坚持惩治与教育

并重，零容忍查处违纪违法检察干警 155 人；加强廉洁文化培树，筑牢干警不敢腐、不想腐思想防线。

自觉接受制约监督，把全过程人民民主贯穿检察履职始终。五年来，我们自觉接受人大监督，认真落实省十三届人大历次会议决议，向省人大常委会专题报告依法履职公正司法、加强法律监督等工作，严格落实规范性文件报送人大备案审查制度，精心办理代表建议 75 件。我们自觉接受民主监督，定期向省政协、民主党派、工商联和无党派人士通报检察工作。自觉接受履职制约，对公安机关提请复议复核的案件重新审查，改变原决定 213 人，对起诉后法院判决无罪的案件逐案阅卷评查，对起诉不当的追究责任。推进审查起诉阶段律师辩护全覆盖试点，持续开展保护律师执业权利专项监督，携手打造新型检律关系的业内标杆。自觉接受社会监督，充分发挥人民监督员、特约检察员对检察办案监督作用，创新案例讲述会、检察开放日等平台载体，让检察权在阳光下运行。

各位代表，五年感恩奋进，五年跨越发展。全省检察机关于挑战中育先机、于变革中开新局，实现了浙江检察事业的精彩蝶变。我省改革创新、监督质效等方面持续领跑全国，所办案件入选最高人民检察院指导性案例 21 个，占全国总数 18.26%。共有 344 个集体和 266 名干警受到省级以上表彰奖励，9 个集体获“全国模范检察院”“全国先进基层检察院”荣誉，7 个集体被最高人民检察院授予一等功，涌现出“新时代最美检察官”章春燕、“全国人民满意的公务员”傅忆文、“全国模范检察官”蒋春尧等一批先进典型。

各位代表，过去五年检察事业的发展，最根本在于习近平新时代中国特色社会主义思想的科学指引，是省委和最高人民检察院坚强领导的结果，是省人大及其常委会有力监督的结果，是省政府、省政协和社会各界关心支持帮助的结果。在此，我代表浙江省人民检察院和全省检察干警表示衷心感谢！

回顾过去五年，我们更加深刻认识到做好新时代浙江检察工作，必须把深学笃行习近平新时代中国特色社会主义思想、习近平法治思想作为首要政治任务，引领新时代检察工作根本方向；必须把坚持党的绝对领导作为最高政治原则，不断把党的领导制度优势转化为新时代检察工作高质量发展的强大动能；必须把人民至上作为最根本立场，以依法能动履职让人民群众获得感幸福感安全感更加充实、更可持续、更有保障；必须把彻底的自我革命作为最重要密码，始终确保检察队伍绝对忠诚、绝对纯洁、绝对可靠。

同时，我们清醒认识到，我们的工作还存在许多不足，也面临不少困难和挑战。主要表现在：一是服务保障“两个先行”、助力中国式现代化的理念思路还需拓宽，创新性、引领性举措还需深化；二是对标省委、最高人民检察院和人民群众对浙江检察工作的期望要求，法律监督质效仍有待提升，“敢于监督、善于监督”力度还需加大；三是数字检察的集成性、贯通性仍需增强，“数字赋能监督，监督促进治理”的效能还需进一步彰显；四是全面从严管党治检仍有薄弱环节。对这些问题，我们将高度重视，着力解决。

今后一个时期的思路和 2023 年重点工作

各位代表，党的二十大专门强调“加强检察机关法律监督工作”“完善公益诉讼制度”，赋予新时代新征程检察机关更重的政治责任、法治责任、检察责任。全省检察机关将坚持以习近平新时代中国特色社会主义思想为根本指引，认真贯彻党的二十大精神，坚定捍卫“两个确立”、坚决做到“两个维护”，按照省第十五次党代会部署要求，以“深化法律监督，彰显司法权威，维护公平正义”为工作主线，以打造法律监督最有力示范省份为目标任务，以数字检察驱动法律监督模式重塑变革为基本路径，以锻造新时代浙江检察铁军为根本保障，与时俱进、守正创新，坚持司法为民，在忠实践行“八八战略”、以“两个先行”打造“重要窗口”、奋力谱写中国式现代化浙江篇章中，展现浙江检察担当作为。

2023年是全面贯彻落实党的二十大精神开局之年，全省检察机关将重点做好以下五方面工作：

一是矢志不移守好“红色根脉”，以更强政治担当深学笃行党的二十大精神。坚持全面学习、全面把握、全面落实，深入贯彻中央、省委和最高人民检察院部署要求，持续深化“六学六进六争先”学习实践活动，在坚定捍卫“两个确立”、坚决做到“两个维护”中奋力争先。坚持高质量开展全员全覆盖主题教育，以习近平新时代中国特色社会主义思想凝心铸魂。认真落实党的二十大决策部署，对标省委“六个更强自觉”做好全面承接、创新转化，不断打造中国式现代化省域实践的检察标志性成果。

二是一以贯之胸怀“国之大者”，以更强使命担当服务保障浙江“两个先行”。立足迎接“八八战略”实施二十周年，全方位护航我省“八个高地”建设。坚决打好维护国家政治安全主动仗、风险防范化解整体仗，平安护航杭州亚运会亚残运会等重大活动，常态化开展扫黑除恶，加强网络综合治理，持续加大侵犯公民个人信息、电信网络诈骗等犯罪的打击力度，助力我省政治环境、社会环境、法治环境、服务环境优化提升。聚焦经济稳进提质和高质量发展重点任务，积极投身营商环境“一号改革工程”，在加大惠企便企保障力度、规范引导资本健康发展、加强知识产权司法保护等环节扎实履职，以法治保障更周全的“稳”与更高质量的“进”良性互动。自觉融入未成年人“六大保护”体系，为我省《未成年人保护条例》修订完善贡献检察智慧和力量。

三是持之以恒加强法律监督，以更强行动担当全面推进浙江检察事业高质量发展。深入践行“敢于监督、善于监督”，以钉钉子精神推进党中央《关于加强新时代检察机关法律监督工作的意见》在浙江一贯到底。着力深化法律监督机制建设，持续深挖纠治“有案不立、压案不查、有罪不究”“违规办理减刑、假释、暂予监外执行”等执法司法顽瘴痼疾。积极推进侦查监督与协作配合办公室、民事行政检察精准监督等工作，不断丰富和发展公益诉讼检察浙江实践。认真落实省委《关于加强严密法治监督体系建设的意见》，会同省委依法治省办履行改革牵头单位责任，协同有关单位为构建党统一领导的“法治大监督格局”提供省域实践范例。

四是蹄疾步稳深化改革创新，以更强战略担当为检察领域数字革命探路示范。牢固树立“是先行者也要始终是领跑者”目标定位，坚定不移推进“数字赋能监督，监督促进治理”法律监督模式重塑变革，将数字检察的实战实用实效体现到检察工作现代化各方面全过程。始终将实现法律监督高质效作为根本出发点，聚焦执法司法、基层治理等重点领域和人民群众急难愁盼问题，在谋划监督场景、健全办案机制、完善组织体系等方面不断攻坚突破，为浙江检察事业长远发展赢得更大历史主动。

五是接续奋进把握人才关键，以更强铁纪担当锻造引领现代化先行的高素质浙检队伍。牢记“打铁必须自身硬”，持续巩固深化政法队伍教育整顿成果，统筹推进检察队伍革命化、正规化、专业化、职业化建设，确保更好担负起“保一方平安、护一方百姓、促一方发展”的时代重任。深化人才兴检战略，健全干部选育管用全链条机制，推进检察专业人才体系更加成熟定型。深化司法体制综合配套改革，完善落实员额检察官遴选、退出机制，健全检察官权益保障和惩戒制度，激发干事创业活力。深化全面从严管党治检，健全检察权运行制约监督体系，把“勇于开展自我监督”落到实处、推向深处。

各位代表，新时代新征程的宏伟蓝图已经绘就。全省检察机关将高举习近平新时代中国特色社会主义思想伟大旗帜，更加紧密地团结在以习近平同志为核心的党中央周围，在省委和最高人民检察院坚强领导下，认真落实本次会议决议，在新的赶考路上团结奋斗、勇毅前行，为推进中国式现代化建设、浙江“两个先行”贡献更大检察力量！

安徽省高级人民法院工作报告（摘要）

——2023 年 1 月 14 日在安徽省第十四届人民代表大会第一次会议上

安徽省高级人民法院院长　田云鹏

过去五年，省高级人民法院坚持以习近平新时代中国特色社会主义思想为指导，深入学习贯彻习近平法治思想，认真贯彻落实党的十九大、十九届历次全会和党的二十大、二十届一中全会精神，深刻领悟“两个确立”的决定性意义，切实增强“四个意识”、坚定“四个自信”、做到“两个维护”；全面贯彻落实省第十一次党代会精神和省十三届人大历次会议决议，在最高法院有力指导和省委坚强领导下，在省人大及其常委会依法监督下，在省政府、省政协以及社会各界大力支持下，紧紧围绕“努力让人民群众在每一个司法案件中感受到公平正义”目标，坚持服务大局、司法为民、公正司法，忠实履行宪法法律赋予的职责，为加快建设现代化美好安徽提供有力司法服务和保障。五年间，全省法院共受理各类案件 7983487 件，比上个五年增长 126.88%。2022 年，全省法院受理各类案件 2330088 件，结案率居全国第一位。

五年来，习近平法治思想深入人心，全省法院司法理念发生深刻变化。习近平法治思想成为法院工作的强大思想武器，展现出磅礴的真理伟力和实践伟力。五年来，“以办案论英雄”工作导向树立树牢，全省法院审判执行质效稳居全国前列。结案率连续 5 年位居全国法院前三，涉军维权“鄂豫皖模式”、诉源治理“蜀山经验”等 26 项工作推向全国。五年来，扫黑除恶斗争纵深推进，人民群众安全感大幅提升。全省法院共审结涉黑涉恶案件 2061 件 22511 人、执行“黑财”70.14 亿元。一批罪大恶极的黑恶势力头目被处以重刑乃至极刑，社会风气为之一新。五年来，“江淮风暴”执行攻坚影响广泛，人民群众法治获得感切实增强。“基本解决执行难”阶段性目标如期实现，向“切实解决执行难”进军迈出坚实步伐。五年执行到位金额 3017.16 亿元。五年来，全省法院政治生态明显好转，队伍面貌焕然一新。坚决拥护党中央决定，全面彻底肃清张坚流毒影响。广大干警经受了教育整顿的革命性锻造，展现出昂扬向上的精气神。全省法院 225 个集体、293 名个人受到省级以上表彰、表扬。

一、坚持以习近平新时代中国特色社会主义思想为指导，衷心拥护“两个确立”、忠诚践行“两个维护”

把“两个确立”“两个维护”作为最高政治原则和根本政治规矩，始终同以习近平同志为核心的党中央保持高度一致。

筑牢政治忠诚。认真学习、宣传、贯彻党的二十大精神，健全“第一议题”学习制度，把核心意识融入血脉。持续巩固“两学一做”学习教育成果，建立“不忘初心、牢记使命”20 项制度机制，推进党史学习教育常态化长效化。

强化政治担当。围绕打好三大攻坚战等出台10个司法保障意见，推动党中央决策部署和省委工作要求落地落实。对标对表完成巡视整改任务，整治违法办理“减假暂”案件等顽瘴痼疾，坚定勇于自我革命的政治自觉。

坚持党对司法工作的绝对领导。完善贯彻政法工作条例举措，及时向省委及省委政法委报告工作。出台加强意识形态工作举措，维护司法领域意识形态安全。省高院党组专题研究审判执行工作，把党的领导贯彻到法院工作全过程各方面。

二、坚持总体国家安全观，推动建设更高水平平安安徽

宽严相济惩治犯罪，营造安全稳定的政治社会环境。五年来，共审结刑事案件253717件，判处罪犯320539人，同比分别上升21%、26.9%。

严惩危害国家安全和社会治安犯罪。保持对严重危害社会治安犯罪有力震慑，八类主要犯罪案件年均下降12.66%。

守好民生安全底线。依法惩治危险驾驶、危险作业、高空抛物等犯罪。加大对涉众型经济犯罪打击力度。

依法严惩网络犯罪。审结电信网络诈骗犯罪案件3988件，为群众挽回经济损失6.1亿元。依法制裁网络黑灰产业链犯罪，不让网络沦为法外之地。

依法严惩侵害老妇幼权益犯罪。深入整治养老诈骗，严厉惩治拐卖、性侵妇女儿童犯罪。对未成年人罪犯宽容但不纵容，少年法庭审判机制实现全覆盖。

依法惩治职务犯罪。审结贪污、渎职等犯罪案件3320件4209人。审结行贿犯罪案件439件。加大赃款赃物执行追缴力度，不让任何人因贪腐获利。

推进以审判为中心的刑事诉讼制度改革。严格执行“三项规程”。联合省检察院规范常见犯罪量刑，正确适用认罪认罚从宽制度。坚持惩罚犯罪与保障人权相统一，依法宣告88名公诉案件和44名自诉案件被告人无罪。

三、坚持完整、准确、全面贯彻新发展理念，依法护航高质量发展

主动融入经济社会发展大局，发挥司法引领、规范、保障作用，五年共审结民商事案件3647868件，标的额1.17万亿元，同比分别增长74.69%、92.94%。

优化法治化营商环境。司法助力创优营商环境提升行动，审结合同纠纷案件441516件。发挥破产审判拯救、出清功能，助力557家困境企业重获新生。审结涉民营企业案件858572件，建立涉企错案甄别纠正机制。设立合肥、芜湖、蚌埠自贸试验区法庭，审结“中欧班列”货运纠纷等涉外涉港澳台案件5441件，努力让公正司法成为良好发展环境的标志。

依法服务统筹疫情防控和经济社会发展。完善服务疫情防控司法举措，审结因疫情引发的民商事案件6238件。审结金融借款、民间借贷等案件824929件，缓解小微企业融资难融资贵。对7871家企业暂缓强制措施。

依法服务创新发展。加大对关键核心技术保护力度，审结知识产权案件48127件。加大惩罚性赔偿适用力度，个案最高判赔达1亿元。

依法促进人与自然和谐共生。审结环境资源案件76484件，同比增长607.86%。审结环境公益诉讼案件1272件。创新生态修复方式，守护碧水青山。

依法服务乡村全面振兴。审结涉农案件36298件，审结乱占耕地案件203件，依法保障脱贫攻坚与乡村振兴有效衔接。

深化区域司法协作。审结涉沪苏浙企业民商事案件156748件，年均增长21.55%。四地高院共签6个协作协议，阜阳、马鞍山等中院与沪苏

浙法院结对合作。

助力法治政府建设。行政机关败诉率 2022 年同比下降 1.79 个百分点。执结涉党政机关案件 5274 件，防止“新官不理旧账”。滁州、蚌埠等地法院成立行政争议化解中心。进一步完善府院联动，全省行政机关负责人出庭应诉率保持 100%。

四、坚持人民至上，用司法守护人民群众安居乐业

坚守司法为民初心，着力解决群众“急难愁盼”问题， 维护合法权益。

认真贯彻实施民法典。依法审理系列民法典“第一案”，以小案件折射法治大道理。

依法增进民生福祉。扎牢民生司法保障网。建立家事纠纷化解、农村留守儿童权益保护等机制。维护国防利益和军人军属合法权益。

全面构建一站式多元纠纷解决和诉讼服务体系。2022 年，安徽法院诉讼服务综合质效得分位居全国法院第一。阜阳基层法庭全部建成诉讼服务站。安庆、淮北、黄山、宿州等地法院创新调解工作方法，新时代“枫桥经验”在安徽焕发新的活力。

用心用情化解涉诉信访。有访必接、有信必录，全面应用网上申诉信访平台。开展领导带案下访等活动。2022 年，全省法院涉诉进京访同比下降 65.52%。

五、坚持开展执行攻坚，推动执行工作高水平运行

持之以恒推进“江淮风暴”执行攻坚，向切实解决执行难进军。五年来，共受理执行案件 1679170 件，执结 1672629 件，同比分别增长 132.16%、143.62%。

执行威力不断彰显。对有财产的坚决执行，对失信被执行人从严惩戒，失信被执行人自动清偿债务 279.67 亿元。

执行模式发生深刻变革。坚持走执行信息化之路。再造执行流程，办案周期平均缩短 89.45 天。网拍财产变现金额 522.07 亿元。

执行长效机制不断健全。率先出台加强执行长效机制建设意见，全面推开“执行 110”机制。建立“一案双查”、执行局长述职等制度，促进执行权规范高效运行。

综合治理执行难工作格局日益完善。落实我省从源头切实解决执行难问题实施意见，推动纳入平安建设考核。省级联动单位扩展到 31 家。全社会理解支持执行的氛围日益浓厚。

六、坚持严格公正司法，持续提升司法公信力

深化司法体制综合配套改革，坚持管理赋能、监督助力、科技支撑，让司法更加公正高效权威。

全面落实司法责任制。实行法官员额省级统筹、市级再分配，六安、宣城等法院探索选任聘用制法官助理。2022 年员额法官人均办案 482 件，人均结案数居全国第三位。

推深做实审判管理。构建均衡结案体系，民商事案件平均审理周期较五年前缩短 21.32 天。

加强审判监督。强化审级监督，发挥再审依法纠错功能。制定类案裁判指引，发布参考性案例，统一裁判尺度。深化司法公开。

依托科技释放办案效能。全面实现网上随机分案、电子卷宗随案同步生成。疫情期间，依托互联网法庭开庭 105643 场，让审判执行不停摆。

七、坚持全面从严管党治警，锻造忠诚干净担当法院铁军

牢记打铁必须自身硬，巩固深化队伍教育整顿成果，抓党建带队建促审判。

发挥党建引领作用。以办案质效检验党建成效，铜陵、亳州中院党建创新做法入选全国法院优秀案例。

提高司法能力。线上线下培训干警，推行法官教法官、青年干警导师制。35名干警获评全国模范法官、优秀法官、办案标兵，167个案例入选最高法院指导性案例、典型案例。

强化正风肃纪反腐。严格贯彻中央八项规定及其实施细则精神，落实“一改两为五做到”，深入开展司法作风专项整治。严格执行防止干预司法“三个规定”，对司法腐败零容忍。

弘扬新时代法院文化。举办魏晶晶等先进事迹报告会，法院英模精神在全社会引起强烈共鸣。淮南、池州中院“三微”作品在全国获奖。

夯实基层基础。79%的员额法官、86.5%的新招录公务员分配在基层。

八、坚持全过程人民民主，加强和改进法院工作

依法保障人民群众知情权、参与权、表达权和监督权，依靠人民推进公正司法。

自觉接受人民监督。主动接受人大及其常委会监督，制定贯彻省委人大工作会议精神实施意见，每年向省人大常委会专题报告工作，接受专题询问。坚持向省人大常委会述职制度，主动报备规范性文件。自觉接受民主监督，畅通与民主党派、工商联和无党派人士沟通联络。开展代表委员跨区视察法院活动。扎实办理代表建议、政协提案，及时转化为公正司法的动力和实际成效。广泛接受社会监督，不断拓宽接受监督渠道。

保障人民群众参与司法。全省人民陪审员参审案件514083件，一审案件陪审率达72.76%。推进律师参与诉前调解、信访化解。

依法接受监察监督、检察监督。深入贯彻监察法和监察法实施条例，落实新时代加强检察机关法律监督工作的意见。

总结五年的司法实践，深刻体会到，做好新时代人民法院工作，必须始终坚持党对司法工作的绝对领导，坚定不移沿着习近平法治思想指引的正确方向风雨无阻向前进。必须牢记“国之大者”，做到党的事业推进到哪里，司法服务保障就跟进到哪里。必须坚持以人民为中心，依法保障人民群众安居乐业、守护万家平安祥和。必须始终把审判执行主责主业抓在手上，守牢维护社会公平正义的最后一道防线。必须发扬自我革命精神，锻造一支让党放心、人民满意的过硬法院队伍。必须保持奋勇争先的事业追求，拉高标杆、苦干实干，打开法院事业发展新天地。

今后五年，全省法院将坚持以习近平新时代中国特色社会主义思想为指导，深入践行习近平法治思想，全面贯彻党的二十大精神，扎实落实省第十一次党代会精神，紧紧围绕“努力让人民群众在每一个司法案件中感受到公平正义”目标，坚持司法为民、公正司法工作主线，加快推进审判体系和审判能力现代化，全力履行维护国家政治安全、确保社会大局稳定、促进社会公平正义、保障人民安居乐业的职责使命，以实际行动衷心拥护“两个确立”、忠诚践行“两个维护”，为推进中国式现代化贡献安徽法院力量。

2023年，全省法院将全面学习、全面把握、全面落实党的二十大精神，深刻领悟“两个确立”的决定性意义，坚决做到“两个维护”。更加注重保护民营企业产权和企业家权益，依法严惩群众反映强烈的犯罪，服务高质量发展和高水平平安建设。认真践行司法为民宗旨，深化诉源治理，持续推进“江淮风暴”执行攻坚、涉诉信访问题化解。大力推进严格公正司法，全面准确落实司法责任制，规范司法权力运行，加强审判权制约监督。持之以恒推进全面从严治党、从严治院、从严管理，强化自我革命，锻造过硬法院队伍，为奋力谱写现代化美好安徽建设新篇章作出新的更大贡献。

安徽省人民检察院工作报告

——2023年1月14日在安徽省第十四届人民代表大会第一次会议上

安徽省人民检察院检察长　陈武

各位代表：

我代表省人民检察院向大会报告工作，请予审议，并请省政协各位委员提出意见。

五年工作回顾

过去五年，是安徽检察事业守正创新、开拓奋进的五年。五年来，全省检察机关坚持以习近平新时代中国特色社会主义思想为指导，深入贯彻习近平法治思想，认真贯彻落实党的十九大、十九届历次全会和党的二十大、二十届一中全会精神，在最高人民检察院和省委的坚强领导下，衷心拥护“两个确立”、忠诚践行“两个维护”，聚焦维护国家安全、社会安定、人民安宁的重大责任，扎实履行法律监督职责，检察工作取得新成效、实现新突破。

——司法理念跃上新高度。五年来，我们牢固树立双赢多赢共赢、宽严相济、少捕慎诉慎押、以“我管”促“都管”等司法新理念，率先在全国推动检察机关法律监督与党委政法委执法监督有效衔接，法律监督刚性进一步增强，在推进经济社会高质量发展中持续贡献检察力量。

——履职格局打开新视野。五年来，我们扎实推进司法体制改革，率先在全国实现检察侦查机构建设省市两级全覆盖，“四大检察”内部衔接机制逐步完善。五年来，共受理各类案件84.5万件，同比增长62.7%；民事、行政、公益诉讼检察办案规模增长迅速，均走在全国前列。

——办案质效实现新提升。五年来，我们更新司法理念，推动司法办案从“量”的增长向“质”的提升转变。全省12项案件质效指标位列全国第一方阵，116个案例入选全国检察机关指导性案例、典型案例，35项工作在检察机关全国性会议上作经验介绍。

——队伍建设展现新风貌。五年来，我们实施人才兴检战略，队伍精气神明显提升。97个集体和个人获省部级以上表彰奖励，247名干警荣获全国业务专家、业务标兵和全省优秀共产党员、全省人民满意的公务员等称号，涌现出全国模范检察官、安徽省优秀共产党员周会明、王敏等一批先进典型。

一、强化政治建设，确保检察工作沿着正确方向行稳致远

淬炼绝对忠诚的政治品格。深入开展习近平新时代中国特色社会主义思想大学习、大研讨、大培训活动，引导广大检察人员深刻领悟“两个确立”的决定性意义。掀起学习宣传贯彻党的二十大精神热潮，切实增强全体检察人员胸怀“两个大局”、牢记“国之大者”的思想自觉、行动自觉。广泛开展庆祝改革开放40周年、建国70周年和建党100周年系列活动，在回顾与展望中坚定信心、砥砺前行。

增强守初心担使命的政治自觉。认真开展“不忘初心、牢记使命”主题教育、党史学习教育，率先在全国建成检察红色教育展馆。深化“检察为民办实事”活动，安排律师互联网阅卷1.2万件次。广泛弘扬英模精神，一批既有“底色”、更有“亮色”的检察英模走入大众视野。

坚持党对检察工作的绝对领导。深入贯彻《中共中央关于加强新时代检察机关法律监督工作的意见》和省委《实施意见》。严格执行政法工作条例和重大事项请示报告制度，配合省委政法委在全国率先制定实施《关于加强安徽省党委政法委员会执法监督与检察机关法律监督衔接工作的意见》。

二、依法能动履职，积极参与平安安徽、法治安徽建设

坚决维护国家安全和社会稳定。牢固树立总体国家安全观，批准逮捕各类犯罪嫌疑人122615人，提起公诉309645人，同比分别增长6.8%、44.3%。坚决维护国家政治安全，依法严惩颠覆国家政权、间谍等犯罪。扎实开展扫黑除恶斗争，起诉涉黑涉恶犯罪12300人、“保护伞”158人。会同公安机关开展“断卡”和打击非法集资专项行动，起诉电信网络诈骗以及利用网络赌博、泄露个人信息等犯罪25966人，年均增长41.4%。

积极参与社会治理。会同省政府建立“府检联动”工作机制，序时推进12个联动项目，助力法治国家、法治政府、法治社会一体建设。积极构建矛盾纠纷多元化解机制，促成刑事和解4167件，民事和解息诉3971件。亳州、安庆等地检察机关探索“检察+邻长”“三孝”调解等创新做法，打造化解矛盾纠纷新样板。积极推进诉源治理，制发社会治理类检察建议3871件。

正确适用宽严相济刑事司法政策。保持对故意杀人、抢劫、危害公共安全等严重暴力犯罪的高压态势，起诉15102人，严重暴力犯罪呈逐年下降趋势。落实少捕慎诉慎押刑事司法政策，不批捕43717人、不起诉45023人，同比分别增长27.9%、246%。深入开展羁押必要性审查，依法建议释放或变更强制措施5831人，诉前羁押率下降至21.4%，一审服判率持续提升。

三、聚焦中心大局，全力服务经济社会高质量发展

助力打造一流法治化营商环境。制定实施《安徽省检察机关进一步改进工作作风打造一流法治化营商环境的实施意见》。落实“六稳”“六保”要求，起诉非法经营、强揽工程、欺行霸市等破坏市场经济秩序犯罪20644人。组织开展市场主体权益保护专项行动，监督纠正涉民企虚假诉讼1055件，督促清理“空壳公司”939家。创新开展企业家约见检察长、“检察官进企业百日体悟”活动，企业家约见检察长1369人次，派驻66名员额检察官进入企业。

服务重大战略实施。依法保护科技创新，起诉侵犯知识产权犯罪2155人，同比增长82.6%。主动服务长三角一体化发展，制定《沪苏浙皖检察机关服务长三角一体化发展行动方案》“安徽版”，司法协作领域不断拓展。全面服务乡村振兴战略，办理农村人居环境整治公益诉讼1231件，支持农民工讨薪5929件。

促进美丽安徽建设。会同公安、环保等部门开展打击危险废物环境违法犯罪专项活动，起诉破坏环境资源犯罪9767人。组织开展“守护绿色江淮美好家园”专项检察监督活动，督促清理、修复被占用和破坏林地19.5万亩，督促治理被污染水域1.1万公顷。服务保障“长江十年禁渔”决策部署，起诉非法捕捞犯罪1580人，督促当事人投放鱼苗1500万余尾。

四、突出司法为民，主动回应人民群众法治新需求新期待

坚决守护人民群众生命健康安全。主动参与疫情防控，起诉扰乱防疫秩序、妨害公务等犯罪

544人。落实“四个最严”要求，起诉生产销售“毒禽肉”“假药”等犯罪1491人。坚决守护生产安全，办理安全生产领域公益诉讼案件692件，全国检察机关现场会在安徽召开。

扎实维护特殊群体合法权益。加大未成年人综合司法保护力度，对未成年人犯罪附条件不起诉率从13.2%上升到34.9%。依法保护老年人、妇女合法权益，起诉养老诈骗犯罪417人。依法维护军人军属权益和国防安全，为生活困难的退役军人发放司法救助金274万元。

将心比心做好群众信访工作。组织实施“温暖控申”亮面建设“431”行动，推动控申检察更贴民心、更有温度。建立首次信访由院领导包案办理制度，基层检察院领导班子成员包案率100%，化解率82.2%。集中开展重复信访积案化解专项攻坚，重复信访占信访总量12.1%，低于全国平均水平8.3个百分点。

五、强化法律监督，坚定不移维护社会公平正义

强化刑事诉讼监督。与公安机关共同设立侦查监督与协作配合办公室，推动监督关口前移，监督纠正侦查活动违法行为11370件。全面加强刑事审判监督，对认为确有错误的刑事裁判提出抗诉2376件，抗诉采纳率从34.2%增长至73.9%。全面加强刑事执行监督，书面监督纠正不当减刑、假释、暂予监外执行12307人。

强化民事诉讼监督。共受理民事监督案件35386件，年均增长26.3%。秉持精准监督理念，对认为确有错误的民事生效裁判提出抗诉2724件，提出再审检察建议3331件。开展虚假诉讼专项监督，制发全国首例省级层面防治虚假诉讼检察建议。助力解决“执行难”问题，对执行活动中的违法情形提出检察建议8262件。

强化行政检察监督。共受理行政监督案件13760件，对认为确有错误的行政判决、裁定提出抗诉129件，同比增长200%。常态化推进行政争议实质性化解，化解行政争议1834件。组织开展土地执法领域行政非诉执行监督专项活动，向法院和行政机关提出检察建议2840件。

强化公共利益保护。办理公益诉讼案件27161件，办案量年均增长22.8%。组织开展保护长江“母亲河”、城乡“微环境”治理、红色资源保护等专项行动。积极、稳妥拓展办案范围，办理公共卫生、大数据安全、文物和文化遗产保护等新领域案件6579件。积极开展代表建议、政协提案与公益诉讼检察建议衔接转化试点工作，摸排公益诉讼问题线索1613条，立案1188件。

强化职务犯罪检察和检察侦查。主动构建监察调查与刑事司法衔接机制，受理监委移送职务犯罪3827人，已起诉3184人。坚持全链条惩治腐败行为，起诉行贿犯罪341人，起诉涉贪污贿赂类洗钱犯罪44人。严惩司法工作人员职务犯罪，直接立案查办司法工作人员利用职权实施的侵犯公民权利、损害司法公正犯罪209人。

六、坚持自立自强，扎实推动检察机关自身高质量发展

深化改革创新。落实检察官办案终身负责制，28名员额检察官因违纪违规办案被追责问责。压实院领导办案责任，入额院领导办案11.3万件。顺利完成内设机构改革，全面实施“检察大数据战略”，搭建“智慧公益诉讼平台”，促进司法办案更高效、更便捷。

强化基层基础建设。实施人才建设“四项工程”，推动人才队伍结构逐渐优化。持续开展新时代基层检察院建设“品牌、典型”双引领争创活动，涌现出30个典型经验和29个特色工作品牌，4个检察院获评“全国检察文化建设示范院”。推进工作相对薄弱基层检察院“脱薄争先”帮扶工作，动态确定工作相对薄弱的基层检察院，压茬提升整体履职能力。

推进全面从严管党治检。主动接受、配合最高人民检察院党组对省检察院党组的政治巡视及“回头看”，制定实施122项整改措施。强化系统监管，制定上级院党组对下级院党组政治监督工作办法，支持纪检监察机关监督检查、执纪执法。扎实开展检察队伍教育整顿，开展不起诉权行使等7个专项整治，查处违纪违法检察人员279人，立案查处人数逐年下降。

七、自觉接受监督，确保检察权在阳光下规范运行

自觉接受人大监督。认真落实省十三届人大历次会议决议，对代表提出的600余条意见建议全面梳理，及时反馈。做细代表联络工作，办理转交案件和事项43件。扎实做好专题报告工作并接受省人大常委会专题询问。

自觉接受民主监督。认真办理委员提案，办结并答复政协委员提案40件。改进委员联络工作，选聘1240名民主党派、工商联、无党派人士担任人民监督员、特约检察员、执法监督员、听证员，省市两级检察机关均与工商联建立常态化联络机制。

自觉接受人民群众和社会舆论监督。扎实推进检察听证工作，在全国检察机关较早实现“三个全覆盖”。充分发挥人民监督员作用，组织人民监督员监督个案办理、参与案件质量评查10799人次。高度重视舆论监督，检务公开透明度连续多年走在全国检察机关前列。

今后五年工作思路和2023年工作安排

未来五年是全面建设社会主义现代化国家开局起步的关键时期，2023年是全面贯彻落实党的二十大精神的开局之年。全省检察机关将以习近平新时代中国特色社会主义思想为指导，全面学习贯彻党的二十大精神，深入践行习近平法治思想和总体国家安全观，衷心拥护“两个确立”、忠诚践行“两个维护”，自信自强、守正创新，踔厉奋发、勇毅前行，扎实推进检察工作现代化，努力为加快建设现代化美好安徽提供有力法治保障。

一是坚持以更高站位明方向，确保党对检察工作的绝对领导。持续深入学习贯彻党的二十大和二十届一中全会精神，切实增强以检察工作现代化服务中国式现代化的思想自觉、行动自觉。严格落实政法工作条例，严格落实重大事项请示报告制度，自觉将检察工作置于党的绝对领导之下。推动“讲政治”与“抓业务”深度融合，促进司法办案“三个效果”有机统一。

二是坚持以更实举措促发展，积极服务中国式现代化。切实推进检察工作理念、机制、能力的现代化建设。全面落实省委工作要求，围绕“两个同步走”战略，坚决维护国家安全和社会稳定，主动参与社会治理，促进社会和谐。服务经济社会高质量发展，聚焦促进三次产业高质量协同发展、实施科技创新“栽树工程”、坚持招大引强、扩大内需、深化改革开放、实施暖民心行动等重大决策部署，依法能动履职。

三是坚持以更优标准司法为民守初心，做实人民至上。常态化推进公开听证、民事和解、重复信访实质性化解等工作。扎实办好群众身边的“小案”，切实保护特殊群体合法权益，努力用检察“辛苦指数”换取群众“幸福指数”。

四是坚持以更大力度强监督，坚定守护公平正义。牢固树立双赢多赢共赢、能动司法等理念，推动“四大检察”“十大业务”全面协调充分发展。深化“府检联动”机制建设，创新启动联动项目。积极服务反腐败工作大局，加大检察侦查力度，提升办案效果。

五是坚持以更严要求抓管理，夯实检察工作自身发展根基。保持全面从严管党治检的政治清醒和政治定力，落实省委“一改两为五做到”要求。狠抓司法办案质量建设，加强人才素能培训。坚持强基导向，深入推进数字检察战略，让科技为检察办案赋能。

福建省高级人民法院工作报告

——2023年1月13日在福建省第十四届人民代表大会第一次会议上

福建省高级人民法院院长　金银墙

各位代表：

现在，我代表福建省高级人民法院向大会报告工作，请予审议，并请省政协各位委员和其他列席人员提出意见。

过去五年的主要工作

2018年以来的五年，党和国家事业取得举世瞩目的重大成就，人民法院工作也取得突破性进展，迈出坚实步伐。在省委领导、省人大监督和最高人民法院指导下，省法院坚持以习近平新时代中国特色社会主义思想为指导，全面贯彻党的十九大、二十大精神，深入贯彻习近平法治思想，认真落实省第十次、十一次党代会精神和省十三届人大历次会议决议，深刻领悟“两个确立”的决定性意义，增强“四个意识”、坚定“四个自信”、做到“两个维护”，忠实履行宪法法律赋予的职责，努力让人民群众在每一个司法案件中感受到公平正义。

五年来，全省法院受理案件454.04万件、办结449.42万件，分别比上五年上升31.99%和34.66%，其中省法院受理8.55万件、办结8.17万件，上升83.67%和84.51%。司法服务自贸区建设、助力脱贫攻坚、文化遗产保护等19项亮点工作写入最高人民法院工作报告；跨域诉讼、集约送达、司法惠台等29项经验做法在全国法院推广；入选全国法院典型案例175个，获评全国法院优秀庭审9场、司法研究重大课题成果奖8项；634个集体、790名个人受到省级以上表彰表扬，涌现出全国“人民满意的公务员集体”泉州中院诉讼服务中心和全国“最美奋斗者”黄志丽、全国“十大法治人物”陈少华、全国“双百政法英模”张得意等一批先进典型。

一、紧扣高质量发展主题，为新福建建设提供有力司法保障

围绕“四个更大”重要要求，聚焦数字、海洋、绿色、文旅经济发展，出台司法指导性意见65份，充分发挥司法职能，努力做到经济社会发展到哪里，司法服务就跟进到哪里。

精准服务疫情防控和经济社会发展。及时出台服务“六稳”“六保”27项举措，发布司法工作指引9批248条，审结涉疫案件2438件，努力为抗疫护航。根据“新十条”“乙类乙管”等新阶段疫情防控要求，制定6批46条举措，因时因势调整优化司法措施。依法惩治涉疫诈骗、哄抬防疫物资价格等犯罪行为，维护防疫秩序。妥善审理因疫情引发的合同违约、企业债务等纠纷，充分考虑疫情给企业造成的困难，审慎运用强制措施，帮助中小微企业渡过难关。开展“千名执行干警进千企”，帮助解决问题298个，推出助力

中小微企业发展10条执行措施，助企减负纾困。南平法院选派百名“法律特派员”，精准对接群众关切和企业需求。疫情之下线上服务“显身手”，网上立案57.6万件、开庭8.44万次、调解99.53万次、电子送达245.84万件次，全国首批实现看守所远程庭审系统全覆盖，确保诉讼不断线、工作不停摆、正义不止步。

着力营造法治化营商环境。积极融入法治化营商环境示范区建设，推出100条涵盖“保立审执破”的安商惠企举措，编制《民营经济法律风险防控图解指南》，制定服务创新型民营企业发展24条措施，以良好的用户体验赢得企业好评。加强产权司法保护，保障市场公平有序，一审审结商事案件97.65万件。从省级层面推动金融司法与金融监管的协同合作，厦门法院在全国首创金融司法协同中心并向全国推广，宁德、龙岩法院建立普惠金融纠纷协同调处机制，促进纠纷联调、风险联防。做好保交楼、保民生、保稳定相关工作，妥善处置停摆7年的“中国贵谷”案件，1400多户业主顺利入住，善意执行福州大儒世家、莆田正鼎系列房地产案件，让“烂尾楼”转危为安。加强破产审判，运用全国首创的“执破直通”机制，挽救危困企业、出清僵尸企业，审结强制清算与破产案件6202件。“厦门第一高楼”等一批项目重现生机，“实达集团”实现36天高效重整，创全国审理时间最短、执行效率最高的上市公司破产重整记录。

服务加快建设知识产权强省。一审审结各类知识产权案件7.29万件、同比增长2.2倍，保护创新、激励创造。设立福州、厦门、泉州知识产权法庭，与省知识产权局共同建立覆盖省市县的协同保护机制，入选我省深化“放管服”改革典型经验。全面推进知识产权“三合一”审判机制改革，统一损害赔偿裁量标准，着力破解“举证难、周期长、成本高、赔偿低”问题。依法妥善审理高通与苹果专利纠纷案，运用“禁售令”促成双方全球和解。省法院作为全国第二家高院，与世界知识产权组织仲裁与调解中心签署合作协议，促进涉外知识产权纠纷公正高效多元解决。

保障高水平对外开放。主动融入海丝中央法务区建设，设立厦门、泉州国际商事法庭、厦门涉外海事法庭，打造国际商事海事争端解决优选地。深入实施涉外审判精品战略，一审审结涉外、涉港澳侨案件1.46万件，依法审结“章公祖师”肉身佛像追索案，成为我国通过司法渠道跨国追索文物的开创性案例，创设了“中国版”国际司法裁判规则。服务自贸试验区建设，平潭法院企业送达信息共享机制、财产执行云处置模式入选国务院自贸区改革试点经验向全国推广。加强海事海商审判，一审审结相关案件6274件。成功承办海上丝绸之路（泉州）司法合作国际论坛，24个国家、地区和国际组织参加，俄罗斯等7国首席大法官线上参会，展示我国司法国际形象。

助推绿色发展。一审审结各类环境资源案件2.08万件，追究刑事责任7850人，补种复绿6万余亩，司法守护八闽绿水青山。“生态司法 保险”机制、“海丝蓝屏”保护行动等6项工作写入最高人民法院发布的《中国生物多样性司法保护》报告。服务“双碳”目标，全国首创林业碳汇损失计量及赔偿机制，体现林业碳汇价值，修复受损森林资源。漳州法院全国首创蓝碳司法保护与生态治理机制，东山等5个基层法院集中管辖涉碳案件。驻河长办、林长办法官联络机构全省覆盖，司法保护网更密更实。加强文化和自然遗产一体保护，在武夷山设立全国首个国家公园司法保护实践基地，福州、宁德分别建立古厝、廊桥司法保护协作机制，龙岩加强红色文化遗存司法保护，助力文脉传承赓续。南平法院完善“三绿”机制和“513”涉旅审判机制，高效化解旅游纠纷。莆田法院创新采用“固坝填石”河道修复模式，助力木兰溪流域生态保护。三明法院创建“平台 巡回专庭 服务点”种业振兴保障机制，守护红土地上稻花香。省法院在世界环境司法大会上作专题发言。

推进两岸融合发展。立足我省对台独特优势，持续推进涉台司法创新发展，办结涉台案件6354件、司法互助案件2.82万件。在全国法院率先出台司法惠台59条措施，开通全国首个涉台司法服务网，发布全国首份涉台海事审判白皮书，设立60家台胞权益保障法官工作室，为台胞台企提供无差别司法服务。选聘353名台胞担任陪审员、调解员，漳州设立全国首个台胞调解委员会，平潭创新“三调三进”涉台解纷模式，扩大台胞参与司法渠道。设立涉台司法交流研究中心，聘请45名台胞、高校学者等担任特邀咨询员、研究员，完善涉台法律专家智库。厦门法院接收台青实习实训，增强台湾青年学生对大陆司法的认同感。2009年起连续成功举办14届海峡两岸司法实务研讨会，两岸同胞1600余人次参加，以法为媒促进“两岸一家亲”。

二、依法惩治犯罪，推动建设更高水平的平安福建

严惩危害国家安全和社会治安犯罪。贯彻总体国家安全观，一审审结刑事案件23.18万件，判处罪犯30.17万人，总体呈现下降态势，人民群众安全感不断增强。依法严厉打击分裂国家、颠覆政权、恐怖犯罪和邪教组织犯罪，严惩杀人、抢劫、涉枪涉爆、涉毒等严重危害社会治安犯罪，严惩龙岩公交车劫持案等一批严重危害社会安全的犯罪分子。判处侮辱消防烈士的被告人有期徒刑，以法律正义捍卫英烈荣光。开展打击整治养老诈骗、电信网络诈骗、拐卖妇女儿童犯罪三项行动，对群众反映强烈的犯罪重拳出击。审结养老诈骗犯罪案件87件312人，全部适用财产刑，为老年人挽回损失1.34亿元，我省经验在全国法院推进会上交流。审结电信网络诈骗犯罪案件4449件，涉案金额60.8亿元，较五年前分别上升56.7%和913%，依法严惩涉案金额达1.29亿元的曾树荣电信诈骗案。审结拐卖妇女儿童犯罪案件404件682人，对实施拐卖行为的犯罪分子绝不姑息。依法审理“套路贷”“校园贷”诈骗、危害食品药品安全、高空抛物等犯罪案件，让“钱袋子”“舌尖上”“头顶上”的安全更有保障。

常态化开展扫黑除恶斗争。黑恶势力是社会毒瘤，群众深恶痛绝，必须除恶务尽、常治长效。开展为期三年的扫黑除恶专项斗争，审结涉黑恶案件1568件7601人，审理了福清林德发、泉州黄荣荣等一批社会影响较大的涉黑案，严打黑恶势力“保护伞”，以雷霆之势形成有效震慑，净化社会风气。强化“打财断血”，生效涉黑恶财产判决执行到位30.12亿元，铲除黑恶势力经济基础。开展重点行业领域专项整治，针对非法采矿、暴力催收等发出司法建议626份，促进源头防范整治。省法院连续三年获评全国扫黑除恶专项斗争先进单位，庭审重点攻坚、相对集中管辖、黑恶财产处置和“打伞破网”四联动等做法经验在全国推广。

依法惩治腐败犯罪。一审审结贪污、贿赂等案件1579件1997人，其中被告人原为省部级干部5人、省管干部41人，依法审结陈树隆案、张坚案等一批重大职务犯罪案件。顺应监察体制改革，会同省监委、省检察院出台职务犯罪协作配合、案件管辖等指导意见，促进监察与司法程序衔接，强化运用法治手段惩治腐败。依法审理外逃人员回国受审案件，决不让境外成为腐败分子的法外之地。

人权司法保障有效加强。落实宽严相济，判处五年以上有期徒刑直至死刑2.24万人，判处缓刑、管制等非监禁刑10.57万人。坚持罪刑法定、疑罪从无、证据裁判，依法宣告94名被告人无罪。建成全国首个“刑事案款跨域便民缴纳系统”，方便财产刑缴纳。深入推进刑事案件律师辩护全覆盖，指定辩护律师比五年前增加505.6%。全面排查1990年以来减刑、假释、暂予监外执行案件53.03万件，出台84条措施规范审理，防止“纸面服刑”破坏公平正义。

三、践行以人民为中心，促进提高人民生活品质

高标准建设现代化诉讼服务体系。全面建成诉讼服务大厅、网上平台、12368热线、巡回审判并行的“厅网线巡”立体化诉讼服务体系，持续完善一站式、便捷化、多元化的司法服务。出台19条措施和164项诉讼服务标准，当场立案率达99.24%，方便“一门进一次办”。三明中院司法服务标准化试点入选全国典型案例。在“闽政通”开通“诉讼服务”功能，上线诉讼服务微信小程序，推进“一网通一码清”。泉州首创跨域立案诉讼服务并推广到全国法院，由单一的立案拓展至送达、取证等86个项目，实现群众异地诉讼从“咫尺天涯”到“天涯咫尺”，获评首届“人民法院改革创新奖”。漳州、南平中院等5家法院被最高人民法院命名“为群众办实事示范法院”。

强化民生权益保障。贯彻实施民法典，一审审结教育、就业、医疗、住房、消费、社会保障等案件40.53万件。做好家事审判，完善反家暴工作机制，南平法院设立家庭教育“百合花开”馨课堂，推行“朱子·家”家事审判工作法，莆田法院发出全国首例由残联代为申请的人身安全保护令，相关做法被司法解释吸纳。制定涉少审判46条措施，少年法庭实现全省覆盖，发出家庭教育令等420份，督促家长“依法带娃”，用法治守护花朵成长。与省总工会联合创设职工法律服务“园区枫桥”机制，保护劳动者合法权益。加强司法拥军，全面完成服务保障涉军停偿工作，省法院作为全国唯一高院获评全国涉军停偿先进单位，三明中院成为全国法院唯一受表彰的“全国爱国拥军模范单位”。率先探索国家赔偿案件回访制度，审结国家赔偿与司法救助案件6986件，发放司法救助款1.8亿元。设立福建法院司法融媒体中心，深化司法六进，提供“点单式”“互动式”“体验式”法律宣传服务，大力弘扬社会主义核心价值观，讲好法治故事、传播法治强音。

坚定推进切实解决执行难。以前所未有的力度，打好“基本解决执行难”攻坚战，向着切实解决执行难迈进，共执结案件147.1万件，执行到位金额2925.19亿元。将执行工作纳入综治考评，与百家省级联动单位系统对接，全面强化执行联动和失信惩戒，依法为主动履行的被执行人修复信用，综合治理执行难格局不断完善。健全执行工作长效机制，“一案双查”和平潭法院涉案房产“e拍即得”协同执行机制在全国法院推广。推广宁德党政机关“零强制”执行机制，促进自动履行生效判决。完善网络司法拍卖，成交4.63万件，成交额1110.69亿元，为当事人节约佣金55.53亿元。开展“八闽护薪”“执行暖冬”等涉民生专项执行行动，为农民工追讨“辛苦钱”“血汗钱”12.22亿元。

加强行政争议实质性化解。一审审结行政诉讼案件3.6万件，办结行政非诉执行案件4.3万件，保护行政相对人合法权益，促进法治政府建设。完善“省市县”府院联席会议机制，连续12年发布行政审判白皮书，创新建立“五位一体”以庭代训机制，司法与行政良性互动不断深化，我省行政机关负责人出庭应诉率居全国前列。加强行政争议多元调处中心建设，促进争议实质性化解，泉港运用“项目化”模式促成全省最大单体拆迁项目“零诉讼”。

用好新时代“枫桥经验”。把非诉讼纠纷解决机制挺在前面，用好在线调解平台，推进源头、前端、多元解纷。全省三级法院全部建成诉非联动中心，省法院与28家部门、行业建立诉非联动机制，努力把矛盾纠纷化解于萌芽，诉前成功化解纠纷87.08万件。省法院、漳州中院在全国法院在线多元解纷会议上作经验交流。全省法院聘请4297名特邀调解员、1962个特邀调解组织，设立755个专业化调解平台，发挥各方力量化解纠纷。深入开展10个重点行业领域的矛盾纠纷大化解，金融、住建等多个行业新收案件出现下降。开展涉诉信访“治重化积”三年专项行动，办结

率 99.67%，涉诉信访总量持续下降。宁德设立诉非联动中心保障新能源产业重点项目建设，实现无一信访。福州铁路运输法院从源头化解铁路重点项目建设纠纷，保障国家“大动脉”畅通。罗源法院加强畲乡诉源治理，架起群众连心桥。

切实发挥人民法庭化解纠纷、服务群众第一线作用。落实强基导向，优化全省 208 个人民法庭、677 个巡回审判点的功能布局，蕉城法院打造全国首个 5G 海上巡回法庭，为群众提供家门口的司法服务。全省法院 76.32% 的人员充实配置在基层、85.25% 的案件办结在基层，服务乡村全面振兴和基层社会治理。开展寻找“最美法庭”活动，展播永泰嵩口等法庭事迹，展示人民法庭为人民的美丽风景。“海岛模式”“背包法庭”“茶乡法庭”等 5 项经验做法入选全国新时代人民法庭建设案例。

四、纵深推进司法体制改革和智慧法院建设，稳步提升司法质量、效率和公信力

司法责任制全面落实。实行“让审理者裁判、由裁判者负责”，明晰审判权责清单，确保履责有据、行权有度。全省 1400 余个新型审判团队有效运行，员额法官年人均办案 235.05 件。压实院庭长监管责任，对重大疑难复杂等“四类案件”推出 23 条监管措施，做到放权不放任。发挥专业法官会议、审判委员会制度作用，全面推行类案检索，推进“闽法同判”，统一司法尺度。建成案件统一监管平台，严格审限管理，开展长期未结、久押不决案件专项清理，2022 年长期未结案件同比下降 60.82%。

司法体制综合配套改革不断深化。平稳有序开展法院审级职能定位改革试点，推动诉讼分流、职能分层，审结一审案件 237.77 万件、二审案件 26.31 万件，申诉、申请再审及再审案件 5.25 万件。完成基层法院内设机构改革，内设机构精简 37.81%。实行人员分类管理，先后 5 批遴选员额法官 4033 名，实现 85% 以上人员向办案一线集中。完善司法人员依法履职保障机制，2 个法官权益保障案例被中国法官协会推广。贯彻实施人民陪审员法，全省 7177 名人民陪审员参审案件 42.53 万件，一审普通程序案件陪审率 69.61%。

诉讼制度机制改革取得成效。推进以审判为中心的刑事诉讼制度改革，认罪认罚从宽制度适用率达 88.06%，一审服判率 92.61%。完成民事诉讼程序繁简分流改革试点，小额诉讼程序平均审理期限 26.91 天。深化行政案件跨行政区域管辖改革，实行中级法院交叉管辖、基层法院集中管辖，防止行政诉讼“主客场”问题。完成人身损害赔偿标准城乡统一试点，解决城乡赔偿差异，我省试点经验被司法解释吸纳。

推进现代科技与司法工作深度融合。将信息技术全方位嵌入法院办案、服务、管理各环节，为实现公平正义插上科技翅膀，22 项成果在数字中国建设峰会亮相展出。加快智慧办案办公系统建设，积极参与省级政法跨部门大数据办案平台建设，全国首创司法集约送达“185”模式，实现即时高效送达。深化司法大数据分析应用，发布金融、破产审判、服务数字经济等 13 类白皮书，当好经济社会活动“晴雨表”，省法院连续两年获评全国法院“司法大数据专题协作研究”特等奖。深化司法公开，裁判文书上网 277 万余篇，庭审直播案件 47 万余场，以信息化赋能阳光司法。

五、坚持自我革命，锻造忠诚干净担当的法院铁军

始终把政治建设摆在首位。深入开展“不忘初心、牢记使命”主题教育、党史学习教育和“两个确立”主题教育，精心组织“学习二十大”14 项载体活动，迅速掀起学习二十大热潮。严格执行《中国共产党政法工作条例》和省委实施办法，落实意识形态工作责任制。开展庆祝建党 100 周年“十个一”活动，编写出版《法魂——中国特色社会主义法治溯源》，百集全媒体音视频系列报道《共和国法治从这里走来》全网点播量达 6600

万。福州中院建成“习近平法治思想学习宣传馆”，龙岩“共和国法治摇篮展览馆”优化升级，在传承红色基因中强志气、厚底气。省法院承担的《人民法院贯彻落实习近平法治思想研究》获评全国法院“优秀重大课题研究成果”。

着力提升司法能力。推出优秀年轻干部“选、育、管、用”12项措施，形成以3名全国审判专家为龙头、132名省级审判专家为主体的高层次审判人才梯队。开设“闽法讲堂”“闽法问道”平台，常态化举办“闽法课堂”、发布闽法微课，线上线下举办各类培训班和专题讲座244期，培训23万余人次。发挥司法文明研修中心和全省31个实践基地作用，涵养“红”“福”“拼”的福建法院特色文化。厦门中院“七星法治文化街区”和泉州中院“法映刺桐”宋元法律文化展馆入选“全国法院文化建设特色项目”。

持之以恒正风肃纪反腐。扎实开展政法队伍教育整顿，“小切口”靶向整治顽瘴痼疾2014个，作风、素能、面貌持续提升。落实中央八项规定及其实施细则精神，常态化开展司法巡查、纪律作风督察，持续整治作风顽疾。深化党风廉政建设和反腐败斗争，一体推进不敢腐不能腐不想腐。自主研发福建法院廉政风险防控“清风”系统，聚焦审判执行全流程89个廉政风险点，实现早预警早发现早处置，被全国教整办推介。严格执行新时代政法干警“十个严禁”、防止干预司法“三个规定”等铁规禁令，启用全国四级法院统一的干预过问案件记录报告平台，“逢问必录”的自觉正在形成。运用“四种形态”从严监督执纪问责，查处违纪违法人员438人，确保司法清正廉洁。

六、贯彻全过程人民民主，自觉接受监督，切实改进工作

深入贯彻中央和省委人大工作会议精神，自觉接受人大及其常委会监督。坚持大会报告和专项报告制度，省法院先后就司法体制改革、刑事审判、生态司法保护、民事审判、审判监督工作向省人大常委会作专项报告，认真落实审议意见并做好“回头看”。全省法院办复代表建议731件，转化为推动法院工作发展的举措和成效。出台服务人大代表工作15条举措，完善联络机制，邀请人大代表视察法院、旁听庭审、参与调解、见证执行，支持和保障代表更好履职、发挥作用。接受政协民主监督，全省法院办复委员提案571件，邀请政协委员、各民主党派、工商联、无党派人士和人民团体开展专题调研。自觉接受监察机关监督，依法接受检察机关监督，邀请检察长列席审判委员会会议，共同维护司法公正。广泛接受社会监督、舆论监督、人民法院监督员监督，深化与律师良性互动，不断改进法院工作。

五年来的笃行奋进，我们深深体会到，做好人民法院工作，必须坚持以习近平新时代中国特色社会主义思想为指导，毫不动摇坚持党对法院工作的绝对领导，做到维护核心、绝对忠诚、听党指挥、勇于担当；必须坚持以人民为中心，把为民造福贯穿法院工作全过程，努力让人民群众切实感受到公平正义就在身边；必须坚持服务党和国家工作大局，完整、准确、全面贯彻新发展理念，充分发挥审判职能，推进更高水平的平安福建、法治福建建设；必须坚持正确实施宪法法律，依法独立公正行使审判权，牢牢守住维护社会公平正义的最后一道防线；必须坚持改革创新，始终奋楫争先，务求实干实效，不断提升司法质量、效率和公信力；必须坚持狠抓队伍建设不放松，勇于自我革命，从严治院管警，以高素质法院队伍推进高质量发展。

各位代表，全省法院工作的发展进步，是各级党委、人大、政府、政协、监委、检察院和人大代表、政协委员以及社会各界、广大人民群众关心支持帮助的结果。在此，我谨代表全省法院表示衷心感谢和崇高敬意！

同时，我们清醒地看到，法院工作还存在问题和不足。对标新时代新征程新要求，在推进中国式现代化、前瞻性地服务保障新福建建设上还

有差距；案件总量持续高位运行，深化诉源执源治理、提升办案质效、促进人民群众高品质生活仍需用力；司法改革系统集成、协同高效有待加强，信息化助力司法效能作用需进一步发挥；队伍素质能力还有短板，高层次专业化人才的培养还需加速推进；司法不公、司法腐败问题仍有发生，损害了司法形象。对此，我们将采取有效措施，努力加以解决。

2023 年工作安排

2023 年是全面贯彻落实党的二十大精神的开局之年。全省法院要坚持以习近平新时代中国特色社会主义思想为指导，全面贯彻落实党的二十大精神，深入贯彻习近平法治思想，认真贯彻落实党中央决策部署和省委、最高人民法院工作要求，坚持稳中求进工作总基调，全方位推进法院工作高质量发展，为打造法治强省、谱写福建篇章开好局起好步提供有力司法服务保障。

一要坚定不移走中国特色社会主义法治道路。严格执行《中国共产党政法工作条例》，把党的绝对领导贯彻落实到法院工作各领域各方面各环节。持续推进学习宣传贯彻党的二十大精神走深走实，按照党中央部署开展主题教育，常态化长效化开展党史学习教育，筑牢政治忠诚。深入挖掘我省红色资源，立体化打造“法魂”系列精品工程。自觉接受人大及其常委会监督，更好履行党和人民赋予的职责使命。

二要以司法现代化服务推进中国式现代化。聚焦做大做强做优四大经济，落实稳增长、稳就业、稳物价要求，找准司法服务保障的发力点。统筹疫情防控和经济社会发展，优化助企纾困司法措施，依法保护民营企业和企业家合法权益，加快建立营商环境司法数智平台，加强知识产权保护，打造一流法治化营商环境。主动融入海丝中央法务区建设，助力打造法治强省。落实落细涉台司法举措，促进两岸融合发展。加强生态司法一体化保护，保障美丽福建建设。

三要依法保障人民群众合法权益。妥善审理涉民生领域案件，兜牢民生底线。依法惩治各类犯罪，持续推进扫黑除恶常态化，促进建设更高水平的平安福建。支持监督行政机关依法行政，推进行政争议实质性化解。升级打造三级法院“执行服务中心”，深化执行难综合治理、源头治理。巩固提升“一站式”建设成果，优化升级跨域诉讼服务，加强网上立案、在线调解、在线诉讼推广应用，为人民群众提供全方位的优质司法服务。

四要守好维护社会公平正义的最后一道防线。全面准确落实司法责任制，持续深化综合配套改革。加快推进司法权力运行机制改革，构建系统完备、规范高效的司法制约监督体系，确保司法公正高效权威。常态化开展长期未结、久押不决案件专项整治。加快智慧法院数字化智能化转型升级，抓好政法跨部门大数据办案平台运用，努力实现审判体系和审判能力现代化。

五要深入推进全面从严治院管警。强化素能培养，优化人才结构，激发人才活力。以“一地一品牌一特色”为牵引，挖掘、培育富有福建特色的法院文化。落实中央八项规定及其实施细则精神，严格执行防止干预司法“三个规定”等铁规禁令，持续推进“清风”系统下沉应用，提升巡查督察效能，确保法官清正、法院清廉、司法清明。

各位代表，新征程开启，新使命在肩。我们要紧密团结在以习近平同志为核心的党中央周围，在省委领导、人大监督下，坚定信心、忠诚履职，踔厉奋发、勇毅前行，为奋力谱写福建发展新篇章作出新的更大贡献！

福建省人民检察院工作报告

——2023年1月13日在福建省第十四届人民代表大会第一次会议上

福建省人民检察院检察长　侯建军*

各位代表：

现在，我代表福建省人民检察院向大会报告工作，请予审议，并请省政协各位委员和其他列席人员提出意见。

过去五年工作回顾

省十三届人大一次会议以来的五年，是福建牢记嘱托、砥砺前行、跨越发展的五年，也是检察事业重塑变革、守正创新、深化发展的五年。在省委和最高人民检察院领导下，在省人大及其常委会监督下，全省检察机关坚持以习近平新时代中国特色社会主义思想为指导，深入贯彻党的十九大和二十大精神，全面贯彻习近平法治思想，落实省委部署和省十三届人大历次会议决议，深刻领悟"两个确立"的决定性意义，增强"四个意识"、坚定"四个自信"、做到"两个维护"。五年来，全省检察机关从百年党史和90多年检察史中赓续红色血脉，顺应多重改革叠加形势把握时代机遇，以《中共中央关于加强新时代检察机关法律监督工作的意见》和省委实施意见引领创新发展，以省人大常委会《关于加强新时代人民检察院法律监督工作的决定》深化拓展"四大检察"法律监督格局，各项工作取得长足进步。2018年至2022年，共办理各类案件916964件，其中刑事检察477130件、民事检察18777件、行政检察11063件、公益诉讼检察13164件、其他案件396830件。

一、忠诚担当保障高质量发展和高水平安全

统筹发展和安全，聚焦全方位推进高质量发展制定系列服务保障举措，守正创新、能动履职为大局服务。

坚决维护国家安全和社会稳定。贯彻总体国家安全观，依法严惩危害国家安全、暴恐、邪教组织等犯罪，助力建设更高水平的平安福建。打赢为期三年的扫黑除恶专项斗争，常态化惩治黑恶犯罪，对全部涉黑和重大涉恶案件由省检察院统一把关，起诉涉黑犯罪2521人、涉恶犯罪6648人，推动"破网打伞"、行业治乱，全省54个单位和个人获省级以上表彰。突出打击影响人民群众安全感的犯罪，起诉严重暴力犯罪和多发性侵财犯罪67739人。与金融监管部门推进金融风险领域整治，起诉非法吸收公众存款、洗钱等破坏金融管理秩序犯罪5650人，同步做好追赃挽损工作。针对传统犯罪加速向网络蔓延态势，起诉电信网络诈骗、网络赌博等犯罪57375人。因时因势优化依法战疫措施，落实宽严相济刑事政策，起诉涉疫犯罪

* 2023年2月24日，第十三届全国人民代表大会常务委员会第三十九次会议通过，批准任命侯建军为福建省人民检察院检察长。

996人。

着力营造法治化营商环境。坚持法治是最好的营商环境，依法平等保护国企民企、内资外资、大中小微企业合法权益，起诉破坏市场经济秩序犯罪24416人，起诉侵害企业权益犯罪3578人。传承弘扬“晋江经验”，持续加大对民营企业平等保护力度，对企业负责人涉经营类犯罪依法能不捕的不捕、能不诉的不诉、能不判实刑的提出适用缓刑建议。全面推开涉案企业合规改革，与省工商联等8部门共建第三方监督评估机制，对依法可不捕不诉的，督促涉案企业作出合规承诺并切实整改，2021年试点以来共办理企业合规案件99件，对整改合格的140名涉案企业责任人依法不起诉；另有10家企业整改未通过监督评估，相关责任人被依法追诉。莆田、平潭检察机关办理工程建设领域串通投标系列案，对84家企业开展合规整改，促进行业健康发展。会同省公安厅对长期未侦结的涉企“挂案”集中攻坚，对排查的109件全部督促办结。积极融入海丝中央法务区建设，福州、厦门、泉州市检察机关入驻提供检察服务。

全力保障创新驱动发展。融入知识产权强省建设，省检察院与省知识产权局建立协同保护十项制度。省市两级检察院全部组建知识产权检察办公室，深化刑事、民事、行政检察一体履职，推进知识产权权利人告知工作全覆盖，共起诉侵犯知识产权犯罪3312人，办理知识产权民事行政诉讼监督案件84件。我省办理的案件连续10年入选年度全国检察机关典型案例。宁德一高新技术企业商业秘密被侵犯，检察机关经引导侦查取证、自行补充侦查，破解商业秘密认定、侵权致损鉴定难题，依法追诉2个公司单位犯罪，保护企业“不能说的秘密”。完善检察办案保护创新创业容错机制，建立涉科研骨干职务犯罪案件批捕、起诉层报省检察院审批制度。

助力打造美丽福建。积极践行绿水青山就是金山银山的理念，深入打好蓝天、碧水、碧海、净土保卫战，起诉破坏生态环境资源犯罪8470人，办理公益诉讼案件6801件，督促修复被损毁耕地、林地、矿山1.8万亩，清理各类固体废物、生活垃圾57.7万吨，追偿环境损害赔偿金1.3亿元。在全国率先实现“河(湖)长+检察长”机制全覆盖，闽江、九龙江、木兰溪流域检察机关推进跨区域协作。省检察院与省自然资源厅等6部门建立海洋保护协作机制，与省林业局推进以认购林业碳汇方式修复受损生态环境。南平市检察机关开展环武夷山国家公园保护发展带专项监督，龙岩市检察机关建成全省首个生态修复治理检察示范基地，宁德市检察机关协同26家涉海单位共护“海洋蓝”。

引领社会法治意识。落实“谁执法谁普法”普法责任制，将社会主义核心价值观融入法律监督，办理的164个案件入选最高检指导性案例、典型案例，发布全省性典型案例14批次66件，结合办案制发社会治理类检察建议3900件。运用全媒体矩阵讲好检察故事，推动法治精神、法治观念飞入寻常百姓家。在全省分主题选点建成八个特色检察展示平台，成为普法宣传教育、代表委员联络、党政干部与在校学生教学实践的阵地，累计接待5万余人参观、学习。

二、坚守初心保护人民群众合法权益

坚持以人民为中心，积极回应人民群众新要求新期待，守正创新办好民生案件、为民实事，增进人民福祉。

守护人民群众美好生活。落实食品药品安全“四个最严”要求，开展系列专项监督保障“舌尖上的安全”，办理公益诉讼案件1643件，起诉制售有毒有害食品、假药劣药等犯罪1002人，以民事公益诉讼诉请惩罚性赔偿金，让违法者付出应有代价。从严惩治侵犯公民个人信息犯罪，起诉1168人，会同行政机关深入排查、清理存在个人信息泄露隐患的政务公开内容。针对安全生产、物流寄递、窨井盖管理等领域安全隐患，与公安、住建、应急管理、邮政管理等部门联合开展专项行动，起诉危害安全生产犯罪629人，督促整改各类安全隐患2.8万处。汇全系统之力开展对口帮扶，选派243名干部援藏援疆和驻村挂职，助推脱贫攻坚和乡村振兴。漳州市检察机关首创检察技术“云”援藏机制，为受援检察机关提供专门技术支撑。

用心用情办理群众信访。做好“送上门来的群众工作”，从2019年起推行群众信访“件件有回复”制度，全省100347件信访件落实了7日内程序性回复，进入检察办案程序的信访件均在3个月内作出办理进展或结果答复。领导干部带头办理疑难复杂信访案件，全省三级院检察长接访、包案6854件，基层检察院受理首次信访全部由院领导办理。对争议较大、久诉不息的1812件案件，邀请人大代表、政协委员、人民监督员等参与评议，以公开听证化“法结”、解“心结”。为2212名生活困难的刑事被害人及其近亲属发放司法救助金5504万余元，雪中送炭、救人急难。

撑起未成年人法治保护蓝天。贯彻未成年人保护法、预防未成年人犯罪法，加大双向保护力度，零容忍惩治性侵、虐待等侵害未成年人犯罪，批捕7907人、起诉11035人；对涉罪未成年人依法从宽和依法惩戒并行，对主观恶性深、犯罪手段残忍、后果严重的坚决依法惩治，对犯罪情节较轻的立足挽救，不批捕2671人、不起诉3251人，不捕率、不诉率较总体刑事案件高出15.6个、20.1个百分点。加强犯罪源头预防，推动密切接触未成年人行业开展入职查询59.9万人次，对513名前科劣迹人员作出清退或不予录用等处理。打造全省“未检闽e站”工作品牌，各地涌现出一批各具特色的未检团队。莆田市检察机关联合相关部门建立权益保护协作机制，结对帮扶侨乡留守儿童。

加强特殊群体权益保障。坚决维护国防利益和军人军属合法权益，起诉涉军犯罪89人，办理公益诉讼案件186件。福州市检察机关会同军事检察院督促拆除某军用机场周边超高信号塔，消除军事飞行安全隐患。维护归侨侨眷和侨胞合法权益，省检察院与省侨联建立检侨常态化联络机制。保障妇女儿童合法权益，联合省公安厅、省民政厅出台意见，开展打击拐卖妇女儿童专项行动，批捕323人、起诉899人。维护老年人合法权益，起诉养老诈骗犯罪410人，力促追赃挽损4460万余元，守护老年人“钱袋子”。厦门市检察机关办理一起以低价旅游设置购物陷阱诈骗老年人案件，依法起诉21人，督促全额退赃700万余元。连续五年组织开展“根治欠薪”专项监督活动，起诉拒不支付劳动报酬犯罪257人，支持农民工起诉1560件，帮助3183人追讨欠薪7004万元。开展无障碍环境建设公益诉讼专项监督，办理相关案件205件，“有爱无碍”让残障人士放心出门。

三、全面履职切实维护社会公平正义

坚守宪法定位，在守正创新中依法履行刑事、民事、行政、公益诉讼“四大检察”职能，助力打造法治强省。

着力做优刑事检察。坚持惩治犯罪与保障人权并重、实体公正与程序公正并重，严格依法办案，防止和纠正冤错案件。全面落实“捕诉一体”机制，批捕各类刑事犯罪149928人、起诉316033人。始终坚持对严重犯罪追诉严惩，对已过追诉期限但社会危害性和影响仍然存在的24件命案，报请最高检核准追诉，重罪虽久必究、正义不会缺席。适应轻罪案件不断增多、重罪案件持续减少的犯罪结构变化，与法院、公安机关共同落实少捕慎诉慎押刑事司法政策，组织开展羁押必要性审查专项活动。对依法可不捕的不批捕39018人，对犯罪情节轻微、不需要判处刑罚的不起诉34908人，诉前羁押率逐年下降至30.3%。与公安机关在市县两级全覆盖设立侦查监督与协作配合办公室，对应当立案而不立案的监督立案2085件、不应当立案而立案的监督撤案3073件，对依法当捕、应诉而未移送的追加逮捕3834人、追加起诉5814人，对侦查活动违法情形提出监督纠正意见4269件。推进行政执法与刑事司法衔接，督促行政执法机关移送涉嫌犯罪案件1160件，公安机关已立案995件。

加大对定罪量刑明显不当、审判程序严重违法等问题监督力度，对认为确有错误的刑事裁判提出抗诉953件，法院已审结725件，其中改判、发回重审510件。针对漳州市芗城区一起因被告人不认罪、以证据存疑作无罪判决的盗窃案件，省市区三级检察院接续监督、历时五年，有效补查复核证据，省法院采纳抗诉意见，改判被告人有期徒刑十年。

加强和改进刑事执行检察工作，依法监督监狱、看守所、社区矫正机构履职。全面推行“派驻+巡回”检察工作机制，省检察院直接组织对26个监狱、看守所开展巡回检察，各地市实现辖区巡回检察全覆盖，发现监管执法问题1220个、检察履职问题243个，发出纠正违法通知书248份。严防“纸面服刑”“提钱出狱”，全面加强对违规违法减刑、假释、暂予监外执行问题的监督，累计纠正执行不当7510人。针对收押难、送监难问题，开展专项清理排查，牵头修订完善长效机制，督促依法收押收监3793人。对全省1101名老年在押人员合法权益保障情况开展调研，促成相关部门完善监管措施。深化财产刑执行监督，提出纠正意见3428件，已执行322.1亿元。加强对涉海涉渔社区矫正对象出海作业管理的监督，率先出台监督指导意见，实现既“管得住”又“出得去”。

着力做强民事检察。深入贯彻民法典，强化精准监督理念，对认为确有错误的民事裁判提出抗诉、再审检察建议1236件，法院已采纳1025件。与法院共同维护司法公信，对审查后不支持监督申请的6278件正确裁判，耐心向当事人释法说理，促进服判息诉。对民事审判活动中的违法情形提出监督意见942件，法院已采纳924件。落实省委政法委部署，推进执法监督和法律监督贯通衔接，连续三年开展执行案件评查，对消极执行、超标的查封、终结本次执行程序不规范等情形提出监督意见4364件，法院已采纳4325件；以类案监督检察建议规范失信被执行人名单制度，17万人被移出失信名单。持续加大虚假诉讼监督力度，牵头与法院、公安机关等建立协作机制，监督纠正虚假诉讼766件，帮助挽回经济损失2.2亿余元，从中追究刑事责任109人，让打假官司者吃上真官司。三明、南平、龙岩市检察机关在办理涉黑恶“套路贷”刑事案件、假借农民工讨薪案件中，监督纠正虚假诉讼118件，4名司法工作人员被追究刑事责任。

着力做实行政检察。围绕维护司法公正、促进依法行政的共同法治目标，加大行政诉讼监督力度。对行政裁判结果及行政审判和执行活动中的违法情形，提出监督意见3327件。泉州市检察机关专项监督清理住宅专项维修资金未及时交存问题，督促缴交1亿余元。针对一些行政争议难以化解、群众诉求得不到实质解决问题，首创行政争议实质性化解“路线图”工作机制，通过监督纠正、促成和解、司法救助等方式，有效化解行政争议1207件，其中诉争10年以上的106件。省市县三级检察院办理闽侯县姚某诉请撤销婚姻登记监督案，受到最高检重视并促成民政部等4部门出台处理冒名顶替、弄虚作假办理婚姻登记问题指导意见。在全国率先探索开展诉讼活动中涉及行政处罚、行政强制戒毒专项监督，持续跟进解决没收违法建筑物处置问题，推进土地执法查处领域非诉执行监督，提出监督意见2323件。

着力做好公益诉讼检察。履行“公共利益代表”神圣职责，落实省委《关于支持检察机关依法开展公益诉讼工作的意见》，协同立法、执法、司法保护国家利益和社会公共利益。聚焦社会关切的生态环境和资源保护、食品药品安全、国有财产保护、国有土地使用权出让等传统法定领域，办理公益诉讼案件9555件，占办案总数的72.6%。积极稳妥办理英烈权益保护、个人信息保护、农产品质量安全等新法定领域案件1465件，探索办理公共卫生、文物和文化遗产保护等其他领域案件2144件。厦门市检察机关创新“检察监督+台胞认领+社会共管”涉台文物保护模式，泉州市检察机关开展“检察护宝·守护海丝名城”专项监督，三明市检察机关以专项监督促成修缮21处革命文物。以诉前实现保护公益目的为最佳司法状态，首创公益诉讼诉前圆桌会议机制，通过诉前磋商、告知函、公开听证等方式，督促相关部门依法履职，99.5%的案件在诉前环节得以解决。对于诉前检察建议未整改到位以及法律规定的机关和组织未提起公益诉讼的，依法提起公益诉讼1006件，诉讼请求全部得到法院支持。

四、凝心聚力推进改革创新和品牌打造

坚持守正创新，向改革要动力、向管理要质效，形成一批可复制可推广的福建检察样本。

全面推进重塑性改革。坚决配合国家监察体制改革，协同完善监察执法与刑事司法衔接机制，受理各级监委移送职务犯罪2022人，已起诉1686人，对6名原省部级干部和37名原厅级干部提起公诉。依法立案侦查司法工作人员徇私枉法、滥用职权等职务犯罪148人。深化刑事诉讼制度改革，落实认罪认罚从宽制度，坚持应用尽用、规范适用，检察环节适用率稳定保持在85%以上，一审服判率92.6%。深化司法体制综合配套改革，完善检察官单独职务序列，制定检察官权力清单，入额院领导带头办理疑难复杂和引领性案件46101件。全面完成检察机关内设机构改革，市县两级检察院机构精简33.7%，人员力量向一线倾斜。

健全检察管理制度。遵循检察工作规律，用制度管事、管案、管人。建立部署、落实、监督、评价"四位一体"工作机制，形成闭环管理，推动工作落地见效。率先在省级院推行业务态势分析制度，每季度集中分析全省检察业务质效。深化运用"案-件比"质效评价标准，刑事检察"案-件比"从2019年的1.95优化至2022年的1.11，有效减少群众诉累、节约司法资源。全面推行部门主要职责说明书和个人岗位说明书"两书"制度，解决"干什么""怎么干"的问题，激发干警担当作为。1057个集体和个人获省级以上表彰，涌现出"全国工人先锋号"省检察院第七检察部、全国"人民满意的公务员"潘进格等一批先进典型。李望厦、周永东用生命赴使命，激励我们不忘初心、承志前行。

打造检察品牌矩阵。生态检察与公益诉讼融合履职成效凸显，生态恢复性司法机制作为国家生态文明试验区改革举措在全国推广。未成年人检察工作创新发展，在全国首创"督促监护令"机制上升为法律规定，与省妇联等部门联合推广"春蕾安全员"机制。涉台检察品牌持续擦亮，涉台检察联络室和台胞检察联络员覆盖全省，"司法服务+司法保障+司法交流"涉台检察工作模式得到最高检和中央台办肯定。泉州"亲清护企"、平潭"岚岛检察蓝"先后获评第一、二届全国检察机关十佳文化品牌。

五、自我革命锻造新时代过硬检察铁军

弘扬伟大建党精神，持之以恒抓党建、带队伍、促业务，守正创新提升检察队伍整体水平。

始终把政治建设摆在首位。学思践悟习近平新时代中国特色社会主义思想，深入学习宣传贯彻党的二十大精神，坚定拥护"两个确立"、坚决做到"两个维护"。坚持党对检察工作的绝对领导，落实《中国共产党政法工作条例》和省委实施办法，向省委、省委政法委请示报告重要工作、重大事项。扎实开展"不忘初心、牢记使命"主题教育、党史学习教育和政法队伍教育整顿，推进"提高效率、提升效能、提增效益"行动。加强机关党建工作，开展模范机关和文明单位创建，79个检察院被评为全国、全省文明单位，省检察院连续三届被评为全国文明单位。

稳步提升法律监督能力。创新教育培训和岗位练兵平台，开办"新福建检察大讲堂"，通过业务竞赛、听庭评议等方式，分级分类培训75000人次。注重交流互鉴、智慧借助，开展检察官、法官、警察等同堂培训32次，聘请472名行政机关专业人员兼任检察官助理，与法院、行政机关互派干部交流，与清华大学等高校建立战略协作机制。25个团队和个人获评全国优秀办案团队、优秀检察官、优秀公诉人、业务专家称号。

深化全面从严管党治检。严格落实中央八项规

定及其实施细则精神和我省实施办法，落实新时代政法干警“十个严禁”、防止干预司法“三个规定”等纪律要求，一体推进不敢腐不能腐不想腐。自觉接受最高检党组巡视、省委全面从严治党主体责任检查、省委政法委政治督察，三级检察院一体整改落实。建立健全内部监督制约机制，加强对市县两级检察院“一把手”、年轻干部的管理监督。主动接受各级纪委监委及派驻机构监督，积极配合地方党委开展巡察，严肃查处违纪违法检察人员154人。

锲而不舍夯实基层基础。持续开展“基层建设年”活动，6个基层院获评“全国先进基层检察院”。主动争取党委重视支持，全面完成市县检察长换届，优化领导班子结构。适应数字化发展趋势，在省委政法委领导下主导建设的省级政法跨部门大数据办案平台投入使用，检察业务应用系统2.0上线运行，网上办案迭代升级，信息技术赋能“智慧”检察。

各位代表，自觉接受监督，是检察机关贯彻落实全过程人民民主的庄严承诺。五年来，我们认真学习贯彻中央、省委人大工作会议精神，自觉接受人大及其常委会监督，认真落实相关决议和决定，向省人大常委会专题报告司法体制改革、民事行政检察、公益诉讼检察、未成年人检察、控告申诉检察等工作，配合各级人大常委会开展专题调研和执法检查753次，配合开展类案评查工作。自觉接受民主监督，每年向省政协通报检察工作，健全与各民主党派、工商联和无党派人士联系机制。重视与代表委员经常性联络，邀请视察工作、参与公开听证等检察活动15108人次，办结代表建议687件、委员提案137件。自觉接受履职制约，对公安机关提请复议复核的案件依法慎重审查，改变原决定77人，对法院作出无罪判决的逐案评查剖析。尊重和保障律师依法执业，与律协建立协作机制，开展律师互联网阅卷试点工作，监督纠正执法司法人员侵犯律师执业权利58件。自觉接受社会监督，支持人民监督员、特约检察员、专家咨询委员、听证员履职。深化检务公开，常态化开展线上线下检察开放日活动，及时发布重要案件信息和核心业务数据，不断提升司法公信力。

各位代表，过去五年检察工作的发展进步，是全省各级党委、人大、政府、政协、监委、法院和人大代表、政协委员以及社会各界关心、支持、帮助的结果。在此，我谨代表全省检察机关表示衷心感谢和崇高敬意！

我们深切体会到，检察事业发展进步，必须坚持党的绝对领导，深入践行习近平法治思想，时刻谨记习近平总书记对福建、对检察工作的殷切嘱托，确保检察事业坚定有力、行稳致远；必须坚持践行全过程人民民主，把为了人民与依靠人民统一起来，把人民群众、代表委员的监督支持转化为检察机关能动履职、为民司法的强大动力；必须坚持法律监督宪法定位，强化法治思维、遵循司法规律，坚持敢于监督、善于监督、勇于开展自我监督，努力让人民群众在每一个司法案件中感受到公平正义；必须坚持系统观念，把握好全局和局部、当前和长远、宏观和微观的关系，坚持个案办理、类案监督、社会治理一体推进，更好发挥法治固根本、稳预期、利长远的保障作用；必须坚持守正创新，对根本性原则性问题坚如磐石，对新形势新要求顺势而为，对大数据新技术深度运用，推动检察工作创新发展。

我们清醒认识到，与新时代新征程党和人民的更高要求相比，检察工作还有一定差距。一是学思践悟习近平法治思想还需走深做实，检察理念需持续提升；二是服务新发展阶段新福建建设的措施还需持续优化，保障民生的精准度和实效性有待增强；三是法律监督需要进一步加强，不敢、不善、不规范监督问题还不同程度存在；四是队伍专业化水平仍有差距，运用大数据赋能法律监督、推动社会治理还需持续发力；五是极少数检察人员违纪违法仍时有发生，推进全面从严管党治检时刻不能放松。对这些问题，我们将紧盯不放，下大气力推动解决。

2023年工作安排

2023年是全面贯彻落实党的二十大精神的开局之年。全省检察机关要坚持以习近平新时代中国特色社会主义思想为指导，深入落实《中共中央关于加强新时代检察机关法律监督工作的意见》及省委实施意见，把握以检察工作现代化服务中国式现代化的目标要求，依法能动履行检察职能，为全方位推进高质量发展提供有力保障。

一是深入学习宣传贯彻党的二十大精神。按照党中央部署，认真开展习近平新时代中国特色社会主义思想主题教育，全覆盖开展党的二十大精神学习培训，不断提高政治判断力、政治领悟力、政治执行力。始终坚持党对检察工作的绝对领导，坚定不移走中国特色社会主义法治道路、检察道路。

二是全力服务保障新发展阶段新福建建设。落实省委十一届三次全会部署，运用法治力量服务我省现代化建设。依法打击危害国家安全犯罪，常态化推进扫黑除恶，宽严相济办好各类案件。深化涉案企业合规改革，依法保护产权和知识产权。加强涉台检察工作，助力海峡两岸融合发展示范区建设。常态化抓实生态环境司法保护、信访积案化解、未成年人综合保护等为民实事。

三是全面提升法律监督质量和效果。深入思考检察工作现代化的思路、方法和路径，推动法律监督理念、体系、机制、能力现代化。持续推动“四大检察”全面协调充分发展，加强刑事立案、侦查、审判和执行活动监督，强化民事、行政检察监督，提升公益诉讼办案质效，办理更多有影响力的典型案件。深化检察改革，实施数字检察战略，赋能司法办案和法律监督。

四是锻造忠诚干净担当的检察队伍。落实新时代党的建设总要求和新时代党的组织路线，一体提升政治素质、业务素质和职业道德素质。深化全面从严管党治检，突出抓好领导干部和办案环节制约监督。优化检务管理，完善考核评价体系，激励干警担当作为。自觉接受人大监督，接受政协民主监督，依靠群众支持做好各项工作。

各位代表，新的一年，我们要更加紧密团结在以习近平同志为核心的党中央周围，认真落实本次省人大会议部署，忠实履行宪法法律赋予的职责使命，踔厉奋发、勇毅前行，为奋力谱写全面建设社会主义现代化国家福建篇章作出新的更大贡献！

江西省人民检察院工作报告

——2023 年 1 月 12 日在江西省第十四届人民代表大会第一次会议上

江西省人民检察院检察长　丁顺生 *

各位代表：

现在，我代表省人民检察院向大会报告工作，请予审议，并请省政协各位委员和列席会议的同志提出意见。

过去五年工作回顾

过去的五年，中国特色社会主义进入新发展阶段，取得历史性成就，全面依法治国深入推进，国家监察体制改革、司法责任制改革、诉讼制度改革深化落实，检察工作经历整体性、重塑性转型发展。在省委和最高人民检察院的坚强领导下，在省人大及其常委会的有力监督下，在省政府、省政协和社会各界的关心支持下，全省检察机关坚持以习近平新时代中国特色社会主义思想为指导，认真践行习近平法治思想，全面贯彻党的十九大和十九届历次全会精神，认真学习宣传贯彻党的二十大精神，深入落实习近平总书记视察江西重要讲话精神，切实贯彻《中共中央关于加强新时代检察机关法律监督工作的意见》和省委实施意见，聚焦“作示范、勇争先”目标要求，一体推进“四大检察”“十大业务”全面发展，司法理念不断更新，队伍素质明显提升，业务综合质效历史性跃居全国前列，群众满意度提升至 99.37%，检察工作高质量发展迈出坚实步伐，为全面建设社会主义现代化江西作出积极贡献。最高人民检察院邀请中央媒体来赣总结宣传江西检察经验。

一、突出思想引领，坚定新时代检察工作根本政治方向

强化党的创新理论武装。坚持不懈用习近平新时代中国特色社会主义思想凝心铸魂，深刻领悟“两个确立”的决定性意义，不断提高政治判断力、政治领悟力、政治执行力，始终保持头脑清醒、立场坚定、旗帜鲜明，坚定不移走中国特色社会主义法治道路。深入开展“不忘初心、牢记使命”主题教育、党史学习教育和检察队伍教育整顿，传承红色基因，筑牢政治忠诚，在新时代检察工作中自觉增强“四个意识”、坚定“四个自信”、做到“两个维护”。

坚持党对检察工作的绝对领导。始终在党的领导下开展检察工作，严格执行《中国共产党政法工作条例》和省委实施细则，认真落实重大事项请示报告制度。对标对表党中央的重大决策部署和对政法工作、检察工作的指示要求，结合检察实际深化落实。充分发挥党组把方向、管大局、保落实的作用，出台党组加强执法司法领导监督规

* 2023 年 2 月 24 日，第十三届全国人民代表大会常务委员会第三十九次会议通过，批准任命丁顺生为江西省人民检察院检察长。

定，确保党的路线方针政策在检察机关落地见效，保障国家法律统一正确实施。

做实一切检察工作“从政治上看”。推进政治与业务深度融合，把政治要求贯穿到检察履职各方面全过程，落实到每一个司法案件中。深化执法司法活动政治效果评估、政治风险预警处置、重大敏感案（事）件政治把关，做到检察办案政治效果、社会效果、法律效果有机统一。履行检察工作的政治责任，聚焦经济社会发展大局担当作为，以能动履职贯彻总体国家安全观、助力打赢三大攻坚战、服务保障“六稳”“六保”，推进更高水平的平安江西、法治江西建设。坚持以人民为中心发展思想，积极践行司法为民，大力提升司法质量、效率和公信力，努力让人民群众在每一个司法案件中感受到公平正义。

二、依法能动履职，全力服务保障经济社会高质量发展

坚决维护国家安全和社会稳定。依法批准逮捕各类犯罪嫌疑人139314人，提起公诉239254人。严厉打击危害国家政治安全、政权安全犯罪。深入开展扫黑除恶专项斗争，持续推进常态化扫黑除恶，起诉陈辉民、欧阳平等涉黑恶犯罪12400人，专项斗争综合质效位居全国前列，省检察院获评全国扫黑除恶先进单位。严厉打击故意杀人、抢劫等严重暴力犯罪，依法对劳荣枝、曾春亮等重大恶性案件提起公诉。护航金融安全，严厉打击集资诈骗、非法吸收公众存款、洗钱等金融诈骗、破坏金融管理秩序犯罪，起诉4442人。积极担当作为，助力打赢疫情防控攻坚战阻击战，准确把握法律政策，起诉暴力伤医、制售假冒伪劣防疫物资等犯罪636人，妥善处理涉疫矛盾纠纷，在法治轨道上维护疫情防控秩序。

深入践行绿色发展理念。贯彻习近平生态文明思想，省检察院制定22条措施，一体推进惩治犯罪、保护公益、修复生态。贯彻长江保护法，落实长江经济带“共抓大保护”，与公安、生态环境、水利、农业农村等部门开展打击非法处置危险废物、非法采砂、非法捕捞等专项行动，起诉破坏环境资源犯罪10610人。深化“河（湖、林）长+检察长”协作，开展“守护鄱阳湖”公益诉讼专项监督，办理环境资源公益诉讼案件11731件。浮梁县检察院办理民法典实施后生态环境惩罚性赔偿全国第一案。吉安、新余等地检察机关联合有关部门探索建立生态修复机制，取得良好效果。跟进中央环保督察、长江经济带生态环境警示片、省人大“环保赣江行”问题线索，办理公益诉讼案件182件。

着力营造法治化营商环境。贯彻省委“一号改革工程”部署，发挥法治对营商环境的保障作用。依法打击破坏市场经济秩序、危害企业生产经营、侵犯企业合法权益等犯罪，起诉15726人。加大对涉企民事、行政裁判和执行的监督力度，加强对民营企业和企业家权益的司法保护。落实少捕慎诉慎押刑事司法政策，对民营企业涉罪人员每案开展羁押必要性审查，不捕3935人、不诉7534人，诉前羁押率降至8.81%。会同公安机关清理涉企“挂案”296件。联合省工商联等8家单位建立第三方监督评估机制，稳步推开涉案企业合规改革，办理涉案企业合规案件244件，努力让企业活下来、留得住、经营好。密切与工商联、侨联、非公有制企业维权服务中心协作，在工业园区、商会设立检察联系点170个，办结企业各类案件诉求2579件，提供法律服务11719件次。南昌检察机关开展“百名检察官进百企”活动，宜春市检察院联合市侨联搭建“检侨之家·法治服务站”，受到企业欢迎。积极为“一号发展工程”创造法治环境，聚焦创新型省份建设，联合省法院、省公安厅制定办理侵犯知识产权刑事案件的意见，省检察院成立知识产权检察办公室，推进刑事、民事、行政检察一体履职，在重点企业设立知识产权检察保护联系点。

服务脱贫攻坚助推乡村振兴。围绕维护农村稳定、保护农业生产、保障农民权益，省检察院制定服务保障脱贫攻坚、促进法治乡村建设的意见。严厉打击“村霸”和宗族恶势力，惩治制售

假冒伪劣农资、非法占用农用地、侵吞扶贫资金等犯罪，共起诉3484人。开展司法救助专项活动，救助农村生活困难当事人6759人。依法办理涉农产权纠纷案件。以公益诉讼推动乡村环境问题治理。鹰潭检察机关开展“保护农村饮用水安全”专项监督，并向市政府专题报告，政府高度重视，对农村供水设施进行升级改造。

在反腐败斗争中履职尽责。落实监察体制改革部署，完善监察执法与刑事司法衔接机制，发挥检察机关反腐败斗争职能作用。受理各级监委移送职务犯罪2214人，决定逮捕763人，起诉1773人，其中原厅级以上干部47人、县处级干部214人，依法对中共福建省委原常委、副省长张志南，厦门市人大常委会原主任陈家东提起公诉。协同推进受贿行贿一起查，起诉行贿犯罪217人。积极参与反腐败追逃追赃工作，与监委等部门合力劝返外逃18年的陈建飞主动回国投案，实现我省外逃“红通”人员“清零”。

积极推动提升社会治理效能。适应社会治理新形势新要求，采取具体措施，融入市域社会治理现代化建设。落实少捕慎诉慎押刑事司法政策和认罪认罚从宽制度，依法不捕47180人、不诉53710人，认罪认罚适用率提升至93.78%，最大限度减少社会对立，促进社会内生稳定。发挥检察建议在社会治理中的作用，结合办案制发检察建议5317件。省检察院就河道采砂、工程建设招投标、安全生产等19个行业领域治理问题向有关主管部门发出检察建议。创新“检察建议+调研报告”模式，向各级党委、人大、政府呈送调研报告159份，积极建言献策。弘扬社会主义核心价值观，在检察办案和普法宣传中倡导美德善行，协助培养“法律明白人”，深化“百院千人万里行”普法活动，促进提高全民法治意识和道德水准。

支持国防和军队建设。强化国防和军事利益保护，依法维护军人军属合法权益，严惩阻碍军人执行职务、冒充军人招摇撞骗、破坏军婚等涉军犯罪，起诉36人，对遭受不法侵害的军人军属、退役军人给予司法救助。加强与军队和军事检察机关的联系，深化军地协作，与杭州军事检察院连续开展送法进军营活动，联合省退役军人事务厅开展革命烈士纪念设施保护专项行动。

三、坚守司法为民，努力增强人民群众获得感幸福感安全感

用心办好群众身边的案件。严厉打击“盗抢骗”“黄赌毒”等多发性犯罪，起诉89227人。突出惩治电信网络诈骗犯罪和帮助信息网络犯罪，起诉16206人，守护群众财产安全。赣州市检察院成功办理70人特大跨境电信诈骗案。联合省市场监督管理局、药品监督管理局开展落实食品药品安全“四个最严”要求专项行动，起诉危害食品药品安全犯罪556人，办理公益诉讼案件4521件，保障人民群众吃得放心、用药安全。开展“守护群众美好生活”公益诉讼专项监督，推动整治高空抛物、电动车“飞线充电”、窨井盖管理养护不当等问题。

倾情守护未成年人健康成长。深入贯彻未成年人保护法和预防未成年人犯罪法，持续落实“一号检察建议”，将司法保护融入家庭、学校、社会、网络和政府保护。严惩侵害未成年人犯罪，批捕6366人、起诉8984人，对未成年被害人实行“一站式”救助。最大限度教育、感化、挽救涉罪未成年人，依法起诉5965人，不起诉5925人，附条件不起诉3484人，并跟进精准帮教，未成年人重新犯罪率降至1.69%。向严重失责的监护人发出“督促监护令”4019份。会同公安、教育等部门落实强制报告、入职查询等制度，开展校园周边安全环境整治和网络治理。开展法治进乡村活动，加强对农村留守儿童的帮扶、救助和司法保护。持续送法进校园，向3129所中小学派出法治副校长。抚州市委、市政府推广乐安县检察院“刘莹姐姐工作室”做法，在全市中小学设立“刘莹姐姐工作站”。刘莹同志被授予全国“人民满意的公务员”称号。新余“检花团队”、鹰潭“护燕团队”青少年维权工作在全国获奖。

注重保护特殊群体权益。积极参与打击整治养老诈骗专项行动，起诉414人，守好老年人“钱袋子”。起诉侵犯妇女权益犯罪9663人，与省妇联建立救助协作机制，开展“关注困难妇女群体，加强专项司法救助”活动，救助3808人。樟树市检察院办理低俗广告贬低妇女人格公益诉讼案。加大对老年人、农民工等群体支持起诉力度，办理案件3553件。联合残联开展无障碍环境建设公益诉讼专项监督，办理案件346件，保障残疾人安全便利出行。

创新“案—访比”管理机制推进访源治理。坚持和发展新时代“枫桥经验”，探索开展“案—访比”质效管理，将矛盾纠纷化解纳入办案评价体系，强化前端办案化解功能，把矛盾解决在基层、消除在首办环节，推动案结事要了，实现办案质效和群众满意度双提升，2022年涉检信访量下降58.9%。该机制获评首届“新时代江西十大法治事件”。认真落实《信访工作条例》，做到群众信访“件件有回复”，对接收的信访全部告知“已收到、谁在办、办得怎么样”。扎实开展信访积案、重复信访专项治理，化解长期未结的信访案件372件。2022年起市县两级检察院受理的首次申诉信访全部由院领导包案办理，97.3%的信访案件息诉息访。省检察院和南昌市、抚州市等13个检察院的控告申诉部门获评全国检察机关“文明接待室”。

以检察听证促公正赢公信。落实“应听证尽听证”要求，全面推行检察听证制度，把依法办理、释法说理、化解矛盾、第三方评判、群众见证等融为一体，组织开展检察听证15421件，让公平正义可见、可感、可信。宜春、吉安、萍乡等地检察机关开展上门听证、简易听证，使检察办案服务群众、方便群众、取信群众。省检察院办理的董某某刑事申诉公开听证案被最高检确定为指导性案例。

四、强化法律监督，切实维护社会公平正义

认真落实《中共中央关于加强新时代检察机关法律监督工作的意见》和省委实施意见。围绕强化监督意识、履行监督职能、提升监督质效，省检察院制定64条贯彻措施，建立检察机关上下级依法接续监督、依职权监督等制度，进一步规范监督范围、完善监督程序、优化监督方式、提高监督效率。加强与审判机关、侦查机关、司法行政机关的协作配合，共同推进《意见》落地落实。

全面提升刑事检察质效。推进行政执法与刑事司法衔接，规范执法司法信息共享、案件移送。实行“捕诉一体”改革，实现追诉犯罪与法律监督有效统一，刑事检察“案-件比”降至1.03，减少3万多个办案环节。与公安机关共同设立侦查监督与协作配合办公室，促进侦查办案质量提升。做实介入侦查引导取证，加强自行补充侦查，强化审前主导责任，确保准确指控犯罪。加强刑事立案和侦查活动监督，监督立案1085件、撤案1263件，追捕1899人、追诉3902人，监督纠正违法取证、违法适用强制措施等情形16391件次。加强审判监督，提出刑事抗诉1005件，提出纠正刑事审判活动违法情形意见303件次。改进刑事执行监督方式，推行对监狱、看守所开展“派驻+巡回”检察，监督纠正减刑、假释、暂予监外执行不当和监管执法不规范等问题24399件。赣州市检察院看守所巡回检察经验做法被最高检推广。

精准开展民事诉讼监督。以贯彻实施民法典为重点，出台加强和改进民事检察工作意见，实行省、市、县三级院一体化办案机制，推动民事检察由主要对裁判结果监督向民事诉讼活动全过程监督转变，由个案监督向类案监督深化。办理民事监督案件13389件，年均增长30.4%，提出抗诉和再审检察建议949件，提出纠正审判程序和执行活动违法情形意见3240件，对依法不支持当事人诉求的案件同步做好息诉服判工作。加大对拒不执行判决、裁定犯罪惩办力度，提起公诉501人。与法院、公安、司法行政部门共同完善预防和惩治虚假诉讼工作机制，监督纠正“假官司”406件，案涉金额9亿余元，追诉犯罪18人。上饶检察机关运用大数据发现并办理房产交易系列虚假诉讼案87件。

着力加强行政检察监督。出台加强行政检察工

作16条意见，发挥检察机关在监督行政审判、促进依法行政、维护群众权益中的职能作用。办理行政监督案件2559件，年均增长42.4%。提出抗诉和再审检察建议33件，对行政审判和执行活动中的违法情形提出检察建议1038件。持续开展行政争议实质性化解专项活动，化解案件1000件。扎实推进行政非诉执行监督，推动解决自然资源、食品药品、土地、劳动报酬支付等领域行政执行难问题。南昌、九江检察机关监督撤销17起冒名顶替的婚姻登记。

积极稳妥推进公益诉讼检察。贯彻中央改革部署，落实省人大常委会《关于加强检察公益诉讼工作的决定》，配合开展“公益诉讼江西行”活动，认真履行“公共利益代表”职责，不断加大办案力度，依法稳步拓展办案范围，办理公益诉讼案件22518件，向法院提起诉讼1222件，办案数量年均增长22.7%。落实双赢多赢共赢理念，梯次用好磋商、诉前检察建议、提起诉讼等方式，推动绝大多数公益损害问题在诉前得到解决。省检察院与省监委以及省自然资源厅等30个单位建立协作配合机制，邀请各界人士担任“益心为公”志愿者和公益诉讼观察员，52个市、县将支持配合检察公益诉讼工作纳入法治政府建设考核。上饶、九江、赣州等地检察机关办理了三清山巨蟒峰自然遗迹保护、可移动文物保护、客家围屋保护等一批全国有影响的案件，19个案例被确定为公益诉讼最高检指导性案例、典型案例。

依法开展对司法工作人员渎职侵权犯罪监督。严肃查处法律监督中发现的司法工作人员徇私枉法、滥用职权、玩忽职守等侵犯公民权利、损害司法公正犯罪，立案查办124人。加强与监察机关管辖案件的衔接协调、线索移送和办案协作，增强惩治司法腐败工作合力。

五、坚持自我革命，稳步走好新时代赶考之路

坚决扛起全面从严治党政治责任。压紧压实党组主体责任、党组书记“第一责任人”责任和班子成员“一岗双责”。严肃党的政治纪律、政治规矩，落实意识形态工作责任制，坚决彻底肃清周永康、苏荣、孙力军等流毒影响，落实肖毅案、龚建华案以案促改，深化“七个有之”专项治理，净化政治生态。开展政治巡视、政治督察、政治谈话，加强对市、县检察院“一把手”和领导班子的监督管理。融合推进巡视整改、审计整改、政治督察整改。省检察院领导班子连续四年获省委考核“优秀”等次。

以教育整顿深化推进正风肃纪。坚决贯彻党中央和省委关于政法队伍教育整顿的决策部署，深入查纠整治顽瘴痼疾3732个，综合运用“四种形态”处理1170人，其中处分51人。锲而不舍贯彻落实中央八项规定精神和省委实施细则，深入整治形式主义、官僚主义突出问题。落实防止干预司法“三个规定”，记录报告15996件。严格执行新时代政法干警“十个严禁”，坚持无禁区、全覆盖、零容忍，严肃查处宜春市检察院原党组副书记、副检察长袁剑波，九江市检察院原党组成员、政治部主任姜金河，省检察院原职工蔡莉等违纪违法人员253名。做好违纪违法案件后半篇文章，持续开展警示教育，一体推进不敢腐、不能腐、不想腐。

努力建设高素质检察队伍。坚持新时代党的组织路线，把政治标准摆在首位，加强政治教育，做深做实政治素质考察，把好政治关、廉洁关。坚持把担当实干摆到更加突出位置，加强业务培训、实践锻炼，强化全员全面全时考核，不断提升队伍专业能力。履行干部协管职能，推动市、县检察院领导班子结构优化。大力发现培养选拔优秀年轻干部。463个集体、248名个人荣获国家级、省部级或省有关部门表彰，101个案例被确定为最高检指导性案例、典型案例。

持续夯实基层基础。坚持强基导向，开展基层检察院建设年和深化年活动，探索“下沉式”业务分析研判，有效提高基层院工作质效。压茬推进相对薄弱基层检察院“脱薄争先”，带动提升基层建设整体水平，推动解决基层办案理念滞后、办案力量薄弱、运行保障不足等一批实际问题。重视信息科技赋能，实施数字检察战略，加快业

务系统升级和检察监督信息化平台运用。加强基层组织建设，着力打造让党放心、人民满意的模范机关。井冈山市检察院、萍乡市安源区检察院等6个基层院被评为“全国先进基层检察院”，49个基层检察院被评为全国、全省文明单位。

深化司法体制综合配套改革。适应新时代发展要求，实现检察工作职能重塑、机构重组、机制重构。落实检察人员分类管理，健全检察官遴选、退出、动态调整机制。严明检察官权力清单，落实检察官办案责任，完善司法责任认定和追究机制，追究检察人员司法责任87人。强化内部监督制约，确保检察权规范高效运行。市、县检察院财物实现设区市统一管理。改革内设机构，理顺派出检察院管理体制，推进跨行政区划检察改革。省检察院连续三年获评“全面深化改革工作先进单位”。

六、接受监督制约，深化落实全过程人民民主

自觉接受人大监督。始终在人大的监督下依法履行职责，向人大及其常委会报告工作，认真落实决议决定和审议意见。尊重人大代表主体地位，加强与人大代表的联系，邀请各级人大代表视察、调研、指导检察工作11939人次。重视人大代表的每一条意见建议，认真研究、切实落实，并报告办理情况。省检察院办理623件。主动接受民主监督。在政协民主监督下改进工作，积极参加政协组织的调研、协商活动，向各级政协、各民主党派、工商联、无党派人士和新的社会阶层人士通报检察工作，邀请参与检察开放日等活动8047人次，办理政协委员提案、意见建议1117件。广泛接受社会监督。深化检务公开，拓宽社会监督面，常态化公开重要案件信息、法律文书和主要办案数据。落实人民监督员制度，邀请人民监督员参加检察听证、案件审查等活动12409人次。与司法行政机关、律师协会定期会商，构建良性互动检律关系。加强检媒联动，召开新闻发布会611场次，检务透明度指数连续五年位居全国检察机关前列。依法依纪接受纪检监察监督。全力支持配合监督执纪问责，与驻院纪检监察组定期会商，强化关键环节、重点岗位监督管理和廉政风险防控，促进主体责任和监督责任同向发力、同频共振，共同推进规范廉洁司法。依法接受履职制约。对公安机关提请复议复核的案件认真审查，对法院宣告无罪的公诉案件逐案评查。

各位代表，人民检察事业起源于江西这片红土圣地，走过了92年的风雨历程，江西检察就是在赓续人民检察的“红色血脉”中成长发展起来的。五年来，全省检察机关在习近平新时代中国特色社会主义思想指引下，感悟真理伟力，砥砺斗争精神，不忘初心、牢记使命，锐意创新、奋勇争先，做出了江西检察特色，走出了江西检察自信。这些成绩的取得，是各级党委坚强领导的结果，是各级人大及其常委会有力监督的结果，是各级政府、政协、监委、法院和社会各界大力支持的结果。在此，我代表省人民检察院表示衷心的感谢！

回顾五年历程，我们深切体会到，做好新时代检察工作，必须坚持以习近平新时代中国特色社会主义思想为指导，坚定捍卫“两个确立”、坚决做到“两个维护”；必须坚持党的绝对领导，确保党的意志、党的主张和党中央决策部署在检察机关落地落实；必须坚持把检察工作置于经济社会发展大局中谋划和推进，切实担负起服务保障全面建设社会主义现代化江西的政治责任、法治责任、检察责任；必须坚持以人民为中心发展思想，强化法律监督，努力让人民群众在每一个司法案件中感受到公平正义；必须坚持改革创新，更新司法理念，确保检察工作始终适应时代要求、跟上时代步伐；必须坚持全面从严管党治检，锻造忠诚干净担当的高素质专业化检察队伍，为检察工作高质量发展提供组织保障。

面对新时代新要求，我们也清醒认识到，全省检察工作还存在一些问题和不足：一是学习贯彻习近平法治思想还需走深走实，检察理念还需持续更新提升；二是服务经济社会高质量发展的针对性实效性还有待进一步提高；三是法律监督能力还有不足，监督质效与人民群众的期盼还有

差距；四是基层基础建设还比较薄弱，数字检察和信息化建设仍是短板；五是检察人员违纪违法时有发生，全面从严管党治检任重道远。对这些问题，我们将高度重视，全力破解。

2023年工作建议

2023年是全面贯彻落实党的二十大精神的开局之年。全省检察机关将坚持以习近平新时代中国特色社会主义思想为指导，全面贯彻党的二十大精神，深化落实习近平法治思想和习近平总书记视察江西重要讲话精神，认真贯彻《中共中央关于加强新时代检察机关法律监督工作的意见》和省委实施意见，紧跟省委和最高检工作部署，聚焦“作示范、勇争先”目标要求，全面履行法律监督职责，为大局服务、为人民司法，大力加强自身建设，奋力推进全省检察工作现代化，为描绘好中国式现代化的江西画卷提供有力司法保障。

一是深入学习贯彻习近平新时代中国特色社会主义思想。进一步强化理论武装，准确把握习近平新时代中国特色社会主义思想的世界观和方法论。深刻领悟“两个确立”的决定性意义，坚决做到“两个维护”。坚持党的绝对领导，以高度的政治自觉、法治自觉、检察自觉，确保检察工作正确政治方向。深入贯彻习近平法治思想，对标对表党的二十大关于全面依法治国和检察工作的新部署新要求，完善工作思路、优化创新举措、强化对策措施、解决实际问题，切实把党的二十大精神落到实处。

二是全力服务保障经济社会高质量发展。落实总体国家安全观，坚决维护政治安全、经济金融安全和社会大局稳定。贯彻《江西省平安建设条例》，推进社会治理创新，常态化开展扫黑除恶斗争，依法打击整治养老诈骗、电信网络诈骗等犯罪。助力乡村振兴，护航绿色发展和污染防治。落实省委“一号改革工程”要求，维护竞争有序的市场秩序，打造一流法治化营商环境。进一步加大民营企业产权和企业家权益保护力度，深化涉案企业合规改革，支持民营经济健康发展。加强知识产权刑事、民事、行政综合司法保护，更好服务数字经济和创新驱动发展。完善监检衔接，服务反腐败工作大局。更好服务国防和军队建设。

三是深入践行司法为民。把满足人民群众更高司法需求作为检察工作最高价值追求。高度重视社会关注、群众关心、涉及群众切身利益的案件，把回应群众诉求、为民办实事落实在检察办案全过程。严格公正司法，切实让人民群众在每一个司法案件中感受到公平正义。更加关注未成年人和妇女、老年人、残疾人、农民工等群体权益的司法保护。深化落实“案—访比”质效管理机制，持续推进诉源治理、访源治理。向省人大常委会专题报告控告申诉检察工作。

四是切实提升法律监督质效。认真贯彻落实《中共中央关于加强新时代检察机关法律监督工作的意见》和省委实施意见，提升法律监督能力，推动“四大检察”全面协调充分发展。强化刑事立案、侦查活动、刑事审判活动监督，完善刑事执行和监管执法监督。深入落实民法典，精准开展民事诉讼监督。全面加强行政检察监督，促进公正审判、依法行政。落实省人大常委会《关于加强检察公益诉讼工作的决定》，配合开展“公益诉讼江西行”活动。认真查办司法工作人员渎职侵权犯罪。

五是持续锻造堪当重任的过硬检察队伍。认真落实新时代党的建设总要求，压实全面从严管党治检政治责任。把政治标准放在首位，一体提升检察队伍的政治素质、业务能力和职业道德水准。深化司法体制综合配套改革，全面准确落实司法责任制。加强基层基础建设，加快推进数字检察、科技赋能。

各位代表，新征程充满光荣和梦想。全省检察机关将更加紧密地团结在以习近平同志为核心的党中央周围，全面贯彻党的二十大精神，认真落实省委工作部署，坚决贯彻本次大会决议，坚定信心、担当尽责，踔厉奋发、勇毅前行，为奋力谱写全面建设社会主义现代化江西的新篇章贡献检察力量。

山东省高级人民法院工作报告

——2023年1月15日在山东省第十四届人民代表大会第一次会议上

山东省高级人民法院院长　张甲天*

各位代表：

现在，我代表省高级人民法院向大会报告工作，请予审议，并请省政协委员和其他列席会议的同志提出意见。

过去五年的主要工作

五年来，全省法院坚持以习近平新时代中国特色社会主义思想为指导，全面贯彻党的十九大、十九届历次全会和党的二十大、二十届一中全会精神，深入贯彻落实习近平总书记对山东工作的重要指示要求，在省委坚强领导，最高人民法院监督指导，省人大及其常委会有力监督，省政府、省政协和社会各界的大力支持下，锚定“走在前、开新局”，坚持服务大局、司法为民、公正司法，忠实履行宪法法律赋予的职责，各项工作实现新发展。五年来，全省法院收案959.2万件，结案966.1万件，其中省法院收案12.5万件，结案12.3万件，主要办案质效指标持续向好，人民群众的司法获得感不断增强。

一、旗帜鲜明讲政治，坚定拥护“两个确立”、坚决做到“两个维护”

把讲政治作为第一要求，不断提高政治判断力、政治领悟力、政治执行力，在思想上政治上行动上同以习近平同志为核心的党中央保持高度一致。

（一）坚持不懈用习近平新时代中国特色社会主义思想凝心铸魂。始终把深入学习贯彻习近平新时代中国特色社会主义思想作为首要政治任务，常态化组织开展大学习大研讨，抓实干警入职教育和全员政治轮训，健全督查督办和问责问效机制，深刻领悟“两个确立”的决定性意义，增强“四个意识”、坚定“四个自信”、做到“两个维护”。党的二十大胜利召开后，制定工作方案，下发学习通知，开展宣传培训活动，全省法院掀起学习贯彻落实党的二十大精神的高潮。制定《习近平法治思想学习纲要》研讨计划，坚持领导干部带头学习，每年确定重点课题加强研究，结合实际创新机制措施，推动习近平法治思想进教材、进课堂、进头脑，用党的创新理论武装头脑、指导实践、推动工作。

（二）牢牢坚持党对司法工作的绝对领导。深入学习贯彻《中国共产党政法工作条例》，严格执行重大事项请示报告制度，制定在审判执行工作中加强党的领导10条意见，党对司法工作的绝对领导全面加强。严格落实意识形态工作责任制，健全工作制度机制，加强阵地建设和管理，自

* 2023年1月18日，在山东省第十四届人民代表大会第一次会议第三次全体会议上，霍敏当选山东省高级人民法院院长。

党抵制西方“宪政”“三权鼎立”“司法独立”等错误思潮影响，坚定不移走中国特色社会主义法治道路。始终把习近平总书记提出的“努力让人民群众在每一个司法案件中感受到公平正义”作为工作目标，坚持严格公正司法，兼顾国法天理人情，尊重人民群众朴素公平正义观，努力实现政治效果、法律效果、社会效果的有机统一。

（三）锚定“走在前、开新局”狠抓落实。坚持以解放思想为先导，开展“转理念、转模式、转作风”学习研讨，扬优势、补短板、强弱项，以每个法院、每项工作争先进位，推动全省法院工作走在前。始终牢记“国之大者”，聚焦乡村振兴、黄河流域生态保护和高质量发展、新旧动能转换等重大战略，出台一系列司法服务保障意见，确保党和国家重大决策部署到哪里，司法服务保障就跟进到哪里。面对三年艰苦卓绝的疫情大考积极作为，制定服务保障疫情防控10条措施和稳经济助推高质量发展20项举措，20.4万人（次）参与疫情防控，审结因疫情引发的劳动争议、合同违约等纠纷4.7万件，精准服务“六稳”“六保”。大力实施“提质增效”工程，通过健全监督管理机制、加大督导调度力度等措施，有力促进了司法水平的提高。全省法院平均办案周期从2018年的87.7天缩短至56.4天，结案率从86.3%上升至93.6%。

二、深入贯彻总体国家安全观，推进建设更高水平的平安山东、法治山东

全面落实推进国家安全体系和能力现代化，审结一审刑事案件37万件、行政案件11.7万件，切实履行维护政治安全、社会安定、人民安宁的重大责任。

（一）严惩危害国家安全和社会治安犯罪。严惩煽动颠覆国家政权、间谍窃密、邪教等犯罪，坚决维护国家政治安全特别是政权安全、制度安全、意识形态安全。审结一审杀人、放火、抢劫等暴力犯罪案件1.8万件，比上个五年下降30.1%，持续处于低位运行，维护社会治安长期平稳。深入推进禁毒斗争，审结一审毒品犯罪案件8010件，比上个五年下降53.4%。依法严惩黑恶犯罪，坚持院长带头办案，审结一审涉黑案件228件2602人、涉恶案件1336件8195人，判处五年以上有期徒刑2780人，张宸、韩邦峰、吴学占、杨彦军、王雷等一批“村霸”“市霸”“海霸”被绳之以法。坚持“打财断血”，依法判处财产刑并追缴、没收违法所得，实际执行到位56.9亿元。坚持“打伞破网”，审结公职人员“保护伞”犯罪案件61件。积极参与社会治理，开展重点行业领域专项整治，就非法采矿、强揽工程等发出司法建议2251份。健全完善组织领导、案件审理、黑财清缴等15项机制，推动扫黑除恶斗争常态化，持续提升人民群众的安全感。准确贯彻死刑政策，对各类严重刑事犯罪，对残忍杀害妇女儿童、老年人和人民教师、医护人员等挑战法律和伦理底线的犯罪，论罪当判死刑的，依法判处死刑，坚决维护法治权威，坚决捍卫公平正义。

（二）维护人民群众生产生活安全。审结重大责任事故、重大劳动安全事故等犯罪案件1483件，切实保障人民群众生命安全。审结制售“病猪肉”“毒面膜”等危害食品药品安全犯罪案件2755件，审结醉驾等危险驾驶犯罪案件14万件，审结高空抛物、偷盗窨井盖等案件228件，全方位守护老百姓“针尖上”“舌尖上”“头顶上”“脚底下”等安全。开展打击整治养老诈骗专项行动，坚持严厉打击、追赃挽损、联合整治、宣教预防相结合，审结涉“保健品”“收藏品”“免费品”等案件365件，追缴赃款12.1亿元，护好老百姓“养老钱”，助力铲除“骗老”土壤。严厉打击刷单返利、交友陷阱等电信网络诈骗犯罪，审结相关案件1.4万件，助力打好人民反诈斗争。李金龙等人在境外设立公司，利用网络平台实施诈骗，涉及金额1.5亿元、被害人1931人，济南铁路中院依法判处李金龙无期徒刑，判处其他20名被告人十三年至三年不等有期徒刑。

（三）依法严惩腐败犯罪。坚持“打虎”“拍蝇”“猎狐”一体推进，审结一审贪污贿赂、渎职等职务犯罪案件4286件5359人，其中董宏、李云峰、马明等原省部级干部10人、原厅局级干部88人，对蔡国华等适用终身监禁，对贪污扶贫资金、农资补贴等“蝇贪”犯罪依法严惩，彰显党中央正风肃纪、反腐惩恶的坚定决心。落实受贿行贿一起查，审结一审行贿、介绍贿赂案件316件499人，斩断“围猎”腐蚀、权钱交易的利益链条。境外不是法外之地，积极配合反腐败国际追逃追赃工作，审结相关案件10件，裁定没收张正欣等境内外巨额违法所得，对外逃腐败犯罪分子虽远必惩。

（四）全面推进依法治省。积极参与立法工作，提出立法、司法解释等意见建议1400余条，向有关单位和行业企业等发出司法建议1.6万份。强化行政审判职能，监督和支持行政机关依法行政，保障行政相对人合法权益。推进行政争议审前和解中心建设，深化济南铁路法院行政案件集中管辖改革，不断提升行政纠纷实质化解实效。进一步加强与行政机关的良性互动，组织开展旁听庭审活动，推动行政机关负责人出庭应诉常态化，全省出庭应诉率99.6%，枣庄、济宁、日照、德州、聊城等地达到100%。认真落实“谁执法谁普法”要求，打造“鲁法融媒”品牌，山东高法新媒体连续4届入选全国优秀政法新媒体榜单，举行新闻发布会1200余场，拍摄《领航》等普法短视频1.1万部，讲好山东法治故事，让正能量产生大流量。

三、完整、准确、全面贯彻新发展理念，服务保障经济社会高质量发展

紧紧围绕经济社会发展大局履职尽责，审结一审民商事案件467.8万件，为构建新发展格局、推动高质量发展提供有力司法保障。

（一）服务高水平科技自立自强。坚持保护知识产权就是保护创新，审结涉5G、生物医药、种源种业保护等一审知识产权案件8.9万件，依法推动创新驱动发展。发挥济南和青岛知识产权法庭作用，建立健全技术调查官制度，保护“专精特新”中小企业创新，审结涉关键核心技术、原始创新成果保护等案件3126件。深化知识产权审判领域改革，推动出台改革创新实施意见，全面推进知识产权审判“三合一”工作，在全国率先制定适用惩罚性赔偿裁判指引，破解“举证难”“赔偿低”“周期长”等瓶颈问题，不让权利人赢了官司输了市场。加强反垄断和反不正当竞争司法，审结平台“二选一”、刷单炒信等案件2862件，维护公平竞争市场秩序。济南法院审结敦骏公司诉腾达公司等侵害发明专利权案，系全国首例“网络通信领域实施方法专利权案”，入选最高人民法院指导性案例，推动明确了该领域专利侵权裁判标准。

（二）优化法治化营商环境。落实“法治是最好的营商环境”要求，制定审判执行全环节保护企业合法权益措施，推广枣庄法院司法助企、东营法院“四向发力”、威海法院全周期服务、临沂法院“1+1”联系法官直通车等做法，便利当事人诉讼，降低解纷成本。在2021年万家民营企业评营商环境报告中，我省司法指标得分居全国第1位。加强破产审判工作，设立济南和青岛两处破产法庭，推动省市府院联动机制全覆盖，审结破产清算、重整案件2832件，化解不良资产7000亿元，盘活存量资产1300亿元，切断担保圈债务额4300亿元，安置企业职工18.5万人。雅博公司、合力车轮公司、鸿宇医疗器械公司、泉林集团、颐兴公司等一批有发展前景的企业重整成功，实现浴火重生、凤凰涅槃。完善金融审判体制机制，在威海、枣庄和青岛市市南区等法院推行集中管辖、专业化审判、类案联审的做法，落实重大金融商事案件报告制度，审结一审金融案件65.7万件，有力推动防范化解金融风险。坚持“两个毫不动摇”，加强产权司法保护，严格区分经济纠纷与经济犯罪，联合工商联、电视台开展助力中小微企业发展公益行动，让企业家专

心创业、放心投资、安心经营。德州法院审结一起个体工商户信用评价不当案，撤销不良征信信息，助力中小微企业解决融资难。

（三）服务美丽山东建设。践行绿水青山就是金山银山理念，加大对环境污染、生态破坏行为的惩治力度，审结一审环境资源案件6.6万件，助力打好蓝天碧水净土保卫战。健全环境资源审判机制，推进环境资源案件“三合一”集中审理，加强与检察机关、公安机关、生态环境部门之间的协调配合，进一步推动生态系统协同治理和一体保护。全面落实环境公益诉讼制度，出台生态环境损害赔偿案件审理意见，完善生态修复资金使用办法，审结环境公益诉讼案件812件，92.3%的案件判决当事人修复生态环境。落实黄河重大国家战略，与沿黄其他8个省区高院签署协作框架协议，在郓城县、东阿县、惠民县等沿黄地区设立巡回审判工作室33处，审结涉黄河案件882件，讲好“黄河故事”司法篇章。东营法院依法支持关停油井648处，实现退耕还湿、退养还滩7.3万亩，推动建成国内首座油泥砂焚烧炉、23个油泥砂暂存池，服务保障黄河三角洲生态保护和高质量发展。

（四）服务高水平对外开放。坚持平等保护中外当事人合法权益，出台服务保障上合示范区、自贸试验区建设20条措施，完善域外法律查明机制，审结一审涉外商事案件3959件，涉及五大洲40余个国家和地区。深入推进海事审判精品战略，完善海上污染事故应急处置机制，审结一审海事海商案件9915件，服务保障海洋强省建设。加强国际司法交流合作，建设中国—上海合作组织国家法官交流基地，举办2次中国—上合组织国家地方法院大法官论坛，开展富有建设性的对话研讨，促进了各成员国司法互信、交流互鉴。青岛海事法院通过提炼裁判规则，为港航企业制定标准合同提供借鉴，实行“互联网+”船舶扣押拍卖新模式，扣押船舶545艘，拍卖198艘，着力打造涉外商事海事审判优选地。在“塔利门”轮海运索赔纠纷案中，被告向青岛海事法院提出管辖权异议，并向英国法院申请禁止原告在中国继续提起诉讼。青岛海事法院依法裁定对该案享有管辖权，经过多次沟通协调，促使双方当事人和解，坚决维护国家司法主权，提升了中国涉外司法的国际公信力和影响力。

四、坚持人民至上，着力守护人民群众高品质生活

认真践行以人民为中心的发展思想，健全完善便民利民措施，及时高效便捷化解矛盾纠纷，积极回应人民群众司法需求。

（一）健全一站式多元纠纷解决和诉讼服务体系。坚持把非诉讼纠纷解决机制挺在前面，主动融入基层社会治理格局，积极参与创建“无讼村（社区）”，推动人民法院调解平台进乡村、进社区、进网格，618个人民法庭入驻，7025个基层治理单位对接，2022年一审民商事案件同比下降6.6%。加强诉前调解规范化建设，扩大专业性行业性特邀调解队伍，引入特邀调解组织2309个、特邀调解员1.4万人，诉前调解成功各类纠纷数量逐年递增，2022年为57.3万件，同比上升29.8%。坚持和发展新时代“枫桥经验”，淄博、烟台、潍坊等法院分别创新“五源治理”“握手烟和”“潍‘和’坊‘安’”等举措，让各类纠纷以最佳方式解决。坚持综合性与专业化建设相结合，出台优化人民法庭职能布局19条意见、人民法庭规范化建设12条措施，推广汶上县法院“四个对接”机制、临沂市河东区法院“三位一体”解纷模式等做法，推动乡村治理现代化。全省人民法庭审结案件187.9万件，占全省法院结案总数的19.4%。加强现代化诉讼服务体系建设，建成集多元解纷、立案服务、审判辅助等“六大功能”于一体的诉讼服务中心，推动12368诉讼服务热线三级法院联网运行，东营法院推行“类型化”解纷，滨州法院开展“滨周到、诉办好”服务，最大限度便利人民群众诉讼。

（二）加强民生司法保障。依法审结就业、教育、医疗、养老、社会保障等涉民生案件142.2万件，保障人民安居乐业。扎实开展“我为群众办实事”实践活动，立足司法解决人民群众“急难愁盼”问题，济南市市中区法院、广饶县法院等5个法院被最高人民法院命名为“为群众办实事示范法院”。服务保障乡村振兴战略实施，审结涉农村土地“三权分置”改革案件4.3万件，在“寿光蔬菜”“金乡大蒜”“沂源苹果”等农业特色区域开展巡回审判，助力巩固拓展脱贫攻坚成果同乡村振兴有效衔接。深入贯彻未成年人“两法”，在全国率先实现三级法院少年审判机构全覆盖，审结相关案件9.6万件，日照、德州、菏泽等法院分别实行“法润少年”、防治校园欺凌先议、“七彩虹桥”工作室等做法，用法治呵护青少年茁壮成长。坚持“房住不炒”定位，妥善审结涉房屋买卖、出租、装修、物业等纠纷案件39.1万件，配合做好保交楼、保民生、保稳定工作。深入落实“双减政策”，妥善审结教育培训合同纠纷案件9042件，确保政策落地落实。加强劳动纠纷预防和化解，审结劳动纠纷案件29.9万件，既保护进城务工人员、外卖骑手、快递小哥、网约车司机等合法权益，又尊重企业正当用工自主权。加强国家赔偿和司法救助工作，审结国家赔偿案件1729件，决定赔偿6787.5万元，发放救助金2.4亿元。加强涉军维权工作，开展送法进军营活动，全力推进涉军停偿，审结破坏军事设施、破坏军婚等涉军犯罪案件96件，审结涉军民商事案件3406件，维护军人军属合法权益。扎实做好涉诉信访化解工作，落实领导干部接访下访制度，通过领导包案、案件评查等方式，化解信访积案4116件，帮助人民群众解开“法结”“心结”，2022年全省法院赴省、进京访数量相比2018年分别下降67.2%、91.9%。

（三）扎实推进切实解决执行难。如期实现并巩固“基本解决执行难”成果，推动执行联动工作机制常态化运转，进一步完善综合治理、源头解决执行难大格局。坚持高效公正规范文明执行，建立全流程解决执行难工作机制，执结307.7万件，执行到位8909.7亿元，分别居全国第3位、第1位。开展“办证难”“腾房难”、查封土地和海域使用权等案件专项清理，常态化推进涉民生、涉党政、涉中小微企业等专项执行，青岛、淄博、枣庄、潍坊、滨州等法院相继组织“蓝色风暴”“利剑”“执行铁拳”“凌晨亮剑”“滨锋52”行动，及时兑现胜诉当事人合法权益。加强信息化手段应用，建成覆盖不动产、车辆、存款等主要财产形式的网络化、自动化执行查控系统。健全失信惩戒和守信激励机制，对343.9万名规避执行、抗拒执行的被执行人限制消费或纳入失信名单，对1005名被执行人依法判处拒执罪，对配合执行、积极履行的165.7万名被执行人依法解除限制消费令、移出失信名单，使守信者受益、失信者受限。

（四）大力弘扬社会主义核心价值观。开展贯彻实施民法典“五个一百”活动，发布优秀裁判文书3552篇、典型案例3079篇，推出庭审直播3324场，制作“法官说典”栏目1725期，推介优秀法官及法官助理1739人（次），让民法典条文变得更加鲜活起来，真正走进千家万户。深化家事审判方式改革，健全完善家事调解、人身保护令等制度，审结婚姻家庭案件70.6万件，聊城法院打造“水城家和”品牌，宁津县法院推进“少年+家事”审判融合发展，大力弘扬中华民族重视家庭的传统美德。淄博、烟台法院审结英烈权益保护公益诉讼案，树立了英烈不容诋毁的鲜明导向；济南法院审结老旧小区加装电梯案，保障民生工程顺利进行，促进邻里和睦相处；临沂法院审结赔偿胎儿抚养费案，体现了尊重生命、保护人权的理念；泰安、日照等法院审结虚假诉讼入刑案，对妨害正常诉讼秩序说“不”，促进诚信社会建设；威海、菏泽法院分别审结酒后死亡同饮者担责案、好意同乘致伤免责案，判定过错者买单，免除好人后顾之忧，坚决防止“和稀泥”

的做法；青岛法院审结江秋莲与刘暖曦生命权纠纷案，相关新闻点击量约56亿次，生动诠释生命权之重要，旗帜鲜明褒奖扶危济困之善举。通过一系列司法判决，鼓励尊崇英烈、邻里相助、敬畏生命、依法维权，让广大群众知道法治社会提倡什么、反对什么、禁止什么，以公正裁判引领社会风尚，促进实现法安天下、德润人心。

五、坚持严格公正司法，不断提升司法公信力

深化司法体制改革和智慧法院建设，一个难题接着一个难题攻克，一项重点接着一项重点推进，让公平正义成为新时代人民司法的鲜亮底色。

（一）深化司法体制综合配套改革。落实干部协管职能，完成中院、基层法院机构编制上划，推动出台财物市级统一管理实施意见，建立完善新型管理体制。推进案件繁简分流、轻重分离、快慢分道，实行“案件三分”“法官三分”，构建新型办案机制，切实解决各类案件平均用力、平均用时问题。济南法院、济南铁路法院圆满完成民事诉讼程序繁简分流改革试点，试点成果被新修订的民事诉讼法吸纳。扎实开展审级职能定位改革试点，合理下沉审判重心，有效激活提级管辖机制，基层法院受理“下沉”案件5433件，淄博、泰安、威海、临沂、德州等中院提级管辖相关案件23件，全省法院审级职能逐步优化，矛盾纠纷化解质效有效提升。深化以审判为中心的刑事诉讼制度改革，坚持罪刑法定、疑罪从无，依法宣告78名公诉案件被告人和76名自诉案件被告人无罪，确保无罪的人不受刑事追究。健全认罪认罚从宽制度，适用该制度审结刑事案件15.3万件，对10.8万名罪行较轻的被告人判处缓刑、管制或免予刑事处罚。

（二）全面准确落实司法责任制。常态化开展员额法官遴选，建立员额递补机制，遴选员额法官1582人，落实省级统筹要求，基层法院核定员额比例达到38%，20个基层法院达到45%以上。坚持有序放权，制定法官和辅助人员职责清单，充分尊重独任法官、合议庭等审判组织办案主体地位，实现“让审理者裁判、由裁判者负责”。坚持有效监督，细化院庭长22项审判监督管理权责，健全“四类案件”识别监管机制，推广威海法院完善司法责任体系、滨州法院适用小额诉讼程序、龙口市法院“卓越司法管理”等做法，确保制约监督覆盖审判执行全流程、全领域，做到“放权不放任、用权受监督”。落实院庭长办案责任，院庭长办结案件534.1万件，占全省法院结案总数的53.6%。强化对下监督指导，出台促进案结事了15条措施和准确查明事实21项举措，制定涉毒品犯罪、劳动争议、终本案件等多发疑难案件裁判指引，高标准建设精品案例规则库，促进法律适用和裁判标准统一。

（三）深化智慧法院建设应用。大力推进信息技术与审判执行工作深度融合，坚持三级法院一体运行，一年一个台阶，着力实现规范化、自动化、一体化、智能化、数据化，建成了全流程、全节点、无纸化、实时在线的“24小时法院”。坚持为人民服务，以人民法院在线服务平台为总入口，当事人足不出户就可以在网上办理民商事案件立案、鉴定、送达等事项，人民群众打官司从原来的耗时费力变为全流程“掌上办理”。面对世纪疫情、“诉讼爆炸”等难题，智慧服务“大显身手”，全省法院网上立案835万件，20%的立案登记在8小时工作时间以外完成，网上鉴定、送达率分别达99.8%、94.8%。线上线下融合服务让“正义提速”，显著降低人民群众、企业和国家财政解纷成本。坚持为法官服务，推进核心业务网上办理，21类常用民事案由实现智能化要素式审理，建设1500余个互联网法庭，在线开庭84.3万件，实现“审判执行不停摆、公平正义不止步”。坚持为监管服务，通过全程留痕、动态跟踪、风险预警等信息化手段，促进监管科学化规范化。在2022年全国智慧法院建设评价中，山东高院建设指数居全国第1位，司法透明度指标居全国第2位。

六、坚持全面从严治党，着力锻造忠诚干净担当的法院铁军

落实新时代党的建设总要求，发扬自我革命精神，加快推进法院队伍革命化、正规化、专业化、职业化。

（一）全面加强党的政治建设。深入开展“不忘初心、牢记使命”主题教育、党史学习教育、“两个确立”主题教育等，研究制定党建与业务深度融合9条措施，举办深度融合创新竞赛，实施青年理论学习提升工程，完善“周学月引季查”机制，确保全省法院队伍绝对忠诚、绝对纯洁、绝对可靠。加强法院领导班子建设，制定法院系统领导干部交流意见，有序推动403名协管干部轮岗交流，进一步激发队伍活力。压实党建工作责任，持续提升基层组织力，坚持“支部建在庭上”“党小组建在办案团队”，推广潍坊法院“‘红’潍天平”、菏泽法院“花乡先锋”、烟台市牟平区法院“丹桂女子团队”等做法，以党建带队建促审判。加强法院文化建设，打造具有各地特色的法院文化品牌，不断增强队伍的凝聚力、向心力和战斗力，青岛海事法院“书香文化”、新泰市法院“东岳司法文学创作”等成果入选全国法院文化建设特色项目。

（二）加强司法能力建设。抓好高素质专业化审判人才培养，基层法院加大全科法官培养力度，中院、高院加强专尖精审判业务专家锻造，选派年轻干部到审判执行一线历练，举办“法官讲堂”“专题沙龙”等，打造适应新时代要求的审判队伍。加强全员培训、岗前培训和专题培训，突出专业训练和实践锻炼，线上线下举办各类培训班3805期，培训36.6万人（次）。强化典型引领，评选两届齐鲁最美法官20名、两届全省审判业务专家210名。全省法院1347个集体和2811名个人受到省部级以上表彰表扬，烟台经济技术开发区法院、五莲县法院、临沭县法院等10个法院，荣获“全国模范法院”或“全国优秀法院”，涌现出钱继红、亓民川、张永杰等一批新时代的先进典型，展现了人民法官为人民的亮丽风采。

（三）持之以恒正风肃纪反腐。深入开展队伍教育整顿，自下而上分两批次进行了一场刀刃向内、刮骨疗毒式的自我革命，切实筑牢政治忠诚、清除害群之马、整治顽瘴痼疾、弘扬英模精神。常态化开展顽瘴痼疾排查整治，明确6个方面工作任务清单和整治措施，巩固深化教育整顿成果。认真贯彻落实中央八项规定及其实施细则精神，驰而不息纠治“四风”，开展“我为基层解难题”活动，用好案件智能回访系统，不断改进司法作风。深入开展警示教育，用身边事教育身边人，进一步筑牢拒腐防变思想防线。坚持以零容忍态度严惩司法腐败，推动“三个规定”“十个严禁”落实落细，实施近亲属禁业清单制度，严格规范离任人员从业管理，健全一体推进“三不腐”制度机制，确保公正廉洁司法。

五年来，我们自觉把全过程人民民主要求贯彻到法院工作各领域各环节，倾听人民心声，接受人民监督，依靠人民推进公正司法，通过公正司法维护人民权益。依法接受人大及其常委会监督，向各级人大及其常委会报告工作，认真办理代表建议，常态化开展人大代表联络工作，全省法院邀请代表参加会议、视察法院、旁听庭审、见证执行等8.5万人（次）。主动接受政协民主监督，向各民主党派、工商联、无党派人士通报情况，听取意见建议，改进自身工作。加强与公安机关、检察机关、司法行政机关的协调配合，推动构建各司其职、相互配合、相互制约的体制机制，促进优化司法职权配置。自觉接受检察机关法律监督，完善检察长列席审委会制度，审结抗诉案件2747件，共同维护司法公正。广泛接受社会监督、舆论监督，认真听取特邀监督员意见建议，与法学界、律师界等构建法律职业共同体，有针对性地加强和改进工作。坚持以公开促公正、树公信，在中国裁判文书网公布裁判文书719.5万篇，公开案件审判流程503.5万件，直播庭审112.8万场，让公平正义以看得见的方式实现。

各位代表，过去的五年，是山东发展史上极不平凡的五年，也是全省法院工作取得重大发展进步的五年。五年来，广大干警恪尽职守、忠诚履职，敢于担当、无私奉献，切实履行维护国家政治安全、确保社会大局稳定、促进社会公平正义、保障人民安居乐业的职责使命，共同谱写了新时代的新华章。五年来，全省法院圆满完成繁重办案任务，智慧法院、涉诉信访、扫黑除恶、繁简分流等工作，受到上级机关肯定和推广。这些成绩的取得，根本在于有习近平总书记作为党中央的核心、全党的核心掌舵领航，根本在于有习近平新时代中国特色社会主义思想科学指引，是全省各级党委领导、人大及其常委会监督和政府、政协、社会各界支持的结果。在此，谨代表省法院，向全省各级党委、人大、政府、政协以及人大代表、政协委员和社会各界人士，表示衷心的感谢并致以崇高的敬意！

在看到成绩的同时，我们也清醒地认识到工作中还存在一些问题和困难：服务高质量发展、高效能治理的硬招实招还不够多；案件总量仍然高位运行，一些法院办案压力大，个别案件审判质量还不够高、效果还不够好；运用改革办法和科技思维破难题、解新题的能力还有待提升；司法责任制还需要进一步落实，院庭长不敢管、不善管现象仍然存在，上级法院对下级法院业务指导仍需加大力度；党风廉政建设和反腐败斗争任重道远，司法不公、司法腐败问题时有发生；一些法院案多人少、招人难、留人难等问题尚未得到根本解决，部分审判领域队伍断层现象值得重视，等等。对这些问题和困难，我们将采取有力措施加以解决。

新一年的主要任务

2023 年是全面贯彻落实党的二十大精神的开局之年。全省法院将坚持以习近平新时代中国特色社会主义思想为指导，全面贯彻落实党的二十大精神，深入贯彻习近平法治思想，锚定“走在前、开新局”，充分发挥审判职能作用，为新时代社会主义现代化强省建设提供更加有力的司法服务和保障。

一是始终坚持中国特色社会主义法治道路。全面贯彻习近平新时代中国特色社会主义思想，深刻领悟“两个确立”的决定性意义，始终把“两个维护”作为最高政治原则和根本政治规矩，更加自觉坚定拥护“两个确立”、坚决做到“两个维护”。坚持对党绝对忠诚，严格执行《中国共产党政法工作条例》，深入落实意识形态工作责任制，切实把党的绝对领导作为最大优势贯穿法院工作全过程各方面。坚持大抓基层的鲜明导向，增强基层党组织政治功能和组织功能，切实把基层党组织建设成为有效实现党的领导的坚强战斗堡垒。

二是始终坚持以高质量司法服务高质量发展。牢记“国之大者”，重点围绕黄河流域生态保护和高质量发展、绿色低碳高质量发展、科教强鲁人才兴鲁战略等，统筹推进国内法治和涉外法治，找准司法的切入点和着力点，服务新时代社会主义现代化强省建设。全面贯彻总体国家安全观，始终把维护以政权安全、制度安全为核心的政治安全放在首位，严惩人民群众反映强烈的各类犯罪，服务以新安全格局保障新发展格局。妥善审理行政案件，促进行政争议实质性化解，服务法治政府建设。

三是始终坚持以人民为中心。围绕增进民生福祉，加强教育、就业、医疗等民生领域司法保障，推动为群众办实事常态化长效化，用有力量、有是非、有温度的新时代司法回应人民群众关切。坚持和发展新时代“枫桥经验”，健全一站式多元纠纷解决和诉讼服务体系，大力创建“枫桥式人民法庭”，走好中国特色司法为民之路。推进执行难综合治理源头治理，健全涉诉信访预防、受理、化解、处置、管理各项机制，依法维护人民群众合法权益。大力弘扬社会主义核心价值观，发挥司法断案惩恶扬善功能，立“明规则”、破“潜规则”，努力让全社会充满正气、正义。

四是始终坚持严格公正司法。深化司法体制综合配套改革，全面准确落实司法责任制，统筹抓好审级职能定位改革等重点任务落实，深化诉讼制度改革，努力让人民群众在每一个司法案件中感受到公平正义。坚持放权和监督相统一，深入推进人员分类管理改革，压紧压实院庭长、职能部门监督管理责任，强化对司法活动的制约监督。坚持科技理性和司法理性有机融合，持续推进智慧法院和互联网司法创新发展，更加注重技术标准完善和规则创新，努力创造更高水平的数字正义。

五是始终坚持发扬斗争精神。以党的政治建设为统领，加强理想信念教育，落实新时代好干部标准，加强司法能力建设，着力建设堪当民族复兴重任的高素质法院队伍。严格落实中央八项规定及其实施细则精神，持续深化纠治“四风”，提高一体推进“三不腐”的能力水平，以零容忍态度严惩司法腐败。牢记“三个务必”，坚持团结奋斗，坚持严管和厚爱相结合，激励广大干警以更加昂扬的姿态奋进新时代新征程。

各位代表，新的一年，全省法院将更加紧密团结在以习近平同志为核心的党中央周围，在省委坚强领导，省人大及其常委会有力监督，省政府、省政协和社会各界的大力支持下，认真落实本次大会决议，踔厉奋发、勇毅前行，奋力推动全省法院工作走在前、开新局，为新时代社会主义现代化强省建设作出新的更大贡献！

湖北省高级人民法院工作报告

——2023年1月14日在湖北省第十四届人民代表大会第一次会议上

湖北省高级人民法院院长　游劝荣

各位代表：

现在，我代表省高级人民法院向大会报告工作，请予审议，并请省政协委员和各位列席同志提出意见。

2022年全省法院工作

2022年，全省法院坚持以习近平新时代中国特色社会主义思想为指导，认真学习习近平法治思想，全面贯彻落实党的十九大和二十大精神，贯彻落实省第十二次党代会各项部署，在省委领导，人大监督，政府、政协关心支持和最高人民法院指导下，忠诚履职，为湖北建设全国构建新发展格局先行区提供司法服务和保障，各项工作取得新进展。全省法院受理案件1220393件，结案1114445件。其中，省法院受理案件23161件，结案19566件。推进人民法庭规范化建设、创新上下级法院审判监督指导新模式等做法得到省委、最高人民法院肯定。

一年来，我们突出抓了“十项重点工作”：一是掀起学习党的二十大精神的热潮。教育引导广大干警把思想和行动统一到党中央决策部署和省委工作要求上来。二是以降低企业制度性交易成本为核心，优化法治化营商环境。开展“全面提高审判执行效率”专项活动，出台“十条举措”，推动诉讼全流程提速。全省法院涉企案件法定审限内结案率提高到98.1%，涉企案件平均审理时长同比下降6.18天。三是坚决扛起维护社会大局稳定的政治责任。审结各类刑事案件24811件，开展打击整治养老诈骗专项行动，坚持在法治轨道上推进扫黑除恶常态化，助力平安湖北建设。四是凝聚共抓长江大保护的司法合力。认真实施长江保护法，举办首届长江大保护司法论坛，形成《长江司法保护武汉共识》，推进上下游一体化司法保护。五是加强人民法庭建设，服务“共同缔造”。优化法庭布局，在农村地区建设425个综合性法庭，推进148个城区城郊法庭专业化转型，充分发挥人民法庭在“共同缔造”中的生力军作用，主动融入党委领导下的多元解纷体系，与基层组织共建“无讼”乡村（社区）2693个，助力基层治理现代化。六是扎实开展“下基层、察民情、解民忧、暖民心”实践活动。全省三级法院1267名班子成员深入基层走访8400余次，收集、解决各类问题4700余个。推行“线上立案”“云庭审”和诉讼费缴退“码上办”，积极回应人民群众的司法需求。从湖北籍脱贫户子女中招录培养雇员制书记员102名，巩固脱贫攻坚成果，促进乡村振兴。七是创新和强化对审判权的有效监督。组织对全省13个市（州）中级法院、4个直属法院开展拉练检查，探索上下级法院审判监督的新机制，推动解决了一批长期未解决的突出问题，社会各界反响强烈。八是深入推进执行领域突出问题集中整治。开展“规范执行、提质增效”专项活动，集体约谈执行工作落后的法院院长，坚决整改超标的超范围保全财产，推动“一案一账号”全覆盖，清理发放执行案款296.89亿元。全省法院执行案件执结率93.61%，有财产可供执行案件法定期限内结案率99.75%。九是着力提升审判能力现代化水平。推进四级法院审级职能定位改革试点，促进法律统一适用。上线运行36个审判信息化应用系统，跑出智慧法院建设的“加速度”。十是加快推进湖北法院年轻干部成长工程。加大年轻干部选拔和交流力度，与高校联合培养高层次审判人才，干部队伍年龄、知识结构和专业水平得到进一步优化。

过去五年工作回顾

2018年以来，全省法院围绕“努力建设讲政治的人民司法机关、努力为法治化营商环境的形成贡献审判力量、努力让人民群众感受到司法的公平正义、努力锻造荆楚审判的文明之师”的目标，认真履行“保一方平安、促一方发展”的司法职能，服务保障湖北加快“建成支点、走在前列、谱写新篇”。全省法院受理案件4959090件，结案4853142件，比上一个五年分别上升84.67%和85.58%。36起案件入选全国法院各审判领域十大典型案例，340个集体和378名个人荣获省部级以上表彰，涌现出全国模范法官杨军、全国先进工作者郑小红、全国脱贫攻坚先进个人周鹏、全国“人民满意的公务员”徐艺等一批先进典型。

一、坚决扛起抗疫政治责任、法治责任，奋力书写战疫大考司法答卷

全员下沉抗疫一线。全省法院1万余名干警下沉到2300多个社区、村组、卡点，全力守护人民群众健康和安全，用实际行动证明这是一支关键时刻冲得上来、危难关头豁得出去、党和人民可以信赖的队伍。武汉市青山区法院和武汉海事法院干警孙代君分别获评湖北省抗击新冠疫情先进集体和先进个人。

坚持防疫、办案“两手抓”。第一时间向社会发布公告，对疫情防控期间审判执行工作依法作出妥善安排，通过网上立案、云间庭审、线上调解、远程提讯、移动执行等方式，确保司法不停摆、正义不止步。2020年疫情封控期间，全省法院接受网上立案申请13729件，网上开庭833次，电子送达957次，网上调解576件；受理执行案件15814件，结案7061件，实际执行到位金额28.99亿元。

依法维护疫情防控秩序。及时分析研判涉疫矛盾纠纷及其发展趋势，编制19个审判执行领域工作指导意见，相关内容被最高人民法院司法解释和政策文件吸纳，为妥善处置涉疫法律问题贡献了湖北经验。依法审结销售假口罩等伪劣医疗产品、妨害传染病防治等涉疫刑事案件204件，并及时发布典型案例，强化“以案释法”，确保防疫工作在法治轨道上进行。坚持底线思维，妥善处置涉疫滥诉问题，严防法律领域的风险向社会领域和政治领域传导。

千方百计服务复工复产。充分体恤疫后企业在经营、用工等方面的实际困难，出台服务复工复产27项司法措施，落实惠企惠民政策，全力以赴保市场主体、保职工饭碗、保大局稳定，为恢复正常生产生活秩序提供有力司法服务。先后对6358家企业暂缓强制执行措施，在18346件民商事案件中创新运用“活封”“活扣”等措施，努力帮助企业特别是中小微企业渡过难关。

着力防范化解疫后综合征。主动应对疫后案件激增的复杂形势，紧盯受疫情影响较大的领域，制定62条涉疫纠纷案件处理工作指引，妥善审理因疫情引发的合同履行、商铺租赁、物流运输、劳资用工等纠纷案件822703件，加快修复疫后经济社会关系。

二、持续优化法治化营商环境，努力让审判工作成为湖北良好发展环境的重要组成部分甚至标志

全面实行涉企案件经济影响评估。在全国法院系统首创涉企案件经济影响评估制度，客观评

估司法活动对企业经营可能造成的影响，根据评估结果依法选择适当的办案时机、手段、方法，尽可能把司法办案对企业的负面影响降至最低。该制度写入《湖北省优化营商环境条例》，被省委、省政府推广到行政执法领域全面试行。建立“涉企案件监管中心”，推动评估制度嵌入审判管理流程，实现制度的案件化、程序化、规范化、信息化，全省法院涉企案件在线评估率达到91.67%。

维护企业及企业家合法权益。出台8个促进民营经济持续健康发展的司法文件，配套制定刑事、民事、行政审判及执行领域服务法治化营商环境的工作指引，全方位平等保护和服务市场主体。强化产权司法保护，依法对180名审判阶段在押的企业经营者变更强制措施，对36名涉案企业经营者宣告无罪，让守法企业和企业家专心创业、放心投资、安心经营。

帮助危困企业“涅槃新生”。加强破产审判工作，成立中部地区首个破产法庭，全面推行“破产债权争议诉讼收费100元”改革，审结破产案件642件。坚持“多兼并重组、少破产清算”，在全省所有市州建立企业破产处置府院联动机制，推动金融机构对具有发展前景的破产重整企业提供信贷支持和信用重建，64家濒临破产企业通过司法重整走出困境。

提振市场主体发展信心。加大对行政协议、行政允诺的司法审查力度，推动“新官不理旧账、政策不延续、承诺不兑现”等问题的解决。大力整治涉企司法顽瘴痼疾，建立营商环境问题投诉联动机制，公布“红黑榜”案例64个，向全社会传递人民法院优化法治化营商环境的强烈信号。

三、着力推动更高水平的平安湖北建设，坚决维护政治安全、社会安定、人民安宁

依法打击刑事犯罪。审结一审刑事案件215493件，判处罪犯272110人。严惩煽动颠覆国家政权、邪教组织等犯罪，坚决维护国家政治安全特别是政权安全、制度安全。始终保持对严重暴力、涉枪涉爆、黄赌毒、盗抢骗、拐卖妇女儿童等犯罪的严打高压态势，依法严惩危害食品药品安全、电信网络诈骗、侵犯公民个人信息等犯罪，审结相关案件78953件，切实增强人民群众安全感。依法严厉惩治腐败犯罪，审结贪污贿赂案件4189件，裁定没收“红通人员”徐进巨额违法所得案，得到中纪委、最高人民法院充分肯定。准确把握宽严相济刑事政策，加强人权司法保障，坚持罪刑法定、疑罪从无，对101名公诉案件被告人和10名自诉案件被告人依法宣告无罪，坚决守住防范冤错案件的底线。

深入推进扫黑除恶。全省法院一、二审审结涉黑涉恶案件2397件，判处五年有期徒刑以上刑罚2749人，执行到位“黑财”150.15亿元，总体执行到位率95.37%，扫黑除恶专项斗争审判执行任务如期完成，一批危害长江流域生态环境、利用宗族势力操纵把持基层政权、强揽工程扰乱市场秩序的涉黑涉恶犯罪分子受到法律严惩。省法院获评全国扫黑除恶专项斗争先进单位。

服务法治湖北建设。在全省推行跨行政区域集中管辖行政诉讼案件，促进行政争议实质性化解，审结行政案件116753件。服务“放管服”改革，支持和监督依法行政，助力法治政府建设。健全行政机关负责人出庭应诉工作规范，行政机关负责人出庭应诉率稳步提升。把社会主义核心价值观融入司法裁判，用法治力量引导社会向上向善，吃“霸王餐”逃单摔伤反向餐馆索赔一案，入选“全国法院弘扬社会主义核心价值观十大典型民事案例”。

四、坚定不移贯彻新发展理念，为湖北加快建成支点提供有力司法服务

助力科技强省建设。服务全国科技创新中心建设，强化对高新技术产业的司法保护，落实惩罚性赔偿制度，坚决打击专利商标侵权及不正当竞争行为，审结知识产权案件66431件。知识产权“三合一”审判机制被国务院办公厅、国家发改委推广。推动设立武汉知识产权法院，与国家

专利审查协作中心、中南财经政法大学等7家单位共建知识产权仲裁机构、纠纷调解中心与案例研究中心，助力将武汉打造成为知识产权争端解决“优选地”。

服务打造内陆开放高地。就保障外商投资法的实施向省政府提出对策建议，与武汉大学共建“湖北制度型开放法治保障创新基地”，构建湖北自贸区跨区域司法协作平台，切实提升涉外司法效能，审结海事海商和涉外、涉港澳台民商事案件16547件，为湖北进一步对外开放和市场主体走出去提供更加有力的司法保障。襄阳法院设立自贸片区巡回法庭的做法被商务部推广。

促进区域协调发展。联合湖南、江西高院构建长江中游城市群审判工作合作机制，并强化以武汉、襄阳、宜昌为中心的三大都市圈司法协作，为区域发展提供统一高效的司法服务和保障。

五、坚决扛起长江大保护司法责任，为建设美丽湖北、实现绿色崛起保驾护航

认真实施长江保护法。出台《依法服务和保障长江经济带发展的实施意见》等5个司法文件，在长江重要干支流、“南水北调”水源地设立生态法庭，在全省三级法院构建“1+5+10+N”环境资源审判组织体系，组建环境资源审判咨询专家库，有效提升保护长江生态环境的司法能力。落实最严格生态环境保护制度，推进长江流域十年禁渔司法行动，依法审结环境资源案件23205件、环境公益诉讼案件1004件，不断筑牢长江大保护司法屏障。

加强长江流域一体化司法保护。与长江水利委员会、长江航务管理局等行政执法部门共建生态环境保护协调联动机制，会同河南、陕西高院开展环丹江口水库生态环境保护司法协作，组织省内法院建立汉江流域环境资源审判协作机制，努力实现对长江流域生态环境的一体化保护。在全国法院系统首创设立生态环境保护慈善信托基金，与长江流域自然保护区、湿地公园共建73个生态环境保护修复基地，创新适用“补植复绿”“增殖放流”等司法措施，修复受损生态。

守护绿色低碳生活环境。率先出台司法服务保障“双碳”目标实现的实施意见，联合碳排放交易中心组建“碳达峰碳中和司法理论与实践基地”，服务保障我省加快布局“双碳”发展新赛道。多地法院探索在滥伐林木案件中适用认购“碳汇”方式进行生态修复，让“双碳”目标在具体案件中落地落实。

六、始终坚持以人民为中心，切实把更多公平正义送到人民群众手中

强化民生权益保障。切实实施民法典，妥善审理教育、就业、医疗、住房、社会保障等民生案件29.1万件，为困难当事人缓减免诉讼费1.81亿元、发放救助金2.64亿元，依法维护人民群众的具体利益。开展根治欠薪专项行动，帮助农民工追讨“血汗钱”13.71亿元。深化家事审判改革，审结婚姻家庭案件325851件，签发人身安全保护令445份，促进家庭和谐。完善未成年人犯罪记录封存、回访帮教等制度，守护未成年人健康成长。巩固拓展涉军维权“鄂豫皖模式”实践成果，持续做好涉军停偿司法服务工作，坚决维护国防利益和军人军属合法权益。

持续发力解决执行难。深化执行难综合治理、源头治理大格局，全省法院受理执行案件157.73万件，执结154.45万件，执行到位金额2726.8亿元。坚持失信惩戒与正向激励并举，通过发布失信被执行人名单、限制高消费以及对履行义务的被执行人实施信用修复等方式，让失信者受限、守信者受益。

深化一站式多元解纷服务。推广咸宁市人民调解中心、荆门市矛盾纠纷多元化解中心的经验，构建“法院+工会”等“1+N”多元解纷模式，1516个调解组织、6691名调解人员入驻人民法院调解平台，共调解案件869939件，调解成功率达72.6%。全面提升诉讼服务水平，建成运行“收转发E中心”，推进诉讼服务大厅、诉讼服务网、12368

热线、巡回审判相互融合，实现跨域立案100%全覆盖，调解、送达100%全流程在线，让“数据多跑路，群众少跑腿”。

七、更加注重强基导向，努力打造人民法庭服务基层社会治理的“湖北样本”

强化人民法庭建设制度支撑。积极争取省人大常委会出台《关于充分发挥人民法庭作用 促进基层社会治理的决定》，提请省委出台《关于加强全省人民法庭规范化建设的意见》，在全国率先以地方性法规和规范性文件的形式，为人民法庭自身建设和服务基层社会治理提供方向指引、路径选择和制度支持。

加强人民法庭规范化建设。开展“基层基础建设年”“人民法庭规范化建设年”活动，新建、改扩建、修缮人民法庭269个。推动全省573个人民法庭布局调整、转型升级，实现城乡法庭差异化分工、错位发展、优势互补。选派优秀年轻干警到人民法庭工作，全省“80后”人民法庭庭长比例占36%以上。

深度参与基层社会治理。充分发挥人民法庭在“共同缔造”中的生力军作用，推进司法服务进乡村、进社区、进网格，促进矛盾纠纷源头治理，助力平安建设。坚持把办案作为人民法庭服务基层治理的基本途径，全省人民法庭收案92.28万件，结案91.34万件。妥善处理涉“三农”纠纷，依法纠治高价彩礼、不养老等不良风气，助力乡风文明建设。积极运用调解方式化解矛盾、平息讼争，促进社会和谐，全省人民法庭调解、撤诉结案38.73万件，案件调撤率42.4%，服判息诉率94.52%。

八、加强审判权力制约监督，切实提高司法公信力

构建内部制约监督体系。出台《司法责任制工作指引》，建立全省案件监管平台，加强对“四类案件”及其他案件的监督管理，通过压实院庭长审判监督管理职责、推进全覆盖的案件评查，确保对案件质量和司法廉洁的监督无盲区无死角。

自觉接受外部法律监督。制定实施意见贯彻落实党中央关于加强检察机关法律监督的决策部署，就民事诉讼接受法律监督完善配套措施，邀请各级检察院检察长列席审判委员会1546次。出台意见依法保障律师执业权利，探索建立律师辩护、代理意见审查保障机制，三级法院邀请律师到审判委员会陈述意见143次。

着力推进裁判尺度统一。推行类案与关联案件强制检索，完善专业法官会议、审判委员会议事规则，出台法律适用分歧解决办法，建立“发改提指”案件分析机制，促进裁判标准统一，维护法律的权威。

九、深化司法体制改革和智慧法院建设，推动审判体系和审判能力现代化

深化司法体制综合配套改革。推动完善地方法院人财物省级统一管理改革，形成“省级保障为主、地方补助为辅”的基层法院经费保障机制。坚持“省级统筹、以案定额”，累计遴选员额法官856名、递补112名，招录法官助理1445名、雇员制书记员3867名，推进办案力量与工作任务相匹配。完成基层法院内设机构改革，精简比例达43.43%，把法官和审判辅助人员全部放到办案一线。

完善诉讼制度改革。深化以审判为中心的刑事诉讼制度改革，量刑规范化改革经验被最高人民法院推广。开展民事诉讼程序繁简分流改革试点，简易程序、小额诉讼案件平均审理时长分别减至40.91天、30.66天，相关经验在民事诉讼法修改时被吸收采纳。

加快智慧法院建设。上线运行审判执行、司法管理、公众服务、政务协同、运维保障五大平台，加快推进智能辅助办案系统建设，努力做到让数据为办案服务，切实解放司法生产力。深化司法大数据应用，与华中科技大学合作共建司法信息化创新研究中心，不断提升智慧审判能力。

十、坚持刀刃向内开展拉练检查，创新上下级法院监督管理新机制

深化自我革命。采取“自我查摆+评议监督”方式，对中基层法院工作进行全面“体检”和精准“画像”，面对面传导压力。聚焦审判管理条线工作，打破监督的专业壁垒，以有别于巡视巡察的方式，构建符合法院工作特点的内部制约监督新机制。

致力于解决突出问题。运用6900多个事实数据和380多个典型案例，深刻剖析中基层法院存在的12个共性问题和300个个性问题，实现问题具体化、点评精准化。省法院以任务清单形式确定服务基层、业务指导、内部管理、司法作风等方面285项整改任务，带头整改，发挥表率作用。力戒形式主义，严格评估验收，密切跟踪整改落实情况，确保真抓实改、取得实效。

坚持开门拉练。主动邀请地方党委、人大、党委政法委领导，71名人大代表、政协委员，5家新闻媒体参与拉练检查，在整改阶段86次组织召开恳谈会听取意见，真正把各方监督指导作为改进工作的有利条件。

用实际成效检验拉练成果。坚持“一案双查”“一事双查”，运用四种形态问责处理1712人，立案查处违纪违法93人，调整岗位14人，实现“办理一案、警示一片”的良好效果。坚持把问题整改与建章立制结合起来，制定或修订549项规章制度，推动共性问题与个性问题、显性问题与深层次问题一起解决，确保常治长效。全省法院经过拉练检查，司法质量、效率和公信力得到较大提升，干部交流、人员编制、法庭建设方面难题得到有效破解。

十一、坚持“严”字当头，锻造忠诚干净担当的过硬法院队伍

加强党的政治建设。扎实开展“不忘初心、牢记使命”主题教育、党史学习教育，开展全员政治轮训，教育引导广大干警坚持“两个确立”、做到“两个维护”。坚持抓党建带队建，大力实施基层党组织组织力提升工程，省法院连续四届被评为“省直机关党建工作先进单位”。

积极创建清廉法院。深入开展队伍教育整顿，先后排查涉营商环境案件77496件，评查重点案件5463件，顽瘴痼疾突出问题整改率达到90%以上。严格落实廉政风险防控制度，出台加强对中、基层法院院长监督管理的办法，组织员额法官轮岗交流2985人次，对1384名业务部门负责同志易岗交流，在主要业务部门配备廉政监察员。严格落实防止干预司法“三个规定”，扎实推动司法作风突出问题集中整治，对腐败问题零容忍，全省法院立案查处违纪违法案件1069件1097人。

加快干部年轻化专业化。举办法官大讲堂、中基层法院院长研修班、优秀青年干警训练营，组织“轻骑兵送课下基层”业务培训，与高校共建“审判教育实践基地”。加大年轻干部培养力度，推荐24名年轻干部交流担任中基层法院院领导，全省法院786名“80后”年轻干部走上各层级领导岗位。

加强法院文化建设。推进“书香法院”建设，开展全员读书活动，让爱读书在全省法院蔚然成风。坚持典型引路，大力宣传全国模范法官杨军等先进典型的先进事迹，激励广大干警筑牢政治忠诚、强化担当作为。讲好荆楚审判故事，全省法院80多部自创文艺作品获省部级以上奖励。深入挖掘红色司法资源，把红安七里坪革命法庭旧址打造成“全国法院革命传统教育基地”“全国法治宣传教育基地”。

十二、践行全过程人民民主，以更加自觉的态度接受监督

自觉接受人大监督、政协民主监督，先后向省人大常委会报告优化法治化营商环境、人民法庭建设、知识产权审判等专项工作情况，并认真落实决议、审议意见。加强日常沟通联络，邀请人大代表、政协委员旁听庭审、见证执行11346人次。认真办理建议提案，省人大常委会、省政

协交办的128件建议提案全部办结回复,省“两会”期间代表委员对法院工作提出的1027条意见建议已逐步转化为工作措施。依法接受检察机关监督,认真办理检察建议,审结抗诉案件1368件,共同维护司法公正。拓宽接受监督渠道,面向社会聘任50名特约监督员。落实人民陪审员制度,一审普通程序案件陪审率达63.5%。自觉接受新闻媒体和社会各界监督,召开新闻发布会,发布审判工作白皮书,及时回应社会关切。

各位代表,回顾过去的五年,我们深刻体会到,实现法院工作高质量发展,必须坚持党的绝对领导,确保法院工作正确的政治方向;必须紧紧围绕中心大局依法履职,为经济社会持续健康发展营造良好法治环境;必须坚持以人民为中心,倾听人民呼声、回应人民期待;必须坚持解放思想、改革创新,与时俱进;必须坚持严格公正司法,切实提升审判执行质效和司法公信力;必须坚持问题导向,勇于跟司法领域顽瘴痼疾和不正之风作坚决的斗争;必须加强有质量的制度建设,切实把审判权关进制度的笼子;必须增强科技应用能力,创新审判管理和诉讼服务模式;必须着眼长远,突破地域、层级、条块限制,加强高素质人才的引进、培养和使用;必须把工作重心放在基层,把人力、物力、财力更多地投向基层,夯实审判事业发展的基础。

各位代表,全省法院工作取得的进步,是党委领导、人大监督,政府、政协及社会各界关心支持的结果。各级人大代表、政协委员就法院工作建言献策,给予了充分的理解和信任,推动了审判工作的发展和进步。在此,我代表全省法院表示衷心的感谢和崇高的敬意!

与此同时,我们清醒认识到,工作中还存在许多问题和困难:一是理论学习不足,运用习近平法治思想指导审判工作的能力还有待提高;二是司法理念同新发展理念要求仍有差距,少数办案人员机械司法、就案办案的现象仍然存在;三是参与社会治理的能力不足,诉源治理和依法化解各类矛盾纠纷的水平不高;四是基层基础仍然薄弱,基层法院特别是人民法庭招人难、留人难等问题普遍存在;五是审判权制约监督机制还存在薄弱环节,司法权力监督制约和规范化程度仍需进一步加强;六是运用现代科技赋能审判执行工作有待加强,智慧法院建设还需持续优化升级;七是少数干警司法作风不正、违纪违法等问题仍时有发生,全省法院党风廉政建设任重道远。对这些问题,我们将采取有力措施,认真加以解决。

2023年工作安排

2023年,全省法院将坚持以习近平新时代中国特色社会主义思想为指导,落实习近平法治思想的要求,进一步学习贯彻党的二十大精神,深刻领悟“两个确立”的决定性意义,增强“四个意识”、坚定“四个自信”、做到“两个维护”,按照省第十二次党代会的部署,坚持服务大局、司法为民、公正司法,奋力推进审判体系和审判能力现代化,为湖北建设全国构建新发展格局先行区提供更加有力的司法服务和保障。

一是深入学习贯彻党的二十大精神,把党中央决策部署和省委工作要求落实到司法审判各领域全过程。

二是认真贯彻落实省第十二次党代会的要求,全面贯彻新发展理念,全力服务先行区建设,在构建新发展格局、推动高质量发展中主动担当履职,不断优化法治化营商环境,以法治保安全、稳预期、提信心、促增长。

三是严厉打击刑事犯罪,常态化开展扫黑除恶斗争,推进平安湖北建设。践行司法为民宗旨,加强弱势群体司法保护,完善一站式多元解纷和诉讼服务体系,巩固“下基层、察民情、解民忧、暖民心”活动成果,努力解决人民群众急难愁盼的司法难题。

四是紧紧围绕“努力让人民群众在每一个司法案件中感受到公平正义”的目标,深化司法体制综合配套改革，全面准确落实司法责任制，规范司法权力运行，强化对司法活动的制约监督，严格公正司法。

五是坚持和发展新时代“枫桥经验”，不断提升人民法庭建设水平和基层司法能力，积极融入和服务“共同缔造”，运用司法手段促进共建共治共享，更好服务乡村振兴、基层社会治理和人民群众高品质生活需要。

六是始终把党的政治建设摆在首位，坚持从严治院、从严治警，加强斗争精神和斗争本领的养成，涵养新风正气，严惩司法腐败，突出抓好高素质专业化审判人才培养，努力锻造忠诚干净担当的过硬法院队伍。

各位代表，新时代赋予新使命，新起点开启新征程。新的一年，全省法院决心在省委领导下，认真贯彻落实本次大会决议，积极进取，扎实工作，为奋力谱写全面建设社会主义现代化国家的荆楚篇章作出新的更大贡献。

湖北省人民检察院工作报告

——2023年1月14日在湖北省第十四届人民代表大会第一次会议上

湖北省人民检察院检察长　王守安

各位代表：

现在，我代表省人民检察院向大会报告工作，请予审议，并请省政协各位委员提出意见。

过去五年全省检察工作回顾

过去的五年，省检察院在省委和最高人民检察院坚强领导下，在省人大及其常委会有力监督下，带领全省检察机关以习近平新时代中国特色社会主义思想为指导，深入贯彻党的十九大、十九届历次全会和二十大精神，深化落实《中共中央关于加强新时代检察机关法律监督工作的意见》和省委实施意见，坚定落实省委各项工作要求和省十三届人大历次会议决议，依法能动履职，追求止于至善，全力服务保障湖北加快建设全国构建新发展格局先行区。

五年来，我们认真贯彻落实新发展理念，以习近平法治思想引领司法检察理念深化、变革，牢牢把握“为大局服务、为人民司法”的工作主线，把“抓落实、求极致、提素能”作为目标导向，把“强队伍、重基层、用科技”作为工作重心，推动检察工作高质量发展。共办理各类案件167.5万件，治罪与治理并重、公益诉讼、涉案企业合规检察改革等一系列亮点工作经验在系统内推广，536个集体和个人受到省级机关以上表彰，86%的检察院被评为省级以上文明单位。

一、坚持稳字当头，以过硬的检察担当维护安全稳定

五年来，我们认真贯彻落实习近平总书记关于统筹发展和安全的重要指示精神，依法批捕各类刑事犯罪16.05万人、起诉29.17万人，有力维护湖北社会大局安全稳定。

依法严惩危害国家安全和公共安全犯罪。把维护国家政权安全、制度安全、意识形态安全放在首要位置，深入开展反渗透反颠覆反恐怖反分裂反邪教斗争。持续加大对严重危害社会治安和公共安全犯罪的惩治力度，依法起诉故意杀人、抢劫等严重暴力犯罪1.04万人、“黄赌毒”等犯罪3.88万人。

依法推进扫黑除恶。依法起诉涉黑恶犯罪1.1万人。坚持法治原则，省检察院对涉黑和重大涉恶案件统一把关，严守办案质量。坚持深挖彻查，向纪委监委移送“保护伞”线索2711条。加强对涉案财物追缴、处置的监督，既最大限度铲除黑恶势力经济基础，又坚决防止损害公民或企业合法权益。

依法护航金融安全。依法起诉非法吸收公众存款、集资诈骗等金融犯罪5135人，协同相关部门追赃挽损145亿元，尽最大努力减少群众损失，助力守住不发生系统性风险的底线。会同人民银行等部门加大反洗钱力度，做到上游犯罪与洗钱犯罪同步审查、一体打击。

依法落实宽严相济刑事政策。统筹落实宽严相济和少捕慎诉慎押刑事司法政策，对犯罪性质和社会影响特别恶劣的，依法从严追诉；对轻罪案件，在促进矛盾化解的基础上依法从宽处理，最大限度减少社会对立面，促进社会内生稳定。全省认罪认罚从宽制度适用率提升至92%，不捕率、不诉率分别达到47.7%和37.2%，诉前羁押率降至27.7%。对依法可以不予批准逮捕的，会同公安机关探索运用电子手环等科技手段进行监管，让犯罪嫌疑人“不关起来也能管得住”。荆门试点运用电子监管平台，累计监管非羁押人员962人，无一人脱管漏管。对依法适用不起诉的，健全完善不起诉与行政处罚、生态修复、信用惩戒等衔接机制，促进完善社会治理体系。

运用共同缔造理念推进社会治理。充分发挥人民群众的主体作用，推动形成共建共治共享的社会治理格局。加大检察听证力度，对拟不起诉、刑事申诉等3.43万件案件进行听证，让检察办案不仅符合法律条文这个“文本法”，而且努力符合人民群众的“内心法”。咸宁检察机关将检察听证引入综治中心，把听证案件办理场所搬到“群众身边”。搭建“益心为公”检察云平台，邀请民主党派成员在内的2500余名各界人士担任公益保护志愿者，做到公益保护为了人民、依靠人民。聚焦社会治安、金融信贷、安全生产等领域开展类案分析，制发社会治理类检察建议5196件。认真落实普法责任制，深入社区、企业、农村、学校开展法治宣传。

二、坚持积极作为，以优质的检察供给服务中心大局

五年来，我们认真贯彻落实习近平总书记“更好发挥法治固根本、稳预期、利长远的保障作用”的重要指示精神，不断优化检察供给，更好服务湖北高质量发展。

全力服务疫情防控大局。成立检察业务指导工作小组，依法起诉哄抬物价、暴力伤医等涉疫犯罪419人。对因疫情引发的合同违约、劳动关系解除等争议纠纷，注重加强与法院、人社等部门沟通协作，引导当事人尽量通过和解、调解等方式解决，避免矛盾激化。落实党员干部“双报到”制度，组织检察干警常态化开展社区值守、物资发放、病人转运等工作。

持续优化法治化营商环境。先后出台“新鄂检十条”“优化营商环境二十九条意见”，部署开展助力打造一流营商环境专项检察活动，努力以法治化营商环境之“优”促经济大盘之“稳”。落实平等保护的要求，依法起诉侵害企业合法权益犯罪7938人。加大涉企案件诉讼监督力度，监督立案、撤案829件，清理“挂案”214件，切实让企业放下包袱、安心经营。注重对查封、扣押、冻结涉案企业财产等行为的监督，依法向办案机关提出解除、调整等监督意见268件，涉及金额7.49亿元。创新建立涉市场主体案件社会调查和影响、风险研判机制，从保障企业生存发展出发，依法对涉罪企业人员不批捕1653人、不起诉4011人，防止“办理一件案子，拖垮一个企业”。

服务保障创新驱动发展。成立知识产权检察办公室，全面推进知识产权检察职能集中统一履行试点，部署开展“依法惩治知识产权恶意诉讼”专项监督工作，依法办理知识产权案件788件。与省知识产权局等部门会签文件，着力构建“严保护、快保护、大保护、同保护”的工作格局。审慎办理涉科研经费、科技成果转化案件，不轻易定性，不急于封堵，为新动能成长留下法律空间。

共同建设美丽湖北。贯彻落实《长江保护法》，依法起诉非法采矿、盗伐林木、非法捕捞等犯罪9119人，立办生态环境和资源保护领域公益诉讼案件1.47万件。贯彻落实《湿地保护法》，协同相关部门共同整治围湖填湖、固废排放等问题，以公益之名守护湿地之美。注重人与自然和谐共生，宜昌检察机关办理的中华鲟自然保护区生存环境行政公益诉讼案，在联合国《生物多样性公约》第十五次缔约方大会上向全球发

布。践行恢复性司法理念，与省生态环境厅等部门联合建立检察公益诉讼与生态环境损害赔偿衔接机制，得到全国人大常委会调研组肯定。

助力脱贫攻坚和乡村振兴。积极参与农资打假专项治理行动，依法惩治制售伪劣种子、化肥等犯罪。组织开展土地执法查处领域行政非诉执行专项监督，会同自然资源部门共同解决违法乱占耕地等问题，助力守住耕地红线。注重农村传统文化和自然生态的司法保护，恩施检察机关办理的传统村落保护公益诉讼案，让村民在乡村振兴中望得见山、看得见水、记得住乡愁。开展服务保障乡村振兴公益诉讼专项行动，孝感市孝南区检察院通过诉前检察建议，推动相关部门对全区乡镇二次供水问题进行专项整治，惠及约50万村民。用好国家司法救助制度，依法发放司法救助金9218万元，防止因案致贫、因案返贫。

积极参与清廉湖北建设。坚决拥护、全力支持配合监察体制改革，顺利完成编制划转和人员转隶工作。加强与各级监委的沟通衔接，依法起诉监委移送的职务犯罪3877人，其中厅局级以上98人。境外不是法外，对外逃腐败分子做到虽远必惩！武汉检察机关办理的“百名红通人员”徐进贪污、受贿违法所得没收申请案，入选最高检“2021年度十大法律监督案例”。根据修改后的刑事诉讼法，依法查办司法工作人员滥用职权、徇私枉法等犯罪298人，切实维护司法公正。

三、坚持人民至上，以能动的检察履职保障民生福祉

五年来，我们认真贯彻落实习近平总书记“江山就是人民，人民就是江山”的重要指示精神，以“初心”的执着、“走心”的履职，把以人民为中心的发展思想落到实处。

用心用情办好为民实事。落实食品药品安全“四个最严”要求，依法起诉制售有毒有害食品、假药劣药犯罪470人，立办相关公益诉讼案件4808件，切实守护“舌尖上”的安全。荆州市检察院办理的一起加工销售病死猪民事公益诉讼案，使被告人承担十倍惩罚性赔偿金。联合住建、交通、经信等部门共同落实“四号检察建议”，督促消除窨井盖安全隐患2.3万处，切实守护“脚底下”的安全。积极参与电信网络诈骗和养老诈骗专项整治行动，依法起诉相关犯罪1.7万人。贯彻落实《个人信息保护法》，依法起诉侵犯公民个人信息犯罪1394人。主动参与安全生产风险专项整治，立办燃气存储、交通运输、工程建设等安全生产领域公益诉讼案件541件。铁路检察机关开展“铁臂护航”专项行动，切实守护高铁运行安全。

用心用情做好群众信访工作。信访无小事，件件系民心。我们兑现群众信访“件件有回复”的承诺，10.13万件群众信访都在7日内告知“已收到、谁在办”，并在3个月内答复办理进展或结果。落实院领导包案制度，集中精力开展重复信访治理和积案化解，办结重复信访案件769件，重复信访率较2017年下降17个百分点。汉江检察机关在办理胡某重复信访案时，对相关案件进行全面复查，依法追究相关人员刑事责任，用公正的司法，给了信访群众一个满意的说法。

用心用情保障特殊群体合法权益。持续紧盯拖欠农民工工资问题，通过引导和解、督促执行等方式，帮助追回欠薪3.4亿元。加大民事支持起诉工作力度，共办理涉家庭暴力、追索赡养费等领域支持起诉案件937件，切实维护弱势群体合法权益。携手残联加强残疾人司法保护，开展无障碍环境建设公益诉讼。会同武汉军事检察院制发“军娃”保护意见，解决军人家庭后顾之忧。

用心用情呵护未成年人健康成长。保护好未成年人，是在做“守心”的工作，“守”的不仅是千万家庭的幸福生活，更是党和人民事业薪火相传。开展“检爱同行 共护未来”法律监督专项行动，依法起诉侵害未成年人犯罪8210人。联合教育、民政等部门建立侵害未成年人案件强制报告和涉性侵违法犯罪人员从业限制制度，开展密切接触未成年人行业入职查询23万余人次，让有

性侵前科的人远离孩子们。会同相关部门推进未成年人文身治理、校园周边禁烟等工作。对涉罪未成年人坚持宽容不纵容，加强教育挽救，249名涉罪未成年人经考察帮教考取大学。监督落实未成年人犯罪记录封存制度，助力涉罪未成年人重新回归社会。落实《家庭教育促进法》，依法发出督促监护令1596份。选派1493名检察官担任中小学法治副校长，联合团委、教育等部门举行“乡村的少年‘无法’不爱你”法治巡讲活动，开设“心尖上的检察”普法微课堂，让法治阳光伴随孩子们健康成长。神农架林区检察院等6个集体被评为全国维护妇女儿童权益先进集体。

四、坚持宪法定位，以有力的检察监督维护公平正义

五年来，我们认真贯彻落实习近平总书记“敢于监督、善于监督、勇于开展自我监督”的重要指示精神，牢牢把握法律监督的宪法定位，努力让人民群众在每一个司法案件中感受到公平正义。

全面做优刑事检察。深化审查逮捕、审查起诉工作，不断提升办案质效。与公安机关协调沟通，实现市县两级侦查监督与协作配合办公室全覆盖，推动刑事检察“案－件比”达到1.04，有效减少程序反复、空转。全面加强刑事诉讼监督，监督立案9318件、撤案5394件，对认为确有错误的刑事裁判提出抗诉2261件。立足办案引领社会法治观念，对制止正在进行不法侵害、未明显超出必要限度的行为依法认定为正当防卫，向全社会宣示“法不能向不法让步”。加大对“纸面服刑”、财产刑执行不到位等问题的监督力度，督促收监执行2732人，监督17.2亿元财产刑执行到位，决不让法律“打白条”。

精准做强民事检察。全面贯彻实施《民法典》，办理各类民事诉讼监督案件1.87万件。牢固树立精准监督的理念，抗诉综合改变率高于全国9个百分点。以类案监督、跟进监督等方式督促纠正审判和执行活动中的违法行为，提出检察建议4248件，相关做法被最高检推广。与法院建立虚假诉讼惩防机制，监督纠正保险理赔、民间借贷等领域虚假诉讼754件，对涉嫌犯罪的移送公安机关依法查办，让打“假官司”的人吃“真官司”。黄冈检察机关监督纠正的武汉某科技园公司与黎某民间借贷纠纷系列案，为企业挽回损失1.79亿元。

努力做实行政检察。践行既监督行政诉讼又促进依法行政的“穿透式”监督理念，共办理相关案件7831件。针对一些行政诉讼案件案虽结但事未了的问题，持续开展行政争议实质性化解活动，化解行政争议1237件，其中争议10年以上的56件。根据中央文件精神，探索开展行政违法行为监督，提出检察建议990件。十堰市郧阳区委出台《关于加强检察机关对行政执法法律监督的实施意见》，为做实行政检察提供坚强保障。与省司法厅会签开展司法行政强制隔离戒毒检察监督试点方案，推动强制戒毒工作依法进行。

全力做好公益诉讼检察。立办公益诉讼案件2.79万件。坚持把诉前实现维护公益目的作为最佳司法状态，通过磋商、检察建议等方式，促进绝大多数公益受损问题在诉前得到解决。加强国有土地使用权出让、国有财产领域公益诉讼检察，为国家追回财产7.4亿元。黄石检察机关开展专项监督，推动相关部门依法征收耕地占用税2.12亿元。加强军地检察协作，襄阳检察机关办理的某军用机场净空安全行政公益诉讼案，在地方政府的大力支持下，促成机场附近超高建筑问题得到全面整改。联合省退役军人事务厅等部门开展红色资源保护专项工作，推动烈士纪念设施规范管理。与省消费者委员会签署框架协议，探索拓展消费领域民事公益诉讼，保护消费者合法权益。

五、坚持守正创新，以全面的检察改革提升工作质效

五年来，我们认真贯彻落实习近平总书记关于全面深化政法领域改革的重要指示精神，紧跟

时代步伐，顺应实践发展，不断推动检察工作质量变革、效率变革、动力变革。

扎实推进内设机构改革。贯彻党和国家机构改革部署，着眼优化履职效能，统一规范设置省、市、县三级检察院内设机构。坚持一件事情原则上由一个机构负责到底，按案件类型重塑刑事检察机构。合理设置民事、行政、公益诉讼检察机构，推动形成“四大检察”“十大业务”的法律监督总体布局。

全面推进司法责任制改革。坚持“谁办案谁负责、谁决定谁负责”，做实检察官权力清单，同步构建监督制约、案件质量评查、司法责任追究等制度体系，确保“放权”不“放任”。入额院领导办案实现常态化，直接办理案件10.25万件。建立员额退出机制，394名员额检察官因能力不胜任、岗位调整等原因退出员额。积极推进司法体制综合配套改革，强化人员分类管理、职业保障等措施，使各项改革衔接有序、推进有力、执行有效。

积极推进涉案企业合规检察改革。争取最高检支持，2021年将湖北纳入涉案企业合规检察改革试点。对涉嫌经营活动中犯罪的企业及相关人员，经审查决定对其进行合规考察的，给予一定的整改考察期。期满后，经第三方组织评估认为整改到位的，检察机关依法作出不起诉决定或提出从宽处理建议；对综合考虑企业情况和法律政策直接决定不起诉的，则以检察建议的形式引导企业进行合规建设，以实际行动助力企业活下来、留得住、经营好。为增强改革合力，联合工商联、财政、税务等部门印发实施意见，推动地市级第三方监督评估机制管理委员会全覆盖。试点以来，全省共办理企业合规案件525件，涉及企业571家。其中，上市公司2家，科技型企业10家，纳税额1000万元以上的企业26家，最大限度释放改革红利。随州检察机关在办理某公司涉嫌单位犯罪案中，通过督促合规建设，使该公司走上健康发展之路，新增项目投资12亿元，创造就业岗位近400个。

深入推进监狱巡回检察改革。“高墙内”的公平正义，人民群众高度关注。争取省司法厅大力支持，改“派驻”为“派驻＋巡回”，既发挥“巡”的优势，又发挥“驻”的便利。在进行常规巡回检察的同时，组织全省检察机关开展异地交叉巡回检察和专项检察，不仅让罪犯“收得下、关得住、跑不了”，更努力使罪犯刑满释放后成为守法公民，降低重新犯罪率。目前，此项工作已拓展至看守所和社区矫正机构。

大力推进数字检察建设。制定实施《关于加快推进湖北数字检察建设的意见》，编制“全国检察机关数据资源目录规范”，向全国输出了湖北标准。省检察院开发的政务数据云监督模型，荣获全国检察机关大数据法律监督模型竞赛一等奖。鄂州检察机关通过该模型，从行政执法案件中挖出一个在长江相关江段多次非法采砂的犯罪团伙。

六、坚持固本强基，以高度的检察自觉打造过硬队伍

五年来，我们认真贯彻落实习近平总书记关于政法队伍“五个过硬”的重要指示精神，扎实开展队伍教育整顿，持续优化政治生态，着力打造忠诚、干净、担当的检察铁军。

抓实思想政治建设。严格执行重大事项请示报告制度，毫不动摇坚持党对检察工作的绝对领导。深入开展“不忘初心、牢记使命”主题教育和党史学习教育，组织开展庆祝新中国成立70周年、中国共产党成立100周年等活动。建立健全政治督察制度，对习近平总书记重要指示批示和省委工作要求落实情况加强检查督办。持续在基层党支部开展“以政治说办案、讲工作”活动，推动党建与业务深度融合。认真落实政治生态分析研判工作要求，把政治监督落到实处。

抓实专业能力建设。常态化开展公诉人与律师论辩赛、业务竞赛、公检法司同堂培训等练兵

活动，15名干警被评为“国字号”业务标兵能手，61名干警进入全国检察专业人才库。建立青年干警案例研讨制度，加强案例培育选树，74件案件入选最高检指导性或典型案例。推进全员、全面、全时考核，激励干警不断增强事业心、荣誉感、奋进力。大力弘扬英模精神，先后涌现出党的二十大代表刘亮、全国“人民满意的公务员”何娅茜等一批先进典型。

抓实纪律作风建设。坚持严的主基调不动摇，压紧压实全面从严管党治检主体责任。深入推进顽瘴痼疾整治，针对发现的问题完善制度机制27项。自觉接受最高检党组巡视，提出整改措施124项。严格落实中央八项规定精神及其实施细则，省检察院被国家机关事务管理局等四部委评为“节约型机关”。持续抓实防止干预司法“三个规定”，让“逢问必录”成为铁规矩。以“全周期管理”一体推进不敢腐、不能腐、不想腐，自行或支持纪检监察机关查处违纪违法干警317人。

抓实基层基础建设。大力实施基层院建设“八项工程”，落实“统筹招录、二次补录”政策，基层招录到岗率由2017年的66.3%上升至99.6%；运用人财物省级统管机制，推动优化检务保障；健全领导联系基层院制度，强化结对帮扶责任；顺利完成市县两级院检察长换届，班子结构更优、活力更足。

七、坚持阳光司法，以开放的检察姿态主动接受监督

五年来，我们认真贯彻落实习近平总书记“让人民监督权力，让权力在阳光下运行”的重要指示精神，牢固树立“监督者更要接受监督”的理念，始终正确对待、自觉主动接受各方面监督，确保检察权始终在法治轨道上运行。

主动接受人大监督和政协民主监督。认真贯彻中央和省委人大工作会议精神，落实全过程人民民主，主动向省人大常委会报告专项工作、提请人事任免、备案审查规范性文件。出台代表委员联络工作指引，通过主动走访、邀请座谈、通报工作等形式，认真听取代表委员、民主党派人士等意见建议。高度重视代表意见建议办理工作，办结率、满意率均为100%。

主动接受履职制约监督。严格审查监察机关和公安机关提请复议复核的案件，改变原决定46件。对法院作出无罪判决的，逐案进行反向审视。定期召开检律关系座谈会，加大律师执业权利保障力度，推动落实刑事案件律师辩护全覆盖，办理律师申请事项8.7万件次。大力推行互联网阅卷、异地阅卷，让律师从“最多跑一次”到“一次不用跑”。

主动接受社会监督。深化检务公开，定期向社会发布办案数据，依法公开案件程序性信息和法律文书；扎实开展“公众开放日”活动，召开扫黑除恶、优化法治化营商环境等专题新闻发布会，展示检察工作、回应社会关切。加强检察宣传工作，发布官方微博、微信207.6万条，以公开促公正、赢公信。

各位代表！2022年是党的二十大和省第十二次党代会召开之年，省检察院始终胸怀“国之大者”、牢记“省之要事”，制定服务保障湖北加快建设全国构建新发展格局先行区的意见，依法、全面、能动、创新履职，突出抓了以下六个方面的工作。一是着力深化党建引领。扎实开展“素能提升年”活动，精心组织学习宣传贯彻党的十九大、二十大和习近平总书记考察湖北重要讲话精神，以及省第十二次党代会精神，教育引导干警以“两个确立”统一思想行动，坚决做到“两个维护”。二是助力守住流域安全底线。制定贯彻落实《长江保护法》的意见，持续深化长江流域生态保护公益诉讼专项活动，加大水资源保护、湿地保护、野生动植物保护等领域的办案力度。三是倾力解决人民群众“急难愁盼”。扎实开展党员干部“下基层、察民情、解民忧、暖民心”实践活动和美好环境与幸福生活共同缔造活动，把基层和群众反映的“问题清单”变为“履

职清单”，不断增强人民群众的获得感、幸福感、安全感。四是努力降低办案对涉案市场主体的影响。聚焦以控制成本为核心的营商环境建设，在深化专项活动的基础上，持续完善涉案企业合规检察改革配套制度；制定服务保障湖北创新驱动发展的实施意见，全面加强新时代知识产权检察保护，努力让市场主体在司法办案中感到安全有保障、权益能维护、发展可预期。五是大力推动治罪与治理并重。出台关于提升轻罪案件办理质效的意见和不起诉案件适用非刑罚处罚措施工作指引，推动从“治罪思维”向“治理思维”转变，以犯罪治理现代化推进社会治理现代化。六是奋力推进更高水平的法治湖北建设。提请省委制定出台《关于加强新时代检察机关法律监督工作的实施意见》，扎实开展“质量建设年”活动，在最高检通报的60项案件质量主要评价项目中，我省70%的项目进入全国前十位。

各位代表！检察工作的点滴进步，离不开各级党委坚强领导、人大及其常委会有力监督和政府、政协大力支持，离不开各级监委和政法部门的配合与制约，离不开各位代表、委员和社会各界人士的关心帮助。在此，我代表省检察院表示衷心的感谢和诚挚的敬意！

同时，我们也清醒认识到，全省检察工作仍存在一些问题和不足：一是少数干警检察理念转变还不到位，存在就案办案、机械司法的现象。二是法律监督职能发挥还不够充分，不敢、不善、不规范监督问题仍然存在。三是基层基础工作仍存在短板。四是全面从严治检压力传导还不够到位，检察人员违纪违法仍有发生。对此，我们将高度重视，努力改进。

2023年工作安排

各位代表！党的二十大报告专章部署“坚持全面依法治国，推进法治中国建设”，而且专门强调“加强检察机关法律监督工作”，这在党的全国代表大会报告历史上是第一次。2023年，全省检察机关将坚持以习近平新时代中国特色社会主义思想为指导，全面贯彻习近平法治思想，深入学习贯彻党的二十大和省第十二次党代会精神，全面提升检察工作现代化水平，努力为湖北加快建设全国构建新发展格局先行区提供坚强法治保障。

一是统筹政治和业务，更加有力坚持党的领导。坚持检察工作凡事首先“从政治上看”，深入推进融为一体的政治和业务建设。扎实开展相关主题教育，持续深入贯彻落实党的二十大和省第十二次党代会精神，确保党中央决策部署和省委工作要求在全省检察机关全面落实。

二是统筹发展和安全，更加有力服务发展大局。组织开展“发挥法治稳预期功能，促进优化法治化营商环境”专项检察活动，深化涉案企业合规检察改革，助力提振市场信心。深入推进知识产权综合司法保护，以能动检察履职服务“三高地、两基地”建设。全力参与乡村振兴，进一步夯实共同富裕基础。完善跨区域案件办理机制，积极参与流域综合治理。常态化推进扫黑除恶，不断加大金融、网络、安全生产等领域犯罪惩治和预防力度，积极促进诉源治理，助力更高水平的平安湖北、法治湖北建设。

三是统筹司法和民生，更加有力厚植执政根基。持续深入开展党员干部“下基层、察民情、解民忧、暖民心”实践活动和美好环境与幸福生活共同缔造活动。用心用情做好群众信访、公开听证、司法救助、支持起诉等工作，全面加强未成年人综合司法保护，通过办好一个个“小案”、抓好一件件为民实事，不断厚植党长期执政的根基。

四是统筹办案和监督，更加有力强化法律监督。坚持在办案中监督、在监督中办案，深化侦查监督与协作配合机制建设，常态化开展监管场所巡回检察，规范和加强司法工作人员相关职务犯罪侦查工作。完善虚假诉讼惩防机制，增强民事检察的实效性。常态化开展行政争议实质性化解工作，稳妥开展行政违法行为监督。持续提升公益诉讼办案质效，努力为完善检察公益诉讼制度贡献湖北智慧。加快数字检察建设步伐，以“数字革命”赋能新时代法律监督。

五是统筹严管和厚爱，更加有力打造过硬队伍。牢固树立“严管就是厚爱”的理念，扛牢抓实全面从严管党治检主体责任，完善检察权运行监督制约机制，锲而不舍落实中央八项规定精神及其实施细则。坚持大抓基层鲜明导向，深入推进基层院建设，持续加强队伍能力建设，努力打造可堪重任的高素质检察队伍。

各位代表！新的征程上，省检察院将在省委和最高检坚强领导下，在省人大及其常委会有力监督下，带领全省检察机关认真落实本次会议决议，踔厉奋发、勇毅前行，为奋力谱写全面建设社会主义现代化国家荆楚篇章继续作出检察贡献！

湖南省高级人民法院工作报告（摘登）

——2023年1月15日在湖南省第十四届人民代表大会第一次会议上

湖南省高级人民法院院长　田立文*

过去五年，全省法院坚持以习近平新时代中国特色社会主义思想为指导，认真贯彻落实党的十九大、十九届历次全会和二十大精神，学习贯彻习近平法治思想，在省委坚强领导和最高人民法院悉心指导下，永葆“闯”的精神、“创”的劲头、“干”的作风，各项工作发生了根本性变化、实现了跨越式发展。

五年来，我们坚定信仰、筑牢忠诚，以党建带队建促审判，创建7个全国文明单位、17个省级文明标兵单位、987个党员先锋岗，坚定捍卫“两个确立”、坚决做到“两个维护”成为全省法院干警的自觉行动。我们锐意进取、守护公正，接续开展审判质量、效率和公信力“提升年”“巩固年”“深化年”活动，全省法院累计收案538.6万件、结案545万件，比前五年分别增长95%、107.4%，法官年人均结案205件，服判息诉率、案件发改率、未结案件清理等多项质效指标跃居全国法院前列。我们守正创新、争先进位，在全国率先出台类案强制检索、编制动态调整等5项改革举措，5个案件入选最高人民法院指导性案例，6项改革经验入选全国法院司法改革典型案例。教育整顿、刑事审判、民事审判、行政审判、环资审判、扫黑除恶、解决执行难等工作33次在全国会议上作经验发言。五年来，我们刀刃向内、淬炼队伍，始终坚持严的主基调，以“作风纪律建设年”开篇，以“队伍教育整顿巩固年”收官，全省法院队伍面貌焕然一新，154个集体、206名个人荣获省部级以上荣誉，涌现出全国模范法官周春梅、党的二十大代表崔赣等一批先进典型。

一、坚持全面从严治党管院，着力锻造忠诚干净担当的湖南法院铁军。

始终把政治建设摆在首位，认真落实《中国共产党政法工作条例》及省委实施意见，建立重点工作督办机制，主动向省委、省委政法委请示报告工作764次。培育高素质法院队伍，挂牌设立“最高人民法院法官国际交流中心湖南基地”，精准化、立体化培训干警3.3万人次，培养全国审判业务专家3人、全省审判业务专家24人。成立法官权益保障委员会，发布21起保障法官权益典型案例，为87名受到不实举报的干警澄清正名。建设清廉湖南法院，出台党组全面从严治党主体责任负面清单、“清廉法院”建设等实施意见。全面落实防止干预司法“三个规定”，建立健全干预司法记录报告制度，让“打官司”托人情、打招呼逐步成为历史。

---

* 2023年1月18日，湖南省第十四届人民代表大会第一次会议选举朱玉为湖南省高级人民法院院长。

二、坚持贯彻总体国家安全观，助力更高水平的平安湖南建设。

依法打击各类犯罪，审结刑事案件25.5万件38.7万人。严惩故意杀人、抢劫等严重暴力犯罪1万件1.3万人。强力推进“利剑护蕾”专项审判活动，审结性侵未成年人犯罪案件5083件6380人。开展毒品犯罪专项审判活动，审结毒品犯罪案件3.5万件4.5万人。依法审结食品药品安全犯罪案件1109件2029人。审结涉黑恶犯罪案件2927件1.5万人，惩处黑恶势力“保护伞”153件177人。坚持打财断血、标本兼治齐头并进，执行到位金额154.7亿元，发出行业治理司法建议896条，省法院连续三年被评为全国扫黑除恶专项斗争先进单位。用心守护群众“钱袋子”，全链条打击电信网络诈骗及关联犯罪1.8万件2.9万人，依法严惩养老诈骗犯罪445件1500人，追回受害群众“血汗钱”“养老钱”9.5亿元。严惩非法集资、传销、“校园贷”“套路贷”等涉众经济犯罪1912件7324人。审结贪污、贿赂等职务犯罪案件3191件3271人。依法审结行贿犯罪案件516件590人，坚决斩断权钱交易关系网。

三、坚持贯彻新发展理念，全面护航“三高四新”战略定位和使命任务。

优化法治化营商环境，依法审结民商事案件288.3万件，依法平等保护各类市场主体合法权益，出台服务保障中部地区高质量发展、自贸区建设等15项指导意见，建立涉企案件经济影响评估制度。推动各市州全部建立破产处置府院联动机制，依法审结破产案件4414件。服务保障创新开放发展，设立长沙知识产权法庭，依法审结知识产权案件6.1万件。全力投身“三大攻坚战”，依法审结金融借款、委托理财等金融纠纷案件35.9万件。建立健全环境资源审判机制，审结案件1.2万件。依法审结涉土地流转、农业生产等涉农案件6481件。助力法治政府建设，依法审结行政案件12.6万件。推动健全行政机关负责人出庭应诉监督、通报、考核机制，出庭应诉率提升至96.2%，“告官不见官”成为历史。服务疫情防控大局，审结涉疫情犯罪780件1091人。坚持司法拥军护军，推动构建“三位一体”涉军维权新模式，优先受理、优先审判、优先执行涉军案件1984件。

四、坚持以人民为中心的发展思想，扎实践行司法为民宗旨。

强化民生司法保障，开展“我为群众办实事”实践活动，省法院发布实事清单24项，打造“诉讼服务示范窗口”17个。依法审结教育、就业、医疗、住房等涉民生案件61.7万件，司法救助困难群众1.4万人。连续五年开展“为农民工讨薪”行动，追回农民工工资21.4亿元。推动健全社会治理体系，联合20个部门建立“总对总”诉调对接机制，指导基层法院在矛盾多发区域设立1524个诉源治理工作站，诉前调解纠纷113万起，我省万人起诉率为全国最低之一。持续攻坚执行难，开展“三湘风暴”“湘执利剑2022”等专项执行行动，执结案件158.6万件，到位金额3949.4亿元，实际到位率等主要核心指标连续五年居全国法院前列。

五、坚持深化司法改革和智慧法院建设，不断提升司法质量、效率和公信力。

全面准确落实司法责任制，建立案件分配、审限监管、院庭长监督等83项机制，全面推行类案强制检索，出台裁判指引20余件，发布典型案例500余则。成立法官惩戒委员会，在全国法院率先建立随案评查制度。持续优化司法资源配置，推进省以下法院人财物统管改革，推动在全国率先建立政法专项编制动态调整机制，遴选员额法官1335名。完成基层法院内设机构改革，精简机构43.4%，90%以上的力量向办案一线倾斜。不断深化诉讼制度改革，推进以审判为中心的刑事诉讼制度改革，依法对133名公诉案件被告人和176名自诉案件被告人宣告无罪。推进民事案件繁简分流改革，组建速裁团队283个，一审简易程序适用率83%，平均审理周期缩短38天。积极推进审级职能定位改革，强化审级监督和依法纠错，实现三级法院各司其职、高效运转。大力推进智慧法院建设，网上立案61万件，跨域立案1.5万件，努力让人民群众“只进一个门、最多跑一次”。

六、强化接受监督意识，自觉践行全过程人民民主。

自觉接受人民监督，主动接受省人大及其常委会监督，向省人大常委会报送备案审查规范性文件112件。高效办结省人大代表建议177件。自觉接受民主监督，及时向省政协通报法院工作，认真办理省政协提案和“微建议”。大力推进司法公开，全省法院直播庭审104万场、公开文书376万份，裁判文书上网率、庭审直播率、审判流程公开率均居全国法院前三。依法接受检察机关法律监督，妥善审理抗诉案件2107件，其中改判或发回重审1039件、维持729件。保障人民参与司法，邀请各级代表委员参加旁听庭审、见证执行等活动1.9万余人次，实现省级以上人大代表联络“全覆盖”。省法院聘请40名特约监督员，邀请参与司法作风明查暗访等活动。支持规范人民陪审员依法履职，人民陪审员参审率达83.3%。

今年和今后一个时期，全省法院的主要任务是：坚持以习近平新时代中国特色社会主义思想为指导，全面贯彻落实党的二十大精神，学习贯彻习近平法治思想，贯彻落实省十二次党代会部署，忠诚履职、团结奋斗，坚决守住维护社会公平正义的最后一道防线，让人民群众切实感受到公平正义就在身边，为全面建设社会主义现代化新湖南提供有力司法服务和保障。一是持之以恒坚定拥护“两个确立”，坚决做到“两个维护”。二是持之以恒推动经济高质量发展，服务保障全面建设社会主义现代化新湖南。三是持之以恒统筹发展和安全，推进国家安全体系和安全能力现代化。四是持之以恒站稳人民立场，践行司法为民、公正司法。五是持之以恒守正创新，持续深化司法改革和智慧法院建设。六是持之以恒深化自我革命，扎实推进全面从严治党。七是持之以恒主动接受监督，以更大力度不断改进各项工作。

湖南省人民检察院工作报告

——2023年1月15日在湖南省第十四届人民代表大会第一次会议上

湖南省人民检察院检察长　叶晓颖

各位代表：

现在，我代表省检察院向大会报告工作，请予审议，并请各位政协委员和列席会议的同志提出意见。

过去五年的工作回顾

五年来，在省委和最高人民检察院的坚强领导下，在省人大及其常委会的监督支持下，在省政府、省政协和社会各界的关心支持下，全省检察机关坚持以习近平新时代中国特色社会主义思想为指导，深入学习贯彻习近平法治思想，深入贯彻党的十九大、十九届历次全会和二十大精神，全面落实“三高四新”战略定位和使命任务，认真落实省十三届人民代表大会历次决议，坚持依法能动履职，坚持目标引领和问题导向，脚踏实地、团结奋进，各项检察工作取得了长足进步。

这五年，是湖南检察机关党的政治建设全面加强的五年。我们扎实开展“不忘初心、牢记使命”主题教育、党史学习教育和检察队伍教育整顿，学思践悟习近平新时代中国特色社会主义思想，融合推进党的建设与检察业务建设，坚定拥护“两个确立”、坚决做到“两个维护”。向省委和省委政法委报告重大事项561次。全省检察机关荣获省部级以上表彰的先进集体171个次、先进个人102人次，涌现了“全国人民满意的公务员集体”省检察院第一检察部、“双百政法英模”彭庆文、“全国先进工作者”谢新星、“全国三八红旗手”姚红等先进典型。

这五年，是湖南检察改革力度、广度和深度空前的五年。我们坚决落实国家监察体制改革、司法体制改革等多重改革部署，完成重塑性内设机构改革，构建了“四大检察”全面协调充分发展新格局。共办理各类案件75.6万件，较前五年增长43.3%，其中2022年民事、行政检察办案数较2018年分别增长8倍、17.8倍。财物省级统管改革、巡回检察改革、跨行政区划检察改革、一审行政案件集中管辖检察改革等经验做法在全国推介。

这五年，是湖南检察全力为大局服务、为人民司法的五年。我们主动融入“三大攻坚战”、长江经济带发展、乡村振兴、“三高四新”、中国（湖南）自由贸易试验区建设等重大战略实施，出台服务民营企业、守护“一江一湖四水”、保障强省会战略实施等指导性文件，推出21项检察为民办实事举措。省检察院被党中央、国务院授予“全国脱贫攻坚先进集体”，获评“第二届中国生态文明奖”先进集体、“全国扫黑除恶专项斗争先进单位”等荣誉。

这五年，是湖南检察法律监督质效持续提升的五年。我们认真落实《中共中央关于加强新时代检察机关法律监督工作的意见》和省委实施意见，配合开展法律监督工作专项督查，推动解决执法司法突出问题。全省检察机关41项监督办案数量指标中，2022年有36项位列全国前10位（其中7项位居全国第一），比2019年多13项；52项案件质量评价指标中，2022年有28项位列全国前10位，比2019年多15项。有114个案件入选全国检察机关指导性案例、典型案例，职务犯罪侦查、公益诉讼检察、刑事执行检察、民事检察、行政检察、案件管理等重点工作在全国性会议上作经验交流30次。

这五年，是湖南检察基层基础工作不断巩固的五年。我们坚持工作重心下移，持续深化基层检察院建设，优化考核评价机制，指导和帮助17个薄弱基层检察院脱薄争先。推动人员编制、员额配备、经费保障向基层倾斜，为基层调增检察官员额职数170个，解决了一批“两房”建设化债、人才难进难留等突出问题。全省检察机关新增全国文明单位13个、省级文明单位44个。

一、时刻牢记为大局服务的职责使命，以高效能检察履职助力经济社会高质量发展

全力防风险、保安全、护稳定。共批捕各类犯罪22.1万人，起诉39万人。严厉打击敌对势力渗透、破坏、颠覆、分裂活动，打好维护国家政治安全主动仗。协同开展“断卡”行动，起诉利用网络实施的犯罪5.3万人。依法惩治非法吸收公众存款、集资诈骗、非法传销等涉众型经济犯罪，起诉7644人，永州、岳阳、娄底检察机关依法办理了“善心汇”“尚富投资”“九龙集团”等重大案件。严惩故意杀人、抢劫等严重暴力犯罪，起诉1.5万人。依法打击新型毒品、寄递毒品、跨境贩毒、容留吸毒等犯罪，起诉5万人，追捕833人，追诉866人。协同推进安全生产综合治理，起诉危害生产安全犯罪467人。依法维护疫情防控秩序，起诉伤医扰医、制假售假等涉疫犯罪1123人。

持续深化扫黑除恶斗争。坚持“是黑恶犯罪一个不放过、不是黑恶犯罪一个不凑数”，起诉涉黑涉恶犯罪1.5万人，监督立案149件，改变侦查机关黑恶定性1804件，怀化、益阳、常德、郴州、张家界等地检察机关依法办理了“操场埋尸案”“私人湖泊案”、文烈宏涉黑案、谭泽旭涉黑案、曾卫华涉黑案等重大典型案件。推动“打伞破网”“打财断血”，起诉黑恶势力“保护伞”218人，提出财产刑量刑建议1042件、涉案金额91.9亿元。进入常态化后，做实打早打小、常治长效，全省常态化扫黑除恶斗争业务指标连续两年位居全国前列。

着力优化法治化营商环境。以更大力度保障创新创业活力，起诉侵犯商业秘密等涉知识产权犯罪1891人。对企业负责人涉经营类犯罪，依法能不捕的不捕、能不诉的不诉、能不判实刑的提出适用缓刑建议。全面推开涉案企业合规改革，对符合条件的22家涉案企业、40名犯罪嫌疑人依法作出不起诉决定。某上市公司分公司涉嫌生产、销售伪劣产品犯罪，案发后认罪认罚。湘潭市检察机关推动公司总部在全国开展系统合规整改，6个月后经第三方严格评估、确认合格，依法决定不起诉。该公司由拟撤资改为增资15亿元打造超级卡车工厂，并在长沙、湘潭两地新建汽车零部件配套供应链，已新增就业3000余人。法治是最好的营商环境，世纪疫情背景下经济下行压力增大，更需以法治稳企业稳预期、保就业保民生！

协力推进清廉湖南建设。出台服务清廉湖南建设15条意见。建立健全监检衔接工作机制。受理监委移送职务犯罪2970人，已审结2819人、起诉2657人，依法对赵景文、龚武生等82名原厅局级以上人员和谭润洪等383名原县处级人员提起公诉。协同监委推进行贿受贿一起查，与省监委联合发布一批行贿犯罪典型案例，起诉受贿犯罪1306人、行贿犯罪646人。

助力美丽湖南建设。开展守护“一江一湖四水”等专项监督活动，起诉破坏生态环境等犯罪1.1万人，立案办理公益诉讼案件1.76万件，督促修复耕地、林地17.7万亩，索赔生态环境损害赔偿金3.2亿元，推动解决了一批“垃圾山”“黑水河”问题。省检察院就“锰三角”矿业污染问题组建工作专班

进驻花垣县，依法办理了一批刑事案件，化解了一批政企争议和社会矛盾，协同解决治理资金、生态修复等难题，助力实现由“乱”到“治”的转变。

坚决维护国防利益和军人军属合法权益。建立健全军地检察协作机制，共建强军法律服务站。联合解放军长沙军事检察院、省退役军人事务厅和省文物局开展潇湘红色资源保护公益诉讼专项行动，立案办理公益诉讼案件564件，其中2件案件被最高人民检察院和退役军人事务管理部评为典型案例。运用法治方式助力解决国防通信电缆阻断、军用输油管线压占、军用机场净空安全、军用土地侵占等问题，服务部队备战打仗。依法严惩危害国防利益、侵犯军人军属合法权益犯罪，起诉55人。联合制发军人家庭未成年子女司法保护工作协作细则，开展“军娃”司法保护专项工作。办理军人地位和权益保障公益诉讼案件26件，对遭受不法侵害的军人军属、退役军人给予司法救助。

二、时刻牢记为人民司法的履职宗旨，以法治的力量守护民生福祉

全力化解矛盾纠纷。全面落实“群众信访件件有回复”制度，受理群众信访7.8万件，均在7日内告知“已收到、谁在办”，3个月内办理过程或结果答复率从一开始的91%上升并稳定保持在98%以上。推行检察听证制度，让当事人把事说清、听证员把理辨明、检察官把法讲透。办理检察听证1.03万件，听证后化解率80.4%。

用心做实司法救助。司法救助一头连着案件，一头系着人心。共办理司法救助案件4430件，向5712名生活困难当事人发放救助金6735万元。新化县一对13岁、9岁姐弟，母亲被害身亡，父亲被判死缓，由年老多病、没有经济来源的外祖父母抚养，生活陷入困境。省检察院与娄底市、新化县、浏阳市检察院联合救助，发放司法救助金9万元，协调相关部门将其纳入“检爱计划”和返贫监测对象，帮助解决入学、低保等问题。对于每一个因案致困的家庭，我们都要伸出爱心援手，让他们感受到党委政府的关怀和检察司法的温暖！

着力守护美好生活。起诉危害食品药品安全、高空抛物、涉窨井盖犯罪2070人，办理公益诉讼案件1.2万件，着力守护“舌尖上”“头顶上”“脚底下”的安全。开展打击整治养老诈骗专项行动，起诉874人，追赃挽损3.3亿元，长沙、衡阳、益阳、株洲、湘潭等地检察机关依法办理了“九九富达”“夕阳红”“都好”等重大案件。配合公安机关开展“打拐”“团圆”行动，起诉拐卖妇女儿童犯罪115人，支持妇女儿童、残疾人等群体维权起诉1.8万件。起诉拒不支付劳动报酬犯罪364人，支持务工人员起诉1.2万件，帮助追回劳动报酬1.6亿元。岳阳市某开发商与施工方因工程款结算争议，导致454名农民工未拿到工资。检察机关通过支持起诉，帮助讨回“血汗钱”1080万元。

法治助推社会治理。坚持治罪与治理并重，认真贯彻宽严相济刑事政策，统筹落实认罪认罚从宽制度和少捕慎诉慎押刑事司法政策，最大限度减少社会对抗、修复社会关系。2022年依法不批捕1.9万人、不起诉3.3万人，较2018年分别上升11.2%、162.4%。2018年以来对捕后可不继续羁押的，依法建议、决定释放或变更强制措施1.1万人，诉前羁押率从51.9%降至30.9%，92.1%的被告人一审认罪服判。认真落实最高人民检察院一至八号检察建议，协同治理校园安全、司法公告送达、金融监管、窨井管理、虚假诉讼、网络整治、寄递安全、生产安全等问题。针对办案中发现的普遍性、深层次问题，发出社会治理类检察建议7675份，促进建制补漏、系统治理。

三、时刻牢记检察机关的宪法定位，以强有力的法律监督确保执法司法公正高效权威

切实加强立案监督和侦查活动监督。在全国率先建立侦查监督与协作配合机制。对应当立案而不立案、不应当立案而立案的，监督立案5104件、撤案4089件，纠正侦查活动违法2.8万件次。对不构成犯罪、证据不足、情节轻微的案件，依法不批

捕7.5万人，不起诉9万人。对应当提请逮捕而未提请、应当移送审查起诉而未移送的，追捕6775人，追诉1.1万人。郭某某多次强制猥亵继女仅受到行政处罚，长沙市检察机关监督公安机关刑事立案，起诉后法院判处其有期徒刑十年。

切实加强刑事审判监督。建立应抗诉未抗诉刑事案件常态化监督机制。对认为确有错误的刑事裁判提出抗诉1798件。对审判活动违法情形，发出纠正违法通知书或提出检察建议7315件。刘永鹏等13人贩卖、运输毒品案，一审判决对部分被告人适用法律错误导致重罪轻判，省检察院支持邵阳市检察院抗诉，二审改判5人，其中2人由死缓改判为死刑立即执行，2人由有期徒刑改判为死缓，1人由有期徒刑改判为无期徒刑。

切实加强刑事执行活动监督。推进监狱、看守所、社区矫正巡回检察，最高人民检察院以湖南探索的大数据巡回检察模式为基础研发工作软件。核查纠正社区矫正对象脱管漏管工作在全国平安建设考核中连续五年获满分。部署开展超期羁押、“病犯”收押收监、指定居所监视居住执行、财产刑执行、剥夺政治权利执行等专项监督活动，监督纠正“减假暂”不当1.8万人。罪犯彭某通过行贿伪造怀孕检查证明企图继续暂予监外执行，道县检察院核查后监督收监执行，并举一反三监督收监同类罪犯15人；永州市检察院深挖背后的司法腐败，对涉案的社区矫正工作人员林某立案侦查，起诉后被判处有期徒刑八年。犯罪嫌疑人席某有孕在身，因罪行严重被羁押在看守所，判决生效后未被决定暂予监外执行，交付执行时分娩在即，看守所投监未果。检察机关监督监狱及时收监并同时启动暂予监外执行程序，席某最终得以在监外顺利生产。应收则收、当“放”则“放”，一收一“放”彰显司法的力度和温度！

切实加强民事诉讼监督。对认为确有错误的民事裁判、调解书提出抗诉和再审检察建议2253件，法院已审结1533件、采纳1454件。对办案中发现的法院未依法审查公民代理资格、人民陪审员超任期陪审、违法纳入失信被执行人名单等民事审判、执行违法行为提出检察建议3.7万件，法院已采纳3.6万件。办结虚假诉讼监督案件2415件，涉案金额6亿元，移送虚假诉讼犯罪及背后职务犯罪线索98件，起诉81人，47名公职人员被追究法纪责任。湘潭申鹏贸易公司诉某国企买卖合同纠纷案，某国企一审、二审、再审均被判败诉并被强制执行1500余万元。湘潭市检察机关查明该案系夏国财等人捏造事实提起的虚假诉讼，向法院提出再审检察建议并以涉嫌虚假诉讼罪提起公诉，法院予以改判并判处夏国财等人有期徒刑。

切实加强行政检察监督。对认为确有错误的行政裁判、调解书提出抗诉和再审检察建议68件，法院已审结48件、采纳41件。向法院提出行政审判程序违法、诉讼执行违法监督检察建议2221件，已采纳2213件。监督纠正社会抚养费征收等领域具体问题8318个。办理行政非诉执行监督案件8839件，其中土地执法查处领域1640件、督促恢复违法占地4479亩。针对一些行政案件案已结、事难了的问题，通过监督纠正、公开听证、司法救助等方式化解争议2259件，其中10年以上争议122件。积极稳妥推进行政违法行为监督，提出检察建议1747件，督促纠正行政不作为、乱作为问题4199个。周某某个人信息被公安机关误录入违法犯罪人员信息库，找工作被拒后提起多轮诉讼仍未实现诉求。衡阳市检察院提请省检察院抗诉后法院予以改判，市公安局采纳检察建议开展专项清查，纠正了一批信息录入错漏问题，完善了相关审批监管机制。

四、时刻牢记“公共利益代表”的神圣职责，以“我管”促“都管”捍卫国家利益和社会公共利益

依法维护国有财产权益。针对欠缴国有土地出让金、闲置土地、耕地占用税等税费和套取财政补贴、社会保障资金等问题，立案办理公益诉讼案件6519件，督促收回国有土地出让金和国有财产

权益价值117.2亿元。某房地产公司欠缴土地出让金2.9亿元，株洲市检察院通过行政公益诉讼督促追缴土地出让金及违约金、利息等共计4.04亿元，并推动全市清理收回欠缴土地出让金5.76亿元。

协力解决社会治理难题。聚焦饮用水安全、食品药品安全、生产安全、文化遗产保护、个人信息保护等领域公益损害问题，立案办理公益诉讼案件3.68万件。潘某某等人利用其在房产、物业、装修、家政等行业工作职务便利，非法获取小区业主个人信息10万余条并进行非法交易。岳阳县检察院依法提起刑事附带民事公益诉讼，针对行业监管问题向市场监管、住建等部门制发检察建议，督促建立企业资质审查、守信激励、失信惩戒机制。

把办案过程变成法治教育公开课。坚持双赢多赢共赢理念，以磋商、听证、圆桌会议、检察建议等方式督促依法履职，推动诉前解决公益侵害问题。对公告期满无适格主体起诉、检察建议回复期满仍未依法全面履职的，提起公益诉讼1701件，法院已判决1603件，全部支持检察机关诉讼请求。建立庭审观摩、专家出庭、听庭评议等制度，推进以案释法。

探索创新公益诉讼检察工作机制。在全国率先建立"先鉴定后付费"、增殖放流、替代修复、劳务代偿等机制，支持行政机关开展生态环境损害赔偿磋商1200件，支持社会组织起诉100件。省检察院、湘西州检察院支持湘西州政府与超标排放尾矿库渗滤液的文华锰业公司磋商，从损害后果、赔偿责任等方面发表检察意见，促使文华锰业公司自愿承担生态环境损害赔偿金3980万元，并推动花垣县政府启动索赔案件44件。

五、时刻牢记"最有利于未成年人"的原则，以检察司法大爱守护未成年人健康成长

对侵害未成年人犯罪零容忍。深入开展"利剑护蕾"等专项行动。共批捕侵害未成年人犯罪1.27万人、起诉1.68万人，监督立案281人，追捕233人，追诉247人。省市县三级检察院依法提前介入攸县一起3人强奸多名幼女的恶性案件，深挖彻查7人，建议法院判处死刑1人、无期徒刑1人、有期徒刑8人。

对涉案未成年人加强"双向保护"。一方面，以"宽容不纵容"理念力促涉罪未成年人迷途知返、改过自新。对涉嫌轻微犯罪并有悔罪表现的未成年人，依法不批捕6629人，不起诉3011人，附条件不起诉4663人；对犯罪情节严重、主观恶性大的1.1万名涉罪未成年人依法提起公诉。另一方面，倾力帮助受侵害未成年人走出困境、拥抱阳光。建立未成年人"一站式"询问救助中心135个，避免因办案造成"二次伤害"。会同教育、民政等部门落实心理疏导、生活安置、复学就业、"检爱计划"等多元综合救助，发放司法救助金2053.2万元，救助未成年被害人1389人。

以司法保护助推综合保护。组建未成年人检察专门机构和专业办案团队，运用"四大检察"职能集中办理涉未成年人案件。落实强制报告制度，对未履行报告义务的督促追责94人。落实从业查询制度，将1667名有前科劣迹者挡在校门之外。制发"督促监护令"5679份，促"甩手家长"履行监护人义务。坚持法治教育从娃娃抓起，选派149名检察长和1214名检察官兼任中小学法治副校长。

六、时刻牢记查办司法工作人员相关职务犯罪的法定职责，以检察能动履职清除司法队伍"害群之马"

建立健全司法工作人员相关职务犯罪侦查工作机制。在全国率先成立省、市检察院侦查工作机构。建立健全监察执法与刑事司法衔接工作机制、检察一体化侦查办案机制。共核查问题线索1389件，对不实举报查否澄清506件，对涉嫌犯罪的立案侦查303人，其中厅局级1人、县处级21人，已起诉220人。

依法查办黑恶势力"保护伞"犯罪。在扫黑除恶斗争中深入推进"打伞破网"，在政法队伍教育整顿中倒查"有黑无伞"的涉黑涉恶案件，

直接立案侦查涉“保护伞”犯罪69人。在办理尚同军、吴先耀涉黑案时，湘西、娄底检察机关依法对充当“保护伞”的湘西州中级法院原副院长钟子荣、湘西州司法局原局长张自政、花垣县公安局原副局长龙喜隆等8人立案侦查。

深挖彻查司法不公背后的职务犯罪。突出查办以刑事手段插手经济纠纷、虚假诉讼等影响司法公正的犯罪，立案侦查徇私枉法、滥用职权、玩忽职守等渎职犯罪271人。依法严惩利用职权实施的侵犯公民权利的犯罪，立案侦查非法拘禁、刑讯逼供、虐待被监管人等侵权犯罪32人。

七、时刻牢记“打铁必须自身硬”的要求，以永远在路上的执着推进全面从严管党治检

持续压实管党治检主体责任。制定主体责任、“一岗双责”清单。出台集中整治形式主义官僚主义突出问题10条措施。严格执行防止干预司法“三个规定”。完成四轮系统内巡视巡察。配合支持地方党委巡察，探索“巡察+内部审计”跟进监督模式。支持纪检监察机关监督执纪，以零容忍态度查处检察人员违纪违法364人。

持续落实司法责任制。贯彻修订后的刑事、民事、行政诉讼法和诉讼监督规则，制发办案工作指引，完善“权力清单”。组建全省检察官遴选委员会、惩戒委员会，健全员额检察官退出、员额动态调整、检务公开、追责惩戒等机制，确保有序放权、有效监管。建立检察业务考评、检察官业绩考评、案件质量评查机制，完善检务督察与案件管理线索双向移送制度，一体加强对“案”和对“人”的监督。

持续强化履职能力建设。坚持以上率下，入额院领导带头办案15.9万件。构建“导师带新人”“轻骑队”等实战培训模式，持续开展公诉人论辩赛等业务竞赛活动，49人获评全国办案能手、业务标兵等称号。建立健全特约检察员、专家咨询委员、检察听证员、特邀检察官助理等制度，借助“外脑”提升专业水平。加强电子检务工程等信息化建设，推进12309检察服务大厅等检务服务平台建设。

八、时刻牢记“监督者更要接受监督”的要求，以更加坦诚开放的姿态阳光司法、规范用权

自觉接受人大监督。深入贯彻省人大常委会《关于加强新时代人民检察院法律监督工作的决议》。专题报告民事行政检察、公益诉讼检察、适用认罪认罚从宽制度等工作。配合开展检察官履职评议。探索建立“双建议”衔接转化机制，将代表建议转化为133件检察建议抓落实。针对代表多次呼吁解决G322衡南县棉花山路段事故多发、交通拥堵等问题，检察机关通过检察建议推动8个职能部门联动履职，5个月内消除了交通安全隐患。

主动接受民主监督。积极参加政协组织的调研、协商活动，定期向政协和民主党派、工商联、无党派人士通报工作情况，认真落实意见建议。办结省政协委员提案18件、民主监督意见建议147件。与工商联建立民营企业诉求移送、研判、办理、反馈和检企同堂培训机制。与统战部、民主党派和高校、社会组织等联合打造“益心为公”检察云平台，2600余名志愿者通过平台提供线索、参与公益诉讼。

依法接受履职监督。对撤回起诉的241件案件和法院宣告无罪的78件案件，逐案开展质量评查、检视评析。对监察机关提请复议的不起诉案件和公安机关提请复议复核的不批捕、不起诉案件，依法慎重审查，改变原决定103件。建立检律联席会议制度，依法保障律师执业权利。深化人民监督员工作，邀请监督检察办案9556件次。

五年来，全省检察机关持续加强援藏援疆、军地协作、区域检察协作、对外司法协作等工作，取得了新的成效。

各位代表！过去五年全省检察工作的发展进步，根本在于习近平新时代中国特色社会主义思想的科学指引，靠的是最高人民检察院和全省各级党委的坚强领导，得益于全省各级人大、政

府、政协的监督与支持以及监察机关和政法各单位的配合与制约，离不开各位代表、各位委员和社会各界的关心、支持、监督和帮助。我谨代表省检察院表示衷心的感谢并致以崇高的敬意！

回顾五年来的工作，我们深切体会到，做好新时代检察工作，必须坚持党的绝对领导，紧紧依靠党的领导破解难题、深化改革、推进发展；必须坚持为大局服务、为人民司法，把初心使命转化为服务发展大局、增进民生福祉的具体行动和实际成效；必须坚持敢于监督、善于监督、勇于开展自我监督，不断提升法律监督工作质效；必须坚持目标引领和问题导向，坚持不懈补短板、强弱项、解难题，推动新时代检察工作高质量发展；必须坚持把抓基层、强基础、提能力作为长远之计和固本之举，不断夯实新时代检察工作发展的根基；必须坚持严的基调不动摇，把刀刃向内、自我革命贯彻始终。

与此同时，我们也清醒地认识到，全省检察工作还存在不少问题和短板。一是领悟、践行习近平法治思想需持续做实，检察理念还需更新、转变，有的检察人员存在就案办案、机械司法等问题，服务发展大局、保障改革创新的针对性、实效性不足。二是法律监督职责履行不够到位，执法司法制约监督机制不够完善，有的执法司法突出问题未得到及时监督纠正。三是检察官专业素养还不能完全适应新时代要求，办理民商事、金融证券、知识产权等案件能力不足。四是人工智能、大数据等现代科技与检察工作深度融合不够，数字检察工作需要加快推进。五是全面从严管党治检存在薄弱环节，“关键少数”、关键岗位人员违纪违法案件时有发生、教训深刻。对于上述问题，我们将紧盯不放，采取有力措施推动解决。

未来五年的总体思路和 2023 年工作安排

未来五年，全省检察工作的总体思路是：坚持以习近平新时代中国特色社会主义思想为指导，全面贯彻党的二十大精神，深入贯彻习近平法治思想，深刻领悟“两个确立”的决定性意义，增强“四个意识”、坚定“四个自信”、做到“两个维护”，深化落实《中共中央关于加强新时代检察机关法律监督工作的意见》和省委实施意见，依法能动履行检察职能，全力履行维护国家政治安全、确保社会大局稳定、促进社会公平正义、保障人民安居乐业的职责使命，坚定不移为大局服务、为人民司法，融合推进政治建设、业务建设、队伍建设和基层基础建设，以检察工作现代化助力社会主义现代化新湖南建设。

2023 年，是全面贯彻党的二十大精神开局之年。全省检察机关将着重做好以下六个方面的工作：

一、坚持以政治建设为统领，确保检察工作正确政治方向。扎实开展习近平新时代中国特色社会主义思想主题教育。坚持以习近平法治思想引领法律监督理念变革。坚持党对检察工作的绝对领导，认真执行政法工作条例和重大事项请示报告条例，以责任清单、季度讲评、跟踪督导等方式推动党中央、省委和最高人民检察院重大决策部署落地落实。

二、坚持以服务大局为己任，推动更多“检察元素”融入“发展要素”。统筹发展和安全，依法惩治危害国家安全犯罪。积极融入中国（湖南）自由贸易试验区、乡村振兴、强省会等战略实施，助力营造市场化法治化国际化一流营商环境，推动经济发展在法治轨道上运行。依法惩治各类破坏市场经济秩序的犯罪，监督纠正利用刑事手段干预经济纠纷等问题，加强知识产权司法保护，深化涉案企业合规改革，平等保护各类市场主体产权和合法权益。依法惩治侵犯民营企业利益的合同诈骗、强迫交易等犯罪。加强生态环境司法保护，打好蓝天、碧水、净土保卫战。

三、坚持以司法为民为宗旨，切实加强民生司法保障。以常态化推进扫黑除恶斗争为牵引，依法惩治盗抢骗、黄赌毒、食药环等影响人民群众生命财产安全的犯罪。统筹落实少捕慎诉慎押刑事司法政策和认罪认罚从宽制度，推动法律监督由个案监督向类案监督拓展，以诉源治理促进社会治理。常态化推进公开听证、民事和解、行政争议实质性化解等工作，推动案结事了、人和政和。强化对老年人、未成年人、残疾人、妇女等特殊、优先保护。坚决维护国防利益和军人军属合法权益。认真落实“谁执法谁普法”普法责任制，以案释法讲好法治故事、增强全民法治观念。

四、坚持以法律监督为抓手，着力促进严格执法、公正司法。配合抓好法律监督工作专项督查问题整改，监督纠治非法取证、虚假诉讼、“纸面服刑”等执法司法顽疾。健全“两法”衔接、侦查监督与协作配合等机制，强化对刑事、民事、行政诉讼活动的监督。探索创新公益诉讼工作机制，切实维护国家利益和社会公共利益。深化职务犯罪检察工作，加大查办司法工作人员相关职务犯罪工作力度，协力推进清廉湖南建设。深化检察大数据战略，以“数字检察”赋能法律监督、提升司法效能。

五、坚持以自我革命为牵引，着力锻造一支忠诚、干净、担当的湖南检察“铁军”。切实加强领导班子建设和检察人才队伍建设。全面准确落实司法责任制，不断优化案件管理和绩效管理。严格落实中央八项规定精神，常态化开展违纪违法案件倒查、被记录报告检察人员核查，持续强化纪律作风建设和执行力建设，确保检察队伍政治过硬、本领高强、作风优良。

六、坚持以接受监督为保障，不断加强和改进检察工作。牢固树立监督者更要接受监督的意识。自觉接受人大法律监督、政协民主监督，将代表建议、委员提案更多转化为检察建议推进落实。广泛接受各民主党派、工商联、无党派人士和社会各界的监督。依法接受监察机关和政法各单位的监督与制约。

各位代表！踏上新时代新征程，检察工作使命崇高、责任更重。我们将坚持以习近平新时代中国特色社会主义思想为指引，坚决贯彻党中央和省委、最高人民检察院的决策部署，认真执行本次大会决议，守正创新、开拓进取，踔厉奋发、勇毅前行，奋力谱写湖南检察工作现代化新篇章，为全面建设社会主义现代化新湖南提供坚强有力的法治保障，为全面推进中华民族伟大复兴作出新的更大贡献！

广东省高级人民法院工作报告

——2023年1月14日在广东省第十四届人民代表大会第一次会议上

广东省高级人民法院院长　龚稼立*

过去五年的主要工作

过去的五年极不寻常、极不平凡。全省法院坚持以习近平新时代中国特色社会主义思想为指导，深入学习贯彻习近平法治思想，全面贯彻党的十九大、二十大精神，忠诚拥护"两个确立"，坚决做到"两个维护"，在省委坚强领导下，在省人大及其常委会有力监督下，在省政府、省政协等各方面关心支持下，紧紧围绕习近平总书记赋予广东的使命任务，依法履行维护国家安全、社会安定、人民安宁的重大责任，努力把广东建设成为全国最安全稳定、最公平公正、法治环境最好的地区之一。

五年来，全省法院共新收各类案件1305.6万件，审结1294.0万件，比前五年分别上升92.9%和96.0%。2022年，全省法院新收各类案件275.9万件，审结277.2万件，生效裁判服判息诉率97.9%；各类案件呈下降趋势，审判质量和效率稳步提升。省法院新收各类案件3.7万件，同比下降6.4%；审结3.5万件，同比上升7.7%。

一、高水平推进平安广东建设

贯彻总体国家安全观，审结刑事一审案件58.7万件，判处罪犯72.7万人，推动全省刑事发案持续下降。

坚决维护国家安全和社会稳定。坚持以政治安全为根本，严惩渗透、颠覆、破坏、分裂等危害国家安全犯罪和邪教犯罪，严厉打击暴力恐怖、涉枪涉爆等严重危害社会治安犯罪。深入开展扫黑除恶专项斗争，常态化巩固斗争成果，审结涉黑恶案件5001件2.1万人，涉"保护伞"案件246件377人，涉黑恶财产执行到位166.8亿元，综合绩效居全国法院前列，审结黄俊棋、陈高明等重大涉黑犯罪案278件，严惩人民群众深恶痛绝的"村霸""市霸""行霸"。持续对毒品犯罪保持严打震慑态势，审结毒品犯罪案件3.9万件，对"雷霆扫毒"专项行动首犯蔡东家依法判处死刑，推动大宗毒品和源头性毒品犯罪连续五年实现"双降"。审结"团贷网"等涉众型金融犯罪案件2616件，买卖比特币等虚拟货币违法犯罪案件502件，依法稳妥处置房地产和金融领域重大债务纠纷案件，坚决守住不发生系统性风险底线。

严惩危害人民群众安全犯罪。审结故意杀人、故意伤害、抢劫等严重暴力犯罪案件5.1万件，"毒大米"等危害食品药品安全犯罪案件1226件，坚决维护人民生命健康安全。开展打击

* 2023年1月16日，广东省十四届人大一次会议选举张海波为广东省高级人民法院院长。

侵害妇女儿童权益犯罪“春雷行动”，对负有托管责任机构人员侵犯未成年人犯罪依法重惩并处终身禁业。深入推进“全民反诈”、跨境赌博等专项治理，审结何进利等电信网络诈骗及关联犯罪案件1.3万件，跨境赌博案件2439件。开展打击整治养老诈骗专项行动，审结“长者屋”等养老诈骗刑事案件148件，判决退赔金额8.7亿元，守护好老年人的“钱袋子”。

依法惩治腐败犯罪。推动完善监察执法与刑事司法衔接机制，审结贪污、贿赂、渎职犯罪案件5930件8178人，判处原厅局级以上公职人员182人。依法打击行贿犯罪808人，斩断“围猎”与“被围猎”利益链条。审结挪用惠农资金、套取补贴、侵吞集体财产等案件434件，严惩损害群众利益的“蝇贪”。审结“天网”“猎狐”“红通”人员犯罪案件337件，适用特别程序对20名外逃人员依法没收违法所得，扩大追逃追赃和治理腐败成效。

贯彻宽严相济刑事政策。坚持罪刑法定、疑罪从无、证据裁判，对412名被告人依法宣告无罪，对17.8万名罪行较轻、主动认罪认罚的被告人判处缓刑、管制或免予刑事处罚。依法保障被告人辩护权利，普通程序刑事案件辩护率提升到98.7%。认真落实国家主席特赦令和全国人大常委会特赦决定，依照法定程序特赦服刑人员1343人。加强规范“减假暂”案件办理程序，坚决纠正“纸面服刑”。积极参与“防治校园欺凌”“护苗”“预青”等专项行动，对未成年犯罪人员开展回访帮教，推进完善社区矫正配套措施，2022年未成年人犯罪案件比2018年下降36.6%。

二、服务保障高质量发展

全面贯彻新发展理念，依法护航“双区”和三大平台等重大战略落地实施，审结商事一审案件410.3万件。

服务科技创新引领发展。出台知识产权司法保护十二条，审结知识产权一审案件65.4万件，对恶意侵权案件适用惩罚性赔偿。审结“泉芯”芯片设计纠纷等技术类知识产权案件3.7万件，姜建辉等侵犯商业秘密案件566件，在大疆云台相机专利案中探索适用“先行判决+临时禁令”措施，加大对高新科技成果保护力度。制定全国首个标准必要专利审判指引，促成华为和三星、高通和苹果等知名企业专利纠纷系列案实现“一揽子”和解。打造广州、深圳国际知识产权争端解决优选地，“完善技术事实查明机制”入选国务院首批知识产权强国建设典型案例，广州知识产权法院“跨区域知识产权远程诉讼平台建设”经验写入《知识产权强国建设纲要》。

营造一流法治化营商环境。出台优化营商环境十条和促进民营经济健康发展十条，坚持平等保护各类市场主体产权，审结不正当竞争及垄断案件5490件，保护市场竞争活力和消费者合法权益。率先探索府院联动机制，推动7376家“僵尸企业”依法出清；试行预重整等破产保护制度，支持167家陷入困境企业重整再生。深圳法院率先探索个人破产诉讼和跨境破产司法协助，全省破产案件平均审理周期提速到12个月以内，“广国投”案实现债务百分之百清偿。对深交所创业板纠纷案件实行集中管辖，审结全国首宗上市公司诉强制退市案。加强资本市场违法违规行为整治，康美药业证券侵权集体诉讼案入选“新时代推动法治进程十大案件”。

服务区域协调高质量推进。制定支持粤港澳大湾区、深圳先行示范区建设行动方案和服务保障广州南沙深化面向世界的粤港澳全面合作等意见，发挥司法助力全面落实重大国家战略作用。支持穗湛、深汕、深中等法院加强司法协作，建立跨区域协调机制。审结涉产业转移升级、“三旧”改造、“大交通”建设等纠纷案件1.3万件，依法保障国家和全省重大项目尽快落地。全面服务脱贫攻坚和乡村振兴，审结涉“三农”和县域经济纠纷案件1.4万件，加强“新会陈皮”“梅州柚”等知名地理标志司法保护，助力“粤字号”

农业品牌做大做强，“粤禾丝苗”案入选农业农村部植物新品种保护典型案例。审结环境资源一审案件6.1万件，环境公益诉讼案件922件，审理出售电蚯蚓机等生态环境侵权案，加强土壤等生态环境系统性保护。依法审理涉练江、茅洲河等重点流域污染案件，推动南岭国家森林公园受破坏生态经修复措施恢复原貌，让广东天更蓝、山更绿、水更清、生态更优美。在审理涉碳排放、碳交易等新型案件中，探索界定碳交易市场主体法律责任及配额计算方式，助力依法推进碳达峰碳中和。

服务高水平对外开放。审结涉外涉港澳台一审案件9.1万件、海事海商一审案件8424件，依法在涉外商事纠纷案件中适用禁诉令或反禁诉令，坚决维护我国企业域内外合法权益。出台广东法院涉港澳商事纠纷司法规则指引和法律专家协助查明域外法指引，连续发布粤港澳跨境纠纷典型案例，联合港澳法院、机构和律师协会举办模拟庭审活动，推进商事诉讼规则借鉴和衔接。助力打造“环大湾区司法服务圈”，聘请81名港澳籍特邀调解员，支持港澳律师在大湾区内地九市执业，依托“在线授权见证平台”为2600余名境外当事人便捷办理跨境诉讼委托手续，司法协助案件平均办理周期缩短三分之一。承办中国与葡萄牙语国家最高法院院长会议、海峡两岸暨香港澳门司法高层论坛等活动，加强国际司法培训基地建设，加大广东司法影响力。

三、用心用情做好民生司法保障

全面加强民生领域司法保护，新冠疫情防控期间做好依法防疫工作，审结家事、就业、住房、教育、保障等民生案件236.7万件。

加强防疫司法保障。积极应对新冠疫情防控及变化，及时发布依法防疫通告，全面开展线上诉讼服务，保障案件当事人诉讼权利。审理涉疫犯罪案件1943件，依法惩治伤害医疗和防疫人员、制售伪劣防护用品、哄抬药价物价等犯罪。制定服务保障疫情防控和经济社会发展十二条措施，引导生产经营、交通运输、文化旅游、商铺租赁、餐饮服务等涉疫纠纷协商化解，支持企业采取调整薪酬、轮岗轮休等方式稳定劳动者工作岗位，帮助受疫情影响企业渡过难关。依法处置“天使力量”轮债务纠纷案，为外籍人员平安回国提供便利。

守护人民美好生活。加强劳动纠纷预防和化解，依法保障农民工、新就业形态劳动者正当权利，为务工人员追回拖欠工资款81亿余元。审结涉房屋买卖、出租、装修、物业等纠纷案件61.5万件，助力保交楼、稳民生。完善家事审判社会化工作格局，审结婚姻家庭纠纷32.1万件，签发人身安全保护令1371份，为家庭暴力受害人织牢防护网。在孤残儿童监护权案中指定民政部门担任监护人，加大未成年人社会救助。发出全国首份“噪音扰民”诉前禁止令，审结首例互联网平台侵害个人信息案，依法守护人民生活安宁。为经济困难群众减免诉讼费6116.6万元，发放救助金2.7亿元。

全面贯彻实施民法典。建立民法典“以案释法”案例发布制度，开展“民法典百场庭审”直播，广州越秀法院审理的高空坠物损害赔偿案被誉为“民法典实施全国第一案”。将社会主义核心价值观融入司法裁判，在“私自上树摘杨梅坠亡案”“横过马路致交通事故案”“申请认定见义勇为案”中，向违法失德者说“不”，为守法诚信者撑腰。开展“六进”普法活动8400余场，推动民法典走进千家万户。审结涉军停偿案件1500余件，依法支持国防和军队建设，妥善化解历史积案，促进军民融合发展。

加快推进一站式建设。统一全省诉讼服务标准，升级12368诉服热线办理平台，推动简证便民、集约服务、一站通办，145项诉讼事项“家里办”“掌上办”，跨省域立案服务实现全覆盖。深化在线诉调对接平台建设，推进道交、劳动、金融等领域纠纷一体化解决，全省法院建成诉调对接中心160个，联动全省2455个专业调解组织、1.8万名调解员诉前成功化解各类纠纷190余万件，2022年全省民事案件收案历史性首次下降。

四、全面推进法治广东建设

更好发挥法治固根本、稳预期、利长远的保障作用，立足司法职能推进提升法治化水平。

促进法治政府建设。支持行政机关全面实施“放管服”改革，审结行政一审案件11.9万件，依法撤销或纠正不规范行政执法行为，判决或协调支持原告诉求为30%。深化行政案件集中管辖改革，推动行政机关负责人出庭应诉，加大行政争议诉前调解中心建设，促进行政纠纷实质性化解。按年度定期发布行政诉讼白皮书，发出司法建议1.1万份，与各级党校共建依法行政教育实践基地，联合省司法厅建立领导干部旁听庭审制度，提升公职人员依法行政能力。

强化纠纷源头化解。优化人民法庭布局，增设诉讼服务站、巡回审判点789个，网上巡回法庭189个，开展“为群众办实事示范法院”和“枫桥式人民法庭”创建活动，结合各地实际健全覆盖城乡的司法服务网络。广州法院根据镇街多发纠纷量身打造“法治地图”，佛山法院联动地方党委政府建设诉前和解中心，茂名法院推动司法惠民服务中心全覆盖，河源法院积极参与“无讼乡村”创建，汕头、江门法院吸纳侨胞侨属深化涉侨纠纷多元化解，丰富拓展新时代广东特色的“枫桥经验”。

努力解决执行难问题。推动健全综合治理执行难工作格局，如期实现基本解决执行难。持续开展“南粤执行风暴”专项执行活动，执结案件451.7万件，执行到位7756.4亿元，结案平均用时从148天缩短到94天，督办解决行政机关欠债案件9687件。与省自然资源厅、省公安厅等39个部门深化执行联动，率先建立全省不动产全流程网上查控和查人扣车机制。推广司法网拍提高财产变现率，兑现执行金额2574亿余元。加强诚信激励、失信惩戒，发布失信名单166.1万人次，限制消费367.7万人次，促使71.2万被执行人主动履行法律义务。

五、持续深化司法体制改革

推动司法领域改革向纵深发展，司法责任制等重大改革落地见效，24项改革经验被中央政法委和最高人民法院推广。

完善审判监督体系建设。坚持有权必有责、用权受监督，分类细化审判组织、审判人员职责清单，院庭长直接办理案件419.3万件，占全部办结案件的32.4%。全面实施参阅案例制度和类案强制检索，强化审判委员会、专业法官会议统一法律适用功能，加快类案同判体系建设。坚持案件评查常态化，建立法官履职保障制度，推动违法审判惩戒制度实体化运行。

深入推进诉讼制度改革。持续深化以审判为中心的刑事诉讼制度改革，统一常见刑事犯罪证据审查认定标准，80%以上刑事一审案件适用认罪认罚从宽程序审结。全面落实民事诉讼程序繁简分流，简易程序、小额程序适用率近70%。稳步开展四级法院审级职能定位改革，逐步实现审判重心下沉、重大典型案件提级审理，强化中级以上法院示范指导和统一裁判规则功能。在知识产权、环境资源、未成年审判等领域开展“三合一”审判机制改革。实施“抓示范促改革惠民生”工程，打造更多富有大湾区特色的广东司法改革样本。建成最高人民法院智慧法院（广东）实验室，推动大数据、人工智能、区块链等技术成果在司法领域深度应用。

深化机构和人员改革。新设广州互联网法院、深汕特别合作区法院，推进横琴、前海、南沙法院拓展审判职能综合改革，注重发挥新型法院改革示范作用。深化法官员额制改革和基层法院内设机构改革，全省基层法院内设机构精简37.7%，法官总数减少26.9%，一线审判力量增加19.6%。完善全省法官定期选任制度，常态化开展法官逐级遴选和员额递补工作，提名任命新入额法官2141名。加大法官专业化、职业化建设，加强审判辅助人员力量，组建新型法官团队4934个，2022年法官人均结案357件，居全国第一，比2018年提升28.7%。

六、锻造忠诚干净担当法院队伍

坚持不懈用习近平新时代中国特色社会主义思想凝心铸魂，增强紧跟总书记奋进新征程的思想自觉、政治自觉、行动自觉。

坚持党的绝对领导。扎实开展“不忘初心、牢记使命”主题教育和党史学习教育，开展习近平法治思想全员政治轮训，把学习贯彻党的二十大精神作为首要政治任务抓紧抓实，深刻把握新时代法院工作历史方位。制定落实全面从严治党主体责任清单，出台加强对“一把手”和领导班子监督的实施意见，注重发挥“关键少数”的头雁作用。全省法院加强模范机关建设，开展政治学习辅导活动3400余场，以政治过硬带动全面过硬，107个先进集体、208名先进个人获全国性荣誉。

着力提升司法能力。突出政治标准选人用人，全面加强审判人员政治素质和专业本领。分级分类举办业务培训，开展常态化岗位练兵，定期组织优秀裁判文书、优秀庭审、优秀案例和岗位能手评比，开展“百优文书”“百优庭审”评选活动，举办青年法官、法官助理业务技能竞赛。深入实施“双千计划”，121名优秀法官入选全国、全省审判业务专家，655件精品案件入选最高人民法院指导性案例和典型案例。

持之以恒正风肃纪。持续巩固队伍教育整顿和巡视巡察成果，以零容忍态度清除害群之马，一体推进不敢腐、不能腐、不想腐，教育整顿期间严肃问责追责68名违纪违法人员。严格执行中央八项规定及其实施细则精神，运用司法巡查、审务督察等方式全面纠治“庸懒散慢拖”顽疾，认真整治“立案难”“执行难”“超审限”等突出问题。严格落实防止干预司法“三个规定”、新时代政法干警“十个严禁”等铁规禁令，筑牢廉洁司法防线。

夯实基层基础建设。选优配强中、基层法院院长，全面落实轮岗交流制度。坚持法官员额向基层一线倾斜，1130名新遴选初任法官全部到基层法院任职，86%的新增法官员额直接配至基层。“十三五”期间推进粤东、粤西、粤北法院完成基础设施建设15个，累计改造基层科技法庭3066个。2022年全省法院财政保障经费比2018年增长19.6%，统筹加大对全省苏区、老区、民族地区法院经费保障。

五年来，全省法院不断增强接受人民监督的主动性。省法院办结省人大代表建议119件、政协委员提案81件，认真接受省人大常委会关于民营企业司法保障的专题询问，专题报告民法典贯彻实施、知识产权审判等工作情况，配合开展专项执法检查和工作调研，报送备案审判指引文件20件。向省政协常委会专题汇报全省法院工作情况，主动听取各民主党派、工商联、无党派人士意见建议。邀请全国和省人大代表、政协委员视察、调研法院工作3526人次，走访人大代表3.2万人次。支持检察机关法律监督，审结抗诉案件2967件，依法改判1002件。定期听取律师协会意见，保障律师执业权利。公开裁判文书660.4万份，直播庭审182.4万场，人民陪审员参审案件138.5万件，邀请8.6万名各界人士参与旁听庭审、见证执行等活动，全省法院司法透明度评比列全国首位。

过去五年，习近平法治思想在广东法院形成了生动实践，法院工作从司法理念到具体实践、从体制改革到科技应用、从纪律作风到履职能力都发生了深刻变革。取得这些成绩，根本在于习近平总书记作为党中央的核心、全党的核心掌舵领航，根本在于始终坚持习近平新时代中国特色社会主义思想的科学指引，根本在于始终坚持把人民至上作为最重要的司法理念。我们深深感到，做好新时代人民法院工作，必须始终坚持党对法院工作的绝对领导，坚定不移用“两个确立”“两个维护”统一思想、统一意志、统一行动；必须始终坚持人民司法为人民的初心使命，努力让人民群众在每一个司法案件中感受到公平正义，以解决群众急难愁盼的实际成效取信于民；必须始终坚持中国特色社会主义法治道路，紧紧围绕党和国家工作大局履职尽责；必须始终坚持以深化司法改革作为推动工作发展的动力之源，牢牢把握提升司法公信力这个根本要求，加快推进审判体系和审判能力现代化。取得这些成绩，离不开各级党委坚强领导、各级人大及其常委会有力监督、各级政府和政协大力支持，离不开各民主党派、工商联、人民团体、无党派人士和社会各界的关心、支持、帮助。在此，我代表省高级人民法院表示衷心的感谢！

我们也清醒认识到，全省法院工作仍存在不足：一是自觉服务大局、攻坚克难、防范风险的本领有待进一步增强；二是高质量推进审判工作水平仍有一定差距；三是基层基础工作仍有不少短板，服务群众的能力还需持续加强；四是队伍从严教育、从严管理、从严监督仍有薄弱环节，司法廉政监督和纪律作风建设还需常抓不懈。我们将采取更有力措施认真解决上述问题。

2023 年工作安排

2023 年是全面贯彻落实党的二十大精神的开局之年。全省法院将坚持以习近平新时代中国特色社会主义思想为统领，深入学习贯彻党的二十大精神和中央经济工作会议精神，认真落实省第十三次党代会和省委十三届二次全会部署，坚持统筹国内和国际两个大局，坚持统筹发展和安全两件大事，更好履行维护国家政治安全、确保社会大局稳定、促进社会公平正义、保障人民安居乐业的重大职责，为广东在全面建设社会主义现代化国家新征程中走在全国前列、创造新的辉煌提供有力司法保障。

一是全面加强政治建设。更加坚定捍卫“两个确立”、坚决做到“两个维护”，切实用习近平法治思想武装头脑、指导实践、推动工作，提高政治站位和政治判断力、政治领悟力、政治执行力，确保党的路线方针政策和宪法法律正确统一实施。全面推动学习贯彻党的二十大精神走深走实，奋力推进新时代新征程人民法院工作高质量发展。

二是服务建设更高水平的平安广东。全面贯彻总体国家安全观，增强忧患意识、树牢底线思维、发扬斗争精神，助力构建新安全格局，坚决守牢政权安全、制度安全和意识形态安全“南大门”。充分发挥审判机关打击犯罪、保护人民、定分止争、化解矛盾的职能，常态化开展扫黑除恶斗争，依法严惩各类严重刑事犯罪，坚决守护人民群众生命健康财产安全，有效防范化解金融房地产领域债务风险，为经济社会发展创造安全稳定的政治社会环境。

三是服务保障更高水平法治广东建设。完整、准确、全面贯彻新发展理念，聚焦建设粤港澳大湾区和深圳先行示范区、横琴前海南沙三大平台、深圳综合改革试点等国家战略和重大布局持续发力，全面推进市场化、法治化、国际化一流营商环境建设。主动适应高质量发展新要求，为加快形成突出制造业当家的现代化产业体系、全面实施“百县千镇万村高质量发展工程”和绿美广东生态建设提供更优质的司法服务，为教育强省、科技创新强省、人才强省提供更有力法治保障。

四是不断满足人民对公平正义的新期待。坚持以人民为中心的发展思想，不断深化“为群众办实事”机制，从老百姓最盼、最急、最怨的突出问题入手，推出更多普惠均等、便捷高效的司法为民便民利民举措，解决好人民群众在涉诉环节的操心事、烦心事、揪心事。坚持和发展新时代“枫桥经验”，完善预防性化解纠纷机制，引导形成办事依法、遇事找法、解决问题用法、化解矛盾靠法的良好局面，扎实推进自治、法治、德治相结合的城乡基层治理体系建设，让人民群众更加感受到公平正义就在身边，美好生活更有保障。

五是持续深化司法领域各项改革。全面准确落实司法责任制，紧紧扭住影响司法公正的关键环节，进一步提升审判质量效率和司法公信力。不断完善审判权运行的监督制约，让每一起案件裁判都经得起法律检验、人民检验和历史检验。深入推进四级法院审级职能定位改革，强化上级法院监督指导作用。深化以审判为中心的刑事诉讼制度改革，试点设立民事案件调解前置机制，推动更多矛盾纠纷源头化解、多元调解。以改革为根本动力破解工作堵点，在法治广东的丰富实践中创造更多可复制可推广的改革样本。

六是建设堪当重任的高素质司法铁军。持之以恒加强审判人员革命化正规化专业化职业化建设，强化思想淬炼、政治历练、实践锻炼、专业训练，着力提升推动高质量发展本领、服务群众本领、防范化解风险本领，强化斗争精神和斗争本领养成，增强战胜前进道路上一切艰难险阻的自信、底气、定力。牢记“三个务必”，坚持以严的基调驰而不息正风肃纪，一体推进不敢腐、不能腐、不想腐，确保党和人民信得过、靠得住、能放心。

各位代表，使命呼唤担当，实干成就未来。全省法院将更加坚定自觉地以习近平新时代中国特色社会主义思想为指引，在省委的坚强领导下，认真落实本次大会决议，踔厉奋发、勇毅前行，为奋力实现习近平总书记赋予广东的使命任务、谱写新时代全面建设社会主义现代化国家的广东篇章做出新的更大贡献！

广东省人民检察院工作报告

——2023年1月14日在广东省第十四届人民代表大会第一次会议上

广东省人民检察院检察长　冯键*

各位代表：

我代表广东省人民检察院向大会报告工作，请予以审议，并请各位政协委员和列席人员提出意见。

过去五年，省检察院在省委和最高人民检察院的坚强领导下，在省人大及其常委会的有力监督下，坚持以习近平新时代中国特色社会主义思想为指导，全面贯彻习近平法治思想，认真落实省委工作部署和省十三届人大历次会议的决议，把增强“四个意识”、坚定“四个自信”、做到“两个维护”体现在履职尽责上，以高度的政治自觉、法治自觉、检察自觉忠实履行宪法法律赋予的法律监督职能，各项检察工作取得新进展。

一、牢记党的绝对领导是检察工作之魂，坚持和捍卫“两个确立”、坚决做到“两个维护”

坚定不移用党的创新理论统领全省检察工作。坚持把学习贯彻习近平新时代中国特色社会主义思想作为首要政治任务，坚持第一议题制度，以“五学联动”、政治轮训等方式，推动学习贯彻层层递进、走深走实。扎实开展“不忘初心、牢记使命”主题教育、党史学习教育，强化全体检察人员为大局服务、为人民司法的使命担当。认真落实《中国共产党政法工作条例》及省委实施办法，严格执行省委坚决落实“两个维护”十项制度机制，加强重大事项请示报告，向省委报告省检察院党组工作、检察机关法律监督工作，有力彰显党领导检察工作的制度优势。

坚定不移把落实习近平总书记和党中央的重大部署作为重大使命、重大责任。深入贯彻《中共中央关于加强新时代检察机关法律监督工作的意见》及省委实施方案，为检察履职提供有力领导和支持。自觉扛起服务重大国家战略实施的使命责任，省检察院及时制定服务意见和行动计划，结合办案加强对下指导，举全省检察机关之力，用法治护航粤港澳大湾区、深圳先行示范区和横琴、前海、南沙三大平台建设。

二、牢记服务大局是检察工作之本，依法能动履职助力广东经济社会高质量发展

坚决维护国家安全和社会稳定。始终把维护国家政治安全摆在首位，增强斗争精神，严厉打击敌对势力渗透破坏颠覆分裂活动。抓好扫黑除恶斗争，坚持“是黑恶犯罪一个不放过、不是黑恶犯罪一个不凑数”，依法从严打击人民群众反映强烈、深恶痛绝的各类黑恶势力，起诉涉黑犯罪6422人、涉恶犯罪15622人，省检察院连续三年被评为全国扫黑除恶先进单位。全面贯彻少捕

* 2023年2月24日，第十三届全国人民代表大会常务委员会第三十九次会议通过，批准任命冯键为广东省人民检察院检察长。

慎诉慎押刑事司法政策，不批捕190963人、不起诉125438人，认罪认罚从宽制度适用率达86.8%，诉前羁押率下降至30.8%，有效化解社会矛盾，促进修复社会关系。过去五年，全省检察机关共批捕各类犯罪嫌疑人543048人，起诉792329人。2022年与2018年相比，起诉杀人、抢劫、绑架等严重暴力犯罪下降9.8%，聚众斗殴、寻衅滋事犯罪下降57.8%，毒品犯罪下降78.8%，枪爆犯罪下降66.3%，社会治安秩序持续向好。

依法推动经济发展在法治轨道上运行。严惩金融证券犯罪，起诉破坏金融管理秩序、金融诈骗、操纵市场、内幕交易、非法集资等犯罪9940人。从严追诉洗钱犯罪，加大“自洗钱”犯罪追诉力度，坚持上游犯罪和洗钱犯罪同步审查，起诉洗钱犯罪492人，占全国总数的11.1%。依法保护民营企业产权和企业家权益，深化涉企“挂案”专项清理、涉非公经济控告申诉案件清理和监督，对非国有公司企事业单位人员不批捕4203人，不起诉5285人。作为全国首批涉案企业合规改革试点地区，办理企业合规案件319件。服务创新驱动发展，省检察院组建知识产权检察办公室，形成知识产权案件“四检合一”办案机制。起诉侵犯知识产权犯罪12871人，占全国总数的23.6%。

合力打好反腐败斗争攻坚战持久战。加强与监察机关的工作衔接，完善检察机关对职务犯罪案件提前介入、证据审查等工作机制。依法起诉职务犯罪6683人，其中副厅级以上225人。与监委、法院等共同推进受贿行贿一起查，起诉受贿犯罪2618人、行贿犯罪1420人。积极推动违法所得没收程序适用，力促追逃追赃。检察机关依法行使侦查权，自行立案侦查司法工作人员利用职权实施侵犯公民权利、损害司法公正犯罪372人。

三、牢记人民至上是检察工作之源，努力让人民群众感受到公平正义就在身边

用力守护千家万户幸福美好生活。落实食品药品安全“四个最严”要求，起诉制售假药劣药、有毒有害食品等犯罪2522人。起诉非法倾倒危险废物、非法捕捞水产品、非法采矿等破坏生态环境资源犯罪15268人。积极参与“全民反诈”“断卡”专项行动，坚决打击整治电信网络诈骗、侵犯公民个人信息等犯罪，起诉25273人。2022年4月起开展打击整治养老诈骗专项行动，起诉587人，追赃挽损7.8亿元。积极配合公安机关开展“打拐”“团圆”行动，起诉拐卖和收买被拐卖的妇女儿童犯罪515人。依法打击妨害传染病防治、偷渡走私等犯罪，守护人民群众生命健康安全。

用心解决好群众揪心事烦心事。认真落实群众信访件件有回复，采取领导包案、挂牌督办等一系列措施，办理群众信访278957件，2022年三级检察院领导包案办理首次信访数居全国第一。全面推行公开听证，邀请人大代表、政协委员、专家学者作为第三方参与评议，既解“法结”更解“心结”。深化12309检察服务中心建设，提供“信、访、网、电、视频”综合性便民服务，努力让群众少跑腿、易办事。积极履行民事支持起诉职能，出台全国省级检察院首个开展民事支持起诉工作的指导意见，办理支持农民工等特殊群体维护自身合法权益案件1520件。用好司法救助、扶贫领域涉案财物快速返还等制度机制，依法给予10543人司法救助金1.9亿元，年均上升38.7%，防止因案致贫返贫，助力乡村振兴。

用爱撑起未成年人法治蓝天。认真贯彻修订后的《未成年人保护法》和《预防未成年人犯罪法》，督促落实强制报告、从业禁止、入职查询等制度，从严惩治性侵等侵害未成年人犯罪，批捕27699人，起诉32120人，办理烟酒销售、个人信息保护、娱乐游戏等涉未成年人保护领域公益诉讼536件。深化涉罪未成年人教育、感化、挽救工作，不捕率、不诉率分别为37.4%和26.8%，推动建立观护帮教基地246个、专门学校15所。强化未成年被害人综合救助，会同公安等部门建成“一站式”办案场所229个。三级院检

察长全部担任法治副校长，推进法治进校园，携手家庭、学校、社会等各方共同守护未成年人健康成长。

四、牢记法律监督是检察工作之要，以融入式监督促进执法司法机关自我纠错、减少出错

刑事检察更加精准。持续加大立案监督、侦查活动监督力度，监督立案7604件、撤案7652件，追捕10063人、追诉11132人、提出纠正侦查活动违法意见14345件。强化刑事审判监督，对认为确有错误的刑事裁判提出抗诉2404件，对刑事审判活动提出纠正意见589件、年均上升147.3%。深化监狱、看守所执法监督，构建“派驻＋巡回”监督模式，对全省148个监管场所实行派驻检察，对省内28所监狱、74个看守所、1284个司法所、111个社区矫正中心开展巡回检察。依法审查减刑、假释、暂予监外执行案件43.9万件，针对刑事执行违法违规等情形提出纠正意见37388份，5297个脱逃监管、“纸面服刑”的罪犯被收监执行。

民事检察更加深入。对认为确有错误的民事裁判提出抗诉1036件，法院审结后改变率为76.1%；提出再审检察建议1134件，采纳率为64.5%。深化民事审判和执行活动领域违法行为监督，发出检察建议13354件。持续开展虚假诉讼专项监督，以抗诉或检察建议纠正780件。及时总结发布典型案例，指引司法办案，引领社会法治进步。

行政检察更加有力。受理审查行政案件24282件，以检察建议监督纠正行政审判和执行活动中的违法情形7366件，对认为确有错误的行政判决提出抗诉或再审检察建议60件。针对程序终结但诉争未解的案件，持续开展行政争议实质性化解专项监督，已化解1883件。开展行政非诉执行专项监督，办理土地执法查处领域案件8572件，切实用法律手段保护珍贵的土地不受破坏。建立行政检察与行政执法衔接机制，加强执法司法协作配合，助力法治政府建设。

公益诉讼检察更加有为。认真落实省人大常委会《关于加强检察公益诉讼工作的决定》，立案办理“4+9”领域公益诉讼案件40343件，年均上升32.1%。树牢“双赢多赢共赢”办案理念，办理诉前程序30525件，督促履职整改，99.8%的案件在诉前实现维护公益目的；依法提起诉讼1997件，法院支持率为99.7%。围绕生态环境和资源保护、“国财国土”等传统领域，加大办案力度，挽回、督促修复被破坏的山水林田湖海38.5万亩，起诉索赔并经生效判决、调解确认生态环境损害赔偿金、治理恢复费用等53亿元，督促挽回国有财产损失7.7亿元。积极探索公益诉讼新领域，开展全省文物和文化遗产保护公益诉讼专项监督，创新涉侨公益诉讼工作方式，守护南粤历史文脉。

五、牢记改革创新是检察工作之脉，持续推进执法司法制约监督体系改革和建设

全面完成内设机构改革。2018年以来，针对检察职能调整、法律监督总体格局重塑，全省三级检察机关内设机构改革方案全面落实。刑事案件的批捕、起诉职能实行一体履行，进一步强化监督、提高效率。结合广东检察实际，省检察院设立专门的民事、行政、公益诉讼、未成年人检察，以及职务犯罪侦查、粤港澳大湾区司法事务协作等机构，推动“四大检察”“十大业务”全面协调充分发展。

深入落实司法责任制。全省检察人员分类管理全面落地，检察官、检察辅助人员、司法行政人员各司其职。落实办案亲历性要求，检察长、副检察长、检察委员会专职委员办案117491件，入额领导干部带头办理重大、疑难、复杂案件成为常态。抓实办案质量终身责任制，定期开展执法督察和案件质量专项评查，促进执法水平提高。建立健全员额检察官动态调整和进退流转制度，持续推动检察官队伍能上能下、能进能出，新入额

611 名检察官，1206 名检察官有序退出员额。

不断完善执法监督制约机制。完善涉刑事案件移送标准，升级信息共享平台，促进行政执法与刑事司法双向衔接，确保刑事责任与行政责任追究“不缺位不越位”。健全有力配合、更实监督的侦查办案机制，与公安机关共同设立 237 个侦查监督与协作配合办公室，实现市、县（区）全覆盖，立案监督率、撤案监督率分别提升至 92.6% 和 100.4%。推进检察长列席同级法院审判委员会会议制度落实，依法履行法律监督职责。自觉开展自我监督，对法院宣告无罪的公诉案件逐案复查，公诉不当的严肃追责，对公安机关提请复议复核案件进行重新审查 2175 件、改变决定 126 人。

着力加强检察管理。建立健全检察官、检察辅助人员、司法行政人员考核指标和工作流程，推进全面、全员、全时考核。坚持案件质量管控关口前移，积极运用“案－件比”质效评价机制，全省刑事检察“案－件比”从 1:1.92 降至 1:1.16。参与政法跨部门大数据平台建设，以大数据赋能法律监督工作提质增效。

六、牢记自我革命是检察工作之基，锻造忠诚干净担当的过硬检察队伍

加强专业化建设。落实领导干部上讲台、检察官教检察官、青年培优、青年检察官“双导师”等制度。大力培养检察队伍专业精神、专业能力，169 件案件入选全国指导性案例和典型案例。205 个集体和 175 名个人获省级以上表彰，培树出全国先进工作者、全国“人民满意的公务员”等一批模范典型，11 名检察官获评全国检察机关业务标兵、办案能手。

加强纪律作风建设。贯彻执行《新时代政法干警“十个严禁”》，坚决落实防止干预司法“三个规定”，主动记录报告有关事项 19484 件。按照党中央统一部署，2021 年全省检察机关开展政法队伍教育整顿，针对顽瘴痼疾专项整治的共性问题和突出问题建章立制 2707 项，促进纪律作风进一步好转、执法司法公信力进一步提升。坚持零容忍，在政法队伍教育整顿期间，严肃查处违纪违法检察人员 174 人。

加强基层基础建设。牢固树立强基导向，持续深入打造新时代“五好”基层检察院。创新“三重三联”系统党建工作机制，推进三级检察院党组织建设，筑牢检察一体化优势。积极开展“结对共建”“一院两品”、十佳文化品牌创建等工作，着力释放基层活力，涌现出一批全国模范检察院、全国先进基层党组织和全国先进基层检察院。

五年来，我们始终坚持将全过程人民民主融入检察工作，依法履职，自觉接受监督，努力让公平正义更可视、可评、可感。我们认真学习贯彻中央和省委人大工作会议精神，全面落实省人大及其常委会决议和决定，向省人大常委会报告贯彻实施《民法典》、加强检察公益诉讼等专项工作，自觉配合开展专题调研和执法检查。办结省人大代表建议 56 件、省政协委员提案 28 件，及时反馈并改进工作。健全日常联络机制，通过线上线下方式联络各级人大代表、政协委员，邀请视察工作、参与检察活动 57300 余人次。充分发挥人民监督员作用，邀请监督检察办案活动 5411 件次。依法保障律师执业权利，办理律师辩护与代理事项 186522 件次。主动接受社会监督，检务公开更加深入。守正创新讲好新时代检察故事，广东检察新媒体荣获 25 项全国性奖项、11 项省级奖项。

五年来，全省检察工作在与党和人民同心、与广东经济社会发展同向、与平安广东法治广东建设同行中进步，检察理念实现新的转变、法律监督工作实现新的发展、司法公信力实现新的提升。我们深知，检察工作每一步跨越、每一项成绩的取得，离不开省委、最高检的坚强领导，离不开全省各级人大及其常委会的有力监督，离不开政府、政协以及社会各界的关心、支持。在此，我代表全省检察机关，向大家致以崇高敬意和衷心

感谢！

同时，我们也清醒认识到，面对新的发展形势和使命任务，全省检察工作还存在许多不足，面临不少困难和挑战。一是立足国内国际两个大局和广东经济社会高质量发展，服务保障“双区”和横琴、前海、南沙等重大合作平台建设的前瞻性、精准性有待进一步增强。二是适应全面依法治国对法律监督工作的新要求，“四大检察”“十大业务”全面协调充分发展还要进一步推进。三是围绕更高水平的平安广东法治广东建设，主动融入国家治理体系、依托司法办案推动解决突出社会问题还有差距。四是着眼检察事业长远发展，基层基础建设、智慧检务、队伍建设等方面还需进一步加强。对此，我们将切实增强问题意识和责任意识，不断在破难题开新局上下功夫、见成效。

各位代表，2023 年是全面学习贯彻党的二十大精神的开局之年。全省检察机关将坚持不懈用习近平新时代中国特色社会主义思想凝心铸魂，全面贯彻落实党的二十大精神，深刻领悟“两个确立”的决定性意义，增强“四个意识”、坚定“四个自信”、做到“两个维护”，坚决落实习近平总书记对政法工作的重要指示，坚决落实党对检察工作的绝对领导，聚焦习近平总书记赋予广东的使命任务，全面履行“四大检察”职能，加强法律监督工作，以检察工作现代化有力服务保障广东现代化建设，为广东打造全国最安全稳定、最公平公正、法治环境最好的地区之一贡献检察力量。重点抓好以下四方面工作。

第一，推进法律监督理念现代化，更有力维护国家安全和社会稳定。更加注重政治统领。不断提高政治站位和政治判断力、政治领悟力、政治执行力，从讲政治高度开展检察工作。深刻认识维护国家政治安全的极端重要性，用好用足法律武器严厉打击各类危害国家安全犯罪，切实维护政权安全、制度安全、意识形态安全。常态化推进扫黑除恶，始终坚持“是黑恶犯罪一个不放过，不是黑恶犯罪一个不凑数”，对黑恶势力露头就打，严防死灰复燃。更加注重人民至上。检察办案兼顾天理、国法、人情、良知，综合考量案件发生的背景、情由、后果、认罪悔罪态度等，依法准确把握法律适用，努力实现办案政治效果、社会效果、法律效果相统一。大力推进公开听证、民事检察和解等工作，实质性化解群众合理合法诉求，深化落实群众信访件件有回复，努力促进案结事了人和。更加注重法治思维。坚持宽严相济，统筹、规范适用少捕慎诉慎押刑事司法政策和认罪认罚从宽制度，促进认罪悔罪、减少社会对立面，增进社会和谐。适应新阶段疫情防控政策调整，对哄抬物价、制假售假、扰乱医疗秩序等危害严重、性质恶劣的犯罪依法从严惩治。更加注重系统观念。进一步延伸法律监督触角，认真研析个案、类案背后的问题，大力加强社会治理类检察建议、类案监督工作，防止违法犯罪反复多发，以诉源治理促进社会治理。深入实施数字检察战略，以数字革命赋能法律监督，用智慧监督实现法律监督质效飞跃。

第二，推进法律监督机制现代化，更有力保障经济高质量发展和民生福祉。跟进服务重大战略实施。完善服务“双区”和横琴、前海、南沙三大平台建设等检察举措，以更精准履职助力探索中国式现代化广东路径。持续助力释放发展动能。健全金融证券检察工作机制，有效防范化解经济金融风险。深化涉案企业合规改革，进一步做实对各类所有制企业一视同仁、平等保护。优化知识产权案件“四检合一”办案机制，不断强化知识产权综合保护。将基层检察院建设与服务保障城乡区域发展结合起来，努力为突出制造业当家和实施“百县千镇万村高质量发展工程”营造良好法治环境。突出绿美广东引领，加强生态环境司法保护，让南粤大地天更蓝、山更绿、水更清、生态更优美。不断满足人民群众更高水平需求。围绕人民群众急难愁盼问题，提供更加丰富、更高质量的检察产品，持续抓好未成年人司法保护、司法救助、支持起诉等检察为民实事，努力让人民群众在检察履职中有更多更实的获得感。

第三，推进法律监督体系现代化，更有力守护社会公平正义。认真落实党的二十大报告关于“加强检察机关法律监督工作”的要求，深化落实《中共中央关于加强新时代检察机关法律监督工作的意见》及省委实施方案，健全检察业务衔接机制、与其他执法司法机关制约配合机制，进一步推动刑事、民事、行政、公益诉讼“四大检察”一体发展、融合发展。全面提升法律监督质量和效果，加强对公安机关刑事立案、侦查活动的监督，加强对法院刑事、民事、行政审判的监督，加强对看守所、监狱、社区矫正机构刑事执行活动的监督，加强对司法工作人员履职的监督，提升公益诉讼检察在维护国家利益和社会公共利益上的效能，积极参与反腐败斗争，助力加快建设更高水平的法治广东。

第四，推进法律监督能力现代化，更有力加强过硬队伍建设。在筑牢政治忠诚上持续发力，落实新时代党的建设总要求，常态化开展党史学习教育。一体推进检察机关政治建设、业务建设、职业道德建设全面高质量发展，加强实践锻炼和专业训练，深化政治与业务融合培训，不断提升检察人员政治素质和专业素养。深化司法体制综合配套改革，全面准确落实司法责任制，着力向科学管理要“生产力”“战斗力”。持之以恒推进全面从严管党治检，巩固拓展队伍教育整顿成果，严格落实“三个规定”，始终坚持以严的基调强化正风肃纪。持续加强基层检察院建设，全面提升基层检察工作整体效能，切实抓好服务大局、检察为民的“最后一公里”。

各位代表，在充满光荣和梦想的新征程上，广东检察机关将牢记初心使命，坚持团结奋斗，在省委和最高人民检察院的坚强领导下，自觉主动接受人大和社会各界的监督，踔厉奋发、勇毅前行，以无悔的忠诚担当、有力的履职尽责，为我省在全面建设社会主义现代化国家新征程中走在全国前列、创造新的辉煌作出新的更大贡献！

海南省高级人民法院工作报告

——2023年1月15日在海南省第七届人民代表大会第一次会议上

海南省高级人民法院院长　戴军

各位代表：

现在，我代表海南省高级人民法院向大会报告工作，请予审议，并请省政协委员和列席同志提出意见。

过去五年的主要工作

五年来，海南法院坚持以习近平新时代中国特色社会主义思想为指导，在中央、省委坚强领导，最高法院精心指导，省人大有力监督，省政府、省政协及社会各界关心支持下，围绕"努力让人民群众在每一个司法案件中感受到公平正义"工作目标，围绕自贸港"三区一中心"战略定位，锚定"一本三基四梁八柱"战略框架，把握"司法为民、公正司法"工作主线，忠诚履职，担当作为，各项工作健康平稳推进。

五年来，全省法院受理各类案件129.45万件，审执结126.74万件，法官年均结案228件。全省法院有96项工作在全国进行经验交流，215个集体、357名个人荣获省部级以上表彰表扬，116项工作得到最高法院周强院长、省委沈晓明书记等领导批示肯定。

一、旗帜鲜明讲政治，坚定捍卫"两个确立"、坚决做到"两个维护"

深入学习贯彻习近平总书记系列重要讲话和党的十九大、二十大精神。通过党组会、全员政治轮训等形式，第一时间传达学习贯彻习近平总书记系列重要讲话精神。扎实推进"不忘初心、牢记使命"主题教育、党史学习教育、政法队伍教育整顿、"作风整顿建设年""能力提升建设年"和"查堵点、破难题、促发展"等活动，筑牢对党绝对忠诚的政治根基。

始终坚持党对法院工作的绝对领导。坚决落实《重大事项请示报告条例》，省高院主动向省委和最高法院请示报告工作546次。健全完善习近平总书记重要讲话和中央、省委、最高法院重大决策部署落实机制和台账督办机制，落实相关任务1239项。

大力加强新时代海南法院党的建设。创新设立党组办公室，通过机制创新进一步强化党建力量。创新探索对"一把手"和领导班子监督的"十项制度"被全国教整办转发推广。省高院荣获省直机关"椰树杯"党建大赛一等奖。

二、服务大局勇担当，全力为海南自贸港建设提供坚强司法保障

着力服务保障全面深化改革开放试验区建设。深入学习贯彻习近平经济思想，积极为《海南自贸港法》提供立法建议，协助省人大常委会起草《海南省多元化解纠纷条例》《海南自贸港企业破产程序条例》等立法文件。以超常规举措成功设立全国首家立审执一体化的知识产权法院，最

高法院周强院长称赞"这是'自贸港精神'和'自贸港速度'的具体体现"。

着力服务保障国家生态文明试验区建设。深入践行习近平生态文明思想，以司法方式护航自贸港绿水青山、碧海蓝天。全面推进环境资源巡回审判改革和海事审判"三合一"改革，实现全省全域巡回审判全覆盖。在全国率先探索生态环境恢复性司法，判令被告人补种树木18.2万株，恢复林地345亩。

着力服务保障国家重大战略服务保障区建设。深入学习贯彻习近平强军思想，依法维护国防利益和军人军属合法权益。设立军地协同巡回法庭，对涉军案件优先立案、优先审理、优先执行。联合海口军事法院运用调解方式帮助海军某部收回2690亩土地用于国防建设，最高法院周强院长批示"效果好，值得认真总结和推广！"

着力服务保障国际旅游消费中心建设。五年来受理各类旅游消费纠纷3524件。在全国创设首家旅游巡回法庭，重大节假日法官轮流值班，就地立案、就地审理、当庭裁决、立即执行。全省法院旅游审判工作多次被人民日报、中央电视台等国家级媒体宣传点赞。

着力打造法治化营商环境。全面贯彻落实习近平总书记"法治是最好的营商环境"重要指示，努力以公正高效的司法裁判营造稳定、公开、透明、可预期的法治化营商环境。主动对标世界银行和国家发改委关于营商环境的评价体系，以指标考核倒逼审执质效全面提升。

着力防范化解重大风险。健全完善"三级法院统一联动、立审执一体化"风险防范处置机制，五年来有效处置房地产、金融等风险案件4.8万余件。依法有效应对了海航集团破产重整案以及恒大集团、半山半岛、龙沐湾等一批大要案。

三、理念引领提质效，审判执行工作结出丰硕成果

依法惩治刑事犯罪，维护社会和谐稳定。五年来受理各类一审刑事案件4.3万件，依法判处刑罚5.4万人。依法严惩间谍窃密、暴力恐怖等危害国家安全犯罪50件150人。深入开展扫黑除恶专项斗争，依法审结黄鸿发、吴宗隆、刘庆骞等黑恶案件649件4436人。深入推进禁毒大会战，依法审结毒品犯罪案件8233件11871人。保持惩治腐败高压态势，审结杨思涛等职务犯罪案件1213件1700人。

公正审理民商案件，服务经济社会发展。五年来受理民商事案件73.9万件，标的额5169亿元。大力推进诉源治理和矛盾纠纷多元化解，诉前调解25.7万件，诉中调解19.2万件。依法、平等、及时保护各类市场主体及企业家合法权益，激励企业家以恒心办恒业、实现更大发展。在法国某银行诉香港某公司等一批案件中，基于对海南司法环境的信任，各方自愿选择到海南法院进行诉讼。

妥善化解行政争议，促进法治政府建设。五年来受理行政案件3.2万件。大力推动行政机关负责人出庭应诉工作，省政府时任副省长王斌同志和副省长刘平治同志亲自带头出庭应诉，行政机关负责人出庭应诉率跃升到97%以上。依法支持"多规合一"、拆迁打违、闲置土地清理、农垦改革、重点园区建设等中心工作，支持政府收回闲置土地3万余亩。

努力破解执行难题，坚决打赢执行硬仗。持续开展执行攻坚，五年来受理执行案件40.6万件，执行到位金额1381亿元。以前所未有的决心和力度奋力攻坚"基本解决执行难"，专家组评价"各级领导如此重视没想到；真抓实干的力度没想到；取得的整体成效没想到。"在全国首创刑事裁判财产性判项集中集约执行改革，最高法院周强院长三次批示肯定并要求全国推广。

四、司法为民有温度，人民群众合法权益得到充分保障

服务保障疫情防控和复工复产。面对突然暴发的新冠疫情，迅速出台司法政策，开庭审理一

批典型案件，引导社会公众支持防疫、共克时艰。坚决贯彻中央、省委“六稳”“六保”和复工复产的决策部署，开通涉疫案件审理“绿色通道”，落实“留水养鱼”等善意文明执行举措，助力经济社会恢复发展。

不断创新便民利民新举措。推行“最多跑一次，最好不用跑”网上立案新模式，当场登记立案率达到98%。深化“一站式”多元解纷和诉讼服务体系建设，当事人足不出户即可办理网上立案、跨域立案、在线开庭等业务。创设旅游法庭、交通法庭、医疗法庭等特色法庭，方便人民群众在“家门口”解决纠纷。

用心用情办好民生案件。切实加强未成年人司法保护，依法严惩侵害未成年人犯罪案件2049件，选派413名法官担任法治副校长。依法严惩制售“病猪肉”“毒面膜”“假药品”等犯罪案件182件，守护百姓餐桌安全、用药安全。依法严惩养老诈骗、学位诈骗等犯罪案件3917件，守护群众“读书钱”“看病钱”“救命钱”。依法严惩高空抛物、偷盗井盖等违法案件265件，守护群众头顶上、脚底下安全。开辟农民工维权“绿色通道”，及时为农民工等弱势群体追回薪资9.45亿元。

五、改革创新破难题，审判体系和审判能力现代化进一步提升

全面推进司法责任制改革。制定《院庭长审判监督工作规范》等文件，将“谁审理谁裁判，谁裁判谁负责”的改革要求落实落细。加强司法制约监督机制建设，首创驻院纪检监察组列席审委会制度，建立健全“三留痕”“四报告”“四审批”等工作机制，让审判权在监督制约下依法运行。

加快推进审判制度集成创新。目前海南法院已有9项制度入选自贸港制度集成创新案例，其中两项荣获“海南省改革和制度创新奖”二等奖。创设自贸港统一的类案裁判指引制度，出台12个规范性文件和191个典型案例，该机制入选我省第14批制度集成创新案例。

深入推进智慧法院建设。强化智慧法院建设顶层规划，提出“12446”发展战略，最高法院将海南法院确定为全国“智慧法院”试点法院。建立拥有自主知识产权的涉外民商事纠纷在线多元化解平台，当事人在域外也能参加诉讼，该平台荣获“全国政法智能化建设智慧法院”创新案例。

六、政治引领强队伍，努力打造忠诚干净担当的法院铁军

着力强化政治建设。始终把政治建设放在首位，严守政治纪律和政治规矩。将政治忠诚体现到具体行动上，面对矛盾敢于迎难而上，面对困难敢于挺身而出，在疫情防控、风险矛盾化解、执行攻坚等急难险重任务中不断强化政治担当。

着力加强队伍素能建设。积极开展“大培训、大练兵、大比武”。制定《海南法院队伍素能建设五年规划》，开通自贸港法院大讲堂，组织培训162班次9.46万人次。广泛开展《民法典》及新颁法律的实战化大培训。深化国际司法交流合作，成功争取最高法院法官国际交流中心落户海南，积极承办金砖国家大法官论坛，顺利举办首期尼泊尔高级法官研修班，海南法院国际司法影响力得到明显提升。

着力加强清廉自贸港人民法院建设。教育引导全体干警深刻汲取个别害群之马给海南法院带来的惨痛教训，一体推进“不敢腐、不能腐、不想腐”。强化以忠诚为核心的理想信念教育，引导干警算好人生“七笔账”。坚决整改中央督导、省委巡视、最高法院审务督察指出的突出问题，台账管理，挂账销号，137类问题全部整改完毕。深入开展“以案促改”，坚决肃清流毒影响。健全完善预防和惩治司法腐败的长效机制，出台廉政制度文件106件。零容忍惩治司法腐败，配合纪委监委立案调查31人，其中移送司法处理18人。

七、真诚主动迎监督，自觉践行全过程人民民主

牢固树立“监督就是支持，监督就是保护”

的理念，以监督保廉洁、促公正、树公信。五年来主动向人大、政协机关报告法院工作1278次。邀请代表、委员视察法院、观摩庭审3312人次。高度尊重、认真办理、充分吸纳代表委员的意见建议68件，满意率100%。省人大常委会给予省高院通报表扬，省政协授予省高院“提案先进承办单位”。自觉接受纪检监察监督，办理纪委监委交办件416件。依法接受检察监督，邀请同级检察长列席审委会1636次，认真办理抗诉案件623件。向社会公开裁判文书70余万份，庭审直播30余万场。

各位代表，海南法院工作的发展进步，根本在于习近平总书记作为党中央核心、全党核心的掌舵领航，根本在于习近平新时代中国特色社会主义思想科学指引，得益于各级党委的坚强领导，各级人大的有力监督，各级政府、政协及社会各界的大力支持，得益于各位代表委员一直以来的关心、理解、鼓励和帮助！在此，我谨代表海南法院，表示衷心感谢，并致以崇高敬意！

各位代表，面对成绩，我们也清醒地认识到工作仍存在不足和困难：一是政治建设还需进一步加强；二是服务海南自贸港建设的能力水平还需进一步提升；三是审判执行工作质效还需进一步提高；四是司法改革还需进一步推进；五是清廉法院和司法作风建设还需进一步强化；六是基层基础建设还需进一步夯实。对于上述问题和困难，我们将采取有效措施，着力推动解决。

2023年工作安排

2023年海南法院的总体工作思路是：坚持以习近平新时代中国特色社会主义思想为指导，深入学习贯彻党的二十大精神，全面贯彻落实习近平法治思想，坚决贯彻落实中央、省委、最高法院决策部署，坚持党的绝对领导，践行以人民为中心的发展思想，坚定不移走中国特色社会主义法治道路，更加注重系统观念、法治思维、强基导向，着力提升司法素能，努力实现海南法院工作新跃升！

一要持续筑牢政治忠诚。

二要坚决有力服务大局。

三要聚焦主业公正司法。

四要多措并举司法为民。

五要扎实深化司法改革。

六要着力加强队伍建设。

七要不断夯实基层基础。

八要更加主动接受监督。

各位代表，新的一年，海南法院将更加紧密地团结在以习近平同志为核心的党中央周围，坚决贯彻落实省第八次党代会精神，坚决按照本次大会决议和各位代表委员的意见建议，解放思想、开拓创新、团结奋斗、攻坚克难，努力为加快建设具有世界影响力的中国特色自由贸易港贡献法院智慧和力量！

海南省人民检察院工作报告

——2023年1月15日在海南省第七届人民代表大会第一次会议上

海南省人民检察院检察长　张毅

各位代表：

现在，我代表省人民检察院向大会报告工作，请予审议，并请省政协委员和其他列席人员提出意见。

过去五年工作回顾

过去五年，是海南发展史上极不平凡、具有里程碑意义的五年，也是海南检察工作砥砺奋进、取得显著成效的五年。党的二十大报告首次强调“加强检察机关法律监督工作”，党中央印发加强新时代检察机关法律监督工作的意见，省委跟进制定具体实施方案，最高检出台服务保障海南自贸港建设的意见，赋予检察机关更重责任。五年来，在中央和省委、最高检坚强领导下，在省人大及其常委会有力监督下，全省检察机关坚持以习近平新时代中国特色社会主义思想为指导，深入贯彻习近平法治思想，全面贯彻党的十九大、十九届历次全会和党的二十大精神，深入落实省委七届历次全会和省第八次党代会精神，认真执行省六届人大历次会议决议，紧紧围绕海南全面深化改革开放和自贸港建设，依法能动履行法律监督职责，各项检察工作在稳进、落实中取得长足发展进步。

一、坚持服务大局，全力以赴为海南全面深化改革开放和自贸港建设保驾护航

始终把围绕中心、服务大局作为全省检察工作的重要原则和基本理念，锚定“一本三基四梁八柱”战略框架，持续优化服务保障举措，努力让法治成为海南自贸港的鲜明底色和“最强内核”。

着力防范化解重大风险。积极践行统筹发展与安全要求，起诉各类经济金融犯罪4484人，较前五年上升1.47倍，全力服务保障全岛封关运作准备。开展打击治理洗钱违法犯罪三年行动，与省纪委监委、人行海口中心支行等建立协作配合机制，持续落实洗钱犯罪与上游犯罪同步审查机制，起诉洗钱、非法从事资金支付结算业务等犯罪376人，特别是2022年起诉洗钱犯罪人数同比上升5.3倍，其中68.4%系检察机关同步审查后追加认定。突出惩治走私犯罪，牵头与广东、广西检察机关共建反走私刑事检察协作机制，2020年7月离岛免税政策调整以来起诉走私犯罪370人，其中走私离岛免税“套代购”犯罪189人，决不让不法分子在自贸港建设中“钻空子”“赚黑钱”。

大力助推一流法治化营商环境建设。着眼更好更实服务企业发展，建立优化营商环境联席会议制度和常态化联系企业、涉企案件快速办理机制，依法加强对企业的司法保护，五年来起诉合同诈骗、串通投标等侵害企业合法权益犯罪374人，对603名企业负责人涉经营类犯罪依法不捕

不诉、建议适用缓刑，促进稳企业保民生。联合省公安厅开展涉企刑事“挂案”专项清理，持续深化涉非公经济控告申诉案件监督，清理各类涉企“挂案”“积案”1076件，尽力为企业“松绑减负”。会同司法行政部门探索开展弹性监管，支持接受社区矫正的企业服刑人员赴外地工作1430人次，切实把统筹改造与企业发展做实。

持续加强生态环境司法保护。坚持用最严格法治守护海南得天独厚的生态环境，起诉非法采矿、滥伐林木等犯罪2832人，较前五年上升36.4%。开展公益诉讼检察助力“六水共治”攻坚战，健全“河湖长+检察长”等工作机制，办理生态环保领域公益诉讼案件3709件。文昌清澜红树林保护区违法养殖问题存在多年，经省检察院组织联动办案，最终86家违建养殖场全部拆除，该案入选全国首批湿地保护公益诉讼典型案例和年度检察公益诉讼十大精品案例。

积极促进清廉自贸港建设。加强监检衔接，对监察机关移送审查的职务犯罪决定逮捕575人、起诉928人。根据最高检指定，审查起诉广西壮族自治区人民政府原副主席刘宏武受贿案，这是我省检察机关首次办理原省部级干部职务犯罪要案。依法履行检察侦查办案职责，立案查办司法工作人员滥用职权、徇私枉法等相关职务犯罪96人，着力维护司法廉洁和公正。落实公职人员容错纠错澄清正名机制，依法及时起诉打击捏造事实诬告陷害公职人员的犯罪，向诬告者亮剑，为干事者撑腰。

全力服务疫情防控大局。坚持为依法防疫、战疫提供有力司法保障，2020年以来起诉妨害疫情防控犯罪152人，办理医疗废物处置等领域公益诉讼案件52件。2022年面对突如其来、严峻复杂的“0801”疫情，全省检察机关坚决响应省委号召，以积极担当、奋勇争先精神，先后派出检察干警7200余人次支援抗疫一线；疫情防控措施优化调整后，及时跟进调整监督办案标准，坚持以高度检察自觉服务保障疫情防控大局。

二、坚持维护稳定，凝心聚力推进更高水平的平安海南建设

坚定不移贯彻总体国家安全观，围绕党的二十大、建党100周年、省第八次党代会等重要时间节点，加强与各部门协同，全力做好保安全、护稳定工作。五年来共批捕各类犯罪嫌疑人42779人、起诉63394人。

坚决维护国家政治安全和社会稳定。始终把打击锋芒对准严重暴力以及主观恶性大、情节恶劣的犯罪，起诉11789人，较前五年上升7.8%，对9起陈年命案报经最高检核准追诉。建立涉政类案件省检察院统一审核把关机制，起诉危害国家安全犯罪13人，坚决守好国家政治安全“南大门”。全力投入两轮禁毒三年大会战，起诉毒品犯罪14000人，结合办案加强禁毒法治宣传，我省禁毒成效持续巩固，起诉毒品犯罪人数占比从2017年的33.1%下降至2022年的2.3%，吸毒人员占比从2017年的8.3‰下降至2022年的0.75‰。

扎实开展扫黑除恶斗争。坚决在为期三年的扫黑除恶专项斗争中履行好检察职责，坚持“一个不放过，一个不凑数”办案质量要求，对涉黑涉恶案件积极提前介入、引导侦查，起诉涉黑涉恶组织335个3742人，立案查办黑恶势力“保护伞”72人。黄鸿发特大涉黑案专案组获评全国政法及检察系统优秀办案团队。2021年以来，省检察院及时制定常态化开展扫黑除恶斗争实施方案，坚持打早打小、促进常治长效，起诉1782人，三亚杨时云等125人、定安王世开等123人、海口李钟飞等97人等55个涉黑涉恶组织被铲除。

更深层次融入社会治理。着眼增进社会内生稳定，主动适应重罪占比持续下降的犯罪结构变化，着力把落实宽严相济刑事政策做实，特别是深入贯彻新时代党和国家少捕慎诉慎押刑事司法政策和认罪认罚从宽制度，在从严追诉重罪同时，对轻罪案件依法从简从快从宽办理。五年来共依法不批捕18229人、不起诉12840人、建议

释放或变更强制措施2650人。我省诉前羁押率从最高时的70.5%降至2022年底的37.8%，2021年、2022年连续两年降幅居全国前列；认罪认罚从宽制度适用率从46.8%升至86.3%，一审服判率达94.7%，有效减少社会对立，增进社会和谐。着力做深做实诉源治理，结合办案发出社会治理检察建议701件，以法律监督有为促推社会治理有效。

三、坚持强化监督，以有力履职助推法治海南建设

认真贯彻中央和省委关于加强检察机关法律监督工作的部署要求，坚持在办案中监督、在监督中办案，着力维护执法司法公正公信。

持续做优刑事检察。加强侦查监督，会同省公安厅在市县两级公安机关设立侦查监督与协作配合办公室，率先实现全省全覆盖，五年来共监督立案3981件、撤案730件，监督纠正侦查活动违法3892件，较前五年分别上升1.7倍、2.8倍和1.7倍。坚持“法不能向不法让步”，依法审查认定正当防卫36人，切实防范“谁能闹谁有理”“谁死伤谁有理”乱象。对认为确有错误的刑事裁判提出抗诉和再审检察建议591件，较前五年上升66.5%，我省刑事抗诉工作连续多年走在全国前列，最高检在海南召开现场会推广我省经验。

精准推进民事检察。联合省高院在全国率先建立民事案件正副卷一并调阅制度。五年来办理民事生效裁判监督案件3094件，同比上升81%。对认为确有错误的提出抗诉和再审检察建议443件，2022年民事抗诉改变率100%，排全国第一。强化虚假诉讼监督，办理套路贷、骗取社保金等领域案件140件，是前五年的35倍。加强民事执行监督，纠正执行违法406件。省检察院第一分院对一起因虚假公证导致企业被执行4000余万元的民事非诉执行案，依法监督执行回转，及时挽回企业损失。

稳步做实行政检察。充分发挥行政检察维护公正司法、促进依法行政的双重作用，五年来办理行政诉讼监督案件1188件，同比上升2.4倍，对行政生效裁判、行政诉讼活动提出抗诉和检察建议424件，同比上升12.7倍。组织开展土地执法查处领域行政非诉执行专项监督，查处和纠正一批土地违法案件，加强土地资源司法保护。积极推进行政争议实质性化解，在各级党委政府支持下，有效化解一批行政争议“骨头案”“钉子案”，促进案结事了政和。

高起点做强公益诉讼检察。2017年7月公益诉讼检察制度正式实施后，我省在全国第一个以省委省政府办公厅联合发文形式出台支持公益诉讼检察工作的文件。2020年7月省人大常委会审议通过关于加强检察公益诉讼工作的决定。在省委坚强领导、省人大及其常委会有力监督和省政府大力支持下，海南公益诉讼检察工作始终走在全国前列，2022年该领域总计4项案件质量指标均排全国第一。省检察院先后与生态环境、资规、应急管理、审计等21家单位建立执法司法协作机制，形成一体履职、共同做好公益保护的良好工作格局。五年来共立公益诉讼案件5623件，所办案件99%以上通过磋商等诉前程序得到妥善解决。对于检察建议不落实、问题未解决的提起诉讼214件，法院支持率100%。通过办案督促治理受损耕地、林地、水源地15.1万亩，追偿生态环境修复费2.35亿元，收回国有土地使用权出让金5.8亿元。

四、坚持司法为民，用心用情解决法治领域人民群众急难愁盼问题

始终把增进民生福祉作为检察工作的出发点和落脚点，持续办好检察为民实事，促进厚植党执政的政治根基。

依法保护群众切身权益。紧盯群众“钱袋子”安全，开展打击治理电信网络诈骗、打击整治养老诈骗等专项行动，起诉侵财特别是“坑老骗老”

等犯罪2123人。紧盯群众“舌尖”安全，开展落实食品药品安全“四个最严”要求专项行动，起诉危害食品药品安全犯罪85人，办理该领域公益诉讼案件862件。紧盯群众“头顶”“脚下”安全，起诉高空抛物、盗窃道路窨井盖等以危险方法危害公共安全犯罪69人。

将心比心办理群众信访。畅通“信、访、网、电”群众诉求表达渠道，五年来受理群众信访25019件，全部做到7日内程序回复、3个月内办理过程或结果答复，让群众知道“信收到、谁在办、办得怎么样”。坚持市县检察院受理首次信访由院领导包案办理，包案后重复申诉率降至0.95%，有效把矛盾化解在基层。全面清理信访积案，围绕化解重大疑难复杂案件组织公开听证578场，让当事人把事说清、听证员把理辨明、检察官把法讲透，最高检和国家信访局督办交办的121件信访积案全部办结。

倾情守护未成年人健康成长。从为海南自贸港培养未来高素质接班人出发，着力以法治护佑孩子更好成长。坚持从严惩治侵害未成年人犯罪，五年来起诉4298人。对涉罪未成年人坚持教育为主、惩罚为辅，对犯罪情节轻微的依法不起诉1682人，以司法温度促其改恶向善；对手段残忍、后果严重的决不纵容，起诉3110人。坚持治罪与治理并重，积极推动建立和落实未成年人文身治理、强制报告、入职查询等制度机制，与省教育厅等10部门共同推进加强专门学校建设和专门教育工作，携手各方帮助1893名罪错未成年人重返校园或顺利就业。落实法治教育从娃娃抓起，全省三级院检察长带头担任中小学法治副校长并讲授法治课，累计开展法治教育近9000场。

加强特殊群体权益保护。切实用好国家司法救助“暖心钱”，五年来办理国家司法救助案件1299件，发放救助金2143.4万元，同比分别上升3倍和2.9倍，全力救助因案致困群众。坚持为劳动者维权“撑腰”，起诉恶意欠薪犯罪104人，通过支持起诉等方式帮助农民工追回“辛苦钱”4500余万元。坚决维护国防利益和军人军属、英雄烈士合法权益，办理涉军案件75件。三亚城郊检察院对网络大V罗昌平恶意诋毁抗美援朝英雄烈士案及时提起公诉和刑事附带民事公益诉讼，罗昌平被依法判处有期徒刑并在媒体公开赔礼道歉，案件办理取得良好社会效果，被最高检评为2022年舆情高效高质处置典型案例。

五、坚持改革创新，不断激发新时代检察工作内生动力和发展活力

主动顺应海南全面深化改革开放新要求，不断完善检察工作科学运行和管理机制，释放检察工作高质量发展新动能。

主动探索涉案企业合规改革。针对近年来海南市场主体大幅增加的实际，着眼保障各类市场主体在海南“留得下”“经营得好”，积极创新检察履职方式，2021年以来主动探索开展涉案企业合规改革试点，牵头同省工商联、国资委等8部门在全国率先建立省级企业合规改革第三方监督评估机制，成立第三方机制管委会和专业人员库，近两年来办理企业合规案件70件，其中一起案件入选最高检企业合规典型案例。通过检察办案督促涉案企业作出合规承诺、整改，严格依法经营，走规范健康发展之路。省检察院此项助力优化营商环境改革做法入选省“能力提升建设年”暨深化拓展“查堵点、破难题、促发展”活动首批先进典型案例。

创新开展知识产权综合保护试点。积极服务保障创新驱动发展，省检察院组建知识产权检察办公室，在5个院设立综合办案组织，集中统一履行涉知识产权刑事、民事、行政检察职能，以专业化检察服务助力我省全面打赢科技创新翻身仗。2021年试点以来起诉侵犯知识产权犯罪97人，同比上升1.3倍。张某某担任甲公司外贸部经理期间，虚构中间商身份向甲公司国外客户销售同款产品，海口市琼山区检察院以侵犯商业秘密罪起诉，该案是我省首例侵犯商业秘密刑事案件。

积极构建检察一体化监督办案机制。着眼办准办好涉黑涉恶案件，在全国首创统一调用检察人员办理重大案件机制，该做法被修改后《人民检察院刑事诉讼规则》吸纳，并入选我省第八批制度创新典型案例。着眼提高检察侦查办案质效，探索建立全省检察机关“省院主导、分市院积极分担、基层院辅助”的查办司法工作人员职务犯罪一体化办案机制。2021 年以来运用该机制查办司法工作人员职务犯罪 55 人，同比上升 37.5%，办案质量连续两年居全国第一。着眼健全刑事执行检察监督机制，在省检察院设立巡回检察办公室，全系统调用人员开展巡回检察和专班整治，形成“巡回 + 派驻 + 专班整治”新机制。政法队伍教育整顿期间，运用该机制对 7.9 万余件“减假暂”案件和 8505 名社矫对象全面清查，监督纠正违法违规问题 26 件、脱管漏管 189 人。2022 年 7 月，省检察院就构建检察一体化办案机制，在中央政法委全面深化政法改革推进会上作经验介绍。

着力优化检察管理机制。狠抓办案质效，深化运用“案 - 件比”质效评价标准，引导检察官办案求极致，减少群众讼累，2022 年我省刑事“案 - 件比”降至 1:1.17，为近五年最低值，相当于一年压减 6708 个非必要办案环节。狠抓业绩考评，建立健全检察人员业绩考评机制，让“干多干少、干好干坏”看得见、有奖惩，五年来共增补遴选员额检察官 258 人、退出 23 人。狠抓司法责任落实，完善司法责任认定和追究机制，常态化开展检察监督办案质量评查，2022 年案件质量评查质效比居全国前三，对 38 名存在办案过错的检察人员严肃问责，彰显“终身追责”不是口号。

加大智慧检务建设应用力度。在全国率先上线运行检察业务应用系统，全部案件网上录入、网上办理、网上监管。创新搭建远程提审庭审、律师互联网阅卷、减假暂办案平台等多项重要办案系统，疫情期间“线上”办案成为全省检察机关常态。积极探索检察大数据监督，启动国家检察大数据海南分中心建设，研发琼粤桂海上反走私协作法律监督模型，获全国检察系统大数据模型竞赛优秀奖。

六、坚持固本强基，着力打造新时代过硬检察队伍

深入贯彻习近平总书记关于政法队伍建设的重要指示精神，聚焦“四化”和“五个过硬”要求，努力打造一支党和人民信得过、靠得住、能放心的检察铁军。

抓牢党的政治建设。强化理论武装，坚持以习近平新时代中国特色社会主义思想为指导，深入学习贯彻党的二十大精神，认真开展党史学习教育，深刻领悟“两个确立”的决定性意义，增强“四个意识”、坚定“四个自信”、做到“两个维护”。坚持党的绝对领导，严格执行重大事项请示报告制度，连续五年向省委常委会报告检察工作情况、连续两年向省委提交法律监督年度报告，2021 年省检察院法律监督年度报告被最高检作为优秀范例转发全国参鉴。深入贯彻习近平法治思想，树立践行“坚持讲政治与抓业务有机统一”“坚持客观公正立场”“坚持双赢多赢共赢”“坚持精准监督”等司法检察理念，有力引领海南检察工作高质量发展。

抓紧纪律作风建设。坚持不懈推进全面从严管党治检，完善党建工作责任体系。深入开展检察队伍教育整顿，排查整治顽瘴痼疾 1144 个。严格执行防止干预司法“三个规定”，倒查处理被记录检察干警 54 人。全力支持配合省纪委监委和派驻纪检监察组监督执纪，自觉接受最高检党组巡视监督，制定修订管人管事管案规章制度 37 件，以“零容忍”态度查处违纪违法检察干警 49 人，决不允许检徽蒙尘。

抓细业务素能建设。统筹开展省委“能力提升建设年”和最高检“质量建设年”活动，大力加强队伍能力建设，组织举办全省十佳公诉人、公益诉讼、未成年人检察等业务竞赛和专业实训 87

期，年均受训9200余人次。创设自贸港检察讲习堂，打造业务学习培训务实平台。加强内外协作交流，聘请160名行政机关专业人员担任特邀检察官助理，与全国11家自贸区检察院常态化互派干部挂职锻炼。五年来共有85名检察干警入选全国检察系统人才库。

抓实基层基础建设。抓住“关键少数”，积极配合省委组织部高质量完成市县检察长换届，工作成效得到最高检充分肯定。持续落实加强基层院建设136项具体任务，构建“三帮一品”帮扶工作机制，五年来共为基层院遴选员额检察官191名、招录公务员149名、招聘聘用制书记员651名，选派省院、分市院46名业务骨干赴基层挂职锻炼，以点带面推动基层检察工作整体提升。推进乡镇检察室规范转型，大力开展“一室一品”专业化办案品牌建设，全省38个检察室办理发生在群众身边的各类案件2808件，产生积极反响。

各位代表！过去五年，我们认真落实省委和最高检部署要求，始终把自觉接受监督作为检察履职的重要保障，坚持以开放坦诚的姿态阳光司法、规范用权，主动向省人大常委会专题报告检察机关法律监督履职情况，并根据审议意见积极进行整改加强。每年省“两会”结束后，第一时间研究代表委员意见建议，逐项制定整改落实措施并及时回复。重视加强与代表委员经常性联系，每年定期上门走访、主动邀请代表委员视察座谈，征求意见建议。自觉接受社会监督，出台接受人民监督员监督实施细则。持续深化检务公开，五年来发布案件信息7.8万余条，每月面向社会公布主要办案数据，不断提升检察工作透明度。

各位代表！过去五年，伴随海南经济社会高质量发展和自贸港建设蓬勃展开，海南检察工作也稳步向前，不断取得新发展新成效。最高检张军检察长、省委沈晓明书记等领导同志亲临省检察院和基层检察机关调研，给予亲切鼓励和指导。根据最高检发布的全国检察业务数据分析报告，我省检察机关多项案件质量指标保持全国领先，2021年有9项指标排名全国第一、2022年有12项指标位居全国首位，总体处于全国较好水平。全省检察机关53起案件被最高检评为指导性案例或典型案例，137个集体和249名同志荣获全国、全省表彰。我们深刻认识到，全省检察工作取得的进步，根本在于习近平新时代中国特色社会主义思想的科学指引，是党中央和省委、最高检坚强领导的结果，得益于各级党委、人大、政府、政协的领导、监督和支持，得益于各位代表、委员和社会各界的关心帮助。在此，我谨代表全省检察机关和广大检察干警表示衷心的感谢！

我们在看到成绩的同时，也清醒地知道，全省检察工作还存在不少短板和问题，主要是：服务中心大局举措还不够有力，针对性、实效性还不够强；推进“四大检察”全面协调充分发展仍需加大力度，法律监督质效仍需提升；检察队伍能力水平还不能完全适应新时代新征程更高要求，过硬队伍建设仍需常抓不懈，等等。对此，我们将高度重视，采取切实有效措施着力加以解决。

2023年工作安排

2023年是全面贯彻落实党的二十大精神的开局之年，也是推进海南自由贸易港封关运作的关键之年，全省检察机关将坚持以习近平新时代中国特色社会主义思想为指导，以全面学习贯彻党的二十大精神为统领，深入贯彻习近平法治思想、习近平总书记考察海南重要讲话和省第八次党代会精神，锚定“一本三基四梁八柱”战略框架，持续践行“以检察工作高质量发展服务保障海南经济社会高质量发展”工作主题，以更强的政治自觉、法治自觉、检察自觉，扎实履行法律监督职责，深入推进“四大检察”全面协调充分发展，以检察工作现代化为海南全面深化改革开放和自贸港建设提供有力法治保障。

一是以更高站位加强党的建设。严格落实新时代党的建设总要求，认真开展习近平新时代中国特色社会主义思想主题教育，深入学习贯彻党的二十大精神，教育引导广大检察干警深刻领悟“两个确立”的决定性意义，更加自觉把增强“四个意识”、坚定“四个自信”、做到“两个维护”融入检察工作各方面、全过程。坚持讲政治与抓业务有机统一，进一步做实一切检察工作首先“从政治上看”，着力在检察监督办案中维护和捍卫党的绝对领导。

二是以更强定力服务保障海南自贸港建设。强化依法能动履职，切实找准充分发挥检察服务保障作用的切入点和着力点。全力做好重大风险防范工作，依法严惩走私、洗钱等妨害封关运作准备的犯罪，助力守牢安全发展底线。深入推进涉案企业合规改革，持续强化对各类市场主体的平等保护，助力打造一流法治化营商环境。持续深化知识产权综合司法保护，着力保障打赢科技创新三年翻身仗。做深做实生态环保检察工作，全力助推国家生态文明试验区建设。强化职务犯罪检察，着力服务清廉自贸港建设。

三是以更优成效助力创建全国最安全地区。坚定不移贯彻总体国家安全观，把“打防结合、以防为主”放在更加突出位置，常态化推进扫黑除恶斗争，持续加大网络犯罪惩治力度，依法严惩损害民生民利特别是侵害妇女、儿童、老年人、残疾人等特定群体合法权益犯罪，用心办好群众身边的每一个“小案”，综合运用刑事和解、检察听证、信访包案等方式更好化解矛盾纠纷，积极推进落实未成年人“护苗”专项行动，推动谱写“中国之治”海南实践新篇章。

四是以更实举措提升法律监督工作现代化水平。围绕做实法律监督理念、体系、机制、能力现代化，奋力推进检察工作现代化，推进“四大检察”全面协调充分发展。坚持打击犯罪与保障人权并重，深化侦查监督与协作配合机制建设，统筹落实少捕慎诉慎押刑事司法政策和认罪认罚从宽制度，全面加强对刑事立案、侦查、审判和执行活动的监督。突出民事检察监督精准性，深入推进专项监督、类案监督、支持起诉等工作，依法惩治和有效预防虚假诉讼。深化行政检察监督，常态化开展行政争议实质性化解。坚持抓规范、拓领域、树精品，进一步做好公益诉讼检察工作。加强诉源治理，推动法律监督制度优势持续转化为社会治理效能。

五是以更大力度深化检察工作体制机制改革。持续推进执法司法制约监督体系改革与建设，助力不断提升司法工作质效。完善案件线索统一管理、监督办案一体推进、人员力量依法统一调用工作机制，不断打造具有海南特色的检察一体化监督办案模式。深化司法体制综合配套改革，全面准确落实司法责任制，健全检察官惩戒、司法责任追究等内部监督制约制度。推进智能法律监督平台建设，以数据共享和实战应用为重点加快打造“数字检察”，着力以科技赋能法律监督工作高质量发展。

六是以更严标准加强检察队伍建设。牢牢把握新时代全面从严治党要求，始终保持“严”的基调，狠抓“两个责任”落实，严格执行“三个规定”“十个严禁”等铁规禁令，扎实做好最高检党组巡视“回头看”反馈意见整改，巩固深化检察队伍教育整顿成果，筑牢廉洁用权、公正司法思想和制度防线，持续推进全面从严管党治检向纵深发展。更加注重基层基础工作，加强干警选任和素能培训，优化案件管理和业绩考评，夯实检察工作发展根基。各位代表，新起点呼唤新担当，新征程需要新作为。全省检察机关将更加紧密团结在以习近平同志为核心的党中央周围，在省委和最高检的坚强领导下，在省人大及其常委会的有力监督下，认真落实本次会议决议，脚踏实地、埋头苦干，不断开创海南检察工作高质量发展新局面，为推进中国式现代化和海南自贸港建设作出新的更大贡献！

附件：有关用语及情况说明

1. 司法体制改革：党的十八届三中、四中全会对深化司法体制改革作出了全面部署。2014 年 3 月，海南被中央确定为全国司法体制改革首批试点省份，重点围绕司法人员分类管理、司法责任制、司法人员职业保障、省以下法院检察院人财物统一管理四项改革任务开展先行先试。

2. 员额制改革：检察官员额制是实行检察人员分类管理改革的核心。指在原具有检察官资格的检察员、助理检察员中，按照不超过政法编制总数39%的员额比例上限重新选任检察官，充实办案一线，建设高素质检察官队伍。全省检察机关共有政法编制2498人，按39%的员额比例上限可配备检察官975名，按照“择优选任、逐步增补、避免一步到位”的要求，全省首次选任预留了169个名额，实际可选任806名。全省检察机关原具有检察官资格的检察员、助理检察员共1510名，经过考试、考核、面试等程序，最后经省遴选委员会审核同意，首批进入员额检察官796名。原具有检察官资格的检察员、助理检察员中有714名（占总数47.3%）没有进入员额。

3. 检察人员分类管理：指根据检察工作的性质和特点，将检察人员按照一定的比例划分为检察官、检察辅助人员（包括检察官助理、书记员、检察技术人员、司法警察）、司法行政人员，并按照不同序列进行分类管理，逐步实现检察队伍专业化职业化。根据中央批复的《海南省司法体制改革试点方案》，全省检察机关的检察官、检察辅助人员、司法行政人员分别占政法编制的39%、46%、15%。根据这一比例要求，本着将办案资源向基层、办案一线倾斜的原则，省检察院核定省院、分市院、基层院三级检察院三类人员比例分别为：38%、42%、20%，38%、47%、15%和40%、50%、10%。截至目前，全省检察机关从原有检察员、助理检察员中一次性选任产生了796名进入员额检察官，分三批选任了696名检察官助理，对182名书记员、35名检察技术人员和140名司法警察进行了确认，初步建立起符合司法规律和职业特点的检察人员分类管理模式。

4. 司法责任制改革：司法责任制改革是司法体制改革的“牛鼻子”。旨在通过健全司法办案组织、科学界定司法办案权限、完善司法办案责任体系，构建权责明晰、制约有力、运行高效的检察权运行机制。2015年1月，省检察院在万宁、屯昌、白沙、海口秀英、三亚城郊5个检察院开展司法责任制改革试点。6月，在全省三级检察院全面推行司法责任制改革。

5. 独任检察官和检察官办案组：根据司法责任制改革要求，依据检察官履职需要、案件类型和复杂难易程度，构建的两种新型办案组织形式。独任检察官是以一名入员额检察官为基础，配备必要的检察辅助人员，承担司法办案工作。检察官办案组由两名以上检察官组成，配备必要的检察辅助人员进行司法办案。检察官办案组可以相对固定设置，也可以根据司法办案需要临时组成，办案组负责人为主任检察官。

6.“大部制”改革：按照精简、统一、效能的原则，以检察业务为中心，将全省基层检察院内设机构由原有16至19个整合为6至8个，优化检察资源配置，促进检力向执法办案一线倾斜。

7. 最高人民检察院5次向全国转发了我省检察机关司法体制改革经验材料：分别是，①《海南省人民检察院稳步有序推进司法体制改革试点工作》（最高人民检察院《检察改革动态》2015年第3期）；②《海南完成首批入额检察官选任推荐工作》（最高人民检察院《检察改革动态》2015年第23期）；③《海南全面铺开主任检察官办案责任制改革试点》（最高人民检察院《检察改革动态》2015年第27期）；④《海南省检察机关稳妥推进省以下财物统一管理改革》（最高人民检察院《检察改革动态》2015年第30期）；⑤《海南省检察机关妥善处理六个关系深化司法责任制改革》（最高人民检察院《检察改革动态》2015年第45期）。

8.16个省级检察院来省检察院考察交流：分别是贵州、内蒙古、河南、河北、福建、江苏、宁夏、湖南、北京、广西、天津、江西、重庆、陕西、甘肃和西藏。

9. 服务海口市“双创”、三亚市“双城”“双修”工作： 海口、三亚两地检察机关自觉把检察工作放在全市经济社会发展大局中谋划和推进，紧紧围绕海口市“双创”（创建全国文明城市和国家卫生城市）和三亚市“双城”（建设全国“海绵城市、综合管廊建设综合试点城市）、“双修”（建设全国“城市修补、生态修复”试点城市）工作，积极履行打击、预防、监督等职能作用，增强服务大局的针对性和实效性。

10. 涉罪未成年人分案起诉、犯罪记录封存等制度： 修改后刑事诉讼法规定了“未成年人刑事案件诉讼程序”，确定对涉罪未成年人实行“教育、感化、挽救”方针。按照最高人民检察院要求，我省各级检察院均成立专门的未成年人刑事检察机构，建立专人办理、社会调查、合适成年人到场、分案起诉、犯罪记录封存等一系列工作机制，保障未成年人合法权益。其中：涉罪未成年人分案起诉是指人民检察院在审查起诉阶段，将未成年人与成年人共同犯罪案件分离，以独立案件提起公诉；涉罪未成年人犯罪记录封存是指人民检察院对犯罪的时候不满十八周岁，被判处五年有期徒刑以下刑罚的未成年人的犯罪记录材料予以封存，非经法定程序不得公开的一项司法保护制度。

11. 涉法涉诉信访改革： 按照党的十八届三中全会提出的“把涉法涉诉信访纳入法治轨道解决”的要求，对涉法涉诉信访案件，改变“经常性集中交办、过分依靠行政推动、通过信访启动法律程序”的工作方式，由政法机关依法按程序处理，依法纠正执法差错，依法保障合法权益，依法维护公正结论，努力实现案结事了、息诉罢访，实现维护人民群众合法权益与维护司法权威的统一。

12. 捕后羁押必要性审查： 根据修改后刑事诉讼法规定，犯罪嫌疑人、被告人被逮捕后，人民检察院应当对羁押的必要性进行审查，对不需要继续羁押的，应当建议予以释放或者变更强制措施。有关机关应当在10日内将处理情况通知人民检察院。

13.“补植复绿”工作机制： 检察机关立足检察职能，在办理盗伐、滥伐等破坏森林资源犯罪案件中，根据案件具体情况，督促涉案单位、犯罪嫌疑人或其亲属补种林木，恢复生态，并以此为依据，提出从轻、减轻处理的意见，让当事人以实际行动弥补损失，悔过自新，让受损的生态环境及时得到修复。

14. 督促起诉、支持起诉： 检察机关对导致国有资产、公共利益遭受严重损失的民事案件，在行政机关、企事业单位怠于行使起诉权的情况下，督促其依法及时向人民法院起诉；对国有资产流失、环境污染、侵害弱势群体合法权益等案件，依照民事诉讼法有关规定，支持受害单位或者个人向人民法院起诉。

15. 统一业务应用系统： 最高人民检察院按照“统一规划、统一标准、统一设计、统一实施”的总体要求，组织研发融办案、管理、监督于一体的全国四级检察机关资源共享的执法办案信息平台。2013年，我省检察机关成为全国检察机关首批上线运行统一业务应用系统的省份，实现了对全省三级检察院办理的所有案件的网上监管。

16. 司法办案说情报告及通报制度： 为加强对全省检察机关办案活动的监督，严肃办案纪律，确保检察人员依法履职，2015年，省检察院分别出台了《海南省检察机关关于加强司法办案活动内部监督防止说情等干扰的实施细则》和《海南省人民检察院关于贯彻落实〈领导干部干预司法活动、插手具体案件处理的记录、通报和责任追究规定〉、〈司法机关内部人员过问案件的记录和责任追究规定〉的实施细则》。

17. 人民监督员制度改革： 为落实党的十八届四中全会关于“完善人民监督员制度”的改革要求，最高人民检察院和司法部共同部署、共同推进人民监督员制度改革。包括：改革人民监督员选任方式，由检察机关选任管理转变为由司法行政部门选任管理；拓宽人民监督员监督范围，完善人民监督员知情权保障机制。增强人民监督员监督的公信和实效。

18. 检察长、副检察长工作调整交流的 6 项纪律：2015 年 9 月，省检察院下发《关于严肃领导干部调整交流二作相关纪律要求的通知》，对全省检察机关领导干部调整交流强调 6 项纪律要求：领导干部调整交流到新单位后，不得干预原单位的工作；不得随借或随调原单位的工作人员；不得超标准使用或重新装修办公用房；不得随带公共物品；必须在两个月内将工资关系转入新任职单位；院内调整交流的，原分配给部门的工作车辆，必须留在原部门使用。

19. 民事行政检察工作岗位素能标准：2014 年，最高人民检察院决定研制批准逮捕、公诉、民事行政检察等十类业务岗位素能基本标准。其中，民事行政检察业务岗位素能标准研制工作由海南、湖北、甘肃省检察院承担，海南省检察院牵头负责。2015 年 9 月，该素能标准通过了由最高人民检察院民事行政检察厅组织的结项研讨会。该素能标准共 35 项，包括通用素能标准 11 项、专业能力标准 24 项，每项素能按合格、良好、优秀、卓越四个层级进行定义和描述。

重庆市高级人民法院工作报告

——2023年1月15日在重庆市第六届人民代表大会第一次会议上

重庆市高级人民法院院长　李永利

各位代表：

我代表重庆市高级人民法院向大会报告工作，请予审议，并请各位政协委员提出意见。

过去五年工作回顾

过去的五年，是极不寻常、极不平凡的五年，也是全市法院工作取得重大发展进步的五年。在市委坚强领导、市人大及其常委会有力监督和最高法院监督指导下，在市政府大力支持下，在市政协、市监委、市检察院和社会各界广泛监督下，全市法院坚持以习近平新时代中国特色社会主义思想为指导，全面贯彻党的十九大、二十大精神，深入学习贯彻习近平法治思想和习近平总书记对重庆的重要指示批示精神，深刻领悟“两个确立”的决定性意义，增强“四个意识”、坚定“四个自信”、做到“两个维护”，认真落实市党代会精神，严格执行市五届人大历次会议决议，紧紧围绕“努力让人民群众在每一个司法案件中感受到公平正义”目标，忠实履行宪法法律赋予的职责，不忘初心、牢记使命，接续前行、迭代升级，各项工作实现新发展、迈上新台阶，为重庆如期全面建成小康社会、经济社会高质量发展提供了有力司法服务和保障。

五年来，我们坚持党的绝对领导，政治建设持续加强。自觉把“两个维护”放在首位、落到实处，坚决兑现市委“三个确保”政治承诺。扎实开展“不忘初心、牢记使命”主题教育、党史学习教育和“两个坚持”专题教育、“两个确立”主题教育，不断提高政治判断力、政治领悟力、政治执行力，坚定不移沿着习近平总书记指引的方向奋勇前进。成立重庆法院党校，开办“重庆法院领导干部大学堂”，强化政治轮训。出台服务保障重庆发挥“三个作用”意见等司法政策文件89份，切实把党中央决策部署、市委工作安排贯穿到法院工作全过程各方面。严守政治纪律和政治规矩，全面彻底干净肃清孙政才恶劣影响和薄熙来、王立军流毒，坚决肃清邓恢林流毒影响。自觉接受巡视、审计，全面落实整改措施。切实维护司法领域意识形态安全，坚定不移捍卫中国特色社会主义国家制度和法律制度。

五年来，我们坚持狠抓执法办案，审执质效稳步提升。受理各类案件503.2万件，审执结493.9万件，较前一个五年分别上升80.3%和81.5%，主要质效指标稳居全国前列且每年递进。坚持每年发布审判白皮书、典型案例，7个案例入选最高法院指导性案例、196个案例入选全国法院典型案例，入选全国法院“百篇优秀裁判文书”“百场优秀庭审”数量居全国第5位。审结一审刑事案件12.2万件，判处罪犯17万人，依法宣告12名公诉案件被告人和47名自诉案件被告人无罪；完成扫黑除恶专项斗争任务。审结各类一审民商事案件248.8万件，案件平均审理周期较前一个五年缩短8天。审结一审环境资源案件1.1万件，工作经验在世界环境司法大会交流。审结一审行政案件4.4万件，支持和监督依法行政。如期完成“基本解决执行难”目标任务，执结案件165.7万件，兑现“真金白银”2591亿元，向着“切实解决执行难”目标不断迈进。

五年来，我们坚持全面履职尽责，服务大局精准有效。审结与经济发展密切相关的一审民商事案件182.1万件，涉案金额5844亿元。积极投身大战大考，构建保市场主体司法政策体系，服务保障统筹推进疫情防控和经济社会发展。依法妥善处理涉脱贫攻坚、环境资源、金融借贷、房地产等领域案件，服务保障打赢“三大攻坚战”。推动设立成渝金融法院、两江新区（自贸区）法院、重庆破产法庭、重庆知识产权法庭，妥善办理全国首例铁路提单物权纠纷案、力帆系企业破产重整案、互联网虚假刷量案等重大典型案件，推动构建长江经济带“11+1”省市跨区域生态环境保护协作机制，服务共建“一带一路”、长江经济带发展、新时代西部大开发以及成渝地区双城经济圈、西部陆海新通道、自由贸易试验区建设等重大战略实施。出台服务保障“一区两群”协调发展17条意见，促进“一区”和“两群”各美其美、美美与共。扎实做好世界银行营商环境咨询服务评估相关工作，重庆法院牵头的“执行合同”指标得分位居全球190个经济体前10名、“办理破产”指标得分位居前20名；全国首发法治化营商环境司法评估指数体系和评估报告。

五年来，我们坚持践行为民宗旨，诉讼服务便捷高效。认真贯彻实施民法典，审结一审涉民生案件63.7万件。建立线上线下一体化便民诉讼服务系统，网上立案133.2万件，当场登记立案率始终保持在98%以上。全面推进多元纠纷解决机制建设，引导群众选择非诉讼方式解决纠纷，诉前调解102万件。优化城区法庭、城乡结合法庭、乡村法庭147个，建设“生态环保法庭”“旅游法庭”等特色法庭，自主创新的“巡回审判包”收录进中国国家博物馆、中国法院博物馆，“稻田里的巡回审判”“水上巡回法庭”入选中国共产党历史展览馆、中国脱贫攻坚成就展。推出落实强基导向“六项工作”，获中央依法治国办、全国教育整顿办、最高法院肯定推介，相关做法纳入我市法治中国建设规划实施方案、法治社会建设实施方案、社会治理“十四五”规划等文件。

五年来，我们坚持深化改革创新，司法公信力不断提升。构建以“8+4”为重心的司法责任制改革制度体系，推行“权责清单”“典型案件动态台账”，让审理者裁判、由裁判者负责。深入推进司法责任制综合配套改革，实现三类人员分类管理、人财物市级统管。全国率先完成基层法院内设机构改革，超过80%的编制和人员配置到审判执行一线。全国首批开展四级法院审级职能定位改革试点，确保审判资源、案件结构与职能定位科学匹配。推进民事案件繁简分流，深化以审判为中心的刑事诉讼制度改革，圆满完成认罪认罚从宽制度改革等试点任务。发扬首创精神，全市法院6个案例入选最高法院改革典型案例，3项成果写入中国法院司法改革白皮书。聚焦“全渝数智法院”建设目标，编制信息化建设与实施五年规划，以数字技术赋能智慧司法，工作经验连续五年入选中国法院信息化发展法治蓝皮书。重庆法院司法公信力民意调查指数持续保持高位。

五年来，我们坚持加强自身建设，法院队伍更加过硬。坚持抓党建带队建强管理促审判，自觉扛起管党治党政治责任。完善党建工作8项制度，实施基层党组织组织力提升工程。建立优秀年轻干部库，推进三级法院领导班子轮岗交流，全市法院队伍结构明显优化。持续加强司法能力建设，全国审判业务专家增至9人，24人获评全国模范法官、全国优秀法官、全国法院先进个人，19人获评全国法院办案标兵。加强全市法院文化建设，积淀“忠诚为民、崇法尚德、公正廉洁、刚正不阿、改革创新”的新时代人民法院文化内涵。16个法院和集体获评全国文明单位、全国模范法院、全国优秀法院、全国法院先进集体。深化党风廉政建设，立案查处违纪违法干警186人，其中追究刑事责任10人。扎实开展队伍教育整顿，2021年立案查处违纪违法干警同比增加200%，中央督导组认为“重庆法院队伍教育整顿取得了显著成效”。

2022年主要工作

2022年，举世瞩目的党的二十大胜利召开，中华民族千秋伟业再启新程。全市法院紧紧围绕迎接党的二十大、学习宣传贯彻党的二十大精神主线，认真贯彻市第六次党代会和六届二次全会精神，严格执行市五届人大五次会议决议，弘扬伟大建党精神和红岩精神，坚持服务大局、司法为民、公正司法，坚持稳中求进、巩固提升、奋发有为，为保持平稳健康的经济环境、国泰民安的社会环境、风清气正的政治环境提供了有力司法服务和保障。一年来，全市法院受理案件117.5万件，其中新收101.3万件，审执结108.2万件，同比分别下降11.1%、18.2%、6.7%，如期完成年初提出的诉源治理目标。未结案件9.3万件，同比下降42.7%，超额完成年初制定的积案清理任务。法官人均结案375.5件，全国领先；生效裁判服判息诉率98.7%、案件结收比106.8%，均居全国第2位。5项工作写入最高法院工作报告；14项工作经验在全国交流，知识产权审判工作在“中国—上合组织国家地方法院大法官论坛”交流经验；371个集体、410名个人获得市级以上表彰表扬，受到习近平总书记亲切接见的巫溪法院廖子怀法官又荣获“双百政法英模”；“人民法院老马工作室”入选“奋进新时代”主题成就展；江北法院、忠县法院获评全国“为群众办实事示范法院”。

一、坚决拥护“两个确立”、坚决做到“两个维护”，筑牢高站位根基

坚持以党的政治建设为统领，把“两个确立”的政治成果转化为坚决做到“两个维护”的思想自觉、政治自觉、行动自觉。

牢牢坚持党的绝对领导。制定深化落实《中国共产党政法工作条例》及市委实施办法62项任务清单，不折不扣贯彻落实党中央决策部署和市委工作安排。严格执行请示报告制度，主动向市委、市委政法委请示报告重大事项、重大工作、重大案件。对6家基层法院开展政治督察、司法巡查，提出25个方面整改意见，推动全市法院党的政治建设更加坚强有力。持续做好市委巡视反馈意见整改落实，在综合评估中获评“好”等次。

迎接二十大、学习宣传贯彻二十大。成立党的二十大维稳安保工作领导小组，建立定期研判、滚动排查、督导检查等6项制度，扎实履行防风险、保安全、护稳定政治责任，以实际行动迎接党的二十大胜利召开。出台学习宣传贯彻党的二十大精神工作方案，细化26项具体措施，开展“大学习、大宣讲、大调研、大宣传、大落实”五大活动，持续兴起学习宣传贯彻热潮。坚持全覆盖开展全员轮训，举办专题读书班、领导干部大学堂，推动党的二十大精神进课堂、进头脑。按照“目标、工作、政策、评价”体系，制定贯彻落实党的二十大精神行动方案，发布20个专项调研课题，切实把党的二十大作出的重大决策部署转化为全市法院的生动实践。

深化党的创新理论武装。坚持不懈用习近平新时代中国特色社会主义思想凝心铸魂，真学真信笃行习近平法治思想，第一时间、第一议题学习贯彻习近平总书记最新重要讲话、重要指示批示精神。推动党史学习教育常态化长效化，在具有红色资源的46个人民法庭打造66条红色司法研学路线。石柱法院在中益乡“初心小院”开展司法研学，深刻感悟习近平总书记的为民情怀。扎实开展“两个确立”主题教育，相关工作经验在全国交流。

二、全面贯彻落实总体国家安全观，保障高水平安全

增强忧患意识、底线思维，守护巴渝平安，为

党的二十大胜利召开营造安全稳定的政治社会环境。

维护国家安全和社会稳定。审结一审刑事案件2.3万件，判处罪犯3.3万人，其中判处五年以上有期徒刑直至死刑2337人。严惩煽动颠覆国家政权、间谍窃密、邪教等犯罪，坚决维护国家政权安全、制度安全、意识形态安全。审结故意杀人、抢劫、毒品等严重危害社会治安犯罪案件5524件6858人。市五中法院审结全国规模最大的以人体藏毒方式走私、贩卖、运输毒品案，一审对其中4名罪行极其严重的被告人判处死刑。

常态化推进扫黑除恶斗争。认真接受全国扫黑办特派督导，制定贯彻反有组织犯罪法工作方案，出台深入推进常态化扫黑除恶斗争工作意见，审结涉黑恶案件17件156人。强力推进“黑财清底”，摧毁黑恶势力经济基础，涉黑恶案件查控财产处置到位率达98.9%，受到最高法院肯定推广。加强“一案一整治”，发出司法建议22份，反馈率100%。

严惩群众反映强烈的犯罪。深入推进“全民反诈”，审结电信网络诈骗犯罪及其关联犯罪案件2934件5339人。扎实开展打击整治养老诈骗专项行动，审结相关案件91件206人，对“鑫达润泽系”案件主犯张德征判处无期徒刑并没收个人全部财产，守护百姓“养老钱”。市一中法院审结“虚假拍卖”诈骗案，为年近九旬的抗美援朝老兵全额追回被骗钱款。审结制售毒猪油、毒粉条、毒胶囊等危害食品药品安全犯罪案件31件55人，为群众撑起饮食、用药法治“安全伞”。扎实开展打击拐卖妇女儿童犯罪专项行动，审结拐卖妇女儿童犯罪案件7件10人，对拐卖4名妇女的冉崇柏严惩重判。与市委政法委、市检察院、市公安局、市司法局联合开展“共护未来”专项行动，严厉打击性侵未成年人犯罪。

依法惩治腐败犯罪。协同完善监察执法与刑事司法衔接机制，审结青海省原副省长文国栋等职务犯罪案件225件263人，其中原厅局级以上16人、县处级48人。审结涉民生领域“微腐败”犯罪案件18件24人，对“蝇贪”“蚁腐”严惩不贷。落实受贿行贿一起查、一起罚，审结行贿犯罪案件44件64人，斩断“围猎”利益链。

加强人权司法保障。坚持罪刑法定、疑罪从无、证据裁判，依法宣告3名公诉案件被告人和13名自诉案件被告人无罪，裁定准予检察机关撤回起诉10件10人。贯彻宽严相济刑事政策，对1.1万名轻微犯罪被告人适用非监禁刑，对60人免予刑事处罚。推进律师辩护全覆盖，为2118名被告人指派援助律师，充分保障被告人诉讼权利。

三、完整准确全面贯彻新发展理念，护航高质量发展

积极服务和融入新发展格局，完善司法保障措施，为“国之大者”提供优质的司法服务保障。

服务稳住经济大盘。审结与经济发展密切相关的一审民商事案件42.1万件，涉案金额1036亿元，市高法院审结的损害公司利益纠纷案入选全国法院十大商事案件。围绕我市营商环境创新试点城市建设，建立“1+11”制度体系，缩短涉企案件办理周期、降低解纷成本。出台保障疫情防控和经济社会发展15条、保市场主体15条、善意文明执行8条等一系列司法政策，帮助企业纾困解难。市四中法院细化18条措施，服务渝东南武陵山区城镇群稳经济。与市消委会联合出台意见，全国率先探索建立支持消费者集体诉讼制度，服务我市国际消费中心城市建设。研发上线“重庆法院破产协同易审平台”，总结预重整工作经验。审结破产类、强制清算类案件1574件，清理债务1417.6亿元，盘活资产596.5亿元，帮助重庆能源、隆鑫系、比速汽车、聚丰房地产公司等一批企业脱困重生。江北、巴南、荣昌等地法院深化与工商联沟通联系机制，加强民营企业保护，在全国第四届民营经济法治建设峰会获通报表扬。涪陵法院创新“司法+”服务企业模式，工作经验受到最高法院肯定推广。

助力创新驱动发展。审结知识产权案件1.9万件，涉案金额14.6亿元，2个案例入选中国法院典型知识产权案例，1篇文书入选全国法院技术类知识产权和垄断案件优秀裁判文书。健全“1+1+2”知识产权审判组织体系，实体化运行重庆知识产权法庭9个巡回审判站，积极推动知识产权民事、刑事、行政“三合一”审判改革，构建与科创中心建设相适应的知识产权司法保护格局。出台技术调查官管理办法，优化技术事实查明机制，保护关键核心技术和原始创新成果。加大知识产权侵权行为惩罚力度，判决侵犯淮海控股集团公司商标权的被告赔偿3000万元。落实中国法学会知识产权专委会秘书处职责，办好“一会、一刊、一讲坛”，打造知识产权审判“重庆名片”。

助推成渝地区双城经济圈建设。成渝金融法院如期揭牌、实质运行，成为全国首家跨省域管辖的法院，司法服务西部金融中心建设翻开崭新一页。两地高院院长带队相互考察交流，两地法院联合签订破产审判合作协议、出台建设工程领域司法解答，发布典型案例91个，在诉讼服务、知识产权、环境资源、执行联动等方面深化司法协作，服务唱好“双城记”、共建经济圈。市二中法院审结全国首例跨省域消费者权益保护民事公益诉讼案，推动完善川渝两地跨域消费维权合作机制。

促进筑牢长江上游重要生态屏障。审结一审环境资源案件1401件，追究刑事责任821人，环境资源刑事审判工作经验在全国交流。出台13条意见加强生物多样性司法保护，组织增殖放流鱼苗121.9万尾、异地补植树木2.7万株，渔业法及其实施细则衔接问题司法建议得到农业农村部肯定。市三中法院，涪陵、江津、忠县等地法院通过多部门协作、引导被告人参与替代性修复等方式，助力山火受灾林“复绿”。市五中法院探索“以碳代偿”机制，审结我市首例通过认购碳汇对受损环境进行修复的公益诉讼案，助力碳达峰碳中和。建成环境司法展示馆，环境司法保护基地、巡回审判站增至45个，全力守护“一江碧水、两岸青山”。

护航高水平改革开放。审结涉外、涉港澳台案件731件，工作经验获最高法院向全国人大常委会报告涉外审判工作时肯定。与市司法局、市贸促会等单位共建重庆国际商事一站式多元解纷中心，打造涉外商事争端解决优选地。完善域外法查明机制，首次运用外国法律审理涉“一带一路”沿线国家合同纠纷，服务西部陆海新通道建设。发布年度仲裁司法审查案件情况报告，联合重庆仲裁委、四川高院等单位强化川渝涉外商事与仲裁司法审查工作，促进服务业扩大开放。发布服务保障自贸区建设5年典型案事例，在自贸区16个园区搭建“一平台三站室”法治服务保障体系，3个案事例入选人民法院服务自贸区建设典型案例和亮点举措。两江新区（自贸区）法院司法透明度指数位居全国专门性法院第一。

保障城乡融合发展。妥善办理涉西部（重庆）科学城、重庆国际物流枢纽园区、重庆新机场、广阳湾智创生态城等项目建设的土地房屋征收补偿纠纷案件1382件，服务中心城区重大示范工程建设。黔江、九龙坡、武隆、秀山等地法院通过细化服务经济发展司法措施、建立“院企”党建结对机制等方式，助力当地特色产业发展。审结涉“三农”案件3369件，丰都法院在三建乡设置乡村振兴巡回审判点，南川法院健全司法促进金佛山方竹笋产业链发展机制，垫江法院在龙头企业挂牌“司法服务种业振兴实践基地”，云阳法院升级服务基层“天平驿站”，深度服务乡村振兴战略实施。打造新时代“枫桥式人民法庭”，市高法院“车载便民法庭”、万州法院“滨江生态法庭”、沙坪坝法院陈家桥法庭、江津法院双福法庭工作入选新时代人民法庭建设案例。

防范化解重大风险。制定重点非法集资案件挂牌督办方案和指导意见，稳妥审结非法集资、传销等涉众型经济犯罪案件332件589人。审结金融纠纷案件15.1万件，数字金融纠纷一体化解决机制建设经验获最高法院肯定推广。市高法院、市三中法院联合重庆证监局探索“示范判决+司法调解+行业调解”机制，妥善化解上市公司虚假陈述系列纠纷案，入选最高法院“总对总”多元解纷典型案例。防范化解恒大及类恒大案件风险，审结涉房地产纠纷案件1.5万件，为政府提供法律意见537条。沙坪坝、九龙坡、南岸、璧山、彭水等地法院妥善化解涉“嘉阅滨江”“富邦金玖”“金色家园”“同景国际”“凯邦两江城”等商品房项目纠纷，服务“保交楼、保民生、保稳定”。

四、深入践行以人民为中心的发展思想，守护高品质生活

发扬人民司法一切为了人民、一切依靠人民的优良传统，着力解决好人民群众急难愁盼问题。

强化民生司法保障。审结一审涉教育、医疗、住房、社会保障等民生案件12万件，用心用情保障和改善民生。审结婚姻、继承等家事案件4.8万件，发出家庭教育指导令187份、人身安全保护令313份。加强未成年人司法保护，荣昌法院审结的跨域接受家庭教育指导案、璧山法院审结的为未成年人文身构成侵权案、垫江法院审结的向未成年人出售烟酒担责案入选最高法院未成年人权益司法保护九大典型案例。加强外卖骑手、快递小哥、网约车司机等领域从业者权益保障，审结劳动争议案件2.5万件，帮助务工人员追回“血汗钱”9.2亿元。审结涉军案件75件，强化军人军属权益保障。为困难当事人缓减免交诉讼费4648.9万元，发放司法救助金695.6万元，彰显司法人文关怀。出台疫情期间诉讼服务、诉讼程序、案件办理等问题解答，主动下沉社区提供法律咨询、化解矛盾纠纷，积极开展网上立案、线上开庭、云上调解、电子送达，确保为民服务“不打烊”。

助推全面依法治市。服务科学立法、民主立法、依法立法，为人大、政府立法和制定规章制度提供法律意见29件次；开州法院汉丰湖法庭成为市人大常委会基层立法联系点，报送立法建议72条；沙坪坝法院选派29名立法信息员，服务我市首个“国字号”基层立法联系点建设。支持监督行政机关依法行政，审结一审行政案件8152件，连续十年发布行政诉讼白皮书和十大典型案例；与市检察院、市司法局联合出台25条意见，率先在全国省级层面建立行政争议全域协同治理机制，推动行政争议实质性化解；完善行政机关负责人出庭应诉制度，长寿、大足、铜梁、梁平、石柱等多地行政机关负责人出庭应诉率为100%；针对案件审理中发现的突出问题，发出司法建议1031份，促进有关单位堵漏洞、强管理。落实普法责任制，开展“非凡十年看法院”系列直播，与重庆广电集团联合制作《法官来了》《法官在线》111期，依托“车载便民法庭”开展以案释法等活动3608场次，讲好全民共享的法治公开课。

及时兑现胜诉权益。加强执行规范化建设，执结案件37.1万件、同比下降10.7%，执行到位600.6亿元、同比上升13.3%，执行完毕率、实际执行到位率等8项指标位居全国法院前十。深化执行联动机制建设，联合市公安局开通“车驾管”专线，线上快速查封、解封车辆3.7万件次；联合市规划自然资源局全功能上线运行不动产远程查控系统，实现不动产查询、查封、过户“一网通办”“一键控制”；联合市通信管理局开展失信被执行人手机彩铃等试点工作，促使320名失信被执行人主动兑付案款1259.5万元。市四中法院联合黔江、石柱、秀山、酉阳、彭水等地党委政法委建立综治网格员协助执行工作机制。加大失信惩戒和拒执行为打击力度，发布失信被执行人信息9.6万条，限制高消费20.2万人，罚款、拘留1146人次，移送追究刑事责任96人，促进全社会重信守诺。全面推行网络司法拍卖，全年成交87.1亿元，为当事人节省佣金3.1亿元。市五中法院通过网络司法拍卖、网上智能执行向某公司一次性兑付执行案款4.7亿元，保障企业资金

链安全。

大力弘扬新风正气。发布弘扬社会主义核心价值观典型案例，注重发挥司法裁判价值导向作用，引领社会向上向善。渝中法院审结要求医院返还冷冻胚胎案，肯定特殊物承载的人格利益和情感寄托。渝北法院审结“水滴筹”性质认定案，明确保险公司不得因患者获赠捐助款减轻理赔责任。江津法院审结偷窥坠亡索赔案，明确守法者无须为他人违法行为买单。潼南法院判决支持女儿在过世父母墓碑上刻名维权，尊重传统伦理观念和公序良俗。荣昌法院审结离婚财产分割案，以司法裁决方式明确弱势方终身居住权。通过一个个典型案例明规则、扬正气，推动社会主义核心价值观深入人心。

五、持续推进司法改革和智慧法院建设，确保高质效司法

坚持用改革的思维、创新的方法破解制约司法公正的深层次问题，努力在更高层次上实现权力与责任平衡、放权与监督结合、公正与效率统一。

深化司法体制综合配套改革。深入推进四级法院审级职能定位改革试点，优化再审审查和审理衔接程序，合理调整办案资源，强化再审程序制约监督功能；探索提级管辖案件要素式审查，妥善审理“双减”政策下教育培训合同纠纷等重大典型案件，工作经验获最高法院向全国人大常委会报告改革中期工作时肯定。深化法官员额制改革，遴选法官161人，递补42人，退出54人。首次召开全市法院司法改革工作会议、调研工作会议，系统总结党的十八大以来十年改革、调研工作经验。发布重庆法院司法体制改革典型案例，1个案例入选人民法院司法改革案例选编。

全面准确落实司法责任制。制定落实审判责任25条实施意见，加强重点案件评查机制建设，全方位扎紧办案责任制度“笼子”。健全法官惩戒工作机制，完成法官惩戒委员会换届，修订法官惩戒委员会章程。完善绩效考评机制，压紧压实院庭长带头办案和监管责任，全市法院院庭长办案41万件。用好“党建”“审执”深度融合的两张表，实行部门单月调度督促、院领导双月督导约谈、党组季度推进研判，切实加强审判监督管理。规范审委会、专业法官会议及全庭法官会议运行，完善法律适用疑难问题研讨、改发案件双向沟通等平台功能，促进裁判尺度统一。

深入推进诉讼制度改革。全面贯彻实施新修改的民事诉讼法，制定加强小额诉讼程序适用21条意见，审结小额诉讼案件19.4万件，案件平均审理时长同比减少9天。完善简易程序适用，探索适用令状式、要素式、表格式等简式裁判文书，简易程序适用率83.1%。深化以审判为中心的诉讼制度改革，证人、鉴定人、侦查人员出庭作证1379人次，以庭审程序公正保障裁判实体公正。落实刑罚执行制度改革要求，强化减刑、假释案件实质化审理，审结减刑、假释案件4384件。

加快建设“全渝数智法院”。全力抓好信息化建设与实施五年规划落实，高效完成53.8%的建设任务。推进全流程网上办案改革，统一网上办案流程规则，打造覆盖网上立案、卷宗生成、智慧庭审等30多类功能的全流程网上办案体系，便捷当事人诉讼和法官办案。研发上线干警业绩评价系统，构建纵向贯通三级法院、横向覆盖三类人员、相同模型不同系数的全员评价机制，实时动态“画像”，激发司法生产力。“区块链+金融案件智审平台”入选国家区块链创新应用综合性试点重点应用场景，智慧司法便民服务获评工信部5G应用征集大赛社会治理专题一等奖。“全渝数智法院”建设工作经验在全国交流。

六、着力发挥诉源治理牵引作用，促进高效能治理

坚持和发展新时代“枫桥经验”，发挥法治在社会治理中的保障作用，促进自治、法治、德治、智治“四治融合”。

推动健全诉源治理大格局。建设诉源治理信

息化平台，对接市委政法委综治平台，实时展示各区县、乡镇“万人起诉率”、各类案件变化情况，推动市委平安办诉源治理24条措施落地落实。涪陵、大渡口、永川、铜梁等地法院促进区县矛盾纠纷化解中心、联调中心建设。延伸拓展诉源治理网络，横向拓展与市发展改革委等部门“总对总”诉调对接机制，加强与金融、物业、道交等专业调解组织协作；纵向深化法院调解平台进乡村、进社区、进网格，“点对点”对接基层社会治理单位747家，及时预防风险、排查矛盾、化解纠纷。全市法院诉前调解39.2万件，调解成功31.9万件，同比分别上升22.5%、58%。市高法院、合川法院相关工作经验在全国交流。

巩固提升“一站式”建设成果。严格落实立案登记制要求，制定规范民商事立案及管辖16条措施，切实保障当事人诉权。全面升级诉讼服务大厅，设置“智能导诉系统”“智能云柜”，发挥12368热线“一号通办”功能，办理群众诉求58.3万个，诉讼服务质效保持全国前列。完善律师服务平台，保障律师执业权利。构建适老型诉讼服务机制，帮助老年当事人跨越“数字鸿沟”，服务温暖“夕阳红”。北碚法院合力打造“万家法律驿站”延伸司法服务触角；巴南法院“一体化”在线司法确认机制获人民日报“点赞新时代”专栏报道。

深化拓展落实强基导向“六项工作”。探索具有地域特色的司法资源下沉路径，建设重庆法院强基导向工作平台，打通司法为民“最后一公里”。“人民法院老马工作室”入驻调解组织、调解员分别增至2299个、8519名，月均调解案件3.6万件，调解成功率78.3%；推动最高法院第五巡回法庭挂牌设立“人民法院老马工作室”。在人民法庭、专门法庭等挂牌“代表委员联络站示范联系点”12个，以点带面推动“代表委员联络站”向一线延伸；荣昌法院探索党代表入驻模式，打造“两代表一委员”联络站。“一街镇一法官”细化拓展出“一企业一法官”“一园区一法官”等特色品牌，精准供给“定制化”司法服务；铜梁法院打造“一街镇一法官”2.0版，集成推进“六项工作”。积极探索“一庭两所+”模式，合川、永川、綦江、潼南、城口、奉节、石柱、酉阳等地法院推动将辖区乡镇平安办、镇村社调解组织、专兼职网格员等纳入联调机制，助推实现“小事不出村、大事不出镇、矛盾不上交”。跨网跨域共享的“云上共享法庭”增至311个，扩展到律所、金融机构和社会组织，当事人出庭方式、出庭场所更加多元。5G“车载便民法庭”列装全市基层法院，把司法服务送到群众“家门口”，获评人民法院重大科技创新成果特等奖。

七、坚持全面从严治党从严治院，锻造高素质铁军

坚持革命化、正规化、专业化、职业化，建设一支永远忠于党、忠于国家、忠于人民、忠于法律的高素质法院队伍。

持续强化组织建设。深入推进机关“三基”建设和“四强”党支部创建，5个案例入选市直机关党建工作“三基”建设典型案例，2个案例获评新时代人民法院党建创新优秀案例。树立选人用人正确导向，选优配强成渝金融法院领导干部，储备基层法院优秀年轻干部118名，选派65名干警到基层挂职锻炼。深化干部任用跟踪问效机制建设，跨层级、跨类别、跨条线交流干警1796人次，激发队伍“一池活水”。

培养过硬司法本领。坚持实战实用导向，分级分类培训8.5万人次。加强全市法院高层次审判人才队伍建设，2名法官获评第五届全国审判业务专家。中标“服务司法高质量发展的法院绩效管理体系研究”等3项最高法院司法研究重大课题，居全国法院第4位。法院学术讨论会、优秀案例分析获奖成绩分别居全国第4位、第5位。

健全闭环落实机制。“目标、任务、人员、职责、时限、节点、督查”等七要素闭环机制实施两年来，法院队伍执行力、保障力持续增强。较

往年提前2个月下发年度工作要点及任务分解方案，清单化、项目化、事项化推进落实，确保党中央决策部署、市委工作安排到哪里，司法服务就跟进到哪里。

加强法院文化建设。全面规范全市法院文化标识和文化环境布设，利用身边红色文化、先进楷模激励干警不忘初心、勇毅前行。垫江法院弘扬红岩精神建设肖中鼎事迹陈列室，长寿法院培育“情理法”融合的法庭文化，忠县法院传承“忠文化”打造“乐天大讲堂”，巫山法院组织全院干警重走“下庄路”学习毛相林同志先进事迹。加强特色文化品牌打造、文化作品创造，市一中法院“从心认识你”身边的榜样人物采风项目、渝中法院“经纬讲习”文化讲堂入选全国法院文化建设特色项目，27部文化作品获最高法院“金法槌奖”。重庆法院文化建设工作经验在全国交流。

持之以恒正风肃纪反腐。严格落实中央八项规定及其实施细则精神，锲而不舍纠“四风”、树新风。深刻吸取张晓川严重违纪违法案教训，扎实开展作风突出问题等4个专项整治，深化“以案四说”、以案促改促治。完成三级法院监察机构更名及职责调整，不断健全与新型审判权力运行机制相适应的制约监督体系。巩固深化政法队伍教育整顿成果，严格执行防止干预司法“三个规定”，立案查处违纪违法干警18人，以零容忍态度清除害群之马。

八、自觉践行全过程人民民主，接受高标准监督

牢固树立接受监督意识，不断汇聚推动法院工作健康发展的强劲动力。

认真接受人大监督、政协民主监督。认真落实市委第六次人大工作会议精神，向市人大常委会专项报告人民法庭建设等工作情况，提请审议事项5件次，提请任免法院人员154人次，报备规范性文件3件，配合做好全国人大代表专题调研改革创新工作。办结代表建议43件、政协提案37件，回复率、满意率均为100%。发挥高院院长基层调研“1+4+1”联络机制示范带动作用，建立中基层法院院长基层调研常态化联络机制，组织开展联络活动901场，代表委员受邀参加活动3622人次。

依法接受监察、检察监督。认真接受监察机关监察监督，支持派驻纪检监察组依法履职。主动走出去接受检察机关法律监督，召开大法官大检察官联席会议。市级法检“两长”首次同庭履职，邀请市检察院检察长列席审委会共同提炼裁判规则。探索成渝金融法院跨域接受检察监督新模式。办理再审检察建议案件197件，审结抗诉案件307件，其中，依法改判、发回重审227件，维持50件，以调解、撤诉等方式结案30件。

广泛接受社会监督。认真落实人民陪审员法，人民陪审员参审案件4.3万件。三级法院院领导下基层接访走访4275人次，处理来信来访事项7584件次。坚持以公开促公正、树公信，召开新闻发布会231次。

各位代表！时代是出卷人，我们是答卷人，人民是阅卷人。我们深刻体会到：交出一份让党放心、让人民满意的答卷，一是必须坚持党的领导，把坚决拥护“两个确立”、坚决做到“两个维护”内化于心、外化于行，毫不动摇把坚持党对法院工作的绝对领导作为最高原则，紧跟“赶考核心”；二是必须加强理论武装，全面把握习近平新时代中国特色社会主义思想的世界观、方法论和贯穿其中的立场观点方法，坚持以习近平法治思想指导司法理念和司法实践，遵循“赶考指引”；三是必须牢记人民至上，把实现好、维护好、发展好最广大人民群众的根本利益作为法院工作的出发点和落脚点，站稳“赶考立场”；四是必须始终走对道路，坚决抵制西方所谓“宪政”“三权鼎立”“司法独立”等错误思潮影响，坚定不移走中国特色社会主义法治道路，校准“赶考航向”；五是必须能动服务大局，注重从全局谋划一域、以一域服务全局，抓纲带目、唯实争先，在服务大

局中实现自身更好发展，砥砺“赶考担当”；六是必须彰显公平正义，坚持依法独立公正行使审判权，守住维护社会公平正义的最后一道防线，确保宪法法律正确实施，追求“赶考价值”；七是必须强化守正创新，用足用好改革这个关键一招，全面准确落实司法责任制，强化科技赋能，清单管理、闭环落实，促进审判体系和审判能力现代化，铆足“赶考动力”；八是必须践行“两个答案”，自觉接受人大监督和各方面监督，坚定不移把全面从严管党治警向纵深推进，以阳光司法、廉洁司法确保公正司法，永葆“赶考清醒”。

各位代表！全市法院工作取得的发展进步，最根本在于有习近平总书记作为党中央的核心、全党的核心掌舵领航，在于有习近平新时代中国特色社会主义思想科学指引，是习近平法治思想在司法领域的生动实践。这些成绩的取得，离不开市委坚强领导，市人大及其常委会有力监督，最高法院监督指导，市政府大力支持，市政协民主监督，市监委监督，市检察院法律监督，各级党政机关、人大代表、政协委员和社会各界的关心帮助，离不开广大干警的拼搏奋斗。在此，我代表全市法院，向各级党委、人大、政府、政协、监察、检察机关和社会各界，向各位人大代表、政协委员表示衷心的感谢和崇高的敬意！

同时，我们也清醒认识到当前工作中还存在一些困难和问题：一是服务保障新时代新征程新重庆建设、满足人民群众多元司法需求的能力还要进一步提升；二是党建工作与业务工作的深度融合还有差距，以党建引领解决工作难题的机制建设还要进一步加强；三是案件质效总体领先，但个别不优，质效结构还要进一步优化；四是创新推动法院工作的平台、机制、抓手还不够，制度建设的“四梁八柱”还要进一步夯实；五是司法腐败问题仍有发生，过硬队伍建设还要进一步加强。对此，我们将紧紧依靠党的领导，在人大监督和各方面支持下，采取有力措施，切实加以解决。

今后五年工作思路和2023年工作建议

今后五年是全面建设社会主义现代化国家开局起步的关键时期，也是重庆直辖市而立之际。全市法院今后五年的总体工作思路是：坚持以习近平新时代中国特色社会主义思想为指导，全面贯彻落实党的二十大精神，深入贯彻习近平法治思想和总体国家安全观，认真落实中央经济工作会议、中央政法工作会议和第二十二次全国法院工作会议精神，深刻领悟“两个确立”的决定性意义，增强“四个意识”、坚定“四个自信”、做到“两个维护”，认真落实市委和最高法院工作要求，严格落实市第六次党代会和六届历次全会精神，严格执行市六届人大历次会议决议，牢牢坚持党对法院工作的绝对领导，坚定不移走中国特色社会主义法治道路，紧紧围绕“努力让人民群众在每一个司法案件中感受到公平正义”目标，忠实履行宪法法律赋予的职责，坚持服务大局、司法为民、公正司法，深化司法改革和“全渝数智法院”建设，深化过硬法院队伍建设，深化闭环管理落实机制，奋力推进重庆法院工作现代化，始终保持奋进者姿态、创造性张力，更加自觉接受监督，为护航新时代新征程社会主义现代化新重庆建设贡献司法智慧和力量，以优异成绩盛迎重庆直辖30周年。

各位代表！五年看头年，开局是关键。2023年，我们将抓好六个方面工作：

一是在加强政治建设上展现新气象实现新作为。始终把党的政治建设摆在首要位置，强化党的创新理论武装，扎实开展习近平新时代中国特色社会主义思想主题教育。注重在拓展广度、延伸深度上下功夫，全面贯彻落实党的二十大精神，坚决做到“总书记有号令、党中央有部署，重庆见行动、法院必担当”。始终坚持党的绝对领导，严守政治纪律和政治规矩，严格落实意识形态工作责任制。

二是在服务保障大局上展现新气象实现新作为。发挥审判职能作用，服务更好统筹疫情防控和经济社会发展、更好统筹发展和安全，保障稳进增效、除险清患。全面贯彻总体国家安全观，依法惩治各类犯罪，推进扫黑除恶常态化，严厉打击职务犯罪，服务以新安全格局保障新发展格局。坚持“两个毫不动摇”，完善助企纾困司法政策包，依法平等保护国企民企、内资外资、大中小微企业等各类市场主体，严防利用行政或刑事手段插手干预经济纠纷，营造国际一流法治化营商环境。按照全国标杆性目标建设成渝金融法院，加强体制机制改革创新，推动建设西部金融中央法务区，形成全国首个跨省域金融法院可复制可推广经验。健全跨省域司法协作机制，助力成渝地区双城经济圈建设。深化重庆破产法庭、重庆知识产权法庭等专业审判平台建设，促进产业优化升级和创新发展。积极探索设立长江上游生态保护法院，服务绿色发展。推进两江新区（自贸区）法院改革，优化铁路及交通运输审判职能，保障西部陆海新通道建设，推动高水平对外开放。

三是在坚持司法为民上展现新气象实现新作为。统一正确实施民法典和新修改的民事诉讼法，加强民生领域司法保障，努力实现惠民有感。持续深化拓展落实强基导向“六项工作”，推出一批“一件事”便民司法服务，优化“院长接待日”活动。推动出台矛盾纠纷多元化解条例，助推一站式社会矛盾纠纷调处化解中心建设。强化行政争议实质性化解，支持监督依法行政。坚持高效公正规范文明执行，切实推进执行难综合治理、源头治理。落实“八五”普法规划，大力弘扬社会主义核心价值观和社会主义法治精神。

四是在深化司法改革上展现新气象实现新作为。突出改革求变，深化司法体制综合配套改革，全面准确落实司法责任制，压紧压实院庭长带头办案和监管职责，不断完善司法权力制约监督和责任体系。深化完善四级法院审级职能定位改革，深入推进诉讼制度改革，推动各项改革系统集成、协同高效、相得益彰。深化“全渝数智法院”建设，开展“数助决策”，让公平正义更高效、更可感。

五是在建设过硬队伍上展现新气象实现新作为。紧扣建设堪当民族复兴重任的高素质干部队伍，编制法院队伍建设五年规划，制定实施法院领导班子结构优化、干部现代化建设能力提升、优秀年轻干部递进培养等计划。深入推进司法人员分类管理改革，培养储备专业化审判人才，强化法官职业保障。选树先进典型。大力弘扬新时代人民法院文化，厚植法院工作发展根基。坚持全面从严管党治警，严惩司法腐败。

六是在自觉接受监督上展现新气象实现新作为。维护和促进发展全过程人民民主，主动向市人大及其常委会报告工作，严格执行决议决定。认真接受政协民主监督，主动接受监察监督和检察监督，广泛接受社会监督，虚心听取代表委员意见建议，以公开促公正、以透明保廉洁。

各位代表！新征程催人奋进，新使命呼唤担当。我们将更加紧密地团结在以习近平同志为核心的党中央周围，全面贯彻习近平新时代中国特色社会主义思想，牢记“三个务必”，坚定信心、同心同德，砥砺奋进、唯实争先，为新时代新征程新重庆建设提供高质量司法服务和保障，向党和人民交出优异答卷！

重庆市人民检察院工作报告

——2023年1月15日在重庆市第六届人民代表大会第一次会议上

重庆市人民检察院检察长　贺恒扬*

过去五年工作回顾

过去五年，是重庆经济社会发展极不寻常、极不平凡的五年，也是检察机关理念、机构、职能重塑性变革的五年。在市委和最高检领导下，在市人大及其常委会监督下，在市政府、市政协大力支持下，全市检察机关以习近平新时代中国特色社会主义思想为指导，深学笃用习近平法治思想，全面贯彻党的十九大、二十大以及中央、市委、市人大重要会议精神，全面落实《中共中央关于加强新时代检察机关法律监督工作的意见》，坚持"讲政治、顾大局、谋发展、重自强"总体要求，坚持"党建抓细抓长、案件办准办好、队伍带精带强、工作做实做稳"总体思路，依法正确履行检察职责，为全市经济社会发展提供了坚实司法保障。

——五年来，我们坚持党的绝对领导，推动检察工作始终沿着正确方向前行。牢记检察机关是党领导下的国家法律监督机关，自觉用习近平新时代中国特色社会主义思想武装头脑，扎实开展"不忘初心、牢记使命"主题教育、党史学习教育，开展争创"学习型"检察院、争当"放心型"检察官活动，深刻领悟"两个确立"的决定性意义，不断增强"四个意识"、坚定"四个自信"、做到"两个维护"。坚决贯彻党中央决策部署，及时制定贯彻落实中央《意见》及市委贯彻措施的分工方案，把党赋予检察机关的更重责任落到实处。全面彻底干净肃清孙政才恶劣影响和薄熙来、王立军流毒，坚决肃清邓恢林流毒影响，全市检察干警"政治三力"不断增强、政治生态持续向好。在确保国家政治安全的斗争中作出了检察贡献。

——五年来，我们能动履职，服务经济社会高质量发展取得明显成效。牢记总书记殷殷嘱托，出台10条意见、优化法治化营商环境20条措施，检察履职从依法办案向能动服务转变。2020年起持续开展"保市场主体、护民营经济"专项行动，联合公安机关清理涉企"挂案""积案"1775件，为650家企业解除诉累。在全国率先开展知识产权检察改革试点，部署推进"保知识产权、护知名品牌"专项行动，办理侵犯专利、商标等刑事案件290件，帮助60余家知名企业"打假维权"。积极服务成渝地区双城经济圈建设，与四川省检察机关建立76项协作机制，在交通物流、生态环保、经济金融等领域统一司法标准。牵头与广西检察机关签署协作意见，携手服务"一带一路"和西部陆海新通道建设。建立长江上游六省市生态环境保护检察协作机制，设立长江生

* 2023年2月24日，第十三届全国人民代表大会常务委员会第三十九次会议通过，重庆市人民检察院检察长时侠联。

态检察官，助力长江经济带绿色发展。

——五年来，我们践行为民宗旨，维护群众合法权益尽心尽责。起诉黑恶势力犯罪2612人，起诉的故意杀人、故意伤害等严重刑事犯罪五年下降21.6%，电信网络诈骗犯罪五年下降29.7%。大力开展办实事活动，直接为群众解决急难愁盼问题2745件。创新12309检察云呼叫平台。建立群众信访件件有回复制度，做到七日内程序性答复、三个月内办理过程或结果答复两个100%。创新律师互联网阅卷平台，实现律师阅卷“一次也不用跑”。做实做靓“莎姐”未成年人检察工作，引导3944名涉罪未成年人回归社会，帮助2029名受害未成年人走出阴霾。积极支持农民工、残疾人等弱势群体维护合法权益，深入开展专项行动，五年司法救助3300多人，发放救助金5000多万元，市检察院对口帮扶的武隆区文凤村整体脱贫，成为乡村旅游重点村。

——五年来，我们强化法律监督，公平正义得到进一步彰显。刑事检察优中有升。对构成犯罪的追诉3051人，对不构成犯罪或犯罪情节轻微的不起诉28246人；监督立案1679件，监督撤案5261件，开展侦查活动监督7319件；对认为确有错误的刑事裁判，抗诉416件；对1990年以来的31万件“减假暂”案件全面复查，获得中央督导组肯定；起诉原县处级以上人员职务犯罪174人，立案查办司法工作人员相关职务犯罪83人。民事行政检察弱项变强。办案数从2018年的3513件上升到2022年的4826件；探索运用大数据平台，监督纠正虚假诉讼706件；发挥行政检察优势，促进审判机关依法审判，推进行政机关依法履职。主动与法院、公安、司法行政等部门沟通协作，画好依法治市“同心圆”。

——五年来，我们当好公益代表，公益诉讼检察之路越走越宽广。认真贯彻市人大常委会关于加强公益诉讼工作的决定，不断拓宽公益诉讼保护范围，办理公益诉讼案件10587件，其中生态环境领域7120件，食品药品、公共安全等领域2172件。诉前检察建议整改率由2018年的97.2%上升至2022年的99.9%。推行“专业化法律监督+恢复性司法实践+社会化综合治理”的生态检察模式，让生态环境得到更广泛的保护。积极争取党委政府支持，与有关部门建立协作机制200余项。

——五年来，我们加强溯源治理，推动市域社会治理水平不断提升。追求“明辨是非、定分止争，息诉罢访、案结事了，促进管理、创新治理”的司法办案三重境界。持续落实最高检一至八号检察建议，督促整治校园安全、窨井伤人、虚假诉讼等突出问题。针对办案发现的社会管理问题，向党委、人大、政府提交专题报告1197份，向有关单位发出检察建议2044份，办理一案、治理一片。全面贯彻少捕慎诉慎押刑事司法政策，全市检察机关审查逮捕人数逐年下降，不起诉率从2018年的8.8%上升到2022年的24.3%，认罪认罚从宽制度平均适用率88%，认罪认罚被告人服判率保持在97%以上。

——五年来，我们深化改革创新，检察工作高质量发展动力更足。圆满完成职务犯罪侦防职能、机构、人员转隶，蹄疾步稳推进公益诉讼制度，先行先试开展内设机构改革，顺利实现检察体制、机制、机构的华丽“转身”，形成刑事、民事、行政、公益诉讼“四大检察”新格局。设立重庆两江地区检察院，在全国率先迈出跨行政区划检察改革第一步。深入推进司法责任制综合配套改革，基层检察院员额比例由2018年的29.5%提高到2022年的37.1%，检察人员职业保障体系更加完善。稳步推进刑事诉讼制度改革，构建捕诉一体化、类案专业化办理机制，检察机关诉前主导、审前过滤作用得到强化。全面开展监狱巡回检察改革，相关做法被最高检推广。大力推进数字检察改革，建成智慧检务应用中心，研发量刑建议智能辅助系统、智慧民事监督办案系统，让数字检察更智能。“莎姐”未成年人检察品牌被评为全国检察机关“十大检察文化品牌”；长江生态检察官制度，被评为重庆市“我最喜欢的10项改革”和首届重庆市政法领域改革十佳范例。

——五年来，我们坚持强基导向，队伍素能更加过硬、基层基础更加牢固。出台关于加强新时代基层检察院建设的意见，抓基层、强基础，开展“一区”“两群”结对共建、相对薄弱院“脱薄争先”等活动，12个基层检察院被评为全国文明单位和先进检察院，检察工作高质量发展路上“一个都不能少”。出台激励全市检察人员新时代新担当新作为实施意见、加强优秀年轻干部教育管理监督10条举措，市检察院离退休干部第四党支部获评“全国离退休干部先进集体”，支部书记受到习近平总书记亲切接见。扎实开展政法队伍教育整顿，全面接受最高检党组政治巡视，深入推进政治巡察、政治督察，检察队伍面貌焕然一新。

——五年来，我们自觉接受监督，切实把全过程人民民主贯穿于检察工作各环节。认真落实人大及其常委会决议决定和审议意见，向市人大常委会专题报告了法律监督、公益诉讼、适用认罪认罚从宽制度、民事行政检察等工作。主动接受代表委员监督，认真办理人大代表建议159件、政协委员提案73件，切实把代表委员的真知灼见转化为改进工作的硬招实招。加强与代表委员的沟通联络，邀请人大代表、政协委员、人民监督员等3万余人次走进检察机关、监督检察工作，检察权运行更加规范透明。

五年砥砺奋进，重庆检察工作发生了整体性、重塑性变革，从固强补弱到整体提升，从依法办案到能动履职，从平稳推进到高质量发展，持续保持在全国检察机关第一方阵。回首过去五年，我们深切体会到：始终坚持党的领导，才能笃定前行。始终胸怀“国之大者”，才能行稳致远。始终站稳人民立场，才能无往不胜。始终坚守宪法定位，才能自强自立。始终发扬斗争精神，才能有为有位。始终坚持改革创新，才能赢得未来。

2022年主要工作

2022年，全市检察机关紧扣服务保障党的二十大胜利召开和学习宣传贯彻党的二十大精神这条主线，深学笃用习近平法治思想，深入贯彻中央《意见》和市第六次党代会、市委六届二次全会精神，围绕市委中心工作和最高检要求，依法能动履职，全力营造平稳健康的经济环境、国泰民安的社会环境、风清气正的政治环境。一年来，批捕10655人、起诉32121人；办理民事诉讼监督案件3633件、行政诉讼监督案件1193件；办理公益诉讼案件2246件，提起公益诉讼189件；监督纠正刑事执行违法违规1855件次；审查办理控告申诉案件11873件。

一、坚决维护稳定，全力保障党的二十大胜利召开

全面贯彻总体国家安全观，依法严惩危害国家政治安全犯罪，常态化开展扫黑除恶斗争，积极参与夏季治安打击整治“百日行动”，深入开展打击拐卖妇女儿童犯罪、打击整治养老诈骗犯罪等专项行动，起诉黑恶势力、故意杀人、故意伤害、抢劫、强奸等犯罪1872人，起诉盗窃、诈骗、“黄赌毒”等犯罪14498人。深入开展专项行动，三级检察院领导干部主动接访2953人次、检察听证927场次，中央联席办和最高检交办的14件重复信访案全部化解。全面贯彻少捕慎诉慎押刑事司法政策，对犯罪情节轻微、社会危险性小的犯罪嫌疑人不批捕2009人、不起诉8549人、建议或决定变更强制措施585人。主动与市邮政管理局加强寄递安全监管协作，与市应急管理局制定“十项任务清单”促进安全生产，向有关单位发出社会治理检察建议636份，清隐患、防风险、堵漏洞、促治理。

二、主动融入大局，持续推动经济高质量发展

深入开展“保市场主体、护民营经济”专项

行动，起诉侵犯市场主体合法权益犯罪826人，对犯罪情节轻微的市场主体负责人不批捕321人、不起诉352人。联合市工商联等部门对111家涉案企业启动合规整改，促进企业规范经营、更好发展。依法严厉打击金融领域犯罪，起诉洗钱犯罪58人，起诉非法吸收公众存款、集资诈骗等犯罪313人，追回资金5.8亿元。与四川省检察院签订协作意见，由五分院统一履行对成渝金融法院的法律监督职责。持续开展“保知识产权、护知名品牌”专项行动，起诉侵犯知识产权犯罪157人，办理有关民事行政、公益诉讼案件21件。在西部科学城、两江协同创新区设立知识产权检察保护中心，在有关企业设立知识产权综合保护联系点，相关做法列入《重庆市知识产权保护和运用“十四五”规划》。

三、坚持司法为民，助力提升群众高品质生活

聚焦群众反映强烈的生态环保、食品药品安全问题，依法办理相关公益诉讼案件1633件。设立“益心为公检察云平台”，携手1397名志愿者共护公共利益。扎实开展“公益诉讼助力乡村振兴”行动，起诉破坏耕地犯罪14人，办理耕地保护、农业面源污染等公益诉讼案件140件，帮助农民工讨薪1013万元。对1165名生活困难群众发放司法救助金2889万元。对犯罪情节轻微、主观恶性不大的未成年人不起诉939人，适用附条件不起诉684人。落实家庭教育促进法及重庆条例，发出“督促监护令”544份，深入学校开展普法宣传470场。

四、强化法律监督，切实维护司法公平公正

强化刑事检察监督，与公安机关联合设立侦查监督与协作配合办公室，在全国首创“110可视化系统监督平台”，监督立案数、书面纠正违法行为数同比分别增长29%和15.9%；坚持“派驻+巡回”检察模式，提出书面纠正意见73件，对“减假暂”案件提出纠正意见1098件。强化民事检察监督，对认为确有错误的民事裁判，提出抗诉及再审检察建议433件，监督纠正虚假诉讼370件。强化行政检察监督，以社会保障、征地拆迁等为重点，办理行政检察监督案件1193件，联合市高法院、市司法局出台《意见》，化解行政纠纷93件。充分发挥检察机关在反腐败斗争中的重要作用，立案查办司法工作人员相关职务犯罪22人，起诉职务犯罪264人。制定检察大数据赋能法律监督行动方案，研发的4个监督模型在全国获奖，研发的“渝e管”入选“国家区块链创新试点”重点应用场景。

五、做到严管厚爱，努力锻造过硬检察队伍

始终把习近平新时代中国特色社会主义思想作为“第一议题”，把学习贯彻党的二十大精神作为干警培训“第一课”，在全市检察系统全覆盖宣讲，检察干警政治立场更加坚定。常态化开展法律职业共同体同堂培训，举办业务竞赛、实战实训班32期、培训干警8671人次，聘请319名行政机关专业人员担任特邀检察官助理，提升检察办案水平。持续巩固政法队伍教育整顿成果，扎实开展政治督察和警示教育，促进队伍清正廉洁。

六、深化检务公开，自觉接受人大和社会监督

认真落实市委第六次人大工作会议精神，市、区县检察院向同级人大及其常委会报告工作130余次。市检察院向市人大常委会专题报告刑事执行检察工作，并全面落实审议意见。对2022年全市“两会”期间代表委员提出的760条意见建议逐条梳理、全部整改回复，全年办理代表建议、委员提案35件，满意率100%。制发《关于进一步加强代表联络工作的意见》，邀请代表委员等视察检察机关7300余人次，依法依规公开案件信息4万余条，以公开促公正提公信。

过去一年，全市检察工作取得新成效、实现新发展，113个集体、369名个人受到市级以上表彰，涌现出全国维护妇女儿童权益先进集体、全

国普法工作先进单位、全国妇联系统先进集体、全国检察机关文明接待室，以及党的二十大代表梅玫、全国青年能手崔念、重庆五四奖章获得者黄奕玮等一批先进典型。

今后五年工作思路和2023年工作建议

未来五年，全市检察工作的总体思路是：高举中国特色社会主义伟大旗帜，以习近平新时代中国特色社会主义思想为指导，深学笃用习近平法治思想，全面贯彻落实党的二十大和市委六届历次全会、市六届人大历次会议精神，紧紧围绕中央、市委和最高检工作部署，聚焦“新时代、新征程、新重庆”这个主题主线，自觉在习近平新时代中国特色社会主义思想中找遵循、在中国式现代化宏大场景中谋发展、在社会主义现代化新重庆建设中见实效。2023年，我们将奋力抓好六个方面工作：

一是以更高站位深入学习贯彻党的二十大精神。持续开展大学习大讨论大实践活动，引领检察干警践行“两个确立”、做到“两个维护”。严格对标对表，以全面依法治国、维护国家安全和社会稳定、加强检察机关法律监督、完善公益诉讼制度为重点，全力做好新时代新征程新重庆落实党的二十大精神新的政治答卷。

二是以更强担当服务保障新重庆建设。全面贯彻总体国家安全观，依法惩治危害国家政治安全和社会大局稳定各类犯罪，促进市域社会治理现代化。完整准确全面贯彻新发展理念，服务构建现代化产业体系，突出对实体经济、数字经济、创新驱动发展等重点领域的司法保护，服务稳进增效、除险清患、改革求变、惠民有感。深化川渝、桂渝等跨区域检察协作，服务西部大开发和成渝地区双城经济圈、西部陆海新通道建设。完善长江生态检察官制度，服务山清水秀美丽之地建设。主动融入乡村振兴和“一区两群”协调发展，全力做好服务保障高质量发展新的时代答卷。

三是以更深情怀践行司法为民宗旨。持续加强食品药品、教育医疗、社会保障等民生领域的法律监督。扎实做好群众信访件件有回复、检察听证、司法救助等工作，促进矛盾源头治理。坚持将法、理、情融为一体，办准办好群众身边的“小案”，全力做好为人民服务新的民生答卷。

四是以更大力度深耕法律监督工作。坚持敢于监督、善于监督，不断完善检察权运行机制和执法司法制约监督机制，持续做优刑事检察、做强民事检察、做实行政检察、做好公益诉讼检察。深化数字检察建设，全力做好维护司法公正、守护公共利益新的履职答卷。

五是以更严标准打造过硬检察队伍。持续加强检察队伍专业培训和人才培养，坚持全面从严管党治检，不断提高检察干警履职能力和斗争精神，锻造绝对忠诚、绝对纯洁、绝对可靠的检察铁军，全力做好检察队伍自我革命新的廉政答卷。

六是以更实举措自觉接受人民监督。坚决执行人大及其常委会决议决定，主动向人大常委会报告工作，认真办好代表建议和委员提案，深化检务公开，全力做好接受人民评判新的监督答卷。

四川省高级人民法院工作报告（摘要）

——在四川省第十四届人民代表大会第一次会议上

四川省高级人民法院院长　王树江

各位代表：

现在，我代表四川省高级人民法院向大会报告工作，请予审议，并请各位政协委员提出意见。

过去五年的工作

五年来，在省委坚强领导、省人大及其常委会有力监督下，全省法院坚持以习近平新时代中国特色社会主义思想为指导，认真学习贯彻习近平法治思想，深入贯彻党的十九大和二十大精神，严格落实省第十一次和十二次党代会精神、省十三届人大历次会议决议，忠诚拥护“两个确立”，坚决做到“两个维护”，紧紧围绕“努力让人民群众在每一个司法案件中感受到公平正义”目标，坚持服务大局、司法为民、公正司法，忠实履行宪法法律赋予的职责，按照“六个实质化”工作思路，沿着“新、实、深、固、常”工作脉络，守正创新、接续奋斗、跨越发展。五年来，全省法院共受理案件692.04万件，审、执结683.72万件，同比分别上升61.11%、61.92%。其中，省法院受理10.95万件，审、执结10.70万件，同比分别上升114.68%、121.88%。

一、全力服务大局，保障经济社会高质量发展

当好天府中央法务区建设主力军。推动天府中央法务区从蓝图构想到落地成势，获评中国改革2021年度唯一省级特别案例。率先形成“一点、五院+、五庭+”司法资源集群，争取设立最高人民法院五巡成都审判点，新设成渝金融法院、天府新区法院（四川自贸区法院），成立互联网、国际商事等专门法庭，门类和数量均居全国首位。入驻机构审理案件25.49万件，标的额2293.93亿元，以优质法律服务引聚高能级泛法务企业，法商融合生态圈成型见效。

营造法治化营商环境。依法平等保护各类市场主体，加强产权和企业家合法权益保护，厚植投资兴业沃土。强化知识产权司法保护，依法审理涉五粮液、竹叶青、郫县豆瓣等案件2.65万件，擦亮“川字号”产业金字招牌。依法严惩非法集资50.33亿元的汇通公司，稳妥处置浦发银行千亿信贷资产风险案，助推四川银行成功组建，促进金融市场健康发展。充分发挥破产审判在市场主体救治和退出中的重要作用，审理案件2968件，泸天化集团、达钢集团、川煤集团等企业重获新生，盘活资产730亿元，16万名员工稳住就业。

服务成渝地区双城经济圈建设。深化川渝司法协作，联合发布知识产权、环境资源、建设工程等领域典型案例、法律适用解答，同城化办理跨域立案、委托执行6.17万件次，两地法院“一盘棋”由表及里。积极对接“一带一路”，制定服务四川自贸区建设意见，审理涉中欧班列（成渝）

等涉外民商事案件3621件，助力打造内陆改革开放高地。

保障重大项目建设。服务交通强省建设，审理涉新成昆铁路、成渝高速公路、天府国际机场等建设运营案件2458件。从“蜀道通”到“蜀道畅”，司法脚步从未停歇。全程跟进白鹤滩、乌东德水电站和普光气田等大国工程建成投用，稳妥处置征收补偿、施工合同、劳动争议等相关纠纷，为西电东送、川气东输贡献司法力量。

护航绿色发展。坚持山水林田湖草沙一体保护，审理环境资源案件3.46万件，全国首例预防性保护公益诉讼五小叶槭案入选最高人民法院指导性案例。与陕甘黔滇渝等省市法院共建协作体系，创新“纽扣法庭”“四圈四同”工作机制，合力守护一江清水、两岸青山。建立生态环境司法修复实践基地103个，探索认购“碳汇”修复受损环境，实现保护与修复并重。在2022年气候变化司法应对国际研讨会上作主题发言，环境司法四川经验走向世界。

二、严格公正司法，服务平安四川法治四川建设

坚决维护社会稳定。全面贯彻总体国家安全观，依法严惩煽动分裂国家、间谍窃密等犯罪。坚持除骗务尽，全链条打击电信网络诈骗及上下游犯罪，审理案件6435件1.77万人，“10·18”特大跨境电诈案入选新时代推动法治进程十大案件。重拳扫黑除恶，审理案件1804件1.56万人，王德彬、饶氏兄弟等黑恶势力被依法铲除。厉行铁腕禁毒，审理案件2.92万件4.03万人，依法判处持枪制贩毒的石大雄、诱骗胁迫21名求职者到缅甸贩毒的尔古达哈等人死刑。在凉山地区推进源头禁毒、综合治毒，助其彻底摘掉20余年的“毒帽”。强力惩贪治腐，审理贪污贿赂、渎职等案件4417件5629人，云南省委原书记秦光荣、省医院原院长李元峰等被绳之以法。

维护良好公共秩序。循天理、遵国法、顺人情，惩恶扬善、禁乱止暴。执行绿心公园女子夜跑遇害案罪犯李健死刑，滥害无辜罪不可恕。判处高速路斗气别车致6车相撞的双方车主有期徒刑，危害公众必受严惩。判处销售伪劣口罩的周某某有期徒刑，趁难敛财难逃制裁。认定煽动网民诋毁谩骂致“安医生”自杀身亡的常某等3人构成侮辱罪，网络暴力必须遏制。认定已尽安全保障义务的物业公司无须向跳楼者家属赔偿，无理索赔绝不支持。依法驳回“青花椒”案碰瓷式维权诉求，诚信底线不可逾越。

倾力守护家庭安宁。妥善审理婚姻家庭案件54.33万件，发出人身安全保护令526份，倡导健康和美家庭关系。严惩强奸、拐卖、虐待、校园霸凌等侵害未成年人违法犯罪，发出家庭教育指导令2411份，呵护少年儿童平安成长。依法支持老年人赡养费、“带孙费”诉求，解老年人养老之忧。精准打击养老诈骗犯罪，审理案件253件468人，守好老年人“钱袋子”。

助推法治政府建设。加大对房屋土地、城市治理、社会保障等领域案件审判力度，保障行政相对人合法权益。全面监督依法行政，加强行政争议实质化解，共建59个调解中心（室），行政机关负责人出庭出声成为常态。推动建立省市（州）区（县）三级府院“两长”联席会议制度，发布行政审判白皮书260份，形成司法与行政良性互动局面。

三、践行司法为民，回应群众多元司法需求

用心扎牢民生权益司法保障网。认定商家强制扫码点餐侵犯个人信息、强行拥抱女员工构成职场性骚扰，给人格尊严以最大尊重。判决阻挠小区正当加装电梯的业主停止妨碍施工，给安居需求以切实回应。判决不愿低俗表演的女主播无须向经纪公司支付合同解除违约金，给新业态从业者以充分保障。向“网红拉姆”的两名幼子和年迈父亲提供司法救助金10万元，给困境者以生活希望。严厉惩治袭警、暴力伤医行为，完善协作机制强化涉军维权工作，给守护者以司法护卫。

切实维护当事人胜诉权益。全省法院执结案件213.48万件，执行到位5222.13亿元，整体质效稳居全国法院第一方阵。联合12家单位建成覆盖存款、不动产、公积金等25项财产信息的在线查扣冻体系，网络司法拍卖成交897.19亿元，执行模式发生深刻变革，从线下到线上、从单打独斗变为内外联动。用好活封活扣、执行和解等善意文明措施，防止办了一个案件、垮掉一个企业。用好"公诉＋自诉"利器，判处拒执罪人数为前五年的5.86倍，试点实行守信激励和信用修复，营造惩戒失信、促进守信的社会氛围。

打造高品质诉讼服务。严格落实立案登记制，坚决整治年底不立案，群众反映强烈的立案难问题成为历史。将108项诉讼事务整合到诉讼服务中心集中办理，开通12368热线等十大网上平台，诉讼服务突破时空限制，当事人既能现场一站通办，又能足不出户一网全办。与公安厅、四川银保监局等建立道交、保险等类型化纠纷诉调对接机制，81.11万件纠纷成功调解，31.23%的民事案件实现速裁，愿调尽调、速裁快办让解纷多元便捷。

发挥人民法庭前沿阵地作用。贴近群众优化设置人民法庭823个，增设镇、村诉讼服务站和巡回审判点2067个，广泛开展巡回审判，司法服务延伸至"最后一百米"。深度融入基层治理，构建"法庭＋派出所＋司法所＋网格员"多方共治模式，共建无讼村（社区）1339个，"石榴籽"调解室全省铺开、走向全国，大量矛盾纠纷化解在萌芽、解决在基层。审理侵占惠农资金、破坏耕地、制售假种子假农药等犯罪案件433件，妥善处理涉川茶川果、畜牧水产、康养旅游等乡村产业发展纠纷。人民法庭以法治方式为脱贫攻坚、乡村振兴写下生动篇章。

四、深化改革牵引，激发法院发展内生动能

维护司法公正。全面落实"让审理者裁判、由裁判者负责"，稳妥推进人员分类管理改革，实行编制、员额省级统筹、动态调整，遴选员额法官1975名，院领导办理案件56.43万件。建立审判权责清单明晰办案责任，实质化开展法官惩戒，实现放权不放任、用权受监督，审判监督管理改革案例获全国首届"人民法院改革创新奖"。搭建统一法律适用机制，防范"类案不同判"，一审服判息诉率上升至90.67%。

促进司法高效。全国首创"案件审理期间——纠纷在院时间"双向考评机制，试点法院纠纷在院时间较改革前缩短118天。圆满完成民事诉讼程序繁简分流改革试点，14条修法建议被民事诉讼法采纳。首批开展四级法院审级职能定位改革试点，实现矛盾纠纷层级化解。推进智慧法院迭代升级，为当事人、律师带来实实在在诉讼便利。

捍卫司法权威。坚持以审判为中心，充分保障人权，刑事案件证人、侦查人员等出庭作证7056人次，启动非法证据排除程序682件次，推动被告人获得律师辩护全覆盖。发布指导意见对交通肇事、盗窃等23种常见犯罪规范量刑，确保罚当其罪。坚持宽严相济，审理认罪认罚从宽案件14.78万件，对12.27万名被告人依法判处缓刑等非监禁刑，对1736人免予刑事处罚。坚持疑罪从无，依法宣告223人无罪。出台工作规程规范减刑、假释案件办理，严防"纸面"服刑、提"钱"出狱、带"病"假释。

五、坚定文化自信，锻造忠诚干净担当法院铁军

永葆忠诚本色。旗帜鲜明把党的政治建设放在首位，弘扬伟大建党精神，深入开展"不忘初心、牢记使命"主题教育，夯实思想根基。探索实施思想政治建设"八项工程"，全覆盖政治轮训，认真接受中央、省委巡视，增强政治定力。扎实开展政法队伍教育整顿，严格落实防止干预司法"三个规定"，创新"三非"工作机制，守好廉洁底线。

锤炼过硬本领。举办各类培训1.32万期

61.28万人次，培养藏汉、彝汉等双语法官，队伍专业能力不断提升。实施“青蓝工程”大力培育年轻干部，选派2850名干警到基层一线、民族地区担重历练，为司法事业长远发展储备人才。培育64名全国、全省审判业务专家，每年评选“十佳庭审”“十佳裁判文书”，推出优质司法产品。

厚植法治底蕴。创建浣草书屋、法治会客厅等文化传承中心89个，举办“见山论坛”“梦溪书研社”等文化活动，浸润崇法向上法官精神，510个集体、1477名个人获得省级以上表彰。制定文化建设规划，打造“泸法麒麟”“正义雪莲”等文化品牌，传播崇法为民法院声音。开展“庭审进万家”“百名法官进百企”，48名法官走进央视解案说法，1056名法治副校长、法治辅导员走进校园普法释法，凝聚崇法向善法治信仰。

六、主动接受监督，积极改进法院工作

自觉接受人大及其常委会监督。对省人大常委会交办的代表建议均限期办结、全部回复，人大代表参加专项联络活动、评选活动562人次，走进法院监督成为常态。真诚接受民主监督。按期办结委员提案117件。全力支持纪检监察机关依法履职。依法接受检察机关诉讼监督。广泛接受社会监督。坚持阳光透明司法，庭审直播网上观看8.01亿人次，人民陪审员参审案件49.63万件，召开新闻发布会1508场回应社会关切，让人民参与司法、监督司法。

2023年工作安排

2023年全省法院工作总体思路是：坚持以习近平新时代中国特色社会主义思想为指导，深入贯彻习近平法治思想，全面学习贯彻党的二十大和省第十二次党代会精神，紧紧围绕“努力让人民群众在每一个司法案件中感受到公平正义”目标，沿着“六个实质化”发展路径，进一步推进全省法院工作优质化提升，助力开创全面建设社会主义现代化四川新局面。

一是培优高质量发展法治环境。严惩杀人、抢劫、强奸等严重侵害群众生命财产安全的犯罪。强化新兴产业、优势产业等司法保障，加快推进天府中央法务区审判机构入驻，营造一流法治化营商环境。提升行政争议化解实效，一体推进法治四川、法治政府、法治社会建设。打造“两干九支五区”生态环境司法保护协作体系，助力巩固“四区八带多点”生态安全格局。

二是培优人民群众满意司法服务。巩固提升诉源治理成效，提升社会治理法治化水平。升级“厅网线巡”立体化诉讼服务体系，让群众享受到更优质更温暖的司法服务。妥善审理劳动就业、教育医疗、房地产等领域案件，为惠民生、稳就业提供司法支撑。推进执行指挥中心3.0版建设，着力提升执行案件到位率。

三是培优审判体系和审判能力现代化水平。完善执法司法制约监督体系，促进权力与责任平衡、放权与监督结合。加大对革命老区、脱贫地区、民族地区、盆周山区法院指导支持，推动全省法院发展更加平衡。全面推进信息技术在审判执行中的融合应用，探索互联网司法四川模式。

四是培优法院队伍形象。实施中青年专家型审判领军人才“培优拔尖双百计划”，培育一批全国领先、全省标杆人才。把文化自信自强作为深沉持久力量，形成特色鲜明、优势互补、协同发力的四川法院文化品牌矩阵。纵深推进全面从严治党，驰而不息涵养新风正气。

四川省人民检察院工作报告（摘要）

——2023年1月12日在四川省第十四届人民代表大会第一次会议上

四川省人民检察院检察长　葛晓燕*

过去五年，全省检察机关坚持以习近平新时代中国特色社会主义思想为指导，深入贯彻习近平总书记对四川工作系列重要指示精神，在省委和最高人民检察院的坚强领导下，紧紧围绕“高质量发展”这个主题，主动适应多重改革叠加带来的新变化，厘清四川检察“三个坚持”“五个进一步”的发展思路，实现了在检察职能调整中转型发展、在司法体制改革中创新发展、在检察队伍自我革命中高质量发展，共办理各类案件107万余件，为四川走过极不寻常、极不平凡的五年提供了坚强有力的法治保障。

一、更新司法理念，检察办案充分体现天理、国法、人情、良知相统一

尊重人民群众朴素公平正义观。一方面，对人民群众深恶痛绝的事零容忍。起诉涉黑恶犯罪8963人。率先在全国开展“打击侵害未成年人犯罪专项行动”，起诉侵害未成年人犯罪12566人。另一方面，对人民群众急难愁盼的事不懈怠。对收到的27722件群众来信做到7日内程序性回复，对26007件属于检察机关管辖的信访案件做到3个月内办理进展或结果答复，信访“倒三角”结构得到改变。将司法救助融入脱贫攻坚、乡村振兴，对9600人发放司法救助金。

注重人心之治、源头之治。全面推行认罪认罚从宽制度，认罪服判率98.6%。全面落实少捕慎诉慎押刑事司法政策，诉前羁押率从2018年的48.5%降至2022年的22.7%，不起诉率从2018年的6.6%上升至2022年的24.3%。结合办案发出社会治理类检察建议，最高人民检察院评选出的34件全国社会治理类优秀检察建议，四川占5件。

树立“定分止争”更高办案标准。创新四川民事检察“和解五法”，在检察环节促成民事案件和解息诉3328件。开展行政争议实质性化解，着力解决2231件行政诉讼案件程序已结但讼争未实质化解的申诉问题。

二、调整职能布局，实现“四大检察”全面协调充分发展

做优刑事检察。完成“捕诉一体”改革，打击犯罪更专业更有力。起诉监察机关移送职务犯罪4560人，依法办理云南省委原书记秦光荣等一批重大贪贿案件。

做强民事检察。办理民事检察监督案件38572件。对诉讼能力偏弱的老人诉请支付赡养费、受家暴妇女离婚、农民工讨薪等提供法律保护8829件。监督纠正“假官司”“假仲裁”“假公证”1618件。

做实行政检察。办理行政检察监督案件11123件。加强行政非诉执行监督，提出检察建议3463件。

* 2023年1月至2023年7月，四川省人民检察院检察长。

加强行政违法行为监督，提出检察建议 1915 件。

做好公益诉讼检察。立案办理公益诉讼检察案件 36903 件，办案数量和质效居全国前列。连续 3 年开展“公益诉讼守护美好生活”专项监督。99.6% 的公益损害案件在诉前得到解决。

三、坚守检察使命，依法保障经济社会高质量发展

坚决维护国家安全和社会稳定。成功办理一批危害国家安全犯罪专案，维护国家政治安全。依法严惩金融诈骗、扰乱金融管理秩序犯罪，起诉 6455 人，追赃挽损 32 亿余元，防范化解金融风险。依法严惩毒品犯罪，起诉 38971 人。

依法保障防疫秩序。一方面，对核酸检测造假、制售伪劣涉疫物资、哄抬物价等主观恶性深、性质恶劣的犯罪，决不手软、从快追诉。另一方面，对普通群众违反疫情防控有关规定，综合考量案件发生的背景、情由、后果、认罪悔罪态度等，特别是对因表达诉求引发冲突等过激行为情节较轻、社会危害性不大的，依法不追究刑事责任 65 人，防止执法司法“一刀切”“简单化”。

着力营造法治化营商环境。开展涉企刑事案件挂案专项清理，不让悬而未决的案件成为企业发展的“包袱”。开展涉企业负责人羁押必要性审查专项活动，对企业负责人涉经营类犯罪依法能不捕的不捕、能不诉的不诉。扎实推进涉案企业合规改革，让涉案企业“活下来、留得住、经营好”。

跟进服务重大战略部署。建立川渝检察协作 70 余项机制，护航成渝地区双城经济圈建设。起诉侵犯知识产权犯罪 1398 人。首创的知识产权刑事案件“双报制”，被国务院评为知识产权强国建设典型案例，是全国检察系统唯一入选案例。建立生态保护跨部门跨区域协作机制，共同保护长江、黄河、大熊猫国家公园和都江堰水利工程。

切实保障民生民利。开展整治电信网络诈骗专项行动，突出惩治盗窃、诈骗、敲诈勒索等多发侵财犯罪，起诉 82940 人。起诉制售假药、有毒有害食品等犯罪 2716 人。加大网络时代泄露贩卖个人信息、酒店偷拍等犯罪打击力度，起诉 1427 人。

倾情保护特定群体合法权益。推动未成年人“六大保护”形成合力。联合公安厅、教育厅开展入职查询、强制报告工作。全面推进家庭教育指导，促进“甩手家长”履责。建立 98 个法治宣传教育基地，落实法治教育从娃娃抓起。强化妇女、老年人、残障人士权益保障。联合省妇联建立加强妇女儿童权益保护协作十项举措。开展整治养老诈骗专项行动，起诉坑老害老犯罪 418 人。开展无障碍环境建设公益诉讼，让老年人、残障人士放心出门。维护军人军属权益。起诉破坏军婚罪、危害国防利益罪等涉军类案件 79 件，用心用情用法服务“最可爱的人”。

四、加大监督力度，守好严格执法、公正司法底线

加强对公安机关刑事立案、侦查活动的监督。会同公安机关共建 226 个侦查监督与协作配合办公室，对应当立案而不立案的监督立案 7340 件，不应当立案而立案的监督撤案 7196 件，对不构成犯罪或证据不足的不起诉 4170 人，严把检察关口，坚决防范冤假错案。

加强对法院刑事、民事、行政审判的监督。对刑事裁判提出抗诉 2038 件，对民事裁判提出抗诉 320 件，以再审检察建议方式促请法院纠正 2398 件，对行政裁判提出抗诉和再审检察建议 107 件，有效保障法律统一正确实施。

加强对看守所、监狱、社区矫正机构刑事执行活动的监督。在全国率先开展对监狱、看守所“派驻 + 巡回”检察试点，决不允许“牢头狱霸”“提钱出狱”“纸面服刑”在四川存在。

加强对司法工作人员履职的监督。打造全国首个省级层面律师“一站式”办案平台“律检通”系统，跨省、跨市查阅案卷“最多跑一次”。对

司法工作人员利用职权实施侵犯公民权利、损害司法公正犯罪立案侦查191人。

五、深化改革创新，提升四川检察整体效能

以司法责任制为核心全面深化司法体制综合配套改革，坚持政治建检、专业强检、基层固检、从严治检，推动全省检察工作高质量发展。深入开展“不忘初心、牢记使命”主题教育、党史学习教育、政法队伍教育整顿。134个集体、60名个人获得“全国模范检察官”等省部级以上表彰。涌现出45名全国检察业务专家、业务标兵和四川十大法治人物、政法先锋。培育出13个全国模范检察院、全国先进基层检察院，数量居全国第一。

五年来，我们始终牢记检察院是人民的检察院，自觉践行全过程人民民主，对人民负责，受人民监督。

自觉接受人大及其常委会和人大代表监督。向省人大常委会专项报告了行政执法与刑事司法衔接、检察建议、营造法治化营商环境、生态环境公益诉讼、法律监督等工作，认真落实审议意见。对省人大代表建议全部办结。

自觉接受政协民主监督和社会监督。每年向省政协通报检察重点工作，对省政协委员提案全部办结。全省三级检察院全部建成12309检察服务中心实体、热线、网络三大平台，检察服务不因疫情而“打折”。

经过全省检察机关和全体检察人员五年的共同努力，四川“四大检察”工作质效全面迈入全国检察机关第一方阵，最高人民检察院通报的53项业务指标中四川有31项工作走在全国前列，79件案件被评为全国指导性案例、典型案例，检察建议公开宣告、青少年法治宣传教育矩阵、“派驻+巡回”检察等探索从四川走向全国，全省检察工作实现了更高质量发展。

我们清醒认识到，全省检察工作还存在一些问题和不足：检察理念需要持续更新；服务大局、为民司法的针对性还需要加强；全面从严治检仍有薄弱环节。对这些问题和不足，我们一定认真对待，在今后的工作中努力解决。

2023年，全省检察机关将坚持不懈用习近平新时代中国特色社会主义思想凝心铸魂，全面贯彻习近平总书记对四川工作系列重要指示精神，坚定拥护“两个确立”，坚决做到“两个维护”，认真落实党的二十大、省第十二次党代会和省委十二届二次全会部署，按照“讲政治、抓发展、惠民生、保安全”工作总思路，围绕“四化同步、城乡融合、五区共兴”总抓手，重点抓好五方面工作，以检察工作现代化服务保障谱写中国式现代化四川篇章。

一是更加坚定维护国家安全和社会稳定。坚决打击敌对势力渗透、破坏、颠覆、分裂活动，严厉打击严重影响人民群众安全感的犯罪，推动更高水平的平安四川建设。二是更加坚定服务发展。平等保护各类市场主体，更加注重涉案企业合规改革质的提升，更实助力拼经济、搞建设。在推进四化同步、城乡融合中发挥好司法保障作用。以检察一体化服务保障五区共兴。三是更加坚定保障民生。聚焦群众司法诉求，推动当事人讼争得到根本解决。聚焦群众急难愁盼，开展专项监督活动。聚焦群众对高效司法的新需求，让检察服务更加便民惠民。四是更加坚定强化监督。认真落实党的二十大报告、省委十二届二次全会《决定》关于“加强检察机关法律监督工作”的要求，敢于监督、善于监督，进一步发挥好刑事、民事、行政、公益诉讼检察职能作用，更深融入法治四川建设。五是更加坚定建强队伍，深化全面从严治检，努力锻造一支堪当时代重任的高素质检察队伍。

迈步新时代新征程，全省检察机关将更加紧密团结在以习近平同志为核心的党中央周围，在省委和最高人民检察院的坚强领导下，认真落实本次大会的决议，扛起落实党中央和省委决策部署的政治责任，扛起为大局服务、为人民司法的法治责任，扛起加强法律监督工作的检察责任，为奋力谱写四川发展新篇章贡献检察力量！

贵州省高级人民法院工作报告

——2023年1月15日在贵州省第十四届人民代表大会第一次会议上

贵州省高级人民法院院长　茆荣华

各位代表：

现在，我代表省高级人民法院向大会报告工作，请予审议，并请各位政协委员和列席人员提出意见。

过去五年的主要工作

省十三届人大一次会议以来，全省法院坚持以习近平新时代中国特色社会主义思想为指导，深入贯彻习近平法治思想，全面贯彻党的十九大及十九届历次全会精神和党的二十大精神，在省委坚强领导，省人大监督关怀，省政府、省政协及社会各界大力支持下，在最高人民法院正确指导下，紧紧围绕“努力让人民群众在每一个司法案件中感受到公平正义”目标，忠实履行宪法法律赋予的职责，各项工作取得新的进展。五年来，全省法院新收案件409.39万件，审执结399.61万件，结案标的额1.11万亿元，同比分别上升124.69%、122.71%和225.23%；省法院新收案件6.53万件，审执结6.48万件，同比分别上升108.06%和120.1%。全省法院始终坚持服务大局、司法为民、公正司法，人民法院队伍展示出新风貌，人民群众对法院工作满意度达98.51%，最高人民法院和省委主要领导批示肯定49次，为我省全面建成小康社会，开启全面建设社会主义现代化新征程提供了高质量司法服务和保障。

一、坚持党对司法工作的绝对领导，确保人民法院正确政治方向

坚持从新时代党的创新理论中汲取奋进力量。始终坚持以习近平新时代中国特色社会主义思想凝心铸魂，自觉用以武装头脑、指导实践、推动工作。高标准开展“不忘初心、牢记使命”主题教育，常态化长效化推进党史学习教育，扎实开展“牢记殷切嘱托、忠诚干净担当、喜迎建党百年”“深刻领悟‘两个确立’决定性意义，坚决做到‘两个维护’”等教育活动，全省法院衷心拥护“两个确立”、忠诚践行“两个维护”思想根基更加牢固。2022年，全省法院迅速兴起学习宣传贯彻党的二十大精神热潮，深入开展“党的二十大精神大学习大落实”活动，切实把学习贯彻党的二十大精神转化为干事创业强大动力。

坚持在加强党的政治建设中铸牢忠诚之魂。制定6项配套制度，严格落实《中国共产党政法工作条例》，向省委专题报告重大事项193次。建成全省首个法治教育政治生活馆，入选第四批全国法治宣传教育基地。2022年，省法院出台加强政治建设15条措施，深入开展“大学习大讨论大整改大提升”“共建共促”等活动，推动党建业务双向深度融合。

坚持在传承党的优良作风中赓续红色基因。围绕4个方面出台专门意见，提出13项工作举措，传承法治红色基因。始终践行司法为民宗旨，集中实施16项民生实事计划，开展“我为群众办实事”实践活动。从2020年起连续三年入村寨进社区走企业访群众，走访企业、群众等56.86万户，帮助解决4276个问题。2022年，省法院明确5项标准24项要求，大力创建“为群众办实事示范法院”。建成省法院院史馆，激励法院干警薪火相传、踔厉奋发。在新冠疫情突发期间，广大干警积极投身抗疫一线，为疫情防控贡献力量。

二、严格公正司法，建设更高水平平安贵州法治贵州

全力维护国家安全稳定。贯彻总体国家安全观，依法履行刑事审判职能，审结刑事一审案件13.95万件，判处罪犯18.88万人，努力把贵州建设成为全国最平安的省份之一。圆满完成中央部署的扫黑除恶专项斗争任务，常态化开展扫黑除恶斗争，审结涉黑恶势力犯罪及“保护伞”案件1591件1.32万人。深入开展禁毒“大扫除”专项行动，审结毒品犯罪案件1.49万件2.1万人，依法判处杀害缉毒民警马金涛的被告人卢起兴死刑。始终保持反腐高压态势，审结贪污、贿赂、渎职等职务犯罪案件2258件2652人，其中原为厅局级52人、县处级238人。2022年，深入开展夏季治安打击整治“百日行动”，依法严厉打击严重影响人民群众安全感和破坏社会安定的九类犯罪，审结案件4713件7753人。深入开展涉诉信访案件评查化解攻坚专项行动，提前化解省委政法委评查移交的2247件涉诉信访案件，以及省信访联席办转交的31件、最高人民法院交办的105件重复信访案件，全力护航党的二十大胜利召开。

助力推进法治政府建设。妥善办理行政案件，审结一审行政案件4.65万件。推进行政案件管辖制度改革，形成“1+9+30”相对集中管辖格局。深化府院良性互动，推动省市县三级建成常态化府院联席会议机制。定期发布行政审判白皮书和典型案例，发出司法建议731条。制定行政争议诉前协商办法，积极促进行政争议实质性化解。出台支持和保障毕节高质量发展的意见，推出21项举措促进法治毕节建设。2022年，全省行政机关一审败诉率下降至18.6%，行政机关负责人出庭应诉率上升至94.63%，司法建议反馈率上升至85.38%。贵阳、毕节、黔南法院积极支持行政机关依法行使职权，助力三地成功创建全国法治政府建设示范地区。

坚决守住民生安全底线。严厉打击传销违法犯罪，审结涉及183万余人、涉案金额160亿余元的“大唐天下”特大网络传销案。全链条开展打击治理电信网络诈骗专项活动，审结电信网络诈骗案件6475件1.08万人，经验做法在全国法院推广。审结高空抛物、生产销售有毒有害食品药品犯罪案件294件，有力守护人民群众身边的安全。2022年，深入开展安全生产“打非治违”专项行动，审结涉及11个行业领域的安全生产刑事案件554件718人。深入推进打击整治养老诈骗专项行动，审结养老诈骗案件54件131人，与相关部门协同追赃挽损6.2亿元。

强化人权司法保障。严格落实罪刑法定、疑罪从无、证据裁判，全省法院依法宣告35名公诉案件被告人和48名自诉案件被告人无罪，确保无罪者不受刑事追究；依法再审宣告6名被告人无罪，还无罪者以清白。深化以审判为中心的刑事诉讼制度改革，准确适用认罪认罚从宽制度，刑事案件认罪认罚适用率达76.53%。2022年，完善未成年人犯罪记录封存制度，帮助失足未成年人重新回归社会。持续加大人格权司法保护力度，六盘水中院审理的侵害英烈名誉民事公益诉讼案入选最高人民法院涉英烈权益保护十大典型案例。

三、围绕主战略主定位，护航贵州经济社会高质量发展

服务保障在新时代西部大开发上闯新路。妥善

审理涉及生产、分配、流通、消费等领域各类纠纷，审结一审民商事案件213.46万件，结案标的额7462.98亿元。连续5年出台《进一步优化营商环境的意见》等文件，发布保护民营企业合法权益十大典型案例，审结涉民营企业案件92.2万件，结案标的额5431.81亿元，持续打造“贵人服务”法院品牌。积极发挥破产审判重整救治功能，帮助挽救企业103家，解决就业1.35万人，化解债务1292.17亿元。安顺中院审理的农产品批发市场破产重整案，让“菜篮子”工程破茧重生。2022年，省法院制定贯彻落实新国发2号文件的实施意见，最高人民法院专门出台《支持和保障贵州在新时代西部大开发上闯新路的意见》。联合省发改委等单位出台《破产重整和解企业信用修复办法》，推出12项举措打通企业信用修复通道。

服务保障在乡村振兴上开新局。全力以赴保障打赢脱贫攻坚战，出台为全省脱贫攻坚提供司法服务和保障的意见等文件，发布保障易地扶贫搬迁十大典型案例，依法审结各类涉脱贫攻坚案件6012件，选派驻村帮扶干警1450人，帮扶的474个村全部如期脱贫。制定服务乡村振兴战略的实施意见，持续选派驻村干警1223人，审结涉“三农”案件4803件，为全面推进乡村振兴提供有力司法服务。2022年，出台意见服务保障农村乱占耕地建房专项整治，有力促进耕地“非农化”“非粮化”治理。

服务保障在实施数字经济战略上抢新机。保障创新驱动发展，不断迭代升级对白酒、茶叶、民族民间文化等我省特色优势产业和数字产业的司法保护，审结知识产权案件1.27万件。连续五年发布知识产权司法保护白皮书和典型案例，5个案件入选中国法院10大知识产权案件和50件典型知识产权案例。贵阳中院推动全国首家大数据交易所贵阳大数据交易所成功重整。2022年，联合省市场监管局选任一批专利技术调查官，审结“人民好酒”侵害“人民小酒”商标权纠纷案等一批有较大影响的知识产权案件，惩治“傍名牌”“搭便车”等不正当竞争行为。

服务保障在生态文明建设上出新绩。树牢绿水青山就是金山银山理念，出台强化贵州生态环境司法保护实施意见。牵头与重庆、四川、云南等省、市共同建立长江上游、赤水河流域环境司法协作机制，共同守护“一江碧水”。成立34个环境保护法庭，实现对全省重点地区、重点行业生态环境全要素一体化保护。遵义市湄潭县法院成立全国首个茶产业环境保护法庭，构筑“干净黔茶”防护网。建立补植复绿、增殖放流等各类生态修复基地35个，实现9个市、州全覆盖。审结涉环境资源案件4.7万件，17个案件入选最高人民法院典型案例，是全国入选最多的省份。遵义市播州区法院审理的林业局不履行林业行政管理职责行政公益诉讼案入选最高人民法院指导性案例。2022年，与省林业局等单位联合建立林草行政执法与刑事司法衔接工作机制，铜仁中院推动建立锰污染治理执法司法衔接机制。审结的铜仁梵净山金顶刻字案、安顺孙某全等倒卖古生物化石案、毕节电捕野生蚯蚓案等案件获社会广泛好评。黔东南州雷山县法院发出全国首份判前《碳汇认购令》《碳汇认购协议司法确认书》，获最高人民法院周强院长批示肯定。

四、践行司法为民宗旨，让人民群众切实感受到公平正义就在身边

积极维护老百姓合法权益。制定18项举措加强民法典宣传贯彻实施，审结教育、就业、医疗等涉民生案件32.5万件。出台专门意见强化劳动权益保护，审结劳动争议案件6.54万件。加强消费者权益保护，审结消费者权益保护民事公益诉讼案件71件。与省公安厅联合制定《贵州省道路交通事故损害赔偿标准》，审结机动车交通事故责任纠纷案件9.78万件。加强涉军维权工作，审结涉军案件405件。制定人身安全保护令适用规则，发出人身安全保护令342份。黔西南州普安县法院审理的赡养费纠纷案入选最高人民法院老

年人权益保护典型案例。制定加强农村留守儿童合法权益保护等意见，1173名干警受聘担任1268所学校法治副校长，司法守护“少年的你”。加大对涉诉困难群众的司法关怀力度，发放司法救助金1.03亿元，减免缓交诉讼费1.43亿元。2022年，与省民政厅等7家单位联合建立国家司法救助与社会救助衔接工作机制，持续强化司法救助“生存照顾”与社会救助“托底线”有效衔接。设立未成年人专业审判组织234个，推动未成年人审判水平不断提升。

努力兑现群众胜诉权益。深入开展“黔山雷暴”等执行行动，推行律师调查令、提起拒执自诉等6大举措，用三年时间打赢“基本解决执行难”攻坚战。开展“严格管理·规范执行”年活动，“3+1”核心指标连续五年高于最高人民法院设定标准，实际执行到位率连续五年居于全国前列、西南第一，向“切实解决执行难”目标迈进。五年来，执结案件122.81万件，执行到位2212.87亿元，“真金白银”兑现胜诉当事人权益。纳入失信被执行人名单47.43万人、罚款1598人、司法拘留2.04万人、追究刑事责任81人，有力推进诚信社会建设。2022年，出台拒不执行判决裁定罪刑事自诉案件办理工作指南，推出30项举措持续提升执行质效，执结涉中小微企业案件2.48万件、到位103.87亿元，执结涉金融案件1.42万件、到位82.93亿元，执结涉民生案件3.08万件、到位15.48亿元。

完善现代化诉讼服务体系。构建诉讼服务大厅、诉讼服务网、12368诉讼服务热线、贵州移动微法院“四位一体”诉讼服务体系，实现网上立案77.62万件、电子送达560.15万次、网上缴退费194.16万次。建成409个人民法庭、2014个法官工作站和1683个立案便民服务中心，实现全省乡镇司法服务全覆盖。黔东南州榕江县法院家事纠纷多元化解“156”模式在全国法院推广，黔南中院等被评为全国法院一站式多元解纷诉讼服务体系建设先进单位。2022年，全省法院一站式诉讼服务“从有到优”，增设诉源治理专线、营商环境服务热线、涉诉信访绿色窗口，3个法庭入选新时代人民法庭建设典型案例，诉讼服务质效考核指标排名全国第六。

大力推进诉源治理。在各级党委政府和社会各界关心支持下，助推构建“党委领导、政府主导、多方参与、司法推动、法治保障”的诉源治理大格局。出台加强诉源治理工作相关意见，推动将“万人起诉率”等诉源治理指标纳入平安贵州建设市州考核体系。与省人社厅等19家单位开展“总对总”诉调对接，建立矛盾纠纷源头化解联动机制。加快推进“互联网+多元解纷”，人民法院调解平台入驻调解组织1974个、调解员6307名，成功调解案件51.01万件，平均每小时就有11.65件案件在网上成功化解，为老百姓节约诉讼费2.19亿元，实现矛盾纠纷解决“多、快、好、省”。2022年，全省法院“万人起诉率”降幅全国第一，民事、行政一审新收案数量降幅全国第一，来信来访数量同比下降29.64%，新收案件总数同比下降16.06%，受理案件总量五年来首次下降。贵州法院诉源治理工作得到省委和最高人民法院的充分肯定。

五、深化司法体制改革和智慧法院建设，不断推进审判体系和审判能力现代化

全面准确落实司法责任制。制定落实违法办案责任规定，将7类案件纳入违法办案责任线索范围，让法官终身负责制落到实处。制定审判权力和责任清单，明确院庭长、法官、法官助理及书记员在审判执行活动中的权力和责任。认真落实人民法院四级职能定位改革，推进新时代审判监督功能变革、职能重构和机构重组，持续强化审判监督依法纠错、维护裁判权威的职能作用。2019年起连续四年开展长期未结案件专项治理，严格规范审限管理，法定审限内结案率达99.45%。2020年起连续三年开展瑕疵案件专项治理，下大力气解决司法不严格、不规范、不文明

等问题。2022年，修订贵州省法官惩戒委员会章程，推进法官惩戒委员会实质化运行。制定加强类案检索的实施意见、常见犯罪量刑实施细则等文件，持续推动全省法院法律适用统一。

深化司法体制综合配套改革。出台文件完善法官+法官助理+书记员"1+N+N"审判单元模式，健全审判团队内部管理机制，充分激发审判效能。建立员额法官遴选递补、动态调整和退出机制，新遴选员额法官1263名。出台全省法院院庭长办理案件规定，进一步发挥院庭长在办案中的示范、引领和指导作用。完成基层法院内设机构改革，推动司法人力资源配置向一线倾斜。2022年，出台法官考核办法，进一步引导、规范、激励法官依法公正高效履行审判职责；出台干事创业容错纠错办法，树立敢于担当、失职追责的鲜明导向。遵义中院被中共中央组织部确定为全国法院唯一的公务员平时考核试点单位。

不断加强智慧法院建设。按照"实用、好用、管用、想用"标准，自主开发建设智慧审判、智慧执行、智慧服务等系统平台14个，建成科技法庭1302个，实现电子卷宗覆盖率100%、庭审录音录像率95.17%。金融一体化辅助办案系统等5项自主研发成果入选全国政法智能化建设创新案例。2021年起全省法院实现从立案到归档的全流程无纸化办案，经验做法5次被最高人民法院推广。2022年，编制信息化建设三年发展规划，全力打造贵州法院信息化4.0版。强化政法跨部门业务协同和数据共享，政法部门接入法院数据6.74亿条、共享数据468.22万条。

六、从严管党治警，打造忠诚干净担当的法院铁军

巩固深化政法队伍教育整顿成果。着力抓好"四项任务"，扎实推进"三个环节"，推动政法队伍教育整顿走深走实，全省法院干警思想上得到洗礼、政治上得到淬炼、党性上得到升华。2022年，制定贯彻落实《关于巩固全国政法队伍教育整顿成果推进全面从严管党治警的意见》实施方案，分解56项任务，逐项督办落实。狠抓省委政法委"五大汇编"执行落实，常态化开展司法顽瘴痼疾排查整治。推动减刑假释暂予监外执行案件实质化审理，"减假暂"案件开庭率93.76%，经验做法在全国法院推广。

持续开展大练兵活动。坚持实战、实用、实效导向，一年一个主题，持续深入开展大练兵活动。开展各类政治和业务培训1.39万期，参训人员72.77万人次。坚持问题导向，每年组织全省法院开展重点问题调研，形成调研成果181项。2022年，制定政治素质考察常态化实施办法，做深做实干部政治素质考察。省法院领导班子带头开展"领导干部上讲台"，推动以讲促学促提升。全省法院员额法官2022年人均结案286.65件，较2018年增加87.6件，全国排名第六。

扎实推进正风肃纪。认真落实中央八项规定及其实施细则精神，严格执行新时代政法干警"十个严禁"等铁规禁令。持续开展正风肃纪专项行动，集中整治司法作风突出问题。省委巡视反馈4个方面问题、最高人民法院巡查反馈6个方面问题，全部整改到位。省法院对9家中院开展司法巡查、审务督察。上线运行贵州法院党风廉政建设智慧监督平台，构建全省法院党风廉政建设"大监督"格局。严格执行防止干预司法"三个规定"，共有2448人次主动报告信息3079条。坚持零容忍惩治腐败，全省法院54人被追究刑事责任。2022年，全面整改省委政法委纪律作风督查巡查反馈的5个方面问题，扎实开展"一案一整改"，持续开展警示教育。深度应用"智能审务督察系统"，自动抓取司法不规范问题1416个，通报批评254人，完善110项制度机制，纵深推进过硬法院队伍建设。

七、自觉主动接受监督，持续改进法院工作

主动接受人大监督。出台《牢固树立人民当家作主思想自觉接受人大监督的意见》，全省法

院向各级人大常委会作专项报告1108次，省法院就刑事审判、基本解决执行难、审判监督等工作向省人大常委会作专项报告6次，逐条落实审议意见。办理回复代表书面建议565件、日常建议5335件。开展人大代表进法院活动，邀请人大代表视察法院、旁听庭审、见证执行。

认真接受政协监督。省法院连续5年与政协委员协商座谈，共商优化法治化营商环境、打造生态环境司法保护“升级版”等重点工作。办理310件政协书面提案，积极采纳意见并及时反馈。

依法接受纪检监察监督。严格贯彻监察法及其实施条例，与省纪委省监委派驻第八纪检监察组联合出台问题线索排查和互移工作办法，全力支持纪委监委开展派驻监督，以监督促公正。

自觉接受检察机关法律监督。贯彻落实《中共中央关于加强新时代检察机关法律监督工作的意见》，依法接受检察机关诉讼监督，公正审理抗诉案件，认真办理检察建议，共同维护司法公正。

广泛接受社会监督。充分发挥人民参与司法的重要作用，全省8330名人民陪审员参审案件28.66万件。铜仁市德江县法院审理的公益诉讼案入选最高人民法院人民陪审员参审十大典型案例。坚持以公开促公正，全省法院召开新闻发布会312场，庭审直播案件115.32万场，裁判文书上网218.04万份。

各位代表，过去五年，全省法院牢记嘱托、感恩奋进，248个集体、768名个人获得省部级以上表彰奖励，南明、盘州、施秉等9家人民法院被评为“全国模范法院”“全国优秀法院”，37人次被评为“全国模范法官”“全国优秀法官”“全国法院办案标兵”“全国法院先进个人”。这些成绩的取得，最根本在于习近平总书记作为党中央的核心、全党的核心掌舵领航，在于习近平新时代中国特色社会主义思想的科学指引，在于深入贯彻习近平法治思想，得益于全省各级党委坚强领导、人大有力监督，得益于政府、政协和相关部门的关心、重视、支持，得益于人大代表、政协委员及社会各界的理解、信任、帮助。在此，我代表全省法院表示衷心的感谢和崇高的敬意！

五年来的奋斗历程启示我们，做好法院工作，必须始终坚持和加强党的绝对领导，牢牢把握人民法院政治机关本质属性，深刻领悟“两个确立”的决定性意义，增强“四个意识”、坚定“四个自信”、做到“两个维护”；必须始终坚持围绕中心服务大局，找准司法在全面建设社会主义现代化、实现中华民族伟大复兴进程中的职能定位；必须始终坚持人民法院为人民，努力在公正司法中解决人民群众最急最忧最盼的紧迫问题；必须始终坚持改革创新的时代精神，持续以司法改革和现代科技双轮驱动法院工作实现高质量发展；必须始终坚持“四化”标准强化队伍建设，努力建设一支政治过硬、本领高强、作风优良的法院铁军。

我们清醒地认识到，全省法院工作还存在一些问题和不足：一是面对新时代新征程，全省法院服务经济社会高质量发展的能力水平有待提高，司法工作的前瞻性、主动性、精准性还需增强；二是面对人民群众的公正、高效、便捷多元司法需求，有的法官还存在机械办案、就案办案等问题，有的干警对待当事人存在态度冷淡、语言生硬、拖延推诿等情况；三是面对司法改革新阶段新任务，全面准确落实司法责任制还有差距，司法体制综合配套改革还面临着一些难啃的“硬骨头”；四是面对全面从严管党治警新要求，部分法院存在管理失之于宽、失之于软的问题，甚至还有少数干警违纪违法受到严惩，党风廉政建设需要持续强化。面对这些困难和问题，我们将采取有效措施，切实加以解决。

2023年工作安排

新的一年，全省法院将坚定不移以习近平新时代中国特色社会主义思想为指导，深入贯彻党的二十大精神，认真落实省第十三次党代会部署，坚决执行本次大会决议，确保中央、省委和最高人民法院决策部署得到不折不扣落实，推动各项工作实现高质量发展。

一是全面贯彻落实党的二十大精神，坚持党对法院工作的绝对领导。持续兴起学习宣传贯彻党的二十大精神热潮，深入组织“党的二十大精神大学习大落实”活动，进一步提高全省法院干警政治判断力、政治领悟力、政治执行力。坚持走好中国特色社会主义法治道路，贯彻中国特色社会主义法治理论。坚持党对法院工作的绝对领导，紧紧依靠党的领导战胜困难挑战，把党的领导作为最大优势贯穿法院工作全过程各方面。

二是紧紧围绕实施主战略实现主定位，持续提升司法服务大局水平。深入贯彻习近平总书记视察贵州重要讲话精神，全面贯彻《国务院关于支持贵州在新时代西部大开发上闯新路的意见》。坚持服务保障建设西部大开发综合改革示范区，优化营商环境司法保障机制，助推要素市场化配置改革。坚持服务保障建设巩固拓展脱贫攻坚成果样板区，接续推动脱贫地区发展，全面服务乡村振兴。坚持服务保障建设内陆开放型经济新高地，助力内陆开放型经济试验区提档升级，保障对内对外开放通道建设。坚持服务保障建设数字经济发展创新区，强化知识产权司法保护，依法护航数字产业发展。坚持服务保障建设生态文明建设先行区，加大生态环境司法保护力度，积极参与自然生态环境社会治理。

三是始终坚持严格公正司法，努力让人民群众在每一个司法案件中感受到公平正义。紧紧抓住人民群众最关心最直接最现实的司法需求，常态化开展“我为群众办实事”“我为基层解难题”活动，接续开展大走访活动，不断提升审判质量效率，着力解决人民群众急难愁盼问题。突出做好稳增长、稳就业、稳物价工作，加强教育、就业、医疗、住房等民生领域司法保障。坚持创新发展“枫桥经验”，完善党委领导下“法院＋社会”多元纠纷解决格局。增强诉讼服务中心实质性解纷能力，提高人民法庭深度参与基层社会治理能力。系统性开展执行案件源头治理，加大综合推动切实解决执行难力度，及时兑现人民群众胜诉权益。

四是牢牢把握审判体系和审判能力现代化要求，纵深推进司法改革和智慧法院建设。全面准确落实司法责任制，完善法官、法官助理、司法行政人员、聘用制书记员管理制度，细化审判监督管理职责，不断规范审判权力运行。深化司法体制综合配套改革，抓好以审判为中心诉讼制度改革任务，健全审判委员会职能，优化专业法官会议制度，完善案件评查机制，进一步推进法律适用统一。强化智慧法院建设应用，提升前沿技术与司法问题结合的能力，更好融合司法智慧与数字智慧。

五是坚持以党的政治建设为统领，锻造绝对忠诚绝对纯洁绝对可靠的法院队伍。始终把党的政治建设摆在首位，坚持全面从严管党治警。加强高素质专业化人才培养，强化基层法院队伍建设。积极依托、深入挖掘贵州红色资源，升级打造一批红色法院文化阵地。认真落实中央八项规定及其实施细则精神，巩固深化政法队伍教育整顿成果，严格执行防止干预司法“三个规定”、新时代政法干警“十个严禁”，把严的基调、严的措施、严的氛围长期坚持下去。坚持严管和厚爱相结合，健全依法履职保障机制，让广大干警安身、安心、安业。

各位代表，全省法院将更加紧密团结在以习近平同志为核心的党中央周围，衷心拥护“两个确立”、忠诚践行“两个维护”，以党的二十大精神为指引，全力履行维护国家政治安全、确保社会大局稳定、促进社会公平正义、保障人民安居乐业的职责使命，为奋力谱写多彩贵州现代化建设新篇章提供更加有力的司法服务和保障！

贵州省人民检察院工作报告

——2023年1月15日在贵州省第十四届人民代表大会第一次会议上

贵州省人民检察院检察长　王永金*

各位代表：

现在，我代表省人民检察院向大会报告工作，请予审议，并请省政协各位委员和其他列席人员提出意见。

2018年以来全省检察工作情况

过去五年，是贵州发展历史上极不平凡、具有里程碑意义的五年。在以习近平同志为核心的党中央坚强领导下，省委带领全省各族人民办成了一系列大事、喜事、难事，彻底撕掉了千百年来的绝对贫困标签，书写了中国减贫奇迹的贵州精彩篇章。过去五年，也是贵州检察工作跨越发展、取得显著成效的五年。中央及省委出台关于加强新时代检察机关法律监督工作的意见。最高检专门出台支持和服务保障贵州在新时代西部大开发上闯新路的意见。全省检察机关坚持以习近平新时代中国特色社会主义思想为指导，深入贯彻习近平法治思想，按照“围绕中心、专项引领、强基固本、争创一流”的工作思路，忠实履行检察职能，积极顺应国家监察体制改革、司法体制改革和内设机构改革，实现了观念重塑、职能重构、士气重振、局面重开，各项工作在稳进、落实中有新提升，年均20余项检察业务位居全国第一方阵，133件案件入选全国指导性案例或典型案例，公益诉讼、未成年人保护、数字检察、基层检察院建设等工作在全国作经验推广，人民群众对检察工作满意度逐年提升，开创了新时代贵州检察工作新局面。

一、始终牢记政治属性，“两个维护”更加坚定

五年来，我们始终坚持凡事“从政治上看”，坚定不移走中国特色社会主义法治道路，努力做到让党放心、让人民满意。

以对党绝对忠诚立检。深入学习贯彻党的十九大、十九届历次全会、党的二十大和省第十二次、十三次党代会精神，深刻感悟“两个确立”的决定性意义。落实习近平总书记重要指示批示闭环管理，坚定不移把“两个确立”转化为做到“两个维护”的高度政治自觉、法治自觉、检察自觉。深入贯彻《中国共产党政法工作条例》，严格落实请示报告制度，连续五年向省委常委会报告党组工作情况，把党对检察工作的绝对领导落实到方方面面。

以主题专题教育铸魂。把讲政治作为第一要求、讲忠诚作为第一标准，扎实开展“不忘初心、牢记使命”主题教育、党史学习教育、“牢记嘱托、感

* 2023年2月24日，第十三届全国人民代表大会常务委员会第三十九次会议通过，批准任命王永金为贵州省人民检察院检察长。

思奋进”教育。以政法队伍教育整顿成效培根铸魂，深入整治顽瘴痼疾，以自我革命精神刮骨疗毒。全省检察人员受到全面深刻的政治教育、思想淬炼和精神洗礼，干事创业氛围更加浓厚，纪律作风更加好转，政治生态更加向好、越来越好。

二、始终立足检察职能，服务大局更加有为

五年来，我们始终围绕统筹发展和安全，努力把工作往前推进一步，往深做实一分，全力服务保障贵州经济社会高质量发展。

全力以赴维护安全稳定。牢固树立总体国家安全观，批捕各类刑事犯罪嫌疑人13.1万人、起诉13.9万人，维护国家安全和社会稳定作用更加彰显。深入开展扫黑除恶专项斗争，起诉涉黑恶犯罪6916人，经过三年专项斗争，社会治安秩序明显改善。开展“安全生产守夜人”“打非治违”等专项行动，深入推进安全生产溯源治理。突出打击故意杀人、强奸、抢劫等犯罪，起诉人数从2017年的6115人下降到2022年的4351人，人民群众安全感稳步提升。

尽锐出战护航脱贫攻坚。连续开展服务保障打赢脱贫攻坚战专项工作，出台决胜脱贫攻坚彰显检察担当的意见等文件。坚持以实实在在的办案成效助力脱贫攻坚、助推乡村振兴，起诉危害农村稳定等犯罪4615人，办理涉农民事、行政和公益诉讼案件4449件，妥善处理涉农“醉驾”等轻微刑事案件，防止办了一个案子、垮了一个家庭。牵头与省教育厅、省民政厅等建立司法救助与社会救助工作衔接机制，构建“1+N”多元化救助模式，发放司法救助金9129万元，防止当事人因案致贫、返贫。坚决扛起定点帮扶政治责任，1300名检察干警在脱贫攻坚一线倾情用力，帮扶的2.5万户全部脱贫。省检察院在长顺县定点帮扶的12个贫困村全部按时出列。

能动司法服务实体经济。接续开展“保护企业家合法权益”“护航十大产业”等专项工作，制定服务“六稳”“六保”15条意见等文件。坚持依法打击影响企业发展的犯罪，起诉破坏社会主义市场经济秩序犯罪8472人，同比增加70.4%，真正把检察工作的着力点放在为实体经济护航上。坚持服务企业健康发展，开展“送法进企业”“‘检察长·董事长’座谈会”等活动，为企业家送上法治礼包。在涉案企业合规改革中，率先融合开展非涉案企业合规建设，实现从单一刑事“惩治”到合规“矫治”的转变，《检察日报》多次报道贵州做法。黎平县检察院办理的某企业非法占用林地合规案，督促涉案企业“真整改”“真合规”，企业因营商环境良好追加投资40亿元。

履职尽责彰显抗疫担当。注重准确把握法律政策，综合考虑案件发生的时空背景和行为危害性，不捕52人、不诉47人，体现法理情相融合。平塘县检察院办理的一起涉疫妨害公务案，入选全国检察机关依法办理涉新冠肺炎疫情典型案例。常态化疫情防控中，创新以案释法，接续发布2批10件涉疫情典型案例，依法指导办案。“乙类乙管”后，认真落实最高检涉疫案件法律适用标准，应势转变工作重点，突出惩治哄抬物价、制假售假、危害医疗秩序等犯罪。

三、始终扛起法治责任，法律监督更加有效

五年来，我们始终牢记法律监督的宪法定位，依法能动履职，抓重点、补短板、强弱项，推动“四大检察”全面协调充分发展。

精益求精做优刑事检察。坚决贯彻少捕慎诉慎押刑事司法政策，不捕率、不诉率从2017年的28%和13.7%上升至2022年的45%和33.9%；诉前羁押率从2020年的46.4%降至2022年的32.6%，有效节约司法资源、化解社会矛盾。加强刑事立案、侦查活动和审判活动监督，推动实现市县两级检察院侦查监督与协作配合办公室全覆盖，监督立案撤案件数同比增长10倍和15倍，追捕追诉人数同比增长100.5%和83.1%，提出抗诉和再审检察建议1049件，同比增长36.2%。加强刑事执行监督，开展巡回检察284次，监督纠正

违规违法“减假暂”1.4万人，“提钱出狱”“纸面服刑”等问题得到有力整治。起诉职务犯罪2428人，立案查办司法人员职务犯罪223人，为一体推进不敢腐、不能腐、不想腐贡献检察力量。

精准发力做强民事检察。深入贯彻实施民法典，注重类案监督和个案纠错，提出抗诉和再审检察建议2306件，较前五年上升403.5%，法院审结后改变率为92.1%，促进统一司法标准、解决同类问题。针对法院裁判并无不当的5458件民事案件，在依法作出不支持监督申请的同时，积极释法说理，有效维护审判权威。加大对民事审判和执行活动的监督，提出检察建议1.9万件，较前五年增长554%，法院采纳率为98.2%。针对群众反映强烈的虚假诉讼问题，联合省法院等部门出台惩处虚假诉讼意见，连续四年开展专项监督，办理案件1431件，助力重塑社会诚信体系。

持续用力做实行政检察。把以“我管”促“都管”的新时代检察理念融入检察履职，受理案件1.4万件，对审判违法和执行活动等提出检察建议9197件，年均上升170%；依法作出不支持监督申请决定1567件，切实维护审判权威。针对一些行政诉讼案件环节多、周期长、矛盾尖锐复杂的情况，综合运用调查核实、公开听证、司法救助等手段，实质性化解行政争议1527件，着力解决案结事未了的问题。开展土地执法查处领域行政非诉执行监督专项工作，提出检察建议575件，经验做法被最高检推广。

探索创新做好公益诉讼。以诉前实现维护公益目的为最佳司法状态，通过磋商、诉前检察建议促进源头治理，96.9%的公益损害问题在诉前得到解决。对不能落实检察建议的，提起行政公益诉讼244件。积极拓展公益诉讼案件范围，开展传统村落、红色文化资源保护等专项活动，立案办理案件5931件，公益司法保护“贵州检察方案”不断完善。与云南、四川等地检察机关，建立赤水河、乌江等跨流域协作机制，把习近平总书记关于长江经济带建设共抓大保护的重要指示落到实处。加强对社会公共利益的直接保护，提起民事公益诉讼1648件。在全国率先探索民事公益诉讼适用司法确认制度，创新认购“碳汇”替代生态修复方式，与有关部门共建“补植复绿”基地160个，督促恢复被损毁的耕地、林地、湿地5.8万亩，全力守护贵州这个没有围栏的山地公园。

四、始终站稳人民立场，民生答卷更加暖心

五年来，我们始终牢记江山就是人民、人民就是江山，在一个个具体案件、一件件检察为民实事中，厚植党的执政根基。

精心办好民生案件。落实最高检治理窨井盖的检察建议，促进整改安全隐患6745个；起诉高空抛物犯罪8人，提出检察建议10件，坚决保护群众人身安全。积极开展打击电信网络诈骗专项行动，起诉1.5万人，坚决保护群众财产安全。配合开展“四个最严”专项行动，起诉1635人，坚决保护群众食品药品安全。部署开展“碧水润家园”“农村人居环境整治”等专项行动，立案办理涉生产生活污水垃圾、土壤污染等公益诉讼案件2.2万件，坚决守护群众美好生活。

用心呵护老幼群体。在全国率先开展“检察蓝牵手夕阳红”专项工作，办理涉及老年人出行安全、数字鸿沟等案件316件。积极参与打击整治养老诈骗专项行动，起诉298人，守护老年人“钱袋子”，让老年人晚年更安心。全面加强未成年人检察工作，办理涉未成年人案件1.1万件，其中，起诉未成年人犯罪7241人，对犯罪情节轻微的未成年人，不捕7970人、不诉6289人。在专门学校等建立观护基地，对4778名罪错未成年人开展教育矫治，为他们回归社会预留通道。持续落实“一号检察建议”，与省教育厅等部门建立从业限制、强制报告等制度，2083名检察人员兼任法治副校长，最高检推广了我省做法。

真心回应群众诉求。升级改造12309检察服务中心，为群众提供更加高效便捷的“一站式”

检察服务。积极践行新时代“枫桥经验”，全面落实“群众信访件件有回复”，受理群众信访6.9万件，3个月内办理过程或结果答复率超过98%。加强诉源治理，首次到基层检察院申诉的信访案件全部由院领导包案办理，尽可能把矛盾化解在首办环节。开展政法信访系统大走访活动，帮助群众解决矛盾纠纷2254个，发放便民联系卡20万张，让老百姓遇事找法更加触手可及。在认真办理群众有合理诉求信访的同时，对一些企图通过信访达到非法目的的行为坚决亮剑，省检察院办理的一起刑满释放人员伪造证据、企图通过“申诉翻案”骗取国家赔偿的诈骗案，主犯邓某军被判处有期徒刑十四年。

五、始终注重自立自强，基层基础更加坚实

五年来，我们始终坚持系统观念、法治思维、强基导向，完善检察管理机制，加强过硬队伍建设，推动检察工作行稳致远。

一体推进政治业务建设。常态化开展政治轮训，进一步提升检察人员政治判断力、政治领悟力、政治执行力。制定加强改进检察人才工作的意见，与上海、深圳检察机关建立对口帮扶机制，与省法院建立互派干部学习锻炼机制。加大人才引进力度，从双一流高校、行政机关等引进182名专业人才。强化专业素能培训，举办各类培训班460期，培训6万人（次）。开展法官检察官律师等同堂培训，推动形成共同司法理念。建立专家咨询论证机制，选聘1237名行政机关专业人员兼任检察官助理，集聚法治英才而用之。组织编写《检察机关法律监督研究》专著，入选最高检“四大检察文库”系列丛书。

持之以恒从严管党治检。主动接受最高检党组巡视和巡视“回头看”，坚持举一反三、溯源治本，把解决问题与建章立制结合起来，以整改成效巩固风清气正的政治生态。完成对9个市州检察院党组巡视和81个基层检察院党组巡察，推动全面从严治党、全面从严治检向纵深发展。开展警示教育和党规党纪宣传1580次，支持配合纪检监察机关查处违纪违法检察人员140人。深化落实“三个规定”，检察人员主动记录报告有关事项，筑牢防治人情案关系案金钱案的“防火墙”。

持续深化综合配套改革。积极配合完成监察体制改革，努力做好深化司法体制改革精装修。健全检察官、检察辅助人员、司法行政人员分类招录、保障等制度，让各类检察人员各展所长。在重塑性内设机构改革中，将“十大检察业务”明确为第一至第十检察部。根据刑诉法赋予检察机关司法工作人员相关职务犯罪侦查权，增设第十一检察部。出台深化智慧检务建设实施意见，深化政法跨部门大数据办案平台应用，以数字革命提升法律监督能力。完善检察人员考核机制，研发的检察官考核系统被15个省级检察院选用。

坚持不懈夯实基层基础。开展基层检察院建设三年行动，出台联系指导基层检察工作制度等文件。开展“检察官走基层”活动，帮助基层做实事解难题。制定帮扶责任清单，全国第一批确定的4个薄弱基层检察院全部脱薄。建立“优秀干部”人才库，协助做好市县两级检察院检察长换届和班子成员交流，最高检推广了我省经验。全省检察机关296个集体和544名个人获省级以上表彰，涌现出全国“人民满意的公务员”杨再滔等一批模范典型。

六、始终做到阳光司法，接受监督更加主动

五年来，我们牢固树立监督者更要接受监督的理念，不断增强接受监督的自觉性，确保检察权在法治轨道上公正行使。

主动接受人大监督。认真执行省十三届人大历次会议决议，及时全面梳理省人大代表审议报告、视察工作、参加座谈时提出的2128条意见建议，印发全省检察机关整改落实。先后向省人大常委会专题报告审判监督、公益诉讼等检察工作。坚持“一对一”联络代表，邀请各级人大代表1.5万人（次）出席重要会议、视察检察工作，人大

代表提出的148件议案全部办结。

自觉接受民主监督。连续五年与省政协就控告申诉检察、未成年人检察等工作开展协商座谈，认真听取意见建议。注重从民主党派、工商联、无党派人士中选聘特约检察员、人民监督员和专家咨询委员，参与检察决策、监督。主动邀请政协委员3870人（次）参加视察调研、案件质量评查等活动，落实委员意见建议750条。

依法接受履职制约。自觉接受派驻纪检监察组监督，健全重大项目监督、巡视整改日常监督等机制，对相关问题及时沟通，共同推动落实。对法院宣告无罪的公诉案件逐案阅卷审查、反向审视，提高办案质量。对公安机关提请复议复核的不批捕、不起诉案件，依法慎重办理。与省律协建立协作机制，依法受理律师申诉、投诉，切实保障律师执业权利。

广泛接受社会监督。对2585件有重大争议或影响性案件开展公开听证，是非曲直大家听，“法结”“心结”一起解。全省三级检察院均实现案件信息公开系统、电子卷宗系统、微博微信新闻客户端、新闻发言人4个全覆盖。普遍开展检察开放日活动，按季度向社会公开检察机关主要业务数据，召开新闻发布会95次，省检察院门户网站、抖音和“两微一端”等新媒体平台，共发布信息5万条，及时回应社会关切。

各位代表，五年来取得的成绩和进步，离不开各级党委的坚强领导，人大及其常委会的有力监督，政府、政协以及社会各界的大力支持。在此，我代表全省检察机关，向大家表示衷心的感谢和诚挚的敬意！

五年的检察实践使我们深深体会到，做好检察工作必须准确把握一系列带有方向性、根本性的重大问题：最根本的思想旗帜是习近平新时代中国特色社会主义思想。最根本的政治保证是坚持党对检察工作的绝对领导。最根本的职责使命是全心全意为人民服务。最根本的组织保障是加强过硬检察队伍建设。以上宝贵经验，我们将倍加珍惜、长期坚持。

五年的检察实践也使我们清醒认识到，与党和人民赋予检察机关法律监督更重责任相比，还存在一些问题和不足，主要表现在：学思践悟习近平法治思想还需走深做实，检察理念需持续更新；服务保障我省“三大战略”“四区一高地”的针对性、实效性不够；法律监督职责履行不够到位，不敢、不愿、不善监督问题仍然存在；全面从严管党治检存在薄弱环节，少数检察人员违纪违法问题时有发生。对这些问题，我们将认真加以解决。

2023年工作思路

2023年是全面落实党的二十大精神的开局之年。全省检察机关将坚持以习近平新时代中国特色社会主义思想为指导，全面贯彻习近平法治思想，深入落实中央加强法律监督工作的意见和省委实施意见，依法能动履行法律监督职责，以检察工作现代化融入和助力政法工作现代化、服务中国式现代化。

一是进一步强化政治建设。持续掀起学习宣传贯彻党的二十大精神热潮，深刻领会“两个确立”的决定性意义，全面落实党对检察工作的绝对领导，把增强“四个意识”、坚定“四个自信”、做到“两个维护”融入检察履职全过程。

二是进一步强化服务保障。坚定不移贯彻总体国家安全观，积极投入更高水平的平安贵州建设，以新安全格局保障新发展格局。围绕“四新”主攻“四化”主战略，努力实现“四区一高地”主定位，细化落实服务保障措施，推动新国发2号文件落地落实。

三是进一步强化法律监督。加强刑事、民事、行政和公益诉讼检察工作，深化巡回检察，持续加强未成年人检察工作，做好司法工作人员职务犯罪侦查工作，发挥控告申诉反向审视作用，着力推动解决监督不力、监督弱化虚化等问题。

四是进一步深化配套改革。健全检察业务数据分析研判，探索更加符合贵州实际的案件质量评价体系。全面准确落实司法责任制，深化司法体制综合配套改革，健全检察官考核、惩戒等内部监督制度，确保检察权依法规范行使。

五是进一步强化管党治检。以政治建设为统领，推动党史学习教育常态化长效化，巩固深化政法队伍教育整顿成果，着力提升检察人员专业素养，推动解决专业人才、职业保障方面的短板难题。坚持强基导向，抓实基层建设，推动基层工作提质增效。

各位代表，贵州高质量发展其时已至、其势已成。全省检察机关将更加紧密地团结在以习近平同志为核心的党中央周围，在省委和最高检的坚强领导下，苦干实干，接续奋斗，为奋力谱写多彩贵州现代化建设新篇章作出新的更大贡献！

云南省高级人民法院工作报告

——2023年1月13日在云南省第十四届人民代表大会第一次会议上

云南省高级人民法院院长　张应杰*

各位代表：

现在，我代表云南省高级人民法院向大会报告工作，请予审议，并请省政协委员和列席会议的同志提出意见。

过去五年主要工作

省十三届人大一次会议以来，全省法院在省委的坚强领导下，在省人大及其常委会的有力监督下，坚持以习近平新时代中国特色社会主义思想为指导，全面贯彻党的十九大和二十大精神，深入贯彻习近平法治思想和习近平总书记考察云南重要讲话精神，认真贯彻落实省委决策部署和省十三届人大历次会议决议，坚持服务大局、司法为民、公正司法，忠实履行新时代党和人民赋予的职责使命，各项工作取得新进展、跃上新台阶。五年来，全省法院受理各类案件3883414件，审执结3827488件，结案标的额12326.03亿元，同比分别上升92.4%、96.98%和130.36%。省高院受理各类案件73676件，审执结71194件，同比分别上升56.99%、55.73%。

一、依法惩治犯罪、保护人民，坚决维护边疆安全社会稳定

认真贯彻总体国家安全观，依法严惩各类刑事犯罪，审结一审刑事案件262481件，判处罪犯356834人，保障社会安定有序、人民安居乐业。

严惩危害国家安全和社会治安犯罪。坚决捍卫政治安全，严厉打击敌对势力渗透颠覆破坏、暴力恐怖、民族分裂、宗教极端活动，审结涉国家安全、邪教组织等犯罪案件379件843人。从严打击严重危害社会治安犯罪，审结杀人、抢劫、涉枪涉爆等犯罪案件12723件16339人。依法严惩侵害弱势群体犯罪，审结拐卖妇女儿童、养老诈骗犯罪案件369件745人。保持打击毒品犯罪高压态势，审结毒品犯罪案件25949件29028人。

深入开展扫黑除恶斗争。毫不动摇贯彻依法严惩方针，审结一审涉黑恶案件1540件15604人。坚持“打伞破网”并重，审结一审涉“保护伞”案件221件463人。依法“打财断血”，铲除黑恶势力经济基础，判处财产刑65.15亿元。推进社会治理和重点行业监管，发出司法建议1279份。

严厉打击跨境犯罪和涉疫犯罪。扛牢强边固防政治责任，开展打击整治跨境违法犯罪专项行动，审结走私、诈骗、偷越边境、越境赌博等跨境犯罪案件21091件44322人。依法保障疫情防控，就

* 2023年1月14日，云南省第十四届人民代表大会第一次会议选举张应杰为省高级人民法院院长。

打击涉疫犯罪、保障医务人员安全、惩治涉野生动物犯罪发布通告，从严从快审结涉疫犯罪案件。

依法惩处腐败犯罪和危害经济秩序犯罪。配合完善监察与刑事司法衔接机制，坚持以零容忍态度惩治腐败，审结贪污贿赂、渎职等犯罪案件4124件4454人，其中被告人原为厅级以上干部的102人。坚持受贿行贿一起查，审结行贿案件719件791人。最大限度追赃挽损，判决追缴职务犯罪赃款赃物价值17.42亿元。护航脱贫攻坚，依法审理扶贫、乡村振兴领域职务犯罪。保护“舌尖上的安全”，审结生产、销售伪劣药品、有毒有害食品等伪劣商品犯罪案件316件729人。以法治方式呵护蓝天碧水净土，审结生态环境资源犯罪案件9266件12165人。助力防范化解金融风险，审结集资诈骗、非法吸收公众存款、“套路贷”等犯罪案件2134件4239人。

坚持惩罚犯罪与保障人权相统一。坚持罪刑法定、疑罪从无、证据裁判。坚持实事求是、有错必纠，按照审判监督程序改判刑事案件334件。贯彻宽严相济刑事政策，对具有法定、酌定从轻情节的128772名被告人依法判处非监禁刑；依法严格规范办理减刑、假释案件166059件，对1504名罪犯裁定不予减刑、假释。

二、全面贯彻新发展理念，服务经济社会高质量发展

紧扣高质量发展主题，为全省改革发展营造公平正义的法治环境，依法妥善化解各类商事、行政纠纷643595件。

精准服务“六稳”“六保”。妥善审理因疫情引发的合同违约、企业债务、劳资纠纷等案件205件。采取“活封活扣”、变更保全方式、暂缓强制执行等措施，审慎善意文明司法。建立与金融机构纠纷化解机制，加强“高利放贷”行为审查，审结金融借款、民间借贷纠纷353784件。严厉制裁虚假诉讼行为，审结虚假诉讼案件59件。制定服务保障乡村振兴十九条措施，发布十大典型案例，审结土地租赁、农业承包等涉农案件25780件。

服务打造一流营商环境。出台服务保障一流营商环境建设十六条措施，平等保护各类所有制企业产权和企业家合法权益。在省工商联和省总商会设立诉调服务机构，广泛开展民营企业法律帮扶，妥善化解涉企纠纷2332件。服务供给侧结构性改革，发挥破产审判“有效救治”和“及时出清”功能，推动健全府院联动机制，参与烂尾楼清理整治，审结企业重整、破产案件1095件，助力299个房地产项目解困重生。服务创新驱动发展，加强对健康产品、生物医药等领域知识产权司法保护，审结知识产权案件22976件。服务旅游业发展，设立专业旅游法庭和巡回审判点159个，审结旅游合同纠纷案件243件。

助推法治政府建设。认真落实省人大常委会《关于加强行政审判工作的决定》，推进行政争议实质化解，努力降低行政争议的对抗性，依法审结一审行政案件25474件，审查行政非诉执行案件15121件。推动行政机关负责人出庭应诉，行政机关负责人出庭率同比上升30.26%。加强府院联动，坚持发布行政审判白皮书，完善司法建议反馈机制。

服务绿美云南建设。深入践行“两山”理念，成功承办世界环境司法大会，设立昆明环境资源法庭和9个生态环境保护法庭，构建专门化环资审判体系，制定加强生物多样性司法保护十六条措施，推进长江、赤水河、北盘江等流域司法协作，审结环境资源案件38250件。突出预防性司法理念，在全国首推环保禁止令制度，探索建立刑事制裁、民事赔偿与生态补偿三位一体的环境修复责任制度，判令侵权人增殖放流622691尾，异地补种树木24574株，支付生态赔偿金5843.77万元。

服务高水平对外开放。依法平等保护中外当事人合法权益，审结涉外案件1958件。支持昆明市托管磨憨镇共建国际口岸城市，及时设立昆明市官渡区人民法院磨憨人民法庭。出台为中国（云南）自由贸易试验区提供司法服务保障的意见，在昆明、红河、德宏3个片区分别设立诉讼服务和矛盾

调处中心，充分发挥4个口岸法庭和14个国门诉讼服务站功能作用，推动涉边涉贸纠纷就地化解。

三、践行以人民为中心的发展思想，维护人民群众合法权益

坚持司法为民，加强民生司法保障，审结民事案件1191604件，用有力量、有是非、有温度的新时代司法守护群众切身利益。

全面贯彻实施民法典。注重民生保护，依法审理教育、医疗、住房、就业、社保等民事案件193869件。加强人身权人格权保护，统一城乡居民人身损害赔偿标准，审结人身损害赔偿、侵犯公民肖像、名誉、隐私权纠纷112144件。弘扬社会主义核心价值观，妥善审理烈士名誉权案、全省首例民政部门作为遗产管理人案、羽毛球比赛受伤自甘风险案、大学生替考案和正当防卫、见义勇为等具有社会价值引领意义的案件，让小案件讲清大道理。彰显司法人文关怀，保障经济困难的当事人打得起官司，依法缓减免诉讼费1.14亿元，向生活困难当事人发放司法救助金2.11亿元。审结涉农民工工资案件1791件，为农民工追讨欠薪7999万元。维护国防利益和军人军属合法权益，妥善化解涉军纠纷393件。

维护家庭和谐幸福。推进家事审判方式改革，通过弱化对抗、关爱弱势、强化调解等措施，推动家事纠纷实质化解，妥善审结婚姻家庭案件342083件，其中调解、撤诉结案238654件。加强妇女、儿童、老年人权益保护，审结“三养”、继承、监护等案件31757件。妥善衔接离婚冷静期与离婚诉讼，把婚姻家庭案件纳入风险管理，发出防止家暴人身安全保护令367份。加强未成年人司法保护，设立135个少年法庭，创设“未成年人权益观察员”制度，强化家庭教育令和控辍保学等制度适用，守护少年儿童健康成长。

高位推进一站式建设。巩固立案登记制改革成果，出台立案诉服二十条措施，实现网上立案跨域立案全覆盖，当场立案率达98%，其中网上立案420050件，跨域立案9523件，群众异地诉讼不便问题得到破解。加强多元解纷和诉讼服务体系建设，构建“厅网线巡站”诉讼服务新格局，为群众提供更便捷、更高效、更节省的诉讼服务。建立律师服务平台，为律师提供35项在线诉讼服务，律师在线办理诉讼业务195768件次。

努力解决执行难。坚决落实“用两到三年时间基本解决执行难”要求，发起“云岭总攻”，开展涉民生、民企、金融、特殊主体专项执行行动，基本解决执行难任务按时完成。健全综合治理执行难工作格局，立审执相衔接，构建“一处失信、处处受限”信用惩戒机制，推动源头解决执行难。规范执行权运行，开展执行领域突出问题集中整治、执行款物集中清理，坚决整治超范围惩戒、超标的查封，建立“一案一账户”和“三个一律不得”执行机制。五年来，执结案件1113339件，执行到位金额1889.19亿元，判处拒执罪犯192人，司法拘留2372人，罚款608人7.8亿元，发布失信被执行人名单372206人。

四、牢固树立强基导向，全面提升基层司法服务能力

夯实基层基础，延伸司法触角，更好服务基层社会治理，让人民群众切实感受到公平正义就在身边。

主动融入基层社会治理。坚持和发扬新时代“枫桥经验”，认真贯彻《云南省矛盾纠纷多元化解条例》，把非诉讼纠纷解决机制挺在前面，与道路交通、劳动争议等11个领域建立诉调对接机制，推进人民法院调解平台进乡村、进社区、进网格，全省4590个基层治理单位、1413个调解组织、6068名调解员入驻平台，累计在线调解案件1081553件，司法确认54818件。积极开展无讼乡村（社区）创建，推动“万人成讼率”纳入地方综治考核，诉前化解矛盾纠纷1009976件，诉源治理成效初显。

全面加强调解工作。树立“调判结合、调解优先”理念，把调解作为民商事案件优选解决方

式，以调解、撤诉方式结案998680件，占民商事案件结案总数的55.18%。设置民族调解室、特色文化调解室62个，配备859名双语法官和工作人员，聘用150名双语调解员，将民风民俗融入纠纷化解，形成梅葛调解、金花调解等一批特色调解品牌，促进案结事了人和。

积极开展以案释法。落实“谁执法谁普法”责任，在互联网公布裁判文书200余万份，网上庭审直播641101场，发布典型案例10727个，开展法治宣传3000余场，召开新闻发布会566场，引导群众尊法学法守法用法。贯彻实施信访工作条例，化解涉诉信访71333件次。

充分发挥人民法庭职能作用。全面落实新时代人民法庭“三个便于”原则，出台加强法庭工作若干意见，科学优化法庭布局，全省270个法庭实体化运行，251个法庭实现立审执功能一体化。加强旅游、家事、交通事故等专业法庭建设，在没有法庭的乡镇设立1376个诉讼服务站，实现国门、乡镇、主要旅游景区和生态功能区全覆盖。发扬“马锡五审判方式”，车载法庭、马背法庭、背包法庭深入群众家门口化解纠纷，巡回审判率达87.66%。

大力加强基层基础建设。持续开展“我为基层解难题”活动，协调配合省财政为中基层法院安排政法转移支付资金26.45亿元，投入“两庭”建设资金2.04亿元，安排业务经费25.23亿元，化解旧存债务2.99亿元，新增诉服、办案场所面积4.77万平方米，更新执法执勤用车137辆。强化人力资源支撑，为中基层法院增加政法专项编制190个，补充员额法官916人、法官助理1172人，基层司法能力水平显著提升。重视迪庆州两级法院审判能力建设，省高院出台十二条帮扶措施。

五、深化司法体制改革，不断提高司法质效和公信力

落实中央、省委各项改革要求，以改革思维和创新办法破难题、解新题，推进审判体系和审判能力现代化。

深化司法责任制综合配套改革。强化法官办案主体责任，实现“让审理者裁判、由裁判者负责”。出台落实司法责任制履职指引，完善审判权责清单，加强审判权制约监督。压实院庭长办案和监督管理“双重职责”，三级法院院庭长办案1423963件，占结案总数的38.08%。建立法官惩戒制度，强化依法履职保障，制定法官员额和政法专项编制动态管理办法，常态化推进法官和司法辅助人员递补遴选，推动司法警务辅助人员、聘用制书记员统一管理和规范保障。完成人财物省级统管和基层法院内设机构改革。

深化诉讼制度改革。推进以审判为中心的刑事诉讼制度改革，严格落实庭前会议、非法证据排除、法庭调查“三项规程”，促进庭审实质化。全面落实认罪认罚从宽制度和律师辩护全覆盖，深化量刑规范化改革。实施民事诉讼程序“分调裁审”机制改革，中级法院55%以上的案件在诉讼服务中心解决，基层法院实现20%的诉服法官办结65%以上的民商事案件。扩大司法民主，人民陪审员参与审理案件460694件。启动审级职能定位改革，完善民事、行政案件提级管辖制度。强化再审纠错功能，省高院审结再审审查案件22419件。

加快智慧法院建设。推进信息技术与审判工作深度融合，建立贯通全省三级法院的网上诉讼服务平台，实现审判业务全流程在线办理。特别是针对疫情影响，在线诉讼、无接触式诉讼服务广泛应用，实现“审判执行不停摆、公平正义不止步”。加强智能辅助办案系统建设，实现类案推送、无纸化办案和电子卷宗随案同步生成。基于司法大数据定期进行经济社会和审判执行运行情况分析评估，以“数助决策”服务社会治理和司法办案。

六、扛牢从严管党治警政治责任，加强过硬法院队伍建设

按照“五个过硬”要求，着力打造党和人民信得过、靠得住、能放心的云岭法院铁军。

加强党的政治建设。坚持用习近平新时代中

国特色社会主义思想凝心铸魂，认真学习习近平法治思想，扎实开展“不忘初心、牢记使命”主题教育和党史学习教育，常态化开展政治轮训，引导干警树牢社会主义法治理念，坚持党对司法工作的绝对领导，忠诚拥护“两个确立”，坚决做到“两个维护”。落实政法工作条例，严格执行重大事项请示报告制度和意识形态工作责任制，坚决反对和肃清错误理念和流毒影响，营造风清气正的司法生态。

加强司法能力建设。联发加强政法队伍建设十条措施，制定五年教育培训规划，举办“云岭司法讲堂”等各类培训班155期29万人次。持续优化队伍结构，加强领导班子建设，调整充实中基层法院班子成员326名。加强专家型人才培养，评选14名全省审判业务专家。招录法院系统公务员和选调生1439名，评定192名双语法官，不断加大全省法院干警培训力度，队伍司法能力明显提升。加强先进典型选树，涌现出鲍卫忠、柴继红、段莉萍、彭鑫亮等一批全国法院重大先进典型，210个集体、378人次受到省部级以上表彰。

推进纪律作风建设。严格落实中央八项规定精神和省委实施办法，严格执行防止干预司法“三个规定”，加强干警八小时以外教育管理，常态化开展政治督察、审务督察、司法巡查。扎实开展队伍教育整顿，排查整治顽瘴痼疾11606个，调研形成12项制度成果，全省法院队伍经受了革命性锻造。以零容忍态度惩治司法腐败，持续开展警示教育，以案明纪、以案促改，一体推进“三不腐”建设。深入推进作风革命效能革命，连续三年开展“落实年”活动，清单式抓落实，推动审判质效全面提升。

五年来，全省法院自觉贯彻全过程人民民主要求，依法接受人大监督。认真落实十三届人大历次会议精神，严格执行省人大及其常委会作出的决议决定。向省人大常委会专题报告基本解决执行难、发挥审判职能服务经济发展、开展扫黑除恶专项斗争、行政审判、贯彻实施民法典、环资审判等工作情况，切实落实审议意见。认真办理代表建议，对57件代表建议和2092件日常建议，均逐条回复并转化为具体司法措施。自觉接受民主监督。接受省政协对司法体制改革、多元解纷机制及一站式建设专项民主监督，认真听取民主党派、工商联和无党派人士意见建议，64件政协提案全部高质量办结。常态化开展代表委员联络。配合做好全国人大代表、政协委员来滇调研视察活动，组织28批次1420名全国、省人大代表、政协委员到各级法院视察，主动邀请代表委员观摩庭审、见证执行、列席审判委员会。认真接受监察机关监察监督。贯彻监察法及实施条例。依法接受检察机关诉讼监督。支持配合检察机关履行职责，及时办理检察建议，审结抗诉案件950件。广泛接受社会监督。认真听取特约监督员、律师代表和新闻媒体意见建议，畅通沟通渠道，切实改进工作。

今后五年工作思路和2023年工作建议

党的二十大擘画了全面建成社会主义现代化强国的宏伟蓝图，省委十一届三次全会对云南实施“3815”战略发展目标作出重大部署。当前和今后一个时期，全省法院将坚持以习近平新时代中国特色社会主义思想为指导，全面贯彻党的二十大精神，深入贯彻习近平法治思想和习近平总书记考察云南重要讲话精神，坚决贯彻落实党中央决策部署和省委工作要求，坚持稳中求进工作总基调，紧紧围绕“努力让人民群众在每一个司法案件中感受到公平正义”目标，以服务大局、司法为民、公正司法为主题，以党的建设为统领，以改革创新为动力，以建设过硬队伍为保障，加快推进全省法院审判体系和审判能力现代化，为云南高质量跨越式发展提供有力司法服务和保障。2023年重点抓好以下工作：

一是坚决筑牢政治忠诚。全面加强党的政治建设，把旗帜鲜明讲政治贯穿审判执行全过程。持续深入学习贯彻党的二十大精神，准确把握人民法院工作的坐标和定位，充分发挥审判职能作用，以实际行动履行好维护国家安全、社会安定、人民安宁的职责使命。

二是依法服务全省改革发展稳定大局。贯彻总体国家安全观，依法严惩危害国家安全犯罪，推进扫黑除恶常态化，严厉打击群众反映强烈的犯罪，依法严惩网络犯罪、毒品犯罪和跨境犯罪，筑牢祖国西南安全屏障。准确把握国务院支持云南建设面向南亚东南亚辐射中心任务要求，研究制定司法服务保障措施。着力营造法治化营商环境，助推产业强省战略，助力全国统一大市场建设和中小微企业发展，加强知识产权、环境资源司法保护，推动建设更高水平的平安云南、法治云南。

三是切实加强民生领域司法保障。依法妥善审理涉民生案件，深化具有云南特色的一站式多元解纷和诉讼服务体系建设，切实推进执行难综合治理，加大涉法涉诉信访化解力度，不断解决人民群众急难愁盼问题。准确适用民法典，大力弘扬社会主义核心价值观，开展精准务实普法专项行动，增强全民法治意识。深入推进“为群众办实事示范法院”和“枫桥式人民法庭”创建，主动服务乡村振兴和基层治理，努力满足人民群众对公平正义的期待。

四是持续深化司法体制改革。坚持守正创新和问题导向，把破难题、补短板作为推动全省法院工作发展的突破口。统筹推进司法责任制综合配套改革和审级职能定位改革，健全完善司法制约监督体系，协同推进诉源治理、轻微刑事案件速裁快审、常态化在线诉讼、实际执行到位率提升等重点工作。继续开展质效提升活动，建立更加科学精准的业绩考评体系。坚持科技赋能，推进智慧法院建设提档升级，创造更高水平的数字正义。

五是努力打造高素质过硬法院队伍。落实新时代党的建设总要求，巩固深化党史学习教育和队伍教育整顿成果，推动全面从严管党治警常态化长效化。加强干警党性锻炼、实践磨炼、专业训练，增强使命意识、担当勇气和斗争本领，不断提升政治素质和专业能力。坚持以严的基调正风肃纪，严惩司法腐败，深化标本兼治，健全一体推进“三不腐”制度机制。深入推进新时代法院文化建设，加强先进典型选树宣传，持之以恒开展作风革命效能革命，汇聚干警埋头苦干、狠抓落实、昂扬奋进的精神力量，努力建设忠诚干净担当的法院铁军。

各位代表！唯有矢志不移、笃行不怠，方能不负时代、不负人民。全省法院将在新时代新征程上担当新使命、展现新作为、创造新业绩，为推进云南高质量跨越式发展，谱写中国式现代化云南篇章作出新的更大贡献！

云南省人民检察院工作报告

——2023年1月13日在云南省第十四届人民代表大会第一次会议上

云南省人民检察院检察长　王光辉

各位代表：

现在，我代表云南省人民检察院向大会报告工作，请予审议，并请省政协委员和列席同志提出意见。

五年工作回顾

过去的五年，是检察工作在深度变革中创新发展的五年。检察机关以查办职务犯罪职能“转隶”为契机，构建刑事、民事、行政、公益诉讼“四大检察”法律监督新格局。五年来，在省委和最高检坚强领导下，在省人大及其常委会有力监督下，全省检察机关坚持以习近平新时代中国特色社会主义思想为指导，深入贯彻习近平法治思想，坚持为大局服务、为人民司法，更加自觉地把履行法律监督职责与服务保障全省中心工作、更好满足人民群众日益增长的司法需求融合起来，各项检察工作取得新进展新成效。

一、聚焦“三个定位”，充分发挥检察职能，能动服务大局

坚持总体国家安全观，坚决维护国家安全和边疆稳定。坚决打击危害国家安全犯罪，全力投入扫黑除恶斗争，坚决铲除严重破坏经济社会秩序、侵蚀党的执政根基、严重影响人民群众安全感的黑恶势力，共起诉涉黑恶犯罪14992人、黑恶“保护伞”295人。持续深化平安云南建设，起诉侵害群众人身安全的故意杀人、抢劫等严重暴力犯罪15596人，起诉侵害群众财产安全的“盗抢骗”等犯罪59747人，促进社会治安持续向好。全力投入打击整治跨境违法犯罪专项行动，调派业务骨干奔赴边境一线支援指导办案，与法院、公安、边检等机关通力协作，依法从严惩治各类跨境犯罪，打击震慑效果显著，非法出入境、走私、毒品、赌博等跨境犯罪大幅下降。

全力助推营造一流营商环境，主动融入面向南亚东南亚辐射中心建设。制定《云南省人民检察院保障和服务营造一流营商环境的意见》，提出30条保障服务措施，开展优化法治营商环境专项行动。起诉走私、假冒商标、制假售假、偷税漏税等破坏市场经济秩序、侵犯知识产权犯罪8014件。对各类所有制企业一视同仁保护，依法打击侵犯企业合法权益、企业家人身财产安全犯罪，会同公安机关清理涉企“挂案”和刑事申诉“积案”。审慎办理涉经营类犯罪案件，积极推进涉案企业合规改革，对涉经营类犯罪企业及相关人员，依法能不捕的不捕、能不诉的不诉，责成进行合规整改，联合省工商联等部门建立第三方评估考察机制，对符合整改要求的，依法不起诉或者提出从宽处理建议。设置昆明市官渡区检察院磨憨检察室，为建设“磨憨国际口岸城市”量身打造检察服务。

加强生态环境司法保护，护航生态文明建设排头兵。深入践行习近平生态文明思想，紧紧围绕蓝天、碧水、净土三大保卫战，部署开展“金沙江流域（云南段）生态环境和资源保护”专项监督活动，起诉污染环境、破坏耕地林地、非法采矿等破坏环境资源刑事犯罪12597人，受理生态环境公益诉讼17263件。督促修复损害林地耕地3.72万亩，治理恢复水域面积9.53万亩，追缴各类赔偿修复金2472.94万元。建立“检察长+河（湖）长”机制，助力云南六大水系和九大高原湖泊保护，推动检察公益诉讼与行政执法有机衔接。制定《关于加强生物多样性司法保护工作的意见》，围绕生物多样性保护，共建苍山、高黎贡山、哀牢山保护基地，建立常态化协作平台，办理野生动植物及栖息地保护公益诉讼案件1126件。共有15件涉生态环境保护案件被评为全国检察机关优秀典型案例。

铸牢中华民族共同体意识，助力建设民族团结进步示范区。认真落实新时代党的民族政策，深入民族聚居社区、抵边村寨，开展巡回公诉和法治宣传，依法稳妥办理涉农村土地承包、山林水土纠纷等民事、行政监督案件2754件，发出社会治理检察建议374件，最大限度凝聚和谐稳定因素。积极助力边疆民族地区脱贫攻坚与乡村振兴有效衔接，持续开展检察机关对口援藏工作，促进边疆各民族团结奋斗、繁荣发展。持续加大“双语”和本土人才定向招录力度，为自治州、县增加“双语”少数民族检察官员额，充分发挥他们的法律和语言特长，为少数民族群众提供听得懂、能理解、易接受的检察服务。13个检察院被评为全省民族团结进步示范单位。

二、聚焦监督主业，全面提升监督质效，维护公平正义

强化诉讼活动监督。做优刑事检察，持续加强侦查监督和审判监督，监督立案5721件、撤案5906件，依法追捕追诉11189人，提出书面纠正违法意见16718件，提出刑事抗诉1563件。做强民事检察，强化民事权利综合保护，办理民事检察监督案件93377件，支持起诉45921件，提出民事抗诉923件，提出再审检察建议1274件。做实行政检察，以案结事了政和为目标，推进行政争议实质性化解，受理审查行政检察监督案件23483件，提出行政抗诉或再审检察建议95件，提出纠正行政审判活动违法检察建议9588件，实现既监督公正司法又促进依法行政。

做好公益诉讼检察。作为全国首批试点省份，积极主动探索公益诉讼检察工作。紧紧围绕党委政府、人民群众关注关心的问题抓好办案工作，主动当好党委政府的法治助手，以公益诉讼促进职能部门协同履职，共办理公益诉讼案件37906件。树立“诉前实现维护公益目的是最佳司法状态”理念，坚持查纠与诉讼结合、诉讼与调解结合，89.53%的案件在诉前解决，以最少司法成本获得最佳社会效果。积极探索将群众关注度较高的安全生产、旅游消费、文物和文化遗产保护、侵害英烈权益等公益损害问题纳入公益诉讼范围，立办新领域案件7395件。落实军地检察机关公益诉讼协作意见，探索创新军营、军人、军属等涉军权益司法保护模式，更加有力服务国防和军队现代化建设。

持续开展专项监督。对群众反映强烈、深恶痛绝的司法不公问题，及时开展针对性专项监督，集中时间、集中力量解决突出问题，把监督工作做实、做到位。开展“有案不立、压案不查、有罪不究”专项监督。开展监狱、看守所交叉巡回检察，整治违法减刑、假释、暂予监外执行乱象。开展打击虚假诉讼专项监督，整治民间借贷、保险理赔、劳动争议等领域“假官司”多发问题。开展民事执行专项监督，助力解决民事裁判“执行难”问题。

完善监督工作机制。创新完善检察监督意见落实情况跟进监督、上下级检察机关接续监督、监督不到位问责等机制，进一步压实监督责任。推

进构建新型侦诉关系，设立侦查监督与协作配合办公室。推进完善行政争议实质性化解机制，着力解决“案结事未了”问题，有效解决当事人实际问题，共化解行政争议1078件。优化监督协作机制，建立自然资源行政执法与行政检察衔接平台，形成信息引导、数据支撑、智能研判及业务协同的大监督格局。

在反腐败斗争中发挥检察作用。全力支持、积极配合国家监察体制改革，加强监检衔接，强化协作配合，建立完善检察机关对职务犯罪案件提前介入、证据审查等工作机制，受理监察机关移送职务犯罪案件5597人，已起诉4190人。坚持对执法司法腐败“零容忍”，紧盯群众反映强烈的司法不公问题不放，依法立案查办司法工作人员利用职权实施的侵犯公民权利、损害司法公正犯罪274人。

三、聚焦民生民利，用心提供检察保护，落实司法为民

用力守护人民群众“身边的安全”。守护老百姓“钱袋子”安全，严厉打击非法吸收公众存款、集资诈骗、电信网络诈骗、“套路贷”等涉众型经济犯罪。守护老百姓“舌尖上”安全，持续推进“公益诉讼守护美好生活”专项活动。守护老百姓“行走中”安全，以高空抛物罪入刑为契机，深入社区开展法治宣传，民刑并用、惩防并举，开展窨井盖安全整治行动。守护老百姓“小包裹”安全，与公安、邮政、海关等多部门合力完善寄递渠道监管协作机制。

用心纾解人民群众急难愁盼。创新落实新时代“枫桥经验”，积极推行群众信访件件有回复和检察听证制度，完善以司法救助为核心的多元化救助机制。重复信访率下降至13.38%，组织检察听证1181场次，向9722名涉案困难群众发放司法救助金8682.77万元。坚决打击侵占惠农、扶贫资金、制售假种子假农药假化肥等坑农害农犯罪，起诉234人。建立扶贫领域涉案财物快速返还联动机制。常态化开展“我为群众办实事”，建立“12309检察服务中心”，让人民群众“只进一道门”就能办成事。

用情匡扶正义落实“弱有所扶”。加强改进未成年人检察工作，推动建立全省三级预防未成年人违法犯罪工作领导机制，创建保护“军娃”机制。对侵害未成年人犯罪从严惩处，批捕11591人、起诉16448人，落实侵害未成年人案件强制报告制度和教职员工准入查询制度。对涉罪未成年人落实分案起诉、精准帮教、犯罪记录封存等保护性措施。选派1480名检察官担任法治副校长。起诉严重侵害妇幼老残人群身心健康的犯罪22423人。起诉暴力伤医、聚众扰医犯罪138人。起诉恶意欠薪犯罪173人，支持农民工起诉讨薪40987件，帮助农民工兑现欠薪4.2亿元。

积极回应公平正义新期待。落实“谁执法谁普法”责任制，开展预防电信诈骗和养老诈骗、禁毒、生态保护、公益诉讼等主题宣传。办理刑事案件严格事实认定，依法排除非法证据。办理民事、行政监督案件做好释法说理，促进矛盾纠纷化解。积极回应人民群众朴素正义需求，准确把握正当防卫与防卫过当的界限，彰显“法不能向不法让步”。推行律师网上阅卷等便利措施，邀请律师参与公开听证、信访化解，依法听取律师意见，推动构建良性互动的新型检律关系。

四、聚焦司法改革，推进落实司法责任，激发创新活力

推进检察职能和内设机构改革。聚焦制约检察工作发展的关键性、瓶颈性问题，将检察职权由过去的“按诉讼环节”设置改为“按监督领域”设置，将“捕诉分离”改为“捕诉一体”，将原民事行政检察机构分别设置，专设公益诉讼检察机构，实现“四大检察”格局重塑。同步推进办案组织专业化、扁平化改革，搭建检察官办案组4333个，法律监督职能更加凸显，监督质效持续提升。

深化司法体制综合配套改革。制定检察机关司法责任体系运行规范，以清单形式明确检察委员会、检察长、检察官的权责范围，将过去的办案层级审批制，改为“谁办案谁负责，谁决定谁负责”。全面推行检察官员额制，严把检察官选任关，因不适应办案工作需要主动退出109名，责令退出67名。压实入额领导干部办案责任。推行以“案-件比”为核心的案件质量评价指标体系，努力以最少环节、最短时间办结案件，有效破解程序空转、案结事不了等问题。

扎实推进刑事诉讼制度改革。推行以审判为中心的刑事诉讼改革，落实检察官诉讼主导责任，秉持客观公正立场，对事实不清、证据不足的案件不起诉4581件，依法排除非法证据82件。依法“少捕慎诉慎押”，诉前羁押率大幅下降，不批捕率、不起诉率均大幅上升。主导推动认罪认罚从宽制度落实，从源头上减少了大量上诉、申诉案件。促进实现司法办案政治效果、社会效果、法律效果有机统一。

强化检察权制约监督。落实防止干预司法“三个规定”，报告填录从过去“基本为零”到现在“逢问必录”。推行案件序号终身制，无论经历多少层级、环节，都一号到底，真正做到监督办案可回溯、司法责任可落实。设立检察官惩戒办公室并实质化运行。

积极推进数字检察。把数字检察建设作为前瞻性、基础性工作来抓，以检察大数据、智慧办案、政法互联为牵引，推进数字检察融合发展，通过“数字赋能监督、监督促进治理”的法律监督模式变革，促进司法办案质效提高。昆明市检察机关建立“昆检慧视”案件勘验辅助系统，在办理重大案件中，利用无人机现场勘查、数字地球技术形成动态多媒体示证体系，为庭审指控提供有力支持。楚雄州检察大数据中心建成显效，线索发现能力和办案质效大幅提升，主动监督的诉讼类案件占比上升到58%，公益诉讼2022年上半年立案数比2021年全年还多出100件。

五、聚焦“五个过硬”，勇于自我革命，锻造云岭检察铁军

深化政治引领，筑牢政治忠诚。坚持党的绝对领导，把坚定捍卫“两个确立”、坚决做到“两个维护”作为最高政治原则和根本政治规矩，把学习贯彻党的十九大、二十大精神作为首要政治任务。深入开展“不忘初心、牢记使命”主题教育、党史学习教育，坚持开展检察长讲党课、青年检察官宣讲习近平法治思想等系列活动，举办政治轮训6期4万余人次参训。坚持党建与精神文明建设相结合、队建与核心价值观教育双推进，先后有玉喃溜、毕起美、李铁等一批检察人员荣获国家级先进个人荣誉。

从严管党治检，深入开展教育整顿。全面落实从严治党主体责任，严明政治纪律和政治规矩，锲而不舍落实中央八项规定精神，抓住“关键少数”以上率下，围绕一体推进“不敢腐、不能腐、不想腐”，建设忠诚干净担当的检察队伍。2021年，按照中央和省委部署，紧扣“筑牢政治忠诚、清除害群之马、整治顽瘴痼疾、弘扬英模精神”四项任务，用一年时间开展检察队伍教育整顿，建立常态化警示教育机制，全省检察人员接受了一次革命性锻造，思想更加统一、信念更加坚定、履职更加有力。

提升管理水平，激发队伍活力。优化绩效管理，实行检察人员分类管理，各类检察人员各司其职、各行其道、稳定发展。深入推进作风革命效能革命建设，践行“三法三化”要求，开展“对标先进、争创一流”活动，强化重点任务跟踪问效，提升工作效能。强化业务轮训实训，通过业务竞赛带动全员岗位练兵，选派200名优秀干部赴发达地区培训，引进和培养急需专业人才254人。涌现出全国、全省检察业务标兵、业务能手148名，队伍整体素能有效提升。

强化基层基础，夯实发展根基。坚持大抓基层的鲜明导向，薄弱基层检察院全部脱薄出列。

推进基层干部跨系统、跨层级、跨地域交流，对193名基层院一把手和班子成员进行调整。坚持物质经费保障向基层倾斜，基层院执法办案补助专项经费和转移支付资金预算持续增长。开展“我为基层解难题”活动，积极落实结对帮扶、项目引进、资金协调等工作，帮助基层化解基建欠账1.18亿元。9个基层检察院被评为“全国先进基层党组织”“全国先进基层检察院”。

五年来，全省检察机关深入践行全过程人民民主，自觉接受人大监督、政协民主监督，向省人大常委会专题报告并向省政协同步通报公益诉讼检察、刑罚执行与监管活动监督、刑事检察、民事检察、未成年人检察等工作情况；省检察院共办理省人大代表、省政协委员提出的建议、提案53件，邀请全国和省人大代表政协委员视察工作、参加检察开放日和公开庭审等活动3268人次。自觉接受社会监督，邀请8431名人民监督员，对6288件案件进行监督，公开案件信息、法律文书47万余件，召开新闻发布会477场，主动把检察工作置于全社会的监督之下。

各位代表，对标新时代新形势新要求，我们也清醒认识到，全省检察工作还有不小差距。主要是：学思践悟习近平法治思想还需持续走深走实，检察理念还需持续更新；在法治轨道上服务保障云南经济社会高质量发展，助力云南现代化建设的思路不广、办法不多；法律监督职能作用发挥还不充分，“四大检察”发展不协调；全面从严管党治检仍有薄弱环节，检察队伍履职能力与新形势还不完全适应。上述问题，我们将紧盯不放、努力推动解决。

下步工作安排

党的二十大开启了全面建设社会主义现代化国家新征程，省委十一届三次全会对贯彻党的二十大精神、奋力开创新时代云南社会主义现代化建设新局面进行了全面部署。全省检察机关将一体贯彻落实，努力以检察工作现代化服务云南现代化建设，不断开创云南检察事业新局面。

一是坚持以政治建设为首要，以更高站位推进检察工作现代化。全省检察机关将把学习贯彻党的二十大精神作为首要政治任务，牢牢把握团结奋斗的时代要求，切实增强政治判断力、政治领悟力、政治执行力。深入学习贯彻习近平法治思想和习近平总书记对政法工作的重要指示精神，坚持党对检察工作的绝对领导，坚定不移走中国特色社会主义法治道路，以法治力量捍卫党的全面领导，在党的二十大精神指引下推进云南检察工作现代化。

二是坚持以服务大局为要务，以更实举措融入云南发展新篇章。一体学习贯彻习近平总书记考察云南重要讲话精神和国务院支持云南加快建设面向南亚东南亚辐射中心的意见，紧紧围绕省委确定的“3815”战略发展目标，积极参与平安建设、扫黑除恶、乡村振兴、强边固防等重大部署，扎实开展普法强基补短板专项行动，维护国家安全和云南边疆稳定，落实“两个毫不动摇”要求，持续开展优化法治营商环境专项行动，以法治之力保障服务云南高质量跨越式发展。

三是坚持以人民至上为中心，以更深情怀践行司法为民新要求。聚焦增进民生福祉、提高人民生活品质，持续抓实群众信访件件有回复、民事和解、行政争议实质性化解、未成年人综合司法保护、公开听证、司法救助、支持起诉等检察为民实事，积极参与反腐败斗争，以更具温度、更有质效的检察履职，推动解决人民群众最关心最直接最现实的利益问题，运用法治力量更加厚植党的执政根基。

四是坚持以宪法定位为根本，以更新理念提升法律监督新格局。深刻认识新时代党和人民更高要求，切实把宪法法律赋予的各项监督职能真正落实、做实，维护执法司法公正，守护国家利益和社会公共利益，全面履行“四大检察”职能，全面提升法律监督质效，努力让人民群众在每一个司法案件中感受到公平正义。

五是坚持以自身建设为关键，以更大力度开创检察事业新局面。全面加强检察机关党的建设，融合推进政治建设与业务建设，锻造革命化正规化专业化职业化的高素质检察队伍。坚持从严管党治检，持续深化作风革命效能革命，巩固深化党史学习教育和检察队伍教育整顿成果。全面准确落实司法责任制，大力推进数字检察战略赋能新时代法律监督，坚持不懈抓基层打基础，夯实检察事业长远发展根基。

各位代表，新时代新征程上，我们将更加紧密地团结在以习近平同志为核心的党中央周围，深刻领悟“两个确立”的决定性意义，增强“四个意识”、坚定“四个自信”、做到“两个维护”，认真落实本次会议要求，忠实履行法律监督职责，努力推进新时代云南检察工作现代化，为谱写好中国式现代化云南发展新篇章贡献检察力量！

西藏自治区高级人民法院工作报告（摘要）

——2023年1月14日在西藏自治区第十二届人民代表大会第一次会议上

西藏自治区高级人民法院院长　索达*

过去五年的工作

过去的五年，是极不寻常、极不平凡的五年。五年来，全区法院坚持以习近平新时代中国特色社会主义思想为指导，以习近平法治思想为引领，全面贯彻党的十九大、十九届历次全会和党的二十大精神，深入贯彻中央第七次西藏工作座谈会精神，深入贯彻落实习近平总书记关于西藏工作、政法工作、法院工作的重要指示和新时代党的治藏方略，在区党委坚强领导、人大及其常委会有力监督、最高人民法院正确指导和政府、政协及社会各界大力支持下，按照区党委部署和自治区十一届人大历次会议决议，以“努力让人民群众在每一个司法案件中感受到公平正义”为目标，坚持服务大局、司法为民、公正司法，积极应对案件大幅增长态势和疫情影响，持续提高审判质量效率、队伍素质能力和司法公信力，为西藏长治久安和高质量发展贡献了人民法院智慧和力量。五年来，全区法院共受理案件26.59万件、审执结23.67万件，分别是上一个五年的2.24倍和2.08倍；高院机关受理案件从2018年的578件增长至2022年的998件。

一、坚持深刻领悟“两个确立”的决定性意义、坚决做到“两个维护”，全面加强党对法院工作的绝对领导

坚持以党的科学理论武装头脑。牢牢把握人民法院政治机关的本质属性，坚决把捍卫“两个确立”、做到“两个维护”作为最高政治原则和根本政治规矩，认真贯彻“第一议题”制度，召开党组会、理论中心组学习会7400余场次，组织专题辅导、主题党课等1600余场次。2022年紧扣迎接服务、宣传贯彻党的二十大工作主线，第一时间制定学习宣传培训方案，通过召开党组会、理论中心组学习会、专题读书班、主题宣讲会，在自媒体平台开辟专栏等方式，持续兴起学习宣传贯彻热潮。

始终坚持党对法院工作的绝对领导。贯彻中国共产党政法工作条例和区党委实施细则、最高人民法院实施办法，出台党组工作规则、向自治区党委请示报告报备事项清单，向同级党委、党委政法委请示报告工作2700余次。制定贯彻落实习近平总书记视察西藏重要讲话、党的二十大精神和自治区第十次党代会、区党委十届三次全会精神、加强党的政治建设的意见、实施方案等230余项，推动党中央决策部署和区党委、最高人民法院工作要求落地落实。坚持查漏洞、补短板、强弱项，持续推进党中央、区党委巡视和各类监督检查反馈问题整改，健全完善相关制度机制220余项。坚决维护意识形态安全。始终坚持马克思主义在意识形态领域指导地位的根本制度，制定《全区法院意识形

* 2023年1月16日，西藏自治区十二届人大一次会议举行第三次全体会议，次登当选西藏自治区高级人民法院院长。

态工作责任制实施细则》等制度机制8项，高院党组坚持定期专题研究意识形态工作，落实“三同步”原则，发布信息7.8万余条，举办发布会24场次，确保司法审判领域意识形态绝对安全。

二、坚持聚焦“四件大事”、聚力“四个创建”，持续提升服务大局能力水平

（一）紧盯确保国家安全和长治久安，全力服务全国民族团结进步模范区创建。坚决维护政治安全和社会稳定。坚持警钟长鸣、警惕常在，充分发挥刑事审判职能，审结刑事案件15236件19049人次。毫不动摇坚持中央对达赖集团和十四世达赖的定性和斗争方针，依法严惩煽动颠覆国家政权、资助危害国家安全等犯罪。贯彻实施反有组织犯罪法，扎实开展扫黑除恶专项斗争，审结“九类”案件437件1506人，发出司法建议49份，推进扫黑除恶常态化。与有关部门联合出台《关于办理职务犯罪案件若干问题的暂行规定》，审结职务犯罪案件455件595人，其中原县处级70人、地厅级20人，案件数是上一个五年的1.95倍，持续巩固发展反腐败斗争压倒性胜利。扎实推进平安西藏法治西藏建设。审结故意杀人、故意伤害、强奸等严重暴力犯罪和抢劫、电信网络诈骗、盗窃等多发性侵财犯罪案件7483件9679人；审结危险驾驶、交通肇事犯罪案件3227件3322人，有效维护群众生命财产安全。贯彻自治区平安建设条例，将“执行难”综合治理、源头治理纳入平安建设考评体系，强化联动机制，执结案件7.49万件，到位金额94.25亿元，分别是上一个五年的4.11倍和1.86倍。制定出台涉疫情案件办理工作方案、指导意见等，坚决维护疫情防控秩序。坚持以铸牢中华民族共同体意识为主线，把反分裂斗争教育、民族团结教育融入法治宣传，深入开展“国家意识、公民意识、法治意识”等主题宣传860场次。高院获评全区“七五”普法先进集体。不断强化人权司法保障。积极推进认罪认罚从宽制度改革、刑事辩护全覆盖，出台《常见犯罪量刑指导意见实施细则》，指定辩护1466人次，排除非法证据311件，对1267名罪行轻微被告人适用非监禁刑，免予刑事处罚79人、宣告无罪89人，确保无罪的人不受刑事追究、有罪的人受到公正处罚。严格规范减刑、假释、暂予监外执行，办理案件3939件，鼓励罪犯改过自新、回归社会。依法办结特赦案件16件，彰显了党和国家法安天下、德润人心的仁政。

（二）紧盯确保人民生活水平不断提高，全力服务高原经济高质量发展先行区创建。完整准确全面贯彻新发展理念。严格执行民法典和新修订的民诉法，审结民商事案件14.02万件、标的额273.81亿元，分别是上一个五年的2.06倍和1.67倍，审结非法集资、网络传销等破坏市场经济秩序犯罪案件604件，为建设高标准市场体系、构建高水平社会主义市场经济体制提供坚强司法支撑。积极服务供给侧结构性改革，审结破产案件90件，促进市场资源高效配置。拉萨中院快速审结并执行到位一起8亿余元贷款案，维护我区金融市场安全稳定。出台助推乡村治理现代化指导意见，严惩涉扶贫款物犯罪案件51件，有效化解农畜产品生产流通领域矛盾纠纷9243件，助力乡村振兴战略实施、特色产业快速发展。努力营造法治化营商环境。根据区党委政法委的部署要求，与区工商联联合出台意见，开展“优化法治营商环境助民企”活动，审结买卖、承揽等合同案件11.29万件，审结涉民营企业案件3177件，着力营造稳定公平透明、可预期的法治化营商环境。日喀则中院出台服务重大项目建设的指导意见，精准化解涉重大项目矛盾纠纷。全面加强知识产权保护，审结知识产权案件453件，陈某诉穆某等侵害商标权纠纷案入选中国法院50件典型知识产权案例。深入落实法治政府建设实施纲要，审结行政案件1288件，促进依法行政，提高行政效率和公信力。不断满足群众多元化司法需求。坚持以人民为中心，审结就业、教育、医疗等涉民生案件3万余件，审结侵权责任

纠纷、物权保护纠纷5003件，维护群众切身利益。强化特殊群体司法保护关爱，深入开展打击整治养老诈骗专项行动，审结婚姻家庭、抚养、涉未成年人案件1.15万件；判处拒不支付劳动报酬犯罪16人，审结追索劳动报酬案件2543件，帮助农民工追回薪酬1亿余元。那曲中院开辟绿色通道，用最快时间向33名农民工兑现328万元欠薪。出台司法救助工作规则，办结国家赔偿、司法救助案件654件，发放司法救助金1025.54万余元，缓减免诉讼费2859.21万余元，以温情司法温暖民心。

（三）紧盯确保生态环境良好，全力服务国家生态文明高地创建。主动服务美丽西藏建设。贯彻自治区国家生态文明高地建设条例，结合中央环保督察反馈问题整改，出台环资审判实施意见、办案指引等制度机制，精心呵护绿水青山、冰天雪地。山南、林芝中院在办理环境资源公益诉讼案件中，综合采取科处刑罚和判处赔礼道歉、补植复绿等方式，提升案件办理社会效果。着力提升环境司法保护能力。树牢新时代环境资源司法理念，强化与检察机关、环境执法机关协作配合，组建专门审判庭或审判团队，依法审结涉环资案件244件，办结公益诉讼案件39件，全方位、全地域、全过程加强环境司法保护。推动生产生活方式转变。认真组织开展环境保护法、“两江四河”造林绿化与综合整治、拉萨南北山绿化等宣传活动1100余场次，受教育群众43万余人次，通过法律知识宣传、以案释法等，提升公众节约意识、环境意识，助力走出一条生态友好、绿色低碳、具有高原特色的高质量发展之路。

（四）紧盯确保边防巩固、边境安全，全力服务国家固边兴边富民行动示范区创建。充分发挥审判职能。坚持经费、装备、力量向边境一线倾斜支持，21个边境县法院为边民设立绿色通道、开展上门服务、就地开庭，办结案件2.36万件，33个边境中心乡镇人民法庭化解边境贸易、边民纠纷1419件，助推边防巩固、边境安全、边民幸福。加大涉军维权力度。完成涉军停偿案件审执任务，4个集体、7名干警得到人社部、中央军委、最高人民法院通报表彰。审结涉军维权案件288件，维护军队军人军属合法权益。大力开展普法宣传。深化“送法进边境村居、乡镇”活动，开展出入境管理法、边境管理条例等法律法规宣传260余场次，受教育群众23.7万余人次，与拉萨军事法院常态化开展“送法进军营”活动57场次，助推“五共五固”军民共建走深走实。

三、坚持守正创新，扎实推进司法体制改革、智慧法院建设

全面落实司法责任制。坚定不移推进司法改革，最高人民法院改革纲要推进的目标任务全面铺开。完善司法人员分类管理，出台审判委员会、专业法官会议规则等制度机制144项，各类司法人员权责更加清晰，人员结构更加优化。完成民事诉讼繁简分流改革，适用简易、速裁程序审结案件7.49万件，以案件繁简分流、轻重分离、快慢分道提升办案质效和公信力。深化四级法院审级职能定位改革试点，规范级别管辖、提级管辖、再审程序，办结二审、再审案件1.16万件，依法改判2499件，有效推进裁判尺度统一。强化执法司法监督制约。通过完善法官惩戒制度、健全重点案件全过程监督管理机制等，确保管理监督不缺位、权力行使必留痕、失职渎职要担责。全区法官人均办案量从2018年的34.67件增长到2022年的66件，院庭长年均办案17446件。扎实推进以审判为中心的刑事诉讼制度改革，与区检察院、公安厅联合出台《常见刑事案件证据指引（试行）》等，深化政法跨部门协同办案、涉案财物管理、减假暂等平台应用，各司其职、密切配合、相互制约的体制机制进一步健全。持续深化智慧法院建设。积极推进司法改革与现代科技深度融合，建成涵盖各审判领域、覆盖诉讼全流程，落实线上线下双轨并行、有序衔接的在线诉讼、调解和运行规则体系，推动现代科技从工具性的浅层应用向更深层次的规则治理和制度构建转变。坚持依法公开、主动公开、全面公开、实

质公开，持续深化审判流程、庭审活动、裁判文书、执行信息公开，让公平正义看得见、能评价、可监督。全区法院集约送达中心实现全覆盖，送达周期从15.6天缩短到3.78天。疫情发生以来，智慧法院"大显身手"，网上立案2.48万件、开庭9480件、调解2.64万件，跨域立案4020件，实现审判执行不停摆、公平正义不止步。

四、坚持抓基层、强基础、固基本，夯实筑牢基层堡垒

建强法院基层组织。完成基层法院内设机构改革，推进职能优化协同高效。充分发挥协管职能，对218名中级、基层法院主要领导和班子成员调整提出意见建议。以增强基层党组织政治功能和组织功能为重点，常态化开展支部书记"述职评议考核"，开展突出问题专项整治，压紧压实基层党支部直接教育管理监督党员职责，高院机关"3+3+5+6"党建考评体系获评2022年全国法院党建创新优秀案例。改善基础设施条件。坚持把中央转移支付资金的90%以上投向基层，投资2亿余元建成智慧法院一期项目，投资1.62亿元建成51个基层法院标准化诉讼服务中心，投资4.1亿元建成120个乡镇人民法庭，投资1亿元配备100套车载科技流动法庭，投入援藏资金1.13亿元建成中级、基层法院"六小温馨工程"等，积极营造拴心留人的良好环境，让基层干警安身安心安业。提升基层社会治理能力。坚持和发展新时代"枫桥经验"，深化"为群众办实事示范法院"创建，推进一站式诉讼服务中心和矛盾纠纷多元化解机制建设，将"万人成讼率"纳入平安建设考核体系，整合基层综治维稳力量，吸纳调解组织168个、专兼职调解员402名，诉前化解矛盾纠纷2.77万件，办结司法确认案件5376件，化解信访案件342件，诉源治理成效显著；诉讼服务大厅接待群众82万余人次，12368诉讼服务热线提供服务10.93万人次，乡镇人民法庭办结案件8795件，车载科技流动法庭巡回办案3.4万件，着力把矛盾纠纷化解在萌芽状态。阿里中院设立劳动、信访、律师共同参与的综合"调解室"，推动矛盾纠纷多元调处、实质性化解。昌都中院协调多方、整合力量建立"865"解纷模式，广受群众好评。三级法院班子成员分级分片确定联系点，蹲点调研指导人民法庭等工作，报送报告145份，为党委、政府科学决策提供参考。

五、坚持以党建带队建促审判，锤炼锻造法院队伍

始终坚持以党的政治建设为统领。扎实开展"不忘初心、牢记使命"主题教育、党史学习教育、政法队伍教育整顿等教育活动，全面落实区党委"三更"专题教育、最高人民法院"两个确立""两个坚持"主题教育要求，引导干警增强对中国特色社会主义法治道路的自信、底气、定力。扎实履行全面从严治党政治责任，召开全面从严治党专题会议1100余次、党组（扩大）会议2800余次、党组专题会2300余次，充分发挥党组把方向、管大局、保落实作用。始终坚持以提升履职能力为重点。健全高层次专业化人才培养机制，鼓励干警攻读硕士及以上学历64人，招录相关专业人才115人；坚持实战实用实效导向，举办习近平法治思想、民法典适用、量刑规范化等培训班559期11730人次，选派干警参加上级调训2356人次、"走出去""引进来"交流任职778人次，选派1532人次驻村、171人次担任"第一书记"，拓宽干警提升能力素质渠道。邀请对口援助法院93批447人次进藏，以"小组团式"指导一站式、审判执行、信息化建设等重点工作，提升服务基层社会治理能力水平。全区法院106个集体166名个人受到省部级以上表彰，入选全国法院优秀裁判文书3篇、优秀庭审8场。始终坚持以全面从严治党从严治院为保障。以政法队伍教育整顿为契机，坚持惩治震慑、制度约束与提高党悟共同发力，主动接受纪检监察机关监督，一体推进"三不腐"，精准运用监督执纪"四种形态"，给予党纪政务处分89人次，追究刑事责任5人；着

跟"查、改、治、建"一体推进，健全完善内部监督管理机制；传承弘扬以"忠诚为民、崇法尚德、公正廉洁、刚正不阿、改革创新"为主要内容的新时代人民法院文化。坚决落实中央八项规定及其实施细则精神和区党委实施办法，严格执行防止干预司法"三个规定"、新时代政法干警"十个严禁"、西藏政法干警"十个一律"等铁规禁令，累计填报"三个规定"信息7.08万余条。始终坚持以改进司法作风为抓手。严格落实区党委关于改进作风狠抓落实的部署，聚焦"四查四问"，围绕模范践行"六个表率"、坚决做到"八个必须"，全覆盖、常态化开展巡查督察工作，及时发现并督促整改问题。在疫情大考中，广大干警不怕艰险、冲锋在前、连续作战，在战"疫"一线尽显担当。

五年来，全区法院认真贯彻党中央决策部署和区党委工作安排，向自治区十一届人大常委会专题报告刑事、民事审判等工作，狠抓审议意见落实；办结人大代表意见建议800余项，办结政协委员提案、关注事项700余项，邀请代表、委员列席会议、视察座谈、旁听庭审、见证执行等6500余人次，增进了对司法审判工作的理解和支持。认真贯彻加强新时代检察机关法律监督的意见，联合建立民事、行政调卷机制，认真办理检察建议，审结抗诉案件117件，依法改判、发回重审47件，检察长列席审判委员会会议273人次。通过联合举办法检系统专题讲座、"两长"同庭办案，共同守护司法公正。认真贯彻人民陪审员法，全区2349名人民陪审员参审案件1.74万件，推进司法民主，提升司法公信力。

回顾过去五年的司法审判实践，我们深切体会到：必须坚持党对法院工作的绝对领导，坚决维护习近平总书记党中央的核心、全党的核心地位，坚持习近平新时代中国特色社会主义思想指导地位，坚持中国特色社会主义法治道路；必须坚持心系"国之大者"，紧扣"四个创建""四个走在前列"，忠实履行维护国家政治安全、确保社会大局稳定、促进社会公平正义、保障人民安居乐业的神圣职责；必须坚持以人民为中心的发展思想，着力解决人民群众最关切的公共安全、权益保障、公平正义问题，不断满足人民群众日益增长的多元司法需求；必须坚持司法体制改革和智慧法院建设双轮驱动，推动改革系统集成、协同高效，加强信息技术与司法审判融合应用，持续推进审判体系和审判能力现代化；必须坚持以党的自我革命精神推进全面从严管党治警，主动接受各方监督，改进作风狠抓落实，着力建设忠诚干净担当的高素质法院队伍。

各位代表！全区法院工作发生的深刻变化、取得的显著成绩，最根本在于习近平总书记作为党中央的核心、全党的核心领航掌舵，在于习近平总书记关于西藏工作的重要指示和新时代党的治藏方略的科学指引，是各级党委坚强领导、人大有力监督、最高人民法院正确指导和政府、政协、援藏法院大力支持的结果，离不开各级人大代表、政协委员和社会各界的关心关怀。在此，我代表全区法院向一直以来关心支持法院工作的各级各部门和同志们表示衷心感谢，致以崇高敬意！

新征程上，我们清醒认识到，全区法院工作还存在一些问题和短板：对习近平新时代中国特色社会主义思想特别是习近平法治思想学思践悟有待进一步深化；对经济社会发展给司法审判工作带来的新情况新问题研究不够，精准服务"四个创建""四个走在前列"的能力和水平有待进一步提升；司法体制综合配套改革存在落实不平衡不协调情况，智慧法院成果应用有待进一步加强；基层基础存在薄弱环节，有的人民法庭作用有待进一步发挥；干警违规违纪甚至违法行为仍有发生，全面从严管党治警向纵深推进有待进一步深化。针对问题，我们将采取有力措施，加大工作力度，切实加以解决。

今后五年的工作建议

各位代表！党的二十大开启了实现第二个百年奋斗目标的新征程。全区法院要坚持以习近平新时代中国特色社会主义思想为指导，深入贯彻党的二十大精神，深入贯彻习近平法治思想，深入贯彻中央经济工作会议、中央政法工作会议、中央第七次西藏工作座谈会精神和新时代党的治藏方略，全面贯彻习近平总书记关于西藏工作、政法工作、法院工作的重要指示，按照自治区第十次党代会、区党委十届三次全会部署，深刻领悟“两个确立”的决定性意义，增强“四个意识”、坚定“四个自信”、做到“两个维护”，紧紧围绕“努力让人民群众在每一个司法案件中感受到公平正义”目标，弘扬伟大建党精神、“两路”精神和老西藏精神，牢记“三个务必”，聚焦“四件大事”，聚力“四个创建”，坚持以党的政治建设为统领，以服务大局、司法为民、公正司法为根本，以建设更高水平的平安西藏法治西藏为使命，以深化司法体制改革和智慧法院建设为动力，以锻造忠诚干净担当的高原法院铁军为保障，依法履职尽责，为全面建设社会主义现代化新西藏提供优质高效司法服务。

一是坚持正确政治方向，坚定不移捍卫“两个确立”。坚持把学习贯彻党的二十大精神作为当前和今后一个时期的首要政治任务，深入开展“学习二十大·铁军铸忠魂”学习教育活动，常态化开展“两个确立”主题教育，教育引导广大干警完整准确全面把握党的二十大精神，切实把全区法院系统的思想和行动、智慧和力量统一到新时代新征程的使命任务上来，凝聚到全面依法治国、依法治藏的实践上来。真学真信笃行习近平法治思想，更好发挥法治固根本、稳预期、利长远的作用。牢牢坚持党对法院工作的绝对领导，严格落实重大事项请示报告制度，确保法院工作始终沿着正确政治方向不断前行。

二是坚持严格公正司法，坚定不移服务“四个创建”。始终坚持把法院工作置于党和国家工作大局中思考谋划和推动，找准司法审判在全面建设社会主义现代化新西藏进程中的职责和定位，以开展“丹心向核心·护航新征程”实践活动为抓手，大力推进严格规范公正文明司法，坚决维护社会公平正义，谱写好中华民族伟大复兴西藏新篇章。

三是坚持改革创新，坚定不移推进审判体系和审判能力现代化。紧紧围绕着力破解深层次体制机制障碍，全面准确落实司法责任制，强化执法司法监督制约，深化司法体制综合配套改革，加强智慧法院建设，用好科技新工具、新思维，以司法改革促进诉讼制度转型升级，以现代科技助力司法为民公正司法，不断细化实化司法举措，努力提高司法审判工作质效。

四是坚持强基固本，坚定不移发挥基层法院职责作用。坚持以党建带队建促审判，增强党组织政治功能和组织功能，着力把法院基层党组织建设成为铸牢中华民族共同体意识、带领群众致富、维护社会稳定、守卫边疆领土、开展反分裂斗争的坚强战斗堡垒。坚持把非诉讼纠纷解决机制挺在前面，推动重心下移、政策下倾、力量下沉，发挥基层法院、人民法庭、车载科技流动法庭职能作用，加强诉源治理，助力推进基层治理体系和治理能力现代化。

五是坚持自我革命，坚定不移锻造过硬法院队伍。牢记“两个永远在路上”，坚持严的基调不动摇，把全面从严治党从严治院不断引向深入。坚持新时代好干部标准和民族地区干部“四个特别”政治标准，大力实施人才“育、引、用、留”工程，凭能力用干部、以实绩论英雄，着力建设堪当民族复兴重任的高素质干部队伍。坚持一体推进“三不腐”，严格落实中央八项规定及其实施细则精神和区党委实施办法，扎实开展“改进执法司法作风、维护社会公平正义”活动，为司法审判事业高质量发展提供有力支撑。

各位代表！回首往昔初心不改，砥砺前行再铸辉煌。我们将更加紧密地团结在以习近平同志为核心的党中央周围，在区党委坚强领导、区人大及其常委会有力监督、最高人民法院科学指导下，认真落实本次会议决议，踔厉奋发、勇毅前行，脚踏实地、真抓实干，努力推进新时代人民法院工作高质量发展，为建设团结富裕文明和谐美丽的社会主义现代化新西藏作出新的更大贡献！

西藏自治区人民检察院工作报告

——2023年1月14日在西藏自治区第十二届人民代表大会第一次会议上

西藏自治区人民检察院检察长　夏克勤

各位代表：

现在，我代表西藏自治区人民检察院向大会报告工作，请予审议，并请各位政协委员和列席人员提出意见。

过去五年工作回顾

过去五年，是党绝对领导下的人民检察事业极不寻常、极不平凡的五年。习近平总书记对检察工作作出一系列重要指示，党中央出台《中共中央关于加强新时代检察机关法律监督工作的意见》，党的二十大强调“加强检察机关法律监督工作”，赋予检察机关更重政治责任，为加强新时代检察机关法律监督工作提供了根本遵循。五年来，全区检察机关在区党委和最高检正确领导下，坚持以习近平新时代中国特色社会主义思想为指导，全面贯彻习近平法治思想、习近平总书记关于西藏工作的重要指示和新时代党的治藏方略，全面贯彻党的十九大、十九届历次全会和党的二十大精神，深入贯彻中央第七次西藏工作座谈会、自治区第九次、第十次党代会精神，聚焦“四件大事”聚力“四个创建”，依法忠诚履职，办理各类法律监督案件59108件，是前五年的2.83倍，10个案件入选全国典型案例，26项工作经验被最高检转发全国检察系统学习交流。2022年，我们奋勇争先，办理各类案件13875件，同比上升0.45%，工作质效显著提升，60项业务指标有46项得到优化，18项进入全国前十，5项排名全国第一，“四大检察”全面协调发展取得新进步。

一、把牢正确政治方向，始终坚持党的绝对领导

坚持政治性是第一属性，对党忠诚是第一要求。五年来，我们始终坚持用习近平新时代中国特色社会主义思想凝心铸魂，深入开展“不忘初心、牢记使命”主题教育、党史学习教育、检察队伍教育整顿，持之以恒在学懂弄通做实上下功夫，不断提高政治判断力、政治领悟力、政治执行力，深刻领悟“两个确立”的决定性意义，增强“四个意识”、坚定“四个自信”、做到“两个维护”。五年来，我们始终坚持党的绝对领导，坚持党管干部原则，落实新时代好干部标准和民族地区干部“四个特别”政治标准，推荐选任三级院领导班子成员124人。坚持“从政治上看”，把党的绝对领导贯彻落实到检察工作各方面全过程，严格落实《中国共产党政法工作条例》及区党委实施细则，严格执行请示报告制度，向区党委和最高检请示报告重大事项392件。贯彻落实《中国共产党党组工作条例》，以检察履职维护和保证党的绝对领导，各级院领导带头办理重大复杂疑难案件7104件，检察长出庭履职432件、列席同级法院审委会264次。对全区检察工

作中的重大事项、重要案件，自治区检察院召开党组会议研究590件、召开检察委员会研究108件。五年来，我们始终坚持全面从严管党治检，锲而不舍落实中央八项规定及其实施细则精神和区党委实施办法，层层传导压实主体责任。融合推进检察队伍教育整顿和系统内巡视整改，深挖严查各类顽瘴痼疾和突出问题2007件。自觉接受纪委监委监督，配合查处违纪违法检察人员51人。扎实做好巡视整改“后半篇文章”，集中整改问题61个，举一反三、持续落实，健全完善规章制度70多项，推动检察风气明显好转。严格落实防止干预司法“三个规定”，做到“有问必录”，检察人员记录报告1283件，让全社会知道“司法是公正的，打官司是不需要找关系的”。

二、充分发挥职能作用，服务保障“四件大事”“四个创建”

自觉把检察工作放到党的治藏稳藏兴藏大局中谋划推进，制定全面服务保障“四件大事”“四个创建”实施意见和专项方案，充分发挥检察职能作用，确保国家安全、社会稳定、经济发展、人民幸福。

树牢总体国家安全观，着力服务创建全国民族团结进步模范区。准确把握西藏工作“五期叠加”新的阶段性特征和反分裂斗争新形势，做到警钟长鸣、警惕常在，检察干警投入维稳综合工作21.4万人次，积极推动建设更高水平的平安西藏。依法严厉打击危害国家安全和严重危害人民群众生命财产安全的犯罪，保持高压态势、把好法律关口，共批准逮捕各类刑事犯罪6478人，起诉12920人，与前五年相比，批捕数下降7.5%、起诉数上升54.5%。深入开展扫黑除恶专项斗争，起诉涉黑涉恶犯罪241人，“打财断血”174.1万元，“打伞破网”3件4人。深度融入社会治理，将检察建议落实情况主动纳入依法治藏考评体系，抓前端、治未病，发出各类检察建议5148件，相关单位采纳率达92.6%，促推加强风险隐患整治。站稳人民立场，做到“如我在诉”、情同此心，把每一起案件都当作群众的“大事”来办，推动筑牢民族团结进步的法治基础。办理群众来信来访4660件次，承诺并做到“7日内程序性回复、3个月内办理过程或结果答复”。依法保护弱势群体利益，帮助3393名农民工追回欠薪4643万元。以“零容忍”态度严惩侵害未成年人犯罪，牵头建立联动机制，落实强制报告、入职查询等制度，实行未成年人案件“一站式”办理，推动完善未成年人权益保护社会支持体系。对涉案未成年人依法不起诉144人，帮助82名罪错未成年人重返校园并考入高中、职校和大学。弘扬社会主义法治精神，进村入户、释法说理开展宣传9150余场次，累计受众215.6万人次，检察新媒体推送法治新闻、发布典型案例和视频30余万条。

完整准确全面贯彻新发展理念，着力服务创建高原经济高质量发展先行区。统筹疫情防控和经济社会发展，坚持“三个赋予一个有利于”，助力决战决胜全面建成小康社会，服务保障乡村振兴战略实施。选派1359名干警驻村或担任第一书记，结对认亲2376户，捐款捐物价值510.5万元，协调落实扶贫项目资金1541万元，为因案致贫致困的352名群众落实司法救助金721.7万元。全力参与抗疫，选派1400多名干警投入抗疫一线。助推依法“战疫”，制定办理涉疫案件规范性文件，依法起诉涉疫刑事犯罪24人，发布典型案例、双语宣传资料和抗疫视频150余条。服务高质量发展，依法起诉破坏社会主义市场经济秩序犯罪524人，追赃挽损1.69亿元，着力营造法治化营商环境。拉萨市院依法办理“德誉鼎基金”非法吸收公众存款案，挽回群众经济损失1629.9万元。开展涉案财物专项清理行动，清查涉财案件2547件，返还款项1017万元。推进涉案企业合规改革，与各级工商联协作建立第三方监督评估机制。对涉案民营企业人员，依法决定不起诉245人，建议适用缓刑173人，平等保护民营经济发展。阿里分院与工商联协同服务民营企业发展成效显著，入选全国工商联第四届民营经济法治建设峰会典型事例。

坚持生态保护第一，着力服务创建国家生态文明高地。自治区检察院协同推进建立“河湖林长+检察长+警长”工作机制，牵头与周边6个省级检察院建立青藏高原及周边区域生态检察协作机制，昌都市院、那曲市院主动跟进，建立完善跨区划办案机制，推动筑牢青藏高原生态环境保护法治屏障。围绕建立以国家公园为主体的自然保护地体系，在11个国家级自然保护区设立35个检察联络站。不断深化“专业化监督+恢复性司法+社会化治理”生态检察模式，助力中央生态环境保护督察、森林督察。加强生态环境执法与刑事检察工作衔接，依法起诉破坏环境资源犯罪403人。调查立案生态环境和资源保护领域公益诉讼案件2646件，督促相关单位和个人恢复生态投入3625.4万元，清理垃圾6.5万吨、河道1172公里、污染水域312亩，保护被违法占用、破坏、污染的林草地、湿地、耕地、土地7725亩，补植复绿6338亩。仲巴县院依法履职，督促相关部门拆除人工沟渠7.9公里，雅鲁藏布江上游7.14平方公里的南木拉湿地得以恢复。

坚决维护国家核心利益，着力服务创建国家固边兴边富民行动示范区。护航边境地区经济社会发展，在抵边村镇设立306个检察联络站，深入群众开展法治宣传、调处矛盾纠纷，助推边境地区依法治理。加强军地检察协作，与西部战区第一军事检察院、拉萨军事检察院建立协作机制，依法打击涉军违法犯罪，深入开展涉军领域公益诉讼，坚决保护军人合法权益和边防国防利益。共办理英烈保护公益诉讼案件20件，督促相关部门对16个烈士陵园进行修缮。昌都市院督促保护怒江大桥桥墩红色遗迹，城关区院督促维修十八军政治部旧址。自治区检察院、拉萨军事检察院、贡嘎县院共同办理涉军土地公益保护案、空军机场净空保护案，妥善解决多年涉军难题。跨省审查全区首例涉军司法救助案，为边防战士落实司法救助金13万元。深化对尼检务合作，在最高检支持下，举办两届“中尼检务合作交流论坛”，邀请尼泊尔总检察长进藏访问，签署《中国西藏自治区人民检察院与尼泊尔检察代表团会谈纪要》，加强打击跨境犯罪国际司法协作。

三、强化执法司法监督，助推更高水平的法治西藏建设

全面贯彻《中共中央关于加强新时代检察机关法律监督工作的意见》，坚持“在办案中监督、在监督中办案”，以全面充分高效履职助推建设更高水平的法治西藏。

加强刑事检察，从源头上防范冤假错案发生。发挥检察机关跟进式、参与式、融入式监督的制度优势，强化刑事案件审前主导和“全链条”监督。建立检警协作配合机制，市县两级院与同级公安机关全部设立侦查监督与协作配合办公室。加强对有案不立、不当立案、压案不查、违法办案、“纸面服刑”“提钱出狱”等问题的监督，纠正立案、侦查、审判、执行、监管活动违法1120件。纠正漏捕漏诉121人、脱管漏管53人，变更强制措施4131人，对确有错误的刑事裁判提出抗诉66件，法院已支持51件。五年来，我区刑事犯罪结构发生重大变化，严重暴力犯罪大幅下降，醉驾、电信网络诈骗犯罪上升。检察机关主动适应，当严则严、该宽则宽。依法严惩故意杀人、奸淫幼女等严重暴力犯罪和电信网络诈骗等涉众型经济犯罪。加强和规范命案办理，实行统一指挥，对命案办理不力的司法人员查处9件11人。被告人杨某贤、王某芳犯电信网络诈骗罪，检察机关接续监督两次抗诉，法院改判分别加刑2年5个月、8年4个月。全面实施认罪认罚从宽制度，依法适用9449人，精准提出量刑建议，法院采纳率达96.4%。落实少捕慎诉慎押刑事司法政策，对犯罪情节轻微的，依法决定不捕1051人，不起诉2318人。自治区检察院综合考量危险驾驶罪的社会危害，制定相关刑事案件不起诉参考标准，准

确把握打击力度，取得良好社会效果。

加强民事检察，保护人民群众合法权益。为实施好《民法典》，制发《民事检察依职权监督办案指引》，完善卷宗调阅制度，加强对民事调解、虚假诉讼监督，开展重点工程建设、农民工工资支付领域专项监督，推动民事检察工作取得历史性突破。共办理民事检察案件3328件，是前五年的14倍。追求实质公正，避免司法公正止于形式合法，坚决监督纠正利用“优势证据、自由裁量”幌子进行枉法裁判的行为。对民事审判、执行活动违法提出检察建议358件。对确有错误的民事裁判，提出抗诉和再审检察建议30件。加强弱势群体权益保护，依法支持起诉518件。拉某某等225户878名村民536万元劳务费被拖欠，达孜区院支持起诉予以追回，被最高检评为典型案例。

加强行政检察，促进审判机关、行政机关依法公正履职。推公正司法和法治政府建设，加强对行政诉讼和行政行为的双重监督。共办理行政检察案件856件，是前五年的170倍。践行穿透式监督理念，对行政违法行为提出检察建议656件，对确有错误的行政裁判提出抗诉和再审检察建议12件。依法监督行政处罚执行不到位问题，督促及时收缴罚款407.3万元。林芝市院监督纠正交通执法处罚决定法律适用不规范问题，入选全国典型案例。为政府解难题、为群众办实事，实质性化解行政争议82件，促进案结事了、政通人和。拉萨市院办理某公司申请监督人社部门工伤认定行政复议案，帮助当事人获得工伤赔偿50万元，实质性化解长达5年的行政争议和关联民事纠纷。芒康县院、江达县院依法化解土地补偿争议，帮助1034户群众收到土地补偿金535.8万元。

加强公益诉讼检察，守护国家利益和社会公共利益。五年来，公益诉讼检察全面推开、不断拓展，依法保护国家利益和社会公共利益、守护人民群众美好生活。我们秉持双赢多赢共赢理念，注重以诉前程序解决公益受损问题，聚焦“4+9”法定领域，积极稳妥拓展监督范围，发现线索8026件，调查立案5161件，督促行政机关履职2697件。依法提起各类公益诉讼53件，均得到法院判决支持。在生态公益诉讼取得突出成效的同时，督促行政机关依法查处假冒伪劣过期食品7.45吨、药品和医疗器械947种，排查整治存在安全隐患的窨井盖1174个，收回国有资产1294.2万元，追缴国有土地使用权出让金、滞纳金1.2亿元，收回被违法占用的国有土地695.8亩。札达县院督促相关部门对189处田野文物落实保护措施。日喀则市两级院督促追缴国有土地出让金7151.4万元。昌都市院督促主管机关追缴国有土地出让滞纳金2369.8万元。去年11月，自治区人大常委会出台《关于加强新时代检察公益诉讼工作的决定》，充分肯定公益诉讼检察工作成效，支持检察机关积极稳妥拓展文物和文化遗产保护、公共卫生、公共安全等领域案件范围，为公益诉讼制度完善提供了地方立法支撑。

加强职务犯罪检察，增强反腐败斗争合力。深刻认识反腐败统一格局下对检察机关“专责”法律监督提出的更高要求，落实监检办理职务犯罪案件互相配合、互相制约的政治要求和法定责任，加强刑事司法与监察调查办案程序、证据标准衔接，不断增强依法反腐合力。提前介入职务犯罪案件170件，决定逮捕99人，审查起诉525人，已提起公诉308人。依法对朱中奎、阿布、永吉、赵涛等31名原厅级干部提起公诉。依法追缴犯罪所得并上缴国库4.34亿元。对办案中发现的公职人员违纪违法线索，移交纪委监委处理89件。结合办案助推行业治理，编写全区交通领域职务犯罪分析报告，被最高检转发全国学习交流。对检察机关管辖的司法人员相关职务犯罪立案查办39人。结合政法队伍教育整顿，倒查1990年以来3万余件“减假暂”案件，立案侦查“5·13”专案系列案件28人，纯洁了政法队伍，警示了司法不可任性的底线。

四、改进作风狠抓落实，推进检察工作高质量发展

坚持系统观念、法治思维、强基导向，着眼当前、谋划长远，补短板、强弱项、固底板、锻长板，不断夯实西藏检察事业高质量发展的基层基础。

深化检察领域综合配套改革。稳步推进检察人员分类管理、内设机构和财物统管改革，新时代检察工作实现职能重塑、机构重组、机制重构。实行捕诉合一，分设民事和行政检察机构，单设公益诉讼、司法人员职务犯罪侦查和未成年人检察机构，形成“四大检察”“十大业务”新格局。完善责任清单，明确检察官职责权限，建立新型专业化办案组织，检察官办案的亲历性明显增强，办案质效显著提高。加强检察官员额动态管理，组织检察官入额遴选3批900人，退额303人。加强以“案－件比”为核心的业务指标体系建设，大力提升办案质效，减少程序性案件5737件，人民群众司法获得感不断增强。

狠抓检察素能和质量建设。加强双语人才、业务专家、青年干部选拔培养，着力在“育引用留”上下功夫，持续建强队伍。争取对口援助检察院选派430名业务骨干进藏开展“帮带”，选送186名干警到最高检和内地检察院实践锻炼。建设“学习型机关”，依托国家检察官学院西藏分院藏汉双语教育培训基地，举办基层院检察长、入额检察官、司法警察等培训班，开展政治轮训和业务培训4329人次。聘任457名行政机关专业人员担任特邀检察官助理，增强网络、金融、知识产权等领域办案专业支撑。坚持“数量为基、质效为王”，制定“三年创先”进入全国第一方阵工作目标，落实检察一体化工作机制，完善目标责任、业绩考核机制，以“清单式管理、项目化推进、标准化考核”推进创先争优。

大抓基层基础强化数字赋能。深化“六位一体”检察受援机制，与22个省级院签订对口援助协议，落实援助资金1.53亿元。常态化开展“脱薄争先”，建立结对帮扶机制，压茬推进10个基层院完成“脱薄”任务，增强自身发展能力。推动“数字检察”深度融入“数字西藏”，打通法律监督数据壁垒。在区党委政法委推动下，建成“西藏政法跨部门大数据协同办案平台（简化版）”，已在全区政法机关试点运行。检察业务2.0系统、12309检察服务中心、远程办案系统、“天空地一体化监督平台”全面升级优化。拉萨市院全套引进转化绍兴市数字检察监督平台，形成数字检察“实战化”样板。

各位代表，过去五年，全区检察机关自觉接受人大监督、政协民主监督和社会各方面监督，深入贯彻中央人大工作会议、中央政协工作会议精神，深入贯彻自治区十一届人大历次会议精神，向自治区人大常委会专题报告民事检察、公益诉讼、认罪认罚从宽制度适用等工作，认真落实审议意见和代表委员意见建议。认真办理各级代表委员议案提案和转交事项、案件119件，实地走访、电话回访代表委员977人次，邀请代表委员、人民监督员参加听证2368人次，视察指导检察工作4636人次。自觉接受履职制约，对人民法院判决无罪案件、公安机关提请复议复核案件，加强工作沟通，逐案开展自查。公开是“连心桥”、是“防腐剂”，我们自觉接受社会监督，公开发布案件信息19722条、法律文书7318份，公开听证981件，让人民群众在参与和评判案件中切实感受到检察工作的公平正义。

各位代表，过去五年，全区检察事业取得了全方位进步。31个集体、127名干警获得省部级以上表彰奖励。城关区院和拉萨市院嘎旺分别被最高检记“一等功”，那曲市院王涛被评为“全国模范检察官”，噶尔县院被评为“全国模范检察院”，城关区院、桑珠孜区院、丁青县院被评为“全国先进基层检察院”。五年来的成绩和进步，根本在于习近平新时代中国特色社会主义思想科学指引，关键在于自治区党委、最高检

的正确领导，得益于自治区人大及其常委会有力监督、自治区政府大力支持、自治区政协民主监督，得益于各级党政机关、各位代表、各位委员和社会各界关心、支持和帮助，得益于全国检察机关无私援助。我谨代表自治区人民检察院表示衷心感谢！

我们深切体会到，做好新时代检察工作，必须始终坚持以习近平新时代中国特色社会主义思想为指导，深入贯彻习近平法治思想和新时代党的治藏方略，坚持党的绝对领导，始终确保检察工作正确政治方向；必须坚持人民至上，以忠诚干净担当的新时代好干部标准和民族地区干部“四个特别”政治标准强化法律监督，努力让人民群众在每一个司法案件中感受到公平正义；必须紧紧围绕党和国家工作大局履职尽责，聚焦聚力“四件大事”“四个创建”，运用法治力量维护国家安全和社会稳定，服务经济社会高质量发展；必须坚持自信自强、守正创新、能动履职，坚持目标导向、问题导向、强基导向，充分运用检察受援和一体化工作机制，心无旁骛、踏踏实实干事创业。

我们也清醒认识到，全区检察工作与党和人民的新要求相比还有一定差距。学思践悟习近平新时代中国特色社会主义思想特别是习近平法治思想和新时代党的治藏方略还需走深做实；为大局服务、为人民司法还需强化举措、增强实效；基层组织、基础工作、基本能力还需持续提升，法律监督的长板不够强、底板不够实，还需在精准监督上持续发力；检察人员作风不够实，不敢监督 、不善监督问题依然存在，违纪违法仍有发生，从严管党治检还需常抓不懈。我们将坚持目标导向和问题导向，努力破解难题、开创新局。

今后五年的工作建议

今后五年是全面建设社会主义现代化国家开局起步的关键时期，新时代新征程赋予检察机关更重政治责任、法治责任、检察责任。全区检察机关将以习近平新时代中国特色社会主义思想为指导，全面学习贯彻党的二十大精神，深入贯彻习近平法治思想、习近平总书记关于政法工作、西藏工作的重要指示和新时代党的治藏方略，深入贯彻二十届中央纪委二次全会、中央政法工作会议精神，深化落实《中共中央关于加强新时代检察机关法律监督工作的意见》，全面贯彻自治区第十次党代会、区党委十届三次全会精神，坚持人民至上，统筹发展和安全，牢固树立总体国家安全观，聚焦“四件大事”聚力“四个创建”，以检察工作现代化服务中国式现代化，为全面建设社会主义现代化新西藏提供有力法治保障。

一是增强政治自觉，切实担负起新时代新征程赋予检察机关的更重政治责任。深入学习宣传贯彻党的二十大精神，扎实开展“学习二十大·铁军铸忠魂”等活动，始终坚持以习近平新时代中国特色社会主义思想武装头脑、指导实践、推动工作，深入贯彻习近平法治思想和党的二十大对“加强检察机关法律监督工作”“完善公益诉讼制度”“强化对司法活动的制约监督”等重大部署，坚决落实党中央决策部署和区党委、最高检工作安排，在党和国家工作大局、政法工作全局中把准检察工作历史方位、担起法律监督职责使命。要以检察履职维护和捍卫党的领导，依法严惩构成违法犯罪的那些所谓“有背景”的“政治骗子”；贯彻党风廉政建设和反腐败斗争在西藏没有任何特殊性的要求，依法严惩腐败犯罪，坚持受贿行贿一起查，加大对行贿犯罪惩治力度；坚持刀刃向内，依法查办司法工作人员滥用职权、徇私枉法犯罪，坚决清除政法队伍害群之马。

二是增强法治自觉，聚焦聚力全面服务保障“四件大事”“四个创建”。增强忧患意识，坚持底线思维，着力防风险、保安全、护稳定、促发展。坚决维护国家政治安全和社会稳定，依法严厉打击各类严重刑事犯罪，坚持宽严相济，统筹适用少捕慎诉慎押刑事司法政策和认罪认罚从宽制度，推动建设更高水平的平安西藏。坚持和发展新时代“枫桥经验”，以“我管”促“都管”，将监督办案效果转化为社会治理效能，以诉源治理促进社会治理。完整准确全面贯彻新发展理念，着力营造法治化营商环境，助力推进科教兴国战略、创新驱动发展战略、乡村振兴战略实施。坚持生态保护第一，完善生态环境执法和生态检察工作衔接机制，全面服务创建国家生态文明高地。依法严厉打击危害边境安全和发展的违法犯罪，加强固边兴边强边司法保障。

三是增强检察自觉，贯彻落实《中共中央关于加强新时代检察机关法律监督工作的意见》，全面加强西藏检察工作自身现代化建设。弘扬伟大建党精神，践行“三个务必”，严格按照“六个表率”“八个必须”的要求，改进作风狠抓落实，把心思聚焦在想干事上、把胆识体现在敢监督上、把智慧凝聚在善监督上、把目标锚定在干成事上，一体推进法律监督理念、体系、机制和能力现代化。加强队伍建设、深化检察改革、狠抓办案质效，持续做优做强做实做好“四大检察”，努力在全国创先争优。大抓基层基础、优化检务管理、深化“数字革命”，健全完善业绩考评和监督制约机制，全面提升法律监督水平。进一步增强全面从严管党治检的政治定力，把一体推进“三不腐”理念贯穿自身建设，以严的基调、严的措施、严的氛围压紧压实主体责任，以“零容忍”态度查处违纪违法的检察人员，着力打造忠诚干净担当的高原检察铁军。

各位代表，新时代新征程上，检察工作使命崇高、责任更重！惟其任重、更需担当，我们将更加紧密地团结在以习近平同志为核心的党中央周围，高举习近平新时代中国特色社会主义思想伟大旗帜，踔厉奋发、勇毅前行，忠诚履职、埋头苦干，以更加优异的成绩为全面建设社会主义现代化新西藏再立新功！

陕西省高级人民法院工作报告（摘要）

——2023年1月14日在陕西省第十四届人民代表大会第一次会议上

陕西省高级人民法院院长　李智*

2018年以来，全省法院坚持以习近平新时代中国特色社会主义思想为指导，在省委坚强领导、省人大及其常委会有力监督和最高人民法院监督指导下，深入贯彻习近平法治思想和习近平总书记来陕考察重要讲话重要指示，认真贯彻党的十九大、二十大精神，全面落实省十三届人大历次会议决议，深刻领悟“两个确立”的决定性意义，增强“四个意识”、坚定“四个自信”、做到“两个维护”，按照“讲政治、抓办案、带队伍、推改革、强科技、增公信”工作思路，忠实履行宪法法律赋予的职责，各项工作实现新发展。全省法院受理案件416.07万件，审执结407.43万件，比前五年分别上升114.78%和114.41%。2022年，全省法院结案数首次突破百万件，增幅列全国第6位。

一、坚持服务大局，促进保障经济社会平稳健康发展

依法打击刑事犯罪，审结一审刑事案件12.05万件。审结涉黑恶案件700件6176人，判处保护伞56人。审结养老诈骗案件38件71人，追回损失955.26万元。审结一审贪污贿赂、渎职侵权案件1821件2082人，发布《职务犯罪审判白皮书》。审结一审商事案件118.56万件，制定《依法服务保障民营经济健康发展的意见》，1个案件入选全国法院助推民营经济高质量发展典型民商事案例。审结一审知识产权和竞争纠纷2.28万件，设立西安知识产权法庭和秦创原知识产权司法保护中心，3个案件入选全国法院典型知识产权案例。审结一审行政案件3.98万件，2022年全省行政机关负责人出庭应诉率同比上升26.48个百分点。审结一审环资案件2.25万件，积极开展打击整治破坏秦岭野生动物资源违法犯罪专项行动，建立黄河中上游等环境资源审判协作机制，设立秦岭、黄河等生态环境司法保护基地，保障美丽陕西建设。

二、坚持司法为民，不断增强人民群众司法获得感

审结一审民事案件88.54万件。适用民法典审结隐私、名誉权纠纷1.11万件。深化家事审判方式改革，审结婚姻家庭、继承纠纷32.62万件。设立35个少年法庭和109个专门审判团队，审结涉未成年人案件6.65万件。叶挺烈士近亲属诉西安摩摩公司名誉侵权案入选全国法院涉英烈权益保护十大典型案例。在所有人身损害赔偿类民事纠纷中开展统一适用城镇居民人身损害赔偿标准试点。开展“三秦飓风”系列执行行动，执结各类案件134.98万件，执行到位金额2264.69亿元。121家法院完成诉讼服务中心升级改造任务，一站

* 陕西省第十四届人民代表大会第一次会议于2023年1月16日选举韩德洋为陕西省高级人民法院院长。

通办、一网通办、一号通办、普惠均等的诉讼服务体系全面形成。坚持和发展新时代“枫桥经验”，协调推动1206个调解组织、5640名调解员组建“调解网络”，全省331个诉服团队入驻当地综治中心，促进纠纷源头化解。加大司法救济力度，依法减免诉讼费1.34万件5091.50万元。推进司法救助、法律援助、社会救助有效衔接，向6473案9227名困难当事人发放司法救助金1.82亿元，2个案件入选全国法院司法救助典型案例。

三、坚持公正司法，持续提升审判执行办案质效

牢固树立“质量第一、提高效率”工作理念，研究确立“一般案件发改率低、重大案件‘三个效果’好、敏感案件‘三同步’工作实”的办案要求。全面推行双向评查、异议反馈机制，统一全省裁判尺度，完善办案质效评价机制。加大司法公开力度，审判流程信息公开率达到99.96%，庭审直播18.77万场次，21部微电影、微视频获评全国法院“金法槌”奖。创新开展纵向有进步、横向有进位“双进”工作，与2017年相比，2022年全省员额法官人均结案数269件，上升100.75%；一审判决案件发改率2.87%，进步2.76个百分点；案件平均审理时间53天，缩短16天，总体呈现量增质升的良好态势。

四、坚持改革创新，努力推动审判体系和审判能力现代化

完成309项改革和信息化建设任务，4项改革入选人民法院司法改革案例。建立审判权责清单，落实院庭长、专业法官会议、审判委员会监督责任。制定《陕西法院法官员额动态调整实施办法》，遴选、递补员额法官684名，选升晋升法官等级3353人次，晋升法官助理、书记员职务等级5745人次。推进以审判为中心的刑事诉讼制度改革，完成民事诉讼程序繁简分流改革试点，开展四级法院审级职能定位改革试点，完善人民陪审员制度。建成陕西移动微法院、“云基地”，积极推进电子卷宗随案同步生成和深度应用，建成494个“云上法庭”，在线开庭9.20万件。

五、坚持从严治院，着力打造新时代过硬法院队伍

扎实开展“不忘初心、牢记使命”主题教育、党史学习教育，建立陕西法院人民司法传统教育基地，省高院“马锡五审判方式”传承工程等2个项目入选全国法院文化建设特色项目。扎实推进政法队伍教育整顿，深入整治顽瘴痼疾。扎实开展作风建设专项行动，省高院修订制定35项管理制度。举办各类业务培训班262期21.24万人次，198份裁判文书、案例、论文在全国法院评比中获奖，20个案件入选全国法院典型案例。全省法院120个集体和183名个人受到省部级以上表彰。会同省委宣传部评选宣传“枫桥式人民法庭”“新时代马锡五式好法官”，建成44个示范法庭、182个达标法庭，5个法庭工作经验入编全国法院新时代人民法庭建设案例。大力推进党风廉政建设，对11个中院开展司法巡查全覆盖，对83个基层法院进行审务督察。

六、坚持接受监督，不断加强和改进法院工作

主动接受人大监督、政协监督、检察监督和社会监督，按期办结并回复代表建议45件、政协提案75件，省高院连续5年获评代表建议、政协提案办理工作先进单位。

2023年全省法院要坚持以习近平新时代中国特色社会主义思想为指导，认真贯彻习近平法治思想和习近平总书记来陕考察重要讲话重要指示，深入学习贯彻党的二十大精神，全面落实中央政法工作会议、第二十二次全国法院工作会议和省第十四次党代会等部署，紧紧围绕“努力让人民群众在每一个司法案件中感受到公平正义”目标，深入践行服务大局、司法为民、公正司法，忠实履行宪法法律赋予的职责，奋力推进法院工作现代化，为谱写陕西高质量发展新篇章提供有力司法服务和保障。

陕西省人民检察院工作报告

——2023年1月14日在陕西省第十四届人民代表大会第一次会议上

陕西省人民检察院检察长　王旭光

各位代表：

现在，我代表省人民检察院向大会报告工作，请予审议，并请省政协委员和其他列席同志提出意见。

过去五年工作回顾

过去五年，在省委、最高检坚强领导下，在省人大及其常委会有力监督下，全省检察机关坚持以习近平新时代中国特色社会主义思想为指导，深入贯彻党的十九大和二十大精神，深入贯彻习近平法治思想、习近平总书记来陕考察重要讲话重要指示，认真落实《中共中央关于加强新时代检察机关法律监督工作的意见》，认真落实党中央、省委、最高检决策部署和省十三届人大历次会议决议，聚焦新时代法律监督职责定位，聚力追赶超越、谱写陕西高质量发展新篇章，讲政治、顾大局、谋发展、重自强，各项工作取得长足发展。五年来，共办理各类案件479852件，较前五年上升31.4%。其中，受理审查逮捕、审查起诉、申诉案件84730件、148281件和13625件；主动履职办理诉讼监督、公益诉讼案件190879件、42337件。

一、加强政治建设，忠诚捍卫“两个确立”

坚守检察机关政治属性，坚持党对检察工作的绝对领导，确保检察权牢牢掌握在党和人民手中，为大局服务、为人民司法。

以党的创新理论武装头脑。深入学习贯彻习近平新时代中国特色社会主义思想，把握好世界观方法论，运用好贯穿其中的立场观点方法。制定“21条细则”，落实党组会“第一议题”制度，践行习近平法治思想，深刻领悟“两个确立”的决定性意义，增强“四个意识”、坚定“四个自信”、做到“两个维护”，自觉在思想上政治上行动上同以习近平同志为核心的党中央保持高度一致。

用伟大建党精神和延安精神凝心铸魂。一体学习领会三个历史决议，“两学一做”学习教育、“不忘初心、牢记使命”主题教育、党史学习教育成效明显。纪念检察机关恢复重建40周年，建设人民检察红色教育展馆、省检察院院史馆，研讨陕甘宁边区检察史，传承延安红色检察的政治灵魂、为民本质、求是精髓和奋斗特性。

贯通落实习近平总书记来陕考察重要讲话重要指示。常态学习讨论、自觉对标对表。牢记习近平总书记嘱托，从秦岭违建事件中接受深刻教训。出台检察工作高质量发展意见，细化97项措施，深入开展有进步、有站位、有品牌“三有”争创，扎实推进“质量建设年”，以高质量检察监督谱写陕西高质量发展新篇章。

自觉贯彻党中央决策部署。深化落实《中共

中央关于加强新时代检察机关法律监督工作的意见》及省委《若干措施》，细化73项任务，补齐法律监督短板，保障宪法法律统一正确实施。执行政法工作条例，制定请示报告重大事项“15项规定”。三级检察院党组全部向党委报告2021年度法律监督工作。

推动政治与业务深度融合。制定“14条指导意见”，推动构建政治与业务深度融合的思想、话语、行为和评价体系。为职能部门配备党务廉政专员，在重大案件办理团队成立临时党支部。平利县检察院、富平县检察院党建经验，分别获评全国检察机关党建业务深度融合十佳案例、优秀案例。

二、统筹发展安全，服务保障工作大局

认真落实总体国家安全观，完整准确全面贯彻新发展理念，依法能动履职，促进更高水平平安陕西法治陕西建设。

维护国家安全和社会稳定。深入开展反渗透反间谍反分裂反恐怖反邪教斗争，坚决捍卫国家政治安全。依法惩处各类刑事犯罪，批捕嫌疑人93128人，起诉163057人。其中，起诉严重暴力、多发性侵财、毒品犯罪65033人。落实宽严相济刑事政策，实行少捕慎诉慎押、认罪认罚从宽。打赢专项斗争，推进扫黑除恶常态化，起诉葛七宝、蔡国强等涉黑恶犯罪8693人，把关改变黑恶定性506件。防范化解金融风险，严惩洗钱犯罪，起诉破坏金融管理秩序、金融诈骗犯罪3364人。

筑造法治化营商环境。制定优化营商环境“12条措施”，服务“六稳”“六保”。起诉破坏市场经济秩序犯罪9669人。会同公安机关专项清理涉民企刑事“挂案”“积案”62件。对民营企业及其负责人涉经营类犯罪慎捕慎诉，依法不批捕1282人、不起诉1283人。2022年全面推开涉案企业合规改革试点，责成43家企业合规承诺、切实整改，避免“办理一起案件，垮掉一个企业、下岗一批职工”。西安市雁塔区检察院依法适用合规整改，员工上千人的民营企业正常经营，年营业额过5亿元，解决大学生就业近百人。

服务保障创新开放。成立全国首家省级知识产权检察部。起诉生产销售假冒伪劣商品和侵犯专利、商标、商业秘密等犯罪1527人。开展专项监督，加强对陕西苹果、西凤酒、眉县猕猴桃、泾阳茯砖茶等地理标志产品的保护。发布服务秦创原建设“14条意见”，设立保护中心，构建覆盖全省的秦创原检察保护体系。出台保障共建“一带一路”高质量发展“14条意见”，以法治为企业“走出去”护航。西安铁检分院协同甘肃检察机关、中铁西安局集团助力中欧班列顺畅运行。

合力推进反腐败斗争。落实国家监察体制改革部署，三级检察院职务犯罪侦查预防职能于2018年完成转隶。完善监察执法与刑事司法衔接机制。受理监委移送案件1951件，提前介入590件，已起诉1894人；起诉受贿犯罪628人、行贿犯罪152人。对张永泽、胡志强、冯振东等308名原副部级、厅处级干部贪贿案件提起公诉。就法律监督中发现的1220条职务违法犯罪线索及时移送各级监察机关。依法行使侦查权，立案查办司法工作人员涉嫌滥用职权、玩忽职守、徇私枉法等犯罪246人。

积极推进社会治理。落实最高检系列检察建议，围绕校园安全、金融监管等多领域问题制发检察建议5.8万份，采纳率98.69%。坚持和发展新时代“枫桥经验”，贯彻信访工作条例，处理群众信访3.2万件，努力实现7日内程序性回复、3个月内办理过程或结果答复。对有较大争议或影响的6036件案件公开听证，力促“法结”“心结”一起解。立足办案开展普法宣传，引领社会法治意识养成。召开新闻发布会321次，发布典型案例358件。准确区分违法行为与涉疫刑事犯罪，发布典型案例9件，因时因势服务疫情防控。

坚决维护国防利益和军人军属、英雄烈士合法权益。联合制定加强军地检察机关协作办法，支持军事检察机关依法履职。起诉危害国防利益、侵

犯军人军属合法权益等犯罪53人，对134名遭受侵害的军人军属、退役军人给予司法救助151.5万元。会同西安军事检察院开展英雄烈士纪念设施保护专项监督。办理国防和军事领域公益诉讼案件52件。扶风县检察院办理全国首例涉军民事公益诉讼案件。延安检察机关督促保护南泥湾三五九旅革命史迹等案入选最高检典型案例。

三、坚持司法为民，努力增进民生福祉

牢记江山就是人民、人民就是江山，依法办好具体案件，努力做好民生实事，让人民群众切实感受到公平正义就在身边。

助力脱贫攻坚与乡村振兴。出台助力脱贫攻坚、服务全面推进乡村振兴的意见。严惩扶贫领域犯罪，起诉“蝇贪”190人。与省法院、省公安厅建立机制，推进刑事案件涉扶贫领域财物依法快速返还489万元。为7581名当事人发放司法救助金6599万元。全省检察机关725名“第一书记”、驻村队员，扎根一线、奋战脱贫。省检察院连续五年被表彰为“驻村扶贫工作优秀单位”。

当好生态检察卫士。协作推行“刑事打击+公益诉讼+警示教育+生态修复”四位一体办案模式。发布检察保护意见，围绕秦岭、黄河、南水北调中线工程水源地保护及汾渭平原大气污染防治开展专项监督。起诉破坏环境资源犯罪3807人。办理环境公益诉讼案件24588件。督促恢复被污染破坏的耕地、林地3.4万亩。汉中市检察院以公益诉讼推动相关部门专项整治嘉陵江流域46个尾矿库。凤翔县检察院办理全国首例大气污染行政公益诉讼案入选最高检指导性案例。西安市检察院起诉全国首例干扰环境质量监测系统数据采集刑事案件。西安铁检分院办理一批有价值、有影响的新型碳汇案件。

守护群众美好生活。起诉危害食品安全犯罪470人，办理公益诉讼案件4133件，保护“舌尖上”安全。联合省住建厅等7部门将窨井盖治理延伸到公共基础设施治理，提出检察建议437件，保护“脚底下”安全。开展燃气供应专项监督，立案106件，保护“供暖中”安全。与省邮政管理局共推寄递安全治理，起诉犯罪452人，保护“邮包里”安全。起诉电信网络诈骗犯罪17319人，保护“网络上”安全。严惩集资诈骗等涉众型经济犯罪，起诉3364人，追赃挽损7.6亿元，保护“钱袋子”安全。

呵护未成年人成长。以司法保护融合家庭、学校、社会、网络和政府保护。对侵害未成年人犯罪零容忍，起诉5989人。依法严惩米脂“4·27”袭击未成年人犯罪。对涉罪未成年人最大限度教育感化挽救，附条件不起诉1033人。建立帮教基地34个，帮助156人考上大学或重新就业。执行强制报告制度获取案件线索92件，落实入职查询制度将54名有前科劣迹的“大灰狼”逐出校园。反映未检工作的舞台剧《五月向阳六月花》全省公演。1625名检察官任中小学法治副校长，巡回宣讲1.9万场次，助祖国未来学法明道、守法立身。

维护特殊群体权益。起诉侵害残疾人、老年人权益犯罪5752人。咸阳市渭城区检察院推动构建妇女劳动权益保障齐抓共管格局，入选最高检典型案例。2022年开展打击整治养老诈骗专项行动，起诉181人。西安市碑林区检察院协同公安机关将向老年人非法集资的5600余万元全部追回。严惩恶意欠薪，帮助8471名农民工追回1.19亿元血汗钱。对残疾人、老年人、妇女儿童等维权支持起诉1286件。留坝县检察院支持起诉，帮助135名村民讨薪6万余元。

四、抓实主责主业，坚定维护司法公正

立足新时代国家法律监督机关职能定位，打造“四大检察”全面协调充分发展新格局，不断提升监督办案工作水平。

做优刑事检察。会同公安机关在所有市、县设立侦查监督与协作配合办公室。依法监督立案3887件，监督撤案3237件，追捕5259人，追诉6033人，纠正违法32091件次。自行补充侦

查3730件。对认为确有错误的刑事裁判提出抗诉838件，对刑事审判活动违法情形提出纠正意见4049件。审查办结阻碍律师行使诉讼权利案件116件。强化刑事执行监督，纠正不当减刑假释暂予监外执行7094人次，针对监管执法等问题提出书面纠正意见8960件。探索社区矫正、强制医疗执行巡回检察。实现全省监狱、看守所巡回检察全覆盖。

做强民事检察。全面贯彻实施民法典，强化精准监督，对认为确有错误的民事裁判提出抗诉、再审检察建议969件，提出审判程序、执行活动检察建议18698件。与省法院建立民事执行检察监督协作配合机制，助推解决执行难。强化虚假诉讼监督，办理案件410件。西安市雁塔区检察院办理的公证执行虚假诉讼监督案入选最高检指导性案例。府谷县检察院办理一起民间借贷纠纷虚假调解案，2名涉案司法人员被追究刑事责任。

做实行政检察。受理裁判结果监督案件1711件。对认为确有错误的行政裁判提出抗诉、再审检察建议36件；监督纠正行政审判和行政执行违法情形5256件。针对一些行政诉讼“案结事不了”深化专项监督，化解行政争议831件。联合省司法厅推开强制隔离戒毒监督。铜川市耀州区检察院实质性化解小区业委会换届选举违法引发的备案登记争议，依法维护1500户业主利益。强化土地执法非诉执行监督，提出检察建议804件，涉土地4860亩，落实最严格耕地保护制度。

做好公益诉讼检察。聚焦“一山一水一平原”生态功能分区，打造“六彩”公益检察监督品牌。围绕民事、行政诉讼法规定的生态环境和资源保护、食品药品安全、国有财产保护、国有土地使用权出让等4个领域，办理民事公益诉讼1387件，起诉863件；办理行政公益诉讼40950件，起诉288件，发出检察建议40312件，行政机关回复整改率99.3%。通过办案，督促833家企业整改，督促追收国有财产13.4亿元。积极办理英烈权益保护、妇女权益保障等9个新领域案件，立案8135件。三原县检察院办理的环境行政公益诉讼案收录联合国环境规划署中国司法裁判板块。

五、狠抓自身建设，不断提升履职能力

立足新发展阶段，适应新形势任务，推进检察队伍革命化、正规化、专业化、职业化，夯实法律监督高质量发展根基。

加强领导班子建设。强化省检察院党组自身建设。优化市县院领导班子配备，检察长平均年龄较2017年下降2.2岁。市县换届后，组织122名检察长集中培训。增强班子成员专业素养，带头办理重大疑难复杂案件，三级检察长、副检察长办案77641件、列席审委会2822人次。加强管理监督，定期对市、县院“一把手”开展监督谈话、听取述责述廉。

提升队伍专业素养。坚持学练赛一体、传帮带结合，分层分类培训12万人次，组织法检警律同堂培训，提升法律适用、事实认定、证据分析等办案素能，增强群众工作能力。深化检校合作，组建106人的专家咨询委员会，聘任特邀检察官助理1197人，向“外脑”借智借力。22人获评全国检察业务专家、标兵或能手。评选全省检察业务专家21人。

不断夯实基层基础。建设标准化办案区、检察听证室。发挥12309检察服务中心实体、热线、网络平台作用，提供“一站式”服务。坚持办案力量向基层倾斜，为艰苦边远地区招录628人。与2017年相比，全省基层院检察官员额增加76名，人均办案数增加19.8%。完善分析评价体系，将111个基层检察院分为三类，跨市比较、同台竞技。省、市院定点帮扶，力促13个薄弱基层院“脱薄”争先。

全面从严管党治检。狠抓政法队伍教育整顿、赵正永严重违纪违法案以案促改，开展作风建设专项行动，弘扬“勤快严实精细廉”作风。

执行“三个规定”，主动记录报告防止干预司法事项9741件。自觉接受驻院纪检监察组派驻监督。与省司法厅、省律协建立违纪违法线索移送机制。立案查处违纪违法干警200人。配合党委对市县检察院党组巡视巡察全覆盖。制定失实举报澄清规定，培树英模典型，鼓励担当干事。

六、聚焦提质增效，持续深化改革创新

解放思想、改革创新，努力解决法律监督体制机制深层次问题，推动全省检察工作追赶超越、高质量发展。

持续开展“三有”争创活动。2021年开始，按照省委部署，深入开展有进步、有站位、有品牌“三有”争创活动。坚持目标引领，以争当时代弄潮儿的志向和气魄，努力奔向全国一流。注重项目驱动，2021年确定10项重点，2022年部署43个改革创新项目，脚踏实地向前迈进。强化激励措施，将争创成效与业绩考评、职务晋升挂钩，让干事者吃香、有为者有位。

完善法律监督工作体系。2019年8月，三级检察院完成内设机构改革，构建“四大检察”法律监督新格局。2022年7月，设立秦岭北麓地区人民检察院等4个专门检察院，深化跨行政区划检察改革，构建跨区划检察院集中管辖与区划检察院地域管辖相辅相成、一体履职的法律监督工作机制。跨区划检察院成立以来，摸排线索43件、立案31件，办理非法穿越秦岭核心保护区，跨市偷排工业废水等一批公益诉讼案件。

全面落实司法责任制。制定检察官办案权责清单、入额院领导办案正负面清单，检察官在职权内依法作决定、担责任。细化司法办案内部制约监督规定，落实办案质量终身负责制和错案责任倒查问责制，形成内部监督闭环。建立检察官员额动态调整和退出机制，落实“案－件比”质效评价标准，实行检察人员全员、全面、全时考核，引导办案求极致、提质效。刑事审查起诉案件平均办案期限为28天，较2017年缩短29天。

大数据赋能检察监督。加快数字检察建设，建立检察大数据中心，在榆林试点执法司法信息共享。异地灾备中心项目、“云桌面”获评全国政法智能化建设智慧检务创新案例。举办两届大数据法律监督模型竞赛，创建金融诈骗、电信网络诈骗等监督模型125个，办理案件1160件。商洛市检察院数据筛查499人涉嫌违规报销医保资金423万元，安康市汉滨区检察院比对发现违规领取养老金问题线索1185条并移送违纪违法线索53件。

积极拓展陕西检察工作效能。检察建议工作经验被最高检以“陕西方案”在全国推广。“检务督导面对面”被评为全国首批检察改革典型案例。安康检察建议工作创新入选“中国改革2022年度地方全面深化改革典型案例”。“红韵富检”“秦岭生态检察卫士”获评全国检察机关十佳、优秀文化品牌。19个检察新媒体入选全国政法新媒体“四个一百”。40起案件入选最高检指导性案例、典型案例或优秀检察建议。541个单位或集体、572名个人获省以上表彰。4个单位、3名个人荣立一等功。2人获评全国模范检察官。7个院入选全国模范检察院、全国先进基层检察院。涌现出全国“人民群众满意的公务员”胡丽萍、全国“双百政法英模”李宝玲等新时代优秀检察官。人民群众对检察工作满意率从2017年的94.96%逐年上升至2022年的98.53%。

各位代表，检察权是党和人民赋予的，必须对人民负责、受人民监督。五年来，我们认真贯彻中央、省委人大工作会议精神，协助省人大常委会出台《关于加强检察公益诉讼工作的决定》《关于批准设立陕西省秦岭北麓地区人民检察院等四个派出检察院的决定》；向省人大常委会专题报告认罪认罚从宽制度落实、未成年人检察等工作，省检察院5位副检察长报告履职情况；向各级人大及其常委会报告工作1041次，办结代表建议487件，邀请人大代表参加检务活动1.25万人次。主动向政协和民主党派、无党派人士通报

工作，办结省政协提案13件、市县政协提案70件，走访政协委员7162人次，自觉接受民主监督。定期公布法律文书，发布案件程序性信息24.67万条，邀请人民监督员参加案件公开审查、公开送达等2895件，自觉接受社会监督。

五年来全省检察工作的发展进步，是省委和最高检坚强领导、省人大及其常委会有力监督的结果，得益于省政府大力支持、省政协民主监督、省监委和省法院依法配合，离不开社会各界特别是各位人大代表、政协委员关心、支持和帮助。在此，我代表省人民检察院表示崇高的敬意和衷心的感谢！

五年来我们深切体会到，新时代检察工作必须坚持党的领导，学懂弄通做实习近平新时代中国特色社会主义思想，忠诚捍卫“两个确立”，坚决做到“两个维护”，坚定不移走中国特色社会主义法治道路；必须坚持人民至上，“把屁股端端地坐在老百姓的这一面”，用心用情办好检察为民实事；必须坚持依法办案，敢于监督、善于监督，努力让人民群众在每一个司法案件中感受到公平正义；必须坚持能动司法，适应经济社会高质量发展更高要求，积极引领法治、促进治理，以“我管”促“都管”；必须坚持改革创新，更新检察理念，破除机制障碍，强化争先创优；必须坚持自我革命，全面从严管党治检，确保队伍绝对忠诚、绝对纯洁、绝对可靠。对此，我们要紧抓落实、持续践行。

我们也清醒认识到，工作中还有一些问题和不足：一是对新情况新问题研究不够，服务保障陕西高质量发展的能力还需提升。二是“四大检察”发展不够协调、融合不够紧密，法律监督质效与人民群众期待还有差距。三是检察队伍年龄、专业结构不合理问题依然突出，一些基层院招人难、留人难问题尚未得到解决。四是信息化建设及应用水平相对滞后，大数据赋能新时代法律监督工作还需加强。五是全面从严管党治检还有薄弱环节，违纪违法仍有发生。对此，我们将紧盯不放、着力解决。

2023年工作建议

2023年，是全面贯彻落实党的二十大精神的开局之年。全省检察机关要以习近平新时代中国特色社会主义思想为指导，全面落实习近平总书记来陕考察重要讲话重要指示，深入贯彻省第十四次党代会和省委十四届三次全会部署，认真落实本次会议精神，全力履行维护国家政治安全、确保社会大局稳定、促进社会公平正义、保障人民安居乐业的职责使命。

一是坚持政治统领，忠诚捍卫“两个确立”

全面学习、全面把握、全面落实党的二十大精神。完善贯彻落实习近平总书记重要指示批示和党中央重大决策部署工作机制。深化落实《中共中央关于加强新时代检察机关法律监督工作的意见》和省委《若干措施》。弘扬伟大建党精神，用延安精神滋养初心、淬炼灵魂。

二是牢记“国之大者”，服务保障中心任务

推进扫黑除恶常态化，严惩严重暴力犯罪，坚决维护国家政治安全社会稳定。防范化解重大金融风险。落实“两个毫不动摇”，深化涉案企业合规改革，护航秦创原发展，服务保障高质量项目推进年、营商环境突破年。做优检察建议“陕西方案”，助推社会治理法治化。

三是践行为民宗旨，纾解群众急难愁盼

服务保障乡村振兴，助力建设农业强国。严惩侵害妇女、儿童、老年人、残疾人等特殊群体权益犯罪。抓实群众信访件件有回复、司法救助、支持起诉等工作，畅通群众权益保障渠道。全面加强秦岭、黄河生态环境检察保护，深入打好蓝天碧水净土保卫战，助力碳达峰碳中和。

四是深化改革创新，提升法律监督质效

推进司法体制综合配套改革，全面准确落实司法责任制。推动“四大检察”融合发展、一体履职。优化跨区划检察监督格局。加快知识产权、未成年人、生态环境检察专门化建设步伐。实施检

察大数据战略，赋能新时代法律监督。

五是强化自我革命，打造过硬检察铁军

全面推进政治业务素质和职业道德建设。健全人才培养机制。持续抓基层、打基础。加强检察机关党风廉政建设和反腐败工作。实施干部能力作风提升年，弘扬“勤快严实精细廉”作风。深入开展“三有”争创，推动高质量发展迈出更大步伐。

各位代表，新征程是充满光荣和梦想的远征。全省检察机关将全面贯彻习近平新时代中国特色社会主义思想，在省委、最高检坚强领导下，在省人大及其常委会有力监督下，踔厉奋发、勇毅前行，为奋进中国式现代化新征程、谱写陕西高质量发展新篇章作出新的更大贡献！

甘肃省高级人民法院工作报告

——2023年1月16日在甘肃省第十四届人民代表大会第一次会议上

甘肃省高级人民法院院长　王中明

过去五年主要工作

过去五年，在省委的坚强领导、省人大及其常委会的依法监督和省政府、省政协及社会各界的大力支持下，省法院坚持以习近平新时代中国特色社会主义思想为指导，全面贯彻落实党的十九大及历次全会和党的二十大精神，认真学习贯彻习近平法治思想、习近平总书记对甘肃重要讲话重要指示批示精神，各项工作与时俱进、全面提高。全省法院共受理各类案件260.06万件，审（执）结252.02万件，与前五年相比分别上升了91.12%、91.2%。省法院及3个专门法院审（执）结案件4.5万件。

五年来，我们始终践行“两个维护”，政治立场更加坚定。政法机关首先是政治机关的意识进一步树牢，党对司法工作绝对领导的制度机制健全落实，忠诚拥护“两个确立”成为广大干警的政治思想行动自觉，省法院班子连续14年被省委考核为优秀。

五年来，我们始终突出主责主业，司法质效稳步提升。全省法院有71场庭审、69篇裁判文书在全国、全省“双百”评选中获奖，44个案例入选全国法院典型案例，服判息诉、调解结案等8项指标位列全国年度前十。

五年来，我们始终坚守职责使命，服务大局精准有力。聚焦“三大攻坚战”发挥审判职能，扫黑除恶斗争、脱贫攻坚荣获全国、全省“双表彰”，环境资源司法保护、服务创新驱动走出了“甘肃模式”，金融风险防范化解、优化营商环境等工作取得新成效。

五年来，我们始终站稳人民立场，司法为民成色更足。跨域立案全域覆盖，立案难成为历史，一站式诉讼服务体系高效运行，多元解纷格局基本形成，司法救助普惠可及，“基本解决执行难”如期兑现，人民群众司法获得感显著增强。

五年来，我们始终深化司法改革，发展动力更加强劲。坚持“双轮”驱动，司法责任制全面落实，诉讼制度改革有序推进，基层法院内设机构改革如期完成，智慧法院建设及应用跃升至全国前五位，推动审判执行体制机制实现了整体性重塑和根本性变革。

五年来，我们始终坚持从严治院，队伍建设全面加强。抓党建带队建促审判总体工作思路落实见效，从严治院机制不断健全，队伍积弊沉疴有效根除、能力素质持续提升，全省法院有271个集体、422名个人受到省级以上单位表彰奖励。

主要做了以下工作：

* 2023年1月19日，甘肃省第十四届人民代表大会第一次会议选举王中明为省高级人民法院院长。

一、牢记“国之大者”，坚决落实中央、省委重大决策部署

坚持党中央决策部署到哪里，司法服务就跟进到哪里，努力为全省社会稳定和经济高质量发展提供有力司法保障。

纵深推进扫黑除恶斗争。坚持把扫黑除恶作为最得民心的工程来抓，审结一审涉黑涉恶涉伞案件691件。坚持“黑财清底”，财产刑、追缴违法所得执行到位47.96亿元。省法院扫黑办等28个集体51名个人荣获全国、全省表彰。

服务保障绿色低碳发展。深入贯彻习近平生态文明思想，经最高人民法院批复同意设立兰州环境资源法庭，增设生态旅游法庭13个、巡回审判点8个，建立生态修复基地10个，审结案件2.39万件。省法院与黄河流域九省区高级法院，陇南、甘南、白银中院与邻省（区）法院建立协作机制，促进大江大河生态保护和系统治理。省法院在世界环境司法等会议上多次介绍经验。

全力服务知识产权强省战略。坚持保护知识产权就是保护创新，出台知识产权审判改革创新实施细则，审结案件6242件，同比上升596%，植物新品种权司法保护在全国法院长期保持领先地位。经最高人民法院批复设立兰州知识产权法庭，打造服务创新驱动发展的新高地。

有效防范化解金融风险。依法规范金融市场秩序，审结金融借款、民间借贷等纠纷案件34.11万件，金融诈骗等刑事案件1714件。积极开展涉金融不良资产案件专项清理，到位金额81.83亿元。

助力乡村全面振兴。全省法院帮扶贫困村216个，省法院帮扶办被党中央、国务院表彰为全国脱贫攻坚先进集体。出台服务保障乡村振兴意见，妥善化解涉农纠纷案件1.5万件。积极服务乡村产业振兴，静宁县法院“苹果法庭”、张掖市甘州区法院“种子法庭”、甘谷县法院“蔬菜法庭”化解纠纷9989件，主要做法入选全国新时代人民法庭典型案例，被《人民日报》等媒体刊发。

持续优化法治化营商环境。部署开展“破产审判专项整改”“立案诉服领域突出问题集中整治”等活动，研发运行营商环境信息平台，涉及法院的“三项指标”不断提升。依法推动市场主体有序退出和有效救治，受理破产案件592件，恒康医疗破产重整案受到最高人民法院和省委、省政府的充分肯定。兰州中院“强省会”保障意见，天水中院“稳、缓、保”措施，酒泉中院重整案件指引，平凉法院“产业巡回法庭”，嘉峪关法院“链长+院长”机制，临夏、武威法院“法企对接、法企共建”，为企业提供“菜单式”服务。

二、全面依法履职，切实维护社会公平正义

依法惩治犯罪、化解矛盾、服务发展，促进平安甘肃、法治甘肃建设。

充分发挥刑事审判职能。贯彻总体国家安全观，审结刑事案件14.08万件。坚决维护国家安全、社会安定、人民安宁，杀人、审结抢劫、绑架等严重暴力犯罪案件3940件，毒品犯罪案件5741件。审结职务犯罪案件1568件，助力构建良好政治生态。对曾为国家做出过突出贡献等“九类”服刑罪犯裁定特赦。审结减刑、假释、暂予监外执行案件3.23万件。加强人权司法保障，对231名被告人依法宣告无罪。

充分发挥民商事审判职能。深入贯彻民法典，审结民商事案件151.5万件。增设“离婚冷静期”、缩短公告送达期限的议案分别被民法典、民事诉讼法采纳。加大公民人身和财产权益保护力度，审结人格权、物权、侵权纠纷案件11.26万件，婚姻家庭等纠纷案件24.35万件，发出人身保护令352件。发挥司法裁判对市场规则的引领作用，审结合同纠纷案件88.12万件，公司、证券等商事纠纷案件1.78万件，周旭与中集华骏公司等关联交易损害赔偿案被评为“全国法院十大商事案例”。如期完成涉军停偿司法保障任务。把社会主义核心价值观融入司法裁判，对“好意

同乘”减轻赔偿，让“自甘风险入窗开锁者”自负其责，对“婚外情”赠与认定无效，移风易俗遏制“天价”彩礼，让社会崇德向上，充满正气。

充分发挥行政审判和国家赔偿职能。坚持支持与监督并重，审结行政案件3.1万件。审结因招商引资等引发的行政协议案件1560件，提振企业投资信心。出台意见规范出庭应诉工作，让行政机关负责人“出庭又出声”，出庭应诉率达到90%以上。兰铁中院深化行政案件跨区划集中管辖的做法被新华网《内参选编》《人民法院报》头版刊发。规范公权、救济私权，审结国家赔偿案件2066件。

充分发挥执行工作职能。坚决落实最高人民法院“基本解决执行难”号令，全国首家在全省法院整体部署开展基本解决执行难“百日会战”，为切实解决执行难奠定了坚实基础。以信息技术破解“查人找物变现”难题，建立网络查控系统，全面推行网络司法拍卖，查控案件85万件，网拍5.3万次，为当事人节约佣金3.23亿元。加大失信惩戒力度，发布失信被执行人名单25.4万条，限制高消费58.6万人次，对135名拒不执行生效裁判的被执行人判处刑罚。五年来，全省法院共执结首执案件65.39万件，到位金额947.82亿元。

三、回应社会关切，不断提升人民群众的司法获得感和满意度

聚焦群众司法新需求新期待，攻坚克难、创新突破，着力破解制约司法为民、公正司法的深层次问题。

切实解决急难愁盼问题。依法保障群众安居乐业，审结养老诈骗案件13件，对8383套涉历史遗留“登记难”房屋依法解除查封，为1万余名农民工追回“血汗钱”1.4亿余元。加强未成年人权益保护，挂牌设立少年法庭68个，广泛开展“预防校园欺凌霸凌”等活动，审结涉未成年人犯罪案件1575件，有3个法院、1个部门荣获全国表彰。依法化解信访积案2221件，为困难当事人发放救助金1.6亿元，减、缓、免诉讼费9446万元，让司法有力量、有温度，两个法院被评为全国“为群众办实事示范法院”。

深入推进一站式建设。全面建成“厅网线巡”立体化诉讼服务体系，网上立案26.83万件、跨域立案1.54万件、网上开庭6.65万场次，电子送达108万人次，真正把法院搬到群众的“家门口”“掌心里”。大力推进矛盾纠纷多元化解，与12家单位开展“点对点”诉调对接，有1664个调解组织、2478个基层治理单位、3103名调解员入驻人民法院调解平台，调解案件39.8万件，平均每天化解纠纷218件，调解成功率77.5%。张掖市甘州区法院“三分流七支撑”、两当县法院“民事直说+诉源治理”、庆阳法院“马锡五审判方式工作室”成为新时代枫桥经验的新亮点，高台县法院“一庭三所+”获全国市域社会治理创新案例。

持续深化司法体制改革。深入推进司法体制综合配套改革，全省法院共遴选员额法官3216名，聘用书记员3182名，实现85%以上的人员力量向办案一线集中，98%以上的案件由独任庭、合议庭裁判。建立审判权责清单，完善“四类案件”识别监管机制，推行类案强制检索，推出监督审委会、合议庭“九聚焦”和“十五步工作法”，建立法官惩戒机制，确保放权和监督有效统一。稳步推进四级法院审级职能定位改革，统筹推进诉讼制度改革、基层内设机构改革，司法公信力不断提升。

大力推进智慧法院建设。抓住网络强国重大机遇，完成智慧法院3.0系统建设，甘肃法院成为全国首批全业务云化集中部署、“云网一体”骨干环网法院。建成各类应用系统70余项，“智服、智审、智执、智管”成为法院工作新常态。建成司法公开“四大平台”，上网公开裁判文书137.87万份，互联网直播庭审35.99万场次，省法院庭审直播量在全国高级法院中排名第6位。

四、着力固本强基，不断夯实新时代法院工作高质量发展的根基

深入实施“135”总体规划，部署开展“队伍建设年”“基层基础建设年”等活动，推动法院工作长远发展。

全面加强队伍政治建设。扎实开展“不忘初心、牢记使命”主题教育、党史学习教育、“两个坚持”专题教育、“两个确立”主题教育，忠诚根基更加牢固。健全党建责任清单，部署开展“一院一品”创建活动，省法院、定西中院文化建设入选全国法院文化特色项目，金昌中院等4个法院党建品牌入选全国法院党建创新优秀案例。

全面提升队伍司法能力。举办全省培训班207期，培训2万余人次，调训工作连续10年受到最高人民法院通报表扬。圆满完成全省政法干警汉藏双语“千人培训”计划，出版双语教材11套。广泛开展岗位练兵、理论研讨，49篇学术论文在最高人民法院获奖，2名法官获评全国审判业务专家。与兰州大学等高校签订合作协议，建立跟案进修、双向挂职等机制，激励青年干警在基层墩苗成长、干事创业。

全面推进从严管党治院。以自我革命精神扎实开展政法队伍教育整顿，法院队伍肌体更加健康。压紧压实从严治党主体责任，创新推出“1+1+N”监督模式，常态化推行“十个一”提醒监督，对112个法院开展司法巡查、审务督察。

全面加强基层基础建设。积极稳妥推进省以下法院人财物统管改革，甘肃法院“3+8+5”财物改革模式被最高人民法院推广到全国法院。全省法院争取“两庭”项目66个，新建审判法庭35个，人民法庭31个，为“案多人少”的基层法院调剂员额138个，基层办公办案保障有力加强。

全力打造特色司法品牌。更名成立“中华司法研究会中华民族共同体法治文化研究专业委员会”，建成首座中国法院中华民族共同体法治文化陈列馆，连续三届成功承办中华法治文化与司法实践研讨会，以法治方式推进中华民族共同体建设，省法官学院被授予“全国民族团结进步教育基地”“甘肃省铸牢中华民族共同体意识培训基地”。发挥甘肃作为马锡五审判方式发源地的历史优势，成功承办“新时代践行马锡五审判方式研讨会”，使马锡五审判方式时代特色、实践特色、甘肃特色更加鲜明。

五年来，全省法院创新开展代表、委员联络工作。省法院举办“法院行”活动23次，办理、答复代表意见建议1067条、关注案件52件，办结委员提案14件。向省人大常委会专题报告了环资审判等5项工作，书面报告、定期发布意见办理情况，在全国高院首家建立“代表委员之家”。积极参加省政协优化营商环境政策执行等专题协商活动。依法接受检察监督，认真审理抗诉案件，共同维护司法公正。

今后工作的总体思路和主要任务

2023年是全面贯彻落实党的二十大精神的开局之年。全省法院工作的总体思路是：坚持以习近平新时代中国特色社会主义思想为指导，深入贯彻落实党的二十大精神，全面贯彻习近平法治思想，抓重点、补短板、强弱项，在新的更高起点上统筹推进审判执行、司法改革、基层基础、党建队建等各项工作，促进审判体系和审判能力现代化，为全面建设社会主义现代化幸福美好新甘肃提供有力司法服务和保障。主要任务是：以更高站位深入学习贯彻党的二十大精神；以更实举措有力服务中国式现代化建设；以更深情怀切实践行司法为民；以更高效能扎实推进严格公正司法；以更严要求全面加强从严治党。

甘肃省人民检察院工作报告

——2023年1月16日在甘肃省第十四届人民代表大会第一次会议上

甘肃省人民检察院检察长　沈洵

各位代表：

现在，我代表省检察院向大会报告工作，请予审议，并请省政协各位委员提出意见。

过去五年工作回顾

过去的五年，是甘肃发展进程中极不平凡的五年，也是甘肃检察事业稳进提升的五年。在省委和最高检坚强领导下，在省人大及其常委会有力监督下，全省检察机关坚持以习近平新时代中国特色社会主义思想为指导，深入贯彻习近平法治思想，全面贯彻党的十九大、二十大精神，认真落实省第十三次、十四次党代会精神和省十三届人大历次会议决议，讲政治、顾大局、谋发展、重自强，各项检察工作取得长足发展和进步。

政治建设有了新加强。我们始终坚持以党的政治建设为统领，深刻领悟“两个确立”的决定性意义，增强“四个意识”、坚定“四个自信”、做到“两个维护”，毫不动摇坚持党对检察工作的绝对领导，始终在思想上政治上行动上同以习近平同志为核心的党中央保持高度一致。扎实开展主题教育和检察队伍教育整顿，干警政治忠诚持续筑牢。融合推进讲政治与抓业务，自觉以检察履职维护党的全面领导。研判确定全省检察工作总体进入“全国中偏上水平”奋斗目标和“两聚焦一结合”工作思路，并采取一系列主动跟进的举措，确保党中央及省委、最高检决策部署在甘肃检察机关不折不扣落到实处。坚决肃清王三运、孙力军等流毒影响。

服务大局取得新成效。我们聚焦安全稳定、经济发展、脱贫攻坚、生态环保、民生改善、社会治理等“省之大事”，连续5年部署推进“六项重点工作”，依法能动履职，为大局服务、为人民司法。全力防风险、保安全、护稳定、促发展，为平安甘肃、法治甘肃建设贡献了重要力量。开展为期4年的“维护民企权益、优化营商环境”专项行动，帮助企业解决涉法涉诉问题1951个。依法惩治涉农犯罪，省检察院牵头帮扶的两当县是全省首批脱贫摘帽的先进典型。开展“携手清四乱、保护母亲河”等专项行动，生态检察扎实推进。三级检察院全面建成12309检察服务中心，落实群众信访“件件有回复”，为民服务更加便捷高效。依法履行职务犯罪检察、司法工作人员相关职务犯罪侦查职能，在反腐败斗争中发挥了重要作用。“醉驾”综合治理的做法，被最高检向全国推广。首倡并推动建立西北五省区检察协作机制，携手服务丝绸之路经济带建设，被最高检列入“十四五”时期检察发展规划。

法律监督形成新格局。我们主动适应社会主要矛盾转化、国家监察体制改革、法律监督职能调整，完成内设机构系统性、重构性改革，确立了“四大检察”“十大业务”的法律监督新格局。共办理各类案件317606件，其中刑事案件267909件、民事案件13512件、行政案件8506件、公益诉讼案件27679件。履行主导责任，实行捕诉一体，落实巡回检察制度，刑事检察不断做优。贯彻实施民法典，强化精准监督，通过抗诉促进统一司法标准、解决同类问题，深入惩治预防虚假诉讼，民事检察不断做强。发挥“一手托两家”作用，推进行政争议实质性化解，探索开展行政违法行为监督，既监督公正司法，又促进依法行政，行政检察不断做实。坚持“实体程序并重、解决问题为要”，认真办好法定领域案件，积极稳妥拓展案件范围，绝大多数公益损害问题在诉前得到解决，公益诉讼检察不断做好。

队伍建设展现新风貌。我们全面从严管党治检，以政治建设为统领，加强思想建设、组织建设、能力建设、党风廉政建设。本届省检察院领导班子连续4年被省委考核评定为优秀等次。持续推进司法改革，检察官员额、检察人员编制实现动态调配，人财物省级统管改革走在全国前列。加快推进“智慧检务”建设，干警信息化应用能力不断提升。加强分层分类指导和对口帮扶，培育出6个“全国模范检察院”“全国先进基层检察院”，带动基层检察院建设水平整体提升。推行周调度、月点评、季度分析、半年小结、年终述职述廉“五步工作法”，锲而不舍抓落实的机制更加完善、效果不断凸显。

司法公信实现新提升。我们始终把检察工作置于人民监督之下，对人民负责、受人民监督、让人民满意。自觉接受人大监督，定期向省人大常委会报告工作，专题报告公益诉讼检察、刑罚执行监督、民商事审判法律监督、服务优化营商环境、履行批捕权起诉权等工作情况，认真落实审议意见。自觉接受民主监督，主动向政协通报检察工作，聘任11名党外人士担任省检察院特约检察员。尽心细致做好代表委员日常联络和履职服务工作。自觉接受监委、法院、公安机关履职制约。自觉接受社会监督，完善人民监督员制度，加强检律协作、检媒互动，省检察院检务透明度指数排名全国第7位。加强内部监督，深化检务督察和廉政风险防控，检察权运行更加严格规范高效。

五年来，全省检察机关司法理念不断更新，检察制度自信显著增强，检察队伍精气神明显提振，检察工作有力向前推进，总体达到“全国中偏上水平”并不断巩固。最高检通报的52项案件质量主要评价指标中，设定通报值的13项，我省全部达标；其他39项，有25项位居全国前15，其中16项位居前10。扫黑除恶、长城保护、检察听证等20项工作在全国有关会议上作经验交流。35个案例被评为全国典型案例。118个集体和195名个人获得全国“人民满意的公务员”“全国模范检察官”等省部级以上表彰。

2022年主要工作

刚刚过去的2022年，是党和国家历史上极为重要的一年。党的二十大报告专章论述法治建设，首次专门强调加强检察机关法律监督工作，赋予检察工作更重政治责任、法治责任、检察责任。全省检察机关认真学习领悟，忠实担责履责，深入推进“质量建设年”，各项检察工作稳进、落实、提升，取得新的成绩。

一、强化政治引领，确保检察工作正确方向

坚持一切工作“首先从政治上看”，把党的领导、人民当家作主、依法治国有机统一落实到检察工作各方面全过程。

把党对检察工作的绝对领导落到实处。深入学习贯彻习近平新时代中国特色社会主义思想，全面贯彻习近平法治思想，坚定捍卫“两个确立”、坚决做到“两个维护”。建立党组会议“第一议题”制度，及时传达贯彻习近平总书记重要讲话、文章和批示指示精神。严格执行《中国共产党政法工作条例》及省委实施细则，认真落实请示报告、政

治督察制度，省检察院向省委和最高检请示报告重大问题和重大事项64件次。坚持在党委领导下推进《中共中央关于加强新时代检察机关法律监督工作的意见》及省委实施意见落实，8个市级党委、1个市级人大常委会已出台实施方案、举措、决定，为检察履职提供了坚强有力领导和保障。坚决扛起巡视整改政治责任，最高检党组巡视“回头看”反馈意见全部整改完成。

把以人民为中心落到实处。坚持将法、理、情融为一体，常态化办好检察为民实事，解决群众急难愁盼问题。贯彻中央、省委人大工作会议精神，践行全过程人民民主。邀请各级人大代表、政协委员视察工作、参与检察活动858人次。认真办好代表委员提出的203件建议、提案等，对照代表委员提出的340条意见建议改进工作。上门走访代表委员和民主党派省委，召开部分在兰全国人大代表座谈会，建设“代表委员之家”，面对面通报检察工作，听取意见建议。深化检务公开，邀请人民监督员监督检察办案7303人次，举办检察开放日活动108场次，召开新闻发布会13场。在人民监督下，检察工作才能做得更好。

把宪法法律赋予的职能落到实处。强化宪法意识，落实宪法宣誓制度，开展纪念现行宪法公布施行40周年宣传教育活动，在监督办案中保障宪法实施，促进依宪治国。牢记宪法定位，依法履行刑事、民事、行政和公益诉讼等检察职能，推动检察机关法律监督与其他各类监督有机贯通、相互协调。全面推行法律监督年度报告制度，全省三级检察院分别向同级党委、人大常委会、政法委报告监督办案发现的执法司法中存在的突出问题，并提出对策建议，提升法律监督附加值，当好党委政府法治参谋。落实“谁执法谁普法”普法责任制，加强以案释法和法律文书说理，发布全省性典型案例63件，围绕国家安全、反诈骗、未成年人保护等11个主题开展法治宣传1700余场次，促进增强全民法治观念。

二、服务中心大局，助力全省高质量发展

围绕省第十四次党代会决策部署，统筹发展和安全，深入推进“六项重点工作”，以高质量检察履职服务保障全省高质量发展。

坚决维护国家政治安全和社会大局稳定。以党的二十大安保维稳为主线，专题部署、专班负责、专门督导，强化检察环节保安全护稳定工作。严厉打击敌对势力渗透、破坏、颠覆、分裂活动。依法惩治故意杀人、“两抢一盗”等严重刑事犯罪、多发性侵财犯罪，起诉2067人。常态化开展扫黑除恶斗争，起诉涉黑涉恶犯罪34件234人。重点惩治哄抬物价、制假售假、危害医疗秩序等犯罪，依法依规维护防疫秩序。联合应急管理厅等9部门，加强对运输、建筑、危化等行业的监管检查，保障安全生产。积极推动防范化解金融风险，起诉非法集资、洗钱等金融犯罪264人。依法办理了涉案金额1.7亿元的玉门“12·28”洗钱案。协同推进“断卡”“断流”“拔钉”专项行动，全链条打击电信网络诈骗及其关联犯罪，起诉4420人，深挖幕后金主、严惩团伙骨干、全力追赃挽损。兰州检察机关依法对一起涉案金额4.5亿元、受害人达1200余人的电影投资型电信网络诈骗案提起公诉，保护了群众合法权益和财产安全。

促进优化营商法治环境。坚持“两个毫不动摇”，平等保护各类市场主体。依法惩治侵犯企业合法权益犯罪，起诉1638人，监督立案161件。持续加强民营企业司法保护，对民企负责人涉经营类犯罪依法不捕370人、不诉674人。常态化清理涉民企刑事“挂案”，督促办结久拖不决、久办不结案件205件。对确有错误的涉民企民事、行政生效裁判，提出抗诉和再审检察建议178件。全面开展涉案企业合规改革试点，建立第三方监督评估机制，组建785人的专业人才库，办理企业合规案件66件，在依法对涉案企业从轻处理的同时，督促企业合规守法经营。省检察院和12个市级检察院组建知识产权检察办公室，开展惩治

知识产权恶意诉讼专项监督活动，刑事、民事、行政检察一体履职、综合保护，服务创新驱动发展。办理侵犯知识产权案件191件，同比上升1.3倍。省博物馆文创产品“绿马”走红全网，被不良商家非法仿造和销售，检察机关主动走访对接，指导收集固定证据，督促公安机关依法立案侦查，不让“同款”成山寨货的遮羞布。

助力巩固脱贫攻坚成果、助推乡村振兴。依法打击涉农刑事犯罪、职务犯罪，起诉10822人。办理农村人居环境整治、农用地保护、农业面源污染等损害“三农”利益的公益诉讼案件3451件，发出诉前检察建议3225件，提起公益诉讼206件。专题部署推进种业司法保护工作，服务种业振兴，保障粮食安全。办理涉种刑事、民事案件43件，制发督促加强种子领域监管的检察建议120件。酒泉、张掖、武威、定西检察机关开展专项监督行动，加大玉米、花卉、蔬菜、马铃薯、中药材制种的保护力度。深化司法救助专项活动，对因犯罪侵害等导致生活陷入困境的被害人及其近亲属实施救助，向688人发放救助金1320万元。积极参与“根治欠薪”专项行动，开展行政检察护航民生民利专项监督活动，联合人社厅挂牌督办案件41件，向相关单位制发检察建议111件，帮助2815名农民工追回“辛苦钱”3322万元，起诉恶意欠薪犯罪43人，支持农民工起诉维权1913件。持续做好两当县定点帮扶工作，牵头省直帮扶单位办理产业发展、安全饮水、结对共建等方面实事30件。

加强生态环境司法保护。落实“用最严密法治保护生态环境”的要求，起诉破坏生态环境资源犯罪450人，办理相关公益诉讼案件3101件。会同生态环境厅、公安厅开展打击危险废物污染环境违法犯罪等专项行动。联合黄河上中游管理局等4部门建立检行协作机制，以“流域管理+行政执法+检察监督”方式依法治河管水，服务保障黄河流域生态保护和高质量发展。深入排查省环保督察通报线索，以公益诉讼立案149件。深化跨区域协作，与川、陕、青、宁、新等地检察机关协同履职，加强黄河上游、祁连山、六盘山、秦巴山生态环境保护。省检察院办理的定西某公司违法越界开采案，入选最高检督促整治非法采矿公益诉讼典型案例。武威检察机关办理的5家企业未依法缴纳水土保持补偿费行政非诉执行检察监督案，被评为全国行政检察助力黄河流域生态保护和高质量发展典型案例。

办好群众身边的“小案”“小事”。保护“舌尖上”的安全。起诉制售有毒有害食品、假药劣药等犯罪205人，同比上升1.9倍。办理食药安全领域公益诉讼案件494件。落实食品安全公益诉讼惩罚性赔偿制度，对肆意损害公益的27人，既追诉刑事犯罪，又附带民事公益诉讼，追索销售金额三至十倍惩罚性赔偿金。做实群众信访“件件有回复”。受理群众信访12428件，100%在7日内程序性回复、99%在3个月内答复了办理过程或结果。推进治理重复信访、化解信访积案专项工作。领导干部带头办理疑难复杂信访案件。对争议大、影响性案件，邀请人大代表、政协委员、专家学者等参与评议，促进“法结”“心结”一起解。关护未成年人更好成长。持续开展“检爱同行、共护未来”专项行动，将司法保护融入家庭、学校、社会、网络、政府保护，形成合力。严惩性侵、虐待等侵害未成年人犯罪，起诉1049人。最大限度教育感化挽救涉罪未成年人，对情节轻微、具有悔罪表现的，依法决定不起诉839人、附条件不起诉436人。坚持宽容不纵容，起诉严重犯罪的未成年人487人。督促严格执行强制报告、入职查询制度，有效解决侵害未成人犯罪发现难问题。通过强制报告办理侵害未成年人案件59件；推动密切接触未成年人行业入职查询9万余人次，发现并处置44名有前科劣迹人员。落实家庭教育促进法，向严重失职家长发出督促监护令1372份。酒泉检察机关与专业社工一起加强家庭教育指导的案例、成效，在央视法治节目《守护明天》播出推介。守护最美“夕阳红”。积极参与打击整治养老诈骗专项行动，起诉养老诈骗犯罪204人，追赃挽损6146万元。刘某等6名不法分子，以销售“养老公寓”、提供“养老服务”为名，非法吸收存款2.9亿元，900余名老年人被骗，定西检察机关依法监督追加漏罪、提起公诉，斩断伸向老年人“钱袋子”的黑手。

积极参与反腐败斗争和社会治理。规范和加强监检衔接，受理各级监委移送职务犯罪467人，已起诉292人，其中厅级8人、处级33人。立案侦查司法工作人员利用职权实施的侵犯公民权利、损害司法公正犯罪22人。嘉峪关市检察院就项目规划和竣工验收管理等问题向市自然资源局制发的检察建议，被评为全国职务犯罪检察类十佳检察建议。注重抓前端、治未病，结合办案发出社会治理类检察建议1601份，全部被采纳。临洮县检察院积极争取县委将检察建议落实工作纳入全县平安建设考核，增强检察建议“刚性”。与邮政管理部门建立协作联动机制，紧盯身边“小”包裹，维护寄递“大”安全。全面推行检察听证，建设规范化听证室，组建听证员队伍，适用听证办理案件7990件，做到“应听证尽听证”，化解矛盾纠纷，促进社会和谐。

三、深耕主责主业，全面履行法律监督职能

践行检察机关在全面依法治国中的职责使命，统筹做好“四大检察”工作，与执法司法机关一体推进严格执法、公正司法。

持续做优刑事检察。坚持不偏不倚、不枉不纵，当好犯罪的追诉者、无辜的保护者。共受理审查逮捕11165人、审查起诉35163人，批准逮捕6556人、提起公诉21389人。“案－件比”为1:1.1，达到历史最优。深化刑事诉讼监督。联合公安厅出台实施意见，共建118个侦查监督与协作配合办公室，以有力配合、更实监督促进侦查办案质量提升。对有案不立、立案不当的监督立案288件、监督撤案324件，同比分别上升41.2%和14.1%。会同省法院制定常见犯罪量刑指导意见实施细则，建立人民法院不采纳检察机关量刑建议说理制度。对认为确有错误的刑事裁判提出抗诉110件，法院已改判、发回重审45件。对刑事审判活动违法情形提出纠正意见164件。加强刑事执行监督。对15个监狱、45个看守所、58个社区矫正机构开展巡回检察，既自查纠正检察履职不到位问题，又督促整改监管执法不规范问题，促进做实日常监督。监督纠正减刑、假释、暂予监外执行不当712人，维护“大墙内”的公平正义。加强刑事裁判涉财产部分执行检察，提出监督意见425件，采纳率100%。提升刑事检察质效。贯彻少捕慎诉慎押刑事司法政策，对轻微犯罪、初犯偶犯等依法从宽处理，依法不捕4660人、不诉10416人。加强羁押必要性审查，对捕后不需要继续羁押的，建议变更强制措施640人。对决定不起诉、但应当给予行政处罚的，及时移送主管机关处置。全面落实认罪认罚从宽制度，全年适用率超过91%，一审服判率提升至96.7%。

持续做强民事检察。制定提升民事检察办案质量22项举措，推进多元监督、精准监督。共办理各类民事检察监督案件5435件。加强民事生效裁判监督。提出民事抗诉68件，法院已审结50件，再审改变45件。提出再审检察建议164件，采纳率93.9%。对审查认为正确的民事裁判，依法不支持监督申请627件，同步做好服判息诉工作。加强民事审判和执行活动监督。以检察建议监督纠正违法情形1322件。加大对侵害当事人、案外人实体权利民事执行活动的监督力度，办理相关案件1003件，同比上升60.7%。庆阳、陇南等地检察机关开展“终结本次执行”专项监督，督促法院严格落实工作规程，穷尽调查措施，保障人民群众执行利益。加强民事支持起诉工作。办理涉老年人诉请赡养费、未成年人主张抚养费、残疾人请求侵害赔偿等支持起诉案件2416件，以“我管”促“都管”，更好保障弱势群体合法权益。平凉检察机关在全市法院、司法局、人社局、残联挂牌设立31个“支持起诉工作站”。常态化开

展虚假诉讼监督。加强与法院、公安、司法行政等部门的协作，完善信息共享、联合查办、预防惩戒等机制，监督纠正虚假诉讼67件，共同营造诚实守信的诉讼环境。

持续做实行政检察。出台提升行政检察监督质效10项措施，共办理各类行政检察监督案件2806件，其中提出抗诉或再审检察建议、监督纠正行政审判和执行活动违法381件。深化行政争议实质性化解工作。为解决一些行政诉讼案件程序已终结但讼争未解决、当事人一直申诉的问题，会同司法厅出台协同化解行政争议实施办法，综合运用公开听证、检察建议、司法救助等措施，有效化解行政争议654件，其中讼争10年以上的11件。陇南市检察院与市政府建立“府检联动”机制，在司法局设立“行政争议化解检察工作室”。加强行政非诉执行监督。聚焦土地非诉执行，监督法院未及时受理、不规范执行及行政机关怠于申请强制执行等案件92件，涉及土地面积3030亩。向自然资源厅制发检察建议，督促整改突出问题、加强土地执法，更好守护土地资源。探索开展行政违法行为监督。对司法办案中发现的行政机关不当履职行为，依职权启动监督程序1670件。联合司法厅出台意见，对司法行政强制隔离戒毒检察监督实现全覆盖，针对发现的问题制发检察建议35件。酒泉、金昌市检察院与市公安局建立协作机制，加强公安机关强制隔离戒毒检察监督，取得积极成效。

持续做好公益诉讼检察。落实省人大常委会专题审议意见，“益”心为公，当好公共利益“守护人”。突出重点加大办案力度。立案办理民事公益诉讼594件、行政公益诉讼4607件，发出诉前检察建议4210件，提起公益诉讼436件。加大国有资产保护、国有土地使用权出让领域公益诉讼办案力度，立案390件，同比上升3.4倍。针对市场上一些“消”字号产品抗（抑）菌制剂违规添加化学药物，容易引发过敏反应等一系列副作用的问题，监督立案64件，制发检察建议52件。省检察院直接立案办理陇海线铁路运行安全系列案，督促解决影响铁路通行安全隐患23处。白银、甘南、临夏等地检察机关围绕公共安全、民生保障、乡村振兴等领域，开展特色小专项行动，尽心守护群众美好生活。跟进监督巩固办案成效。持续推动检察建议落实，将整改落实“回头看”嵌入公益诉讼常规办案流程，对虚假整改、问题反弹回潮的47件案件，依法提起公益诉讼，以诉促改。天水检察机关跟踪监督发现，被建议单位对牧场侵占问题整改不力，依法提起诉讼，推动问题得到解决。完善机制凝聚公益保护合力。联合生态环境厅建立生态环境损害赔偿与检察公益诉讼衔接协作机制，制定省级环保督察公益诉讼案件线索交办督办工作办法，助力打好蓝天碧水净土保卫战。出台新时代甘肃军地检察机关协作实施办法，开展公益诉讼专项行动，共同保护红色资源，传承革命精神。

四、推进改革创新，提升司法质效和公信力

坚持问题导向、系统思维，以改革强动力，向管理要效力，用创新增活力，不断提升司法办案质效和检察公信力。

深化司法改革。全面准确落实司法责任制，深化综合配套改革，修订检察官办案权责清单，健全监督制约、考核评价、错案责任追究等制度。建立领导干部直接带头办案正、负面清单制度，三级检察院入额院领导办案14241件、检察长列席审委会会议415次。完善检察官遴选入额和员额递补、退出、问责等机制，遴选员额检察官135名、退出员额68名，对8件不合格案件责任人员依纪依规严肃追责，让检察官肩头有压力、办案求极致。兰铁、林区、矿区分院跨行政区划检察改革稳步推进，职能发挥更加充分。

优化检察管理。优化案件管理，深化运用以“案-件比”为核心的案件质量评价指标体系，定期开展业务数据研判会商，抓实案件质量评查、优劣质案件评选。优化考核管理，全面推行检察人

员“全员、全面、全时”考核，每月开展检察官业绩考评，以考评激励担当作为、压实监管责任、提升工作质效。优化过程管理，完善和规范“五步工作法”，启用网上督查督办系统，用行动、事实、数据、案例说话，把工作抓紧抓实、抓在平时。

强化数字赋能。制定全省数字检察建设实施意见，推进甘肃检察大数据“三步走”战略，完善司法办案技术支持体系，类案办理和诉源治理能力切实提高。全省检察业务应用系统、网上信访系统迭代升级，智慧检务运营中心等7个信息化项目建成投用。集成开发检察应用支撑平台，开展“技术团队下基层”活动，办公办案信息化智能化水平大幅提升。加强与政法各单位数据共享，依托政法跨部门大数据协同办案平台，接收、推送案件42663件。省检察院主导研发的大数据一体化平台被评为全国智慧检务创新案例。

五、加强自身建设，打造过硬检察队伍

发扬自我革命精神，严管厚爱，强基固本，努力锻造“五个过硬”的检察铁军。

加强思想政治建设。坚持用习近平新时代中国特色社会主义思想凝心铸魂，通过政治轮训、理论研讨、学习笔谈等方式，认真学习宣传贯彻党的二十大精神及省第十四次党代会精神，学深悟透、对标落实的思想自觉、行动自觉切实增强。加强机关党建工作，省检察院机关累计有10个党支部被评为省直机关标准化示范党支部。建设“甘肃检察文化陈列馆”，开设“身边的检察榜样”专栏，开展“双先”评选表彰，以检察文化、英模精神凝聚奋进力量。

加强班子队伍建设。认真履行干部协管责任，配合党委组织部门配强班子、建强队伍。选配市、县级检察院领导班子成员138名、党组副书记13名、检委会专职委员11名，晋升一级、二级高级检察官、特级检察官助理21名。高级检察官职数在市级检察院之间实现统筹使用。遴选招录年轻检察人员212名。全省检察机关40岁以下干部比例提升至41%，法学专业本科以上学历干部比例达到78%、提高3.5个百分点，领导班子和干部队伍结构持续优化、专业化程度不断提升。

加强业务素能建设。广泛开展岗位练兵、业务竞赛，线上线下培训干警8340人次，公、检、法、律同堂培训251期。组织参加法律职业资格考试统一培训。用好“检答网”等平台资源，推进检校合作、检察人才库建设，选聘295名专业人员兼任检察官助理。加强法律政策、检察理论、检察业务研究研修，完成最高检课题7项，在国家核心期刊发表文章24篇。国家检察官学院甘肃分院迁址建设项目顺利推进，为全省检察教育培训长远发展奠定坚实基础。

加强纪律作风建设。全面从严管党治检，每季度通报检察人员违纪违法情况，每半年与驻院纪检监察组开展专题会商。巩固拓展检察队伍教育整顿成果，落实政法干警“十个严禁”，坚决整治顽瘴痼疾，持之以恒正风肃纪，查处违纪违法检察干警11人，同比下降84.1%。严格执行防止干预司法“三个规定”，全年共记录报告有关事项2629件，对不如实记录报告的检察人员启动责任倒查，推动形成“有问必录”。

加强基层基础建设。以脱贫攻坚的韧劲狠抓基层检察院建设，实行“一院一档”、动态管理、结对帮扶，省检察院班子成员直接联系包抓、精准帮扶指导，会同天津检察机关加大对甘南州和天祝县检察工作的帮扶力度。最高检确定的我省首批6个相对薄弱基层检察院，已有3个“脱薄”退出。既为基层减负，更为基层解难，围绕业务发展、职业保障、基础建设等专题开展4轮集中调研，帮助基层解决突出困难39个。

各位代表，五年砥砺奋进，成绩来之不易。这些成绩的取得，得益于习近平总书记和党中央对政法工作、检察工作的高度重视和悉心关怀，习近平法治思想的科学指引；得益于省委和最高检坚强领导；得益于省人大及其常委会有力监督、省政府大力支持、省政协民主监督及各位

代表委员和社会各界的关心、支持、帮助；也是全省各级检察机关和广大检察干警团结奋斗的结果。在此，我代表省检察院，向各位代表、各位委员致以崇高敬意和衷心感谢！

回顾五年历程，我们深切体会到，做好新时代甘肃检察工作，必须坚持党对检察工作的绝对领导，坚定正确政治方向；必须坚持以人民为中心的发展思想，依法保障人民权益；必须坚持把检察工作放到党和国家及全省工作大局中谋划推进，更好维护国家安全、社会安定、人民安宁；必须坚持检察机关的宪法定位，强化法律监督，维护公平正义，当好公共利益代表；必须坚持改革创新，为检察工作发展提供不竭动力；必须坚持全面从严治检，着力锻造高素质过硬检察队伍。

我们也清醒认识到，工作中还存在一些不足。一是学思践悟习近平法治思想还需要持续深入，法律监督理念更新需要持续努力；二是立足省情特征，服务高质量发展的针对性、实效性还不够强；三是“四大检察”发展还不协调，法律监督仍需加强；四是基层基础工作仍是突出短板，全面从严治检存在薄弱环节等。这些问题，我们一定认真研究，努力推动解决。

2023年主要安排

2023年是全面贯彻落实党的二十大精神的开局之年。全省检察机关将坚持以习近平新时代中国特色社会主义思想为指导，深入学习宣传贯彻党的二十大精神及省第十四次党代会精神，全面落实《中共中央关于加强新时代检察机关法律监督工作的意见》及省委实施意见，守正创新、开拓进取，能动履职、担当作为，奋力推进全省检察工作现代化，为全面建设社会主义现代化幸福美好新甘肃提供有力法治保障。重点抓好以下几方面工作。

一是切实加强党的政治建设。始终坚持党对检察工作的绝对领导，忠诚拥护“两个确立”、坚决做到“两个维护”。抓实抓细政治轮训、政治督察，深入开展“抓学习促提升、抓执行促落实、抓效能促发展”行动，不断提高政治判断力、政治领悟力、政治执行力。落实意识形态工作责任制，加大先进典型培树力度，提升思想政治工作质效。

二是积极服务全省中心大局。牢牢把握新时代新征程检察工作的历史方位，自觉将检察工作融入全省高质量发展大局，立足甘肃发展的阶段特征、功能定位，加强前瞻性思考、全局性谋划、战略性布局、整体性推进，依法能动履行检察职能，更加有力维护安全稳定、服务经济发展、保障民生民利、助推法治建设、助力反腐斗争，彰显检察担当作为。

三是全面履行法律监督职能。深刻认识党和人民对检察机关的更高要求，更加注重系统观念、法治思维、强基导向，着力推进监督理念、体系、机制、能力现代化，更加全面协调充分履行刑事、民事、行政、公益诉讼“四大检察”职能，深入落实法律监督年度报告制度，不断提高法律监督水平，切实维护执法司法公正，守护国家利益和社会公共利益，保障国家法律统一正确实施，努力让人民群众在每一个司法案件中感受到公平正义。

四是巩固深化司法体制改革。全面准确落实司法责任制，深化司法体制综合配套改革，进一步完善检察官权力清单，压实检察官办案责任，强化检察权运行制约监督。优化落实案件质量评价指标，健全业务数据分析研判机制，务实推进检察人员考核工作。深入实施数字检察战略，更好赋能法律监督、促进社会治理。

五是持续强化检察队伍建设。一体推进检察干警政治建设、业务建设和职业道德建设。改进检察教育培训工作，完善分级分类培训体系，加强检察人才建设，持续深化薄弱基层院“脱薄攻坚”。坚定不移落实全面从严管党治检新要求，把严的基调、严的措施、严的氛围长期坚持下去，加强制度建设，持续纠治“四风”，自觉接受监督，努力锻造一支忠诚干净担当、堪当时代重任的高素质检察队伍。

各位代表，实干铸就伟业，奋斗开创未来。我们将更加紧密地团结在以习近平同志为核心的党中央周围，在省委、最高检坚强领导下，认真落实本次大会决议，真抓实干、勇毅前行，为建设幸福美好新甘肃、开创富民兴陇新局面作出新的更大贡献！

附件：有关用语说明

1．全省检察工作总体进入“全国中偏上水平”奋斗目标。这一目标是2019年省检察院党组研判提出的，目的是强化目标引领，提振精气神，激励创先争优，通过两到三年努力，把工作做到全国中偏上水平。

2．两聚焦一结合。即聚焦中心大局、聚焦主责主业，并使二者有机结合。这是省检察院党组立足检察职能，在精准研判全省中心大局、深刻把握检察工作形势任务、深入调研论证的基础上，提出的检察工作思路。

3．六项重点工作。是指全省检察机关落实“两聚焦一结合”工作思路，研判确定并持续推进的服务中心大局重点工作。一是坚决维护国家政治安全和社会大局稳定，二是促进优化营商法治环境，三是助力巩固脱贫攻坚成果、助推乡村振兴，四是加强生态环境司法保护，五是办好群众身边的“小案”“小事”，六是积极参与反腐败斗争和社会治理。

4．12309检察服务中心。是指全国检察机关统一对外的智能化检察为民综合服务网络平台和实体大厅。网络平台通过12309网站、12309检察服务热线、12309移动客户端和12309微信公众号四种渠道，向社会提供更加便捷高效的“一站式”检察服务。实体大厅统一受理群众控告、申诉和举报等事项。

5．四大检察。是指刑事检察、民事检察、行政检察、公益诉讼检察。

6．十大业务。是指对应“四大检察”的十项检察业务，分别是普通犯罪检察、重大犯罪检察、职务犯罪检察、经济犯罪检察、刑事执行检察、民事检察、行政检察、公益诉讼检察、未成年人检察、控告申诉检察。

7．一手托两家。即一方面监督法院公正司法，另一方面促进行政机关依法行政。推进全面依法治国，法治政府建设是重点任务，其核心、重点是依法行政。检察机关作为国家专门的法律监督机关和重要的司法机关，理应发挥包括行政检察在内的法律监督职能作用，这既是适应新时代人民群众新需求的必然选择，也是全面履行法律监督职能、实现“四大检察”全面协调充分发展的重要一环。

8．特约检察员。是指以检察院名义专门聘请的行使检察权的兼职工作人员，一般由具有一定的法律或与检察工作相关专业知识和特长，工作经验丰富，能秉公办事，在本地区有一定影响和代表性的党外人士担任。1991年省检察院选聘第一届特约检察员以来，已有六届41名特约检察员受聘履职。

9．检务透明度指数。是指中国社科院法学所围绕基本信息、检务指南、检察活动等方面，对最高检、省级检察院、较大市检察院，以及随机抽取的基层检察院的检务公开工作进行第三方测评后发布的评估结果。该测评活动已连续开展10年。2022年发布的《中国检务透明度指数报告》显示，甘肃省检察院检务透明度指数在最高检及32家省级检察院中排名第7位。

10．设定通报值的案件质量评价指标。是最高检案件质量主要评价指标中的一类指标。对一些已经达到一定数量、已经“做起来”的工作，不再做量的排序，而是设定一个通报值，更深更实地做质的评价，优于通报值不再通报，防止片面追求指标排名、盲目攀比。

11．涉民企刑事“挂案”。是指长期滞留于刑事诉讼的某个环节，诉讼阶段既未向前推进，也未按期结案的涉民营企业刑事案件。

12．涉案企业合规改革。是检察机关办理涉企刑事案件，在依法作出不批准逮捕、不起诉决定或者根据认罪认罚从宽制度提出轻缓量刑建议等的同时，督促涉案企业作出合规承诺并积极整改，促进企业合规守法经营，预防和减少企业违法犯罪的一项重要制度创新。这项制度中，通过检察建议指出涉案企业存在的问题并提出整改建议是重要的环节。检察机关在办理涉案企业合规个案中，应当根据实际情况，善于运用检察建议促进企业建章立制、加强管理、完善治理，最终实现依法合规经营。

13．附条件不起诉。是指对于未成年人涉嫌侵犯公民人身权利、财产权利或者妨害社会管理秩序的轻微犯罪，可能判处一年有期徒刑以下刑罚，符合起诉条件，但有悔罪表现的，检察院可以作出附条件不起诉决定。在规定的考验期内，如果未成年犯罪嫌疑人遵守相关法律规定，到期依法作出不起诉决定，反之，撤销附条件不起诉决定，依法提起公诉。

14．督促监护令。是指检察院在办理涉及未成年人案件中，发现监护人存在管教不严、监护缺位等问题，影响未成年人健康成长，导致未成年人违法犯罪或受到侵害时，向监护人发出依法履行监护职责的检察工作文书。

15．案—件比。是最高检提出的全新办案质量评价指标体系，是办案质量、效率、效果的直观反映。“案”是指发生的具体案件；“件”是指这些具体案件进入司法程序后所经历的诉讼环节。“案－件比”最理想状态是“1:1”，“件”数越低，说明“案”经历的诉讼环节越少，办案周期越短，社会效果越好。

16．终结本次执行。是指在案件执行过程中，法院在穷尽调查手段后，没有发现可供执行的财产，在申请执行人签字确认或者执行法院组成合议庭审查核实并经院长批准后，执行法院可以裁定终结本次执行的程序。终结执行后，申请执行人发现被执行人有可供执行财产的，可以再次申请执行，再次申请不受申请执行时效期间的限制。

17．行政争议实质性化解。是指检察院办理行政检察监督案件，全面贯彻行政诉讼法确定的立法目的，在监督法院公正司法、促进行政机关依法行政的同时，加强调查核实，针对行政争议产生的基础事实和申请人在诉讼中的实质诉求，综合运用抗诉、检察建议、公开听证、司法救助、释法说理等多种途径，促进行政争议得到依法、公平、有效解决。

18．行政非诉执行监督。行政机关作出具体行政行为之后，在公民、法人或其他组织对其作出的行政行为，既不提起行政复议或者行政诉讼，又不自动履行确定的义务，向法院申请强制执行，法院对行政机关申请强制执行的行政行为进行受理、审查、裁定和实施的活动。这类行政案件因未进入诉讼程序而直接进入执行程序，所以称“非诉”。检察机关对行政非诉执行活动进行法律监督就是行政非诉监督。这种监督具有双重职能作用，不仅要监督法院对非诉执行案件的相关司法行为，同时要监督纠正行政机关的行政违法行为。

19．甘肃检察大数据“三步走”战略。第一步，实现“四大检察”“十大业务”数据的清洗筛选、汇集治理、比对筛查，以智能支撑和协同共享为检察办案提供线索发现和研判服务。第二步，主动与公安、法院、司法部门沟通，推动建立数据共享机制，搭建数据依法共享的“高速公路”，推进跨部门大数据协同办案，实现案件数据和办案信息网上流转。第三步，加强政务数据的接入应用，重点对接“两法衔接信息平台”中关于工商、食药监、环保、知识产权等行政执法信息及各地“12345”市民热线平台数据，引导法律监督精准实施。

20．检答网。是最高检为全国检察人员提供法律政策运用、检察业务咨询答疑服务，加强检察机关政治建设和业务能力建设的信息共享平台。

21．十个严禁。2022年，中央政法委、最高法、最高检、公安部、国家安全部、司法部联合出台《新时代政法干警“十个严禁”》并印发通知，要求各级政法机关认真贯彻执行、全体政法干警自觉遵守。具体内容为：严禁搞两面派、做两面人；严禁有令不行、有禁不止；严禁放任错误思潮侵蚀影响；严禁不当交往、干预执法司法；严禁玩忽职守、徇私枉法；严禁违规参与营利活动；严禁包庇纵容黑恶势力；严禁滥用执法司法权；严禁不作为乱作为、耍特权抖威风；严禁跑风漏气、失密泄密。

22．三个规定。是指中办国办印发的《领导干部干预司法活动、插手具体案件处理的记录、通报和责任追究规定》；中央政法委印发的《司法机关内部人员过问案件的记录和责任追究规定》；最高法、最高检、公安部、国家安全部、司法部印发的《关于进一步规范司法人员与当事人、律师、特殊关系人、中介组织接触交往行为的若干规定》。

青海省高级人民法院工作报告

——2023年1月16日在青海省第十四届人民代表大会第一次会议上

青海省高级人民法院院长　张泽军

各位代表：

现在，我代表省高级人民法院向大会报告工作，请予审议，并请省政协委员和列席人员提出意见。

五年的主要工作

过去五年，是全省法院团结奋斗，努力推进审判事业高质量发展的五年。在省委坚强领导、最高法院有力指导、省人大及其常委会依法监督、省政府、省政协以及社会各界大力支持下，全省法院始终高举习近平新时代中国特色社会主义思想伟大旗帜，认真贯彻落实党的十九大和十九届历次全会精神，全面学习宣传贯彻党的二十大精神，认真执行省十三届人大历次会议决议，忠实履行维护我省国家安全和社会稳定、依法保护生态环境、服务经济高质量发展、促进民族团结进步、维护社会公平正义的神圣职责，各项工作取得一定成绩。五年来，全省法院办结各类案件585387件，比前五年上升89.45%，其中省高级法院办结10776件。2022年因受疫情影响，全省法院办结各类案件118221件，省高级法院办结1995件。

一、坚持党对法院工作的绝对领导，确保正确政治方向

始终把政治建设摆在首位。牢记人民法院首先是政治机关的属性，深入贯彻十九届历次全会精神，全面学习、全面把握、全面落实党的二十大精神，教育引导法院干警忠诚拥护“两个确立”，坚决做到“两个维护”，自觉在思想上、政治上、行动上同以习近平同志为核心的党中央保持高度一致，沿着习近平总书记指引的方向勇毅前行。

认真践行习近平法治思想。坚持胸怀“两个大局”，心系“国之大者”，牢牢把握习近平新时代中国特色社会主义思想的世界观和方法论，坚持公正司法，践行司法为民。坚持党对法院工作的绝对领导，确保党中央、省委决策部署在全省法院不折不扣贯彻落实。坚持以人民为中心的发展思想，把人民群众放在心中最高位置。坚定不移走中国特色社会主义法治道路，旗帜鲜明开展司法领域意识形态斗争，牢牢掌握意识形态工作主动权和话语权，坚决抵制西方所谓“宪政”“三权鼎立”“司法独立”等错误思潮，确保全省法院工作始终沿着正确政治方向前进。

二、坚持贯彻总体国家安全观，推动更高水平的平安青海、法治青海建设

把维护安全稳定作为首要职责，依法惩治各类犯罪。五年来，审结刑事案件26096件，判处罪犯28011人。故意杀人、抢劫等八类主要刑事犯罪案件呈下降趋势，人民安全感持续提升。

全力维护国家安全和社会稳定。坚定捍卫国家政治安全，严厉打击危害国家安全、暴力恐怖、邪教等犯罪行为。切实维护人民群众生命财产安全，审结故意杀人、抢劫等严重暴力犯罪案件696件，盗窃、诈骗等多发性侵财案件6079件，格尔木市法院审结我省首例跨国“杀猪盘”电信网络诈骗案。保障群众出行安全，审结交通肇事案件1750件，危险驾驶案件6980件。深入参与禁毒斗争，审结毒品犯罪案件977件。依法严惩腐败行为，一审审结张伟、王丽、任三动等职务犯罪案件381件，判处罪犯438人。认真组织开展涉诉涉法信访积案集中清理和执行积案集中清理专项行动，化解了一批风险隐患，为党的二十大和省第十四次党代会胜利召开创造安全稳定的社会环境。

扎实开展扫黑除恶专项斗争。圆满完成扫黑除恶专项斗争，审结涉黑涉恶案件132件，惩处黑恶势力犯罪分子1593人，判处五年有期徒刑以上重刑486人。海南中院依法公开宣判“日月山埋尸案”元凶马某死刑，极大震慑黑恶势力，人民群众安全感持续提升。坚决“打伞破网”，依法判处充当黑恶势力保护伞的公职人员7人；坚持“打财断血”，执行到位“黑财”1.12亿元。健全常态化扫黑除恶机制，针对办案中发现的社会管理薄弱环节、行业监管缺失或行业乱象等问题，发出司法建议122份，有力促进铲除黑恶势力滋生土壤。

加强人权司法保障。坚持罪刑法定、疑罪从无原则，依法宣告56名公诉案件和24名自诉案件被告人无罪。贯彻宽严相济刑事政策，依法判处缓刑等非监禁刑7425人，对225名被告人免予刑事处罚。认真落实律师辩护和代理意见制度机制，实现刑事案件律师辩护全覆盖。妥善审理未成年人犯罪案件，完善“圆桌”审判、犯罪记录封存等机制。在新中国成立70周年之际，依法裁定特赦88人，彰显法安天下、德润人心的盛世仁政。

三、坚持贯彻新发展理念，服务现代化新青海经济社会高质量发展

完整、准确、全面贯彻新发展理念，服务构建新发展格局，坚持党委的中心工作推进到哪里，司法服务就跟进到哪里。省高级法院制定为大局服务为人民司法的“十条措施”、为建设现代化新青海提供高质量司法服务保障的意见等，得到省委省政府的充分肯定。

优化法治化营商环境。积极回应全省经济高质量发展的司法需求，聚焦产业“四地”建设，持续优化法治化营商环境。全省法院审结商事案件137108件，比前五年上升69.82%。服务供给侧结构性改革，审结破产案件40件，西宁中院依法审理的省投资集团公司、盐湖股份公司和玛尔挡水电站破产重整案件取得良好社会效果。防范化解重大金融风险，审结各类金融纠纷案件5513件，稳妥推进“僵尸企业”清理工作，加大恶意逃废债务处置力度。服务“六稳”“六保”，强化常态化疫情防控司法应对，妥善审理房屋租赁合同纠纷、服务合同纠纷、与企业有关的纠纷等10362件；坚持善意文明执行工作理念，对受疫情影响存在生产经营困难的企业，依法灵活采取强制执行措施，为个体工商户和中小微企业纾困解难。服务创新驱动发展，审结知识产权案件1235件，妥善审理“物美”服务商标侵权案、“新标准英语”系列教材著作权侵权纠纷案等一批具有社会影响力的典型案件，每年向社会发布《青海法院知识产权司法保护状况》，公布知识产权典型案例，营造全社会保护知识产权的法治环境。

加强生态环境司法保护。牢牢把握“三个最大”省情定位，依法服务生态文明高地建设，制定出台《关于进一步加强青海生态环境司法保护的意见》，得到省委主要领导肯定批示。审结环境资源案件9371件，适用替代性修复措施49件98人。同仁市法院判令三名赔偿能力不足的非法捕猎者担任草原管护员，通过“以劳代偿”形式承担生

态修复责任，取得了“办理一案，教育一片”的良好社会效果。海北、玉树等地法院审理的部分案件入选最高法院发布的全国性环境资源审判典型案例。参与构建长江经济带11+1、川甘青黄河流域上游水源涵养区等司法协作机制，参加世界环境“生物多样性司法保护”专题研讨会并作主旨发言。积极探索以三江源、青海湖、祁连山国家公园涉及区域为管辖范围的跨行政区域集中管辖制度，努力构建具有中国特色、国际影响力的环境司法模式。

支持、监督行政机关依法行政。助力法治国家、法治政府、法治社会一体建设。审结行政案件5436件，国家赔偿案件435件。妥善审理因土地房屋征收补偿、招商引资等涉产权保护领域引发的争议，促进行政机关强化权利保护意识，明确公权力行使边界。积极参与清理整治大棚房、农村乱占耕地建房、违建别墅等专项行动，通过对整治方案的法律论证，支持行政机关依法保护耕地安全。2022年行政机关负责人出庭应诉率达60%，比五年前上升42个百分点，告官能见官、出庭且出声、出庭出效果成为常态。推动建立健全行政争议多元化解机制，通过府院联动、司法建议、行政审判白皮书等多种方式，引导和支持行政机关规范执法、依法行政、自我纠错。

四、坚持人民至上，努力满足全省各族群众多元化司法需求

牢固树立以人民为中心的发展思想和换位思考的工作理念，强化民生保障，促进“案结事了人和”。五年来，审结各类民事案件216824件，人民群众对法院工作满意度平均分91.8分。

强化民生司法保障。认真贯彻实施民法典，妥善审理涉民生案件。审结婚姻家庭、继承、相邻纠纷等案件68546件，发出人身安全保护令61份，互助法院家事审判“和”文化获评全国法院文化建设特色项目。审结民间借贷纠纷、租赁合同纠纷案件59752件，保护合法借贷和租赁行为。审结人身损害、医疗、交通事故损害赔偿纠纷等案件13875件，保护群众的生命健康权利。审结劳动争议纠纷案件7253件，促进和谐稳定的劳动关系。审结物业服务合同纠纷案件8369件，维护平等友好的物业与业主关系。审结涉军停偿案件135件，促进军地和谐。省高级法院结合涉未成年人审判工作发现的问题，向省未保办提出工作建议，推动未成年人司法保护地方性立法等工作的发展。加大司法救助力度，全省法院缓、减、免诉讼费1.1亿元，发放救助金2070.48万元，让困难群众和困境企业打得起官司。

依法兑现胜诉权益。持续巩固深化“基本解决执行难”成果，深入推进各部门协同联动，基本形成“综合治理执行难”工作大格局。强化执行指挥中心实体化运行，建成全省三级法院“统一管理、统一指挥、统一协调”的执行办案平台。五年来，全省法院共执结案件154400件，执行到位金额382.05亿元。全省法院举办百余场农民工工资发放活动，集中兑现农民工胜诉权益。开展涉党政机关等特殊主体执行专项活动，执结以党政机关为被执行人的案件924件，将相关执行情况专报后得到省委、省政府主要领导支持和批示。强化联合信用惩戒机制，公布失信被执行人名单3.6万余人次，发布限消令6.3万余人次，司法拘留730人次，追究拒执刑事责任30人次。完善网络司法评估拍卖，网络拍卖标的物8269件，成交额23.48亿元，溢价率151%。坚决整治消极执行、选择性执行、乱执行等行为，对34件案件开展“一案双查”，切实维护当事人合法权益。

丰富司法便民举措。始终坚持把人民群众放在心中最高的位置，扎实开展“我为群众办实事”实践活动和示范法院创建活动，切实把体现人民利益、反映人民愿望、维护人民权益、增进人民福祉落实到审判执行各个环节。发扬“马背法庭”光荣传统，持续深化“抬起衙门就群众”的巡回审判理念，打造“候鸟式法庭”“拉面巡回法庭”

等适合我省地广人稀、行业流动特点的巡回法庭，努力打通诉讼服务“最后一公里”。不断提升诉讼服务品质，为当事人提供智慧高效的一站式多元解纷和诉讼服务，实现立案、调解、送达、诉前保全、申诉等主要对外服务事务100%全流程在线办理，跨域立案服务覆盖率达到100%。坚持和发展新时代“枫桥经验”，通过设立诉调对接中心、聘任特邀调解员等方式，诉前调处纠纷3.4万余件；对已进入诉讼程序的案件注重用调解的手段实质性化解矛盾纠纷，先后化解了西宁某房地产商品房预售合同纠纷、贵德县某村民委员会确认合同效力纠纷、大通县引大济湟工程民事纠纷等一批涉众型诉讼，维护了和谐稳定的社会秩序，保护了青海水利一号工程顺利进行。同时，打造赵琰调解室、姊妹湖调解室等一批法院特色调解品牌，做到努力把矛盾纠纷解决在基层，化解在萌芽状态。严格执行院领导接访制度，以上率下用心用情用力为民办实事。推进精准普法，注重发挥司法裁判价值导向作用，以公正裁判树立行为规则、引领社会风尚。各种司法便民举措，实实在在的回应了青海各族人民群众对公平正义的新需求、新期待，有力促进了各民族的团结和谐。

五、坚持深化改革创新，着力提升审判质效和司法公信力

全省法院全面深化司法体制综合配套改革，不断规范司法权力运行，切实提升案件质效。

完善审判权力监督制约机制。全面准确落实司法责任制，先后修订出台《法院办案人员权力清单》等50余项规章制度，构建权责明晰、权责统一、监督有序、制约有效的审判权力运行机制。健全院庭长办案和监督管理“四类案件”机制，厘清依法监督管理与不当干预过问案件的界限，将履行审判监督管理职责情况、分管领域审判质效总体情况，作为院庭长综合考核评价的重要内容，确保放权不放任、监督不缺位。针对法官行使裁量权存在的问题进行专题调研，并形成调研建议，得到最高法院和省委主要领导肯定批示。积极转化调研成果，制定提升审判执行质效的“十率”考核指标，促进立、审、执各环节裁量权的规范行使。强化“三评查一审核”机制，定期召开办案质效讲评分析会，全面提升案件质效。在人均办案数同比上升93.84%的压力下，一审案件服判息诉率持续保持在90%以上的高位，在全国名列前茅，审判质效持续稳中向好。

优化司法资源配置机制。持续推进法官员额动态调整，根据办案数量统筹调配各级法院员额法官占比，适当向西宁、海东、海西等案件数量大的地区以及基层法院倾斜。深化以审判为中心的刑事诉讼制度改革，完善家事审判方式，推进案件繁简分流。推进四级法院审级职能定位改革，按照改革要求和确定的目标出台相关实施细则。推进人事制度改革，健全培养选拔优秀年轻干部常态化工作机制。全省法院干部队伍逐步完成由“哑铃型”结构向老中青相结合的梯级结构转变。强化法官履职保障，有序落实法官单独职务序列晋升，法官相应等级津贴、待遇全部落实。联合七部门印发《青海省保护地方各级人民法院法官依法履行法定职责实施办法》，为法官权益保障再上“安全锁”。推进智慧法院建设，全面建成智慧法院3.0版，稳步推进4.0版，开通12368诉讼服务热线，上线青海移动微法院，实现案件立案、审判、执行全流程电子卷宗随案同步生成，全省法院信息化应用推广工作走在全国法院前列。

六、坚持从严管党治院，以自我革命的勇气建设高素质法院铁军

认真落实“五个过硬”要求，加快推进全省法院队伍革命化、正规化、专业化、职业化建设。五年来，全省法院共有266个集体、374名个人受到省部级以上表彰表扬。西宁市城东区法院院长陈志秀同志获评全国先进工作者、双百政法英

模，光荣当选党的二十大代表。

不断锤炼政治忠诚。扎实开展“不忘初心、牢记使命”主题教育，接受深刻思想政治洗礼，引导广大干警牢记初心使命、忠诚履职担当；扎实开展党史学习教育，弘扬伟大建党精神，切实做到明理、增信、崇德、力行；深入推进“两个坚持”专题教育常态化，全省法院忠诚核心、拥戴核心、捍卫核心的政治自觉、思想自觉和行动自觉不断增强。通过开展两批次的法院队伍教育整顿，广大干警的政治判断力、政治领悟力、政治执行力得到不断提升。严守政治纪律和政治规矩，严格执行《中国共产党政法工作条例》，及时向党委请示报告重大事项、重大工作、重大案件，确保党中央和省委决策部署在法院得到不折不扣贯彻落实。通过不断加强政治建设，广大干警理想信念进一步坚定，宗旨意识、奉献精神显著增强。玛多法院干警牢记初心使命、用青春和生命忠诚坚守高原的先进事迹被新华社、人民法院报等多家主流媒体报道，充分展现了青海法院干警缺氧不缺精神的坚定意志品质。

努力增强审判业务水平。制定《关于进一步加强全省法院队伍建设的指导意见》，通过优化队伍结构、规范监督考核机制、加强教育培训等措施，全面提升队伍综合素质。注重知识、经验、品德的积累，加强政治轮训、业务培训、以会代训，五年来累计培训全省法院干警25991人次。丰富学习培训形式，举行读书会、学术征文、专题演讲等活动，引导干警爱阅读、勤写作、善表达；搭建《学习剪报》《学思践悟》等平台，提升干警理论、业务钻研能力；常态化举行庭室业务研讨会，适时组织庭室间学习交流，在沟通、讨论中提高全体干警能力水平。明确院庭长旁听案件庭审和合议庭评议工作机制，通过监督指导促进办案能力和案件质效同步提升。加强上下级法院、各部门人员交流锻炼，在不同岗位上拓宽工作视野、提升办案技能、传承职业操守。

持续强化纪律作风。始终坚持以严的主基调强化正风肃纪，严格执行新时代政法干警“十个严禁”、防止干预司法“三个规定”等铁规禁令，以零容忍的态度严惩司法腐败，一体推进不敢腐、不能腐、不想腐。深入开展政法队伍教育整顿，坚持刀刃向内，清除沉疴积弊，全省法院一体推进顽瘴痼疾整治与建章立制，建立规章制度800余项。通过教育整顿，全省法院政治生态更为风清气正，纪律作风更加严明务实，崇尚先进、见贤思齐蔚然成风，队伍纯洁性显著提升。严格落实中央八项规定及其实施细则精神，认真开展司法巡查和审务督察，着力纠治“四风”问题，坚决整治“六个一切行为”，营造知敬畏、存戒惧的廉洁公正司法环境。严格执行纪律处分条例，五年来全省法院批评教育、谈话提醒、诫勉谈话771人次，警告以上处分151人次。深入开展警示教育，以违法违纪案件为反面教材，编印《青海法院干警违纪违法典型案例警示录》，与关键岗位重点人员和新任干部进行廉政谈话，不断营造风清气正的司法环境。

七、自觉接受监督，让审判权力在阳光下运行

全省法院牢固树立自觉接受监督的观念，深刻认识监督是公正司法的重要保障。自觉接受人大及其常委会的监督，认真办理省人大代表建议，办理结果均为A类，办结率、满意率均为100%，省高级法院被评为省人大代表建议办理工作先进单位。全省法院主动邀请人大代表旁听庭审、视察法院、见证执行2900余人次，定期向人大代表反映法院工作动态。深入贯彻监察法，自觉接受纪检监察机关的监督，支持配合派驻纪检机构履行职责。邀请检察长列席审委会71次，依法接受检察机关的法律监督。加强与政协民主党派、工商联、无党派人士和各人民团体的日常联络，真诚听取意见。大力推进司法公开，在中国裁判文书网公开裁判文书45万余篇，在中国庭审公开网直播案件11万余件，发布各类信息7.5万余条，门户网站点击量103万余人次。通过召开

新闻发布会等形式加强与媒体互动，及时通报社会关注度高的重点工作和典型案件，广泛接受社会各界监督。

回顾过去五年，我们深深感受到，做好法院工作必须始终坚持党的绝对领导，牢固树立守正创新、换位思考和自觉接受监督的观念，注重法、理、情相结合，注重政治效果、法律效果、社会效果相统一，把忠诚、干净、担当的政治品格贯穿审判执行工作全过程，努力做到案结、事了、人和，才能推动社会和谐进步发展，真正让人民群众在每一个司法案件中感受到公平正义！

各位代表！全省法院取得的成绩和进步，根本在于习近平新时代中国特色社会主义思想的科学指引，是省委的坚强领导、省人大及其常委会的有力监督和最高法院监督指导，政府大力支持、省政协民主监督、社会各界关心关爱的结果。各位代表对法院工作提出了很好的意见和建议，帮助法院解决了很多困难和问题。在此，我代表全省法院表示衷心感谢，并致以崇高敬意！

同时，我们也清醒认识到，全省法院工作还存在一些不足和困难：一是大局意识仍需进一步增强；二是司法理念仍需进一步转变；三是队伍建设仍需进一步加强。对这些问题和困难，我们将采取积极措施加以解决。

2023 年工作安排

各位代表，2023 年全省法院工作思路是：高举中国特色社会主义伟大旗帜，以习近平新时代中国特色社会主义思想为指导，全面学习贯彻党的二十大精神，深入践行习近平法治思想，认真落实省委和最高法院各项决策部署，持续更新观念、守正创新，充分发挥审判执行职能作用，紧紧围绕省第十四次党代会确定的目标和要求，以奋发有为的精神为建设绿色发展、生态友好、创新开放、文明和谐、人民幸福、政治清明的现代化新青海提供高质量司法服务。

一、始终坚持把政治建设摆在首位

把学习宣传贯彻党的二十大精神作为全省法院首要政治任务，夯实“两个确立”思想根基，增强“两个维护”政治自觉，坚决做到维护核心、绝对忠诚、听党指挥、勇于担当。深入践行习近平法治思想，坚持党对法院工作的绝对领导，牢固树立司法为民理念，不断提升政治判断力、政治领悟力、政治执行力，自觉抵制西方错误思潮，坚定不移走中国特色社会主义法治道路，确保人民法院正确的政治方向。

二、依法服务经济社会发展大局

牢牢把握以中国式现代化推进中华民族伟大复兴的使命任务，自觉把法院工作置于全省经济社会发展大局中谋划推进。贯彻总体国家安全观，严厉打击各类刑事犯罪，坚决维护全省政治安全和社会稳定。服务高质量发展，聚焦打造生态文明高地、建设产业“四地”等重大战略部署，主动服务现代化新青海建设。

三、全力保障人民群众合法权益

贯彻以人民为中心的发展思想，依法实现好、维护好、发展好最广大人民根本利益。全面准确适用民法典，以高质量民事审判守护人民高品质生活。加大执行工作力度，坚持善意文明执行理念，保持执行工作高水平运行。积极参与基层社会治理，以巡回审判延伸司法服务触角，努力把矛盾纠纷解决在当地，化解在萌芽状态。

四、努力维护更高水平公平正义

深化司法体制综合配套改革，全面准确落实司法责任制，推动各项改革更加系统集成、协同高效，加快提升审判质效和司法公信力。强化监督制约，压实院庭长监管职责，健全审判管理和绩效考核机制，确保法官规范用权。深化智慧法院建设，不断推进审判体系和审判能力现代化进程。

五、着力打造忠诚干净担当的法院队伍

发扬自我革命精神，巩固深化队伍教育整顿成果，着力建设高素质法院队伍。坚定理想信念，牢

记“三个务必”，培养广大干警不怕难、不怕压的斗争精神。锲而不舍落实中央八项规定及其实施细则精神和省委省政府若干措施，持之以恒纠治“四风”。严格执行新时代政法干警“十个严禁”等铁规禁令，锤炼坚守法治、公正司法的职业品格，打造忠诚干净担当的法院铁军。

各位代表，在实现第二个百年奋斗目标的伟大征程中，全省法院将更加紧密地团结在以习近平同志为核心的党中央周围，在省委坚强领导、省人大有力监督下，认真执行本次大会决议，坚定信心、奋勇前进，为奋力谱写全面建设社会主义现代化国家青海篇章提供有力司法服务。

青海省人民检察院工作报告

——2023年1月16日在青海省第十四届人民代表大会第一次会议上

青海省人民检察院检察长　查庆九

各位代表：

现在，我代表省人民检察院向大会报告工作，请予审议，并请省政协委员和列席会议的同志提出意见。

过去五年工作回顾

过去的五年，是党和国家事业发展取得历史性成就、发生历史性变革的五年，也是青海检察机关不忘初心、勇毅前行、创新发展的五年。在省委和最高人民检察院坚强领导下，在省人大及其常委会有力监督下，全省检察机关坚持以习近平新时代中国特色社会主义思想为指导，全面贯彻习近平法治思想和习近平总书记考察青海重要讲话精神，坚决贯彻党中央决策部署，认真落实省委工作要求和省十三届人大历次会议决议，忠实履行法律监督职责，司法质量、效率和公信力明显提升，为建设现代化新青海作出了积极贡献。

一、坚持党的绝对领导，确保检察工作正确方向

我们始终坚持检察机关政治属性，把检察工作置于党的绝对领导之下，在落实重大部署、完成重大任务中厚植忠诚本色。

坚定捍卫“两个确立”。深入学习贯彻党的十九大和十九届历次全会精神，扎实推进“两学一做”常态化长效化，深入开展“不忘初心、牢记使命”主题教育，精心组织党史学习教育，引导检察干警树牢一切检察工作“从政治上看”的意识，深刻领会“两个确立”的决定性意义，以实际行动践行“两个维护”。

坚决贯彻党中央决策部署和省委工作要求。把贯彻落实习近平总书记重要指示精神和党中央决策部署作为重大政治任务，制定《关于中央领导同志和省委、高检院领导同志指示批示精神督查落实办法》，印发任务分解清单推动《中共中央关于加强新时代检察机关法律监督工作的意见》和省委若干措施贯彻落实，围绕省委“一优两高”战略和打造生态文明“高地”、建设产业“四地”等重大决策谋划检察工作。

坚持把党的绝对领导贯穿检察工作全过程。认真贯彻《中国共产党政法工作条例》和我省实施细则，制定请示报告工作实施细则和重大法治事项请示报告规定，及时向省委和最高检请示报告检察工作重大事项、重点案件、重要部署，紧紧依靠党的领导推动工作、破解难题。完善省检察院党组工作规则，更好发挥把方向、管大局、保落实领导作用。

2022年，我们突出抓好党的二十大和省第十四次党代会精神的学习宣传贯彻，制定学习贯彻习近平总书记考察青海重要讲话和省第十四次

党代会精神、服务现代化新青海建设“22条意见”，印发通知对学习贯彻党的二十大精神、积极发挥检察机关法律监督职能作用作出部署。对全省检察机关落实习近平总书记考察青海重要讲话和省党代会精神等重点工作开展覆盖8个市州30余县（区）的调研督导，确保党中央和省委精神一贯到底、落地见效。

二、坚持服务大局，全力保障经济社会高质量发展

我们胸怀“国之大者”，紧扣党中央决策部署和省委中心工作，制定服务生态文明建设、民营经济发展、乡村振兴、社会治理等意见18项，在服务全省工作大局中积极履职尽责。

多措并举服务高质量发展。围绕落实“六稳”“六保”，与省公安厅联合开展涉民企刑事“挂案”清理，累计清理“挂案”19件，督促开展侦查8件；开展涉非公经济控告申诉案件清理和监督专项活动，办结相关案件103件；与省工商联建立沟通联系机制，帮助民营企业解决法律难题。起诉破坏社会主义市场经济类犯罪1343人，金融诈骗、破坏金融管理秩序犯罪328人。联合金融监管部门持续落实最高检“三号检察建议”。加强知识产权综合司法保护，起诉侵犯知识产权犯罪89人。

主动作为服务生态文明建设。制定实施意见，为青藏高原生态文明高地建设提供公益司法保护。与省公安厅、省自然资源厅、省生态环境厅等会签工作办法15项，沿黄、环青海湖地区检察机关建立生态环境与资源保护协作机制，设立三江源地区检察院，集中管辖全省跨区域环境资源类公益诉讼和刑事案件，生态检察保护更有力量。促进源头治理，办理生态环境领域公益诉讼3269件，督促修复被损毁耕地、林地、草原38.8万亩。落实最严保护制度，开展破坏生态环境资源犯罪立案监督及服务三江源国家公园建设专项检察活动，起诉污染环境、滥伐林木、非法捕捞等犯罪673人，同比增加55.4%。

能动履职助推社会治理。出台实施意见，助推我省地方治理体系和治理能力现代化。强化诉源治理，结合办案制发社会治理检察建议1280份。针对毒麻药品管理及危险驾驶犯罪快速攀升等问题发出检察建议，推动前端解决问题。积极贯彻宽严相济刑事政策，认罪认罚从宽适用率保持在85%以上。深化打造“枫桥经验”青海检察版。与省司法厅、省律协建立定期会商机制，组织律师参与接待信访500余件。落实“谁执法谁普法”的普法责任制，发布典型案例143件，以典型案例引领法治、促进治理。从2021年起，向省委专门报告年度法律监督工作情况，主动当好党委法治“参谋”。

2022年，我们会同8家省级单位全面推开涉案企业合规改革试点工作，办理合规案件10件，推动企业依法合规经营。省检察院成立知识产权检察办公室，强化知识产权综合司法保护。在三江源地区、环青海湖区域、祁连山南麓青海片区探索开展生态环境公益诉讼巡回检察，全年共开展巡回检察3次，办理青海湖裸鲤保护等公益诉讼案件69件。落实最高检“八号检察建议”，批捕安全生产类犯罪4人、起诉6人。

三、坚持稳字当头，助推更高水平平安青海建设

我们认真贯彻总体国家安全观，依法严厉打击惩治各类刑事犯罪，批准和决定逮捕15669人，提起公诉31510人，努力维护国家安全、社会安定、人民安宁。

坚决维护国家安全和社会稳定。严厉打击渗透破坏、煽动分裂国家、宣扬恐怖主义极端主义等危害国家安全犯罪，加强涉藏州县敏感节点涉检维稳工作。严惩严重刑事犯罪，批捕抢劫、故意杀人、绑架、强奸、涉枪涉爆等严重暴力犯罪1440人、起诉1723人；批捕盗窃、诈骗、抢夺等多发性侵财犯罪5760人、起诉7538人；批捕偷拐骗、黄赌毒等犯罪7829人、起诉10048人；批捕涉疫犯罪24人、起诉32人，让人民群众安全

感更加踏实、更有保障。

深入推进扫黑除恶专项斗争。专项斗争期间批捕涉黑恶犯罪717人，起诉1130人，8个集体获评全国、全省扫黑除恶先进单位，23名干警获得表彰立功。坚持“是黑恶犯罪一个不放过，不是黑恶犯罪一个不凑数”，省检察院对涉黑和重大涉恶案件统一把关，与省法院、省公安厅联合制定统一办案标准，依法追捕追诉76人，不认定黑恶犯罪34人。依法办理“8·07”日月山埋尸案等一批全国有影响的涉黑恶大要案件。

合力推进反腐败斗争。全力配合国家监察体制改革，顺利完成全省检察系统反贪反渎职能、人员转隶，加强与监委配合制约，形成反腐合力。受理各级监委移送审查起诉案件978人，起诉627人，其中厅局级21人，县处级75人。坚持行贿受贿一起查，起诉受贿犯罪172人、行贿犯罪95人。依法履行司法工作人员相关职务犯罪侦查职能，查办徇私枉法、滥用职权等犯罪67人，起诉28人，有力维护司法公正。

2022年，我们汲取唐山打人恶性案件教训，在全省检察机关部署开展惩治涉黑恶犯罪“回头看”专项行动，聚焦2020年以来故意伤害、寻衅滋事、非法拘禁、聚众斗殴四类案件，集中梳理排查涉黑恶犯罪分子和“保护伞”漏网之鱼，发现相关问题线索204件，排查出涉嫌违法犯罪重点人员82人，制发检察建议35份。认真做好检察环节维稳安保信访工作，省检察院领导带头包案化解陈年积访案件3件，为党的二十大和省第十四次党代会胜利召开创造安全稳定的政治社会环境。

四、坚持检察为民，扎实办好检察民生实事

我们坚持以人民为中心的发展思想，践行司法为民初心，认真办好群众身边的“小案”“小事”，以检察履职纾解人民群众急难愁盼问题，助力增进民生福祉。

全力守护群众身边安全。加强弱势群体权益保护，批捕侵害妇女、儿童、老年人、残疾人等特殊群体合法权益犯罪2430人、起诉3530人。起诉制售有毒有害食品、假药劣药等犯罪87人，办理食药领域公益诉讼案件1339件，惩治高空抛物犯罪行为，联合开展窨井盖治理，督促更换、修复问题窨井盖1750个，守护老百姓“舌尖上”“头顶上”“脚底下”安全。积极参与“断卡”专项行动，起诉电信网络诈骗、非法集资等犯罪427人，守好老百姓的“钱袋子”。常态化开展支持农民工讨薪专项行动，支持起诉讨薪维权642件，帮助追回欠薪7181.3万元，起诉拒不支付劳动报酬犯罪55人。

积极回应群众司法诉求。认真落实群众信访“件件有回复”制度，对全部10625件信访实现七日回复率、三个月答复率两个100%。开展信访积案专项清理，化解27件重复信访案件。加大司法救助力度，对930名生活陷入困境的被害人及其近亲属救助2659.8万元，救助人数和金额逐年增长，连续三年实现省域全覆盖。通过公益诉讼检察促成省内部分地区巡游出租车安装计价器，得到省委领导批示肯定。会同有关部门和公交企业推动现役军人、残疾人、消防救援人员免费乘坐公交车政策省域全覆盖。主动服务国防建设，起诉危害国防利益、侵犯军人军属合法权益犯罪11人，办理国防和军事领域公益诉讼14件，推动修缮烈士纪念设施273处，用情用法服务“最可爱的人”。

精心呵护未成年人健康成长。持续落实最高检“一号检察建议”，开展“检爱同行、共护未来”法律监督专项行动，“零容忍”打击侵害未成年人犯罪，批捕842人、起诉1247人。对涉嫌犯罪的未成年人，坚持依法惩戒，做好教育帮扶，附条件不起诉178人，有9人经帮教考上大学。会同公安、卫健委等部门推动强制报告、入职查询制度落地，建成“一站式”办案场所13处。各级检察长、副检察长均担任中小学法治副校长，开展法治讲座535场次。

2022年，我们开展支持农民工讨薪“检察蓝”专项行动，帮助农民工追回欠薪4757万元。开展司法救助助力巩固拓展脱贫攻坚、加强困难妇女群体救助两个专项活动，救助困难妇女和未成年人149人，发放救助金390.4万元。部署开展打击整治养老诈骗专项行动，批捕20人。海北州检察院一揽子化解13件10年以上的陈年行政争议，实现案结事了人和。

五、坚持强化法律监督，全力维护社会公平正义

我们树立双赢多赢共赢理念，忠实履行法律监督职责，加大各类审判、执行活动监督力度，创新社会公共利益保护法律监督方式，努力让人民群众在每一起司法案件中感受到公平正义。

构建法律监督新格局。积极适应反贪反渎转隶、检察职能调整和司法体制改革需要，按照“讲政治、顾大局、谋发展、重自强”的新时代检察工作要求，完成内设机构重塑性改革，推动全省检察工作转型发展，推动形成刑事、民事、行政、公益诉讼“四大检察”“十大业务”全面协调充分发展新格局，检察机关法律监督工作迎来新的发展契机。

完善监督制约新机制。省检察院制定检察官权责清单、刑事错案责任追究等配套制度13项，设定入额院领导带头办案的数量底线和质量要求，检察官主体地位更加凸显。强化检察委员会、检察长、业务部门负责人监督把关责任，完善案件管理、检察官联席会、案件质量评查等制度，内部监督更加有力。健全检察官业绩考评机制，建立员额动态管理机制，组织遴选2批142名检察官，因不能胜任退出员额18人。

提升法律监督新质效。刑事检察更有质量。共督促立案295件、监督撤案197件；追加逮捕158人、追加起诉320人；不批捕4123人、不起诉4506人，诉前羁押率逐年下降；提出抗诉261件，抗诉率居全国前列；“案－件比”优化至2022年的1.15；监督纠正不当减刑、假释、暂予监外执行1134人次，对全省8所监狱全覆盖巡回检察，探索开展看守所、社区矫正机构巡回检察；成立西平地区检察院，统一履行我省监狱刑罚执行活动监督职责。民事行政检察监督更加精准。共审查受理各类民事检察监督案件8371件、行政检察监督案件1063件，提出抗诉和再审检察建议98件。办理监督虚假诉讼案件156件，有效化解行政争议28件。与省法院建立民事行政诉讼监督案件正卷、副卷一并调阅制度，增强监督实效。公益诉讼检察更富成效。省人大常委会出台《关于加强公益诉讼检察工作的决定》，20个市州、县区党委、人大常委会同步出台决定决议，形成公益诉讼检察“青海模式”。会签各类协作配合机制意见21项，立案办理公益诉讼案件6470件，发出检察建议3996件，提起诉讼201件，办案质量稳居全国前列。

2022年，我们印发学习宣传贯彻习近平法治思想工作方案，深入推进检察工作“质量建设年”，在全国省级检察院层面率先制定《检察工作“质量建设年”实施意见》，对照最高检确定的60项业务指标，提出“跳一跳够得着”的质量目标，推动各项检察业务达标提质。与省公安厅建立省级层面侦查监督与协作配合办公室，推进全省全覆盖和实质化运行。开展司法行政强制隔离戒毒检察监督试点工作。制定《关于办理民事行政提请抗诉案件的规定》《司法办案廉政风险防控措施》，从源头上严防滥用职权、违规办案。2022年我省检察机关有10项办案指标排名全国前列，其中4项指标从排位靠后或末位上升至前列，案件管理工作主要评价指标整体排名居全国前5名，办案质效明显提升。

六、坚持从严治检，不断筑牢检察事业发展根基

我们落实“五个过硬”要求，坚定不移深化全面从严管党治检，努力打造忠诚干净担当的高

素质检察队伍。

坚持政治建设引领。自觉把学习贯彻习近平新时代中国特色社会主义思想和习近平法治思想作为首要政治任务，深入学习习近平总书记对政法工作、青海工作和检察工作的重要指示批示精神，举行全省干警全员参加的习近平法治思想、党的二十大精神、省第十四次党代会精神学习交流，组织全员培训和专题网络培训、专题讲座，以理论武装筑牢政治忠诚。

开展队伍教育整顿。落实党中央部署和省委要求，紧扣打造忠诚干净担当政法铁军主线，围绕学习教育、查纠整改、总结提升三个环节，整治顽瘴痼疾，清除害群之马，完善廉政制度，查纠各类顽瘴痼疾153个，处理处分问题干警42人，完善制度机制785项。严格落实防止干预司法"三个规定"，对过问或干预、插手司法办案等事项"有问必录"，三级院记录报告有关事项4252件。旗帜鲜明支持纪检监察部门履行职责，全省检察机关处理违纪违法人员95人。

加强业务素能建设。举办"实战＋实务"全员培训73期、培训12938人次。全面开展岗位大练兵、业务竞赛等活动，落实领导干部上讲台、检察官教检察官等制度，与省法院常态化举行教育培训周。19件案件被最高检评为典型案例，8人被最高检评为办案能手、业务标兵，156个集体、320名个人受到省级以上表彰，其中获全国性先进表彰的集体和个人20个。

坚持大抓基层导向。集中更多检力资源投向基层，为基层院争取落实专项资金6811万元，省、市州两级院挂派下沉基层院128人。建立领导联系基层、对口帮扶、结对帮扶3项机制，推动8个相对薄弱基层院"脱薄争先"，帮助玛多县检察院解决业务用房因地震受损问题，出台加强涉藏六州检察机关对口受援工作17条措施。推进统一业务应用系统2.0版、智能辅助办案、档案数字化等平台建设，检察工作智能化水平明显提升。

2022年，我们结合最高检党组巡视"回头看"，认真抓好省委约谈蒙永山问题专项整改，制定问题清单、任务清单、责任清单三个清单，扎实开展警示教育"六个一"活动，全面落实整改任务。深入开展作风查纠专项行动，制定作风建设"十条措施"，省检察院机关干警合计查找纠治作风建设具体问题4100条，机关作风为之一新。制定薄弱基层院脱薄工作方案及实施细则，建立"蹲点＋巡回"指导办案制度，组建检察官权益保障委员会。制定防止干预司法"三个规定"《实施细则》和《正负面清单》，誓将防干预、保公正进行到底。

各位代表，检察机关是专门法律监督机关，自己决不能置身监督之外。五年来，全省检察机关从发展全过程人民民主的高度，自觉接受人大监督、民主监督、履职制约和社会监督。我们深入学习贯彻中央和省委人大工作会议精神，认真对待代表委员审议报告、视察座谈提出的意见建议，逐一答复反馈并落实。我们加强代表委员联络，组织部分全国、省两级人大代表视察检察工作，邀请代表委员参加检察开放日和开展专题调研。2022年和2023年连续两年元旦刚过召开人大代表、政协委员、人民监督员座谈会、新闻媒体座谈会，听取意见建议。我们不断完善社会监督机制，自2019年起，省检察院每季度向社会公布主要办案数据，邀请人民监督员参与检察听证、检察办案，认真听取采纳律师意见建议。我们注重接受人民法院、公安机关制约监督，2022年对于人民法院判决无罪的案件和公安机关对不捕不诉的异议，省检察院派工作组逐案评查，举一反三、防止错漏。

各位代表，五年来，省委和全省各级党委高度重视检察工作，主要负责同志多次作批示、提要求，省委和全省8个市州党委出台加强新时代法律监督工作的专门文件，为检察履职提供有力保证。全省检察工作的发展进步，是省委和最高人民检察院有力领导的结果，是省人大及其常委会加强监督的结果，离不开省政府大力支持、省政协民主监督，离不开市州各级党政机关、人大代表、政协委员、社会各界和广大人民群众的关心支持，离不开各级监委和政法机关的支持配合。在此，我代表省检察院和全省各级检察机关表示衷心感谢和崇高敬意！

同时，我们也清醒认识到，工作中还存在一些缺点和问题。一是服务保障全省工作大局的意识、能力和实效有待进一步增强；二是法律监督职责履行还不够充分，不敢监督、不善监督的问题有待进一步改进；三是队伍能力素质和基层基础的短板有待进一步补齐；四是检察队伍纪律作风建设有待进一步加强。对这些问题，我们将认真推动解决。

2023 年工作安排

各位代表，党的二十大开启了新时代全面建设社会主义现代化国家、全面推进中华民族伟大复兴的新征程。党的二十大报告第一次专章部署推进法治中国建设、维护国家安全和社会稳定，第一次强调加强检察机关法律监督工作、完善公益诉讼制度，充分彰显了以习近平同志为核心的党中央对法治建设、国家安全、检察工作的高度重视，充分凸显了这三个工作领域在党和国家工作全局及战略布局中的重要地位，检察机关责任重大、使命光荣。全省检察机关要把学习贯彻党的二十大精神作为长期的政治任务，以高度的政治自觉、法治自觉、检察自觉贯彻落实省第十四次党代会精神和最高检工作部署，在奋力谱写全面建设社会主义现代化国家青海篇章中履职尽责。

——青海属西部内陆地区，加快高质量发展是谱写全面建设社会主义现代化国家青海篇章的首要任务。全省检察机关将坚持围绕中心、服务大局，依法惩治破坏社会主义市场经济秩序犯罪，平等保护各类市场主体合法权益，强化知识产权司法保护，推进涉案企业合规改革工作，努力营造法治化营商环境，为青海经济社会高质量发展提供有力司法保障。

——青海是三江源头、中华水塔，保护好青海生态环境，是习近平总书记的殷殷嘱托。全省检察机关将牢记“国之大者”，依法打击破坏自然资源和生态环境犯罪，扎实推进三江源地区、环青海湖区域、祁连山南麓青海片区生态环境公益诉讼巡回检察，助力国家公园创建专项行动，守护大美青海绿水青山。

——青海是国家安全的重要屏障、民族团结进步的示范区，维护国家安全稳定、促进民族团结进步，是青海肩负的重大责任。全省检察机关将扛牢主责主业，依法严惩危害国家安全犯罪，常态化推进扫黑除恶斗争，打击危害人民群众生命财产安全、影响社会稳定的犯罪行为，深化拓展“枫桥经验”青海检察版，巩固好青海社会稳定、民族和睦的大好局面。

——青海是全面实现社会主义现代化的重要战场，保障和改善民生、促进共同富裕，是全省人民的共同企盼。全省检察机关将忠诚践行检察为民理念，依法维护妇女、儿童、老年人、残疾人、农民工等特殊群体合法权益，用心用情办好事关群众切身利益的“小案”“小事”，促进解决好人民群众急难愁盼问题。

——青海是建设社会主义法治国家的重要组成部分，推动法治青海建设，是加快现代化新青海建设的内在要求和重要保障。全省检察机关将全面贯彻习近平法治思想，深入贯彻中央《意见》和省委若干措施，大力加强检察机关法律监督工作，促进严格执法公正司法、维护社会公平正义。

围绕上述目标任务，我们将持续深化理论武装，深入学习贯彻习近平新时代中国特色社会主义思想，学习贯彻党的二十大和省第十四次党代会精神，筑牢政治忠诚，坚决拥护“两个确立”，坚定践行“两个维护”；我们将持续深化检察工作“质量建设年”，强化检察业务能力建设，引导检察干警像工厂对待产品质量那样对待“检察产品”质量，努力提高检察工作质量水平；我们将持续深化队伍建设，巩固队伍教育整顿成果，落实防止干预司法“三个规定”，深化作风查纠专项行动，整治顽瘴痼疾，清除害群之马，严明纪律作风，打造忠诚干净担当检察队伍；我们将更加主动接受人大监督、民主监督、社会监督和各方面监督，完善监督制约机制，以监督促公正、以监督保廉洁。

各位代表，愿景美如画，奋斗路犹长。全省检察机关将更加紧密地团结在以习近平同志为核心的党中央周围，在省委和最高人民检察院领导下，认真贯彻本次大会决议，忠诚履职，勇毅前行，全力推动全省检察工作现代化，不断开创青海检察事业发展新局面，为奋力谱写全面建设社会主义现代化国家青海篇章作出新的更大贡献！

宁夏回族自治区人民检察院工作报告

——2023年1月14日在宁夏回族自治区第十三届人民代表大会第一次会议上

宁夏回族自治区人民检察院检察长　窦朝晖*

各位代表：

现在，我代表自治区人民检察院，向大会报告工作，请予审议，并请各位政协委员和其他列席人员提出意见。

过去五年工作回顾

五年来，在自治区党委和最高人民检察院坚强领导下，在自治区人大及其常委会有力监督下，全区检察机关坚持以习近平新时代中国特色社会主义思想为指导，全面贯彻党的十九大和十九届历次全会精神，深入学习宣传贯彻党的二十大精神，认真落实自治区党委工作部署和自治区十二届人大历次会议决议，忠实履行法律监督职责，办理各类案件117264件。2022年办理各类案件24850件，同比上升4.2%。其中，审查逮捕案件2117件，审查起诉案件7513件，诉讼活动违法监督案件11714件，公益诉讼案件2191件，刑事、民事、行政申诉案件1315件。

一、依法办理案件，全面履行法律监督职能

依法履行刑事检察、民事检察、行政检察、公益诉讼检察职能，不断完善监督机制、改进监督方式、提升监督质效，努力让人民群众在每一个司法案件中感受到公平正义。

刑事检察提质增效。认真履行对刑事案件犯罪嫌疑人审查逮捕、审查起诉职责，依法打击各类刑事犯罪，五年共批捕17715人、起诉41024人，较上一个五年分别下降12.6%和上升13.2%。监督公安机关立案1259件、撤案3418件；监督纠正漏捕、漏诉1832人；监督纠正侦查活动违法1229件；督促行政执法机关移送涉嫌犯罪案件线索544件，公安机关立案492件。青铜峡市检察院办理的“花某某合同诈骗撤案监督案”被评为全国检察机关“十大优秀立案监督案例”。加强刑事审判活动监督，对认为确有错误的刑事裁判提出抗诉437件，法院采纳率40.5%。对刑事审判活动违法情形提出纠正意见286件次，法院采纳率97.2%。加强刑事执行监督，监督纠正减刑、假释、暂予监外执行不当1083人，纠正刑罚执行与监管活动违法709件，纠正社区矫正违法953人。提出财产刑执行纠正意见873件，监督执行3.4亿元。贯彻宽严相济刑事政策和少捕慎诉慎押刑事司法政策，不捕率、不诉率从2018年的28.9%和10.0%分别上升到2022年的44.9%和28.5%。依法行使侦查权，立案侦查司法工作人员利用职权实施的侵犯公民权利、损害司法公正犯

* 2023年2月24日，全国人民代表大会常务委员会批准任命窦朝晖为宁夏回族自治区人民检察院检察长。

罪43人。

民事检察做精做强。全面贯彻执行《民法典》，依法履行民事诉讼监督职责，强化精准监督理念，审结民事生效裁判监督案件2918件。对认为确有错误的民事裁判提出抗诉277件，法院再审后原判改变率75.4%；提出再审检察建议366件，法院采纳率72.7%；对裁判结果正确作出不支持监督申请决定的2047件案件同步做好息诉服判工作，共同维护司法权威。依法履行民事审判和执行活动监督职责，针对违法和不当行为提出检察建议5589件，法院采纳率99.2%。连续4年开展虚假诉讼专项监督，以抗诉或检察建议方式监督纠正民间借贷、劳动报酬等领域"假官司"216件。与法院加强民事执行检察监督协作机制建设，共同破解"执行难"问题。

行政检察走深走实。加强行政诉讼监督，审结行政生效裁判监督案件775件，提出抗诉或再审检察建议22件，提出监督意见采纳率39.1%。依法履行行政审判和执行活动监督职责，提出检察建议1081件，法院采纳率99.4%。综合运用调查核实、公开听证、检察建议、司法救助等措施有效化解行政争议212件。固原市检察院开展多元化救助帮扶，推动一起超过20年的行政争议实现案结事了人和。专项监督法院未及时受理、不规范执行及行政机关怠于申请强制执行等非诉执行案件237件，其中土地执法领域77件，涉及土地面积769.5亩。中宁县检察院办理的"退还土地、拆除建筑物检察监督案"被评为全国检察机关"土地执法查处领域行政非诉执行监督优秀案件"。

公益诉讼检察扎实开展。认真落实自治区党委《关于支持检察机关全面开展提起公益诉讼工作进一步推动法治宁夏建设的意见》和自治区人大常委会《关于加强检察机关公益诉讼工作的决定》，积极履行公益诉讼检察职责，坚决维护国家利益和社会公共利益。在生态环境和资源保护、食品药品安全、国有财产保护、国有土地使用权出让等领域办理民事公益诉讼案件183件、行政公益诉讼案件4533件，办理的12件行政公益诉讼案件入选全国检察机关典型案例。积极稳妥拓展公益诉讼检察受案范围，五年来，在英烈权益保护、未成年人保护、军人荣誉名誉权益保障等9个新领域办理案件1822件。把诉前实现维护公共利益目的作为最佳状态，向行政机关发出督促履职检察建议5020件，推动公共利益受损问题有效整改。提起刑事附带民事公益诉讼案件112件，均获法院裁判支持。

扫黑除恶斗争纵深推进。依法开展扫黑除恶专项斗争，坚持"是黑恶犯罪一个不放过，不是黑恶犯罪一个不凑数"，加强与公安机关、法院的相互配合、相互制约，三年专项斗争期间依法起诉涉黑涉恶犯罪154件1624人，其中起诉组织、领导、参加黑社会性质组织犯罪26件342人；监督公安机关立案58人，监督纠正漏捕、漏诉208人，监督纠正侦查活动违法30件；依法提出抗诉18件247人。依法公诉马荣富、吴建华等全国扫黑办挂牌督办案件。坚持"打伞破网""打财断血"，移送涉黑涉恶腐败及"保护伞"线索1425条，建议公安机关查封、扣押、冻结涉案财产3483.2万元，依法向法院移送涉黑涉恶财产38.3亿元。2021年常态化开展扫黑除恶斗争以来，起诉涉黑涉恶犯罪18件289人，移送涉黑涉恶腐败及"保护伞"线索222条。

社会治理深度参与。聚焦宁夏全域社会治理现代化部署要求，以落实最高人民检察院第一至八号检察建议为切入点，主动将办案职能向社会治理领域延伸。针对办案中发现的交通运输、矿产资源、建筑工程、粮食储备等领域问题，以及寄递违禁品防范、网络直播规范、粉尘和噪音防治、公民个人信息保护等民生领域问题，制发社会治理类检察建议3132份，推动建章立制，堵塞漏洞，实现治罪与治理并重。全区检察机关以"三个专项"强化安全生产溯源治理工作做法被评为全国检察机关落实"八号检察建议"典型事例。

二、全面深化改革，不断激发检察工作发展动能

牢牢把握改革正确方向，坚持系统观念、法治思维、强基导向，纵深推进司法体制改革和检察改革。

深化司法责任制综合配套改革。配合国家监察体制改革，顺利完成原反贪污贿赂、反渎职侵权和职务犯罪预防职能、机构、人员转隶。有序完成内设机构改革，增设公益诉讼、未成年人检察机构，形成“四大检察”“十大业务”工作格局，实现检察职能重塑、机构重组和机制重构。完善检察人员分类管理，建立落实检察官单独职务序列有关制度，健全检察官遴选和退出机制。完善聘用制书记员考核管理、薪酬待遇等制度，促进司法辅助人员队伍稳定。完善检察人员办案权责清单，推行案件质量终身负责制和司法过错责任追究制，真正使“谁办案谁负责、谁决定谁负责”落到实处。全区检察机关入额领导干部积极带头办理案件20225件，列席同级法院审判委员会1167人次。

强化检察权运行制约监督。认真落实政法领域执法司法制约监督体系、责任体系、权力运行机制改革要求，准确把握制约监督与依法独立行使职权的界限。深化检察院上下级领导监督责任，建立上下级检察院依法接续监督机制。严格落实检察官办案责任和检察委员会、院领导、部门负责人办案监督管理责任。常态化开展办案流程监控和案件质量评查，强化日常监管和定期通报。优化绩效考核制度，构建以办案质量和效果为核心的新型考评管理体系，促使检察官以“求极致”的精神办好每一起案件。

深入推进诉讼制度改革。实行刑事检察“捕诉一体”办案机制，实现市、县两级检察机关与公安机关侦查监督与协作配合办公室挂牌成立全覆盖，强化刑事诉讼全流程监督。协同完善监察执法与刑事司法衔接机制，对重大职务犯罪案件提前介入，提起公诉323人。积极适用认罪认罚从宽制度，适用率提高到89.9%，确定刑量刑建议提出率提高到95.9%，法院采纳率提高到98.3%。圆满完成认罪认罚控辩协商同步录音录像试点工作，灵武市检察院办理的“宋某军危险驾驶案”被最高人民检察院评为典型案例。积极推进刑事案件审查起诉阶段律师辩护全覆盖工作，宁夏试点经验在全国推进会上作交流发言。深化刑罚执行检察改革，对监狱、看守所实行“派驻+巡回”监督检察，实现交叉巡回检察全覆盖，探索对社区矫正巡回检察。在银川铁路运输检察院开展跨行政区划检察改革试点，集中管辖银川市、石嘴山市、吴忠市环境资源类一审刑事案件、民事案件、行政案件，以及银川市辖区一审行政诉讼检察监督案件。

积极探索数字检察改革。开展社区矫正等刑罚执行大数据法律监督，推动检察业务应用系统与“政法云”智能辅助办案系统有序对接。无人机取证和快速检测实验室助力公益诉讼检察精准精细。远程视频提讯、出庭、接访应用保障“无接触式”办案顺畅高效。上线运行检察业务应用系统2.0，优化流程管理、辅助办案和数据运用。自主研发的案件管理综合应用平台及检察官业绩考评系统获得国家专利。全区29个检察院建成标准化检察听证室，有序组织公开听证网络直播，以看得见、听得懂的方式，解开群众“心结”。全面启动律师互联网阅卷试点工作，律师阅卷从“最多跑一次”升级到“一次也不用跑”。

三、从严管党治检，锻造新时代高素质检察队伍

认真贯彻习近平总书记关于政法队伍建设重要指示精神，一体加强检察机关政治建设、业务建设和职业道德建设，着力锻造忠诚干净担当的过硬检察队伍。

以政治建设培根铸魂。坚持以习近平新时代中国特色社会主义思想武装头脑、指导实

践、推动工作，扎实开展“不忘初心、牢记使命”主题教育和党史学习教育，深入开展党的二十大和习近平总书记视察宁夏重要讲话指示批示精神“大学习、大讨论、大宣传、大实践”活动，教育引导检察人员筑牢政治忠诚，坚定理想信念，坚定不移走中国特色社会主义法治道路。严格落实意识形态工作责任制，弘扬社会主义核心价值观，强化对检察人员的教育、管理和监督。深入推动党建与业务工作融合发展，积极推进“五型”模范机关创建。

以素能建设夯基垒石。持续推动全区检察机关人才培养规划实施，贯彻落实“3331工程”，加强优秀年轻干部培养选拔。以开展检察机关“质量建设年”活动为载体，强化检察人员专业培训。开展法官、检察官、警察和律师等同堂培训28场次，助推法律职业共同体建设。组建扫黑除恶、巡回检察、职务犯罪侦查等领域人才库6个。聘请842名人大代表、政协委员、专家学者、行政机关人员、律师等担任特邀检察官助理、听证员，促进检察办案专业化、精细化。大力宣传新时代政法英模、先进典型和“身边的榜样”，弘扬正能量，展现新形象。向全区从事检察工作满30年的500名检察人员颁发“检察荣誉章”，提升职业荣誉感。

以作风建设除痼去疾。锲而不舍落实中央八项规定及其实施细则精神，持续纠治“四风”。严格执行新时代政法干警“十个严禁”和自治区加强作风建设“八条禁令”，制定实施纪律作风“十五条禁令”，规范检察人员言行。扎实开展政法队伍教育整顿，坚决清除害群之马，配合支持纪检监察机关查处全区违纪违法检察人员22人。坚决整治顽瘴痼疾，部署开展“就案办案、简单办案、机械司法”专项查纠整治活动，推动立行立改、溯源治本。常态化开展警示教育，以身边人身边事教育检察人员，做到警钟长鸣。持续从严落实防止干预司法“三个规定”，全区检察人员主动记录报告有关事项4424件。

各位代表，五年来我们主动把检察工作置于广泛监督之下，确保检察权正确行使。依法接受人大监督。主动向自治区人大常委会报告检察工作，专题报告公益诉讼检察、未成年人检察等工作；积极配合自治区人大常委会开展专项检查和调研；及时办理自治区人大常委会交办的建议4件。自觉接受民主监督。定期向自治区政协通报检察工作，认真听取意见；积极配合自治区政协开展全区法检“两院”司法体制改革工作民主协商调研；注重从民主党派、工商联选聘特邀检察官助理、听证员，参加专项检查、案件评查、公开听证；办理的12件政协提案均已办结答复。主动接受社会监督。尊重和保障律师依法执业，建立检察官与律师互督互评机制，开展专项监督活动；邀请400余名社会各界人士参加检察开放日等活动；定期向社会公布主要办案数据，公开法律文书和案件信息73610份，召开新闻发布会68场次；建立全区检察机关新媒体平台检民互动体系，发布检察信息36.2万条。

总结五年工作，我们深刻地体会到：坚持党的绝对领导始终是做好检察工作的根本保证。深刻领悟“两个确立”的决定性意义，坚决做到“两个维护”，在事关政治、事关大局的重大问题上，头脑清醒、立场坚定、旗帜鲜明；以高度的政治自觉、法治自觉、检察自觉坚定不移落实党中央决策部署及自治区党委工作要求，深化落实《中共中央关于加强新时代检察机关法律监督工作的意见》和自治区党委《实施意见》，严格执行《政法工作条例》和《重大事项请示报告条例》，主动向自治区党委及党委政法委请示报告194次。坚持服务大局始终是检察工作的政治责任。坚定不移贯彻总体国家安全观，按照自治区党委统筹发展和安全的部署要求，认真做好防风险、保安全、护稳定、促发展各项工作，依法惩治各类刑事犯罪，积极参与更高水平的平安宁夏建设；制定落实20条意见服务保障黄河流域生态保护和高质量发展先行区建设，开展“携手清四乱、保护母亲河”专项行动；制定落实服务保障民营经济健康发展14条措施，优化法治化营商环境；依法惩治各类影响农村社会稳定、侵害农民合法权益犯罪，助力脱贫攻坚和乡村振兴。坚持司法为民始终是检察工作的重要使命。坚持以人民为中心，依法严厉打击危害食品药品安全犯罪，积极办理食品药品安全领域公益诉讼案件，保障千家万户“舌尖上”安全；严厉打击电信网络诈骗、养老诈骗等犯罪，保障人民群众“钱袋子”安全；精心呵护未成年人健康成长，坚持惩戒涉罪未成年人“宽容不纵容”，督促抓好强制报告、入职查询、从业禁止等制度落实；依法保障妇女、残疾人、进城务工人员、军人军属等特殊群体合法权益。坚持维护公平正义始终是检察工作的法定职责。牢牢把握国家法律监督机关的宪法定位，深化落实“双赢多赢共赢”“在办案中监督、在监督中办案”等检察工作理念，加大法律监督力度，强化人权法治保障，推动严格规范公正文明执法，有效防范冤假错案，严守维护公平正义最后一道防线，不断提升司法公信力。这些重要启示，必将激励着全体检察人员矢志不渝、勇毅前行，更好地为全区经济社会高质量发展作出积极贡献。

回顾五年实践，全区检察工作取得了全方位进步。135个集体、157名个人受到自治区级以上表彰，石嘴山市检察院第二检察部荣获全国“人民满意的公务员集体”荣誉称号，11个检察院被命名为全国文明单位，涌现出全国模范检察院、全国先进基层检察院、平安中国建设先进个人、全国“双百”政法英模、全国扫黑除恶专项斗争先进个人、全国模范检察官等一大批先进典型。这些成绩的取得，根本在于习近平总书记的掌舵领航，根本在于习近平新时代中国特色社会主义思想的科学指引，也离不开自治区党委和最高人民检察院坚强领导，离不开自治区人大及其常委会有力监督，离不开自治区人民政府大力支持，离不开自治区政协民主监督。各位人大代表、政协委员的监督、关心和支持，为我们推进工作提供了强大动力。在此，我代表自治区人民检察院表示衷心感谢，并致以崇高敬意！

面对新形势新任务新要求，我们也清醒地认识到，全区检察工作仍然存在一些问题和不足：一是服务经济社会发展大局的思路和举措有待进一步深化细化实化；二是法律监督的力度还不够强，法律监督职能作用发挥还不够充分；三是数字赋能提升法律监督质效还有待于进一步统筹推进；四是检察人员政治素质、业务本领和纪律作风与新时代检察工作高质量发展的要求还不能完全适应，全面从严治党工作还需持续深化。对于这些问题，我们将高度重视，紧盯不放，强化整改。

2023年工作安排

2023年，全区检察机关将坚持以习近平新时代中国特色社会主义思想为指导，深入学习贯彻党的二十大精神，全面贯彻习近平法治思想，紧紧围绕自治区第十三次党代会各项部署，主动服务全区统筹发展和安全工作大局，强化法律监督，依法能动履职，服务保障“三区建设”“四新任务”“五大战略”，努力为全面建设社会主义现代化美丽新宁夏创造安全稳定的政治环境、安居乐业的社会环境、公平正义的法治环境。

第一，坚持党对检察工作的绝对领导。加强党的政治建设，常态化长效化开展党史学习教育，持续深入开展党的二十大和习近平总书记视察宁夏重要讲话指示批示精神“大学习、大讨论、大宣传、大实践”活动，深刻领悟“两个确立”的决定性意义，增强“四个意识”、坚定“四个自信”、做到“两个维护”，自觉在思想上政治上行动上同以习近平同志为核心的党中央保持高度一致。坚持不懈强化理论武装，自觉践行习近平新时代中国特色社会主义思想的世界观和方法论，坚持运用贯穿其中的立场观点方法指导检察实践，教育引导检察人员坚定不移走中国特色社会主义法治道路。

第二，能动履职服务保障发展大局。贯彻总体国家安全观，坚决维护国家政治安全和社会大局稳定。常态化推进扫黑除恶斗争，严惩严重暴力犯罪、重大经济金融犯罪，精准治理影响群众安全感的突出问题。依法防范、惩治电信网络诈骗活动，推动健全网络综合治理体系。持续落实服务民营经济14条措施，全面推进涉案企业合规改革，在办案中依法平等保护各类市场主体。强化知识产权综合司法保护，助力创新驱动发展。贯彻《黄河保护法》，在先行区建设特别是生态环境保护中更好发挥公益诉讼检察的服务保障作用。积极参与市域社会治理现代化试点，全面准确贯彻宽严相济刑事政策，统筹落实少捕慎诉慎押刑事司法政策和认罪认罚从宽制度，跟进落实最高人民检察院第一至八号检察建议，推动诉源治理。

第三，依法守护人民群众美好生活。坚持司法为民，深化“公益诉讼守护美好生活”等专项监督，依法办理食品药品等领域公益诉讼案件，积极参与“反诈人民战争”，严厉打击整治养老诈骗犯罪，守护人民群众生命健康和财产安全。巩固提升群众信访“件件有回复”成果，持续化解信访积案，办好司法救助、支持起诉、行政争议实质性化解、未成年人综合司法保护等检察为民实事，增进民生福祉。加大国防和军事领域公益诉讼检察办案力度，坚决维护国防利益、军人军属合法权益、英雄烈士名誉。

第四，强化新时代检察机关法律监督。坚决落实党的二十大关于“加强检察机关法律监督工作”“完善公益诉讼制度”重要部署，推进“四大检察”“十大业务”一体融合发展，深化执法司法权制约监督，保障国家法律统一正确实施。健全行政执法与刑事司法衔接机制，深化侦查监督与协作配合机制，强化对刑事、民事、行政诉讼活动的法律监督。深化拓展公益诉讼检察保护国家利益和社会公共利益职能作用。加强与监察机关衔接配合，深化标本兼治、系统治理，更好服务反腐败斗争大局。依法办理检察机关立案侦查司法工作人员职务犯罪案件，切实维护司法公正。

第五，推进检察工作自身现代化建设。牢牢把握中国式现代化、政法工作现代化的本质要求和重大原则，进一步深化司法体制改革和检察改革，全面准确落实司法责任制，不断提高办案质效和司法公信力。强化人才培养，加快理念转变、知识更新、素能培训、岗位练兵，科学评价检察人员工作业绩，持续抓实薄弱基层检察院“脱薄攻坚”，加强大数据赋能法律监督和检务管理工作，不断夯实检察事业发展基础。全面落实新时代党的建设总要求，一刻不停推进全面从严治党，以自我革命精神巩固深化政法队伍教育整顿成果，常态化开展顽瘴痼疾排查整治，严格落实防止干预司法“三个规定”，规范司法权力运行，持续锻造忠诚干净担当的新时代高素质检察队伍。

各位代表，置身全面建设社会主义现代化国家、全面推进中华民族伟大复兴新的伟大征程中，全区检察人员深感使命光荣、责任重大，我们将更加紧密地团结在以习近平同志为核心的党中央周围，在自治区党委和最高人民检察院领导下，在自治区人大及其常委会监督下，认真落实本次大会决议，踔厉奋发、笃行不怠，团结奋斗、真抓实干，依法能动履行法律监督职能，以检察工作现代化服务中国式现代化，为全面建设经济繁荣、民族团结、环境优美、人民富裕的社会主义现代化美丽新宁夏提供有力法治保障！

第四部分

法治中国建设案例选编

FAZHI ZHONGGUO JIANSHE ANLI XUANBIAN

北京市门头沟区人民检察院
凝聚新力量，逐梦向未来

门头沟区，隶属北京市，总面积 1447.85 平方公里，1958 年 5 月，京西矿区撤销，区境定名为门头沟区。门头沟区是具有优良革命传统的老区、第三批“绿水青山就是金山银山”实践创新基地、国家水生态文明试点城市、第四批国家生态文明建设示范市县、第二批国家全域旅游示范区、全国农村生活污水治理示范区、第三批节水型社会建设达标区、2021—2023 年创建周期全国文明城市提名城市、传统村落集中连片保护利用示范县。截至 2021 年，门头沟区下辖 9 个镇、4 个街道，常住人口 39.6 万人。

全力推动区域法治政府建设

在门头沟区委、北京市人民检察院的坚强领导和区政府的大力支持下，门头沟区检察院牵头起草的《北京市门头沟区“检察 + 行政”府检联动推动法治政府建设示范创建工作方案》（以下简称《工作方案》）以区委全面依法治区委员会名义印发。北京市党组书记、检察长朱雅频和北京市门头沟区区委书记喻华峰对此项工作均高度重视、充分肯定，并作出重要批示。7 月 4 日，朱雅频检察长批示：“门头沟区委全面依法治区委员会印发的《工作方案》，突出法治建设各方面

我院召开“‘检察 + 行政’府检联动推动法治政府建设示范创建工作落实”专题座谈会

门头沟区人大、政协领导调研我院府检联动工作

有机衔接、联动集成、协同协调要求，为检察履职提供政治保障和工作指引。检察机关要提高政治站位，增强政治自觉，以检察履职成效服务法治政府建设示范创建工作。”喻华峰书记批示：“府检联动机制要进一步深化、完善，形成我区特色。”

该机制坚持首都特色和首善标准，旨在以《工作方案》等形式凝聚依法治区合力，推动区域行政机关依法行使职权，探索完善法律监督外部长效机制，系在北京市首创的特色做法，主要亮点如下：

一是创新“三道加法”联动模式，汇聚法治政府建设“同心圆”。联合司法行政机关开展执法规范性专项评查和专项整治等工作，通过“行政执法＋刑事司法”双向衔接、“行政执法＋行政检察”联动互促、“行政检察＋行政执法监督”有机贯通的“三道加法”，推动执法、司法、监督三个层面联动衔接，实现行政行为规范化程序化法治化。

二是形成“三项联通”落实举措，架起法治政府建设“连心桥”。对标党委关注、政府关心、群众关切问题，搭建问题沟通、法治解决的桥梁。聚焦“七有”“五性”需求，以“12345+12309”联通民生热线与检察热线，融合解决历史遗留等疑难问题；聚焦“科技强区”战略部署，以“检

开展府检联动系列培训

察官联络室”联通法律服务与市场主体，建立优化营商环境定点法律服务“绿色窗口”，为企业提供定制式法律服务；聚焦行政执法体制改革形势，以“检察官＋镇街委员＋司法所长”联通区域治理与基层执法，通过“一对一联络”深入基层，发现检察监督线索，主动为基层政府决策、涉法涉诉问题解决提供专业助力，实现共促基层政府建设合力。

三是聚焦“三个实效”检验成果，构建社会治理“大格局”。围绕法治政府建设工作要求，聚焦建立高水平、制度化的治理体系，注重从纠纷化解、溯源治理与法治意识培育三个方面检验工作成效，以提升社会治理效能。聚焦定分止争化解争议，通过“检察＋行政”联合发力建立事前

调解、案中和解和事后化解的纠纷解决机制，最大限度把矛盾纠纷化解在基层；聚焦综合治理消除隐患，通过“检察＋行政”强化对关涉群众切身利益的重大项目、决策风险评估，“抓前端、治未病”，针对执法办案发现的普遍性、苗头性问题提出完善对策建议，“抓末端、治已病”；聚焦宣传教育推动普法，通过“公检法司”实战联训平台和“府检联学”机制提升区域执法司法专业性，积极推动“检察＋行政”联合普法工作，实现法治政府和法治社会双促进。

下一步，我院将继续主动对标区域大局和转型发展实际需求，全力推动《工作方案》落地落实，以检察工作高质量发展服务保障区域经济社会高质量发展。

持续擦亮“生态检察＋”品牌

为深入贯彻党的二十大精神，践行习近平生态文明思想，以高质量检察履职服务区域绿色发展，2023年4月3日，我院召开发布会，邀请全国、市、区人大代表、政协委员、专家学者，向社会发布《北京市门头沟区生态检察白皮书》。与会人大代表、政协委员和专家学者对我院以高质量生态检察履职守护绿水青山门头沟建设的举措和成效给予了高度认可，对发布的典型案例进行了专业点评，并从各自工作领域为我院生态检察工作建言献策。

白皮书主要包括四方面内容，分别为生态检察案件办理总体情况、主要做法及成效、工作展望和典型案例，全面展示了我院近两年生态检察工作取得的新成效。

以区域发展为基，奋力谱写门头沟绿色发展新篇章。通过白皮书形式系统梳理、及时公布区域生态环境领域案件类型占比，采取的强制措施种类及线索来源等基本情况，归纳分析总结区域多

《门头沟区生态检察白皮书》发表会现场

我院党组书记、检察长闫俊瑛带队实地考察

我院联合门头沟区园林绿化局、属地镇政府举行公益诉讼生态修复基地揭牌仪式

发易发常发的生态环境问题，不断提升生态检察工作和区域治理需求的适配性，以更强履职推动区域生态文明建设走深走实。目前我院已推动21个行业共完善制度文件13份，推动出台《门头沟区生态环境损害赔偿资金管理办法》等规范性指引，加强环首都西部生态带四院检察共建，以司法协作的“互联互通”实现生态环境的“共建共保”。

以品牌引领为要，合力构建生态大保护新格局。激发“生态检察+”品牌效应，完善相关机制保障，不断增强生态领域检察工作的融合性与协同性，加强行刑衔接力度；延伸监督触角，逐步建立以自然保护区为固定联络点和以护林员、巡河员为移动联络点的基层联络机制，拓宽线索来源，打通基层社会治理的“最后一公里”；综合运用磋商、制发检察建议、调解结案等方式促进矛盾纠纷化解，督促行政机关依法高效履职，最大限度凝聚生态公益多方保护合力。

以司法为民为本，着力打造特色普法新阵地。践行“恢复性司法”理念，运用“公益诉讼守护美好生活”“首都生态涵养区生态环境保护公益诉讼”等专项监督活动方式，集中办好生态公益案件，解决百姓急难愁盼，持续打好蓝天、碧水、净土保卫战；发挥好全市首个公益诉讼生态修复基地功能，将预防、惩治与修复融于一体，多措并举督促行为人积极赔偿损失、主动修复受损的生态环境；坚持法治化服务，依托法治副校长及法治宣讲员队伍，开展生态法治宣传进机关、进校园、进社区、进景区、进林场、进水库、进自然资源保护区等活动，积极编发修订区域重点保护动植物识别手册，用生动多样的普法宣传提升群众生态保护意识，引领区域精神文明新风尚。

院党组成员为护林员、巡河员颁发志愿服务聘书

今后，我院将聚焦门头沟生态涵养区建设，继续能动履行公益诉讼检察职能，为绿水青山门头沟高质量发展贡献检察力量。

（供稿：门头沟区人民检察院）

河北省故城县人民检察院督促保护环境行政公益诉讼案

近年来，故城县人民政府与故城县检察院在“府检联动”机制大框架下，进一步细化实化工作措施，联合制定了《关于建立“府检联动·公益检察”工作机制护航美丽故城建设专项行动的实施意见》（以下简称《实施意见》）。该《实施意见》紧紧围绕“燕赵山海·公益检察”确定的大气环境、水环境、土壤环境、生态资源等领域重点方向，将“府检联动·公益检察”协作机制一体纳入县级创新改革部署统筹推进，明确双向通报交流、共同研究决定等联动事项，完善备案和监督工作保障机制及打击环境违法犯罪、开展环境行政违法行为监督等协作配合机制，有效促进行政机关依法履职，积极推动诉源治理，切实增强人民群众的获得感、幸福感、安全感。

青罕镇摩擦材料典型案例

基本案情：2022年4月初，河北省故城县人民检察院（以下简称故城县检察院）在履行职责中发现，位于该县青罕镇吴夏庄村北高速公路东侧一深约5米的土坑内，有大量刹车片废料、粉末、包装物等固体废物，占地面积约1.5亩，在雨水浸泡下呈灰黑色，散发刺鼻味道，严重污染当地生态环境，社会公共利益受到严重侵害。

调查和督促履职：2022年4月8日故城县检察院决定立案调查。经调查，了解到摩擦材料制品（俗称刹车片总成）是故城县青罕镇历经30余年培育的地方传统产业，现有注册企业60家，年总产值约1.6亿元。同时，企业生产中产生的工业废料每年约110余吨，大部分被倾倒于该县青罕镇吴夏庄村北高速公路东侧土坑内，占地面积约1.5亩，对周边居民生活环境及农作物生长造成较大影响，社会公共利益受到严重损害。在充分调查核实的基础上，2022年4月11日，故城县检察院向青罕镇政府发出诉前检察建议：一是

对该处固体废物倾倒点及时进行清理，修复被破坏的生态环境；二是加强对相关企业的常态化监管，建立长效治理机制，从根本上解决工业废料随意倾倒问题。

收到检察建议后，青罕镇政府高度重视，立即研究整改方案，部署整改工作，镇政府分管领导亲自组织，将百余吨固体废物运至砖厂粉粹再利用。对原址进行彻底清理并覆土复绿，于5月31日书面回复故城县检察院。6月2日故城县检察院对现场整改落实情况进行“回头看”，并与青罕镇政府、县生态环境局、行政审批局、企业代表召开座谈会，会商后续常态化监管对策。座谈中与会人员普遍认为，青罕镇摩擦材料生产企业众多，作坊式生产方式导致行业管理不规范、生产工序流程不统一、废料收集处理不规范。主要原因：一是该类工业废料一直没有规范的处理方法，废料随意倾倒已成惯例；二是刹车片企业多为小规模作坊式生产，自行处理废料成本过高，企业难以负担；三是集中收集粉碎再利用难以通过环评，没有企业愿意主动承担。

针对上述问题，故城县检察院依据故城县《关于建立府检联动机制的实施意见》，开始筹划推动建设专门固废处理车间，实现集中科学处理，资源循环利用，这既为企业纾困解难，也从根本上消除污染隐患。鉴于涉及多个行政部门间的协作配合和企业利益等现实问题，故城县检察院首先与青罕镇政府沟通协调并征询相关企业意见，建议镇政府牵头成立由60家企业入会的行业协会，建立章程，督促行业自律，同时确定由实力较强的衡水天业摩擦材料有限公司承担起筹建固废集中粉碎处理车间的责任，实现工业废料的循环利用。在建设选址、环评增项以及行政审批过程中，故城县检察院多次协调环保、行政审批、自然资源等部门，召开联席会，寻求政策支持。经过一个多月的不懈努力，青罕镇于2022年6月29日正式建成固废集中粉碎处理车间，并投产运营。废料经处理后作为再生料添加使用，企业因此增收达20万元。这不但实现了废料集中循环再利用、变废为宝、企业增收、解决了多年困扰企业的“老大难”问题，而且从根本上消除了随意倾倒工业废料污染环境隐患。为确保废料处置效果，故城县检察院协调县生态环境分局指导行业协会制定发布了《固体工业废物集中收处办法》，引导当地所有企业将工业固废交由该厂处理。

典型意义：随意倾倒固体废物，污染生态环境，关乎民生福祉，是美丽乡村建设的“大堵点”，检察机关积极作为，能动履职，坚持以人民为中心，充分发挥公益诉讼检察职能作用，在督促相关职能部门依法履行监管职责的同时，着眼治“已病”与治“未病”相结合，坚持诉源治理，积极协调各方，以“我管”促“都管”，察处废之乱，听企业呼声，寻问题症结，为企业纾困，促企业合规，护民生福址，推动实现固废循环再利用，体现了为大局服务、为人民司法的检察担当，实现了双赢、多赢、共赢。

（供稿：故城县人民检察院）

河北省唐山市曹妃甸区人民检察院

严风纪、讲担当、争一流

曹妃甸区，隶属河北省唐山市，1982 年河北省国营柏各庄农场改建为唐海县。2012 年 7 月，唐海县撤销并改设为唐山市曹妃甸区，自此曹妃甸完成了从一个小岛的名字到一个县区地名的转变。

近年来，曹妃甸区人民检察院以习近平新时代中国特色社会主义思想为指导，积极贯彻新时代检察发展理念，围绕“三深入、两提升、三创建”奋斗目标，聚焦区委“33568”工作部署，积极履职，能动司法，以转变司法办案方式、提高办案效能为突破，以夯实基础建设、做细做深群众身边的“小案”，不断强化检察队伍建设，狠抓各项工作任务落实，努力为市域经济社会高质量发展贡献检察力量。该院先后被评为河北省先进基层检察院、河北省模范检察院等称号。

一、着力优化营商环境

聚焦全区“超千过百”和奋力当好“三个努力建成”排头兵目标，努力为经济社会高质量发展提供优质司法保障。在保障全区重点工作推进上主动作为。积极服务全区重点项目建设，联合区统战部、工商联等部门举办“企业刑事法律风险防范”系列讲座，为300余名企业家线上授课，以“订单式”服务方式送法进企业，帮助化解企业发展和项目建设中的法律风险。以“两法衔接”平台为枢纽，成立知识产权检察办案组，依法办理侵犯知识产权犯罪案件 1 件，增强知识产权检察保护质效，助推河北自由贸易试验区（曹妃甸片区）健康发展。稳步推进企业合规改革，与区工商联等 8 部门成立第三方机制管委会，联合印发《曹妃甸区涉案企业合规第三方监督评估机制实施办法》，依法依规办理涉案企业合规案件 2 件，协同打造“曹妃甸企业合规样板”。与区工商联会签《沟通联系机制》，邀请民营企业家代表 70 余人与检察长共同参加“检察开放日”活动，为推动企业经营管理升级、依法规范经营搭建高质量法律服务平台。

二、悉心做好未检工作

积极构建挽救涉案未成年人、救助未成年被害人、预防未成年人犯罪相结合办案模式，探索涉罪未成年人帮教“三个一”机制、被害人“一站式”救助、罪错未成年人“一体化”临界预防工作机制，用细心办理案件，用爱心呵护成长，用真情教育挽救。组织干警以法治副校长身份“走出去”到学校开展讲座、模拟法庭等系列活动，“请进来”代表委员、团委妇联及师生代表参加检察开放日活动，央视新闻频道做了报道。办理了全省首例未满 14 周岁未成年人故意杀人罪报请核准追诉案，最高人民检察院予以核准追诉，为全省适用报请最高人民检察院核准追诉程序提供了样板。办理了全市首例撤销监护权支持起诉案，其做法被《河北法制报》刊载。办理了全市首例未成年被害人精神损害赔偿支持起诉案，被省检察院评为河北省未检业务集中办理典型案例。

三、打造特色公益检察

全省检察机关“燕赵山海·公益检察”护航美丽河北建设专项监督开展以来，该院立足区域特色，深耕四个领域，落实八个一批，主动向区

揭牌成立全市首个海洋生态文明法治教育工作站

揭牌成立了唐山市首家生物多样性检察公益诉讼保护基地

增殖放流活动

委、人大、政府、政协汇报工作部署，最大限度争取了各方支持，让专项监督融入中国式现代化曹妃甸场景建设。同时不断加大宣传力度，采取法治宣讲、公开听证、公开宣告等多种方式让公益专项监督进社区、进学校、进企业，扩大社会知晓度、参与度。承办了天津、唐山、秦皇岛、沧州四地检察机关渤海海洋、湿地生态环境保护跨区域协作联席会议，完成了 390 万尾鱼苗的增殖放流，省院党组成员、副检察长赵智慧等多位领导参加活动并予以肯定。揭牌成立曹妃甸湿地和鸟类省级自然保护区生物多样性检察公益诉讼保护基地，打造全市首个“检察公益共建林”，综合运用宣传教育、补植复绿、异地修复、增殖放流等丰富多样的公益诉讼措施，积极引导相关责任主体及时修复治理受损生态环境，提升了公益监督工作质效。在生物多样性检察公益诉讼保护基地完成首次增殖放流，办理的柴某某等人掩饰、隐瞒犯罪所得刑事附带民事公益诉讼案追偿的 180 万生态修复金全部用于购买鱼苗投放湿地，以替代性方式修复受损的生态环境，被省院推荐到最高检参选典型案例，新华社等九家国内主流媒体宣传报道。

四、扎实推进诉源治理

把诉源治理作为促进社会和谐的重要举措。坚持问题导向，聚焦社会治理风险防范点，联合司法局、农业农村局、海警工作站制发《唐山市曹妃甸区涉海涉渔社区矫正对象外出活动意见》，积极探索涉海涉渔社区矫正检察监督方式，助推涉海涉渔社区矫正对象更好地回归社会、融入社会、服务社会，经验做法被最高检充分肯定，省、市两级检察院和《河北法制报》刊发，实现了政治效果、法律效果、社会效果的有机统一。依托“12309”检察服务中心，构建起从接访到化解的“一站式”工作闭环，共接待群众信、访、网、电 156 人（次），检察长接访 32 人（次），办理司法救助 77 人，发放国家司法救助金 72 万元，让涉案涉访群众充分感受到检察温度和人文关怀，1 件被省检察院评为全省控告申诉检察工作典型案例。

五、从严建设检察铁军

2022 年，该院以政法队伍教育整顿以来另案处理、批捕在逃、因事实不清、证据不足未批捕、存疑不起诉、网上显示超期、两次退补后无果等 6 类案件为重点，组织开展“透过案件找漏洞、举一反三大体检”专项活动，就法律监督不到位、法律文书制作不规范、案件办理质量不高等问题进行了专项检查；2023 年，为深入贯彻习近平总书记到河北调研时的重要讲话精神，以强有力的措施推进群众安全感及政法队伍满意度工作调度会议要求落地落实，该院组织开展了为期两个月的“严风纪、讲担当、争一流”专项活动，进一步转变纪律作风，争创一流业绩。经验做法被唐山市委常委、政法委书记来广普，唐山市委常委、区委书记侯旭等市区领导批示肯定。

（供稿：曹妃甸区人民检察院）

山西省古交市人民检察院
勇于探索，交出赤诚答卷

2022年，在上级检察机关和古交市委的坚强领导下，古交市人民检察院荣获全国“节约型机关”荣誉称号，继续保留了山西省文明单位、太原市双拥标兵单位等荣誉称号。《一份源于基层的“检察实践”—古交市检察院勇于探索交出“赤诚答卷”》被《山西法治报》专栏刊登。1人获得最高检表扬通报，2人进入太原检察院业务竞赛前十名，1人获得古交最美时代新人。

一、旗帜鲜明讲政治，在维护公平正义中坚守检察初心

坚持党的绝对领导。坚持以习近平新时代中国特色社会主义思想为指导，认真学习贯彻党的十九大、十九届历次全会和党的二十大精神，全年组织学习研讨16次，集体学习12次。

践行司法为民理念。与古交精神文明办、民政局联合印发《拟作相对不起诉案件的犯罪嫌疑人履行具结义务实施办法》，建议刑法未规定罚金刑案件中的被不起诉人（6人）主动至古交新时代文明实践服务中心进行公益服务，建议刑法规定罚金刑的（38名）被不起诉人自愿将（14万元）公益基金缴纳至古交市民政综合服务中心用作助老、助困、助孤。

精心助推检律协作。与古交市司法局出台《关于加强检律协作工作实施意见》，挂牌“法律援助工作站”，设立律师“绿色通道”，该做法被《最高检第十检察厅控告申诉检察工作情况第19期》刊发为典型经验予以全国推广，并获得古交市委书记李卫平批示肯定。

关心关注弱势群体。办理民事支持起诉39件，帮助农民工讨薪62万余元。积极诉源治理，制发社会治理类检察建议，保障农民工工资17.5万元支付到位。与太原检察联合制作微动漫《新型毒品知多少》，得到最高检、中国普法、山西检察等多家媒体转发，点击量达100多万次。

二、立场坚定顾大局，在强化职责担当中捍卫检察使命

落实少捕慎诉慎押的刑事司法政策，诉前羁押率由80%降至37.5%，不捕率、不诉率高于全国平均水平0.31%和13.17%。办理的吕某、牛某等5人盗窃一案，充分发挥认罪认罚从宽制度优势，被选为太原检察“小案专题”典型案例。办理的胡某破坏军婚一案，维护了军人的合法权益，入选了最高检典型案例。开展涉案企业合规审查2件，《检察日报》将我院办理的涉案企业合规案件作为范例进行了宣传报道。在办理王某、武某非法采矿及康某、张某非法采矿这2起案件时融入认罪认罚、恢复性司法、公益诉讼、公开听证等工作，促进当事人主动恢复生态环境，逐步提炼形成地方入罪量刑标准，形成可推广、可复制的具有古交特色的工作经验。

三、开拓创新谋发展，在强化法律监督中筑牢检察屏障

刑事检察更为有力。制定了《侦查监督与协作配合办公室工作办法》，与古交市公安局联合制定《关于捕前分流工作的实施细则》《关于提前介入侦查工作的规定》，利用侦查监督与协作配合办公室做好提前介入和会商。全年对侦查活

古交市检察院、古县检察院联合开展主题党日活动

古交市检察院携手中国移动古交分公司签订党建"合创共建"协议

动违法监督71件，监督立案20件，监督撤案19件；审判活动违法监督4件，采纳率100%。办理的刘某某抢劫、放火、盗窃二审抗诉一案，罪名由盗窃罪、放火罪改判为抢劫罪、放火罪、盗窃罪，量刑由6年6个月改判至15年，该案被评选为2022年山西省检察机关刑事抗诉典型案例。

民事、行政、公益诉讼检察更为精准。共办理民事检察监督案件3件，支持起诉案件39件；办理行政非诉执行监督案件1件，行政违法监督案件2件，行政争议实质性化解案件14件。办理行政公益诉讼案件38件。

监检配合更为深化。出台《中共古交市委关于加强新时代检察机关法律监督工作的实施办法》，与古交纪委监委联合制定了《关于建立协作配合工作机制推动检察机关法律监督的实施办法》。规定了纪检监察机关发现相关单位或者个人在公益诉讼领域存在违法行使职权或怠于履行职责的行为，应当向检察机关移送相关线索。强调检察机关因落实少捕慎诉慎押刑事司法政策而作出不捕不诉决定的，一般不作为纪委监委案件检查评查的重点范围，推动少捕慎诉慎押制度走深向实。

四、驰而不息重自强，在夯实党建根基中提升检察公信

探索党建工作与业务工作深度融合，提出把支部建在"部门"的思路。创新党建活动，与临汾市古县检察联合开展红色主题党日活动，与古交纪委监委、古交法院共同开展党史红色研学活动，与古交移动签订党建"和创共建"协议，共同优化党建资源配置；在古交疫情严峻期，成立了抗疫临时党支部，28名干警奔赴屯兰街道屯乐苑社区协助疫情管控；深化党风廉政建设，出台了《古交市人民检察院向驻院纪检监察组移送问题线索实施办法》。严格落实"一岗双责"，常态化执行"三个规定"，全院主动记录报告15件；坚持做好检察宣传，古交检察微信公众号入选全省检察系统微信公众号指数分榜排名前20。

五、下一步工作思路

更加强化政治建设与业务建设深度融合。认真贯彻落实党的二十大和全国、全省检察长会议精神，对照市院党组提出的"全市检察工作要走在全省前列"的目标要求，全力保障古交太忻一体化项目强势落地。

更加强化维护安全与服务发展双重责任。继续抓好公开听证入村入企入社区，对古交地区多发的非法采矿类案件严厉打击，对破坏市场秩序类、侵财类等古交多发犯罪案件加大认罪认罚从宽力度，探索制定区域统一的量刑参考标准并向行政机关制发检察建议融入社会治理。

更加强化新时代法律监督工作。擦亮侦查监督与协作配合办公室品牌，以"检察大数据"建设赋能高质量发展。

更加强化能动履职打造高素质队伍。以"古检青蓝、滚石上山"系列讲座为依托，加大培养专业化人才力度，推动各项工作提档升级，努力以检察工作现代化服务古交经济发展现代化，为全市检察工作做出新的更大贡献！

（供稿：古交市人民检察院）

内蒙古自治区呼和浩特市人民检察院
主动融入社会发展大局，强化检察履职使命担当

2022年，呼和浩特市检察机关坚持以习近平新时代中国特色社会主义思想为指导，深入学习贯彻习近平法治思想和党的二十大精神，全面落实《中共中央关于加强新时代检察机关法律监督工作的意见》，对标对表市委及上级检察院各项工作要求，在党的绝对领导下能动履职，主动融入首府发展大局，以法治守护人民美好生活，全面推动检察工作高质量发展、各项工作取得新成绩。

打造企业合法权益保护“护城河”

（1）设立常驻机构，加强协作配合。为贯彻落实高检院与公安部联合印发的《关于健全完善侦查监督与协作配合机制的意见》（以下简称意见），呼和浩特市检察院迅速部署，组织全市两级检察机关积极与公安机关沟通，全面设立侦查监督与协作配合办公室，开展侦查监督与协作配合相关机制的组织协调、监督协作、督促落实和咨询指导等工作。截至目前，全市两级公安机关执法办案管理中心已全部设立侦查监督与协作配合办公室，为相关制度机制在办案实践中切实有效落地落实提供平台机制保障，在法治化营商环境中发挥积极作用。

（2）前移监督端口，深化企业保护。以侦查监督与协作配合办公室为依托，共享公安机关立案信息，有效前移监督端口，强化源头治理。定期指派业务素质过硬的员额检察官轮流驻守，查清受理

优化营商环境专题调研座谈会

市检察院与市交管支队侦查监督与协作配合派驻办公室成立

涉企案件底数，深化对涉企刑事案件的诉讼监督。对公安机关有案不立、有罪不纠、把经济纠纷不当认定为经济犯罪等影响涉案企业家合法权益、涉案企业生产经营的情况及时监督纠正，有效保护企业产权，维护市场秩序，优化法治营商环境。

（3）更新司法理念，慎用羁押措施。在侦查监督与协作配合工作中向侦查环节传导“少捕慎诉慎押”司法理念，减少羁押型强制措施的适用。按照上级院部署开展羁押必要性审查专项活动，两级检察机关共对涉民营企业经营案件犯罪嫌疑人进行羁押必要性审查 30 人。深入贯彻落实最高检《关于充分履行检察职能加强产权司法保护的意见》等文件精神，对民营企业家坚持“能不捕的不捕，能不诉的不诉，能不判实刑的就提出适用缓刑的量刑建议”，保障企业正常经营。审查逮捕时综合起因、结果、主观、社会效果等因素考虑，优先适用取保候审等非羁押型强制措施，对确有逮捕必要的，根据维持企业生产经营的实际需要，在生产、经营决策方面提供必要的便利和支持。近年来，依法不捕涉案企业家 68 人。

（4）参与社会治理，有效助企纾困。将侦查监督与协助配合融入到市域社会治理中，主动与公安机关协同落实“谁执法谁普法”的普法责任制，充分发挥提前介入职能，加强检察官在侦查环节的以案释法。对于办案中发现的风险管理漏洞、法律政策风险问题，及时向涉案企业发送风险提示函、制发检察建议，为企业合规经营提供

呼市检察院与海关缉私局侦查监督与协作配合办公室成立

精准法律服务。加强警示教育、法治宣传，促进企业及企业人员尊法学法守法用法，帮助企业建立完善规章制度，既依法办事、规范经营，又提高自我保护意识，有效防控重大法律风险，提高企业经营管理法治化水平。

全面筑牢校园安全防线

为贯彻落实新修订未成年人保护法，深入推进“检爱同行共护未来”未成年人保护法律监督专项行动，切实做好校园及周边环境综合治理工作，2022 年，呼和浩特市检察机关在全市范围内开展为期两个月的校园周边安全法律监督专项行动，排查校园周边商铺 505 家，发现问题线索 93 个，制发检察建议 6 份，督促整改问题 93 个。

（1）统筹部署一体推进。针对在办案中发现的多所学校周边存在校园安全问题，制定《呼和浩特市检察机关关于开展校园周边安全法律监督专项行动方案》，重点围绕校园周边是否设置营业性娱乐场所、酒吧、互联网上网服务营业场所等不适宜未成年人活动的场所，是否违法设置烟、酒、彩票销售网点，校园周边摊贩、商铺是否售卖过期食品、三无产品，是否存在非法经营校车业务，运营校车是否存在安全隐患等八项监督内容，要求通过协商沟通、检察建议、公益诉讼、联合督导、情况通报、完善机制等措施开展监督，对于发现的问题提出针对性的监督意见。各基层院积极行动，建立以未检办案人员为主要成员的专项督导检查组，及时与公安局、教育局、民政局、市场监督管理局、烟草专卖局等相关职能部门建立衔接机制，并就相关公益诉讼线索移送、信息共享、联合执法等重点工作内容进行交流，明确监督范围和要求，细化分解任务。

（2）聚焦重点精准监督。坚持目标导向与问题导向相结合，重点排查校园周边烟、酒、彩票网点、便利店、小卖部、书店等商铺以及校园周边宾馆酒店等，深入查找各类商家在经营过程中存在的薄弱环节和突出问题，督促相关责任单位整改到位。玉泉区检察院采取中学全部“实地走访”，小学“自查＋抽查”的形式，联合教育、公安、市场监管等 9 部门对辖区内 11 所中学及部分小学进行排查，发现校园周边存在违法设置酒类销售网点、校园周边有流动摊贩等 25 项问题。回民区检察院联合教育、市场监管、城管等部门对

校园周边禁售烟酒举行听证

校园周边禁售烟酒摸排

辖区校外托管机构进行走访排查，对托管机构的经营资质、从业人员资格、卫生环境、食品安全等方面进行摸底排查，针对床位安放密度大、消防安全措施不到位等问题，提出整改意见，督促相关部门责令其限期整改。

（3）**检察建议促进整治。**坚持“在监督中办案，在办案中监督”的理念，以检察建议的能动履职方式提升社会治理水平。针对部分宾馆、酒店经营者在接待未成年人时未依法履行登记、备案、询问、报告等法定义务方面存在的监管漏洞，新城区检察院、玉泉区检察院、清水河县检察院依法向当地公安机关制发检察建议，督促相关部门依法履职，均得到回复并已整改落实。新城区检察院在办理一起危险驾驶案过程中发现有关单位未取得校车营运资格，非法从事校车营运业务，且存在超载运营等安全隐患问题，遂向交管部门制发社会综合治理类检察建议，建议交管部门对辖区内校园周边校车进行全面安全排查，现已整改回复。武川县检察院针对在排查中发现的校园周边商铺出售过期食品，可能危害未成年人身体健康问题，向县市场监督管理局制发检察建议，督促其加强对校园周边食品安全的执法检查力度，保护未成年人健康成长。

（4）**源头预防长效治理。**及时开展专项行动“回头看”，针对前期检查中发现问题的整改情况进行监督落实，玉泉区检察院联合公安对辖区内旅馆、宾馆、酒店等场所整改情况进行监督检查，赛罕区检察院协同公安、市场监管、烟草部门开展违规经营商户“回头看”专项活动，确保检察建议刚性落实，为校园安全筑牢防线。回民区检察院与15家单位联合出台《未成年人综合司法保护社会支持体系共建方案》，对校园周边经营商户和场所形成监督与履职闭环管理，构建辖区校园及周边安全共建体系。设置校园安全观察员、未成年人公益大使，开通未成年人公益线索举报平台，引导和鼓励社会各界对校园周边安全隐患问题进行举报并提供线索，开展检察开放日、法治进校园活动，发放宣传手册，多角度、深层次开展宣传教育，营造全社会关心关爱未成年人健康成长的氛围。

（供稿：呼和浩特市人民检察院）

内蒙古准格尔旗人民检察院
传播法治、守望正义、砥砺前行

准格尔旗，地处内蒙古西南部，蒙晋陕三省交界处，是鄂尔多斯市的经济强旗，2014年被评为全国百强县第10名。2022年，在岁月长河中不过是短短的一瞬，但在准格尔检察人的人生历程上却留下了斑斓的篇章。

一、围绕中心大局，护航经济社会发展

坚决维护社会和谐稳定。坚持“严”字当头，坚决打击危害国家安全、影响社会稳定的违法犯罪行为，依法办理危害公共安全犯罪案件372件。惩治邪教犯罪，办理了准格尔旗首例“全能神”邪教案件，有效遏制“全能神”邪教在我旗的传播扩散。聚焦惩治危害社会治安犯罪维护民众安宁，办理自治区指定管辖的高某某等53人涉嫌组织卖淫、协助组织卖淫案，有力净化了社会风气。

打造惠企便民营商环境。围绕准格尔旗“对标先进、追赶超越”战略目标，扎实开展检察机关优化法治化营商环境大讨论活动，制定出台《准格尔旗人民检察院优化法治化营商环境实施办法》。稳步推进涉案企业合规建设，联合旗工商

联、国资委、财政局等18家单位，成立准格尔旗涉案企业合规第三方监督机制管委会，签署《准格尔旗涉案企业合规第三方监督评估机制的实施办法》，力求以合规改革促进涉案企业守法经营。

携手同心守护黄河安澜。深入践行“两山”理念，立足准格尔旗最大生态优势，创建“检益母亲河”公益诉讼品牌，以品牌建设赋能生态保护。与多地多家检察机关会签《建立黄河流域跨区域生态环境和资源保护检察协作机制的意见》，建立黄河毗邻地区检察机关协作保护长效机制。成立黄河几字湾高质量发展公益诉讼保护工作室，引入“12369”环保监控系统，实现对全旗主要河道的智能监控和巡查。设立四个公益诉讼巡回工作站，围绕黄河沿岸生态环境、河道综合治理等工作先后开展巡河行动20余次，有力服务保障黄河流域生态保护和高质量发展。

二、牢记初心使命，厚植人民至上情怀

保护群众合法权益。守护群众财产安全，用心用情用力办好群众身边侵财案件，共批捕侵犯财产犯罪、经济犯罪嫌疑人26人，起诉48人，追赃挽损300万余元。扎实开展打击整治养老诈骗专项行动，配合公安机关开展“断卡”行动，批准逮捕电信网络诈骗犯罪嫌疑人10人，起诉31人，坚决遏制新型网络违法犯罪“新态势”。认真回应群众司法诉求，落实群众信访“件件有回复”，受理信访案件120件，全部按期答复。不断织密兜牢司法救助网络，开展司法救助11件18人，发放救助金27万余元。

守护人民美好生活。扎实开展“公益诉讼守

护美好生活”三年行动计划，围绕食品药品、化妆品等领域开展联合检查，以“细微治理”量的积累，促进生活质量质的提升。推动巩固拓展脱贫攻坚成果同乡村振兴有效衔接，为十二连城乡三十顷地村农户助销农产品1.6万斤，被旗委组织部评为“包联驻村工作实绩突出单位”。

呵护未成年人健康成长。推进跨区域未检协作，成功协助山西省河曲县检察院对一名涉罪未成年人开展异地监督考察帮教。制定《准格尔旗人民检察院家庭教育指导工作实施意见》，成立鄂尔多斯市检察机关首家护翼家庭教育指导服务站，对15名涉案家长发出《家庭教育指导令》和《督促监护令》，对7组涉案家庭提供家庭教育指导服务，让家长当好孩子的第一任老师，让孩子扣好人生的第一粒扣子。

三、聚焦法律监督，彰显司法公平正义

2022年是检察机关“质量建设年”，新时代新命题下，旗检察院主动延伸法律监督触角，推动监督治理转型升级，把“讲政治、顾大局、谋发展、重自强”总体要求落到实处，实现“四大检察”“十大业务”更高质量发展。

做优刑事检察。受理提请逮捕案件98件195人，批准逮捕116人，不捕79人；受理审查起诉案件557件707人，起诉460人，不起诉193人。不断深化“两项监督”，采取“专人派驻+员额检察官轮值”方式，推进侦查监督与协作配合办公室实质化运行，推进数据资源共享共用，提升监督质效。加强民事检察。受理民事执行监督案件132件，提出检察建议129件；受理民事审判违法监督案件68件，提出检察建议68件；受理民事生效裁判案件2件，提出再审检察建议1件，提请抗诉1件，检察建议采纳率均为100%，努力实现对民事审判监督和当事人权利救济的有机统一。深化行政检察。受理行政非诉执行监督案件59件，提出检察建议59件；受理行政审判违法监督案件11件，提出检察建议10件，检察建议采纳率均为100%，坚持诉讼内监督和诉讼外监督“双轮”驱动，真正实现行政检察“一手托两家”作用。完善公益诉讼。精耕公益诉讼“4+9”法定领域，受理案件线索53件，立案35件，提出行政公益诉讼诉前检察建议34件，诉前整改率100%，公益损害问题全部在诉前得到妥善解决。联合呼和浩特军事检察院、准格尔旗退役军人事务局对烈士纪念设施、烈士墓开展专项检查，督促并帮助旗退役军人事务局申请修缮费用800万余元，以“检察蓝”守卫“英烈红”。

（供稿：准格尔旗人民检察院；撰稿：准格尔旗人民检察院党组书记、检察长杜志平）

辽宁省阜新蒙古族自治县人民检察院
深化治理，以能动检察履职增强人民法治获得感

2022年，阜新蒙古族自治县人民检察院（以下简称阜新县检察院）各项检察工作和队伍建设取得新进展。先后荣获“全省先进基层检察院”、辽宁省“青少年维权岗”称号；8人荣立省、市检察院二、三等功；涉疫案件成功入选全国检察机关典型案例，实现全市“零”突破，办案检察官走进央视《检察官说案》栏目；1件公益诉讼案件入选全国检察机关“千案展示”，4件入选省检察院典型案例；制作的未检网课被评为全省检察机关精品网课；制作的微电影在全国党员远程教育平台展播。

一、服务大局，以能动检察履职助推我县提能增效

坚定不移维护社会安全稳定。全年受理批捕案件144件223人，批准逮捕71件104人，受理起诉案件350件576人，提起公诉195件314人。常态化开展扫黑除恶斗争，起诉涉黑涉恶犯罪8人，有力促进长治长效；依法战“疫”，提前介入、快捕快诉妨害公务案2人，决不允许借“疫”滋事。

坚持不懈优化法治化营商环境。一是坚决打击破坏市场经济秩序犯罪，起诉29人，加大对市场主体司法保护力度，不起诉9人，以法治稳企业保就业。二是深入开展涉案企业合规改革工作，与工商联等12个部门成立阜蒙县涉案企业合规第三方机制管委会，建立全省第一个县级“专业人员名录库”。三是召开优化法治化营商环境工作推进会，成立驻县工商联检察联络站、驻阜新氟产业开发区、农产品深加工产业园区法律服务站，检察官担任规模以上企业“法治顾问”，打通服务企业“最后一公里”。

坚决有力防风险保稳定。一是全力化解金融风险。多次提前介入、引导侦查、跨域办理全市疑难复杂的骗取贷款、违规发放贷款、非法吸收公众存款等金融领域案件16件，全力做好追赃挽损工作。二是全力防范安全生产风险。与县市场监督管理局等部门开展铁矿安全生产专项检查行动，拧紧企业“安全阀”。三是全力维护信访稳定。坚持领导带头包案，共息访息诉21件，保持涉检信访案件去省进京零记录。

坚持不渝推进反腐败斗争。一是开创司法人员

“法治顾问”、阜蒙县院院党组书记、检察长王芳到企业实地走访，服务企业发展。

阜蒙县检察院召开成立公益损害与诉讼违法举报中心新闻发布会并举行揭牌仪式

阜蒙县营商环境投诉监督中心正式挂牌启动

职务犯罪侦查工作新局面，共受理并初查案件线索5条；对一起涉嫌徇私枉法案件立案侦查，决定逮捕2人、提起公诉3人；多名干警参与市检察院办案，成功侦破多起在全国有影响的司法人员职务犯罪案件。二是加大与监委协作配合，实现提前介入、案件会商全覆盖，受理市监委、县监委、彰武县监委移送案件15件16人，已提起公诉7件7人。

二、司法为民，以能动检察履职保障群众合法权益

用力维护社会公共利益。推动县委召开深化“检察公益诉讼”与“行政执法”协作工作座谈会，出台《关于深化检察公益诉讼与行政执法相互协作的实施意见》。开展“守护群众美好生活”“为民办实事”等专项行动。督促清理垃圾20余吨，修复矿山3处，3家企业完成排污整改，修复林地100余亩，回填古墓1处。与司法局协作创新引入提存公证，提存公益资金43.9万余元，破解公益修复资金监管难题，该举措被《检察日报》报道。

用情纾解群众急难愁盼。年初以来，共接待来信、来访、来电以及网上信访223次，经审查受理案件34件。对首次信访案件全部由院领导包案办理，信访息诉率达到100%。用真情落实群众信访件件有回复制度，回复率100%。办理司法救助案件11件，年内发放司法救助金38万元。

用心护航未成年人成长。坚持侵害未成年人犯罪“零容忍”，批捕6人，起诉5人。从严办理一件3名被告人性侵未成年人案件，均被判10年以上有期徒刑，对被害人进行专业心理辅导，让她走出阴霾、走进大学校园；以本案为原型拍摄的微电影被省检察院点赞，选送至最高检。以“教育、感化、挽救”为原则办理未成年人犯罪案件，不批捕11人，不起诉10人。

三、深化治理，以能动检察履职增强人民法治获得感

积极参与市县人大立法提建议。县检察院被市人大常委会授予基层立法联系点，首次代表联系点列席市人大常委会会议。充分发挥联系点立法“直通车”作用，以公益诉讼检察为切入点开展深度调研，针对我市工业遗产保护、辽代古塔墓葬城址保护等方面提出意见建议，为立法工作贡献检察智慧和力量。

精准提出检察建议促治理。以检察建议强化法律监督，促进溯源治理。办理事业编考试作弊案，向通辽市纪委、凌源市纪委等单位制发《检察建议书》8份，建议已被全部采纳并整改到位，切实把检察建议转化成社会治理效能。

有力建设“两个中心”强监督。一是阜蒙县营商环境投诉监督中心在县检察院挂牌成立，县检察院与各成员单位以服务市场主体为宗旨，“一站式”处理投诉监督事项，切实履行好护企安商职责。二是积极发挥阜蒙县检察院公益损害与诉讼违法举报中心作用，以百姓的关切点作为监督重点和方向，加强对国家利益、社会公共利益和人民群众合法权益的保护，构建法律监督新格局。

（供稿：阜新蒙古族自治县人民检察院）

辽宁省灯塔市人民检察院
实干笃行，以检察履职服务保障大局

2022 年，灯塔市人民检察院以习近平新时代中国特色社会主义思想为指导，紧紧依靠灯塔市委和上级院的领导，主动接受市人大及其常委会的监督，积极争取政府支持，在市政协及社会各界监督下，讲政治、顾大局、谋发展、重自强，各项工作取得新成绩。

一、担当作为，以检察履职服务保障大局

坚决贯彻党中央和市委的决策部署，坚持以人民为中心，依法能动履职，勇于承担起保安全、护稳定、促发展的使命。

全力维护社会安全稳定。贯彻总体国家安全观，推进更高水平“平安灯塔”建设。依法严惩群众反映强烈的各类犯罪，共批准和决定逮捕各类犯罪 217 人，提起公诉 361 人。其中，涉及侵犯人身权利犯罪 29 人，侵犯财产犯罪 66 人，涉及毒品犯罪 25 人，涉及电信网络诈骗犯罪 71 人，涉及邪教犯罪 11 人、涉及养老诈骗犯罪 2 人，不断提升人民群众的安全感和满意度。贯彻少捕慎诉慎押刑事司法政策，对涉嫌犯罪但无逮捕必要、不需要判处刑罚的，依法决定不批捕 118 人、不起诉 107 人。

常态化开展扫黑除恶斗争。始终把扫黑除恶斗争作为重大政治任务，全面贯彻《反有组织犯罪法》，成立常态化扫黑除恶斗争领导小组，与纪委监委、公安、法院等部门密切配合，建立常态化扫黑除恶斗争机制，形成打击合力，继续对黑恶犯罪保持高压态势，着眼长效常治，积极开展行业治乱检察工作。

倾心服务民营经济发展。认真贯彻习近平总书记关于“法治是最好的营商环境”重要指示要求，扎实开展损害营商环境突出问题专项整治，持续落实服务民营经济检察政策。支持民营经济健康发展，对涉及民营企业的案件不批捕 2 人、不起诉 5 人。如对一起涉嫌非法占用农用地案的民营企业适用合规考察办理，依法作出不起诉决定，促进了该企业合法合规经营，营造安商惠企法治化营商环境。

持续发挥反腐败职能作用。认真落实《国家监察法》，加强与纪委监委工作的衔接协调、线索移送和办案协作，形成依法反腐工作合力。对职务犯罪决定逮捕和审查 13 人、起诉 13 人。如对司法工作人员刘某某、年某某受贿案依法提起公诉等，法院均作出罪刑相适应的判决。

深度融入社会综合治理。强化检察机关参与社会治理职能，积极开展市域社会治理现代化建设。深化涉稳风险隐患排查化解、“群众信访件件有回复”、检察长带头办案接访工作，助力全市信访维稳，护航党的二十大胜利召开。共受理群众来访 106 人次、来信 119 件，检察长共接待 12 人次，均妥善处理。如对一起持续 8 年的信访案件成功化解，实现案结事了人和。高度关注因遭受不法侵害陷入生活困难的群众，给予司法救助7人，发放救助金19万元。落实“七号检察建议”，开展普法宣传教育，推动强化诉源治理。积极投身疫情防控工作，共派出检察干警852人次参与开展核酸检测、维护疫情防控秩序等工作，助力打赢疫情防控攻坚战。

加强对未成年人司法保护。坚持“教育为主、惩罚为辅”，最大限度教育挽救涉罪未成年人，对犯罪情节较轻的不批捕3人、不起诉2人。依法严惩侵害未成年人犯罪，起诉10人。强化未成年人综合司法保护，持续落实“一号检察建议”，检察官担任法治副校长开展“法治进校园”巡讲、宣传3次。向存在未成年人安全隐患问题的单位制发《检察建议书》6份，均被相关部门采纳，为未成年人健康成长营造良好的法治环境。

二、强化监督，以检察履职维护公平正义

牢牢把握宪法定位，立足全面依法治国大局，转变监督理念，着力提高监督质效。

深化刑事诉讼监督。扎实开展“两项监督”工作，在市公安局设立侦查监督与协作配合办公室，以有力配合、更实监督促侦查办案质量提升。监督侦查机关立案7件、撤案3件；追捕2人、追诉9人；发出《纠正违法通知书》16份。办理羁押必要性审查案件5件5人，依法建议变更强制措施，均被采纳。加强刑事审判监督，对审判活动违法情形发出《纠正违法通知书》3份，维护司法公正。

强化刑事执行监督。对社区矫正、减刑、假释、暂予监外执行监督全覆盖，向相关部门发出《纠正违法通知书》20份。对刑事裁判涉财产部分执行存在而问题，发出《纠正违法通知书》10份。配合上级院对市看守所进行巡回检察，认真解决在巡回检察中发现的问题，对已决犯未及时交付执行的，发出《纠正违法通知书》4份。

加强民事行政诉讼监督。秉持精准监督理念，细化工作措施，全面履行民事行政检察监督职责。对生效民事裁判提请抗诉1件，得到上级院支持；对错误的民事调解提请抗诉1件，被省院认定为虚假诉讼案件。强化民事审判行为违法监督和民事执行监督，提出检察建议18件，均被采纳。办理支持农民工起诉案件17件，开展听证9件。对行政审判程序违法行为监督3件、对行政非诉执行活动监督6件，均发出检察建议并得到采纳。依法对行政机关违法行为发出检察建议并得到采纳，被上级院评为精品案例。

加大公益诉讼工作力度。认真履行检察机关“公共利益代表”的神圣职责。共立案72件，排名全市首位，向行政机关发出诉前检察建议64份，提起刑事附带民事公益诉讼4件，得到法院依法判决并支持检察机关全部诉求。办理生态环境领域案件39件、食品药品领域案件14件，开展“管控秸杆焚烧，守护蓝天保卫战”“保障千家万户舌尖上的安全”等专项监督活动。深入落实“八号检察建议”，对辖区内瓶装液化气站、加油站等行业开展安全隐患排查，向相关行政机关发出诉前检察建议5份，均整改完毕。

（供稿：灯塔市人民检察院；资料：田秀娟、宁翌竹、崔莹；审核：詹克辉）

吉林省德惠市人民检察院
服务大局，以检察担当助推高质量发展

2022年，在德惠市委和上级检察院的坚强领导下，在市人大及其常委会的有力监督下，在市政府的大力支持和市政协的民主监督下，德惠市人民检察院深入践行习近平新时代中国特色社会主义思想，全面贯彻党的十九大和二十大精神，深刻领会“两个确立”的决定性意义，增强“四个意识”、坚定“四个自信”、做到“两个维护”，自觉融入社会治理，依法能动履职，刑事、民事、行政、公益诉讼等各项检察工作取得新进展。

一、主要荣誉

（1）由吉林省人民检察院提出抗诉，德惠市检察院承办的督促履行环境保护监管职责公益诉讼案入选最高人民检察院指导性案例（检例第162号）。

（2）办理的《督促治理违规销售“消”字号抗（抑）菌制剂产品行政公益诉讼案》获得长春市十大精品检察听证案例。

（3）第四检察部获长春市委员会和长春市人民政府颁发政法系统先进集体。

（4）作品《“小町米之乡”的守望者》获全省检察机关检察文化品牌选树活动三等奖。

（5）作品《看清帮扶养老，防范养老诈骗》在“平安长春‘三微’作品评选活动”中，获得“优秀作品奖”。

（6）作品《这样的高仿“人民币版”冥币，你用过么？》获吉林省“优秀检察宣传文化作品”评选活动获奖。

二、亮点工作

（1）助力复工复产。助力有序复工复产复商复市、服务保障社会经济高质量发展，研究制定《德惠市人民检察院助力复工复产工作意见》，明确了依法从快打击涉疫违法犯罪、畅通司法救济渠道等15项工作要点，获长春市人民检察院李军检察长和德惠市政府刘宏市长充分肯定和批示。

（2）助推乡村振兴。坚决巩固脱贫攻坚成果，对包保的83户132人动态监测、科学评估，与

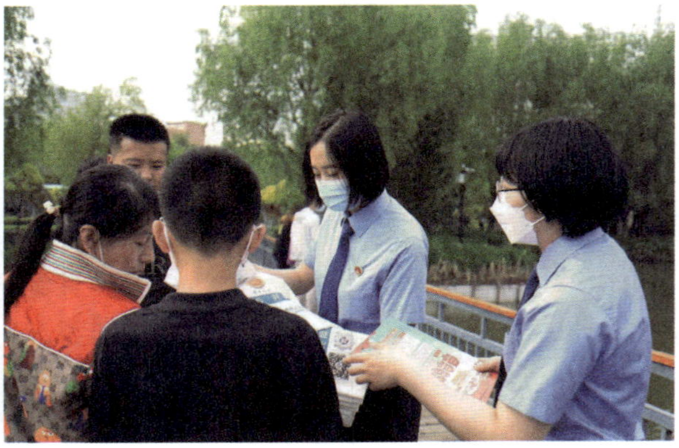

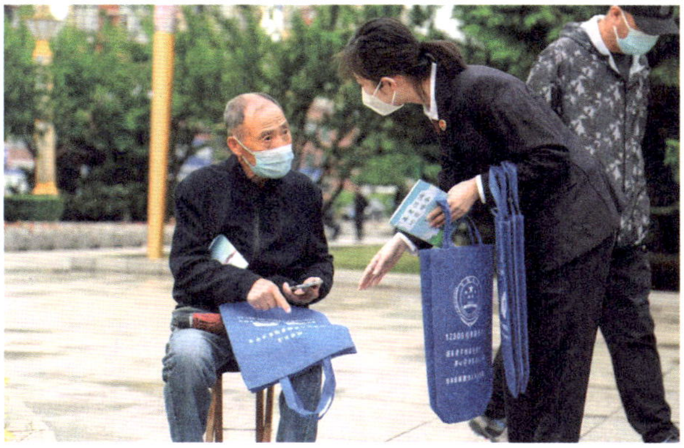

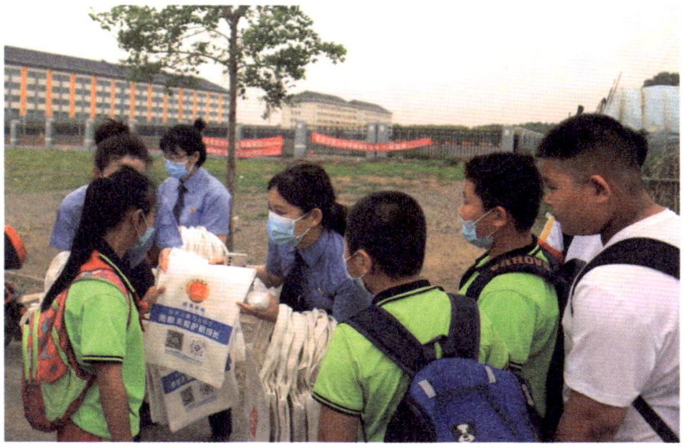

市乡村振兴局、退役军人事务局、妇女联合会分别制定司法救助协作机制暂行办法，对因犯罪侵害等原因导致生活陷入困境的被害人及其近亲属“应救尽救”，防止因案致贫返贫，全年救助10人共14万元。

（3）守护绿水青山。助力全方位夯实粮食安全根基，开展检察长巡田工作，联合市自然资源局、农业农村局对非法占用耕地或改变耕地用途等方面情况进行摸排调查；开展检察长巡林工作，联合市林业局实地勘察辖区内重点古树名木，组织召开“古树保护”检政工作会议，进一步细化办作机制，并与市林长办公室、河长办公室以及水利局分别签订相关协作机制的实施方案，构建部门协同、源头治理、全域覆盖的长效保护管理机制。

（4）营造法治化营商环境。创新探索企业合规改革，在全省范围内率先办理企业合规案件，针对某企业重大责任事故案，结合办案实际，督促企业实现合法合规经营整改、提高风险防范能力，经监督考察和公开听证，依法对该企业作出不起诉决定，并以此作为法治“教案”，有力推动市场主体积极主动建立合规管理体系，助推全市经济健康发展。创新探索检企共建模式，与市工商联共同成立“德企惠检企联络站”，签署《关于建立健全检察机关与工商联沟通联系机制的实施意见》。

（5）维护市场主体合法权益。与市劳动人事争议仲裁委员会签订《关于加强劳动争议调解仲裁协作配合意见》，维护企业与弱势群体的合法权益。针对部分药店违规销售“消”字号抑菌乳膏、虚假宣传疗效损害社会公共利益问题，督促主管行政部门及时开展覆盖式专项检查行动，并对部分违规药店进行约谈教育，经营者均作出不再经营此类违规产品的保证，切实维护消费者的合法权益。针对奥林匹克吉祥物“冰墩墩”“雪容融”专属权保护问题召开公开宣告会，督促与会各单位立即履行知识产权保护职责。

（6）守护未成年人健康成长。联合德惠市中等职业技术学校共同建立了《德惠市人民检察院与德惠市中等职业技术学校检校共建示范点协议》，有效增强了青少年法治意识。多次深入德惠市各所学校组织普法宣讲，利用线上普法小课堂、检察官现场授课等形式开展普法行动，有效提高了未成年群体的法治意识及自我保护能力，取得了良好效果。

（7）积极打击养老诈骗。多次组织法治宣讲，深入德惠各个社区、小区、广场开展普法宣传，发放宣传手册、宣传单1500余本，对提供“养老服务”、投资“养老项目”、销售“养老产品”、宣称“以房养老”等常见的养老诈骗类型进行深入讲解，揭露养老诈骗“套路”手法，最大限度挤压“行骗空间”，切实增强广大群众特别是老年人法治意识和识骗防骗能力，取得良好社会反响。

（供稿：德惠市人民检察院）

吉林省延吉市人民检察院
“四大检察”全面推进，有力开展法律监督

延吉市，是吉林省延边朝鲜族自治州辖县级市、首府，东北亚经济圈的腹地，也是联合国拟定的图们江域大“金三角”中方的一个支点。2022年，在市委和上级检察机关的正确领导下，在市人大和社会各界的有力监督下，在市政府、市政协的大力支持下，延吉市人民检察院坚持以习近平新时代中国特色社会主义思想为指导，深入学习贯彻党的十九大、二十大精神，认真贯彻落实习近平法治思想、习近平总书记重要讲话重要指示批示精神，讲政治、顾大局、谋发展、重自强，紧密围绕市委中心工作，主动适应司法体制改革，忠实履行法律监督职能，各项检察工作取得新进展，为推动延吉经济社会高质量发展作出了新贡献。

一、围绕全市中心任务，服务保障工作大局

一是学习贯彻习近平总书记重要讲话重要指示精神。定认真传达学习贯彻党的二十大精神，研究部署落实举措，推动“四大检察”“十大业务”全面协调充分发展，筑牢司法为民的根基。

二是全力以赴抗击新冠疫情。累计下沉社区5000余人次。干警不分白天黑夜在社区的卡点坚守岗位，严控车辆、人员进出。

三是严格落实市委各项部署。全面落实州庆各项工作任务，全力做好二十大安保维稳工作，投身文明城创建，精准服务乡村振兴。

四是不断优化营商环境。对罪行轻微且采取羁押强制措施可能影响企业正常生产经营的涉罪

全国文明接待室揭牌仪式

企业家，依法不批准逮捕1件1人，不提起公诉2件6家企业及10人。推进涉案企业合规监管工作，办理企业合规整改案件5件。

二、立足检察工作职能，持续推进平安建设

一是常态化开展扫黑除恶。依法严惩涉黑涉恶等严重危害社会治安、破坏社会秩序案件，常态化打击危害平安建设的犯罪行为。

二是努力维护社会稳定。批准逮捕各类刑事犯罪嫌疑人185人，提起公诉674人。依法不批准逮捕136人，不提起公诉383人，开展羁押必要性审查5人。推动刑事案件当事人达成和解102件。

三是积极回应群众关切的现实问题。受理群众来信27件，来访89件98人。妥善办理经济犯罪案件94件235人。办理食品药品领域案件8件43人。办理涉及知识产权领域案件5件12人。办理养老诈骗案件3件5人。办理电信网络诈骗15件146人。

四是依法保障未成年人合法权益。对涉罪未成年人依法不批准逮捕2件3人，不提起公诉18件20人。发出督促监护令45份。

三、“四大检察”全面推进，有力开展法律监督

一是刑事检察发挥主导。提前介入侦查122件，监督立案13件、撤案14件，纠正漏罪6笔；开展审判活动监督8件次，提出抗诉7件。加强刑事执行活动监督，针对各类刑事执行的违法违规行为，签发纠正违法通知书60份，检察建议书20份。办理收监执行审查案件6件，办理暂予监外执行审查案件9件。依法进行交付执行检察134次。

二是民事检察稳中向好。办理民事检察监督案件30件，其中提请抗诉5件，发出检察建议12件。办理虚假诉讼监督案件3件，全部得到支持。

三是行政检察持续推进。受理行政检察监督案件56件，发出检察建议56件，建议采纳率达100%。成功化解行政争议案件7件。

四是公益诉讼逐步强化。受理案件线索52件，发出诉前检察建议23件，与行政机关磋商34次。

检律协调会

四、比照先进追赶超越，全面激发工作潜力

一是坚持司法体制改革。实现员额动态管理，交流任职1人、退出4人，入额院领导带头办案，人员集中配置在办案一线。

二是深化司法理念革新。“案－件比”为1.0293，同比下降5.42%。大力推进认罪认罚从宽制度适用，适用率为91.66%。组织新闻发布会2次。

三是推进智慧检务升级。建成了智慧检务大数据运营中心，“智慧检务”实现新跨越。

五、持续加强队伍建设，努力提升检察素能

一是加强政治建设。坚持党对检察工作的绝对领导，党史学习教育常态化长效化，扎实推动“我为群众办实事”走深走实。

二是提升法律专业素能。积极参加上级组织的各类培训，开展业绩考评，进一步提升法律专业素能。

三是改进工作作风。履行全面从严治党主体责任，加强党风廉政建设，常态化开展警示教育。

六、自觉接受各方监督，持续扩大司法公开

加强与人大代表、政协委员联系，邀请代表委员参与案件公开听证等活动。公开发布案件程序性信息1205条、法律文书10份。

2022年获得全国检察机关文明接待室、全国检察宣传先进单位、全国检察公益诉讼优秀案例、吉林省检察机关十大优秀检察建议、吉林省检察理论研究年会三等奖、全省政法系统州级文明窗口等荣誉。

（供稿：延吉市人民检察院）

黑龙江省穆棱市人民检察院
深化能力作风建设，确保各项工作有声有色

穆棱市，是黑龙江省牡丹江市下辖县级市，东与俄罗斯接壤，是全省18个边境县（市）之一。穆棱既处在东北亚“金三角”之中，又是边贸口岸人流、物流、信息流的必经之地。

2022年，穆棱市检察院在市委和上级检察机关的坚强领导下，在市人大、市政协的监督支持下，在市政府和社会各界的关心帮助下，坚持以习近平新时代中国特色社会主义思想为指导，认真落实省、牡丹江市和穆棱市委重大决策部署，积极践行“讲政治、顾大局、谋发展、重自强”检察工作总要求，聚焦法律监督主责主业，协调推进“四大检察”“十大业务”均衡发展，各项检察工作取得新进展。

一、刑事检察

坚决维护社会稳定人民安宁，增强人民群众安全感。全年批准逮捕犯罪嫌疑人33人，提起公诉130人。从严惩治“黄赌毒”犯罪，起诉5人。依法惩治盗窃等多发性侵财犯罪，起诉12人。加大惩治电信网络诈骗以及利用网络赌博、泄露个人信息等犯罪力度，起诉37人。常态化开展扫黑除恶专项斗争，批捕涉恶犯罪5人，起诉6人。扎实推进反腐败斗争，受理监委移送职务犯罪2人，起诉2人。精准开展“两项监督”，与公安机关共同设立侦查监督与协作配合办公室，监督公安机关立案3件、撤案3件、纠正侦查活动违法13件。对刑事执行活动违法行为、社区矫正工作中存在的问题，提出书面纠正意见24件。

二、民事行政检察

坚守为民初心，践行检察使命。全年办结各类民事行政检察案件187件。深入开展“解决执行难”和“民事审判活动”专项监督，以检察建议监督纠正执行和审判活动中的违法情形105件，全部得到采纳。加大对农民工索要欠薪支持起诉案件办理力度，办理支持农民工起诉维权案件43件。围绕稳岗就业、环境资源、社会治安等领域办理39件行政检察监督案件。坚持以案结事了政和为目标，化解行政争议10件。

党史学习教育专题民主生活会

千人同堂共学习

对34起民事执行监督案件召开公开听证会

破解生态环境司法保护“五大难题”

三、公益诉讼检察

深入贯彻落实习近平生态文明思想，守护美丽穆棱。办理民事公益诉讼案件2件、行政公益诉讼案件42件。建立公益诉讼案件线索双向移送机制，移送涉嫌刑事犯罪案件线索3件3人。深化“双赢多赢共赢”理念，全面开展“国有财产保护”“黑土地保护”“助力秸秆禁烧”等专项活动，因地制宜开展“助力样板村建设”“守护穆棱母亲河”等专项活动。以“四平村道路养护监管职责案”为原型拍摄的《穆棱绘卷——路》，系牡丹江市唯一入选“新时代检察故事汇”的视频短片。

四、未成年人检察

以法之名，用心用情守护未成年人健康成长。全面开展“检爱同行，共护未来”专项活动，开展入职查询103人次，追责未履行强制报告义务2人。针对严重监护失职，发出督促监护令7份，开展家庭教育指导7次。最大限度教育挽救涉罪未成年人，依法决定附条件不起诉、相对不起诉6人。全面加强未成年人综合司法保护，创新开展公益诉讼观察员制度，办理涉未成年人刑执、民行、公益诉讼案件7件。坚持法治教育，28名干警开展34场法治讲座，面向全市14000余名中小学生开展法律知识竞赛。

五、控告申诉检察

坚持和发展新时代“枫桥经验”，努力实现“案结事了人和”。接受群众来信来访40件次，“7日内程序性回复，3个月内办理过程或结果答复”均为100%。全面推开检察公开听证，对争议大、影响广的案件，全年听证61件，信访案件听证化解率100%。坚持重大信访案件检察长“带头接访、带案下访、包案息访”，化解息诉案件32件。深入开展“关注困难妇女群体加强司法救助”专项活动，为4名困难当事人发放救助金4.5万元。

六、优化营商环境

法治是最好的营商环境，用法治保障企业放心投资、安心发展。实行“合规体检+企业整改+检察听证+法治教育”办案模式，办理的“某保险公司王某某涉嫌虚开发票案”，系牡丹江市首件企业合规案件。通过监督企业整改，每年可为我市挽回300余万元车船使用税。坚持“走出去”，深入民营企业开展普法宣传4次，有效提高企业员工的法律意识和工作责任；坚持“深调研”，检察长带队深入民营企业，开展实地调研，与民营企业家共谋检企发展之路。

重走抗联路 传承民族魂

（供稿：穆棱市人民检察院）

黑龙江省扎兰屯市人民检察院
以能动履职谱写基层检察工作发展新篇章

扎兰屯市人民检察院坐落于内蒙古大兴安岭东麓，素有“塞外苏杭”“北国江南”之美誉。该院是呼伦贝尔市一类院，共有政法专项编制56个、事业编制3个，书记员15人，现实有检察人员71人。内设第一、第二、第三、第四、第五检察部、综合业务部、办公室、政治部8个机构，下设1个司法警察大队。

一、领导班子

检察长：孟和；副检察长：刘波、赵大鸣；党组成员、政治部主任：陈宝新；专职委员：王欢；党组成员：张伟旗、李晓光。

二、2022年整体工作

2022年，扎兰屯市人民检察院忠实履行法律监督职能，牢记“国之大者”，围绕“市之大事”，高质效检察履职助推扎兰屯市经济社会高质量发展。全院继续保持全国文明单位、2020—2021年度全国平安医院建设表现突出集体、呼伦贝尔市扫黑除恶专项斗争先进集体、呼伦贝尔市检察机关质量建设优胜院等荣誉称号。微信公众号获评全国优秀政法新媒体和全区检察机关最具影响力新媒体称号。成功承办呼伦贝尔市检察机关加强检察理论研究工作推进会，司法警察工作、检察人员考核工作在全区、全市现场会上作典型发言。案件质量评价指标在内蒙古自治区105个基层院中名列第7，检察业务、综合考核指标总成绩达到97.52分，在呼伦贝尔市14个基层院中均位居第一，创造扎兰检察近10年最佳成绩！

扎兰屯市人民检察院领导班子

——举旗定向，谋篇布局。坚持党对检察工作的绝对领导，严格执行请示报告制度和民主集中制，召开党组理论中心组学习12次，党组会33次，研究“三重一大”事项7次，推进决策科学化、民主化、规范化。认真落实意识形态工作责任制，推动“党建红+检察蓝”品牌建设，特色党建文章被“学习强国”平台推送2篇。铸牢中华民族共同体意识，精心开展民族团结进步示范创建活动，获评呼伦贝尔市第五批民族团结进步示范单位。

——责任如磐，使命在肩。坚决维护社会和谐安全，严惩危害社会安全犯罪，依法惩治盗抢骗、食药环、黄赌毒等犯罪，提起公诉71人。重拳出击涉众型非法集资类犯罪，办理组织领导传销活动罪、非法吸收公众存款罪8人，在有力震慑犯罪的基础上守护人民群众“钱袋子”安全。

——民有所呼，我有所应。以更深情怀守护人民群众美好生活，办理群众来信来访69件88人，院领导包案化解4件。全面推开检察听证，聘任听证员26名，开展各类听证案件60件次，让公平公正、可见可感。

——雪中送炭，添柴加火。始终坚持办好惠

民利民便民实事，助力巩固脱贫攻坚成果同乡村振兴有效衔接，持续选派驻村第一书记和工作队，带领村干部到阿荣旗中草药基地进行实地考察学习，用扶智弘扬奋斗精神。扎实推进诉源治理，制发社会治理类检察建议54件，通过“公开听证+共同磋商+宣告送达”形式，推动解决食品药品、个人信息保护等领域问题，“办理一案，教育一片，治理一方”效果明显。

——小我微光，汇聚星河。全力保障防疫大局，组织检察人员2482人次、车辆566台次下沉村社、高速卡站参与一线疫情防控，涉疫案件全部提前介入，为确保疫情防控期间社会稳定提供有力保障。用情保障司法温度，构建一体化救助机制，会同企业联合建立国家司法救助基金，重点对困难妇女儿童加大司法救助力度，办理司法救助案件12件18人，发放救助金7.6万元。

——只此青绿，倾心守护。不断强化生态环境检察保护，创新开展“益+N”一体化办案模式，深入开展金长城保护“回头看”“守护绿色呼伦贝尔”等专项活动，针对非法占用农用地、非法狩猎等案件线索，制发诉前检察建议9份。全面推行“河（湖）长+检察长”“林长+检察长”协作机制，促进综合保护治理。高压惩治破坏生态环境资源犯罪，全年办理环资类刑事案件12件，追缴生态补偿金2.5万元，起诉行政公益诉讼案件2件，用“检察蓝”守护“生态绿”的典型经验被多家媒体推介。

——“青葵”未检，向阳花开。积极构建“依法惩戒-综合保护+教育预防”未成年人保护工作模式。制发“督促监护令”16份，以司法保护促进家庭保护。深化“检校”共建社会效果，29名检察官兼任法治副校长，法治进校园覆盖2万余名学生。提升“青葵”未检品牌质效，工作成果被人民日报校园期刊、正义网、检察日报、内蒙古法制报等多家媒体报道，“青葵”未检办案团队获评全区检察机关“双先”表彰先进集体、全市检察机关“争先创优先进集体”。

——止于至善，能动履职。全年办理审查逮捕起诉案件共409件558人。挂牌成立侦查监督与协作配合办公室，充分发挥“同堂办公、实时监督、现场答疑”的优势，监督公安机关立案6件，监督撤案13件。落实少捕慎诉慎押刑事政策，不批捕50人，不起诉44人。贯彻宽严相济刑事司法政策，认罪认罚从宽制度适用率始终保持在98%以上，确定刑量刑建议采纳率为97.9%，实现逐年上升。强化刑事执行监督，采取“派驻+巡回”模式，联合“外脑”对看守所开展巡回检察，督促整改5类23个问题。

——民行并举，共同发力。办理民事案件190件，行政案件66件，办案数量同比上升216.7%。会同法院、司法局等部门会签《关于建立民事支持起诉协作机制的意见》《关于建立基本养老金监管协作配合机制的实施意见》，办理涉农民工、老年人、未成年人等群体支持起诉案件6件，构筑维护弱势群体合法权益的“防护墙”。深化虚假诉讼监督，办理民事虚假诉讼监督案件2件，涉案金额达90余万元。运用“5+1”工作法化解矛盾6件，1起案件化解经验被检察日报刊登推广。

——强基固本，内涵发展。以正确用人导向激励检察人员担当作为，开展公开竞争上岗，提拔任用13名环节干部，有效优化干部年龄结构、知识结构、能力结构，极大激发检察人员干事创业热情。1人被最高人民检察院评为执检条线全国优秀办案检察官，1人被国家健康委员会评为“2020—2021年度全国平安医院建设表现突出个人”，2人均是全区唯一获此殊荣的检察人员。1人被内蒙古法制报社评为2022年度优秀通讯员，1人入选全区检察新闻宣传文化人才库，1人被评为呼伦贝尔市政法系统先进个人，1人被评为呼伦贝尔市扫黑除恶专项斗争先进工作者，4人分别获评呼伦贝尔市检察机关“担当作为个人”“优秀公诉人”“优秀论文奖”“优秀论辩奖”。领导班子中1人被评为呼伦贝尔市优秀领导干部，2人被评为扎兰屯市优秀领导干部。

行者方致远，奋斗路正长！下一步，扎兰屯市人民检察院将坚持以人民为中心的司法理念，奋发进取，砥砺向前，全力开创法律监督新局面，谱写扎兰屯检察发展新篇章！

（供稿：扎兰屯市人民检察院；撰稿：王琪 包佳宁）

黑龙江省鸡西市麻山区人民检察院
以更加昂扬的姿态迈进新征程、建功新时代

麻山区位于鸡西市西部，东与滴道区、梨树区为邻，西、北与林口县接壤，南与穆棱市相连，堪称鸡西市的“西大门”。根据第七次人口普查数据，截至2020年11月1日0时，麻山区常住人口为17,301人。

麻山区检察院办理公益诉讼案件

2022年，麻山区人民检察院在区委和市院的坚强领导下，在区人大、政府、政协及社会各界的监督支持下，认真学习贯彻党的二十大会议精神，强化政治引领，服务中心大局，深耕检察主业，切实履行法律监督职能，各项检察工作取得了新进展。

一、主要工作

（1）刑事检察工作。共受理各类刑事案件43件78人，其中审查逮捕案件9件16人，批准逮捕7件14人，不批准逮捕2件2人；审查起诉案件32件58人，移送起诉17件36人，不起诉9件11人，不起诉率30.6%；提请批准延长羁押期限案件2件4人。认罪认罚适用率97.87%，确定性量刑建议提出率和法院采纳率均为100%。办理介入引导侦（调）查案件13件；开展羁押必要性审查案件7件7人，办理侦查活动监督案件5件11人，建议均被公安机关采纳；自行补充侦查4件。

（2）民事检察工作。坚持实体与程序监督并重，运用检察建议方式，加强对民事审判活动和执行活动的监督。办理民事生效裁判监督案件1件，同比上升100%，协助市院办理民事生效裁判监督案件7件。在法院设立了“民事行政检察服务窗口”，畅通群众诉求表达和权益保护，办理支持起诉案件1件。

（3）行政检察工作。围绕促进依法行政目标，加大办理行政审判活动和执行活动监督案件工作力度，协助市院办理行政生效裁判监督案件1件，办理行政违法行为监督案件1件。与司法局建立了长效的资源共享、工作交流、协调和解等规范化工作机制，成功化解行政争议案件1件。

（4）公益诉讼检察工作。共办理公益诉讼案件23件，向行政机关提出检察建议18件，行政磋商4件，行政机关职能转变终结审查1件，行政机关采纳22件，回复整改率100%。办理的耕地占用税国有财产保护公益诉讼案件已挽回经济损失46万元。办理一起石墨企业违规堆放尾矿砂公益诉讼案件，依法向行政机关制发检察建议，监督其依法履职，该企业投入60余万元清运违规堆放尾矿砂1500余车，共计3万立方米，违规堆放

麻山区检察院办理公益诉讼案件

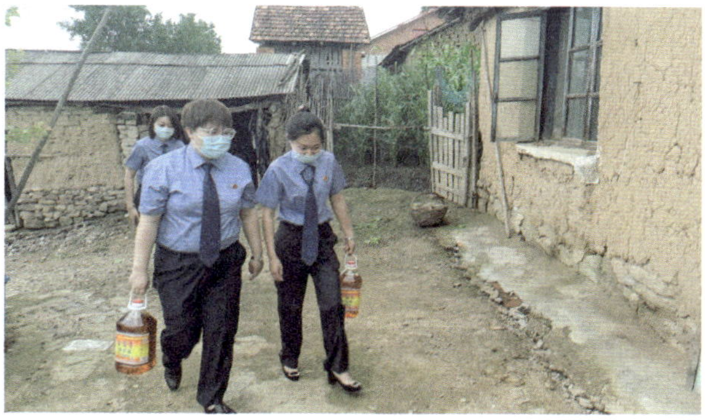

麻山区检察院干警慰问老党员

尾矿砂行为得到了整改。

（5）**刑事执行检察工作**。定期对在矫人员进行检查，未发现脱管漏管现象。在开展监督工作中，向麻山区司法局制发检察建议一份，制发社区矫正《纠正违法通知书》4份，麻山区司法局均接受采纳并整改；邀请人民监督员对麻山区社区矫正工作开展监督巡回检查一次。对麻山区人民法院开展应交付执行未交付执行检察监督一次，制发《纠正违法通知书》2份，麻山区人民法院采纳并整改。

（6）**控告申诉检察工作**。共接待来访10次，登记受理10件，其中刑事申诉类案件1件1人，司法救助类案件1件1人，民事申诉类案件1件1人，组织公开听证1次。检察长带案下访2件。

二、特色亮点工作

（1）**积极保护未成年人健康成长**。结合落实"一号检察建议"，开展检察长担任英林学校法治副校长、邀请英林学校师生参加"检察开放日活动"、携手区关工委、妇联、团委、教育局、英林学校开展关爱贫困留守儿童活动、法治副校长普法进校园进行一次"以法为名，守护少年的你"法治专题讲座等活动，使该校学生学习了未成年保护法、如何预防青少年犯罪和拒绝校园霸凌，营造全社会共同保护未成年人的良好法治氛围。

（2）**助力建设优质营商环境**。精准把握法律

麻山区检察院开展共护祖国未来主题检察开放日活动

和政策要求，把开展涉案企业合规工作作为深入贯彻最高检"质量建设年"活动的一项重点任务，促进企业合规守法经营，办理涉案企业合规审查2件，其中沈某非法占用农用地案已经启动第三方评估工作。积极贯彻落实"七号检察建议"，多措并举，深入寄递行业走访排查安全风险，堵塞管理漏洞，有效保障物流寄递安全。深入麻山区天运石墨制品加工厂等民营企业走访5次，认真听取企业诉求，为企业提供个案法律服务1件。

三、获得荣誉

2022年6月，麻山区人民检察院第二检察部检察官助理刘鹏在鸡西市人民检察院举办的首届全市检察机关公益诉讼业务竞赛中荣获"全市公益诉讼业务能手"荣誉称号。

（供稿：鸡西市麻山区人民检察院）

黑龙江省鸡西市梨树区人民检察院
增强监督刚性，努力为人民群众办实事

2022年，鸡西市梨树区人民检察院持续更新司法理念，构建大监督格局，增强监督刚性，努力为人民群众办实事、办好事。

一、强化政治建设，坚定政治方向

严格落实“第一议题”制度，推动常态化政治理论学习教育。严格执行请示报告制度，把党对检察工作的绝对领导落到实处。规范检务公开工作，定期召开意识形态工作联席会议，坚决落实微信、微博“一把手”审稿制度，全面落实依法处置、舆论引导、社会面管控“三同步”的舆情处置应对机制，确保舆论领域健康安全。

二、强化党的建设，服从服务大局

坚持党组书记直接抓党建。推出“梨检建设年”、开展“全面加强党的建设，融合检察业务协调发展”等自选动作，班子成员带头学、带头讲、带头实践。严肃开展党内政治生活。突出抓好“关键少数”，坚持和完善民主集中制，落实“三重一大”事项集体决策实施细则，不断提高决策科学化、民主化、法治化水平。找准服务民生落点。结合办案制发检察建议，整治高速公路逃费违法犯罪；从“第一党支部”开始，开展梨树区无障碍设施公益诉讼专项监督活动；为未成年人检察工作健康发展，持续推动“检校共建，守护明天”

梨树区检察院全体干警参加“喜迎二十大，欢度国庆节”集中升国旗仪式

梨树区检察院干警到鸡西地区第一个党支部——梨树镇路矿事务所支部、陈慕华故居参观学习。

长效机制建设；落实“关注困难妇女群体，加强专项司法求助”专项活动，与区妇联协作，成功救助刑事案件女性被害人。

三、强化质量建设，维护公平正义

强化刑事检察监督。积极培育典型案例、撰写高质量法律文书，成果多次被省院转发、推广；针对煤炭生产领域制发的检察建议，被评为全省检察机关社会治理类优秀检察建议典型案例及文书。强化民事行政检察监督。办理的实质性化解的丁某某行政争议案件，被省院作为典型案例转发推广；与公安机关会签《关于建立社会治安案件行政检察专项监督工作机制》的文件，有效护航民生民利，构建了“以我管促都管”的大监督格局。强化公益诉讼检察监督。在全省乃至全国率先办理了民间借贷涉利息收入个人所得税案，督促税务机关征缴漏征税款800余万元，地方政府基于本案印发了《梨树区税收保障工作实施方案》。并召开了办案经验推广会，为各地公益诉讼检察提供了可复制、可借鉴的经验。强化刑事执行检察监督。积极参加市院组织的社区矫正巡回检察专项行动，同时，对辖区多家民营企业社区矫正人员进行帮扶，为企业家外出经营放宽矫正时间，有力践行“六稳”“六保”。强化控告申诉检察监督。接待群众来信来访做到件件有回复，并深入司法救助的刑事被害人家中上门听证，成功息诉罢访。

四、强化队伍建设，锤炼检察铁军

提拔任用年轻干部，落实司法责任制，发挥“头雁”作用，使队伍的凝聚力和战斗力与日增强。党组成员带头开展调研，积极参与全省检察机关检察理论年会以及各级法学会的理论研讨活动。围绕“考什么”“怎么考”“如何用”检察人员考核制度健全“四个体系”建设，动态调整考核方案，优化制度执行。

（供稿：梨树区人民检察院；撰稿：王舜尧）

黑龙江省沿江人民检察院
汇聚检察正能量，传播法治好声音

2022年，黑龙江省沿江人民检察院以习近平新时代中国特色社会主义思想为指导，全面贯彻落实习近平法治思想，认真落实《中共中央关于加强新时代检察机关法律监督工作的意见》，不忘初心、踔厉奋发、挺膺担当，多项工作迈上了新台阶。

一、践行"浦江经验"，以群众满意评答卷

该院以"温情式接访、专业化办案、实用型创新"为途径，运用"办案在一线、调查在一线、接访在一线、解决在一线"的"四线"工作法，将矛盾化解在基层、解决在萌芽。在办理强奸案件被害人孙某申诉一案时，院领导第一时间决定包案办理，当面听取申诉理由和请求，调取原案卷宗，核对原案证据材料等，充分运用简易听证、上门听证方式，让听证员以第三方中立的角度，对申诉人的疑虑作出专业解答。考虑到申诉人被侵害后精神和身体受到严重刺激和损伤，住院时的费用都是亲属垫付，原审被告人既没存款也没有房产无法赔偿，符合国家司法救助困难妇女的条

"颜小江"团队开展"线上直播+线下互动"普法活动

件，院领导第一时间启动了三级联动司法救助。当检察官驱车300余公里来到申诉人借住房屋内，将联合救助的3万元救助金及时送到被害人手中时，被害人激动地泣不成声。让人民群众真真切切感受到党和国家对受害者的关怀和关心，在她们人生最黑暗的时刻，给予前行的勇气，是我们检察官不可推卸的使命和担当。

二、“锱铢必较”守护国有财产见实效

该院紧紧围绕党和国家工作大局，扎实开展“国财国土”保护领域公益诉讼检察工作。依托全国检察业务应用系统，对2014—2021年方正林区已生效刑事判决采取拉网式排查。输入“年龄”“职业”“身份”等关键字，从中梳理出4名工人退休后被判处刑事处罚。检察官遂前往辖区社保部门调取以上4人离退休基本情况信息。经核实，其中2名退休工人在服刑期间基本养老金未予停发，2名退休工人在服刑期间基本养老金均予以调整。在查阅相关法律法规后，检察官将案件线索提供给黑龙江省人民检察院林区分院。林区分院充分利用两级院一体化办案优势，依法能动履职，通过制发诉前检察建议书，督促相关行政机关追回国有财产3万余元。该案入选最高检“千案展示”案例，沿江院在该案证据收集、法律适用等方面为其他兄弟院打造了“样板间”。

三、深耕“颜小江”法治品牌，走好网上群众路线

该院以传递检察好声音、传播法治正能量为导向，入驻微博、微信、今日头条和抖音等平台，开启百姓指尖学法新路径，及时回应社会关切，架起检民“连心桥”。制作多部短视频普法作品及时回应民生关切，被“CCTV今日说法”“法治日报”“中国妇女报”“半月谈”等主流媒体采用推广。在微博平台发起的“#颜小江说法”话题累计阅读量6.4亿，与全国公检法司等官方账号联动引导网民参与讨论66.6万余次。为公平正义代言的“颜小江”检察官表情包深受全国检察干警喜爱，发放使用量约达50.92万次。2022年该院官方微博位列“互联网+检察”榜单年度总冠军，蝉联“全国十大检察院微博”殊荣，荣登中央政法委“四个一百优秀政法新媒体”榜单。

“颜小江”团队开展“线上直播+线下互动”普法活动

检察官通过大数据排查国财领域案件线索

检察官到当地社保中心进行调查取证

（供稿：沿江人民检察院）

上海市浦东新区人民检察院
为打造现代城市治理的示范样板履职尽责

2022 年，上海市浦东新区人民检察院在上海市浦东新区区委和上海市人民检察院的坚强领导下，认真履行法律监督职责，各项工作取得新成效。

一、勇挑最重担子，围绕浦东引领区建设做好"检察文章"

企业合规品牌为法治化营商环境优化升级。有 1 件案件入选最高检企业合规典型案例。牵头编制《浦东新区人工智能企业数据安全和算法合规指引》在世界人工智能大会主题论坛上发布。入选"上海市优化营商环境法治保障共同体联系点"首批名单，与浦东新区工商联共建沟通联系机制做法入选全国典型事例。提交的《浦东新区涉案企业合规第三方监督评估的若干规定》经浦东新区人大常委会审议通过并正式施行。

知识产权检察品牌为国际科技创新中心核心区建设全力护航。调整张江地区检察院职能，在全国率先探索由专门检察院办理知识产权案件，获国家版权局授予的 2021 年度查处重大侵权盗版案件工作突出贡献有功单位三等功和有功个人一等功。办理全国首例为境外刺探、非法提供商业秘密案。办理上海市首例地理标志集体商标公益保护案，保护浦东知名农产品"南汇 8424 西瓜"。

金融检察品牌为打造全球资源配置的功能高地积极助力。在上海市率先牵头与浦东新区法院、区公安分局、区金融局建立金融风险防控联席会议机制。在全国率先探索金融检察刑事、民事、行政、公益诉讼"四合一"机制，成功办理上海市首例金融领域行政违法监督案件。

公益诉讼品牌为打造现代城市治理的示范样板履职尽责。办理上海市首例停车场线上收费强制索取个人信息行政公益诉讼案件，与上海市检察院第三分院办理全国首例证券公益诉讼支持起诉案。浦东新与区生态环境局共建生态环境损害赔偿修复示范基地和检察公益诉讼实践示范基地，组建由 240 余人组成的"益心为公"公益诉讼志愿者团队。

二、坚持算好民心账，着力守护人民群众安定和谐的美好生活

着力维护社会安全稳定。制定落实《党的

7 月 14 日下午，上海市浦东新区人大召开新闻发布会介绍我院提交通过的全国首部涉案企业合规改革的法律性文件《浦东新区涉案企业合规第三方监督评估若干规定》

二十大和市第十二次党代会维稳安保专班和方案》，受理各类来信来访2706件，接待来访群众114批182人次，办理国家司法救助案268件。

严惩侵害民生民利犯罪。办理的陈某贩卖麻醉药品案入选最高检依法惩治危害药品安全犯罪典型案例。李某某等6人贪污案入选上海市惩治群众身边的腐败十佳案例。

积极开展溯源治理。与公安机关、上海市临港自贸新片区管委会综治处等部门针对平安校园建设、平安工地建设问题开展社会治理。就社区消防安全向相关机构制发的检察建议入选上海市检察机关十大优秀社会治理检察建议。

三、聚焦主责主业，全面提升新时代检察机关法律监督质效

刑事检察不断优化。依法批捕各类犯罪嫌疑人1176人、起诉3946人，认罪认罚适用率91.37%。一案例入选最高检办理认罪认罚案件听取意见同步录音录像典型案例。

民事检察更为精准。办理民事检察监督案件142件，办理虚假诉讼监督案件19件。注重对弱势群体的保护，办理浦东新区首例农民工讨薪支持起诉案。

行政检察持续做实。一起非诉执行检察监督案荣获最高检优秀案件。联合上海市静安区法院、浦东新区法院、浦东新区司法局成立全市首家有检察机关参与的“行政争议多元调处中心”。

四、赓续改革血脉，推动浦东检察工作走创新路、打创新牌

建立法律监督数字赋能新平台。与浦东新区20余家单位签订《浦东新区执法司法大数据信息协同共享机制》，分步推进跨部门大数据开放共享平台建设。构建法律监督数字模型11个，“利用网络平台传播淫秽物品系列案监督模型”获评上海市检察机关数字化刑事检察监督十佳案例。

创设“四大检察”融合工作新布局。于上海市率先在刑事、民事、行政及公益诉讼检察部门之间建立线索双向移送、协同办理机制，工作经验获最高检宣传转发。

设立侦查监督与协作配合办公室。加强与公安机关配合衔接，在上海市率先以体系化创新机制打造公检合作共赢新格局。

制定《推进政治建设与业务工作融合发展的实施意见》。形成办案思维导图，引导全体干警把“从政治上看”贯穿检察工作的全过程。

打造浦东未检“紫丁香”品牌。建立全覆盖浦东新区36个街镇的紫丁香家庭教育指导站，对近100名未成年人进行家庭教育指导。

五、立足人才强检，深入打造堪担重任的高素质检察铁军

加强政治建设。制定学习宣传贯彻党的二十大精神实施方案，通过党的二十大代表施净岚宣讲、党组书记领学原文、专题辅导报告以及政治轮训等形式，层层传导落实。认真接受区委“四个责任制”督导，不折不扣落实整改。

坚持从严治检。坚决以案为鉴，加强警示教育，肃清各类流毒影响。推动“四责协同”向部门延伸，严格执行防止干预司法“三个规定”。

提升队伍素能。深化“扬帆计划”，开展市级优秀公诉人业务竞赛选手选拔系列活动，优秀公诉人、优秀公诉人新人奖获奖人数均位居上海市第一。持续推进青年干警外派赴银保监会上海监管局、浦东新区工商联等单位进行交流锻炼。

六、自觉接受监督，努力把全过程人民民主融入检察实践

认真落实“两会”期间代表委员提出的意见建议，制定48项工作措施。向浦东新区人大常委会报送立法建议4条。聘请20位代表委员担任特邀监督员。邀请代表委员、人民监督员等各界人士参与办案活动43人次，监督各类案件57件。

（供稿：浦东新区人民检察院）

江苏省常熟市人民检察院
服务保障更高品质"江南福地"建设

江苏省常熟市人民检察院聚焦"争当全省五好、再创全国先进"奋斗目标，用步履不停的坚实脚印，践行着为民司法的庄重诺言，奋力书写高质量检察答卷，服务保障更高品质"江南福地"建设。

一、率先探索建立"人大代表驻检察机关监督联络站"

为在更好贯彻全过程人民民主中推进检察工作，2022 年 4 月 21 日，常熟市检察院与常熟市人大常委会会签意见，在全省率先建立"人大代表驻检察监督联络站"并设置实体"监督联络站"。常熟市人大常委会主任王建国、检察院党组书记检察长明文建共同为"人大代表驻检察机关监督联络站"揭牌。"集成式"联络四级人大代表，"精准式"闭环办理代表意见建议，明确"参与式"履职监督内容，强化"互动式"共同推进监督联络工作，切实深化联络工作质效，相关工作被《检察日报》专题报道，被苏州市委文件吸引，并在苏州市检察机关推广。

二、与生态环境局签署全省首个生态环境损害赔偿磋商见证工作规程

为健全完善生态环境损害赔偿磋商和检察公益诉讼联动机制，加强生态环境保护行政监管与司法监督的有效衔接。2022 年 11 月 9 日，常熟检察院与常熟市生态环境局合作签署了全省首个生态环境损害赔偿磋商见证工作规程。该院检委会专职委员徐雪芳、常熟生态环境综合行政执法局副局长法晓红等有关人员参加会签仪式。规程明确了启动生态环境损害赔偿见证工作的条件、程序、参加人员范围、见证结果运用等内容，为县级生态环境部门开展生态环境损害赔偿

磋商工作制定了具体的操作规程。该规程的出台，对于规范开展生态环境损害赔偿磋商工作及促进生态环境保护等方面具有积极意义。

三、发起成立常熟市知识产权司法保护联盟

为深入贯彻习近平总书记关于知识产权保护工作的重要指示精神，认真落实最高检《关于全面加强新时代知识产权检察工作的意见》，2022 年 4 月 19 日，常熟市检察院与该市法院、公安局、市监局、新闻出版局、司法局（市律师协会）、文体旅局、工商联等八部门以视频会议的形式，召开常熟市知识产权司法保护联盟成立大会暨联盟章程会签仪式。会议做了关于联盟章程起草过程的说明，与会代表一致通过联盟章程并进行了“云会签”仪式，共同发布了 4 件知识产权保护典型案例。

四、联合水务部门开展“河（湖）长 + 检察长”联合巡河共商共治助推美丽河湖建设

2022 年 7 月 6 日下午常熟市检察院党组书记、检察长明文建与该市水务局党委书记、局长瞿文明共同开展巡河工作，先后前往琴川街道、常福街道、海虞镇等，查看了漕泾河生态美丽河道建设成果，了解白龙江河劣 V 类水体整治情况，巡查望虞河常熟枢纽并至望虞河水情教育基地参观，对河道及其周边是否存在非法排污、非法捕捞等进行重点巡查，深入了解河道治理过程中存在的困难和整治的难点、堵点问题。

（供稿：常熟市人民检察院）

江苏省泰兴市人民检察院
围绕“五好”标准打造高质量发展标杆院

2022年，在上级检察机关和泰兴市委领导下，泰兴市人民检察院深入贯彻习近平法治思想和中央28号文件精神，围绕“五好”目标定位，深化创新能动履职，积极为大局服务、为人民司法，各项工作高质量推进。有13件案件入选省级以上典型案例，护航民企做法获省市领导批示肯定，并在央视报道；6项特色工作被最高检、省委办转发推广。作为泰州唯一，连续两年蝉联全省“五好”基层检察院、泰兴市“十佳人民满意机关”，实现条块考核“双第一”。

一、强班子，担当作为领好航向

一是明确奋斗目标。班子成员紧紧围绕上级院决策部署，提出争创全省“五好”“三连冠”的奋斗目标。充分发挥“关键少数”作用，“检察长下沉一线督战、分管领导下沉办案团队作战”，引领全院干警心往一处想、劲往一处使，形成“全员时刻在线、在状态”的工作氛围。二是狠抓推进落实。发挥党组统揽全局、协调各方的作用，压实责任、统筹资源、精准发力，办理各类案件1801件，办案总量位列泰州第一，多项办案指标位居泰州前列。着眼提高贡献度，推动70余吨废弃农膜无害化处理，并会同相关部门研究综合性解决方案，从源头上守护耕地安全，该案获评省院参考性案例。落实最严格耕地保护制度，办理的某镇政府违法占地建设355省道系列监督案，获评省院参考性案例。三是加强班子建设。认真落实民主集中制，召开党组会、检察长办公会75次，研究决定“三重一大”事项61个。检察长列席审委会7次，入额院领导带头办理疑难复杂案件136件，1名班子成员被评为“全省扫黑除恶斗争先进个人”，入选“全省检察机关扫黑除恶斗争”专门人才库。

二、重实践，多措并举带好队伍

一是强化政治建检。贯彻落实党的二十大精神

全国劳动模范何健忠、泰兴市检察院党组书记、检察长朱华一行实地检查废弃农膜整改情况，该案入选省院参考性案例。

走深走实，第一时间出台学习宣传方案，通过检察长宣讲、专题辅导、支部热议等方式，引领全体检察人员捍卫“两个确立”，做到“两个维护”。认真执行防止干预司法“三个规定”，共记录报告“三个规定”等重大事项32件，出台长效机制16个。二是优化岗位练兵。创设两周一次“先锋讲坛”，引领干警持续学习领导讲话精神和最高检指导性案例，市“四套班子”领导调研肯定。深化检校合作，引进东南大学法学院博士生导师挂任党组成员、副检察长。注重干警理论研究能力培养，2项课题获省法学会、省检察院结项，7篇调研文章先后在国家级刊物发表，12名干警在各类业务竞赛中扛旗夺牌，涌现出“江苏好青年”等先进典型。三是细化绩效考核。坚持以实绩为导向、为发展配干部，先后出台积分管理办法、争先奖励机制等，激发动力源泉，持续盘活队伍。系统总结“品牌建院”经验，相关做法获评“全省基层院建设典型事例”，12个条线进入泰州先进行列。

三、善履职，均衡发力写好答卷

一是维护社会和谐稳定。从严从快办理公安部挂牌督办、省纪委领导批示的污染环境案、涉7500余万元的组织领导传销活动案等一批社会影响大、危害严重的案件，同步做好追赃挽损、舆情防控等工作。认真做好党的二十大、全国“两会”等重大敏感节点的信访维稳工作，院领导带头办结“钉子案”8件，全年没有发生一起涉检赴省进京访。二是护航民企健康发展。严厉打击破坏市场经济秩序犯罪，办理挪用资金、职务侵占、合同诈骗等侵企案件9件21人。坚持宽严相济，对犯罪情节轻微的民企人员犯罪，依法不批捕4人、不起诉19人。办理的年纳税额6000余万元的涉案企业合规案得到省领导、泰州市委主要领导批示肯定；办理企业申请立案监督时，帮助企业走上正轨、扭亏为盈，该案获评全国检察机关保护非公企业典型案例，并在央视“新闻1+1”栏目报道。三是深化市域综合治理。针对办案中发现的类案

泰兴市检察院荣获江苏省五好基层检察院

问题，制发社会治理类检察建议12件。落实最高检“七号检察建议”，邮检携手共护寄递安全，相关经验在全省会议上交流、《检察日报》头版报道。落细最高检“八号检察建议”，聚焦农村自建房领域存在的违规改建、承包混乱等难点堵点，助推职能部门、乡镇政府加强整治，相关做法被省委办公厅转发。

四、强管理，锤炼作风树好形象

一是坚持司法为民。举行公开听证22场次，以“如我在诉”“情同此心”办好群众身边小案，在办理一起拒不支付劳动报酬案时，协调法院、济川街道等单位，推动涉案企业加快破产清算，帮助18名劳动者挽回损失。加大对退役军人、困境妇女儿童等弱势群体的司法救助力度，共救助49件53人，发放救助金100余万元，全面助力乡村振兴。二是加大宣传力度。深入打造“晶晶说法”两微一端、抖音快手新媒体矩阵，多次入选全国、全省政法新媒体榜单。开通“办案手记”“身边的感动”等普法栏目24期，讲述检察好故事，传递法治正能量，先后被中央政法委评为“全国政法新媒体工作先进单位”，被最高检评为“全国检察宣传先进单位”。三是严格纪律作风。始终坚持严的主基调，全力支持派驻组监督履职，努力让检务督察“长出牙齿”，印发督察通报8期，提醒谈话1人。向干警及家属发出《劝廉信》，制作廉洁承诺标志牌，召开廉情对接会、警示教育会，廉洁从检的意识入脑入心。

（供稿：泰兴市人民检察院）

江苏省镇江市丹徒区人民检察院
依法能动履职，在服务保障大局中彰显检察担当

2022年，丹徒区检察院在镇江市检察院和丹徒区委领导下，以习近平新时代中国特色社会主义思想为指导，深入学习党的二十大精神，以检察工作服务保障经济社会高质量发展。

一、在服务保障大局中彰显检察担当

坚决维护社会平安稳定。严打新型网络犯罪，开展断卡、净网、反洗钱等专项行动，批捕起诉电信网络诈骗、集资诈骗、非法吸收公众存款等犯罪91人，守护好老百姓“钱袋子”。持续优化法治营商环境。自坚持“一案一警示”，结合所办案件，发出风险提示函6份，提出意见建议10余条，提升依法合规经营管理水平。主动融入区域社会治理。发出社会治理类检察建议13份，牵头应急管理、市场监管等七部门制定安全生产“4+N”诉源治理工作机制，针对安全生产、管理问题发出检察建议5份。

二、司法为民，在守护美好生活中诠释检察情怀

全心保障生态建设。严厉打击破坏环境资源犯罪，牵头自规、生态环境等部门制定《“丹心护绿”一体联动工作机制》，办理的某药业公司等6家单位、高某等16人污染环境案入选全省检察机关环境资源犯罪典型案例。深入开展农民工讨薪专项监督，牵头会签《关于在追索劳动报

区人大调研涉案企业合规改革工作

自觉接受人大监督

秉承“枫桥经验”接待群众信访

酬案件中加强协作配合的实施意见》，成功助力42名农民工追讨和兑付工资款70万余元。拓宽司法救助渠道，向50户因案致贫返贫的刑事被害人或其近亲属发放救助金26万余元，传递司法温暖。

三、强化监督，在维护公平正义中展现检察作为

刑事检察更加有力。与侦查机关建立侦查监督协作配合机制，会同法院、公安机关建立一站式简案快办工作机制，有效提升司法效率。民事检察更为精准。与区法院会签《关于进一步加强民事、行政法律监督工作的实施意见》，有效破解民行检察监督案源难题，相关做法被省检察院转发。行政检察持续做实。以行政争议案件实质性化解推动社会问题深层次治理，相关做法在省检察院重点工作推进会上介绍交流。公益诉讼检察破局出新，办理涉及公民信息、生态环境保护等领域的公益诉讼案件28件，《督促整治公共停车场无障碍环境建设行政公益诉讼案》入选最高检公益诉讼质量提升年“千案展示”案例。

四、固本强基，在严管厚爱中淬炼过硬检察铁军

政治引领永葆忠诚本色。始终坚持党对检察工作的绝对领导，积极构建以党组理论学习中心组为龙头、中层干部为重点、党支部为基础的理论武装格局。开展争创“检察高质量发展先锋行动队”主题实践活动，为群众解决烦心事、揪心事42件。分层分类打造素能亮色。探索实践青年干警分层分类培养机制，开展微型辩论赛、审前模拟等“实战化”培训、“小课堂”融培训、案件微研讨等活动20余次，关于检察官助理培养的经验被评为全省检察机关队伍建设典型事例。强化监督涵养清廉底色。出台检察人员违反检察职责线索移送管理办法，建立完善常态化督导检查等管理制度13项，干警廉洁从检思想自觉切实增强。

下一步，丹徒区人民检察院将以习近平新时代中国特色社会主义思想为引领，全面贯彻党的二十大精神，全面协调充分履行各项检察职能，以更高的站位服务保障大局、以更实的举措强化法律监督、以更严的要求建设过硬队伍，更好地为丹徒高质量发展、人民高品质生活贡献检察力量。

依法维护企业合法权益受到赞誉

（供稿：丹徒区人民检察院）

福建省漳州市龙文区人民检察院

聚焦人民需求，守护美好生活

2022年，福建省漳州市龙文区检察院以习近平新时代中国特色社会主义思想为指导，深入贯彻落实党的二十大精神，全力巩固政法队伍教育整顿成果，各项检察工作取得显著成效。全年共办理各类案件1553件，有17个集体和个人获得上级表彰，获评“全国检察宣传先进单位”“全市先进基层检察院”，涌现出全国“人民满意的公务员潘进格”等先进典型。

一、旗帜鲜明坚持党对检察工作的绝对领导

主动向区委、区政府书面报告公益检察工作开展情况，争取支持。2022年5月，呈报《关于加强国有财产保护、国有土地使用权出让领域公益诉讼检察工作的报告》获得区委书记批示肯定。2022年6月，区委在全市范围内首次印发《关于加强和支持检察机关公益诉讼和行政检察工作的意见》，支持开展公益诉讼检察和行政检察工作。

二、着力打造精英检察办案团队

一是创建集党建、团建、业务交流为一体的“青春龙检研习社”。融业务学习于党建活动中，党支部被评为五星级党支部，一名干警获评“全省优秀共产党员”。二是连续12年举办“检校律论辩赛”。组织检察官、法官、律师、公安干警、在校法学专业大学生同堂竞技。通过以赛代训，提升干警论辩技巧和出庭实战能力，连续四届在“全省优秀公诉人”比赛中进入十佳行列。其中，潘进格同志获得全国未检业务能手、全国优秀公诉人、全国优秀办案检察官称号。三是创设“检察导师”制度。通过“同办一个案件，同出一场庭审，同写一份文书”的形式，帮助青年干警快速成长。有2名干警入选最高检人才库。

安全生产宣传进企业

法治宣讲进校园

为群众办实事

三、维护社会稳定，保障高质量发展

一是充分发挥批捕起诉检察职能。落实扫黑除恶斗争常态化工作部署，共受理审查起诉涉恶案件3件8人，提起公诉4件11人。深入打击“两抢一盗”、电信网络诈骗等严重影响群众安全感的刑事案件。加大涉案未成年人权益保护，联合市妇幼保健院等八个部门建立全市首个“星星湾未成年人关爱中心”。结合办案，共办理司法救助案件20件，发放救助金46.3万元，展现司法的温度。二是努力营造安商惠企营商环境。构建知识产权保护大格局，主动履职护企，起诉侵害企业合法权益犯罪36人。三是精准发力监督刑事执行。以“日常+专项+巡回”检察模式开展社区矫正检察监督，共办理刑事执行检察监督案件278件，发出《纠正违法通知书》30份。在上级检察院统一指挥下，协助查办司法工作人员相关职务犯罪5件5人，助力营造风清气正的政治环境。

四、民事行政检察注重保护弱势群体合法权益

办理民事检察监督案件62件，发出检察建议书59份；办理行政检察案件47件，发出检察建议42件。一是强化虚假诉讼法律监督。通过审查关联案件线索、主动调取卷宗材料等形式，发出再审检察建议书3份，法院已采纳2件并启动再审。二是探索民事支持劳动仲裁保护劳动者权益。与区劳动仲裁委会签《关于建立民事支持劳动仲裁协作机制的工作意见》，制发支持仲裁意见书35份，帮助29名劳动者解决劳动争议问题，追回薪资等222万余元。三是双赢共赢做实行政检察。开展“强制隔离戒毒行政行为法律监督”“征收社会抚养费非诉执行”专项活动，推动依法行政，向相关行政机关发出个案和类案检察建议书9份，妥善处理社会抚养费征收遗留问题；督促行政机关及时履行拆除非法建筑物并恢复土地原状的义务，打通土地非诉执行案件“最后一公里”。

五、公益诉讼提质增效，守护美好生活

围绕区委工作大局和群众反映强烈的热点问题，立案公益诉讼案件80件，立案数居全市第一，有2个案例入选全省检察机关服务优秀案例。一是打造公益诉讼宣传名片。围绕龙文区“一轴两溪三湖”的生态特点，建设“漳州检察公益诉讼法治宣传基地”，成为市委党校的现场教学点。二是成立联合办案小组，检察长带头办案。由检察长带队开展调查取证，破除困难阻力，追回国有资产8668万余元，店面47间、车位1251个。三是聚焦民生开展专项整治。保护公民个人信息，通过诉前磋商促成对已公布的300余条个人敏感信息进行去标识化处理；推动落实“禁限塑”令，向主管部门发出检察建议，促成开展“禁限”专项整治活动；开展保障“千家万户舌尖上的安全”专项活动，保障食品安全。

抓实全面从严治党主体责任，强化意识形态工作。严格执行“三个规定”，推进廉洁从检，锻造忠诚干净担当的检察铁军。

（供稿：龙文区人民检察院）

江西省万载县人民检察院
紧扣时代主题，助推检察工作高质量发展

2022年，在宜春市检察机关和万载县委的坚强领导下，在县人大及其常委会的有力监督下，万载县检察院坚持以习近平新时代中国特色社会主义思想为指导，学习贯彻习近平法治思想，全面贯彻党的十九届历次全会和二十大精神，认真贯彻落实《中共中央关于加强新时代检察机关法律监督工作的意见》（以下简称《意见》）和省委实施意见，忠实履行法律监督职责，各项工作取得新进步、新成效。

到“红色名村”开展主题日活动

一、“5431”党建工作机制强化党建引领

认真贯彻新时代党的建设总要求，以推动党建、业务深度融合为切入点和着力点，建立“5431”党建工作机制。“5”即“五最工作法”：把强化思想政治教育作为最首要的任务，把一切工作首先“从政治上看”作为最根本的原则，把为民办实事作为最重要的政绩，把传承红色基因作为最强劲的赋能，把全面从严管党治检作为最严密的防线。“4”即“四加工作机制”：党支部建在专案上，党日活动＋专业练兵，党史学习＋业务例会，党建考核＋晋升必备。“3”即“三个结合”：将提升队伍素能与强化党建理论相结合、与文化创建相结合、与纪律作风建设相结合。“1”即“一份档案”：全面建立检察干警政治素质档案。通过强化党建引领，赓续红色精神，班子成员率先垂范，在面对各种急难险重情况时冲锋在前，带头办理疑难复杂案件80件，占比10.9%；带头坚守疫情防控最前线、带头翻山越岭访民情、带头日夜兼程深入志愿服务，青年干警也纷纷向党组织靠拢，发展青年党员7人，全员致力“疫情防控”“乡村振兴”“美丽宜居”等工作开展志愿服务活动逾千人次。该院2022年综合质效排名稳定在全省前30名，24项指标位列全省第一，平安建设考核始终稳居全县第一名。

二、未检工作队伍专业化建设

一是打造“云帆工作室”青少年法治教育网络。以“万检·云帆工作室”为中心，在县矛调中心和文字阁公益图书馆建立法治教育园地，以云平台“青青我心FM”辐射17个乡镇，形成青少年法治教育县域网络。二是牵头成立全省首家未成

办理全县首例企业合规案件，进行实地调查

办理生态环境公益诉讼案件时，开展实地调查

年人 12309 联建保护平台。以 12309 检察服务中心为枢纽，通过增设专线、收集线索、分级介入和联动保护，将群众反映的未成年人遭受不法侵害情况线索进行收集研判、分流移送并跟进反馈，与联建单位共同发力构建多元救助保护体系。截至目前，我院已通过平台收集并处理多条涉未成年人保护线索，此项工作被“江西改革”微信公众号作为全省优秀改革经验进行报道。2022 年未检办案团队被授予“宜春市三八红旗集体”荣誉称号。三是创立“法治 + 心理”未检工作模式。与县百合花志愿团队联合推动未成年人“1+n”保护工作，通过购买心理服务，将心理服务与法治宣传、帮教工作百分百融合，2022 年共开展社会调查、心理测评疏导、帮教、家庭教育指导 1563 人次，发出《督促监护令》27 份，此项工作被中国行为法学会报道，并在全省“法治心育进千校”活动上进行经验交流。

三、以更优检察服务打造更加法治化营商环境

建立“万企 · 方圆”企业合规办公室，推动涉案企业合规改革工作规范运行，企业合规文书被全市推广，努力实现“办理一起案件、扶助一批企业、规范一个行业”。立足知识产权案件全市唯一集中管辖地，成立知识产权检察办公室，积极探索“刑民行”集中统一办案模式，办理了郑某等人假冒“仁和集团”注册商标等案 17 件，工作经验被省委政法委采用。

和县妇联、县社会心理服务队一起，联合开展“送法进校园”活动

四、“四 + 组合拳”助推生态环境领域公益诉讼

通过“打击 + 监督”“保护 + 修复”“倾听 + 调研”“内通 + 外联”，实现生态环境公益诉讼检察从机械司法到能动履职、从有法可依到良法善治、从守株待兔到主动出击、从单打独斗到协同作战。

通过案件办理，落实生态环境修复费用百余万元，督促修复被污染、破坏、违法占用的林地、耕地 2630 亩，清理化学固废、农药包装废弃物、建筑垃圾 22 吨。其中办理的全市首例污染环境罪刑事附带民事公益诉讼案被省检作为典型案例向最高检进行推荐。工作经验被“江西检察”微信公众号报道，并入选全省“百院千人万里行”优秀普法作品。

（供稿：万载县人民检察院）

山东省临清市人民检察院
从"脱薄"到"争先"，一场"灰姑娘"的蜕变

2022年，注定成为临清检察发展史上极不平凡的一年。一年来，在全省大抓基层的鲜明导向下，在聊城市院的"抓、帮、督"之下，临清市人民检察院不甘人后、奋起直追，以脱薄标准为尺，以争先创优为标，以实干笃定前行，终于逆境破局，一举扭转了落后局面，年终业务考核全市第一，综合排名全市第二，先后荣获国家级、省级、市级荣誉17项，连续11年被评为省级文明单位；15项调研成果、工作经验被最高检、省检察院转发，检察干警荣获市级以上荣誉称号23项。

一、党建引领，在提升政治建设上持续发力

充分发挥院党组头雁效应，坚持第一议题制度，把深入贯彻落实习近平法治思想、党的二十大精神作为党组会、理论中心组学习的首要议题，在抓深化、抓消化、抓转化上下功夫、见实效。充分发挥党支部堡垒作用，创建"河韵育检党建铸魂"品牌，联合市人社局等单位开展联建共建活动，积极培树党员先锋岗，树立先进工作导向，形成了"机关有品牌、支部有特色、党员有先锋"的党建工作格局。充分发挥线上线下相结合的学习优势，在线下开展集体学习的同时，组织干警运用学习强国、灯塔党建在线等网络平台开展学习12次，实现二十大精神学习全覆盖。

二、围绕中心，在为大局服务上持续发力

推行和发展"乡村振兴检察联络员制度"。聘请乡村振兴检察联络员17名，邀请参与公开听证12次、提供法律咨询34次、化解矛盾纠纷15件次，为乡村振兴营造和谐稳定的社会环境。检察官深入基层开展的"田埂护苗"听证会，被《检察日报》头版头条刊载。积极参与粮食购销领域腐败问题专项整治工作。完善监检衔接机制，形成打击职务犯罪合力，2022年办理了聊城首例粮食购销领域职务犯罪。服务民营企业健康发展。开展涉民营企业刑事诉讼"挂案"专项清理工作，共清理"挂案"62件，避

免企业医深陷“诉累”影响发展。与临清市司法局会签《关于企业人员社区矫正期间赴外地从事生产经营活动请假的审批办法（试行）》，保障企业人员在社区矫正期间正常开展跨区域经营活动。

三、宽严相济，在为平安尽责上持续发力

严厉打击强威慑。全年受理审查起诉案件448件649人，依法办理故意伤害等暴力犯罪案件99件112人，办理危险驾驶等危害公共安全类案件151件152人，同比下降42.5%，社会治安秩序持续向好。少捕慎诉促和谐。加强对逮捕社会危险性的审查，全年不批捕36件50人；依法行使起诉裁量权，不起诉109人，同比上升52.8%，修复因“小案”“偶犯”损害的社会关系，促进社会内生稳定。事心双解和为贵。积极打造“重维权、伸正义”办案模式，截至今年，该模式共促成当事人达成刑事和解39件，过付赔偿款340余万元，帮扶救助58名生活困难的当事人。

四、护佑民生，在为民司法上持续发力

探索开展民事支持起诉工作，办理农民工群体支持起诉案件21件，帮助农民工讨薪16.78万元，联合市人力资源局和社会保障局开展“检察监督+劳动监察”维护农民工薪酬专项行动，经验做法被省委、省检察院予以转发。持续加大对未成年人的保护力度。积极促进“六大保护”，深入本市中小学开展法治宣讲活动32场，覆盖师生数万人，制定的《临清市未成年人保护联盟实施办法》被评为全省政法系统优秀制度成果。深入开展“关注困难妇女群体”专项活动，与市妇联会签《关于加强困难妇女司法救助工作的实施办法》，对因案致贫的困难妇女实行“重点帮扶”，全年共帮扶27人，解决实际问题31个。

五、提升质效，在强化监督办案上持续发力

推进和深化“繁简分流、轻案快办”机制。进一步加强与侦查机关的衔接配合，充分发挥侦协办“分流”作用，并指派一名员额检察官专门办理简

案，缓解办案压力。全年监督立撤案26件，追捕追诉76人。精准开展民事、行政检察。办结各类民事检察案件72件，针对一件长达7年之久的诉讼纠纷，临清市院在监督过程中积极引导当事人和解，彻底解决了当事人持续多年的烦心事。办结各类行政检察案件37件，其中办结行政争议实质性化解案件6件，撰写的理论文章在最高人民检察院期刊发表。持续开展“公益诉讼守护秀美临清”专项监督行动。办理公益诉讼案件25件，办理的督促食品药品安全领域依法履职公益诉讼案，获评全省优秀案件；聚焦饮用水安全问题，形成《现制现售饮用水设施运行及监管情况的调研报告》，配合市人大推动完善地方立法，维护社会公共利益。

六、固本培元，在加强自身建设上持续发力

全面强化从严管党治检。研究制定“三个规定”年度填报推进计划，逐月推进落实。全院干警网上主动填报个人执行情况856份，其中有情况填报98份，有问必录，形成政治自觉。全面提升队伍专业素质。组织干警参加省市级业务、党建、新闻发布等培训103次。一名同志被最高人民检察院予以通报表扬，干警荣获“全省优秀检察官”“全省公益诉讼检察业务能手”等多项荣誉。

一年来，临清检察从“奋起直追”到“突围领跑”，离不开的是上级院的帮扶与指导，依靠的是院党组的坚强引领、全院上下干警勠力同心！必将牢记“切勿沾沾自喜，务必再接再厉”的嘱托，坚持稳中求进的工作总基调，以更高质量的检察履职服务保障经济社会高质量发展。

（供稿：临清市人民检察院）

山东省枣庄市山亭区人民检察院
坚持上下一体，凝聚“脱薄争先”合力

2022年，山亭区检察院坚持以习近平新时代中国特色社会主义思想为指导，全面贯彻习近平法治思想，深入学习贯彻党的二十大精神，全面落实《中共中央关于加强新时代检察机关法律监督工作的意见》，坚持“居弱图强稳求进、守正创新争一流”工作目标，以党的建设为统领，以司法办案为中心，以服务大局为己任，以“脱薄争先”为推动，有效履职、有为尽责，整体工作实现了突破性进展。在全市基层院年度考评中位列第2名，被评为“全市先进基层院”，在山亭区年度考核中获得“优秀”等次，被表彰为山亭区“2022年度高质量发展综合绩效考核先进集体”，顺利完成“全国相对薄弱基层院”脱薄任务。

一、坚持上下一体，凝聚“脱薄争先”合力

坚决落实最高检统筹、省检察院主导、市检察院主抓、基层检察院主责的思想指导，通过召开“脱薄争先”动员会、专题分析会、党组会、业务调度会，20余次传达学习最高检和省、市检察院工作部署，不断提升思想认识，凝聚工作合力。

省市检察院领导先后调研指导“脱薄”工作，给予强有力的领导支持。市检察院在山亭区人民检察院召开全市检察机关“脱薄争先”工作现场推进会，有效推动队伍建设、业务提升领域“脱薄争先”工作困难的解决。市检察院领导、青岛市检察院帮扶同志和市检察院各部门全力靠上，指导大幅度提升核心业务数据。与滕州市院签订《共建协议》，全方位开展对接交流、同堂培训、联合练兵，实现办案资源共享、“脱薄”难题共解。2022年9月27日，在最高检召开的“全国基层院检察长座谈会”上，山亭区人民检察院作为全国10个基层院代表之一，向最高检主要领导专题汇报“脱薄争先”工作情况，获得充分肯定。

二、坚持有为履职，增强“脱薄争先”动力

抓牢“关键少数”，入额院领导带头办理案件149件。深化检务公开，推动律师“线上+线下”阅卷，受理律师阅卷78次，其中互联网阅卷14次，按时完成率100%。采取周调度、月分析、季总结的方式，12次召开业务数据研判会，核心业务数据连续8个月进入全市前列，圆满完成核心业务数据“脱薄争先”指标。作为全省13个试点院之一，大力推进“检察人员绩效考核试点工作”，修订考核办法，建立全员全面全时考核系统，做法入选省检察院典型事例在全省推广，市检察院宋晓磊检察长批示肯定。大力推进机关管理工作规范化，实行“钉钉”软件网上办公及办案业务申请审批，更新60余台新型电脑、4台办案办公车辆，改善机关餐厅、充电停车棚、书香检察阅览室建设，助推了工作质效的提高。制定

执行《案件信息发布、业务数据发布和法律文书公开的实施办法》等规范制度10个，全面规范了检察业务管理和后勤保障工作。

三、坚持改革创新，激发“脱薄争先”活力

积极探索数字检察赋能，召开数字检察工作推进会，构建各类监督模型4个，其中“亭检担·水资源税公益诉讼大数据模型”，获得全市公益诉讼检察数字建模竞赛二等奖。课题《认罪认罚背景下刑事错案预防研究》在省检察院顺利结题，并入选全国检察理论研究年会；课题《侦查监督与协作配合工作研究》在省检察院成功立项。论文《重罪案件适用少捕慎诉慎押刑事司法政策若干问题检视》，荣获第二届全国检察机关重罪检察实务论坛征文“优秀奖”。倾力打造“翼云心语”未检品牌，创新“1+5+N”未检工作机制，经验做法被《山东法制报》等刊发推广，省市领导现场视察观摩后，均给予高度肯定。

四、坚持队伍建设，提升“脱薄争先”能力

加强领导班子建设，充实党组成员2人，提拔和交流6人。落实“赢在中层”行动，提拔7名中层正职，17名副职；9名干警进行了岗位调整，6名事业编制人员获得职级晋升，招录3名公务员，有效优化了队伍，激活了履职动力。推进从严管党治检，每季度召开党风廉政建设和意识形态工作联席会，每月督查“三个规定”执行情况。大力倡树“严紧细实快”工作作风，积极开展“五强五比五表率”干部思想能力作风建设三年行动。参加市区专题培训，高质量开展“春季读书班”，检察长走进党校授课，邀请市委党校教授作政治学习辅导，27次举办“周一晚间课堂”，开展青年读书沙龙、书记员跟班学习、书记员信息宣传比武等练兵活动，全面提升检察人员履职素能。大力探索党建与业务工作深度融合，作为省检察院确定的全省“基层院党建与业务深度融合试点院”之一，实践总结了《“三三工作法”促党建与业务融合》创新经验，顺利通过省检察院评估，在全市检察机关党建工作现场会上作典型发言，新华通讯社《瞭望》新闻周刊刊发肯定；《枣庄山亭区检察院：党小组建在办案一线》做法，在山东卫视《齐鲁先锋》栏目播出推广。

2022年度先后获评“省级文明单位”“全省关心下一代工作先进集体”“全省检察机关党建工作表现突出集体”“全市妇女儿童工作表现突出集体”等6项省市级集体荣誉；2起案件获评全国检察机关典型案例、2起案例获评全省检察机关、枣庄市普法典型案例；2篇研究论文、课题在最高检获奖、省院结项；14名干警16次获得省市区级表彰。

（供稿：山亭区人民检察院）

山东省泗水县人民检察院
“狠抓三标”，实现“小院”大作为

2022年，在济宁市检察院和泗水县委的正确领导下，泗水县人民检察院以“争一流、争第一、争唯一”的胆略气魄，牢固树立“激情、荣耀、极致”工作理念，大力发扬苦干不苦熬、奋力争上游的拼搏精神，进入全市检察机关综合考评第一方阵，5件案件被评为全省检察机关典型案例，省市院和县委主要领导多次予以批示肯定。

一、以极致为追求目标，狠抓质效绩效管理

围绕核心业务数据精准发力，紧紧锚定全市第一方阵目标，坚持“日盯、周判、月会商、季调度”，实行红黄牌预警挂图作战，把任务细化分解到季到月、量化到周到天、落实到岗到人，民事检察等三项主要检察业务在全市名列前茅。创新开展圆周率检视会和扁平化管理，各部门每周进行一次工作复盘，实行工作内容一周一调度，工作成果一周一圆满，工作效率一周一提高，推动各项工作提质增效。全面开展检察人员绩效考核积分制管理，建立干警执行力档案和正负面清单，设立突出贡献奖，树好“务实重干”的实干导向、“有为有位”的用人导向、“奖罚分明”的激励导向，遴选员额检察官2名，职级晋升8人。

3月9日至11日，市检察院党组书记、检察长苏金森到泗水调研

5 月 17 日，泗水县检察院创新开展典型案例公开评讲

二、以荣耀为引领航标，狠抓品牌创新工作

强化基层首创意识，以特色品牌创建破解制约发展的突出问题，不断提升工作影响力和知名度。紧贴业务实际、地域特色，努力打造“泉心润禾”未成年人检察品牌、“泉源益心”公益诉讼检察品牌和“泉乡青检”检察队伍建设品牌，形成“泉”字头品牌矩阵。《构建“1+N”开放式救助体系，实现司法保护助推未成年人成长环境修复工程建设》获评全省创新工作评审三等奖，在全省率先助推地方人大出台《关于加强未成年人文身治理工作的决议》，制发检察建议推动错误村名和村民户籍信息更正，助力地名文化遗产保护工作受到省院认可推广。深化典型案例培育，筛选建立“种子案件”库，通过定期研讨、多元联动、跟踪督导、评先树优等机制，引导案件办精品、出典型。

三、以激情为发展靶标，狠抓队伍基础建设

全面实施干警“素能提升”工程，通过开展π学院青年检察讲坛、公诉人业务竞赛、典型案例公开评讲等活动，夯实检察工作可持续发展根基。落实从优待检各项措施，健全干警入职、晋升、获奖、退休等荣誉仪式，增强干警职业归属感。以统筹招录、人才引进等方式，进一步拓展选人渠道，青年干警比例提高 6%，研究生学历提高 5%。在济宁市检察院和泗水县委的支持下，筹资 300 余万元建设 12309 检察服务中心和案管大厅，开办干警食堂，规范物业管理和保安服务，更新部分执法执勤车辆，不断优化履职环境保障，营造拴心留人的良好氛围。1 人被最高检通报表扬，2 人分别荣获全省“优秀司法行政人员”和“业务标兵”，33 人次获得市级以上表彰。

下一步，泗水县检察院将紧紧围绕服务地方高质量发展一条主线，着力加强法律监督和基层基础两项建设，大力突出业务立检、人才兴检、创新强检三个抓手，积极实施质效提升、法治护航、品牌创优、铁军锻造四大工程，全力提升“四度”水平，奋力推动泗水检察工作现代化，努力为济宁检察工作高质量发展贡献泗水力量。

（供稿：泗水县人民检察院；撰稿：陈辉）

山东省兰陵县人民检察院

"四大检察"融合发展，各项检察工作取得新成效

2022 年，在临沂市检察院和兰陵县委领导下，兰陵县人民检察院坚持以习近平新时代中国特色社会主义思想为指导，深刻领悟"两个确立"的决定性意义，增强"四个意识"、坚定"四个自信"、做到"两个维护"，各项检察工作取得新成效。

一年来，该院有 4 起案件入选全国全省典型案例、1 件法律文书被评为全国优秀法律文书、1 篇分析报告被评为全省检察机关优秀业务数据分析报告，4 篇论文在知名期刊发表，20 个集体个人受上级表彰，其中，宋炎炎同志被评为全省"人民满意的公务员"。在全市检察机关年度考核中，该院取得了业务考核全市第一、综合评价全市第二的优异成绩。

一、聚焦政治建设，在党建引领中明方向

一是坚持理论学习引领工作方向。全年党组扩大会开展"第一议题"学习 38 次，随机选取党组成员、部门负责人结合县域实际、检察业务重点交流发言 200 余次，通过"学、思、悟"推动中层以上干警提高政治站位、找准工作方向。二是坚持全面学习把握二十大精神找准工作重点。把学习贯彻二十大精神作为首要政治任务，第一时间制定学习方案，第一时间邀请党的二十大代表王传喜同志作宣讲报告，组织全院干警进行知识测试，开展"学报告、谈体会"研讨交流。三是坚持党建与业务融合促进工作提升。扎实开展"3+1"理论武装体系建设，一体提升政治素质和业务素养，打造"勤学、善研、实干"的"三位一体"党组中心组理论学习机制，全年共开展中心组集体学习 12 次，结合检察业务形成调研报告 13 篇，其中 1 篇荣获第二届全国检察机关重罪检察实务论坛征文活动优秀奖。

二、聚焦主责主业，在服务大局中强担当

一是积极参与平安建设。严厉打击各类严重刑事犯罪，共受理提请批准逮捕案件 462 件 625 人、移送审查起诉 1048 件 1269 人，常态化开展扫黑除恶斗争，起诉涉黑恶案件 2 件 18 人。二是提升法律监督质效。加强对刑事立案、侦查、审判活动的监督，监督立案 16 件，监督撤案 22 件，追捕追诉 93 人，提出（提请）刑事抗诉 11 件，发出《纠正违法通知书》146 份；强化刑事执行监督，共办理刑事执行和监管活动、监外执行等各类违法案件 93 件；办理各类民事监督案件 133 件，审结各类行政监督案件 47 件，办理刑事附带民事公益诉讼 4 件，制发公益诉讼诉前检察建议 23 件。三是持续优化法治化营商环境。严厉打击

扰乱市场秩序犯罪，共起诉34件42人。1起案件获评省检察院典型案例。加大企业合规制度适用力度，对2起案件适用企业合规第三方监督评估机制，助推企业发展。四是加大立查职务犯罪力度。自觉融入反腐败工作大局，全年共审查起诉县纪委监委移送案件10件13人，查办徇私枉法案件2件3人；查办中，依法追诉1人，为国家挽回经济损失1400余万元。

三、聚焦人民期盼，在司法为民中有作为

一是关爱特殊群体传递司法温情。为55名困难群众提供司法救助金63.2万元。持续推进打击整治养老诈骗专项行动，办理养老诈骗案件5件6人。杨某某以“老妈乐”消费返利为由，诱使老年人购买会员，造成多名老年人损失共计83万余元，该院从严从快提起公诉，并以此制作《坑妈的“老妈乐”》宣传动漫，被省检察院评为微动漫类最佳作品奖。二是护航未成年人健康成长。严惩侵害未成年人犯罪，共批捕33件48人、起诉38件69人；依法批捕涉罪未成年人13件22人、起诉17件32人，依法不捕19件32人、不起诉15件21人，发出督促监护令100份，督促、帮助未成年人的监护人依法履行监护职责。打造兰陵县青少年法治教育基地，落实“法治教育从娃娃抓起”。该院被评为全市关心下一代工作先进集体，1名干警入选全省检察机关未成年人检察人才库，1起案件入选全省“检爱同行、共护未来”专项行动典型案例。三是深化检察环节社会综合治理。创新发展“枫桥经验”，公开选任17名听证员，邀请人大代表、政协委员、人民监督员等参与公开听证107件次，对335件次群众来信来访做到“件件有回复”。针对办案中发现的社会治理方面的问题，发挥检察优势，制发社会治理类检察建议33件，促进社会治理现代化。

四、聚焦新时代需要，在锻造过硬队伍中见成效

一是落实全面从严治党主体责任。严格执行重大事项请示报告制度，向县委和市院党组报告重大事项20余次，县委主要领导先后对检察工作作出批示肯定5件次。全力支持派驻纪检监察组“全程化、常态化”监督，主动征求意见8件次。二是坚持纪律作风建设不松劲。扎实开展纪律作风建设活动，组织干警学规定、读通报，观影片，并从5个大方面认真查摆问题，形成问题清单，建章立制固化活动成效。开展常态化督导检查26次，编发通报26期，干警工作作风持续好转，精神面貌焕然一新。三是坚持正确选人用人导向。秉承能力用人的原则，提拔1名年轻同志任副检察长并调整分工，提拔3名副科级干部，任免12名中层正副职。打造“选、育、用”一体化人才培养模式，以锻造复合型办案团队为抓手，科学制定人员交流轮岗制度，构建起“一岗多能、一才多用、部门多专”的人才梯队。

（供稿：兰陵县人民检察院）

山东省德州市陵城区人民检察院
充分履行法律职责，各项检察业务工作稳中有进

2022年，在德州市检察院和陵城区委领导下，陵城区人民检察院坚持以习近平新时代中国特色社会主义思想为指导，全面贯彻习近平法治思想和习近平总书记对政法工作、检察工作的重要指示精神，持续更新司法理念，深入学习贯彻党的二十大精神，认真落实《中共中央关于加强新时代检察机关法律监督工作的意见》，依法能动履行法律监督职能，各项检察业务工作稳中有进、开局良好。

一、工作亮点

2022年办理的1起借款纠纷虚假诉讼案件，避免企业经济损失2600万元，被山东省检察院评为典型案例。《多维普法护航未成年人成长》入选中国法律服务网司法行政案例库。国家宪法日检察官宪法宣誓活动被央视新闻联播宣传报道。3名干警在省市业务竞赛中荣获“业务标兵”“业务能手”荣誉称号，13名干警获得市级以上荣誉。

二、服务大局工作

旗帜鲜明抓好政治建设，筑牢政治忠诚。严格执行重大事项请示报告制度，确保检察工作始终保持正确政治方向，先后向区委、区人大等请示报告重大案件、重要事项等5次，区委、区人大领导批示3次。夯实思想根基。坚决落实“第一议题”学习制度，全年学习54次。组织全体干警19次政治轮训，坚定捍卫“两个确立”，坚决做到“两个维护”。抓好意识形态。认真贯彻区委、市院党组关于意识形态工作的决策部署，定期清理政治流毒，召开联席会议，专题向区委、市

院党组书记、检察长为全体干警上党课

院党组书记、检察长李茜走访辖区企业，优化法治营商环境，护航企业发展

院党组汇报意识形态工作开展情况。严格落实舆情管控“三同步”原则，防止负面舆情发生，公众号及各类报刊、网络共刊发700余篇，积极传播检察好声音。

全力维护社会大局稳定。助推平安陵城建设。把维护安全稳定作为检察机关的首要政治任务，依法打击各类刑事犯罪，共批捕起诉523人。常态化开展扫黑除恶专项斗争，起诉恶势力组织犯罪9人，增强人民群众的获得感、幸福感、安全感。做实做细信访维稳。在全国两会、冬奥会、冬残奥会、二十大等重大活动敏感节点期间，根据区委区政府安排部署，参与维稳督导小组，制定应急预案，认真排查涉检信访案件，拉网式解决全区信访隐患。积极投身疫情防控。在将各项疫情防控措施不折不扣落实到检察工作各环节、全过程的同时，院领导、党员带头走在疫情防控第一线，全院上下以“疫”为令、向“疫”而行，全力配合区委、区政府做好全区疫情防控各项工作，切实维护好人民生命健康和社会持续稳定。

持续打造法治营商环境，做好安商惠企工作。持续落实对企业负责人涉经营类犯罪依法不诉、判缓刑等刑事政策，涉企犯罪不起诉及判缓刑率66.7%。稳慎推进企业合规改革。在区委政法委的领导下，联合区工商联组建专业化第三方组织以及助企法律服务工作站，成立专家人才库，探索办理2起涉案企业合规改革案件，服务“六稳”“六保”。防范化解金融风险。起诉传销、违规发放贷款、骗取贷款等破坏金融秩序的犯罪80人，为全区金融安全提供检察保障。

三、民生民利工作

依法能动履职促进诉源治理，以“我管”促“都管”。围绕人民群众生活息息相关的领域向相关部门精准提出社会治理检察建议31件，与公安、司法等行政执法部门以及妇联、残联等群团组织会签文件5个，实现“办理一案、治理一片”的监

紧盯群众脚底下的安全，开展危废桥梁公益诉讼专项监督活动

督效果。畅通群众申诉渠道。12309检察热线畅通高效，检察长对重点案件接访2次，妥善处理来信来访来电79件，源头解决群众合理诉求。

用心用情守护群众幸福生活。守好群众“钱袋子”。严厉打击盗抢骗及网络诈骗等侵财犯罪，共批捕起诉167人。端好群众“饭碗子”。持续开展食用农产品“治违禁控农药促提升”专项行动，从严追诉、从重处罚食品药品领域犯罪，起诉12人。纳好群众“鞋底子”。率先开展了危废桥梁安全公益诉讼专项监督活动，向相关职能部门发出检察建议15件，守护人民群众“脚底下的安全”。

突出保护特殊群体合法权益。积极推进打击整治养老诈骗专项行动，批捕7人，起诉11人，制发检察建议4份，办理2件赡养纠纷支持起诉案件。对5名未成年犯罪嫌疑人作出附条件不起诉决定，最大可能挽救未成年人。组建“同心圆梦”专业办案团队，24名法治副校长宣讲队进校园、走乡村，开展法治宣传。司法救助人数及发放救助金额度同比分别上升185.71%和104%。利用“工会+检察”协作配合机制，通过诉前和解、支持起诉等方式，为农民工讨薪11万余元。

四、主责主业

坚持在办案中监督、在监督中办案。在区公安局、运河公安局的支持配合下，通过提前介入，办理各类刑事监督案件31件，与公安机关共同成立的“侦查监督与协作配合办公室”，推动监督配合机制落地见效，全年共追赃挽损3600余万元。更好落实少捕慎诉慎押刑事司法政策。不捕49人，不诉120人，认罪认罚从宽制度适用率94.9%，同比增长5.11%，确定刑量刑建议提出率和采纳率分别上升3.52%和1.14%，尽最大可能减少社会对抗面，厚植党的执政根基。强化监检衔接配合，共同推进反腐败斗争，办理职务犯罪案件6件7人。进一步规范刑事执行和监管执法监督工作，办理监外执行监督案件21件，财产刑执行检察监督案件11件，有效维护社会和谐稳定。

民事行政检察。将民事和行政检察职能摆在突出位置，同向发力，全年共办结民事检察案件84件，行政检察案件51件，同比分别增长71.4%、121.7%。加强与法院沟通联系，在虚假诉讼刑民衔接、合力解决“执行难”等问题上畅通办案渠道，达成共识，办理虚假诉讼案件4件。

创新教育培训，“同心元分享空间”激发头脑风暴

始终将行政争议实质性化解贯彻行政检察办案全过程，主动介入办理的6件行政争议实质性化解案件中，法检两家协同发力，促成双方当事人依法达成行政和解的同时，针对当前企业经营困难实际情况，部分采取设备升级改造、植树复绿、增殖放流等替代修复方式履行行政处罚义务，既切实服务保障民营经济发展，又有效兼顾生态环境保护等社会公益，实现了双赢多赢共赢。积极开展行政违法行为检察监督，向行政机关发出类案监督建议12件，助推法治政府建设。

公益诉讼检察。牢牢把握“保护国家和社会公共利益”的履职核心，积极融入全区经济社会发展大局，主动、审慎、稳步的推进公益诉讼检察工作，全年共办理公益诉讼案件48件，同比增长26.3%。持续贯彻“把问题解决在诉前是最佳监督效果”理念，针对生态环境领域发出检察建议9件、安全生产领域发出检察建议23件、个人信息保护、国有财产国有土地等领域共发出检察建议6件。办理的1起销售有毒有害食品刑事附带民事公益诉讼案，被告人在承担刑事责任的同时承担10倍惩罚性赔偿，有力震慑犯罪，保障人民群众“舌尖上的安全”。

五、队伍建设

牢固树立“抓好党建就是最大政绩”理念。“党建红”引领“检察蓝”，支部与部门工作相结合、互提升，专题研究党建工作5次，积极开展“双报到”“百局帮百区”“创城”等工作，以党建带队建、以队建促发展。

持续转变作风面貌。不断深化党风廉政建设，定期召开党风廉政建设会议，加大新时代政法干警“十个严禁”的宣传，定期通报“三个规定”的填报情况，对多名干警进行“第一种形态”谈话提醒，严格落实中央八项规定及实施细则，加大“四风”整治力度，强化党内监督。大力发扬“严真细实快”工作作风，不断激励“关键少数”在全力打造“五型”机关和干部队伍中

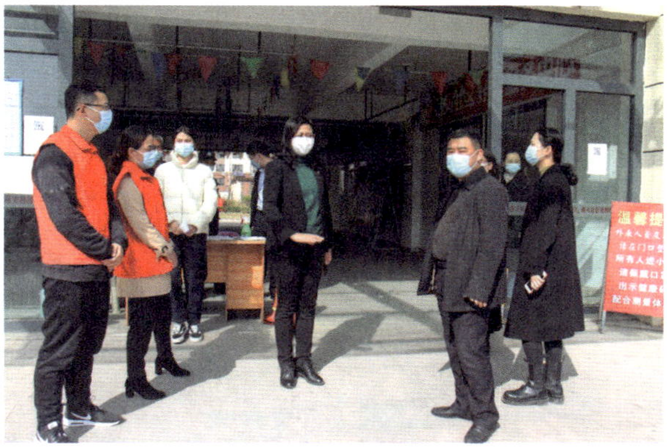

院党组书记、检察长李茜检察长到帮包小区指导疫情防控工作

走在前、作表率，入额院领导带头直接办理疑难复杂案件45件。

大力提升队伍素能。通过中层竞岗，切实抓好人才梯次培育。注重发挥“育苗工程”作用，每月一期“陵检同心元分享空间”活动。鼓励青年干警走出去，参加省市各类业务比赛5次。通过网络培训、检校共建，提升业务素质、实战能力，检察人员参加各类专业素能培训900人次。深化执法司法协作，聘请11名各行业专业人员兼任特约检察官助理，提升办案专业化水平。

自觉接受各界监督。认真落实省巡视组巡视期间监督意见。积极配合区人大安排开展的定期听检、有序参检、集中评检等各项活动，4名检察官接受区人大常委会履职评议。先后邀请人大代表参加专题调研、检察开放日、检察长述职报告评议等活动80余人次，向代表面呈或寄送检察工作材料、征求意见函7件次，让代表近距离了解检察、零距离监督检察。自觉接受纪检监察机关政治监督。深化检务公开，公布重大案件信息23条，发布官方微信115期，更加主动接受新闻媒体监督。聘任人大代表、政协委员及社会各界人士进入听证员库，公开听证34次，宣告送达58次。受法院邀请，检察长列席法院审委会11次，联合惩治犯罪，凝聚司法专业化工作力量。

（供稿：陵城区人民检察院；撰稿：史付海、闫中胜）

河南省宜阳县政法委员会
厚植法治沃土，筑牢平安高地

2022年，是党的二十大胜利召开之年，河南省宜阳县委政法委在县委、县政府的坚强领导下，以习近平法治思想为指导，紧紧围绕“共建共治共享”总要求，不断提高社会治理法治化、智能化、专业化水平，聚焦“三抓三化”，奋力推进“平安宜阳”“法治宜阳”建设，精心打造基层社会治理现代化的“宜阳路径”，有力维护国家政治安全、确保社会大局稳定、促进社会公平正义、保障人民安居乐业。

一、抓党建，强统筹，实现治理体系标准化

创新实践“党建+一中心+两基础+五治融合”的“1125”工作模式，形成共建共治共享的智慧治理体系，为“宜居宜业富美宜阳”建设提供了坚强的政法保障。与县委组织部等部门联合，构建“社区党组织+片区党支部+网格党小组+志愿服务队”的四级“党建网”，抓好“四个结合”（条、块相结合，高科技和“笨办法”相结合，政治、法治、德治、自治、智治相结合，网格化管理和基层组织建设相结合），打造了党建引领、协同治理的统一共同体。全县划分网格619个，配备专兼职网格员679名；选派16名派出所所长进入乡镇班子，44名社区民警进入村委班子，构建“2+N”平安“110”治理体系，即以社区110警

在红旗广场举办国家安全宣传活动

政法暨信访稳定工作会议

政法一体化办案中心

员（一村一警）、小区网格员为核心，整合提升治安巡防队、法律服务队、志愿服务队等资源，实现城乡网格治理一体化。打造升级版的县矛调化解中心，建成21个行业调解委员会、16个乡镇矛调中心、353个行政村矛调工作室，为群众提供“一站式”调处服务。常态化开展“三清两建”“三零创建”“六防六促”等工作，清收回村集体资金1900余万元、固定资产2亿余元，收回各类土地25万余亩；排查矛盾纠纷2932起，化解率98%以上；累计建成村民自治组织2775个、农村经济合作组织353个，成立各类农民专业合作社1155个，推动产业发展乘风起势、乡村振兴蹄疾步稳。

二、抓法治，强保障，实现服务供给多元化

以高质量法治服务保障高质量发展，擦亮了法治宜阳建设底色，有力护航经济社会行稳致远。圆满完成重大维稳安保任务，纵深推进扫黑除恶专项斗争，依法严厉打击各类违法犯罪，全年共抓获各类犯罪嫌疑人928人，批准逮捕243人，其中涉黑犯罪19人；审查起诉928人，起诉涉恶犯罪17人，全县现行命案发2破2，降至10年来最低水平，双抢案件“零发”。常态开展“四官服务队”“法律明白人”活动，精准高效便民利企，全县16个乡镇建立公共法律服务工作站，353个行政村实现村居法律顾问全覆盖。县公安局深入开展“平安守护”“查隐患、防风险、保安全、护稳定”查控清等专项行动，处理涉电诈类犯罪嫌疑人106人，打击侵犯企业权益违法犯罪5案6人，办理假冒伪劣食品药品案件10案32人。县检察院被省检察院确定为涉案企业合规改革试点单位，办理了全省首件涉案企业合规案件，与公安局联合在全市率先成立检警协作办公室。县法院率先开展全国首批“案件繁简分流机制改革”，深化“智慧法院”建设应用，深入开展诉前调解，满足群众涉法多元需求。县司法局为企业提供“菜单式”公证服务，创新开展企业安置帮教211人，收到良好的社会效果。

三、抓智治，强支撑，实现区域管理数字化

以“数”赋能，以“智”支撑，推进市域社会治理现代化。健全完善综治“9+X”综治信息平台，实现三级综治中心互联互通、信息共享；推进“雪亮工程”建设，全县安装视频监控4785路，其中农村视频监控3756路，实现全县1700个自然村视频监控全覆盖；建成全省一流、全市首创的政法一体化办案中心，集刑事侦查、起诉、审判、法律服务等功能于一体，法、检、公、司同室办公，司法资源高度集约、法律功能一应俱全，实现了从警情发生到结案公诉、从诉求产生到整改问责的“双闭环”；成立洛阳市首家刑事和解中心，下设调解工作室和认罪认罚工作室，促进案结事了人和。

（供稿：宜阳县政法委员会；撰稿：李利转；审稿：杜江波）

河南省宜阳县人民法院
公正司法，全面推进法治政府建设工作

2022年，河南省宜阳县人民法院坚持以习近平新时代中国特色社会主义思想为指导，全面贯彻党的十九大、二十大精神，认真落实习近平法治思想，深入贯彻落实党中央和省委、市委、县委决策部署，紧紧围绕“努力让人民群众在每一个司法案件中感受到公平正义”的目标，坚持服务大局、司法为民、公正司法，全面推进法治政府建设工作，为县经济社会高质量发展提供了有力司法保障。

一、坚持以服务大局为中心，高质量护航经济社会发展

完整、准确、全面贯彻新发展理念，主动将法院工作融入全县发展大局，做到县委决策部署到哪里，司法服务就跟进到哪里。持续优化营商环境。践行“法治是最好的营商环境”，审执结涉企案件1130件，帮助企业实现债权10.6亿元。坚持依法安商，落实“绿标签”制度，涉企案件平均审理用时20天，同比缩短8天。坚持善执惠商，树立谦抑审慎的善意文明理念，最大限度降低诉讼活动对企业的影响。坚持便捷暖商，开展“万人助万企”“送法进企业”活动，助力217家企业破解难题、防范风险。助力建设法治政府。服务深化“放管服”改革，保障县产业发展、城市提质、乡村振兴等重点工作、重大项目建设。加强府院联动，先后到市场监管、自然资源、交通运输等部门召开座谈会17场次，实现机制共建、信息共享。组织行政执法人员旁听庭审450人次、培训230人次，助推行政执法更透明、更规范。主动参与社会治理。围绕“三清两建”和“三零”创建，党组书记、院长深入全县16个乡镇走访调研，坚持每季度对各

2022年1月11日，宜阳县委常委、政法委书记赵珂，宜阳法院党组书记、院长郑文慧一行走访乡镇

2022年4月，时任洛阳市中院党组书记、院长曲海滨，宜阳县委书记张汉智为政法一体化办案中心揭牌

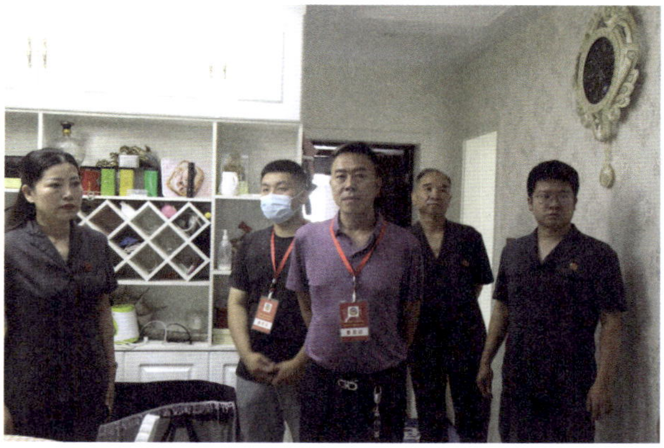

2022年6月28日，宜阳法院邀请人大代表、政协委员见证集中执行行动

乡镇涉诉纠纷情况进行统计分析，制作《服务社会治理白皮书》，为县委决策提供参考，得到县委主要负责同志批示肯定。以小案件推动大治理，发出司法建议15份，回复率达100%。深化“四官服务基层”，举行公众开放日5场、开展“七进”普法活动36场、巡回审判58场，努力使尊法、学法、守法、用法在全社会蔚然成风。

二、坚持以司法为民为宗旨，高水平推动公平正义实现

坚持以人民为中心的发展思想，依法履职尽责，狠抓执法办案，切实履行好维护国家安全、社会安定、人民安宁的重大责任。有力打击刑事犯罪。审结故意伤害、抢劫等严重暴力犯罪案件37件42人，坚决维护社会大局稳定。审结电信网络诈骗犯罪案件95件117人，为群众挽回经济损失2000余万元。审结骗取贷款、贷款诈骗犯罪案件40件45人，追赃挽损1639万元。聚力保障民生福祉。深化家事审判方式改革，审结婚姻家庭案件591件，调解撤诉率58.54%，让家庭更稳定、社会更和谐。依法保障劳动者合法权益，审结劳动争议、追索劳动报酬案件190件。积极参与金融秩序专项整治，审结金融借款、保险合同纠纷案件595件。全力兑现胜诉权益。执结各类案件3426件，执行到位金额4.5亿元。强化执行威慑，开展“涉民生”“涉金融”等专项行动16次。完善综合治理格局，加强与公安、税务、住建、金融等部门信息共享，查控案件有效信息1500余条，促进850余起案件顺利执结，凝聚执行强大合力。2022年，宜阳法院审判质效综合排名全市。

三、坚持以守正创新为导向，高品质打造改革实践标杆

坚持司法改革、科技创新双轮驱动，目标导向、问题导向双面发力，推进审判体系和审判能力现代化。推进职能定位改革。落实院庭长办案常态化，院庭长结案2659件。强化监督管理，加强“四类案件”监管，确保放权不放任，用权受监督。宜阳法院被省高院授予全省首批“四级法院审级职能定位改革试点示范法院”。深化案件繁简分流。推进政法一体化办案中心建设，在全市率先推行刑事案件繁简分流，刑事速裁案件平均审理天数缩短至5天。深化执行权分权运行机制改革，持续推进系统化、精细化、集约化的繁简分流，执行案件质效明显提升。巩固智慧法院成果。推进诉讼服务中心现代化建设，设立移动微法院、律师服务平台、12368服务热线，推行电子送达和集约送达，开设24小时自助诉讼服务，实现诉讼事务“家里办”“掌上办”“随时办”，让老百姓切实感受到智慧法院带来的“实惠”。

（供稿：宜阳县人民法院）

河南省洛阳市公安局西工分局
践行“严高快实”局训要求，取得骄人业绩

2022年，在洛阳市公安局党委和西工区委区政府的坚强领导下，洛阳市公安局西工分局坚定不移落实上级指示精神，践行“严高快实”局训要求，全力以赴防风险、保安全、护稳定、促发展，全体民辅警忠诚履职、拼搏奉献，圆满完成各项工作任务，取得了骄人的成绩。

强化预警预防守牢稳定底线。西工公安分局党委紧紧围绕党的二十大维稳安保这一主线，提前部署、精心谋划，把维护社会大局稳定放在第一位，全体民辅警树牢“底线”意识，严防各类突发案事件发生。全年搜集研判重点情报信息479条；高速防疫卡点核查入洛车辆265,375辆、449,437人，服务群众2580人；妥善处置涉警舆情237起；常态化红蓝对抗实战督察战果丰硕，西工公安分局荣获全市第二名；圆满完成疫情防控、全国“两会”、党的二十大维稳安保等重大任务。

聚焦公安主业增强打击效能。坚持重拳出击、依法严打，持续保持对各类违法犯罪的高压严打态势。全年刑事拘留345人、起诉680人、逮捕397人、行政拘留536人，抓获逃犯134人，查

获吸毒人员31人，其中强戒21人；绩效考评连续两年位居先进行列，全市公安机关秋冬打击整治“亮剑”百日会战荣获第一名，公安部部署开展的夏季治安打击整治“百日行动”荣获第一名。

突出靶向施策动态隐患清零。坚持领导干部分包责任制，对9个高发案社区和4处治安乱点集中挂牌整治，成效显著，警情大幅下降，群众安全感满意度同步提升；先后开展10余次统一行动，检查旅馆业、寄递物流业、娱乐场所、内部单位等重点场所和企业500余家，排查解决矛盾纠纷1065起，消除各类安全隐患13,769个，做到安全隐患动态清零。

坚持民意导向警务提档升级。整合优势资源，确保情指行合成作战中心高效运行，全面赋能警务实战，自建成以来，配合各所队侦查案件170起，为各单位提供技术支持200余次，为群众提供监控查询71次；服务群众坚持“一门通办”，全年办理户口、身份证业务28,864人次，居住证类业务18,999个，办理出入境及港澳业务693人次；建立110接处警三级警情回访机制，更好地感知民意、服务民意；深化“四好”提质攻坚，改造提升10个派出所、3个街面快反警务站，取得成效显著；洛北派出所被命名为市级“枫桥式”公安派出所。

抓好队伍建设锻造公安铁军。突出党建引领，深入学习党的二十大精神、习近平总书记重要讲话要求，抓好党风廉政建设，扎实推进基层党支部建设，全年开展“三会一课”、谈心谈话、主题党日活动570余场次；开展“五联五促”活动56场次，构建沟通联络、互学联动、成果转化机制；组建21人教官队伍，扎实开展综合素能练兵、“半日练兵”活动，先后12次组织全警综合素能考核，摸底测试876名民辅警；开展上门送教精准培训66场次、警务技术专业训练51场次，组织实弹射击40场次，提升一线民辅警执法规范化水平和警务实战技能。

注重舆论宣传激发队伍活力。落实从优待警各项措施，走访慰问因公牺牲、特困民辅警家庭及离退休老干部，看望伤病民辅警，举办10余场集体生日会，提升队伍凝聚力。树立“宣传就是战斗力”思维，今年以来，“西工公安”微信公众号共发布文章1372条、微博218条、短视频113条，市级媒体上稿156篇、省级媒体上稿86篇；累计60余人受到表彰奖励，涌现出“全国优秀人民警察”王百瑞、“二级英模”杨彦峰等一大批先锋模范。

（供稿：洛阳市公安局西工分局）

河南省郑州市金水区人民检察院
忠诚履行好党和人民赋予的职责使命

2022年，郑州市金水区检察院党组在区委和上级院党组的坚强领导下，始终坚持以习近平新时代中国特色社会主义思想为指导，以“四三四”工作机制为抓手，紧紧围绕“高质量建设全国一流基层检察院”工作目标，积极服务经济社会发展，忠诚履行法律监督职责，全年荣获市级以上集体荣誉25项，99人次立功受奖，被评为全省检察机关综合考评先进基层院。

一、聚焦区委决策部署，全力服务保障发展大局

一是坚决维护社会稳定。深入贯彻总体国家安全观，依法惩治各类犯罪，受理提请逮捕犯罪嫌疑人1544人，受理移送审查起诉2104人；经审查，依法批准逮捕693人，提起公诉1608人。积极落实认罪认罚从宽制度，适用率94%、确定刑量刑建议采纳率99.13%。起诉非法吸收公众存款、集资诈骗等涉众型经济犯罪27人，起诉洗钱犯罪1人，有效服务防范化解金融风险，1起案件被省检察院评为典型案例。二是全方位护航民企发展。积极开展“影响法治化营商环境执法司法突出问题”专项整治活动，依法审慎办理涉企刑事案件、民事监督案件72件，切实维护企业合法权益。扎实开展“万人助万企”活动，班子成员分包重点企业，定期走访问需问计，征求意见建议，精准助力民企复工复产。三是积极参与疫情防控。坚决响应区委号召，组织全院干警下沉社区，先后在40个无主管老旧楼院值守3800余人次，全力守护群众生命健康。

2022年8月4日，金水区检察院党组书记、检察长刘冰（前排中间），第四检察部主任黄晓远（前排左）在黄河大堤金水来童寨段，现场向区人大视察组杨旗（前排右）一行汇报了“携手清四乱、保护母亲河”专项行动的开展情况以及黄河流域“四乱”问题的治理情况

二、践行司法为民宗旨，自觉为群众办实事解难题

一是扎实办好检察为民实事。落实“四个最严”要求，批捕制售假药劣药、有毒有害食品犯罪18人，切实守护群众“舌尖上”的安全。深度参与“全民反诈”“断卡”等专项行动，起诉电信网络诈骗犯罪129人、帮助信息网络犯罪157人，努力保护好群众的“钱袋子”。开展打击整治养老诈骗专项行动，起诉养老诈骗犯罪8人，涉案金额2.5亿余元，用心用情守护“夕阳红”。积极关注弱势群体，加大司法救助力度，为因案致贫、返贫和生活困难的81名当事人解决了燃眉之急。二是倾力呵护未成年人健康成长。坚决惩治侵害未成年人权益犯罪，依法批捕51人、起诉75人；深化教育、感化、挽救工作，不批捕涉罪未成年人64人、附条件不起诉35人。开展“送法进校园”、线上法治宣讲24场，覆盖学生7000余人次，帮教21名涉罪未成年人顺利回归社会。三是积极参与社会综合治理。对案件

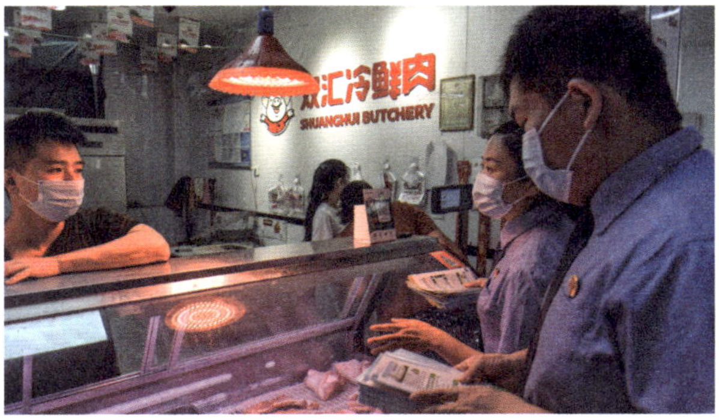

2022 年 9 月 13 日，金水区检察院在园田路商铺门前开展食品安全宣传活动

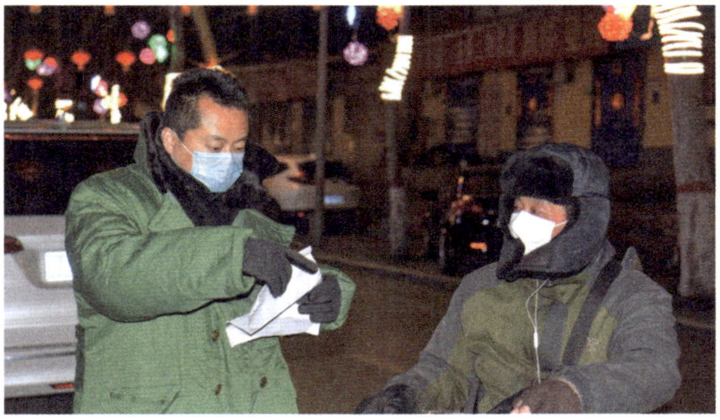

检察干警下沉社区参与疫情防控

中反映的苗头性、倾向性问题和社会治理漏洞，制发检察建议 44 件，着力实现“办理一案、治理一片”。选择群众诉求强烈、矛盾突出以及疑难复杂案件召开听证会 95 次，使办案更加公开透明。扎实开展群众信访件件有回复工作，办结的 23 件群众来信全部息诉；出台《信访工作办法》，制定《确保党的二十大胜利召开信访应急处置工作预案》，努力将涉检信访问题解决在基层。

三、持续转变司法理念，做优做强法律监督主业

一是刑事检察提质增效。监督公安机关立案 19 人、撤案 13 件；依法追加逮捕 18 人，追加起诉 39 人。积极履行刑事审判监督职能，提出抗诉 9 件，居全市第一位。加强刑事执行检察监督，强化社区矫正监督，针对矫正对象脱管、漏管等问题，发出《纠正违法通知书》4 份，纠正漏管 4 人；审查“减假暂”案件 125 件，纠正提请减刑不当 53 件；办理狱内服刑人员再犯罪案件 5 件。积极稳妥查办司法工作人员相关职务犯罪，立案 1 件。二是民事、行政检察全面深化。办理一审民事生效裁判监督案件 30 件，通过抗诉、制发再审检察建议等手段监督 11 件，1 起案件被省检察院评为民事再审检察建议优秀案件。受理民事、行政非诉执行监督案件 33 件，发送检察建议 33 件，全部被采纳，1 起案件被省检察院评为执行监督典型案例。三是公益诉讼检察稳步推进。围绕落实公益诉讼“4+9”法定责任，立案 68 件，发送诉前检察建议 58 份，全力维护国家利益和社会公益。深入开展生态环境保护、无障碍环境建设、消字号、行洪安全、涉军等专项监督活动，发出诉前检察建议 34 份，督促整改落实，推动公益诉讼向纵深发展。

四、全面加强自身建设，着力打造新时代金检铁军

一是突出抓好政治建设。坚持以习近平新时代中国特色社会主义思想为指导，全面贯彻习近平法治思想，深入学习贯彻党的二十大精神，把捍卫“两个确立”，增强“四个意识”，坚定“四个自信”，做到“两个维护”落实到具体检察工作中。牢固树立抓好党建是最大政绩理念，推动党建与业务、队建融合发展。切实扛牢意识形态主体责任，确保正确政治方向和舆论导向。二是持续提升专业素能。开展“实训小课堂”活动 4 次，组织干警参加政治轮训、业务培训 73 期，着力提升干警核心能力。突出领军人才培养，出台系列青年干警培养方案，给优秀干警提供更多锻炼机会，2 名干警荣获全市“十佳公诉人”，2 名干警入选全国、全省检察业务人才库。三是强化纪律作风建设。持续巩固“两项教育”成果，扎实开展“质量建设年”“能力作风建设年”活动，全面加强司法办案内部监督。严格执行“三个规定”，确保检察权依法规范行使。深化廉政风险“月控季评”工作机制，坚决支持派驻纪检组工作，常态化开展以案促改，做细做实日常监督，切实做到防微杜渐。

（供稿：金水区人民检察院）

河南省渑池县人民检察院
灿烂“韶光”耀检魂

近年来，渑池检察人始终坚守“自信自强、守正创新、崇德向善、奋发有为”的“韶光”精神，守初心、担使命、勇担当，让“文明之光、道德之光、正义之光、利剑之光”在7000年的仰韶大地上再谱华章。渑池县人民检察院荣获全国检察宣传先进单位、全国检察机关文明接待室、全国一级规范化检察室、省级文明单位标兵、全省先进基层检察院、全省基层工会规范化建设示范点、全市群众来信工作先进单位、全市综合考评先进单位、全市服务保障民营企业发展工作先进单位等16项集体荣誉。检察院自编自演的男声四重唱《心里头有灯不怕黑》作为全省检察机关唯一送选节目，参加了最高检在人民大会堂举办的“为了公平正义—纪念人民检察创立80周年”晚会。查办的石某贪污倒房重建补助救灾款一案被中央电视台录制成《村干部截留村民救命赈灾款》，在央视财经频道《经济半小时》栏目《铲除村庄里的腐败》系列节目首期播出。

检察长调研指导“三夏”生产工作，实地查看小麦受灾情况

一、韶光闪耀，服务大局勇担当

积极主动参与社会治理。全面贯彻宽严相济、“少捕慎诉慎押”刑事司法政策；持续加大认罪认罚从宽适用力度，最大限度的减少社会戾气、增进社会和谐。常态化开展扫黑除恶专项斗争工作，制发社会治理类检察建议20余份，推进源头治理法治化、规范化。常态化开展环境卫生、食品药品等专项整治活动，守护好人民群众的绿水青山和“舌尖上的安全”。

精准服务助力乡村振兴。做实做细西村“心桥工程”试点工作，让“枫桥经验”在渑池大地上开花结果。充分运用释法说理等方式开展普法宣传，积极化解各类矛盾纠纷，促使村民集中精力投入到乡村振兴中。结合各村实际，持续打造“一村一品”地方特色农业品牌，不断完善基础设施建设，规范管理，加强品牌宣传和培育，实现产业发展、生态改善与农民增收三效合一的目标。

积极营造法治化营商环境。优化服务举措，开通企业服务绿色通道，健全检企沟通联系长效机制，以“万人助万企”“万警联万企”专项活动为载体，深入民营企业，对企业进行“安全体检”。涉案企业合规改革工作得到县委高度重视。

二、韶光灿灿，为民司法守初心

用心做好群众信访工作。始终坚持“以人民为中心”司法理念，全心全意为人民服务，持续开展“群众信访件件有回复”、信访积案清理和重复访治理，控增量、减存量。深化文明接访，定

人大调研组实地查看我院对西段村水库开展水源地保护公益诉讼监督工作

期开展“回头看”，深入查找和整改群众来信来访回复不及时、不精准以及该纠不纠问题，促进提升答复质效。

尽心强化“一老一幼”保护。依法严惩涉养老诈骗犯罪，注重与公安机关、市场监管、城市管理、卫生健康等相关部门加强沟通协作，促进老年人权益保护领域“两法衔接”，形成保护合力。认真落实未成年人保护“两法”，深入践行“最有利于未成年人”原则，深化未成年人检察业务集中办理，切实加强未成年人民事、行政权益和公共利益保护，以检察履职助推“六大保护”落地见效。

倾心加大司法救助力度。主动与医保、共青团、妇联、残联等部门做好配合，实现司法救助与各条线社会救助无缝衔接。优化司法救助流程，强化司法救助案件的线索发现、移送和办理，让司法救助真正解决人民群众的燃眉之急。

三、韶光灼灼，法律监督践使命

刑事检察向“优”升级。坚定不移贯彻总体国家安全观，采取有力措施严厉打击抢劫、强奸、贩卖毒品等严重影响群众安全感的犯罪，做到严密防范、严厉打击和准确适用宽严相济司法政策相融合。强化刑事执行活动监督，纠正监管活动不当、财产刑执行不当，开展社区矫正专项检察活动，纠正社区矫正不当，并向社区矫正机构提出检察建议督促其整改。与公安部门联合成立侦查监督与协作配合办公室，促进检警双方统一司法理念和执法尺度，规范司法行为。

民事检察向“强”推进。主动把民事检察工作融入经济社会发展大局，平等保护各类市场主体合法权益，加强生效裁判监督，用心用情办好人民群众身边“小案”，切实维护人民群众利益。聚焦民间借贷、虚假仲裁等领域，常态化开展虚假诉讼监督，维护公平正义。灵活运用司法救助、公开听证等手段，加强民事检察案件和解工作，妥善化解矛盾纠纷。

行政检察向“实”突破。聚焦土地非诉执行，加强行政非诉执行监督；探索开展行政违法行为监督；深化行政争议实质性化解工作，综合运用公开听证、检察建议、司法救助等措施，有效化解行政争议案件，取得了良好的社会效果和法律效果。

公益诉讼向“好”拓展。树立精准监督的理念，争创公益诉讼特色品牌。围绕重点领域提升监督质效，以专项行动拓展新领域。办理的3起典型案件受到省级肯定并转发。

（供稿：渑池县人民检察院）

河南省濮阳市华龙区人民检察院
攻坚克难，务实重干，各项工作奋勇争先

2022年，华龙区检察院按照“强学习、明方向，定目标、争位次，建机制、抓落实”工作思路，攻坚克难，务实重干，各项工作稳步推进。先后荣获第十届全国检察机关“文明接待室”称号、2021年度、2022年度全国检察宣传先进单位，河南省扫黑除恶专项斗争先进集体、河南省检察系统先进集体、2021年度全省检察机关控申条线优秀办案团队；1名干警被评为河南省人民满意政法干警，4名干警入选省检察院业务人才库；1起案件被最高人民检察院评为典型案例；6起案件被评为省级典型案件、精品案件，2起案件入选全市公益诉讼十大典型案例，多篇宣传被最高检、检察日报转发。

一是注重协作，推动未成年人综合保护。立足办案，精准帮教涉罪未成年人。在办理马某某盗窃案中，充分考虑流浪少年因生活所迫盗窃的现实，对其做出不批捕、不起诉决定。同时联合公安、团委、民政等部门，解决其基本生活困难问题，并找到案发背后的深层次原因，帮助修复亲子关系，帮助马某某回归家庭，该案件被省检察院评为典型案例。依托“春晖”未成年人法治教育基地，推动构建综合保护格局，与“女童保护”公益组织联合，将“爱护我们的身体”儿童防性侵公益课程引入基地、送入校园；联合团区委、市心理学会将家庭教育指导、专业司法社工引入未成年人检察工作。设立全市首家法治副校长工作室“蓝天工作室”，开展“开学第一课”“抵制校园欺凌”等法治教育；针对学校周边非法向未成年人销售香烟的违法诉讼线索，进行实地走访、调查取证；协助学校开展犯罪预防、制定法治教育规划、完善校园安全管理，为学校周边的治安稳定和青少年健康成长贡献检察力量。联合公安机关共建未成年人一站式询问救助中心，推动公安机关建立全市首家涉未女子工作团队。针对性侵未成年人案件进行调研，并以此为基础开展特殊场所违规接纳未成年人专项监督活动，向文广旅体、公安机关发出检察建议，督促对部分宾馆进行监督检查，并对宾馆从业

企业合规座谈会联席会议

者进行法治教育。

二是严打食药安全犯罪，办理一件治理一片。办理的王某某等人妨害药品管理案，及时转变思路改变罪名，积极引导侦查取证，准确判断涉案药品对人体健康的危害程度，夯实定罪量刑基础，依法严惩危害药品安全犯罪，被最高检评为依法惩治危害药品安全犯罪典型案例。在办理李某生产、销售有毒、有害食品案中，坚持全链条打击危害食品安全犯罪活动，通过引导侦查捣毁生产有毒、有害食品的犯罪窝点；对2021年至2022年生产、销售有毒、有害食品案件调研分析，制发社会治理类检察建议，堵塞保健食品生产销售监管漏洞；以该案及同类真实案例为蓝本，录制普法宣传短片，揭示有毒、有害食品的表现形式及危害性，警示消费者切勿因贪图低价从非正规渠道购买保健食品，该短片被“人民网视频客户端”“检察日报正义网”转载，扩大了法治宣传覆盖面。

三是扎实开展企业合规改革工作，助力民营企业健康发展。完善机制，与区工商联等多家单位多次召开座谈会，会签《濮阳市华龙区涉案企业合规第三方监督评估机制实施办法（试行）》等3份配套文件，为规范开展企业合规工作打好基础；探索开展跨省涉案企业合规工作，在办理邸某生产销售伪劣产品案件中，结合涉案企业所在地与犯罪结果发生地不同的实际情况，通过与企业生产经营地检察机关协作会商，打破企业异地涉案与当地发展实际的信息不对称壁垒，避免因跨区域产生的虚假合规、纸面合规等问题，委托当地第三方机制管委会成员单位对涉案企业合规建设开展监督评估并，实时动态跟进考察整改进度，组织公开听证会，充分听取人大代表、律师代表、人民监督员的意见，共同验收企业合规成果。

四是惩防结合，织密大学生法治防护网。华龙区检察院在办理帮助信息网络犯罪活动罪案件时发现，涉案的犯罪嫌疑人中在校大学生人数占据了一定的比例且大部分发生在全国“断卡”行动后，说明“断卡”法治教育仍不够入心入脑。为了防止有更多的在校大学生触犯法律，针对在读大学生心理特点，华龙区检察院就大学生参与帮助信息网络犯罪活动向某学院发出检察建议，督促加强大学生法治教育，织密筑牢预防大学生犯罪的防护网，该检察建议被评为“全省检察机关十佳社会治理类检察建议”。

五是聚焦国有资产保护，当好“党委政府法治助手”。注重耕地与国有资产同步保护。探索总结“一室二靠三依托”工作方法，即围绕“一室”建机制，增强耕地保护合力；依靠党委政府及上级院支持，破除案件办理阻力；依托“新技术+刑检+宣传”，提升公益保护助力。办理国土资源保护公益诉讼案件31件，监督恢复耕地330余亩，督促整治违法占地行政公益诉讼案被最高检评为典型案例。在办理某公司非法占地案件中，向自然资源部门、乡政府发出诉前检察建议督促整改，推动公司按规定缴纳耕地复垦保证金286万元；同时深挖细查，发现该公司欠缴耕地占用税款线索，依法向区税务局送达检察建议书，为国家追缴税款265万余元，该案件的办理得到区四大班子主要领导、市院检察长批示肯定，经验做法被省院、《检察日报》刊发。

六是“1+3打好维权组合拳”，为弱势群体发声。2022年以来，我院与法院等九家单位共同制定了《关于建立民事支持起诉工作协作机制的若干意见》，综合运用“支持起诉+调解和解+法律援助”等方式办理支持起诉案件14件，涉及索要赡养费抚养费、道路交通事故赔偿、农民工讨薪等领域；“支持起诉+民事和解+公益律师+检察听证=1+3打好维权组合拳”支持起诉品牌被市院立项，工作做法被最高检宣传报道，办理的助力12名农民工讨薪维权案被大河报、映象网宣传报道。

七是充分运用一体化办案机制救助“被离婚”妇女，填补漏洞实现“民政双赢”。为有效推动行政争议实质性化解，华龙区检察院与法院、司法局共同签署《关于依法推进行政争议实质性化解工作的若干意见（试行）》，2022年办理行政争议实质性化解案件13件，其中11件化解了婚姻登记行政争议纠纷，既解决了当事人婚姻登记难的问题，也为民政部门办理此类事项提供了解决途径。

（供稿：华龙区人民检察院）

湖北省浠水县人民检察院

勇于担当顾大局，能动履职显作为

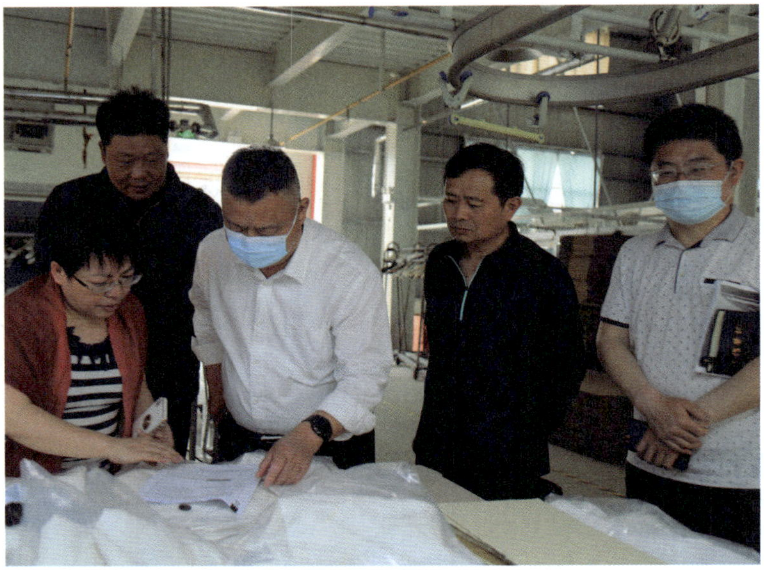

浠水县检察院党组书记、检察长徐洪斌到企业走访调研

近年来，浠水县人民检察院在黄冈市检察院和浠水县委的领导下，以党的十九大、二十大精神和习近平新时代中国特色社会主义思想为指导，认真落实《中共中央关于加强新时代检察机关法律监督工作的意见》，始终坚持党对检察工作的绝对领导，依法履职尽责，服务保障大局，狠抓自身建设，全力推进各项检察工作高质量发展。连续5年在全市年终考核中始终位列第一方阵，连续17年被省委、省政府评为“省级文明单位”，档案管理工作保持连续13年“省特级”水平。3个集体和3名干警获得国家级表彰。17个集体和40余名干警先后获得省、市级表彰。

一、提高政治站位，全力服务经济社会高质量发展

2018—2022年（时间下同），依法办理金融、财税和资本市场等领域案件180件。服务保障脱贫攻坚，依法办理扶贫领域侵害农民利益犯罪案件10件，联系的14个贫困村如期脱贫出列。重点整治非法采矿、破坏森林资源和水资源等违法犯罪行为，批准逮捕47件73人，提起公诉88件173人。先后抽调90余名干警全天候开展交通管控、农村防疫、社区防控、高速路口执勤等各项防疫工作，干警自发捐款4万余元。批捕涉黑恶势力犯罪案件34件84人，提起公诉21件156人；追捕涉黑恶犯罪嫌疑人8人，追诉漏罪22人、漏犯22人。强化对各类市场主体的平等司法保护，批准逮捕涉市场主体案件33件75人，提起公诉34件44人；对涉嫌犯罪企业“四类人员”依法不批捕17人，不起诉27人，保障企业正常生产经营。

二、依法公正办案，努力维护社会公平正义

依法批准逮捕992件1437人，向法院提起公诉1873件2598人，法院均作出有罪判决。依法严惩职务犯罪，共受理监察委移送职务犯罪案件42件45人，决定逮捕4件4人，提起公诉31件35人。办结民事监督案件110件，其中，向黄冈市院提请抗诉11件；办理行政监督案件85件，通过居中调解实质性化解行政争议9件，缓和社会矛盾，确保案结事了。办理各类公益诉讼案件245件，向法院提起行政公益诉讼案件7件。监

浠水县检察院与湖北经济学院法学院举行检校合作签约暨研究生工作站揭牌仪式

3月23日县检察院干警到三角山革命烈士纪念碑前宣誓悼念

浠水县检察院到清泉镇关山村召开听证会

督行政机关集中整治了一批污染严重的畜禽养殖场，复垦复绿200余亩，收回国有资产1200余万元。依法监督相关部门整治低速电动车行业乱象案件，获评全省检察公益诉讼典型案例。

三、坚持强基固本，着力锻造对党忠诚的“检察铁军”

持续开展党史学习教育，进一步筑牢政治忠诚。开展全院性理论学习教育50余次，各支部开展集中学习教育活动200余次，撰写各类心得体会文章600余篇。狠抓纪律作风建设，巩固深化政法队伍教育整顿成果。开展重大专项检务督察34次，廉政谈话260人次，约谈30次，专题警示教育38次，制发检务督察通报20次，没有发生一起班子成员违纪违规现象。加强队伍素能建设，提升干警综合素质。4名干警进入全省检察机关人才库，一批案例荣获优秀（典型）案例。7篇论文先后12次获得省级以上表彰（国家级奖励3次），1个论文选题入选最高检应用理论研究课题立项。

（供稿：浠水县人民检察院）

湖南省岳阳市屈原管理区人民检察院 在法律监督全面覆盖中赓续人民检察红色基因

2022年，屈原管理区人民检察院在区党委和市检察院党组的坚强领导下，在区人大政协工委的有力监督下，在区管委和社会各界的支持下，坚持以习近平新时代中国特色社会主义思想和习近平法治思想为指导，认真学习贯彻党的二十大精神，坚持党对检察工作的绝对领导，紧紧围绕"讲政治、顾大局、谋发展、重自强"的总体要求，踔厉奋进。以时不我待的紧迫感、如履薄冰的危机感、放心不下的责任感，能动履职，着力提升服务大局新水平，取得一定成效。先后获评"2022年度湖南省先进基层检察院""湖南省公共机构节约型"示范单位、荣获全市检察机关公诉人团体论辩赛第二名，5个案例分别被省市院评为典型案例、优秀案件和优秀检察建议，三名干警分别获评"平安湖南建设先进个人"、岳阳市"三八红旗手"和"反洗钱工作先进个人"。

一、队伍建设

现有政法专项编制13名，在职干警11人，员额检察官4人，聘用制书记员5人。领导班子配备检察长1正2副、政治部主任和专职委员各1名。2022年以建设"学习型"检察院、争当"放心型"检察官为目标，按照"干什么、学什么，缺什么、补什么"的思路，以办案规范为指引，确保全面精准履职。

开展政治学习

二、政治建设

强化党的理论武装，认真组织全院干警全面学习领会党的二十大精神，确保检察工作朝着正确方向前进。及时向区党委、市检察院党组请示报告重大案件、重大事项、重要工作作为制度进行固化。检察建议被纳入区年度绩效、平安建设、依法治区考核范围和人大工作评议重要内容，并与纪检监察机关建立工作联席会制度，将被检察建议单位落实情况纳入纪检监察的监督范围。严守党的纪律和政治规矩，健全完善各项规章制度，把纪律规矩推在台前，加强内部监督，广泛接受社会监督，大力推进检务公开，打造“阳光检务”。

三、检察服务

助力村级党组织建设和村级经济社会发展，完成联点河市镇幸福村480米村级公路建设，安装路灯200盏，购置垃圾桶750个。开展对点帮扶活动，深入联点村慰问帮助因病因案致贫群众21名。结对帮扶割肾救子的下岗困难职工家庭，协同民政、医保等部门争取经济救助，提供公益性就业岗位，爱心接力传递区党委、区管委的关怀和司法温暖。建立健全涉案企业合规第三方监督评估机制，共同营造市场化、法治化营商环境，携手服务保障企业健康发展。

四、检察监督

2022年共受理审查逮捕案件65件88人，审结65件88人，其中批捕40件49人，不捕24件36人；受理审查起诉案件130件194人，审结126件184人，其中起诉113件169人，不诉12件14人。始终坚持把未成年人检察工作作为一项重点工作来抓，共受理审查逮捕案件3件3人，不捕3件3人；受理审查起诉案件5件5人，审结4件4人，不起诉2件3人，附条件不起诉1件1人。

持续开展“利剑护蕾”专项排查整治行动，对2名未成年当事人坚持每天通过一条微信信息进行提醒教育，争取以最大的检察担当来努力拯救一个孩子、挽救一个家庭、减少一个社会对立面。快速办理了一起未成年人追索抚养费支持起诉案件，积极跟法院沟通快审快结，《检察日报》以“她比以前开朗多了”进行了专题报导。

召开检委会讨论案件

刑事检察业务指标不断刷新，全年刑事案件比为1.01，认罪认罚适用率为94.59%，确定刑量刑建议采纳率为100%，无捕后不诉和无罪判决案件，案件比、审结率、诉前羁押率等32项核心业务指标排全市前三，其中23项排全市第一。民事检察业务指标不断超越，共办理各类民事检察案件109件，护航民营经济活动，依法调阅人民法院审理的涉企业纠纷卷宗，发出民事审判程序违法检察建议13份，规范了法院审判程序，维护了民营企业的合法权益。保障弱势群体合法权益，办理支持起诉案件74件，为农民工讨回工资38万余元。行政检察业务指标不断向好，共办理各类行政检察案件63件，行政审判程序违法案件41件，发出检察建议41份；行政非诉执行活动监督案件4件，发出检察建议4份；行政违法行为监督检察案件11件；实质性化解行政争议1件。公益诉讼检察业务指标不断提质，共办理各类公益诉讼案件16件，行政公益诉讼案件14件，发出诉前检察建议13份，磋商结案1件，行政机关均已履职。针对人行横道红绿灯损坏未及时修理的情况向职能部门发出检察建议，督促履职，守护人民群众的出行安全。

（供稿：屈原管理区人民检察院）

湖南省醴陵市人民检察院
努力书写为大局服务、为人民司法的生动实践

2022年，醴陵市人民检察院在株洲市检察院和醴陵市委的正确领导下，深入学习习近平法治思想，坚持能动履职，努力书写为大局服务、为人民司法的生动实践。一年来，全院办理各类案件1433件，其中刑事案件1117件、民事案件142件、行政案件74件、公益诉讼100件，全年案件数量同比上升8.07%，刑事案件审结率为91.03%。1件行政裁判执行监督系列案入选最高检第三十六批指导性案例。1件执行检察监督案被评为湖南省刑事执行检察工作优秀案件。连续三年获评全省检察机关常态化开展扫黑除恶斗争先进集体。行政检察、公益诉讼检察办案团队分获全省检察机关优秀办案团队。在第十五次全省检察工作会议上作了《醴陵市人民检察院构建1+3+N技术平台体系赋能新时代检察工作高质量发展》的书面发言。

一、围绕中心，服务大局，护航经济社会高质量发展

全力做好党的二十大安保维稳。常态化开展扫黑除恶斗争，打击涉黑涉恶以及严重暴力等犯罪，起诉犯罪嫌疑人79人。认真贯彻市委和上级

有关决策部署，办理上级交办或督办涉黑涉恶、重大疑难案件15件，从严从快惩治涉黄赌毒犯罪案件，起诉涉黄赌毒犯罪案件154件，同比下降21.43%。深入开展食品药品安全、生态环境安全、生产安全、寄递安全检察监督专项行动，办理相关刑事犯罪案件19件、相关行政公益诉讼案件87件。

助力营造法治化营商环境。依法打击非法经营犯罪案件3件，审慎办理涉企刑事犯罪案件13件、涉企行政公益诉讼案件4件，依法起诉涉企黑恶势力犯罪案件2件。严格落实“少捕慎诉慎押”刑事司法政策，对6名犯罪情节轻微的企业家和关键岗位人员，依法作出不批准逮捕、不起诉决定。开通服务企业“绿色通道”，建立院领导定点帮扶企业制度，帮助企业解决实际问题13个。

主动参与县域社会治理现代化。创造性打造全省首个以大数据为引领，以“检察监督＋城乡三级网格＋两法衔接信息共享平台+12345便民热线”为主体的“1+N大数据监督”公益诉讼案件办理平台，切实加强对行政机关违法行为的监督。联合9家行政机关出台《醴陵市侵害未成年人案件强制报告制度实施办法》《醴陵市关于落实密切接触未成年人单位工作人员从业查询制度工作衔接机制》，成立性侵案件未成年被害人一站式询问救助中心，最大限度避免因办案造成未成年被害人“二次伤害”。

二、能动履职，司法为民，守护人民群众美好生活

依法守护未成年人健康成长。严惩侵害未成年人犯罪，批准逮捕41人、起诉37人。强化对

涉罪未成年人的教育、感化、挽救，对61名涉案未成年人监护人发出“督促监护令”，让“缺位”家长“归位”，共助涉罪未成年人重返社会。选派全院32名干警受聘担任中小学法治副校长，开展法治进校园活动，开播“杜绝欺凌·与法同行”醴检微直播法治课堂，向263所中小学15万余名师生送上预防警示教育课。

用心办好群众身边“小案”。依法起诉网络电信诈骗、养老诈骗犯罪案件嫌疑人149人，积极开展困难妇女群体专项司法救助等活动，为17名因案致贫的被害人（家属）发放司法救助金13.2万元，切实维护了10名困难女性的合法权益，办理农民工讨薪案件158件，追讨欠薪30余万元，为农民工、困难群众等弱势群体撑腰。依法严厉打击虚假诉讼，办理相关民事检察监督案件5件、刑事犯罪案件1件。

延伸民生服务触角。深入集市、社区、学校等开展打击电信诈骗、养老诈骗和反有组织犯罪法等法治宣传活动30余次，组织党员干警36人次分赴各乡镇开展治安夜巡、季巡，选派2名党员干警长期驻村开展乡村振兴工作。发扬伟大抗疫精神，组织全院干警深入社区进行疫情防控值守，在一线帮助群众解决问题123个。

三、聚焦主业，担好主责，监督维护社会公平正义

持续做强刑事检察监督。持续加强刑事立案和侦查活动监督，监督立案14件，撤案16件，发出书面纠正违法通知书123份。持续加强刑事审判活动监督，提出刑事抗诉7件。持续加强刑事执行监督，联合社区矫正管理局对全市24个乡镇司法所进行巡回检察，纠正脱漏管168人。持续推进认罪认罚从宽制度，提出确定刑量刑建议628人，法院采纳率为98.89%。刑事检察“案－件比”为1.057%，“件”同比下降2.7%，检察机关的办案质效得到提升。

持续做实民事行政检察监督。全年办理民事行政案件216件。依法提请株洲市院抗诉民事案件3件，均被中院采纳发回重审，依法向醴陵市人民法院发出再审检察建议3件，2件被予以采纳。依法办理民事审判违法行为监督案件73件、民事执行监督案件63件。办理支持起诉案件140件，法院均予以采纳。依法办理行政人员违法监督案件30件、行政执行监督案件44件、行政争议实质性化解案件2件，有力地维护了司法公正和政府公信。

持续做优公益诉讼检察监督。办理行政公益诉讼案件94件、刑事附带民事公益诉讼案件5件。聚焦生产安全领域公益诉讼检察监督，对公共安全问题加大办案力度，办理相关公益诉讼案件11件。聚焦生态环境保护，以行政公益诉讼手段依法治理非法排污、污染饮用水水源等违法行为30处。落实长江流域重点水域“十年禁渔”计划，联合多部门开展渌江增殖放流活动2次，投放鱼苗10万余尾。

（供稿：醴陵市人民检察院）

湖南省邵阳市北塔区人民检察院
在构建精品小院上下功夫，促进检察工作全面提升

2022年以来，北塔检察院深学笃行党的二十大精神，坚决落实习近平法治思想，牢牢把握“讲政治、顾大局、谋发展、重自强”总体要求，始终坚持“为大局服务、为人民司法”工作主线，以高效能检察履职服务保障北塔经济社会高质量发展，各项工作取得新成效：荣获集体荣誉12项，个人荣誉14项；3个案例获评全国、全省检察机关典型案例或优秀案件；检察信息、财务管理等工作被省检察院通报表彰。

北塔区检察院向区应急管理局公开送达“八号检察建议”

一、牢记“国之大者”，护航经济社会发展

持续优化法治化营商环境。严厉打击损害营商环境犯罪，审查起诉破坏社会主义市场经济秩序犯罪案件7件22人。审慎办理涉企案件，对涉罪的民营企业负责人依法不起诉5人，充分释放企业活力。助力打造美好生态环境。切实保障长江“十年禁渔”生态治理，办理陈某非法捕捞水产品刑事附带民事公益诉讼案件，用生态修复赔偿金购置1万余尾鱼苗，在资江流域增殖放流。全面推行“河长＋检察长”协作机制，深入开展巡河、船舶污染治理及地下水资源保护等公益诉讼专项监督行动，办理企业非法取用地下水、破坏地下水资源行政公益诉讼案件3件。主动融入市域社会治理。严惩盗抢骗、黄赌毒等危害群众生命财产安全、公共安全犯罪199人，助力实现“群众安全感创历史最好水平”。聚焦交通安全、公民个人信息保护等社会治理重点领域，制发检察建议4份，促进溯源治理。深入推进“断卡”行动，审结电信网络诈骗类案件55件80人，挽回经济损失30余万元。

二、精耕监督主业，维护司法公平正义

做实做优刑事检察。贯彻宽严相济刑事政策，批准逮捕各类刑事犯罪103人，提起公诉213人；依法不批捕28人，不起诉112人。有序推进侦查监督与协作配合办公室实质化运行，监督立案、撤案13件，追诉漏犯、漏罪16人，发出纠正违法通知书43份，提前介入侦查案件5件，“案－件比”下降至1:1.04。精准开展民事检察。树牢权力监督与权利救济并重的民事检察思维，办理民事检察案件93件，同比上升46%。办理首例民事虚假诉讼监督案件，突破民事裁判结果监督案件空白。着力破解“执行难”“执行乱”问题，办理民事执行活动监督案件42件。全面深化行政检察。充分发挥行政检察“一手托两家”职能，办理行政检察案件66件。办理的曾某诉邵阳市公安局、邵东市公安局行政处罚决定及行政复议决定违法

监督案，入选“2022年度全省十大行政检察典型案例”，1篇法律文书获评“2022年度全省十大行政检察优秀法律文书”，行政检察工作在2022年度一审集中管辖地区基层院考评中位列全省第3，提升办案技能和质效位列全省第2。有序拓展公益诉讼检察。切实当好“公共利益代表”，以“我管”促“都管”办理公益诉讼案件35件。加强国有财产保护领域办案力度，督促保护国有财产1246万余元。围绕农村生态环境领域公益损害问题，督促相关行政机关清除垃圾96吨，恢复耕地41亩。深入开展“公益诉讼守护美好生活”专项监督，办理的督促整治保健器械虚假宣传行政公益诉讼案，入选2022年度全国检察机关公益诉讼“千案展示”。

三、厚植为民情怀，持续增进民生福祉

着力纾解群众急难愁盼。持续落实“四个最严”要求，联合相关部门对区域内校园及餐饮行业开展联合执法，办理食品安全领域案件14件。办理3起涉及“超生罚款”非诉执行监督案件，有效推进行政争议实质性化解。突出保护特殊群体权益。深入推进打击整治养老诈骗专项行动，宣传防范养老诈骗的原创视频被省市多家媒体推介。切实保障农民工劳有所得，办理农民工讨薪案件5件。秉持“良法善治”司法理念，办理了一起海南籍流浪老人盗窃案，依法“不捕不诉”后，帮助其顺利返回家乡。倾情呵护未成年人成长。“零容忍”打击侵害未成年人犯罪，批准逮捕54人，提起公诉54人；依法精准帮教涉罪未成年人，附条件不起诉6人，不起诉1人。办理省委政法委挂牌督办的“6·6专案”，批准逮捕47人，提起公诉46人。督促公安机关对娱乐场所进行专项排查，核查人员信息2800余人次，现场提出整改问题9个。多元化解社会矛盾纠纷。全面落实检察长接待日制度，受理来信来访48件次，检察长带头办理信访积案4件，推动矛盾纠纷实质性化解。对有争议或社会关注度较高的案

北塔区检察院会同区法院、区畜牧水产事务中心在资江流域增殖放流

件，邀请社会各界人士参加公开听证6次，让事更清、理更明、法更透。主动向因案致贫家庭发放司法救助金5万元，彰显司法人文关怀。

四、坚持强基固本，淬炼过硬检察铁军

突出政治引领，坚定理想信念。严格落实“三会一课”等组织生活制度，学思践悟习近平新时代中国特色社会主义思想和党的二十大精神，夯实政治忠诚根基。认真执行重大事项请示报告制度，向区委、区委政法委请示报告重大事项和重要工作18次，推动以区委名义印发《关于加强新时代检察机关法律监督工作的责任清单》。加强自身建设，提升队伍素能。紧盯关键少数，广泛开展领导干部“六带头”活动，入额院领导办案329件，占办案总数的43.5%，该院领导班子获评区优秀领导班子。落实业务轮训、岗位练兵、量化考评等举措，促进业务能力不断精进，14名干警分别在省市区各类创先争优活动中获奖。坚持从严治检，优化政治生态。综合运用警示教育、谈心谈话、节前廉洁提醒、廉政风险排查等形式，筑牢拒腐防变思想防线。狠抓“三个规定”执行，全院干警主动记录报告有关事项52件。深化领导干部违规收送红包礼金等问题专项整治，创新开展廉洁家访等清廉建设主题活动，先后获评“全市检察机关清廉单位”“全区清廉文化建设先进单位”，清廉建设经验被省市级主流媒体推介。

（供稿：北塔区人民检察院）

广东省郁南县人民检察院
奏响党建业务同频共振的动人乐章

2022年以来，在云浮市检察院和郁南县委的领导下，郁南县人民检察院坚持以习近平新时代中国特色社会主义思想为指导，坚持“抓党建、带队建、促业务、求极致”的工作思路，全面打造“业务、管理、学习、文化、服务”五位一体的郁南检察“党建十”新时代强检工程，各项工作取得新进展，荣获广东省“先进基层检察院”、广东省“巾帼文明岗”荣誉称号、云浮市、郁南县“七五”普法先进集体、郁南县模范机关建设暨“争当开局先锋”擂台赛活动“特优奖”等一系列荣誉称号。“党耀西江生态蓝”品牌，荣获2022年度全省检察机关党建业务深度融合最佳案例称号。

一、“党建+业务”，发挥党支部战斗堡垒作用

坚持“一院多品”联创思路，形成涵盖综合工作和检察业务两大范围五个品牌，做到党建与业务品牌双融双促，有效破解了党建业务“两张皮”的难题。一是创立“启明星点亮未检路”未检工作品牌，建成云浮市首个沉浸式体验的未成年人预防犯罪教育基地，在普法中关爱未成年人成长，该品牌荣获广东省国家机关“谁执法谁普法”创新创先优秀普法项目，未成年人检察工作办公室荣获广东省“巾帼文明岗”荣誉称号。二是融合“先锋领航”党建品牌和“西江生态蓝”公益诉讼业务品牌，打造“党耀西江生态蓝”品牌，实现“党建统领，走入人心”的目标，该品牌荣获“2022年度全省检察机关党建业务深度融合最佳案例”称号。三是以党建促进业务建设，刑事、民事、行政等多项工作举措创新出彩，重要核心数据全面向好，奏响了党建和业务同频共振的动人和弦。2022年度业务考核实现大翻身，在全市名列前茅。

二、“党建+管理”，让管党治党制度笼子“密”起来

一是建立干部考察工作走进支部，进行政治审查和廉洁“双把关”，围绕“人、事、案”三个核心指标，建立“管理+考评+督查”全流程闭合管理体系。将工作考核结果作为党员干部评先评优的重要依据，以及入党积极分子、预备党员是否继续培养和转正的必要条件。二是坚持党组成员联系党支部工作制度。将党支部建在部门上，推选设立3个“党员先锋岗”，将业务工作的难点作为党建工作的重点，在每个办案组和检察办案团队至少配备2名党员，在大案要案专案组设立临时党支部，领导干部率先垂范，全体党员勇于担当尽责，充分发挥党员团结战斗、无私奉献的精神，确保案件高质高效办理。三是建立制度管人管事常态化模式。制定领导班子听取重要业务分析研判工作制度，每月以例会的形式倒逼司法责任的及时落实、有效落实，确保强项更强、补齐短板；建立年度工作分析报告制度，形成《郁南检察工作发展状况及展望》年度白皮书，科学分析研判年度工作，用法治方式助力社会治理体系和治理能力现代化建设；持续加大对《郁南县人民检察院制度汇编》的编撰及转化运用，形成季度编撰成册指导工作开展；打造“4+3+2”检察业务分析研判模式，进一步提升监督实效，规范检察权运行；加强谈心谈话凝聚思想合力，进一步促进全院干警以全新的姿态、全新的干劲、全新的作风，为郁南检察工作高质量发展贡献力量。

三、“党建+学习”，提升检察队伍综合素养

一是加强思想政治学习。常态化开展党史学习教育，落实第一议题制度，组织党组会议学习习近平新时代中国特色社会主义思想50余次。开展学习习近平法治思想、党的二十大精神等专题讲座，将习近平新时代中国特色社会主义思想转化成推动实践工作的思想源泉。开设“红色课堂”，院领导班子、支部书记带头讲党课22场次，党员干部撰写心得体会73篇。二是加强业务素能建设。出台《郁南县人民检察院青年检察人才发展战略实施方案》《郁南县人民检察院2022—2025年青年干警培优实施方案》《郁南县人民检察院2022年教育培训重点工作安排》《2023年综合素能提升方案》，围绕专业化建设目标，2022年以来，共组织开展学习各类政治理论、专业学习培训、竞赛训练30多场次。第三检察部荣获2022—2023年度云浮市青年文明号；1名干警获得云浮市“五一”劳动奖章称号，2名干警获得全市检察机关“优秀公诉人”“优秀辩手”等称号，进一步提振了全院干警干事创业的精神。

四、“党建+文化”，增强队伍凝聚力、向心力

一是营造氛围。利用过道、走廊等精心打造集党建文化、廉政文化、检察文化、地方特色文化的文化长廊展示区，营造了浓厚的机关文化氛围。二是搭建载体。建立智慧广播、多媒体系统，让干警在繁忙的工作间隙听红歌、学党史、树榜样、学先进，让学习“动听”起来，让精神“声”入人心。建成集学习教育、宣传展示、活动交流等功能的党员学习中心，创立“思想潮沙龙”品牌开展丰富多彩的主题党日活动。三是举办活动。发挥党支部及工青妇群团组织作用，开展不同主题文化活动，发挥干警文艺创作积极性，鼓励干警从检察实践中挖掘素材，以原创或合作形式，开展微电影、文学诗歌、书法绘画、摄影等创作，干警原创的《郁南检察党建》内刊被云浮市委、郁南县委领导肯定。打造的“郁检蓝普法”品牌，传递了检察好声音，讲述了法治小故事，深受老百姓欢迎。

五、“党建+服务”，让服务成为基层党建的底色

一是践行“以人民为中心”理念。接收登记各类控告、申诉119件，接待来访群众192批241人次，均按照相关规定及时作出处理，在保持7日内100%初步回复的基础上，实现3个月内办理过程或结果100%回复，未发生涉检越级信访事件。二是围绕大局，服务县委中心工作。出台《郁南县人民检察院关于充分发挥检察职能依法服务和保障乡村振兴驻镇帮镇扶村第一阶段工作的意见》，助力绿美郁南生态建设，共督促清理固体废弃物1000余吨、追偿野生动物资源损失110万元、推动复绿林地1375.95亩。建立大王山森林公园工作站、九星湖湿地公园工作站，举办“生态检察助力美丽中国建设”主题开放日活动，为郁南建设更高质量更高水平的“生态之都，宜居之城”提供有力的司法保障。三是助推民营经济高质量发展。制定《郁南县人民检察院服务保障民营经济高质量发展的实施意见》，与县司法局、县财政局等8家单位共同成立郁南县涉案企业合规第三方监督评估机制管理委员会，同时制定《郁南县涉案企业合规第三方监督评估机制实施办法（试行）》《郁南县涉案企业合规第三方监督评估机制管理委员会工作规则（试行）》，为民营经济健康发展保驾护航。有效推动涉企业行政争议实质性化解，在办案过程中帮助困难企业排忧解难，指导企业合规合法经营。

（供稿：郁南县人民检察院）

广西自治区合浦县人民检察院

主动求变，争创一流检察机关

2022年，合浦县人民检察院在北海市检察院和合浦县委的领导下，坚持以习近平新时代中国特色社会主义思想为指导，全面贯彻习近平法治思想，深入贯彻党的十九大、二十大精神，以“主动求变，争创一流检察机关；开局争先，共建平安法治合浦”为目标，依法能动履职，各项检察工作取得新进展新成效，44个集体和个人获得市级以上表彰，荣获“全国检察宣传先进单位”称号。

2022年3月21日，检察长带队走访调研邮政、中通、百世等多家寄递企业，推动寄递行业良性发展

一、强化政治担当

服务保障更高水平的平安合浦建设。坚持总体国家安全观，依法、高效、精准打击刑事犯罪，批捕389人，起诉721人。对杀人、抢劫等严重暴力犯罪始终保持高压态势，起诉100人；紧盯人民群众反映强烈的盗抢骗、黄赌毒、食药环等犯罪，起诉167人，社会治安秩序持续向好。针对办案中发现的不法人员利用寄递渠道实施贩运毒品的问题，检察长带队走访调研邮政、中通、百世等多家寄递企业，依法对寄递公司未执行收寄验视等制度、寄递从业人员安全防范意识和应对能力不足等问题制发检察建议，推动寄递行业良性发展。

助力打赢疫情防控阻击战。依法严厉打击边境“三非人员”偷越国边境和走私犯罪，积极阻断疫情传播链条，批捕81人，起诉48人。依法提前介入引导龙某亮等8人偷越国边境、妨害传染病防治罪一案，引导侦查机关收集、固定证据，快捕快诉，为全县疫情防控工作提供了坚实的司法保障。认真贯彻落实县委、县政府疫情防控工作部署，第一时间在防控卡点组建党员先锋岗，组织党员干警投身战疫最前线，喊响“我是共产党员，合浦战疫我在前”，做到“一个卡点一个桩，一个党员一堵墙”，共出动1578人次日夜奋战在隔离管控、卡点值守、核酸检测第一线，4名干警获全县抗疫工作先进个人荣誉称号。

把“讲政治”要求融入检察履职。坚持心怀“国之大者”，在检察办案中想到政治责任、政治要求，紧紧围绕县委中心工作大局开展检察工作。在中央环保督导组督察的合浦公馆益民搅拌站公益诉讼案中，通过对益民搅拌站负责人进行释法说理，促使其放下思想包袱，主动拆除违法建筑，为县政府节约司法成本。持续跟进中央关注的红树林管护问题，办理案件7件，督促行政机关清除海洋垃圾50吨，补种红树林幼苗5000株，并对整改情况及时回头看，推动合浦县308公里海岸沿线红树林保护全覆盖。

二、融入中心工作

持续优化法治营商环境。严惩侵犯市场主体合法权益犯罪，起诉非法经营、侵犯知识产权等妨害市场公平竞争犯罪58人。持续优化检察服务措施，开展“法律服务进百企，助力企业解难题”活动，联系企业5家，提供法律咨询服务10余次，发放宣传资料1500余份。充分发挥检察建议对社会治理的推动作用，立足监督办案中发现的问题，提出健全制度、加强监管、堵塞漏洞、防范风险的综合治理类检察建议3件，采纳率、回复率均为100%。针对保健品违法经营、虚假宣传等现象依法对负有监管职责的行政机关发出检察建议，规范保健品市场经营秩序。

服务保障合浦绿色发展。积极参与蓝天、碧水、净土保卫战，持续开展生态环境保护公益诉讼专项活动。深化“河、湖、林、田长+检察长”生态环境治理协作机制，加强对西门江、南流江、白沙河等重点河流保护，共立案办理29件。主动报告、积极协调自治区、北海市检察机关，与博白县检察院跨区域联动治理白沙河水质超标问题，促进重点流域水质持续向好。积极创设条件，开展合浦县增殖放流护生态活动，分别在沙田码头和西场镇大风江海域投放鱼虾苗2057.18万尾，得到县委、政府主要领导充分肯定。

三、践行初心使命

用心办好群众身边案件。联合有关部门开展冷链食品、散装食品、消毒餐具卫生安全等“小专项”检查，推动行政机关开展行业整治，守护群众舌尖上的安全。落实高检院“四号检察建议”，持续对窨井盖安全隐患问题进行跟进监督，督促修复窨井盖19个。针对住宅小区、养老院等特定人群场所、商场等公众场所消防安全问题立案3件，依法督促有关职能部门对全县95个住宅小区开展消防安全整治，消除火灾隐患问题48个，共

2022年5月11日，合浦县人民检察院干警到合浦县实验小学开展法治进校园活动

同守护稳定的消防安全环境。

呵护未成年人健康成长。始终对侵害未成年人犯罪零容忍，批准逮捕16人、起诉21人。坚持“宽容不纵容”，对涉罪未成年人起诉43人、不起诉31人、附条件不起诉17人，并开展帮教工作。针对办理性侵案件梳理发现的突出问题，牵头推进强制报告和入职查询制度落实，建立“一站式”取证中心，用司法保护携同做实全社会共同保护。依托“廉珠未检”工作室推出一系列应时应景普法小视频，多次被多家媒体采用。开展“法治进校园”专项巡讲活动，检察长带领15名法治副校长覆盖全县中小幼各级学校，就反校园暴力、防性侵、远离毒品等问题开展普法宣传62场次，覆盖14万余人。

服务全面推进乡村振兴。开展检察听证进乡村活动，检察长就一起村干部涉嫌滥伐林木案件现场召开听证会，邀请村干部旁听，以案释法敲响警钟，提升法治乡村建设能力。办理公馆镇廖屋村毁林林用地案，通过督促涉案企业赔付309万生态修复资金，使3万多平方米受损林地复垦复绿并通过自治区验收。建立“田长+检察长”协作机制，开展“保耕地，护农业”公益诉讼专项监督，立案侵占耕地案件20件。针对发现的1000余亩基本农田被占用种植绿化苗木等“非粮化”现象，督促行政机关和属地乡镇政府整改，防止耕地“非农化”和“非粮化”，确保“农田就是农田”。

（供稿：合浦县人民检察院）

四川省雅安市名山区人民检察院
提升新时代法律监督质效，保障经济社会高质量发展

2022年，在雅安市检察机关和名山区委领导下，名山区检察院以习近平新时代中国特色社会主义思想为指导，坚持“讲政治、顾大局、谋发展、重自强”总体要求，以创新为引领，协调推进“四大检察”“十大业务”均衡发展，各项工作取得新进展。先后获全国检察机关文明接待室、国家级节约型机关、四川省检察机关三培育三引领活动首批“基层院建设工作典型”等荣誉。

一、强化政治责任，以高度政治自觉服务中心工作

（1）始终坚持党对检察工作的绝对领导。深入学习践行习近平法治思想，坚持依法治国和以德治国相结合，结合地域特色，创立“茶德·博法”学习品牌，创新推行“需求＋互动＋跟学”研学模式，深刻领悟“两个确立”的决定性意义，更加坚定自觉做到“两个维护”。严格执行《中国共产党政法工作条例》及省委实施细则，向上级党委、检察院请示报告重要工作、重大敏感案（事）件22件（次）。获评名山区党史学习教育先进单位。

开展“检心向党·忠诚铸魂”活动

（2）切实提升新时代法律监督工作实效。贯彻落实《中共中央关于加强新时代检察机关法律监督工作的意见》，办理各类案件348件，其中刑事案件193件、民事案件59件、行政案件15件、公益诉讼案件70件，办理其他监督类案件11件。完善监检衔接机制，提前介入职务犯罪案件3件3人，起诉职务犯罪案件5件5人，扣押、追缴职务犯罪违法所得700余万元。

（3）坚决将党委决策部署落地落实。出台《关于加强服务保障中心大局工作的实施意见》，推进党委重大决策部署落地落实。25名党员干警下沉一线参与社区值守、防疫宣传、协助核酸检测等500余人次。积极参与禁毒“清源断流”行动，发放宣传资料2000余册，提供法律咨询150余人次。建立“法治＋乡村振兴”帮扶模式，帮助周坪村解决生产耕作道建设资金缺口5000元，协调落实2个项目资金约60万元，办理农村地区生活困难当事人的司法救助案件10件10人，发放救助金9.8万元。

二、注重能动履职，以高度法治自觉维护司法公正

（1）坚决维护国家安全和社会安宁。受理审查逮捕案件55件100人，提起公诉97件223人。对无逮捕必要的14人依法不批准逮捕，对事实不清、证据不足的犯罪嫌疑人不批捕7人，监督撤案3人，对情节显著轻微危害不大的相对不起诉54

人，对秦某等19人涉恶势力犯罪案提起公诉。严惩扰乱社会秩序、破坏营商环境、侵害民营企业权益犯罪案件7件24人；建立涉市场主体案件社会调查和影响、风险研判机制，对涉嫌犯罪企业人员依法不起诉6人。

（2）用心用情服务保障民生民利。新建12309检察服务中心，受理并办结控告、申诉等信访案件61件，连续五次获评全国检察机关文明接待室。组建“茶都枫桥”办案团队，创新推行“法润民心”诉源治理模式，成功化解各类矛盾纠纷98件。组建“茶源益美”办案团队，与区纪委监委会签《关于进一步加强协同推进公益诉讼工作的意见》，检察建议回复率、整改率均达100%。组建“蓝精灵”办案团队，成立罪错未成年人分级干预中心，办理涉未成年人刑事案件9件15人，向4名未成年被害人发放司法救助金5.5万元。办理的罗某某故意伤害案入选省检察院典型案例。

（3）以案件办理同步推进社会治理。紧盯损害国家利益和社会公共利益等方面的突出问题，建设“蓝金睛”办案指挥中心，拓宽各领域案件线索。监督立案8件，追诉漏捕犯罪嫌疑人5人，追诉遗漏同案犯15人。提供“订单式”检察服务，帮助企业分析研判生产经营过程中存在的法律风险20余次。对网络赌博、电信诈骗、毒品犯罪等提出打击、遏制犯罪意见建议，制发社会治理类检察建议6件；对行业领域安全监管责任存在分歧意见而出现安全监管“真空地带”的问题，制发检察建议促进解决，获省检察院充分肯定。

三、加强自身建设，以高度检察自觉夯实检察根基

（1）打造检察品牌矩阵。构建“检‘茶’法韵”普法品牌，通过连接“检察快道”，开播“检察之声”，开办“检察讲堂”，创办“检察说法”，铺设“检察邮路”，实现全方位无死角普法，经验做法被省检察院全文刊转。获评全市普法先进单位。培核“和正清雅”检察文化品牌，在大院、大

建立“蓝金睛”办案指挥中心，数字赋能法律监督

厅、楼道呈现名山检察赋、法言法语、蒙顶山茶文化；创新推行关于记录检察人员检察历程的工作规定，设置“一室一榜一薄三台”，激发检察人员干事创业的激情。经验做法在全省基层院建设调研座谈会上作交流。

（2）提升队伍履职能力。积极推进行政机关专业人员兼任检察官助理工作，以特邀方式聘任检察官助理7名。实施“青蓝计划”，组织9名青年干警与先进典型结对，加速青年干警成长成才。修订完善《检察人员平时考核实施方案》《“争优先锋”评选办法》《检察人员目标绩效考核办法》等，激励干警争先创优。23人次获评区级以上表彰。被雅安市人大常委会确定为全市检察系统唯一的基层立法联系点，对民事诉讼法提出的修改建议得到采纳。

（3）推进纪律作风建设。持续巩固政法队伍教育整顿成果，率先建设融宪法宣誓墙、青少年法治教育基地、法治苑、党建苑、廉政苑、廉政教育基地、党员宣誓墙等于一体的特色法治教育基地，与区纪委监委合作联办的廉政教育基地，以“清正廉洁”为主题，设置纪委监委办案、检察办案、法院庭审、监舍等违法犯罪案件办理全流程的情景模拟教育区，营造浓厚的法治氛围。严格落实“三个规定”，如实记录、报告领导干部、司法人员过问或干预、插手案件等重大事项15件。获评名山区“转作风、树新风、作表率、抓落实”专项行动先进单位。

（供稿：名山区人民检察院）

四川省自贡市自流井区人民检察院
在务实中创新、在落实中深化

自流井区地处自贡市中心区，是全市政治、经济、文化中心，是市党、政、军机关所在地。2022年，在区委和市检察院的坚强领导、区人大及其常委会的法律监督和工作监督、区政府的大力支持和区政协的民主监督下，自流井区人民检察院忠实履行法律监督职能。全年办理各类案件1605件，办案总量、人均办案量均为全市检察机关首位，各项工作在务实中创新、在落实中深化，取得了可喜成绩，集体和个人受到各级各类表彰23项（次），“盐·申”控告申诉检察工作品牌获评“全国检察机关优秀文化品牌”，系全省唯一，被省检察院表彰为“检察产品特色品牌”。

一、聚焦大局主动作为，保障经济社会发展

严厉打击各类犯罪。全力为党的二十大胜利召开营造安全稳定社会环境。贯彻总体国家安全观，常态化开展扫黑除恶斗争。严惩危害群众生命财产安全的犯罪，起诉故意杀人、故意伤害、抢劫等严重暴力犯罪21件28人，盗窃、诈骗等侵财犯罪108件136人，涉枪、放火等严重威胁群众安全感的犯罪3件15人。起诉贩毒、容留他人吸毒等毒品类犯罪52件59人。坚持依法战疫，运用远程提讯、开庭等方式保障案件办理60余件。紧盯重点人群，强化刑罚执行监督，纠正监外执行违法、社区矫正脱管漏管33件。

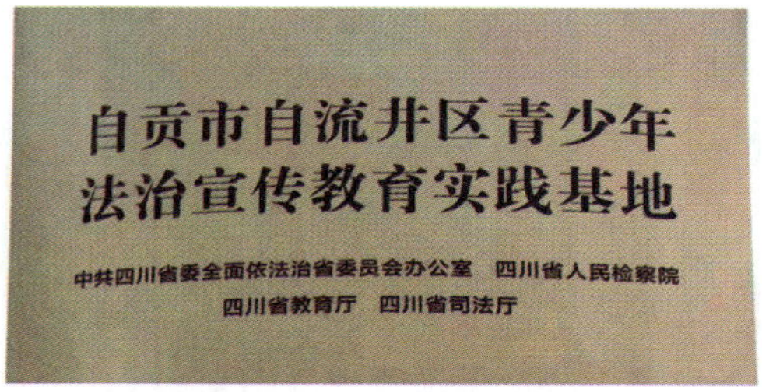

全力保障中心工作。聚焦“筑牢主城功能核心圈”“南向开放共赢圈”“国际陆港新城”建设，竭力优化营商环境。打造“检政企直通车”，依托区行政审批局民营企业办理证（照）窗口平台，解决市场主体“急难愁盼”问题14个。会同区工商联等部门制定《涉案企业合规第三方监督评估机制实施办法》，有效惩治、预防企业违法犯罪。起诉侵害各类市场主体合法权益犯罪23件67人。办理涉民营企业案件8件，对涉案企业开展“法治体检”，帮助涉案企业完善内控措施，努力实现“办好一个案件，拯救一个企业”。编制的《民营企业常见法律风险防控提示手册》在全市推广。工作经验做法获评“四川省营商环境指标提升行动经验做法典型”。以服务“生态农旅涵养圈”建设、“高水平建设锦绣公园名城”为引领，用“检察蓝”守护“生态绿”。办理涉生态资源和环境保护领域刑事案件28件，公益诉讼案件13件，督促治理环境破坏3处。发挥公益诉讼磋商协同职能，会同应急管理、生态环境等部门整治森林防火区内家庭作坊非法提炼樟树油污染环境问题。

防范化解金融风险。全力开展打击整治养老

诈骗专项行动。批捕非法吸收公众存款、集资诈骗等涉众型经济犯罪3件3人、起诉9件47人。办理“旭源系”非法吸收公众存款案，受理审查起诉3件39人。积极参与“全民反诈”“断卡”等专项行动，惩防并举加强网络安全治理。起诉电信网络诈骗犯罪80件128人，为犯罪分子非法提供电话卡、银行卡等帮助信息网络犯罪活动罪11件14人。针对办案中发现的金融行业监管漏洞等问题，向金融主管部门、涉案银行制发检察建议均获采纳。结合办案深入街道、乡镇开展普法宣传，与东兴寺街道合作录制的防范养老诈骗广场舞歌曲《守护养老钱》深受群众喜爱。

积极融入社会治理。全力化解社会矛盾，落实少捕慎诉慎押刑事司法政策和认罪认罚从宽制度，不捕率36.5%、不诉率20.3%。对社会危害性小、犯罪情节轻微的依法不捕47人、不诉155人。对自愿认罪认罚的673名嫌疑人，提出从轻或减轻处罚的量刑建议，认罪认罚率85.84%，有效转化、减少社会对立面。全面推进检察听证，组建听证员库，组织人大代表、政协委员、行业专家等参与案件听证30件，让公平正义可感可触。妥善办理群众来信来访73件次，均在7日内予以答复，确保群众合理诉求能及时解决，邀请律师等第三方参与化解涉法涉诉信访10件，促进案结事了人和。

二、践行司法为民宗旨，切实守护民生民利

办好检察利民实事。助力乡村振兴，选派1名干警担任驻村工作队队员。与区乡村振兴局会签《关于检察机关国家司法救助助力巩固拓展脱贫攻坚成果同乡村振兴有效衔接实施办法》，向生活陷入困境的案件受害人发放司法救助金11.2万元。对妇女儿童、农民工等诉讼能力偏弱的群体追索抚养费、讨薪案件，支持起诉11件，涉及金额10万余元。落实“三级书记抓民生”工作，办结19件，热切回应群众需求。通过“三八一·我为群众办实事实践活动”，开展为民服务69件次。选派干警500余人次参与疫情防控、普法宣传等工作，检察官志愿服务队获评“第五届盐都志愿之星·十佳志愿服务组织”。

守好群众健康安全。与区法院、区公安分局、区市场监管局会签《关于建立和完善行政执法与刑事司法衔接工作机制的实施意见》，保护群众“舌尖上的安全”。起诉危害食品药品安全犯罪6件11人，办理食品药品公益诉讼案件22件。针对食品药品安全犯罪提起刑事附带民事公益诉讼14件，追缴公益赔偿金100万余元。依法从严办理2件回收火锅“老油”案件，涉案金额70余万元。

呵护未成年人成长。把握惩治、帮教、预防三个关键，加强未成年人司法保护，被评为“省级法治宣传教育实践基地”，获评“自贡市关心下一代工作先进集体”。严厉惩处侵害未成年人犯罪，批捕11件11人，起诉10件10人。坚持“宽容不纵容”，批捕未成年人犯罪案件8件9人，起诉10件11人，不起诉5件6人。做好涉罪未成年人帮教，选聘人大代表、政协委员等爱心人士担任一对一帮教志愿者，帮助13名未成年人顺利回归社会。针对履行强制报告义务不力情况，召集辖区中小学负责人开展专题宣讲。创新开展“法治成年礼”在全市推广，得到市人大常委会高度肯定。组织法治副校长法治宣讲、法治夏令营等活动21场次。

不断深化诉源治理。针对辖区醉驾行为逐年递增问题，联合公安机关等开展综合整治。全年受理醉驾类危险驾驶罪案件224件（人），起诉132人，不起诉92人。针对醉驾类案件不起诉“刑行倒挂”问题建议公安机关对被不起诉人采取行政处罚、公益服务替代措施等，全年发案率同比下降25.2%，实现醉驾类案件数4年来首次下降。运用“检察建议+专项报告”模式，针对具体问题发出社会治理类检察建议6份，涵盖金融监管、屠宰业检验检疫等领域，助力靶向治理。针对社会治理普遍性问题，向区委报送专题调研报告2次。建立检察信息与检察建议转化机制，当好法治参谋，获评“全省检察机关信息工作成绩突出优秀集体”。扎实推进“法律七进”，开展法治宣传17场次，拍摄法治微视频，获“川渝法治微视频微电影大赛一等奖”。自主创作音乐MV《回家的灯为你亮着》等13件作品被省级以上平台采用，向社会传播检察好故事、法治好声音。

（供稿：自流井区人民检察院）

贵州省织金县人民检察院
奋进新征程，展现新作为

追风赶月莫停留，平芜尽处是春山。2022年织金县检察院在县委和上级检察院的坚强领导下，坚持以习近平新时代中国特色社会主义思想为指导，全面学习宣传贯彻党的二十大精神，不断创新工作方式方法，主动适应新形势新要求，笃行致远、惟实励新，以全新姿态、全新担当、全新作为推动织金检察工作高质量发展。

一、创特色工作举措，锤炼检察本色

公益诉讼守护公共利益。2022年，向履行生态环境保护、食品药品安全、国有财产保护等职责的行政主管部门共发出诉前检察建议200余件，提起行政公益诉讼4件。针对非法捕捞、非法占用农用地、非法猎捕野生动物等破坏生态环境资源的刑事案件提起刑事附带民事公益诉讼25件，落实增殖放流10万余尾，补植复绿林地面积1500余亩，追回国有财产24万余元，针对侵犯公民个人信息提出惩罚性赔偿4.5万余元，针对破坏耕地未按规定复垦提起民事公益诉讼1件，追偿生态补偿金44.58万元。针对部分卫生院存在

织金县检察院在县综治中心设立“行政争议法律监督”接待窗口

药品过期问题，督促行政职能部门在全县开展医疗专项检查，参与检查卫生院、村卫生室、诊所、私立医院354家，对存在过期药品的8家卫生室依法给予警告行政处罚，并对过期药品全部进行销毁处理。该案被最高人民检察院和省人民检察院评为典型案例。

设立全省首家“行政争议法律监督”接待窗口。积极融入基层社会治理，先后与县法院签订《关于建立行政争议实质性化解协作机制的实施意见》、与县信访局签订《关于落实信访事项监督协作机制的实施细则（试行）》，成立行政检察协调小组，为进一步深化推进行政争议化解工作，在县综治中心设立“行政争议法律监督”接待窗口，并指派专人入驻，通过窗口面对面沟通，方便群众诉求表达。

二、创亮点经验做法，彰显检察贡献

“三个注重”提升窗口部门服务群众水平。注重案管控申协调联动，加强一体化履职意识，积极优化工作机制和方式，开通涉企案件识别、司法救助案件办理绿色通道；注重与执法办案同频共振，推动案管工作、控申工作同步随着执法理念的更新而改进，与执法办案融会贯通；注重法律服务便捷，整合案件受理、查询、律师接待、信息公开、流程监管等功能，实行快捷高效的一站式服务。

“三项措施”提升检察建议工作质效。坚持将检察建议作为检察机关参与社会治理的有力抓手，在开展检察监督过程中，不断增强检察建议的针对性，以案件作为切入点，深入调查研究，切

织金县检察院公益诉讼办案组检查药品安全

公益诉讼助力黔货出山：检察官走访该县猫场镇皂角精加工家庭式作坊

实帮助发案单位真正解决实际问题；不断增强检察建议的规范性，严格按照相关规定制发检察建议，确保提出检察建议书中认定事实清楚准确、依据合法合规、文书制作规范；不断增强检察建议的实效性，主动加强与发案单位的沟通配合，及时了解检察建议的回复、采纳和落实情况，共同推进检察建议取得实效。

紧扣"四个围绕"做实检察听证。通过检察听证在检察办案中把以人民为中心落得更实。一是围绕大局，深化法律监督。充分发挥检察听证制度优势，围绕经济社会发展大局，深化法律监督，促进民营企业健康发展。二是围绕执法办案，落实对未成年人的特殊保护。结合未检工作开展听证，深化对未成年人的司法保护。三是围绕民生，主动作为解民忧。深入案发地举行公开听证，听民声、聚民智、解民忧，将民情民意与法理法律深度融合，最大化彰显司法温度，促进案结事了人和。四是围绕公益，积极促进社会治理。积极融入社会治理，对群众关心关注的环境、卫生、安全等开展听证，依法维护社会公共利益。

三、创独特品牌建设，塑造检察文化

公益诉讼聚焦"五大"重点民生民利，助力乡村振兴。结合该院公益诉讼品牌建设规划，综合运用公益诉讼检察职能，聚焦"五大重点"开展专项监督，扎实履职尽责，助力宜居宜业和美丽乡村建设。一是聚焦生态环境保护，促进绿色乡村建设。二是聚焦食药安全，助推幸福乡村建设。三是聚焦耕地资源保护，严守耕地保护生命线。四是聚焦特色村寨保护，做好历史文化守护者。五是聚焦农资市场安全，护航农民稳步增收。

立足县域县情，打造检察禁毒工作品牌。织金县检察院是毕节市首家最先设立专门毒品检察办案组的基层院，多年来在"少量无毒品实物犯罪案件办理"方面积累了丰富经验，该院毒品办案组还被市检察院授予首批检察官工作室名称——"徐进云工作室"。2022 年，该院在市检察院、市法学会、市律师协会指导下，创设"刑事办案与禁毒研究"微信公众号，融合推进办案实务和理论研究、禁毒宣传，得到最高人民检察院通报表扬。

打造未保普法产品，擦亮织金未成年人检察名片。为进一步深化未成年人保护法治宣传教育，强化未成年人综合保护，增强未成年人保护合力。该院联合毕节市律师协会、县关工委、县教育科技局，专门打造了一档未成年人普法视频栏目《"未"你说法》，该栏目推出后，获得社会各界广泛好评。

唯有栉风沐雨，方能淬火成钢。织金县检察院始终坚持人民至上理念，立检为公、执法为民，凝心聚力、履职尽责，更好服务县域经济社会高质量发展，为建设平安织金贡献检察力量。

（供稿：织金县人民检察院）

贵州省普定县人民检察院
依法能动履职，厚植为民根基

2022年，在安顺市检察机关和普定县委领导下，普定县检察院始终以习近平新时代中国特色社会主义思想为指导，坚持习近平法治思想，深入贯彻最高检关于支持和服务保障贵州在新时代西部大开发上闯新路的意见，以加快推进检察工作现代化为主线，按照“高标引领、能动履职、数字赋能、赶超跨越”的总体思路，强化法律监督，深耕主责主业，努力为大局服务、为人民司法，全力服务保障普定经济社会高质量发展。

一、坚持党的绝对领导，牢记检察工作之魂

以党的绝对领导把准方向。深入学习宣传贯彻党的二十大精神，结合政治宣讲和普法宣传，持续开展“百场法宣下基层”活动，宣传受众群众50,000余名。认真执行《中国共产党政法工作条例》，主动向上报告重大事项、敏感案事件26件（次）。

以政治规矩持续正风肃纪。突显鲜明的廉洁履职底色，坚持“一月一测试、一季一警示”。通过观看警示教育片、观摩职务犯罪庭审等，警示干警264人次，开展廉政谈话280余人次，教育引导全体干警严守政治纪律和政治规矩。

召开“四大检察”护航“十大产业”高质量发展·企业合规典型案例新闻发布会

以政治建设激发队伍活力。以政治型、学习型、创新型、执行型、廉洁型机关建设为抓手，扎实开展作风革命，专题学习265人次，查找并整改问题19个。选优配强中层干部，加强岗位交流，充分激发检察干警强履职、办实事的内生动力。

二、坚持服务发展大局，牢记检察工作之本

全力维护安全稳定。认真贯彻总体国家安全观，依法严惩暴恐活动、偷越国境、寻衅滋事等严重影响社会和谐稳定的刑事犯罪，批捕81人、起诉158人。常态化开展扫黑除恶专项斗争，办理的张某某等17人涉黑案被评为全省检察机关典型案例。依法办理、从严惩处丁某某、杨某某等28人偷越国（边）境案和偷越国（边）境、在境外实施电信诈骗案组织领导者，对受骗且未从事其他违法犯罪活动的犯罪嫌疑人依法作出不起诉决定，坚持做到当宽则宽、当严则严、宽严相济、罚当其罪，以法治之力共护国境安全。

全力助力乡村振兴。认真落实“一委两高一部”《关于加强和完善监察执法与刑事司法衔接机制的意见》，审查起诉涉农领域职务犯罪案件4件4人。积极参与平安乡村建设，严厉打击“两抢一盗”、故意伤害等危害乡村和谐稳定的刑事犯罪，批捕70件92人，提起公诉144件189人。按照“扶贫济困、应救尽救”原则，为44名涉案当事人发放司法救助金32.6万元，依法办理了未成年孤儿陈某被性侵案，为受害人申请救助金5万元，根据办案实际，出台全省首家《特殊对象

国家司法救助金长期监管办法》，确保救助金依法监管、规范使用、一次救助、长期关爱，该经验做法获最高检刊发。

全力优化营商环境。着力构建常态化、法治化、制度化服务模式，建立定点联系重点企业机制，提供“定单式”检察服务。选取中欧地理标志保护清单、国家地理标志产品“朵贝茶”开展非涉案企业合规建设，围绕重点领域开展风险排查和专项检查，整改风险点37个，对3家冒用“朵贝茶”品牌商户采取行政处罚，掸清“朵贝茶”品牌之尘。依法起诉侵害企业合法权益、损害企业形象犯罪5人，不诉13人，坚决防止办了案件、垮了企业，努力以法之名为企业正名，以法之力为企业助力。

全力彰显抗疫担当。始终坚持人民至上、生命至上，在“404”“915”疫情阻击战中，全院干警积极参与志愿服务800余人次，完成5万余人次的核酸采样任务。同时加强对部分乡镇卫生院、村卫生室的专项检察并督促整改，重点检察紧急用药是否储备到位、村医是否具备行医资质、过期药品和器械是否清理到位等。

三、坚持宪法法律定位，牢记检察工作之责

以求极致的精神做精刑事检察。依法严厉打击刑事犯罪，受理审查逮捕208人，批准逮捕92人，受理移送审查起诉431人，提起公诉201人。一体落实党和国家“少捕慎诉慎押”刑事司法政策，依法不捕112人、不诉203人，最大限度地释放司法善意，减少社会对抗。加强刑罚执行监督，办理减假暂案件279件，提出建议99件，办理的杨某某暂予监外执行监督案被评为省级典型案例。常态化运用疑难案件会商机制，准确把握正当防卫的法定条件和立法精神，切实防止“谁能闹谁有理”“谁死伤谁有理”的错误做法，坚决捍卫“法不能向不法让步”“正义决不向非正义低头”的法治精神。

以求公正的精神做好民行检察。认真履行民事行政诉讼监督职能，受理民事审判和执行活动监督案件23件，办理行政监督案件145件，办理行政争议实质性化解案件10件，促进行政相对人撤诉3件，组织公开听证182件，将释法说理和息诉罢访融于听证当中，通过个案的公平正义切实维护政府的公信力、引领社会进步。

以求实效的精神做强公益诉讼。坚定践行双赢多赢共赢理念，推动形成共建共治共享的公益保护格局。依法办理公益诉讼案件79件，向行政机关发出诉前检察建议52件，针对侵害公民个人信息犯罪，提起刑事附带民事公益诉讼8件。认真落实习近平总书记“牢牢守住十八亿亩耕地红线”的指示精神，办理生态环境和资源保护领域案件20件、食品药品及安全生产等新领域案件37件。办理的督促保护基本农田公益诉讼案，被最高院作为1号案例刊发。

以求发展的精神做优未检工作。始终严惩侵害未成年人合法权益犯罪，批准逮捕11件19人，提起公诉10件19人，提前介入故意伤害、性侵未成年人案件14件，对犯罪情节轻微的未成年犯罪嫌疑人不起诉11人，办理的在校学生熊某某故意伤害案被评为全省检察机关精品案例。合力建成“一站式”询问救助中心，充分保障未成年人隐私权，更加科学、人性的办案。联合相关部门启动“青春向党，无忧成长”帮扶计划，开展“上一堂法治课、送一本爱国书籍、看一场爱国电影、送一套文具、添一套新衣”等活动，让未成年人在“春风化雨”中感受中国共产党好。

以求突破的精神主动接受监督。把接受监督、听取建议作为加强和改进检察工作的重要途径。主动邀请人大代表、政协委员、人民监督员、律师共计724人次参加案件公开听证、检察建议公开送达等司法活动。畅通律师办案通道，接待律师查询案件信息92次，引入律师参与化解信访矛盾纠纷18次。利用门户网站、官微及时发布群众关心关注的检察动态1000余条，重视从媒体视角、网民意见中查找不足，反向审视和改进工作，在自觉接受监督中听民意、聚民智、解民忧。

（供稿：普定县人民检察院）

云南省漾濞自治县人民检察院

边疆基层小院，努力书写大作为

2022 年 1 月杨利平检察长向大会作工作报告

漾濞彝族自治县位于云南省西部，属大理州管辖，是茶马古道、南方陆上丝绸之路历史上的重镇，省级历史文化名城。全县总人口约 10 万人，经济相对不发达。作为滇西小城一个基层检察院，2022 年以来，漾濞检察始终坚持以习近平新时代中国特色社会主义思想为指导，深入贯彻习近平法治思想，紧紧围绕学习宣传贯彻党的二十大精神这条主线，以最高检“质量建设年”为指引，坚持以高度的政治自觉、法治自觉、检察自觉，为“增进民生福祉，提高人民生活品质”贡献检察力量，全年办理刑事、民事、行政、公益诉讼“四大检察”各类案件 631 件，荣获 2022 年度大理检察工作“骏马奖”。

一、始终站稳人民根本政治立场，推进诉源治理促进社会和谐稳定

2022 年率先出台了《检察监督线索举报奖励机制办法（试行）》，并迅速受理查办群众举报的窨井盖影响过往车辆及行人安全的案件，落实落细最高检“四号检察建议”。一年来，漾濞县人民检察院积极践行新时代“枫桥经验”，综合运用带案下访、公开听证等化解社会矛盾，修复社会关系，用心用情办好群众身边“小案”，扎实做好各项检察为民实事。

二、始终坚持发挥主观能动性，贯彻落实认罪认罚从宽制度和宽严相济刑事司法政策

在查办一起未办理采矿许可手续开采石料案件时，通过承办检察官释法说理，除依法没收现场堆放的石料外，犯罪嫌疑人还主动退赃退赔 32 余万元。一年来，结合办案实现检察环节开展追赃挽损 8 件，金额共计 166.40 万元，最大程度减少人民群众和国家利益受损。

三、始终立足服务“六稳”“六保”，当好服务民营企业的“老娘舅”

云南某农业开发有限责任公司为使生产经营发展提质增效，在未办理林木采伐许可证的情况下滥伐 1000 余株林木，案件承办团队并没有对其“一诉了之”，而是充分考虑疫情之下企业生存的艰难处境，在全省全州先行先试对该涉案企业开展首例企业合规整改。最终，经过第三方评估小组的监督考察验收，对该涉案企业作出相对不起诉决定，并以该案为素材拍摄的企业合规典型案例专题片荣获了第三届大理州干部教育培训“好案例”一等奖。一年来，漾濞县检察官们主动下沉企业，广泛开展走访调研、法治宣传，深入了解民营企业司法诉求，以检察履职挽救、促

进民营企业健康发展。

四、始终秉持良好的生态环境是最普惠的民生福祉，积极履行公益诉讼检察职能

督促修复违法占用林地、补植补种林木、清理被污染和非法占用的河道以及违法堆放的各类生活垃圾及固体废物；为保护漾濞县境内苍山西坡生态环境，开展“公益诉讼守护玉洱银苍”专项监督活动，追偿生态环境损失及修复费用15.77万余元；聚焦扬尘污染问题，在办理渣土车扬尘污染公益诉讼案件时，依法履职督促排污企业征收漏征漏缴的环境保护税11.28万元。

漾濞县人民检察院将不断坚持聚焦主责主业，在检察履职中始终关注着人民群众最关心的利益问题，贴近基层群众，高质效办好每一个案件。坚持将惠民生、暖民心作为检察为民的方向，在人民检察为人民的道路上初心不改、笃行致远。

2022年4月到盗伐林木现场勘查

2023年5月开展企业合规案件现场勘查

（供稿：漾濞自治县人民检察院）

云南省耿马县人民检察院
数说强边固防的边疆检察印记

耿马县，地处祖国西南边陲，是云南省29个少数民族自治县、25个边境县和五大出境通道之一，是昆明直达印度洋和缅甸仰光最便捷的陆上通道。澜沧江孕育着灵秀，滋养着澜沧江畔耿检人的胆略、信心和追求。近年来，耿马检察坚持以习近平新时代中国特色社会主义思想为指导，全面践行习近平法治思想，立足边疆民族地区实际，找准边疆检察“为大局服务、为人民司法”着力点，全力以赴防风险、战疫情、保平安、护稳定、促发展，出色完成各项任务，为边疆民族团结与社会和谐稳定创造了良好的法治环境。

一、强化法治保障筑牢强边固防“法治网”

2021年以来，非法出入境、走私、毒品、赌博等引发的妨害国（边）境犯罪案件频发，边境管控、外防输入的任务异常艰巨，耿马检察院牢固树立为国守边、为民尽责的政治自觉、法治自觉和检察自觉，全力做好新时代强边固防工作。一是成立打击整治跨境犯罪工作领导小组，组建专业办案团队，为打跨工作提供坚强组织保证。3年来，共审查逮捕偷渡、赌博、毒品、走私等跨境违法犯罪案件744件2320人，审查起诉753件2179人，侦查活动监督31件，纠正漏捕漏诉28人。二是聚焦群众急难盼愁，打击高发案件。围绕社会难点、堵点、痛点，加大打击影响社会大局稳定、影响人民群众安全感的黑恶势力、“黄赌毒”“盗抢骗”“涉枪涉爆”等犯罪的打击力度，切实维护社会和谐稳定。三是推行双语普法，打造司法为民“连心桥”。针对区域民族特性，在案件管理、12309服务大厅设立少数民族语言岗；组建双语普法小分队，把双语普法触角延伸到抵边少数民族村寨、学校、卡点，延伸到田间地头、农家小院、街头巷尾……用民族语言传递法治之声。3年来，共到边境村出庭支持公诉5场次、开展警示教育30场次，“强边固防”宣讲、宣传15余次，双语普法25场次，拍摄的普法小视频《娇贵的小公主，这里没有童话》分别被中国普法网、学习强国地方台采用。

送“法”进民族村寨，普法宣传零距离

二、强化党建引领，织密强边固防“服务网”

人民有需要，检察有担当。耿马检察始终牢记为人民司法的宗旨，全力维护人民群众合法权益，以“如我在诉”办好人民群众身边的每一起“小案”，不断增强人民群众获得感、幸福感、安全感。一是巩固拓展脱贫攻坚成果与乡村振兴有效衔接。选派一批又一批“精兵强将”进驻贺派乡芒底挂钩村，出资或协调资金为该村修建村组硬板路、党建活动室、村民活动中心、人畜饮水、垃圾处理池、图书室、芒底小学球场等基础设施，为

党组书记、检察长杨灵燕深入挂钩村讲党课，凝心聚力助力乡村振兴

公益诉讼护好水源地，让群众喝上放心水

困难村民申请低保、为因案致贫家庭申请司法救助金……点点滴滴，看似细枝末节，却承载着检察温暖、司法关怀。二是助力疫情防控。面对疫情，耿马检察闻令而动，重心下移，检力下沉。先后轮流下沉72人次到边境卡点驻守，2名党员干部担任边境联防所所长，5名青年干警抽调援外专班和隔离专班服务疫情防控工作。三是以“求极致”精神，严把民事、行政、公益诉案件质量关。加大对食药品安全、环境资源、农民工讨薪等专项监督，深化开展司法救助，追赃挽损、行政争议实质性化解等工作，努力把办案过程变成保障和改善民生的过程。三年共办理各类公益诉讼案件156件、公开听证16场次。1件案件入选全国检察机关公益诉讼“千案展示”案例、2件案件入选云南省检察机关公益诉讼典型案例。四是多措并举加强未成年人司法保护。以打造“小甜蔗”未检品牌，推进未成年人全面综合司法保护矩阵。以普法宣传为抓手，围绕校园欺凌、性侵害、毒品危害、网络犯罪等热点问题，常态化开展法治进校园、检察官担任法治副校长活动，为护航青少年健康成长贡献边疆检察力量。五是开启“司法救助+”多元救助模式。创建“司法救助+乡村振兴”“司法救助+民族团结”工作模式，将脱贫户、未成年人、困难妇女、残疾人四类人员纳入重点救助对象，联合多方力量，通过教育保障、妇女关爱、心理咨询等方式，形成工作合力确保救助效果最大化。三年来，共救助贫困户和少数民族同胞77人，发放救助金41.8万元。

三、强化联动合力，加固强边固防“保护网”

为全面提升刑事案件办理质效，强化检警在办案过程中的协作配合，加强对侦查活动的监督。一是抓协作配合。充分发挥“侦查监督与协作配合办公室”作用，与公安机关会签“侦捕诉”衔接工作指引及寄递安全监管协作配合机制，利用提前介入、联席会议、学习交流等方式，促进警检高效履职，共筑稳边控边新合力。召开联席会议6场次、座谈交流17次，提前介入侦查148件。二是抓互助共赢。不断提高其作配合水平，不定期召开联席会议，对证据收集、侦查监督工作情况等问题进行通报会商，逐步统一对毒品、妨害国（边）境管理等重大、疑难复杂案件的执法理念和执法尺度，实现检察法律监督和公安办案规范的双向提升。三是抓基层走访。推行一线工作法，走访基层派出所全覆盖，有针对性的解决办案困难、分析社会治安问题等，提高精准打击跨境犯罪等违法活动。

时间是印记，也是发展的刻度，更是新征程的号角。耿检人将以昂扬的精神状态和强烈的使命担当，踔厉奋发、勇毅前行，不断提升新形势下做好强边固防、兴边富民的工作能力和水平，为筑牢祖国西南边陲安全稳定屏障，营造良好的法治氛围和社会环境贡献检察力量。

（供稿：耿马县人民检察院）

西藏自治区贡觉县人民检察院
以最少的司法资源取得良好的法律效果和社会效果

贡觉县，隶属西藏自治区昌都市，位于金沙江西岸。贡觉县人民检察院重建于1978年，一直承担着反对分裂，维护民族团结，打击犯罪，维护公平正义的重要任务。多次被上级业务部门和县委、县政府授予荣誉称号，各项工作也走在昌都市检察系统的前列。2022年贡觉县人民检察院工作开展情况如下。

一、捍卫“两个确立”，强化党对检察工作的绝对领导

坚持政治建设引领。坚持和加强党对检察工作的绝对领导，认真贯彻《中国共产党政法工作条例》，坚持重大事项请示报告制度，及时主动向上级院、县委、县政法委等报告工作。2022年，我院共请示报告3项重大工作，共召开党组理论中心组学习会议12次，检察长带头讲党课4次，其他领导班子成员讲党课20余次，让政治理论教育走深走实。

落实法律监督政治责任。一是持续推进阳光检务公开工作，在12309中国检察网上及时公布案件程序性公开18件，在“两微一端”平台发布案件重要信息6条。二是为深化履行法律监督职责，聘请23名党政机关工作人员和社会各界人士担任听证员，建立听证员信息库，2022年度共邀请14名公开听证员参与本院办理的重大疑难刑事、行政公益诉讼诉前程序案件公开听证工作5次。

二、紧扣“止于至善”，以如我在诉的执着强化法律监督

突出监督的专业性，做优刑事检察。2022年全年共受理审查逮捕案件3件4人，一审公诉案件18件24人，刑事案件比为1:1.12；加强提前介入，全年共提前介入5件5人；立案监督2件2人，通知立案1件1人；推动认罪认罚从宽制度应用尽用，认罪认罚适用率为88.89%；提出确定刑量刑建议18件，采纳率为100%；同时针对侦查懈怠问题发出纠正违法类的检察建议1份。共办理财产刑执行监督案件3件，发出纠正违法通知书3件；监督撤销缓刑1件，该案件被评为全区十

不起诉公开听证会

法制宣传

法治进校园

大监督案件之一（布某违反社区矫正办法脱管案）。

突出监督的精准性，做强民事检察。2022年全年共办理民事执行活动监督案件3件，审判程序违法监督案件3件，发出检察建议2份。对加强民事生效裁判、审判程序及执行活动进行了全面监督。

突出监督的多元性，做实行政检察。发挥行政检察的监督作用，深化行政违法行为监督力度，助力社会综合治理，全年共办理行政检察案件8件，发出检察建议7份，被监督单位均已采纳且在工作中开展专项治理工作。

突出法律监督的主观能动性，做好检察公益诉讼工作。紧紧围绕"公益诉讼守护美好生活"这个主题，以"河长+检察长""林长+检察长"等协作平台为契机，全年来共对23条线索进行初查，经分析研判后对符合立案条件的20起案件进行立案监督，发出检察建议18份、磋商1件，同时充分发挥诉前程序统筹协调、督促开展综合治理的独特优势，实现保护公共利益、保障民生的结合，以最小的司法资源取得良好的法律效果和社会效果。

三、坚持人民至上，不断满足人民群众对美好生活的向往

打造更具辨识度的未检品牌。为进一步加强检察服务职能，延伸"一号检察建议"触角，2022年共开展8场次法治进校园活动，召开落实强制报告制度座谈会2次，开展教职员工入职查询1次，办理涉未成年人审查起诉案件1件1人，提前介入涉未成年交通肇事案1件1人，提出适用法律和侦查取证意见1份。

强化更高水平的便民措施。充分运用"12309"检察服务中心绿色便民通道，健全矛盾纠纷化解机制，接待群众来访3件4人次，与昌都市人民检察院进行联合司法救助1件1人，发放司法救助金4万元，做到在法定限期内分流、办结和答复，做到7日内程序性回复和3个月实体答复。

回顾过去的一年，我院在检察司法实践中的短板和不足依然客观存在：一是监督理念不够"新"，运用新的司法理念、法治思维深耕主责主业的能力与贯彻落实习近平法治思想的要求存在差距；二是监督方式不够"活"，创新履职能动性不够，检察业务上缺乏更多拿得出、叫得响的特色品牌和法治供给；三是办案质量不够"精"，案件瑕疵和司法不规范问题仍时有发生，业务建设上的薄弱环节需要进一步补强。对于存在的问题，我们将树牢"求极致"的理念，在今后的工作中知重负重、迎难而上，积极采取措施加以解决。

（供稿：贡觉县人民检察院）

甘肃省景泰县人民检察院
以落实“1236”为抓手，积极践行为民初心

景泰县，寄寓“景象繁荣、国泰民安”之意，位于甘肃省中部，河西走廊东端，地处甘、宁、蒙三省（区）交界地带，属甘肃省白银市管辖。景泰县人民检察院成立于1950年9月，其间两次被撤销，1978年10月恢复建院。

2022年，景泰县检察院坚持以习近平新时代中国特色社会主义思想为指导，深入学习贯彻党的二十大精神，以政治建设为引领，以高质量发展为目标，以落实“1236”发展思路为抓手，忠实履行法律监督职责，全面提升工作质效，各项工作取得新进展。荣获“甘肃省五四红旗团支部”“全省检察机关扫黑除恶专项斗争优秀集体”“白银市青年文明号”等荣誉称号，13名干警被记功表彰。

一、深化能动履职，服务保障景泰社会大局

一是坚决维护社会稳定。严厉打击危害社会稳定的刑事犯罪，常态化开展扫黑除恶斗争，依法对流窜陕甘宁蒙4省区作案的恶势力犯罪团伙提起公诉，对涉嫌故意杀人的3名犯罪嫌疑人批准逮捕。严惩电信网络诈骗活动，起诉电诈和帮信犯罪29件96人，办理的吴某某等31人集资诈骗、洗钱案为甘肃省第一起自洗钱案件，第一检察部和2名干警受到白银市反洗钱领导小组表彰。二是主动服务中心大局。持续优化法治营商环境，帮助企业解决涉法涉诉问题20件，批捕破坏民营企业合法权益犯罪8件16人，起诉10件15人。积极助力巩固脱贫攻坚成果、助推乡村振兴，起诉侵农害农案件69件83人。加大生态环境司法保护力度，开展守护河湖“绿盾”“春雷”等专项活动，办理生态环境保护领域公益诉讼案件83件，起诉3件4人。三是积极融入县域治理。坚持能动履职助推诉源治理，针对社会治理方面存在的问题，发出综合治理检察建议38份，全部得到整改回复。积极参与反腐败斗争，提前介入职务犯罪案件4件，起诉5件7人。依法履职“战疫”，组织干警投身6个社区和1个交通检疫卡口的疫情防控工作，在特殊时期展现检察担当。

二、聚焦宪法定位，坚决捍卫社会公平正义

一是刑事检察持续优化。依法惩治各类刑事犯罪活动，批捕65人，起诉331人。挂牌成立侦查监督与协作配合办公室，提前介入35件次，监督立案5件，监督撤案5件，纠正漏捕漏诉12人。加强刑事审判监督，提出抗诉2件，纠正审判活动违法情形1件。深化刑事执行监督，完善“派驻+巡回”检察模式，开展巡回检察3次，办理刑事执行监督案件27件，发出检察建议14份。二是民事检察不断强化。办理各类民事监督案件39件，发出再审检察建议1份，提请抗诉3件。针对民事执行活动和审判程序违法情形，发出监督建议35份，全部得到采纳。探索“346”支持起诉办理体系，办理案件104件，追回欠薪448.3万元，支持起诉品牌工作被评为“全市检察机关品牌亮点工作优秀成果奖”。三是行政检察逐渐实化。办理行政检察案件52件。其中行政非诉执行案件3件，行政执法监督案件35件，发出检察建议39份。办结行政争议实质性化解案件14件，一起行政许可纠纷化解案入选最高检备选案例。四是公益诉讼全面深化。挂牌成立

全省首家公益损害与诉讼违法举报中心，建立“检察＋平台＋热线”联办机制，有效拓展案源渠道，立案117件，发出诉前检察建议106份，提起行政公益诉讼2件，民事公益诉讼7件。办理的供水渠道公益诉讼案被评为全省公共安全领域年度十大典型案例。

2022年7月1日，景泰县检察院组织开展“缅怀革命先烈 赓续红色基因 共谱检察新篇 ”主题党日活动

三、抓好民生检察，积极践行司法为民初心

一是坚守检察为民本色。研究确定8件年度为民办实事项目，狠抓推动落实，取得良好成效。认真落实宽严相济刑事政策，不批捕38人，不起诉123人，适用认罪认罚从宽制度办理案件289件394人，促成刑事和解77件，追赃挽损1583万元。深入开展“打击整治养老诈骗专项行动”，依法批捕5人，起诉13人，追回养老金64万元。二是创新司法便民机制。妥善办理群众来信来访216件，院领导带头办理首次信访案件13件，化解信访积案5件。深化检察听证工作，召开听证会207件次，公开宣告、公开送达25场次。加大司法救助力度，与11家单位会签国家司法救助与社会救助工作衔接机制，办结司法救助案件11件，办理的2起案件被省检察院评为典型案例。三是护航未成年人成长。起诉侵害未成年人权益犯罪9人，对涉罪未成年人起诉4人、不批捕3人、不起诉8人、附条件不起诉4人。联合8家单位出台《侵害未成年人案件强制报告制度实施细则》，持续落实“一号检察建议”，选派17名检察骨干担任法治副校长，开展法治宣讲活动42场次，1名干警被评为“全省优秀法治副校长”。

四、坚持强基固本，持之以恒加强自身建设

一是筑牢政治忠诚之魂。认真学习习近平新时代中国特色社会主义思想和党的二十大精神，严格执行《中国共产党政法工作条例》，请示报告重大事项49件次。推动政治建设与业务建设融合发展，组织干警接受党性教育5次，开展理论研讨8次、主题党日13次，着力创建“五型”机关，打造“五心”队伍。二是紧抓履职尽责之要。落实“全员、全程、全时”考核要求，制订业绩考核办法，推动创优发展。建立年轻干警列席检委会、轮岗锻炼等工作机制，举办刑检业务竞赛和检律论辩赛，常态化开展领导上讲台及业务小课堂活动，持续强化业务能力建设。三是夯实长远发展之基。凝练形成“1236”景检发展思路，明确奋斗目标，以先进理念凝心铸魂。加大检务保障力度，完成案管大厅、12309检察服务中心维修改造工程，实施多功能会议室建设项目。高度重视宣传工作，在省级以上媒体发表稿件198篇，“景泰检察”公众号获评“全县2022年度最佳新媒体奖”，1名干警被评为“全国检察宣传先进个人”。四是抓实严管厚爱之责。认真履行全面从严治党主体责任，修订机关考勤管理办法，实行院领导每月轮流值班督查和纪律通报制度，开展检务督察8次，警示教育6次，廉政谈话240人次，记录填报“三个规定”事项43件。出台《加强检察干警教育管理关爱工作的实施意见》，推行从优待检“六关爱”工作机制，检察队伍凝聚力、向心力不断增强。

（供稿：景泰县人民检察院）

宁夏自治区固原市原州区人民检察院

能动履职，答好新时代“人民考卷”

原州区是固原市委、市政府所在地，位于宁夏南部六盘山东麓，历史文化悠久。草原文化、大漠文化、丝路文化、红色文化在这里交相辉映，是全国重要的绿色产品和牛羊肉生产基地，享有“中国冷凉蔬菜之乡”“中国马铃薯之乡”美誉。2022年，原州区人民检察院心怀“国之大者”，始终坚持以人民为中心的发展思想，保障经济社会发展，守护人民安居乐业。

（1）全力维护社会安全稳定，有力保障平安原州建设。坚定不移贯彻总体国家安全观，常态化推进扫黑除恶斗争。依法批准逮捕各类犯罪嫌疑人151人，提起公诉481人。其中起诉涉嫌故意杀人、抢劫等严重暴力犯罪22人，黄赌毒犯罪26人，电信网络诈骗、传销等犯罪72人。办理职务犯罪案件4件5人。

（2）充分发挥检察职能作用，助力乡村振兴战略实施。依法惩治各类影响农村社会稳定、侵害农民合法权益、危害农业生产及惠农政策落地落实的违法犯罪活动。加大生态环境和资源保护公益诉讼力度，着力推进耕地资源保护，坚决遏制耕地“非农化”防止“非粮化”。严格落实“四不摘”要求和“115”帮扶工作机制，选优派强5名检察干警驻村工作，投入帮扶资金22.35万元。积极参与农村“法律明白人”培育工程，开展“送法下乡”等普法宣传、宣讲活动56场次。

（3）主动为民解忧，积极化解群众矛盾纠纷。坚持和发展新时代“枫桥经验”，主动融入“1+1+3”基层治理机制，通过领导包案办理信访案件、运用认罪认罚从宽制度促成刑事和解、借助公开听证释法说理等方式，实质性化解诉讼争议。并不断拓展思路，主动对有可能进一步激化矛盾的当事人开展司法救助，积极追赃挽损维护群众利益，有效防范化解矛盾纠纷。2022年，通过刑事和解化解矛盾46起，在办理涉嫌非法吸收公众存款案等涉众型经济犯罪案件中为群众挽回损失7997万元，办理司法救助案件20件26人，发放救助金23万元。

市、区两级检察长巡清水河

（4）筑牢绿色生态保护屏障，能动履职守护黄河安澜。充分发挥职能作用，常态化开展生态检察，建立“林长+生态检察长”工作机制，推进林草资源保护发展实效。持续开展助力黄河流域治理专项检察，与原州区水务局共同制定《黄河宁夏段原州区水资源保护专项行动实施方案》，集中整治违法取水等问题，依

召开宣告送达现场会

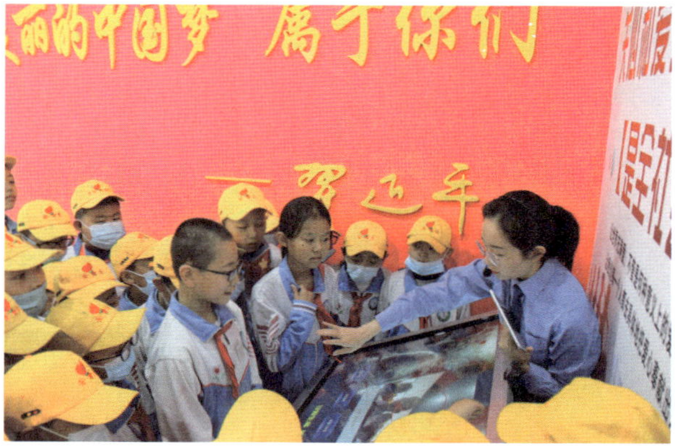

守护未成年人健康成长

托“河长+检察长+警长”机制，在污染防治、环境整治、河道治理等工作中充分发挥检察+行政作用，督促清理污染和非法占用河道1.2公里，恢复治理水域6.6亩，掌握非法取水线索4件，有效巩固原州区黄河支流保护成果。

（5）有力维护市场经济秩序，服务保障经济金融安全。认真落实宁夏检察机关服务保障黄河流域生态保护和高质量发展先行区建设意见，依法打击各类扰乱市场经济秩序犯罪，提起公诉2人，追赃挽损5000多万元。办理的宁夏龙鑫源建筑工程有限公司涉嫌非法吸收公众存款案得到区委领导批示予以充分肯定。有序推进涉案企业合规改革，常态化开展“挂案”清理活动，营造安商惠企良好法治环境。

（6）推进全面综合司法保护，呵护未成年人健康成长。持续抓好未成年人保护“两法”落实，批准逮捕侵犯未成年人人身权益犯罪45人、提起公诉58人，对涉嫌轻微犯罪的未成年人不起诉9人、附条件不起诉33人，对有严重不良行为涉案未成年人进行特殊预防280人次。支持起诉14起涉未成年人抚养费、抚养权纠纷案。针对未成年人旅馆业入住安全、乡村蓄水池设施安全等办理公益诉讼案件10件，其中2件案件被自治区检察院评为未成年人保护法律监督专项行动典型案例。

（7）强化司法惠民利民举措，检察实事增进民生福祉。依法从严打击拒不支付劳动报酬犯罪，助力农民工讨薪15万元。将心比心落实群众信访“件件有回复”制度，处理群众来信来访来电105次。硬核打击整治养老诈骗，“法检两长”同庭审理江某某等28人电信诈骗案。扎实开展农资市场专项整治、“保健品”行业清理整治等专项行动，着力维护人民群众合法利益和消费安全。深入开展二次供水安全、全域创建“食品药品安全区”公益诉讼等专项行动，切实保障群众“舌尖上”的安全。

司法救助解民忧

群众向检察官送锦旗

（供稿：原州区人民检察院）

宁夏自治区吴忠市利通区人民检察院
党建引领铸铁军，强抓业务促公正

利通区，隶属宁夏回族自治区吴忠市，是中国主要的回族聚居区之一。集市贸易历史悠久，是西北地区传统的物资集散地，全国牛羊肉和民族特色食品的主要产地和纺织产业发展地，素有“水旱码头”“商埠重地”“天下大集”之称。根据第七次人口普查数据，截至2020年11月1日零时，利通区常住人口为460,790人。

2022年，吴忠市利通区人民检察院坚持以习近平新时代中国特色社会主义思想为指导，深入贯彻落实习近平总书记对政法工作的重要指示和视察宁夏重要讲话精神，全面落实中央政法工作会议和全国检察长会议精神，紧紧围绕自治区“三区建设”重大任务目标，落实全区检察长会议确定的“1134”检察工作总思路，为大局服务，为人民司法，奋力书写推进检察工作现代化的新篇章，努力以检察工作现代化服务中国式现代化。

一、以党的建设为统领，把检察队伍锻造好

牢牢把握检察机关是政治机关的根本属性，坚持党对检察工作的绝对领导，认真落实新时代党的建设总要求，把习近平总书记的重要讲话精神转化为一个个具体实践。以“党建强、队伍好、业务优”为目标，创建“红帆领航蓝盾护民”党建服务品牌，并于2020年入选最高人民检察院新时代基层检察院建设典型事例。全面贯彻落实“3331工程”，开展“笔杆子”培育、“青年人才树苗计划”等活动，检察队伍素能持续提升。2018年以来，共有19个集体和42名个人受到市级以上表彰奖励。1名干警荣获全国扫黑除恶斗争先进工作者，2名青年干警分别入选全国检察机关控告申诉检察人才库和全区检察机关案件管理人才库，1名青年干警被评为第一批全国检察机关民事检察理论研究人才和第五批宁夏青年检察人才。

聘任“七一勋章”获得者王兰花志愿服务团队作为公益诉讼观察员

二、紧紧围绕中心大局，把“三区建设”服务好

始终胸怀“国之大者”，心系地方发展大局，认真贯彻落实习近平生态文明思想，依法能动履行公益诉讼等职能，全力服务乡村振兴战略，保障地方发展大局。

一是全力保护“母亲河”。认真落实自治区检察院安排部署，连续6年开展“携手清四乱保护母亲河”公益诉讼专项监督活动和“回头看”，办理涉及辖区黄河干支流域的公益诉讼案件78件，制发检察建议54件，督促恢复治理河道40余公里，督促清理彩钢板房30余间，督促拆除私搭乱建构筑物12处，督促拆除违建7000余平米。

二是全力守护绿水青山。近年来，利通区人民检察院共办理生态环境和资源保护领域公益

“五心”检察工作室在利通区金星镇挂牌

开展笔杆子培育

诉讼案件143件。开展以“检察蓝”守护人民群众美好生活专项监督活动，联合宁夏秦汉渠管理处，对辖区秦渠、汉渠等14条引黄古灌渠开展专项监督，累计巡查巡护渠道500余公里，督促清理渠道内垃圾2881立方米，督促拆除违章建筑612平方米、危桥11座，督促封堵排污口11处，共促古灌渠得到长效保护，以实际行动践行绿水青山就是金山银山。

三是全力服务乡村振兴。深入开展“乡村振兴检察行”“国家司法救助助力巩固拓展脱贫攻坚成果助推乡村振兴”等活动，严惩发生在乡村领域、涉及乡村群众生命财产安全的各类犯罪，推进乡村综合治理。与乡村振兴部门动态共享农村地区贫困人员信息，精准救助26名困难案件当事人，发放司法救助金40万元，防止因案致困返贫。

三、坚持人民至上践行司法为民，把老百姓的事办好

坚持和发展新时代“枫桥经验”，积极创建“塞上枫桥”品牌，全面提升矛盾纠纷化解工作法治化水平，创新开展“首办即息诉首访即罢访”专项活动，运用“1+5+N”检察服务模式，让所有检察官成为一线接访员，办理群众信访案件669件，首次信访案件全部由院领导包案办理，7日内回复率、3个月内答复率均实现100%，重复信访案件和积案全部办结，息诉罢访率达到93%，重复信访率持续下降，群众满意度持续上升，该经验被自治区党委政法委推广至全区政法

与宁夏大学法学院合作设立实习实践基地

成立“劝阻青少年吸烟法治工作室”

机关学习借鉴。巩固深化“首办即息诉首访即罢访”成果，以解决群众诉求为己任，落实源头治理责任，在利通区金星镇一站式矛盾调解纠纷中心，挂牌成立“五心”检察工作室，让检察官从12309检察服务中心走到群众身边，走进田间地头，打通服务群众“最后一米”，主动化解矛盾纠纷。

（供稿：利通区人民检察院）

第五部分

依法兴企

YIFA XINGQI

河南洛阳国武市政工程有限公司

一朝戎装，一生家国

河南省洛阳国武市政工程有限公司成立于2016年6月，位于洛阳市高新区孙辛路与河洛路交叉口古都尚郡。专业承建市政公用工程、建筑工程、防水防腐保温工程、地基基础工程、机电工程、环保工程等。配备种类齐全的大型工程设备，组建了一支过硬的施工队伍，确保各种工程项目的顺利施工。

公司法人代表郭武军，中共党员。1973年，18岁的郭武军怀着从军报国、建功立业的理想应征入伍。经过4年军营的历练，使得郭武军从一名普通战士迅速成长为有志青年，造就了雷厉风行、敢闯敢干的作风。退伍后，经过10多年的艰苦创业，郭武军成立了洛阳国武市政工程有限公司，取得了良好的社会效益和经济效益。

2020年，为更好地传承“两弹一星”和三线精神，郭武军自筹资金30多万元，在老家伊川县江左镇周村建成工程兵五十四师光辉历程纪念馆。为了寻找收藏品，郭武军驱车北上北京，南下荆门，西赴成都，东奔开封，不远千里，接受战友们捐赠的纪念品600多件。2022年4月，该纪念馆被中国三线建设研究会授予“洛阳市爱国主义教育基地”，郭武军被聘为中国三线建设研究会常务理事。如今，该纪念馆已经成为工程兵五十四师战友追忆历史的纪念地，青少年爱国主

郭武军

义教育基地。新兵入伍前在这里接受精神洗礼，退伍老兵在此畅叙友情，青年学子也来此接受人生教育。

2021 年 8 月，郭武军怀揣着对军人的敬仰和关爱，在伊川县退役军人事务局等部门的关心和指导下，成立了河南省第一家退役军人服务协会——伊川县洛成退役军人服务协会，致力于退役军人服务工作，到各地慰问退役老兵。

郭武军始终把帮助困难乡亲当作义不容辞的责任，积极开展公益事业。从疫情防控、抢险救灾、扶危济困，到乡村振兴，他都会身先士卒。截至目前，郭武军已累计捐资 200 多万元，在洛阳当地传为佳话。

郭武军还担任着多所学校的政治辅导员，为青少年讲党史、军史、社会主义建设史，增强青少年爱国爱军的责任和情怀。他的先进事迹被中宣部学习强国平台、中央电视台、凤凰网、《河南日报》《洛阳日报》、洛阳电视台等多家新闻媒体广泛报道，被评为“洛阳市第三届最美退役军人”“河南省第四届出彩河南人最美退役军人”等。

接受表彰

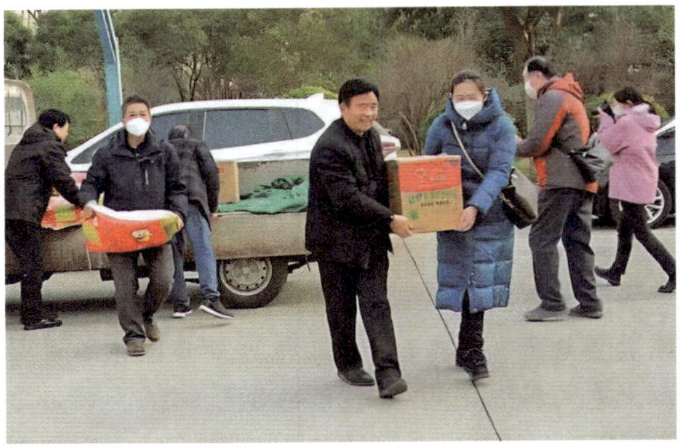

奉献爱心

捐赠仪式

（供稿：国武市政工程有限公司）

北京盛世高歌国际文化艺术投资有限公司
为时代铸魂、为党旗增色

北京盛世高歌国际文化艺术投资有限公司创立于2015年12月，注册资本5000万元人民币，是一家专业从事综合文物艺术品拍卖的专业化团队。公司核心管理层秉承信誉至上、操作规范的企业文化，为海内外收藏家和投资机构搭建起一个广阔的交流平台。

盛世高歌美术馆

盛世高歌美术馆是收藏、保存、展示和研究美术作品的专门机构，是传播历代书画艺术和国内外重要视觉艺术作品的公益性组织，是传承和弘扬名家书画的重要平台，是开展学术研究、教育推广、对外交流和公共文化服务的重要场所。

美术馆收藏着各类美术作品，从古代到当代各个时期的艺术名家的代表作品，构成中国美术史发展序列。藏品有郑板桥、任伯年、吴昌硕、黄宾虹、齐白石、徐悲鸿、林风眠、刘海粟、潘天寿、蒋兆和、吴作人、李可染、董希文、吴冠中、朱德群等中国艺术大家的作品，于右任、沙孟海、启功、李铎、欧阳中石等书法家作品。

当代著名油画家李国华

李国华，当代著名油画家，毕业于天津美术学院，解放军总后勤部创作室专业画家。作品多次入选全军、全国美展并获奖，先后创作了《青春》《向往的年代》《我给叔叔唱支歌》《小扎西》《我和我的祖国》等一批主旋律作品。

作为军队培养出来的画家，李国华不仅对军事题材作品情有独钟，而且每当国家有重大现实题材创作任务时，他都会以高度的自觉和使命感，全身心地投入到创作之中。2008年汶川遭遇8.0级大地震，举国上下、团结一心、抗震救灾，展现出中华民族危难时刻一方有难、八方支援的患难真情。李国华是地道的四川老乡，作为

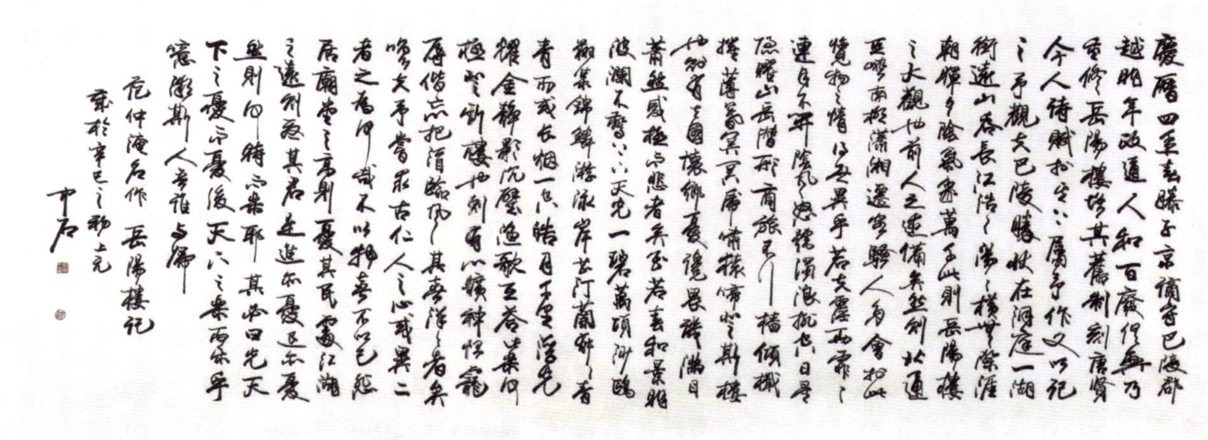

欧阳中石书法作品《岳阳楼记》

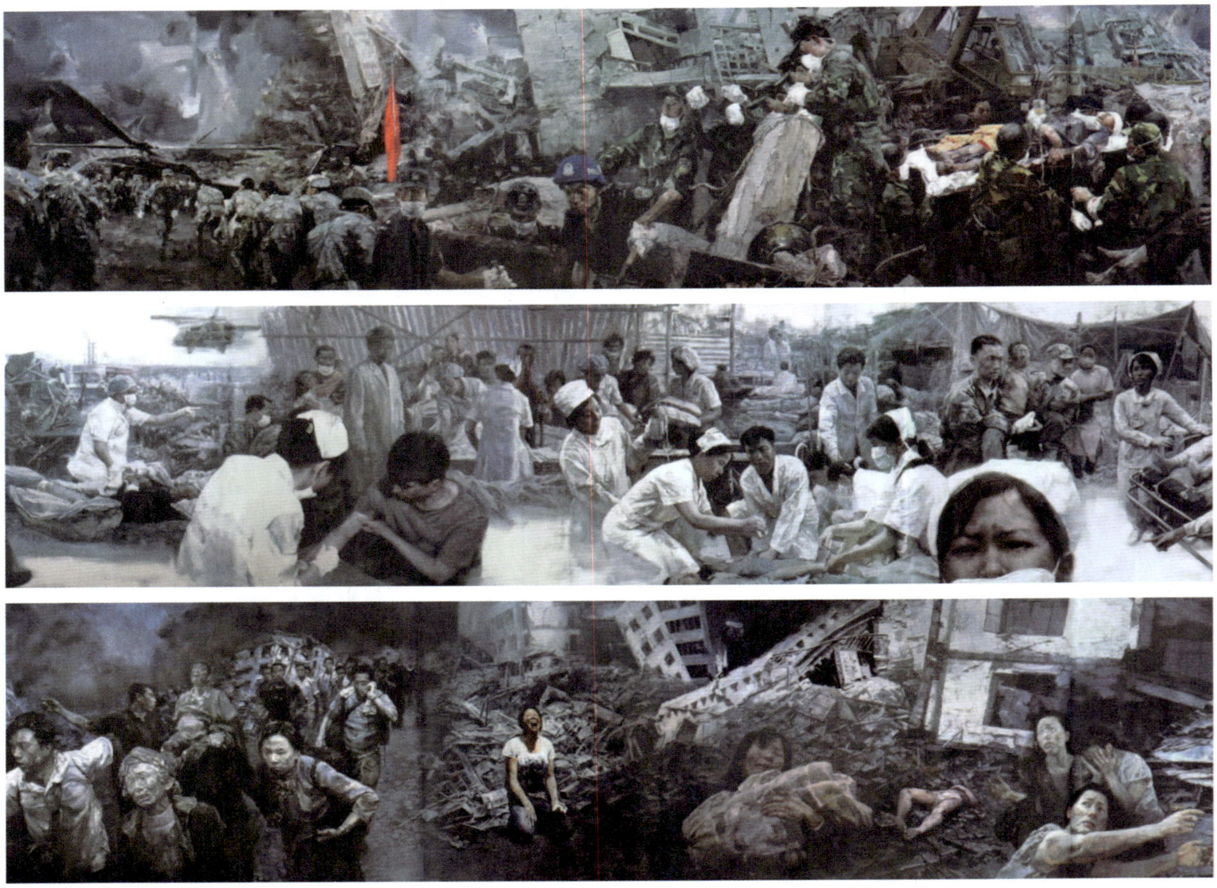

一名在外奋斗多年的游子，他一边关注着家乡父老的不幸遭遇，一边思考着该如何运用手中的画笔为这次抗震救灾贡献自己的力量。他暗暗下起决心，一定要聚集当今国内一批著名的画家，集体创作一幅反映汶川抗震救灾的史诗长卷，铭记历史这一刻。

李国华的创意与中国美协原主席靳尚谊的计划不谋而合。在国内油画界大腕们的积极响应下，2008 年 11 月由靳尚谊、詹建俊、陈丹青、徐芒耀、尚丁、杨克山、龙力游、张利、张延昭、李国华等 15 位画家主笔，经过四个月的辛苦劳动，一幅长 51.2 米，高 2.28 米的长篇巨制《坚忍卓绝——2008 年 5 月记忆》亮相北京今日美术馆。2009 年 5 月，《坚韧卓绝——2008 年 5 月记忆》油画参加“相约北京”大型主题活动，时任国务委员刘延东出席，27 个国家的驻华使节也应邀参加了这次开展仪式。

2019 年 12 月以来正当全国各族人民共克时艰，坚决打赢疫情防控的人民战争的时候，李国华没有缺席，由他创作的巨幅油画作品《我和我的祖国》诞生了。画作长 13.20 米，高 2.70 米，以万里长城为背景，磅礴的气势，坚毅的品格昭示出中华民族不屈不挠、众志成城的精神。著名旅美画家尚丁在看到画作之后赞誉有加：这是一幅高品质超水平的创作，绘画技法的刀、笔运用大胆，画面塑造出的浮雕效果很精彩，非常值得祝贺！

如今这两幅精品力作均被盛世高歌美术馆收藏。

（供稿：盛世高歌国际文化艺术投资有限公司）

中国法治年鉴（2023）

（上卷）

指导：中国法学会中国特色社会主义法治理论研究会
主办：中 国 反 腐 倡 廉 发 展 史 编 纂 委 员 会
主编：中 国 法 治 年 鉴 编 委 会

当代中国出版社
Contemporary China Publishing House

图书在版编目（C I P）数据

中国法治年鉴 . 2023/ 中国法治年鉴编委会主编
. -- 北京 : 当代中国出版社 , 2023. 12
ISBN 978-7-5154-1310-5

Ⅰ . ①中… Ⅱ . ①中… Ⅲ . ①社会主义法治－建设－
中国－ 2023 －年鉴 Ⅳ . ① D920. 0-54

中国国家版本馆 CIP 数据核字 (2023) 第 255355 号

出 版 人 王茵
责任编辑 邓颖君 刘照
文稿统筹 任建伟
责任校对 贾云华
印刷监制 刘艳平
装帧设计 钱志刚
出版发行 当代中国出版社
地 址 北京市地安门西大街旌勇里 8 号
网 址 http://www.ddzg.net
邮 编 100009
编 辑 部 （010）66572744
市 场 部 （010）66572281 66572157
印 刷 北京鑫益晖印刷有限公司
开 本 700 毫米 ×1000 毫米 1/16
印 张 60.25 印张 1492 千字
版 次 2023 年 12 月第 1 版
印 次 2023 年 12 月第 1 次印刷
定 价 1280.00 元（上、下卷）

《中国法治年鉴2023》编委会

编辑说明

EDIT DESCRIPTION

一、《中国法治年鉴（2023）》是供国内外读者了解和研究中国特色社会主义法治建设基本情况的大型工具书。年鉴以习近平新时代中国特色社会主义思想为指导，以立法、司法为主干，从法律制定、实施，到普法宣传等各个角度来反映我国法治建设全貌，对于宣传中国特色社会主义国家全面依法治国形象，具有重要的意义。

二、《中国法治年鉴（2023）》反映的是2022年1月—2023年3月的法治建设情况。主要内容包括：特载、中央和国家机关法治建设、地方各省法治建设、法治中国建设案例选编、依法兴企。

三、本书采用了截稿前的人事任命，可能和2022年度领导活动中的名单有不一致的地方，请勿产生歧义。

四、限于篇幅，如果是各部委联合发布的文告，只在牵头部委板块中刊登。在案例选择方面，偏重于典型案例介绍，旨在普法宣传。

五、在各省法治建设方面，收录了2023年的“两院报告”，这样既有对2022年的工作回顾，也有对2023年的工作展望，从而提高了年鉴指导性和内容丰富性。由于个别省市资料欠缺，港澳台地区也因为各种原因未能收录，敬请谅解。

六、由于编者水平有限，书中难免有疏漏或者不当之处，敬请批评指正。

《中国法治年鉴》编辑部

2023年4月

目录 / 中国法治年鉴（2023） CONTENTS

第一部分　特载

第一章　权威发布

第四章　中央政法委员会

第五章　最高人民法院

CONTENTS　目录

第七章　公安部

第八章 司法部

第一部分

特　载

TEZAI

第一章 权威发布

中共中央国务院印发《信访工作条例》

（2022 年 2 月 25 日）

中共中央、国务院印发了《信访工作条例》（以下简称《条例》），并发出通知，要求各地区各部门认真遵照执行。

通知指出，信访工作是党的群众工作的重要组成部分，是了解社情民意的重要窗口。《条例》以习近平新时代中国特色社会主义思想为指导，深入贯彻习近平总书记关于加强和改进人民信访工作的重要思想，总结党长期以来领导和开展信访工作经验特别是党的十八大以来信访工作制度改革成果，坚持和加强党对信访工作的全面领导，理顺信访工作体制机制，是新时代信访工作的基本遵循。

通知要求，各地区各部门要把握新时代信访工作原则和要求，践行以人民为中心的发展思想，完善信访工作责任体系，把党中央关于信访工作的方针政策和决策部署落到实处。要做好《条例》实施和国务院《信访条例》按法定程序废止前的相关工作衔接，确保顺畅平稳过渡。要做好《条例》的学习培训、宣传解读和落实情况的督促检查，在全社会营造办事依法、遇事找法、解决问题用法、化解矛盾靠法的良好环境。信访工作联席会议、信访部门要牢记职责使命，坚持人民至上，强化问题导向，主动担当作为，不断提高工作能力和水平。各地区各部门在执行《条例》中的重要情况和建议，要及时报告党中央、国务院。

第十三届全国人民代表大会第五次会议
——关于最高人民检察院工作报告的决议

（2022 年 3 月 11 日第十三届全国人民代表大会第五次会议通过）

第十三届全国人民代表大会第五次会议听取和审议了最高人民检察院检察长张军所作的工作报告。会议充分肯定最高人民检察院过去一年的工作，同意报告提出的 2022 年工作安排，决定批准这个报告。

会议要求，最高人民检察院要以习近平新时代中国特色社会主义思想为指导，深入贯彻习近平法治思想，全面贯彻落实党的十九大和十九届历次全会精神，深刻认识“两个确立”的决定性意义，增强“四个意识”、坚定“四个自信”、做到“两个维护”，坚持党的绝对领导，坚持统筹发展和安全，自觉践行全过程人民民主，忠实履行宪法法律赋予的职责，充分发挥检察机关职能作用，深化司法体制改革，不断增强政治自觉、法治自觉、检察自觉，依法能动推进刑事、民事、行政、公益诉讼检察工作全面协调充分发展，巩固政法队伍教育整顿成果，扎实推动新时代人民检察院工作高质量发展，切实履行好维护国家安全、社会安定、人民安宁的重大责任，推动建设更高水平的平安中国、法治中国，以实际行动迎接党的二十大胜利召开！

第十三届全国人民代表大会第五次会议

——关于最高人民法院工作报告的决议

（2022 年 3 月 11 日第十三届全国人民代表大会第五次会议通过）

第十三届全国人民代表大会第五次会议听取和审议了最高人民法院院长周强所作的工作报告。会议充分肯定最高人民法院过去一年的工作，同意报告提出的 2022 年工作安排，决定批准这个报告。

会议要求，最高人民法院要以习近平新时代中国特色社会主义思想为指导，深入贯彻习近平法治思想，全面贯彻落实党的十九大和十九届历次全会精神，深刻认识“两个确立”的决定性意义，增强“四个意识”、坚定“四个自信”、做到“两个维护”，坚持党的绝对领导，坚持统筹发展和安全，自觉践行全过程人民民主，忠实履行宪法法律赋予的职责，充分发挥审判机关职能作用，深化司法体制改革，推进智慧法院建设，健全中国特色一站式多元纠纷解决和诉讼服务体系，巩固提升审判执行质效，巩固政法队伍教育整顿成果，扎实推动新时代人民法院工作高质量发展，切实履行好维护国家安全、社会安定、人民安宁的重大责任，推动建设更高水平的平安中国、法治中国，以实际行动迎接党的二十大胜利召开！

中华人民共和国主席令

第一一〇号

《全国人民代表大会关于修改〈中华人民共和国地方各级人民代表大会和地方各级人民政府组织法〉的决定》已由中华人民共和国第十三届全国人民代表大会第五次会议于 2022 年 3 月 11 日通过，现予公布，自 2022 年 3 月 12 日起施行。

中华人民共和国主席 习近平

2022 年 3 月 11 日

中华人民共和国主席令

第一一一号

《中华人民共和国期货和衍生品法》已由中华人民共和国第十三届全国人民代表大会常务委员会第三十四次会议于2022年4月20日通过，现予公布，自2022年8月1日起施行。

中华人民共和国主席　习近平

2022年4月20日

中华人民共和国主席令

第一一二号

《中华人民共和国职业教育法》已由中华人民共和国第十三届全国人民代表大会常务委员会第三十四次会议于2022年4月20日修订通过，现予公布，自2022年5月1日起施行。

中华人民共和国主席　习近平

2022年4月20日

中华人民共和国主席令

第一一四号

《中华人民共和国体育法》已由中华人民共和国第十三届全国人民代表大会常务委员会第三十五次会议于2022年6月24日修订通过，现予公布，自2023年1月1日起施行。

中华人民共和国主席　习近平

2022年6月24日

中华人民共和国主席令

第一一五号

《中华人民共和国黑土地保护法》已由中华人民共和国第十三届全国人民代表大会常务委员会第三十五次会议于2022年6月24日通过，现予公布，自2022年8月1日起施行。

中华人民共和国主席　习近平

2022年6月24日

中华人民共和国主席令

第一一六号

《全国人民代表大会常务委员会关于修改〈中华人民共和国反垄断法〉的决定》已由中华人民共和国第十三届全国人民代表大会常务委员会第三十五次会议于2022年6月24日通过，现予公布，自2022年8月1日起施行。

中华人民共和国主席　习近平

2022年6月24日

中华人民共和国主席令

第一一九号

《中华人民共和国反电信网络诈骗法》已由中华人民共和国第十三届全国人民代表大会常务委员会第三十六次会议于2022年9月2日通过，现予公布，自2022年12月1日起施行。

中华人民共和国主席　习近平

2022年9月2日

中华人民共和国主席令

第一二〇号

《中华人民共和国农产品质量安全法》已由中华人民共和国第十三届全国人民代表大会常务委员会第三十六次会议于2022年9月2日修订通过，现予公布，自2023年1月1日起施行。

中华人民共和国主席　习近平

2022年9月2日

全国人民代表大会常务委员会关于批准《制止与国际民用航空有关的非法行为的公约》的决定

（2022年10月30日第十三届全国人民代表大会常务委员会第三十七次会议通过）

第十三届全国人民代表大会常务委员会第三十七次会议决定：批准2010年9月10日由中华人民共和国代表在北京签署的《制止与国际民用航空有关的非法行为的公约》（以下称《北京公约》），同时声明：

一、中华人民共和国不受《北京公约》第二十条第一款的约束。

二、在中华人民共和国政府另行通知前，《北京公约》暂不适用于中华人民共和国香港特别行政区和中华人民共和国澳门特别行政区。

中华人民共和国主席令

第一二二号

《中华人民共和国妇女权益保障法》已由中华人民共和国第十三届全国人民代表大会常务委员会第三十七次会议于2022年10月30日修订通过，现予公布，自2023年1月1日起施行。

中华人民共和国主席　习近平

2022年10月30日

中华人民共和国主席令

第一二三号

《中华人民共和国黄河保护法》已由中华人民共和国第十三届全国人民代表大会常务委员会第三十七次会议于2022年10月30日通过，现予公布，自2023年4月1日起施行。

中华人民共和国主席　习近平

2022年10月30日

中华人民共和国主席令

第一二四号

《中华人民共和国畜牧法》已由中华人民共和国第十三届全国人民代表大会常务委员会第三十七次会议于2022年10月30日修订通过，现予公布，自2023年3月1日起施行。

中华人民共和国主席　习近平

2022年10月30日

中华人民共和国主席令

第一二六号

《中华人民共和国野生动物保护法》已由中华人民共和国第十三届全国人民代表大会常务委员会第三十八次会议于2022年12月30日修订通过，现予公布，自2023年5月1日起施行。

中华人民共和国主席　习近平

2022年12月30日

中华人民共和国主席令

第一二七号

《中华人民共和国预备役人员法》已由中华人民共和国第十三届全国人民代表大会常务委员会第三十八次会议于2022年12月30日通过，现予公布，自2023年3月1日起施行。

中华人民共和国主席　习近平

2022年12月30日

中华人民共和国主席令

第一二八号

《全国人民代表大会常务委员会关于修改〈中华人民共和国对外贸易法〉的决定》已由中华人民共和国第十三届全国人民代表大会常务委员会第三十八次会议于2022年12月30日通过，现予公布，自公布之日起施行。

中华人民共和国主席　习近平

2022年12月30日

第二章
中国法治建设年度报告

本专题旨在多维度全景式展示2022年中国法治运行的客观情况，总结特点、发现规律、挖掘问题、提供对策，为加快法治中国建设出谋划策。

2022中国法治建设十大事件

“今年是党的二十大召开之年，意义重大；今年也是本届全国人大常委会任期的最后一年，立法任务艰巨繁重。”2022年12月25日，在回顾过去一年的立法工作时，全国人大常委会法工委发言人臧铁伟说，全国人大及其常委会今年共制定法律6件、修改法律9件，通过有关法律问题和重大问题的决定7件，正在审议的法律案有18件。年末岁尾，我们总结了2022年十大法治建设事件：

一、首次就家庭教育专门立法

2022年1月1日，《中华人民共和国家庭教育促进法》正式施行，这是我国首次就家庭教育进行专门立法。这部法律明确了家庭教育的首要任务是，明确“教什么”；同时列举了家庭教育应当合理运用的方式，解答“怎么教”。法律还明确了家庭、学校、政府、社会等主体的责任：家庭负责实施，学校、政府和社会负责提供指导、支持和服务，相关部门在必要时进行干预。

家庭教育促进法生效后，1月6日，湖南长沙天心区人民法院依据该法，针对一起抚养权变更纠纷中监护人监护失职的情况，发出了全国首份家庭教育令。这张家庭教育令对涉案母亲作出要求：不得让8岁孩子单独与保姆居住生活，至少每周一次联系学校老师，多关注孩子生活状况。如违反裁定，法院将视情节轻重，予以训诫、罚款、拘留。构成犯罪的，依法追究刑事责任。家庭教育促进法施行后，管孩子这件“家事”便成了法律框架下的“国事”，父母们开启了“依法带娃”的时代。

二、新版反垄断法开始施行

2022年8月1日，修改后的《中华人民共和国反垄断法》正式施行，这是反垄断法自2008年施行以来的首次修改。反垄断法施行14年的效果证明，该法的框架和主要制度总体可行。但随着我国社会主义市场经济的发展，特别是平台经济等新业态快速发展，一些大型平台经营者滥用数据、技术、资本等优势实施垄断行为、进行无序扩张，导致妨碍公平竞争、抑制创业创新、扰乱经济秩序、损害消费者权益等问题日益突出。对此，修改后的反垄断法规定，经营者不得利用数据和算法技术资本优势以及平台规则等从事本法禁止的垄断行为。

反垄断法还完善了相关的制度设计，如在保护市场公平竞争的同时鼓励创新；明确经营者在依法竞争的同时合规经营；规定了垄断协议的安全港规则；增加了对个人隐私和个人信息保护方面的有关规定。

此次反垄断法修改坚持规范与发展并重，针对反垄断法实施中存在的突出问题，进一步完善反垄断相关制度，加大对垄断行为的处罚力度，为强化反垄断和防止资本无序扩张提供了更加明确的法律依据和更加有力的制度保障。

三、立法保护东北黑土地资源

《中华人民共和国黑土地保护法》于 2022 年 8 月 1 日起正式施行，这是我国首次以立法的形式对黑土地资源进行保护。

按照法律定义，黑土地是指相关区域范围内具有黑色或者暗黑色腐殖质表土层，性状好、肥力高的耕地。根据第二次全国土地调查数据和县域耕地质量调查评价成果，东北地区典型黑土区耕地面积约 2.78 亿亩。由于形成过程漫长，数百年的时间才能形成一厘米，黑土也被称为“耕地中的大熊猫”。然而近年来，我国黑土耕地存在“变薄、变瘦、变硬”的问题，且退化趋势尚未得到有效遏制。

这部法律首次明确了黑土地保护的范围，界定了违法与非违法的边界。法律明确，任何组织和个人不得破坏黑土地资源和生态环境，禁止盗挖、滥挖和非法买卖黑土。其中规定，非法出售黑土的将没收违法所得，并处每立方米 500 元以上 5000 元以下罚款；明知是非法出售的黑土而购买的，没收非法购买的黑土，并处货值金额 1 倍以上 3 倍以下罚款。

四、黄河保护法，求解“九龙治水”困局

2022 年 10 月 30 日，十三届全国人大常委会第三十七次会议表决通过了《中华人民共和国黄河保护法》，将自 2023 年 4 月 1 日起施行。这是继长江保护法之后我国开展的又一项流域综合立法。

由于黄河流域生态保护和治理涉及多个领域、多个部门、多个地方，上下游、干支流、左右岸，协调工作量大，长期以来，黄河治理存在“九龙治水”的困局。对此，法律明确了适用范围，完善管理体制，强化规划与管控，厘清了部门履职边界。

生态环境脆弱是黄河流域最大的问题。对此法律明确，国家加强黄河流域生态保护与修复，坚持一体化保护与修复，实行自然恢复为主、自然恢复与人工修复相结合的系统治理；国家加强黄河流域环境污染的综合治理、系统治理、源头治理，推进重点河湖环境综合整治。

此外，法律还对推进水资源节约集约利用、保障黄河安澜无害、促进高质量发展、保护传承弘扬黄河文化作出针对性规定，并加大了保障、监督和处罚力度。

五、终身从业禁止新规发布

2022 年 11 月 15 日，最高人民法院会同最高人民检察院与教育部联合印发的《关于落实从业禁止制度的意见》（以下简称《意见》）开始施行。意见明确，教职员工实施性侵害、虐待、拐卖、暴力伤害等犯罪的，人民法院应当依照未成年人保护法第六十二条的规定，判决禁止其从事密切接触未成年人的工作。《意见》施行当日，北京市海淀区人民法院作出全国首例终身禁业判决。

随后不到一周时间内，江苏、河南、黑龙江、甘

肃、安徽、广西、辽宁等多地法院分别对符合相关规定的侵害未成年人案件进行宣判，多名被告人被判决终身禁止从事密切接触未成年人工作。

《意见》对违法犯罪行为的从业禁止并不仅针对教育领域。第二条还明确规定，对实施性侵害、虐待、拐卖、暴力伤害等违法犯罪的人员，禁止从事密切接触未成年人的工作。黑龙江省法院于11月16日发布了两起终身从业禁止案例，其中，黑河市张某某为某学校外聘保安，因民间纠纷于校外伤人被判故意伤害罪，同时被宣告了从业禁止。

六、妇女权益保障法完成修改

2022年10月30日，十三届全国人大常委会第三十七次会议表决通过了《中华人民共和国妇女权益保障法》，将自2023年1月1日起施行。作为近年来公众关注度最高的修法项目之一，妇女权益保障法修订草案曾分别于2021年12月和2022年4月两次提请审议，在审议稿公开征求意见期间，收到的修改意见远远高于同期公开征集意见的其他法律草案。

新修订的妇女权益保障法规定国家要完善生育保障措施，写入了就业性别歧视具体情形等内容，并新增章节完善妇女权益被侵害后的维权措施等。

全国人大常委会法工委发言人臧铁伟表示，此次妇女权益保障法的修改，着力完善相关制度机制，优化妇女发展环境，保障妇女合法权益。全国人大常委会法工委社会法室主任郭林茂则表示，新法全面贯彻落实男女平等基本国策，在总则中明确规定国家采取必要措施，促进男女平等，在妇女的政治权利、人身和人格权益、文化教育权益、劳动和社会保障权益、财产权益、婚姻家庭权益等方面，完善了妇女权益保障的具体制度规定。

七、《中华人民共和国反电信网络诈骗法》开始施行

2022年12月1日，《中华人民共和国反电信网络诈骗法》开始施行。从反电信网络诈骗的“小切口”出发，反电信网络诈骗法衔接起个人信息保护法等法律法规，对个人信息保护双重发力，既从上游阻断为实施电信网络诈骗提供信息源，也防止在反电信网络诈骗工作中个人信息的二次泄露。

全国人大常委会法制工作委员会发言人杨合庆曾介绍，这一法律针对电信网络诈骗发生的信息链、资金链、技术链、人员链等各个环节，加强防范性制度措施建设，变“亡羊补牢”为“未雨绸缪”，变重“打击”为“打防管控”并重。

作为一部专门为打击治理电信网络诈骗活动制定的“小切口”法律，反电信网络诈骗法从2021年10月首次审议，到2022年9月2日正式表决通过，历时不到一年。

全国人大常委会法工委刑法室主任王爱立表示，该法目的就是要适应当前实践迫切需要，为打击治理电信网络诈骗提供有力的法律支撑。

八、青藏高原生态保护法开始审议

2022年12月底，《中华人民共和国青藏高原生态保护法（草案）》拟提请二次审议。此前，8月份举行的全国人大常委会第三十六次会议曾对青藏高原生态保护法草案进行了初次审议。

青藏高原被誉为“世界屋脊”“地球第三极”和“亚洲水塔”，在中国以至全球的生态安全中都发挥着重要作用。同时，全国人大常委会法工委发言人臧铁伟在接受媒体采访时介绍，青藏高原生态环境脆弱，生态承载力弱，一旦遭到破坏就很难修复。

从人为因素来看，青藏高原人口城镇化处于加速发展阶段且在空间上趋于集聚，城镇扩张及旅游者制造的生活垃圾对青藏高原生态造成了破坏。对此，臧铁伟介绍，青藏高原生态保护法草案二次审议稿，在固体废物污染环境防治法规定的基础上，针对旅游产生的垃圾问题作了进一步规定。

此外，青藏高原生态保护法还规定了对青藏高原生态的保护与修复、资源合理高效利用，对推进以国家公园为主体的自然保护地体系建设、有效遏制青藏高原生态恶化趋势、实现减排固碳、巩固生物多样性等多方面也具有重要意义。

九、野生动物保护法拟加大处罚力度

2022 年 12 月底，《中华人民共和国野生动物保护法（修订草案）》拟提请十三届全国人大常委会第三十八次会议三次审议。

新冠疫情暴发后，野生动物保护议题受到了舆论广泛关注。对此，2020 年 10 月首次提请审议的野生动物保护法修订草案强调对野生动物的分级分类管理和保护，革除滥食野生动物陋习，加大对违法行为的处罚力度。

2022 年 8 月，修订草案提请二次审议，二审稿对公众所关心的野生动物伤人、致害等问题，作出了针对性的规定。同时，草案细化了野生动物保护制度措施；与全国人大常委会关于全面禁食野生动物的规定相衔接，加大对违法行为的处罚力度；健全野生动物致害防控机制；建立人工繁育野生动物分类分级管理制度。

2022 年，多地出现了销售、购买鳄雀鳝等外来入侵物种的情况。为此，修订草案三审稿则进一步完善外来物种防控措施，明确规定从境外引进的野生动物物种不得违法放生、丢弃。此外，修订三审稿还增加了公益诉讼制度，规定对破坏野生动物资源、生态环境，损害社会公共利益的行为，可以依照相关法律的规定向人民法院提起诉讼等。

十、生前预嘱写入地方法规

2022 年 6 月，《深圳经济特区医疗条例》（以下简称《条例》）获得通过，并将于 2023 年 1 月 1 日开始施行。《条例》第七十八条对“临终决定权”做出突破性规定：“收到患者或者其近亲属提供具备下列条件的患者生前预嘱的，医疗机构在患者不可治愈的伤病末期或者临终时实施医疗措施，应当尊重患者生前预嘱的意思表示”。由此，深圳成为全国第一个实现生前预嘱立法的地区。

生前预嘱（Living will）是指人们事先，也就是在健康或意识清楚时签署的，说明在不可治愈的伤病末期或临终时要或者不要哪种医疗护理的指示文件。北京大学医学伦理与法律学系副主任刘瑞爽曾对界面新闻介绍，在尊重患者自主决定权的基础上，该规定旨在维护患者生命权中的生命尊严权；北京大学医学人文学院教授王岳则介绍，深圳将生前预嘱写入地方法规的意义在于为医疗机构和医务人员提供法律保护。不过，多位受访专家表示，目前该《条例》关于生前预嘱的规定可操作性较差，还需要更多配套解释或者细则来完善。

（载正义网）

2022 中国法治实施十大事件

2022 年是法治中国建设的关键之年，党的二十大为全面依法治国建设社会主义法治国家擘画了宏伟蓝图，作出了重大的部署；2022 年还是现行宪法公布施行 40 周年，习近平总书记发表了重要文章，全国各地举办了多种多样的纪念活动。仔细盘点，在法治实施方面主要有以下十件大事。

一、现行宪法公布实施 40 周年

【事件简介】1982 年 12 月 4 日，五届全国人大五次会议举行全体会议，表决并通过了《中华人民共和国宪法》。2022 年是现行宪法公布施行 40 周年，习近平总书记在《人民日报》发表题为《谱写新时代中国宪法实践新篇章》的纪念长文，全国各地开展了形式多样的纪念活动。

【名家点评】秦前红（武汉大学法学院教授，中国法学会法学期刊研究会副会长）：现行宪法公布施行四十周年以来，有力推动和加强了社会主义法治建设，有力推动和保障了党和国家事业发展。四十年来，中国宪法实施的成就可以分为理论成就和实践成就两个方面。在理论成就方面，形成系统完整的中国特色宪法实施思想，建成了具有中国自主性和本土性的知识体系和话语体系。在实践成就方面，中国特色社会主义法治体系的建设进程不断加快，以宪法为统领的全面依法治国的总体格局基本形成，夯实了具有中国特色的宪法监督制度，促进了宪法实施制度的成熟和定型化。厚植宪法信仰，形成全社会遵从宪法的文化和氛围，坚持和维护党的领导，宪法的社会主义性质更加鲜明。

二、二十大报告部署全面依法治国、建设法治中国

【事件简介】2022 年 10 月 20 日，中国共产党第二十次全国代表大会隆重开幕，习近平总书记在会上作了题为《高举中国特色社会主义伟大旗帜　为全面建设社会主义现代化国家而团结奋斗》的报告，其中对全面依法治国、建设法治中国进行了系统部署。

【名家点评】江必新（全国人民代表大会宪法和法律委员会副主任委员，中国法学会副会长）：全面依法治国、建设法治中国是全面建设社会主义现代化国家的重要组成部分。二十大报告总结了新时代法治中国建设的五大成就，制定了新征程法治中国建设的两阶段目标，重申了全面依法治国的重大意义与价值功能，明确了全面依法治国的基本遵循和路线方针，提出了新征程全面依法治国的四大重点工程。二十大报告首次用“专章”部署法治建设工作。在党的历次全国代表大会报告中，二十大报告在法治建设方面分量最重、主题最为鲜明、内容最为宏大、所提要求也最为全面，为全面依法治国、建设法治中国提供了系统的行动指南。

三、依法调整我国疫情防控策略

【事件简介】国家卫生健康委于2022年12月26日发布公告，将新型冠状病毒肺炎更名为新型冠状病毒感染；并经国务院批准，自2023年1月8日起，解除对新冠病毒感染采取的《传染病防治法》规定的甲类传染病预防、控制措施；新冠感染不再纳入《国境卫生检疫法》规定的检疫传染病管理。

【名家点评】王晨光（清华大学万科公共卫生与健康学院特聘教授，中国卫生法学会常务副会长）：按照新冠病毒变异和疫情形势变化的客观规律，统筹疫情防控与社会经济的协调发展，实事求是地及时调整我国疫情防控策略，把“乙类甲管”改为“乙类乙管”，十分必要；充分体现出我国疫情防控是一场人民战争、总体战；标志着疫情防控模式从前阶段主要依靠从上到下层层落实的、以物理隔离切断病毒传播渠道为主的模式，进入政府主导下的个人、家庭到全社会主动参与的、以治疗为重点的新防控模式。在新阶段，政府部门及时通过调整医疗资源配置、加强基层医疗服务、保障药品供应、提供健康指导、普及疫苗接种、集中救治危重患者等措施，推动全社会参与，帮助个人实现对自身健康的责任。

四、唐山烧烤店打人案

【事件简介】2022年6月10日凌晨，陈继志等人在河北唐山某烧烤店骚扰并暴力殴打王某某等女青年，造成4名被害人受伤，引发了全网强烈谴责。公安部及河北省高度重视，迅速抓获全部犯罪嫌疑人。警方查明，2012年以来，以陈继志为首的恶势力团伙多次实施犯罪。陈继志因涉嫌多宗犯罪，被判处有期徒刑24年，其余27人分别被判处有期徒刑11年至6个月。本案还严肃查处了该团伙背后的“保护伞”问题。

【名家点评】姚莉（中南财经政法大学副校长、教授，中国刑事诉讼法学研究会副会长）：“唐山打人案”引发了广泛的舆论关注，造成了恶劣的社会影响。以陈继志为首的恶势力团伙被迅速绳之以法，彰显了公安司法机关对违法犯罪行为的打击强度和对百姓生命安全的保护力度。本案属于有社会影响力的重大案件，河北省公安厅指定廊坊市公安局广阳分局异地管辖，避免了当地公安司法机关可能的潜在影响，是刑事诉讼中回避制度的恰当运用，实现了公开公平公正办案。

治标更要治本，陈继志等人自2012年以来的违法犯罪行为折射出了深刻的社会治理问题和“保护伞”问题。一方面，扫黑除恶专项斗争是一项系统性社会治理工程，要以守护人民群众生命安全为核心积极构建全方位、立体化的治安防控体系，不能引发社会关注后才被动解决问题。另一方面，黑恶势力违法犯罪往往与腐败问题伴生，要将纪检监察工作与扫黑除恶工作联动，铲除黑恶势力头上的“保护伞”，方能真正守护百姓平安。

五、《反垄断法》颁行14年后的首次修订

【事件简介】2022年6月24日，第13届全国人大常委会第35次会议通过了《反垄断法（修正草案）》，修订后的《反垄断法》2022年8月开始实施。这是《反垄断法》颁行14年后的首次修订。

【名家点评】王晓晔（深圳大学特聘教授、中国社会科学院法学所研究员，中国法学会经济法学研究会顾问）：《反垄断法》是一部对我国经济体制改革具有里程碑意义的法律制度，它标志国家配置资源和调节供求的基本手段已经从政府的行政命令改为市场机制和竞争机制。这次修订《反垄断法》强化了竞争政策基础地位，引入了公平竞争审查制度，强化了数字经济反垄断，提出了禁止经营者利用数据和算法、技术、资本优势以及平台规则等从事该法禁止的垄断行为。这次修订还引入“安全港”制度，明显加大了违法行为的处罚力度，例如针对违法的经营者集中大大提高了罚款力度，针对核心卡特尔增加了个

人责任，此外还增加了刑事责任，引入了特别威慑的条款。本次修法既是《反垄断法》实施 14 年来的经验总结，也是与时俱进，特别是强化数字经济反垄断和防止资本无序扩张的需要。

六、国家网信办对滴滴全球处以“天价”罚款

【事件简介】国家网信办查明滴滴全球股份有限公司（以下简称滴滴公司）存在 16 项违法处理个人信息的事实，包括违法收集个人信息、过度收集个人信息、超越权限处理个人信息、违法个人信息处理目的等行为。2022 年 7 月 21 日，国家网信办对该公司处以 80.26 亿元罚款（上年度营业额 5%），并对其董事长兼 CEO 程维、总裁柳青各处 100 万元罚款。

【名家点评】张新宝 （中国人民大学法学院教授，中国法学会网络与信息法学研究会副会长）：这是国家网信办依据《网络安全法》《数据安全法》《个人信息保护法》《行政处罚法》等法律对严重违法处理个人信息者开出的首单“天价”行政处罚罚单。滴滴公司被处以“天价”罚款，是因为其严重违法处理个人信息，且违法行为较长时间内处于持续状态。这次行政处罚，既有对滴滴公司的“天价”罚款，也有对公司主要负责人个人的“顶格”行政罚款，贯彻了法律规定的“双罚”制。依据法律规定，行政处罚与刑事责任、民事侵权责任不相互替代。滴滴公司及其相关人员还可能需要承担其他性质的法律责任。这次“天价”罚款，彰显了监管部门保护公民个人信息、严厉打击违法处理个人信息行为的执法导向。

七、十二部委开展打击整治养老诈骗专项行动

【事件简介】2022 年 4 月，打击整治养老诈骗专项行动在全国正式启动。专项行动由平安中国建设协调小组牵头，中央政法委、中央网信办、最高人民法院、最高人民检察院、公安部、民政部、自然资源部、住房和城乡建设部、文化和旅游部、国家卫生健康委、市场监管总局、中国银保监会等 12 国家部委参与共同推进。

【名家点评】刘俊海（中国人民大学法学院教授，中国商业法研究会副会长）：民惟邦本，本固邦宁。老年人权益保护状况直接关系到人民群众的幸福感、获得感与安全感，关系到养老产业的可持续发展，关系到以人民为中心的发展思想的全面落实。打击整治养老诈骗专项行动是关系千家万户的民生工程，立足长远的经济工程，诚信友爱的诚信工程、促进和谐的民心工程，标本兼治的法治工程。这次专项行动兼顾创新与诚信，更加注重诚信；兼顾规范与发展，更加注重规范；兼顾公平与效率，更加注重公平。这次行动坚持了对老年人的平等保护、全面保护与精准保护，确保了法律效果、政治效果、社会效果、道德效果与市场效果的有机统一。

八、海航集团等 321 家公司实施实质合并、重整计划执行完毕

【事件简介】曾经的世界五百强海航集团有限公司（以下简称海航集团）陷入严重资不抵债危机。2021 年 2 月，海南省高级人民法院受理海航集团等 7 家公司及海航集团下属 3 家上市公司及子公司重整，并随后裁定对海航集团等 321 家公司实施实质合并重整，形成 3 家上市公司内部协同重整、非上市公司实质合并重整、上市公司与非上市公司共计 378 家公司同步重整、联动推进的模式。2021 年 10 月，上述重整计划草案获得表决通过并获法院裁定批准。2022 年 4 月 24 日，上述重整全部执行完毕并获得法院裁定确认。

【名家点评】徐阳光（中国人民大学法学院教授，北京市破产法学会会长）：中海航集团重整案件，是我国目前债务规模最大、债权人数量和类型最多、实质合并重整的关联企业数量最多的重整案件，也是我国为数不多的由省级法院直接审理的重整案件，属于在市场化法治化原则下化解大型企业集团风险的典型案例。该案适用《全国法院破产审判工作会议纪要》中有关合并破产

的规定，谨慎确定了实质合并企业的范围、标准及破产原因，适时启动实质合并程序，在关联企业实质合并重整以及程序协调重整方面提供了一个可供研究的典型案例。海航集团重整得到了政府的高度重视，有关政府部门和中介机构成员组成清算组并被法院指定为管理人，在重整案件中协同作用，同时注重发挥金融机构债权人委员会的作用，也为国内大型企业重整的府院协同机制构建和防范和化解重大风险提供了可资借鉴的经验。此外，该案还在债权分类、清偿方案设计和引入重整信托服务、跨境破产合作等方面有不少创新，具有重要的理论研究和实务借鉴价值。

九、全国首份《家庭教育令》颁布

【事件简介】2022 年 1 月 6 日，长沙市天心区人民法院在审理胡某与陈某抚养权变更纠纷案一案时，针对监护人监护失职的情况，发出《家庭教育促进法》生效后的全国第一份《家庭教育令》，要求陈某多关注孩子的生理、心理状况和情感需求，与老师至少每周联系一次；并要求陈某与孩子同住，由自己或近亲属亲自养育与陪伴孩子，切实履行监护职责，承担起家庭教育的主体责任，不得让孩子单独与保姆居住生活。

【名家点评】肖建国（中国人民大学法学院教授，中国法学会民事诉讼法学研究会副会长）：长沙市天心区人民法院依据《家庭教育促进法》《未成年人保护法》等法律发出的全国首份《家庭教育令》，明确对怠于履行抚养义务和监护职责、忽视儿童身心健康的行为说“不”。儿童的健康成长，父母是第一责任人，亲自养育、亲子陪伴是原则，无正当理由不得委托他人代为照护。《家庭教育令》充分关注了儿童的生理、心理状况和情感需求，有助于实现儿童利益最大化保护，体现了人民法院的司法担当和司法智慧，是人民法院审判职能在家庭法领域的延伸，具有多重开创和示范意义。

十、生态环境损害赔偿制度改革全面深化

【事件简介】2022 年 4 月 28 日，经中央全面深化改革委员会审议通过，生态环境部联合最高法、最高检和科技部、公安部等 11 个相关部门共 14 家单位印发了《生态环境损害赔偿管理规定》（以下简称《规定》）。《规定》从总则、任务分工、工作程序、保障机制、附则等五个方面对生态环境损害赔偿制度进行完善，以推动其在法治轨道上的常态化、规范化、科学化运行。

【名家点评】秦天宝（武汉大学环境法研究所所长，中国法学会环境资源法学研究会副会长兼秘书长）：建立健全生态环境损害赔偿制度是生态文明体制改革的重要组成部分，党中央、国务院高度重视。《规定》以习近平法治思想、习近平生态文明思想为指导，落实生态文明体制改革部署，坚持精准、科学、依法治污。当前，我国已初步构建责任明确、途径畅通、技术规范、保障有力、赔偿到位、修复有效的生态环境损害赔偿制度，全面完成了阶段性目标。《规定》的印发是进一步巩固生态环境损害赔偿制度改革成果，优化制度建设，推动改革向纵深发展的重要举措。对改革试行以来该制度存在的突出问题和困难，《规定》有针对性进行了相关制度设计和安排，为深化生态环境损害赔偿工作提供了有力的制度保障。

（载《中国法治实施报告（2023）》）

新时代推动法治进程
2022 年度十大案件

2023 年 1 月，由最高人民法院与中央广播电视总台共同主办的“新时代推动法治进程 2022 年度十大案件”评选结果揭晓。包括全国首份家庭教育令，侵害袁隆平院士名誉、荣誉民事公益诉讼案，程三昌贪污缺席审判案，孙力军政治团伙违法犯罪案等在内的 10 个案件获选。最高人民法院审判委员会副部级专职委员、二级大法官刘贵祥，中国法学会案例法学研究会会长、教授、博士生导师胡云腾，中国人民大学副校长、教授、博士生导师王轶出席揭晓活动并对获评十大案件作点评。

一、全国首份家庭教育令

【案情概述】 2020 年 8 月，原告胡某和被告陈某协议离婚，约定女儿胡小某由其母亲即被告陈某抚养，原告每月支付抚养费。一个月后，因被告再婚，有两三个星期未送胡小某去上学。自 2020 年 12 月 10 日起，原告以全托、找保姆的方式让当时年仅七岁的胡小某单独居住，原告住在距胡小某住处 20 公里的乡下别墅内，被告每周末去接孩子。原告胡某认为离婚后，被告陈某未按约履行抚养女儿的义务，遂将陈某诉至法院，请求法院判令将女儿胡小某的抚养权变更给原告。经法庭询问，胡小某表示更愿意和妈妈陈某在一起生活。法院经审理认为，原、被告离婚后，对未成年女儿胡小某仍负有抚养、教育和保护的义务。本案原、被告双方都存在怠于履行抚养义务和承担监护职责的行为，忽视了胡小某的生理、心理与情感需求。鉴于胡小某表达出更愿意和其母亲即被告一起共同生活的主观意愿，法院判决驳回原告的诉讼请求。同时，法院认为，被告陈某在无正当理由的情况下由原告委托保姆单独照护年幼的女儿，属于怠于履行监护职责和怠于承担家庭教育责任的行为，根据《家庭教育促进法》的相关规定，应予以纠正，因此，在发出判决书的同时，向胡小某母亲即被告陈某发出了全国首份《家庭教育令》。裁定要求陈某多关注胡小某的生理、心理状况和情感需求，与老师至少每周联系一次；并要求陈某与胡小某同住，由自己或近亲属亲自养育与陪伴胡小某，切实履行监护职责，承担起家庭教育的主体责任，不得让胡小某单独与保姆居住生活。

【推荐理由】 《中华人民共和国家庭教育促进法》作为我国家庭教育领域的第一部专门立法，将家庭教育由传统的“家事”，上升为新时代的“国事”；全国首份《家庭教育令》的发出，让《家庭教育促进法》的落实落地有了强有力的抓手。《家庭教育促进法》的颁布与全国首份《家庭教育令》的发出，共同开启了“依法带娃”新时代，对于全面保护未成年人健康成长具有重大而深远的意义。全国首份《家庭教育令》的发出，是国家司法机关对儿童权利保护的重大创新，是儿童利益最大化原则在司法领域的生动实践。家庭教育令是人民法院落实家庭教育促进法的重要司法举措，是依法约束和惩戒家庭教育中“养而不教、监而不管”行为的有力司法手段。在法令中明确孩童的需求高于父母的需求，是社会进步的标志。

二、侵害袁隆平院士名誉、荣誉民事公益诉讼案

【案情概述】被告张某在袁隆平院士逝世之际，利用境外信息网络平台公然发表、转推侮辱、诋毁袁隆平院士的推文。原告天津市人民检察院第二分院认为张某的上述行为不仅侵害了袁隆平院士的名誉和荣誉，而且有损社会主义核心价值观，损害了社会公共利益，故在征得袁隆平院士家属的同意下，向法院提起英烈保护民事公益诉讼。法院经审理认为，袁隆平院士系众所周知的杂交水稻之父、共和国勋章的获得者，毕生为解决中国人民的温饱、保障国家粮食安全、世界和平和社会进步做出了卓越的贡献，属于英烈保护法定义下的英雄模范人物。张某作为普通公民，对袁隆平院士所体现的民族精神和公众情感，应当具有普通民众所具有的认知和觉悟。其在袁隆平院士逝世后，利用境外信息网络平台发表及转推侮辱、诋毁袁隆平院士的推文，亵渎了袁隆平院士的事迹和精神，丑化其形象，贬损其名誉，超出了言论自由的合法范围。张某的行为不仅侵害了袁隆平院士的人格利益，给其亲属造成精神痛苦，同时伤害了社会公众的民族和历史感情，损害了社会公共利益，故判决张某在国家级新闻媒体公开赔礼道歉、消除影响。

【推荐理由】袁隆平院士是著名的杂交水稻之父，其名誉及荣誉承载着社会主义核心价值观、民族精神等社会公共利益，本案审理受到社会各界广泛关注。案件庭审和宣判邀请了人大代表、政协委员、高校师生及中央和天津市主流媒体记者旁听。通过公开庭审和当庭宣判，进一步加深了社会公众对袁隆平院士事迹及精神的了解，加强社会公众对英雄烈士保护法的学习与理解，警示社会公众禁止实施侵害英雄烈士人格利益的行为，引导广大民众崇尚英烈，捍卫英烈，学习英烈，关爱英烈，对传承和弘扬英雄烈士精神、爱国主义精神，培育和践行社会主义核心价值观具有积极意义。

三、程三昌贪污缺席审判案

【案情概述】2000 年 12 月 7 日至 2000 年 12 月 15 日，被告人程三昌利用担任豫港（集团）有限公司董事长的职务便利，以在新西兰设立分公司为由，先后三次指使财务人员将公款转入其名下支票账户及其在新西兰开设的个人账户，非法占有公款港元、新西兰元、美元折合人民币共计 308.88 万余元。程三昌于 2001 年 2 月 7 日逃往境外。

【推荐理由】程三昌贪污缺席审判案是缺席审判程序法律规定在反腐败国际追逃追赃工作领域适用的第一案。该案的成功实践，不仅对推进我国反腐败国际追逃追赃工作的高质量发展具有重要意义，也是在被告人缺席的情况下，依法保障被告人实体权利和程序权利的典范，对下一步出台相关司法解释提供了实践经验。

四、孙力军政治团伙违法犯罪案

【案情概述】2022 年 9 月 21 日至 23 日连续三天，孙力军政治团伙 6 人邓恢林、龚道安、刘新云、傅政华、王立科、孙力军案接连宣判。

【推荐理由】孙力军政治团伙所涉案件，从依法立案侦查、提起公诉，到依法审理、作出一审判决，始终以事实为根据、以法律为准绳，贯穿着依法反腐的基本理念，充分彰显了法治精神，得到广大干部群众的支持拥护。依法惩治孙力军政治团伙，充分体现了党中央惩治腐败的坚定决心和坚强意志。

五、全国首例落实民事赔偿责任优先的证券侵权案

【案情概述】该案是全国首例落实民事赔偿

优先的证券侵权案件。鲜言采用连续买卖、洗售、虚假申报、利用信息优势操纵四种手法，于2014年1月17日至2015年6月12日操纵匹凸匹金融信息公司（上交所主板上市公司）股票。中国证监会于2017年3月对其开出34亿元史上最大个人罚单。上海市高级人民法院于2020年12月判决其构成操纵证券市场罪，判处有期徒刑并处以罚金、追缴违法所得。原告主张在鲜言操纵期间买卖标的股票受损，要求赔偿损失。上海金融法院认为鲜言实施了交易型和信息型混同的拉高型证券操纵，破坏了证券市场价格形成机制，使投资者无法依据真实价格进行买卖决策，额外支付了人为价格与真实价格的差价，由此产生损失；人为价格存在期间即操纵影响起止时点，交易型操纵影响消除取决于力量时长等因素，信息型操纵影响消除取决于信息影响何时消除；操纵侵权适用交易与损失两重因果关系，公开市场中还适用欺诈市场理论和推定信赖原则；应采用“净损差额法”“价格同步对比法”精确计算投资损失。该院判决鲜言赔偿投资者损失470余万元，并依据证券法关于民事赔偿优先的规定，对其证券操纵刑事案件罚没款作相应保全，优先用于执行民事判决确定的赔偿责任，最大程度实现中小投资者权利救济。

【推荐理由】该案是全国首例落实民事赔偿责任优先的证券侵权案件，让证券法的该项原则首次在行政、刑事、民事立体追责中得以实现。评价认为该案打通了民事赔偿责任优先原则落地的“最后一公里”，是强化投资者权益保护的一个“标杆式”案件，对于维护资本市场健康发展和提升投资者信心，具有重要意义；在民事赔偿责任优先原则的实现机制上，是一个制度性进步。该案也是全国首例主板市场复杂手法操纵侵权案件，开创了交易型操纵民事赔偿先河。评价认为该案涉及证券市场操纵的基础性法律问题，包括因果关系、损失计算……为今后的司法实践提供了参考。

六、章公祖师肉身坐佛追索案

【案情概述】祖师信仰是闽南地区重要的宗教信仰，将祖师遗体塑成肉身像并进行供奉是该地区习俗。章公祖师约出生于十一至十二世纪，于福建阳春青龙山道庵修行并坐化。林氏先人在宋代为供奉章公祖师像而建普照堂，普照堂及所供奉的章公祖师像属福建省大田县吴山乡阳春村和东埔村集体所有财产，章公祖师像受到当地民众供奉崇拜延续至今。1995年章公祖师像被盗，至今未破案。2015年3月，匈牙利自然科学博物馆展出一尊中国宋代肉身佛像，系佛像持有人荷兰王国国籍奥斯卡・凡・奥沃雷姆（以下简称奥斯卡）许可送展。两村村民经与照片及祖师遗物对比，发现该佛像为被盗的章公祖师像。两村村委会向奥斯卡主张返还未果，遂于2015年12月诉至福建省三明市中级人民法院，请求判令奥斯卡及奥斯卡独资经营的两家公司返还章公祖师像，并支付精神损害赔偿金20万欧元、实现债权费用5万欧元。福建省三明市中级人民法院于2020年12月4日作出（2015）三民初字第626号民事判决：被告奥斯卡应当在判决生效之日起三十日内向原告阳春村委会、东埔村委会返还案涉章公祖师肉身佛像；驳回原告阳春村委会、东埔村委会的其他诉讼请求。福建省高级人民法院于2022年7月15日作出（2021）闽民终302号民事判决：驳回上诉，维持原判。

【推荐理由】该案开启了民间通过民事诉讼途径追索流失海外文物的新途径，具有标杆性、突破性、开创性的示范意义。一是郑重宣示我国司法机关对文物海外追索的“中国版”裁判规则。明确流失海外文物适用被盗时文物所在地法，坚定捍卫文物流出国利益，有力宣示我国文物法的域外适用。二是明确彰显我国坚定维护文化财产国际条约的立场。充分尊重国际条约关于“保护文化财产免受偷盗、秘密发掘和非法出口的危险”和“便利文物返还和归还”精神，对国内法作出与国际条约目的和宗旨相符的一致解释，彰显我国维护国际法的立场。三是为阻断我国文物海外流失提供了司法支撑。该案根据“举轻以明重”法理，阐明盗赃文物的买受行为不适用善意取得制度为当事人通过民事诉讼途径追索海外文物提供强有力的法律支撑，并对文物销赃海外起到警示和防范作用。该案审结后引起了国际国内社会广泛关注，得到了社会各界的充分肯定。

七、购置儿童滑梯被诉案

【案情概述】2022 年 3 月，江苏省江阴市人民法院审结柳某诉张某某、江阴某物业管理有限公司健康权纠纷一案，依法判决出于好心自费为所在小区购置游乐设施的小区业主张某某对有关事故损失不承担赔偿责任，由物业公司承担主要赔偿责任。判决后，双方均服判息诉。经审理查明，张某某是江苏省江阴市某小区业主，有一名两岁宝宝，因所在小区游乐设施较少，征得物业公司同意后，张某某自费购置一整套儿童滑梯（含脚垫）放置在小区大厦一楼大厅公共区域，供小区内儿童免费玩耍。该区域与物业公司前台不远，滑梯区域的清洁管理工作由物业公司负责。柳某途经张某某所在小区大厦一楼大厅时，踩到滑梯配套的脚垫，因脚垫下有水渍导致湿滑，柳某摔倒，构成十级伤残。江阴市人民法院经审理认为，物业公司应在同意张某某放置后对游乐设施应承担日常维护、管理和安全防范等义务，但其在大厅湿滑时，未能有效清扫、未设置任何警示标志，该过错是导致事故发生的主要原因，物业公司依法应当承担主要赔偿责任。柳某作为成年公民，未能及时查明路况确保安全通行，自身存在过错，应适当减轻物业公司的赔偿责任。张某某不存在过错，其购置设施的行为与事故发生无必然因果关系且其行为出于好心不应受到否定性评价，依法不应承担责任。

【推荐理由】弘扬社会正气，擦亮友善底色，不让好人无端担责或者受委屈，既符合法律要求，也符合人民群众心中的公平正义。该案一是严格坚守了法律底线。不因有人受伤而扩大赔偿主体范围，坚决不“和稀泥”，就对与错、赔与不赔等是非问题给出了明确的回应。二是有效弘扬了社会主义核心价值观。友善是社会主义核心价值观的重要内容，在城市小区邻居之间日益陌生的时代，判决好心业主张某某无须担责，对于弘扬社会主义核心价值观，引导公民邻里互助，具有积极作用。三是彰显了良好的社会导向。通过一个“小案件”阐述了“大道理”，为社会公众提供了一次正向的普法教育。

八、“陈麻花”商标无效行政案

【案情概述】陈麻花公司于 2013 年申请注册“陈麻花”商标，核定使用在麻花等商品上。之后，互旺公司等请求依据商标法第十一条第一款等规定，对诉争商标宣告无效。原商标评审委员会认为诉争商标违反了商标法第十一条第一款第（一）项等的规定，裁定予以无效宣告。陈麻花公司提起行政诉讼。一审法院认为诉争商标申请注册目前，“陈麻花”在重庆磁器口地区已经成为一种麻花商品约定俗成的通用名称，判决驳回陈麻花公司的诉讼请求。陈麻花公司提起上诉。二审法院认为，互旺公司等提交的证据不足以证明“陈麻花”在诉争商标核准注册时成为通用名称，判决撤销一审判决和被诉裁定，判令国家知识产权局重新作出裁定。互旺公司等申请再审。最高人民法院裁定提审。再审判决认为：互旺公司等在再审期间提交的大量证据能够证明在诉争商标申请注册时，相关公众已将“陈麻花”与重庆磁器口联系起来，并有相当一部分公众将其认读为一种重庆小吃。且在 2001 年以后，直至诉争商标申请时，在重庆磁器口有多家麻花经营者在生产经营的麻花商品上突出使用“陈麻花”标志，而且当地从事麻花经营的多个生产主体以及有关监管部门，已将陈麻花指称为一种产品。虽然“陈麻花”尚不足以构成麻花类商品的通用名称，但基于上述相关公众对“陈麻花”的认识和当地经营者对“陈麻花”标志的使用状况等事实，证明诉争商标申请注册时，“陈麻花”已不能区别具体的麻花商品的生产、经营者，从而发挥商标应有的识别功能，故构成商标法第十一条第一款第（三）项其他缺乏显著特征的标志，不得作为商标注册。故判决撤销二审判决，维持一审判决。

【推荐理由】本案系商标授权确权行政案件，本案行政诉讼原告及五名第三人为同一地区的麻花经营者，均系中小微企业或个体工商户。本案再审判决依照商标法第十一条第一款的规定，根据相关公众对“陈麻花”的认识和当地经营者对“陈麻花”标志的使用状况等事实，认定“陈麻花”构成其他缺乏显著特征的标志，维持无效宣告行政裁定，防止“陈麻花”标志被注册为商标，从而妨碍其他同业经营者正当使用，依法保障从事麻花经营中小微企业和个体工商户权益。同时，本案对适用商标法第十一条第一款第（三）项“其他缺乏显著特征的商标应无效”具有一定的指导意义。

九、紫光集团等七家公司实质合并重整案

【案情概述】紫光集团系清华大学旗下企业，以云网产业、集成电路产业为主营业务，是我国“芯云”产业的龙头企业。2020 年 11 月，因业务亏损、财务指标恶化，爆发严重债务危机。为市场化、法治化推进债务化解工作，2021 年 7 月 16 日，北京一中院裁定受理紫光集团重整案。同年 8 月 27 日，裁定对紫光集团等七家公司进行实质合并重整。2021 年 12 月 29 日，第二次债权人会议上各表决组高票表决通过重整计划草案。2022 年 1 月 14 日，北京一中院裁定批准重整计划。此后，进入重整计划执行期间，重整执行期限为 6 个月。7 月 12 日，管理人向法院提交《重整计划执行监督报告》。7 月 13 日，北京一中院裁定确认紫光集团等七家公司实质合并重整案重整计划执行完毕，并终结紫光集团等七家公司重整程序。

【推荐理由】该案帮助我国有较大行业影响力的千亿级高科技企业集团实现重生，是当前优化营商环境，有效化解重大风险的典型范例。在该案中，法院积极高效推动司法重整程序，一年内就依法平稳化解 1500 多亿债务，维护集团体系内 298 家企业持续运营，稳住 5 万多个职工岗位，实现纾难解困与赋能重生的双重效能。此外，通过公开招募投资人成功引入 600 亿现金偿债，采取“现金清偿 + 股票抵债 + 留债”等多种组合清偿方式，债权清偿率最终达 100%，最大限度维护债权人的合法权益。该案中，北京一中院主动靠前，提前审查重整计划草案等重要表决事项，利用听证充分披露重整信息，有效保障异议人合法权益；同时，依法监督管理人各项工作，降低办理破产成本，最大限度提高债权人清偿率。

十、“噪音扰民”诉前禁止令案

【案情概述】李某因与隔壁邻居产生矛盾，于 2018 年 12 月起，用喇叭紧贴隔间墙壁，定时在每天 8 时 45 分至 12 时、15 时 30 分至 22 时循环播放“荒山野鬼”录音。与李某相隔两层的邻居崔某女儿为小学生，因疫情影响居家线上学习，清晰听到该录音。经生态环境部门监测，该声音在崔某住处为 36 分贝，未达到噪声限值的标准，根据民法典及当时有效的环境噪声污染防治法，相关执法部门无法处罚。崔某认为，噪声已严重影响其本人及家人的正常生活学习，遂向广州市海珠区人民法院申请禁止令，请求责令李某停止制造噪声的行为。法院审查认为，对李某故意制造噪声的行为，审查禁止令申请是否符合条件不应囿于是否超过噪声排放标准，而应以申请人的宁静生活有无受到影响为标准。涉案噪声已严重影响崔某及其家人的宁静生活，如不及时制止，将使崔某及其家人宁静生活的权益遭受难以弥补的损害，遂依法作出诉前禁止令，裁定李某等自裁定生效之日起不得通过播放“荒山野鬼”录音等方式制造噪声扰民。前述裁定作出后，李某等主动拆除录音播放设备，删除“荒山野鬼”录音文

件，并承诺不会再制造噪声扰民。

【推荐理由】本案为全国首份“噪声扰民”诉前禁止令，人民法院通过及时制止紧迫的噪声环境侵权行为，守护老百姓在宁静环境中生活的权利。该案确立了对于故意制造噪声的行为，应以申请人的宁静生活有无受到影响为标准审查禁止令申请。对邻里间故意制造噪音干扰他人宁静生活的行为，给予否定性评价，弘扬了社会主义核心价值观，具有积极的示范和引导作用。该案的审理丰富了环境司法裁判规则，促进了生态环境保护法治发展，让法律条文变成鲜活实践，让生态文明理念深入人心。

活动还揭晓了“新时代推动法治进程 2022 年度十大提名案件”：分别为全国首例污染环境惩罚性赔偿案修复执行案，公益诉讼起诉人江口县人民检察院诉被告陈某平生态破坏民事公益诉讼案，全国首例药品专利链接诉讼案，安医生自杀案，胡某芳诉某商务有限公司侵权责任纠纷案，张某诉刘某、李某监护权案，新中国成立以来单案数额最大伪造货币案，全国首例新三板市场操纵证券交易市场责任纠纷案，被告人徐海彬等 14 人诈骗案，某酒业公司诉农行华丰路支行及寿某等五人侵权责任纠纷案。

据介绍，2022 年是“新时代推动法治进程十大案件”专题活动第六年。本次评选活动自 2022 年 12 月 20 日正式启动，通过对全国法院 2022 年所审结的各类案件进行筛选和初评，共选出 40 个具有较大影响力的典型案件进行网络投票。在为期 10 天的投票过程中，共收到网民投票 5.6 亿张。经专家委员会评选，并综合网民投票结果，最终评选出“新时代推动法治进程 2022 年度十大案件和十大提名案件”。

2022年度法治人物

2022年12月10日晚，由司法部、全国普法办公室联合中央广播电视总台共同主办，社教节目中心承办的特别节目《宪法的精神 法治的力量——2022年度法治人物颁奖盛典》在央视社会与法频道（CCTV-12）播出，10位来自法治战线上的优秀代表，从中央政法委、全国人大常委会办公厅、最高人民法院、最高人民检察院、公安部、中央网信办、中国法学会、生态环境部、农业农村部、工业和信息化部、应急管理部等参评单位推选的29位候选法治人物当中脱颖而出，最终登上国家舞台，荣膺"2022年度法治人物"殊荣。

一、敢打硬仗，能打胜仗的检察官傅忆文

傅忆文，女，36岁，中共党员，现任浙江省金华市检察院第二检察部主任。从检14年，办理各类案件3000余件，零差错。她办理的最高检、公安部联合挂牌督办的12·30特大跨国典型电信网络诈骗案，被公安部门誉之为"回流打击教科书式"案例；办理的全国首例传销式诈骗窝案、全国首例技术修改抖音靓号案、浙江省首例反向刷单案、浙江省首例对公账户收买信用卡信息案等一大批疑难复杂案件，有多个案件获评全国十大法律监督案例、全国典型案例、精品案例。

二、把矛盾纠纷化解在基层的政法干部文国云

文国云，男，39岁，中共党员，现任中共内江市委政法委专职委员。他长期奋战在安保、维稳一线，把青春热血倾注到"防风险、保安全、护稳定、破难题、解矛盾、促发展"中。他不断学习，大胆创新治理模式，探索组建"内江政法先锋队"。他对党忠诚，坚持把自愿多交大额党费作为砥砺品格的应尽之责，2016年以来，累计向中组部多交党费3万余元。

三、值守北京"西南门户"的公安检查站站长张库

张库，男，52岁，中共党员，现任北京市公安局房山分局反恐怖和特巡警支队政委，履行房山分局京港澳高速窦店公安检查站站长职责。从2020年初到现在，抗击疫情、守护百姓成了张库工作的主旋律。在这场没有硝烟的战斗中，张库始终带领全站同志用"心系首都"的情怀和一心为民的担当，与时间赛跑，与病毒较量，与疫情决战。

四、心里装着人民的好法官黄文娟

黄文娟，女，40岁，目前任浙江省宁波市鄞州区人民法院邱隘人民法庭副庭长。她秉承"不让群众等太久、不让案件转多手、不让百姓跑远路、不让纠纷留后患"的原则，大力开展立、审、执一体化及数智赋能改革。她始终把公平正义作为司法的灵魂，以实际行动传承和创新"枫桥经验"，用心用情做基层群众的贴心人、公平正义的守护者。封城50天在线结案50余件，无一案件因法官被隔离而延迟开庭或审结，推动移动微法院便民利民的宁波实践走向全国。

五、传递法治温暖的执行局法官鲍卫忠

鲍卫忠，男，佤族，中共党员，生前任云南省沧源佤族自治县人民法院党组成员、执行局局

长。2021年10月21日在工作岗位上突发疾病，不幸去世，年仅45岁。在24年的法院工作中，鲍卫忠以对党的无限忠诚，对司法事业的无限热爱，为祖国边疆的法治建设贡献了自己的全部力量。他生前扎根基层一线执法办案，深入脱贫攻坚挂钩村开展帮扶，主动请战巡边守边。他的去世，让当地佤族人民深深怀念。

六、身经百战，勇敢冲锋的缉毒警察蔡晓东

蔡晓东，男，哈尼族，生前任云南出入境边防检查总站西双版纳边境管理支队执法调查队副队长。13年边境缉毒超1.6吨，先后参加专项缉毒行动358次，侦办毒品案件247起，缴获各类毒品1609.56公斤，上演了生死缉毒的传奇人生。2021年12月4日下午，蔡晓东在抓捕毒贩过程中，与持枪毒贩殊死搏斗，身负重伤，后经抢救无效壮烈牺牲，年仅38岁。

七、走进犯人内心世界的监狱警察童亮

童亮，男，42岁，曾任福建省建阳监狱第九监区党支部书记、监区长，现任福建省武夷山监狱党委委员、副监狱长。九监区作为全国第一个、全省唯一一个集中关押限减罪犯的高度戒备监区，是全省监狱系统中罪犯监管压力最大的“火山口”“炸药库”。上任之后，童亮提炼出“礼法兼治、唯实求新”的限减监区改造精神，摸索出“网格化+调解员”的安全管理制度，开展“万里帮教大走访”活动，以亲情为纽带唤醒罪犯沉沦的心灵。

八、参与《反垄断法》制定修改的大学教授时建中

时建中，男，58岁，现任中国政法大学党委常委、副校长，国务院反垄断委员会专家咨询组专家，中国法学会经济法学研究会副会长。参与《中华人民共和国反垄断法》制定、修改和实施工作，为公平竞争政策制定、打造法治化营商环境作出突出贡献。教书育人，为中国法治人才培养努力耕耘。

九、参与立法，积极普法的人大代表杨震

杨震，男，第十二、十三届全国人大代表，中国民法学研究会副会长，黑龙江大学教授。近年来，杨震在深入调研的基础上领衔提出高质量的议案和建议60多件，范围涵盖《民法典》《刑法》等多项关系国计民生的法律制度。他带领学生深入企业、社区、乡村，义务提供法律咨询和法律服务，从1986年“一五”普法开始至今已坚持36年。

十、习近平法治思想的传播者罗培新

罗培新，男，上海市司法局党委委员、副局长，法学教授，全国“八五”普法讲师团成员，上海市习近平法治思想学习实践宣讲团成员，上海市民法典宣讲团成员。他推动高规格组建上海市习近平法治思想学习实践宣讲团，直接主导并参与开展巡回宣讲活动，带动了一批领导干部、法官、检察官、专家学者加入，开展巡回宣讲。他牵头形成上海市“八五”普法规划，明确将学习宣传习近平法治思想作为重中之重，面向市民群众，创新传播方式，深入浅出，推动全市上下不断掀起习近平法治思想学习宣传热潮。

颁奖盛典现场，全国人大常委会副委员长吉炳轩，中央全面依法治国委员会办公室副主任、司法部党组书记、部长唐一军，全国人大常委会法制工作委员会副主任王瑞贺，最高人民法院党组成员、政治部主任马世忠，最高人民检察院检察委员会副部级专职委员张志杰，公安部党委委员、副部长孙茂利，司法部党组成员、副部长、全国普法办公室副主任左力，中央广播电视总台党组成员、副台长阎晓明，中国法学会党组成员、副会长兼秘书长张鸣起，中华见义勇为基金会理事会理事长邓卫平等领导作为颁奖嘉宾，为“2022年度法治人物”获奖者及代领奖人颁发奖杯和证书，共同见证了这一荣耀时刻。

第二部分

中央和国家机关法治建设

ZHONGYANG HE GUOJIA
JIGUAN FAZHI JIANSHE

第三章
中央全面依法治国委员会

第一节　工作动态

2 月 16 日

《求是》杂志 2022 年第 4 期发表习近平总书记重要文章《坚持走中国特色社会主义法治道路，更好推进中国特色社会主义法治体系建设》

2021 年 12 月 16 日，中央政治局进行第三十五次集体学习，内容是建设中国特色社会主义法治体系，习近平总书记主持并发表讲话。安排这次学习，目的是总结中国特色社会主义法治体系建设成效，分析存在的问题和不足，坚持走中国特色社会主义法治道路，更好推进中国特色社会主义法治体系建设。各级党委（党组）要担负好主体责任，聚焦重大部署、重要任务、重点工作，加强组织领导，主动担当作为，力戒形式主义、官僚主义。中央依法治国办要发挥好职能作用，推动党中央法治建设决策部署落到实处。各条战线各个部门要齐抓共管、压实责任、形成合力，提高工作法治化水平。

3 月 2 日

中央依法治国办发布《关于法治政府建设实地督察发现的典型经验做法的通报》

为深入学习宣传贯彻习近平法治思想，进一步压紧压实法治建设责任，持续推进法治政府建设，中央依法治国办部署开展了法治政府建设督察，对北京、天津、吉林、安徽、湖南、广东、重庆、宁夏 8 省（区、市）进行了实地督察。为进一步发挥典型经验做法的引领示范作用，现对“北京市出台接诉即办工作条例 法治为民驶入快车道”等 8 个典型案例予以通报。

各地区各部门要坚持以习近平新时代中国特色社会主义思想为指导，全面贯彻党的十九大和十九届历次全会精神，深入学习贯彻习近平法治思想，深入学习领会“两个确立”的决定性意义，进一步增强“四个意识”、坚定“四个自信”、做到“两个维护”，提高政治判断力、政治领悟力、政治执行力，在把握新发展阶段、贯彻新发展理念、构建新发展格局中，扎实推进法治政府建设率先取得突破，为全面建设社会主义现代化国家、实现中华民族伟大复兴的中国梦提供坚强法治保障，以实际行动迎接党的二十大胜利召开。

3月22日

《求是网》发表中央全面依法治国委员会办公室副主任，司法部党组书记、部长唐一军文章《学深悟透做实习近平法治思想，奋力开辟全面依法治国新境界》

文章指出，近期根据党中央统一部署，由中共中央宣传部、中央全面依法治国委员会办公室组织编写的《习近平法治思想学习纲要》（以下简称《纲要》）出版发行。这是党中央着眼党和国家工作全局，把学习贯彻习近平新时代中国特色社会主义思想引向深入的重要举措，是中国特色社会主义法治建设进程中的一件大事，对不断开创新时代全面依法治国新局面具有重大意义。在向第二个百年奋斗目标进军的新征程上，要把深入学习《纲要》与深入学习贯彻党的十九届六中全会精神紧密结合起来，全面系统学习、完整准确理解习近平法治思想，始终坚持以习近平法治思想为指引，不断将法治中国建设向纵深推进，为全面建成社会主义现代化强国、实现中华民族伟大复兴提供坚强法治保障。

4月29日

《中国共产党百年法治大事记》出版发行

为深入学习贯彻习近平新时代中国特色社会主义思想和党的十九届六中全会精神，深入学习贯彻习近平法治思想，巩固拓展党史学习教育成果，中央依法治国办组织编写了《中国共产党百年法治大事记》，由人民出版社、法律出版社联合出版，即日起在全国发行。

《中国共产党百年法治大事记》共分4个时期、1294条，22万多字，以庆祝中国共产党成立一百周年为宏阔背景，采用编年体形式，从一百年来我们党团结带领人民创造的伟大成就中，选取具有重大意义、发挥重大作用、产生重大影响的法治事件，系统反映党领导人民探索开辟中国特色社会主义法治道路的光辉历程和重大成就，为广大党员干部群众深入学习理解我们党百年法治奋斗史提供了宝贵资料、生动教材。

6月16日

《求是》杂志发表中央全面依法治国委员会办公室主任、全国政法队伍教育整顿领导小组组长郭声琨的文章《从党的百年法治奋斗史中汲取智慧和力量，奋力推动新时代全面依法治国高质量发展》

文章指出，《中国共产党百年法治大事记》的出版，是坚持唯物史观和正确党史观，弘扬伟大建党精神，深化法治领域党史学习教育的重大部署，是深入学习贯彻习近平法治思想，以史为鉴、开创未来的重要举措。要坚持以习近平法治思想为指导，从党的百年法治奋斗史中汲取智慧和力量，为全面建设社会主义现代化国家、实现中华民族伟大复兴的中国梦提供有力法治保障。

7月19日

按照中央全面依法治国委员会办公室统一部署，中央依法治国办对8省份启动市县法治建设工作督察活动

此次督察组成员由中央及地方各级干部、全国人大代表、专家学者和律师、记者等组成，分赴山西、辽宁、江苏、福建、河南、湖北、贵州、云南等省份开展市县法治建设工作督察，重点聚焦学习宣传研究阐释贯彻落实习近平法治思想情况，党领导法治建设制度和工作机制贯彻落实、发挥作用情况，依法行政、加快建设法治政府情况开展督察。

7月28日

中共中央宣传部举行"中国这十年"系列主题新闻发布会。这是该系列主题新闻发布会的第18场，介绍新时代全面依法治国取得的历史性成就

中央全面依法治国委员会办公室副主任、司法部部长唐一军，全国人大常委会委员、法制工作委员会副主任许安标，最高人民法院副院长、二级大法官高憬宏，最高人民检察院副检察长、二级大检察官陈国庆，中央全面依法治国委员会办公室组成人员、司法部副部长熊选国，国家市场监督管理总局副局长、国家反垄断局局长甘霖出席发布会并答记者问。

8月12日

中央全面依法治国委员会印发《关于进一步加强市县法治建设的意见》

意见指出，加强市县法治建设，是确保全面依法治国各项部署要求落地落实的关键，是推进基层治理体系和治理能力现代化的重要保障。为夯实全面依法治国基础，提升市县法治建设水平，特制定本意见。各地区各有关部门贯彻落实中的重大情况及时报告。中央依法治国办要加强统筹协调，督促抓好市县法治建设各项任务落实。

10月19日

党的二十大新闻中心举行第三场记者招待会，介绍建设更高水平的法治中国有关情况

中国共产党第二十次全国代表大会新闻中心举行记者招待会。中央政法委副秘书长闫柏，最高人民法院党组副书记、分管日常工作的副院长、一级大法官贺荣，最高人民检察院党组副书记、分管日常工作的副检察长、一级大检察官童建明，公安部党委委员、副部长、国家移民管理局党组书记、局长许甘露，司法部党组成员、副部长左力围绕"坚持以习近平法治思想为指引 努力建设更高水平的法治中国"主题与记者交流。

11月24日

中央依法治国办启动市县法治建设工作实地督察反馈整改

中央依法治国办启动市县法治建设工作实地督察反馈整改工作，分别向山西、辽宁、江苏、福建、河南、湖北、贵州、云南8省份反馈市县法治建设工作实地督察有关情况。

中央依法治国办要求，被督察省份要加强组织领导，确保整改全覆盖，有关地方和部门要对照反馈意见、问题清单、典型案例，完整准确落实督察工作要求，实事求是主动认领问题，自我加压、自查自纠，坚决防止"谁被督察谁才有问题、没被点名就不用整改"的错误认识。要坚持标本兼治，不拖延、不推诿、不观望，既有短期目标，也有远期打算，常抓不懈，形成"小切口""真管用"的制度性成果，更好地用制度管权、管事、管长远。要坚持以人民为中心，紧盯群众关切，解决群众身边事、麻烦事，让群众感到变化、看到成效、得到实惠，提升法治获得感。要夯实法治基层基础，全面落实中央依法治国委《关于进一步加强市县法治建设的意见》，着力补齐补强短板弱项，配齐配强法治力量，推动法治建设重心下移、力量下沉、保障下倾。要压实法治建设职责，紧盯"关键少数"，强化制度刚性约束，督促各级党政主要负责人切实履行推进法治建设第一责任人职责。依法治省办要发挥牵头抓总、督促落实作用，加强请示汇报、协调沟通，推动有关地方和部门落实整改任务。

中央依法治国办将加强跟踪指导，3个月集中整改结束后将开展"回头看"，形成责任闭环，扩大督察成效，确保问题得到有效整改。

11月28日

中央全面依法治国委员会办公室发布《关于第二批全国法治政府建设示范地区和项目命名的决定》

2021年8月，中央依法治国办启动了第二批全国法治政府建设示范创建活动。依据《关于开展2021年全国法治政府建设示范创建活动的实施方案》和《市县法治政府建设示范指标体系》(2021年版)，按照客观公正、公开透明、杜绝形式主义、务求实效的原则，经过自愿申报、省级初审、第三方评估、人民群众满意度测评、社会公示等程序，经报中央依法治国委批准，决定对第二批全国法治政府建设示范地区和项目予以命名。

12月19日

更好发挥宪法在治国理政中的重要作用——习近平总书记纪念现行宪法公布施行40周年署名文章引发热烈反响

12月19日，新华社发表习近平总书记署名文章《谱写新时代中国宪法实践新篇章——纪念现行宪法公布施行40周年》。文章全面回顾我国宪法制度建设和宪法实施取得的历史性成就，深刻总结我国宪法制度建设的规律性认识，提出新时代新征程全面贯彻实施宪法的明确要求。文章深刻指出，我们要全面贯彻实施宪法，推进全面依法治国，推进法治中国建设，为全面建成社会主义现代化强国，实现第二个百年奋斗目标，以中国式现代化全面推进中华民族伟大复兴而团结奋斗！

12月29日

中央依法治国办发布《关于市县法治建设工作 实地督察发现的典型经验做法的通报》

中央依法治国办部署开展了市县法治建设工作督察，并对山西、辽宁、江苏、福建、河南、湖北、贵州、云南8个省份进行实地督察。从督察情况看，各地党委、政府深入学习贯彻习近平法治思想，推进法治建设向基层着力、从基层落实、在基层见效，市县法治建设水平不断提升。在实地督察中发现，一些地方充分结合本地实际，在推进科学立法、营造法治化营商环境、加强生态法治体系建设、推动基层依法治理、压实"关键少数"法治责任、依法保障经济社会高质量发展等方面探索形成了一批好的经验做法。

为充分发挥典型经验做法的引领示范作用，有效打通全面依法治国决策部署落地落实"最后一公里"，现对"山西省吕梁市以'小切口、有特色'立法推动民生改善和社会治理创新"等8个典型经验做法予以通报。

第二节 法治中国

7月28日

中共中央宣传部举行
新时代全面依法治国取得的历史性成就发布会

7月28日下午，中共中央宣传部举行“中国这十年”系列主题新闻发布会。这是该系列主题新闻发布会的第18场，介绍新时代全面依法治国取得的历史性成就。

中央全面依法治国委员会办公室副主任、司法部部长唐一军，全国人大常委会委员、法制工作委员会副主任许安标，最高人民法院副院长、二级大法官高憬宏，最高人民检察院副检察长、二级大检察官陈国庆，中央全面依法治国委员会办公室组成人员、司法部副部长熊选国，国家市场监督管理总局副局长、国家反垄断局局长甘霖出席发布会并答记者问。

新时代全面依法治国取得历史性成就

新时代全面依法治国取得哪些历史性成就，发生哪些历史性变革？唐一军对此作了重点介绍。

唐一军表示，党的十八大以来，以习近平同志为核心的党中央将全面依法治国纳入“四个全面”战略布局统筹推进。党的十八届四中全会第一次以中央全会形式专门研究全面依法治国，部署180多项重大改革举措。党的十九大描绘了2035年基本建成法治国家、法治政府、法治社会的宏伟蓝图。党的十九届三中全会决定组建中央全面依法治国委员会，加强党对法治中国建设的集中统一领导。2020年11月召开的中央全面依法治国工作会议，第一次以党中央工作会议形式研究部署全面依法治国，明确习近平法治思想的指导地位。

习近平法治思想的指导地位全面确立。在领导全党全国人民推进全面依法治国的伟大实践中，习近平总书记以马克思主义政治家、思想家、战略家的深刻洞察力和理论创造力，坚持把马克思主义法治理论同中国具体实际相结合，同中华优秀传统法律文化相结合，提出一系列具有原创性、标志性的新理念新思想新战略，形成了习近平法治思想，推动马克思主义法治理论中国化时代化实现新飞跃，为新时代全面依法治国指明了前进方向，提供了根本遵循。

党对全面依法治国的领导更加坚强有力。习近平总书记亲自担任中央全面依法治国委员会主任，研究解决全面依法治国重大事项、重大问题，实现集中领导、高效决策、统一部署、统筹推进。强化顶层设计，制定《法治中国建设规划（2020—2025年）》《法治政府建设实施纲要（2021—2025年）》《法治社会建设实施纲要（2020—2025年）》，压紧压实党政主要负责人法治建设第一责任人职责，依法治省（市、县）委员会全面设立，加强各地法治建设的组织领导、统筹协调，上下协同，确保党中央关于全面依法治国的各项重大决策部署落实到位。

全面依法治国实践取得重大进展。加快建设中国特色社会主义法治体系，全面加强宪法实施和监督，编纂民法典，制定香港特别行政区维护国家安全法，修改完善香港选举制度，截至2022年6月底，制定修改法律行政法规730余件次，现行有效法律292件，行政法规598件，中国特色社会主义法律体系日趋科学完善。深化行政体制改革，全面推行行政执法“三项制度”，加强示范创建和督察，法治政府建设扎实推进。深化以司法责任制为重点的司法体制改革，推进以审判为中心的刑事诉讼制度改革，推进民事诉讼程序繁简分流，严格落实防止干预司法“三个规定”，开展扫黑除恶专项斗争，依法纠正冤错案件，社会公平正义法治保障更加有力。“七五”普法规划全面落实，“八五”普法规划扎实推进，全社会法治观念明显提升。持续推动解决法治领域的突出问题，人民群众法治获得感、幸福感、安全感不断增强。

法治保障服务改革发展成效显著。完善法律法规、出台意见，加强海南全面深化改革开放、京津冀协同发展、粤港澳大湾区建设、深圳先行示范区建设等国家重大发展战略的法治保障。坚持依法防控疫情，有力保障统筹疫情防控和经济社会发展，健全防范化解重大金融风险法律制度，加强生态环境保护立法执法，推进法治乡村建设，为打赢“三大攻坚战”提供了有力法治保障和有效法律服务。坚持法治是最好的营商环境，加强反垄断、反不正当竞争。统筹推进国内法治和涉外法治，加快涉外法治工作战略布局，运用法治思维和法治方式有效维护我国主权、安全和发展利益。

法治工作队伍建设水平不断提升。加强立法和执法队伍能力建设，推行法官、检察官员额制和人民警察单独职务序列，法治专门队伍革命化、正规化、专业化、职业化水平取得新的进步。持续推进公共法律服务体系建设，律师、公证员、司法鉴定人、仲裁员、人民调解员等法律服务队伍不断发展壮大。截至2022年6月，全国共有律师60.5万人，律师事务所3.7万余家。

认罪认罚从宽制度已经实现常态化适用

认罪认罚从宽制度给我国刑事司法带来了哪些变化？在推进国家治理现代化方面取得哪些成效？在制度适用中，司法机关如何在法律的震慑惩罚和宽容激励上做到平衡，以确保公平正义？

陈国庆说，认罪认罚从宽制度自2018年10月份正式确立以来，在党中央的坚强领导下，检察机关和其他政法机关密切配合，在依法严惩严重刑事犯罪的同时，积极适用认罪认罚从宽制度。目前该制度的适用率已经稳定保持在85%以上，可以说已经实现认罪认罚从宽制度的常态化适用。这对推动我国刑事诉讼模式向协作式转化，促进刑事司法由“治罪”向“治理”转化，推动我国国家治理现代化具有重要意义。

适用认罪认罚从宽制度的成效主要表现在四个方面：一是惩治犯罪更加及时有力。犯罪嫌疑人、被告人认罪认罚有利于司法机关及时查明犯罪事实，也有利于分化瓦解犯罪。二是促进社会和谐稳定成效显著。认罪认罚从宽制度有利于化解社会矛盾，维护被害人合法权益，被告人认罪服法成为一种常态，当前一审后被告人上诉率为3.8%，低于其他刑事案件14.5个百分点。三是当事人权利得到更好保障。依法使犯罪嫌疑人、被告人获得值班律师的法律帮助333.9万人次，非羁押性强制措施适用比例不断提高。检察机关还对7.2万名因犯罪侵害致使生活陷入困境的被害人开展司法救助。四是公平正义得到又快又好实现。适用认罪认罚从宽制度的轻罪案件，从侦查到审判的办案周期缩短，起诉后适用速裁程序、简易程序审理的占到了74.6%，既提高了诉讼效率，也节约了司法资源。

同时，陈国庆强调，认罪认罚从宽并非一律从宽。检察机关办理认罪认罚案件，要全面准确贯彻宽严相济刑事政策，对于严重危害国家安全、公共安全犯罪，严重暴力犯罪，涉黑涉恶犯罪，残害妇女、儿童等弱势群体的犯罪，以及其他主观恶性大、情节恶劣的犯罪，应当从严惩治的，不能因认罪认罚而简单从宽处理。对于轻微犯罪有从重处罚情节的，也要依法从严处理，从严把握从宽处罚的幅度。

进一步完善有关制度，织密织牢个人信息保护

有记者关心个人信息保护方面的立法问题，提问中国是否会出台其他保护个人隐私的法律，许安标对此作了回答。

他表示，我国高度重视个人信息保护，党的十八大以来，全国人大及其常委会通过关于加强网络信息保护的决定，制定网络安全法、电子商务法，修改消费者权益保护法，确立了个人信息保护的基本规则。通过刑法修正案，完善了惩治侵害个人信息犯罪的法律规定。在编纂出台的民法典中，将个人信息受法律保护作为一项重要的民事权利予以肯定。

2021 年 8 月，全国人大常委会审议通过了个人信息保护法，已经在去年 11 月 1 日开始实施。这部法律坚持立足国情与借鉴国际经验相结合，聚焦个人信息保护领域的突出问题和人民群众的重大关切，在已有立法基础上，进一步细化、完善个人信息保护应遵循的原则和个人信息处理规则，明确个人信息处理活动中的权利义务边界，健全个人信息保护工作机制，对违反个人信息保护的行为设置了严格的法律责任，切实保护公民个人信息。

个人信息保护法的实施，有不少条款需要制定配套规定，比如公共场所图像采集管理、个人信息安全管理、个人信息出境安全评估等具体制度，对于这样一些配套制度，有关部门已经出台或者正在抓紧制定。在制定个人信息保护法的同时，全国人大常委会还审议通过了数据安全法。

总的来看，个人信息保护涉及的领域很广泛，将在相关具体立法中进一步完善有关制度，织密织牢个人信息保护的法律制度。

公民对法治的认同感明显提升

全民普法是推进全面依法治国、建设社会主义法治国家的一项基础性工作。现阶段我国的普法情况如何？熊选国对此作了回答。

他表示，党的十八大以来，以习近平同志为核心的党中央坚持把全民普法和守法作为全面依法治国的长期基础性工作，切实加强党对全民普法工作的领导，不断完善全民普法的顶层设计，顺利完成了“七五”普法，全面启动了“八五”普法，公民法治素养不断提升。据国家统计局发布的全国社会心态调查综合分析报告显示：当自己或者家人遇到不公平事情时，选择“通过法律渠道解决”的居第一位，这表明了公民对法治的认同感明显提升。

2021 年 6 月，党中央、国务院转发了全国“八五”普法规划，为推进“八五”普法深入实施，下一步将重点抓好三个方面的工作：

一是突出学习宣传习近平法治思想。把学习宣传习近平法治思想作为“八五”普法主题主线，纳入“谁执法谁普法”普法责任清单，加强习近平法治思想的通俗化阐释；

二是突出加强领导干部和青少年法治宣传教育。制定领导干部应知应会法律法规清单制度。会同相关部门继续把法治教育纳入干部教育培训总体规划，纳入国民教育体系，纳入中考、高中学业水平考试范围；

三是突出公民法治素养提升。抓好浙江省等 8 个地方公民法治素养提升行动试点，研究起草公民法治素养测评指标。持续加强对公民权利义务观念、公共意识、依法维权意识的培养，推动法治成为社会共识和基本准则。

多措并举，解决老百姓打官司难问题

打官司难是过去老百姓反映强烈的问题。发布会上，当记者提问“人民法院在解决打官司难问题上采取了哪些措施？”时，高憬宏表示，党的十八

大以来，人民法院实行立案登记制改革，长期困扰群众的“立案难”问题已经成为了历史。为了让老百姓解决纠纷更便捷、更普惠，成本更低廉，选择更多元，人民法院建成“一站式多元解纷和诉讼服务体系”，在国际上独树一帜，走出了一条中国特色司法为民之路。

一是形成党委领导下协同共治解纷格局，彰显中国优势。依靠党的领导，建成了世界上联动资源最多的矛盾纠纷解决机制，人民法院邀请人大代表、政协委员、行政机关、各类调解组织、律师、专家学者、基层自治组织等建立“法院+社会”多元解纷体系，为人民群众化解纠纷提供菜单式服务。与法院对接的调解组织和调解员从2018年初的1264家1.4万人，增加到8.3万家33.5万人，累计参与调解纠纷2962万件，平均每分钟就有51件纠纷成功调解。

二是建立线上线下融合共享，“一站式解纷”服务体系，创造中国模式。全国四级法院全部建成一站式诉讼服务中心，服务项目从过去单一立案指引，扩展到50多项，各类诉讼事项在中心全部解决，成了诉讼服务大超市。去年，全国法院在诉讼服务中心实质化解80%以上民事纠纷，平均耗时较一审民事案件缩短43%。

三是健全覆盖城乡同质化的解纷服务机制，提供中国样本。全面实现“跨域立案服务”，异地服务网点超过1.3万个，立案就近可办、全国通办，老年人绿色服务窗口、律师一码通服务通道等全面落地。

这十年，依法查处垄断案件794件，不正当竞争案件23.4万件

在回答记者关于“在反垄断和反不正当竞争方面取得的成效”问题时，许甘霖表示，这可以从四个方面阐释。十年来，我国建设公平透明可预期的竞争规则迈上了新台阶。积极适应市场经济发展要求，反垄断法已经完成首次修订。反不正当竞争法已经两次修订，制定配套规章7部，还有平台经济、知识产权等反垄断指南8部。党中央首次制定了《关于强化反垄断深入推进公平竞争政策实施的意见》，明确了顶层设计和战略方向，同时加强了政策解读和宣传引导，增强监管执法的透明度和可预期性。

十年来，我国建设高效有序的市场竞争格局开创了新局面。这十年来依法查处垄断案件794件，不正当竞争案件23.4万件，审结经营者集中案3822件，及时地预防和制止平台经济、医药、公用事业等领域的竞争违法行为，全面落实公平竞争审查制度，审查政策文件468万件，纠正废止排除限制竞争的5.3万件，有力促进了全国统一大市场的建设，营造各类所有制、大中小企业协同发展的良好格局。

十年来，我国推进竞争监管体制机制改革取得了新成效。2021年市场监管总局加挂了国家反垄断局的牌子，进一步充实反垄断监管力量，同时完善了国务院反垄断委员会工作机制，建立反不正当竞争、公平竞争审查部际联席会议制度。同时还强化央地协同，提升监管整体效能。

十年来，我国参与全球竞争治理迈出了新步伐。与美、欧、俄、日等35个国家和地区签署合作文件，在RCEP、中韩等十个自贸协定中设立了竞争政策专章，同时在去年成功举办了第七届金砖国家国际竞争大会，现在中国与美国、欧盟并列为全球三大反垄断的司法辖区。

2020年以来，检察机关累计对21.6万余案件组织召开听证会

什么样的案子可以进行公开听证？面对记者提问，陈国庆表示，近年来，检察机关不断深化检察改革，通过检察听证的方式来办理疑难复杂案件，让人民群众广泛地参与社会治理，这是人民检察院贯彻全过程人民民主，有效解决人民群众操心事、揪心事的重要举措。

检察机关在办理各类案件过程中，坚持“应

听证尽听证”原则，对于不起诉案件、刑事申诉案件、民事行政诉讼监督案件、公益诉讼案件等，在事实认定、法律适用、案件处理等方面存在较大争议，或者有重大影响，需要当面听取当事人和其他相关人员意见的，可以召开听证会。

2020年以来，检察机关累计对21.6万余案件组织召开了听证会，实现了“四大检察”“十大业务”的全覆盖。公开听证有力促进了司法公开公正，有利于释法说理、化解社会矛盾，更好地实现司法为民的宗旨。

特别是，各级检察院检察长带头示范主持听证会，把办案的过程“晒出来”，把办案处理依据“亮出来”，以人民群众看得见、听得懂的方式进行释法说理。

据悉，2020年以来，最高检院领导就15件重大疑难案件主持了听证，如福建有一个刑事申诉案件，民事和刑事交织，十分疑难复杂。最高检检察长张军主持召开听证会，和申诉人、被不起诉人及其代理律师深入地进行交流沟通、释法说理。听证会后，申诉人和被不起诉人签署了《执行和解协议》，真正实现了息诉罢访、“案结事了人和”的效果。

地方三级检察院组织的听证会当中，由检察长主持的占10.2%，极大地提高了矛盾纠纷的化解率。2021年，全国检察机关听证案件防范和化解矛盾纠纷率达到了95.6%，许多长年没有解决的案件得以顺利办结。

（载中华人民共和国最高人民检察院网，孙风娟）

8月12日

中央依法治国办有关负责同志就《关于进一步加强市县法治建设的意见》答记者问

中央全面依法治国委员会印发了《关于进一步加强市县法治建设的意见》（以下简称《意见》）。中央依法治国办有关负责同志就《意见》的有关情况回答了记者提问。

问：请介绍一下《意见》出台的背景和意义。

答：以习近平同志为核心的党中央高度重视基层法治建设。习近平总书记指出，“全面推进依法治国，推进国家治理体系和治理能力现代化，工作的基础在基层”，强调要“更加注重系统观念、法治思维、强基导向”，“更加重视基层基础工作，充分发挥共建共治共享在基层的作用，推进市域社会治理现代化”，为基层法治建设指明了前进方向，提供了根本遵循。2020年，中央全面依法治国工作会议对加强基层法治建设作出重要部署。《法治中国建设规划（2020—2025年）》《法治政府建设实施纲要（2021—2025年）》和《法治社会建设实施纲要（2020—2025年）》，对基层法治建设任务提出明确要求。加强市县法治建设，是确保全面依法治国各项部署要求在基层落地落实的关键，是推进基层治理体系和治理能力现代化的重要保障。习近平总书记指出，“县域是推进国家治理体系和治理能力现代化的重要一环”，并强调“县一级工作做好了，党和国家的全局工作就有了坚实基础”。市域具有地方立法权、相对完备的行政权、司法权，在地方法规政策研究制定、法治领域改革创新、资源力量整合调配等方面担负着重要职责。加强基层法治建设，必须以加强市县法治建设为着力点。为深入贯彻落实习近平总书记重要指示精神和党中央决策部署，中央依法治国办在深入调研论证、广泛征求意见、反复修改完善基础上，起草形成《意见》送审稿，经中央全面依法治国委员会会议审议通过，并报中央领导同志批准后，印发实施。

制定实施《意见》，是推动习近平法治思想学习贯彻在基层走深走实的重要抓手，是打通党中央全面依法治国决策部署在基层落实“最后一公里”的有效途径，是抓实市县法治建设重点任务、切实解决人民群众反映强烈的基层法治建设突出问题的有力举措，对于提升市县法治工作能力和保障水平，增强人民群众在法治领域的获得感幸福感安全感，夯实全面依法治国基层基础，促进提升基层治理体系和治理能力现代化水平具有重要意义。

问：《意见》提出的加强市县法治建设的主要目标是什么？

答：《意见》提出的主要目标是力争通过5年时间的努力，党领导市县法治建设的制度和工作机制更加完善，市级立法质量明显提高，市县政府行为全面纳入法治轨道，执法司法公信力进一步提升，领导干部运用法治思维和法治方式深化改革、推动发展、化解矛盾、维护稳定、应对风险的意识和能力明显增强，市县法治工作队伍思想政治素质、业务工作能力、职业道德水准明显提高，群众法治素养和基层社会治理法治化水平显著提升，全社会尊法学法守法用法的浓厚氛围进一步形成。

问：《意见》的主要内容有哪些？

答：《意见》由四个部分组成：第一部分总体要求，包括市县法治建设的指导思想、工作原则、主要目标；第二部分完善党领导市县法治建设制度和工作机制，主要从牢牢把握正确方向，发挥依法治市、县委员会作用，规范委员会协调小组运行，加强委员会办公室建设，建立乡镇（街道）法治建设领导体制和工作机制等方面提出具体措施；第三部分全面深化市县法治建设工作，主要围绕服务市县经济高质量发展、维护基层安全稳定、服务保障和改善民生，以及提升立法、执法、司法、普法和依法治理水平，提出市县法治建设的主要任务举措；第四部分加强组织保障，主要从组织领导、力量保障、信息技术、工作联动等方面作出安排。

问：请介绍一下《意见》在加强党对市县法治建设的领导方面提出的重要举措。

答：党的领导是社会主义法治最根本的保证。《意见》围绕健全完善党领导市县法治建设的制度和工作机制，提出以下举措。一是明确市县党委抓法治建设的具体措施。《意见》要求把习近平法治思想作为市县党委理论学习中心组集体学习重点内容，作为市县党校（行政学院）和干部学院重点课程，开展市县法治工作部门全战线、全覆盖培训轮训，切实筑牢思想根基。明确提出“三个纳入”，即市县党委要将法治建设纳入地区经济社会发展规划和重点工作，将党政主要负责人履行推进法治建设第一责任人职责情况纳入年终述职内容，将法治建设情况纳入市县党政领导班子和领导干部考核内容，推动市县党委把方向、管大局、作决策、保落实职责落到实处。二是切实发挥市县党委法治建设议事协调机构职能作用。《意见》就依法治市、县委员会及其协调小组、办公室的工作职责、运行机制等作出具体规定。明确依法治市、县委员会要在市县党委及其常委会领导下，履行对本地区法治建设牵头抓总、运筹谋划、督促落实的职能。明确协调小组要立足专门领域法治工作协调职责，整合优化力量和资源，推动委员会决定事项和工作部署在本领域的落实。明确办公室要协调法治工作部门研究本地区法治建设重大问题，研究处理有关方面向委员会提出的重要法治工作事项及相关请示，组织推动法治政府建设，开展法治督察检查，统筹、协调、督促、推动有关方面落实委员会决定事项和工作部署。明确要统筹法治工作部门编制，充实加强依法治市、县委员会办公室专门工作力量，确保有专人干事、高效规范运转，切实发挥职能作用。三是建立乡镇（街道）法治建设领导体制和工作机制。考虑到乡镇（街道）法治工作是全面依法治国的“神经末梢”，《意见》以规范市县法治建设为基础，同时延伸至乡镇（街道）。明确乡镇（街道）党（工）委要加强组织领导和统筹协调，将乡镇（街道）法治建设作为重点任务纳入基层治理总体格局。明确依托乡镇（街道）司法所具体负责协调推进、督促检查乡镇（街道）法治建设工作，确保基层法治建设的系统性、整体性、协同性。

问：围绕服务和保障经济社会高质量发展，《意见》就市县法治建设作出了哪些部署？

答：《意见》紧扣把握新发展阶段、贯彻新发展理念、构建新发展格局、推动高质量发展的要求，着眼于发挥法治固根本、稳预期、利长远的重要作用，对市县法治建设服务和保障经济社会高质量发展作出部署。一是着力服务市县经济高质量发展。《意见》围绕优化营商环境，推动“放管服”改革落地，加强乡村振兴法律服务和法治保障等方面提出一系列法治工作举措，更好发挥法治建设对市县经济高质量发展的引领、规范和保障作用。二是着力维护基层安全稳定。《意见》从坚持和发展新时代“枫桥经验”，强化诉源治理，做好多元纠纷化解工作，常态化开展扫黑除恶斗争，加强网络综合治理等方面作出部署，努力让城乡更安宁、群众更安乐。三是着力服务保障和改善民生。《意见》提出，围绕群众在民生领域的法治需求，市县执法司法部门要开通“绿色通道”，并对推进公共法律服务网络全覆盖、流程全规范，加大对弱势群体法律援助和法律服务力度，加强关系群众切身利益的案件办理工作，加大重点领域执法力度等作出部署，用法治保障人民安居乐业。

问：在提高市县法治工作能力水平方面，《意见》提出了什么样的举措？

答：在服务保障高质量发展的同时，法治工作自身也要实现高质量。《意见》着眼于全面提升市县立法、执法、司法、普法和依法治理水平，提出一系列任务举措。一是提升地方立法和规范性文件制定科学化水平。《意见》围绕推进设区的市立法精细化建设，依法治市（州）委员会做好对同级人大常委会立法计划、政府立法计划的审议工作，完善立法调研论证、意见征集、风险评估、立法听证等制度，市县政府加强行政规范性文件制定和监督管理，加强备案审查工作等作出部署，着力提高工作质效。二是提高市县政府依法决策、依法行政水平。《意见》明确市县政府要制定细化法治政府建设目标任务、步骤安排和具体举措，依法制定市县政府重大行政决策事项年度目录并予以公开，并对“十四五”时期实现市县党政机关公职律师工作全覆盖，推进乡镇（街道）决策事项合法性审查全覆盖，健全守信践诺机制等作出部署，促进基层政府依法行政。三是深化执法体制机制改革。《意见》提出，推进县（市、区、旗）“局队合一”体制改革，乡镇（街道）逐步实现“一支队伍管执法”，完善审批、监管、处罚等衔接机制，强化乡镇（街道）在执法中统一指挥和统筹协调职责，赋予其在工作考核、人员管理等方面更大权限，加强行政执法协调监督，整治执法不严格不规范不公正不文明等突出问题。四是深入推进公正司法。《意见》围绕严格落实立案登记制度，深化司法公开，健全适应基层特点的有序放权与依法监督相结合的监督管理机制，加强市县人民法院执行工作，加强市县人民检察院监督能力建设，推进刑事案件律师辩护、值班律师法律帮助全覆盖等作出部署，着力提高市县司法公信力。五是深化普法和依法治理。《意见》提出，将学习宣传习近平法治思想作为基层普法工作首要任务，推动习近平法治思想深入人心，并对持续深入开展宪法宣传教育活动，深入开展民法典等法律法规普及工作，广泛开展群众性法治文化活动，创新普法形式和载体，深化法治乡村建设等作出部署，促进提高基层依法治理水平。

问：为抓好《意见》贯彻落实，如何加强组织保障？

答：为确保加强市县法治建设各项任务落实到位，《意见》在加强组织保障方面主要提出以下举措。一是加强市县法治建设组织领导。《意见》明确各级党委和政府要切实扛起政治责任，研究解决法治建设重大问题，并从推动落实党政主要负责人履行推进法治建设第一责任人职责、发挥考核评价“指挥棒”作用等方面，强化市县党委对法治建设的领导。明确各级组织、编制、财政、人力资源社会保障等部门要健全完善人员保障、经费支持向基层一线倾斜的政策措施。二是强化市县法治建设力量保障。《意见》对加强设区的市、自治州立法工作队伍建设，统筹调配人员和资源力量，推动执法司法人员编制向基层和办案一线倾斜，优化人民法庭、检察室、公安派出所、司法所等派出机构建设，加强市、县、乡法治工作人员培训轮训等作出部署，加强基层法治工作力量，提高政策保障水平。三是加大信息技术在市县法治建设中的应用。《意见》围绕推动行政执法平台和执法监督平台应用向县乡延伸，加大远程视频、电子卷宗、智能辅助等科技创新手段的应用力度，整合执法司法数据资源等提出一系列务实举措，着力提升市县法治建设质效。四是强化法治工作统筹联动。《意见》提出，统筹市县执法司法部门力量，建立健全部门工作联动机制，并对健全行政执法和刑事司法衔接机制，推动“两法衔接”信息平台建设和应用向市县延伸，将普法宣传与立法、执法、司法、法律服务紧密融合等作出部署，提高市县法治工作协同水平。

（载中华人民共和国司法部网，责任编辑：朱剑）

10 月 19 日

党的二十大新闻中心举行第三场记者招待会 介绍建设更高水平的法治中国有关情况

党的二十大新闻中心于 19 日上午举行了第三场记者招待会。中央政法委副秘书长闾柏，最高人民法院分管日常工作的副院长贺荣，最高人民检察院分管日常工作的副检察长童建明，公安部副部长许甘露，司法部副部长左力 5 位二十大代表，围绕“坚持以习近平法治思想为指引 努力建设更高水平的法治中国”主题向中外记者介绍了有关情况，并回答记者提问。

习近平法治思想引领法治中国建设开创新局面

闾柏说，党的二十大报告对坚持以习近平法治思想为指引，深入推进法治中国建设作出重大决策部署，为新时代推进全面依法治国、建设社会主义法治国家指明了前进方向。

闾柏介绍，党的十八大以来，在习近平法治思想的指引下，法治中国建设领域取得了五项重要的成就。

第一，社会主义法治国家建设深入推进。在党的历史上，第一次召开中央全会专题研究部署全面依法治国，第一次组建中央全面依法治国委员会，第一次召开中央全面依法治国工作会议。

第二，全面依法治国总体格局基本形成。制定法治中国建设规划、法治政府建设实施纲要、法治社会建设实施纲要，全面依法治国的顶层设计不断完善，系统性、整体性、协同性不断增强。

第三，中国特色社会主义法治体系建设加快推进。截至今年 9 月底，现行有效法律有 293 件，行政法规有 598 件，地方性法规有 13000 余件。

第四，司法体制改革取得重大进展。司法机关 85% 的人力资源集中到了办案一线，结案率上升了 18%。

第五，社会公平正义法治保障更为坚实。法律面前人人平等保障机制不断完善，人权法治保障显著加强，严格规范公正文明执法水平不断提高。

闾柏说，下一步，努力建设更高水平的法治中国要重点抓好 4 件事：完善以宪法为核心的中国特色社会主义法律体系；全面推行政府权责清单制度、行政裁量权基准制度，加强执法监督体系和能力建设，用法治给行政权力定规矩、划界限；严格公正司法，健全侦查权、检察权、审判权、执行权相互配合、相互制约的体制机制；加快建设法治社会，完善现代公共法律服务体系，深入实施“八五”普法规划。

司法公信力不断提升

贺荣表示，新征程上，人民法院将重点在五个方面持续推进工作：坚决维护国家安全和社会稳定，落实统筹发展和安全，依法惩治犯罪、保护人民、定分止争、化解矛盾；服务经济社会高质量发展，坚持对国企民企、内资外资、大中小微企业一律平等保护；依法保障人民群众合法权益，公正高效审理教育、就业、养老、住房、婚姻等涉民生案件，巩固“基本解决执行难”成果；严格公正司法，弘扬社会主义核心价值观，加强纠纷实质性化解；深化司法体制综合配套改革，在全面准确落实司法责任制上下功夫，把党的二十大部署的加快建设公正高效权威的社会主义司法制度落实落细，努力让人民群众在每一个司法案件中感受到公平正义。

保护知识产权就是保护创新。贺荣说，党的十八大以来，人民法院坚持严格依法保护知识产权，有力服务创新驱动发展和科技强国建设。一是司法保护的范围和力度不断加大。目前，知识产权审判范围已经涵盖专利、商标、著作权、商业秘密、集成电路布图设计、植物新品种、地理标志等权利保护以及不正当竞争、垄断行为规制等相关案件。二是激励创新创造的能力和效果更加彰显。依法保护发明创造和创新主体合法权益，服务高水平科技自立自强。加强反垄断和反不正当竞争司法，维护公平竞争市场秩序。三是专业化审判体系和保护机制进一步完善。充分发挥最高人民法院知识产权法庭和北京、上海、广州、海南自由贸易港4个知识产权法院，以及各地知识产权法庭职能作用，完善行政执法和司法衔接机制。四是司法保护的国际影响力持续提升。依法平等保护中外权利人合法权益，履行国际条约义务，与世界知识产权组织等深化交流合作，向世界传递我国严格保护知识产权的鲜明立场。

加强检察机关法律监督工作

童建明说，检察机关在保持对严重刑事犯罪从严追诉的同时，认真贯彻宽严相济刑事政策和少捕慎诉慎押刑事司法政策，充分适用认罪认罚从宽制度，增进社会和谐。刑事案件诉前羁押率从2012年的69.7%下降至今年前9个月的28.3%。秉持客观公正立场，办理“昆山反杀案”等一批有影响性的正当防卫案件，向社会彰显“法不能向不法让步”的理念，鼓励公民见义勇为、弘扬社会正气。

在强化对诉讼活动的法律监督方面，童建明表示，最高检会同公安部建立侦查监督与协作配合机制，目前已建立了3600多个协作办公室，促进监督更有力、配合更顺畅。2013年至今年9月对认为确有错误的刑事、民事、行政裁判，提出抗诉11.9万件。创新巡回检察工作机制，改进对监狱刑罚执行活动的监督。

童建明介绍，检察机关提起公益诉讼制度实施五年来，共办理公益诉讼案件71万多件，平均每年14万多件。公益诉讼立法这些年也在不断地完善：2017年民事诉讼法、行政诉讼法修改时，确定检察机关可以提起公益诉讼的有4个领域，包括生态环境和资源保护、食品药品安全、国有财产保护、国有土地使用权出让；2018年以来，全国人大常委会修改、制定相关法律时，又进一步增加了8个新领域，包括英烈权益保护、未成年人保护、军人荣誉名誉权益保障、安全生产、个人信息保护、反垄断、反电信网络诈骗、农产品质量安全等。

严厉打击侵害人民群众生命财产安全的各类违法犯罪

许甘露表示，党的十八大以来，全国公安机关扎实推进平安中国、法治中国建设，严密防范、严厉打击敌对势力的渗透颠覆捣乱破坏活动，严厉打击侵害人民群众生命财产安全的各类违法犯罪，有力地捍卫了国家安全，维护了社会安定，保护了人民安宁。

许甘露介绍，我国是命案发案率最低、刑事犯罪率最低、枪爆案件最少的国家之一，每10万人口的命案是0.5起。10年来，刑事案件、安全事故等“五项指数”大幅下降。2021年，杀人、强奸等八类主要刑事犯罪、毒品犯罪、抢劫抢夺案件、盗窃案件的立案数和一次死亡3人以上的较大的交通事故数较2012年分别下降了64.4%、56.8%、96.1%、62.6%和59.3%。

许甘露说，在为经济持续健康发展创造安全稳定的社会环境的同时，全国公安机关坚持以人民为中心的发展思想，围绕与人民群众出行办事息息相关的“身份证”“驾驶证”“出入境证件”三大证件，率先推出了“网上办”“异地办”“一门通办”“全国通办”。一系列惠民利企的政策举措极大便利了广大群众的学习、工作、生产和生活，近5年来累计为群众节省和减负的成本达到了2200亿元，惠及亿万人民群众。

扎实推进司法行政工作取得新的成效

司法部党组成员、副部长左力说，在推进新时代全面依法治国和司法行政工作中，司法部重点聚焦行政立法、行政执法、刑事执行、公共法律服务“四大职能”，进一步扎实推进司法行政工作，取得新的成效。

左力介绍，一是加快完善依法行政的制度体系，深入推进科学立法、民主立法、依法立法，推动优化营商环境条例等一大批重要行政法规的制定和修改，全面开展法规规章的备案审查和专项清理工作。二是切实推进严格规范公正文明执法，推动“减证便民”清理证明事项2.1万多项，同时加强了行政复议的监督，十年来各级行政复议机关办理了行政复议案件190多万件，案件的纠错率平均达到13.6%。三是依法加强监督管理，推进了监狱工作标准化规范化法治化建设，全面排查减刑、假释、暂予监外执行案件，健全案件办理责任制。四是坚持法治为民宗旨，基本建成了覆盖城乡的公共法律服务网络。

左力表示，将围绕保障和促进社会公平正义，努力以高质量立法保障高质量发展、推动全面深化改革、维护社会大局稳定，更好发挥法治固根本、稳预期、利长远的保障作用。

130余家媒体的200余名境内外记者参加了记者招待会。

（载新华网，刘奕湛、白阳、熊丰、齐琪、申铖）

第三节　文告

3月2日

中央依法治国办关于法治政府建设实地督察发现的典型经验做法的通报

为深入学习宣传贯彻习近平法治思想，进一步压紧压实法治建设责任，持续推进法治政府建设，中央依法治国办部署开展了法治政府建设督察，对北京、天津、吉林、安徽、湖南、广东、重庆、宁夏8省（区、市）进行了实地督察。从督察情况看，各地党委和政府将深入学习宣传贯彻习近平法治思想和中央全面依法治国工作会议精神作为重要政治任务，推动习近平法治思想和党中央关于全面依法治国的决策部署落地落实。在实地督察中发现，有关地区充分结合本地实际，深化法治政府建设实践，在服务经济社会发展、完善依法行政制度体系、推进行政执法智能化建设、创新基层社会治理模式、依法化解矛盾纠纷等方面探索形成了一批好的经验做法。

为进一步发挥典型经验做法的引领示范作用，现对“北京市出台接诉即办工作条例　法治为民驶入快车道”等8个典型案例予以通报。各地区各部门要坚持以习近平新时代中国特色社会主义思想为指导，全面贯彻党的十九大和十九届历次全会精神，深入学习贯彻习近平法治思想，深入学习领会“两个确立”的决定性意义，进一步增强“四个意识”、坚定“四个自信”、做到“两个维护”，提高政治判断力、政治领悟力、政治执行力，在把握新发展阶段、贯彻新发展理念、构建新发展格局中，扎实推进法治政府建设率先取得突破，为全面建设社会主义现代化国家、实现中华民族伟大复兴的中国梦提供坚强法治保障，以实际行动迎接党的二十大胜利召开。

北京市出台接诉即办工作条例
法治为民驶入快车道

北京市聚焦人民群众新需求、新期待，及时把党的路线方针政策通过法定程序转化为法律制度，推动接诉即办立法，出台《北京市接诉即办工作条例》，以法治方式固化改革成果，不断提升法治为民水平。

一是坚持人民至上，突出法治为民。接诉即办立法自始至终贯彻以人民为中心的发展思想，体现鲜明人民立场，将“人民至上”理念贯穿全过程、各方面。通过明确接诉即办职能定位、范围边界、各方权责，坚持做到整体响应、全面接诉，充分保障诉求人权利，推行以群众评价为基础的考评制度，把为民服务从宗旨理念变成各级各部门和党员干部必须履行的法定义务。例如，规定诉求人有提出诉求、自主选择诉求提出方式、了解和评价诉求办理情况、提出诉求不受非法干预等权利；明确“全面接诉”，不搞诉求人实名制、不搞黑名单，体现了公正文明、服务为民的价值取向。

二是固化改革成果，强化法治保障。着眼基层治理体制机制创新，通过立法将改革实践中证明行之有效、人民群众满意的经验，上升为地方性法规，完善诉求分类处理、限时办理、协同办理、分级分类考核等全流程工作机制，确定主动治理、多元治理、数据治理等改革方向，形成从诉求接收到考核评价全过程闭环的规范体系，固化基层治理成熟经验和运行机制，以制度刚性进一步厘清权责，以“制度力量”壮大“实践力量”。

三是加强实践探索，持续深化改革。积极回应人民群众新要求新期待，围绕基层反映的突出问题，针对实践中发现的不足，如受理边界不清、恶意和不合理诉求、基层权责不对应、社区办理压力大、央地军地协同难等，从立法层面作出规定，为深化改革注入强劲动力。同时，接诉即办本身就是改革探索的过程，条例从“小切口”入手，对已经成熟的制度机制进行总结固化，在一些操作层面对于尚需探索的领域作出原则性规定，为下一步深化改革留有空间。

天津市实行“优差双评”
实现执法队伍“五个有力提升”

为深入推进严格规范公正文明执法，有力整治执法不作为乱作为问题，天津市开展行政执法“典型差案”评查和“示范优案”评选工作，评查工作取得积极成效，努力实现执法队伍担当作为精神面貌、服务群众宗旨意识、业务素质能力本领、严格依法履职水平、扎实细致工作作风“五个有力提升”。

一、坚持问题导向，创造性开展评查工作。聚焦行政执法过程中的各种痛点、难点、堵点，坚持双管齐下，实行“典型差案”和“示范优案”同步评查，通过“示范优案”及时总结行政执法工作中的典型经验和创新做法，实现正向引领，通过“典型差案”及时发现并纠正行政执法工作中存在的问题和短板，实现反向鞭策，切实规范执法行为、提升执法能力。

二、坚持建章立制，建立评查工作体系。一是建立评查组织机制。成立“典型差案”评查和“示范优案”评选工作领导小组，统一领导全市的案件评查工作。二是建立案例征集机制。突出重点执法领域，覆盖市区镇（街）三级，通过媒体监督、纪检问责、法治督察等渠道，实现案例征集多领域、多层级、多渠道。三是建立案例审查机制。组建线索核查和案例审查组，对线索进行多方核查，对案例进行全面审查。四是建立专家评审机制。组建专家评审智库，由20余名评审专家对候选案例逐一评审打分，推荐提出建议案例。五是建立案例审批机制。组织召开专题会议，通报评查情况，逐件讨论案例。最后，由评查领导小组会议审议确定“典型差案”和“示范优案”。

三、坚持以评促改，加强评查结果运用。一是抓好传达通报。向全市印发行政执法“典型差案”和“示范优案”，组织全市各区各部门通过党委（党组）会议、专题会议、业务培训等方式，对案例进行传达通报。二是抓好差案整改。明确整改部门、整改目标和整改时限，强化跟踪督办，确保整改实效。三是抓好学习培训。将“典型差案”和“示范优案”纳入各类执法培训重要内容，深入开展警示教育。四是抓好总结提升。发掘“示范优案”中的创新点和闪光点，提炼总结升华好的经验做法，健全完善执法工作标准规则，打通了行政执法与行政复议、行政应诉工作的有效衔接，倒逼行政复议和行政应诉工作质效提升。

吉林省强化法治保障
依法保护黑土地这一“耕地中的大熊猫”

吉林省深入学习贯彻习近平总书记关于保护利用好黑土地一系列重要指示精神，以法治建设为黑土地保护夯基垒台、保驾护航，努力推动黑土地保护取得实效，走出了一条黑土地保护的法治之路。

一是提高政治站位，坚决扛起政治责任。强化党的领导，从构建国家生态屏障、维护国家粮食安全的高度，将黑土地保护工作摆在重要位置，成立黑土地保护工作领导小组、黑土地保护专家委员会，设立黑土地保护管理机构和黑土地质量保护监测中心，建立黑土地保护“田长制”，把保护责任落实到田间地块、落实到基层组织，形成党政主要领导亲自挂帅、专业人员科学指导、领导小组牵头抓总、业务部门专事专管、基层组织一线保护的工作格局，进一步压实了责任。

二是强化法治理念，严格依法实施保护。出台《吉林省黑土地保护条例》，印发《关于建立吉林省环境治理司法协同中心联席会议机制的意见》《吉林省环境治理司法协同中心2021年工作计划》，制定《关于建立生态环境损害赔偿制度与检察公益诉讼制度衔接机制的若干规定》，为包括黑土地在内的生态环境和资源保护工作提供制度保障。强化执法司法配合，高压打击涉及黑土地违法犯罪行为，2021年，查处破坏黑土资源犯罪案件18起，扣押黑土21万余立方米，涉案价值1700余万元。开展黑土地保护检察监督专项行动，2020年9月以来，刑事检察机构批准逮捕17件20人，审查起诉131件141人，发出社会治理检察建议2份；公益诉讼检察机构立案374件，发出诉前检察建议286件，提起公益诉讼28件，黑土地保护利用工作进入法治化轨道。

三是坚持智慧法治，提升依法保护能力。综合运用互联网、大数据、人工智能、新兴媒体等技术手段，在黑土地保护上实现法治和智治融合。建立吉林省黑土地（耕地质量）大数据平台，完善49个标准化县域空间数据库和属性数据库，涵盖耕地质量长期定位监测点199个、土壤墒情自动监测站235个。利用“卫星遥感”“大数据+无人机”等科技手段，全力提升打击破坏黑土资源犯罪活动的预知预警能力。积极推行智慧普法，创新精准普法、互动普法、短视频普法等形式，广泛宣传有关黑土地保护的法律法规、政策措施及科学知识，动员全社会积极参与、共同保护黑土地资源。

马鞍山市用法治力量护航“十年禁渔”推进长江流域生态保护

安徽省马鞍山市委市政府深入贯彻落实习近平法治思想，用法治力量推进国家“十年禁渔”的决策部署落实落地，决定自2019年7月1日至2030年12月31日，在马鞍山江段及主要通江支流禁止一切渔业捕捞行为。目前，禁渔效果初显，鱼类规模和资源密度是禁渔前的1.5倍和2倍，长江刀鱼种群已恢复至禁渔前的4倍，江豚等稀有鱼种频现马鞍山江段。

一、坚决拧紧工作责任阀。马鞍山市委市政府认真贯彻中央和省决策部署，坚决落实主体责任，把“十年禁渔”作为筑牢长江生态安全屏障的重要举措，成立由市委书记、市长任“双组长”的长江禁捕退捕工作领导小组，统一领导全市长江禁渔各项工作。完善“周通报月调度”、包保联系指导和明察暗访等工作机制，将长江禁捕退捕纳入政府绩效目标、河湖长制、实施乡村振兴战略实绩等考核范围，进一步明确重点任务，压实工作责任。

二、全力提升行政执法效能。一是深入推进农业综合行政执法体制改革。市县两级增加长江禁渔专项执法行政编制85个、事业编制522个，打破原有分工界限，瞄准执法重点，灵活调配执法人员参与3月长江刀鱼繁育旺季等阶段性禁渔执法工作，有效解决了关键时段、关键领域执法人员局部性紧缺的问题。二是全面提升行政执法能力。实施大练兵机制，开展政治练兵、技术练兵、实战练兵等“六大练兵”和法律素养提升、体能拓展、技术攻关应用等十大行动，推进行政执法练战结合，执法人员办案技能全面提升。三是大力推进执法监管信息化建设。创设渔政信息化监管平台，推进智能化监管，布点建设4个雷达、35个高清光电，配备无人机2架，通过全天候监测、视频联动取证、快速追踪处置等信息化应用，实现禁捕水域监控全覆盖。四是加强行政执法办案规范化管理。规范农业行政执法处理流程，制定细化“三项制度”规定、船长职责、执法人员问责规定、巡航制度等各类制度规范36项，建立执法人员“日常考核+执法考评”机制，加强对禁渔执法的刚性约束。

三、严格依法打击非法捕捞。渔政执法机构与水上公安、禁渔区派出所建立健全联合执法机制，加大禁渔期内的执法检查力度，形成20分钟内快速反应、1小时内联合出警模式，严厉打击

“电毒炸”“绝户网”捕捞等非法作业方式。自2020年7月以来，全市共查处相关行政案件201起，立案侦办刑事案件120起，抓获刑事犯罪嫌疑人131人。此外，马鞍山市还出台禁渔领域“两法衔接”证据标准、程序规则和案件移送机制，建立长江生态法庭和驻长江检察室，实现了渔政执法与法院审判、检察监督的有效衔接。

四、织牢转产渔民生活保障网。出台《马鞍山市退捕渔民安置保障政策实施细则》，依法明确规范各种保障政策及各类补贴，健全退捕渔民安置保障政策体系。一是完善结对帮联机制，县乡村干部对所有退捕渔民开展“一对一”结对帮联，推进精准帮联和全过程服务。二是开发设置公益性岗位，兜底安置就业困难渔民，实现“零就业”家庭动态清零。三是壮大“捕转养”示范园区，支持退捕渔民发展涉渔产业，扩大产业就业空间。四是开展大水面生态增养殖试点，吸纳退捕渔民参与资源养护，有效实现转产渔民从“有生计”到“能致富”的转变，退捕渔民的转产就业率、参保率均动态实现100%。

湖南省汝城县创新“一约四会”基层社会治理新模式

湖南省汝城县坚持党建引领，弘扬“半条被子精神”，密切党群关系，创新“一约四会”（村规民约、“屋场会”、互助会、理事会、履约评议会）基层治理模式，形成有事大家商、困难大家帮、村庄大家管的基层治理新格局。

一是村规民约规范言行。充分挖掘“古祠堂之乡”文化底蕴，全县226个村（社区）依托祖训族规、家教家风，积极融入社会主义核心价值观，广泛征求意见，并由法律专业人员进行合法性审核，依法制定了村规民约和居民公约，用以规范、约束村（居）民言行，用“小村规”实现“大治理”。

二是“屋场会”议大事。坚持“日访夜谈”，有事大家商量着办，采用“屋场会”的形式，问计策、话变化、访民情、化纷争、解民忧。村民们会聚祠堂、屋场，乡村干部、人民调解员与群众一道同沐党恩，共商大事，讲出疑惑，化解纷争。大家“当面锣、对面鼓”谈体会，梳理群众的操心事、烦心事，商议解决问题的金点子、好想法，共同推动问题化解，促进乡村振兴。

三是“互助会”议好事。坚持党建引领，各行政村组建成立“互助会”，积极吸纳本村知名人士、经济能人、致富带头人、党员组长等爱心人士自愿加入。互助会通过微信群进行交流、组织活动，让村民主动参与到互助和自治中来，把在家在外的人聚集在一起，把全村群众的心凝聚在一起，遇有困难，“互助会”会第一时间发布互助信息，第一时间解决问题。

四是“理事会”议难事。推举德高望重的村民、热心公益事业的党员群众组成理事会，瞄准村庄建设、产业发展、便民服务等领域，集思广益，共商共计，在管理村务大事难事方面发挥了积极作用。

五是履约评议会建立“红黑榜”。各村成立履约评议会，对村民履行村规民约情况进行评定，建立“红黑榜”张贴到村务公开栏上，红榜对村民规范建房、讲究卫生、尊老爱幼等文明行为进行表彰，黑榜对乱搭滥建、不讲卫生、不务正业等不文明行为进行批评，激发广大群众比学赶帮超的积极性，形成了做好人、讲文明、树新风的浓厚氛围，进一步融洽了党群关系。

广东省打造标准化数字执法平台推动严格规范公正文明执法

2019年，广东省启动“标准化数字执法平台”工程建设，主要推动建设三库三平台，“三库”即法律法规库、执法事项库、执法主体及人员库，“三平台”即执法办案平台、执法监督平台、执法公示平台。这一工程推动实现省、市、县（市、区）、乡镇（街道）四级行政执法主体的执法程序网上流转、执法信息自动采集、执法活动网上监督和执法情况网上查询，着力提高行政执法网络化、智能化水平，推动严格规范公正文明执法。

一是开展网上办案，推动实现规范执法。平台将案源处理、现场勘查、资料整理、案件审批、决定送达、公示归档等法定办案流程进行固化，实现办案流程全部上线流转。执法人员只需登录“粤执法”移动办案应用系统，系统根据案件类型自动生成执法流程，指引执法人员按程序办理，包括采集录入信息、提供执法依据、生成执法文书等，有效解决因缺乏执法知识、经验和不熟悉相关法律法规造成执法不当等问题。同时，实现线上线下协同办案，处理疑难复杂案件时，现场执法人员可通过“粤执法”移动办案应用系统上传执法信息后，相关部门以及相关负责人可通过平台进行立案、审核、作出决定等，实现现场执法人员与部门工作人员之间实时业务协同、数据同步、线上流转。

二是固化执法清单，推动实现严格执法。一方面构建数字化法律法规基础数据库，收录涉及行政执法方面的法律法规共2867部，另一方面构建全省统一的执法事项基础数据库，列出全省9000多个行政执法事项，将执法事项数据库与法律法规数据库实现对接，每一个执法事项精准对应相关法律法规。执法人员在办案时，选择系统设置的某一执法事项，系统同时智能匹配相关法律法规依据，从源头保障“法无授权不可为”。同时，还构建全省统一的执法队伍及人员基础数据库，将全省5366个执法主体约15万执法人员入库并进行数字化管理，确保执法人员持证执法、主体合法。执法队伍及人员基础数据库中各单位权责清单明确，既便于主管部门对执法队伍的有效管理，也便于执法对象或群众对执法人员直接监督，督促执法人员严格执法。各个执法部门的执法平台上还设定了合理的自由裁量基准，有效杜绝执法的随意性。

三是落实“三项制度”，推动实现公正执法。标准化数字执法平台实现执法信息网上生成、执法程序网上流转、执法结果网上公示、执法效果网上监督，实现全过程执法网上可查询、可追溯、可监督，确保执法公平公正。在行政执法公示方面，将执法人员表明身份、亮证执法、告知当事人权利义务等行为，设置为执法流程中的“规定动作”，实现自动公示；在执法全过程记录方面，执法启动、信息采集、审核决定等实现网上自动生成记录并归档保存，实现执法全过程留痕；在重大执法决定法制审核方面，将重大执法决定法制审核进行流程控制，适用法核程序的行政处罚案件未经法制审核的，将无法进行下一环节办理。同时，专门设置“三项制度”专栏，对每一个执法案件的事中公示、音像记录、法制审核情况进行集中展示，既能督促提醒执法人员跟进相关工作，也便于加强对“三项制度”落实情况的监控考核。

四是推动数据共享，大幅减轻基层负担。积极推动标准化数字执法平台与“信用广东”“互联网+监管”等数据库对接，并打通法人库、人口库、电子证照库等多种数据库，推动业务数据标准融合，依托政务数据中心，实现一次共享、多处应用，切实解决数据重复填报、多头填报问题，切实为执法人员减负。同时，依托全省一体化的执法档案子系统，对执法过程产生的执法文书实现自动归档管理，形成海量行政执法数据信息。以此为基础，可便利地进行大数据分析，精准分析执法多发领域问题以及执法苗头性问题，为政府提供科学决策，堵住执法漏洞，提高执法能力和水平提供科学依据。

重庆市积极打击电信诈骗
守好群众“钱袋子”

在当下信息技术和移动互联网迅速发展的时代，电信网络诈骗案件频发，诈骗的手段和方式也是多种多样，严重损害了人民群众的财产权益，重庆市积极回应社会关切，积极打击电信诈骗，取得明显成效。

一是坚持全方位组织推动，压紧压实各方责任。重庆市委市政府高度重视反电诈工作，坚持顶层规划，研究制订《重庆市全民反诈专项行动工作方案》，统筹指挥推动反电诈专项行动各项工作。明确了29个市级单位职责任务，各区县相应成立指挥部及办公室，形成上下高效联动、各部门齐抓共管的工作局面。加强监督考核，对涉诈案件高发区县，分级落实约谈制度，切实压紧压实各方责任。

二是坚持全覆盖宣传防范，提高预警处置精准性。开展全方位宣传，将反电诈宣传纳入“八五”普法宣传内容，通过开设专栏、制作广播剧、发送警情提醒等多种形式将反电诈知识送到基层群众手中。落实重点精准宣传，结合真实案例，分析总结易受骗群体和典型骗局骗术，采取针对性宣传策略，由“大水漫灌”向“精准滴灌”转变。加大预警处置力度，动员发动广大群众，全市99.3%的镇街均建成反电诈预警劝阻队伍，并纳入网格化管理。

三是坚持全环节技术反制，形成对电信诈骗犯罪强大攻势。面对涉网新型违法犯罪，充分发挥公安机关整体优势，抽调技侦业务骨干组成专班，安排网安民警成建制进驻市反电诈中心。与金融、通信管理等部门建立快速响应和定期通报机制，涉诈线索快速移交、涉案号码和网站域名快查快处。强化技术反制手段研发，建成省际网络诈骗电话拦截防范系统、涉案网站反制系统、VOIP网络电话溯源系统等，全面提升高新技术反制能力和水平。

宁夏回族自治区坚持在法治轨道上推进基层治理体系和治理能力现代化

宁夏回族自治区深入学习宣传贯彻习近平法治思想，把基层治理作为推进全面依法治区的重要抓手，让法治成为社会共识和基本行为准则，基层治理体系和治理能力法治化、现代化水平不断提升。

一是加强社会治理立法。制定出台《宁夏回族自治区公安机关警务辅助人员条例》《宁夏回族自治区公证条例》，修改《宁夏回族自治区实施〈中华人民共和国城市居民委员会组织法〉办法》，不断加强基层治理工作地方立法保障。加强对法规规章规范性文件的立改废释工作，对全区现行有效的266件地方性法规、204件政府规章、4285件行政规范性文件进行“法治体检”，有效解决了与上位法不一致、与经济社会发展不适应的问题，切实维护法制统一。

二是严格规范权力运行。坚持执法重心下移，推进行政执法权限和力量向基层下沉，制定了乡镇权力、责任、综合执法等五张清单，将涉及民生保障、城乡管理、环境保护等83项审批服务执法事项下放乡镇（街道），切实为基层增权赋能。大力推进基层审批服务执法力量改革，在部分县区整合执法、审批、服务等职能，设置乡镇“一办两中心”（综合执法办、民生服务中心、综治中心），155项公共服务事项下沉乡镇集中办理，让群众进一扇门、办一揽子事。

三是完善公共法律服务。积极整合各类法律服务资源，实现行政村“一村一法律顾问”全覆盖。推动80%以上的大中型企业聘请法律顾问，参与企业治理和防范化解各类风险。强化鼓励引导，支持宁夏辅德、宁人等律所在西吉、红寺堡等10个法律服务资源缺乏地区县（区）设立分所并派驻律师，为基层群众提供法律服务。依托街道和社区综合法律需求调查等窗口，提供多样化公共法律服务产品，“12348”公共法律服务热线提供365天“不打烊”法律咨询服务，解答咨询99713个，群众满意率达99.8%。

四是建立纠纷多元化解机制。自治区党委依法治区办印发《关于坚持发展新时代枫桥经验进一步加强调解工作的实施意见》，建立矛盾纠纷多元化解机制，健全矛盾纠纷调处化解一站式接收、一揽子调处、全链条解决的人民调解“四张网”。探索“塞上枫桥”做法定分止争，95%以上的矛盾纠纷在基层就地化解，矛盾纠纷总量下降12.6%，综合治理实现了信访总量、刑事案件总量、八类主要刑事案件“三下降”。

（载《法治日报》2022年3月2日，第13版）

11月28日

中央全面依法治国委员会办公室
关于第二批全国法治政府建设示范地区和项目命名的决定

为深入学习贯彻习近平法治思想，不断把法治政府建设向纵深推进，加快实现法治政府建设率先突破，经中央依法治国委批准，自2019年起，中央依法治国办组织开展全国法治政府建设示范创建活动，每两年一批，梯次推进、辐射带动，树立一批批新时代法治政府建设的典范标杆，营造法治政府建设创优争先的浓厚氛围，不断把法治政府建设向纵深推进。

2021年8月，中央依法治国办启动了第二批全国法治政府建设示范创建活动。依据《关于开展2021年全国法治政府建设示范创建活动的实施方案》和《市县法治政府建设示范指标体系》（2021年版），按照客观公正、公开透明、杜绝形式主义、务求实效的原则，经过自愿申报、省级初审、第三方评估、人民群众满意度测评、社会公示等程序，经报中央依法治国委批准，决定对第二批全国法治政府建设示范地区和项目予以命名。

获得示范命名的地区要深入学习贯彻党的二十大精神，深入学习贯彻习近平法治思想，切实把示范创建转化为推进法治政府建设的常态化工作，将获得示范命名作为新的奋斗起点，常抓不懈、久久为功，努力在全国率先基本建成法治政府。各地依法治省（区、市）委要加强对示范地区和项目的宣传报道、指导监督、跟踪评估、支持保障，努力把示范地区和项目打造成经得起时间和实践检验的法治政府建设标杆；要坚持把示范创建活动同深入贯彻落实《法治政府建设实施纲要（2021—2025年）》相结合，同解决本地区法治政府建设存在的突出问题相结合，同增强人民群众法治建设获得感、幸福感、满意度相结合，加快推动本地区法治政府建设再上新台阶。新时代新征程上，让我们更加紧密地团结在以习近平同志为核心的党中央周围，以更大力度、更高标准、更实举措，扎实推进依法行政、全面建设法治政府，为在法治轨道上全面建设社会主义现代化国家作出新的更大贡献！

中央全面依法治国委员会办公室

2022年11月28日

附件

第二批全国法治政府建设示范地区和项目名单
（按行政区划排列）

一、全国法治政府建设示范市（县、区）（50个）

北京市东城区
北京市通州区
北京市延庆区
天津市和平区
河北省阜城县
山西省太原市
内蒙古自治区包头市
辽宁省沈阳市
吉林省辽源市
上海市静安区
上海市普陀区
上海市闵行区

江苏省无锡市
江苏省宿迁市
江苏省溧阳市
浙江省嘉兴市
浙江省丽水市
浙江省诸暨市
安徽省合肥市
安徽省蚌埠市
安徽省南陵县
福建省福州市
福建省晋江市
福建省武平县
江西省南昌县
山东省青岛市
山东省枣庄市
河南省洛阳市
河南省平顶山市
河南省濮阳市
湖北省武汉市
湖北省襄阳市
湖北省鄂州市
湖南省长沙市
湖南省湘潭市
湖南省常德市武陵区
广东省肇庆市
广东省佛山市顺德区
广西壮族自治区凭祥市
重庆市渝北区
重庆市沙坪坝区
四川省广元市
四川省成都市成华区
四川省仪陇县
贵州省贵阳市
贵州省毕节市
贵州省黔南布依族苗族自治州
云南省开远市
陕西省延安市
宁夏回族自治区银川市兴庆区

二、全国法治政府建设示范项目（59个）

北京市丰台区：打造基层综合行政执法规范化建设“丰台样本”

北京市石景山区：预付式消费监管创新的“石景山模式”

北京市顺义区：“2+1”创新模式带行政调解迈入快车道

北京市密云区：法治护航生态文明建设

天津市滨海新区：“一企一证”综合改革

天津市南开区：“青春与法 护航成长”的青少年法治宣传教育

河北省石家庄市：相对集中行政许可权改革

河北省围场满族蒙古族自治县：法治引领保障生态文明建设

河北省清河县：“小切口”撬动“大变化”的“鉴调一体”模式

河北省大名县：省界矛盾纠纷化解（冀鲁豫三省四县）助力共同富裕乡村振兴

辽宁省丹东市：行政复议助力打造最好法治营商环境

吉林省长春市：构建智能高效公共法律服务体系

吉林省吉林市：行政规范性文件监督管理

吉林省四平市：推进“无证明城市”改革

黑龙江省哈尔滨市松北区：深化审批制度改革打造法治化政务服务环境

上海市嘉定区：全力打造高效便捷政务服务新体系

上海市青浦区：长三角一体化示范区生态环境标准、监测、执法“三统一”机制

上海市崇明区：法治护航世界级生态岛建设的探索与实践

江苏省南通市：领先探索完善生态环境损害赔偿制度

江苏省淮安市：财政奖补资金直达市场主体机制改革

江苏省常州市新北区：“高新事·高兴办”培育一流政务服务品牌

江苏省张家港市：创新探索新时代行政执法的张家港样本

浙江省杭州市：依托城市大脑推进法治政府数字

化转型
浙江省衢州市：构建“县乡一体、条抓块统”县域整体智治新格局
浙江省宁波市江北区：政务服务“一件事”集成改革
浙江省台州市路桥区：乡镇（街道）合法性审查全覆盖
安徽省马鞍山市：长江禁捕执法规范化体系建设
安徽省芜湖市：依法兑现公共政策创优法治化营商环境
安徽省黄山市：依法推动不动产登记综合创新示范工作
福建省漳州市：新时代110警务机制改革创新
福建省三明市：打造水生态环境治理新样本
福建省南平市：厚植法治护绿根基赋能生态文明建设
江西省南昌市：重大重点项目“三大”超简审批改革
江西省景德镇市：法治护航建设陶瓷知识产权保护新高地
江西省抚州市：法治护航生态产品价值实现的创新与实践
江西省九江市浔阳区：建立多元调解服务中心打造新时代枫桥经验新高地
山东省日照市：打造“五位一体”的基层法治建设新平台
山东省聊城市：“1+3”行政应诉工作模式创新
山东省沂源县：县镇（街道）村（社区）重大决策事项合法性审查全贯通机制项目
河南省鹤壁市：创新“五位一体”服务机制持续优化法治化营商环境
河南省焦作市：人民政府常态化府院联动机制
湖北省宜昌市：创新流域水生态保护综合执法改革
湖北省随州市：建设政务服务“总客服”
湖北省恩施土家族苗族自治州：恩施州创新农民工工资支付法治保障机制
湖南省长沙县：打造严格规范公正文明的行政执法改革样板
广东省佛山市：“彻底放、智慧管、优化服”的法治化营商环境
广东省惠州市：以三大平台、三大活动推进公共法律服务提质增效
广东省中山市：打造知识产权保护和综合服务的“中山模式”
广西壮族自治区柳州市：以法治助力生态环境治理
广西壮族自治区桂林市：加强漓江生态环境保护执法打造世界级旅游城市
海南省万宁市：深化“放管服”改革优化营商环境
重庆市江北区：法治政府建设“智慧穿针、依法引线”城市管理新路径
重庆市南岸区：法治护卫赋能智创生态筑城
四川省成都市：推行和创新包容审慎监管支持市场主体健康发展
西藏自治区那曲市：建设公益化、普惠化、专业化、高效化的公共法律服务体系
陕西省西安市莲湖区：推行自然人、法人全生命周期政务服务模式
甘肃省嘉峪关市：以基础性、先导性普法工程助力“法治嘉峪关”建设
青海省格尔木市：智慧平台助力法治化城市管理
新疆维吾尔自治区福海县：社会矛盾纠纷多元化解的“乌伦古经验”

（载人民网）

12月29日

中央依法治国办关于市县法治建设工作实地督察发现的典型经验做法的通报

为深入学习贯彻习近平法治思想，加强党对全面依法治国的领导，进一步夯实全面依法治国基层基础，近期，中央依法治国办部署开展了市县法治建设工作督察，并对山西、辽宁、江苏、福建、河南、湖北、贵州、云南8个省份进行实地督察。从督察情况看，各地党委、政府深入学习贯彻习近平法治思想，推进法治建设向基层着力、从基层落实、在基层见效，市县法治建设水平不断提升。在实地督察中发现，一些地方充分结合本地实际，在推进科学立法、营造法治化营商环境、加强生态法治体系建设、推动基层依法治理、压实“关键少数”法治责任、依法保障经济社会高质量发展等方面探索形成了一批好的经验做法。

为充分发挥典型经验做法的引领示范作用，有效打通全面依法治国决策部署落地落实“最后一公里”，现对“山西省吕梁市以‘小切口、有特色’立法推动民生改善和社会治理创新”等8个典型经验做法予以通报。各地区各部门要坚持以习近平新时代中国特色社会主义思想为指导，全面学习宣传贯彻党的二十大精神，深入贯彻习近平法治思想，认真贯彻落实党中央关于全面依法治国的决策部署，学习借鉴典型经验做法，结合实际积极创新、主动作为，努力破解基层法治建设“堵点”“痛点”“难点”问题，不断增强人民群众获得感、幸福感、安全感，更好发挥法治固根本、稳预期、利长远的保障作用，在法治轨道上全面建设社会主义现代化国家。

山西省吕梁市以“小切口、有特色”立法推动民生改善和社会治理创新

山西省吕梁市注重提升立法的针对性、适用性、可操作性，积极推进“小切口、有特色”立法，6年来共制定出台地方性法规19部，有效推动民生改善和社会治理创新。

一是聚焦突出问题立法，保护生态环境。为充分发挥山西省重要生态屏障区、黄河中游重要生态涵养区功能作用，推进生态修复和保护工作，吕梁市先后制定城市绿化条例、扬尘污染防治条例、禁牧休牧条例等10部地方性法规，量化地方标准，实施生态环境损害赔偿制度和生态补偿机制，推动落实企业环保主体责任，用最严格的法规制度推动绿色发展、守护蓝天碧水净土。

二是紧贴民生需求立法，增进民生福祉。在立法项目选择上坚持民生优先，问需于民，以“小切口”立法解决大问题。出台柳林泉域水资源保护条例，规定优先保障居民生活用水、严格控制开采地下水等一系列积极性保护措施，全力保障人民群众饮用水安全。在中小学校幼儿园规划建设条例中，对新建中小学校、幼儿园布局要求、规模标准进行了明确规定，推动“办人民满意的教育”行动。制定城市道路挖掘管理条例，有效解决城市道路同一路段短时间内反复开挖、马路“拉链”屡禁不止的现象，提升城市管理服务规范化水平。

三是突出特色特点立法，保护文化遗产。吕梁市共有非遗保护项目200余项，非遗传承人330余人。针对保护投入不足、保护措施不力等实际困难，非物质文化遗产保护条例明确要求将保护经费列入政府年度财政预算，按照非遗项目及其传承人的不同等级、不同类别，采取不同的保护措施。在古树名木保护条例中实行“提级保护”，量化市县政府对古树名木的保护经费标准，在细化上位法规定基础上加强保护力度，将城市建

成区树龄在80年以上不满100年的树木和古树群纳入保护范围。

四是强化精准精细立法，确保管用实用。坚持立法不盲目追求体系结构、面面俱到，让特色条款、管用条款更加鲜明突出。吕梁市河道管理条例创设河道治理、保护、利用专章，着重发挥河道综合功能、严明河道生态保护修复责任。电梯使用安全条例细化电梯管理人、维护保养人的具体义务。禁牧休牧条例设置“特别条款”，规定在吕梁黑山羊保种基地、中阳县柏籽羊肉基地和基于乡村自然风光旅游点缀需要的景点，可由所在地人民政府林草主管部门在禁牧区域以外核定载畜量，适度放养羊只，以保护良种，营造乡村田园牧歌景色。

辽宁省
稳步推进法治化营商环境建设

辽宁省坚持以制度建设为统领，以优化政务服务为依托，从解决法治环境、信用环境的一个个具体问题做起，积小胜为大胜，稳步推进法治化营商环境建设持续向好。

一是健全制度体系，夯实法治之基。出台辽宁省优化营商环境条例、社会信用条例、企业权益保护条例等一系列法规规章，以及政务严重失信行为联合惩戒实施办法等配套文件。省委依法治省办制定出台法治化营商环境评价指标体系，从制度环境、执法环境等10个方面设定102项指标，量化评价结果纳入全省绩效考评体系。大连市创立“企业家出题、书记市长答卷”民营企业诉求办理工作机制，沈阳市铁西区健全“政府承诺、社会监管、失信问责”工作机制，浑南区建立营商环境监督员制度，全省各地优化营商环境的法规制度体系和体制机制不断健全完善。

二是优化服务供给，推进简政放权。着力破解民生堵点，优化政务服务供给。推行“证照分离”改革全覆盖，实现一般性企业开办1个工作日内完成，一般建设工程审批时限压缩到60个工作日，线性项目审批时限压缩至5个工作日；推动“一件事一次办”改革、打破部门职责边界，将困扰企业群众“多头跑、多处跑”的事项梳理整合为“一件事”，共完成出生、入学、退休、开办超市等26个“一件事”。启动“只提交一次材料”改革，打破数据壁垒和信息孤岛，919个“高频刚需”事项实现“掌上办、指尖办”。截至今年4月底，全省实有各类市场主体454.14万户，同比增长9.6%；全省新登记各类市场主体20.76万户，同比增长4.3%。

三是加强诚信建设，实现履约践诺。全面落实《辽宁省惩戒严重失信行为规定》，严格约束政府诚信行为，成立省政务严重失信行为处置专责小组，建立政府失信问题核查制度，实行台账管理，连续3年开展专项行动，坚决整治新官不理旧账、招商不诚信、承诺不兑现、违约拖欠债务等行为。2022年上半年清偿政府机关、国有企业、事业单位拖欠账款50.95亿元，兑现政府未履行承诺549条，帮助企业纾困解难，提升政府公信力。

四是狠抓问题整改，严格正风肃纪。聚焦群众反映强烈的信用、司法、执法、作风等8领域重点问题开展监督，推进问题整改。今年上半年，省纪委监委对2198件破坏营商环境问题依法立案，给予党纪政务处分1843人、移送司法机关212人。省委政法委排查整治损害法治化营商环境建设突出问题1805个。各级法院通过开展执行案款发放不及时和胜诉退费不及时专项整治，上半年盘活资产5.57亿元，审结破产重整案件38件，化解债务321.23亿元。检察机关全面推行合规考察制度，引导涉案企业合法经营，避免“办一个案件、垮一家企业”。

江苏省苏州市
以法治督察推动法治建设提质增效

江苏省苏州市以解决法治建设中的痛点、难点及堵点为重点，充分发挥法治督察的督促推动、压力传导、责任落实作用，着力推进法治建设提质增效。

一是健全制度抓督察。深刻认识法治督察是贯彻落实习近平法治思想、加强党对全面依法治国集中统一领导的重要手段，建立健全法治督察制度机制，出台《中共苏州市委全面依法治市委员会办公室督察工作办法》《关于加强法治政府建设与责任落实督察工作的实施意见》《法治政府建设与责任落实督察实施细则》《法治督察工作规程（试行）》，系统规范督察对象、内容、方式、程序、结果运用，实现“有规可依”“有章可循”。

二是压实责任抓督察。将全市党政主要负责人履行推进法治建设第一责任人职责情况列入领导干部年度考核和法治建设监测评价内容，健全法治建设考核评价制度，探索建立党政主要负责人法治建设第一责任人“履责纪实”、履职全程留痕和可回溯管理机制，压实“关键少数”推进法治建设责任。推进法治督察向纵深发展，打通基层法治建设“最后一公里”，实行市、县两级督察体制，对市级部门主要采取书面督察，对县（区）进行实地督察，推进法治督察全覆盖。

三是突出重点抓督察。坚持问题导向，系统梳理基层法治建设实际问题，紧紧围绕党委政府中心工作、法治领域突出问题和群众“急难愁盼”，科学制定督察计划，聚焦法治化营商环境、安全生产执法监管、执法规范化建设、普法责任制落实及乡镇（街道）法治建设等重点任务，先后开展综合督察 4 次，专项督察 7 次，累计发现和纠正问题 480 余个，有效提升人民群众法治建设满意度。

四是灵活方式抓督察。坚持全面督察和专项督察相结合，全面督察原则上一年两次，每年 7 月开展中期督察，主要督各级领导干部对法治建设的重视程度和推进力度；每年 12 月开展年终督察，重点督责任落实和年度法治建设任务完成情况。专项督察及时落实上级安排任务，回应人民群众在法治领域的关切，实行跟踪式、机动式、调研式、点穴式督察。同时，建立健全督察反馈、督察专报、督察通报、问责建议、跟踪问效和督察公开机制，制定问题清单、责任清单和整改清单，确保反馈问题逐项解决、逐一销号。

五是配强力量抓督察。立足能督善察的要求，从全市各级各部门抽选 168 名法学专家学者、业务骨干组建督察专员库，储备督察人才。每次实地督察均从市委依法治市委员会和 4 个协调小组成员单位抽调处级干部带队，强化业务培训，压实工作责任，明确督察标准，提出纪律要求，确保督察顺利开展。

福建省三明市
完善生态法治体系 推进生态文明建设

福建省三明市深入学习贯彻习近平法治思想和习近平生态文明思想，不断探索完善具有三明特色的生态法治体系，以生态法治体系保障、推进生态文明建设。

一是坚持科学立法，以良法夯实根基。先后出台《三明市万寿岩遗址保护条例》《三明市东牙溪和薯沙溪水库饮用水水源保护条例》等地方性法规，加强遗址保护利用和饮用水水源保护。围绕环城山体保护、建筑垃圾管理、餐厨垃圾管理、园林绿化、扬尘污染防治等生态环境保护领域，出台地方性法规 5 部、政府规章 3 部，持续织牢“法律保障网”，为生态文明建设提供充分立法支撑。

二是坚持严格执法，以监管落实守护。深入推进生态综合执法改革，组建生态综合执法局，集中水利、国土等生态管理领域行政处罚权，采取定点蹲守、跟踪取证等方式，第一时间赶赴违法行为现场，及时快速制止并予以查处，行政执法效能大幅提升。推行包容审慎监管和柔性执法，对列入生态环保监管执法“正面清单”的企业免于或减少现场执法检查，对受疫情影响较为严重的企业，区分不同情况，依法列出 9 种不予处罚、6 种减轻处罚的清单，减轻企业负担。

三是坚持公正司法，以联动扩大成效。探索建立执法司法联动机制，推广“河湖林长 + 法院院长、检察长、公安局长（警长）模式”，加强行刑衔接。将人工智能、大数据等信息科技成果同审判工作深度融合，成立水执法与云司法数助治理中心，为全市生态治理构建及时、高效、全程、严格的执法司法保护管理机制。探索“专业审判＋公益诉讼＋复绿补种”生态资源恢复性司法模式，市法院联合检察院制定《关于办理环境民事公益诉讼案件若干问题的意见》，2017年以来，审理各类环境公益诉讼案件共计70件。深入探索生态修复新模式，发出“护鸟令”“生态环境修复失信令”等共计70余份。创新“背包法庭”工作模式，深入景区林区、田间地头开展巡回审判、多元调解等活动，为当地生态环境保护提供了坚实司法保障。

四是推进全民守法，以普法根植理念。建立健全交清单、交问题、交卷子的“三交”普法工作机制，对50个重点市直部门、单位制定8类100项普法责任清单，形成部门分工负责、各司其职、齐抓共管的生态环境治理“大普法”格局。建立市县乡村四级“蒲公英”普法志愿者组织，充分利用2300余名普法志愿者的优势和资源，开展个性化、精准化、实效性普法宣传活动。全面落实“谁执法（服务）谁普法”普法责任制，在立法过程中加强普法，在生态执法司法中以案释法，推动普法责任与业务工作深度融合，不断提高全社会生态文明理念和守法意识。

河南省郑州市金水区
建立“五室一庭”行政执法保障机制

河南省郑州市金水区大胆创新，积极探索建立“五室一庭”行政执法保障机制，有效破解城管执法难题，提升城管执法质效。

一是聚焦执法问题，构建“五室一庭”保障机制。城管执法涵盖范围广，涉及民生内容多，为有效破解城管执法过程中的强制执行难、执法取证难、弱势群体管理难、部门配合协调难等突出问题，金水区建立了“五室一庭”行政执法保障机制。该机制以公安警务室、公证服务室、法律援助室、行政调解室、检察联络室和城管巡回法庭为主体架构，将法、检、警、司力量引入城管执法，形成了“公安警务做保障、公证服务维权益、法律援助重服务、行政调解化矛盾、检察联络抓监督、巡回法庭树权威”的完整闭环。

二是强化资源集约，汇聚工作合力。公安警务室针对“信息调取难、执法权有限、阻扰执法、机动车占道经营、共享单车投放过量和废旧机动车占用城市道路”等问题，配合开展执法工作；公证服务室对“现场取证难、对象确定难、文书送达难”等问题，协助执法人员开展工作；法律援助室定期无偿为群众提供法律服务；行政调解室通过开展行政调解，有效化解执法争议；检察联络室通过口头告知、检察建议、检察监督等方式，督促相关部门准确履行法定职责，城管巡回法庭负责执行非诉案件，最大限度提高执行效率。

三是压实工作责任，确保工作实效。“五室一庭”行政执法保障机制运行以来，公安警务室共参与执法374次，治安拘留20余人次，刑事拘留1人，协助提取当事人身份信息2237人次；公证服务室提供公证服务13次，法律援助室提供法律援助服务3684人次，行政调解室开展行政调解工作480次，检察联络室出具检察建议书10份，巡回法庭执行非诉案件559件。通过“五室一庭”行政执法保障机制，城市管理执法领域群众投诉、伤人事件和负面舆情等大幅减少，基本解决了城管执法过程中的突出难题，金水区城管局案件办理量、执行率均位于全省前列，无一起败诉案件。

湖北省黄冈市
探索推进行政复议“市长审案”

湖北省黄冈市探索推进行政复议工作改革创新，建立实施“市长审案”制度，有效提升行政复议办案质量，助推法治政府建设。

一是抓“关键少数”，压实工作责任。改变传统行政复议“层层报批”“以签代审”的办案方式，由市长、副市长主持行政复议案审会，相关政府部门主要负责人参与审理，被申请人等相关行政机关负责人列席旁听，让政府首长和政府部门负责人实质性参与复议案件审理，有效贯彻行政复议首长负责制，有力推动政府行政首长和部门负责人行政复议职责落到实处。在案审会上，由市长指出行政执法部门违法或不当的行政行为，让列席的被申请人“红红脸、出出汗”，起到了以案明理、以案说法的效果，让参会领导干部在案件审理中增强法治意识、锤炼法治思维、提高法治能力。2014年以来，黄冈市共有32位市长、副市长主持46次行政复议案审会，共审案159件。

二是抓关键环节，规范审理程序。出台“市长审案”制度规定和行政复议案审会程序规定，对“市长审案”会前准备、会中审议、会后督办三个关键环节做出明确规定。在会前准备环节，充分听取双方当事人的意见和诉求，必要时赴实地开展核查、举行听证会，确保案件初审质量；在会中审理环节，严格落实规定议程，充分听取专家意见，市长提出整改要求，确保案件审理公平公正；在会后督办环节，及时与被申请人沟通衔接，跟踪复议决定的执行进度和案件反映问题的整改情况，确保复议决定执行到位，审议意见落实到位。以规范程序确保办案质量，群众对行政复议的信任度、满意率不断提高。2014年以来，全市行政复议年均受案数超过200件，是改革前的6倍。

三是抓关键案件，提升办案质效。在案件遴选上，“市长审案”实行“四选”标准，即选择案情复杂、社会影响较大、群众关注度高的案件，选择对法治政府建设有益的案件，选择与民生息息相关的案件，选择对优化营商环境有利的案件，同时结合当期出席审案的市长分管领域灵活选择。案件主要集中在征地拆迁、工伤认定、市场监管等领域，占“市长审案”案件的80%以上。通过选择关键案件，解决案件多发领域的关键问题，解决人民群众反映突出的行政复议权威不高、复议决定履行难、复议程序不透明等问题，有效发挥行政复议层级监督、化解纠纷的关键作用。2014年以来，市长审理的159件案件综合纠错率达30.97%，决定履行率100%，在违建执法、违停执法、工伤认定等案件多发领域实现了“审理一案，规范一片”的效果，未发生一起对“市长审案”不满提起的行政诉讼案件。

贵州省盘州市
依法破解农村违建执法难题

贵州省盘州市制定出台《整治农村违法建房的行政执法操作指南》（以下简称《操作指南》），有效整治农村乱占耕地建房等问题，指导一线执法人员规范执法，依法破解农村违建执法难题。

一是突出问题导向，找准困难症结。近年来，盘州市农村乱占耕地建房问题频发。与此同时，农村乱占耕地建房的执法程序复杂，流程多、耗时长、资料杂，在基层执法力量薄弱，执法人员法治意识、专业素质不足的大背景下，容易出现程序违法、执法不文明不规范等问题，引发群众不满和干群矛盾，诱发大量行政诉讼，导致政府败诉。针对上述问题，盘州市委依法治市办、市司法局通过实地走访、召开座谈会等方式充分听取相关执法部门、一线执法人员、行政审判人员和群众意见，同时组织专业力量认真梳理行政处罚法、行政强制法、城乡规划法、土地管理法、公路安全保护条例等法律法规规定，结合实际对相关执法程序等进行再设计和再细化，形成《操作指南》，以市政府文件印发。

二是突出可操作性和规范化，确保务实管用。《操作指南》主要包括执法主体和行政权力的说明、发现线索处置流程、行政处罚的普通程序、行政处罚的简易程序、执法程序需注意事项、行政处罚程序流程、行政强制流程、部分单位职能分工流程图、文书模板、典型案例等10方面内容，重点是将相关法律规定系统转化为具体工作要求。每方面内容力求精准有效、简洁明了，用流程图形式直观地反映各环节应遵循的程序，提供所需的执法文书模板，并附相关典型案例，具有流程清晰、操作性强、简单易学等特点，对执法人员强化法治意识、规范执法行为具有很强的指导作用。《操作指南》还专门提出“早发现、早制止、严查处”的工作要求，争取将违法行为消除在初发阶段，避免因不作为、慢作为导致矛盾激化。

三是突出实际效果，推动落地见效。盘州市积极组织相关执法部门、乡镇（街道）一线执法人员开展学习培训，充分掌握《操作指南》内容。在整治农村违建执法过程中，推动一线执法人员对照《操作指南》，清楚地知道在哪些环节应做出什么具体行为、需要哪些文书资料、遵守什么程序。同时，加大调研指导和督促检查力度，积极推动相关执法部门和各乡镇认真落实《操作指南》，及时解决在实施过程出现的新情况、新问题。《操作指南》实施以来，受到了一线执法人员和群众的高度认可，全市相关行政诉讼一审败诉率呈逐月下降趋势，依法行政水平明显提升。

云南省
强化“三个定位”建设法治保障

云南省积极主动服务和融入国家发展战略，围绕努力建设成为我国民族团结进步示范区、生态文明建设排头兵、面向南亚东南亚辐射中心的“三个定位”，充分发挥法治引领、规范和保障作用，推动高质量发展。

一是以高质量立法推动民族团结进步示范区建设。以铸牢中华民族共同体意识为主线，坚持“慎立、善修、适时废止”原则，先后制定云南省民族团结进步示范区条例、少数民族语言文字工作条例、少数民族教育促进条例等涉民族事务地方性法规3件，民族自治地方制定单行条例68件，修改自治条例37件、单行条例32件，废止单行条例5件，以立法推动民族团结进步示范区创建深入开展，赓续民族团结精神血脉，加强民族文化保护传承。制定边境管理条例、反走私综合治理规定等法规规章，坚持“五级书记抓边防”，全面落实党政军警民合力强边固防机制，依法保障边疆巩固安宁、人民安居乐业、社会和谐稳定的良好局面。

二是以最严密法治引领当好生态文明建设排头兵。出台生物多样性保护条例、创建生态文明建设排头兵促进条例、国家公园管理条例、土壤污染防治条例、用能和排污计量监督管理办法等法规规章，有力促进全省生态环境质量改善，16个市（州）政府所在地城市空气优良天数保持在98%以上。采取“决定+条例”模式，与贵州、四川共同立法保护赤水河，创新推进地方流域共同立法工作。出台持续深化环境资源审判改革创新不断加强生物多样性司法保护的十六条措施，织密生物多样性司法保护网络。设立昆明环境资源法庭，集中管辖全省环境资源案件。建成“环境公益诉讼林”，探索建立“恢复性司法实践+社会化综合治理”的审判执行机制，判令“补植复绿”4144.9亩，补放鱼苗222万尾，收缴生态赔偿金3186.4万元，以强有力的司法保障推动生态文明建设。

三是以精细化法治护航面向南亚东南亚辐射中心建设。以制定中国（云南）自贸试验区管理办法为核心，建立健全沿边开放一揽子配套制度机制，近年来共形成276项制度创新成果，“边境地区涉外矛盾纠纷多元处理机制”入选“全国自由贸易试验区第四批最佳实践案例”。成立云南省律师协会南亚东南亚法律服务中心，建立省级涉外律师人才库，引导和支持律师事务所在老挝、缅甸、柬埔寨、泰国、斯里兰卡等国家和地区设立15家境外分支机构。搭建南亚东南亚国家检察机关人员培训平台，先后分6个批次培训越南、老挝、马尔代夫等国家检察机关人员115名。在边境一类口岸设立14个国门诉讼服务站，打造120个国门司法所、128个边境派出所，深入开展“法治宣传边关行”“法治宣传固边防”等活动，为与周边国家深化政策沟通、贸易畅通、民心相通营造良好法治环境和氛围。

（载《法治日报》2022年12月29日，第3版）

第四章 中央政法委员会

第一节 工作动态

1月1日

《中华人民共和国法律援助法》于2022年1月1日起施行

《中华人民共和国法律援助法》已由第十三届全国人民代表大会常务委员会第三十次会议于2021年8月20日通过，2022年1月1日起施行。县级以上人民政府司法行政部门应当设立法律援助机构；司法行政部门通过政府采购等方式提供法律援助；国家通过建立法律服务资源跨区域流动机制提供法律援助。法律援助机构负责受理、审查法律援助申请，指派或者安排法律援助人员提供法律援助，支付办案补贴，设置工作站点便利老百姓就近申请法律援助，派驻值班律师提供法律帮助等法律援助工作。

法律援助法作为保障公民合法权益、维护社会公平正义的一项重要制度，第一次全面系统规范了我国法律援助工作，标志着我国法律援助事业进入了制度化推进、高质量发展的新阶段，在我国法律援助工作发展史上具有里程碑意义。

1月5日

中央政法委党史学习教育总结会议召开。中央政法委秘书长陈一新作讲话，党史学习教育中央第十一指导组组长王秀峰出席会议指导

陈一新强调，通过党史学习教育，收获了“五个成功经验启示”，即必须坚持政治统领、领导带领、创新引领、举纲持领、提升本领。要认真总结这些成功经验，不断巩固拓展党史学习教育和政法队伍教育整顿的成果，争做捍卫“两个确立”、做到“两个维护”的标兵，不忘初心、牢记使命的标兵，担当作为、开拓进取的标兵，干净干事、廉洁自律的标兵，服从大局、服从组织的标兵，以优异成绩迎接党的二十大胜利召开。

王秀峰充分肯定了中央政法委党史学习教育成果。他指出，中央政法委始终以高度的政治自觉和政治责任感认真贯彻党中央部署，围绕党史学习教育的目标要求，紧密联系政法工作实际，紧扣主题主线，创新学习方式方法，优化实化举措，精心组织实施，广大党员干部积极性高、认可度高、参与度高，全方位、立体化深入学习百年党史和革命先辈英雄事迹，达到了学史明理、学史增信、学史崇德、学史力行的目标，取得了明显成效。

1月10日

新华社北京1月10日电中共中央政治局委员、中央政法委书记郭声琨9日出席北京2022年冬奥会和冬残奥会安保总指挥部第二次会议并讲话

会议要求，要切实增强做好冬奥安保工作的责任感、紧迫感，紧紧围绕如期顺利举办即成功的目标，增强忧患意识，树牢底线意识，统筹赛区内外，统筹疫情防控和安保工作，严格落实最高标准、最严措施、最周密部署，最大限度化解风险、消除隐患，以最过硬的举措打造最坚实的安全保障。要全面加强实战演练，强化完善各类方案预案和机制措施，确保各项工作“零失误”“零差错”。要全面加强社会面整体防控，切实夯实冬奥安保根基。要进一步强化责任担当，继续发扬“细致、精致、极致”作风，确保警卫安全、指挥运行、安全风险防范、整体防控、疫情防控、党建引领等各项措施落实到位。

1月15日

中央政法工作会议15日在北京召开会议以电视电话会议形式召开

这次会议主要任务是以习近平新时代中国特色社会主义思想为指导，深入贯彻习近平法治思想，全面贯彻党的十九大和十九届历次全会精神，总结工作，分析利弊，研究部署2022年政法工作。

1月20日

检察日报社主办的2021年度十大检察新闻、十大法律监督案例评选揭晓

2021年度十大检察新闻是：党中央印发《中共中央关于加强新时代检察机关法律监督工作的意见》；检察机关隆重庆祝中国共产党成立100周年及党绝对领导下的人民检察制度创立90周年，扎实开展党史学习教育，深入开展检察队伍教育整顿；第十五次全国检察工作会议召开，“十四五”时期检察工作发展规划发布；少捕慎诉慎押被确立为党和国家刑事司法政策，检察机关开展羁押必要性审查专项活动等落实落细；最高检公安部印发文件明确要求设立侦查监督与协作配合办公室，进一步提升刑事案件办理质效；最高检驻中国证监会检察室成立，加强行刑衔接惩防证券期货违法犯罪；最高检对错误关押10年以上的22件冤错案件挂牌督办，全部提出严肃追责意见；涉案企业合规第三方监督评估机制管理委员会成立，企业合规改革试点向纵深发展；最高检制发“七号检察建议”，推动寄递安全法治化治理；未成年人检察业务统一集中办理全面推开，为未成年人提供综合司法保护。

2021年度十大法律监督案例是：首次适用刑法修正案侵害英雄烈士名誉、荣誉罪新罪名，检察机关批捕“辣笔小球”；最高检直接立案办理南四湖环境公益诉讼案，环境治理取得初步成效；最高检首次直接立案办理英烈权益保护领域公益诉讼案，保护陈望道姓名肖像权益；赖小民十八大以后顶风作案致重大损失，检察机关提出判处死刑公诉意见被法院采纳；“刑事缺席审判第一案”一审开庭，河南郑州检察机关指控外逃贪官程三昌贪污300余万元；浙江杭州检察机关办理全国首例未成年人网络保护民事公益诉讼案；江西南昌检察机关提前介入引导侦查取得关键证据，劳荣枝一审被判死刑；最高检抗诉一起长达12年民间借贷纠纷案，当事人家属最终拿到执行款；湖北武汉检察机关申请没收“百名红通”人员徐进贪污受贿违法所得获法院支持；安徽检察机关起诉全国首例“自洗钱”犯罪案宣判，找人代管毒资也犯罪。

2月16日

陈一新：深学笃行习近平法治思想　更好推进中国特色社会主义法治体系建设

2022年第4期《求是》杂志刊发了中央政法委秘书长陈一新署名文章，就深入学习贯彻习近平总书记在十九届中央政治局第三十五次集体学习上重要讲话精神、更好推进中国特色社会主义法治体系建设，作出精彩阐释。

2月16日

中央政法委召开第五次市域社会治理现代化试点工作交流会

中央政法委秘书长陈一新强调，要坚持以习近平新时代中国特色社会主义思想为指导，深入贯彻习近平法治思想，充分发挥法治固根本、稳预期、利长远作用，加快推进市域社会治理现代化。

中央政法委副秘书长景汉朝、白少康、王洪祥，最高人民法院副院长贺小荣，最高人民检察院副检察长陈国庆，公安部副部长林锐，国家安全部副部长石好勇，司法部副部长熊选国，在主会场出席会议。各省、自治区、直辖市、新疆生产建设兵团党委政法委书记，以及64个试点项目认领地区的有关负责同志以视频形式在各分会场参加会议。辽宁省本溪市、山东省滨州市、重庆市南川区、云南省普洱市作交流发言，浙江省宁波市、湖南省郴州市、四川省宜宾市、新疆维吾尔自治区巴音郭楞蒙古族自治州作了书面交流。

3月1日

中共中央政治局委员、中央政法委书记郭声琨主持召开中央政法委员会全体会议，传达学习习近平总书记近期重要指示精神，研究贯彻落实意见

会议强调，要以习近平新时代中国特色社会主义思想为指导，深入贯彻习近平法治思想，全面贯彻党的十九大和十九届历次全会精神，深刻领会“两个确立”的决定性意义，增强“四个意识”、坚定“四个自信”、做到“两个维护”，坚定不移贯彻落实党中央方针政策和工作部署，以高质量政法工作服务经济社会高质量发展，以实际行动迎接党的二十大胜利召开。要深刻认识百年变局加速演进带来的风险挑战，坚持稳中求进工作总基调，增强忧患意识和斗争精神，以强烈的责任担当和务实作风完成好各项任务。要扎实做好全国两会和冬残奥会安保工作，创造安全稳定政治社会环境。要坚持把党的政治建设摆在首位，巩固深化政法队伍教育整顿成果，纵深推进全面从严管党治警，锻造忠诚干净担当的政法铁军。

会议要求，要认真学习贯彻习近平总书记在中央政治局第三十七次集体学习时的重要讲话精神，坚定不移走中国人权发展道路，坚持以人民为中心的发展思想，加强人权法治保障，维护群众合法权益和生命财产安全。

国务委员、中央政法委副书记、公安部部长赵克志，中央政法委委员周强、张军、陈一新、王小洪、陈文清、唐一军、王春宁，及贺荣、童建明、陈训秋等出席。

3月24日

全国扫黑办召开第二次主任会议，研究部署2022年常态化扫黑除恶工作

中央政法委秘书长、全国扫黑办主任陈一新强调，要坚持以习近平新时代中国特色社会主义思想为指导，认真贯彻落实党的十九届六中全会精神和中央政法工作会议精神，抓好2022年“十件实事”，推动常态化扫黑除恶斗争走深走实。

2021年常态化扫黑除恶斗争开局之年，“十件实事”取得了丰硕战果，全年共打掉涉黑组织195个、恶势力犯罪集团1086个，抓获犯罪嫌疑人1.66万名；查处涉黑涉恶腐败及“保护伞”问题9931起，移送司法机关1037人；2021年群众对常态化扫黑除恶斗争成果满意度达96.19%。陈一新强调，每年抓若干件实事推动常态化开展扫黑除恶斗争，这一做法要长期坚持。

全国扫黑办副主任、中央组织部副部长、国

家公务员局局长傅兴国，中央纪委常委、国家监委委员崔鹏，中央政法委副秘书长景汉朝、白少康，最高人民法院副院长杨万明，全国扫黑办副 主任、最高人民检察院副检察长陈国庆，司法部副部长熊选国出席会议。

4月11日

中共中央政治局委员、中央政法委书记郭声琨主持召开中央政法委员会全体会议，学习贯彻习近平总书记在北京冬奥会、冬残奥会总结表彰大会上的重要讲话精神，研究部署第二季度重点工作，以实际行动迎接党的二十大胜利召开

郭声琨强调，要以习近平新时代中国特色社会主义思想为指导，认真学习贯彻习近平总书记重要讲话精神，深刻领会北京冬奥取得的重大成果、成功举办冬奥的重要经验和北京冬奥精神，增强“四个意识”、坚定“四个自信”、做到“两个维护”，坚持稳中求进工作总基调，扎实做好二季度政法工作，以实际行动迎接党的二十大胜利召开。

郭声琨要求，要进一步强作风、重落实、提效能，及时对重点工作深化部署、督促检查落实，确保取得实实在在成效。要深刻认识形势变化带来的风险挑战，坚持把维护国家政治安全放在首位，坚持系统思维、底线思维，努力把风险隐患防范在早、化解在小。要强化公共安全风险排查整治，维护群众生命财产安全，进一步巩固全国社会大局稳定的良好局面。要采取更加科学精准有效的执法司法政策措施，以高质量法治服务经济社会高质量发展。要拧紧责任链条，坚持不懈抓细抓实政法系统疫情防控工作。要以党的政治建设为统领，巩固深化政法队伍教育整顿成果，锻造忠诚干净担当的政法铁军。

国务委员、中央政法委副书记、公安部部长赵克志，中央政法委委员周强、张军、陈一新、王小洪、陈文清、唐一军、王仁华、王春宁，及童建明、陈训秋等出席。

4月12日

全国打击整治养老诈骗专项行动部署会召开。中央政法委秘书长、全国打击整治养老诈骗专项行动办公室主任陈一新强调，要坚持以习近平新时代中国特色社会主义思想为指导，坚持宣传教育、依法打击、整治规范“三箭齐发”，依法严惩养老诈骗违法犯罪，延伸治理侵害老年人合法权益的涉诈乱象问题，为广大老年人安享幸福晚年营造良好社会环境

全国专项办副主任：中央政法委副秘书长景汉朝、王洪祥，中央网信办副主任盛荣华，最高人民检察院副检察长孙谦，公安部副部长杜航伟，自然资源部副部长王广华，住房和城乡建设部副部长姜万荣，国家卫生健康委党组成员王建军，市场监管总局副局长蒲淳，中国银保监会副主席周亮；最高人民法院审委会副部级专职委员李勇出席会议。

4月22日

中共中央宣传部就党的十八大以来政法改革举措与成效举行新闻发布会

为迎接党的二十大胜利召开，中共中央宣传部举行首场“中国这十年”系列主题新闻发布会，请中央政法委副秘书长景汉朝，最高法院副院长、二级大法官沈亮，最高检察院副检察长、二级大检察官杨春雷，公安部副部长刘钊，司法部副部长刘炤介绍党的十八大以来政法改革举措与成效，并答记者问。

景汉朝介绍，党的十八大以来，政法系统加快建设公正、高效、权威的社会主义司法制度，为开辟“中国之治”新境界，奠定了坚实的基础。针对党的十八大以来政法改革举措与成效，他重点介绍了改革重构权力配置和运行机制，执法司法公信力显著提升；进一步健全诉讼制度机制，在更高水平上实现公平与效率的相统一；不断完善便民、利民改革举措，人民群众获得感、幸福感、安全感显著增强三个方面内容。

5月13日

郭声琨在第九次新时代政法工作创新交流会上强调，扎实做好政法宣传舆论工作，更好地服务大局、回应社会关切，进一步凝聚推动政法事业发展进步的强大精神力量

郭声琨要求，要加强思想政治引领，深入学习宣传贯彻习近平新时代中国特色社会主义思想，深入学习宣传贯彻习近平法治思想，教育引导广大政法干警深刻领悟“两个确立”的决定性意义，增强“四个意识”、坚定“四个自信”、做到“两个维护”，忠实履行好党和人民赋予的职责使命。要坚持以人民为中心的发展思想，围绕党中央决策部署，聚焦群众急难愁盼问题，认真履职尽责，严格规范公正文明执法司法，维护群众生命财产安全和合法权益，让人民群众切实感受到公平正义就在身边。要牢牢把握正确舆论导向，遵循政法工作规律、新闻传播规律和网络传播规律，积极创新政法宣传舆论工作理念方法手段，把握好时度效，积极回应社会关切，不断提高传播力、引导力、影响力、公信力，努力汇聚强大正能量。

中央政法委秘书长陈一新主持会议，副秘书长白少康、王洪祥出席。会上，5个地方党委政法委负责同志就做好政法宣传舆论工作作了交流发言，7个地方党委政法委作了书面交流。

6月9日

陈一新在2021年度平安建设考评工作会议上强调：充分发挥平安建设年度考评作用，推动更高水平的平安中国建设

中央政法委秘书长、平安中国办主任陈一新强调，要坚持以习近平新时代中国特色社会主义思想为指导，充分发挥年度考评作用，推动更高水平的平安中国建设，为党的二十大胜利召开创造安全稳定的政治社会环境。

6月21—23日

郭声琨在云南调研时强调：全力做好防风险、保安全、护稳定各项工作，为促进民族团结、推进强边固防作出新贡献

中共中央政治局委员、中央政法委书记郭声琨6月21日至23日在云南调研时强调，要以习近平新时代中国特色社会主义思想为指导，深刻领悟“两个确立”的决定性意义，增强“四个意识”、坚定“四个自信”、做到“两个维护”，全力做好防风险、保安全、护稳定各项工作，为促进民族团结、推进强边固防作出新贡献。

中央政法委秘书长陈一新，云南省委书记、省人大常委会主任王宁，云南省委副书记、省长王予波，云南省委常委、政法委书记杨亚林，云南省副省长、公安厅厅长任军号分别参加调研。

6月29日

陈一新：坚决整治利用“食品”“保健品”诈骗老人的问题

6月29日，全国专项办打击整治养老诈骗工作第一次部门会商会在国家市场监管总局召开。中央政法委秘书长、全国专项办主任陈一新，副秘书长、全国专项办副主任白少康、王洪祥，国家市场监管总局党组书记罗文，副局长田世宏、蒲淳等参加。

会上，陈一新听取了国家市场监管总局开展专项行动情况的汇报，并对国家市场监管总局在专项斗争中取得的阶段性成效予以充分肯定。他强调，要以习近平新时代中国特色社会主义思想为指导，认真落实中央领导同志关于

打击整治养老诈骗问题重要指示精神，进一步加大力度、加快进度，推动打击整治养老诈骗专项行动取得新成效，让老年人有更多的获得感、幸福感、安全感。

7月4日

郭声琨在政法领导干部加强政治建设专题研讨班开班式上强调：全面加强政法机关党的政治建设以实际行动迎接党的二十大胜利召开

中共中央政治局委员、中央政法委书记郭声琨在政法领导干部加强政治建设专题研讨班开班式上强调，要坚持以习近平新时代中国特色社会主义思想为指导，深入学习贯彻习近平法治思想，全面贯彻党的十九大和十九届历次全会精神，深刻领悟“两个确立”的决定性意义，增强“四个意识”、坚定“四个自信”、做到“两个维护”，弘扬伟大建党精神，深入落实新时代党的建设总要求，以党的政治建设为统领，推动全面从严管党治警向纵深发展，以昂扬向上的奋斗姿态和维护安全稳定的实际行动，迎接党的二十大胜利召开。

7月11日

王晨在北京出席2022年“百名法学家百场报告会”法治宣讲活动组委会会议并讲话

中共中央政治局委员、中国法学会会长王晨11日在北京出席2022年“百名法学家百场报告会”法治宣讲活动组委会会议并讲话。他强调，要坚持以习近平新时代中国特色社会主义思想为指导，坚持全民普法，加强法治宣传和教育，增强全社会法治意识，加快建设法治中国，以实际行动迎接党的二十大胜利召开。

“百名法学家百场报告会”是由中组部、中宣部、中央政法委、教育部、司法部和中国法学会联合主办的法治宣讲活动。会上，组委会成员单位负责人和讲师代表作了发言。

9月19日

中共中央政治局委员、中央政法委书记郭声琨在福建同俄罗斯联邦安全会议秘书帕特鲁舍夫共同主持中俄执法安全合作机制第七次会议

郭声琨指出，当前，国际形势快速深刻演变，实现普遍安全、共同发展依然任重道远。中方愿同俄方一道，落实好两国元首在上海合作组织撒马尔罕峰会期间会晤共识，充分发挥中俄执法安全合作机制平台作用，积极践行共同、综合、合作、可持续的新安全观和全球安全倡议，携手应对各类安全风险挑战，推动中俄执法安全合作不断迈上新台阶，为维护两国国家安全和世界和平稳定作出更大成绩，为新时代中俄关系发展作出更大贡献。

帕特鲁舍夫表示，俄方愿同中方进一步密切各层级交往，为两国各领域合作顺利开展营造良好安全环境。

9月29日

中央政法委组织开展见义勇为勇士选树活动

为认真学习贯彻落实习近平总书记对见义勇为工作的重要指示精神，贯彻落实全国见义勇为工作会议精神，大力弘扬社会主义核心价值观，激励广大人民群众崇尚支持参与见义勇为，中央政法委组织开展见义勇为勇士选树活动，从各地涌现的见义勇为先进事迹中，选树苏奎、兰靖翔等30个先进典型（典型事迹附后），发布2022年第三季度“见义勇为勇士季度榜”榜单。

崇尚英雄才能产生英雄，争做英雄才能英雄辈出。中央政法委见义勇为勇士选树活动将从2022年三季度开始，由中华见义勇为基金会承办，每季度推出“见义勇为勇士季度榜”榜单，大力弘扬见义勇为精神，营造见义勇为、见义众为、见义智为的浓厚社会氛围，为建设更高水平平安中国、法治中国汇聚强大正能量。

10月19日

党的二十大新闻中心举行第三场记者招待会

中央政法委副秘书长闫柏，最高人民法院党组副书记、分管日常工作的副院长、一级大法官贺荣，最高人民检察院党组副书记、分管日常工作的副检察长、一级大检察官童建明等围绕“坚持以习近平法治思想为指引 努力建设更高水平的法治中国”主题与记者交流。130余家媒体的200余名境内外记者参加了记者招待会。

10月31日

中共中央政治局委员、中央政法委书记陈文清主持召开中央政法委员会全体会议，传达学习习近平总书记近期重要讲话和中央有关文件精神，研究部署学习宣传贯彻党的二十大精神

会议强调，要认真学习宣传贯彻党的二十大精神，深刻领悟“两个确立”的决定性意义，增强“四个意识”、坚定“四个自信”、做到“两个维护”，全面贯彻习近平新时代中国特色社会主义思想，坚持和加强党对政法工作的绝对领导，履行好维护国家政治安全、确保社会大局稳定、促进社会公平正义、保障人民安居乐业的主要职责，为全面建设社会主义现代化国家、全面推进中华民族伟大复兴贡献政法力量。

王小洪、周强、张军出席会议。

11月16—18日

陈文清在陕西调研时强调，弘扬伟大建党精神和延安精神，以实际行动捍卫“两个确立”、做到“两个维护”

11月16日至18日，中共中央政治局委员、中央政法委书记陈文清在陕西西安、延安、渭南调研，与基层法院、检察院、公安、国家安全、司法行政机关干警一起深入学习党的二十大精神，研究贯彻落实举措。陈文清指出，学习宣传贯彻党的二十大精神，是当前和今后一个时期政法机关的首要政治任务。要深刻把握政法机关使命任务，全面贯彻落实好党的二十大作出的重大决策部署。

11月29日

中央政法委提要求，维护社会大局稳定，多省份党政“一把手”作部署

新华社11月29日消息，中共中央政治局委员、中央政法委书记陈文清28日主持召开中央政法委员会全体会议。会议指出，要坚决依法打击敌对势力渗透破坏活动，坚决依法打击扰乱社会秩序的违法犯罪行为，切实维护社会大局稳定。

11月29日，多省份党政“一把手”也在部署维稳工作。重庆市疫情防控工作专题会上，市委书记陈敏尔指出，要切实维护社会大局和谐稳定。严防疫情防控各环节的安全风险，维护正常防疫秩序。扎实抓好安全生产，积极排查化解矛盾纠纷，严厉打击各类违法犯罪行为。

12月8日

中央政法委向全国政法系统发出《关于对第四届“四个一百”优秀政法新媒体评选先进单位进行表扬的通报》

通报强调，此次评选出的“四个一百”优秀政法新媒体，为政法宣传工作做出了积极贡献。先进单位要珍惜荣誉、再接再厉，推动新时代政法新媒体不断迈上新台阶。广大政法宣传舆论工作者要认真学习宣传贯彻党的二十大精神，进一步唱响政法主旋律，弘扬正能量，筑牢政法领域意识形态阵地，努力为建设更高水平的平安中国、法治中国营造良好的舆论环境

12月21日

陈一新：认真贯彻中央经济工作会议精神，以高

水平安全保障高质量发展

12月21日，中央政法委秘书长陈一新主持召开秘书长会议，传达学习中央经济工作会议精神，研究贯彻落实意见。会议强调，要认真学习贯彻习近平总书记重要讲话和中央经济工作会议精神，坚持统筹发展和安全，以新安全格局保障新发展格局，以高水平法治保障高质量发展，为全面建设社会主义现代化国家创造安全稳定的政治社会环境。

12月29日

中共中央政治局委员、中央政法委书记陈文清主持召开中央政法委员会全体会议，深入学习贯彻习近平总书记近期重要指示精神，研究贯彻落实意见

会议强调，近三年来，我国疫情防控大政方针科学有效、完全正确；现在，因时因势优化调整防控政策，实事求是、完全正确。下一步，政法机关要坚持以人民为中心，做好服务保障工作，千方百计维护人民群众权益，千方百计帮助解决实际困难和问题。要切实维护国家安全和社会稳定，对借疫渗透破坏、造谣生事、扰乱社会秩序的行为，坚决依法处理。

周强、张军出席会议。

第二节　文告

1月25日

中央政法委印发通知要求认真学习宣传“双百政法英模”先进事迹

中央政法委印发《关于在全国政法系统学习宣传“双百政法英模”先进事迹的通知》，号召全国政法机关和全体政法干警要以习近平新时代中国特色社会主义思想为指导，深入学习贯彻习近平法治思想，深入学习贯彻党的十九届六中全会精神，认真学习宣传“双百政法英模”的先进事迹，大力营造崇尚英模、学习英模、争当英模的良好风尚，为肩负起新时代政法队伍职责使命激发内在动力、汇聚强大精神力量。

通知指出，全国政法队伍教育整顿开展以来，各级政法机关大力弘扬政法英模精神，深入开展英模教育，层层选树宣传政法英模感人事迹和崇高品质，在全社会展现了政法队伍的时代楷模、时代正气、时代风采。经各地各政法单位推荐，中央政法委评选闫相华等200名同志为“双百政法英模”。他们的先进事迹集中体现了政法干警听党指挥、忠诚使命，司法为民、护航发展，恪守法治、维护正义，廉洁公正、担当奉献的优秀品质和崇高精神，是全体政法干警学习的楷模。

通知指出，要学习“双百政法英模”听党指挥、忠诚使命的政治品格，始终做到“两个维护”。要始终保持对党忠诚的坚定信念，自觉用习近平新时代中国特色社会主义思想武装头脑，深入践行习近平法治思想，把旗帜鲜明讲政治作为第一要求、把讲忠诚作为第一标准，坚持和捍卫“两个确立”，增强“四个意识”、坚定“四个自信”、做到“两个维护”，不断提高政治判断力、政治领悟力、政治执行力，始终在思想上政治上行动上同以习近平同志为核心的党中央保持高度一致，确保绝对忠诚、绝对纯洁、绝对可靠，着力锻造党和人民信得过、靠得住、能放心的政法铁军。

通知要求，要学习“双百政法英模”司法为民、护航发展的公仆情怀，始终做到人民至上。要始终贯彻落实党的群众路线，站稳人民立场，强化宗旨意识、为民情怀，深入开展“我为群众办实事”实践活动，努力为人民群众提供多样化、多层次、多方面的执法司法服务，在维护国家安全和社会稳定、维护社会公平正义、保障人民安居乐业的实践中迎刃而上、攻坚克难，不断提升人民群众的获得感、幸福感、安全感。

通知指出，要学习“双百政法英模”恪守法治、维护正义的职业操守，始终坚守法治精神。要始终崇尚社会主义核心价值观和社会主义法治理念，树牢法治信仰，坚守原则底线，捍卫宪法法律尊严，把公平正义作为执法司法的灵魂和生命，明大德、守公德、严私德，弘扬工匠精神，练就过硬本领，积极投身于全面依法治国、建设法治中国的伟大实践。

通知强调，要学习“双百政法英模”廉洁公正、担当奉献的崇高品质，始终保持奋斗姿态。要始终锚定“四个铁一般”标准，清清白白做人、干干净净做事，坚持能作为、敢担当的精气神，不断增强创新意识、培养创新思维，既与时俱进、锐意进取又深耕细作、久久为功，不断增强履行新时代使命任务的意志和本领，为推动政法工作高质量发展不断创造新业绩。

通知强调，各级政法机关要把学习宣传“双百政法英模”先进事迹与深化党史学习教育、巩固深化政法队伍教育整顿成果紧密结合起来，加强组织领导，精心安排部署，讲好他们的感人故事，学习践行他们的崇高精神，迅速掀起学习宣传政法英模的热潮，激励广大政法干警以英模为榜样，强化使命担当，忠实履职尽责，奋力推动政法工作高质量发展，努力在新时代新征程上创造新的更大业绩，为实现第二个百年奋斗目标和中华民族伟大复兴的中国梦做出新的更大贡献。

附：

“双百政法英模”名单

党委政法委系统（10名）

闫相华　河北省沧州市新华区委常委、政法委书记

潘雪明　上海市青浦区徐泾镇党委副书记（分管政法工作）

薛国强　江苏省常州市天宁区委政法委原副书记

卓玉宝　浙江省玉环市大麦屿街道办事处综治办干部

刘长征　山东省济宁市委政法委安保维稳办主任

黄小兵　湖南省蓝山县原县委常委、政法委书记

张文超　广东省恩平市委政法委副书记

文国云　四川省内江市政法委专职委员

李红霞（女）　甘肃省张掖市甘州区南街街道政法委员

王红星　新疆维吾尔自治区青河县原县委副书记、政法委书记

法院系统（40名）

刘　黎（女）北京市朝阳区人民法院党组成员、政治部主任

赵　鑫　北京市大兴区人民法院执行局执行实施二组组长

包津燕（女）天津市滨海新区人民法院北塘中关村科技园中心法庭庭长

赵江辉　河北省高级人民法院刑事审判第一庭原庭长

李立华（女）　河北省盐山县人民法院审判委员会委员

田亚欣（女）　山西省临汾市中级人民法院执行局副局长

王爱林（女）　内蒙古自治区通辽市科尔沁区人民法院党组成员、副院长

滕启刚　辽宁省鞍山市千山区人民法院行政审判庭原庭长

谭贵林　吉林省四平市中级人民法院民事审判第三庭副庭长

吕仙华（女）　黑龙江省鸡东县人民法院鸡林人民法庭庭长

邹碧华　上海市高级人民法院原党组成员、副院长

周　欣（女）　上海市高级人民法院刑事审判庭副庭长

王小莉（女） 江苏省泰州市中级人民法院民事审判第三庭庭长

陈辽敏（女） 浙江省杭州市中级人民法院立案一庭庭长

黄文娟（女） 浙江省宁波市鄞州区人民法院邱隘人民法庭副庭长

魏晶晶（女） 安徽省六安市中级人民法院民事审判三庭原四级高级法官

张得意 福建省南安市人民法院党组成员、诗山人民法庭副庭长

胡国运 江西省高级人民法院原二级高级法官

周淑琴（女） 江西省贵溪市人民法院党组成员、泗沥人民法庭庭长

张永杰 山东省梁山县人民法院党组成员、副院长

李庆军 河南省高级人民法院立案二庭原副庭长

孙志伟 河南省开封市中级人民法院刑事审判第二庭副庭长

杨 军 湖北省荆州市沙市区人民法院刑事审判庭原庭长

周春梅（女） 湖南省高级人民法院审判监督一庭原副庭长

肖海棠（女） 广东省高级人民法院民事审判第三庭副庭长

陈海仪（女） 广东省广州市中级人民法院审判委员会专职委员

赵 会（女） 广西壮族自治区南宁市青秀区人民法院党组成员、执行局局长

苏 铭（女） 海南省海口市中级人民法院执行局副局长

廖子怀 重庆市巫溪县人民法院审判委员会委员

祝增巧（女） 四川省彭州市人民法院丹景山人民法庭庭长

刘国红 贵州省福泉市人民法院党组书记、院长

彭鑫亮 云南省怒江傈僳族自治州中级人民法院执行裁判庭庭长

次仁平措 西藏自治区拉萨市中级人民法院审判委员会专职委员

纪胜利 陕西省西安市长安区人民法院执行局副局长兼执行指挥中心主任

李 兰（女） 甘肃省天水市中级人民法院民事审判第二庭副庭长

陈志秀（女） 青海省西宁市城东区人民法院党组书记、院长

陈美荣（女） 宁夏回族自治区石嘴山市大武口区人民法院行政审判庭庭长

赵瑞琴（女） 新疆维吾尔自治区昌吉回族自治州中级人民法院立案一庭庭长

李 莉（女） 新疆生产建设兵团第八师中级人民法院民事审判第一庭庭长

方金刚 最高人民法院第四巡回法庭原三级高级法官

检察系统（35名）

姜淑珍（女） 北京市顺义区人民检察院党组书记、检察长

刘家卿（女） 天津市人民检察院第一分院第三检察部主任

王 丽（女） 河北省卢龙县人民检察院检委会原专职委员

周　艳（女）　山西省太原市人民检察院驻第三看守所检察室主任

白　静（女）　内蒙古自治区呼和浩特市人民检察院第八检察部主任

苏凤琴（女）　辽宁省丹东市人民检察院第一检察部主任

郭恩慧　吉林省长春铁路运输检察院党组成员、副检察长

孔祥森　黑龙江省七台河市人民检察院四级高级检察官

施净岚（女）　上海市浦东新区人民检察院检委会委员

饶本东　江苏省徐州市人民检察院第一检察部主任

王　勇　江苏省苏州市人民检察院党组副书记、副检察长

桑　涛　浙江省杭州市人民检察院检委会专职委员、第一检察部主任

蒋春尧　浙江省杭州市人民检察院第七检察部原主任

王　敏　安徽省舒城县人民检察院原副检察长

吴美满（女）　福建省泉州市人民检察院检委会委员、第四检察部主任

易　千（女）　江西省宜春市人民检察院第二检察部主任

念以新　山东省聊城市东昌府区人民检察院白云热线办公室主任

朱金超　河南省西华县人民检察院原检委会委员、第一检察部主任

王朝阳　湖北省人民检察院第八检察部原主任

彭庆文　湖南省岳阳县人民检察院原二级警长

王　晖　广东省人民检察院第二检察部四级高级检察官

孔德雨　广西壮族自治区南宁市人民检察院第五检察部主任

徐　贺　海南省人民检察院一级检察官

柴冬梅（女）　重庆市人民检察院第五分院派驻女子监狱检察室主任

罗　迅　重庆市人民检察院第六检察部原四级高级检察官助理

潘丽琼（女）　四川省营山县人民检察院第一检察部主任

杨再滔（女）　贵州省黔东南苗族侗族自治州人民检察院第二检察部副主任

玉喃溜（女）　云南省景洪市人民检察院第一检察部主任

王　涛　西藏自治区那曲市人民检察院第四检察部主任

李宝玲（女）　陕西省西安市人民检察院第三检察部主任

王立言(女)　甘肃省白银市人民检察院党组成员、检委会专职委员

陈永洁（女）　青海省海西州西部矿区人民检察院党组书记、检察长

郭美玉（女）　宁夏回族自治区中卫市沙坡头区人民检察院第四检察部主任

木亚沙尔·麦麦提（女）　新疆维吾尔自治区喀什市人民检察院党组成员、副检察长

张　芳（女）　新疆生产建设兵团第七师车排子

垦区人民检察院刑事检察部主任

公安系统（60名）

张国伟　北京市公安局法制总队信访支队综合指导中队中队长

刘　安　北京市公安局丰台分局蒲黄榆派出所原二级高级警长

肖俊京　北京市公安局丰台分局经侦大队三级高级警长

殷　刚　天津市公安局河东分局二号桥派出所一级警长

吕建江　河北省石家庄市公安局桥西分局安建桥综合警务服务站原主任

张　岩　河北省秦皇岛市公安局刑事警察支队支队长

任　飞　山西省太原市公安局刑侦支队六大队副大队长

苏玉平　内蒙古自治区鄂尔多斯市公安局禁毒支队政委

宝音德力格尔　内蒙古自治区乌拉特后旗公安局潮格温都尔镇派出所教导员

宋增福　辽宁省抚顺市公安局望花分局雷锋派出所三级高级警长

朱建民　吉林省吉林市公安局特警支队副支队长

陈丽莉（女）　吉林省吉林市看守所政委

崔道植　黑龙江省公安厅刑事技术处原正处级侦查员

刘学钢　黑龙江省哈尔滨市公安局道外分局原副局长

王瑞芳　上海市公安局徐汇分局徐家汇派出所三级高级警长

贾东涛　江苏省南通市公安局刑事警察支队副支队长

陆旭东　江苏省常州市公安局金坛分局交通警察大队西城中队二级警长

毛卓云　浙江省宁波市看守所管教一大队二级高级警长

周　扬　浙江省温州市公安局鹿城区分局刑侦大队教导员

张　劼　安徽省蚌埠市公安局特警支队副支队长

周克武　安徽省马鞍山市公安局科技信息化支队政委

王　屑　安徽省太湖县公安局原局长

潘东升　福建省公安厅原党委委员、福州市原副市长、公安局局长

熊国海　江西省南昌市公安局刑事侦查支队副支队长

程永林　江西省贵溪市公安局指挥中心主任

李　涌　山东省青岛市公安局交警支队同三高速大队二中队原中队长

付绍刚　山东省龙口市公安局禁毒大队教导员

杨旭恒　河南省新密市公安局副局长

乔进全　河南省台前县公安局禁毒大队副大队长

沈胜文　湖北省武汉市公安局江岸区分局百步亭派出所三级高级警长

李焱志　湖北省鄂州市公安局政保支队政委

于　勇　湖南省长沙市公安局特巡警支队第一留置管理大队大队长

李世全　广东省广州市公安局原政治部主任

戴维列　广东省广州市公安局刑事技术所所长

林伟光　广东省佛山市公安局刑警支队副支队长

黄　礼　广西壮族自治区南宁市公安局指挥中心副主任

刘　智　海南省海口市公安局红岛派出所所长

严树勋　海南省琼海市公安局政委

冯中成　重庆市石柱县公安局交巡警大队车辆管理所原四级高级警长

陈界安　四川省广安市公安局广安经济技术开发区分局政委

罗桑达娃　四川省甘孜县公安局拖坝乡派出所一级警长

杨宗麟　贵州省铜仁市公安局万山分局政委

刘天周　贵州省开阳县公安局南江派出所所长

肖之东　云南省公安厅警令部办公室机要科原科长

张从顺　云南省镇康县公安局军弄派出所原所长

张子权　云南省临沧市公安局禁毒支队原四级警长

蔺江平　西藏自治区措勤县原县委常委、政法委书记、公安局党委书记、局长

旺　加　西藏自治区安多县公安局雁石坪一级公安检查站副站长

王　排　陕西省西安市公安局灞桥分局巡特警大队副大队长

李生寿　甘肃省敦煌市公安局雅丹世界地质公园治安派出所所长

赵新录　青海省公安厅森林警察总队可可西里森林公安局四级高级警长

刘　谊（女）宁夏回族自治区银川市公安局兴庆分局玉皇阁北街派出所副所长

艾热提·马木提　新疆维吾尔自治区皮山县公安局原党委委员、副局长

那迪拜克·阿瓦孜拜克　新疆维吾尔自治区塔什库尔干塔吉克自治县公安局班迪尔派出所教导员

马国民　新疆生产建设兵团第二师乌鲁克垦区公安局英苏派出所一级警长

李彩霞（女）　公安部物证鉴定中心法庭科学创新发展研究处副处长

张长松　首都机场公安局北京首都国际机场西航站区派出所副所长

周荣亮　上海铁路公安局上海公安处虹桥站派出所副所长

查中永　云南出入境边防检查总站西双版纳边境管理支队边境管理处副处长

索朗达杰　西藏出入境边防检查总站山南边境管理支队浪卡子边境管理大队党委书记、教导员

国家安全系统（25 名）

略

司法行政系统（30 名）

陈熹微（女）　北京市女子监狱狱政管理科科长

于军红　天津市滨海监狱医院院长

赵　媛（女）　河北省女子强制隔离戒毒所一大队大队长

魏官元　山西省大同市新荣区司法局西村司法所所长

李延军　山西省临汾监狱副监狱长

李建国　辽宁省监狱管理局指挥中心主任

张　彪　辽宁省阜新蒙古族自治县司法局副局长

薛玉娟（女）　黑龙江省女子监狱党委委员、副监狱长

周　盟　上海市南汇监狱副监狱长

高　变（女）　江苏省新康监狱内科党支部书记

陈　军（女）　浙江省女子监狱政治教导员

张文博　安徽省白湖监狱分局黄姑监区监区长

童　亮　福建省建阳监狱第九监区监区长

郑武进　福建省仙游县司法局局长

孙　明　山东省青岛监狱第五监区原副监区长

朱明明（女）　河南省第一强制隔离戒毒所党委委员、纪委书记

续　辉（女）　湖北省通城县司法局法律援助中心负责人

熊云峰　湖南省长康监狱副监狱长

叶冠西　湖南省冷水江市司法局党组副书记、副局长

梁　良　广东省南丰强制隔离戒毒所一分所原副分所长

覃　碧　广西壮族自治区宜州监狱原办公室副主任

杨　懿　重庆市司法局机关党委专职副书记

刘青松　四川省攀西监狱教育改造科副科长

唐顺保　云南省建水监狱医院原院长

米　玛　西藏自治区司法警官医院藏医科科长

花　薇（女）　陕西省监狱管理局财务装备处副处长

张克彪　甘肃省金昌监狱党委书记、监狱长

包晓荣（女）　宁夏回族自治区司法厅立法二局局长

库兰·阿新别克（女）　新疆维吾尔自治区富蕴县可可托海镇司法所所长

刘厚彬　新疆生产建设兵团第十四师昆玉市司法局皮山农场司法所所长

（载人民网，李金波、关楠）

2月14日

中央政法委印发通知要求学习宣传蔡晓东同志先进事迹

中央政法委印发《关于学习宣传蔡晓东先进事迹的通知》，号召全国政法机关和全体政法干警要认真学习蔡晓东同志的先进事迹和崇高精神，对党忠诚、坚守初心、担当作为、英勇顽强，切实履行好党和人民赋予的新时代使命任务。

蔡晓东，男，哈尼族，云南省江城县人，1983年5月出生，2006年4月加入中国共产党，2006年6月参加公安工作，生前系云南出入境边防检查总站西双版纳边境管理支队执法调查队副队长、一级警长，三级警督警衔。2021年12月4日，蔡晓东同志在执行缉毒任务中，与持枪毒贩殊死搏斗，不幸中弹后仍然追捕逃犯，壮烈牺牲，年仅38岁。蔡晓东同志从警15年如一日，长期战斗在祖国西南边陲禁毒前沿阵地。因缉毒成绩突出，生前先后荣立一等功、二等功、三等功各一次，多次受到嘉奖，荣获“优秀警官”“执法执勤先进个人”“云岭国门缉毒标兵”等多项荣誉。他在危险面前敢于挺身而出，在人民需要时冲锋在前，用鲜血和生命践行了“对党忠诚、服务人民、执法公正、纪律严明”的总要求，是全国政法队伍教育整顿期间涌现出的英雄模范。

通知指出，要学习蔡晓东同志坚守初心、对党忠诚的政治品格，始终保持崇高信仰。要笃定理想、坚定信念，自觉把忠于党、忠于祖国、忠于人民、忠于法律的政治本色作为永恒追求，增强“四个意识”、坚定“四个自信”、做到“两个维护”，始终在政治立场、政治方向、政治原则、政治道路上同以习近平同志为核心的党中央保持高度一致，把理想信念追求和个人价值实现融入党和人民事业之中，矢志不渝做中国特色社会主义事业的建设者和捍卫者。

通知要求，要学习蔡晓东同志恪尽职守、实干担当的敬业精神，始终坚持求真务实。要始终保持对政法事业的不懈追求、对本职工作的深钻精研，求真务实、勤勉尽责，干一行、爱一行、钻一行、精一行，练就过硬本领，努力创造出无愧于党、无愧于民、无愧于时代的业绩。

通知指出，要学习蔡晓东同志不怕牺牲、英勇无畏的斗争精神，始终做到冲锋在前。要在生死考验面前不畏惧，在重任面前不犹豫，在困难面前不退缩，敢于斗争、冲锋在前，始终做到关键时刻挺身而出、危急关头豁得出去，坚决维护人民群众生命财产安全，坚决维护社会公平正义，展现新时代政法干警英勇无畏、执法如山的英雄气概。

通知要求，要学习蔡晓东同志心系群众、公而忘私的奉献情怀，始终站稳人民立场。要心中怀揣人民，一切为了人民，想群众之所想，急群众之所急，始终同心共情解决好群众“急难愁盼”问题，不断提升人民群众获得感、幸福感、安全感。

通知强调，全国各级政法机关要把学习宣传蔡晓东先进事迹与推进党史学习教育常态化长效化和巩固政法队伍教育整顿成果结合起来，加强组织领导，精心安排部署，激励引导广大政法干警以蔡晓东同志为榜样，大力弘扬伟大建党精神，对党忠诚、勤勉敬业、甘于奉献、不畏牺牲，踔厉奋发、勇毅前行，以实际行动全力护航党的二十大胜利召开，为全面建设社会主义现代化国家、实现第二个百年奋斗目标作出新的更大贡献。

（载中华人民共和国公安部网）

3月1日

中央政法委等6部委联合印发新时代政法干警“十个严禁”

坚持以习近平新时代中国特色社会主义思想为指导，深入贯彻习近平法治思想，深入贯彻习近平总书记关于加强政法队伍建设的重要指示和训诫精神，坚持党的绝对领导，增强“四个意识”、坚定“四个自信”、做到“两个维护”，不断提高政治判断力、政治领悟力、政治执行力，自觉遵守“十个严禁”。

一、严禁搞两面派、做两面人。决不允许违反政治纪律、政治规矩，对党不忠诚不老实，结党营私、搞团团伙伙。

二、严禁有令不行、有禁不止。决不允许贯彻执行党中央决策部署不坚决，做选择、搞变通、打折扣，欺上瞒下、弄虚作假，不遵守请示报告制度。

三、严禁放任错误思潮侵蚀影响。决不允许在大是大非问题上认识模糊、立场摇摆，对西方“宪政”“三权鼎立”“司法独立”等态度暧昧、不敢发声亮剑。

四、严禁不当交往、干预执法司法。决不允许违反“三个规定”，请托说情打招呼，不如实记录报告，不正当接触交往，充当司法掮客。

五、严禁玩忽职守、徇私枉法。决不允许办“关系案”“人情案”“金钱案”，有案不立、压案不查、有罪不究，违规违法办理减刑、假释、暂予监外执行。

六、严禁违规参与营利活动。决不允许违规经商办企业、违规参股借贷，纵容默许配偶、子女及其配偶违规从事经营活动，利用职权或影响力谋取私利。

七、严禁包庇纵容黑恶势力。决不允许对黑恶行为视而不见、听之任之，纵容涉黑涉恶活动，充当“保护伞”。

八、严禁滥用执法司法权。决不允许逐利执法、越权执法、过度执法，滥用侦查措施、强制措施、自由裁量权，插手经济纠纷。

九、严禁不作为乱作为、耍特权抖威风。决不允许漠视群众利益，对待群众简单粗暴、推诿扯皮、吃拿卡要。

十、严禁跑风漏气、失密泄密。决不允许以任何形式泄露党和国家秘密、政法工作秘密、商业秘密和公民个人信息。

凡违反“十个严禁”的，依规依纪依法严肃处理。

（载中华人民共和国司法部网）

4月18日

中央政法委印发通知要求学习宣传滕启刚同志先进事迹

中央政法委印发《关于学习宣传滕启刚同志先进事迹的通知》，号召全国政法机关和全体政法干警要认真学习宣传滕启刚同志的先进事迹和崇高精神，不忘初心、牢记宗旨、担当作为、干事创业，展现新时代政法队伍的时代风采。

滕启刚，男，汉族，辽宁鞍山人，1964年1月出生，1995年11月加入中国共产党，1991年4月参加法院工作，生前系辽宁省鞍山市千山区人民法院行政审判庭庭长、四级高级法官。2021年6月4日突发疾病去世，终年57岁。滕启刚同志扎根基层法院工作30年，历经刑事、行政审判和派出法庭多岗位锻炼，始终奋斗在执法办案、服务群众最前沿，以恒心践初心、以生命担使命，对党忠诚、爱岗敬业、一心为民、忘我工作，在平凡的工作岗位上创造了不平凡的业绩、成就了不平凡的人生，曾荣获"辽宁省人民满意的政法干警"等近30项荣誉，是政法系统深入学习贯彻习近平新时代中国特色社会主义思想、践行习近平法治思想的优秀代表，是新时代忠诚履职、执法司法为民的先进典型，是全国政法队伍教育整顿期间涌现出的英雄模范。

通知指出，要学习滕启刚同志对党忠诚、勇毅前行的政治品格，始终保持赤胆忠心。要始终坚定信念、对党忠诚，坚持以习近平新时代中国特色社会主义思想为指导，深入学习贯彻习近平法治思想，把对党忠诚落实到热爱党的事业、执行党的决定、践行党的宗旨上，体现在严格公正执法司法的实际行动上，永葆忠于党、忠于国家、忠于人民、忠于法律的政治本色。

通知要求，要学习滕启刚同志甘当公仆、心系群众的为民情怀，始终坚持人民至上。要始终牢记"江山就是人民、人民就是江山"，在任何时候都把群众利益放在第一位，保持同人民群众的血肉联系，用心用情解决好群众"急难愁盼"问题，不断增强人民群众获得感、幸福感、安全感。

通知指出，要学习滕启刚同志担当作为、公正司法的敬业精神，始终坚守公平正义。要坚持严格规范公正文明执法司法，精研实干、追求极致，努力让人民群众在每一起案件办理、每一件事情处理中都感受到公平正义。

通知要求，要学习滕启刚同志克己奉公、清正廉洁的高尚情操，始终做到作风过硬。要从严要求自己、从严管好家人，清清白白做人、干干净净做事，以一身正气、两袖清风自觉抵制各种诱惑，锻造党和人民信得过、靠得住、能放心的政法铁军。

通知强调，全国各级政法机关要把学习宣传滕启刚同志先进事迹与推动党史学习教育常态化长效化、巩固全国政法队伍教育整顿成果、学习贯彻全国"两会"精神结合起来，精心组织、周密安排，激励引导广大政法干警以滕启刚同志为榜样，汲取先进典型的精神力量，自觉做"两个确立"的忠诚拥护者和"两个维护"的示范引领者，忠实履行党和人民赋予的新时代使命任务，以实际行动迎接党的二十大胜利召开！

（载新华网）

5月5日

2022年巩固全国政法队伍教育整顿成果推进全面从严管党治警10项重点工作

2022年是巩固全国政法队伍教育整顿成果的开局之年，是推动政法战线全面从严管党治警常态化制度化的关键之年。巩固全国政法队伍教育整顿成果、推进全面从严管党治警的总体要求是：坚持以习近平新时代中国特色社会主义思想为指导，认真贯彻习近平法治思想，根据党中央决策部署，按照全国政法队伍教育整顿总结会要求，以建立健全制度化、常态化长效机制为抓手，以强化政治建设为根本，以肃清流毒影响为重点，保持严惩执法司法腐败的高压态势，深入整治群众反映强烈的执法司法突出问题，提升政法队伍素质能力，深化正向激励和暖警爱警措施，努力打造忠诚干净担当的新时代政法铁军，以实际行动迎接党的二十大胜利召开。重点抓好10项重点工作：

一、开展全员政治轮训。中央政法委举办政法领导干部加强政治建设专题研讨班，各级政法机关以学习贯彻习近平法治思想、党的十九届六中全会和党的二十大精神为重点，开展全覆盖政治轮训，持续掀起大学习大培训大研讨热潮。结合政法队伍教育整顿和地方党委班子换届情况，有针对性地开展党委书记与党委政法委、政法单位班子成员集体谈心谈话，纪委书记、派驻纪检监察组组长为政法干警作廉政报告，教育激励政法干警坚定理想信念、发扬斗争精神、增强斗争本领。运用本地区本单位政法队伍教育整顿期间查处的违纪违法典型案例，深入开展警示教育，用身边事教育身边人。

二、坚决肃清孙力军政治团伙等流毒影响。认真贯彻落实以习近平同志为核心的党中央关于加强政法机关政治建设的重要指示精神，落实全国政法队伍教育整顿“回头看”措施，部署进一步肃清孙力军政治团伙流毒影响，推动有关中央政法单位和地方聚焦重点问题精准发力，做到见人见事见案见结果，抓好深挖彻查和以案促改、以案促治工作，强化源头治理，纯洁净化政法队伍，确保取得实实在在成效。

三、推动彻查一批重大违纪违法案件。与常态化扫黑除恶、“打伞破网”结合起来，严肃查处政治问题和经济问题交织、破坏市场经济秩序和损害企业合法权益等执法司法腐败案件，坚决查处执法司法人员职务犯罪。常态化运行12337政法干警违纪违法举报平台，建立违纪违法线索转办、抽查机制，对执法司法问题与违纪违法问题交织的重大案件线索，政法单位与纪委监委“双专班”查办，既查纠执法司法问题，又查处政法干警违纪违法问题。

四、深化拓展顽瘴痼疾整治。建立常态化排查整治机制，重点围绕办关系案人情案金钱案等不严格不公正行为、插手经济纠纷等损害群众利益行为、滥用强制措施等不规范行为，中央政法单位确定整治重点、挂牌督办重大问题案件，省级党委政法委结合实际挂牌整治涉及多地区、多部门的执法司法突出问题，严格依法纠正执法司法错误，规范执法司法权运行，优化政法公共服务。

对全国政法队伍教育整顿集中整治的“六大顽瘴痼疾”，群众反映问题仍然较多的地方和单位持续深化整治工作，中央政法单位加强督导指导，确保清仓见底、标本兼治。深化“我为群众办实事”实践活动，持续推出便民利民惠民措施。

五、选树一批政法英模。开展“双百政法英模”年度巡礼宣传活动，定期推出一批政法英模，组织中央媒体及中央政法媒体集中宣传其先进事迹，提高政法英模影响力和英模精神感染力。分系统开展“新时代政法楷模”“模范法官”“模范检察官”“全国公安系统优秀单位优秀人民警察”“司法行政系统一级英雄模范、二级英雄模范、先进集体、先进工作者和劳动模范”等评选表彰活动，大力弘扬政法队伍的新风正气。

六、推出一批暖警爱警务实举措。推动建立关爱扶助因公牺牲伤残政法干警家庭常态化机制，开展关爱扶助政法英烈子女活动。以市县两级政法机关为重点，推动建立政法干警权益保障委员会，开展政法干警受到侵害救济和不实举报澄清追责工作，依法严惩报复伤害政法干警及其亲属的违法犯罪行为。中央政法单位组织开展政法干警健康安全保障研究，制定执法司法安全保护规范，提高干警防护能力。

七、抓实分层分级分类培训。以基层政法机关和一线执法司法岗位为重点，广泛开展实战实训，实行政法领导干部、业务尖子上讲台制度，推动法官、检察官、警察等同堂培训，提高防风险、保安全、护稳定能力。各级政法机关有计划地安排一批青年政法干警到条件艰苦、情况复杂、任务繁重的地方和岗位锻炼，加强跟踪培养，帮助其锤炼作风、积累经验、增长才干。研究推进与高校合作项目，统筹政法干警培训与政法人才培养，加快培养一批复合型涉外法治人才。

八、严格实施正风肃纪铁规禁令。严格规范管理政法干警，重点抓好新时代政法干警“十个严禁”、防止干预司法“三个规定”、政法干警配偶子女及其配偶“禁业清单”、规范政法干警离职从业管理、禁止法官检察官与律师不正当接触交往等制度规定的执行。各级政法机关开展制度规定的学习解读，严肃纠正处理违规违纪违法行为，教育引导政法干警自觉遵守、规范言行。定期通报违反新时代政法干警“十个严禁”、防止干预司法“三个规定”典型案例，推动制度规定落实到位。加强上下级政法机关之间、政法各单位之间、政法机关与其他党政机关之间的干部交流任职，健全和落实常态化交流轮岗制度。

九、打造一批政法宣传精品。提高“学习强国”学习平台政法频道和政法新媒体影响力，建好用好政法英模网上展览馆，拍摄播出全国政法队伍教育整顿政论片和反映政法英模事迹的电视剧，展示政法队伍教育整顿成果，弘扬主旋律。及时发布宣传巩固政法队伍教育整顿成果、推进全面从严管党治警的重大举措、重要制度，提高群众知晓率，接受群众监督，既营造全面从严管党治警“严”的氛围，又向全社会展示政法队伍“好”的形象。

十、抓好贯彻落实督促检查。各级政法机关认真传达学习党中央关于巩固全国政法队伍教育整顿成果、推进全面从严管党治警的决策部署，制定实施方案，明确责任部门、完成时限和年度工作重点。地方政法机关在同级党委领导下，加强与纪委监委和组织、宣传等部门的协同配合，统筹推进贯彻落实工作。中央政法单位和各省（区、市）委政法委跟进掌握本系统、本地区贯彻落实情况，紧盯重点任务完成情况，加强督促指导。中央政法委适时组织调研督查、召开经验交流会，推动解决工作中遇到的困难和问题，以高质量的贯彻落实推进全面从严管党治警向纵深发展。

（载中央政法委长安剑微信公众号）

8月12日

中央政法委通报7起干预司法活动插手具体案件处理及司法人员不正当接触交往典型案件

日前，中央政法委公开通报7起领导干部干预司法活动、插手具体案件处理，司法机关人员过问案件及不正当接触交往的典型案件。

1. 甘肃省人民检察院林区分院原检察长陈其功违规干预司法活动、插手具体案件处理案。2015年至2019年，陈其功在担任甘肃省临夏州人民检察院检察长、林区分院检察长期间，接受案件当事人和利害关系人的请托，利用职权和职务影响，干预插手6起司法案件的处理。其还涉嫌其他严重违纪违法问题。目前，陈其功受到开除党籍和开除公职处分，其涉嫌犯罪问题移送司法机关处理。

2. 海南省三亚监狱三级警长杨海翔接受罪犯家属请托违反监管规定案。2019年至2021年，杨海翔先后多次收受罪犯家属钱款共计人民币1.7万元，用于购买香烟等物品和自己开销，并按家属请托违规夹带物品进入监管区给罪犯使用。鉴于杨海翔主动交代违纪违法问题并上交违纪违法所得，根据有关规定对其适用从宽处理，给予党内警告、政务警告处分。

3. 青海省海北州祁连县原副县长、公安局局长韩生军违规干预司法活动、插手具体案件处理案。2017年3月，海北州祁连县公安局八宝镇派出所在办理3起涉嫌赌博和容留赌博案件期间，时任祁连县副县长、公安局局长韩生军致电八宝镇派出所所长韩玉奎，询问以上案件能否从轻处理。韩玉奎向韩生军汇报了案件初步调查情况和必须依法处理的意见，但未按规定记录填报韩生军违规干预司法活动、插手具体案件处理情况。经认定，该3起案件均依法按程序完成案件取证、查处工作。韩生军受到党内严重警告、政务记大过处分；韩玉奎受到内部通报批评处理。

4. 吉林省四平市中级人民法院民事审判三庭原审判员孙鹏违法接受当事人请托办理案件案。2018年9月至2020年4月，孙鹏在办理边某与四平市某房地产开发有限公司合同纠纷案等4起案件过程中，非法收受案件当事人钱款共计人民币27万元，为当事人在诉讼过程中谋取利益。孙鹏受到开除党籍、开除公职处分，因犯受贿罪被判处有期徒刑三年，并处罚金人民币20万元。

5. 新疆生产建设兵团第二师米兰监狱原党委副书记、监狱长、一级高级警长王洪东违法办理暂予监外执行案。2017年6月，王洪东在担任第二师乌鲁克监狱党委副书记、监狱长期间，指使他人为罪犯金某某违法办理保外就医。目前，金某某已被重新收监。王洪东受到开除党籍、政务撤职处分，降为一级科员。

6. 贵州省遵义市红花岗区人民法院法官助理黄春松违规向当事人提供律师信息案。2019年11月11日，某合伙协议纠纷案被告方前往红花岗区法院领取开庭传票等文书时，黄春松将律师李某某的联系方式提供给被告方。后该案被告方与律师李某某办理了委托代理手续，并支付代理费人民币6000元。黄春松受到责令作出书面检查、全院通报批评、诫勉谈话处理。

7. 辽宁省沈阳市公安局经济技术开发区分局社区警务大队大队长关洪海违规过问案件办理案。关洪海叔叔关某某因涉嫌伪造公司、企业印章罪，被沈阳市公安局和平分局移送审查逮捕，检察机关因证据不足对其不批准逮捕，2017 年 7 月，和平分局对其采取取保候审强制措施。在关某某取保候审期间，关洪海请托办案民警宋晓东（另案处理）不再追查该案。宋晓东应允请托，未继续开展侦查工作。事发后，关洪海态度端正积极配合，能够如实交代问题，认真检讨。关洪海受到党内警告处分。

据了解，这是继去年全国政法队伍教育整顿以来中央政法委第四次公开通报领导干部干预司法活动、插手具体案件处理，司法机关人员过问案件及不正当接触交往的典型案件。中央政法委要求，各级政法机关要认真贯彻落实党中央决策部署，巩固深化全国政法队伍教育整顿成果，建立健全防止干预司法“三个规定”制度化、常态化机制，保持严惩执法司法腐败的高压态势，坚决整治办人情案、关系案、金钱案行为，持续净化司法环境，推进全面从严管党治警向纵深发展，以实际行动迎接党的二十大胜利召开。

（载新华网）

第五章　最高人民法院

第一节　工作动态

1月6日

中共中央政治局常务委员会全天召开会议，听取全国人大常委会、国务院、全国政协、最高人民法院、最高人民检察院党组工作汇报，听取中央书记处工作报告。中共中央总书记习近平主持会议并发表重要讲话

会议认为，过去一年是党和国家历史上具有里程碑意义的一年。全国人大常委会、国务院、全国政协、最高人民法院、最高人民检察院党组毫不动摇坚持党中央集中统一领导，认真贯彻落实党中央决策部署，围绕党和国家工作全局履行职责，加强党组自身建设，为实现“十四五”良好开局作出积极贡献，为庆祝建党一百周年营造良好环境，各方面工作取得了新成效。

2015年1月以来，中共中央政治局常务委员会每年听取最高人民法院党组工作汇报，已成为一项重大制度性安排。这既体现了党对人民法院工作绝对领导的最高原则，又体现了党中央对人民法院工作的高度重视。

1月7日

最高人民法院党组召开会议，传达学习习近平总书记主持召开中共中央政治局常务委员会会议听取全国人大常委会、国务院、全国政协、最高人民法院、最高人民检察院党组工作汇报时的重要讲话精神，研究部署贯彻落实措施

最高人民法院党组书记、院长周强主持会议并讲话。最高人民法院党组副书记、常务副院长贺荣，党组成员、副院长姜伟、高憬宏，党组成员、政治部主任马世忠，中央纪委国家监委驻最高人民法院纪检监察组组长、最高人民法院党组成员穆红玉，党组成员、副院长杨临萍、贺小荣、沈亮出席会议。审判委员会专职委员刘贵祥列席会议。

1月13日

全国法院案例指导工作推进会召开，最高人民法院党组书记、院长周强出席会议并讲话

周强强调，要坚持以习近平新时代中国特色社会主义思想为指导，深入学习贯彻习近平法治思想，认真贯彻落实习近平总书记在中央政治局常委会会议听取最高人民法院党组工作汇报时的重要讲话精神，切实加强案例指导工作，确保裁判尺度统一，促进法律正确实施，实现严格公正司法，努力让人民群众在每一个司法案件中感受到公平正义。

1月24日

最高人民法院党组书记、院长周强主持召开党组会议，传达中央纪委《关于给予孟祥开除党籍处分的决定》、国家监委《关于给予孟祥开除处分的决定》。最高人民法院党组坚决拥护中央纪委和国家监委的决定

孟祥身为党员领导干部，长期在人民法院工作，本应带头遵纪守法，却背弃初心使命、丧失理想信念，严重违反政治纪律、组织纪律、廉洁纪律、工作纪律、生活纪律，严重违反中央八项规定精神，并涉嫌受贿犯罪，是典型的对党不忠诚、不老实的“两面人”。孟祥的严重违纪违法行为，严重损害人民法院形象，严重损害司法权威和司法公信力，给人民司法事业造成严重危害，影响十分恶劣，教训十分深刻。要坚决肃清孟祥流毒影响，深入剖析孟祥等法院系统反面典型的堕落轨迹和蜕变根源，认真查找队伍管理、审判权力运行监督等方面的漏洞，着力补齐工作中的短板弱项，不断健全司法制约监督机制。要深化警示教育，坚持以案明纪、以案释法、以案促改，以身边事身边人教育引导法院干警知敬畏、存戒惧、守底线，不断增强纪律意识和法治意识，切实做到防微杜渐、警钟长鸣。

最高人民法院院领导贺荣、姜伟、高憬宏、马世忠、杨万明、穆红玉、杨临萍、贺小荣、沈亮出席会议，院领导陶凯元、刘贵祥列席会议。

1 月 26 日

最高人民法院召开 2021 年度工作总结表彰大会，最高人民法院党组书记、院长周强出席会议并讲话

周强强调，要坚持以习近平新时代中国特色社会主义思想为指导，深入贯彻习近平法治思想，弘扬伟大建党精神，牢记初心使命，认真履职尽责，充分发挥审判职能作用，认真履行好维护国家安全、社会安定、人民安宁的重大责任，奋力推动新时代人民法院工作高质量发展，以实际行动迎接党的二十大胜利召开。

1 月 27 日

最高人民法院党组书记、院长周强在参观最高人民法院“擦亮正义之剑”警示教育展览时强调，要坚持以习近平新时代中国特色社会主义思想为指导，深入贯彻习近平法治思想，深入学习贯彻习近平总书记在十九届中央纪委六次全会上的重要讲话精神，坚持严的主基调不动摇，坚持以党的政治建设为统领，发扬钉钉子精神加强作风建设，以零容忍态度严惩司法腐败，确保公正廉洁司法。中央和国家机关工委副书记、纪检监察工委书记任正晓一同参观展览

为巩固深化法院队伍教育整顿成果，深入推进人民法院党风廉政建设和反腐败工作，最高人民法院举办了“擦亮正义之剑”警示教育展览。展览从近年来查处的法院系统违纪违法反面典型中，选取了张坚、张家慧、苗有水、孟祥等 26 个典型案例，深刻剖析反面典型堕落轨迹和蜕变根源，用身边事教育身边人，深入开展警示教育，引导广大干警深刻汲取教训，切实引以为戒，坚决筑牢政治忠诚的思想根基和拒腐防变的道德防线，做到防微杜渐、警钟长鸣。

1 月 29 日

由最高人民法院民二庭评选的 2021 年度全国法院十大商事案件推出。此次入选的十个商事案件，均为 2021 年度全国各级人民法院均已判决生效的具有重大社会影响和标志性意义的案件

这十个案件分别为：487 名自然人投资者诉五洋建设集团股份有限公司等证券虚假陈述责任纠纷案；顾华骏、刘淑君等 11 名投资者诉康美药业股份有限公司证券虚假陈述责任纠纷特别代表人诉讼案；梁某某个人破产重整案；海航集团有限公司等 321 家公司实质合并重整案；北大方正集团有限公司等五家公司实质合并重整案；招商银行股份有限公司与光大资本投资有限公司其他合同纠纷案；吕科诉彭萍、彭琮林、王万英、重庆渝嘉建筑安装工程有限公司、重庆旺聚贸易有限公司、重庆品尊投资咨询有限公司、重庆首成房地产开发有限公司及一审第三人重庆竣尊房地产开发有限公司损害公司利益纠纷案；成都九正科技实业有限公司与璧合科技股份有限公司、天津和合科技有限公司买卖合同纠纷案；河南省中原小额贷款有限公司、雏鹰农牧集团股份有限公司与河南新郑农村商业银行股份有限公司、郑州正通联合会计师事务所、西藏吉腾实业有限公司、河南泰元投资担保有限公司损害公司债权人利益责任案；中国平安财产保险股份有限公司大庆支公司与七台河市天宇选煤有限责任公司财产损失保险合同纠纷案。

2月17日

全国法院2022年督察工作视频会议召开，最高人民法院党组成员、政治部主任马世忠出席会议并讲话。中央纪委国家监委驻最高人民法院纪检监察组组长、最高人民法院党组成员穆红玉出席会议

山西、江苏、福建、广东、四川、贵州、甘肃等高级法院分管督察工作的院领导作交流发言。最高人民法院各部门党务廉政专员、直属单位纪委书记、督察局干警在主会场参加会议。各高院分管督察工作的院领导、纪检监察部门负责同志及督察部门干警在分会场参加会议。

2月25日

最高人民法院与澳门特别行政区签署《关于内地与澳门特别行政区就仲裁程序相互协助保全的安排》

国家一级大法官、最高人民法院常务副院长贺荣与澳门特别行政区政府行政法务司司长张永春分别代表双方在《关于内地与澳门特别行政区就仲裁程序相互协助保全的安排》上签字。这是澳门回归祖国以来两地签署的第五项司法协助安排。张永春表示，《安排》是对2007年两地签署的《关于内地与澳门特别行政区相互认可和执行仲裁裁决的安排》的完善和补充，对于促进澳门仲裁业的发展，高效解决跨境民商事争议，完善多元化纠纷解决机制意义重大。

3月14日

最高人民法院党组书记、院长周强主持召开最高人民法院党组扩大会议，认真学习贯彻习近平总书记在全国两会期间的重要讲话和全国两会精神，研究部署贯彻落实措施

周强强调，要认真学习贯彻习近平总书记在全国两会期间的重要讲话和全国两会精神，践行全过程人民民主，认真贯彻落实十三届全国人大五次会议和全国政协十三届五次会议精神，落实中央政法委会议要求，更好发挥审判职能作用，为保持平稳健康的经济环境、国泰民安的社会环境、风清气正的政治环境提供有力司法服务，以实际行动迎接党的二十大胜利召开。

3月18日

最高人民法院党组书记、院长周强主持召开最高人民法院党组会议暨院新冠疫情防控领导小组会议，认真学习贯彻习近平总书记关于疫情防控工作的重要讲话精神，研究部署贯彻落实措施

周强要求，要毫不放松抓好人民法院常态化疫情防控。要充分发挥智慧法院作用，坚持线上、线下相结合，为人民群众提供菜单式、集约式、一站式服务。要严格执行各项防疫工作机制，做好立案、诉讼服务、信访等重点场所、公共区域防疫，确保人民群众健康安全。要紧盯防控重点，压实工作责任，查找短板漏洞，完善防控举措，坚决杜绝风险隐患，确保法院各项疫情防控措施不折不扣落到实处。

4月20日

最高人民法院党组书记、院长、院网络安全和信息化领导小组组长周强主持召开最高人民法院网络安全和信息化领导小组2022年第一次全体会议

会议审议了《最高人民法院网络安全和信息化领导小组2021年工作报告及2022年重点工作

目标》《人民法院信息化建设五年发展规划（2022—2026）》《最高人民法院刑事审判信息化建设三年发展规划（2022—2024）》《人民法院数据安全管理办法》等文件以及《人民法院在线运行标准体系》等信息化标准，听取了一站式多元纠纷解决和诉讼服务体系信息化应用成效汇报，观看了司法数据中台和智慧法院大脑演示。

4月24日

最高人民法院党组书记、院长周强主持召开最高人民法院党组扩大会议，研究分析2022年第一季度人民法院审判执行工作运行态势，听取一季度立案、在线调解、涉诉信访等数据分析汇报，部署下一步工作

周强强调，要坚持以习近平新时代中国特色社会主义思想为指导，深入贯彻习近平法治思想，切实加强审判执行工作，充分发挥审判职能作用，服务统筹疫情防控和经济社会发展，为实现高质量发展提供有力司法服务，以实际行动迎接党的二十大胜利召开。

4月26日

最高人民法院公布2022年度司法研究重大课题，向全国各级法院和科研单位、高等院校、其他相关机构公开招标

最高人民法院司法研究重大课题是由最高人民法院司法调研重大课题和审判理论课题整合而成的重大研究项目，是组织全国法院开展调查研究的重要平台，迄今已有20余年历史，在法学理论界和司法实务界具有广泛影响力。

6月21日

十三届全国人大常委会第三十五次会议召开，最高人民法院院长周强就《中华人民共和国民事强制执行法（草案）》作说明

在十三届全国人大常委会第三十五次会议上，最高人民法院院长周强就《中华人民共和国民事强制执行法（草案）》向全国人大常委会作说明。

2018年9月，民事强制执行法纳入十三届全国人大常委会立法规划二类项目，确定最高人民法院为牵头起草单位。最高人民法院党组高度重视，成立起草专班，在全国人大监察司法委、全国人大常委会法工委指导下，深入开展调查研究，反复论证修改形成草案。草案分为4编17章，共207条，各编依次为总则、实现金钱债权的终局执行、实现非金钱债权的终局执行、保全执行，以及附则。

6月23日

周强出席中国法官文学艺术联合会成立大会暨第一次会员代表大会讲话强调：加强新时代人民法院文化建设，为社会主义文化强国和法治中国建设提供有力司法服务

中国法官文联是由法院系统热爱文艺、具有文艺特长的工作人员和高中级法院文联组织等自愿结成的全国性社会团体，2022年3月由民政部批复准予成立登记。在今天大会上，选举产生了中国法官文联第一届理事会理事、常务理事、主席、副主席、秘书长，张述元当选中国法官文联第一届理事会主席，张学群、李广宇、许建峰、孙晓勇、董文濮、倪寿明当选副主席，张益民当选秘书长。

7月12日

中共中央宣传部举行“中国这十年”系列主题发布会，围绕新时代人民法院工作举措与成效介绍相关情况

最高人民法院副院长、二级大法官陶凯元、杨临萍、贺小荣、沈亮出席发布会并回答记者提问。中宣部对外新闻局局长、新闻发言人陈文俊主持发布会。发布会还就涉外商事海事审判、生态环境司法保护、司法护航数字经济、刑事审判工作、人权司法保障、服务基层社会治理、司法救助工作、民生司法保障、智慧法院建设等方面的问题回答了记者提问。

8月18日

由全国工商联主办，最高人民法院、最高人民检察院、公安部、司法部、中国法学会支持举办的第四届民营经济法治建设峰会在京召开

全国政协副主席、全国工商联主席高云龙，最高人民法院党组书记、院长周强，最高人民检察院党组书记、检察长张军，中国法学会党组书记、常务副会长陈训秋，公安部党委委员、副部长孙茂利，司法部党组成员、副部长左力作主旨演讲。中央统战部副部长，全国工商联党组书记、常务副主席徐乐江主持峰会。

8月30日

最高人民法院举行法院系统全国"人民满意的公务员"和"人民满意的公务员集体"座谈会。最高人民法院党组书记、院长周强出席座谈会并讲话

周强强调，要坚持以习近平新时代中国特色社会主义思想为指导，深入贯彻习近平法治思想，大力开展向全国"人民满意的公务员"和"人民满意的公务员集体"学习宣传活动，汲取先进典型精神力量，进一步提高服务大局、司法为民、公正司法的能力水平，更好履行职责使命，奋力推进新时代人民法院工作高质量发展，以实际行动迎接党的二十大胜利召开。

9月21日

"两高两部"联合发布新的取保候审规定

随着我国经济社会发展和法治建设不断进步，犯罪结构和刑罚结构逐渐轻缓化，为贯彻落实好习近平法治思想，适应新时代人民群众需求，充分体现宽严相济刑事政策以及少捕慎诉慎押的刑事司法政策，最高人民法院、最高人民检察院、公安部、国家安全部在充分调研的基础上，对取保候审实践中迫切需要解决的问题进行了认真梳理、深入剖析，经过反复研究论证与修改，对1999年印发的《关于取保候审若干问题的规定》进行了修订，并于2022年9月21日正式发布。

9月27日

最高人民法院党组举行理论学习中心组（扩大）集体学习研讨，进一步深入学习《习近平谈治国理政》第四卷，最高人民法院党组书记、院长周强主持学习研讨

最高人民法院党组副书记、常务副院长贺荣，党组成员、副院长高憬宏在会上发言，基层党组织书记代表、知识产权法庭副庭长郃中林发言。最高人民法院党组成员、政治部主任马世忠，中央纪委国家监委驻最高人民法院纪检监察组组长、最高人民法院党组成员穆红玉，党组成员、副院长杨临萍、沈亮、李勇出席学习研讨会。最高人民法院机关和直属单位各党组织书记参加学习研讨。

9月29日

人民法院常态化扫黑除恶斗争重点工作推进会以视频形式召开。会前，最高人民法院党组书记、院长周强对人民法院常态化扫黑除恶斗争重点工作提出要求

周强指出，开展常态化扫黑除恶斗争以来，人民法院深入贯彻以习近平同志为核心的党中央决策部署，全面履职尽责，主动担当作为，取得了丰硕成果。2022年，是常态化扫黑除恶斗争深化推进的关键之年，工作任务依然艰巨繁重。各级法院要坚持以习近平新时代中国特色社会主义思想为指导，深入学习贯彻习近平法治思想，高度重视扫黑除恶对于维护政治安全、社会稳定的重要作用，充分发挥审判执行职能，以钉钉子精神抓好贯彻落实《反有组织犯罪法》、督办攻坚重大案件等“十件实事”，推动常态化扫黑除恶斗争走深走实，确保实现预期目标。

10月16日

党的二十大报告在全国法院干警中引起强烈反响

10月16日，举世瞩目的中国共产党第二十次全国代表大会在北京开幕。党的主张、人民的心声、国家的意志又一次交汇在历史的新起点。观看大会开幕直播盛况后，广大法院干警倍感振奋、备受鼓舞。大家一致认为，党的二十大报告旗帜鲜明、高屋建瓴、内涵丰富、博大精深，提出了一系列新思路、新战略、新举措，是指导我们全面建成社会主义现代化强国、实现第二个百年奋斗目标的纲领性文献，必将领航中华民族这艘巍巍巨轮乘风破浪、行稳致远。

10月24日

最高人民法院举行学习贯彻党的二十大精神干部大会，最高人民法院党组书记、院长周强出席会议并讲话

周强强调，要坚持以习近平新时代中国特色社会主义思想为指导，深入贯彻习近平法治思想，深入学习宣传贯彻党的二十大精神，认真贯彻落实党的二十届一中全会精神，深刻领悟“两个确立”的决定性意义，增强“四个意识”、坚定“四个自信”、做到“两个维护”，扎实工作、锐意进取，奋力推进新时代新征程人民法院工作高质量发展，为推进中国式现代化提供有力司法服务，为全面建设社会主义现代化国家、全面推进中华民族伟大复兴作出新的更大贡献。

最高人民法院党组副书记、常务副院长贺荣主持会议。最高人民法院院领导高憬宏、张荣顺、马世忠、杨万明、杨临萍、贺小荣、沈亮、李勇、刘贵祥，离退休老同志苏泽林、黄尔梅、周泽民出席会议。最高人民法院机关各单位干警、中央纪委国家监委驻最高人民法院纪检监察组干部参加会议。

11月26—27日

由中国刑事诉讼法学研究会主办的“中国刑事诉讼法学研究会第三次会员大会暨2022年学术年会”在北京召开。学术年会主题为“我国法治现代化进程中的刑事诉讼制度建设与法学研究展望”。最高人民法院党组成员、副院长杨万明出席会议并致辞

中国刑事诉讼法学研究会依照有关选举程序，举行了理事会换届选举，敬大力当选为会长，理事会通过了聘任陈光中先生、中国政法大学诉讼法学研究院卞建林教授为研究会名誉会长的决议。与会专家就“社会治理与刑事诉讼制度建设”“刑事执法司法制约监督体系完善”“新时代刑事政策及其在刑事司法中的运用”等议题进行了深入研讨。

最高人民检察院党组成员、副检察长陈国庆，司法部党组成员、副部长熊选国，中国法学会党组成员、副会长王其江等出席开幕式并致辞、讲话。来自全国各地法学院系、科研机构与司法实务部门的研究会会员、特邀嘉宾、媒体记者等300余人以线上、线下的方式参会。

12月1日

中华司法研究会第二届会员代表大会暨第二届理事会第一次会议以线上线下相结合的方式举行，最高人民法院院长周强出席会议并讲话，再次当选研究会会长

大会审议通过了中华司法研究会第一届理事会工作报告和研究会章程修改草案，选举产生第二届理事会理事、常务理事和领导机构，聘请第二届理事会特邀顾问，确定研究会法定代表人。

会议还审议通过了成立中华司法研究会文物司法研究分会、文物司法研究分会专家委员会的决定。

12月27日

十三届全国人大常委会第三十八次会议上，最高人民法院院长周强就《中华人民共和国民事诉讼法（修正草案）》向全国人大常委会作说明

周强表示，修正草案共对民事诉讼法作出28处调整，涉及29个条文，其中新增条文16条，修改条文13条。民事诉讼法涉外编的修改主要包括进一步完善人民法院对涉外民商事案件的管辖规则、妥善协调国际民商事诉讼管辖权冲突、丰富涉外送达手段、增设域外调查取证条款、完善承认与执行外国法院判决的制度规则等内容。民事诉讼法非涉外编的修改主要包括扩大回避适用范围、明确司法技术人员参与诉讼的规则、完善虚假诉讼认定规则、调整上诉状提出的方式、增加指定遗产管理人案件、完善再审申请程序和标准等内容。

第二节　文告

1月5日

最高人民法院表彰全国法院先进集体和先进个人

目前，最高人民法院印发决定，授予北京市第二中级人民法院刑事审判第一庭等197个集体“全国法院先进集体”称号，授予王亚茹等195名同志、追授冯国生等3名同志“全国法院先进个人”称号。

决定指出，近年来，各级人民法院在以习近平同志为核心的党中央坚强领导下，高举中国特色社会主义伟大旗帜，坚持以习近平新时代中国特色社会主义思想为指导，深入贯彻习近平法治思想，全面贯彻落实党的十九大和十九届历次全会精神，紧紧围绕“努力让人民群众在每一个司法案件中感受到公平正义”目标，忠实履行宪法法律赋予的职责，恪尽职守、勤奋工作，砥砺奋进、攻坚克难，为维护国家政治安全、确保社会大局稳定、促进社会公平正义、保障人民安居乐业作出突出贡献，涌现出一大批信念坚定、执法为民、敢于担当、清正廉洁的先进集体和先进个人。希望受到表彰的集体和个人珍惜荣誉、再接再厉，充分发挥模范带头作用，永葆“闯”的精神、“创”的劲头、“干”的作风，在今后的工作中不断开拓新局面、创造新业绩。

决定号召，各级人民法院和全体法院干警要更加紧密地团结在以习近平同志为核心的党中央周围，坚持以习近平新时代中国特色社会主义思想为指导，深入学习贯彻习近平法治思想和党的十九届六中全会精神，增强“四个意识”、坚定“四个自信”、做到“两个维护”，从党的百年奋斗重大成就和历史经验中汲取奋进的智慧和力量，大力弘扬伟大建党精神，以受到表彰的先进集体和先进个人为榜样，不忘初心、牢记使命，锐意进取、拼搏奉献，在新时代新征程上奋力推进人民法院工作高质量发展，为全面建设社会主义现代化国家、实现中华民族伟大复兴的中国梦作出新的更大贡献，以优异成绩迎接党的二十大胜利召开！

全国法院先进集体名单

北京市

第二中级人民法院刑事审判第一庭

北京知识产权法院审判第一庭

房山区人民法院河北人民法庭

天津市

高级人民法院刑事审判第一庭

和平区人民法院民事审判第一庭

南开区人民法院审判管理办公室（研究室）

河北省

秦皇岛市中级人民法院民事审判第二庭

唐山市中级人民法院司法警察支队

保定市中级人民法院立案一庭

邢台市中级人民法院环境保护审判庭

邯郸市中级人民法院研究室

河北雄安新区中级人民法院立案庭（诉讼服务中心）

承德市双桥区人民法院大石庙人民法庭
廊坊市安次区人民法院执行局
黄骅市人民法院审判管理办公室
安平县人民法院执行局

山西省

高级人民法院办公室
太原市中级人民法院刑事审判第三庭
晋城市中级人民法院立案庭
忻州市中级人民法院环境资源审判庭
吕梁市中级人民法院研究室
太原铁路运输中级法院执行局
平定县人民法院执行局
左权县人民法院综合审判庭

内蒙古自治区

高级人民法院政治部法官管理处
包头市中级人民法院办公室
通辽市中级人民法院立案一庭
鄂尔多斯市中级人民法院立案庭
乌海市中级人民法院刑事审判第一庭
呼和浩特市新城区人民法院民事审判一庭

辽宁省

高级人民法院刑事审判第三庭
沈阳市中级人民法院司法警察支队
抚顺市中级人民法院立案一庭
丹东市元宝区人民法院执行局
凌海市人民法院石山人民法庭
营口市站前区人民法院立案庭(诉讼服务中心)
辽河人民法院欢喜岭人民法庭

吉林省

通化市中级人民法院立案庭
吉林市丰满区人民法院丰满人民法庭
四平市铁西区人民法院立案庭(诉讼服务中心)
珲春市人民法院审判管理办公室（研究室）

黑龙江省

高级人民法院财务装备管理处
哈尔滨市中级人民法院审判管理办公室
七台河市中级人民法院干部科
绥化市中级人民法院机关党委
佳木斯市东风区人民法院政治部
集贤县人民法院立案庭（诉讼服务中心）
大庆市萨尔图区人民法院铁人人民法庭
宝泉岭人民法院刑事审判庭
诺敏河人民法院建兴人民法庭

上海市

高级人民法院商事审判庭（破产审判庭）
第二中级人民法院刑事审判庭
虹口区人民法院金融审判庭

江苏省

盐城市中级人民法院民事审判第二庭
中共泰州市中级人民法院机关委员会
常州市中级人民法院刑事审判第一庭
无锡市中级人民法院研究室
南京市江宁区人民法院汤山人民法庭
宿迁市宿豫区人民法院家事少年审判庭
淮安市清江浦区人民法院少年及家事审判庭

浙江省

温州市中级人民法院温州破产法庭
湖州市中级人民法院环境资源审判庭
杭州市临安区人民法院立案庭(诉讼服务中心)
永康市人民法院龙山人民法庭
松阳县人民法院古市人民法庭
宁波知识产权法庭

安徽省

高级人民法院刑事审判第三庭

合肥市中级人民法院民事审判第四庭

蚌埠市中级人民法院法警支队

淮南市中级人民法院诉讼服务中心

濉溪县人民法院审判管理办公室（研究室）

青阳县人民法院刑事审判庭

枞阳县人民法院会官人民法庭

福建省

高级人民法院立案一庭

福州市中级人民法院审判监督庭

泉州市中级人民法院刑事审判第一庭

宁德市中级人民法院刑事审判第一庭

上杭县人民法院古田人民法庭

江西省

高级人民法院办公室

九江市中级人民法院司法技术处

景德镇市中级人民法院立案庭

赣州市中级人民法院研究室

抚州市中级人民法院民事审判第一庭

芦溪县人民法院执行局

余干县人民法院九龙人民法庭

山东省

济南市中级人民法院破产审判庭

青岛市中级人民法院审判监督庭

东营市中级人民法院政治部组织人事处

潍坊市中级人民法院研究室

济宁市中级人民法院信息宣传处

泰安市中级人民法院政治部教育培训处

淄博市临淄区人民法院民事审判二庭

滕州市人民法院家事少年审判庭

烟台市牟平区人民法院大窑人民法庭

平邑县人民法院刑事审判庭

河南省

高级人民法院审判管理办公室

开封市中级人民法院刑事审判第一庭

平顶山市中级人民法院研究室

三门峡市中级人民法院办公室

驻马店市中级人民法院未成年人案件综合审判庭

郑州市管城回族区人民法院南曹人民法庭

焦作市中站区人民法院执行局

濮阳县人民法院立案庭（诉讼服务中心）

西峡县人民法院双龙人民法庭

夏邑县人民法院会亭人民法庭

湖北省

襄阳市中级人民法院立案第一庭

咸宁市中级人民法院执行局

大冶市人民法院殷祖人民法庭

荆州市沙市区人民法院立案庭

郧西县人民法院香口人民法庭

荆门市掇刀区人民法院城南人民法庭

宣恩县人民法院李家河人民法庭

湖南省

高级人民法院新闻信息网络处

长沙市中级人民法院政治部宣传教育处

邵阳市中级人民法院民事审判第一庭

永州市中级人民法院审判监督第一庭

怀化市中级人民法院刑事审判第一庭

娄底市中级人民法院办公室

衡阳市珠晖区人民法院立案庭

茶陵县人民法院腰陂人民法庭

广东省

广州市中级人民法院少年家事审判庭

汕头市中级人民法院审判管理办公室

佛山市中级人民法院民事审判第一庭

韶关市中级人民法院研究室

中山市中级人民法院刑事审判第一庭

江门市中级人民法院立案庭

深圳市南山区人民法院知识产权审判庭

阳春市人民法院潭水人民法庭

广宁县人民法院新楼人民法庭

广西壮族自治区

桂林市中级人民法院刑事审判第一庭

河池市中级人民法院诉讼服务中心

崇左市中级人民法院办公室

南宁铁路运输中级法院民事审判第一庭

北海海事法院执行局

南宁市兴宁区人民法院立案庭(诉讼服务中心)

北流市人民法院附城人民法庭

海南省

高级人民法院立案审判第一庭

重庆市

高级人民法院刑事审判第一庭

重庆市第五中级人民法院破产审判庭(重庆破产法庭)

沙坪坝区人民法院陈家桥人民法庭

四川省

高级人民法院政治部法官管理处

遂宁市中级人民法院立案庭

雅安市中级人民法院执行局

眉山市中级人民法院行政审判庭

阿坝藏族羌族自治州中级人民法院环境资源审判庭

富顺县人民法院富世人民法庭

盐边县人民法院渔门人民法庭

德阳市旌阳区人民法院未成年人与家事案件审判庭

南部县人民法院南隆人民法庭

万源市人民法院白沙人民法庭

贵州省

高级人民法院民事审判第一庭

贵阳市中级人民法院刑事审判第一庭

遵义市中级人民法院刑事审判第三庭

毕节市中级人民法院技术室

黔南布依族苗族自治州中级人民法院审判监督一庭

关岭布依族苗族自治县人民法院断桥人民法庭

云南省

高级人民法院刑事审判第五庭

昆明市中级人民法院知识产权审判庭

普洱市中级人民法院执行局

临沧市中级人民法院政治部

文山壮族苗族自治州中级人民法院刑事审判第三庭

昆明铁路运输中级法院司法警察支队

曲靖市麒麟区人民法院立案庭

施甸县人民法院姚关人民法庭

西藏自治区

日喀则市中级人民法院研究室

林芝市中级人民法院技术科

尼木县人民法院吞巴人民法庭

尼玛县人民法院综合审判庭

札达县人民法院综合审判庭

陕西省

西安市中级人民法院刑事审判第一庭

商洛市中级人民法院司法行政装备室

西安市未央区人民法院民事审判第二庭

渭南市临渭区人民法院故市人民法庭

子洲县人民法院裴家湾人民法庭

汉中市汉台区人民法院刑事审判庭

西安铁路运输法院行政审判第二庭

甘肃省

天水市中级人民法院政治部

酒泉市中级人民法院刑事审判第一庭

庆阳市中级人民法院民事审判第一庭

定西市中级人民法院审判监督庭

兰州铁路运输中级法院司法行政装备处

甘肃省法官学院

青海省

西宁市中级人民法院民事审判第二庭

玉树市人民法院三江源生态法庭

格尔木市人民法院立案庭

宁夏回族自治区

高级人民法院立案庭

隆德县人民法院沙塘人民法庭

新疆维吾尔自治区

高级人民法院办公室

乌鲁木齐市中级人民法院立案第一庭

昌吉回族自治州中级人民法院政治部

阿克苏地区中级人民法院行政审判庭（国家赔偿委员会办公室）

托克逊县人民法院综合办公室（司法警察大队）

于田县人民法院刑事审判庭

解放军

南部战区军事法院审判监督庭

西部战区第一军事法院立案庭

新疆生产建设兵团

第四师中级人民法院政治部

第十二师中级人民法院执行局

全国法院先进个人名单

北京市

王亚茹（女）丰台区人民法院执行局法官助理

杜　坤　高级人民法院司法警察总队警政科科长

秦　硕（女）海淀区人民法院刑事审判庭（未成年人案件审判庭）庭长

高　晶（女）西城区人民法院政治部组宣工作组一级主任科员

谢耀宗　门头沟区人民法院斋堂人民法庭庭长

天津市

刘　辉（女）宝坻区人民法院大白庄人民法庭庭长

齐　颖（女）东丽区人民法院政治部（机关党委）副主任

李新宽　第一中级人民法院司法警察支队四级高级警长

潘　凯　河北区人民法院告诉申诉庭法官助理

河北省

王兴锋　石家庄市裕华区人民法院刑事审判庭审判员

王海光　邯郸经济技术开发区人民法院政治部四级主任科员

冉冰洁（女）蠡县人民法院诉讼服务中心副主任

冯国生　固安县人民法院柳泉人民法庭原庭长

闫英敏（女）高级人民法院刑事审判第三庭审判员

张伟亮　邢台市中级人民法院宣传处处长

张树岩　景县人民法院综合办公室主任

苗晶晶（女）张家口市中级人民法院法官教

育管理处副处长

周　华　秦皇岛市中级人民法院办公室副主任

山西省

刘　泳　高级人民法院研究室主任

刘　晔（女）朔州市中级人民法院民事审判第一庭庭长

孙　鹏　运城市中级人民法院办公室主任

侯建军　大同市云冈区人民法院政治部主任

康　抗（女）长治市中级人民法院刑事审判第二庭副庭长

薛江波　曲沃县人民法院审判员

内蒙古自治区

巴　特（蒙古族）锡林郭勒盟中级人民法院办公室副主任

巴音那木拉（蒙古族）乌拉特后旗人民法院牧区巡回法庭庭长

白晓娟（女）扎赉特旗人民法院审判管理办公室（研究室）副主任

张　晶　乌兰察布市中级人民法院机关服务中心一级主任科员

周　毅　新巴尔虎左旗人民法院政治部主任

詹小亚（女）阿拉善盟中级人民法院立案庭法官助理

辽宁省

任延光　大连市中级人民法院综合指导处处长

江琗齐　辽阳市中级人民法院技术处副处长

张吉相　阜新市中级人民法院机关党委专职副书记

陈　佳（女）葫芦岛市南票区人民法院执行局审判员

陈铁强　大连海事法院长海法庭副庭长

罗胜男（女）盘锦市中级人民法院研究室法官助理

姚　淙　本溪市中级人民法院执行一庭法官助理

路　洪　鞍山市中级人民法院政治部法官培训科科长

吉林省

王　钥（女）长春市宽城区人民法院审判委员会专职委员

刘云山　东丰县人民法院执行局副局长

刘淑梅（女）白城市中级人民法院政治部主任

李　磊（女）松原市中级人民法院宣传教育处处长

梁　飞（女）长春林区中级法院政治部宣传教育处处长

黑龙江省

刘兆兴　哈尔滨市道外区人民法院立案庭（诉讼服务中心）副庭长

李　敏（女）哈尔滨铁路运输中级法院干部处副处长

冷　岩（女）黑河市爱辉区人民法院机关党委三级主任科员

张大巍　龙江县人民法院审判管理办公室（研究室）主任

张淑梅（女）虎林市人民法院副院长

陈志勇　穆棱市人民法院司法警察大队副队长

贾李强　大庆市让胡路区人民法院执行局局长

徐首奎　大兴安岭地区松岭区人民法院司法警察大队三级警长

上海市

王国侠（女）宝山区人民法院月浦人民法庭庭长

兰　钊　嘉定区人民法院司法警察大队副大队长

吴盈喆（女）上海知识产权法院知识产权综合审判二庭副庭长

陆伟松　崇明区人民法院执行局法官助理

姜　彤（女）上海金融法院机关党委副书记

江苏省

朱海兰（女）苏州市虎丘区人民法院民事审判第一庭庭长

刘振华　镇江市中级人民法院立案庭信访办公室主任

李存生　徐州市中级人民法院政治部副主任

陈　芳（女）扬州市江都区人民法院邵伯人民法庭庭长

周　云（女）如皋市人民法院执行局局长

顾建兵　南通市中级人民法院宣传教育处副处长

高源源　淮安市中级人民法院组织人事处副处长

曹美娟（女）江苏省高级人民法院民事审判第三庭审判员

薛子裔　连云港经济技术开发区人民法院综合办公室一级科员

浙江省

毛伟炜　衢州市中级人民法院审判管理处副处长

纪　平（女）绍兴市中级人民法院干部人事处四级主任科员

李　俊　永嘉县人民法院机关党委专职副书记

杨宇超　嘉兴市中级人民法院办公室副主任

沙　丽（女）杭州互联网法院互联网审判二庭庭长

张凯薇（女）宁波海事法院立案庭书记员

徐乐盛　台州市黄岩区人民法院院长

黄文娟（女）宁波市鄞州区人民法院邱隘人民法庭副庭长

安徽省

方玉滢（女）砀山县人民法院综合办公室主任

刘梦李（女）阜阳市中级人民法院民事审判第四庭法官助理

孙施龙　芜湖市中级人民法院政治部二级主任科员

孙章科　安庆市中级人民法院法警支队副支队长

张　蕊（女）涡阳县人民法院花沟人民法庭庭长

高　逢（女）高级人民法院刑事审判第二庭审判员

涂　娅（女）六安市中级人民法院研究室主任

福建省

吴扬城　莆田市中级人民法院审判管理办公室副主任

陈丹华（女）漳州市芗城区人民法院政治部主任

郭剑明　平潭综合实验区人民法院综合办公室四级主任科员

黄佶喆　南平市建阳区人民法院刑事审判庭庭长

黄素萍（女）厦门市思明区人民法院立案庭庭长

魏正雄　三明市中级人民法院宣传处副处长

江西省

王国勇　吉安市吉州区人民法院审判委员会专职委员

朱婧瑶（女）南昌铁路运输中级法院法官助理

邹丽龙　新余市中级人民法院办公室副主任

周芳琴（女）鹰潭市中级人民法院司法警察支队副政委

姜卫民　南昌市红谷滩区人民法院院长

山东省

朱瑞旭　济宁市中级人民法院研究室副主任

刘　杰　单县人民法院审判管理办公室主任

刘　洋　滨州市中级人民法院审判管理办公室副主任

李志强　东营经济技术开发区人民法院执行局副局长

李雯璐（女）枣庄市中级人民法院审判管理办公室副主任

李耀勇　济南市中级人民法院民事审判第二庭副庭长

时满鑫　青岛市中级人民法院司法事业保障促进中心七级职员

张　聘（女）淄博市张店区人民法院诉讼服务中心审判员

赵立梅（女，满族）德州市德城区人民法院黄河涯人民法庭庭长

韩彦亭　日照市岚山区人民法院法警大队大队长

河南省

朱雪华　周口市中级人民法院金融审判庭审判员

李　宁（女）鹤壁市山城区人民法院政治部法官助理

李　慧（女）洛阳市中级人民法院诉讼服务中心副主任

李玉芳　安阳市中级人民法院办公室主任

杨英杰　原阳县人民法院刑事审判庭庭长

姜立恒（女）高级人民法院办公室副主任

姚永丽（女）许昌市中级人民法院未成年人综合审判庭法官助理

袁鹏飞　漯河市中级人民法院司法行政装备管理处副处长

聂　茜（女）郑州铁路运输中级法院办公室二级主任科员

高海波　信阳市浉河区人民法院董家河人民法庭审判员

湖北省

丁　鹏　云梦县人民法院司法警察大队大队长

张　茂　汉江中级人民法院办公室法官助理

明延发　鄂州市中级人民法院刑事审判第二庭副庭长

周　欣　黄冈市中级人民法院立案一庭法官助理

聂南山　武汉市中级人民法院政治部综合处一级主任科员

鲁晓敏　宜昌市中级人民法院信息技术处副处长

雷姣姣（女）随州市曾都区人民法院何店人民法庭庭长

湖南省

王　波　张家界市中级人民法院四级调研员

叶　丹（女）益阳市中级人民法院研究室副主任

冯　婷（女）湘西土家族苗族自治州中级人民法院司法行政装备管理科科长

刘　勇　湘潭市中级人民法院办公室主任

李　炜　岳阳市君山区人民法院综合办公室（司法警察大队）一级警长

李　程　郴州市中级人民法院民事审判第一庭庭长

蔡　文　高级人民法院刑事审判第一庭审判员

燕岩山　常德市中级人民法院政治部副主任

广东省

王玩娥（女）潮州市潮安区人民法院立案庭审判员

田伟恩　东源县人民法院灯塔人民法庭庭长

杜佳鑫　深圳市中级人民法院执行局执行裁决处审判员

李任成　东莞市第二人民法院机关服务中心一级主任科员

吴勇辉　信宜市人民法院司法警察大队副大队长

陈毅元　广州知识产权法院综合办公室二级主任科员

赵红波　英德市人民法院九龙人民法庭原庭长

洪泉寿　湛江市中级人民法院研究室副主任

薛立群　广州海事法院政治部三级调研员

广西壮族自治区

龙　剑　东兴市人民法院综合审判庭庭长

叶俊杰　北海市中级人民法院司法警察支队副支队长

汝　磊　柳州市柳南区人民法院立案庭副庭长

陈伟仁　高级人民法院司法技术管理处综合数据科副科长

桂　西（瑶族）梧州市中级人民法院研究室副主任

盘晓娟（女，瑶族）富川瑶族自治县人民法院司法警察大队副教导员

覃　凡（女，壮族）来宾市中级人民法院办公室副主任

海南省

皮小慢（女）高级人民法院行政审判庭审判员

覃茂圣　琼海市人民法院刑事审判庭法官助理

重庆市

刁　瑜（女）南川区人民法院政治部副主任

朱　敏（女）江北区人民法院金融审判庭庭长

刘建群（土家族）酉阳土家族苗族自治县人民法院司法警察大队副大队长

袁华千　梁平区人民法院综合办公室主任

谭中平（土家族）高级人民法院研究室法官助理

四川省

王国宇　成都市中级人民法院政治部干部处二级主任科员

尤战洪　高级人民法院审判监督一庭法官助理

毛　静（女）绵阳市安州区人民法院塔水人民法庭庭长

邓于君　通江县人民法院行政审判庭庭长

邓维亮　内江市中级人民法院机关党委副书记

孙　帅　泸州市中级人民法院办公室主任

杨卉卉（女，土家族）资阳市中级人民法院行政审判庭法官助理

陈　锐　广元市中级人民法院技术室主任

泽仁曲西（女，藏族）石渠县人民法院综合审判庭庭长

贵州省

马正清（苗族）铜仁市中级人民法院刑事审判第一庭庭长

方　顺（女）贵州省高级人民法院办公室一级主任科员

吴秀恒（侗族）黔东南苗族侗族自治州中级人民法院执行局副局长

周海波　六盘水市中级人民法院新闻处处长

徐光淮（仡佬族）黔西南布依族苗族自治州中级人民法院司法警察支队一级警长

云南省

刘文俊（女，彝族）勐海县人民法院刑事审判庭审判员

杨　帆（女，藏族）迪庆藏族自治州中级人民法院刑事审判一庭副庭长

陈萍辉（女）昭通市中级人民法院新闻中心二级主任科员

周忠逵（彝族）楚雄彝族自治州中级人民法院督察室副主任

郑　颖（女）德宏傣族景颇族自治州中级人民法院司法警察支队四级警长

柴继红（女）玉溪市中级人民法院刑事审判一庭庭长

西藏自治区

扎西平措（藏族）南木林县人民法院办公室主任

黄飞强　拉萨市中级人民法院办公室主任

谭得智　朗县人民法院民事审判第二庭庭长

陕西省

任笑生　宝鸡市中级人民法院司法行政装备管理处副处长

张卫红　高级人民法院立案庭（申诉审查庭）副庭长

张文东　铜川市中级人民法院研究室副主任

高继超　咸阳市中级人民法院办公室副主任

惠兴文 延安市中级人民法院政治部宣教处处长

魏富军（回族）宁陕县人民法院江口人民法庭庭长

甘肃省

朱 婧（女）金昌市金川区人民法院宁远堡人民法庭副庭长

李海涛 陇南市中级人民法院赔偿委员会办公室副主任

时衡冰 高级人民法院督察室司法巡查与审务督察室主任

张强国 民勤县人民法院司法警察大队四级警长

高永德 白银市中级人民法院研究室主任

青海省

马德祥（回族）民和回族土族自治县人民法院政工科副科长

吉毛先（女，藏族）同仁市人民法院立案庭庭长

班玛登登（藏族）高级人民法院民事审判第一庭法官助理

宁夏回族自治区

王 莉（女，回族）银川市兴庆区人民法院综合办公室主任

王海峰 高级人民法院政治部干部处处长

安志超 中卫市沙坡头区人民法院执行局副局长

新疆维吾尔自治区

曲•曼丽（女，蒙古族）博尔塔拉蒙古自治州中级人民法院政治部副主任

孙 杰（女）高级人民法院伊犁哈萨克自治州分院刑事审判第二庭原法官助理

张瑞宏 巴音郭楞蒙古自治州中级人民法院机关党委专职副书记

阿不来提•阿不都克热木（维吾尔族）莎车县人民法院刑事审判庭副庭长

顾秀伟（女）克拉玛依市中级人民法院刑事审判第一庭审判员

解放军

王科炜 解放军军事法院执行局审判员

杨荣博 西部战区第二军事法院执行处副处长

新疆生产建设兵团

吕新星 金银川垦区人民法院民事审判庭副庭长

耿 斌 第三师中级人民法院司法警察支队支队长

（载人民法院新闻网传媒总社，路聪）

1月21日

最高人民法院　中国证券监督管理委员会 关于适用《最高人民法院关于审理证券市场虚假陈述侵权民事赔偿案件的若干规定》有关问题的通知

法〔2022〕23号

各省、自治区、直辖市高级人民法院，新疆维吾尔自治区高级人民法院生产建设兵团分院；中国证券监督管理委员会各派出机构、各交易所、各下属单位、各协会：

《最高人民法院关于审理证券市场虚假陈述侵权民事赔偿案件的若干规定》（以下简称《若干规定》）已于2021年12月30日由最高人民法院审判委员会第1860次会议通过。为更好地发挥人民法院和监管部门的协同作用，依法保护投资者合法权益，维护公开、公平、公正的资本市场秩序，促进资本市场健康发展，现就《若干规定》实施中的有关问题通知如下：

一、人民法院受理证券市场虚假陈述侵权民事赔偿案件后，应当在十个工作日内将案件基本情况向发行人、上市或者挂牌公司所在辖区的中国证券监督管理委员会（以下简称中国证监会）派出机构通报，相关派出机构接到通报后应当及时向中国证监会报告。

二、当事人对自己的主张，应当提供证据加以证明。为了查明事实，人民法院可以依法向中国证监会有关部门或者派出机构调查收集有关证据。

人民法院和中国证监会有关部门或者派出机构在调查收集证据时要加强协调配合，以有利于监管部门履行监管职责与人民法院查明民事案件事实为原则。在充分沟通的基础上，人民法院依照《中华人民共和国民事诉讼法》及相关司法解释等规定调查收集证据，中国证监会有关部门或者派出机构依法依规予以协助配合。

人民法院调查收集的证据，应当按照法定程序当庭出示并由各方当事人质证。但是涉及国家秘密、工作秘密、商业秘密和个人隐私或者法律规定其他应当保密的证据，不得公开质证。

三、人民法院经审查，认为中国证监会有关部门或者派出机构对涉诉虚假陈述的立案调查不影响民事案件审理的，应当继续审理。

四、案件审理过程中，人民法院可以就诉争虚假陈述行为违反信息披露义务规定情况、对证券交易价格的影响、损失计算等专业问题征求中国证监会或者相关派出机构、证券交易场所、证券业自律管理组织、投资者保护机构等单位的意见。征求意见的时间，不计入案件审理期限。

五、取消前置程序后，人民法院要根据辖区内的实际情况，在法律规定的范围内积极开展专家咨询和专业人士担任人民陪审员的探索，中国证监会派出机构和有关部门要做好相关专家、专业人士担任人民陪审员的推荐等配合工作，完善证券案件审理体制机制，不断提升案件审理的专业化水平。

六、在协调沟通过程中，相关人员要严格遵守保密纪律和工作纪律，不得泄露国家秘密、工作秘密、商业秘密和个人隐私，不得对民事诉讼案件的审理和行政案件的调查施加不正当影响。

七、地方各级人民法院、中国证监会各派出机构和相关单位要积极组织学习培训，拓宽培训形式，尽快准确掌握《若干规定》的内容与精神，切实提高案件审理和监管执法水平。对于适用中存在的问题，请按隶属关系及时层报最高人民法院和中国证监会。

最高人民法院　中国证券监督管理委员会

2022 年 1 月 21 日

4 月 20 日

最高人民法院
关于印发基层人民法院管辖第一审知识产权
民事、行政案件标准的通知
法〔2022〕109 号

各省、自治区、直辖市高级人民法院，解放军军事法院，新疆维吾尔自治区高级人民法院生产建设兵团分院：

根据《最高人民法院关于第一审知识产权民事、行政案件管辖的若干规定》，最高人民法院确定了具有知识产权民事、行政案件管辖权的基层人民法院及其管辖区域、管辖第一审知识产权民事案件诉讼标的额的标准。现予以印发，自 2022 年 5 月 1 日起施行。本通知施行前已经受理的案件，仍按照原标准执行。

最高人民法院

2022 年 4 月 20 日

4 月 27 日

最高人民法院
关于涉及发明专利等知识产权合同纠纷案件上诉管辖问题的通知

各省、自治区、直辖市高级人民法院，新疆维吾尔自治区高级人民法院生产建设兵团分院；各知识产权法院，具有技术类知识产权案件管辖权的中级人民法院：

《最高人民法院关于第一审知识产权民事、行政案件管辖的若干规定》（法释〔2022〕13 号）已于 2022 年 4 月 21 日公布，将自 2022 年 5 月 1 日起施行。根据该司法解释有关规定，现就涉及

发明专利等知识产权合同纠纷案件上诉管辖事宜进一步明确如下：

地方各级人民法院（含各知识产权法院）2022年5月1日起作出的涉及发明专利、实用新型专利、植物新品种、集成电路布图设计、技术秘密、计算机软件的知识产权合同纠纷第一审裁判，应当在裁判文书中告知当事人，如不服裁判，上诉于上一级人民法院。

特此通知。

最高人民法院

2022年4月27日

7月1日

最高人民法院
关于充分发挥环境资源审判职能作用依法惩处盗采矿产资源犯罪的意见
法发〔2022〕19号

党的十八大以来，以习近平同志为核心的党中央把生态文明建设作为关系中华民族永续发展的根本大计，高度重视和持续推进环境资源保护工作。矿产资源是国家的宝贵财富，是人民群众生产、生活的物质基础，是山水林田湖草沙生命共同体的重要组成部分。盗采矿产资源犯罪不仅破坏国家矿产资源及其管理秩序，妨害矿业健康发展，也极易造成生态环境损害，引发安全事故。为充分发挥人民法院环境资源审判职能作用，依法惩处盗采矿产资源犯罪，切实维护矿产资源和生态环境安全，根据有关法律规定，制定本意见。

一、提高政治站位，准确把握依法惩处盗采矿产资源犯罪的根本要求

1. 坚持以习近平新时代中国特色社会主义思想为指导，深入贯彻习近平生态文明思想和习近平法治思想，紧紧围绕党和国家工作大局，用最严格制度、最严密法治筑牢维护矿产资源和生态环境安全的司法屏障。坚持以人民为中心，完整、准确、全面贯彻新发展理念，正确认识和把握惩罚犯罪、保护生态与发展经济、保障民生之间的辩证关系，充分发挥司法的规则引领与价值导向功能，服务经济社会高质量的发展。

2. 深刻认识盗采矿产资源犯罪的严重社会危害性，准确把握依法打击盗采矿产资源犯罪的形势任务，增强工作责任感和使命感。严格依法审理各类盗采矿产资源案件，紧盯盗采、运输、销赃等各环节，坚持“全要素、全环节、全链条”标准，确保裁判政治效果、法律效果、社会效果、生态效果相统一。

3. 坚持刑法和刑事诉讼法的基本原则，落实宽严相济刑事政策，依法追究盗采行为人的刑事责任。落实民法典绿色原则及损害担责、全面赔偿原则，注重探索、运用预防性恢复性司法规则，依法认定盗采行为人的民事责任。支持和保障行政主管机关依法行政、严格执法，切实追究盗采行为人的行政责任。贯彻落实全面追责原则，依法妥善协调盗采行为人的刑事、民事、行政责任。

4. 突出打击重点，保持依法严惩态势。落实

常态化开展扫黑除恶斗争部署要求，持续依法严惩“沙霸”“矿霸”及其“保护伞”，彻底斩断其利益链条、铲除其滋生土壤。结合环境保护法、长江保护法、黑土地保护法等法律实施，依法严惩在划定生态保护红线区域、大江大河流域、黑土地保护区域以及在禁采区、禁采期实施的盗采矿产资源犯罪。立足维护矿产资源安全与科学开发利用，依法严惩针对战略性稀缺性矿产资源实施的盗采犯罪。

二、正确适用法律，充分发挥依法惩处盗采矿产资源犯罪的职能作用

5. 严格依照刑法第三百四十三条及《最高人民法院、最高人民检察院关于办理非法采矿、破坏性采矿刑事案件适用法律若干问题的解释》（以下简称《解释》）的规定，对盗采矿产资源行为定罪量刑。对犯罪分子主观恶性深、人身危险性大，犯罪情节恶劣、后果严重的，坚决依法从严惩处。

6. 正确理解和适用《解释》第二条、第四条第一款、第五条第一款规定，准确把握盗采矿产资源行为入罪的前提条件。对是否构成“未取得采矿许可证”情形，要在综合考量案件具体事实、情节的基础上依法认定。

7. 正确理解和适用《解释》第三条、第四条第二款、第五条第二款规定，对实施盗采矿产资源行为同时构成两种以上“情节严重”或者“情节特别严重”情形的，要综合考虑各情节，精准量刑。对在河道管理范围、海域实施盗采砂石行为的，要充分关注和考虑其危害堤防安全、航道畅通、通航安全或者造成岸线破坏等因素。

8. 充分关注和考虑实施盗采矿产资源行为对生态环境的影响，加强生态环境保护力度。对具有破坏生态环境情节但非依据生态环境损害严重程度确定法定刑幅度的，要酌情从重处罚。盗采行为人积极修复生态环境、赔偿损失的，可以依法从轻或者减轻处罚；符合《解释》第十条规定的，可以免予刑事处罚。

9. 正确理解和适用《解释》第十三条规定，准确把握矿产品价值认定规则。为获取非法利益而对矿产品进行加工、保管、运输的，其成本支出一般不从销赃数额中扣除。销赃数额与评估、鉴定的矿产品价值不一致的，要结合案件的具体事实、情节作出合理认定。

10. 依法用足用好罚金刑，提高盗采矿产资源犯罪成本，要综合考虑矿产品价值或者造成矿产资源破坏的价值、生态环境损害程度、社会影响等情节决定罚金数额。法律、行政法规对同类盗采矿产资源行为行政罚款标准有规定的，决定罚金数额时可以参照行政罚款标准。盗采行为人就同一事实已经支付了生态环境损害赔偿金、修复费用的，决定罚金数额时可予酌情考虑，但不能直接抵扣。

11. 准确理解和把握刑法第七十二条规定，依法正确适用缓刑。对盗采矿产资源犯罪分子具有“涉黑”“涉恶”或者属于“沙霸”“矿霸”，曾因非法采矿或者破坏性采矿受过刑事处罚，与国家工作人员相互勾结实施犯罪或者以行贿等非法手段逃避监管，毁灭、伪造、隐藏证据或者转移财产逃避责任，或者数罪并罚等情形的，要从严把握缓刑适用。依法宣告缓刑的，可以根据犯罪情况，同时禁止犯罪分子在缓刑考验期限内从事与开采矿产资源有关的特定活动。

12. 准确理解和把握法律关于共同犯罪的规定，对明知他人盗采矿产资源，而为其提供重要资金、工具、技术、单据、证明、手续等便利条件或者居间联络，结合全案证据可以认定为形成通谋的，以共同犯罪论处。

13. 正确理解和适用《解释》第十二条规定，加强涉案财物处置力度。对盗采矿产资源犯罪的违法所得及其收益，用于盗采矿产资源犯罪的专门工具和供犯罪所用的本人财物，坚决依法追缴、责令退赔或者没收。对在盗采、运输、销赃等环节使用的机械设备、车辆、船舶等大型工具，要综合考虑案件的具体事实、情节及工具的属性、权

属等因素，依法妥善认定是否用于盗采矿产资源犯罪的专门工具。

14. 依法妥善审理国家规定的机关或者法律规定的组织提起的生态环境保护附带民事公益诉讼，综合考虑盗采行为人的刑事责任与民事责任。既要依法全面追责，又要关注盗采行为人的担责能力，保证裁判的有效执行。鼓励根据不同环境要素的修复需求，依法适用劳务代偿、补种复绿、替代修复等多种修复责任承担方式，以及代履行、公益信托等执行方式。支持各方依法达成调解协议，鼓励盗采行为人主动、及时承担民事责任。

三、坚持多措并举，健全完善有效惩治盗采矿产资源犯罪的制度机制

15. 完善环境资源审判刑事、民事、行政审判职能“三合一”体制，综合运用刑事、民事、行政法律手段惩治盗采矿产资源犯罪，形成组合拳。推进以湿地、森林、海洋等生态系统，或者以国家公园、自然保护区等生态功能区为单位的环境资源案件跨行政区划集中管辖，推广人民法院之间协商联动合作模式，努力实现一体化司法保护和法律统一适用。全面加强队伍专业能力建设，努力培养既精通法律法规又熟悉相关领域知识的专家型法官，不断提升环境资源审判能力水平。

16. 加强与纪检监察机关、检察机关、公安机关、行政主管机关的协作配合，推动构建专业咨询和信息互通渠道，建立健全打击盗采矿产资源行政执法与刑事司法衔接长效工作机制，有效解决专业性问题评估、鉴定，涉案物品保管、移送和处理，案件信息共享等问题。依法延伸审判职能，积极参与综合治理工作，对审判中发现的违法犯罪线索、监管疏漏等问题，及时向有关单位移送、通报，必要时发送司法建议，形成有效惩治合力。

17. 因应信息化发展趋势，以人工智能、大数据、区块链为依托，促进信息技术与执法办案、调查研究深度融合，提升环境资源审判的便捷性、高效性和透明度。加速建设全国环境资源审判信息平台，构建上下贯通、横向联通的全国环境资源审判“一张网”，为实现及时、精准惩处和预防盗采矿产资源犯罪提供科技支持。

18. 落实人民陪审员参加盗采矿产资源社会影响重大的案件和公益诉讼案件审理的制度要求，积极发挥专业人员在专业事实查明中的作用，充分保障人民群众知情权、参与权和监督权。着力提升巡回审判、典型案例发布等制度机制的普法功能，深入开展法治宣传和以案释法工作，积极营造依法严惩盗采矿产资源犯罪的社会氛围，引导人民群众增强环境资源保护法治意识，共建天蓝、地绿、水清的美丽家园。

最高人民法院

2022 年 7 月 1 日

7月14日

最高人民法院关于为加快建设全国统一大市场提供司法服务和保障的意见
法发〔2022〕22号

为深入贯彻党的十九大和十九届历次全会精神，认真落实《中共中央、国务院关于加快建设全国统一大市场的意见》，充分发挥人民法院职能作用，为加快建设全国统一大市场提供高质量司法服务和保障，结合人民法院工作实际，制定本意见。

一、总体要求

1. 切实增强为加快建设全国统一大市场提供司法服务和保障的责任感、使命感。加快建设高效规范、公平竞争、充分开放的全国统一大市场，是以习近平同志为核心的党中央从全局和战略高度作出的重大战略部署，是构建新发展格局的基础支撑和内在要求。各级人民法院要切实把思想和行动统一到党中央重大战略部署上来，深刻把握“两个确立”的决定性意义，增强“四个意识”、坚定“四个自信”、做到“两个维护”，不断提高政治判断力、政治领悟力、政治执行力，坚持服务大局、司法为民、公正司法，忠实履行宪法法律赋予的职责，充分发挥法治的规范、引领和保障作用，为加快建设全国统一大市场提供高质量司法服务和保障。

2. 准确把握为加快建设全国统一大市场提供司法服务和保障的切入点、着力点。各级人民法院要紧紧围绕党中央重大决策部署，坚持“两个毫不动摇”，坚持问题导向，完整、准确、全面贯彻新发展理念，强化系统观念、注重协同配合、积极担当作为，统筹立审执各领域、各环节精准发力，统筹市场主体、要素、规则、秩序统一保护，对标对表持续推动国内市场高效畅通和规模拓展、加快营造稳定公平透明可预期的营商环境、进一步降低市场交易成本、促进科技创新和产业升级、培育参与国际竞争合作新优势五大主要目标，有针对性地完善司法政策、创新工作机制、提升司法质效，不断提高司法服务保障工作的实效性，更好发挥市场在资源配置中的决定性作用，为建设高标准市场体系、构建高水平社会主义市场经济体制提供坚强司法支撑。

二、加强市场主体统一平等保护

3. 助力实行统一的市场准入。依法审理建设工程、房地产、矿产资源以及水、电、气、热力等要素配置和市场准入合同纠纷案件，准确把握自然垄断行业、服务业等市场准入放宽对合同效力的影响，严格落实“非禁即入”政策。依法审理涉市场准入行政案件，支持分级分类推进行政审批制度改革，遏制不当干预经济活动特别是滥用行政权力排除、限制竞争行为。加强市场准入负面清单、涉企优惠政策目录清单等行政规范性文件的附带审查，推动行政机关及时清理废除含有地方保护、市场分割、指定交易等妨碍统一市场和公平竞争的规范性文件，破除地方保护和区域壁垒。

4. 加强产权平等保护。坚持各类市场主体诉讼地位平等、法律适用平等、法律责任平等，依法平等保护各类市场主体合法权益。严格区分经济纠纷、行政违法与刑事犯罪，坚决防止将经济纠纷当作犯罪处理，坚决防止将民事责任变为刑事责任。依法惩治侵犯产权违法犯罪行为，健全涉案财物追缴处置机制，最大限度追赃挽损。充分贯彻善意文明执行理念，进一步规范涉产权强制措施，严禁超标的、违法查封财产，灵活采取查封、变价措施，有效释放被查封财产使用价值和融资功能。完善涉企产权案件申诉、重审等机制，健全涉产权冤错案件有效防范纠正机制。支持规范行政执法领域涉产权强制措施，依法维护市场主体经营自主权。

5. 依法平等保护中外当事人合法权益。研究制定法律查明和国际条约、国际惯例适用等司法解释，准确适用域外法律和国际条约、国际惯例。优化涉外民商事纠纷诉讼管辖机制，研究制定第一审涉外民商事案件管辖司法解释。加强司法协助工作，完善涉外送达机制，推动建成域外送达统一平台。推进国际商事法庭实质化运行，健全国际商事专家委员会工作机制，完善一站式国际商事纠纷解决信息化平台，实现调解、仲裁和诉讼有机衔接，努力打造国际商事纠纷解决新高地。准确适用外商投资法律法规，全面实施外商投资准入前国民待遇加负面清单制度，依法维护外商投资合同效力，促进内外资企业公平竞争。推进我国法域外适用法律体系建设，依法保护“走出去”企业和公民合法权益。

6. 完善市场主体救治和退出机制。坚持破产审判市场化、法治化、专业化、信息化方向，依法稳妥审理破产案件，促进企业优胜劣汰。坚持精准识别、分类施策，对陷入财务困境但仍具有发展前景和挽救价值的企业，积极适用破产重整、破产和解程序，促进生产要素优化组合和企业转型升级，让企业重新焕发生机活力，让市场资源配置更加高效。积极推动完善破产法制及配套机制建设，完善执行与破产工作有序衔接机制，推动企业破产法修改和个人破产立法，推动成立破产管理人协会和设立破产费用专项基金，推进建立常态化“府院联动”协调机制。

7. 依法及时兑现市场主体胜诉权益。进一步健全完善综合治理执行难工作大格局，加强执行难综合治理、源头治理考评，推动将执行工作纳入基层网格化管理，完善立审执协调配合机制，确保“切实解决执行难”目标如期实现。进一步加强执行信息化建设，拓展升级系统功能，强化执行节点管理，提升执行流程监管自动化、智能化水平。探索建立律师调查被执行人财产等制度，推进落实委托审计调查、公证取证、悬赏举报等制度。探索建立怠于履行协助执行义务责任追究机制，建立防范和制止规避执行行为制度，依法惩戒拒执违法行为。配合做好强制执行法立法工作，制定或修订债权执行等司法解释，完善执行法律法规体系。

三、助力打造统一的要素和资源市场

8. 支持健全城乡统一的土地市场。妥善审理涉农村土地“三权分置”纠纷案件，促进土地经营权有序流转。依法审理农村集体经营性建设用地入市纠纷，支持加快建设同权同价、流转顺畅、收益共享的城乡统一建设用地市场。以盘活利用土地为目标，妥善审理涉及国有企事业单位改革改制土地资产处置、存量划拨土地资产产权确定、上市交易等案件。依法审理建设用地使用权转让、出租、抵押等纠纷案件，保障建设用地规范高效利用。适应土地供给政策调整，统一国有土地使用权出让、转让合同纠纷案件裁判尺度。

9. 支持发展统一的资本市场。依法严惩操纵市场、内幕交易、非法集资、贷款诈骗、洗钱等金融领域犯罪，促进金融市场健康发展。妥善审理金融借款合同、证券、期货交易及票据纠纷等案件，规范资本市场投融资秩序。依法处理涉供应链金融、互联网金融、不良资产处置、私募投资基金等纠纷，助力防范化解金融风险。完善私募股权投资、委托理财、资产证券化、跨境金融资产交易等新型纠纷审理规则，加强数字货币、移动支付等法律问题研究，服务保障金融业创新发展。

10. 支持建设统一的技术和数据市场。加强科技成果所有权、使用权、处置权、收益权司法保护，妥善处理因科技成果权属认定、权利转让、权利质押、价值认定和利益分配等产生的纠纷，依法支持科技创新成果市场化应用。依法保护数据权利人对数据控制、处理、收益等合法权益，以及数据要素市场主体以合法收集和自身生成数据为基础开发的数据产品的财产性权益，妥善审理因数据交易、数据市场不正当竞争等产生的各类案件，为培育数据驱动、跨界融合、共创共享、公平竞争的数据要素市场提供司法保障。加强数据产权属性、形态、权属、公共数据共享机制等法律问题研究，加快完善数据产权司法保护规则。

11. 支持建设全国统一的能源和生态环境市场。依法审理涉油气期货产品、天然气、电力、煤炭交易等纠纷案件，依法严惩油气、天然气、电力、煤炭非法开采开发、非法交易等违法犯罪行为，推动资源合法有序开发利用。研究发布司法助力实现碳达峰碳中和目标的司法政策，妥善审理涉碳排放配额、核证自愿减排量交易、碳交易产品担保以及企业环境信息公开、涉碳绿色信贷、绿色金融等纠纷案件，助力完善碳排放权交易机制。全面准确适用民法典绿色原则、绿色条款，梳理碳排放领域出现的新业态、新权属、新问题，健全涉碳排放权、用水权、排污权、用能权交易纠纷裁判规则。研究适用碳汇认购、技改抵扣等替代性赔偿方式，引导企业对生产设备和生产技术进行绿色升级。

四、依法维护统一的市场交易规则

12. 优化营商环境司法保障机制。法治是最好的营商环境。对照加快建设全国统一大市场要求，探索建立符合我国国情、国际标准的司法服务保障营商环境指标体系，加大服务保障营商环境建设情况在考评工作中的比重。出台服务保障营商环境建设的司法解释和司法政策。配合有关职能部门，开展营商环境创新试点工作，制定出台建设法治化营商环境实施规划，建立营商环境定期会商机制。依托司法大数据，建立法治化营商环境分析研判机制。加大营商环境司法保障工作宣传力度，提振经营者投资信心。探索设立人民法院优化营商环境专家咨询委员会。

13. 助力营造公平诚信的交易环境。切实实施民法典，出台民法典合同编司法解释，贯彻合同自由、诚实信用原则，保护合法交易行为，畅通商品服务流通，降低市场交易成本。完善推动社会主义核心价值观深度融入审判执行工作配套机制，发挥司法裁判明辨是非、惩恶扬善、平衡利益、定分止争功能，引导市场主体增强法治意识、公共意识、规则意识。构建虚假诉讼预防、识别、惩治机制，依法严惩虚假诉讼违法犯罪行为。强化失信被执行人信用惩戒力度，完善失信惩戒系统，细化信用惩戒分级机制，修订完善失信被执行人名单管理规定，探索建立守信激励和失信被执行人信用修复制度。探索社会信用体系建设与人民法院审判执行工作深度融合路径，推动建立健全与市场主体信用信息相关的司法大数据归集共享和使用机制。

14. 支持区域市场一体化建设。健全区域重大战略、区域协调发展司法服务和保障机制，依法支持京津冀、长三角、粤港澳大湾区以及成渝地区双城经济圈、长江中游城市群等区域，在维护全国统一大市场前提下，优先开展区域市场一体化建设工作。充分发挥最高人民法院巡回法庭作用，健全巡回区法院资源共享、联席会议、法官交流等工作机制，积极探索区域司法协作新路径。

健全跨域司法联动协作机制，积极推广司法服务保障区域市场一体化的典型经验做法。

15. 推进内地与港澳、大陆与台湾规则衔接机制对接。加强涉港澳台审判工作，探索建立涉港澳台商事案件集中管辖机制。加强司法协助互助，落实内地与澳门仲裁程序相互协助保全安排，落实内地与香港相互认可和协助破产程序机制。探索简化港澳诉讼主体资格司法确认和诉讼证据审查认定程序，拓展涉港澳案件诉讼文书跨境送达途径，拓宽内地与港澳相互委托查明法律渠道。推动建立深港澳调解组织和调解员资质统一认证机制，完善港澳人士担任特邀调解员、陪审员制度，依法保障符合条件的港澳律师在粤港澳大湾区执业权利。完善与港澳台司法交流机制，推动建立粤港澳法官审判专业研讨常态化机制，支持海峡两岸法院开展实务交流。

16. 加强国内法律与国际规则衔接。坚持统筹推进国内法治与涉外法治，大力推进涉外审判体系和审判能力现代化建设，加强重大涉外民商事案件审判指导，探索多语言发布涉外民商事指导性案例，扩大中国司法裁判国际影响力和公信力。实施海事审判精品战略，加快推进国际海事司法中心建设，探索完善航运业务开放、国际船舶登记、沿海捎带、船舶融资租赁等新类型案件审理规则，打造国际海事纠纷争议解决优选地。加强与有关国际组织、国家和地区司法领域合作，加大对走私、洗钱、网络诈骗、跨境腐败等跨境犯罪的打击力度。积极参与国际贸易、知识产权、环境保护、网络空间等领域国际规则制定，提升我国在国际经济治理中的话语权。

五、助力推进商品和服务市场高水平统一

17. 强化知识产权司法保护。加大知识产权司法保护力度，服务保障科技创新和新兴产业发展，以创新驱动、高质量供给引领和创造新需求。持续加大对重点领域、新兴产业关键核心技术和创新型中小企业原始创新司法保护力度。严格落实知识产权侵权惩罚性赔偿、行为保全等制度，有效遏制知识产权侵权行为。推动完善符合知识产权案件审判规律的诉讼规范，健全知识产权法院跨区域管辖制度，畅通知识产权诉讼与仲裁、调解对接机制，健全知识产权行政执法和司法衔接机制。

18. 依法保护劳动者权益。妥善审理平等就业权纠纷等案件，推动消除户籍、地域、身份、性别等就业歧视，促进劳动力、人才跨地区顺畅流动。加强跨境用工司法保护，准确认定没有办理就业证件的港澳台居民与内地用人单位签定的劳动合同效力。出台服务保障国家新型城镇化建设的司法政策，依法保护进城务工人员合法权益。研究出台涉新业态民事纠纷司法解释，加强新业态从业人员劳动权益保障。积极开展根治欠薪专项行动，依法严惩拒不支付劳动报酬违法犯罪行为，加大欠薪案件审执力度。推动完善劳动争议解决体系。

19. 助力提升商品质量。坚决惩处制售假冒伪劣商品、危害食品药品安全等违法犯罪行为。依法从严惩处制假售假、套牌侵权、危害种质资源等危害种业安全犯罪，促进国家种业资源统一保护。依法审理因商品质量引发的合同、侵权纠纷案件，准确适用惩罚性赔偿制度，注重运用民事手段助推商品质量提升。依法审理涉产品质量行政纠纷案件，支持行政机关深化质量认证制度改革，加强全供应链、全产业链、产品全生命周期管理。研究制定审理危害生产安全犯罪案件司法解释，促进安全生产形势持续好转。

20. 支持提升消费服务质量。完善扩大内需司法政策支撑体系，积极营造有利于全面促进消费的法治环境。严惩预付消费诈骗犯罪，妥善处理住房、教育培训、医疗卫生、养老托育等重点民生领域消费者权益保护纠纷案件，提高群众消费安全感和满意度。完善网络消费、服务消费等消费案件审理规则，服务保障消费升级和消费新模式新业态发展。优化消费纠纷案件审理机制，探

索建立消费者权益保护集体诉讼制度，完善消费公益诉讼制度，推动建立消费者权益保护工作部门间衔接联动机制，促进消费纠纷源头治理。

六、切实维护统一的市场竞争秩序

21. **依法打击垄断和不正当竞争行为。** 强化司法反垄断和反不正当竞争，依法制止垄断协议、滥用市场支配地位等垄断行为，严厉打击侵犯商业秘密、商标恶意抢注、攀附仿冒等不正当竞争行为，加强科技创新、信息安全、民生保障等重点领域不正当竞争案件审理。加强对平台企业垄断的司法规制，及时制止利用数据、算法、技术手段等方式排除、限制竞争行为，依法严惩强制“二选一”、大数据杀熟、低价倾销、强制搭售等破坏公平竞争、扰乱市场秩序行为，防止平台垄断和资本无序扩张。依法严厉打击自媒体运营者借助舆论影响力对企业进行敲诈勒索行为，以及恶意诋毁商家商业信誉、商品声誉等不正当竞争行为。完善竞争案件裁判规则，适时出台反垄断民事诉讼司法解释。

22. **监督支持行政机关强化统一市场监管执法。** 修改完善办理政府信息公开案件司法解释，依法审理市场监管领域政府信息公开案件，促进行政机关严格依照法定权限和程序公开市场监管规则。依法妥善审理涉市场监管自由裁量、授权委托监管执法、跨行政区域联合执法等行政纠纷案件，监督支持行政机关提高综合执法效能、公平公正执法。加强与检察机关协作，通过审理行政公益诉讼案件、发送司法建议等方式，共同推动市场监管部门健全权责清晰、分工明确、运行顺畅的监管体系。加强与市场监管执法部门沟通协作，推进统一市场监管领域行政裁判规则与执法标准。

23. **依法惩处扰乱市场秩序违法犯罪行为。** 研究制定审理涉税犯罪案件司法解释，依法惩处逃税、抗税、骗税、虚开增值税专用发票等违法犯罪行为，加大对利用“阴阳合同”逃税、文娱领域高净值人群逃税等行为的惩处力度。加强与税务、公安等部门执法司法协同，推动完善税收监管制度。准确把握合同诈骗、强迫交易等违法犯罪行为入刑标准，依法认定相关合同效力，维护市场主体意思自治。依法严惩通过虚假诉讼手段逃废债、虚假破产、诈骗财物等行为。研究制定审理非法经营刑事案件司法解释，严格规范非法经营刑事案件定罪量刑标准。研究制定办理渎职刑事案件适用法律问题司法解释，对国家工作人员妨害市场经济发展的渎职犯罪处理问题作出规定。

24. **助力统筹推进疫情防控和经济社会发展。** 依法严惩利用疫情诈骗、哄抬物价、囤积居奇、造谣滋事，以及制售假劣药品、医疗器械、医用卫生材料等犯罪，维护疫情防控期间生产生活秩序。妥善处理疫情引发的合同违约、企业债务等纠纷案件，准确适用不可抗力规则，合理平衡当事人利益。精准服务做好“六稳”“六保”，妥善处理因疫情引发的劳资用工、购销合同、商铺租赁等民商事纠纷，持续完善司法惠民惠企政策，帮助受疫情严重冲击的行业、中小微企业和个体工商户纾困解难。

七、健全司法服务和保障工作机制

25. **深入推进诉讼制度改革。** 严格按照改革部署要求，系统集成推进司法体制综合配套改革各项工作举措，切实满足市场主体高效便捷公正解决纠纷的司法需求。强化诉权保护理念，坚决贯彻执行立案登记制度。稳妥推进四级法院审级职能定位改革，优化民商事、行政案件级别管辖标准，完善再审申请程序和立案标准，健全案件移送管辖提级审理机制，推动将具有普遍法律适用指导意义、关乎社会公共利益的案件交由较高层级法院审理。认真贯彻落实新修订的民事诉讼法，用足用好繁简分流改革成果，出台民事速裁适用法律问题司法解释，进一步推动案件繁简分流、轻重分离、快慢分道。

26. **完善统一法律适用工作机制。** 加强司法解释管理，完善案例指导制度，建立全国法院法律统一适用平台，构建类案裁判规则数据库，推行类案和新类型案件强制检索制度，完善合议庭、专业法官会议工作机制，充分发挥审判委员会职责，构建多层次、立体化法律适用分歧解决机制。健全完善司法公开制度体系，加大司法公开四大平台整合力度。推进司法制约监督体系建设，全面推行审判权力责任清单和履职指引制度，完善“四类案件”识别监管机制，构建科学合理的司法责任认定和追究制度。

27. 深化一站式多元解纷和诉讼服务体系建设。坚持和发展新时代“枫桥经验”，把非诉讼纠纷解决机制挺在前面，推动矛盾纠纷系统治理、综合治理、源头治理，切实降低市场主体纠纷解决成本。突出一站、集约、集成、在线、融合五个关键，建设集约高效、多元解纷、便民利民、智慧精准、开放互动、交融共享的现代化诉讼服务体系。发挥人民法院调解平台集成作用，完善司法调解与人民调解、行政调解联动体系，强化诉讼与非诉讼实质性对接。加大在线视频调解力度，建立健全劳动争议、金融保险、证券期货、知识产权等专业化调解机制。

28. 加强互联网司法和智慧法院建设。推进互联网、大数据、人工智能、区块链与审判执行工作深度融合，以司法数据中台和智慧法院大脑为牵引，推动智能协同应用，拓展数据知识服务，构建一体云网设施，提升质效运维水平。推进落实《人民法院在线诉讼规则》《人民法院在线调解规则》《人民法院在线运行规则》，进一步健全完善在线司法程序规范，优化平台建设，推动互联网司法模式成熟定型。深化互联网法院建设，推动完善互联网法院设置和案件管辖范围，充分发挥互联网法院在确立规则、完善制度、网络治理等方面的规范引领作用。

29. 提高服务保障能力水平。牢牢坚持党对司法工作的绝对领导，坚持以党建带队建促审判，推动党建与审判业务工作深度融合、互促共进。加大知识产权、环境资源、涉外法治、破产、金融、反垄断等领域高层次审判人才培养力度，培养一批树牢市场化思维、精通相关领域业务的审判业务专家。通过教育培训、案例指导、交流研讨等形式，加强相关领域审判业务指导，最高人民法院适时发布相关领域指导性案例和典型案例。充分用好人民法院各类研究平台和资源，加强对有关重大问题的调查研究，推出高质量研究成果。

30. 加强组织实施保障。各级人民法院要把服务保障加快建设全国统一大市场作为重大政治任务，列入党组重要议事日程，及时研究解决工作推进中的新情况新问题，对是否存在妨碍全国统一大市场建设的规定和实际情况开展自查清理。最高人民法院各有关部门要加强条线指导，各地法院要结合本地区经济社会发展实际，细化完善服务保障措施，推出新招硬招实招，确保各项服务保障举措落地见效。要认真总结司法服务保障建设全国统一大市场的好经验好做法，全媒体、多角度、立体化做好宣传、总结、推广，为加快建设全国统一大市场营造良好舆论氛围。

最高人民法院

2022 年 7 月 14 日

8月26日

最高人民法院 最高人民检察院 公安部 关于办理信息网络犯罪案件适用刑事诉讼程序若干问题的意见

法发〔2022〕23号

为依法惩治信息网络犯罪活动，根据《中华人民共和国刑法》《中华人民共和国刑事诉讼法》以及有关法律、司法解释的规定，结合侦查、起诉、审判实践，现就办理此类案件适用刑事诉讼程序问题提出以下意见。

一、关于信息网络犯罪案件的范围

1. 本意见所称信息网络犯罪案件包括：

（1）危害计算机信息系统安全犯罪案件；

（2）拒不履行信息网络安全管理义务、非法利用信息网络、帮助信息网络犯罪活动的犯罪案件；

（3）主要行为通过信息网络实施的诈骗、赌博、侵犯公民个人信息等其他犯罪案件。

二、关于信息网络犯罪案件的管辖

2. 信息网络犯罪案件由犯罪地公安机关立案侦查。必要时，可以由犯罪嫌疑人居住地公安机关立案侦查。

信息网络犯罪案件的犯罪地包括用于实施犯罪行为的网络服务使用的服务器所在地，网络服务提供者所在地，被侵害的信息网络系统及其管理者所在地，犯罪过程中犯罪嫌疑人、被害人或者其他涉案人员使用的信息网络系统所在地，被害人被侵害时所在地以及被害人财产遭受损失地等。

涉及多个环节的信息网络犯罪案件，犯罪嫌疑人为信息网络犯罪提供帮助的，其犯罪地、居住地或者被帮助对象的犯罪地公安机关可以立案侦查。

3. 有多个犯罪地的信息网络犯罪案件，由最初受理的公安机关或者主要犯罪地公安机关立案侦查。有争议的，按照有利于查清犯罪事实、有利于诉讼的原则，协商解决；经协商无法达成一致的，由共同上级公安机关指定有关公安机关立案侦查。需要提请批准逮捕、移送审查起诉、提起公诉的，由立案侦查的公安机关所在地的人民检察院、人民法院受理。

4. 具有下列情形之一的，公安机关、人民检察院、人民法院可以在其职责范围内并案处理：

（1）一人犯数罪的；

（2）共同犯罪的；

（3）共同犯罪的犯罪嫌疑人、被告人还实施其他犯罪的；

（4）多个犯罪嫌疑人、被告人实施的犯罪行为存在关联，并案处理有利于查明全部案件事实的。

对为信息网络犯罪提供程序开发、互联网接入、服务器托管、网络存储、通讯传输等技术支持，或者广告推广、支付结算等帮助，涉嫌犯罪的，可以依照第一款的规定并案侦查。

有关公安机关依照前两款规定并案侦查的案件，需要提请批准逮捕、移送审查起诉、提起公诉的，由该公安机关所在地的人民检察院、人民法院受理。

5. 并案侦查的共同犯罪或者关联犯罪案件，犯罪嫌疑人人数众多、案情复杂的，公安机关可以分案移送审查起诉。分案移送审查起诉的，应当对并案侦查的依据、分案移送审查起诉的理由作出说明。

对于前款规定的案件，人民检察院可以分案提起公诉，人民法院可以分案审理。

分案处理应当以有利于保障诉讼质量和效率为前提，并不得影响当事人质证权等诉讼权利的行使。

6. 依照前条规定分案处理，公安机关、人民检察院、人民法院在分案前有管辖权的，分案后对相关案件的管辖权不受影响。根据具体情况，分案处理的相关案件可以由不同审级的人民法院分别审理。

7. 对于共同犯罪或者已并案侦查的关联犯罪案件，部分犯罪嫌疑人未到案，但不影响对已到案共同犯罪或者关联犯罪的犯罪嫌疑人、被告人的犯罪事实认定的，可以先行追究已到案犯罪嫌疑人、被告人的刑事责任。之前未到案的犯罪嫌疑人、被告人归案后，可以由原办案机关所在地公安机关、人民检察院、人民法院管辖其所涉及的案件。

8. 对于具有特殊情况，跨省（自治区、直辖市）指定异地公安机关侦查更有利于查清犯罪事实、保证案件公正处理的重大信息网络犯罪案件，以及在境外实施的信息网络犯罪案件，公安部可以商最高人民检察院和最高人民法院指定侦查管辖。

9. 人民检察院对于审查起诉的案件，按照刑事诉讼法的管辖规定，认为应当由上级人民检察院或者同级其他人民检察院起诉的，应当将案件移送有管辖权的人民检察院，并通知移送起诉的公安机关。人民检察院认为需要依照刑事诉讼法的规定指定审判管辖的，应当协商同级人民法院办理指定管辖有关事宜。

10. 犯罪嫌疑人被多个公安机关立案侦查的，有关公安机关一般应当协商并案处理，并依法移送案件。协商不成的，可以报请共同上级公安机关指定管辖。

人民检察院对于审查起诉的案件，发现犯罪嫌疑人还有犯罪被异地公安机关立案侦查的，应当通知移送审查起诉的公安机关。

人民法院对于提起公诉的案件，发现被告人还有其他犯罪被审查起诉、立案侦查的，可以协商人民检察院、公安机关并案处理，但可能造成审判过分迟延的除外。决定对有关犯罪并案处理，符合《中华人民共和国刑事诉讼法》第二百零四条规定的，人民检察院可以建议人民法院延期审理。

三、关于信息网络犯罪案件的调查核实

11. 公安机关对接受的案件或者发现的犯罪线索，在审查中发现案件事实或者线索不明，需要经过调查才能够确认是否达到刑事立案标准的，经公安机关办案部门负责人批准，可以进行调查核实；经过调查核实达到刑事立案标准的，应当及时立案。

12. 调查核实过程中，可以采取询问、查询、勘验、检查、鉴定、调取证据材料等不限制被调查对象人身、财产权利的措施，不得对被调查对象采取强制措施，不得查封、扣押、冻结被调查对象的财产，不得采取技术侦查措施。

13. 公安机关在调查核实过程中依法收集的电子数据等材料，可以根据有关规定作为证据使用。

调查核实过程中收集的材料作为证据使用的，应当随案移送，并附批准调查核实的相关材料。

调查核实过程中收集的证据材料经查证属实，且收集程序符合有关要求的，可以作为定案依据。

四、关于信息网络犯罪案件的取证

14. 公安机关向网络服务提供者调取电子数

据的，应当制作调取证据通知书，注明需要调取的电子数据的相关信息。调取证据通知书及相关法律文书可以采用数据电文形式。跨地域调取电子数据的，可以通过公安机关信息化系统传输相关数据电文。

网络服务提供者向公安机关提供电子数据的，可以采用数据电文形式。采用数据电文形式提供电子数据的，应当保证电子数据的完整性，并制作电子证明文件，载明调证法律文书编号、单位电子公章、完整性校验值等保护电子数据完整性方法的说明等信息。

数据电文形式的法律文书和电子证明文件，应当使用电子签名、数字水印等方式保证完整性。

15. 询（讯）问异地证人、被害人以及与案件有关联的犯罪嫌疑人的，可以由办案地公安机关通过远程网络视频等方式进行并制作笔录。

远程询（讯）问的，应当由协作地公安机关事先核实被询（讯）问人的身份。办案地公安机关应当将询（讯）问笔录传输至协作地公安机关。询（讯）问笔录经被询（讯）问人确认并逐页签名、捺指印后，由协作地公安机关协作人员签名或者盖章，并将原件提供给办案地公安机关。询（讯）问人员收到笔录后，应当在首页右上方写明“于某年某月某日收到”，并签名或者盖章。

远程询（讯）问的，应当对询（讯）问过程同步录音录像，并随案移送。

异地证人、被害人以及与案件有关联的犯罪嫌疑人亲笔书写证词、供词的，参照执行本条第二款规定。

16. 人民检察院依法自行侦查、补充侦查，或者人民法院调查核实相关证据的，适用本意见第14条、第15条的有关规定。

17. 对于依照本意见第14条的规定调取的电子数据，人民检察院、人民法院可以通过核验电子签名、数字水印、电子数据完整性校验值及调证法律文书编号是否与证明文件相一致等方式，对电子数据进行审查判断。

对调取的电子数据有疑问的，由公安机关、提供电子数据的网络服务提供者作出说明，或者由原调取机关补充收集相关证据。

五、关于信息网络犯罪案件的其他问题

18. 采取技术侦查措施收集的材料作为证据使用的，应当随案移送，并附采取技术侦查措施的法律文书、证据材料清单和有关说明材料。

移送采取技术侦查措施收集的视听资料、电子数据的，应当由两名以上侦查人员制作复制件，并附制作说明，写明原始证据材料、原始存储介质的存放地点等信息，由制作人签名，并加盖单位印章。

19. 采取技术侦查措施收集的证据材料，应当经过当庭出示、辨认、质证等法庭调查程序查证。

当庭调查技术侦查证据材料可能危及有关人员的人身安全，或者可能产生其他严重后果的，法庭应当采取不暴露有关人员身份和技术侦查措施使用的技术设备、技术方法等保护措施。必要时，审判人员可以在庭外对证据进行核实。

20. 办理信息网络犯罪案件，对于数量特别众多且具有同类性质、特征或者功能的物证、书证、证人证言、被害人陈述、视听资料、电子数据等证据材料，确因客观条件限制无法逐一收集的，应当按照一定比例或者数量选取证据，并对选取情况作出说明和论证。

人民检察院、人民法院应当重点审查取证方法、过程是否科学。经审查认为取证不科学的，应当由原取证机关作出补充说明或者重新取证。

人民检察院、人民法院应当结合其他证据材料，以及犯罪嫌疑人、被告人及其辩护人所提辩解、辩护意见，审查认定取得的证据。经审查，对相关事实不能排除合理怀疑的，应当作出有利于犯罪嫌疑人、被告人的认定。

21. 对于涉案人数特别众多的信息网络犯罪

案件，确因客观条件限制无法收集证据逐一证明、逐人核实涉案账户的资金来源，但根据银行账户、非银行支付账户等交易记录和其他证据材料，足以认定有关账户主要用于接收、流转涉案资金的，可以按照该账户接收的资金数额认定犯罪数额，但犯罪嫌疑人、被告人能够作出合理说明的除外。案外人提出异议的，应当依法审查。

22. 办理信息网络犯罪案件，应当依法及时查封、扣押、冻结涉案财物，督促涉案人员退赃退赔，及时追赃挽损。

公安机关应当全面收集证明涉案财物性质、权属情况、依法应予追缴、没收或者责令退赔的证据材料，在移送审查起诉时随案移送并作出说明。其中，涉案财物需要返还被害人的，应当尽可能查明被害人损失情况。人民检察院应当对涉案财物的证据材料进行审查，在提起公诉时提出处理意见。人民法院应当依法作出判决，对涉案财物作出处理。

对应当返还被害人的合法财产，权属明确的，应当依法及时返还；权属不明的，应当在人民法院判决、裁定生效后，按比例返还被害人，但已获退赔的部分应予扣除。

23. 本意见自2022年9月1日起施行。《最高人民法院、最高人民检察院、公安部关于办理网络犯罪案件适用刑事诉讼程序若干问题的意见》（公通字〔2014〕10号）同时废止。

最高人民法院　最高人民检察院　公安部

9月6日

最高人民法院办公厅
关于2022年全国法院环境资源刑事审判优秀业务成果评选活动情况的通报
法办〔2022〕379号

各省、自治区、直辖市高级人民法院，新疆维吾尔自治区高级人民法院生产建设兵团分院：

为进一步提升全国法院环境资源刑事审判工作质量和调研水平，充分发挥环境资源审判职能作用，按照《最高人民法院关于在全国法院开展优秀业务成果评选活动暂行办法》（法办发〔2011〕9号）要求，最高人民法院环境资源审判庭组织开展了2022年全国法院环境资源刑事审判优秀业务成果评选活动。

此次评选包括裁判文书、调研报告两类业务成果。裁判文书类成果重点关注叙述事实与论述说理、引用法条与裁判主文、审判组织与诉讼程序、文书格式与构成要素、语言文字与标点符号等内容，体现环境资源刑事审判专业性及示范意义。调研报告类成果突出以推进环境资源刑事审判体系和审判能力现代化为导向，针对存在的主要问题提出解决思路、对策、措施和建议，问题原因分析透彻，反映问题实事求是，得出结论有理有据，具有较高的实用价值。

按照评选通知要求，各高级人民法院共通过评选系统报送上传业务成果343项。其中，裁判文书类成果255篇，调研报告类成果88篇。此次优秀业务成果评选工作本着实事求是、宁缺毋滥的原则，坚持高标准、严要求，经过各高级人民法院初评报送、9名审判实务部门及教学科研机构专家评审和最高人民法院最终评审，就裁判文书、调研报告两类成果，分别评出获奖作品28篇和25篇。希望获得表彰的单位和个人再接再厉，争取获得更加优异的成绩。

各级人民法院要坚持以习近平新时代中国特色社会主义思想为指导，深入贯彻落实习近平生态文明思想和习近平法治思想，认真学习贯彻党的十九大和十九届历次全会精神，以此次优秀业务成果评选为契机，进一步树牢精品意识，加强对环境资源刑事重大疑难复杂案件的审理，强化环境资源刑事审判前沿问题研究，深入探索并及时总结环境资源刑事司法实践经验，为生态文明建设和高质量发展提供更加有力的刑事司法服务和保障，助力法治中国、平安中国、美丽中国建设，以优异成绩迎接党的二十大胜利召开。

最高人民法院办公厅

2022年7月15日

2022年全国法院环境资源刑事审判优秀业务成果（裁判文书类）

一等奖（5篇，同一等次内按地区排序，下同）

1. 河北省邢台市中级人民法院（2021）冀05

刑终 264 号刑事附带民事裁定书

（合议庭成员：郭振旗　谢书明　郝诚　曹鹏　赵玲玲）

2. 江苏省南京市中级人民法院（2020）苏 01 刑终 525 号刑事裁定书

（合议庭成员：陈迎　姜立　于元祝）

3. 江苏省盱眙县人民法院（2019）苏 0830 刑初 534 号刑事附带民事判决书

（合议庭成员：孙在桐　蒋莹莹　王玉林　张春艳　翟顺昌　陈志艺　薛琴）

4. 江西省高级人民法院（2020）赣刑终 44 号刑事裁定书

（合议庭成员：胡淑珠　黄训荣　王慧军）

5. 重庆市第一中级人民法院（2021）渝 01 刑终 356 号刑事判决书

（合议庭成员：张力　吴长渝　伏虹瑾）

二等奖（10 篇）

1. 北京市通州区人民法院（2019）京 0112 刑初 27 号刑事附带民事判决书

（合议庭成员：朱长军　赵程宇　杨光　卫谦　王书生　胡晓波　郑淑琴）

2. 天津市第一中级人民法院（2019）津 01 刑终 431 号刑事裁定书

（合议庭成员：孙静　刘为　张振超）

3. 吉林省辉南县人民法院（2021）吉 0523 刑初 158 号刑事附带民事判决书

（合议庭成员：耿志武　高霞　李娜　辛林蓉　焉德新　孙苗　李珊）

4. 上海铁路运输法院（2020）沪 7101 刑初 452 号刑事判决书

（合议庭成员：施佳黎　乔淑葳　汤列城）

5. 浙江省新昌县人民法院（2018）浙 0624 刑初 430 号刑事附带民事判决书

（合议庭成员：王优明　张珍　章吉　王正林　王品洋　吕仁苗　潘海燕）

6. 山东省济南市钢城区人民法院（2019）鲁 0117 刑初 115 号刑事判决书

（合议庭成员：杜伟　尹祥丽　栾兆钰）

7. 广东省佛山市中级人民法院（2021）粤 06 刑终 143 号刑事附带民事裁定书

（合议庭成员：唐毅军　钟学彬　陈南春）

8. 海南省第二中级人民法院（2020）琼 97 刑初 264 号刑事判决书

（合议庭成员：吴曼江　张丽华　钟鸣亮）

9. 四川省成都市郫都区人民法院（2020）川 0124 刑初 218 号刑事判决书

（合议庭成员：杨蓉　唐科碧　杨芳）

10. 云南省文山壮族苗族自治州中级人民法院（2019）云 26 刑初 26 号刑事判决书

（合议庭成员：郑朝恒　杨宏　刘建鹏）

三等奖（13 篇）

1. 山西省忻州市忻府区人民法院（2019）晋 0902 刑初 368 号刑事判决书

（合议庭成员：王永林　刘泽清　焦旭林）

2. 内蒙古自治区正蓝旗人民法院（2017）内 2530 刑初 26 号刑事判决书

（合议庭成员：高成　王强　春梅）

3. 辽宁省抚顺市中级人民法院（2018）辽 04 刑终 342 号刑事裁定书

（合议庭成员：王芙　赵湃　肖怡）

4. 安徽省滁州市中级人民法院（2019）皖 11 刑终 340 号刑事裁定书

（合议庭成员：李文业　陈丽　陈晓蕾）

5. 福建省浦城县人民法院（2018）闽 0722 刑初 258 号刑事判决书

（合议庭成员：张先群　姚胜宇　叶萌）

6. 河南省郑州市中级人民法院（2019）豫 01 刑终 873 号刑事附带民事判决书

（合议庭成员：崔航微 王冰 董正方）

7. 湖北省襄阳市中级人民法院（2021）鄂 06 刑终 104 号刑事判决书

（合议庭成员：陈小锋 李涛 刘宗晖）

8. 湖南省株洲市石峰区人民法院（2019）湘 0204 刑初 50 号刑事附带民事判决书

（合议庭成员：刘新文 陈善文 石婷 王敬军 刘定平 黄显家 何志锋）

9. 广西壮族自治区东兴市人民法院（2021）桂 0681 刑初 63 号刑事附带民事判决书

（合议庭成员：崔静 龙剑 陆淑芸 温基业 苏世玲 王以强 黄鑫）

10. 贵州省清镇市人民法院（2018）黔 0181 刑初 505 号刑事附带民事判决书

（合议庭成员：舒子贵 刘海英 杨胜权 胡文 季林 汪海杰 谢璟芸）

11. 西藏自治区边坝县人民法院（2021）藏 0330 刑初 4 号刑事附带民事判决书

（合议庭成员：仁金 次仁平措 次仁卓玛 尼玛江措 赤列 扎西卓玛 索朗次仁）

12. 青海省海东市乐都区人民法院（2021）青 0202 刑初 59 号刑事判决书

（合议庭成员：熊国存 阿海乐 韩占霞）

13. 宁夏回族自治区银川市西夏区人民法院（2018）宁 0105 刑初 35 号刑事判决书

（合议庭成员：郑鼎丽 刘亦工 司学霞）

2022 年全国法院环境资源刑事审判优秀业务成果（调研报告类）

一等奖（5 篇）

1. 关于涉林涉野生动物犯罪案件的调研报告

（北京市西城区人民法院 刘婕 冀敏 樊创）

2. 生态环境修复机制在刑事追责中思考与探索

（福建省龙岩市中级人民法院 朱建芳）

3. 关于刑事案件中生态环境修复责任的执行难题及化解路径的调研报告

（江西省九江市濂溪区人民法院 桂利娇 崔芳 江西省九江市中级人民法院 冷喜娜）

4. 关于健全长江中游城市群生态保护刑事司法协作机制的调研报告

（湖北省武汉东湖新技术开发区人民法院 王道玮湖北省武汉市江汉区人民法院 刘莹）

5. 关于完善非法捕捞犯罪量刑的实证调研报告

（重庆市高级人民法院课题组）

二等奖（8 篇）

1. 非法占用农用地罪案件有关问题研究

（内蒙古自治区呼伦贝尔市中级人民法院课题组）

2. 破坏森林资源几种常见犯罪适用非监禁刑专项调研报告

（黑龙江省林区中级人民法院 吴莎莎）

3. 污染环境案件中公私财产损失的认定规则研究

（江苏省苏州市姑苏区人民法院 李丽鲜）

4. 涉画眉鸟交易刑事案件调研报告

（浙江省高级人民法院 黄金富 夏祖银 陈奥）

5. 铜陵法院环境刑事附带民事公益诉讼审判工作的调研报告

（安徽省铜陵市中级人民法院 吴璨）

6. 关于山东法院污染环境犯罪案件审判情况的调研报告

（山东省高级人民法院课题组）

7. 污染环境犯罪调研报告

（广东省汕头市潮南区人民法院课题组）

8. 环境资源刑事案件大数据分析

（贵州省遵义市中级人民法院课题组）

三等奖（12 篇）

1. 环境刑事附带民事公益诉讼审判研究

（辽宁省高级人民法院 姜凤武 姜鹏飞 柳华颖 王骞）

2. 环境资源案件“三合一”改革视域下专业化审判智力支撑机制的实证分析和路径构建

（上海市崇明区人民法院课题组）

3. 嘉兴市环境污染刑事案件审判现状及实务疑难问题的调研报告

（浙江省嘉兴市中级人民法院课题组）

4. 关于非法采矿行为规制中司法适用有关问题的调研报告

（江西省上饶市中级人民法院 赵凌云）

5. 野生动物刑事暨附带民事公益诉讼调研报告

（山东省青岛市中级人民法院课题组）

6. 环境犯罪中恢复性司法的应用现状与完善路径

（河南省息县人民法院 赵伟晶）

7. 湖南法院盗采矿产资源犯罪审判情况调研报告

（湖南省高级人民法院课题组）

8. 关于少数民族地区环境资源法律适用的调研报告

（广西壮族自治区融水苗族自治县人民法院 周香 钟俊 龙影）

9. 非法捕捞案件水生资源损失认定研究

（四川省崇州市人民法院 徐晓双 高丹丽）

10. 生态环境资源案件“刑事—民事公益”程序研究

（云南省昆明市中级人民法院 夏静良 赵俊 王立）

11. 关于珍贵、濒危野生动物死体性质分析

（甘肃省甘肃矿区人民法院课题组）

12. 阿瓦提县人民法院审理非法占用农用地罪案件的相关法律问题研究

（新疆维吾尔自治区阿克苏地区阿瓦提县人民法院课题组）

（载中华人民共和国最高人民法院）

11月1日

最高人民法院党组发出通知 要求全国法院迅速兴起学习宣传贯彻党的二十大精神热潮

最高人民法院党组发出《关于认真学习宣传贯彻党的二十大精神的通知》，要求全国各级人民法院狠抓学习宣传贯彻党的二十大精神这一首要政治任务落实，深刻认识党的二十大的重大意义，深入学习领会党的二十大报告和党章，认真学习贯彻习近平总书记近期重要讲话精神，贯彻落实中央政法委员会全体会议精神，坚持服务大局、司法为民、公正司法，以高质量司法服务全面建设社会主义现代化国家、全面推进中华民族伟大复兴。

通知强调，要深入学习宣传贯彻党的二十大精神，更加紧密地团结在以习近平同志为核心的党中央周围，全面贯彻习近平新时代中国特色社会主义思想，深入贯彻习近平法治思想，深刻领悟“两个确立”的决定性意义，增强“四个意识”、坚定“四个自信”、做到“两个维护”，进一步明确做好新时代新征程人民法院工作的方向目标、思路措施，坚定不移把党的二十大提出的目标任务落实到法院工作具体实践中。

通知强调，要全面准确学习领会党的二十大精神，在全面学习、全面把握、全面落实上下功夫，真正用以武装头脑、指导实践、推动工作。要认真领悟党的二十大提出的新思想新论断、作出的新部署新要求，深刻学习领会党的二十大的主题，深刻学习领会过去5年的工作和新时代10年的伟大变革，深刻学习领会开辟马克思主义中国化时代化新境界，深刻学习领会新时代新征程中国共产党的使命任务，深刻学习领会中国式现代化的中国特色和本质要求，深刻学习领会社会主义经济建设、政治建设、文化建设、社会建设、生态文明建设等方面的重大部署，深刻学习领会坚持全面依法治国、推进法治中国建设、建设更高水平的平安中国的重大部署，深刻学习领会国家安全和社会稳定方面的重大部署，深刻学习领会党的全面领导和全面从严治党的重大部署。

通知强调，要坚持知行合一，结合法院工作实际全面贯彻落实党的二十大作出的重大决策部署。坚定不移捍卫“两个确立”，坚决做到“两个维护”，将“两个维护”这一最高政治原则和根本政治规矩落到实处。坚定不移贯彻新发展理念，提高司法服务高质量发展的能力水平。坚定不移贯彻总体国家安全观，推动建设更高水平的平安中国。坚定不移落实全面依法治国重大部署，立足司法职能加快推进法治中国建设。坚定不移推进全面从严管党治警，建设绝对忠诚、绝对纯洁、绝对可靠的人民法院铁军。

通知强调，要按照党中央部署要求，加强组织领导，精心安排、周密部署，推动学习宣传贯彻工作不断走深走实，迅速兴起学习宣传贯彻党的二十大精神热潮。层层开展学习培训，广泛进行宣讲宣传，统筹推进研究阐释，深入抓好贯彻落实，切实把学习成果转化为真抓实干的精气神和忠诚干净担当的实际行动，确保党的二十大精神在司法领域落地生根。

（载《人民法院报》2022年11月2日，第1版，邵晓悦）

11月23日

最高人民法院关于2021年度司法研究重大课题结项验收评审结果的通报

各省、自治区、直辖市高级人民法院，解放军军事法院，新疆维吾尔自治区高级人民法院生产建设兵团分院，承担2021年度司法研究重大课题研究任务的高等院校、科研机构：

2021年4月，最高人民法院发布2021年度司法研究重大课题题目及招标公告，经评审，确定河北省高级人民法院等55个课题组为中标单位。根据《最高人民法院司法研究重大课题管理办法》有关规定，最高人民法院研究室作为课题管理部门，通过开题论证、中期检查、成果预审等形式，加强课题研究管理。各课题组在课题指导单位指导下，各课题组组织精干力量认真开展调查研究，截至2022年10月，绝大多数课题组提交了结项申请和调研研究报告。因受疫情影响，最高人民法院于2022年10—11月对2021年度司法研究重大课题组织开展了书面结项验收评审。

综合各课题组在课题研究过程中的总体表现，经课题管理部门、指导部门和评审专家综合评议并经最高人民法院领导审定，评定福建省高级人民法院课题组的《人民法院贯彻落实习近平法治思想研究》等16个课题研究报告为优秀课题研究成果，西南政法大学、重庆市高级人民法院课题组的《新形势下深入推进审执分离问题研究》等40个课题研究报告为合格课题研究成果（其中包括2个往年申请延期结项的课题研究报告）。上述课题研究成果将以适当方式进行转化。

各级人民法院要坚持以习近平新时代中国特色社会主义思想为指导，认真学习深入贯彻习近平法治思想，认真学习贯彻党的二十大精神，深入贯彻落实全国法院调研工作会议作出的各项部署，以司法研究重大课题为牵引，大兴调查研究之风，完善调研制度、创新调研方式、建立长效机制，推动形成人人参与调研、人人善于调研的大调研工作格局，不断提高发现问题、解决问题的能力水平，为加快推进审判体系和审判能力现代化，为人民司法事业高质量发展以高质量调研服务保障新时代人民法院工作高质量发展，为推进中国式现代化为全面建设社会主义现代化国家、全面推进中华民族伟大复兴贡献智慧和力量。

特此通报。

最高人民法院

2022年11月18日

12 月 22 日

最高人民法院
关于加强中医药知识产权司法保护的意见
法发〔2022〕34 号

为深入贯彻落实党的二十大精神，落实党中央、国务院关于中医药振兴发展的重大决策部署和《知识产权强国建设纲要（2021—2035 年）》有关要求，全面加强中医药知识产权司法保护，促进中医药传承精华、守正创新，推动中医药事业和产业高质量发展，制定本意见。

一、坚持正确方向，准确把握新时代加强中医药知识产权司法保护的总体要求

1. 指导思想。坚持以习近平新时代中国特色社会主义思想为指导，全面贯彻落实党的二十大精神，深入贯彻习近平法治思想，认真学习贯彻习近平总书记关于中医药工作的重要指示，深刻领悟“两个确立”的决定性意义，增强“四个意识”、坚定“四个自信”、做到“两个维护”，坚持以推动高质量发展为主题，在新时代新征程上不断提高中医药知识产权司法保护水平，促进中医药传承创新发展，弘扬中华优秀传统文化，推进健康中国建设，为以中国式现代化全面推进中华民族伟大复兴提供有力司法服务。

2. 基本原则。坚持以人民为中心，充分发挥司法职能作用，促进中医药服务能力提升，更好发挥中医药防病治病独特优势，更好保障人民健康。坚持促进传承创新，立足新发展阶段中医药发展需求，健全完善中医药知识产权司法保护体系，推动中医药传统知识保护与现代知识产权制度有效衔接，助力中医药现代化、产业化。坚持依法严格保护，正确适用民法典、知识产权部门法、中医药法等法律法规，切实维护社会公平正义和权利人合法权益，落实知识产权惩罚性赔偿，推动中医药创造性转化、创新性发展。坚持公正合理保护，合理确定中医药知识产权的权利边界和保护方式，实现保护范围、强度与中医药技术贡献程度相适应，促进中医药传承创新能力持续增强。

二、强化审判职能，全面提升中医药知识产权司法保护水平

3. 加强中医药专利保护。遵循中医药发展规律，准确把握中医药创新特点，完善中医药领域专利司法保护规则。正确把握中药组合物、中药提取物、中药剂型、中药制备方法、中医中药设备、医药用途等不同主题专利特点，依法加强中医药专利授权确权行政行为的司法审查，促进行政执法标准与司法裁判标准统一，不断满足中医药专利保护需求。结合中医药传统理论和行业特点，合理确定中医药专利权保护范围，完善侵权判断标准。严格落实药品专利纠纷早期解决机制，促进中药专利侵权纠纷及时解决。

4. 加强中医药商业标志保护。加强中医药驰名商标、传统品牌和老字号司法保护，依法妥善处理历史遗留问题，促进中医药品牌传承发展。依法制裁中医药领域商标恶意注册行为，坚决惩治恶意诉讼，遏制权利滥用，努力营造诚实守信的社会环境。严厉打击中医药商标侵权行为，切

实保障权利人合法权益，促进中医药品牌建设。

5. 加强中药材资源保护。 研究完善中药材地理标志保护法律适用规则，遏制侵犯中药材地理标志行为，引导地理标志权利正确行使，通过地理标志保护机制加强道地中药材的保护，推动中药材地理标志与特色产业发展、生态文明建设、历史文化传承及全面推进乡村振兴有机融合。依法加强中药材植物新品种权等保护，推动健全系统完整、科学高效的中药材种质资源保护与利用体系。

6. 维护中医药市场公平竞争秩序。 坚持规范和发展并重，加强对中医药领域垄断行为的司法规制，维护统一开放、竞争有序的中医药市场。依法制裁虚假宣传、商业诋毁、擅自使用中医药知名企业名称及仿冒中药知名药品名称、包装、装潢等不正当竞争行为，强化中医药行业公平竞争意识，促进中医药事业健康有序发展，切实维护消费者合法权益和社会公共利益。

7. 加强中医药商业秘密及国家秘密保护。 依法保护中医药商业秘密，有效遏制侵犯中医药商业秘密行为，促进中医药技术传承创新。准确把握信息披露与商业秘密保护的关系，依法保护中药因上市注册、补充申请、药品再注册等原因依法向行政机关披露的中医药信息。妥善处理中医药商业秘密保护与中医药领域从业者合理流动的关系，在依法保护商业秘密的同时，维护中医药领域从业者正当就业创业合法权益。对经依法认定属于国家秘密的传统中药处方组成和生产工艺实行特殊保护，严惩窃取、泄露中医药国家秘密行为。

8. 加强中医药著作权及相关权利保护。 依法把握作品认定标准，加强对中医药配方、秘方、诊疗技术收集考证、挖掘整理形成的智力成果保护和创作者权益保护。依法保护对中医药古籍版本整理形成的成果，鼓励创作中医药文化和科普作品，推动中医药文化传承发展。加强中医药遗传资源、传统文化、传统知识、民间文艺等知识产权保护，促进非物质文化遗产的整理和利用。依法保护对中医药传统知识等进行整理、研究形成的数据资源，支持中医药传统知识保护数据库建设，推进中医药数据开发利用。

9. 加强中药品种保护。 依法保护中药保护品种证书持有者合法权益，促进完善中药品种保护制度，鼓励企业研制开发具有临床价值的中药品种，提高中药产品质量，促进中药市场健康有序发展。

10. 加强中医药创新主体合法权益保护。 准确把握中医药传承与创新关系，依法保护以古代经典名方等为基础的中药新药研发，鼓励开展中医药技术创新活动。准确认定中医药企业提供的物质基础、临床试验条件与中医药研发人员的智力劳动对中医药技术成果形成所发挥的作用，准确界定职务发明与非职务发明的法律界限，依法支持对完成、转化中医药技术成果做出重要贡献的人员获得奖励和报酬的权利，不断激发中医药创新发展的潜力和活力。

11. 加大对侵犯中医药知识产权行为惩治力度。 依法采取行为保全、制裁妨害诉讼行为等措施，及时有效阻遏中医药领域侵权行为。积极适用证据保全、证据提供令、举证责任转移、证明妨碍规则，减轻中医药知识产权权利人举证负担。正确把握惩罚性赔偿构成要件，对于重复侵权、以侵权为业等侵权行为情节严重的，依法支持权利人惩罚性赔偿请求，有效提高侵权赔偿数额。加大刑事打击力度，依法惩治侵犯中医药知识产权犯罪行为，充分发挥刑罚威慑、预防和矫正功能。

三、深化改革创新，健全中医药知识产权综合保护体系

12. 完善中医药技术事实查明机制。 有针对性地选任中医药领域专业技术人员，充实到全国法院技术调查人才库。不断健全技术调查官、技术咨询专家、技术鉴定人员、专家辅助人员参与诉讼的多元技术事实查明机制。建立技术调查人才共享机制，加快实现中医药技术人才在全国范围内“按需调派”和“人才共享”。遴选中医药领域专业技术人员参与案件审理，推动建立专家

陪审制度。完善中医药领域技术人员出庭、就专业问题提出意见并接受询问的程序。

13. 加强中医药知识产权协同保护。做好中医药领域不同知识产权保护方式的衔接，推动知识产权司法保护体系不断完善。深入推行民事、刑事、行政“三合一”审判机制，提高中医药知识产权司法保护整体效能。健全知识产权行政保护与司法保护衔接机制，加强与农业农村部、卫生健康委、市场监管总局、版权局、林草局、中医药局、药监局、知识产权局等协调配合，实现信息资源共享和协同，支持地方拓宽交流渠道和方式，推动形成工作合力。支持和拓展中医药知识产权纠纷多元化解决机制，依托人民法院调解平台大力推进诉调对接，探索行政调解协议司法确认制度，推动纠纷综合治理、源头治理。

14. 提升中医药知识产权司法服务保障能力。健全人才培养培训机制，进一步提升中医药知识产权审判人才专业化水平。深刻把握新形势新要求，积极开展中医药知识产权司法保护问题的调查研究，研判审判态势，总结审判经验，及时回应社会关切。加强中医药知识产权法治宣传，建立健全案例指导体系，积极发布中医药知识产权保护典型案例，通过典型案例的审判和宣传加强中医药知识传播，营造全社会共同关心和支持中医药发展的良好氛围。

15. 加强中医药知识产权司法保护科技和信息化建设。提升中医药知识产权审判信息化水平，运用大数据、区块链等技术构建与专利、商标、版权等知识产权平台的协同机制，支持对知识产权的权属、登记、转让等信息的查询核验。大力推进信息化技术的普及应用，实现全流程审判业务网上办理，提高中医药知识产权司法保护质效。

16. 加强中医药知识产权司法保护国际交流合作。加强涉外中医药知识产权审判，依法平等保护中外权利人的合法权益，服务保障中医药国际化发展。坚持统筹推进国内法治和涉外法治，积极参与中医药领域国际知识产权规则构建，推进中医药融入高质量共建“一带一路”，助力中医药走向世界。

最高人民法院

2022 年 12 月 21 日

12月27日

最高人民法院
关于为促进消费提供司法服务和保障的意见
法发〔2022〕35号

消费对经济发展具有基础性作用，最终消费是经济增长的持久动力。促进消费对释放内需潜力、推动经济转型升级、保障和改善民生具有重要意义。为完整、准确、全面贯彻新发展理念、加快构建新发展格局、着力推动高质量发展，进一步发挥人民法院职能作用，服务保障全面促进消费、加快消费提质升级，助力实施扩大内需战略，提出如下意见。

一、加强消费者权益司法保护

1. 以最严的举措保护食品、药品安全。严格贯彻落实“四个最严”要求，充分发挥审判职能，对食品和药品生产、运输、仓储、销售全链条所涉制假售假行为进行严厉打击，确保人民群众“舌尖上的安全”和“针尖上的安全”。严格依法适用首负责任制，避免生产者和经营者相互推诿，及时保护消费者合法权益。依法支持和监督行政机关管理生产经营不符合食品安全标准食品的食品生产经营者、违法生产经营行为造成严重后果的食品生产经营者，以及生产、销售、使用假药、劣药的生产经营者，维护市场秩序。依法严厉惩治生产、销售不符合安全标准的食品罪和生产、销售有毒、有害食品罪，以及生产、销售假药罪和生产、销售劣药罪，充分发挥刑罚对涉食品、药品安全犯罪行为的震慑作用。

2. 以最严的手段斩断“黑作坊”生产经营链条。生产经营未依法标明生产者名称、地址、生产日期、保质期的预包装食品，消费者主张生产经营者承担惩罚性赔偿责任的，人民法院应当依法支持，但法律、行政法规、食品安全国家标准对标签标注事项另有规定的除外。未取得药品相关批准证明文件而生产药品或者明知是该类药品而销售，药品的适应症、功能主治或者成分不明的，按妨害药品管理罪惩处；药品被依法认定为假劣药，生产经营者同时构成生产、销售假药罪或者生产、销售劣药罪的，依照处罚较重的规定定罪处罚。既要依法追究生产者责任，也要依法追究经营者责任，坚决斩断“黑作坊”食品、药品的生产经营链条。

3. 以最严的赔偿责任遏制食品、药品制假售假行为。充分发挥惩罚性赔偿责任对制假售假行为的遏制作用。生产不符合食品安全标准的食品或者经营明知是不符合食品安全标准的食品，生产假药、劣药或者明知是假药、劣药仍然销售、使用，消费者、受害人或者其近亲属请求生产经营者承担惩罚性赔偿责任的，人民法院应当依法支持。

4. 加强预付式消费中消费者权益保护。经营者以打折、低价吸引消费者预存费用、办卡消费后，不兑现承诺，随意扣费、任意加价、降低商品或者服务质量，消费者请求经营者承担违约责任的，人民法院应当依法支持。经营者收取消费者预付款后未与消费者签订书面合同，导致双方对合同内容产生争议的，可依据交易习惯和民法典第五百一十一条规定认定合同内容。经营者收取预付款后，终止营业却不通知消费者退款，导致消费者既无法继续获得商品或者服务也无法申请退款，构成欺诈的，对消费者请求经营者承担惩罚性赔偿责任的诉讼请求，人民法院应当依法支持。经营者的行为构成犯罪的，依法追究刑事责任。

5. 依法整治消费领域“霸王条款”。提供格式条款的经营者未依法履行提示或者说明义务，致使消费者没有注意或者理解与其有重大利害关系的条款的，消费者有权主张该条款不成为合同的内容。消费者主张经营者提供的排除或者不合理地限制消费者主要权利的格式条款，以及不合理地免除或者减轻经营者责任的格式条款无效的，人民法院应当依法支持。对格式条款的理解发生争议，消费者主张依照民法典第四百九十八条规定进行解释，经营者以其享有最终解释权为由进行抗辩的，人民法院对其抗辩不予支持。

6. 妥善审理直播电商、平台纠纷案件。结合直播间运营者是否尽到标明义务以及交易外观、直播间运营者与经营者的约定、与经营者的合作模式、交易过程以及消费者认知等因素认定直播间运营者责任。网络餐饮服务平台经营者未尽实名登记、审查许可证等法定义务，消费者主张网络餐饮服务平台经营者与入网餐饮服务提供者承担连带责任的，人民法院应当依法支持。综合销售者出售商品的性质、来源、数量、价格、频率、是否有其他销售渠道、收入等因素，能够认定销售者系从事商业经营活动，在二手商品网络交易平台购买商品受到损害的消费者主张销售者依据消费者权益保护法承担经营者责任的，人民法院应当依法支持。

7. 加强新业态下消费者权益保护。消费者通过网络购买商品，有权依法自收到商品之日起七日内退货，无需说明理由，但是法律另有规定的除外。消费者因检查商品的必要对商品进行拆封查验且不影响商品完好，电子商务经营者不得以商品已拆封为由主张不适用七日无理由退货制度。电子商务经营者作出更优承诺的，应当遵守。收到商品七日后符合法定或者约定的合同解除条件，消费者主张及时退货的，人民法院应当依法支持。

8. 加强快递服务消费者权益保护。因快递人员擅自使用快递商品、违规打开快递包装、暴力分拣快递等故意或者重大过失行为导致快递商品丢失、毁损，消费者请求赔偿损失，快递服务提供者依据免责条款提出免责抗辩的，人民法院对其抗辩不予支持。经营者向消费者盲发快递，消费者请求无条件退货的，人民法院应当依法支持。

9. 加强消费者个人信息保护。经营者处理敏感个人信息、跨境转移个人信息等行为应当取得消费者单独同意，经营者以其获得消费者概括同意为由进行免责抗辩的，人民法院对其抗辩不予支持。经营者过度收集消费者个人信息、在消费者撤回同意后未停止处理或者未及时删除消费者个人信息、未取得未成年消费者父母或者其他监护人的同意处理不满十四周岁未成年消费者个人信息，消费者请求经营者承担停止侵害等民事责任的，人民法院应当依法支持。经营者以消费者不同意处理个人信息为由拒绝提供商品或者服务，致使消费者被迫同意经营者处理个人信息，消费者请求经营者承担停止侵害等民事责任的，人民法院应当依法支持。经营者处理个人信息侵害个人信息权益造成损害，不能证明自己没有过错的，应当承担损害赔偿等侵权责任。

10. 加强住房消费者权益保护。严格保护依法成立生效的房屋买卖合同，维护市场秩序，助力实施房地产市场平稳健康发展长效机制，积极保护居民合理自住需求，遏制投资投机性需求，促进居住消费健康发展，推动实现稳地价、稳房价、稳预期。对当事人逾期付款、逾期交房、逾期办证等违约行为引起的商品房买卖合同纠纷，人民法院要加强调解，引导当事人协商解决纠纷；当事人请求违约方承担逾期付款、逾期交房、逾期办证的违约责任的，人民法院应当依照合同约定或者商品房买卖合同司法解释第十三条和第十四条规定处理。出卖人出售房屋后又与第三人恶意串通，另行订立商品房买卖合同并将已出售房屋交付第三人使用，导致原来的买受人无法取得房屋的，人民法院应当依法认定出卖人与第三人订立的商品房买卖合同无效。

11. 妥善处理消费者出行纠纷。疫情或者疫情防控措施导致消费者不能履行旅游、客运、住宿等合同，消费者请求解除合同、退还定金和价款等费用的，人民法院应当依法支持。消费者请求变更经营者提供服务的时间等合同内容的，人民法院应当加强调解；调解不成的，人民法院可综合考虑交易习惯、合同目的、案件具体情况等因素作出裁判。经营者仅以消费者超出其公布的退款时间为由，主张拒退、少退定金和价款等费用的，人民法院不予支持。充分发挥旅游巡回法庭作用，就地、快速解决旅游纠纷，方便消费者景区维权。

12. 妥善处理涉疫情消费购物纠纷。经营者明知口罩、护目镜、防护服、消毒液等防疫物品属于假冒伪劣商品仍然经营，构成欺诈，消费者请求经营者承担惩罚性赔偿责任的，人民法院应当依法支持。经营者的行为构成犯罪的，依法追究刑事责任。疫情期间，经营者利用消费者处于危困状态、缺乏判断能力等情形，哄抬物价、收取高额快递费等费用，致使所订立合同显失公平，消费者请求撤销合同的，人民法院应当依法支持。合同被撤销后，消费者不能返还或者没有必要返还合同标的物的，人民法院可根据相关法律规定、交易习惯和公平原则认定消费者应折价补偿的价款。

13. 妥善处理医疗健康服务和体育消费纠纷。依法审理医疗损害责任纠纷案件，积极保护患者等各方当事人的合法权益。依法惩处涉医违法犯罪，严惩“医闹”，维护正常医疗秩序，构建和谐医患关系。积极引导医疗机构等主体增加高质量的医疗、养生保健、康复、健康旅游等服务，助力推进健康中国建设。准确适用自甘风险等民事法律制度，妥善处理体育消费中产生的各类纠纷，促进群众体育消费，助力实施全民健身战略。

14. 加强未成年消费者权益保护。妥善处理生育、托育、教育等服务合同纠纷，促进育幼服务消费发展，助力提升教育服务质量。学校、托幼机构等单位的食堂未严格遵守法律、行政法规和食品安全标准，未从取得食品生产经营许可的企业订餐，或者未按照要求对订购的食品进行查验，导致提供的食品不符合食品安全标准，消费者请求其承担赔偿责任的，人民法院应当依法支持。依法办理危害食品安全刑事案件，将“危害专供婴幼儿的主辅食品安全”作为加重处罚情节，加强对未成年人食品安全的特殊保护。网络游戏、网络直播服务提供者违反法律规定向未成年人提供网络游戏、网络直播服务，收取充值费用、接受直播打赏，消费者请求返还游戏充值费、打赏费的，人民法院应当依法支持。限制民事行为能力人未经其监护人同意，通过参与网络付费游戏或者网络直播平台打赏等方式支出与其年龄、智力不相适应的款项，消费者请求返还该款项的，人民法院应当依法支持。加大对网络违法行为整治力度，积极营造健康、清朗、有利于未成年人成长的网络环境。

15. 加强老年消费者权益保护。通过夸大宣传、虚构商品或者服务的治疗、保健、养生等功能，向老年消费者销售质次价高的商品或者服务，构成欺诈，消费者请求生产经营者承担惩罚性赔偿责任的，人民法院应当依法支持。经营者诱导老年消费者购买不符合其需求或者明显超出其需求范围的保健食品等商品或者服务，致使合同显失公平，消费者请求撤销合同的，人民法院应当依法支持。经营者的行为构成诈骗罪的，依法追究刑事责任；同时构成生产、销售伪劣产品罪等其他犯罪的，依照处罚较重的规定定罪处罚。

通过营造良好法治环境，服务养老事业和养老产业协同发展，助力发展银发经济。

16. 加强农村消费者权益保护。依法严厉打击农村食品市场存在的假冒知名品牌、滥用食品添加剂、销售过期食品以及制售无生产厂家、无生产日期、无保质期、无食品生产许可的食品等违法行为。助推“快递进村”，为大型商贸流通企业、电子商务平台和现代服务企业向农村延伸、开拓农村消费市场提供优质司法服务，让农村消费者充分享受好商品、好服务、好价格。

二、加强生产经营者权益司法保护

17. 依法保护生产经营者的产权和经营自主权。加强产权司法保护，全面依法平等保护各类产权，完善以公平为原则的产权保护制度，充分发挥产权保护对激励商品和服务产出的作用，助力扩大消费供给。依法审理涉市场准入和经营自主权等行政案件，充分保障生产经营者依法自行组织生产经营的权利。对于行政机关违法限制生产经营者建设汽车充电设施、物业管理公司无理阻碍业主建设汽车充电设施的行为，应依法予以规范，助力解决电动汽车消费中的痛点、堵点问题。

18. 依法保护农村各类市场主体权益。依法惩治生产销售假种子、假化肥、假农药等不符合国家强制性技术标准或者安全标准的农业生产资料、伪劣商品等违法犯罪行为，依法保护农村市场主体合法权益。严厉打击种子套牌侵权行为，切实维护种业创新主体合法权益，净化种业市场，维护粮食安全。助推实施“数商兴农”和“互联网+”农产品出村进城等工程，助力实现质量兴农、科技兴农和绿色发展目标，为实施乡村振兴战略提供有力司法服务和保障。

19. 加强知识产权保护。严格实施知识产权侵权惩罚性赔偿制度，有效遏制知识产权侵权行为，通过加强司法保护促进科技创新成果的产出和运用，助力科技强国建设。依法整治知识产权领域虚假诉讼、恶意诉讼、滥用诉权等不诚信诉讼行为，积极为广大市场主体技术研发和科技创新创造良好法治环境。加大对“专精特新”中小企业关键核心技术和原始创新成果的司法保护力度，支持和引导市场主体通过技术进步和科技创新提升核心竞争力，积极发挥供给侧对消费升级的支撑引领作用。加强文化创意产品著作权保护，鼓励文化创意产品创作，助推优质文化资源开发和中华优秀传统文化创造性转化、创新性发展，助力增加优质文化产品和服务供给。

20. 保障平台经济健康有序发展。准确认定电子商务平台经营者、平台内经营者以及货运物流服务提供者等主体的法律责任。依法保护、引导电子商务平台经营者、快递物流经营者等市场主体在疫情防控中做好防疫物资和重要民生商品保供“最后一公里”的线上线下联动。引导电子商务平台经营者等市场主体加快人工智能、云计算、区块链、操作系统、处理器等领域技术研发突破和商业模式创新，不断开拓新的消费市场。把握好平台经济发展中的“红绿灯”，稳定发展预期，激发投资活力，助力构建电子商务平台经营者、平台内经营者、消费者等各方权益均得到有效保护、各方积极性均得到充分激发的平台发展环境，让资本在促消费、稳增长、惠民生方面发挥更大更好的作用。

21. 助力培育新型消费。依法支持线上线下商品消费融合发展。助推传统线下业态数字化改造和转型升级，助力智慧超市、智慧商店、智慧餐厅等新零售业态发展。依法保护5G网络和千兆光网应用，依法支持自动驾驶、无人配送等技术应用。妥善处理“互联网+社会服务”、“互联网+医疗健康”服务等新服务类型引发的纠纷，既要依法保护消费者合法权益，又要依法支持无接触交易服务等新类型消费模式发展。妥善处理共享出行、共享住宿、共享旅游等共享经济领域产生的纠纷，合理认定相关民事主体的注意义务和法律责任，支持和引导新的生活和消费方式健康发展。依法保护新个体经济，支持社交电商、网络直播等多样化经营模式。

22. 妥善处理房屋租赁合同纠纷。疫情或者疫情防控措施导致小微企业、个体工商户等承租人没有收入或者收入明显减少，造成支付租金困难，出租人请求解除房屋租赁合同、由承租人承担违约责任的，人民法院应当加强调解，引导出租人和承租人合理分担损失，共克时艰。对国有房屋租金数额发生争议，承租人请求按照有关政府机关的规定减免租金的，人民法院应当依法支持。出租人减免租金后主张税务机关按照相关规定减免当年房产税、城镇土地使用税，符合法律规定或者国家税收政策的，人民法院应当依法支持。

三、维护诚信公平高效的市场秩序

23. 营造诚实守信的市场环境。生产经营者虚构、夸大商品和服务的功效，构成欺诈，消费者请求生产经营者承担惩罚性赔偿责任的，人民法院应当依法支持。生产经营者的行为构成犯罪的，依法追究刑事责任。坚决打击电信网络诈骗等犯罪活动，遏制欺诈消费者的不诚信行为，引导生产经营者通过提高商品和服务质量获得竞争优势。促进经营者诚实守信经营，保障消费者明明白白消费。

24. 维护有利于促进消费的公平竞争市场秩序。依法规制具有市场支配地位的电子商务平台经营者等市场主体实施收取垄断高价、强制“二选一”等滥用市场支配地位行为。积极营造有利于小微企业、个体工商户发展的营商环境，遏制因垄断、不正当竞争导致市场竞争环境恶化而损害消费者权益的行为，充分发挥小微企业、个体工商户在丰富商品和服务供给、增加群众收入、促进消费发展中的作用。依法规范歧视性待遇、虚假宣传、刷单炒信、强制搭售等直接损害消费者权益的垄断和不正当竞争行为，积极营造公平竞争的市场环境。

25. 推动构建有利于增强消费信心的社会信用体系。加强与行政机关等单位的信息沟通，积极对接市场监管部门消费领域失信名单制度，推动共建失信违法生产经营者信息披露平台。完善守信激励和失信惩戒机制，增加违法经营成本，营造不敢、不能、不愿违法经营的市场环境。依法支持、引导行业协会、电子商务平台经营者等主体构建协会内和平台内信用惩戒机制，通过行业自治、平台规制防范和减少欺诈等违法生产经营行为，助力加强消费信用体系建设。积极推动建设多力量参与、多渠道共建、多平台共促，有利于遏制欺诈、增强消费信心的社会信用体系。

26. 依法保障安全高效的物流体系。进一步加强行政审判，妥善处理涉商品流通等行政案件，既要依法支持行政机关采取的必要防疫举措，又要依法纠正违法设卡、阻碍物流等干预微观经济活动的不当行政行为，保障商品正常流通，推动跨区域物资运输畅通有序，助力生活必需品“保供稳价”。按照“统筹疫情防控和经济社会发展”的要求，助力防疫、生产、消费统筹兼顾、有序开展，促进全国统一大市场建设。

四、进一步提升司法服务水平

27. 提升消费纠纷在线化解质效。当事人及其诉讼代理人等因受疫情影响不能正常出庭参加诉讼，符合条件的，依法在线开展诉讼活动。推动完善电子认证等数字应用基础设施，主动适应互联网时代消费发展要求，回应人民群众公正、高效、便捷解纷的司法需求。准确适用在线诉讼规则等规定，充分发挥在线诉讼灵活、简便、全天候、易操作等优势。准确适用在线调解规则等规定，充分发挥在线调解多元化参与、全流程在线、开放式融合、一体化解纷等优势，实现提升消费纠纷在线化解质效与保障人民群众合法诉讼权益相统一。

28. 完善消费者权益司法救济制度。进一步完善消费民事公益诉讼与私益诉讼衔接机制，探索建立食品安全民事公益诉讼惩罚性赔偿制度。依法办理消费公益诉讼案件，充分发挥公益诉讼保护消费者合法权益、遏制违法生产经营行为、维护诚信高效市场秩序的作用。探索建立消费者集体诉讼制度，充分利用小额诉讼制度，降低消费者维权成本，及时、高效保护消费者合法权益。不断增加对农村消费者的司法服务供给，积极引导和协调消费者组织、公益诉讼主体、司法救助力量向农村地区倾斜。充分发挥人民法庭立足基层、面向群众、服务农村的优势，妥善处理涉休闲农业、乡村旅游、民宿经济等纠纷。

29. 推动构建有利于促进消费的综合治理体系。坚持系统思维，综合治理。充分发挥一站式多元纠纷解决和诉讼服务体系作用，广泛邀请人民调解、行业专业调解、行政调解的调解员，以及人大代表、政协委员、行业专家、退休法律工作者等参与消费纠纷调解，多元化解纠纷。通过发出司法建议、交换信息、联合信用惩戒等方式，对制售假冒伪劣商品、侵害个人信息权益、虚假宣传等违法生产经营行为形成规制合力。积极构建司法机关、行政机关、消费者组织、行业协会等多方参与的多元治理体系，完善多元化消费维权机制和纠纷解决机制，为保护消费者权益、促进消费营造良好法治环境。

30. 加强消费者权益司法保护宣传工作。充分发挥司法裁判的示范引领作用，通过以案说法、发布典型案例、开展巡回审判、送法进村进企进校等方式加强消费者权益司法保护宣传工作，普及消费者权益保护法律知识；依法保护新闻媒体对制售假冒伪劣商品等违法生产经营行为的舆论监督；引导生产经营者诚实守信经营，倡导节约集约的绿色生活方式，营造安全诚信放心的消费环境。

最高人民法院

2022 年 12 月 26 日

12月27日

最高人民法院
关于为稳定就业提供司法服务和保障的意见
法发〔2022〕36号

就业是最基本的民生。坚持突出做好稳就业工作，落实落细就业优先政策，是实施就业优先战略的内在要求和重要基础。为完整、准确、全面贯彻新发展理念，加快构建新发展格局，着力推动高质量发展，更好统筹疫情防控和经济社会发展，现就进一步发挥人民法院职能作用，服务保障稳就业大局，提出如下意见。

一、推动落实就业优先政策，支持稳市场主体保就业

1. 推动落实阶段性缓缴社会保险费政策，减轻用人单位用工负担。依法受理因就业优惠政策实施引发的行政案件，坚决依法支持符合条件的用人单位享受阶段性降低社会保险费率、缓缴社会保险费、失业保险费稳岗返还等优惠政策，切实减轻用人单位在用工、社保等方面的经营压力和负担，帮助受疫情严重冲击的行业、中小微企业和个体工商户复工复产。妥善审理用人单位因拖欠社会保险费等被责令补缴的行政案件，依法依规考虑企业复工复产实际情况，可以通过延展补缴期限等方式协调解决，平衡好为用人单位减负与维护劳动者合法权益的关系，促进行政争议实质性化解。依法妥善审理社会保险纠纷案件，参保单位享受阶段性缓缴社会保险费政策，劳动者主张缓缴期间用人单位未依法缴纳社会保险费，依据劳动合同法第三十八条第一款第三项的规定解除劳动合同的，人民法院应当依法审慎处理。

2. 推动落实阶段性减免房产租金等助企纾困政策，支持中小微企业稳就业规模。依法妥善审理房屋租赁合同纠纷等案件，推动落实阶段性减免国有房产租金等政策，引导出租人减免或者缓收租金，依法减轻中小微企业、个体工商户等负担，稳住中小微企业就业规模。承租国有企业房屋或者行政事业单位房屋用于经营，符合政策条件的服务业中小微企业、个体工商户等请求按照国家有关政策减免一定期限内租金的，人民法院应当依法支持。承租非国有房屋的承租人请求减免或者延期支付租金的，可以引导当事人参照有关租金减免政策、条件进行和解；和解不成的，结合案件实际情况，依照民法典有关规定处理。

3. 推动落实金融支持政策，增强服务行业就业吸纳能力。依法审理金融借款合同纠纷案件，充分考虑延期还本付息、加大普惠小微贷款支持等金融支持政策，对金融机构违反金融支持政策提出的借款提前到期、解除合同等诉讼请求，人民法院不予支持。批发零售、住宿餐饮、物流运输、文化旅游等服务行业企业、个体工商户等，因受疫情影响生产经营、复工复产暂时困难、无力还款，主张延期还款、分期还款、减免逾期利息、降低利率的，应当积极引导当事人双方协商解决纠纷；协

商解决不成，借款人的主张依据充分或者符合政策条件的，人民法院应当依法支持。

4. 依法支持脱贫人口稳岗就业，推动农村劳动力转移就业。为巩固拓展脱贫攻坚成果、全面推进乡村振兴、实施乡村建设行动提供有效司法服务，妥善处理涉“三农”领域传统纠纷以及休闲农业、乡村旅游、民宿经济、健康养老等农村新业态纠纷，妥善处理涉农担保融资纠纷案件，促进农村产业融合发展，推动提升富农产业、本地特色产业就业吸纳能力。深入推进新型城镇化和乡村振兴战略有效衔接，为农村劳动力转移就业提供有效司法服务，依法保障进城落户农民农村土地承包权、宅基地使用权、集体收益分配权，依法平等保护其就业、教育、住房、医疗等民生权益，推动在城镇稳定就业生活、具有落户意愿的农业转移人口便捷落户。推动形成平等竞争、规范有序、城乡统一的劳动力市场，落实城乡劳动者平等就业、同工同酬，完善办理拖欠农民工工资案件的快立快审快执通道，依法适用先予执行，推动完善欠薪治理长效机制，依法推动农业转移人口全面融入城市。

5. 依法支持高校毕业生就业，促进多渠道灵活就业。妥善审理平等就业权纠纷案件，依法纠正用人单位因性别歧视、地域歧视等不予招录、拒绝签订劳动合同的行为，破除各种不合理限制，推动高校毕业生平等就业、多渠道灵活就业创业。依法打击“黑职介”、虚假招聘、售卖简历等违法犯罪活动，依法审理涉就业见习纠纷案件，妥善认定涉就业见习用工法律关系，维护高校毕业生合法就业权益。对因受疫情影响不能按时离校的应届毕业生，在处理相关案件时要引导用人单位推迟签约时间，相应延长报到接收、档案转递、落户办理时限。高校毕业生在试用期内因受疫情影响不能返岗的，可以引导用人单位采取灵活的试用考察方式考核其是否符合录用条件；无法采取灵活考察方式实现试用期考核目的的，无法实施考察实现试用期考核目的的期间可以协商不计算在原约定试用期内，用人单位通过顺延试用期变相突破法定试用期上限的，人民法院不予支持。科学设置司法辅助岗位，深化落实基层法官助理规范便捷招录机制，畅通政法专业高校毕业生进入基层人民法院就业渠道。

二、依法规范新就业形态用工，推动平台经济可持续发展

6. 准确把握新就业形态民事纠纷案件审判工作要求。推进落实《人力资源社会保障部、国家发展改革委、交通运输部、应急部、市场监管总局、国家医保局、最高人民法院、全国总工会关于维护新就业形态劳动者劳动保障权益的指导意见》（以下简称新业态劳动者权益保障指导意见）有关制度和要求，加强灵活就业和新就业形态劳动者权益保障，支持和规范发展新就业形态，合理认定平台企业责任，支持网约配送、移动出行、网络直播等平台企业在引领发展、创造就业、国际竞争中大显身手。依法支持劳动者依托互联网平台就业，支持用人单位依法依规灵活用工，引导平台企业与劳动者就劳动报酬、工作时间、劳动保护等建立制度化、常态化沟通协调机制，保障新就业形态劳动者合法劳动权益。适时制定司法政策，发布典型案例，统一裁判标准，发挥个案裁判和司法政策引领作用，推动形成新就业形态用工综合治理机制。

7. 依法合理认定新就业形态劳动关系。平台企业及其用工合作单位与劳动者建立劳动关系的，应当订立书面劳动合同。未订立书面劳动合同，劳动者主张与平台企业或者用工合作单位存在劳动关系的，人民法院应当根据用工事实和劳动管理程度，综合考虑劳动者对工作时间及工作量的自主决定程度、劳动过程受管理控制程度、劳动者是否需要遵守有关工作规则、劳动纪律和奖惩办法、劳动者工作的持续性、劳动者能否决定或者改变交易价格等因素，依法审慎予以认定。平台企业或者用工合作单位要求劳动者登记为个

体工商户后再签订承揽、合作等合同，或者以其他方式规避与劳动者建立劳动关系，劳动者请求根据实际履行情况认定劳动关系的，人民法院应当在查明事实的基础上依法作出相应认定。

8.加强新就业形态劳动者合法权益保障。不完全符合确立劳动关系情形但企业对劳动者进行劳动管理的，可以结合新业态劳动者权益保障指导意见有关规定，依法保障劳动者权益。依法保护劳动者按照约定或者法律规定获得劳动报酬的权利；劳动者因不可抗力、见义勇为、紧急救助以及工作量或者劳动强度明显不合理等非主观因素，超时完成工作任务或者受到消费者差评，主张不能因此扣减应得报酬的，人民法院应当依法支持。推动完善劳动者因执行工作任务遭受损害的责任分担机制。依法认定与用工管理相关的算法规则效力，保护劳动者取得劳动报酬、休息休假等基本合法权益；与用工管理相关的算法规则存在不符合日常生活经验法则、未考虑遵守交通规则等客观因素或者其他违背公序良俗情形，劳动者主张该算法规则对其不具有法律约束力或者请求赔偿因该算法规则不合理造成的损害的，人民法院应当依法支持。

9.推动健全新业态用工综合治理机制。依法妥善审理涉新就业形态社会保险纠纷案件，支持完善基本养老保险、医疗保险参保办法，推动企业引导和支持不完全符合确立劳动关系情形的新就业形态劳动者，根据自身情况参加相应社会保险。依法妥善审理保险合同纠纷案件，促进平台企业通过购买人身意外、雇主责任等商业保险，提升平台灵活就业人员保障水平。妥善审理机动车交通事故责任纠纷、非机动车交通事故责任纠纷等案件，依法合理认定各方责任，推动平台企业制定注重遵守交通规则等社会秩序的算法规则和规章制度，强化外卖快递从业人员遵守交通规则等社会秩序意识。配合有关部门推动行业协会、头部企业或者企业代表与工会组织、职工代表开展协商，签订行业集体合同或者协议，推动制定行业劳动标准；畅通裁审衔接程序，完善多元化解机制，支持各类调解组织、法律援助机构等依法为新就业形态劳动者提供更加便捷、优质高效的纠纷调解、法律咨询、法律援助等服务。

三、妥善处理劳动争议案件，依法保护双方权益

10.注重依法保护原则。积极贯彻落实国家助企纾困、促稳定促发展、复工复产等政策要求，正确理解和参照适用国务院有关行政主管部门以及省级人民政府等制定的相关政策文件，准确把握新阶段疫情防控各项政策，妥善处理涉疫情劳动争议案件，积极引导用人单位与职工协商，推动构建和谐劳动关系，确保用人单位有序复工复产，保障劳动者合法权益。坚持依法保护劳动者合法权益和促进用人单位稳定有序发展相结合，努力寻找用人单位和劳动者之间的最佳利益平衡点和结合点，保障劳动者合法权益和就业稳定，为用人单位生存发展、有序运转创造条件。

11.妥善审理劳动合同纠纷案件。用人单位生产经营困难，按照法定程序经与职工代表大会讨论或者经与工会、职工代表等民主协商，对在合理期限内延迟支付工资、轮岗轮休等事项达成一致意见的，可以作为认定双方权利义务的依据。除依法按协商程序降低劳动报酬外，用人单位安排劳动者通过居家办公或者灵活办公等方式提供正常劳动，劳动者请求按正常工资标准支付其工资的，人民法院应当依法支持。依法妥善审理相关案件，积极引导和支持用人单位与劳动者依法协商，采取协商薪酬、调整工时、轮岗轮休、在岗培训等措施稳定工作岗位。

12.推动劳动争议纠纷多元化解。准确适用《人力资源社会保障部、最高人民法院关于劳动人事争议仲裁与诉讼衔接有关问题的意见（一）》，推动劳动争议仲裁和诉讼有序衔接，逐步统一裁审受理范围和法律适用标准；加强与人社部门、工会、行业协会联动协作，促使劳动者与企业和解协商、共克时艰，推动构建和谐劳动

关系。对于群体性、突发性、敏感性、涉重大利益等劳动争议，应当坚持把非诉讼纠纷解决机制挺在前面，积极推动诉源治理，及时做好风险预警，“调、裁、审”协作发力，充分维护劳动者与用人单位合法权益。

四、准确适用程序法律规定，依法保障诉讼权利行使

13. 准确适用期限顺延规定。当事人依据民事诉讼法第八十六条规定申请顺延期限的，应当根据疫情防控形势变化以及当事人提供的证据情况综合考虑是否准许，依法保护当事人诉讼权利。当事人及其诉讼代理人等因受疫情影响不能正常出庭参加诉讼，符合条件的，依法在线开展诉讼活动。当事人受疫情影响耽误起诉期限的，对耽误的时间依法予以扣除。劳动争议当事人提供证据证明其因受疫情影响无法在法定仲裁时效期间内申请仲裁，主张仲裁时效中止的，人民法院应当依法支持。

14. 切实提高诉讼服务水平。对于企业以及其他市场主体涉及的复工复产纠纷案件，应当高度重视其立案、审理、执行工作，依法高效妥善处理。对于确有困难的当事人申请免交、减交或者缓交诉讼费用的，人民法院应当依法审查并及时作出相应决定；确实需要其他司法救助的，依法及时采取救助措施。对于陷入困境的市场主体特别是中小微企业、个体工商户等，依法审慎采取财产保全措施，依法及时纠正超标的查封、乱查封，可以采取灵活的诉讼财产保全措施或者财产保全担保方式，减轻企业负担，助力复工复产。完善一站式多元解纷机制，加强线上诉讼服务和互联网审判，持续推动案件繁简分流、简案快审，使合法权益尽快得以实现，各种争议得到依法快速解决，切实降低诉讼成本。

最高人民法院

2022 年 12 月 26 日

第三节　典型案例

2月24日

人民法院一站式建设十大典型经验暨八件在线多元调解案例

人民法院一站式建设十大典型经验

为发挥典型经验和典型案例示范引领作用，更加生动讲好中国特色一站式建设故事，最高人民法院将地方法院一站式建设十大典型经验，以及8件“总对总”在线多元调解案例作为《报告》两个附件同时发布。

三年来，各级人民法院认真贯彻落实最高人民法院部署要求，推动一站式多元纠纷解决和诉讼服务建设各项任务落地见效，涌现出一批极具地区特色、实践特色、可复制可推广的一站式建设工作经验，形成一批通过多元化、在线化、实质化调解纠纷的典型案例。

这次发布的十大典型经验，涵盖矛盾纠纷源头治理、多元化解、在线调解、类型化纠纷解决、全方位诉讼服务、12368热线服务等一站式建设重点任务，生动展现了各级人民法院在习近平法治思想指引下，践行以人民为中心的发展思想，在基层广阔土壤上，孕育出百花齐放、生动鲜活的一站式建设成果。

这些典型经验和典型案例，体现了党的领导和社会主义制度在纠纷解决方面的巨大优势，体现了以人民为中心的鲜明价值导向，体现了中国特色纠纷解决和诉讼服务新模式的显著成效。我相信，随着人民法院一站式建设持续深入推进，还将涌现更多更好满足人民群众对美好生活和公平正义向往需要的有益经验和典型案例，让人民群众切实感受到公平正义就在身边！

灵活应用解纷平台　源头化解诉讼纠纷
——山西省晋中市榆次区人民法院

近年来，山西省晋中市榆次区人民法院积极探索源头预防化解矛盾纠纷新路径，充分发挥司法在多元解纷中的引领、推动和保障作用，依托开放多元、共治共享、高效便捷的人民法院调解平台，精准对接“综治云平台”“智慧调解服务系统”“掌上派出所”等多个解纷平台，推动构建人民调解、行政调解、行业调解、远程调解、社区调解等多元解纷大格局，促进矛盾纠纷化解从终端裁决向源头防控延伸，为群众提供更加简约、精准、创新、高效的多元解纷服务。

一、坚持高位推进，部门齐抓共管，多元解纷机制形成合力

主动融入党委政府社会治理大格局，积极争取党委、政府支持，在全区范围内打造党委领导、政府支持、法院主推、部门参与、基层主抓的多元解纷大格局。推动构建“党委政府——职能部门——社区网格”的纵向调解联络机制，实现了司法审判与行政调解、行业调解、社会调解紧密结合的横向多边解纷力量融合。与政府、社会团体和基层行业调解组织紧密衔接联动，相继出台《人民法院调解平台进乡村、进社区、进网格工作实施方案》《开展诉调对接工作实施方案》《特邀调解工作制度》《诉讼服务一体化实施方案》《关于多元解纷平台对接应用的实施方案（试行）》《多元解纷平台应用规范》等工作制度，与榆次区委政法委、工会、工商联等部门、组织协同发力，形成完备的诉源治理、诉非对接多元解纷制度体系。2021 年 3 月，省法院在榆次区法院召开多元解纷平台运行推广现场会，对平台应用进行现场培训、答疑解惑、推广升级，多元解纷平台联动应用在榆次区实现提档升级。2021 年，榆次区法院诉前调解成功化解矛盾纠纷 1836 件。其中，通过人民法院调解平台在线申请司法确认或出具调解书 934 件，经过释法明理，促成当事人自行和解 390 件，即时履行撤案 512 件，化解矛盾涉案金额共计 1.9 亿元。

二、坚持联动调解，工作端口前移，诉源治理格局日臻完善

2021 年 3 月，作为全省试点法院，榆次区法院促成人民法院调解平台率先与区司法局“智慧调解服务系统”、公安“掌上派出所”实现互联互通，推动形成问题联治、工作联动、平安联创的“三联”调解工作格局，构建“平台 + 调解 + 确认”的“一站式”诉前解纷模式，先后向各家解纷平台推送案件 767 件，调解成功 426 件。积极落实“总对总”平台对接应用工作，与人民银行、仲裁、工会、工商联等部门对接，向农民工工资纠纷解决、劳动争议调解、鉴定调解、公证调解、社区调解等 25 个基层调解组织，线上分类推送矛盾纠纷，整合社会各界调解资源，形成科学系统、精准多元、专业高效的解纷体系，促进纠纷解决更加专业、便捷、高效。

三、坚持远程调解，科技支撑保障，在线解纷更加便捷高效

借力人民法院信息化建设，运用线上视频指导调解工作。基层调解组织在遇到法律难题时，及时视频连线法官，法官借助类案裁判经验，面对面为当事人释法析理，准确为纠纷争议焦点“把脉会诊”。形成“线上推送流转 + 视频连线调解 + 在线司法确认”的一条龙服务，便捷高效的解纷方式节省了司法资源，提升了基层调解组织的公信力。目前，25 个基层调解组织、14 名专职调解员、76 名特邀调解员入驻平台，线上调解实现常态化的同时，同步架起跨地域解纷“网上桥梁”。各平台应用单位搭乘数据快车，实现信息互通，发现问题及时交流解决，扩大典型案例辐射效应，充分提升平台应用效能。目前，该平台已成为反映社情民意的“主渠道”、强化诉源治理的“大平台”，有效解决了群众纠纷、降低了诉讼增量。2021 年，榆次区人民法院通过人民法院调解平台线上音视频调解案件 2040 件。

四、坚持选树金牌调解，依托模范调委会，以点带面求突破

多元解纷平台推进以来，榆次区法院以榆次区诉调对接调解委员会和“籍润萍调解工作室”为抓手，重点打造“一委一室”“双金牌”，以点带面，促进全区诉调对接工作全面突破。榆次区诉调对接调委会成立以来，年均成功调解各类纠纷达 1200 余件，位居榆次区人民法院各调委会之首。2020 年，该调委会被司法部评为“全国模范人民调解委员会”。“籍润萍调解工作室”是榆次区人民法院打造的金牌调解室，以退休教师籍润萍的名字命名，调解中籍润萍坚持“教书育人，育其心智；调解纠纷，解其心结”理念，总结出“调解五入法”，用诚心、耐心、真心化解

当事人纠纷，至今已成功调解案件601件，调解成功率达69%。

五、坚持下沉调解，延伸司法服务，打造“百姓家门口的法院”

线上司法服务向一线下沉，2021年，榆次区人民法院先后与9个街道办事处合作共建12个“社区法官工作站”，在3个乡镇建立“诉调对接调解工作室”。通过主动延伸司法周边服务，深入乡村社区网格普法，了解社情民意，排查化解群众纠纷，增进人民群众对纠纷化解的法律认同，努力实现“小事不出乡村社区、大事不出乡镇街道”，“社区法官工作站”通过人民法院调解平台直接化解矛盾纠纷93件，申请司法确认15件，间接指导调解化解各类纠纷579件，开展“送法进社区”宣讲12场。“老百姓家门口的法院”受到群众广泛认可，新时代“枫桥经验”得到推广，减少当事人诉累的同时，达到调解一案教育一片的社会效果和法治效果。

全方位打造诉讼服务“四化”新模式 提升人民群众满意度

——吉林省吉林市中级人民法院

近年来，吉林中院坚持群众需求导向，聚扣“一站、集约、集成、在线、融合、问效”六个环节，全力打造“规范化、精准化、信息化、人性化”诉讼服务新模式，全面强化线上线下服务效能，不断提升人民群众满意度。立案窗口多次被评为省级文明窗口、标兵窗口和先进集体。

一、强化制度机制建设，推升诉讼服务规范化

一是加强原有制度更新。梳理完善多元解纷、立案服务、审判辅助、涉诉信访等原有制度二十余项，使旧制度适应新时代发展要求。二是加强空白制度出新。根据形势任务需要，及时制定跨域立案、诉调对接工作规范、分调裁审实施意见等近十余项新制度，有力提升诉讼服务规范化层次水平。三是加强制度体系落实创新。在全市法院开展“四统一”活动，即：统一立案标准、统一材料样式、统一着装标准、统一服务用语。制作各类文书样式40余种，归纳20余类常见案件的举证须知，通过司法公开网等多种形式对外公开，确保当事人“同样业务，同等办理”。

二、丰富工作平台载体，提升诉讼服务精准化

一是优化便民服务功能。坚持硬设施与软环境并重，持续升级诉服中心功能及应用，推行“六个一”便民举措，即：“一次性立案指导到位、一次性补正受诉材料、一次性办理完毕、一次性救助到位、一个人负责到底、一个中心全解决”，建立律师值班室，实现查询、立案、收费、阅卷、联系法官、收转材料等各项诉讼事务“一站式”办理。二是强化特色诉讼服务。增设“办不成事”反映窗口、“老年人及特殊群体”服务窗口及涉企诉讼绿色通道，对特殊群体及企业优先接待、快速办理，着力解决群众“急难愁盼”问题，帮助群众把“办不成事”变成“办得成事”。受到群众好评并被多家媒体报道。三是深化矛盾纠纷化解。坚持“走出去，请进来”，创新打造以“矛盾尚未发生时，精准普法无诉讼；矛盾发生未成诉，多元化解在萌芽；矛盾成诉先行调，司法确认作保障；矛盾成诉难调和，繁简分流保质效”为核心的分层递进纠纷解决路径。两级法院415名法官进驻7241个网格，63个调解组织、258名调解员入驻法院诉服中心。2021年，吉林地区诉前调解案件占一审民事案件比率为68.20%，调解成功率为91.67%。

三、深化现代科技支撑，提高诉讼服务信息化

一是持续推进线上业务办理。在全省率先开设智慧法院体验区，整合电子法院、移动微法院、律师服务平台、跨域立案系统等平台资源，群众无须等候即可完成立案等各项事务线上办理。吉林地区民事一审网上立案率连续多年超过90%。2021年，两

级法院开展跨域立案405件，并成功办理了全省首例跨境立案。二是高效推进线上纠纷化解。两级法院诉调中心全部入驻或对接地方综治中心，通过视频互联互通开展远程信访接待、纠纷化解、法治宣传等工作。全市法院通过音视频化解纠纷11592件，远程确认人民调解协议223件，助力基层治理现代化。三是扎实推进智能辅助办案。成立“智能办案辅助中心”，开展电子卷宗集中扫描、装订等工作，与邮政公司探索集约送达合作。电子卷宗覆盖率、随案生成率均达100%，为群众提供更便捷、高效的送达服务。

四、畅通诉求表达渠道，增强诉讼服务人性化

一是开设12368服务平台。增设12368服务热线，成立工作专班，健全制度机制，对群众反映的问题建立台账、跟踪督办、及时反馈，并纳入年度考核，确保当事人反映的问题件件有回音、事事有着落。自热线开通以来，接到群众反映的各类问题900余件，均在三日内办理完毕，有力保障了当事人诉权。二是开展服务“好差评”活动。在两级法院接待窗口设置诉讼服务评价器，张贴评价二维码。群众可当场或通过线上方式对窗口人员的服务作出评价。全市法院服务好评率达98%以上，且无一差评。三是开展诉讼服务社会监督。定期召开律师代表、人大代表、政协委员等各层面座谈会，听取社会各界意见建议，全面汇总，逐条整改，提升群众获得感和满意度。

“四调”并进、精准交融
打造务实高效诉前解纷体系
——江苏省宿迁市中级人民法院

宿迁法院坚持“分得出、接得住、调得成、管得了、不空转”原则，引入各类调解资源，夯实诉前解纷平台，完善运行管理机制，切实为群众提供方便、快捷、低成本的解纷服务。2020年以来，全市诉前调解案件占民事一审收案128%；诉前化解4.45万件，占民事一审收案48.2%；“调解挺前、诉讼断后”的解纷格局已然形成。2021年民事一审收案较2019年下降7.3%；法官人均结案309件，较2018年减少135件，全省第二；审判质效从整体落后变为全省领先，一举甩掉司法供需失衡连续14年在全省最突出的“老大难”帽子，人民群众的司法获得感显著增强。

一、汇聚解纷资源，构筑“四大阵地”

在诉讼服务中心设立“诉讼与非诉讼对接中心”“非诉讼服务分中心”，将调解组织和功能集成集约，打造“驻院调解、律师调解、乡贤调解、行业调解”平台，实行简单纠纷驻院调、专业纠纷律师调、家事邻里纠纷乡贤调、类型化纠纷行业调。

一是做强驻院调解。将驻院调解作为诉前解纷主阵地。加强与司法行政部门协调对接，在加大退休政法干部返聘力度的同时，首创从资深聘任制书记员中选任驻院调解员制度，充分发挥他们业务熟练、积极性高、利于对接、便于指导、易于管理等优势，实现调解员队伍老少结合、专兼互补，有效迸发驻院调解活力，化解大量简单纠纷。2019年以来，全市驻院调解成功3.9万件，占诉前调解成功总数78%。其中书记员选任调解员37名，占驻院调解员人数33%；调解成功3.1万件，占驻院调解成功总数79.5%；书记员选任的调解员最高月均调解成功82件。

二是做实律师调解。会同市委政法委、市司法局在全省率先制定律师参与诉前调解实施意见，建立团队管理、首调在院、要素反馈、合理激励的长效运行机制。以各律所为主体组建团队，动态轮流参与，减少时间冲突。首次调解在法院调解室，增强公信。律师调解法律关系复杂的纠纷，调解不成的制作要素式反馈表，为审理做铺垫；案件审结后，法官向律师反馈裁判结果，评估调解得失，促进解纷共识。优化考核办法，对调解成功、反馈合格的均予补贴。2019年以来，全市515名律师被选任为特邀调解员，接受委派2.3

万件，调解成功4308件，反馈合格1.8万件，合格率达92%。

三是做优乡贤调解。会同市政协、乡贤协会于2020年10月建立乡贤诉前调解员制度，将家事邻里等纠纷委派所在辖区乡贤调解，充分发挥乡贤“地熟、人熟、事熟”的优势，有效修复社会关系。全市法院坚持“贤中选贤”，按照“有德望、有热心、有能力、有时间”标准，从全市5千余名乡贤中选聘172名乡贤为特邀调解员；在诉讼服务中心设立乡贤诉前调解联络站；在全市19个人民法庭建立乡贤诉前调解工作站；在各乡镇乡贤参事会建立乡贤诉前调解工作室，实现全域覆盖、有效联动。目前已调解成功纠纷2514件，成功率达53%。

四是做细行业调解。会同市委政法委、市司法局出台加强行业性专业性人民调解的实施意见。以“总对总”在线诉调对接为突破，与金融、市场监管、住建、价格认定、商会等主管部门及行业协会签订备忘录，在法院及纠纷多发场所联合成立调解工作室，开展金融、知识产权、商事等12类行业性专业性纠纷诉调对接示范点创建，实现“总对总”在线对接与“点对点”线下实体运行双轮驱动。2019年以来，全市两级法院共建立金融、住建、商事、医患、交通事故等领域的诉调对接平台及调解工作室45个，诉前化解类型化纠纷5千余件。

二、聚焦系统融合，叠加解纷成效

强化系统观念，突出诉前调解与诉讼程序交融共享，最大限度提升诉前调解效能，服务审判能力提升。

一是推行“诉前调解+速裁快审”一体运作。全市法院均成立速裁庭，制定简单民商事案件速裁快审标准化流程，将驻院调解员编入速裁团队。速裁法官可以有效指导调解，诉前调解不成的简单案件亦能直接立案由速裁法官审理，纠纷解决全面提速。2021年全市法院结案率全省第一；案件平均审理天数58.3天，较2018年减少40天，全省最短。

二是推行诉前辅助机制。为避免诉前调解程序空转，建立诉前调解案件反馈制度。调解不成的，调解员要在诉前调解程序完成送达地址确认、诉状送达、引导举证、固定无争议事实及争议焦点等事项，完成情况纳入调解绩效考核。全面推行诉前鉴定，对有鉴定必要的按诉中鉴定程序启动鉴定；鉴定意见形成后，调解员继续调解，调解不成的在诉讼中直接作为证据使用。2021年全市法院法定审限内结案率全省第一；超一年以上未结案件仅有7件，全省最少。

三是推行诉前调解集约送达机制。在全省首创全市两级法院一个中心集约送达模式。将诉前调解案件纳入集中送达系统，通过建立送达地址大数据库、选聘邮递员为特邀司法送达员等方式，实行“信息跑路+邮政跑腿”，有效破解诉前调解“找人难”，亦为调解不成案件进一步畅通诉讼送达渠道。2020年以来，诉前调解案件电子送达占比57%，成功率83%。

三、强化制度保障，促进长效运行

一是建立府院联动机制。坚持党的领导，积极争取党委政府支持，推动市委市政府出台矛盾纠纷多元化解的具体实施意见，将民事行政案件万人起诉率纳入平安建设考核，对多元解纷的平台体系、经费保障、队伍建设等作出明确规定。主动将多元解纷建设纳入市县人大审议事项，邀请政协委员视察，增进社会认同。

二是健全经费保障机制。在市委政法委支持下，会同市政协、司法行政等部门将驻院调解、律师诉前调解、乡贤调解经费纳入财政预算。2020年以来，全市诉前调解经费每年预算支出600余万元。市场监管部门及金融、商会等行业协会每年为全市法院金融、知识产权、商事等纠纷调解工作室提供70万元经费，保障诉前调解可持续性推进。

三是完善监督考核机制。把民事纠纷诉前化解率纳入对基层法院考核体系，将指导诉前化解纠纷和开展调解员业务培训等计入法官办案工作量，推动诉前调解配置配强司法资源。聚焦最高法院诉讼服务指导中心质效评估体系，建设一站式建设管理服务平台，将各类在线解纷系统及分调裁审具体职能、流程管理集成融合，加强解纷质效监管，促进诉前调解高质量运行。2019年以来，全市法院诉前调解运行良好，调解成功案件中未履行协议而进入强制执行程序的仅占14.7%。

司法赋能　创建商会人民调解新模式
——安徽省滁州市中级人民法院

滁州中院认真落实习近平总书记重要指示要求，坚持将非诉讼纠纷解决机制挺在前面，根据最高法院、全国工商联《关于发挥商会调解优势，推进民营经济领域纠纷多元化解机制建设的意见》部署要求，在全国率先实现人民法院调解平台与工商联调解平台同步对接，助力滁州中院一站式建设始终走在全国最前列。2020年，滁州中院被最高法院授予“全国法院一站式多元解纷和诉讼服务体系建设先进单位”。滁州法院推动商会人民调解模式做法多次被最高法院、全国工商联推广介绍。截至目前，商会人民调解工作室共接待咨询5.8万余人次，实质化解涉企矛盾纠纷6256件。与商会通过“总对总”平台联调案件3876件，调解成功率70.26%，涉案标的额4.6亿元，为优化营商环境、推动民营经济健康发展、促进社会和谐稳定作出了新贡献。

一、统筹推进，搭建商会人民调解组织体系

按照“科学统筹、整体推进、分步实施”的原则，搭建商会人民调解组织体系，借力商会力量促进涉企纠纷诉前化解。

一是成立市级协调机构。在市政法委牵头领导下，滁州中院与市司法局、市工商联联合出台文件，成立滁州市总商会人民调解委员会、滁州市非公有制企业商事调解中心，建立涉及非公有制企业商事纠纷诉调衔接机制，市、县两级同步开展非公企业商事纠纷诉前调解工作。2019年5月，滁州辖区8个县（市、区）商会人民调解委员会挂牌成立，在全省率先实现县级商调委全覆盖。

二是培育商会调解队伍。滁州市总商会有15971家会员单位，遍布各行业领域。为充分发挥总商会在化解民营经济领域纠纷方面得天独厚的优势，滁州中院与市总商会建立联席会议工作机制，设立调解机构，将热心调解的商会会员纳入工商联调解名册，建立商会调解员数据库，动态充实法官+商会调解员力量。现有商会人民调解员66人、参与调解法官65人。在天长、南谯等民营企业聚集地挂牌成立商会人民调解工作室9个，在15个有代表性的中小企业设立“司法服务信息采集点”，在16个镇街打造“无讼e站”，接受咨询、化解矛盾。

三是创建“商会+法院”团队调解模式。两级商会委派专人入驻法院诉讼服务中心，法院指派具有丰富审判经验的民商事法官与商会调解员“一对一”搭配，共同参与释法答疑、纠纷调解、司法确认、调解履行全过程。商会调解员受法院业务指导和日常管理。团队化运作使行业调解和审判工作无缝衔接、相得益彰，大大提高了商会人民调解的效率效果，调解成功的纠纷有70%左右在4天内办结，企业诉讼成本大大降低。

二、完善机制，优化商会人民调解对接流程

明晰各方功能定位与职责，切实发挥法院引导和指导功能，健全联调机制，保障纠纷化解诉非分离、快慢分道。

一是完善诉前调解机制。对涉会员企业纠纷，法院在立案前，经当事人同意，委派商会人民调解工作室调解。商会调解员以行业标准和行业规范为突破口，利用行业商会的专业性、权威性，通过“行内人”身份、内部协调协商形式化解矛盾纠纷，形成“商人纠纷商人解”的局面。

调解员在受理案件之日起30日内结束调解工作。对委派调解成功的案件，当事人可申请司法确认，调解不成的，及时登记立案。商会调解工作室运作以来，调解成功率达76.8%。

二是完善在线化解机制。全力推进工商联调解平台与人民法院调解平台“总对总”全国首批试点对接工作，将两个平台同步前置诉讼柜台，实现平台同步、资料互推、信息共享。对于事实清楚、简单明了的商事纠纷，优先进入工商联调解平台进行调解，并依据调解结果直接转入法院调解平台司法确认或进入诉讼程序，无需当事人二次提交材料，减轻当事人诉累。试点期间，滁州法院通过“总对总”平台受理诉前调解案件3483件，约80%调解成功的案件在5天内结案。新冠疫情发生以后，有效发挥专业视频网络调解工作室作用，积极运用音视频方式进行调解，自该工作室成立以来，通过音视频方式调解案件1112件。

三是完善司法确认机制。创造性地开展调解协议审核前置工作，提高司法确认质效。对当事人线上、线下达成的初步调解协议，“结对”法官（助理）即时进行审核。符合法律规定的，由当事人签字确认后，通过线上、线下方式提交司法确认材料；不符合法律规定的，由“结对”法官（助理）对内容进行释明，引导当事人依法修改。经法官（助理）审核的司法确认申请，一般当日出具司法确认文书，商会调解和司法确认无缝衔接。2021年，滁州法院司法确认各类纠纷6853件。

四是完善调裁审结合机制。事实清楚、法律关系简单的案件，由调解员直接调解；疑难复杂案件采取1+N模式，员额法官（法官助理）业务指导，调解员具体调解，书记员辅助工作，会员企业做好协助。对委托、委派调解成功数量较多的法官，在审判质效考评上予以倾斜，激励法官以调解纷。对调解不成的纠纷及时通过速裁程序快速裁决。1+N模式大大缩短了进入诉讼程序的案件审理周期。

三、强化保障，实现商会人民调解高质效运行

积极争取党委政府支持，持续寻求政策推动，不断完善联调制度，优化调解激励举措，充分调动各方主体参与和实施联调工作的积极性。

一是加强组织保障。推动滁州市委办、市政府办将商事纠纷多元化解工作纳入营商环境评价指标体系进行考核。成立滁州市总商会人民调解委员会，负责协调落实人员、经费、场所和设施，规范工作制度。建立由法院、工商联、商事仲裁等多部门参加的商事纠纷多元化解联席会议制度，共同解决商事解纷化解中存在的纠纷委派以及调解员主动性等问题。

二是加强司法保障。法院主动延伸审判职能，积极参与商事纠纷调解工作，提供全流程业务指导和法律协助。建立协议履行机制，经商事调解工作室调解成功的案件，法院依据当事人申请及时进行司法确认或出具调解书，对具有合同效力和给付内容的调解协议，当事人也可以申请支付令。对调解成功的案件督促自动履行，2021年，调解成功的涉企商事纠纷自动履行率达80%。

三是加强队伍保障。商调委广泛吸纳熟悉相关法律法规、有一定调解能力、公道正派的人员加入商会人民调解员队伍，建立调解员名册，并实行动态管理，择优选派调解员入驻调解机构。法院将符合条件的调解员纳入特邀调解名册，加强诉前委派、诉中委托调解工作。强化调解业务指导，积极组织岗位培训和定期轮训，通过“以案代训”“观摩调解”“调解平台操作指导培训会”等方式提高调解水平和技术操作能力。建立奖惩机制，评选优秀调解员，对成绩突出的调解员进行奖励，对违反调解制度的调解员，依法依规追究相关责任。

四是加强经费保障。积极争取地方财政支持，落实好商调委补助经费和商会人民调解员补贴经费。根据《人民调解法》《滁州市人民调解工作经费暂行管理办法》，成立滁州市总商会人

民调解委员会，由财政对商会人民调解工作提供专项经费支持。目前，财政每年向各县（市、区）商调委拨款15万元，用于调解人员基本工资、办公等。法院根据调解成功数和自动履行率、音视频调解率等“以案定补”，另外给予奖励，提高调解员实质化解纠纷和使用音视频的积极性。

有效运行赣法民意中心 聚焦急难愁盼 回应群众关切

——江西省南昌市中级人民法院

江西高院坚持把群众满意作为出发点和落脚点，成立赣法民意中心，依托12368系统平台，研发民意工单处理回访系统，整合线上线下资源和三级法院力量，建立三级督办和群众满意度评价机制，创新构建“12368一号通办+线上线下差评整改”融合工作模式，及时全面回应群众诉求，进一步健全了江西特色司法服务体系、群众满意度评价体系和司法监督体系，是江西“我为群众办实事”和政法队伍教育整顿的重大实践成果。创新做法得到全国政法队伍教育整顿中央第八督导组、省委和最高法院充分肯定，工作经验在全国教整办专刊上推广，入选中国社科院司法制度法治蓝皮书。2022年1月江西省“两会”期间，多名省人大代表联名建议向其他行业推广赣法民意中心做法。南昌是江西省会，也是江西法院案件数量最多的地区，赣法民意中心上线后，南昌两级法院同步成立分中心，能动性地开展工作，取得积极成效，2021年共接待办理各类群众诉求5.8万余个，办理工单4701个，约占全省法院的27.9%，工单办理满意率达98.7%，超出全省平均水平。

一、高位推动、科学谋划，主动融入民意“一盘棋格局”

坚持市县统筹、全省联动、一体提升，确保民意分中心高效规范运行，群众诉求高效及时办理。

一是加强组织领导。各法院均成立了民意工作领导小组和工作机构，由院长担任领导小组组长和分中心主任，加强对民意工作的领导、组织、协调，压实院庭长的监督管理职责，坚持事中监督、全程留痕、组织化行权，形成各级法院党组直接领导、院长亲自部署、各业务部门全面动员、积极参与的工作格局。

二是健全制度机制。严格执行江西高院《赣法民意中心运行办法（试行）》等五个文件，细化实化相关规定，用好用活12368“一号通办”，全面对接线上线下服务差评，落实“前端登记分流、中端办理反馈、后端回访督办”和“一个号码对外服务、一个平台流转诉求、全省法院协同办理”要求，规范分中心运行管理、诉求办理和跟踪问效。

三是强化宣传引导。积极开展赣法民意中心和12368热线集中宣传活动，综合采用推送短信、定制“燃信”、开通视频彩铃、印发宣传手册、走进律所等线上线下相结合的方式，引导诉讼群众遇到问题及时拨打12368热线反映解决，营造找热线比找人好用的良好社会氛围，倒逼全市法院进一步将“实事办实，好事办好”。

二、聚力聚责、规范高效，做实办理诉求“一竿插到底”

坚持群众满意标准，转变服务理念，创新服务方式，提高服务效能，凸显司法为民决心、凸显工单办理实效。

一是配强工单流转枢纽。各法院办公室、立案庭挑选2名精干力量作为民意联络员，负责赣法民意中心分派工单的接收、分流、催办、督办以及民意中心工作的分析研判等，同时各业务部门确定1名政治素质高、业务能力强、工作作风实的干警担任部门联络员，负责本部门工单流转办理工作。定期组织全市法院民意联络员进行培训，进一步夯实民意工作基础。

二是提升工单办理质效。确定工单院内分配规则，立案诉讼服务工单按照窗口工作职责和首问负责要求确定责任人员，与法官行使审判权或者与案件密切相关的工单由承办法官负责办理。明确工单办理基本要求，推行当场办结、一次办结、限时办结，夯实服务的主动性和协同性，所有工单办理必须主动联系群众、倾听群众诉求、答复办理结果并规范反馈办结情况，对于涉及上下级法院或需要跨区域协调的事项，一律由中院牵头答复处理。此外，依托赣法民意中心群众满意度评价和三级督办工作机制，对回访不满意的，建立工单二次督办、直至由院领导重点督办，确保工单分得出去、办得高效、群众满意。

三是夯实工单办理责任。各法院“一把手”是民意工单办理的第一责任人，具体事项承办人是直接责任人。聚焦研判超期和不满意工单，及时发现工单办理、责任落实、工作作风等方面存在的问题。综合采取灵活督办、书面通报、提醒谈话、实地督导、考核评价等方式进行跟踪问效，开展灵活督办30余次，书面通报3次，提醒谈话12人次。将民意分中心工作纳入法院高质量发展指标体系，设置组织领导、工单办理质效以及特色亮点等若干指标进行考核。与驻院纪检监察组、督察部门建立协同问效工作机制，将民意中心工作作为政治监督常态化的重要抓手，开展及时跟进检查、专项监督检查。

三、点面结合、系统集成，扎实推动“找问题堵漏洞建机制”

在处理群众诉求的基础上，坚持“当下治”和“长久立”相结合，建立定期研判机制，全面排查整治队伍纪律作风和法院系统顽瘴痼疾，既“及时发现问题、有效解决问题”，又注重“发现一个问题、堵住一个漏洞、健全一个机制”的综合效应，推动全市法院健全各类制度机制举措32个，进一步优化了现代化诉讼服务体系。

一是锻造“诉事速办”服务品牌。针对赣法民意中心群众反映强烈的联系法官难问题，在江西高院出台《全省法院联系法官工作办法(试行)》基础上，新建了“诉事速办”服务通道，配置专用固定电话和十四个业务庭公用移动电话，建立运行管理平台，所有诉求均在24小时内答复解决，为诉讼群众提供直达式诉讼服务渠道。

二是解决开具生效证明之忧。针对赣法民意中心群众反映强烈的开具生效证明难问题，在全省法院率先制定规定做出承诺，当事人在全市法院申请执行立案无需提供法律文书生效证明。在此基础上，赣法民意中心制定了全省法院生效证明有关规定，推动升级了审判执行系统、研发了生效证明核查平台，将该项举措优化升级，向全省法院推广。

三是整治“有案不立”顽瘴痼疾。针对赣法民意中心群众反映强烈的立案难问题，充分利用12368热线投诉监督功能，排查整治全市法院立案相关问题447起，办理满意率达99.5%。出台《关于建立全市法院立案管辖协商机制的通知》，着力整治立案推诿问题，规范管辖争议解决，努力实现群众立案“最多跑一次”。

依托道交平台　快速多元化解纠纷

——山东省临沂市兰山区人民法院

山东临沂作为北方最大的物流集散地和全国重要专业批发市场集群，被誉为“中国物流之都”。商贸物流发达，道路交通事故案件多发频发。近年来，身处城区中心区域的兰山法院，依托“道交一体化平台”，开展道交纠纷类型化、专业化化解，为群众提供优质高效的一站式司法服务。在道交一体化平台线上接收调解纠纷4853件，申请标的额6.3亿元，调解完成4137件，调解成功2240件，达成调解标的额2.1亿元，2021年道交纠纷案件降幅超过63.6%。

一、坚持非诉挺前，实现纠纷解决前沿化

一是组建专业团队。2015年9月，兰山法院主动服务临沂商城建设，设立王丽法官工作室，按照“1名法官+2名法官助理+2名书记员”的模式组建专业化团队，派驻临沂市公安局交通警察

支队直属二大队，将司法服务关口前移，快速化解道交纠纷。

二是汇聚多方力量。积极与公安机关、调解组织和保险公司沟通协调，邀请社会力量共同参与纠纷化解，共建联合工作机制，打通关卡壁垒，接通堵点痛点。兰山法院协调30多家保险公司、鉴定机构、50名调解员入驻道交一体化平台，构建起人民法院与公安机关、调解组织、保险机构、鉴定机构上下衔接、横向联动、线上线下一体的工作机制。同时，联合司法行政部门、保险行业协会，全面加强对调解员的培训，提高调解员工作能力和水平。

三是营造社会氛围。充分运用电视、报刊、微信公众号、诉服网站等多种媒体渠道，对道交一体化平台的便捷性、优越性开展宣传，提升社会认知度和公众接受度，引导当事人规范有序地参与道交纠纷一体化处理，形成全社会共同关心、支持、参与多元解纷的浓厚氛围。

二、坚持类案快办，实现解纷流程快捷化

道交纠纷案件的处理关系到千家万户的安宁，更需要公平、公正、公开、高效化解。

一是规范工作流程。交通事故发生后，交警部门先确定责任，引导当事人通过道交一体化平台先行进行调解，各保险公司自行线上查看并认领涉及自己公司案件，人民调解委员会则认领不涉及保险公司以及涉及多家保险公司的案件，第一时间组织开展调解工作。对于达成调解协议，当事人申请司法确认和出具调解书的，调解员通过平台一键发起，由相应速裁团队在线办理，并督促当场履行，及时理赔。

二是统一调裁尺度。根据以往辖区道交纠纷数量多、调裁标准不统一的问题，兰山法院充分考虑、兼顾平衡各方利益，对赔偿标准、裁判规则等实质性问题进行了规范，并嵌入道交平台办案流程，统一调裁标准，有效提高调解成功率。

三是加强协作配合。构建道交纠纷网上一体化处理工作常态化沟通协调机制，定期组织公安、司法、保险以及鉴定机构等部门单位召开联席会议，研究纠纷发展态势，制定相关对策，化解工作中的疑难问题。调解过程中，速裁团队的法官跟进指导，运用专业优势助力调解员化解纠纷。

三、坚持司法为民，实现司法效能最大化

兰山法院依托道交一体化平台，构建“事故责任认定—保险核损—诉前调解—司法确认—网上立案—网上开庭”的道交纠纷一体化处理模式，打通纠纷化解的“最后一公里”。

一是有效减少案件增量。2018年以来，兰山区道路交通事故数量呈逐年上升趋势，年均增幅超过20%，但兰山法院立案受理道交案件数量呈现逐年下降趋势，由2017年的4882件降至2021年的1778件，降幅超过63.6%。

二是有效提高诉讼效率。道交一体化平台统一了赔偿标准，固定了理赔预期，顺畅了当事人、保险公司、司法机关之间的信息沟通，使得纠纷调解更易达成，理赔更易接受。尤其是通过平台将鉴定事项在诉前完成，当事人在立案前能够合理预判赔偿数额，更有利于促成当事人达成和解，节约司法资源。目前，兰山法院道交纠纷化解平均时间缩短为12天。

三是有效减轻当事人诉累。依托道交一体化平台化解纠纷，当事人足不出户即可完成远程定责、保费计算、远程调解等事务，大部分案件在调解员的调解下以和解、调解方式解决，不再进入诉讼程序，大大降低了当事人的诉讼成本，三年来累计为当事人节约诉讼费支出320余万元。

“走出去”主动融入党委领导　依托人民调解中心多元解纷
——湖北省咸宁市中级人民法院

2019年以来，咸宁中院认真贯彻落实习近平总书记关于“坚持把非诉讼纠纷解决机制挺在前

面”的重要指示，贯彻落实最高人民法院一站式建设部署和省法院工作要求，主动争取市委、市政府重视支持，推动参与建成7个人民调解中心综合体，实现咸宁全域高标准全覆盖。自2019年11月启用运行，截至2021年12月，全市各人民调解中心共接待咨询群众38752人次，受理案件16731件，结案16173件，调解案件结案率96.7%。咸宁中院一站式建设项目获评2020年全国政法智能化十大创新案例、湖北省2019年度“十大法治创新案例”，并被表彰为全国法院一站式建设先进单位。

一、向外借力，搭建多元解纷平台

一是坚持党委领导，强化政治保障。咸宁中院找准人民法院在多元解纷机制建设中的引领者、推动者和保障者角色定位，其关于“党委领导、政府支持、政法委统筹、部门主导、司法（局）管理、法院对接”多元化解大格局思路，得到咸宁市委、市政府的高度重视和大力支持；中共咸宁市委全面依法治市委员会印发《咸宁市矛盾纠纷调解中心建设方案》，市政府将调解中心建设运行经费纳入财政预算，市委政法委统筹推进建设；湖北高院主要领导多次到咸宁调研，分管领导和相关部门给予建设指导、信息化经费支持。

二是整合解纷资源，打造调解“超市”。道路交通事故责任纠纷等14个专业人民调解委员会进驻市人民调解中心，调解、仲裁、公证、裁判等机构集中办公；市中心建筑面积4000平方米，有70名法律服务工作者，建立60多名专业人才库，并将全市44个调委会和55名专职调解员纳入人民法院特邀调解员名册，依托人民法院调解平台开展调解工作。

三是完善制度机制，推进常态长效。所辖6县（区）人民调解中心全部启用运行，建筑面积8716平方米；建成乡镇人民调解中心46个，村级人民调解工作室71个；两级法院入驻“调裁一体化”团队8个，派驻法官及司法辅助人员52人；推动市委、市政府将多元化解矛盾纠纷工作纳入市域治理体系和治理能力现代化工作考核内容，设立每年1000万元调解奖补基金，并按季度发放。

二、内挖潜力，推进诉调实质对接

一是实施诉前分流。制定《民商事案件繁简立案识别分流标准（试行）》《关于民间借贷纠纷诉调对接机制建设的实施意见（试行）》等系列制度，明确诉调对接的案件类型、责任部门、责任人员，配备程序分流员，确保案件分流精准高效。2021年，全市法院诉前分流案件7475件。

二是加强先行调解。制定先行调解相关规定，建立无争议事实确认制度，明确婚姻家庭、民间借贷纠纷等十类案件先行调解，对双方没有争议的事实进行书面确认，进入诉讼程序后，当事人无需对调解过程中已确认的无争议事实举证。

三是进行简案快审。对于委托、委派到人民调解中心的案件，或调或判均在调解中心办理，调解不成则由速裁团队一站式审理；制定交通事故、民间借贷等五类案件裁判指引和八类小额诉讼案件简化文书样式。2021年，全市法院速裁团队共审结案件12027件。

四是开展业务培训。两级法院派驻人民调解中心法官工作室先后提供个案指导300余件次；制定人民调解员年度培训计划，围绕《民法典》、调解技巧、司法确认等组织专项培训21场；就民间借贷、婚姻家庭等多发案件在人民调解中心科技法庭开庭43次，为人民调解员作现场观摩培训。

三、多点发力，拓展多元解纷机制

一是围绕“稳”字，推进涉疫纠纷化解。建立涉疫合同履行等纠纷案件预警机制；联合市人社局、市总工会出台《关于处理涉新冠疫情劳动争议案件相关问题的意见》；开展“法院+工会”“法院+保险”诉调对接工作；开辟复工复产案件绿色通道，积极引导当事人协商和解，帮助企业纾困解难、共渡难关。

二是围绕“优”字，服务营商环境建设。联合市发改委、市工商联出台《关于建立健全人民法院与工商联沟通联系机制的意见》；推动成立知识产权纠纷调委会进驻调解中心；联合咸宁市税务局出台《关于优化营商环境建立税收共治协作机制的实施意见（试行）》，在全省率先建立破产案件税收共治协作机制。

三是围绕“和”字，打造家事审判品牌。联合市妇联、市司法局成立“宁和”三八红旗手工作室；与妇联、民政部门及基层组织联动化解涉妇女、儿童、老年人权益保障案件；与妇联、民政共同形成《农民工付出的幸福代价及其衍生的社会问题研究》调研报告；牵头邀请市妇联、团市委、市教育局等单位，共同举办咸宁市婚姻家庭纠纷化解与未成年人犯罪预防研讨会，联合9家单位发出《加强妇女儿童合法权益保障建设和谐幸福平安家庭》倡议书。

四是围绕“化”字，参与基层社会治理。开展全市法院“基层基础建设年”，依托基层人民法庭，促进矛盾纠纷吸附在基层、化解在诉前。通山县法院依托“三治两无”平安示范村建设，在乡镇党委的领导下，形成一村一律师、一法官的“3+X”工作机制；通城县法院打造“续辉律师工作室”，推进涉诉信访、重大敏感案件与法律援助深度融合；赤壁市法院与公安机关联合设立“警庭调解室”，联合调处辖区内矛盾纠纷。

深入推进调解平台“三进”工作　打造诉源治理的立体化模式
——湖南省浏阳市人民法院

近年来，湖南省浏阳市人民法院坚持系统思维，注重将线下诉源治理与线上人民法院调解平台进乡村、进社区、进网格工作深度融合，积极参与构建基层社会治理新格局。2021年，通过调解平台调解案件9258件，其中诉前调解案件8776件，一审立案数占比达71.91%，诉前调解成功率达65.96%。2020年、2021年该院一审民事案件收案数连续实现负增长，整体司法绩效排名全省一类基层法院第一名，各项工作保持良好运行态势。

一、牢牢坚持党委领导，构建“三进”工作立体化工作格局

一是坚定依靠市委领导。按照“党政主导、法院主推、部门主责、基层主抓、群众主体”的体系要求，及时主动向浏阳市委汇报诉源治理工作。市委将民事案件增幅、诉前调解成功率纳入乡镇综治考评，开展创建“无讼”村（社区）活动，考核数据全部从调解平台上采集。二是依靠市委政法委强力推动。市委政法委牵头两次召开诉源治理和“三进”工作推进会，政法委领导带头到各乡镇督导。在政法委推动下，各乡镇（街道）积极参与设立诉源治理工作站，法院将调解室搬进各村（社区），并派出员额法官与专职调解员入驻工作站、调解室及物业、道交、医疗、食药品等专业性矛调中心，选派干警担任微网格长，构建了“市—镇—村—支—微”五级调解体系。三是在市委统战部推动下，与浏阳市工商联共同成立商事调解中心，依托各人民法庭成立商事调解基层工作站，结合“三进”工作推进商事纠纷源头化解。四是通过市委宣传部积极沟通联系，法治日报、人民法院报、湖南日报等各级媒体多次宣传推荐该院调解平台“三进”工作。

二、有效推进融合创新，构建“三进”工作立体化运行平台

在建立诉源治理“实体店”的基础上，全面推进调解平台运用，打造纠纷化解“网上点”，通过一张网将分散的基层治理力量全部集成起来，实现数据信息共享、纠纷网格推送、难点集中解决。一是在平台入驻方面，指导6个人民法庭、辖区123家基层治理单位、153名调解员入驻人民法院调解平台，并与工商联商会调解服务平台、浏阳市社会治理指挥调度平台全面对接。二是在技术运行方面，通过平台进行案件指派、受理、信息

录入、在线制作调解协议书、在线申请司法确认等操作，实现预警、分流、化解、调解、司法确认、进展跟踪、结果反馈、指导督办等全流程网上办理。三是在协调联动方面，充分运用调解平台“三进”新功能，利用音视频连线及时指导基层治理单位开展工作，提供定制式司法指导服务，形成了矛盾纠纷平台委派、党建网格对接化解、解纷效果平台汇总的衔接联动在线解纷网络。

三、切实着眼长远长效，构建“三进”工作立体化人才队伍

统筹推进诉源治理和“三进”工作队伍建设，建立了由员额法官、专兼职调解员和前端力量组成的全链条调解人才队伍。一是组建核心调解团队。成立由员额法官主导的诉调对接团队（姚龙武法官工作室），安排两名员额法官负责调解工作。二是推动服务重心下移。公开选任18名专职调解员，聘请人大代表、政协委员、律师、专家、离退休老同志、商会会长、司法行政部门工作人员300余人担任兼职调解员，打造了“调解帮帮团”“乡贤理事会”等一批民间调解品牌。三是注重能力素质提升。召开“三进”工作培训会，对人民法院调解平台应用进行授课，指导基层调解员熟练掌握调解平台的使用方法。不定期组织调解员进行业务培训，组织40名调解员到湘潭大学法学院参加调解技能培训班。四是建立调解前端力量。成立志愿普法宣讲团，针对企业、社区、重点项目等的不同需求，开展靶向式普法宣讲活动126场，在源头上预防和减少矛盾纠纷发生。

四、努力夯实工作基础，构建“三进”工作立体化保障体系

从多角度着眼，强化了多层次保障。一是强化组织保障。成立调解平台“三进”工作领导小组，并实行例会制。成员单位每个月召开一次座谈会。领导小组每季度召开会议，部署相关工作。院党组每半年听取一次工作情况汇报，统筹调度“三进”工作。二是强化制度保障。制定《浏阳市人民法院关于加强人民法院调解平台“三进”工作的实施方案》，与浏阳市委政法委共同出台《关于推进矛盾纠纷总体化解的实施方案》，与浏阳市司法局共同制定《关于实施“党建+微网格”诉源治理行动的工作方案》，完善了从人民调解、行政调解、行业调解到司法调解，再到法院终局裁判的纠纷解决体系。三是强化物质保障。争取湖南省财政厅专项经费，升级改造院机关诉讼服务中心，新建园区法庭诉讼服务中心，其余人民法庭均设立诉讼服务室。在全市范围内建成10个在线音视频调解室，2021年该院在线音视频调解案件3756件。争取浏阳市财政支持诉源治理专项工作经费120万元，有效促进诉源治理工作。

全力打造边疆民族地区诉源治理新模式
——广西壮族自治区崇左市中级人民法院

崇左市地处祖国西南边陲，毗邻越南，边境线长533公里，全市壮族人口占比89.43%，是面向东盟开放合作的“一带一路”重要节点城市。近年来，崇左中院坚持以习近平新时代中国特色社会主义思想为指导，贯彻落实习近平总书记视察广西重要讲话精神，探索边疆民族地区诉源治理新模式，有效减少案件增量，维护边疆和谐稳定、促进地方经济社会高质量发展。2021年全市法院新收案件同比下降16.10%，诉源治理取得新突破。

一、服务边疆安宁民族团结，全力打造“无讼村屯”

崇左法院创新发展新时代“枫桥经验”，立足边疆民族地区工作实际，以创建“无讼村屯”建设为载体，探索边疆民族地区特色解纷新路子。

一是推动网格化解纷。在边境村屯设立22个派出人民法庭、17个巡回法庭、巡回办案点、80个诉讼服务站、法官工作室，挂牌成立852个“一村一法官”联络点，形成“上下统筹、条块融合”

解纷网络，打通镇（乡）、社区、村司法服务、矛盾纠纷化解“最后一公里”。

二是实现调解平台全覆盖。吸纳边境村落“族老”“贝侬”及熟知边境风土人情的网格员、护边员、边防协管员、边防派出所人员等入驻人民法院调解平台，实现调解平台对各边境村屯和少数民族村全面覆盖。

三是创新民族特色普法宣传。组织特邀调解员、网格员“进村入巷”开展法治宣传，构建“边境人民法庭 + 特邀调解员 + 网格员”法治宣传新模式。在歌坡节、“三月三”等少数民族传统节假日推广“山歌”普法和双语巡回审判，从源头预防纠纷。结合壮族传统习俗开展“线下宣讲 +5G 线上直播”同步的“大榕树法治讲堂”，在线观看人数近万人，打造特色普法品牌。2021 年，崇左中院被授予市级“民族团结示范单位”，扶绥县新安村、渠新村，龙州县逐卜乡楞垒屯等多个村屯荣获“无讼村屯”称号。

二、服务开放发展，积极促进边境纠纷一站式多元化解

崇左法院立足边境实际，探索建立涉外商事诉讼与调解机制，促进边境民族地区和谐稳定。

一是加强巡回联动。在中国（广西）自贸区崇左片区设立巡回法庭，与自贸区崇左片区管委会、海关、边防派出所构建联动机制，依托边境巡回法庭、巡回办案点、联合调解室组建边贸纠纷化解网络。

二是强化跨境调解。引进 24 名越南籍调解员，组建中越“双语”特邀调解团队，加强边贸纠纷诉前调解。近三年诉前化解边境纠纷 605 件，成功率 90%，平均调解时长不超过 48 小时。

三是护航国际旅游发展。在德天跨国瀑布等知名景区设立旅游巡回办案点，构建咨询、调解、立案、快审等一站式“110”解纷服务，及时化解跨境旅游纠纷，司法护航国际旅游产业发展。

三、服务社会治理，构建多元共治诉源治理新格局

崇左法院认真贯彻落实习近平总书记关于“坚持把非诉讼纠纷解决机制挺在前面”要求，推动构建诉源治理多元解纷“大格局”，促进共建共治共享社会治理格局。

一是多部门联动解纷。针对当前婚姻家庭、机动车交通事故、劳动合同纠纷、金融纠纷、知识产权纠纷案件等呈现的“多发态势”特点，牵头与住建局、银保监分局、海关、贸促会、涉外纠纷人民调解委员会、金融纠纷调解委员会等 10 余个部门、行业组织签署诉调对接合作备忘录，并在保险协会、商会等地设立 11 个联动化解工作室，充分发挥部门、行业协会等职能优势，妥善化解各类矛盾纠纷。2021 年金融纠纷调解委员会参与调解案件 1414 件，调解成功 750 件，调解成功率 53.01%。

二是推行“三个一”排查“三二一”化解机制。实行“一网格一管理员、一村一警务助理、一村一法律顾问”，网格员、警务助理、法律顾问按照“滚动式、全覆盖”要求，进村屯、社区、学校全面排查矛盾纠纷隐患。对排查出的矛盾纠纷实行村级调解三次，乡级调解二次，县级调解一次的原则，推动全市形成矛盾纠纷“全面排查、多元多层级调解、诉讼断后”的分级递进解纷模式。

三是积极开展诉前委派调解。对诉至法院的矛盾纠纷，引导当事人先行调解，通过特邀调解组织、特邀调解员等在线多元化解，满足人民群众多元解纷需求。2021 年全市法院 51 个调解组织和各行业 256 名调解员诉前调解案件 11242 件，占一审民商事案件 60.14%，调解成功 8516 件，调解成功率 75.75%。

构建“保调赔防诉”机制　一站式化解医疗纠纷
——四川省眉山市中级人民法院

眉山法院积极推进医疗纠纷诉源治理，推动

构建党委领导、政府主导、市场运作、各方参与、专业调解、司法保障的预防化解医疗纠纷的“保调赔防诉”新机制，为当事人提供“一站式”服务，实现医疗纠纷的“一站式”化解。自机制运行以来，全市呈现医疗纠纷数量持续下降、“医闹”行为得到有效遏制、群众就医满意度显著提升的良好态势，实现了党委政府、医疗机构、患方、保险公司、法院五方满意的良好效果。

一、全市统保，有效分担医疗机构风险责任

一是坚持党政主推。坚持党委领导、政府推动的原则构建统保机制，对全市医疗纠纷的预防化解工作实行一盘棋布局、统筹推进。市委政法委、市中院、市公安局、市司法局、市卫健委联合印发《关于建立眉山市医疗纠纷第三方人民调解与医疗责任保险统保相结合机制的方案》，按照统一保险方案、统一保险责任、统一工作步骤、统一保险价格、统一参加保险、统一调赔服务的“六统一”原则，在全市推进以统保为基础的医疗纠纷预防化解机制。

二是坚持部门协同。建立眉山市医疗纠纷人民调解和医疗责任保险统保工作联席会议制度，市中院、市公安局、市民政局、市司法局、市卫健委、医疗纠纷调解组织、保险经纪公司、三级医疗机构以及各县区卫健局、县区人民医院主要领导或分管领导为成员，定期研判医疗纠纷的预防化解工作。成立由保险经纪公司负责人与各共保体保险公司负责人组成眉山市医疗纠纷人民调解和医疗责任保险统保工作小组，开展统保工作。

三是坚持市场运作。公开面向社会遴选保险经纪公司作为全市医疗风险管理顾问，通过市场竞争性磋商方式确定保险公司作为全市医疗责任保险的共保体。目前，全市累计保费 2422.69 万元，医疗机构总体参保率 79.55%，民营医疗机构参保率 37%，为全市医疗机构提供超过 13.93 亿元风险保障。通过保险方式，将医疗责任进行分担，减少了医疗机构的赔偿风险。

二、调赔结合，诉前专业化解各类医疗纠纷

一是建立市医调委，专业调解各类医疗纠纷。由保险经纪公司利用保险佣金设立市医调委并承担运行费用。市医调委拥有独立的办公场所，设立法官联络、警务、评估、调解、保险理赔等功能室，设立巡回法庭，为医患双方提供一站服务。医疗纠纷发生后，医调委第一时间介入，通过引导医患双方进入人民调解渠道，及时有效把纠纷现场从“院内”转移至“院外”，把医护人员从医闹、纠纷冲突中解脱出来，为患者设立解决其诉求的通道，恢复医疗机构正常医疗秩序。在仁寿、洪雅两个较为偏远的县设立市医调委工作站，各驻守 2 名专职调解员负责当地或相邻区县医疗纠纷调处，将调解服务延伸至县、区，及时化解当地医疗纠纷。

二是实行专业评估，公开透明确定医疗责任。建立专业的医学专家库和法学专家库，以“自愿、公平、公正、合法、合理、合情”为原则，按程序实施医疗技术评估和专家合议，为医患双方免费进行专业化、程序化、标准化的责任评估。实行简易程序和一般程序调赔。对进入一般程序的，由医学专家、法律专家、医调委等人员开展医疗损害评估，对医疗纠纷实行定性、定责、定损、定赔，认定医疗过错和赔偿责任，坚决杜绝“无依据调解”和“无依据结案”。评估结论作为调解的依据和保险赔付的依据。

三是实现调赔结合，保障赔付款项及时到位。调解结果是保险赔付的依据，保险赔付是调解结果及时兑现的保障。对医疗机构在诊疗过程中具有过错责任的，医疗纠纷调解成功后，以调解结果为依据，由参与统保的保险公司快速理赔。赔付款的及时到位，有效防止了纠纷久拖不决继而引发诉讼。截至 2021 年 12 月，市医调委共受理（协助调解）全市范围内的医疗纠纷 140 件，调解成功 130 件，调解成功率 92.86%，涉及患者死亡的案件 45 件。调解 850 场次，现场转移纠纷 89 次，转移成功率 100%，评估 105 场次，司法确认 13 件。保险公司累计已为全市医疗机构支付医责险理赔款 523.59

万元，未决案件预估将赔付553.58万元。

三、防控风险，切实减少医疗机构医疗过错

一是建立信息反馈制度。定期组织医学专家分析研究医疗纠纷原因，梳理医疗机构在制度管理、技术操作、服务流程、医患沟通等工作短板，形成医疗行为风险点和问题清单并及时反馈相关医疗机构，提升医疗机构风险管控能力和水平。

二是建立术前见证制度。开展“高危、疑难、复杂”三、四级手术的术前谈话第三方见证，由医调委介入并见证重大手术的术前医患谈话，释明相关医疗风险，让患方充分认识手术风险及并发症、后遗症等问题，避免事后发生医患纠纷。医调委作为见证人在相关谈话材料上签字。

三是开展风险防范培训。医调委定期组织全市相关医疗机构进行医疗风险防范培训，不断提升医疗机构风险防范意识和防范水平，切实从源头上防止医疗纠纷发生。截至2021年12月，共开展风险防范培训24场1778人次，向医疗机构递送风险提示函63份，回访医疗机构116场次。术前第三方见证32场次，未发生一起医疗纠纷。通过风险防控，减少医疗损害情况发生进而减少医疗机构保险支出，增强了保险公司信心，医疗纠纷保险项目可持续开展，前景良好。

四、诉调对接，切实保障医疗纠纷化解效力

一是建立法官联络制度。加强法院与医调委的工作联系，市中院和东坡区法院各选派1名优秀员额法官担任市医调委的联络法官，并在医调委设立工作站，积极为医患双方提供法律咨询、诉前辅导和纠纷解决方式引导服务，对市医调委开展调解业务指导。

二是建立委派委托和邀请调解制度。对诉至法院的医疗纠纷，法院经诉讼辅导后采取委派方式将纠纷移送给市医调委进行诉前调解；对已立案的医疗纠纷，经双方当事人同意，委托市医调委进行调解；法院在办理医疗纠纷案件中，需要市医调委调解人员或其他专业人员协助的，则通过邀请调解的方式请他们参与调解。同时，加强调解成果的司法保障，对经调解达成协议的，引导当事人向基层法院申请司法确认，及时固定协议效力。

三是建立医疗纠纷巡回审判制度。市中院和东坡区法院在市医调委设立巡回审判庭和巡回法庭，对个别具有典型意义的医疗纠纷实行巡回审判，以案释法，起到教育示范作用。以案代训，就地提升医调委调解人员的法律知识水平和纠纷化解能力。2020年、2021年全市法院受理一审医疗纠纷案件分别仅19件、13件。

八件在线多元调解案例

八件在线多元调解案例，是由与最高人民法院开展“总对总”合作对接单位在本系统广泛征集、择优选送的。这些案件覆盖劳动争议、涉侨、商事企业、银行保险、金融消费、证券期货、知识产权、价格争议等纠纷领域，充分展现通过“法院+社会各界”在线多元解纷机制，有效发挥行业解纷优势和司法保障作用，促进大量矛盾纠纷及时高效化解在诉前，让正义不仅以看得见的方式实现，而且尽快实现。

选送单位：中国侨联

打破地域局限　服务海外侨胞
——广东省江门市侨联在线调解涉外离婚案

一、纠纷的基本情况

该案件的原告冯某是旅居委内瑞拉的广东江门五邑侨胞，被告人黄某是旅居美国的广东江门五邑侨胞，冯某与黄某是夫妻关系。

2018年3月28日，冯某起诉黄某请求离婚。冯某称其与黄某登记结婚后生育一儿一女，黄某带着女儿远走美国长期生活，而冯某则身处委内瑞拉，两人长期分居，夫妻感情彻底破裂。黄某已电话同意离婚，但由于客观原因无法回国办理手续。

二、调解过程和结果

由于上述案件涉及江门五邑籍华侨权益问题，而案件的原告人和被告人均身处海外，受新冠疫情影响，两人均未能回国参与现场诉讼。江门市新会区法院受理后，交由江门市新会区涉侨纠纷诉调对接工作室办理。涉侨纠纷诉调对接工作室联合江门市侨联法律顾问委员会对案件进行研判，认为对于该离婚案件应根据冯某和黄某两人的婚姻基础、婚后感情、夫妻生活现状及起诉离婚的原因等具体情况进行综合分析。经与身在美国的黄某沟通，她表示因个人原因无法取得当地的公证认证，导致其无法返回中国办理离婚手续。经冯某、黄某双方同意，涉侨纠纷诉调对接工作室邀请了涉侨多元化解特邀调解员，通过人民法院调解平台——e诉讼远程诉调平台对该案件进行在线调解。最终，双方均同意离婚且对子女的抚养达成一致意见，案件调解结案。

三、经验做法

传统方式的调解，法官与当事人需要共坐一堂，面对面交流。而部分案件如涉外民商事案件，部分当事人居住在国外，亲身来到法院需要花费大量时间和金钱，增加了当事人的诉讼负担。通过上述案例，江门市新会区涉侨纠纷诉调对接工作室借助人民法院调解平台远程诉调平台对案件进行调解，当事人通过人民法院调解平台移动终端进行线上交流，远在异国他乡也能及时表达意见，不受时空限制，实现便捷远程诉讼，既节省了双方当事人时间成本、经济成本，又缩短了涉外民商事案件的调解周期，提高了办案效率，实现共赢。

四、典型意义

江门是广东重点侨乡，是“中国侨都”和全国著名的侨乡，五邑籍华侨华人和港澳台同胞超过400万人，遍布全球五大洲107个国家和地区，江门市共有重点侨资企业2522家，去年全市进出口总值1428.9亿元人民币。江门市人口中归侨侨眷和港澳台属约占一半，随着世情、国情、省情、侨情带来的深刻变化，也为新时代维护侨益工作、参与社会治理提出了新的更高要求。随着侨情变化，侨胞维权意识逐步增强，江门市的纠纷诉讼案件中，涉侨案件占比很高，化解涉侨纠纷、维护侨益已成为江门市各级侨联的重要工作。

近年来，江门市侨联主动与江门市中级法院等部门加强合作，创新工作方式方法，形成工作合力，不断推进涉侨纠纷多元化解工作。江门市侨联与江门市中级人民法院联合出台《涉侨纠纷诉调对接工作规范（试行）》，市辖各市（区）侨联也积极与同级法院对接，市（区）、县两级多元化解涉侨矛盾纠纷机制初步形成，组织侨联信访工作者、法律顾问、资深法官共同投身维护侨益工作，实现人民调解、行政调解、司法调解“三调”无缝对接，把涉侨矛盾纠纷化解在萌芽状态。在江门市范围内成立侨联法律顾问委员会8家，由在社会各界具有一定影响力和知名度的法律专家、学者及热心侨联事业的有关人士组成，无偿为符合国家规定的困难归侨侨眷、海外侨胞、港澳台同胞及侨资企业、港澳台资企业提供法律援助。创建涉侨纠纷诉调对接工作室9个，组建涉侨调解员队伍，特邀调解员52人，充分调动法律专家、专业人士、社会组织、志愿者的积极性，多层次多维度化解涉侨矛盾纠纷。

与此同时，江门市侨联积极推动涉侨纠纷多元化解工作的创新。

一是创新探索做好涉侨纠纷跨界跨境调解工作。在跨界调解方面，探索推动与相邻城市的跨界联合调解机制，相继成立“开平市与新兴县边界联合调解室”（江门市与云浮市相邻县）和“江中跨界纠纷调解工作室”（江门市与中山市相邻区），在江门市江海区外海镇司法所挂牌（江门市与中山市古镇相邻），积极推进了共建共治共享社会治理新格局。在跨境调解方面，依托江门市新会区法院远程视频“e诉讼”系统，与广东省侨联共同设立了侨爱南粤·云平台暨江门市涉侨纠纷多元化解远程平台，开展远程视频调解工作。在委内瑞拉、巴西、智利3个国家侨社团设立“侨爱南粤·云平台暨江门市涉侨纠纷多元化解远程平台”纳入人民法院调解平台。办理民商事案件超过400宗，其中涉外民商事案件超过100宗。

二是创新创建海外侨胞权益维护组织。江门市依托世界江门青年大会，在海外建立了27个五邑青年联合会，及时应对形势变化，守望相助，沟通内外，抱团发展，为当地华侨华人提供生命财产、住所食物保障、行政司法等援助，在稳定侨心、保护侨益、推进涉侨纠纷多元化解工作方面起到了积极作用。今年以来，江门市侨联联合江门市法院通过线上诉调的方式化解涉侨纠纷案件52件，处理侨界群众来信100多件，切实为侨胞“办好事、办实事、解难题”，形成具有侨乡特色的涉侨纠纷多元化解工作品牌，更好依法维护广大归侨侨眷和海外侨胞在国内的合法权益，不断推进共建共治共享社会治理新格局，促进江门经济社会高质量可持续发展。

选送单位：全国工商联

多方联袂解纷 “两个中心”发力

——云南省总商会民商事调解中心在线调解商事纠纷

一、纠纷基本情况

原告云南J集团与被告昆明C公司于2018年签订《合作框架协议》，约定双方就某片区项目达成合作。协议签订后，原告按约向被告账户支付5亿元的合作诚意金，被告出具了相应收据。后原被告因合作项目未能进行，按照双方约定，被告应该退还原告所有诚意金，双方就退款事宜多次协商未果而发生纠纷。原告遂向昆明市西山区人民法院提起诉讼，诉请被告退还合作诚意金及其利息7千余万元。因该案属商事纠纷，适宜行业性专业性调解组织处理，西山法院按照“法院+工商联”诉调对接机制，以人民法院调解平台与工商联商会调解服务平台无缝对接，将该案分流至云南省总商会民商事调解中心进行调解。

二、调解过程和结果

（一）整合各方资源，组建调解团队。为及时有效调解此商事纠纷，云南省总商会民商事调解中心及时与西山法院对接协商，及时组建了由昆明市真元公证处公证员、云南省总商会民商事调解中心特邀调解员、北京大成（昆明）律师事务所律师等共同组成的调解团队，及时投入纠纷案件的调查研判工作。

（二）法官专业指导，迅速查找结点。应云南省工商联的邀请，“人民法院驻省工商联诉前调解中心”及时派出专业法官对调解员进行法律指导、调解指引、进展跟踪和推送指导性案例。经过法官精心指导，特邀调解员迅速熟悉了案情，找到了该项纠纷的主要矛盾结点和化解突破点。

（三）注重释法明理，线上高效解纷。在专业法官的指导下，特邀调解员分别通过视频连线双方当事人，充分了解各方面临的压力和后续征信风险，并就诉求问题充分沟通、讨论，表明调解可以最快解决问题、最大限度保障双方利益，为企业节约诉讼成本。经反复沟通并达成和解意向。2021年12月，云南省工商联以“两个中心”为平台，将此商事纠纷案件交给法官和调解员进行线上调解，经向双方详细释明法律关系，认真解答双方提出的问题，按照调解程序正面疏导，双方在线达成了调解协议，成功将矛盾纠纷化解于诉前。

（四）完善法律程序，结果双方满意。调解结束后，经接受调解双方申请，西山法院及时按照程序作出了司法确认，被告及时将案款支付到原告公司账户，真正做到案结事了，双方满意。工商联创新开展“商人纠纷商会解”助力企业高效解纷，让两家企业称赞不已，当事人表示通过“法院+工商联”调处模式联动化解纠纷，既实现了法院与工商联的优势互补，又展现了在线调解司法为民、司法便民的服务意识，为商事纠纷化解提供了便捷途径和新的渠道。

三、经验做法

（一）创新解纷机制，实现线上调解。人民法院调解平台与工商联商会调解平台实现同步对接和深度融合是基层创新开展调解工作的有力保障。云南省工商联与人民法院通力协作，创新建立了人民法院驻省工商联诉调服务中心、云南省总商会民商事调解中心，该调解案例是“两个中心”成立以来首次应企业对调解方式需求尝试线上渠道调解，有效开创了云南“法院＋工商联”一站式多元解纷新格局。依托“总对总”在线诉调对接，实现案件分流、调解、指导督办、司法确认、进展跟踪、结果反馈等全流程快捷在线办理，有效推进了民营经济领域纠纷多元化解机制建设。

（二）调动各方资源，达成优势互补。在云南省高级人民法院的大力支持下，云南省工商联积极培育一批规范化的商会调解组织和培养一批高素质的调解员，“两个中心”加快选树和吸纳律师、公证员等专业人员进入特邀调解员名录，由法官对调解员进行业务指导和工作培训，充分发挥各方专业人才作用促进矛盾纠纷快速、高效处理，提高当事人对调解工作的认可程度。同时，依托“人民法院调解平台”“工商联商会调解平台”等智慧系统，推动诉讼与非诉讼解决方式有机衔接，连接多元解纷资源，合理配置共享，为矛盾纠纷化解提供跨时空、跨地域的一站式解决方案。

四、典型意义

（一）实现在线调解，为企业节约了诉调成本。云南省高级人民法院和云南省工商联共同推进民商事纠纷在线诉调对接工作以来，云南省工商联充分发挥职能作用，以“两个中心”积极探索发挥商会调解平台线上解纷优势，会同西山法院打造“调解员现场调解＋法官远程在线参与调解”的新型线上联合调解模式，推进在线诉调工作，强化线上司法确认效果。通过制定调解工作流程和对接制度机制，保障调解工作有序开展，推动人民法院一站式多元解纷工作向工商联延伸，把矛盾纠纷解决在萌芽状态、化解在基层，切实为企业节省了成本。

（二）开展商会调解，为企业提供了便利渠道。商会调解是贯彻落实习近平总书记关于“坚持把非诉讼纠纷解决机制挺在前面”重大指示的具体实践，是工商联及所属商会组织参与协同社会治理，促进社会和谐稳定的一项重要内容，加强商会调解，可以充分发挥工商联的组织优势，推动涉企纠纷就近就地调解，构建起更加积极有效的民营企业纠纷快速处理通道，顺应了民营企业纠纷多元化解、快速化解和有效化解的实际需求，同时发挥了中国特色商会组织在诉源治理、多元解纷等方面的独特作用。

（三）推进多元解纷，为企业创造了发展环境。此调解案例创设了结合实际的商会调解模式，探索建立了诉调对接机制，推动了矛盾纠纷就地发现、就地调处、就地化解，坚持和发展了新时代商会调解的“枫桥经验”，是云南省工商联设立“两个中心”开展调解工作的新突破，是民商事调解依托工商联商会调解服务平台和人民法院调解平台有效对接的新实践，是云南推进“法院＋工商联”一站式多元解纷的新举措。该纠纷案件的积极有效调解，发挥了司法在商会纠纷化解中的引领、推动和保障作用，促进了基层治理体系和治理能力现代化，为民营经济的健康发展营造了良好营商环境。

选送单位：中国证监会

线上多方联动　协同创新多元解纷模式
——湖南省证券业协会在线调解 E 公司虚假陈述纠纷案

一、纠纷基本情况

E 公司是一家在深圳证券交易所创业板上市

的公司。2018年6月，E公司收到湖南证监局《行政处罚决定书》，因公司2015年、2016年年报存在虚假记载，上市公司及相关责任人被处以行政处罚。

本次调解的45个案件是45名投资者陆续向湖南省长沙市中级人民法院提起民事诉讼，要求E公司就信息披露违法行为承担民事赔偿责任，总体呈现如下特点：一是案由相同，都是针对E公司虚假陈述提起的民事诉讼；二是时间集中，提起和受理诉讼时间大部分集中在2021年8月；三是分布广泛，投资者分布在全国各地，45人中3人为E公司所在地投资者，其余42人分布在吉林、辽宁、内蒙古、山东、广东、云南等15个省份；四是金额不大，大部分投资者的索赔金额不高，其中索赔金额5万以内的有31人，5万—50万的12人，50万以上的2人。

长沙市中级人民法院收到投资者起诉状后，先期一一沟通是否有调解意向，登记有调解意向投资者的诉求，将相关情况提前与证券期货调解组织湖南省证券业协会沟通。2021年11月12日，中国投资者网在线调解平台完成优化升级，证券期货纠纷在线诉调对接系统全面开通。长沙市中级人民法院立即通过该系统将调解案件委派至湖南省证券业协会。

二、调解过程和结果

在委派调解前，湖南证监局与长沙市中级人民法院就E公司行政处罚中涉及的证券专业事项进行多次沟通，为虚假陈述实施日的确定提供专业意见建议。湖南证监局安排湖南省证券业协会派员观摩庭审现场，了解庭审调解步骤，参与诉中调解笔录制作。通过深入参与E公司庭审过程，有效夯实案件调解基础准备。

本次45个案件通过人民法院调解平台与中国投资者网证券期货纠纷在线调解平台对接的方式，由长沙市中级人民法院委派至湖南省证券业协会后，协会当天即回复确认接受，并通知E公司参照先期示范判决提出和解方案，根据中国证券登记结算公司的交易数据逐一核算投资差额损失并与和解方案核对。通过在线视频、语音等方式组织E公司代理律师与45名投资者及其代理律师分别沟通方案内容，针对投资者及其代理律师对证券虚假陈述行为的“三日一价”以及损失计算等核心要素的争议，结合此前观摩庭审经验，有礼有力有节加以阐述，消除投资者疑虑，最终纠纷双方达成一致意见：一是按照双方协商一致的和解金额进行赔付；二是付款方式由投资者根据个人需要确定，E公司原则上认可；三是双方确认直接根据调解笔录执行，无需另行出具调解书和司法确认。

最终，协会将45份经双方签字认可的调解记录上传至中国投资者网在线调解平台，由投资者网在线调解平台回传至人民法院调解平台，长沙市中级人民法院根据调解结果予以结案。截至2021年12月23日，45名投资者的赔付款均已到账。投资者纷纷表示“第三方公益组织站在我们中小投资者的角度想问题，既帮我们节省诉讼费用，又帮我们督促赔付款，真心感谢大家”。

三、经验做法

在本次案件调解过程中，调解组织秉承便捷、低成本、高效率的原则，依托便捷的在线调解平台高效进行调解服务，15天实现从接收委派到完成调解全过程，41天实现投资者赔偿款项全部到账。45名投资者足不出户，成功达成调解，实现纠纷“一站式接收、一揽子调处、全链条解决”，在缓解法院办案压力的同时，形成了“社会调解在先，法院诉讼在后”的线上证券期货多元纠纷化解新格局。

一是建立“多方联动协同”的体制机制。2016年，湖南证监局与湖南省高级人民法院联合印发《关于推进诉调对接工作的意见》，明确建立诉调对接线下接收平台，确立诉调对接委托、委派、纠纷无争议事实记载、调解协议司法确认等工作机制，落地线下纠纷调解对接。2021年11月，湖南证监局与长沙市中级人民法院等单位签署在线诉调对接机制合作备忘录，将线下诉调对接扩展至线上，明确在线委托委派、在线视频调解、在线申请司法确认等操作流程，并从诉源治理、案件受理、调解流程、文书制作、理论研究等多个维度进行深度合作，构建高效便民的纠纷多元化解新格局。

二是坚定“为群众办实事”的初心使命。从长沙市中级人民法院受理第一起投资者起诉E公司虚假陈述案开始，湖南证监局即密切关注案件审理过程，提供专业意见，指导辖区调解组织旁听法院审理，全面了解示范判例的内在逻辑。

三是坚守“细节决定成败”的工作态度。从和解方案的提出、支付方式的修改到直接使用调解笔录作为执行依据，每个环节都兼顾纠纷双方的利益，反复梳理交流案情焦点，厘清调解脉络，释明调解依据，让结果“水到渠成”。

四是坚持“科技提升效率”的赋能方法。充分利用投资者网线上调解平台优势，在线移交案件信息和证据材料，简化案件委派流程，通过视频、电话、电子邮件等线上方式与分布在全国各地的45名投资者反复沟通，高效便捷达成调解协议。面对45名投资者上千条交易记录，湖南证监局指导调解组织引入自主研发的投资差额损失计算软件进行测算，测算结果与纠纷双方及法院计算结果完全一致，有力提升了调解效率。

四、典型意义

本案是落实最高人民法院办公厅与中国证监会办公厅联合发布《关于建立“总对总”证券期货纠纷在线诉调对接机制的通知》的有益实践，也是湖南证监局与长沙市中级人民法院正式签署在线诉调对接工作备忘录后首次通过“中国投资者网证券期货纠纷在线调解平台”接受法院系统委派调解案件，充分体现了“总对总”证券期货在线诉调对接机制服务人民群众、优质高效化解矛盾纠纷、助推国家治理体系和治理能力现代化的积极意义。

一是切实维护了投资者合法权益。证券虚假陈述类案件，投资者众多且分布在全国各地，诉讼带来了高昂的交通成本和律师费用，而“总对总”在线诉调对接打破了投资者维权的区域限制，调解组织免费调解降低了维权费用，便利了投资者依法维权。

二是全面体现了新时代“枫桥经验”。证券虚假陈述类诉讼往往涉及人员众多，事实认定复杂，损失计算争议较大，审理过程历时较长。从本案例看，第一批投资者提交起诉书，到一审判决下发历时两年时间，到二审终审则历时两年半。“总对总”在线诉调对接从受理到调解成功用时15天，41天实现投资者赔偿款到账，缩短了投资者维权的时间成本，依法、公正、高效化解了矛盾纠纷，是落实习近平总书记“坚持和发展新时代‘枫桥经验’，完善社会矛盾解纷多元预防调处化解综合机制”的有力体现。

三是有效促进了社会和谐。调解组织作为中立角色的介入，降低了双方的冲突；调解员运用娴熟的专业知识，有利于促进纠纷双方的沟通调和；调解中对后续环节的考量及调解书的司法确认，有效实现案结事了，有力维护当事人权益。

选送单位：国家知识产权局

在线“诉调对接＋司法确认” 发挥1+1>2效应

——浙江省温岭市知识产权保护中心在线调解“六神”商标侵权纠纷案

一、纠纷基本情况

上海家化联合股份有限公司（以下简称上海家化）是中国日化行业历史最悠久的民族企业之一，拥有六神、美加净、佰草集等知名商标，获评全国首批“国家商标战略实施示范企业”。

2019年4月，上海家化在浙江省区域内开展“六神”产品维权活动，发现数百家小超市销售假冒“六神”品牌的花露水，随后分批向各地人民法院提起民事诉讼。

2021年8月，温岭市人民法院通过人民法院调解平台——在线矛盾纠纷多元化解平台（以下简称在线调解平台），委派市知识产权保护中心对11件“六神”商标侵权纠纷案件开展诉前调解。调解员深入仔细地研究了相关案件材料后，向承办法官了解同类型商标侵权案件的赔偿标准，并通过“中国裁判文书网”对上海家化的11299件知识产权民事案件进行数据筛选、统计分析，重点研究16件最高人民法院终审案件及158件浙江省内案件的判例。随后，调解员积极联系原告律师协商和解，同时委派辖区基层所干部走访11家涉案小超市，掌握其经营状况及和解意愿。经实地确认，有1家小超市已停业并注销执照，调解员将该情况反馈给原告律师后终止调解此案，并着手对余下10件案件开展调解。

二、调解过程和结果

因案件原告及律师均在外市，10家被告又分散位于本市各乡镇（街道）的偏僻乡村，为了节约当事人的路途和时间成本，减轻当事人诉累，调解员采取电话、微信、线上调解室等多种方式，组织多轮调解，最终有8件案件取得和解。其中有6家被告在调解过程中存在种种顾虑，经调解员耐心劝解，双方当事人通过在线调解平台申请司法确认，随后完成6份和解协议的司法确认流程，充分保障了双方的合法权益，解除后顾之忧。在调解员的积极引导下，8份和解协议书均已自动履行完毕，原告律师通过在线服务平台向温岭市人民法院申请撤诉。

三、经验做法

一是调解平台多元化。温岭市在全省率先成立“1+6”知识产权纠纷化解平台，即1个市级诉调对接中心和6个不同区域、不同产业的基层巡回调解室，把人民调解、专业调解和司法调解有机结合起来，完善知识产权纠纷快速调解机制，扎实开展知识产权案件“诉转调”“诉转裁”工作，着力推进知识产权纠纷多元化解。

二是调解水平专业化。温岭市知识产权保护中心采用内部排摸、下基层挖掘、自荐、推荐等多种形式，精心选任的调解员不仅从事知识产权行政执法工作多年，具备专业的法律知识、政策水平和实践能力，而且具有丰富基层调解工作经验和调解技巧，持有国家社会工作师证书，能熟练运用社会工作的理念与方法化解矛盾纠纷。

三是调解过程人性化。一方面发挥市场监管系统基层队伍力量相对较强的部门优势，先由辖区基层所干部向涉案当事人直接传达案件情况，适度普法答疑，再由调解员跟进调解，有助于消除当事人的疑虑，快速建立互信关系。另一方面，本着耐心细致的态度，多方式、多频次地与双方当事人展开交流，准确把握当事人的心理预期，找准争议焦点，再有的放矢地进行化解和疏导，最终促成双方和谐共赢。

四是调解方案个性化。该系列案件的被告众多，既有经营规模小、法律意识淡薄、违法侵权不自知等共性，又有不同的个性特点。调解员想当事人之所想，急当事人之所急，一边用诚心、耐心释法说理，择选28个同类型的法院判例进行重点分析，并切实发挥“诉调对接+司法确认”工作模式优势，增强信服力，一边以真情、温情化解纠纷，从利他主义立场出发，一对一为不同的当事人量身定做调解方案。例如某位小超市的经营者家庭经济困难，独生儿子智力残疾，调解员秉持人文关怀的原则，与原告律师反复沟通，最终为该案当事人额外减免了1000元赔偿金。

四、典型意义

社会经济飞速发展产生了对知识产权保护的强烈需求，近年来知识产权案件呈迅猛攀升态势。2021年，温岭市人民法院新收知识产权案件268件，同比增长120%。面对如此巨大的知识产权纠纷调处压力，温岭市知识产权保护中心大力推动“总对总”在线纠纷诉调对接机制建设走深走实，以在线调解平台为支撑，建立数字化矛盾纠纷化解体系，为化解矛盾纠纷装上“智慧大脑”。通过线上平台间的数据交换和互联互通，温岭市知识产权保护中心运用在线“诉调对接＋司法确认”无缝衔接机制高效解决案件，实现了司法行政机关的工作衔接与协调联动，有力推动矛盾纠纷化解从“最多跑一地”到“一趟不用跑”。行政调解员兼具普通调解员的亲和力和司法行政机关的诚信度，既能充分发挥“诉前调解”零收费、高效率、手续少、耗时短的优势，也能方便快捷地办理调解协议“司法确认”，确保调解协议具有强制执行力，终结“调解—反悔—诉讼—执行难—上访”现象，使得司法权威得到树立，调解机构更加得到社会认可，群众对立情绪因纠纷得到妥善处理而大幅缓解，真正实现了三赢格局。

选送单位：全国总工会

远程连接解民忧　诉调对接出奇效
——江西省瑞金市总工会在线调解劳务合同纠纷案

一、纠纷基本情况

原告杨某和被告邱某均为江西省瑞金市人。2019年上半年，被告邱某在江西省赣州市南康区承包了一个项目工程，雇佣原告杨某在该项目工程中从事泥工工作。工程完工后，被告邱某仅向原告杨某支付了部分工资。原告杨某多次电话、微信等催促被告邱某付工资，但被告邱某均以各种理由拖延支付。2021年11月5日，经原、被告结算，双方确认被告邱某尚欠工资3450元，被告邱某向原告杨某出具了一张欠条，并承诺11月30日前付给原告杨某。到期后，被告邱某仍分文未付。原告杨某遂于2021年12月15日向瑞金市人民法院城郊法庭递交民事起诉状，将被告邱某诉至法院。

瑞金市法院城郊法庭收到该案后，当场电话联系了被告邱某，被告邱某表示其人在外地，受疫情影响，当地实行管控，无法回瑞金，对于拖欠工资一事表示认可，并答应会付钱给原告。鉴于原、被告均同意进行诉前调解，瑞金市法院城郊法庭出具委派调解函，将该起劳务合同纠纷案件委派给瑞金市总工会“三师一室”调解平台进行调解。

二、调解过程和结果

瑞金市总工会“三师一室”调解平台收到该委派调解案件后，迅速组织劳动关系协调师、法律援助律师等“三师”调解人员讨论案情，并联系原、被告。经初步电话沟通了解，本案存在以下三个问题：1. 本案是否需要劳动仲裁前置？2. 原告主张的欠款利息是否可以支持？3. 被告在外地如何签署调解协议？针对这三个问题，瑞金市总工会“三师”调解人员咨询了瑞金市法院城郊法庭进行专业咨询。关于第一个问题，根据《最高人民法院关于审理劳动争议案件适用法律问题的解释（一）》（法释〔2020〕26号）第二条之规定，本案不属于劳动争议，不需要劳动仲裁前置，本案是劳务合同纠纷，原、被告之间是雇佣关系，被告作为雇主，应当按照约定向原告支付报酬。关于第二个问题，根据《中华人民共和国民法典》相关规定，虽然原、被告在欠条中未约定逾期付款违约金，但是被告逾期付款的确给原告造成损失，可以参照全国银行间同行业拆借中心公布的一年期贷款市场利率3.85%对原告要求被告支付逾期付款违约金的诉求予以支持。关于第三个问题，如被告无法回瑞金处理，可以通过人民法院调解平台进行线上调解、线上签署调解协议。

有了法院的支持指导，瑞金市总工会“三师”

调解员通过人民法院调解平台组织了原、被告双方进行线上调解。调解员询问被告关于拖欠工资的问题，被告对拖欠工资一事无异议，承诺12月30号前会付给原告，原告也表示同意该方案，并提出可以放弃要求被告支付逾期付款违约金的诉讼请求。最后，原、被告双方在线签署了调解协议，并表示同意申请司法确认。

同日，瑞金市总工会“三师一室”调解平台将该案送交给瑞金市人民法院城郊法庭，并将当事人申请司法确认的情况告知法庭工作人员，法院当场出具了确认调解协议效力的民事裁定书。至此，该案得以圆满解决。

三、经验做法

第一，法院提供法律指导，工会负责具体调解。虽然瑞金市法院通过委派调解将案件委派给瑞金市总工会进行调解处理，但法院并非一派了之、一派了事，而是积极参与，提供法律指导和帮助，将案件的法律关系、涉及的法律规定、相关法律后果等告诉瑞金市总工会调解人员，并耐心细致地解答瑞金市总工会调解人员提出的问题。必要的时候，法院工作人员也会参与现场调解纠纷。瑞金市法院与瑞金市总工会形成并建立了日常沟通协作机制、定期信息通报机制等机制，建了微信联络群，便于沟通联系。

第二，远程线上调解纠纷，高效便捷低成本。瑞金市法院在人民法院调解平台上为瑞金市总工会开通了“三师一室”调解组织账号和工会调解员账号，瑞金市总工会可以通过该账户进行受理登记案件、指派调解员等，工会调解员可以通过该账户进行远程线上视频调解，在明确调解方案后可以自动生成调解协议，再由当事人进行线上签字确认。对于当事人而言，可以直接通过微信小程序用手机号码进行登录，经身份证实名验证后即可进行各项操作，不用下载APP等软件，而且不局限于地方，只要有网络即可，真正的简单方便快捷。另外，通过远程线上调解，可以极大地节省当事人维权的成本，减少人力物力，更好地实质化解矛盾纠纷。

第三，“诉前调解”+“司法确认”，为调解提质增效。对需要依法申请司法确认的调解案件，瑞金市总工会既可以通过人民法院调解平台线上指导申请司法确认，也可以根据当事人实际情况，通过线下将案件材料流转给瑞金市法院进行司法确认。经畅通“诉前调解”和“司法确认”渠道，可以有效衔接工会和法院，极大地促进工会调解的积极性、实效性，当事人对此也表示非常满意。

四、典型意义

本案虽然标的额较小，案情较为简单，但却是非常常见且典型的劳务合同纠纷案件。本案的处理，对于类型化处理其他劳务合同纠纷、劳动合同纠纷等案件具有示范作用，对于如何妥善处理受疫情影响下一方或双方当事人无法到场的劳动争议纠纷案件，维护企业、职工合法权益，优化法治化营商环境具有指导意义。

选送单位：中国人民银行

在线诉调对接　高效化解金融消费纠纷
——吉林省金融消费纠纷人民调解委员会在线调解储蓄存款合同纠纷

一、纠纷基本情况

汤女士于2014年携带5万元前往九台农村商业银行汽开支行（原物流支行）办理定期存款业务，2021年欲提取此笔存款时却被告知5万元存款一直按照活期计息，至今仅产生1000多元孳息，汤女士认为由于九台农村商业银行柜台工作人员过失造成其遭受经济损失，要求九台农村商业银行赔偿其应得利息。九台农村商业银行根据存款凭证表示客户未办理定期存款，损失属客户自身行为所致，为此引发纠纷。

由于纠纷双方多次交流协商未能达成一致，汤女士于2021年5月25日将九台农村商业银行诉至吉林省长春市朝阳区人民法院。朝阳区人民法院征得当事人同意后，将该纠纷委派至吉林省金融消费纠纷人民调解委员会（以下简称“金调委”）进行调解。

二、调解过程和结果

该案进入诉前调解程序后，通过人民银行长春中心支行、“金调委”、朝阳区人民法院三方的有效衔接，考虑到地域限制、疫情防控要求以及调解效率，决定采取“总对总”在线诉调对接方式开展在线调解。调解开始前，“金调委”调解员与纠纷双方进行沟通并详细了解整体案件情况以及纠纷争议点。考虑到汤女士年近六旬，家庭生活困难，调解员多方协调沟通，制定解决方案。2021年6月15日，调解员通过“总对总”在线诉调对接机制，依托在线方式开展调解，成功促成双方达成一致，由九台农村商业银行向汤女士支付5000元补偿款，并线上签署调解协议书。达成调解协议后，“金调委”调解员督促双方履行协议内容，妥善、高效化解了该纠纷。

三、经验做法

在人民银行总行消保局的指导下，人民银行长春中支作为“总对总”在线诉调对接试点单位之一，始终坚持党对金融工作的绝对领导，坚定不移为人民群众办实事，持续完善制度建设，强化沟通协调，大胆开拓创新，加强调解员队伍建设，在实践中做深做实在线诉调对接工作。

（一）完善制度保证，搭建诉调对接基础。一是印发指导性文件。调解组织成立伊始，吉林省高级人民法院、人民银行长春中心支行、吉林银保监局即联合制定印发了《关于推进金融纠纷多元化解机制建设的意见》《吉林省金融消费纠纷调解管理办法》，并将诉调对接相关内容提前规划到文件当中，为下一步推进相关工作夯实制度基础。二是成立了由人民银行长春中支分管行领导任组长，省法院、吉林银保监局分管领导任副组长，省法院民二庭、立案庭，人民银行长春中支、吉林银保监局金融消保部门负责人任成员的“吉林省金融纠纷多元化解机制建设工作小组”，搭建三部门与调解组织的日常联络机制，组建“金调委”秘书处，共同对“金调委”开展管理及业务指导，完备的调解组织建设体制、机制成为诉调对接试点工作顺利推进的基础。

（二）不断强化多方沟通协调，优化诉调对接流程。一是持续推动诉调对接相关工作落实。“金调委”自2020年11月起，与长春市朝阳区人民法院多次沟通协调建立诉调对接事宜，并于12月末与长春市朝阳区法院签订金融消费纠纷调解合作备忘录，建立诉调对接机制，充分发挥人民法院、金融管理部门、“金调委”在预防和化解金融纠纷的积极作用，从源头上减少金融类案件增量。二是建立顺畅的对接沟通机制。主动、及时与法院等部门沟通对接试点工作，有效整合人民调解与司法调解资源，形成工作合力，在在线诉调对接案件委派、司法确认、案件筛查等环节与长春市朝阳区人民法院多次沟通协调，形成矛盾纠纷收集与委派、按类调处、司法确认的全流程机制，为试点工作的顺利推进发挥关键作用。三是加强诉调对接回访。通过对诉调双方回访，不断优化在线诉调对接工作流程，实现在线诉调对接全流程管控。

（三）深化科技赋能开拓创新，提高诉调对接效率。一是因地制宜找准切入点。在实践中不断解放思想、开拓思路、大胆创新，结合当地实际情况及目前互联网发展新形势，寻找到更为准确的切入点，更有实效地推进相关工作。二是提供更为高效便捷的金融消费纠纷线上调解服务。发挥互联网数字技术更为便捷、高效的线上调解优势，持续发掘“人民法院调解平台”“中国金融消费纠纷调解网”的在线调解功能，通过系统调试、模拟调解、流程检测等环节，实践“双平台”数据交换、互联互通的在线诉调对接机制，实现了案件委派、委托调解、送达、材料交换等环节的全流程信息化、科技化建设，大大提升了金融纠纷诉调对接工作的效率。

（四）建设专业化调解员队伍，提升诉调对接水平。一是打造专业化的调解员队伍。制定并印发《吉林省金融消费纠纷人民委员会人民调解员管理办法》，在省内建立起包括金融机构、人民法院、金融管理部门、律所等部门，涵盖金融、法律等领域的百人调解员队伍。二是定期开展调解员培训。在“金调委”成立一年多的时间里开展了1次线下调解员培训，2次线上培训，有针对性的解决了调解员日常工作中的重点、难点问题，提升了调解员的调解技巧，为全方位推进在线诉调对接工作提供坚实的人才保障。

四、典型意义

“总对总”在线诉调对接实现了调解程序一站化、调解效率高速化、调解过程规范化，更好地满足人民群众多层次、多样化解纷需求，极大地便利人民群众解决矛盾纠纷，切实提升人民群众获得感、幸福感、安全感。

一是实现了“一站式”纠纷解决服务。在线诉调对接通过在线方式有机结合法院“最后一道防线”与调解“第一道防线”，从而打破区域、部门和层级信息壁垒，将人民法院与金融管理部门参与社会治理、化解矛盾纠纷职能协同起来，真正实现包括在线委托、在线调解和在线司法确认的“一站式”诉调对接模式，充分体现了非诉讼纠纷解决机制在服务人民群众，满足人民群众日益增长的矛盾纠纷解决需求上的优势，切实提升矛盾纠纷化解质量。

二是构建了高效纠纷解决机制。通过平台数据的对接，构建更为高效的在线诉调对接案件流转机制，缩短法院委托调解和调解组织反馈调解结果所需时间，更好实现源头解纷、分流提速，有效提高调解效率，降低调解成本和人民群众诉累。

三是规范了纠纷解决流程。“总对总”在线诉调对接通过“中国金融消费纠纷调解网”与“人民法院调解平台”对接，实现线上全流程管控，进一步规范诉调对接工作，做到数据对接的统一以及调解的全程留痕。

四是打通金融纠纷解决“最后一公里”。在线诉调对接解决了现场调解的地域限制，为人民群众提供更为便捷高效的矛盾纠纷解决平台，真正打通金融纠纷解决“最后一公里”。同时也在调解过程中实现对金融消费者金融知识宣传教育，有效提升其金融素养，为进一步防范化解金融风险，构建和谐社会做出积极贡献。

选送单位：中国银保监会

学生受伤引纠纷　依法调解促和谐

——广西壮族自治区梧州市保险行业人民调解委员会在线调解校园方责任险纠纷案

一、纠纷基本情况

4月28日，梧州市某学校四年级学生小张（化名）在操场进行体育课跳长绳的过程不慎跌倒受伤，造成脾脏破裂以及脾周积血，随后在医院做了脾脏切除手术。经鉴定，小张因本次意外造成了七级伤残。因学校在保险公司处投保了校园方责任保险，小张家长多次找学校及承保校园责任险的保险公司索要残疾赔偿金等补偿，但双方对赔偿数额始终难以达成一致。小张家长欲通过到法院提起诉讼的方式解决纠纷，经法院引导，小张家长及学校与保险公司共同到梧州保险行业人民调解委员会（以下简称保调委）申请对该起纠纷予以调解。

保调委受理该起案件后，先对案件进行分析，并分别与小张家长及学校与保险公司进行询问，发现本案争议焦点有三点，一是在本次意外中，校方开展体育课的场地是否存在隐患；二是校方、学生家长对本次意外不愿明确责任；三是保险公司认为需在明确各方赔偿承担责任的基础上方可进行理赔。为提高本次调解成功的可能性，梧州市万秀区人民法院的法官通过在线调解平台共同参与案件调解。

二、调解过程和结果

在正式调解前调解员告知各方当事人将各自证据材料上传到人民法院调解平台中，以便各方在调解前进行线上交换证据材料。在征得各方当事人同意后，保调委调解员组织各方调解当事人到调解室进行调解，通过在线诉调对接系统与法院进行实时对接，让法官也参与到本案的调解工作中。

由于各方当事人在调解前已知悉对方提交的证据材料，在调解质证阶段各方均表示对对方提交的证据无异议。随后调解员向大家出示了《学生伤害事故处理办法》《广西校方责任保险实施细则》以及《关于推行校方责任保险完善校园安全伤害事故风险管理机制的通知》等材料，并分别就本案的争议焦点向各方进行释明，小张的伤害是在进行体育课的过程中因自身不慎跌倒造成的，学校的各方面设施存在一定隐患，根据中华人民共和国教育部令第 12 号文件《学生伤害事故处理办法》第九条的规定，学校应当依法承担相应的责任。而保险公司对于《广西校方责任保险实施细则》的解释不够准确造成各方处理有分歧，细则中仅约定了死亡赔偿金按照学校应承担责任的责任比例，没有对残疾赔偿金约定按责任比例进行理赔，因此保险公司提出的需在明确各方赔偿承担责任的基础上方可进行残疾赔偿金理赔的理据不充分。法官亦从今后孩子健康成长、学校维持秩序、家庭、社会和谐等角度入手，劝导各方能够秉承互谅互让的原则和谐解决矛盾纠纷。当事人通过在线诉调对接系统直观感受到法官真挚耐心的释法说明，均表示同意调解员与法官的调解意见。最终各方当事人达成一致意见，在人民调解平台系统中签订了调解协议，约定由保险公司一次性赔付 24 万元给小张家长，各方当事人当场通过在线方式由法院对调解协议进行了司法确认。

三、经验做法

该案能以调解成功结案的基础是在法院对该起纠纷引导各方到保调委调解后，小张家长、校方以及保险公司均同意由保调委开展调解工作。该案能调解成功的关键，是进入调解程序后，调解员能迅速了解案情、明确本案的三个争议焦点。在调解前当事人将各自证据材料上传到人民法院调解平台中，通过司法区块链技术对证据进行固定，便于各方提前进行证据交换，减少了正式调解时的质证时间，也避免了当事人在线下会带有情绪导致无效沟通的情形发生，提高了调解效率。此外，通过在线诉调对接系统邀请法官共同参与调解，各方当事人通过视频对接画面可直观感受到人民法院调解平台的庄严肃穆性，对调解心存敬畏，从而了提高调解的公信力，在调解过程中以事实为依据，法律为准绳，运用丰富的调解经验，向当事人解释法律法规，取得当事人的理解信任，并提出合理的调解方案，促成当事人达成调解协议。调解成功后，各方在调解平台上生成的调解笔录与调解协议上在线签名，通过司法区块链技术对笔录与调解协议进行固定，如实记录整个调解过程。同时为确保调解协议的法律效力，维护当事人的合法权益，由法院对调解协议在线进行司法确认，让当事人吃下“定心丸”。

四、典型意义

本案从受理到成功调解，整个过程共耗时一周，且全程不收取当事人任何费用，从开始调解到最终通过法院对调解协议进行司法确认，全程均在保调委调解室内通过在线诉调对接系统完成，减少了当事人来回奔波的次数、时间，真正实现了“让网络多跑路，让群众少跑路”。“零费用”解决纠纷，极大减轻了当事人的维权成本，得到了当事人的一致好评。

选送单位：国家发改委价格认证中心

调“课辅”价格之争　促“双减”政策落地
——陕西省汉中市勉县价格认定中心在线调解校外辅导学费纠纷案

一、纠纷基本情况

2021年7月，中办、国办印发《关于进一步减轻义务教育阶段学生作业负担和校外培训负担的意见》后，陕西省勉县某学科类校外培训机构与部分学生家长因退费问题发生价格争议。部分学生家长认为：学校报名时宣传“报秋季班课时送暑假班课时”，现在秋季班不开课，暑假班只上了7课时，应全额退款。该培训机构认为：赠送课时的前提是有秋季班消费，在“双减”政策下，秋季班无法开课，退费应扣除暑假的7课时费用。屡次沟通无果后，学生家长将该培训机构诉至勉县人民法院。勉县人民法院认为该案情适合进行价格争议纠纷调解，在征得双方同意后，将案件委派给勉县价格认定中心进行诉前调解。勉县价格认定中心依法受理后，严格按照《陕西省价格争议调解处理办法》规定的程序、方法和要求，成立了价格争议纠纷调解小组，及时安排调解人员了解情况，开展调解工作。

二、调解过程和结果

针对争议事实，勉县价格认定中心在对“双减”政策进行认真学习领悟的基础上，于2021年9月16日组织双方当事人利用视频方式进行线上调解。调解会上，调解人员对价格争议调解的程序、协议的效力等进行逐一阐述，建议双方当事人本着客观、诚实、双赢的心态处理问题。

经过详细了解情况，调解人员明确了双方争议的焦点：学生家长认为培训机构每次都是报秋季班免费送暑假班课程，今年已收取秋季班学费但又无法正常开课，属于培训机构违反合同约定，不应收取暑期班费用。学校则认为秋季班不开课是落实“双减”政策的要求，前期宣传的“报秋季班课时送暑假班课时”，是在收秋季班课时费前提下“买一赠一”，现在没有所谓的“买”，也就没有所谓的“赠”，学校退秋季班学费时应把暑假7课时的费用扣除掉。

由于双方当事人各执一词，矛盾一触即发。调解人员灵活运用多种调解方式化解矛盾。先是采用线上“面对面”调解法：从落实立德树人根本任务、构建良好教育生态、缓解家长焦虑情绪、促进中小学生健康成长和全面发展等方面向双方当事人解读国家相关政策文件，诠释了国家政策制定的初衷、目的、意义及有关要求，尽可能使价格争议双方当事人理解、接受并遵守国家政策，为下一步达成协议奠定思想基础。为防止争议双方僵持不下，片面强调各自立场，调解员及时“浇水”“灭火”，采用“背靠背调解法”和“换位思考调解法”，分别联系双方当事人，动之以情、晓之以理，耐心劝说双方当事人站在对方立场换位思考，彼此多一份理解、多一份包容，努力寻求达成和解协议的最佳契合点。

最终，经过调解人员计算成本和专业调解，双方当事人自愿达成调解协议：培训机构在退学生秋季学期培训费时，按实际缴纳金额的60%扣除暑假7课时的费用，并赠送每名学生一套“课堂习题”。对没有参与此次调解的其他家长退费也按照本次调解协议进行处理。家长们纷纷表示通过价格部门对国家政策的解读，他们了解了国家出台政策的背景、意义。同时，价格调解人员权威、专业的成本核算，积极负责的调解态度帮助快速解决纠纷，他们对调解结果非常满意，争议双方最终握手言和。

三、经验做法

本案例采用“面对面”与“背靠背”相结合的方式进行调解。首先采用线上“面对面”调解，在调解员的主持下，双方当事人在线交流沟通、查明事实、分清争议的焦点。再采用“背靠背”调解，分别在线征求双方当事人对事件的处理意见，用“矛盾根源分析法”，找准症结，适时疏导，促使当事人互谅互让。

调解员在开展调解工作时，要依法依规，对当事人之间的争议追根溯源、把握准矛盾症结所在。调解的本质是协调当事人自行处分民事权利，调解员的作用体现在沟通、协调与价格指导等方面。调解员要强化耐心意识，充分理解当事人，进行换位思考。在实践工作中，除尊重当事人的调解权利和调解方案外，调解员还应积极引导当事人分析利弊，适时提出一些符合案情的价格指导意见，供当事人参考，以缩小双方在价格赔偿方面的心理差距，直至达成调解协议。

四、典型意义

本案通过价格争议诉前调解达成调解协议，是对“坚持把非诉讼纠纷解决机制挺在前面，构建起分层递进、衔接配套的纠纷解决体系，从源头上减少诉讼增量”的落实。同时通过司法确认使得纠纷的解决协议具有终局性，能真正做到案结事了，既节约了大量司法资源，也树立了价格争议调解的权威性和公正性。对当事人而言，在线调解成本低、效率高，有利于化解双方矛盾、维护社会和谐，切实减轻当事人诉累。

随着“双减”政策的进一步落地，类似纠纷可能高发易发，为切实解决矛盾纠纷，需要在落实国家政策的同时维护群众、商家的合法权益不受损害。在产生矛盾时，双方当事人无须进入复杂的诉讼程序就能经济、便捷地解决民商纠纷，将矛盾抓早抓小，化解于无形。各级价格认定机构会持续聚焦新形势下价格领域出现的新问题，继续主动作为、强化风险预警、做好舆情研判和源头治理，为国家相关政策落地贡献力量，为服务保障民生、化解社会矛盾、促进社会和谐发挥更为积极的作用。

（载中华人民共和国最高人民法院网）

3月15日

最高人民法院发布消费者权益保护典型案例

“3·15”是国际消费者权益日，最高人民法院发布了10个消费者权益保护典型案例，旨在积极营造有利于消费升级的法治环境，便于人民群众安心消费、放心消费。

案例1

医疗美容机构虚假宣传和诊疗过错行为造成患者损害应予赔偿
——邹某与某医美机构侵权责任纠纷案

【基本案情】邹某曾在湖南某医院实施眼袋整形术，术后其认为自己下睑皮肤松弛，经其了解，得知北京某医美机构主刀医生师出名门，经验丰富，遂于2015年12月来到该医美机构进行了双侧下睑修复术。术后，邹某出现双侧下睑局部凹陷、疤痕畸形，外眼角畸形短小圆钝等症状。此后，邹某先后六次在其他医院进行修复，但仍无改善。邹某认为该医美机构的修复手术对其造成了损害，遂诉至法院要求该机构赔偿其医疗费、误工费、精神损害抚慰金等损失，并要求适用消费者权益保护法三倍赔偿其手术费。

【裁判结果】法院认为：首先，本案属于消费型医疗美容，邹某为健康人士，为满足对美的追求的生活需要而接受美容服务，具有消费者的特征；该医美机构的经营目的为获取利润，具有经营者的特征。消费者为生活消费接受经营者提供服务的，应当受消费者权益保护法调整。经查，该医美机构因发布的医疗广告内容与卫生行政部门审批的广告内容不相符，广告语不真实等虚假宣传行为屡次受到行政处罚，邹某系受到上述广告误导而接受服务，故该医美机构存在虚假宣传的欺诈行为，应适用消费者权益保护法关于惩罚性赔偿的规定，由该医美机构三倍赔偿邹某的手术费用。其次，该医美机构的诊疗行为存在过错，但术后邹某又在其他医疗美容机构的修复行为确已改变医方的手术结果，法院遂判决该医美机构按照60%的过错责任比例赔偿邹某各项损失共计74948元。

【典型意义】本案为典型的因医疗美容虚假宣传和诊疗不规范行为引发的侵权责任纠纷。通过该案的审理，法院充分发挥了司法裁判在社会治理中的规则引领和价值导向作用。首先，将医疗美容纠纷纳入医疗损害责任纠纷范畴，按照医疗损害责任纠纷的标准审查证据，有助于督促医美机构加强医疗文书制作及保存工作，规范其诊疗活动。其次，将消费型医疗美容纠纷纳入消费者权益保护法范围并适用惩罚性赔偿的规定，加大对商业欺诈行为的制裁力度，既能对医美机构起到应有的警示作用，预防、震慑其违法行为，也维护了医美市场的诚信和秩序，有利于切实保护消费者合法权益。

案例2

消费者与影楼签订摄影合同后可依法行使解除权
——李某、景某诉某影楼承揽合同纠纷案

【基本案情】李某、景某为两在校大学生，看到某影楼发布19.9元古装写真广告，遂去店拍摄。后两人对照片、相册、化妆、服装等项目多次消费升级，与某影楼先后签订了五份协议，合计金额达2.6万余元。李某、景某通过向亲友借款和开通网贷支付了部分款项后，当天向该公司提出

变更套餐内容，减少合同金额，遭拒。后两人向某区消保委投诉未果，遂诉至法院，要求解除五份协议，并退还已经支付的全部款项2万余元，尚未支付的5900元不再支付。

【裁判结果】法院认为，某影楼按照李某、景某特定拍摄、化妆、选片、选相册等要求而与其签订多份合同，影楼以自己的设备、技术和劳力，根据李某、景某的指示进行相应工作，交付约定的工作成果，李某、景某向影楼支付约定的报酬。故双方为承揽合同关系，李某、景某作为定作人享有任意解除权。但是，任意解除权的行使应有三大限制条件：解除应有效通知到承揽人；解除通知应在承揽人完成承揽工作之前到达承揽人；如因解除行为给承揽人造成损失的，定作人应当赔偿损失。合同解除后，定作人按合同约定预先支付报酬的，承揽人在扣除已完成部分的报酬后，应当将剩余价款返还定作人。故法院判决五份协议中尚未履行的协议全部解除，未全部履行的协议部分解除，已履行完毕的协议不能解除，被告退还两原告合同款项1.86万元。

【典型意义】当前，越来越多的消费者选择摄影、美容、美发、健身、婚庆、教育培训等可以满足精神需求的消费方式。本案中，两女大学生从商家19.9元的低价引流活动一路消费升级至2.6万余元。因无力支付，被商家引导现场开通网贷等消费贷款，后因合同协商解除不成引发纠纷。本案通过对系争合同解除争议作出正确判决，最大限度地维护了消费者合法权益的同时，充分发挥个案的指引、评价、教育功能，将司法裁判与倡导树立正确的消费观以及通过司法建议促进商家规范经营相结合，引导广大消费者理性消费，广大商家诚信经营。

案例3

婚礼影像资料丢失精神损害抚慰金的赔偿
——周某某、肖某诉某演绎公司合同纠纷案

【基本案情】2019年2月1日，周某某、肖某举行婚礼，聘请某演绎公司为其做婚庆服务，二位在某演绎公司处订购了价值5500元的婚庆服务，包括主持、摄影、摄像、婚车装饰、灯光租赁、音响、花艺师、婚礼现场、运费等，其中摄影服务为600元。周某某向某演绎公司预付了定金500元，婚礼结束后，周某某、肖某支付了全部服务费。尔后，某演绎公司将婚礼过程的摄像资料丢失，无法向周某某、肖某交付该资料，周某某、肖某遂要求法院判决返还服务费5500元并赔偿精神抚慰金50000元。

【裁判结果】法院认为，某演绎公司除摄影资料不能交付外，其余服务均已完成，且周某某、肖某未提出异议，故某演绎公司应返还的服务费应当是摄影部分的服务费600元，而非全部服务费用。同时，本案诉争的摄像资料记载了周某某、肖某夫妇人生中的重要时刻，有着特殊的纪念意义，由于婚礼过程是不可重复和再现的，该摄影资料记载的内容对于周某某、肖某来说，属于具有人格象征意义的特定纪念物品，某演绎公司未按照双方约定将摄像资料交付给周某某、肖某，造成记录他们婚礼现场场景的载体永久性灭失，某演绎公司的违约行为侵犯了二位新人对其具有人格象征意义的特定纪念物品的所有权，对周某某、肖某造成精神上的伤害。人民法院结合某演绎公司的过错程度、承担责任的经济能力、本地平均生活水平综合酌定精神损害抚慰金为6000元。

【典型意义】婚礼是极具纪念意义的特殊经历，婚礼现场的影像资料是每一对步入婚姻殿堂的夫妇的珍贵资料，具有不可复制性，一旦毁损灭失将不具可逆性，虽影像资料的丢失未对当事人造成生理上的身体健康及完整性的损害，但此事件对当事人具有精神上的损害，本案中，某演绎公司将他们夫妇的具有人格象征意义的纪念影像丢失，给二位新人造成了不可弥补的精神损失，应当赔偿一定的精神损害抚慰金。本案的处理既维护了消费者的合法权益，又能促使经营者不断的规范自己的经营活动，共同营造良好有序、值得信赖的营商环境，同时也重视了婚姻家

庭文化的建设，对弘扬文明、自由、平等、诚信、友善的社会主义核心价值观具有重要的积极意义。

案例 4

预付卡未使用金额经营者应向消费者返还
——张某等人诉某销售公司、孟某某服务合同纠纷案

【基本案情】2017 年至 2019 年期间，张某等众多家长为自己 1 至 3 岁的婴幼儿到某销售公司所经营的游泳馆进行办卡消费并签订入会协议，每人预存了几千元至上万元不等的费用，以微信转账或支付宝转账方式支付给该公司法人及唯一股东孟某某。2020 年初，该婴幼儿游泳馆即处于闭店状态，后该公司承租场地合同到期终止，不再继续经营。该公司在退还部分家长未使用费用后便不再进行退款。张某等人与该销售公司法人孟某某协商无果后，张某等人诉至法院，请求判决销售公司及孟某某退还剩余服务费用。

【裁判结果】法院认为，销售公司所经营游泳馆疫情期间未营业，且在承租场地到期后不再继续经营，该销售公司亦不再具备继续履行的条件及能力，故销售公司应当按照各消费者所剩余次数折算后退还相应的预付费用。因孟某某作为该销售公司的唯一股东，其以个人账户接收消费者的预付款项，形成了个人财产与公司财产的混同，该法院依法判决，销售公司向张某等人返还剩余预付款，孟某某对上述预付款的返还承担连带责任。

【典型意义】预付卡消费在服务领域，特别是在教育培训、美容美发、洗车、洗衣、健身等服务中广泛存在，而预付卡消费实践中存在以下情况：办卡过程中因经营者存在宣传诱导、预付卡合同中存在“消费者办卡后不补、不退、不得转让，逾期作废概不退款”等约定、办卡后扣款不明及服务下降，导致消费者在预付卡消费中与商家存在争议；更有甚者，部分经营者以装修、维护、停业整顿为名，携款跑路，或在重新整修后，改换门面，终止服务，造成预付卡消费者的消费困境。本案通过查明消费者与经营者之间合同履行情况，在确认经营者无法继续提供约定服务的情况下，明确作为经营者负有将预付款中尚未消费的部分应当予以返还，并结合该销售公司为一人公司的性质及股东收取预付款情况，依法认定股东应当作为责任主体，对销售公司所负有返还剩余预付款的债务承担连带责任，最大限度地维护消费者合法权益。

案例 5

购房后无法正常用电，
买受人有权要求开发商赔偿损失
——张某与某房地产开发公司房屋买卖合同纠纷案

【基本案情】张某从开发商处购买房屋一套，入住后发现房屋负一层所有电源插座无法使用，只要一经合闸，全单元总闸跳闸。张某多次联系物业公司和开发商未果。为此，张某将开发商诉至法院，要求开发商承担电路修缮费用。开发商辩称，房屋已经通过竣工验收并交付使用，不认可案涉工程质量有问题，不同意张某的诉讼请求。审理过程中，张某申请对房屋用电无法正常使用的具体原因、修复方案及修复费用进行鉴定，鉴定机构出具鉴定意见，认为用户无法正常用电的具体原因为地下一层插座线路之间存在短路，修复方案分为明敷设和拆除原装插座线路恢复原状修复，其中明敷设修复费用为 5000 元，恢复原状修复费用为 3 万元。

【裁判结果】法院认为，开发商作为建设单位，对其交付的房屋应当承担质量瑕疵担保责任，对存在质量问题的房屋应当及时予以修复。本案中，出现质量问题的电路系统虽然不属于房屋主体结构，但仍然是房屋整体的组成部分。尽管房屋整体通过竣工验收，但不影响开发商对经鉴定确定存在的问题承担修复责任，开发商始终未予修复，应当赔偿张某的修复损失。关于修复费用的标准，虽然鉴定机构在出具鉴定意见时，给出了两种不同的修复方案，但是张某不同意适用明敷设配管配线的修复方案，综合考虑案件质量问题的起因、质量问题的程度、质量问题持续的时间、开发商在解决问题过程

中的作为情况，法院最终判决开发商按照恢复原状修复方案赔偿张某修缮费用并承担本案鉴定费用。

【典型意义】住有所居、安居宜居，是万千家庭的共同心愿。商品房房款动辄几百万，普通家庭要举一家几代人的力量才能负担。商品房质量直接关系群众的居住体验，关系老百姓的安居幸福感。电路插座也是房屋的重要组成部分，尽管该瑕疵在房屋交付验收时不易被发现，但却实际影响了张某的日常用电和生活起居，且持续多年未得到解决。本案裁判不仅明确了开发商对出售房屋的质量瑕疵担保责任，而且明确了全面、充分保护的原则。就修复方案的考量，还考虑了房屋质量问题的起因、程度、持续时间以及开发商在解决问题过程中的作为情况，最大限度地保障了房屋买受人的合法权益，有助于引导房地产企业重品质、守诚信，对构建诚实、守信、和谐的房地产市场环境贡献了司法力量。

案例 6

网络消费格式条款中与消费者有重大利害关系内容存在例外情形，应以显著方式进行提示——邬某诉某旅游 APP 经营公司网络服务合同纠纷案

【基本案情】邬某通过 A 公司经营的旅游 APP 预定境外客房，支付方式为“到店支付”，订单下单后即被从银行卡中扣除房款，后原告未入住。原告认为应当到店后付款，A 公司先行违约，要求取消订单。A 公司认为其已经在服务条款中就“到店支付”补充说明“部分酒店住宿可能会对您的银行卡预先收取全额预订费用”，不构成违约，拒绝退款。邬某将 A 公司起诉至法院，请求判令退还预扣的房款。

【裁判结果】法院经审理认为，对“到店支付”的通常理解应为用户到酒店办理住宿时才会支付款项，未入住之前不需要支付。即使该条款后补充说明部分酒店会“预先收取全额预订费用”，但对这种例外情形应当进行特别提示和说明，如果只在内容复杂繁多的条款中规定，不足以起到提示的作用，A 公司作为预定服务的提供者应当承担责任。最终，法院支持邬某退还房款的诉讼请求。

【典型意义】在数字经济、互联网产业飞速发展的大背景下，线上交易中企业基本都采用格式条款的方式与消费者建立契约关系。但是，在格式条款发挥其便捷、高效、积极作用的同时，因其本身具有的单方提供、内容固定的特质所带来的问题和风险，也不容忽视。法律明确赋予了格式条款提供者进行提示说明的义务，民法典第四百九十六条规定：“提供格式条款的一方未履行提示或者说明义务，致使对方没有注意或者理解与其有重大利害关系的条款的，对方可以主张该条款不成为合同的内容。”提供格式条款的企业应当基于公平、诚信原则，依法、合理制定格式条款的内容，并对于履行方式等与消费者有重大利害关系的条款，向消费者进行特别的提醒和说明，从而维护交易秩序，平衡双方利益，促进行业发展。本案的裁判进一步厘清了网络服务提供者作为提供格式条款一方的责任，引导互联网交易模式更加符合契约自由和契约正义的精神。

案例 7

对于网络店铺客服的行为店铺应当负责——李某诉某书店信息网络买卖合同纠纷案

【基本案情】李某在 M 书店经营的网络店铺付款 22172 元购买书籍，因该电商平台关联的银行账户额度所限，经与店铺客服沟通后，李某通过平台付款 10172 元，向店铺客服赵某微信转账 12000 元。2019 年 8 月 25 日李某告知赵某书单有变化，待确定后再发货，赵某表示同意。后双方对购买商品品种和数量做了变更，交易价格变更为 1223 元。M 书店将通过平台支付的 10172 元退还给李某，但通过微信支付给赵某的款项扣除交易价款后尚有 10777 元未退回。多次要求退款无果，李某将 M 书店诉至法院，请求退还购书款。

【裁判结果】法院认为，案涉交易发生时，赵某系 M 书店的员工，并作为 M 书店所经营网络店

铺的客服与李某就购书事宜进行了磋商，该行为属于网店客服人员职权范围内的事项。M书店并未就交易磋商的方式和渠道进行特殊提示或告知，故无论该行为是通过电商平台还是微信，只是磋商渠道和方式的不同。李某有理由相信赵某的行为是代表M书店与其进行交易磋商，赵某的行为对M书店应发生效力。李某与M书店之间就购买书籍建立了网络购物合同关系后，李某提出变更购买图书的名称及数量，并要求退还剩余款项，赵某表示同意，应视为李某与M书店就合同内容进行了变更，M书店应当退还剩余款项10777元，故判决支持了李某的诉讼请求。

【典型意义】便捷、快速进行交易是互联网消费的优势之一，而交易的安全和稳定同样是消费者保护的应有之意，两者不可偏废。现实中，考虑到消费者对购物、沟通软件使用习惯、偏好的不同以及其他具体特殊情况，不宜仅仅因为消费者未完全通过电商平台进行支付轻易否认消费者与商家相关交易行为的效力。该案判决认定店铺客服能够代表店铺进行交易，是对交易中消费者对店铺信任的保护，也是对于交易秩序和安全的维护，压实了商家主体责任，提示、督促商家加强内部管理监督，从而进一步规范线上交易中商家的销售行为，促进互联网数字经济行业有序发展。

案例8

经营者未经许可不得将其掌握的消费者信息用于商业宣传

——郑某诉某公司网络侵权责任纠纷案

【基本案情】郑某与其配偶在某公司开设的照相馆拍摄了一组亲密照。订立合同时，郑某并未同意拍摄作品可由照相馆作商业宣传使用。2019年11月1日，某公司在其经营所用的两个微信的朋友圈，使用郑某与其配偶的亲密照宣传业务。郑某认为某公司侵害其肖像权、隐私权，向人民法院起诉要求某公司赔礼道歉、赔偿损失72000元。

【裁判结果】法院认为，某公司未经郑某同意，在其经营所用微信的朋友圈使用郑某肖像用于商业宣传，构成利用网络侵害郑某的肖像权。案涉照片属于郑某及其配偶的亲密照，某公司亦侵害郑某的隐私权。结合郑某的合理维权开支、某公司主观过错程度等情况，法院判令某公司向郑某赔礼道歉、赔偿损失15000元。

【典型意义】消费者在接受服务过程中留下的私人信息，如姓名、肖像、接受的服务内容等，涉及消费者的肖像权、隐私权等权利，受到法律的保护。对经营者而言，消费者信息具有经济价值，为经营者非法使用提供了利益驱动。经营者在业务活动中使用其收集到的消费者信息，应当遵循合法、正当、必要的原则，且不得违反法律法规的规定和双方的约定。本案明确经营者在未经消费者同意的情况下，不得使用其掌握的消费者个人信息进行宣传，有利于指引经营者规范自身经营行为，加强消费者个人信息保护。

案例9

销售者在二手商品网站从事经营活动构成欺诈的应当承担惩罚性赔偿责任

——高某诉杨某网络信息购物合同纠纷案

【基本案情】杨某在某二手商品网络交易平台发布二手“某知名品牌无线耳机”的交易信息，称该无线耳机系其外出旅游时在官方专营店购买其他数码产品时赠送，全新正品，现闲置低价转让。高某获知该信息，向杨某确认该二手商品系全新官方正品后，通过二手商品网络交易平台与杨某达成交易。高某收到耳机后，发现该无线耳机系假冒产品，认为杨某销售行为构成欺诈，遂向法院提起诉讼，请求判令杨某返还已支付的购物款并承担价款三倍的惩罚性赔偿责任。法院经审理查明，杨某销售的“二手商品”确系假冒产品，且杨某短时间内在某二手商品网络交易平台以同样宣传方式已销售同款无线耳机40余笔，交易金额超5万余元。

【裁判结果】法院认为，杨某在二手网络交易平台假借出售个人闲置物品的名义长期从事经营性销售活动，并以虚假宣传的方式销售假冒商品，致高某陷入错误认识，进而订立合同，形成交易，杨某行为应认定为商业性经营行为，其行为构成销售欺诈。高某主张杨某依据消费者权益保护法承担经营者责任，法院应予支持。故判令杨某退还高某已支付的商品价款并承担商品价款三倍的惩罚性赔偿。

【典型意义】近年来，个人闲置物品的网络交易，方兴未艾，交易人数、交易量发展迅速。各大二手商品网络交易平台的出现，更促进了社会个人闲置二手商品交易的繁荣，但不可忽视的是二手商品网络交易平台中销售者发布的商品鱼目混珠，侵害合法权益的事件多有发生。对于二手商品网络交易平台发生的交易，买家权益受到损害，能否适用消费者权益保护法要求销售者承担经营者责任，相关法律规定并不明确。从促进全社会个人闲置二手物品线上交易健康、规范、有序发展，以及平等保护市场交易主体合法权益的角度考虑，有必要对网络二手市场的交易主体进行区分，应在综合考虑出售商品的性质、来源、数量、价格、频率、是否有其他销售渠道、收入等情况下，合理将长期从事二手交易营利活动的销售者界定为经营者，适用消费者权益保护法的相关规定，以切实维护消费者的合法权益。

案例 10

电子商务经营者应当遵守对消费者做出的有利承诺
对承诺的解释应按普通消费者的通常认知进行
——齐某某诉罗某某网络信息购物合同纠纷案

【基本案情】罗某某在某网络购物平台开设有网络店铺，从事某品牌电动摩托车锂电池的销售经营活动。罗某某在其网络店铺销售商品时对外宣称，商品“签收 15 天内支持免费退换货，半年内质量问题换新，两年保修”。齐某某在罗某某网络店铺购了前述品牌的电动摩托车锂电池，使用三个月后发现存在充电不满等质量问题，便要求罗某某按销售承诺为其更换新电池。罗某某经检查确认交付的锂电池确实存在质量问题后，同意为齐某某更换新的电池。更换电池后，齐某某仍发现存在同样的质量问题，通过平台与罗某某协商，罗某某明确此前并未给齐某某换新电池，仅更换了电芯，并以销售承诺中的“换新”仅指换“新电芯”为由，拒绝为齐某某更换全新的电池。齐某某因此诉至法院，请求判令解除与罗某某的信息网络购物合同，并由罗某某退还已支付的商品价款。

【裁判结果】法院认为，罗某某在销售案涉商品时，通过商品网络详情页对齐某某做出承诺，所售商品“半年内质量问题换新”，按社会普通消费者的通常理解，此处的“换新”应指电池整机换新，而非构成电池组成部分零部件换新。罗某某确认交付给齐某某的锂电池存在质量问题，但却未按销售承诺给齐某某换新电池，而是将部分零部件进行了更换。齐某某要求罗某某按承诺，对整个电池换新，但罗某某一直予以拒绝。齐某某只能另行购买新的电池使用。罗某某在销售商品存在质量问题的情况下，拒不按销售承诺履行更换义务，已构成违约。现其违约行为已致合同目的无法实现，齐某某要求解除合同，退还货款，依法应予支持。

【典型意义】电子商务经营者在销售商品时对消费者做出有利承诺的，应当遵守其承诺。现实中存在不少电子商务经营者为吸引流量、促进销售，在销售商品或提供服务时以宣传或告示等形式向消费者做出高于国家、行业标准的有利承诺，当消费者接受承诺与经营者形成交易关系后，经营者却以各种理由拒不兑现其承诺，有损消费者的合理预期，也侵害了消费者的合法权益。电子商务经营者兑现对消费者做出的有利承诺，既是对交易双方协议约定重要义务的履行，更是经营者诚信经营的重要体现。电子商务经营者的承诺是向消费者做出的，一般应以社会普通消费者能够理解的方式进行表达，当消费者对其中某些用语的理解，与经营者的理解不同时，应以交易时社会普通消费者的通常理解为标准进行解释，以强化对消费者权益的保障。

（载中华人民共和国最高人民法院网）

3月18日

维护农民利益　保障粮食安全
最高人民法院发布“农资打假”典型案例

为进一步做好2022年“农资打假”审判工作，依法惩处生产、销售伪劣农药、兽药、化肥、种子等犯罪，切实维护农民利益，确保国家粮食安全，在全国各地抓抢农时开展春耕春播时节，最高人民法院3月18日发布三件“农资打假”典型案例。

案例反映出相关犯罪不仅违反国家对农业生产资料的质量监管制度，还直接对农业生产造成损失，影响农业增效、农民增收和农村稳定，危及国家粮食安全，具有严重的社会危害性。人民法院高度重视“农资打假”审判工作，始终坚持依法从严惩处各类制售假冒伪劣农资等坑农、害农犯罪，依法判处自由刑的同时，依法加大财产刑的判处力度，让违法者付出沉重代价。

据了解，此次发布典型案例体现了人民法院打击涉农资领域犯罪的态度和决心。同时，各级人民法院注重延伸审判职能，有效化解矛盾，通过司法手段最大限度保护受害农民利益，降低农民损失。下一步，人民法院将进一步发挥审判职能作用，为农业稳产增产、农民稳步增收和农村稳定安宁提供有力司法服务和保障。

案例一

张传义生产、销售伪劣农药案
生产、销售伪劣农药造成农作物减产

【基本案情】被告人张传义，男，汉族，1965年3月6日出生，大连某生物科技有限公司股东。2009年8月，被告人张传义与申某（另案处理）在辽宁省大连市注册成立大连某生物科技有限公司，并担任公司股东。2011年3月份，张传义、申某联系杨某（另案处理）在位于河南省商丘市的农药厂内生产伪劣农药“菌三唑”（杀菌剂），由申某以大连某生物科技有限公司销售员的名义将该“菌三唑”共计200件（每件300包）销售给徐州市铜山区、沛县等地的经销商，销售金额3.6万余元。当地农户从经销商处购买上述农药给小麦喷洒后，出现长势不良或不出穗等情况，导致600余农户的1600余亩小麦减产86万余斤，经济损失达86万余元。经鉴定，上述农药“菌三唑”多菌灵含量4.6%，硫磺含量7.8%，为不合格产品。

【裁判结果】法院经审理认为，被告人张传义伙同他人生产、销售不合格的农药，使生产遭受特别重大损失，其行为已构成生产、销售伪劣农药罪。张传义案发后能够主动退赔部分经济损失，可酌情从轻处罚。据此，以生产、销售伪劣农药罪判处被告人张传义有期徒刑七年六个月，并处罚金人民币二万元。

案例二

申洲明、王和中销售伪劣产品案
未取得兽药经营资质销售不合格兽药

【基本案情】被告人申洲明，男，汉族，1979

年3月5日出生，农民。被告人王和中，男，汉族，1969年9月22日出生，农民。被告人申洲明、王和中均不具备兽药经营资质。2017年10月至2019年1月，王和中从不具备兽药生产、经营资质的林某某等人（另案处理）处，多次以明显低于市场价格购进甲磺酸加替杀星、阿莫西林等十余种兽药，将部分兽药销售给申洲明，销售金额70余万元。申洲明在明知该兽药可能为伪劣产品的情况下，将部分兽药销售给牛某、张某，销售金额104万余元。后牛某发现其所购兽药为不合格产品，要求申洲明退款，申洲明遂退还牛某货款16万元。经鉴定，申洲明、王和中销售的兽药均为不合格产品。

【裁判结果】法院经审理认为，被告人申洲明、王和中以不合格的兽药冒充合格的兽药进行销售，销售金额分别达到104万余元和70余万元，其行为均已构成销售伪劣产品罪。申洲明到案后如实供述自己的罪行，并积极退赔，可从轻处罚。王和中自动投案，并如实供述自己的罪行，具有自首情节，可以减轻处罚。据此，以销售伪劣产品罪分别判处被告人申洲明有期徒刑七年，并处罚金人民币五十三万元；判处被告人王和中有期徒刑四年，并处罚金人民币三十五万元。

案例三

马志杰等生产、销售伪劣种子案

生产、销售伪劣种子造成农作物减产

【基本案情】被告人马志杰，男，汉族，1972年10月7日出生，北京某农业技术研究所法定代表人。被告人尹明华，男，汉族，1979年7月23日出生，河北省承德某农业发展有限公司法定代表人。被告人刘德堂，男，汉族，1966年1月22日出生，山东省平度市某种子经营部负责人。

2018年底，被告人马志杰在其担任法定代表人的北京某农业技术研究所没有农作物种子生产经营许可证的情况下，未经授权和委托，谎称自己为“德尔红88”胡萝卜种子的中国区总代理，与被告人尹明华、刘德堂分别在河北省围场县、山东省平度市召开推广会，向社会公开推广、销售该品种胡萝卜种子，并分别授权尹、刘二人为该种子在当地的销售代理。随后，马志杰定制了黄色高罐“德尔红88”的包装罐，并购买其他品种的胡萝卜种子进行灌装。马志杰将上述情况告知尹明华、刘德堂，分别以每罐400元、360元的价格销售给尹明华、刘德堂，销售金额48.32万元。尹明华、刘德堂又分别以每罐1100元、900元的价格加价销售给当地农户，销售金额分别为30余万元和15万元。农户种植后，先后出现大面积红苗、死苗的现象。经测产评估和鉴定，正规“德尔红88”胡萝卜种子的亩产量为5625公斤，马志杰等人销售的胡萝卜种子测产亩产量仅为3164—3535公斤，尹明华、刘德堂所售种子分别造成122余万元和42余万元的损失。经鉴定，涉案胡萝卜种子SSR引物扩增出的指纹图谱与对照样品正规“德尔红88”胡萝卜种子扩增出的SSR指纹图谱在47个位点上有36个位点带型不一致。案发后，尹明华、刘德堂分别赔偿损失109.4万元、33万元，退还部分种子款并取得谅解。

【裁判结果】法院经审理认为，被告人马志杰生产、销售伪劣种子，使生产遭受特别重大损失，其行为已构成生产、销售伪劣种子罪；被告人尹明华、刘德堂销售伪劣种子，使生产遭受特别重大损失，其行为均已构成销售伪劣种子罪。马志杰、尹明华归案后如实供述，具有坦白情节；刘德堂自动投案，并如实供述所犯罪行，具有自首情节；尹明华、刘德堂积极赔偿被害人损失，并得到被害人谅解。法院经综合考量，以生产、销售伪劣种子罪判处被告人马志杰有期徒刑九年，并处罚金人民币三十五万元；以销售伪劣种子罪判处被告人尹明华有期徒刑七年，并处罚金人民币二十五万元；以销售伪劣种子罪判处被告人刘德堂有期徒刑三年，并处罚金人民币十万元。

（载中华人民共和国最高人民法院网）

4月29日

最高人民法院
发布依法惩处妨害疫情防控犯罪典型案例

4月29日，最高人民法院发布5个依法惩处妨害疫情防控犯罪典型案例，其中包括妨害传染病防治、入境人员不如实填报健康申明卡引起疫情传播严重危险、制作虚假核酸检测报告对外销售、疫苗接种过程中袭警、编造并故意传播虚假疫情信息等犯罪。

当前，新型冠状病毒奥密克戎变异株给疫情防控带来新的挑战，疫情防控面临复杂性、艰巨性、反复性的严峻形势。统筹疫情防控和经济社会发展，任务十分繁重。与此同时，拒不执行防疫措施、妨害公务、伪造核酸检测报告等妨害疫情防控违法犯罪仍有发生。对此，全国法院坚决贯彻落实习近平总书记关于疫情防控工作的重要指示精神和党中央的决策部署，服务疫情防控大局，充分发挥刑事审判职能作用，依法加大对妨害疫情防控犯罪的惩处力度，有力保障人民群众生命健康和经济社会发展，为坚决打赢常态化疫情防控这场攻坚战持久战提供有力司法保障。

案例一

王某妨害传染病防治案
拒不执行防疫措施，引发疫情传播

【基本案情】被告人王某与其亲属租住在北京市顺义区赵全营镇联庄村，私自开办“小饭桌”，为周边村镇的中小学生提供接送上下学及午餐、看管等经营服务。2020年12月底，顺义区多地被确定为新冠疫情中风险地区，当地政府按照上级要求采取疫情防控措施，要求村民非必要不前往人员聚集地区和场所，有发热症状需报告村委会。

2021年1月初，“小饭桌”放假后，王某及其妻子马某先后出现发热等症状。二人未按疫情防控要求向村委会报告，自行到药店买药服用，并到私营诊所输液治疗三日。其间，王某还出入市场、饭店、药店、政务大厅等多处公共场所。同月8日上午，王某前往北京市昌平区某医院发热门诊就诊，在医护人员询问其是否到过顺义区的相关中风险地区、家中是否有其他发热人员等情况时，均未如实回答，致使医院未及时采取隔离诊疗措施。次日，王某被确诊为新冠肺炎病例。

王某确诊后，昌平、顺义两区疾病预防控制中心多次对其开展流行病学调查和密切接触者排查，王某隐瞒家中开办“小饭桌”、此前自行就医及与他人聚集等信息。经北京市疾病预防控制中心确认，王某密切接触者共计927人，均被采取隔离措施；王某同住家属6人中，2人被确诊为新冠肺炎病例，4人被确诊为无症状感染者；“小饭桌”的2名学生及1名学生亲属也被确诊为新冠肺炎病例。

【裁判结果】法院经审理认为，被告人王某违反传染病防治法的规定，拒不执行县级以上人民政府、疾病预防控制机构依照传染病防治法提出的疫情预防、控制措施，引起新冠疫情传播，其行为已构成妨害传染病防治罪。王某在当地出现多起新冠肺炎确诊病例、疫情防控形势严峻的情况下仍实施多种妨碍疫情防控行为，在确诊后仍拒不配合流行病学调查，导致疾控部门未能第一时间对相关人员进行排查、隔离，情节恶劣，据此，以妨害传染病防治罪判处被告人王某有期徒刑二年六个月。

案例二

曹某妨害国境卫生检疫案

入境时不如实填报健康申明卡，引发疫情传播严重风险

【基本案情】2021 年 4 月，被告人曹某出境到某国期间出现发烧等症状，经购买感冒药服用体温恢复正常。后曹某得知其在该国入住的酒店有数人被确诊为新冠肺炎病例。同月 28 日，曹某从该国返回，在入境口岸未如实填报健康申明卡，隐瞒其曾出现发热等新冠肺炎相关临床表现，其所住酒店存在多个新冠肺炎确诊病例，以及前往过某国多个疫情严重省市等信息。曹某回国后在集中隔离观察期间还违反隔离防疫要求，私自离开隔离房间与朋友接触。同月 30 日，曹某被确诊为新冠肺炎病例。曹某的行为先后造成 459 人被集中或者延期隔离医学观察；另造成 29 名海关口岸工作人员居家隔离 14 天，严重影响口岸监管工作。

【裁判结果】法院经审理认为，被告人曹某违反国境卫生检疫规定，引起新冠疫情传播严重危险，其行为已构成妨害国境卫生检疫罪。曹某到案后如实供述，有认罪悔罪表现，依法可从轻处罚。据此，以妨害国境卫生检疫罪判处被告人曹某有期徒刑二年，缓刑三年，并处罚金人民币二十万元。

案例三

梁某伪造事业单位印章案

伪造医院核酸检测电子专用章，制作虚假核酸检测报告对外销售

【基本案情】2021 年 8 月下旬，被告人梁某在经营某影音工作室期间，为牟取非法利益，伪造山西省岚县人民医院核酸检测电子专用章，用于制作虚假的核酸检测报告，并通过微信将伪造的核酸检测报告以每份 5 元的价格出售给他人用于应付疫情检查。2021 年 8 月至 10 月底，梁某共为 252 人伪造核酸检测报告 621 份，非法获利 3105 元。

【裁判结果】法院经审理认为，被告人梁某为牟取非法利益，伪造事业单位印章用于制作虚假核酸检测报告，其行为已构成伪造事业单位印章罪。梁某到案后如实供述犯罪事实，有认罪悔罪表现，依法可从轻处罚。据此，以伪造事业单位印章罪判处被告人梁某有期徒刑一年六个月，并处罚金人民币六千元。

案例四

黄某袭警案

疫苗接种过程中暴力袭击维持秩序的民警

【基本案情】2021 年 5 月 19 日上午，在重庆市万州区北山防疫站接种新冠病毒疫苗的群众为避雨纷纷涌入防疫站大厅，导致防疫站大厅人员拥挤，现场秩序混乱，疫苗接种工作无法正常开展。该站工作人员遂向万州区钟鼓楼派出所报警求助。钟鼓楼派出所接警后，派民警黎某某、辅警曾某某前往疫苗接种现场维持秩序。雨停后，黎某某、曾某某劝导现场群众到门诊外排队等候。被告人黄某不听劝导，拒不离开大厅，曾某某遂拉黄某左臂，欲让其离开防疫站大厅。黄某用雨伞击打曾某某头部，将其警帽击落在地。黎某某见状上前，欲夺取黄某手中雨伞，黄某又用雨伞击打黎某某头面部，致黎某某左眉弓外侧发际处受伤。黄某随即被黎某某、曾某某强行带出防疫站大厅，其间黄某不停用手抓挠黎某某和曾某某。经鉴定，黎某某的损伤程度为轻微伤。

【裁判结果】法院经审理认为，被告人黄某暴力袭击正在依法执行职务的人民警察，其行为已经构成袭警罪。黄某到案后如实供述犯罪事实，有认罪悔罪表现，依法可从轻处罚。据此，以袭警罪判处被告人黄某有期徒刑六个月。

案例五

潘某编造、故意传播虚假信息案
编造并在信息网络上传播虚假疫情信息

【基本案情】2021年8月3日晚，被告人潘某为恐吓群友，在江苏省句容市编造“王某，男，22岁，镇江市润州区人，2021年8月2日晚上7点半于润州区光明新村小区出发至溧水周家山，途经句容市梅花小区拜访亲友(08:30)，紧接来到帕提亚广场中心露天小吃摊(09:00—11:00)，次日到溧水检查核酸检测两人均为阳性，已被隔离，若有与上述时间地点相符的群众，请积极自我居家隔离并尽快与地方医院取得联系”的虚假新冠疫情信息，并将上述信息制作成视频后发送至一个有46人的QQ群。后该虚假信息被迅速传播扩散至204个微信群，涉众逾万人，造成群众恐慌，严重扰乱社会秩序。案发后，潘某主动到公安机关投案，并如实供述了上述事实。

【裁判结果】法院经审理认为，被告人潘某编造虚假的疫情信息在信息网络上传播，严重扰乱社会秩序，其行为已构成编造、故意传播虚假信息罪。潘某具有自首情节，认罪悔罪，依法可从轻处罚。据此，以编造、故意传播虚假信息罪判处被告人潘某有期徒刑八个月。

（载中华人民共和国最高人民法院网）

7月25日

人民法院助力全国统一大市场建设典型案例

一、北京市通州区梨园镇大马庄村村民委员会与北京前榆顺达养殖有限公司房屋租赁合同纠纷案

【基本案情】2011年，原告北京市通州区梨园镇大马庄村村民委员会（以下简称村委会）与被告北京市前榆顺达养殖有限公司（以下简称前榆顺达公司）签订《房屋租赁合同》，村委会将集体所有一栋建筑面积13000平方米四层建筑物出租给前榆顺达公司，租期20年。前榆顺达公司将涉案房屋转租给案外人，用于经营宾馆、健身房、美容院等。

2022年2月9日，村委会以“合同约定逾期三个月未足额交纳租金，甲方有权解除合同”为由，将前榆顺达公司起诉至法院，要求解除《房屋租赁合同》，前榆顺达公司支付占用费及违约金。前榆顺达公司辩称涉案房屋经营宾馆、健身房、美容院等受疫情冲击大，资金紧张导致迟延支付租金；涉案房屋涉及到多家企业和经营者，若解除合同，将影响众多中小微企业切身利益。

本案经开庭审理后，为充分了解涉案房屋使用情况、前榆顺达公司经营状况，承办法官至现场进行调查勘验。根据庭审及现场勘验情况，承办人有针对性地在现场开展调解工作，最终促成双方调解并当场履行完毕。

调解结束后，双方均表示理解对方，前榆顺达公司现场捐助5万元防疫物资款，感谢村委会在常态化防疫工作中辛苦付出。

【裁判结果】本案涉及受疫情影响的中小微企业违约行为判断认定问题。根据双方合同约定，村委会已然享有合同解除权。前榆顺达公司是否受到疫情因素的影响，能否对抗村委会行使

合同解除权是本案争议焦点。经现场走访调查发现，案涉宾馆入住率极低、健身房大门紧闭、美容院生意惨淡，前榆顺达公司与次承租人的租赁合同纠纷也在法院审理过程中，前榆顺达公司确实遭遇严重经济困难。本案在现场勘验过程中立足于前榆顺达公司受到疫情影响进行现场调解，最终促使双方达成调解协议，并及时履行完毕。

双方达成调解协议如下：一、双方继续履行《房屋租赁合同》及补充协议；二、2022年年度租金标准调整为4603366元，前榆顺达公司于2022年3月25日前支付村委会2301683元（已履行完毕），于2022年6月15日前支付2301683元；以后租金的递增以本条款调整的2022年度租金金额为基数，按照补充协议约定的方式和标准递增。

【典型意义】一是准确评价受疫情影响的中小微企业违约行为，司法助力中小微企业健康发展。本案租赁合同存续是关乎被告公司生存发展的重大事件。人民法院贯彻落实最高人民法院《关于充分发挥司法职能作用助力中小微企业发展的指导意见》，立足前榆顺达公司受疫情影响较大，促成双方和解并及时履行，有效保护前榆顺达公司生存大计，强力为中小微企业发展解忧纾困。

二是全面依法平等保护不同所有制经济主体的合法权益。坚持对各类市场主体平等对待，依法保护基层群众性自治组织和民营企业的合法权益，降低纠纷解决成本。本案立案后，及时组织开庭审理、现场勘验，并在勘验现场过程中，抓住时机，促成调解。本案从立案到结案，用时45天，及时高效化解纠纷。

三是汇聚正能量，调解助企又助疫。对手变朋友，从针锋相对到互相理解再到互让一步，让社会关系不再那么冰冷，调解结果折射出时代温度。纠纷变公益，在疫情防控的大背景下，作为企业能充分理解防疫工作，力所能及为防疫工作贡献自己的力量，携手抗疫，展现和谐、友善的社会主义核心价值观。

二、张文中诈骗、单位行贿、挪用资金再审改判无罪案

【基本案情】河北省衡水市中级人民法院一审认定：

1. 被告张文中构成诈骗罪。2002年初，张文中得知国家对重点企业、重点项目实行国债贴息补贴政策，且该批国债技改贴息资金主要用于支持国有企业技术改造项目。物美集团作为民营企业不属于国债技改贴息资金支持范围，遂与同案被告人张伟春商量决定以国有企业诚通公司下属企业的名义进行申报。张文中申报的物流项目和信息化项目获得原国家经贸委审批后，物美集团未实施项目，并以签订虚假合同和开具虚假发票为手段，获得1.3亿元贷款，用于公司日常经营。2003年10月29日，财政部将3190万元国债技改贴息资金拨付到诚通公司，后诚通公司将该款汇入物美集团账户，物美集团将该款用于偿还公司贷款。

2. 被告张文中构成单位行贿罪。2002年物美集团收购国旅总社持有的泰康公司5000万股股份，国旅总社办公室主任赵某积极协调帮助，事后张文中安排张某某给付赵某30万元。同年，物美集团收购粤财公司持有的泰康公司5000万股股份，希望得到粤财公司总经理梁某帮助，事后张文中安排张某某给付梁某500万元。

3. 被告张文中构成挪用资金罪。1997年3月，张文中与泰康公司董事长陈某某商定挪用泰康公司的4000万元资金申购新股谋利。张文中指使张某某从泰康公司转出4000万元用于申购新股，盈利1000余万元。事后，张某某归还泰康公司4000万元。河北省衡水市中级人民法院于2008年10月9日作出一审判决，认定张文中犯诈骗罪、单位行贿罪、挪用资金罪，数罪并罚，判处有期徒刑十八年，并处罚金五十万元；违法所得予以追缴，上缴国库。同时，对物美集团、张

伟春也判处了相应刑罚。一审宣判后，张文中、张伟春、物美集团不服，提出上诉。河北省高级人民法院于2009年3月30日作出二审判决，认定张文中犯诈骗罪、单位行贿罪、挪用资金罪，数罪并罚，改判有期徒刑十二年，并处罚金五十万元。判决生效后，张文中不服，向最高人民法院申诉，最高人民法院于2017年12月27日作出再审决定，提审本案。

【裁判结果】最高人民法院再审认为，物美集团在申报国债技改贴息项目时，国债技改贴息政策已有所调整，民营企业具有申报资格，且物美集团所申报的物流项目和信息化项目均属于国债技改贴息重点支持对象，符合国家当时的经济发展形势和产业政策。张文中、张伟春在物美集团申报项目过程中，虽然存在违规行为，但未实施虚构事实、隐瞒真相以骗取国债技改贴息资金的诈骗行为，并无非法占有3190万元国债技改贴息资金的主观故意，不符合诈骗罪的构成要件。故原判认定张文中、张伟春的行为构成诈骗罪，属于认定事实和适用法律错误，应当依法予以纠正。物美集团在收购国旅总社所持泰康公司股份后，给予赵某30万元好处费的行为，并非为了谋取不正当利益，亦不属于情节严重，不符合单位行贿罪的构成要件；物美集团在收购粤财公司所持泰康公司股份后，向李某某公司支付500万元系被索要，且不具有为谋取不正当利益而行贿的主观故意，亦不符合单位行贿罪的构成要件，故物美集团的行为不构成单位行贿罪，张文中作为物美集团直接负责的主管人员，对其亦不应以单位行贿罪追究刑事责任。原判认定物美集团及张文中的行为构成单位行贿罪，属于认定事实和适用法律错误，应当依法予以纠正。张文中与陈某某、田某某共谋，并利用陈某某职务上的便利，将陈某某所在泰康公司4 000万元资金转至卡斯特投资咨询中心股票交易账户进行营利活动的事实清楚，证据确实。但原判认定张文中挪用资金归个人使用、为个人谋利的事实不清、证据不足。故原判认定张文中的行为构成挪用资金罪，属于认定事实和适用法律错误，应当依法予以纠正。2018年5月30日，最高人民法院作出再审判决，撤销原一、二审判决，改判张文中、张伟春、物美集团无罪，原审判决已执行的罚金及追缴的财产，依法予以返还。

【典型意义】党的十八大以来，以习近平同志为核心的党中央践行以人民为中心的发展思想，大力加强产权保护，高度重视涉产权冤错案件的纠正工作。张文中案启动再审并改判无罪，充分体现了党中央依法平等保护包括非公有制经济在内的各种所有制经济产权，坚决消除影响民营企业生存发展的政策、法律和体制性障碍以及传统观念的束缚，毫不动摇地鼓励、支持、引导民营经济发展，努力打造法治化营商环境的坚强决心；也充分彰显了人民法院充分发挥审判职能作用，切实加强产权司法保护，坚持有错必纠的责任担当。对于依法妥善处理历史形成的涉产权案件，严格遵循罪刑法定、证据裁判、疑罪从无等法律原则，严禁把经济纠纷当作经济犯罪，把一般违法违规当作刑事犯罪来处理，切实保护企业家合法权益，促进经济社会持续健康发展，具有标杆性和重大现实意义。

三、宜宾丰源盐业有限公司延边分公司诉吉林省敦化市盐务管理局行政强制案

【基本案情】宜宾丰源盐业有限公司（以下简称宜宾公司）具有四川省盐业主管部门颁发的食盐批发许可证。2018年7月24日，宜宾公司在吉林省敦化市设立宜宾丰源盐业有限公司延边分公司（以下简称延边分公司），经营范围为多品种盐的批发、销售等。宜宾公司向吉林省盐务管理局告知了相关信息，延边分公司也将其营业执照、食品经营许可证、负责人身份证明等向吉林省敦化市盐务管理局（以下简称敦化市盐务局）报备。2018年8月间，延边分公司从宜宾公司批进食盐，此后向当地多家零售商店批量销售，并以该分公司名义

开具发票和销售配送单。2018 年 9 月 11 日，敦化市盐务局以延边分公司涉嫌无食盐批发许可证从事食盐批发业务，违反《食盐专营办法》为由，根据《中华人民共和国行政强制法》的相关规定，作出《查封（扣押）决定书》，对延边分公司存储的食盐予以查封扣押。2018 年 11 月 2 日，敦化市盐务局解除行政强制措施，将查封扣押财物退还。延边分公司提起诉讼，请求确认敦化市盐务局作出的《查封（扣押）决定书》违法。

【裁判结果】人民法院生效裁判认为，宜宾公司已经合法取得四川省盐业主管部门颁发的食盐批发许可证，延边分公司以总公司的行政许可跨省销售食盐不违反《食盐专营办法》的相关规定，亦符合《国务院关于印发盐业体制改革方案的通知》（国发〔2016〕25 号）等有关盐业体制改革的精神。敦化市盐务局以延边分公司未取得当地盐业主管部门的销售许可为由作出被诉行政强制措施，缺乏事实和法律依据，故判决确认敦化市盐务局作出的《查封（扣押）决定书》违法。

【典型意义】自 2014 年起，国家出台了一系列政策，对食盐生产、运输、销售行政许可等进行重大体制改革。国务院于 2016 年 4 月 22 日颁布的《国务院关于印发盐业体制改革方案的通知》，明确提出要释放市场活力，取消食盐产销区域限制。国家发展和改革委员会、工业和信息化部配套下发的相关文件进一步明确：从 2017 年 1 月 1 日开始，现有省级食盐批发企业、中国盐业总公司和取得食盐批发许可证的食盐定点生产企业可以开展跨省（自治区、直辖市）自主经营，食盐批发企业可以通过跨区“自建分公司”的形式进行食盐销售业务。《国务院关于印发盐业体制改革方案的通知》系国家有关盐业体制改革的政策文件，与《食盐专营办法》的立法宗旨一致。《食盐专营办法》等未明确要求食盐生产批发企业通过跨区“自建分公司”的形式进行食盐销售业务时，必须取得当地盐业主管部门另行颁发的行政许可。本案中，宜宾公司持有有效的食盐批发许可证。敦化市盐务局作出《查封（扣押）决定书》缺乏事实和法律依据，亦与国家盐业体制改革方向相悖。人民法院立足国家盐业体制改革大局，正确领会《国务院关于印发盐业体制改革方案的通知》精神，准确适用《食盐专营办法》，监督市场监管执法，破除盐业区域壁垒，有利于持续优化法治化营商环境，促进统一市场高效畅通。

四、如皋市金鼎置业有限公司、叶宏滨与吴良好等股东资格确认纠纷案

【基本案情】如皋市金鼎置业有限公司（以下简称金鼎公司）为有限责任公司（台港澳与内地合资），经营范围为房地产开发。2013 年，金鼎公司召开股东会，形成《金鼎公司股东会议纪要》，对金鼎公司实际股东及股权进行确认，即金鼎公司工商登记在叶宏滨和大地公司名下股权的实际股东及股权比例为：叶宏滨占股 52.5%、吴良好占股 20%……。叶宏滨同意将登记在其名下的金鼎公司股权，依照会议确认的比例分别转让给吴良好等实际股东。因叶宏滨、金鼎公司未办理股权变更登记，吴良好提起诉讼，要求叶宏滨将金鼎公司20%股权变更登记至其名下。

【裁判结果】江苏省南通市中级人民法院一审认为，叶宏滨与吴良好之间的股权转让行为有效。金鼎公司系合资企业，虽然根据修订前的《中华人民共和国中外合资经营企业法》规定，金鼎公司的股权变更需报经审批机关批准后方才生效，但修订后的《中华人民共和国中外合资经营企业法》规定，举办合营企业不涉及国家规定实施准入特别管理措施的，适用备案管理。涉案合资企业不在负面清单内，故案涉股权变更仅需向有关部门备案即可，并非经审批机关批准后才生效，叶宏滨、金鼎公司应当将叶宏滨持有的股权变更到吴良好名下。叶宏滨和金鼎公司不服一审判决，提起上诉。江苏省高级人民法院二审认为，虽然《金鼎公司股东会议纪要》形成于《中华人民共和国外商投资法》实施之前，但是金鼎公司并

不属于外商投资负面清单的管理范围。在全体股东已确认吴良好的实际出资人身份，且约定叶宏滨配合办理变更登记的情形下，叶宏滨、金鼎公司应当将叶宏滨持有的股权变更到吴良好名下，故判决驳回上诉，维持原判。

【典型意义】本案参照适用《中华人民共和国外商投资法》有关“准入前国民待遇加负面清单管理”的规定，以及有关对负面清单以外的领域“按照内外资一致的原则实施管理”的规定，明确以下规则：虽然相关投资行为发生在《中华人民共和国外商投资法》实施之前，但是外商投资企业不属于“负面清单”管理范围的，人民法院应当依照“给予国民待遇”和“内外资一致”原则，不需要征得外商投资审批机关同意才生效。本案对于统一外商投资相关法律适用，平等保护投资者合法权益，促进优化投资环境，具有积极作用。

五、天际国际集团公司（Skyline International Corp.）申请扣押“尼莉莎”轮（M/V NERISSA）案

【基本案情】因新加坡船东违约一船两卖，利比里亚申请人天际国际集团公司于伦敦仲裁前向青岛海事法院申请扣押约30万吨马绍尔群岛籍油轮“尼莉莎”轮，请求责令提供500万美元担保。青岛海事法院依法将该轮扣押于青岛港。该轮原定计划于青岛港卸下13万多吨原油后，继续前往天津卸剩余的15万多吨，如无法如期前往天津卸货，将产生滞期费3万美元/天，且将导致交付迟延、工厂停产。为避免损失扩大，防止引发连环纠纷，法院灵活适用《中华人民共和国海事诉讼特别程序法》第二十七条规定，准许被扣押外轮前往天津港卸货。

【裁判结果】2019年3月11日，青岛海事法院作出（2019）鲁72财保108号民事裁定，裁定如下：

一、准许天际国际集团公司提出的海事请求保全申请；

二、扣押“尼莉莎”轮船舶所有人和/或光船承租人所有或经营的停泊于青岛港（锚地）的马绍尔群岛籍“尼莉莎”轮；

三、责令船舶所有人和/或光船承租人提供美元500万元的现金担保或其他可靠担保；

四、天际国际集团公司应当在三十日内提起诉讼或者仲裁，逾期不起诉或者仲裁的，本院将解除海事请求保全。青岛海事法院于当日发出（2019）鲁72财保108号扣押船舶命令，将该轮扣押于青岛港。

2019年4月9日，青岛海事法院作出（2019）鲁72财保108号之一号民事裁定书，裁定如下：

一、准许离岸控股私人有限公司（Offshore Holding Company Pte.Ltd.）所有的马绍尔群岛籍“尼莉莎”轮继续营运，完成自中华人民共和国青岛港经天津港至秦皇岛港的航次；

二、将离岸控股私人有限公司所有的马绍尔群岛籍“尼莉莎”轮继续扣押于秦皇岛港。青岛海事法院于当日发出（2019）鲁72财保108号之一号扣押船舶命令，并于2019年4月20日将该轮继续扣押于秦皇岛港。后法院组织各方当事人调解成功。

【典型意义】本案系当事人拟就船舶买卖合同纠纷在伦敦提起仲裁前，向我国海事法院申请扣押船舶的案件。青岛海事法院根据船载货物的实际情况，准许该轮继续到目的港完成卸货，并成功促成当事人和解，继续履行原船舶买卖合同。当事人最终放弃伦敦仲裁，一揽子解决所有纠纷。该案的成功处理，为来自希腊、新加坡、印度、迪拜、巴西、中国等“一带一路”沿线国家、金砖国家的当事人和货主、租船人、抵押人等利害关系人避免了巨额损失，化解了连环诉讼风险。该案体现了我国海事法院积极推进矛盾纠纷源头治理、着力构建市场化法治化国际化营商环境、依法平等保护当事人合法权益的司法理念。案涉船舶买卖合同在法院调解下得以履行后，新船东特意将船名更名为“尊重”（RESPECT），向中国

法官和中国法治致以崇高的敬意。该案的成功处理，向国际社会充分展现了中国海事司法的良好国际形象，彰显了中国海事司法的国际公信力和影响力。

六、力帆实业（集团）股份有限公司及其10家全资子公司司法重整案

【基本案情】力帆实业（集团）股份有限公司（简称力帆股份）成立于1997年，2010年在上海证券交易所上市，是中国首家在A股上市的民营乘用车企业。力帆股份及其持有的10家全资子公司已形成主营汽车、摩托车及发动机产销的跨国性企业集团，曾十度入选中国企业500强，连续多年出口金额位居重庆市第一。然而，因汽车、摩托车行业深度转型，同时受战略投资亏损、内部管理不善等综合因素影响，力帆系企业自2017年起逐渐陷入经营和债务危机，主要资产被抵押、质押，主营业务基本处于停滞状态。2020年6月至7月，债权人以不能清偿到期债务且资产不足以清偿全部债务或明显缺乏清偿能力为由，向重庆市第五中级人民法院申请对力帆股份及其10家全资子公司实施重整。重庆市第五中级人民法院裁定受理了重整申请，并分别指定力帆系企业清算组为管理人。截至2020年评估基准日，力帆股份资产评估总值为38.4亿余元，同期截至2020年11月，债权人申报债权共计116.7亿余元，在假定破产清算状态下，力帆股份普通债权清偿率为12.65%。

【裁判结果】为维持企业营运价值，重庆市第五中级人民法院在受理重整申请后，决定力帆股份及10家子公司继续营业，同时从2020年8月开始，指导管理人发布重整投资人招募公告，经过严格审查，最终确定国有投资平台重庆两江股权投资基金管理有限公司和民营企业吉利迈捷投资有限公司组成的联合体，作为战略投资人。2020年11月，力帆股份及其出资人会议以及10家全资子公司债权人会议，均高票通过重整计划草案。重庆市第五中级人民法院批准重整计划。2021年2月，法院作出裁定，确认重整计划执行完毕并终结重整程序。

【典型意义】力帆系企业司法重整案，是国内首家汽摩行业上市公司司法重整案。通过司法重整，整体化解了企业危机，维护了6万余户中小投资者、5700余名职工的合法利益，保障了上下游产业链千余家企业的正常生产经营。重庆市第五中级人民法院在该案的司法重整中，充分发挥“府院”协调机制作用，创新采用“财务投资人+产业投资人”的模式引入战略投资，形成推动企业重生的双重“驱动力”：既为企业发展给予资金支持，又通过行业龙头企业导入新技术、新业态，将传统汽摩制造业升级为智能新能源汽车产业新生态，助力力帆股份产业转型升级，推动了民营企业高质量发展。之后，上海证券交易所撤销了对力帆股份（601777）退市风险警示及其他风险警示。力帆股份及10家子公司也都实现了扭亏为盈，全面实现企业脱困重生。

七、远大石化有限公司、吴向东操纵期货市场案

【基本案情】被告人吴向东时任被告单位远大石化有限公司董事长、法定代表人。被告单位远大石化有限公司经被告人吴向东召集会议决定，于2016年5月24日至8月31日间，利用其实际控制的18个账户通过以市场价大量连续买入开仓的手法，将资金优势转化为持仓优势。同时通过直接购买、代采代持、售后回购等方式大量囤积聚丙烯现货，制造聚丙烯需求旺盛氛围，以反作用影响期货市场，跨期货、现货市场操纵PP1609价格。被告单位远大石化有限公司违法所得共计人民币4.36亿余元，被告人吴向东违法所得共计人民币487万余元，涉案其他11个账户违法所得共计人民币1亿余元。案发后，被告单位远大石化有限公司退缴违法所得。

【裁判结果】辽宁省抚顺市中级人民法院认为，被告单位远大石化有限公司通过囤积现货影响期货品种市场行情等手段操纵期货市场，情节特别严重，其行为已构成操纵期货市场罪；被告人吴向东系直接负责的主管人员，其行为亦构成操纵期货市场罪，均应依法惩处。被告单位远大石化有限公司能够积极配合调查，并积极退缴违法所得，可以从轻处罚。被告人吴向东能够如实供述自己的罪行，构成坦白，可以依法从轻处罚。据此，依法以操纵期货市场罪对被告单位远大石化有限公司判处罚金人民币三亿元，对被告人吴向东判处有期徒刑五年，并处罚金五百万元；依法追缴被告单位远大石化有限公司违法所得人民币四亿余元，依法追缴被告人吴向东违法所得四百八一万余元，继续追缴涉案的其他11个账户违法所得。一审宣判后，被告单位远大石化有限公司及被告人吴向东均提出上诉。辽宁省高级人民法院作出二审裁定，驳回上诉，维持原判。

【典型意义】操纵证券、期货市场等犯罪，严重损害广大投资者合法权益，严重破坏证券、期货市场管理秩序，危害国家金融安全和资本市场健康稳定。本案中，被告单位通过直接采购、代采代持、售后回购等多种方式囤积现货，影响期货品种市场行情，并利用实际控制的多个期货账户，集中资金优势连续交易期货合约，操纵期货合约价格，情节特别严重，应依法严惩。法院根据被告单位、被告人的犯罪事实、性质、情节和社会危害程度，依法作出上述判决，充分贯彻宽严相济的刑事政策，也充分表明人民法院对金融领域犯罪“零容忍”的态度和立场，对增强资本市场各类主体和投资者法治意识、预防违法犯罪具有重要警示教育作用。

八、“驾校联营”横向垄断协议纠纷案

【基本案情】浙江省台州市路桥区15家汽车驾驶培训单位签订联营协议及自律公约，约定共同出资设立联营公司即台州市路桥区浙东驾驶员培训服务有限公司（以下简称浙东公司），固定驾驶培训服务价格、限制驾驶培训机构间的教练车辆及教练员流动，涉案15家驾培单位原先分散的辅助性服务（如报名、体检、制卡等）均由浙东公司统一在同一现场处理，浙东公司收取服务费850元。联营协议第三条具体约定了联营公司设立的注册资本与股本结构。涉案15家驾培单位中的台州市路桥吉利机动车驾驶培训有限公司（以下简称吉利公司）、台州市路桥区承融驾驶员培训有限公司（以下简称承融公司）以该15家单位构成垄断经营为由，诉至法院，请求确认联营协议及自律公约无效。

【裁判结果】一审法院认为，浙东公司统一处理原先分散的辅助性服务，可提高服务质量、降低成本、增进效率，其收取服务费850元并无不当，有关股本结构条款和服务收费条款可以依法适用反垄断豁免，故一审判决仅确认涉案联营协议及自律公约中构成横向垄断协议的条款无效。吉利公司等不服，向最高人民法院提起上诉，请求改判确认联营协议中股本结构条款和服务收费条款无效。最高人民法院二审认为，达成垄断协议的经营者主张适用垄断豁免的，应当提供充分证据证明其符合有关法定情形，不得在缺乏证据支持的情况下仅仅依据一般性推测或者抽象推定垄断豁免抗辩成立。违反《中华人民共和国反垄断法》关于横向垄断协议规定的合同条款，与横向垄断协议条款紧密联系的条款，以及服务于横向垄断协议行为实施的条款均应属无效，否则不足以消除和降低垄断行为风险。最高人民法院二审判决，撤销一审判决，确认涉案联营协议及自律公约全部无效。

【典型意义】该案是典型的横向垄断纠纷案件。最高人民法院通过裁判澄清了横向垄断协议豁免事由的适用标准，阐明了违反《中华人民共和国反垄断法》的横向垄断协议应归于无效的一般原则，且无效范围不限于横向垄断协议条款本身，还包括与之具有紧密关联、缺乏独立存在意义的条款和服务于横向垄断协议行为实施的条款。该案裁判有力维护了市场公平竞争秩序，有利于

从源头上制止垄断行为。

九、丹东天茂气体有限公司诉辽宁省市场监督管理局行政处罚及国家市场监督管理总局行政复议案

【基本案情】2018年4月11日，辽宁省市场监督管理局对丹东天茂气体有限公司（以下简称天茂公司）作出《行政处罚决定书》，认定该公司于2017年7月29日参加了丹东市另一气体有限公司组织的聚会，与会气体企业对《丹东市气体行业协会市场销售标准》进行了讨论，就40升瓶装工业氧气市场销售价格达成一致意见。自2017年8月2日开始，该公司采取下发《调价通知单》、销售人员直接告知等形式，通知客户调整40升瓶装工业氧气价格，实施相关产品的串通价格。相关10家气体企业通过相互价格串通，在丹东市所辖振安区、振兴区、元宝区、东港市范围内共同操纵了40升瓶装工业氧气的市场销售价格，造成相关地域工业氧气价格普遍上涨。该公司的行为违反了《中华人民共和国价格法》第十四条的规定，故责令该公司立即改正上述价格违法行为，并决定罚款12万元。该公司不服，向国家市场监督管理总局申请行政复议。2018年7月26日，国家市场监督管理总局作出《行政复议决定书》，维持上述处罚决定。该公司提起诉讼，请求撤销上述行政处罚决定及行政复议决定。

【裁判结果】人民法院生效判决认为，依照《中华人民共和国价格法》第六条、第七条、第八条及第十四条第一项的规定，除适用政府指导价或者政府定价外，经营者对其所经营的商品具有自主定价权。经营者自主定价，应当遵循公平、合法和诚实信用原则，以生产经营成本及市场供求状况为据进行。不得相互串通，操纵市场价格，损害其他经营者或者消费者的合法权益。本案中，天茂公司参加了丹东市另一气体有限公司组织的聚会，与会企业讨论涉案气体产品价格并形成一致意见、会后上调涉案气体产品价格等事实存在。该公司与其他9家气体企业串通，导致当地涉案气体产品价格普遍上涨。该公司的行为违反了《中华人民共和国价格法》第十四条第一项的规定，依法应予处罚。辽宁省市场监督管理局作出的行政处罚决定及国家市场监督管理总局作出的行政复议决定认定事实清楚、适用法律正确、程序合法，故判决驳回天茂公司的诉讼请求。

【典型意义】本案系人民法院依法支持市场监管部门强化统一市场监管执法的典型案例。涉案气体易燃易爆，具有危化属性，需危险货物专用车辆运输，且需办理多项行政审批手续，经营者数量有限、市场进入壁垒高及本地化特征明显。当地的涉案气体产品经营者数量者有限。天茂公司与其他9家气体企业实施价格串通，直接导致当地涉案气体产品价格普遍上涨，扰乱市场竞争秩序，损害气体用户的合法权益。人民法院在案件办理中，全面查清事实、准确适用法律，依法支持市场监管部门查处垄断及妨碍公平竞争行为，有利于维护市场竞争秩序，促进商品资源要素在统一大市场畅通流动。

十、王力军非法经营再审改判无罪案

【基本案情】内蒙古自治区巴彦淖尔市临河区人民法院一审认定，2014年11月13日至2015年1月20日，被告人王力军未办理粮食收购许可证，未经工商行政管理机关核准登记并颁发营业执照，违法收购玉米卖给粮库，非法经营数额218288.6元，非法获利6000元。一审法院认为，被告人王力军违反国家法律和行政法规规定，未经粮食主管部门许可及工商行政管理机关核准登记并颁发营业执照，非法收购玉米，非法经营数额218288.6元，数额较大，其行为构成非法经营罪。鉴于王力军案发后主动到公安机关投案自首，主动退缴全部违法所得，有悔罪表现，对其适用缓刑确实不致再危害社会，决定对王力军依法从轻处罚并适用缓刑。该院于2016年4月15日作出（2016）内0802刑初54号刑事判决，以王力军犯非法经营罪，判处其有期徒刑一年，缓刑二年，并

处罚金人民币二万元。宣判后，王力军未上诉，检察机关未抗诉，判决发生法律效力。

王大军收购玉米被以非法经营罪判刑后，引起了舆论争议。最高人民法院主动对本案进行了复查，并依照《中华人民共和国刑事诉讼法》第二百四十三条第二款之规定作出再审决定，指令内蒙古自治区巴彦淖尔市中级人民法院对本案进行再审。

【裁判结果】内蒙古自治区巴彦淖尔市中级人民法院再审认为，原判决认定的原审被告人王力军于2014年11月至2015年1月期间，没有办理粮食收购许可证及工商营业执照买卖玉米的事实清楚，其行为违反了当时的国家粮食流通管理有关规定，但尚未达到严重扰乱市场秩序的危害程度，不具备与《中华人民共和国刑法》第二百二十五条规定的非法经营罪相当的社会危害性和刑事处罚必要性，不构成非法经营罪。原审判决认定王力军构成非法经营罪适用法律错误。该院于2017年2月14日作出再审判决，撤销内蒙古自治区巴彦淖尔市临河区人民法院（2016）内0802刑初54号刑事判决，改判王力军无罪。

【典型意义】本案由最高人民法院依职权主动指令再审，表明人民法院对公民权利的积极保护，并通过案件审理推动了相关法规的修订，2016年9月14日国家粮食局印发《粮食收购资格审核管理办法》，规定农民、粮食经纪人、农贸市场粮食交易者等从事粮食收购活动，无需办理粮食收购资格。本案对破解地方粮食流通体制障碍，鼓励农民等多元市场主体入市收购粮食，推动解决一些地方粮食连年增产背景下农民“卖粮难”问题，切实保障农民利益和市场稳定，依法服务农业供给侧结构性改革都具有重要意义。本案入选“2017年推动法治进程十大案件”。

（载中华人民共和国最高人民法院网）

8月24日

人民法院重点打击六类养老诈骗犯罪典型案例

党的十八大以来，以习近平同志为核心的党中央高度重视养老事业，对老年人特别关心爱护。经党中央批准，由平安建设协调小组牵头，在全国范围组织开展为期半年的打击整治养老诈骗专项行动。这次专项行动的打击范围是以“养老”为名、通过欺骗手段侵害老年人合法权益的各类犯罪，重点打击以提供“养老服务”、投资“养老项目”、销售“养老产品”、宣称“以房养老”、代办“养老保险”、开展“养老帮扶”等为名侵害老年人合法权益的六类犯罪。为依法有效推进打击整治养老诈骗专项行动，最高人民法院今天发布6件养老诈骗犯罪典型案例，进一步明确六类重点打击犯罪的表现形式，揭露养老诈骗“套路”手段及其危害，帮助老年人提高法治意识和识骗防骗能力，最大限度挤压“行骗空间”。这些案例充分体现了宽严相济的刑事政策，表明了人民法院依法从严惩处养老诈骗犯罪的态度和立场，展现了人民法院以实际行动维护老年人合法权益，促进老年事业产业健康发展，维护政治社会环境安全稳定的责任与担当。

案例一

肖开俊、陈荣集资诈骗案
以提供“养老服务”为名实施非法集资犯罪

【基本案情】被告人肖开俊，男，汉族，1981年11月1日出生。被告人陈荣，男，汉族，1971年1月6日出生。

2016年6月，被告人肖开俊、陈荣与蔡新（已判刑）共谋以开展养老服务之名实施非法集资，先后成立自贡益寿园养老服务有限公司、四川归然养老服务有限公司，并在自贡市、内江市、攀枝花市等地设立分公司或营业网点。三人明知公司无融资资质，“养老基地”不可能建成使用，仍安排融资团队以养老服务名义，采取打电话、发传单、推介会、口口相传等方式，辅以发礼品、参观“养老基地”等手段，在自贡市等地公开集资，承诺支付每月1%—3%的固定收益、享有养老基地优先居住权和折扣及期满后返还本金，与集资参与人签订《预存消费协议》《预存合同》等，收取预存消费款，共吸收189名老年人562万余元。融资团队从集资款中提成45%—50%，其余除用于公司运转外，被肖开俊、陈荣和蔡新等人分赃。

【裁判结果】本案由四川省自贡市自流井区人民法院一审，四川省自贡市中级人民法院二审。法院认为，被告人肖开俊、陈荣伙同他人以非法占有为目的，以诈骗方法非法集资，数额特别巨大，其行为均已构成集资诈骗罪。肖开俊、陈荣在共同犯罪中起主要作用，系主犯，应当按照其所参与的或者组织、指挥的全部犯罪处罚。二人归案后如实供述主要犯罪事实，依法可以从轻处罚。据此，以集资诈骗罪判处肖开俊有期徒刑十三年，并处罚金人民币二十万元；判处陈荣有期徒刑十二年六个月，并处罚金人民币二十万

元；责令肖开俊、陈荣退赔集资参与人经济损失。

【典型意义】本案是以提供“养老服务”为名侵害老年人合法权益的典型犯罪案件，该类犯罪主要表现为以预售养老床位、虚构养老服务项目等名义，通过办理会员卡、明显超过床位供给能力承诺服务、预交养老服务费用等手段，诈骗老年人钱财。被告人肖开俊、陈荣利用老年人寻求养老保障的心理，承诺高息回报、享受床位优先居住权、入住打折等，诱骗老年人大额预存消费投资，实施非法集资。二被告人明知“养老基地”不可能建成使用，将集资款的45%—50%用于融资团队提成，并按比例分赃，集资款未用于投资建设“养老基地”，具有明显的非法占有目的。一、二审法院以集资诈骗罪对二被告人定罪处罚，于法有据。人民法院提示广大老年人选择具有正规资质的养老服务机构，发现犯罪分子以“养老服务”进行非法集资的，要不听、不信、不参与，并及时向有关部门提供线索。同时，相关部门要规范养老服务行业准入，加强行业监管，保障养老服务行业健康发展，为广大老年人安享幸福晚年营造良好环境。

案例二

鲁鹏非法吸收公众存款案
以投资“养老项目”为名实施非法集资犯罪

【基本案情】被告人鲁鹏，男，汉族，1993年1月13日出生。2016年4月，被告人鲁鹏和鲁光明（另案处理）注册成立乐平市太阳山老年事业发展有限公司(以下简称太阳山老年公司),鲁鹏为法定代表人。2016年8月至2017年11月，鲁鹏未经有关部门批准，借用太阳山老年公司名义，通过发放宣传单、召开推介会等方式，公开宣传交费后可以享受老年公寓住房优惠，并承诺以高额福利消费卡、货币等方式返本付息，非法吸收51名老年人165万余元。所吸收资金被鲁鹏、鲁光明用于消费支出、提现支取或挪作他用。案发后，涉案公司账上余款、委托其他公司代管资金及老年公寓内物品折价转让费共56万余元退还集资参与人。

【裁判结果】本案由江西省乐平市人民法院一审，江西省景德镇市中级人民法院二审。法院认为，被告人鲁鹏违反国家金融管理法律规定，通过发宣传单、开推介会等途径公开宣传，并承诺在一定期限内还本付息，向社会不特定老年对象吸收资金，数额巨大，其行为已构成非法吸收公众存款罪。鲁鹏如实供述所犯罪行，愿意接受处罚，可以从轻处罚。案发后退缴了部分赃款，可作为量刑情节酌情考虑。据此，依法以非法吸收公众存款罪判处鲁鹏有期徒刑四年，并处罚金人民币五万元；继续追缴鲁鹏尚未足额退赔的违法所得，退赔各集资参与人。

【典型意义】本案是以投资“养老项目”为名侵害老年人合法权益的典型犯罪案件，该类犯罪主要表现为以开办养老院、购买养老公寓、入股养生基地等为由，以售后定期返点、高额分红为诱饵，诱骗老年人参与投资。开办养老院、养老公寓等“养老项目”关系到老年人晚年幸福生活，国家出台政策予以扶持，但一些“养老项目”监管还存在滞后，犯罪分子打着投资养老公寓、入股养生基地等幌子，诱骗老年人投资，骗取老年人钱财。被告人鲁鹏以承诺高额福利消费卡、货币等返本付息为幌子，引诱老年人投资太阳山老年公司“养老公寓”项目，实施非法集资，最终造成51名老年人的“养老钱”遭受损失，部分老年人因基本生活无法得到保障而经常懊恼自责，诱发了各种疾病，身心健康受到极大摧残，破坏家庭和谐、社会稳定。人民法院针对发现的行业监管漏洞和风险隐患，向当地市场监督管理部门发送司法建议书，建议加强营业执照办理和企业日常经营活动监管，有力促进行业源头治理。人民法院提示老年人要谨慎投资高额返利项目，多与子女沟通商量，投资“养老项目”时要“三看一抵制”：一看“养老项目”是否有登记、备案，二看“养老项目”是否真实合法，三看“养老项目”收益是否符合市场规律；抵制高利诱惑，拒绝非法集资，捂紧“钱袋子”。

案例三

徐正等人诈骗案
以销售“养老产品”为名实施诈骗犯罪

【基本案情】被告人徐正，男，汉族，1981年10月21日出生。被告人周金鹏，男，汉族，1988年5月8日出生。（其他被告人身份情况略）

2018年初，被告人徐正、周金鹏与他人购买富乾汇文化传播有限公司，徐正、周金鹏安排沈燕娟等14人，在公司销售所谓的纪念币（章）、玉石、书画作品等“藏品”，派发传单进行广告宣传，赠送小礼品等方式吸引不特定人到公司后，虚假宣传公司系国有企业授权销售方，谎称购买“藏品”可享有国家补贴，虚构“藏品”系限量供应、在市场上具有稀缺性、具有较高的价值及短期升值空间、“藏品”升值后由公司提供途径帮助销售实现盈利等事实，隐瞒纪念币（章）、玉石、书画作品等“藏品”实际价值及并无稀缺性的真相，欺骗被害人购买纪念币（章）、玉石、书画作品等“藏品”，向被害人开具虚假“收藏品全国统一专用收藏票”。截至案发，徐正等人骗取46名被害人（大部分为老年人）379万余元。

【裁判结果】本案由江苏省常州市新北区人民法院一审，江苏省常州市中级人民法院二审。法院认为，被告人徐正、周金鹏等人以非法占有为目的，通过虚构事实、隐瞒真相的手段，骗取他人财物，数额特别巨大，其行为均已构成诈骗罪。徐正、周金鹏在共同犯罪中起主要作用，系主犯，应当按照其所参与的全部犯罪处罚。周金鹏如实供述所犯罪行，可从轻处罚。据此，依法以诈骗罪判处徐正有期徒刑十二年，并处罚金人民币二十万元；判处周金鹏有期徒刑十年六个月，并处罚金人民币十五万元。（其他判项略）

【典型意义】本案是以销售“养老产品”为名侵害老年人合法权益的典型犯罪案件，该类犯罪主要表现为通过提供免费或低价旅游观光、情感陪护、虚假宣传等手段，采取免费发放礼品、商品回购、寄存代售、消费返利、会议营销、养生讲座等方式，诱骗老年人购买价格虚高的保健品、食品、药品、医疗器械、收藏品或者假冒伪劣产品等。我国老龄人口规模不断增长，已步入中度老龄化社会，犯罪分子瞄准规模庞大的老年群体实施养老诈骗。被告人徐正等人谎称公司系国有企业授权销售方，获取老年人信任，抓住老年人识别鉴定能力较弱的特点，鼓吹收藏品增值空间大、投资利润丰厚，使老年人相信收藏品投资能够提供养老保障、消除养老后顾之忧，诱骗老年人高价购买廉价批发的收藏品，骗取钱财。人民法院提示老年人投资消费要冷静，绷紧防范意识这根弦，不轻信电话、网络、电视推销，认准正规的收藏投资渠道，特别是要谨防所谓“高额返利”“高价回购”等宣传，防止陷入骗子的套路，守护好自己的“养老钱”。

案例四

沈移平集资诈骗、顾乃祥非法吸收公众存款案
以宣称“以房养老”为名实施非法集资犯罪

【基本案情】被告人沈移平，男，汉族，1967年3月9日出生。被告人顾乃祥，男，汉族，1958年7月25日出生。2015年1月至2017年11月，被告人沈移平先后成立、收购上海俐煜金融服务信息有限公司（以下简称俐煜公司）、上海灿宏融资租赁有限公司（以下简称灿宏公司），以投资经营德国米拉山奶粉、长青发公司等项目为幌子，以承诺高息回报为诱饵，通过借款方式向社会公众募集资金。2016年下半年，沈移平推出“以房养老”项目，引诱投资客户将房产抵押给小额

贷款公司获取抵押款，再将抵押款转投灿宏公司。被告人顾乃祥为获取好处费，明知沈移平通过俐煜公司、灿宏公司向社会不特定公众吸收资金，而引诱并帮助老年客户将房产抵押给小额贷款公司获取抵押款，再将抵押款转借给沈移平。截止案发，沈移平共计吸收资金2.98亿余元，造成集资参与人经济损失1.68亿余元。顾乃祥参与房产抵押17套，帮助沈移平吸收资金5450万元，未兑付总额5006万余元。顾乃祥投案后家属退缴2954万余元。

【裁判结果】被告人沈移平集资诈骗案由上海市第二中级人民法院一审，宣判后，在法定期限内没有上诉、抗诉，原判已发生法律效力。被告人顾乃祥非法吸收公众存款案由上海市静安区人民法院一审，上海市第二中级人民法院二审。

法院认为，被告人沈移平与他人结伙以非法占有为目的，以诈骗方法非法集资，数额特别巨大，其行为已构成集资诈骗罪。被告人顾乃祥违反国家金融管理法律规定，非法吸收公众存款，数额巨大，其行为已构成非法吸收公众存款罪。顾乃祥在共同犯罪中起次要作用，系从犯，应从轻处罚。顾乃祥虽自动投案，但未如实供述所犯罪行，不构成自首。顾乃祥家属退出2954万余元，可对顾乃祥从轻处罚。据此，依法以集资诈骗罪判处沈移平无期徒刑，剥夺政治权利终身，并处没收个人全部财产；违法所得予以追缴，不足部分责令继续退赔。以非法吸收公众存款罪判处顾乃祥有期徒刑三年四个月，并处罚金人民币五万元；责令顾乃祥退赔违法所得，连同已冻结的钱款，按比例发还各集资参与人。

【典型意义】本案是以宣称“以房养老”为名侵害老年人合法权益的典型犯罪案件，该类犯罪主要表现为以“房本在家无用”“不耽误自住或出租”等类似话术为借口，诱骗老年人签订房产抵押担保的借贷合同或相关协议，将抵押房屋获得的资金购买其推介的所谓理财产品，借助诉讼、仲裁、公证等手段，非法占有老年人房屋。“以房养老”作为解决人口老龄化问题，缓解社会及家庭养老压力的可行方式，引起了社会广泛关注。然而，很多不法分子打着国家政策的旗号，营造“养老恐慌”，利用老年人金融防范意识较差的特点，恶意设套，借“以房养老”实施非法集资。被告人沈移平、顾乃祥诱使老年人抵押房屋以获得资金，再购买所谓高收益理财产品，最终因理财公司资金链断裂，房屋被行使抵押权，老年人落得“钱房两空”。人民法院根据案件事实、情节以及二人在共同犯罪中的地位和作用，分别以集资诈骗罪、非法吸收公众存款罪对沈移平、顾乃祥定罪处罚，充分体现了宽严相济的刑事政策，罚当其罪。人民法院提示老年人增强金融风险防范意识，投资理财时不要盲目被高收益诱惑，同时子女也要关心、照顾老人，国家、社会、家庭和个人联动起来，最大限度挤压犯罪分子“行骗空间”，让养老诈骗无处遁形，守护老年人幸福晚年。

案例五

李晓雷诈骗案
以代办“养老保险”为名实施诈骗犯罪

【基本案情】被告人李晓雷，男，汉族，1988年9月12日出生。被告人李晓雷原系乡镇社保部门临时工作人员，后被开除。2018年，李晓雷结识王飞（另案处理），王飞得知李晓雷曾在社保部门工作，提出帮忙办理城镇职工养老保险的请求。李晓雷明知无能力帮助他人办理补交职工养老保险，仍谎称可通过挂靠企业的方式办理，并通过王飞介绍，以帮助他人办理职工养老保险、可领取职工养老保险金等为名，先后骗取包括多名老年人在内的8名被害人107万余元，所骗钱款除极少数为被害人缴纳灵活就业保险以获取被害人信任外，其余均用于个人挥霍。案发后，王飞退赔部分被害人经济损失。

【裁判结果】本案由山东省青州市人民法院

一审。宣判后，在法定期限内没有上诉、抗诉，原判已发生法律效力。法院认为，被告人李晓雷以非法占有为目的，采用虚构事实、隐瞒真相方法骗取他人财物，数额特别巨大，其行为已构成诈骗罪，应予惩处。李晓雷如实供述主要犯罪事实，可从轻处罚；当庭认罪认罚，可从宽处罚。部分被害人损失已得到挽回，可酌情从轻处罚。据此，依法以诈骗罪判处李晓雷有期徒刑十一年，并处罚金人民币十万元；责令李晓雷继续退赔各被害人的经济损失。

【典型意义】本案是以代办“养老保险”为名侵害老年人合法权益的典型犯罪案件，该类犯罪主要表现为谎称认识社保局等部门工作人员或者冒充银行、保险机构工作人员，可以代办“提前退休”“养老保险”等，骗取老年人的保险费、材料费、好处费等。职工基本养老保险是符合我国国情，保障社会保险制度健康持续发展和实现“老有所养”的重要制度。一些犯罪分子利用老年人不了解相关政策规定，以有关系代办、违规办理“养老保险”为名，对老年人实施诈骗犯罪。本案中，被害人本应通过当地人社部门咨询了解相关办理城镇职工养老保险的政策条件，但其认为“找关系”更加顺利和省钱，将保险费交由被告人代办，最终导致钱款被骗、个人养老保险断缴的后果。人民法院在审理中发现，相关部门在养老保险政策宣传以及业务办理等方面存在薄弱环节，先后向当地相关部门发送司法建议，建议加大社会保障政策的宣传力度，加强和完善社会保险代缴业务管理。人民法院提示老年人在办理养老、医疗保险时，应通过相关部门、网站、社区、村委会等了解国家和当地政策规定，到相关部门按照程序依规办理，不要轻易相信他人能代办养老保险而把费用交给他人；明知不符合办理条件的不要企图通过“找关系”“走后门”方式违规办理，不要轻信通过熟人可以省钱等谎言，避免让犯罪分子有机可乘。

案例六

李建涛诈骗案
以开展“养老帮扶”为名实施诈骗犯罪

【基本案情】被告人李建涛，男，汉族，1972年8月17日出生。2017年2月底至10月，被告人李建涛以其担任法定代表人的北京天康通健心脑血管疾病研究所有限公司为依托，伙同杨琳、贾文山、王伟、张玫、苏秀荣等人（均另案处理）为实施诈骗组成较为固定的犯罪组织，在北京市石景山区、丰台区等地，引诱老年人参加“健康讲座、免费健康咨询”活动，谎称贾文山、张玫、苏秀荣为中国人民解放军总医院、空军总医院、北京医院、北京协和医院等知名医院的专家，骗取被害人信任，并以现场看病、开药的方式，将低价购进的保健品“百邦牌天元胶囊”“百邦牌银杏丹葛胶囊”当作特效药品高价销售给被害人。杨琳、贾文山、王伟等人通过上述方式，骗取翟宝才等124名被害人93.74万元。李建涛家属代为退缴40万元。

【裁判结果】本案由北京市石景山区人民法院一审，北京市第一中级人民法院二审。法院认为，被告人李建涛以非法占有为目的，伙同他人通过虚构事实、隐瞒真相的手段，骗取多名被害人财物，数额特别巨大，其行为已构成诈骗罪，应依法惩处。李建涛伙同杨琳、贾文山、王伟、张玫等十余人，为实施犯罪而组成较为固定的犯罪组织，是犯罪集团。李建涛系组织、领导犯罪集团的首要分子，应按照集团所犯的全部罪行处罚。李建涛等人诈骗老年人的财物，酌情从重处罚；李建涛主动退缴部分赃款，可酌情从轻处罚。据此，依法以诈骗罪判处李建涛有期徒刑十二年，剥夺政治权利二年，并处罚金人民币十二万元；在案扣押的人民币四十万元，按比例分别发还各被害人；责令李建涛继续退赔各被害人经济损失。

【典型意义】本案是以开展“养老帮扶”为名侵害老年人合法权益的典型犯罪案件，该类犯罪主要表现为假借义务诊疗、心理关爱、直播陪护、慈善捐助、志愿服务、组织文化活动等形式获得老年人的信任，对老年人实施诈骗。被告人李建涛等人为实施犯罪专门成立公司，在互联网低价购进保健品，招募大量业务员，以免费医疗咨询、义务诊疗等噱头拉拢老年人参加讲座，冒充知名三甲医院的名医在讲座中为老年人“号脉”“看病”等，将通过拉家常、聊天方式提前了解的老年人身体状况及病情记录，伪装成通过“号脉”得知，获取老年人信任后夸大病情、虚构保健品为特效药品，高价出售给老年人，骗取老年人钱款。该犯罪集团流窜作案，犯罪时间长、手段隐蔽，社会危害巨大，部分老年人因听信所谓名医建议中断原本服用的正常药物，延误正常治疗，造成严重后果。李建涛系犯罪集团首要分子，该犯罪集团针对老年人实施犯罪，人民法院按照犯罪集团所犯全部罪行对李建涛从重处罚，充分体现了从严惩处养老诈骗犯罪的精神。人民法院提示老年人就医需到正规医院，切莫病急乱投医，不要轻信所谓免费讲座、免费诊疗，更不要高价购买非正规药品、保健品，避免上当受骗。

（载中华人民共和国最高人民法院网）

9月22日

人民法院依法惩治金融犯罪典型案例

案例 1

“e 租宝”集资诈骗、非法吸收公众存款案 借互联网金融名义实施非法集资犯罪

【基本案情】被告单位安徽钰诚控股集团。被告单位钰诚国际控股集团有限公司。被告人丁宁，男，汉族，1982 年 7 月 11 日出生。被告人丁甸，男，汉族，1987 年 6 月 24 日出生。其他被告人身份情况，略。

被告单位安徽钰诚控股集团、钰诚国际控股集团有限公司于 2014 年 6 月至 2015 年 12 月间，在不具有银行业金融机构资质的前提下，利用“e 租宝”平台、芝麻金融平台发布虚假融资租赁债权项目及个人债权项目，包装成“e 租年享”“年安丰裕”等若干理财产品进行销售，以承诺还本付息等为诱饵，通过电视台、网络、散发传单等途径向社会公开宣传，向 115 万余人非法吸收资金 762 亿余元。其中，大部分集资款被用于返还集资本息、收购线下销售公司等平台运营支出，或被挥霍以及用于其他违法犯罪活动，造成集资款损失 380 亿余元。此外，钰诚国际控股集团有限公司、丁宁等人还走私贵重金属、非法持有枪支、偷越国境。

【裁判结果】本案由北京市第一中级人民法院一审，北京市高级人民法院二审。

法院认为，被告单位安徽钰诚控股集团、钰诚国际控股集团有限公司及被告人丁宁、丁甸、张敏等 10 人以非法占有为目的，使用诈骗方法非法集资，其行为均已构成集资诈骗罪；被告人王之焕等 16 人违反国家金融管理法律规定，变相吸收公众存款，其行为均已构成非法吸收公众存款罪。二被告单位以及丁宁等被告人的非法集资行为，犯罪数额特别巨大，造成全国多地集资参与人巨额财产损失，严重扰乱国家金融管理秩序，犯罪情节、后果特别严重，应依法惩处。据此，依法以集资诈骗罪、走私贵重金属罪判处被告单位钰诚国际控股集团有限公司罚金人民币十八亿零三百万元；以

集资诈骗罪判处安徽钰诚控股集团罚金人民币一亿元；以集资诈骗罪、走私贵重金属罪、非法持有枪支罪、偷越国境罪判处丁宁无期徒刑，剥夺政治权利终身，并处没收个人财产五十万元，罚金人民币一亿零一万元；以集资诈骗罪判处丁甸无期徒刑，剥夺政治权利终身，并处罚金人民币七千万元。分别以集资诈骗罪、非法吸收公众存款罪、走私贵重金属罪、偷越国境罪，对张敏等 24 人判处有期徒刑十五年至三年不等刑罚，并处剥夺政治权利及罚金。在案扣押、冻结款项分别按比例发还集资参与人；在案查封、扣押的房产、车辆、股权、物品等变价后发还集资参与人，不足部分继续责令退赔并按照同等原则分别发还。

【典型意义】本案是利用互联网金融模式实施非法集资犯罪的典型案例。被告单位安徽钰诚控股集团、钰诚国际控股集团有限公司打着“金融创新”的旗号，依托互联网金融平台，以互联网金融创新、虚拟货币投资、网络借贷等为幌子，以高额利息为诱饵，虚构融资租赁项目，持续采用借旧还新、自我担保等方式进行非法集资活动，是一个彻头彻尾的“庞氏骗局”。本案涉案数额特别巨大，涉及众多集资参与人，造成集资参与人巨额经济损失，严重损害投资者合法权益，严重危害国家金融安全，犯罪情节、后果特别严重，应依法严惩。法院以集资诈骗罪判处被告人丁宁、丁甸无期徒刑，并判处被告单位安徽钰诚控股集团、钰诚国际控股集团有限公司巨额罚金，充分体现了从严惩处的精神。

案例 2

“昆明泛亚”非法吸收公众存款案
借用合法经营形式实施非法集资犯罪

【基本案情】被告单位昆明泛亚有色金属交易所股份有限公司（以下简称昆明泛亚公司）。被告单位云南天浩稀贵金属股份有限公司（以下简称云南天浩稀贵公司）。被告人单九良，男，汉族，1964 年 5 月 4 日出生。其他被告单位、被告人身份情况，略。

2011 年 11 月至 2015 年 8 月间，被告单位昆明泛亚公司董事长、总经理（总裁）单九良与主管人员郭枫、王飚经商议策划，违反国家金融管理法律规定，以稀有金属买卖融资融货为名推行“委托受托”业务，向社会公开宣传，承诺给付固定回报，诱使社会公众投资，变相吸收巨额公众存款。被告单位云南天浩稀贵公司等 3 家公司及被告人钱军等人明知昆明泛亚公司非法吸收公众存款而帮助其向社会公众吸收资金。昆明泛亚公司非法吸收公众存款 1678 亿余元，涉及集资参与人 13 万余人，造成 338 亿余元无法偿还。此外，单九良、杨国红还在经营、管理昆明泛亚公司期间，利用职务之便，单独或共同将公司财物占为已有。

【裁判结果】本案由云南省昆明市中级人民法院一审，云南省高级人民法院二审。

法院认为，被告单位昆明泛亚公司等 4 家公司、被告人单九良等 21 人违反国家金融管理法律规定，变相吸收公众存款，数额巨大，其行为均已构成非法吸收公众存款罪；单九良、杨国红利用职务便利，非法将本单位财物据为己有，数额巨大，其行为构成职务侵占罪，均应依法惩处。据此，以非法吸收公众存款罪判处昆明泛亚公司罚金人民币十亿元，分别判处云南天浩稀贵公司等 3 家被告单位罚金人民币五亿元、五千万元和五百万元；以非法吸收公众存款罪、职务侵占罪判处单九良有期徒刑十八年，并处没收个人财产人民币五千万元，罚金人民币五十万元。对其他被告人分别依法追究相应刑事责任。查封、扣押、冻结的涉案财物依法处置，按比例发还集资参与人；违法所得继续予以追缴，不足部分责令继续退赔，并按同等原则发还集资参与人。

【典型意义】本案是借用合法经营的形式实施非法集资犯罪的典型案例。本案中，作为合法设立的被告单位昆明泛亚公司，以“稀有金属买卖融资融货”为名，推行“委托交割受托申报”“受托委托”业务，将其打造为类金融交易所机构，伙同部分金属生产、销售实体企业在泛亚交易平台上制造虚假资金需求、营造交易火爆假象，借助大型网络媒介、电视电话、经济学者咨询会、户外广告，甚至在银行柜台展示等途径，包装成收益与金属涨跌无关、资金随进随出的类金融理财产品，诱使社会公众投资，形成大量资金沉淀，并控制、分配沉淀资金，实现变相吸收公众存款的目的，其行为符合非法吸收公众存款罪的构成要件,依法应当追究刑事责任。本案警示各类公司、企业要依法依规经营，切莫借用合法经营的形式实施违法犯罪活动，否则，必然受到法律的制裁。

案例 3

上海“阜兴”集资诈骗案 持牌私募机构以发行私募基金为名实施非法集资犯罪

【基本案情】被告单位上海阜兴实业集团有限公司(以下简称阜兴集团)。被告人朱一栋，男，汉族，1982 年 2 月 25 日出生。被告人赵卓权，男，汉族，1982 年 9 月 21 日出生。其他被告人身份情况，略。

2014 年 9 月起，被告人朱一栋、赵卓权等人决定阜兴集团开展融资业务，使用虚构投资标的、夸大投资项目价值、向社会公开宣传等方式，并以高收益、承诺到期还本付息等为诱饵，设计销售债权类、私募基金类等理财产品，向社会公众非法集资，并发新还旧，不断扩大资金规模，以维持资金链。至 2018 年 6 月，阜兴集团非法集资 565 亿余元，案发时未兑付本金 218 亿余元。其间，阜兴集团、朱一栋、朱成伟等人集中资金优势、持股或者持仓优势或者利用信息优势联合或连续买卖“大连电瓷”股票，并通过控制上市公司信息的生成或者控制信息披露的内容、时点、节奏，误导消费者作出投资决策，影响证券交易价格或者证券交易量，操纵证券市场，情节特别严重。

【裁判结果】本案由上海市第二中级人民法院一审，上海市高级人民法院二审。

法院认为，被告单位阜兴集团以非法占有为目的，使用诈骗方法非法集资，其行为已构成集资诈骗罪。被告人朱一栋、赵卓权等作为阜兴集团直接负责的主管人员或其他直接责任人员，其行为均已构成集资诈骗罪；阜兴集团、朱一栋、朱成伟的行为还构成操纵证券市场罪，且情节特别严重，应数罪并罚。据此，依法以集资诈骗罪、操纵证券市场罪判处阜兴集团罚金人民币二十一亿元；以集资诈骗罪、操纵证券市场罪判处朱一栋无期徒刑，剥夺政治权利终身，并处罚金人民币一千五百万元；以集资诈骗罪判处赵卓权无期徒刑,剥夺政治权利终身,并处罚金人民币八百万元。对其他被告人判处相应刑罚。被告单位阜兴集团和各被告人的违法所得予以追缴，发还各被害人和被害单位，不足部分责令被告单位和各被告人继续退赔。

【典型意义】本案是持牌私募机构以发行私募基金为名实施非法集资犯罪的典型案件。这些私募基金虽然名义上合规，但在“募、投、管、退”各环节实际上均不符合私募基金的管理规定和运行规律。例如，私募基金的销售过程实际上存在变相公开宣传、承诺固定收益、变相提供担保、向不合格投资者销售、未履行风险告知义务等情形；在投资和管理环节，实质上存在自融、“资金池”运作、挪用私募基金财产、未按约定用途投资、投资项目虚假、管理人未履行管理义务以及披露虚假信息等情形；在基金退出环节上，普遍存在“发新还旧”、刚性兑付现象，还本付息并非依靠投资收益。这类私募基金型非法集资犯罪，在行为的“非法性、公开性、利诱性、社会性”认定过程中，与普通非法集资犯罪的认定有所不同，需要司法机关认真研判、甄别。同时，监管机构应当加强投资者教育和私募机构管理，投资者应当提高风险防范意识，掌握必要金融投资知识，积极维护自身合法权益。

案例 4

沈阳"老妈乐"集资诈骗案 以"养老投资"为名实施非法集资犯罪

【基本案情】被告人金家福，男，汉族，1976年10月18日出生。被告人梁闯，男，汉族，1983年9月5日出生。被告人张岩，男，汉族，1978年4月28日出生。

2013年8月，被告人金家福在沈阳市成立沈阳老妈乐商贸有限公司（以下简称老妈乐公司）。2015年10月，金家福招揽被告人梁闯、张岩等人为公司高层管理人员，共同实施非法集资活动，以发放传单、讲课和开会等方式向公众宣传，谎称投资老妈乐公司即能在一定期限后获得高额回报，且能享受免费旅游等待遇，诱骗公众投资。至2017年11月，老妈乐公司在全国开设1000余家店铺，骗取170余万名集资参与人62亿余元，案发前返还42亿余元。

【裁判结果】本案由辽宁省沈阳市中级人民法院一审，辽宁省高级人民法院二审。

法院认为，被告人金家福伙同梁闯、张岩等人以非法占有为目的，使用诈骗方法向社会公众非法集资，数额特别巨大，其行为均已构成集资诈骗罪。金家福、梁闯、张岩在共同犯罪中均系主犯，应予惩处。据此，依法以集资诈骗罪判处金家福无期徒刑，剥夺政治权利终身，并处没收个人全部财产；判处梁闯有期徒刑十三年，剥夺政治权利三年，并处罚金人民币五十万元；判处张岩有期徒刑十二年，剥夺政治权利二年，并处罚金人民币五十万元。

【典型意义】本案系以"养老投资"为名实施养老诈骗犯罪的典型案例。近年来，随着老年人口数量不断增长，养老服务需求不断增加，一些不法分子以提供养老服务、投资养老项目、销售养老产品等名义，利用老年人网络知识不足、辨识能力不强等特点，采用投资理财高额回报手段设置陷阱、诱导投资，虚假宣传，实施养老诈骗犯罪，骗取老年人钱财。被告人金家福创建老妈乐公司，以会员投资返利为名，在全国20多个省市区设立1000多个门店，以欺诈方法针对老年人进行非法集资，集资参与人达170万余人，造成经济损失约20亿元，严重损害老年人合法权益，社会危害巨大。法院依法以集资诈骗罪分别对三名被告人判处十年以上有期徒刑、无期徒刑，充分表明了人民法院依法从严惩处养老诈骗犯罪、坚决维护老年人"养老钱"的鲜明态度和坚定决心。同时，提醒人民群众尤其是老年群体要谨慎投资，提高识骗防骗能力，避免陷入犯罪分子设置的圈套。

案例 5

江西"老庆祥"非法吸收公众存款执行案 多措并举全力追赃挽损

【基本案情】被告单位江西老庆祥实业开发有限公司（以下简称老庆祥公司）。被告人章志雄，男，汉族，1971年9月18日出生。被告人赵磊，男，汉族，1987年5月21日出生。

其他被告人身份情况，略。

2011年5月起，被告单位老庆祥公司经法定代表人章志雄决定，以预交"服务费用"享受更高养老服务折扣、赠送养老公寓免费居住时长、一次性获得年利返现等名义，以支付高息为固定回报的方式，向不特定公众非法吸收资金。截至案发，共向7800余人非法吸收资金9.4亿余元，造成集资参与人经济损失5.2亿余元。

本案由江西省南昌县人民法院一审，南昌市中级人民法院二审。依法以非法吸收公众存款罪分别判处老庆祥公司罚金人民币一百万元；判处章志雄有期徒刑八年，并处罚金人民币四十万元；判处赵磊等人有期徒刑五年至三年二个月，并处罚金人民币三十万元至二十万元不等。相关涉案财产、违法所得按集资参与人的集资比例返还集资参与人。

【执行情况】该案刑事判决生效后，原审法院立案执行，涉案金额总计5.2亿余元。执行调查发现，该案集资参与人众多，涉老年人4000余人，诉求差异大；涉案财物复杂，部分财产存在租赁、无产权证明等情况，存在信息核实难、财产处置难、款物清退难等问题，受到社会广泛关注。原审法院紧紧依靠当地党委，在党委坚强领导和政府大力支持下，与公安、民政等部门形成合力，优化财产处置方案，稳步推进园区合作运营等工作，引入公证机构对资产处置过程进行全程监督。同时及时回应群众关切，每月定期约访集资参与人代表，及时通报财产处置进展情况。探索推出线上线下双轨登记模式，积极稳妥推进信息核实登记，为后续资金清退打下坚实基础。目前，涉案财产均已处置完毕，执行到位金额共计2.71亿余元，依法扣评估费、优先受偿权和唯一住房租金等，实际总清退金额2.69亿余元。已向4944人发放清退资金2.6亿余元，依法提存900余万元，清退比例为51.8%。

【典型意义】本案是人民法院在打击整治养老诈骗专项行动中全力追赃挽损的典型案例。在本案中，人民法院紧紧依靠党委的领导，综合运用执行措施，深入分析研判、科学谋划，妥善破解了财产处置、信息核实、资金清退等执行清退工作中的堵点难点，全力以赴为受损群众追赃挽损，最大程度挽回受害群众经济损失，最大限度维护老年人合法权益。彰显了人民法院坚持法治思维，切实维护人民群众利益的责任担当。探索推出的“线上线下双轨登记制”为涉众型财产执行清退工作中信息核实难题提供了可复制、可推广的经验。妥善化解涉众涉稳风险矛盾，实现政治效果、法律效果和社会效果的统一，有力地提升了人民群众的安全感、幸福感和获得感。

案例6

丹东欣泰电气股份有限公司、温德乙等欺诈发行股票、违规披露重要信息案

欺诈发行股票，违规披露重要信息

【基本案情】被告单位丹东欣泰电气股份有限公司（以下简称欣泰电气公司）。2016年7月5日因本案被证监会责令整改，给予警告，并处以人民币八百三十二万元罚款。被告人温德乙，男，汉族，1961年3月30日出生，原系欣泰电气公司董事长。2016年7月5日因本案被证监会给予警告，并处以人民币八百九十二万元罚款。被告人刘明胜，男，汉族，1964年12月11日出生，原系欣泰电气公司财务总监。2016年7月5日因本案被证监会给予警告，并处以人民币六十万元罚款。

2011年3月30日，被告单位欣泰电气公司提出在创业板上市的申请因持续盈利能力不符合条件而被证监会驳回。2011年至2013年6月，被告人温德乙与被告人刘明胜合谋决定采取虚减应收账款、少计坏账准备等手段，虚构有关财务数据，并在向证监会报送的首次公开发行股票并在创业板上市申请文件的定期财务报告中载入重大虚假内容。2014年1月3日，证监会核准欣泰电气公司在创业板上市。随后欣泰电气公司在《首次公开发行股票并在创业板上市招股说明书》中亦载入了具有重大虚假内容的财务报告。2014年1月27日，欣泰电气公司股票在深圳证券交易所创业板挂牌上市，首次以每股发行价16.31元的价格向社会公众公开发行1577.8万股，共募集资金2.57亿元。

被告单位欣泰电气公司上市后，被告人温德乙、刘明胜继续沿用前述手段进行财务造假，向公众披露了具有重大虚假内容的2014年半年度报告、2014年年度报告等重要信息。2017年7月，深圳证券交易所决定欣泰电气公司退市、摘牌，主承销商兴业证券股份有限公司先行赔付1万余名投资人的损失共计2.36亿余元。

【裁判结果】本案由辽宁省丹东市中级人民法院审理。宣判后，在法定期限内没有上诉、抗诉，原判发生法律效力。

法院认为，被告单位欣泰电气公司、被告人

温德乙、刘明胜的行为均构成欺诈发行股票罪；温德乙、刘明胜的行为还构成违规披露重要信息罪，依法应当数罪并罚。温德乙到案后如实供述自己的罪行，刘明胜具有自首情节，依法可以从轻处罚。据此，依法以欺诈发行股票罪判处丹东欣泰电气股份有限公司罚金人民币八百三十二万元；以欺诈发行股票罪、违规披露重要信息罪判处温德乙有期徒刑三年，并处罚金人民币十万元；以欺诈发行股票罪、违规披露重要信息罪判处刘明胜有期徒刑二年，并处罚金人民币八万元。

【典型意义】本案是上市公司在申请上市前后连续财务造假而受到刑事处罚并被依法强制退市的典型案例。目前，我国正在推进以信息披露为核心的证券发行注册制。市场主体的诚信建设，事关资本市场健康稳定发展。欺诈发行、财务造假等违法犯罪行为，严重挑战信息披露制度的严肃性，严重破坏市场诚信基础，严重损害投资者利益，是证券市场的“毒瘤”，必须坚决依法从严惩处。本案的正确处理，充分体现了人民法院对资本市场违法犯罪行为“零容忍”的态度和决心，对当前从严惩处资本市场财务造假、欺诈发行违法犯罪行为具有重要警示作用。《刑法修正案（十一）》对欺诈发行股票、债券罪、违规披露、不披露重要信息罪作出修改，进一步加大对这两类犯罪的惩罚力度，为注册制改革行稳致远，资本市场健康稳定发展提供更加有力的法律保障。

案例 7

张家港保税区伊世顿国际贸易有限公司、金文献等操纵期货市场案
非法利用技术优势操纵期货市场

【基本案情】被告单位张家港保税区伊世顿国际贸易有限公司（以下简称伊世顿公司）。被告人金文献，男，汉族，1968 年 5 月 13 日出生。被告人高燕，女，汉族，1981 年 6 月 16 日出生。被告人梁泽中（美国国籍），男，1971 年 7 月 5 日出生。

被告单位伊世顿公司于 2012 年 9 月成立，后通过被告人金文献在华鑫期货有限公司（以下简称华鑫期货公司）开设期货账户。2013 年 6 月起至 2015 年 7 月间，伊世顿公司为逃避证券期货监管，通过被告人高燕、金文献介绍，以租借或者收购方式，实际控制了 19 名自然人和 7 个法人期货账户，与伊世顿公司自有账户组成账户组，采用高频程序化交易方式从事股指期货合约交易。其间，伊世顿公司隐瞒实际控制伊世顿账户组、大量账户从事高频程序化交易等情况，规避中金所的监管措施，从而取得不正当交易优势；还伙同金文献等人，将自行研发的报单交易系统非法接入中金所交易系统，直接进行交易，从而非法取得额外交易速度优势。2015 年 6 月 1 日至 7 月 6 日间，伊世顿公司及高燕、梁泽中伙同金文献，利用以逃避期货公司资金和持仓验证等非法手段获取的交易速度优势，大量交易中证 500 股指期货主力合约、沪深 300 股指期货主力合约合计 377.44 万手，非法获利人民币 3.893 亿余元。此外，被告人金文献还利用职务便利侵占华鑫期货公司资金 1348 万余元。

【裁判结果】本案由上海市第一中级人民法院一审，上海市高级人民法院二审。法院认为，被告单位伊世顿公司、被告人金文献、高燕、梁泽中的行为均构成操纵期货市场罪，且情节特别严重；金文献的行为还构成职务侵占罪，依法应当数罪并罚。鉴于伊世顿公司能认罪悔罪，依法可以酌情从轻处罚；高燕、梁泽中具有自首情节，认罪悔罪，依法可以减轻处罚，并适用缓刑；金文献两罪均具有自首情节，依法分别减轻处罚。据此，依法以操纵期货市场罪判处伊世顿公司罚金人民币三亿元，追缴违法所得人民币三亿八千九百三十万元；判处高燕有期徒刑三年，缓刑四年，并处罚金人民币一百万元；判处梁泽中有期徒刑二年六个月，缓刑三年，并处罚金人民币八十万元；以操纵期货市场罪、职务侵占罪判处金文献有期徒刑五

年，并处罚金人民币六十万元。

【典型意义】本案是新型操纵期货市场犯罪的典型案例，法律、司法解释对本案中操纵方法没有明确规定。本案中，被告单位伊世顿公司、被告人金文献等人违反有关规定，隐瞒实际控制伊世顿账户组、大量账户从事高频程序化交易等情况，规避中金所对风险控制的监管措施，将自行研发的报单交易系统非法接入中金所交易系统，利用以逃避期货公司资金和持仓验证等非法手段获取的交易速度优势，大量操纵股指期货交易，影响期货交易价格或者期货交易量，其行为符合操纵期货市场罪的构成要件。伊世顿公司的操纵行为严重破坏了股指期货市场的公平交易秩序和原则，与刑法规定的连续交易、自买自卖等操纵行为的本质相同，可以认定为“以其他方法操纵证券、期货市场的”情形。本案的正确处理，既符合刑法规定，也符合宽严相济的刑事政策，实现了法律效果和社会效果的统一。

案例 8

远大石化有限公司、吴向东操纵期货市场案
以囤积现货影响期货行情等手段操纵期货市场

【基本案情】被告单位远大石化有限公司。被告人吴向东，男，汉族，1970 年 9 月 8 日出生。

被告单位远大石化有限公司经时任法定代表人、董事长被告人吴向东召集会议决定，于 2016 年 5 月 24 日至 8 月 31 日，利用其实际控制的 18 个账户通过以市场价大量连续买入开仓的手法，将资金优势转化为持仓优势。同时通过直接购买、代采代持、售后回购等方式大量囤积聚丙烯现货，制造聚丙烯需求旺盛氛围，以反作用影响期货市场，跨期货、现货市场操纵 PP1609 价格。远大石化有限公司违法所得共计人民币 4.36 亿余元，吴向东违法所得人民币 487 万余元，涉案其他 11 个账户违法所得共计人民币 1 亿余元。案发后，远大石化有限公司积极退缴违法所得。

【裁判结果】本案由辽宁省抚顺市中级人民法院一审，辽宁省高级人民法院二审。法院认为，被告单位远大石化有限公司通过囤积现货影响期货品种市场行情等手段操纵期货市场，情节特别严重，其行为已构成操纵期货市场罪；被告人吴向东系直接负责的主管人员，其行为亦构成操纵期货市场罪，均应依法惩处。被告单位能够积极配合调查，并积极退缴违法所得，可以从轻处罚。吴向东能够如实供述自己的罪行，构成坦白，可以依法从轻处罚。据此，依法以操纵期货市场罪判处远大石化有限公司罚金人民币三亿元，判处吴向东有期徒刑五年，并处罚金五百万元；依法追缴远大石化有限公司违法所得人民币四亿余元，依法追缴吴向东违法所得四百八十万余元，对涉案其他 11 个账户的违法所得继续追缴。

【典型意义】本案系以囤积现货影响期货行情等手段实施操纵期货市场犯罪的典型案例。刑法第一百八十二条第一款规定了多种常见操纵证券、期货市场的方法，“两高”《关于办理操纵证券、期货市场刑事案件适用法律若干问题的解释》第一条规定了七种其他操纵证券、期货市场的方法，“跨期、现货市场操纵”是其中之一。本案被告单位通过直接采购、代采代持、售后回购等多种方式囤积现货，影响期货品种市场行情，就属于“跨期、现货市场操纵”的情形。同时被告单位利用实际控制的多个期货账户，集中资金优势连续交易期货合约，操纵期货合约价格，违法所得数亿元，应认定为“情节特别严重”。法院根据本案的犯罪事实、性质、情节和社会危害程度，依法对被告单位、被告人定罪处罚，于法有据。这个案件的正确处理对增强资本市场各类主体和投资者的法治意识、规范和保障资本市场秩序具有重要警示教育作用。各类资本市场主体和广大投资者要敬畏市场、敬畏法治，共同维护证券、期货市场管理秩序和广大投资者合法权益，促进国家资本市场健康稳定发展。

案例 9

袁钢志洗钱案
地下钱庄实施洗钱犯罪

【基本案情】被告人袁钢志，男，汉族，1979年8月12日出生。被告人袁钢志未经国家有关主管部门批准，非法经营外汇兑换业务，在上游客户报价的基础上，加价与下游客户进行资金兑换，从中加收手续费赚取差价牟利。2018年5月至2020年5月期间，袁钢志在明知曾某某等人（另案处理）从事走私犯罪的情况下，多次帮助曾某某等人将人民币兑换成美元。袁钢志与曾某某等人通过微信群商谈好兑换汇率、兑换金额后，通过其控制的银行账户收取转入的人民币，扣除自己的获利后将剩余人民币转给上游客户指定的银行账户。上游客户收到转账后，通过香港的银行账户将非法兑换出的美元转入曾某某等人提供的香港收款账户中。经调查核实，袁钢志为曾某某等人非法兑换外汇并将资金汇往境外，金额共计人民币约1.7亿元。

【裁判结果】本案由广东省东莞市第一人民法院一审，广东省东莞市中级人民法院二审。法院认为，被告人袁钢志明知是走私犯罪的所得及其产生的收益，为掩饰、隐瞒其来源和性质，协助将资金汇往境外，情节严重，其行为已构成洗钱罪，依法应予惩处。据此，依法以洗钱罪判处袁钢志有期徒刑六年，并处罚金人民币一百万元。

【典型意义】本案是地下钱庄实施洗钱犯罪的典型案件。近年来，随着国内外经济形势变化，恐怖主义犯罪国际化，走私犯罪和跨境毒品犯罪增加，以及我国加大对贪污贿赂犯罪的打击力度，涉地下钱庄刑事案件不断增多。地下钱庄已成为不法分子从事洗钱和转移资金的最主要通道，不但涉及经济金融领域的犯罪，还日益成为电信诈骗、网络赌博等犯罪活动转移赃款的渠道，成为贪污腐败分子和恐怖活动的“洗钱工具”和“帮凶”，不但严重破坏市场管理秩序，而且严重危害国家经济金融安全和社会稳定，必须依法严惩。本案依法以洗钱罪对地下钱庄经营者追究刑事责任，充分体现对涉地下钱庄洗钱犯罪的严厉打击，更好发挥打财断血的作用。

案例 10

周张成洗钱案
跨境转移贪污公款实施洗钱犯罪

【基本案情】被告人周张成，男，汉族，1977年12月1日出生。2015年1月至2018年11月期间，同案被告人倪乐菊（已判刑）教唆其姐姐倪乐平（另案处理）利用职务便利，持续从浙江省丽水市庆元县工业园区管委会及其下属的国有企业侵吞巨额公款。其间，被告人周张成在明知倪乐菊用于赌博的钱款为公款的情况下，仍通过提供自己的银行账户或联系赌场、地下钱庄提供银行账户，协助倪乐菊接收倪乐平贪污的公款，从国内转移到境外，金额合计人民币8 782余万元。周张成在赌场为倪乐菊“洗码”获得“佣金”人民币70余万元。

【裁判结果】本案由浙江省丽水市中级人民法院一审，浙江省高级人民法院二审。法院认为，被告人周张成明知是贪污公款，仍协助将资金转移到境外，情节严重，其行为已构成洗钱罪。周张成在赌场为倪乐菊“洗码”所得“佣金”系违法所得，应予以追缴或退赔。据此，依法以洗钱罪判处被告人周张成有期徒刑八年，并处罚金人民币900万元。被告人的违法所得予以追缴，不足部分责令继续退赔。

【典型意义】本案是通过地下钱庄跨境转移贪污的公款实施洗钱犯罪的典型案件。被告人周张成明知同案被告人倪乐菊用于赌博的资金来自于公款，为非法谋利，将自己在澳门赌场开设的账户提供给倪乐菊用于赌博，再通过提供自己银行账户或者联系赌场、地下钱庄提供银行账户，帮助倪乐菊接收倪乐平侵吞后汇入到境外的公款，并与赌场对账确认，完成公款的跨境转移。在办理洗钱罪的上游犯罪案件时，要以“追踪资金”为重点，深挖洗钱犯罪线索，对洗钱犯罪同步跟进，落实“一案双查”的工作机制，依法惩治洗钱犯罪和上游犯罪。在本案办理过程中，发现大量赃款流向境外，遂坚持“一案双查”，深挖彻查职务犯罪背后的洗钱犯罪，并予以依法严惩，充分体现了从严打击洗钱犯罪的精神，不仅对维护良好的经济金融秩序起到积极作用，而且能够有效摧毁贪污贿赂犯罪等上游犯罪的利益链条，有效遏制上游犯罪的发生。

（载中华人民共和国最高人民法院网）

12月5日

最高人民法院发布生物多样性司法保护典型案例

为全面展示人民法院生物多样性司法保护工作情况，最高人民法院近日遴选发布了15个生物多样性司法保护专题典型案例。

该批案例涉及环境资源刑事、民事、行政及公益诉讼等不同诉讼类型，涵盖物种多样性、遗传多样性和生态系统多样性保护等生物多样性保护核心领域，保护对象包括斑海豹、藏羚羊、大白鲨、红豆杉、荷叶铁线蕨等珍稀、濒危野生动植物物种，以及森林、草原、湿地、河湖、海洋等多种自然生态系统，所涉生态要素多、保护范围广、复合程度高、创新意识强，集中体现了人民法院环境资源审判的鲜明特色、专业要求和职能作用。

据了解，本次发布的生物多样性司法保护典型案例，与最高人民法院2021年发布的生物多样性保护专题指导性案例相互呼应、相互补充，有利于进一步指导全国法院统一审判理念和裁判尺度，依法公正高效审理生物多样性保护案件，全面加强生物多样性司法保护工作，更好发挥人民法院服务保障生态文明建设职能作用，切实维护生态环境国家利益、社会公共利益和人民群众环境权益，让人民群众对优美生态环境的获得感、幸福感、安全感更加充实、更有保障、更可持续。

案例一

翟某涛等十一人非法收购、运输、出售珍贵野生动物案

【基本案情】2016年至2018年期间，被告人翟某涛在大连长兴岛地区，多次收购渔民（均另案处理）非法猎捕的国家二级保护野生动物斑海豹幼崽50余只并出售。2018年至2019年期间，翟某涛指使被告人翟某凯、王某民、刘某辉、刘某权、刘某国、曲某良、宋某有、邢某强、李某义等人，多次在大连长兴岛地区海边收购渔民（均另案处理）非法猎捕的斑海豹幼崽100余只。2019年2月，被告人翟某堃帮助他人非法收购斑海豹幼崽10只。案发时，40余只斑海豹幼崽已被非法运输并出售给多地的海洋馆或个人（均另案处理），70余只准备出售的斑海豹幼崽被公安机关当场查获。

【裁判结果】辽宁省大连长兴岛经济技术开

发区人民法院一审认为，被告人翟某涛纠集被告人翟某凯、王某民、刘某辉、刘某权、曲某良、刘某国、宋某有、邢某强、李某义非法收购、运输、出售斑海豹幼崽，被告人翟某堃非法收购斑海豹幼崽，违反国家野生动物保护法规，侵犯国家重点保护野生动物管理制度，已分别构成非法收购、运输、出售珍贵野生动物罪。根据各被告人犯罪的事实、性质、情节、认罪认罚和对社会的危害程度，分别判处有期徒刑14年至2年3个月不等，并处罚金500万元至5万元不等。部分被告人提出上诉，辽宁省大连市中级人民法院二审裁定驳回上诉，维持原判。

【典型意义】辽东湾是中国渤海三大海湾之一，地处北纬39度，是中国纬度最高的海湾，也是北半球纬度最低的大面积结冰海域，具有独特的海洋生态系统，是斑海豹、黑嘴鸥等珍贵濒危物种的栖息地。斑海豹是唯一能在中国海域进行繁殖的鳍足类海洋哺乳动物，是我国渤海和黄海的旗舰物种。遗传学和生态学研究显示，辽东湾繁殖区的斑海豹属于世界范围内斑海豹独立进化的一个分支，有自己独特的遗传基因。2021年2月公布的《国家重点保护野生动物名录》已将斑海豹调整为国家一级保护野生动物。本案中，人民法院依法严惩危害珍贵、濒危野生动物犯罪，对危害斑海豹犯罪行为实行全链条打击，彰显以最严格制度最严密法治保护生态环境的司法理念。同时，积极协调相关部门对查获的斑海豹进行野化训练并放归海洋，助力大连斑海豹国家级自然保护区建设，践行我国坚决履行生物多样性保护国际条约义务的庄严承诺。

案例二

戴某走私珍贵动物制品案

【基本案情】被告人戴某明知象牙系国家禁止进出口的珍贵动物制品，仍与外国人“阿南”协商，由“阿南”安排人员分两次将象牙绕关偷运入境。其中，2018年12月“阿南”安排人员将共计36段、重约291千克的象牙，绕关偷运至戴某处，戴某将之销售牟利。2019年2月，“阿南”安排人员利用同样方式，将共计34段、重约272千克的象牙偷运入境至戴某处，后被公安机关当场查获并扣押。经鉴定，该34段象牙均为现生象（非洲象或亚洲象）象牙。戴某归案后，如实供述自己的犯罪事实。其走私象牙共计70段、重约563千克，价值23473520元。

【裁判结果】江苏省南京市中级人民法院一审认为，被告人戴某明知象牙系国家禁止进出口的珍贵动物制品，仍自境外购买，并运输入境后销售牟利，构成走私珍贵动物制品罪，且情节特别严重。鉴于戴某归案后主动坦白，认罪认罚，故判处其有期徒刑11年6个月，并处没收个人财产50万元，违法所得予以追缴，扣押在案的象牙等物品予以没收。宣判后，各方未上诉、抗诉，一审判决已发生法律效力。

【典型意义】长期以来，国际象牙贸易猖獗，走私象牙犯罪活动屡禁不止。疯狂的盗猎导致野生象群数量持续锐减，在部分区域已呈濒危状态，野生象面临几十年内功能性灭绝之虞。我国是《生物多样性公约》缔约国，严厉打击象牙走私犯罪，全面停止商业性加工销售象牙及制品活动是我国对全世界作出的庄严承诺。本案中，被告人戴某将大量象牙绕关入境，既严重破坏国家对外贸易管制秩序，又对全球生物多样性构成极大威胁。人民法院通过依法惩治涉野生动物犯罪，斩断走私珍贵野生动物制品非法链条，充分展现我国在维护全球生物多样性和生态安全方面的大国担当。同时教育引导社会公众增强珍贵野生动物保护意识，摒弃购买、使用珍贵野生动物制品的行为，共同维护全球生态系统，守护我们赖以生存的地球家园。

案例三

孙某炎危害珍贵、濒危野生动物案

【基本案情】2014 年以来，被告人孙某炎未经野生动植物主管部门批准，未取得水生野生动物经营利用许可，非法低价收购包含大白鲨、柠檬鲨、鲭鲨、虎鲨在内的各类鲨鱼牙齿，加工后通过网络平台向国内外不特定买家销售牟利。2020 年 10 月，孙某炎为进一步确定其收购和销售的大白鲨牙齿的物种属性以及保护级别，自行委托鉴定中心进行鉴定，鉴定结果为板鳃亚纲鼠鲨目鼠鲨科噬人鲨。此后孙某炎继续销售包含大白鲨牙齿在内的各类鲨鱼牙齿及其相关制品，直至 2021 年 4 月被抓获。经鉴定，该案涉及国家二级保护野生动物噬人鲨牙齿 6389 颗，价值 319.45 万元，及噬人鲨颌骨价值 8.5 万元，合计 327.95 万元。

【裁判结果】福建省厦门市同安区人民法院一审认为，被告人孙某炎违反国家野生动物保护法规，非法收购、出售珍贵、濒危野生动物噬人鲨制品，价值达 327.95 万元，已构成危害珍贵、濒危野生动物罪。考虑到孙某炎不具有从重处罚情节，未造成动物死亡或者动物、动物制品无法追回，归案后如实供述、认罪认罚，且涉案大部分赃物已被追缴等情节，判处孙某炎有期徒刑 6 年 7 个月，并处罚金 15 万元，退缴在案的违法所得及扣押的噬人鲨牙齿等物品予以没收。一审判决已发生法律效力。

【典型意义】噬人鲨别名“大白鲨”，属于《濒危野生动植物种国际贸易公约》附录二濒危野生动物及我国《国家重点保护野生动物名录》中二级保护野生动物。噬人鲨是海洋中的“伞护种”，其生境需求能够涵盖其他物种的生境需求，通过保护噬人鲨可以同时为海洋里的其他物种提供保护，有利于维护海洋生物多样性平衡。本案中，人民法院依法适用破坏野生动物资源刑事案件新司法解释，既以价值作为基本定罪量刑标准，又全面考虑案件有关情节，综合评估社会危害性，阐释了依法惩治犯罪与宽严相济的刑事司法理念。通过严厉打击危害珍贵、濒危野生动物及其制品犯罪，充分展现了我国履行国际环境条约义务、保护濒危野生动物的大国担当。本案宣判得到多家媒体报道，推动社会公众了解大白鲨这一凶猛而又脆弱的大型水生野生物种，对于引导人民群众树立正确的生态文明观，推动生物多样性保护全民行动具有积极意义。

案例四

沈某发危害珍贵、濒危野生动物案

【基本案情】2019 年 8 月以来，被告人沈某发经营文玩店时，在未取得水生野生动物经营许可且营业执照过期的情况下，将 17 件收购所得的野生红珊瑚制品摆放在店内销售。经鉴定，该 17 件珊瑚制品均属于国家一级保护水生野生动物红珊瑚的制品，净重至少 0.2806 千克，价值至少 112240 元。案件审理中，沈某发自费印制保护红珊瑚倡议书在厦门古玩市场发放，现身说法倡导保护红珊瑚，同时预缴 1.2 万元用于执行罚金刑，自愿缴纳生态修复赔偿金 2 万元。

【裁判结果】福建省厦门市同安区人民法院一审认为，被告人沈某发非法收购珍贵、濒危水生野生动物红珊瑚制品，已构成危害珍贵、濒危野生动物罪。鉴于沈某发归案后如实供述、认罪认罚，且非法出售的红珊瑚制品已全部追缴等情节，于 2021 年 11 月 16 日判处沈某发有期徒刑 8 个月，缓刑 1 年，并处罚金 1.2 万元；暂扣的 17 件红珊瑚制品予以没收；暂扣的生态修复赔偿金 2 万元依法上缴国库。宣判后，各方未上诉、抗诉，一审判决已发生法律效力。

【典型意义】珊瑚礁被称为“海洋中的热带雨林”，系生物多样性最为丰富、生产力最高的典型生态系统之一，非法捕捞、开采珊瑚将严重破坏海洋生态。红珊瑚系国家一级保护水生野生动物，无证捕捞、收购、出售、运输红珊瑚及其制品均可能触犯刑律。人民法院在本案审理中，本着“判处一案，挽救一人，教育一片”的目的，结合被告人年龄较大、身体状况不佳、家庭经济困难但时间充裕等因素，动员被告人及其家属自愿缴纳部分生态修复金，印制红珊瑚保护倡议资料，联系古玩市场管理方在市场内大规模发放，现身说法倡导红珊瑚保护。通过探索创新符合案件实际情况的生态修复模式，有效杜绝了该古玩市场售卖珊瑚制品的现象，增强公众对珊瑚等海洋生物的保护意识，取得良好法律效果和社会效果。

案例五

马某么非法捕杀国家重点保护的珍贵、濒危野生动物案

【基本案情】1993 年 12 月至 1994 年 1 月期间，被告人马某么在马某元纠集下与马某某尼、二某、海某等 12 人潜入可可西里地区，非法猎杀国家重点保护的珍贵、濒危野生动物藏羚羊。1994 年 1 月 16 日，青海省玉树藏族自治州治多县西部工作委员会工作组赴可可西里将上述人员及在可可西里地区非法捕杀藏羚羊的王某某买、韩某某曰等另外 8 人抓获，并收缴藏羚羊皮 1200 余张、小口径步枪 6 支、半自动子弹 3000 余发及东风卡车 3 辆、北京吉普车 1 辆。同年 1 月 18 日，上述人员被押往格尔木途中，韩某明、马某孝等人组织反抗。马某么趁乱潜逃，直至 2020 年 9 月 10 日被青海省玉树藏族自治州公安局拘传到案。青海省玉树市人民检察院于 2021 年 5 月 31 日，以马某么涉嫌非法捕杀国家重点保护的珍贵、濒危野生动物罪，提起公诉。

【裁判结果】青海省玉树市人民法院一审认为，被告人马某么非法捕杀国家重点保护的珍贵、濒危野生动物，依据其行为时适用的 1988 年 11 月 8 日《全国人民代表大会常务委员会关于惩治捕杀国家重点保护的珍贵、濒危野生动物犯罪的补充规定》，应当以非法捕杀国家重点保护的珍贵、濒危野生动物罪追究刑事责任。同时，其在 1994 年 1 月 18 日押解途中趁乱潜逃，直至 2020 年 9 月 10 日被抓获，依法不受追诉期限的限制。鉴于马某么系从犯且认罪认罚，判处其有期徒刑 6 年，并处罚金 2000 元。宣判后，各方未上诉、抗诉，一审判决已发生法律效力。

【典型意义】可可西里国家级自然保护区位于青藏高原西北部，总面积 4.5 万平方公里，平均海拔 4600 米以上，被誉为“青藏高原野生动物基因库”，2017 年被列入世界自然遗产名录，是青藏高原特有珍稀物种的栖息地。本案中被猎捕杀害的国家一级保护野生动物藏羚羊，是青藏高原基础物种和动物区系典型代表，支撑着一个完整的生物链系统，对维持青藏高原生态平衡和生物多样性发挥着重要作用。1994 年 1 月 18 日，可可西里自然保护区发生特大藏羚羊盗猎枪杀案，“环保卫士”杰桑·索南达杰与盗猎者展开殊死搏斗，不幸中枪牺牲。天网恢恢疏而不漏，被告人马某么作为从犯，潜逃近 30 年后被抓获归案接受法律制裁，告慰了烈士英灵。本案的依法审理充分彰显人民法院牢记“国之大者”使命要求，运用司法手段全面保护青藏高原生灵草木、万水千山的决心。

案例六

田某阳、沈某贤危害国家重点保护植物案

【基本案情】2021 年 6 月 28 日，被告人田某阳、沈某贤在神农架林区红坪镇某废弃采石场附近的山林中非法采挖红豆杉 24 株、小叶黄杨 13 株，并将上述树苗临时存放在一栋未完工房屋。同年 6 月 30 日，沈某贤、田某阳运输上述树苗返回巴东县途中，被公安机关查获。经鉴定，送检的红豆杉为《国家重点保护野生植物名录》中的一级保护植物。案涉树苗被移送进行专业栽植，并经林业技术人员确定全部处于成活状态。

【裁判结果】湖北省神农架林区人民法院一

审认为，被告人田某阳、沈某贤违法擅自采挖国家一级保护植物红豆杉24株，情节严重，已构成危害国家重点保护植物罪。考虑二被告人具有坦白、认罪认罚等情节，分别判处有期徒刑3年，缓刑4年，并处罚金3000元。宣判后，各方未上诉、抗诉，一审判决已发生法律效力。

【典型意义】神农架是全球生物多样性保护永久性示范基地和国家重要生态功能区，拥有各种动物1060种，各类植物3700多种，是名副其实的“物种基因库”。红豆杉作为国家一级保护植物，是第四纪冰川期遗留下来的濒危珍稀植物，被誉为“植物大熊猫”，具有重要的医药价值、生态价值和经济价值。本案中，人民法院考虑到被告人犯罪动机是基于红豆杉的特殊药用价值，非为牟利，认罪认罚，且案涉树苗经过专业移栽后已全部成活，得到了最大限度保护，故对其依法适用缓刑，体现了人民法院积极贯彻宽严相济刑事政策，在助力神农架生态环境高水平保护的同时，传递司法的力度和温度。

案例七

吝某富、颜某高妨害动植物防疫、检疫案

【基本案情】2018年5月22日、6月9日，被告人吝某富明知被告人颜某高未取得木材运输证和植物检疫证书，仍向其采购自四川省宜宾市松材线虫病疫区运来的松木原木20余吨，堆放于彭州市桂花镇某竹木材加工厂场内准备加工。同年7月13日，彭州市森林病虫防治检疫站工作人员在检查过程中发现该批松木原木携带松材线虫，遂扣押并移送侦查。二被告人案发后自首，涉疫松木已按规定销毁。

【裁判结果】四川省彭州市人民法院一审认为，被告人颜某高、吝某富违反有关动植物防疫、检疫的国家规定，非法调运、经营感染重大植物检疫性有害生物的森林植物产品，有引起重大动植物疫情的危险，情节严重，均构成妨害动植物防疫、检疫罪，分别判处有期徒刑10个月，缓刑1年，并处罚金5000元。宣判后，各方未上诉、抗诉，一审判决已发生法律效力。

【典型意义】森林生态系统的质量和稳定性对于维护生物多样性具有重要意义。松材线虫病是世界上最具危险性和毁灭性的森林病害，具有传播途径广、致死速度快、防治难、成本高等特点，松树染病后极易造成大面积死亡，破坏自然生态系统的完整性、原真性。为此，我国专门划定松材线虫疫区，对松材的运输和使用实行严格管理。本案中，二被告人违反有关动植物防疫、检疫规定，明知当地已被划为松材线虫疫区，仍非法购买、运输该区域内松材。人民法院依法予以惩处，警醒相关从业者提高法律意识和生态环境保护意识，防止埋下“生态炸弹”，切实维护森林生态安全。

案例八

泽某甲失火案

【基本案情】2020年2月12日，被告人泽某甲吸烟后对烟头处理不当，导致红原县瓦切镇发生草原大火，后经当地群众及应急管理部门组织，于2020年2月14日扑灭。经林业和草原部门认定，此次大火造成草原过火面积2119公顷。

【裁判结果】四川省红原县人民法院一审认为，被告人泽某甲过失引起Ⅲ级草原火灾，过火面积达2119公顷，造成严重后果，危害公共安全，其行为构成失火罪，判处有期徒刑3年。宣判后，各方未上诉、抗诉，一审判决已发生法律效力。

【典型意义】红原大草原是黄河上游的重要水源涵养地和动植物物种资源库，孕育了喜马拉雅山旱獭、藏狐、斑羚、猞猁等珍稀动物200余种，广产贝母、甘松、大黄、羌活、虫草等500余种中药材，被联合国教科文组织授予“中国湿地保护区”。维护草原生态平衡，对于坚持山水林田湖草沙一体化保护和系统治理具有重要意义。

本案系因扔烟头引发的大面积草原火灾，对公共安全和生态环境造成了较为严重的后果。人民法院依法惩处危害草原防火安全的犯罪行为，坚守高原公平，维护云端正义，为提高全民防火意识，守护“中华水塔”生态环境，筑牢长江、黄河上游生态屏障，维护区域生物多样性提供了有力司法保障。

案例九

上海市人民检察院第三分院诉蒋某成等六人生态破坏民事公益诉讼案

【基本案情】2020年4月至5月期间，蒋某成、周某华联系蒋某平等三人在长江流域重点水域以及水产种质资源保护区内进行非法捕捞作业，由蒋某成、周某华统一收购渔获物，蒋某成还雇佣夏某军接驳搬运渔获物并协助销售。上海铁路运输法院就此作出生效刑事判决，认定案涉六人非法捕捞长江刀鱼及凤尾鱼共计1470.9公斤，价值101673.7元，均构成非法捕捞水产品罪。经鉴定，该非法捕捞行为造成的渔业资源直接损失为101673.7元，渔业资源恢复费用为305021.1元，环境敏感区附加损失为406694.8元，共计813389.6元。上海市人民检察院第三分院提起民事公益诉讼，请求六被告连带赔偿生态环境损害及鉴定费用，并公开向社会赔礼道歉。

【裁判结果】上海海事法院一审认为，六被告在禁渔期、禁渔区使用禁用渔具从事非法捕捞，对长江天然渔业资源和水生生态环境造成损害，构成共同侵权，应依法承担连带责任。经鉴定，本案非法捕捞造成的生态环境损害包括天然渔业资源直接损失、渔业资源恢复费用，以及环境敏感区附加损失。遂判决六被告连带赔偿生态环境损害813389.6元和鉴定费用4000元，并公开向社会赔礼道歉。宣判后，当事人均未上诉，一审判决已发生法律效力。

【典型意义】长江系中华民族的母亲河，拥有独特的生态系统，是我国重要的生态宝库。依法惩治长江流域重点水域非法捕捞，加大对生物种群及其生存环境的保护，是人民法院贯彻落实《中华人民共和国长江保护法》的重要举措之一。本案非法捕捞地点位于长江刀鲚水产种质资源保护区，属于上海市生态保护红线范围，为生态环境敏感脆弱区域。在该区域实施非法捕捞，受损渔业资源恢复难度更大，更易引发生物链结构受损及生态系统功能退化。人民法院依法判令侵权人承担环境敏感区附加损失，旨在保护具有较高经济价值和遗传育种价值的水产种质资源的生长繁育区域水生生态，警示和震慑长江保护区内非法捕捞行为，对于引导社会公众增强水生野生动物保护意识，筑牢长江流域生态安全屏障，服务保障长江经济带生态优先、绿色发展具有示范意义。

案例十

山东省青岛市人民检察院诉青岛市崂山区某艺术鉴赏中心生态破坏民事公益诉讼案

【基本案情】青岛市崂山区某艺术鉴赏中心（以下简称某艺术中心）系经营餐饮服务的个体工商户，2017年至2018年期间在未依法取得收购、出售野生动物行政许可的情况下，先后购入大王蛇3条、穿山甲1只、熊掌4只，并将部分野生动物做成菜品销售。经鉴定，大王蛇为孟加拉眼镜蛇，属于《国家保护的有重要生态、科学、社会价值的陆生野生动物名录》中的“三有”保护动物；熊掌为棕熊熊掌，棕熊属于《国家重点保护野生动物名录》中的国家二级保护野生动物；穿山甲于2020年6月被确定为国家一级保护野生动物。2020年10月，某艺术中心负责人吴某霞因犯非法收购、出售珍贵、濒危野生动物罪，被判处有期徒刑3年，缓刑3年，并处罚金6万元。后山东省青岛市人民检察院提起民事公益诉讼，经评估，某艺术中心破坏生态行为造成野生动物损失8.3万元、生态环境服务功能损失90.75万元。

【裁判结果】山东省青岛市中级人民法院一审认为，某艺术中心违法收购珍贵、濒危野生动物，将其做成菜品销售，造成野生动物及其生态价值损失近百万元，除应承担生态环境侵权赔偿责任外，还应依法承担惩罚性赔偿责任。某艺术中心在本案审理过程中悔改态度较好，申请以劳务代偿方式承担部分惩罚性赔偿责任，予以准许。遂判决某艺术中心赔偿野生动物损失、生态环境服务功能损失及惩罚性赔偿共计108余万元，其中惩罚性赔偿99050元中的24924元以某艺术中心指定两人、每人提供60日生态环境公益劳动的方式承担，由法院指定当地司法局作为协助执行单位管理和指导，最迟于2022年1月28日前完成。宣判后，当事人均未上诉，一审判决已发生法律效力。

【典型意义】餐饮服务经营者违法收购珍贵、濒危野生动物，将其做成菜品销售，为非法猎捕、杀害野生动物提供了市场和动机。《中华人民共和国民法典》第一千二百三十二条规定了生态环境侵权惩罚性赔偿责任，加大对严重违法行为的处罚力度。本案中，被告故意侵权行为造成野生动物及其生态价值损失近百万元，人民法院依法判令其承担生态环境损害赔偿责任，并适用惩罚性赔偿，同时根据案件具体情况允许被告以提供有益于生态环境保护的公益劳务方式替代履行部分惩罚性赔偿责任。宣判后，被告在协助执行单位组织下，参与向当地餐饮企业宣讲野生动物保护知识和发放宣传单等活动，取得良好社会效果。本案处理充分体现人民法院严厉惩治非法交易、经营野生动物的行为，革除滥食野生动物陋习，切实保障人民群众生命健康安全的坚定立场。

案例十一

湖南省株洲市人民检察院诉陈某云、罗某鄢生态破坏民事公益诉讼案

【基本案情】2018年7月31日，湖南省人民政府发布《湖南省人民政府关于禁止猎捕野生动物的通告》，明确规定自2018年8月1日起至2023年7月31日止，全省行政区域范围内禁止猎（捕）列入《国家重点保护野生动物名录》《湖南省地方重点保护野生动物名录》和《国家保护的有重要生态、科学、社会价值的陆生野生动物名录》的野生动物。2019年9月，陈某云在未办理相关狩猎手续的情况下，非法捕捉昭觉林蛙、黑斑蛙共3.5公斤约280只，全部出售给罗某鄢经营的水产店。同年10月，炎陵县森林公安局在该水产店查获并追回昭觉林蛙、黑斑蛙共220只，送检完毕后予以放生。湖南省株洲市人民检察院以陈某云、罗某鄢的行为破坏自然资源和生态环境、损害社会公共利益为由，提起环境民事公益诉讼。经评估，陈某云、罗某鄢造成国家野生动物资源损失6000元（100元／只 ×60只）。

【裁判结果】湖南省炎陵县人民法院一审认为，陈某云未取得狩猎证，在湖南省禁猎区、禁猎期期间非法猎捕昭觉林蛙、黑斑蛙并出售；罗某鄢从陈某云处收购、出售、宰杀昭觉林蛙、黑斑蛙，前述行为破坏国家野生动物资源，危及猎捕地的生物多样性和生态平衡，损害了社会公共利益。遂判决陈某云、罗某鄢共同赔偿国家野生动物资源损失6000元，在株洲市级以上媒体向社会公众赔礼道歉，并以植树造林、设立野生动物保护牌的方式修复生态环境。宣判后，当事人均未上诉，一审判决已发生法律效力。

【典型意义】《中华人民共和国野生动物保护法》规定，依法保护“有重要生态、科学、社会价值的陆生野生动物”。案涉昭觉林蛙、黑斑蛙属于《国家保护的有重要生态、科学、社会价值的陆生野生动物名录》规定保护的“三有”动物及《湖南省重点保护野生动物名录》保护动物，因其系食、药两用的珍贵蛙种，经常成为非法捕捉、食用的对象。根据湖南省野生动物救护繁殖中心出具的专家评估意见，在长期进化中，每只昭觉林蛙、黑斑蛙都携带着本种

群的基础基因以及个体的特殊基因，由此构成该种群的生物遗传多样性，其复杂的基因结构是世上独一无二的，一旦消失，相应的生态价值、科研价值和经济价值损失无法挽回。本案通过依法判令非法捕猎、收购、出售、宰杀者承担生态环境损害赔偿责任，责令其采取替代性修复方式，对查获的昭觉林蛙、黑斑蛙及时放生，教育和引导广大群众对滥捕滥食野生动物的违法行为说“不”，将生物多样性保护理念融入生态文明法治建设全过程。

案例十二

北京市丰台区源头爱好者环境研究所诉石柱土家族自治县某港经济开发有限公司等生态破坏民事公益诉讼案

【基本案情】水磨溪湿地自然保护区于2009年建立，位于重庆市石柱县西沱镇长江干流岸边，属于内陆湿地县级自然保护区，主要保护湿地生态系统和以国家一级保护植物、三峡库区特有种荷叶铁线蕨为代表的野生动植物资源。2011年6月起，石柱土家族自治县某港经济开发有限公司（以下简称某港开发公司）擅自占用该保护区兴建移民生态工业园基础设施，导致该保护区湿地生态系统遭到严重破坏。2013年，某港开发公司整体合并至石柱土家族自治县某盛经济发展有限公司（以下简称某盛开发公司），但该公司并未注销。2018年5月起，石柱县人民政府启动水磨溪湿地自然保护区环境问题整改，并委托专业机构制定了生态修复方案。同年10月，北京市丰台区源头爱好者环境研究所提起公益诉讼，请求判令某港开发公司、某盛开发公司等停止侵权、恢复原状并赔偿生态服务功能损失。诉讼过程中，某港开发公司、某盛开发公司根据前述生态修复方案进行了整改，自然保护区内生态环境基本恢复。

【裁判结果】重庆市第四中级人民法院一审认为，某港开发公司、某盛开发公司在水磨溪湿地自然保护区内修建工业园区，严重损害湿地生态环境，应当承担侵权责任。虽然两公司在诉讼过程中已按照生态修复方案对受损生态进行了基本修复，但生态环境受到损害至其恢复原状期间的服务功能损失客观存在，侵权人仍应予以赔偿。结合生态破坏的范围和程度、生态环境的稀缺性、生态环境恢复的难易程度等因素，判令某港开发公司、某盛开发公司赔偿生态服务功能损失300万元并支付合理诉讼费用。宣判后，当事人均未上诉，一审判决已发生法律效力。

【典型意义】湿地被誉为“地球之肾”“物种宝库”，在保护生物多样性、涵养水源、调节气候、改善水质等方面发挥着不可替代的重要作用。我国正在加快建立以国家公园为主体的自然保护地体系，确保重要自然生态系统、自然遗迹、自然景观和生物多样性得到系统保护，提升生态产品供给能力，维护国家生态安全。本案系侵权人在长江上游干流附近的湿地自然保护区内修建工业园区破坏湿地生态系统引发的环境民事公益诉讼，案涉地区物种丰富，有三峡库区特有濒危植物荷叶铁线蕨，属于《世界自然保护联盟濒危物种红色名录》中的极危物种。侵权人在自然保护区内违法开发建设，严重破坏受保护的湿地生态系统。人民法院贯彻损害担责、全面赔偿原则，在侵权人停止侵权、修复生态的基础上，依法判令其承担修复期间生态服务功能损失，为加强自然保护地生物多样性及生态环境保护，维护国家生态安全提供了有力司法保障。

案例十三

陶某高诉张某、付某顺林木买卖合同纠纷案

【基本案情】被告张某、付某顺受让云南省景谷县民乐镇某村民小组名下位于“大干箐”集体林的18公分以上林木后，于2007年11月与原告陶某高达成口头买卖协议，将“大干箐”集体林木销售给陶某高，陶某高为此向张某、付某

顺支付了林木转让款48万元。“大干箐”集体林于2014年12月进行林权登记。后因案涉林地属于天然林，无法办理采伐许可证，至今未能采伐。陶某高与张某、付某顺协商未果，形成本案诉讼。

【裁判结果】云南省景谷傣族彝族自治县人民法院一审支持了陶某高的诉讼请求，判决解除合同，由张某、付某顺返还林木转让款48万元。宣判后，张某、付某顺提出上诉。云南省普洱市中级人民法院二审认为，双方口头达成的林木买卖协议合法有效，案涉收条载明购买18公分以上林木，而对林木进行合法采伐是取得林木的必要条件。双方虽未以书面形式约定林木采伐许可手续应由哪方办理，但张某、付某顺作为出卖人，依法负有向买受人交付标的物或者提取标的物的单证，并转移标的物所有权的义务。而案涉林木属天然林，现已无法办理采伐手续，合同目的不能实现，应予解除。遂判决驳回上诉，维持原判。

【典型意义】天然林是森林生态系统的重要组成部分，其结构稳定、生物多样性丰富，是维护国家生态安全的重要生态屏障。我国实行天然林全面保护制度，严格限制天然林采伐。坚持森林资源开发利用的生态优先、保护优先、保育结合、可持续发展原则，是践行绿色发展理念的制度之基。《中华人民共和国民法典》明确：“当事人在履行合同过程中，应当避免浪费资源、污染环境和破坏生态。”森林资源的民事纠纷案件处理，在尊重契约精神、促进统一市场和公平竞争的同时，应当注重对森林资源保护管理制度的维护，兼顾森林资源的生态效益、经济效益和社会效益。本案涉及天然林活立木交易，而林木采伐须取得相应行政许可。人民法院结合合同目的，依法认定办理林木采伐许可手续系林木转让方全面履行合同的从义务，引导民商事主体在交易中恪守绿色原则，为促进森林资源的保护和可持续利用提供了有益司法样本。

案例十四

顾某宏诉防城港市渔政支队渔业行政处罚决定案

【基本案情】2018年2月4日，顾某宏驾驶渔船在广西壮族自治区防城港市西湾海域进行抽螺捕捞作业。次日，被防城港市渔政支队执法人员查获。经查，该船系无船名船号、无船籍港、无船舶证书的“三无”渔船，船上安装有国家明令禁止使用的拖曳泵吸耙刺抽螺捕捞作业设备1套、用网袋包装的渔获物螺苗、贝苗（带沙）65包共计1950千克。防城港市渔政支队认为顾某宏的行为违反了渔业相关法律法规，于2018年5月2日作出行政处罚决定，没收顾某宏的案涉渔船。顾某宏不服，向北海海事法院提起行政诉讼，请求撤销该行政处罚决定。

【裁判结果】北海海事法院一审认为，案涉船舶是顾某宏未经相关部门审批，私自请人建造的“三无”渔业船舶。“三无”渔业船舶在渔港和海上航行或者停泊的，渔业行政主管部门依法应予以没收。顾某宏在该船上违法安装禁用渔具拖曳泵吸耙刺，在海上非法捕捞菲律宾蛤仔苗的事实清楚，证据充分。防城港市渔政支队作出的行政处罚决定适用法律正确，符合法定程序，判决驳回顾某宏的诉讼请求。宣判后当事人未上诉，一审判决已发生法律效力，包括顾某宏在内的11名系列案原告均服判息诉。

【典型意义】人与自然是生命共同体，无止境地向自然索取甚至破坏自然必然会遭到大自然的报复。本案非法捕捞海洋贝类资源的案发地位于广西北部湾海域，该海域不仅是著名渔场，也是我国海洋生物多样性最丰富的区域之一，拥有施氏獭蛤、织锦巴非蛤、钝缀锦蛤、大竹蛏等特有珍稀贝类品种，是重要的海洋贝类基因库。违法行为人使用的禁用渔具拖曳泵吸耙刺俗称“吸蛤泵”“吸蛤耙”“抽螺机”，通过渔船水泵将所经海域的一切底栖生物连泥带砂全部吸起，是一种毁灭性的捕捞方式。这种掠夺式利用自然资源行为，极大破坏了海洋资源和生态平衡，严重损害生物多样性和渔业资源的可持续开发利用。人民法院通过依法支持渔业行政管理机关取缔“三无”渔船和禁用渔具，充分彰显了司法守护海洋生物资源及其生存环境，维护海洋生物多样性的坚定决心。

案例十五

贵阳市乌当区人民检察院诉贵阳市某自然资源局怠于履行行政管理职责行政公益诉讼案

【基本案情】2020 年 9 月，贵阳市乌当区人民检察院在调查辖区古树保护情况时发现，东风镇高穴村养猪大寨的一棵百年以上的古柏树未得到有效保护，其树干基部区域被水泥硬化，树干中部钉有输电线支架，违反了《贵州省古树名木大树保护条例》规定。该古柏树长势衰弱，出现明显枯枝，部分树皮缺失，树干暴露，且电线杂乱其间，存在火灾隐患。检察机关向贵阳市某自然资源局发出检察建议，建议对该古树履行监管职责，但未收到该局回复。2021 年 5 月，检察机关现场查看发现该古树仍未得到保护，遂提起行政公益诉讼。

【裁判结果】贵州省清镇市人民法院一审认为，贵阳市某自然资源局作为该地区林业主管部门，对辖区古树负有保护、管理和监督职责。该局收到检察建议直至本案一审开庭前，始终未有效解决案涉古树被破坏的问题，存在未依法履行职责情形。遂判决其依法履行法定职责，对东风镇高穴村养猪大寨的古树采取相应的保护措施等。宣判后，当事人均未上诉，一审判决已发生法律效力。

【典型意义】古树是大自然和前人留下的自然遗产、文化遗产，弥足珍贵且不可再生。古树饱经沧桑，记录了自然变迁，承载着乡愁情思，是一个村庄、一个乡镇、一座城市悠久历史的见证者，是人与自然和谐共生的生动写照，具有重要的历史、文化、生态、科研、景观等价值，被誉为“绿色文物”“活的化石”。《中华人民共和国森林法》明确国家保护古树名木和珍贵树木，禁止破坏古树名木和珍贵树木及其生存的自然环境。案涉古树及其生长环境遭受严重破坏，长势衰弱，而行政主管部门未依法及时进行管护。人民法院通过本案审理，判决行政机关履行法定职责，对于督促行政机关依法履行古树管护责任，提升社会公众古树保护意识具有积极意义。

（载中华人民共和国最高人民法院网）

第四节　重大案件

1月17日

贵州省政协原主席王富玉受贿、利用影响力受贿一案一审宣判

1月17日，天津市第一中级人民法院公开宣判天津市人民检察院第一分院提起公诉的贵州省政协原党组书记、主席王富玉受贿、利用影响力受贿一案，对被告人王富玉以受贿罪判处死刑，缓期二年执行，剥夺政治权利终身，并处没收个人全部财产；以利用影响力受贿罪判处有期徒刑八年，并处罚金人民币一百万元，决定执行死刑，缓期二年执行，剥夺政治权利终身，并处没收个人全部财产。同时，对王富玉受贿所得及收益和用于抵缴受贿所得的财物依法予以没收，上缴国库。王富玉当庭表示服从法院判决，不上诉。

法院经审理查明，1995年至2021年，王富玉利用担任中共海南省琼山市委书记、市长，中共海南省委常委、三亚市委书记，中共海南省委副书记、海口市委书记，中共贵州省委副书记，贵州省政协副主席、主席，贵州省正部级领导干部等职务上的便利，以及职权、地位形成的便利条件，通过其他国家工作人员职务上的行为，为有关单位和个人在企业经营、规划审批、职务调整、案件处理等事项上提供帮助，直接或通过他人非法收受上述单位和个人给予的财物，共计折合人民币4.34亿余元。其中价值480万余元房产尚未实际取得，属于犯罪未遂。2019年至2020年，王富玉离职后还利用影响力收受他人给予的财物，共计折合人民币1735万余元。

1月25日

新疆维吾尔自治区人民政府原副主席任华受贿案一审宣判

1月25日，江苏省苏州市中级人民法院公开宣判新疆维吾尔自治区人民政府原副主席任华受贿案，对被告人任华以受贿罪判处有期徒刑十四年，并处罚金人民币四百万元；对其受贿所得财物及孳息予以追缴，上缴国库。任华当庭表示服从判决，不上诉。

经审理查明：2007年至2020年，被告人任华利用担任中共乌鲁木齐市委常委、宣传部部长，新疆维吾尔自治区文化厅党组书记、副厅长，新疆维吾尔自治区教育厅党组书记，新疆维吾尔自治区人民政府副主席等职务上的便利，为相关单位和个人在工程承揽、公司经营、银行贷款、工作调动等方面提供帮助，收受他人给予的财物，共计折合人民币4715万余元。

1月28日

中央巡视组原副组长董宏一审被判死缓

2022年1月28日，山东省青岛市中级人民法院公开宣判中央巡视组原副组长董宏受贿一案，对被告人董宏以受贿罪判处死刑，缓期二年执行，剥夺政治权利终身，并处没收个人全部财产。董宏当庭表示服从法院判决，不上诉。

经审理查明：1999年至2020年，被告人董

宏利用担任广东国际信托投资公司破产清算组成员、中共海南省委副秘书长、北京市人民政府副秘书长、中央文献研究室副主任、中央巡视组副组长等职务上的便利，以及职权、地位形成的便利条件，通过其他国家工作人员职务上的行为，为有关单位和个人在项目开发、工程承揽、职务提拔等方面谋取利益，直接或者通过他人非法收受财物共计折合人民币4.63亿余元。

2月18日

内蒙古自治区政协原党组成员、副主席马明受贿案一审宣判

2022年2月17日上午，山东省淄博市中级人民法院公开宣判内蒙古自治区政协原党组成员、副主席马明受贿一案，以受贿罪判处被告人马明无期徒刑，剥夺政治权利终身，并处没收个人全部财产；对扣押、查封、冻结在案的受贿所得财物及其孳息予以追缴，上缴国库。

经审理查明：2000年至2019年，被告人马明利用担任吉林省松原市委常委、副市长，吉林省商务厅党组书记、厅长，吉林省辽源市委书记，吉林省政府党组成员、副省长、公安厅党委书记、厅长，内蒙古自治区政府副主席、公安厅党委书记、厅长，内蒙古自治区政协党组成员、副主席等职务上的便利，或者利用其职权、地位形成的便利条件，为他人在企业经营、职务调整和案件处理等方面提供帮助，非法收受他人所送财物，共计折合人民币1.5785亿余元。

3月19日

北京市政协原党组成员、副主席李伟受贿案一审宣判

3月18日上午，天津市第二中级人民法院一审公开宣判中共政协北京市第十三届委员会原党组成员、政协北京市第十三届委员会原副主席李伟受贿案，对被告人李伟以受贿罪判处有期徒刑九年，并处罚金人民币100万元；对李伟受贿所得财物及其孳息依法予以追缴，上缴国库。

经审理查明：2001年7月至2019年10月，被告人李伟先后利用担任北京市人民政府办公厅党组成员、副主任，北京市人民政府副秘书长、办公厅党组副书记、常务副主任，中共北京市委副秘书长、市委政法委员会常务副书记，北京市人民政府党组成员、秘书长、办公厅党组书记、主任，中共政协北京市第十三届委员会党组成员、政协北京市第十三届委员会副主席等职务上的便利以及职权、地位形成的便利条件，为相关单位和个人在房地产开发、煤炭购销等事项上提供帮助，非法收受他人给予的财物共计折合人民币3296万余元。

3月22日

福建省委原常委、省政府原副省长张志南一审被判14年

2022年3月22日上午，江西省南昌市中级人民法院一审公开宣判中共福建省委原常委、福建省人民政府原副省长张志南受贿、滥用职权案，对被告人张志南以受贿罪判处有期徒刑十二年，并处罚金人民币三百万元，以滥用职权罪判处有期徒刑五年，决定执行有期徒刑十四年，并处罚金人民币三百万元；对张志南受贿所得财物及其孳息依法予以追缴，上缴国库。

经审理查明：1996年至2019年，被告人张志南先后利用担任福建省发展和改革委员会主任、福建省人民政府副省长和中共福建省委常委、福建省人民政府副省长等职务上的便利以及职权、地位形成的便利条件，为相关单位和个人在公司经营、用地审批、获取补助及银行贷款等事项上提供帮助，非法收受他人给予的财物共计折合人民币3432万余元。2007年至2017年，张志南在其负责审批的相关项目中徇私舞弊，滥用职权，造成财政资金损失共计人民币1.48亿余元。

6月6日

中共海南省委原常委、三亚市委原书记童道驰受贿、内幕交易案一审宣判

6月2日上午，广东省深圳市中级人民法院一审公开宣判中共海南省委原常委、三亚市委原书记童道驰受贿、内幕交易一案，对被告人童道驰以受贿罪判处死刑，缓期二年执行，剥夺政治权利终身，并处没收个人全部财产，以内幕交易罪判处有期徒刑五年，并处罚金人民币四百万元，决定执行死刑，缓期二年执行，剥夺政治权利终身，并处没收个人全部财产；对童道驰受贿、内幕交易所得财物及其孳息均予以追缴，上缴国库。童道驰当庭表示服从法院判决，不上诉。

经审理查明：2004年至2020年，被告人童道驰利用担任中国证监会上市公司监管部副主任、发行监管部副主任、资本市场改革发展工作小组办公室负责人、国际合作部副主任、主任，中共海南省委常委、三亚市委书记的职务便利以及职权或者地位形成的便利条件，为有关单位和个人在公司上市、企业经营、融资借款、职级晋升等事项上提供帮助，直接或通过其特定关系人非法收受他人给予的财物共计折合人民币2.74亿余元。2006年8月至2007年4月，童道驰在担任中国证监会发行监管部副主任期间，获悉相关股票内幕信息后，指使其近亲属及关系密切人员在相关信息尚未公开前买入相关股票共计3165万余元，非法获利共计338万余元。

7月2日

青海省人民检察院原检察长蒙永山受贿案一审宣判

2022年7月12日，内蒙古自治区赤峰市中级人民法院一审公开宣判青海省人民检察院原党组书记、检察长蒙永山受贿一案，对被告人蒙永山以受贿罪判处有期徒刑十一年，并处罚金人民币二百万元；对蒙永山受贿所得财物及孳息予以追缴，上缴国库。蒙永山当庭表示服从法院判决，不上诉。

经审理查明：2001年至2021年，被告人蒙永山利用担任广西壮族自治区钦州市人民检察院党组书记、检察长，广西壮族自治区人民检察院党组副书记、副检察长，青海省人民检察院党组书记、检察长等职务上的便利，为他人在案件处理、职务提拔、项目承揽等方面提供帮助，直接或通过亲属非法收受他人财物，共计折合人民币2112万余元。

8月17日

江西省人大常委会原副主任史文清受贿、非法持有枪支案一审宣判

8月16日，浙江省宁波市中级人民法院公开宣判江西省人大常委会原副主任史文清受贿、非法持有枪支案，对被告人史文清以受贿罪判处死刑，缓期二年执行，剥夺政治权利终身，并处没收个人全部财产；以非法持有枪支罪判处有期徒刑一年，决定执行死刑，缓期二年执行，剥夺政治权利终身，并处没收个人全部财产。

经审理查明：2003年至2020年5月，被告人史文清利用担任哈尔滨市委副书记、副市长，江西省委常委、赣州市委书记，江西省人大常委会副主任等职务上的便利，为有关单位和个人在融资贷款、国有土地使用权取得、工程承揽等方面提供帮助，直接或通过亲属收受他人给予的财物共计折合人民币1.95亿余元。2004年，史文清将从他人处获取的1支手枪交给其亲属保管，经鉴定，该手枪系制式枪支。

8月30日

甘肃省原副省长宋亮受贿案一审宣判

2022年8月30日，四川省乐山市中级人民法院公开宣判甘肃省委原常委、省政府原党组副书记、副省长宋亮受贿一案，对被告人宋亮以受

贿罪判处无期徒刑，剥夺政治权利终身，并处没收个人全部财产；对宋亮受贿犯罪所得财物及孳息依法予以追缴，上缴国库。

经审理查明：2000年至2020年，被告人宋亮先后利用担任内蒙古自治区人民政府办公厅副主任、金融证券办公室副主任、金融工作办公室主任，中共赤峰市委副书记，内蒙古自治区交通运输厅厅长，中共乌海市委书记，中共内蒙古自治区党委常委、通辽市委书记，中共甘肃省委常委、省人民政府副省长等职务上的便利及职权、地位形成的便利条件，为他人在成立小额贷款公司、村镇银行，以及获取贷款、职务调整、企业经营等事项上提供帮助，非法收受相关人员给予的现金、股权、房产等财物，共计折合人民币7968万余元，其中，价值212万余元的股权尚未实际取得。

9月21日

重庆市政府原副市长、市公安局原局长邓恢林受贿案一审宣判

2022年9月21日，河北省保定市中级人民法院公开宣判重庆市政府原副市长、市公安局原局长邓恢林受贿一案，对被告人邓恢林以受贿罪判处有期徒刑十五年，并处罚金人民币四百万元；对邓恢林受贿犯罪所得及孳息依法予以追缴，上缴国库。

经审理查明：1999年春节前至2020年1月，被告人邓恢林利用担任湖北省乡镇企业管理局计划财务处副处长，湖北省经济委员会办公室主任，湖北省经济委员会副主任，湖北省宜昌市政府副市长，宜昌市委常委、市公安局局长，湖北省公安厅副厅长，中央政法委反分裂指导协调室负责人，中央政法委办公室主任，重庆市政府党组成员、副市长、市公安局局长等职务上的便利以及职权、地位形成的便利条件，为有关单位或个人在企业经营、特殊号段车牌办理、职务提拔调整等事项上提供帮助，直接或通过他人非法收受财物，共计折合人民币4267万余元。

9月21日

上海市政府原副市长、市公安局原局长龚道安受贿案一审宣判

2022年9月21日，河北省唐山市中级人民法院公开宣判上海市政府原副市长、市公安局原局长龚道安受贿一案，对被告人龚道安以受贿罪判处无期徒刑，剥夺政治权利终身，并处没收个人全部财产；对龚道安受贿犯罪所得及孳息依法予以追缴，上缴国库。

经审理查明：1999年下半年至2020年7月，被告人龚道安利用担任湖北省荆州市公安局副局长，湖北省公安厅刑事侦查总队重案侦查处处长、经济犯罪侦查总队总队长，湖北省咸宁市委常委、政法委书记、市公安局局长，公安部技术侦察局副局长、局长，上海市政府党组成员、副市长、市公安局局长等职务上的便利以及本人职权、地位形成的便利条件，为相关单位和个人在企业经营、工程承揽、案件办理、职务提拔等方面提供帮助，非法收受相关人员财物共计折合人民币7343万余元。

9月21日

山西省原副省长、省公安厅原厅长刘新云受贿、滥用职权案一审宣判

2022年9月21日，河北省廊坊市中级人民法院公开宣判山西省原副省长、省公安厅原厅长刘新云受贿、滥用职权一案，对被告人刘新云以受贿罪判处有期徒刑十二年，并处罚金人民币一百万元，以滥用职权罪判处有期徒刑四年，决定执行有期徒刑十四年，并处罚金人民币一百万元；对刘新云受贿犯罪所得及孳息依法予以追缴，上缴国库。

经审理查明：1998 年至 2021 年，被告人刘新云利用担任山东省淄博市公安局副局长，菏泽市人民政府副市长、市公安局局长，济南市公安局局长，公安部网络安全保卫局局长，山西省人民政府副省长、省公安厅厅长等职务上的便利以及本人职权、地位形成的便利条件，为有关单位和个人在企业经营、子女入学、案件办理等方面提供帮助，非法收受相关人员财物共计折合人民币 1333 万余元。2018 年 3 月至 2021 年 4 月，刘新云在担任山西省人民政府副省长、省公安厅厅长期间，还违反有关法律法规和制度规定，违背信息化技术发展和项目建设规律，在山西省公安执法全流程智能管理平台等信息化项目建设过程中，滥用职权，致使公共财产、国家和人民利益遭受重大损失。

9月22日

王立科一审被判死缓终身监禁

9 月 22 日，吉林省长春市中级人民法院一审公开宣判江苏省委原常委、政法委原书记王立科受贿、行贿、包庇、纵容黑社会性质组织、伪造身份证件一案，对被告人王立科以受贿罪判处死刑，缓期二年执行，剥夺政治权利终身，并处没收个人全部财产，在其死刑缓期执行二年期满依法减为无期徒刑后，终身监禁，不得减刑、假释；以行贿罪判处无期徒刑，剥夺政治权利终身，并处没收个人全部财产；以包庇、纵容黑社会性质组织罪判处有期徒刑十五年；以伪造身份证件罪判处有期徒刑六年，并处罚金人民币一万元，决定执行死刑，缓期二年执行，剥夺政治权利终身，并处没收个人全部财产，在其死刑缓期执行二年期满依法减为无期徒刑后，终身监禁，不得减刑、假释；对王立科受贿犯罪所得及孳息依法予以追缴，上缴国库。

经审理查明：1993 年至 2020 年，被告人王立科利用担任辽宁省北镇满族自治县公安局副局长、北宁市公安局局长、锦州市公安局副局长，葫芦岛市副市长、市公安局局长，辽宁省公安厅副厅长，大连市副市长、市公安局局长，江苏省副省长、省公安厅厅长及江苏省委常委、政法委书记等职务上的便利，以及职权、地位形成的便利条件，为他人在企业经营、贷款办理、职务调整、案件办理等事项上提供帮助，直接或伙同其特定关系人非法收受他人给予的财物共计折合人民币 4.4 亿余元。王立科为谋求本人及他人职务晋升等不正当利益，先后多次向公安部原党委委员、副部长孙力军等人行贿共计 9731 万余元。王立科明知娄河涉黑犯罪组织从事违法犯罪活动，充当该组织的“保护伞”，长期放任该组织实施违法犯罪活动，帮助该组织逃避查禁与打击，并为该组织协调银行贷款，致使其不断发展壮大，称霸一方，严重破坏当地经济、社会生活秩序。王立科还利用职权为其本人及亲属、特定关系人等违法办理多份虚假身份证件。

9月22日

全国政协社会和法制委员会原副主任傅政华受贿、徇私枉法案一审宣判

2022 年 9 月 22 日，吉林省长春市中级人民法院公开宣判全国政协社会和法制委员会原副主任傅政华受贿、徇私枉法一案，对被告人傅政华以受贿罪判处死刑，缓期二年执行，剥夺政治权利终身，并处没收个人全部财产，在其死刑缓期执行二年期满依法减为无期徒刑后，终身监禁，不得减刑、假释，以徇私枉法罪判处有期徒刑十四年，决定执行死刑，缓期二年执行，剥夺政治权利终身，并处没收个人全部财产，在其死刑缓期执行二年期满依法减为无期徒刑后，终身监禁，不得减刑、假释；对傅政华受贿犯罪所得及孳息依法予以追缴，上缴国库。

经审理查明：2005年至2021年，被告人傅政华利用担任北京市公安局副局长、局长，北京市委常委，公安部副部长，中央政法委员会委员，司法部部长及全国政协社会和法制委员会副主任等职务上的便利，以及职权或者地位形成的便利条件，为有关单位和个人在企业经营、职务调整、案件处理等方面提供帮助，本人直接或者通过其亲属非法收受财物，共计折合人民币1.17亿余元。2014年至2015年，傅政华在担任北京市公安局局长期间，对其弟弟付卫华涉嫌严重犯罪问题线索隐瞒不报，不依法处置，致付卫华长期未被追诉。

长春市中级人民法院认为，被告人傅政华的行为构成受贿罪和徇私枉法罪。傅政华受贿数额特别巨大，犯罪情节特别严重，社会影响特别恶劣，使国家和人民利益遭受特别重大损失，论罪应当判处死刑；傅政华徇私枉法，情节特别严重，社会影响特别恶劣，亦应依法惩处，并与其所犯受贿罪并罚。鉴于傅政华归案后如实供述罪行，尚能认罪悔罪，积极退赃，提供其他重大案件线索经查证属实，有重大立功表现，具有法定、酌定从轻处罚情节，对其判处死刑，可不立即执行。根据傅政华犯罪的事实、情节和对国家、社会造成的严重危害，决定在其死刑缓期执行二年期满依法减为无期徒刑后，终身监禁，不得减刑、假释。法庭遂作出上述判决。

9月23日

公安部原党委委员、副部长孙力军受贿、操纵证券市场、非法持有枪支案一审宣判

2022年9月23日，吉林省长春市中级人民法院公开宣判公安部原党委委员、副部长孙力军受贿、操纵证券市场、非法持有枪支一案，对被告人孙力军以受贿罪判处死刑，缓期二年执行，剥夺政治权利终身，并处没收个人全部财产，在其死刑缓期执行二年期满依法减为无期徒刑后，终身监禁，不得减刑、假释，以操纵证券市场罪判处有期徒刑八年，并处罚金人民币一百万元，以非法持有枪支罪判处有期徒刑五年，决定执行死刑，缓期二年执行，剥夺政治权利终身，并处没收个人全部财产，在其死刑缓期执行二年期满依法减为无期徒刑后，终身监禁，不得减刑、假释；对孙力军受贿犯罪所得及孳息依法予以追缴，上缴国库。

经审理查明：2001年至2020年4月，被告人孙力军利用担任上海市卫生局外事处副处长，上海市人民政府外事办公室综合业务处处长，公安部办公厅副主任、国内安全保卫局局长及公安部党委委员、副部长等职务上的便利，以及职权、地位形成的便利条件，为有关单位或个人在企业经营、职务调整、案件办理等事项上提供帮助，直接或通过他人非法收受财物，共计折合人民币6.46亿余元。2018年上半年，孙力军应他人请托，指使有关人员通过集中资金优势连续买卖等方式，影响股票交易价格和交易量，帮助他人避免损失1.45亿余元。孙力军还违反枪支管理规定，非法持有枪支2支。

11月8日

辽宁省政协原党组副书记、副主席刘国强受贿案一审宣判

2022年11月8日上午，天津市第一中级人民法院公开宣判辽宁省政协原党组副书记、副主席刘国强受贿一案，以受贿罪判处被告人刘国强死刑，缓期二年执行，剥夺政治权利终身，并处没收个人全部财产，在其死刑缓期执行二年期满依法减为无期徒刑后，终身监禁，不得减刑、假释；对扣押在案的受贿所得财物依法予以追缴，上缴国库，不足部分继续追缴。

经审理查明：2006年至2016年，被告人刘国强利用担任辽宁省副省长、政协副主席等职务上的便利，为相关单位和个人在企业经营、项目审批、获取财政资金和职务提拔等事项上提供帮

助。2008年至2020年，刘国强收受他人所送财物共计折合人民币3.52亿余元，其中4900万元尚未实际取得。

11月24日

原中央防范和处理邪教问题领导小组办公室副主任彭波受贿案一审宣判

2022年11月24日，江苏省无锡市中级人民法院一审公开宣判原中央防范和处理邪教问题领导小组办公室副主任彭波受贿一案，对被告人彭波以受贿罪判处有期徒刑十四年，并处罚金人民币五百万元；对彭波受贿所得财物及孳息予以追缴，上缴国库。彭波当庭表示服从法院判决，不上诉。

经审理查明：2006年至2018年，被告人彭波利用担任中央外宣办网络新闻宣传局副局长、网络新闻协调局局长、网络新闻应急事务局局长、国家网信办专职副主任、中央防范和处理邪教问题领导小组办公室副主任等职务上的便利，以及职权或者地位形成的便利条件，为他人在促成诉讼和解、拓展网络业务、网络信息管理、违规办理土地转让手续等方面谋取利益，直接或者通过亲属非法收受他人财物共计折合人民币5464万余元。

第五节　最高人民法院年度法治报告

2023年1月5日

2022年度人民法院十大新闻

由人民法院报编辑部评选出的2022年度人民法院十大新闻于1月4日发布。2022年以来，全国各级法院坚决贯彻党中央决策部署，坚持服务大局、司法为民、公正司法，不断提升司法质量、效率和公信力，各方面工作取得扎实成效。本次评选出的十大新闻聚焦切实加强审判执行工作、以司法现代化助力中国式现代化、健全中国特色一站式多元纠纷解决和诉讼服务体系、拓展国际司法合作新路径、深化司法体制改革和智慧法院建设等法院新闻热点，力求多领域、多角度展现人民法院一年来取得的丰硕成果。

获评的十大新闻包括：中央政治局常委会听取最高法党组工作汇报、知识产权专业化审判格局基本建成、全国法院打击整治养老诈骗专项行动收官、人民法庭服务新型城镇化建设启动试点、中国和东盟国家司法合作进一步深化、全国首个跨省域管辖法院成渝金融法院揭牌、智慧法院建设赋能审执工作高质量发展、全国法院全面深入学习宣传贯彻党的二十大精神、中国法官首次当选联合国上诉法庭和争议法庭法官、我国建成全球唯一覆盖各层级法院环资审判体系。

人民法院报特邀中国社会科学院法学研究所研究员刘仁文、深圳大学法学院教授朱谢群、清华大学法学院教授张建伟、西北政法大学法治学院教授汪世荣、武汉大学法学院教授漆彤、中国人民大学法学院教授刘俊海、中国社会科学院大学法学院教授吕艳滨、中国社会科学院法学研究所研究员莫纪宏、南京师范大学法学院教授方乐、武汉大学法学院教授秦天宝对十大新闻进行点评。（《人民法院报》记者 乔文心）

1. 中央政治局常委会听取最高法党组工作汇报

【新闻速览】2022年1月6日，中共中央政治局常务委员会全天召开会议，听取全国人大常委会、国务院、全国政协、最高人民法院、最高人民检察院党组工作汇报，听取中央书记处工作报告。中共中央总书记习近平主持会议并发表重要讲话。会议认为，过去一年是党和国家历史上具有里程碑意义的一年。全国人大常委会、国务院、全国政协、最高人民法院、最高人民检察院党组毫不动摇坚持党中央集中统一领导，认真贯彻落实党中央决策部署，围绕党和国家工作全局履行职责，加强党组自身建设，为实现“十四五”良好开局作出积极贡献，为庆祝建党一百周年营造良好环境，各方面工作取得了新成效。

【专家点评】中国社会科学院法学研究所研究员　刘仁文

中国共产党的领导是中国特色社会主义司法制度的根本特征，是人民法院的建院之本和强院之基。2015年1月以来，中共中央政治局常务委员会每年听取最高人民法院党组工作汇报，已成为一项重大制度性安排。

2022年1月6日，习近平总书记主持中共中央政治局常务委员会会议，听取最高人民法院党组工作汇报，这既体现了党对人民法院工作绝对领导的最高原则，又体现了党中央对人民法院工作的高度重视。

一年来，全国法院系统以实际行动坚持党中央权威和集中统一领导，把党的路线方针政策贯彻落实到法院工作的全过程各方面，始终坚持服务大局、司法为民、公正司法，围绕“努力让人民群众在每一个司法案件中感受到公平正义”的目标改进工作，为更好发挥法治固根本、稳预期、利长远的保障作用和在法治轨道上全面建设社会主义现代化国家做足文章、做出成效。

盘点 2022 年，人民法院的工作取得了可圈可点的成绩，这正是全国法院干警凝心聚力、埋头苦干的结果，也充分体现了党的领导的政治优势。

2. 知识产权专业化审判格局基本建成

【新闻速览】2022 年 2 月 27 日，十三届全国人大常委会第三十三次会议召开全体会议，听取最高人民法院院长周强作关于《全国人民代表大会常务委员会关于专利等知识产权案件诉讼程序若干问题的决定》实施情况的报告。报告提出，党中央批准设立最高人民法院知识产权法庭、建立国家层面知识产权案件上诉审理机制的决策完全正确。报告显示，目前我国已形成以最高人民法院知识产权审判部门为牵引、4 个知识产权法院为示范、26 个知识产权专门审判机构为重点、地方各级法院知识产权审判庭为支撑的专业化审判格局。

【专家点评】深圳大学法学院教授　朱谢群

构建我国知识产权专业化审判体系，是建设知识产权强国和世界科技强国的必然要求，是严格保护知识产权、服务创新驱动发展、营造国际一流营商环境的重要举措。目前，以最高法知识产权审判部门为牵引的专业化审判格局已基本建成。我国已成为审理知识产权案件尤其是专利案件最多的国家，也是审理周期最短的国家之一，并日益成为国际知识产权诉讼优选地。

人民法院不断深化知识产权审判领域改革创新，我国知识产权司法保护的裁判标准更加统一、案件处理效率显著提高、专业审判能力迅速跃升、专业化审判体系日益完善，并在传统难题和新兴挑战面前不断取得“亮眼”的成绩，为实施创新驱动发展战略、实现科技自立自强、促进高质量发展提供了有力司法服务和保障，也为全球知识产权治理体制向着更加公正合理方向发展贡献了中国智慧。

3. 全国法院打击整治养老诈骗专项行动收官

【新闻速览】2022 年 4 月，最高人民法院部署全国法院打击整治养老诈骗专项行动，要求各级人民法院充分认识专项行动的重大意义，依法严惩养老诈骗犯罪，扎实做好养老诈骗案件审判相关工作。5 月 20 日，全国法院打击整治养老诈骗专项行动推进会召开，要求全国法院主动担当作为，推动专项行动依法有力有序开展，为广大老年人安享幸福晚年营造良好社会环境。专项行动开展以来截至 9 月 16 日，全国法院受理养老诈骗刑事案件共 2014 件，一审审结案件重刑率达 26.26%，全国法院执行养老诈骗案件财产近 30 亿元。

【专家点评】清华大学法学院教授　张建伟

一个理想的社会有许多衡量指标，其中之一是最弱的群体能够得到最好的关照。除了儿童、残障人士之外，老年人是最需要得到社会格外关照的社会群体。近些年来，养老诈骗案件多有发生，犯罪分子正是利用了他们的心理与自身特点，编织动人的谎话，描绘让他们动心的前景，藉以骗取他们的钱财。

值得肯定的是，人民法院发挥了其应有的重要作用——准确判定养老诈骗类违法犯罪案件的性质，将被犯罪分子颠倒的社会秩序匡正过来；为老年被害人追赃挽损，恢复他们对生活的信心与条件；通过运用审判权准确认定犯罪事实与性质，对犯罪分子施以严厉的刑罚，实现特殊预防与一般预防的作用，落实宽严相济刑事政策的功效。人民法院积极开展打击整治养老诈骗专项行动，取得了良好的法律效果与社会效果。这种自觉发挥审判职能作用维护人民群众合法权益的做法以及取得的良好效果，显示出人民法院多年来一以贯之地践行司法为民宗旨。

4. 人民法庭服务新型城镇化建设启动试点

【新闻速览】2022 年 5 月，最高人民法院启动人民法庭服务新型城镇化建设试点工作。各地人民法庭通过创建“E解纷”平台、村社配置专属解纷二维码、类案“填空式”调解协议模板、“一企一联系人”制度、企业风险“防火墙”、搭建“法企之桥”“区域发展”服务智囊团、和谐家庭建设“服务样板”、培养乡村“法律明白人”与“和顺茶馆”综合治理品牌等，以人民法庭自身建设为支撑点，以基层治理为切入点，以新型业态为核心点，多点并进、多措并举，建立一体化联动纠纷解决机制，助推实现新型城镇化战略。

【专家点评】西北政法大学法治学院教授　汪世荣

党的二十大报告科学阐明了以中国式现代化全面推进中华民族伟大复兴的使命任务，为人民法院高质量发展指明了方向。新型城镇化是中国式现代化新道路的必然选择。最高人民法院启动人民法庭服务新型城镇化建设的试点工作，通过充分发挥人民法庭的职能，提升基层治理法治化水平，以司法之力助推中国式现代化，具有重大的理论意义和实践价值。

基层治理是国家治理的基石。党中央、国务院专门出台意见，对加强基层治理体系和治理能力现代化建设作出全面部署。人民法庭是司法服务基层社会治理的最前沿，应发挥人民法庭在矛盾纠纷多元化解机制中的引领、推动和保障作用。

党的二十大报告强调“完善社会治理体系”“提升社会治理法治化水平”，指出在社会基层坚持和发展新时代“枫桥经验”，健全城乡社区治理体系。人民法庭服务新型城镇化建设的试点工作，就是推进市域社会治理现代化的生动实践和探索。

5. 中国和东盟国家司法合作进一步深化

【新闻速览】2022 年 7 月 20 日，第 3 届中国—东盟大法官论坛在中华人民共和国广西壮族自治区南宁市以线上线下相结合的方式举行。与会各方围绕“共建 21 世纪海上丝绸之路　建设高水平司法合作平台”这一主题，就加快对接 RCEP 经贸新规则、加强知识产权合作、推进跨境在线诉讼等议题进行研讨，并通过《南宁声明》。9 月 16 日，中国—东盟自由贸易区南宁国际商事法庭在南宁正式挂牌设立。11 月 5 日，中华人民共和国首席大法官、最高人民法院院长周强以视频方式出席东盟首席法官理事会东盟 + 成立大会，并作专题发言。

【专家点评】武汉大学法学院教授　漆彤

中国与东盟关系源远流长，双方经贸往来频繁，在多个合作领域取得积极成果，为区域经济发展注入强劲动力。司法合作是中国—东盟合作框架下的重要合作领域，中国与东盟国家法院长期保持着友好交流与合作关系，双方在高层互访、信息交换、法官培训、司法协助等方面取得了一系列丰硕成果。

中国—东盟大法官论坛是双方深化交流、推动合作的重要平台。本届论坛深入贯彻落实习近平主席同东盟各国领导人达成的重要合作共识，围绕“共建21世纪海上丝绸之路　建设高水平司法合作平台”这一主题开展了富有建设性的司法研讨，聚焦“一带一路”法治建设新议题，各国法官们积极分享、相互借鉴成功司法经验，取得了丰硕成果，有力推动构建更为紧密的中国—东盟命运共同体、助力高质量共建“一带一路”。

今后，中国法院仍需不断努力、积极探索，充分发挥国际司法协助渠道在涉外审判中的作用，努力为“一带一路”建设提供更加高效便捷的司法保障。

6. 全国首个跨省域管辖法院成渝金融法院揭牌

【新闻速览】2022 年 2 月 28 日，十三届全国人大常委会第三十三次会议通过了《全国人民代表大会常务委员会关于设立成渝金融法院的决定》。推动成渝地区双城经济圈建设，是习近平总书记亲自谋划、亲自推动的重大决策部署。9 月 28 日，全国首个跨省域管辖的法院——成渝金融法院正式揭牌。成渝金融法院负责管辖重庆市以及四川省属于成渝地区双城经济圈内的应由中级人民法院管辖的有关金融民商事案件和涉金融行政案件。12 月 20 日，最高人民法院发布《最高人民法院关于成渝金融法院案件管辖的规定》，进一步明确了成渝金融法院的案件管辖范围，对成渝金融法院正式运行和切实履行法定职能具有基础性制度保障作用。

【专家点评】中国人民大学法学院教授 刘俊海

市场失灵时，司法权不能失灵。保护金融消费者与债权人合法权益、维护金融安全、防范金融风险、助推实体经济健康发展，人民法院大有可为。成渝金融法院的成功设立与顺利运转，有助于促进成渝地区双城经济圈建设，统一金融纠纷案件的裁判思维，以高质量金融司法护航中国式现代化。

要进一步推动金融案件快立案、快审理、快判决与快执行，实现对债权人与守信者权益的平等保护、全面保护与精准保护，努力实现裁判与执行最佳的政治效果、法律效果、社会效果、市场效果与国际效果。严把司法产品质量关，争取把每个案件办成精品。

金融监管机构、地方政府、行业协会及金融市场各方也要满腔热忱地支持金融法院公平高效地化解纠纷，不断优化诚实信用、公平公正、多赢共享、包容普惠的金融市场生态环境。金融法院则要通过个案的审理和执行工作，为金融改革发展稳定提供有力司法服务和保障。

7. 智慧法院建设赋能审执工作高质量发展

【新闻速览】2022 年 10 月 13 日，最高人民法院召开新闻发布会，介绍人民法院智慧法院建设工作成效。据介绍，目前我国已建成支持全国四级法院“全业务网上办理、全流程依法公开、全方位智能服务”的智慧法院信息系统，创新纠纷解决和诉讼服务模式。人民法院研发上线了覆盖四级法院的人民法院在线服务平台，提供立案、开庭、送达等在线服务，老百姓办理诉讼事务可以全流程、全天候“掌上办”。截至 2022 年 9 月，全国四级法院以及 9 万多个调解组织、35 万多名调解员已经入驻人民法院调解平台，平均每个工作日就有几万件纠纷在平台进行调解；中国庭审公开网累计直播庭审 2000 余万场，访问量超过 500 亿次；中国裁判文书网累计公开裁判文书 1.3 亿余篇，访问量超过 900 亿次。

【专家点评】中国社会科学院大学法学院教授 吕艳滨

疫情三年来，面对疫情不利影响，各级法院克服了线下诉讼活动受阻的重重困难，将大部分案件搬至线上，让诉讼不停摆。由线下到线上，改变的不仅仅是诉讼活动的形式和场景，更带来了诉讼规则的革新。由现实到虚拟，海量案件沉淀形成的数据流促成了人民法院信息化建设向“以知识为中心”演进，日益智能的办公办案系统，必将极大地提升法院干警的办案能力和办公水平，提升司法决策的科学化程度，也将有助于加强对审判执行权力运行的全程有效监督。

当然，技术是手段而不是目的。信息技术与审判执行业务的深度融合，将让司法插上信息化的翅膀，推动中国特色社会主义司法制度更加成熟更加定型。

8. 全国法院全面深入学习宣传贯彻党的二十大精神

【新闻速览】2022 年 10 月 16 日至 22 日，中国共产党第二十次全国代表大会在北京召开。10 月 24 日，最高人民法院党组书记、院长周强主持召开最高人民法院党组会议，强调深入学习贯彻党的二十大精神，为全面建设社会主义现代化国家提供有力司法服务。同日，最高人民法院举行学习贯彻党的二十大精神干部大会。11 月 2 日，全国法院学习贯彻党的二十大精神专题辅导报告会举行。11 月 3 日，最高人民法院党组围绕深入学习贯彻党的二十大精神举行理论学习中心组（扩大）集体学习研讨。11 月 16 日，最高人民法院举行学习贯彻党的二十大精神宣讲报告会暨人民法院大讲堂培训。党的二十大以来，全国各地法院迅速召开会议，对学习贯彻党的二十大精神进行部署，通过集中宣讲辅导、专题培训班、人民法院大讲堂、党组理论学习中心组学习、青年理论学习小组研讨等形式，组织干警全面深入学习领会党的二十大精神，做到全员轮训、入脑入心。

【专家点评】中国社会科学院法学研究所研究员 莫纪宏

为把学习宣传贯彻党的二十大精神不断引向深

入，最高人民法院举行了专题辅导报告会和大讲堂培训。最高人民法院党组书记、院长周强，党组副书记、常务副院长贺荣以及中央党史和文献研究院院长曲青山分别作了党的二十大精神辅导报告，特别是围绕报告提出的“严格公正司法”的各项要求，对全国法院干警进行了政治动员和全员培训，在全国法院系统掀起了学习宣传贯彻党的二十大精神的热潮。

党的二十大报告对司法审判工作非常重视，仅“司法”二字在报告中就出现了13次。全国各地法院快速行动，以党的二十大精神为指引，凝聚起严格公正司法、推进法治中国建设的强大力量。

9. 中国法官首次当选联合国上诉法庭和争议法庭法官

【新闻速览】2022年11月15日，第77届联合国大会举行联合国上诉法庭和争议法庭法官选举。来自中国最高人民法院的法官高晓力、孙祥壮分别当选联合国上诉法庭、联合国争议法庭法官。这两个法庭是联合国内部司法系统的重要机构，为维护联合国工作人员合法权益、促进联合国系统在法治基础上有效运转发挥重要作用。这是联合国上诉法庭和争议法庭设立以来，中国候选人首次当选。

【专家点评】南京师范大学法学院教授　方乐

联合国争议法庭是联合国内部司法系统的“一审法庭”，联合国上诉法庭被视为“二审法庭”。两个法庭都是联合国内部司法系统的重要机构。经联合国内部司法理事会推荐并经第77届联合国大会选举，两位中方候选人成功当选两法庭法官。这是两个法庭设立以来，中国法官首次当选两法庭法官，填补了我国法官在联合国内部司法系统任职的空白。

两位法官当选，表明中国司法发展在涉外法治竞争中取得一定的优势度，表明中国法官的司法能力在国际司法中获得了认可度，是打破欧美司法垄断的一次有力体现。相信伴随着越来越多的中国法官登上国际司法舞台，必将有助于推动联合国内部司法系统管理机制的创新完善，实现联合国内部司法系统更高质量运转，促进联合国内部司法系统的公平正义。与此同时，这也有利于中国司法形象和司法能力的全球展示和世界传播，为推动完善全球治理提供中国智慧，并从中彰显中国日益显著的国际规则塑造力和国际影响力。

10. 我国建成全球唯一覆盖各层级法院环资审判体系

【新闻速览】2022年12月，最高人民法院发布《中国生物多样性司法保护》。该报告显示，人民法院不断完善专门审判体系，持续提升生物多样性司法保护能力水平。最高人民法院指导各级法院扎实推进以生态系统或生态功能区为管辖单位的跨行政区划环境资源专门审判机构建设，全国法院累计设立环境资源审判专门机构或组织2426个。实行环境资源刑事、民事、行政案件“三合一”归口审理，覆盖四级法院的专门审判体系不断强化，我国成为全球唯一建成覆盖全国各层级法院环境资源审判体系的国家。

【专家点评】武汉大学法学院教授　秦天宝

党的十八大以来，党中央把生态文明建设作为关系中华民族永续发展的根本大计，以前所未有的力度部署生态文明建设。党的二十大报告明确提出“中国式现代化是人与自然和谐共生的现代化”，为人民法院加强生物多样性司法保护、推进环境资源审判工作指明了方向。近年来，人民法院坚持用最严格制度最严密法治保护生物多样性，积累了生物多样性司法保护的有益经验。生物多样性司法保护能力水平的显著提升，是以环境资源审判体系的持续完善为基础和前提的。

我国环境资源审判体系是富有中国特色和国际影响力的“全覆盖式”环境资源审判体系，其优越性主要体现在理念专门化、机构专门化、机制专门化、规则专门化、队伍专门化等方面。人民法院始终深入践行习近平生态文明思想与习近平法治思想，不断完善环境资源案件跨行政区划集中管辖机制、“三合一”审判机制、司法协作机制、多元纠纷解决机制等环境资源审判机制，着力打造一支德才兼备的专业化环境资源审判队伍，为生态环境法治建设作出了突出贡献。

（载《人民法院报》2023年1月5日，第4版）

2023年1月5日

2022年度人民法院十大司法政策

由人民法院报编辑部评选出的2022年度人民法院十大司法政策1月5日发布。本次评选重点关注贯彻落实党和国家重大决策部署、紧跟社会民生热点、回应人民群众关切、满足司法实践需求的司法文件。考虑到部分司法政策可归于同一主题或领域，本次评选在60余件司法政策中挑选出17件，提炼出十大主题类别，以单列分类的形式推出。

获评的十大司法政策包括以下十大类：健全证券市场民事赔偿制度、加强自然资源和生态保护、构建互联网司法规则体系、发挥民法典总则编统领作用、引导网络经济健康持续发展、切实预防和制止家庭暴力、完善竞争案件裁判规则、全面推动智慧法治建设、服务全国统一大市场建设、依法惩治信息网络犯罪。

应人民法院报特别邀请，中国人民大学王利明教授、王欣新教授、刘俊海教授，中国政法大学熊秋红教授、王进喜教授、李建伟教授、王新宇教授，北京大学吴洪淇研究员，中国社会科学院知识产权中心管育鹰研究员，上海政法学院王树义特聘教授等十位知名专家，对十大司法政策作出了精彩点评。（记者　刘强）

1. 健全证券市场民事赔偿制度

【内容导引】2022年1月21日，最高人民法院发布《最高人民法院关于审理证券市场虚假陈述侵权民事赔偿案件的若干规定》，并联合发布关于适用该规定有关问题的通知，规范取消受理前置程序后法院审理虚假陈述案件法律适用问题，细化民事赔偿责任的构成要件等。

【专家点评】中国政法大学教授　李建伟

为贯彻落实中共中央办公厅、国务院办公厅印发的《关于依法从严打击证券违法活动的意见》，最高人民法院发布《最高人民法院关于审理证券市场虚假陈述侵权民事赔偿案件的若干规定》。该规定将进一步推动我国资本市场迈向成熟化，其中关于证券市场民事赔偿制度的完善有四个引人注目的亮点。第一，废除前置程序。根据该规定第二条第二款，法院受理虚假陈述民事赔偿案件不再以行政或刑事处理为前提条件，便利了投资者行使诉权，有望激活投资者起诉的积极性。第二，完善责任主体范围及内部追偿规则。一是“追首恶”，即发行人的控股股东、实际控制人（以下简称双控人），第二十条不仅允许投资者直接请求双控人承担虚假陈述民事赔偿责任，还规定了发行人对双控人的追偿权；二是“打帮凶”，第二十二条规定了帮助造假者的民事责任，实质性地加大了“帮凶”的违法成本。第三，完善损害赔偿计算规则。如第二十六条第五款规定，法院可以根据有专门知识的人的专业意见，参考对相关行业进行投资时的通常估值方法，确定基准价格，提升了赔偿数额的科学性、可接受性。第四，细化过错认定与抗辩事由。在区分职责的基础上，分别规定了发行人的董监高、独董、保荐机构、证券服务机构的过错认定及抗辩事由，体现了各负其责的法律精神。

2. 加强自然资源和生态保护

【内容导引】2022年1月、4月、5月、6月，最高人民法院发布（包括联合发布）《最高人民法院关于审理生态环境侵权纠纷案件适用惩罚性赔偿的解释》等系列文件，规范生态环境惩罚性赔偿、破坏海洋自然资源等案件审理、生态环境损害赔偿管理等。

【专家点评】上海政法学院特聘教授　王树义

2022 年，最高人民法院以“组合拳”的形式连续出台《最高人民法院关于审理生态环境侵权纠纷案件适用惩罚性赔偿的解释》《最高人民法院关于审理森林资源民事纠纷案件适用法律若干问题的解释》等文件，并联合最高人民检察院发布《关于办理破坏野生动物资源刑事案件适用法律若干问题的解释》《关于办理海洋自然资源与生态环境公益诉讼案件若干问题的规定》，联合生态环境部、最高人民检察院、公安部、自然资源部等发布《生态环境损害赔偿管理规定》，进一步加大司法保护自然环境、助力生态文明建设的力度，充分体现了人民法院在保护生态环境方面勇于担当的精神。这些文件重点强调了以下几点：其一，进一步加强对野生动物资源、海洋自然资源与生态环境、森林资源的司法保护；其二，在自然资源案件和生态环境侵权纠纷案件审理中，应认真贯彻民法典的绿色原则，严格审慎适用惩罚性赔偿，注重法律的公平公正，充分发挥惩罚性赔偿的制度功能；其三，为加强对海洋自然资源和生态环境的特别保护，明确规定人民检察院依法可以提起民事公益诉讼、行政公益诉讼和刑事附带民事公益诉讼；其四，多部门应积极参与、努力协同，规范生态环境损害赔偿工作，推动生态环境损害赔偿制度建设，持续推进生态文明建设。

3. 构建互联网司法规则体系

【内容导引】2022 年 1 月，最高人民法院发布《人民法院在线调解规则》和《人民法院在线运行规则》，指导全国法院依托人民法院调解平台开展在线调解活动，明确在线调解适用范围、组织、人员、程序等，确定支持在线司法活动的信息系统建设、应用、运行和管理要求。

【专家点评】中国政法大学教授　王进喜

大数据、人工智能、区块链等新一轮科技革命的标志性成果深刻改变了新时代司法模式。与 2021 年发布的《人民法院在线诉讼规则》配套的，作为新技术重要运用规则的《人民法院在线运行规则》与《人民法院在线调解规则》，是新时代具有标志性意义的司法文件，标志着互联网时代在线开展法院工作、提供在线司法服务的规则体系已经建立，对于进一步推动构建中国特色、世界领先的互联网司法模式具有重要意义。上述规则是新技术与中国特色社会治理之路的结合，是大数据、人工智能等科技创新成果同司法工作的深度融合，既体现了新技术的时代要求，也有效融合了调解解决纠纷的优良传统，有助于构建矛盾纠纷多元共治新局面，是我国经济发展、科技进步、新时代司法理念的充分结合。上述规则是进一步推进司法改革的重要配套措施。“要坚持把非诉讼纠纷解决机制挺在前面”，前提是非诉讼纠纷解决机制要便民利民、要显著降低纠纷解决成本和难度。上述规则以新技术为支撑，将新技术优势有效转化为便民利民、提质增效的程序技术，从而最大化挖掘了非诉讼纠纷解决机制的潜力，为人民群众提供了高效、便捷、低廉的非诉讼纠纷解决服务，为通过诉讼方式解决重大纠纷节约了宝贵的司法资源，为进一步推进司法改革奠定了基础。

4. 发挥民法典总则编统领作用

【内容导引】2022 年 2 月 24 日，最高人民法院发布《最高人民法院关于适用〈中华人民共和国民法典〉总则编若干问题的解释》，包括一般规定、民事权利能力和民事行为能力、监护、宣告失踪和宣告死亡、民事法律行为、代理、民事责任、诉讼时效和附则等部分。

【专家点评】中国人民大学教授　王利明

总则编是民法典的“纲”，纲举目张，因此，准确地理解、把握好总则编是贯彻实施好民法典的关键。2022 年 2 月 24 日，最高人民法院发布《最高人民法院关于适用〈中华人民共和国民法典〉总则编若干问题的解释》。该解释以问题为中心、以法律适用为导向，针对总则编的一般规定、民事权利能力和民事行为能力、监护、宣告失踪和宣告死亡、民事法律行为、代理、民事责任和诉讼时效等作出解释规定，是一部有力保障民法典总则编实施的重要司法解释，有利于充分发挥总则编在民法典中统领全局的作用。该解释的亮点在于：明确了民法典与民事单行法之间的适用关系，解决了民法典适用中首先需要解决的重大疑难问题；统一了滥用民事权利的认定标准，明确了滥用权利的法律后果；明确了监护能力的认定标准，细化了监护人确定的规则；对总则编中有关欺诈、胁迫、重大误解等较为原则的规定作出了较为明确的解释；完善了民法典共同代理中代理权的行使规则，对表见代理的认定标准作出了细化；明确了正当防卫和紧急避险的定义，有助于法官在具体个案中准确认定正当防卫和紧急避险是否成立；明确规定了三年诉讼时效期间可以中止、中断，但不得延长；补充了民法典第一百九十条关于对法定代理人请求权的诉讼时效期间的起算规则。

5. 引导网络经济健康持续发展

【内容导引】2022 年 3 月 1 日，最高人民法院发布《最高人民法院关于审理网络消费纠纷案件适用法律若干问题的规定（一）》，对涉格式条款效力等网络消费合同权利义务的认定、责任主体认定、直播营销民事责任、外卖餐饮民事责任等方面作出详细规定。

【专家点评】中国人民大学教授　刘俊海

互联网再大，也大不过法网。发布《最高人民法院关于审理网络消费纠纷案件适用法律若干问题的规定（一）》是我国网络消费领域全面保护消费者权益的大喜事，也是我国数字经济治理迈向现代化、法治化和诚信化的里程碑。出台并落实该解释是关系千家万户的民生工程、立足长远的经济工程、激浊扬清的诚信工程、促进和谐的民心工程、标本兼治的法治工程。该解释体现了消费者友好型理念，贯穿着公平与效率并重、法治与发展并举、诚信与创新兼顾的法治精神，有助于增强消费者的幸福感、获得感与安全感，提升数字经济时代司法的公信力，促进数字经济治理现代化，推动数字经济和实体经济协同高质量发展。该解释总结裁判经验，吸收商事习惯，立足中国国情，也与国际惯例接轨。该解释弘扬了契约精神，网络经济是契约经济，契约精神包括契约自由、契约正义与契约严守三大元素，该解释开宗明义地宣告五类屡禁不绝的“霸王条款”无效；该解释区分了民事与商事买卖，以精准保护消费者诸项权利，特别是加大了消费者后悔权保护力度，有助于确保消费者放心消费、开心消费、幸福消费和理性维权；该解释还明确了餐饮外卖平台中的消费纠纷裁判规则，民以食为天，食以安为先，安以法为基，有助于维护公众舌尖上的安全。

6. 切实预防和制止家庭暴力

【内容导引】2022 年 3 月、7 月，最高人民法院发布（包括联合发布）《关于加强人身安全保护令制度贯彻实施的意见》和《最高人民法院关于办理人身安全保护令案件适用法律若干问题的规定》，明确了落实人身安全保护令制度的制度机制，明晰了司法裁判规则。

【专家点评】中国政法大学教授　王新宇

《关于加强人身安全保护令制度贯彻实施的意见》和《最高人民法院关于办理人身安全保护令案件适用法律若干问题的规定》均围绕落实人身安全保护令制度，反对家庭暴力，具有很强的针对性和实践性，又各有侧重。意见更侧重于如何更有效地保护未成年人，及时发现暴力、脱离暴力并降低暴力后果。未成年人遭受家庭暴力更隐秘，也更难完成自救。七部委以强制报告制度为基础，建立联动机制，对于遭受严重暴力的受害人形成医院报告公安机关、公安机关报告法院的证据链条，把司法被动救济变为主动展开保护。这种明确具体报告责任和分阶段接力性保护的实操化路径，有效弥补了未成年人自我救济能力匮乏的短板。规定则反暴力特点更突出，尤其是针对女性的暴力，把人身安全保护令的实践问题作为重点突破口，明确了申请人身安全保护令不以是否存在离婚诉讼为前提、不以申请人是否有出轨等过错为前提、不以家庭暴力的证据是否确凿为前提等，只要有暴力发生就会有人身安全保护令的签发，这是向社会发出的有效打击施暴者、保护受害者的司法最强音。两份文件都是把有效化解暴力后果放在首位，惩治、救济和宣传并举，把社会对司法的期待落在了实处，无论是司法功能还是社会效果，均堪称在细微之处彰显正义精神。

7. 完善竞争案件裁判规则

【内容导引】2022 年 3 月 16 日，最高人民法院发布《最高人民法院关于适用〈中华人民共和国反不正当竞争法〉若干问题的解释》，根据修正后的反不正当竞争法，重点对反不正当竞争法第二条、仿冒混淆、虚假宣传、网络不正当竞争等行为认定作出细化。

【专家点评】中国社会科学院知识产权中心研究员　管育鹰

遵循诚实信用和公认的商业道德，是民商事活动的一般原则。由于不正当竞争行为指向无形信息财产利益，与知识产权保护客体一致，1967 年通过的《建立世界知识产权组织公约》明确将“关于制止不正当竞争的权利”纳入“知识产权”的定义。随着数字技术和网络经济的发展，市场力量的竞争关系发生深刻变化，不断翻新的竞争手段带来了新型不正当竞争纠纷，新领域新业态的权利边界、责任认定等不断对司法提出新的要求。对此，《最高人民法院关于适用〈中华人民共和国反不正当竞争法〉若干问题的解释》给予了有针对性的回应。该解释第一条厘清了一般条款与具体行为条款、知识产权专门法规定之间的适用关系，也明确了一般条款的兜底适用地位。该解释细化了商业道德、仿冒混淆、虚假宣传等行为的认定因素及判定规则，恰当补充了第十二条网络不正当竞争情形等。该解释还明确我国法院对“行为在域外，结果在域内”的不正当竞争行为要积极行使管辖权，契合当前和今后国内国际市场双循环发展的态势。该解释是总结司法实践经验、统一裁判规则和尺度的重要法治化举措，有助于进一步完善竞争案件裁判规则，营造公平、透明、可预期的良好竞争环境，也为深化法学理论研究和推动立法完善提供了研究素材和论证基础。

8. 全面推动智慧法治建设

【内容导引】2022 年 5 月、12 月，最高人民法院发布《最高人民法院关于加强区块链司法应用的意见》和《最高人民法院关于规范和加强人工智能司法应用的意见》，明确了加强区块链司法应用总体要求、平台建设要求，以及人民法院应用人工智能技术的相关要求。

【专家点评】北京大学法学院研究员　吴洪淇

近年来，我国法院系统一直以非常积极主动的姿态拥抱数字化变革，通过一系列重大举措积极促进司法与科技深度融合发展。在已推出的在线诉讼规则、在线调解规则、在线运行规则基础上，2022 年，最高人民法院再度发布两个重要文件，加强区块链、人工智能司法应用，直面智慧法院建设中的关键问题，为智慧法院建设未来图景勾勒出清晰的发展方向，推动智慧法治建设迈向更高层次。两个文件的共同特点包括：第一，为智慧法院下一步发展提出了清晰的发展方向，以 2025 年和 2030 年为时间节点，为快速发展的区块链和人工智能司法应用明确了建设目标。第二，明确了区块链和人工智能司法应用的基本原则，在区块链司法应用上提出了区块链建设发展的四项基本原则，在人工智能司法应用方面坚持伦理规则先行的人工智能司法应用理念，提出了需遵循的五项基本原则。这些基本原则为区块链和人工智能在司法中的具体应用和下一步发展提供了基本的指导方针。第三，明确了区块链和人工智能司法应用的基本定位。充分运用区块链数据防篡改技术，明确人工智能司法应用的主要场景，发挥区块链和人工智能对司法工作的全方位辅助作用。第四，明确了区块链和人工智能司法应用的基本保障，包括组织领导、协调机制、安全可靠等多方面的保障措施。

9. 服务全国统一大市场建设

【内容导引】2022 年 7 月 14 日，最高人民法院发布《最高人民法院关于为加快建设全国统一大市场提供司法服务和保障的意见》，紧紧围绕中央部署要求，就人民法院服务保障全国统一大市场建设提出总体要求，推出加强市场主体统一平等保护等“五个统一”组合拳。

【专家点评】中国人民大学教授　王欣新

2022 年 4 月，中共中央、国务院联合印发《关于加快建设全国统一大市场的意见》。市场本就是一个蕴含着全国统一性的概念。市场经济从规则视角定位就是法治经济。要加快建设全国统一大市场，深化市场化改革，更要发挥法治的引领、规范与保障作用。最高人民法院发布《最高人民法院关于为加快建设全国统一大市场提供司法服务和保障的意见》，强调全面贯彻中央文件的精神，人民法院要在全国范围内通过统一正确实施法律，确保市场规则的统一，助力全国统一大市场建设。规则的全国统一，是市场统一的前提，更是统一全国大市场的重要手段。人民法院的着力点是要确保司法规则的统一，维护统一的市场经济秩序，并降低市场交易成本中的司法成本。该意见提出以“五个统一”来服务保障全国统一大市场的建设，即加强市场主体统一平等保护，助力打造统一的要素和资源市场，依法维护统一的市场交易规则，助力推进商品和服务市场高水平统一，切实维护统一的市场竞争秩序。为此，各级法院要根据中央文件和该意见的规定，建立健全与加快建设全国统一大市场相适应的全国统一的司法服务和保障工作机制，以司法的统一，助力实现破除地方保护和区域壁垒，实现市场的统一，更好满足高质量发展需求，全面提升优化我国的营商环境。

10. 依法惩治信息网络犯罪

【内容导引】2022 年 8 月 26 日，最高人民法院与最高人民检察院、公安部联合发布《关于办理信息网络犯罪案件适用刑事诉讼程序若干问题的意见》，深化信息网络犯罪治理工作，进一步规范信息网络犯罪案件的管辖、取证、证据审查、涉案财物处理等程序。

【专家点评】中国政法大学教授　熊秋红

随着信息网络技术的迅速发展，信息网络犯罪案件数量呈不断上升趋势，社会危害性日益加剧。信息网络犯罪活动不仅严重扰乱社会秩序，侵犯公民合法权益，而且妨害经济社会发展，影响社会和谐稳定。信息网络犯罪所具有的隐蔽性、虚拟性、技术性等特点给刑事诉讼带来了新挑战，司法实践中存在案件管辖不明确、电子数据取证不规范、取证困难、难以查清犯罪事实等问题。作为一种制度回应，最高人民法院与最高人民检察院、公安部联合发布《关于办理信息网络犯罪案件适用刑事诉讼程序若干问题的意见》，取代了 2014 年发布的《关于办理网络犯罪案件适用刑事诉讼程序若干问题的意见》，对信息网络犯罪案件的范围、管辖、调查核实、异地取证、电子数据的取证与审查、技术侦查、涉众型案件处理、涉案财物处理等突出问题作出了专门性规定，为公安司法机关办理信息网络犯罪案件提供了较为明确的依据。该意见立足司法实践，针对此类案件特点，完善了现行刑事诉讼法中的相关规定，较好地适应了打击信息网络犯罪的特别需要。未来信息网络犯罪案件刑事诉讼程序尚待在总结司法实践经验的基础上逐步进行体系化构建和精细化规制，司法人员办理此类案件的能力将持续提高，网络信息业者与公安司法机关之间的合作也将继续加强。

（载《人民法院报》2023 年 1 月 6 日，第 4 版）

2023年1月19日

2022年度全国法院十大商事案件

由最高人民法院民二庭评选的2022年度全国法院十大商事案件于1月19日推出。此次入选的十个商事案件，均为2022年度全国各级人民法院已判决生效的具有重大社会影响和标志性意义的案件。

这十个案件展示了过去一年中，人民法院在商事审判中坚持以习近平新时代中国特色社会主义思想为指导、深入学习贯彻习近平法治思想，坚持服务大局、司法为民、公正司法，平等保护商事主体的合法利益，优化营商环境等诸多领域所付出的努力，以及在充分发挥商事审判职能，为经济高质量发展提供高水平司法服务和保障方面作出的积极贡献。

中国人民大学法学院教授、博士生导师肖建国，中国社会科学院法学研究所研究员、博士生导师谢鸿飞，清华大学法学院教授、博士生导师程啸，中国政法大学民商经济法学院教授、博士生导师李建伟，清华大学法学院教授、博士生导师朱慈蕴，中国人民大学法学院教授、博士生导师叶林，武汉大学法学院教授、博士生导师冯果，北京大学法学院教授、博士生导师尹田，中国政法大学教授、博士生导师李曙光，北京大学法学院教授、博士生导师许德风应邀为上述2022年度人民法院十大商事案件进行了精彩点评。

一、化解民营企业特大债务风险，完善金融纠纷案件集约化专业化审理机制——中国信达资产管理股份有限公司浙江省分公司等应收账款质权人诉大唐系企业等应收账款质权纠纷系列案

【案情简介】2018年4月，盾安集团及87家子公司爆发债务危机，浙江高院和杭州中院共受理盾安系案件868件，涉诉金额合计243亿余元。为有效解决全国各地债权人分散诉讼、分散保全、甚至可能引发区域性金融风险和社会不稳定因素的不利局面，杭州市中级人民法院经报请最高人民法院批准后对盾安系案件进行集中管辖。其中，中国信达资产管理股份有限公司浙江省分公司等应收账款质权人就其与盾安集团下属沈阳华创风能有限公司、大唐系企业之间的应收账款质权纠纷先后向杭州中院提起诉讼共50余件，诉讼标的高达29.48亿元。

杭州中院受理该批案件后，充分发挥集中管辖优势，“引”“疏”“调”并举，既防止债权人挤兑式诉讼，又避免盾安系企业消极应诉，先后就50余起应收账款质权纠纷案件进行调解或作出判决：一、应收账款质权人对沈阳华创风能有限公司在大唐系企业处的应收账款及逾期付款利息损失范围内享有优先受偿权；二、大唐系企业应于判决生效之日起十日内向应收账款质权人支付应收账款及逾期付款利息损失；三、驳回应收账款质权人的其他诉讼请求。

【专家点评】肖建国 中国人民大学法学院教授

近年来，为适应处置化解特定金融风险的需要，各地法院在处理涉诉规模较大的金融纠纷案件时往往请求最高人民法院采取指定集中管辖的措施。本系列案是在民营债务企业处置中适用集中管辖的案件，体现了对民营企业的平等保护。

集中管辖有利于提高审判质效，集约化、专业化、高效化解决企业特大债务危机，最大程度避免和防范区域性金融风险。该应收账款质权纠纷系列案的处置，充分展示了集中管辖带来的制

度赋能。首先是诉讼程序集约化。在该系列案处理中，鉴于案涉质权人及债务人基本一致，而次债务人则分散于全国各地这一情况，法院基于集约化处理原则，采用多案联审等方式集中开庭审理，并多次组织质权人以及涉诉企业跨地区、多层级相关人员进行联合调解，减少沟通环节，最终实现应收账款质权纠纷调解比例达 38%，达到纠纷实质化解、企业风险排除的良好效果。其次是裁判尺度统一化。在集中管辖模式下，法院得以充分掌握应收账款质权纠纷及相关基础买卖合同引起的索赔纠纷、涉诉企业其他债权人提起的债权人代位权纠纷等诉讼案件信息，全面协调处理应收账款质权优先权、债权人代位权以及次债务人大唐系企业享有的索赔权等权利；通过衔接审理程序和执行程序，兼顾质权人利益和次债务人权益的保障，有效实现了实质公平。再次是信息对接畅通化。法院积极保持与债务人及债委会、执委会开展高频度信息对接，实时追踪企业“瘦身”自救方案及落实情况，有效保障盾安系企业合力配置资源、开展正常经营；针对涉诉企业债务涉及的金融机构、上下游企业和供货商数量多，易引发系统性金融风险等情况，充分发挥集中管辖优势，保障案件妥善处理。最后是该系列案处理的专业化。该应收账款质权纠纷系列案涉案主体众多、权利利益冲突巨大，具有高度的复杂性，而且所涉实体法和程序法问题挑战性强，尤其是关于债权查封是否影响案涉质权的有效设立、应收账款质权人享有优先受偿权的范围是否以质押登记为准、应收账款质权人是否有权要求次债务人履行付款义务等争议问题，专业性强，法院依据法律、遵循法理，给出了明确的回答。

在该系列案处置过程中，法院强化底线意识、法治思维、系统观念，会同金融机构、属地政府全力帮助集团纾困重建。一方面，从有效帮扶企业生存的角度出发，充分发挥集中管辖优势，持续加大案件调解力度，因案施策，根据涉稳、涉众风险点，逐案制定最优工作方案，避免了大型企业失控而可能引发的系统性金融风险；另一方面，注重统筹化解矛盾，有效保护权利人和债务人的合法权益，形成较强示范效应，为安全规范、井然有序的法治化营商环境建设作出了贡献，依法高效化解区域金融风险，取得了较好的社会效果。

二、为担保将来订立本约而交付的定金，因可归责于交付定金一方的原因导致本约未能订立，定金不再退还——巩义市嘉成能源有限公司与河南大有能源股份有限公司定金合同纠纷案

【案情简介】2018 年 7 月，巩义市人民政府（乙方）与义煤集团（甲方）签订《转让协议》，约定：经报省政府同意，为置换保留铁生沟煤矿，双方约定由巩义市政府下属的嘉成能源公司收购大有能源公司下属铁生沟煤矿有效资产和铁路专用线资产；嘉成能源公司支付 4000 万元人民币作为定金，如果未能收购成功，且甲方亦未与其他第三方达成该项资产的交易，则上述定金不再退还。后嘉成能源公司分期交纳了 4000 万元，大有能源公司向嘉成能源公司出具收据，注明“铁生沟矿转让定金肆仟万元整”。经大有能源公司委托，北京中天华资产评估有限责任公司先后出具转让资产的三份资产评估报告，分别涉及铁生沟煤业的股权、铁路专用线和债权，并在上述评估报告的基础上制订了《资产转让的实施方案》，该实施方案经省国资委备案。2019 年 11 月 12 日大有能源公司通过中原产权公司，将案涉转让标的公开挂牌出让，所发布的《国有产权转让公告》明确意向受让方要接受并认可《资产转让的实施方案》的内容，并对铁生沟煤业偿还转让方的剩余债务和担保作出相应的承诺。挂牌出让期内均，无意向受让方进场摘牌。2019 年 11 月 25 日，嘉成能源公司总经理向大有能源公司董事会秘书发送《担保方案》，提出了用铁生沟煤业的采矿权、机器设备、构筑物及其他总价值共 4.492 亿元的财产向义煤集团及大有能源公司提供担保的意见，但此意见与之前大有能源公司在《国有产权转让公

告》及承诺函要求的债务担保主体及方式不一致。2020年3月27日，巩义市接收铁生沟煤业工作领导小组办公室向义煤集团发出《关于巩义铁生沟煤业移交接收工作安排的函》，提到未能摘牌的原因是：资金受银行政策影响，资金没有准备到位，并承诺于2020年4月15目前，将报名摘牌所需的保证金1.2亿元足额存入公司账户上，并建议义煤集团在2020年3月30日开始对铁生沟煤业产权及资产再次进行挂牌。2020年3月31日、2020年5月24日大有能源公司通过中原产权公司，将案涉转让标的二次公开挂牌出让，挂牌出让期内均无意向受让方进场摘牌，案涉资产未能交易成功。后铁生沟煤矿被关闭。嘉成能源公司向一审法院起诉请求：依法判令大有能源公司返还定金4000万元及利息。河南省郑州市中级人民法院于2022年2月26日作出（2021）豫01民初1201号民事判决，判决驳回嘉成能源公司的诉讼请求。嘉成能源公司不服，向河南省高级人民法院提起上诉。河南高院判决认为：《转让协议》是具有预约性质的合同，案涉定金为订约定金，只要本约未能订立不是由于出让方的原因，则该定金就不再退回。嘉成能源公司在是否对铁生沟煤业的债务提供担保及担保方式问题上，出现意见反复，最终影响了其进场交易的意愿，导致未能正式签约，收购未能成功，因此案涉收购未能成功签约是嘉成能源公司及其关联公司鸣创能源公司自身原因导致，根据《中华人民共和国民法典》第五百八十七条之规定，驳回上诉，维持原判。

【专家点评】谢鸿飞　中国社会科学院法学研究所研究员、博士生导师

实践中以预订书、订购书、意向书、备忘录、初步协议、框架协议、战略协议、原则性协议等形式存在的预约合同非常普遍，尤其是在股权转让、土地使用权转让、商品房买卖、大型设备采购、租赁、民间借贷等复杂交易领域。《合同法》并未规定预约合同，但为解决实践中大量存在的预约合同纠纷案件，《买卖合同司法解释》第二条就预约合同作了明确规定。此外，《商品房买卖合同司法解释》第五条还就商品房买卖中立约定金的法律适用作了明确规定。《民法典》第四百九十五条在吸收司法实践经验的基础上，以立法的形式确定了预约合同制度，肯定预约合同是一种独立的合同，回应了实践的需求，具有十分重要的意义。但是，相较于本约合同，预约合同具有一定的特殊性，司法实践对于预约合同的认定、违反预约合同的认定以及违反预约合同的违约责任等问题均存在一定争议。为此，《民法典合同编通则部分解释（征求意见稿）》用3个条款规定了预约合同，并对立约定金的法律适用进行了更加全面的规定。

在本案中，终审判决认为，判断案涉协议是否为预约合同，要根据协议的名称、约定的内容尤其是约束力条款，后续的履行情况、是否交付定金等情况，运用文义解释、目的解释、体系解释等合同解释方法，综合审查分析，以探究协议当事人的真实意思。当事人在案涉转让协议中为担保将来订立正式合同设置了定金条款，则该定金具有立约定金的性质。这对于预约合同的认定具有较为重要的指导意义。从本案也可以看出，立约定金在性质上其实就是预约合同的违约定金。因此，是否适用定金罚则，就要取决于当事人是否违反预约合同。一般认为，在预约合同生效后，如果当事人一方无正当理由拒绝订立本约合同或者在磋商订立本约合同时违背诚信原则导致未能订立本约合同的，就应认定该当事人违反预约合同。在本案中，预约合同生效后，受让方在明确知晓本约合同担保条款内容的情况下，又在提供担保的主体及担保方式问题上出现意见反复，以致未能进场交易并与出让人订立正式的资产转让协议，从而构成违约。据此，终审判决认为，因本约合同未能订立是可归责于交付定金一方的原因，故约定的定金不再退还。这对于违反预约合同的认定以及违反预约合同的违约责任等疑难问题的处理，同样具有一定的指导意义。

三、国家发布明确禁止“挖矿”活动的监管政策后，当事人签订的比特币“矿机”买卖合同应认定为违背公序良俗的无效合同——胡兴瑞诉王刚买卖合同纠纷案

【案情简介】2021 年 10 月 18 日，胡兴瑞与王刚通过微信方式达成买卖协议：胡兴瑞向王刚购买三台神马 M20S 型机器，又名“矿机”，特指在网络上挖比特币的专用计算机设备。2021 年 10 月 19 日，胡兴瑞通过微信、支付宝向王刚转款共计 62220 元。当天，胡兴瑞通过微信指定交货地点为四川省成都市温江区高家村 4 组 45 号、收货人为唐彪，同时王刚通过微信将上游卖家的货物快递单号发送给胡兴瑞。2021 年 10 月 23 日，胡兴瑞以微信电话方式欲告知王刚机器无法使用，但最终没有联系上王刚，胡兴瑞随即对机器进行了拆机检查。2021 年 10 月 24 日，胡兴瑞联系上王刚后将机器的测试视频、SN 码及设备照片发送给王刚，要求协商处理。2021 年 10 月 25 日之后，胡兴瑞无法再联系上王刚。胡兴瑞遂诉请解除合同并返还设备款。四川省乐山市井研县人民法院认定，双方就“矿机”买卖形成的合同无效，设备款和设备由双方互相返还。宣判后，双方当事人均未提起上诉，该判决已发生法律效力。

【专家点评】程啸　清华大学法学院教授、博士生导师

近年来，随着比特币的兴起，围绕比特币生产、交易等经济活动及其上下游、衍生业务活动产生的纠纷，大量出现在司法实践中。对于比特币等虚拟财产及相关经济活动，虽然监管部门近年来发布多份文件予以规制，但在法律层面没有明确规定。这也导致司法实务中对此类纠纷的裁判标准有所不一。2021 年 9 月，中国人民银行等 10 部门发布《关于进一步防范和处置虚拟货币交易炒作风险的通知》、国家发展改革委等 11 部门发布《关于整治虚拟货币“挖矿”活动的通知》，明确虚拟货币相关业务活动属于非法金融活动，严禁新增虚拟货币“挖矿”活动。上述通知表明，对于事关国家金融管理制度、事关金融安全的虚拟货币相关活动，国家采取严格监管态度。市场主体如有违反，相关交易合同的效力应当依据《民法典》第 153 条第 2 款关于“违背公序良俗的民事法律行为无效”的规定，给予否定性评价，并对各方权利义务作出妥善处理。

本案纠纷产生于比特币生产的上游“矿机”买卖环节，合同签订及履行均在 2021 年 9 月前述通知发布之后。审理法院对案涉买卖合同作出无效的认定，体现了人民法院维护国家金融管理秩序和人民群众财产安全的鲜明态度，是司法护航经济高质量发展的重要体现。

第一，本案体现了人民法院有效防范金融风险的积极作用。比特币不具有与我国法定货币等同的法律地位，“挖矿”活动产出的“成果”不是法定货币，也没有实际的价值支撑，虚拟货币生产、交易环节衍生的虚假资产、经营失败、投资炒作等多重风险突出，影响社会经济发展秩序，甚至严重危害人民群众财产安全和国家金融安全，有损社会公共利益，违背公序良俗。所以，国务院相关部门陆续出台一系列政策措施，明确虚拟货币不具有法定货币地位，禁止开展和参与虚拟货币相关业务。本案从比特币交易活动对国家经济社会秩序，尤其是金融秩序的影响出发，对相关交易行为作出否定性评价，将潜在的金融风险尽量化解在风险链条的前端，传达了加强金融监管、防范金融风险的司法态度。

第二，本案也是对《民法典》规定的生态文明原则的有力贯彻。《民法典》确立了生态文明原则，要求民事主体从事民事活动，应当有利于节约资源、保护生态环境。司法审判应当对该原则在民事活动中的体现进行判断和引导，从个案中分析相关民事活动对资源、环境的危害程度、对他人利益和社会公共利益有无损害等。本案中，买卖合同以“挖矿”为目的，而“挖矿”以电力资源、碳排放量为代价，对电力资源造成巨量浪

费的同时，不利于我国产业结构优化、节能减排，与经济社会高质量发展和碳达峰、碳中和目标不符，与公共利益相悖，应当作出否定性评价。

第三，本案对于对各类市场主体起到很好的价值引领和提示警醒作用。本案的判决，能够提示和引导从事经济活动的社会大众，其作为社会主义市场经济主体，既应遵守市场经济规则，亦应承担起相应的社会责任，树立起“生态文明”观念，共同推动经济社会高质量发展、可持续发展。同时，也提示广大投资者，要自觉增强风险防范意识，谨防虚拟货币交易及相关活动风险，保护好自己的“钱袋子”。

四、投资人和上市公司股东、实际控制人签订的与股票市值挂钩的回购条款应认定无效——南京高科新浚成长一期股权投资合伙企业（有限合伙）诉房某某、梁某某等上市公司股份回购合同纠纷案

【案情简介】2016年12月，房某某、梁某某与南京高科新浚成长一期股权投资合伙企业（有限合伙）（以下简称高科新浚）、南京高科新创投资有限公司（以下简称高科新创）签订协议约定，高科新浚、高科新创认购绍兴闰康生物医药股权投资合伙企业（有限合伙）（以下简称绍兴闰康）新增出资1亿元，而绍兴闰康是作为江苏硕世的股东之一，对江苏硕世进行股权投资。此后，各方签订《修订合伙人协议》，其中4.2条上市后回售权约定：在江苏硕世完成合格首次公开发行之日起6个月届满之日，投资方有权要求任一回售义务人（房某某、梁某某或绍兴闰康）按照规定的价格购买其全部或部分合伙份额对应的收益权；上市后回售价款以按发出回售通知之日前30个交易日江苏硕世股份在二级市场收盘价算术平均值作为计算依据。

2019年12月，江苏硕世在上海证券交易所科创板上市。根据《上海证券交易所科创板股票发行上市审核问答二》第十条规定，前述4.2条约定属于发行人在申报科创板股票发行上市前应予以清理的对赌协议。但江苏硕世在申报发行过程中，未按监管要求对回购条款予以披露和清理。2020年7月13日，高科新浚、高科新创向房某某、梁某某、绍兴闰康发出《回售通知书》，要求绍兴闰康履行上市后回购义务。当日，江苏硕世盘中的股票交易价格达到历史最高价476.76元。此前30个交易日，江苏硕世的股票价格涨幅达155%。次日起江苏硕世股价一直处于跌势，直至2020年9月11日交易收盘价为183.80元。因房某某、梁某某、绍兴闰康未于高科新浚发出回售通知后3个月内支付相应回购价款。高科新浚遂提起本案诉讼：1. 判令房某某、梁某某、绍兴闰康共同向高科新浚支付合伙份额的回售价款499023228.60元；2. 判令房某某、梁某某、绍兴闰康共同向高科新浚赔偿因逾期支付回售价款导致的利息损失；3. 判令绍兴闰康协助高科新浚办理绍兴闰康所持江苏硕世204.0995万股股份的质押登记手续，在前述股份质押登记手续办结后或逾期未在法院判决限定期限内办理股份质押手续的，高科新浚可通过协议折价或以拍卖、变卖后的价款在房某某、梁某某、绍兴闰康应向高科新浚支付的回售价款及利息损失范围内享有优先受偿权。

上海市第二中级人民法院一审认为，案涉上市后回售权的约定违反金融监管秩序，判决驳回高科新浚、高科新创全部诉讼请求。高科新浚、高科新创上诉至上海市高级人民法院。二审认为，案涉《修订合伙人协议》系绍兴闰康的合伙人之间签订，但房某某、梁某某系江苏硕世的实际控制人，高科新浚、高科新创借合伙形式，实质上与上市公司股东、实际控制人签订了直接与二级市场短期内股票交易市值挂钩的回购条款，不仅变相架空了禁售期的限制规定，更是对二级市场投资人的不公平对待，有操纵股票价格的风险，扰乱证券市场秩序，属于《民法典》第一百五十三条违反公序良俗之情形，应认定无效，故驳回上诉，维持原判。

【专家点评】李建伟 中国政法大学民商经济法学院教授、博士生导师

贯彻以人民为中心的发展思想是证券监管和金融司法服务金融高质量发展、推动法治中国建设的应有之义。近年来，在最高人民法院的指导下，全国法院贯彻以人民为中心的发展思想，积极支持金融体制改革，坚持协同治理，司法理念与金融监管政策相向而行，切实保护金融消费者和中小投资者的合法权益，为资本市场稳定有序、高质量发展保驾护航。2022 年 6 月最高人民法院发布的《关于为深化新三板改革、设立北京证券交易所提供司法保障的若干意见》明确上市公司“定增保底”条款无效。本案正是人民法院对上市公司对赌协议效力认定作出的示范性裁判。涉案上市后回购股权条款的效力认定，不仅涉及公司内部关系的调整，还涉及证券市场交易秩序维护和金融安全稳定等问题。

本案的典型意义在于：一是对违反证券监管规则的行为效力作出妥当的司法认定，以使金融政策实现完善金融市场治理的使命。根据上海交易所的上市审核规则，系争回购条款属于江苏硕世股票发行上市前应当披露，且应予以及时清理的对赌协议。《证券法》将发行上市审核权和规则制定权授权给证券交易所，证券交易所审核规则的效力层级虽然下降，但依然具有规范意义上的强制力。一方面是因为在实质层面上，加大对证券市场违法违规行为的规制，保障广大投资者准确评估证券价值和风险，维护证券市场正常交易秩序，乃是这些规则设置的目的所在；另一方面是因为在形式层面上，低级规范的创造由高级规范决定，高级规范又由更为高级的规范决定，监管规则与上位阶规范同属于法律规范等级体系的有机组成部分。生效裁判参照 2019 年《全国法院民商事审判工作会议纪要》第 31 条精神，充分考察证券监管规则背后所保护的法益实质，对系争回购条款的合法性进行审查。涉案回购条款约定的价格完全按照二级市场短期内股票交易市值计算，已经背离了估值调整协议中“估值补偿”的基本属性，且从回购通知前后江苏硕世股票价格走势来看，不排除存在人为操纵股价的可能。上述与二级市场股票市值直接挂钩的回购条款约定，扰乱证券市场正常交易秩序和金融安全稳定，损害社会公共利益，应当认定为违背公序良俗的无效条款。二是形成司法裁判与证券监管的协同互动，实现优势互补，并以此提升金融市场风险治理的绩效。本案当事人均是专业投资人，在目标公司发行上市申报期间隐瞒了涉案回购条款，违规获取上市发行资格。对于上述故意规避监管的违规行为，司法裁判应与金融监管同频共振，坚决予以遏制，否则将助长市场主体通过抽屉协议或设立马甲公司等隐蔽手段规避证券监管，侵蚀注册制以信息披露真实性、准确性、完整性为核心的制度根基。本案裁判受到证券市场广泛关注，也得到了广大投资者和监管部门的良好反响。本案通过司法裁判对规避证券监管要求的行为给与否定评价，不仅提高了违法者的违法成本，避免违法者因违法而不当获益，而且还能充分发挥金融司法与证券监管不同的功能优势，提升金融市场的治理实效。尤其在当前 IPO 注册制背景下，对保障证券监管要求不被架空，维护金融系统安全，推动金融服务实体经济、服务经济高质量发展具有积极意义。

五、股东认缴出资未届期，却允许公司公示其已经实缴出资，则应以公示的出资日作为判断股东对债务人承担赔偿责任的应缴出资日——广东兴艺数字印刷股份有限公司诉张钜标等股东瑕疵出资纠纷案

【案情简介】八源公司是于 2014 年 9 月 26 日登记成立的有限责任公司，原公司《章程》规定，公司注册资本 50 万元，股东张钜标、颜经纬、黄润林，分别认缴出资额 31 万元、10 万元、9 万元，均应于 2014 年 9 月 22 日前缴足。八源公司在国家企业信用信息公示系统公示的八源公司 2014 年度

及2015年度报告均记载，公司注册资本50万元，各股东认缴的出资均已于2014年9月22日全部实缴。但八源公司银行账户流水显示：该公司基本账户1994年10月收到50万元后，短短几日内就几乎被现金支取完毕，八源公司及各股东均未能解释现金支取原因及用途。

2015年9月15日，八源公司制定新章程规定，公司注册资本变更为100万元，张钜标、颜经纬、黄润林分别认缴62万元、20万元、18万元，出资期限均至2025年12月31日届满。八源公司在国家企业信用信息公示系统公示的八源公司2016年度报告记载，张钜标、颜经纬、黄润林分别认缴的上述出资，均已于2015年5月18日实缴。

2017年12月20日，张钜标将其股权分别转让与颜经纬、黄润林、任永强，同日，办理股权变更登记，四人在向工商行政管理机关填报的《自然人股东股权变更信息记录表》（非公示信息）中均确认，八源公司实收资本0元。

自2018年1月以来，以八源公司为被执行人的终结本次执行案件有多件。于2020年6月24日被吊销营业执照。八源公司欠付兴艺公司货款未偿还，兴艺公司起诉，请求判决八源公司偿还欠款及逾期利息；八源公司股东张钜标、颜经纬、黄润林在未出资本息范围内承担补充赔偿责任，颜经纬、黄润林、任永强对张钜标的责任承担连带清偿责任等。

二审判决判令八源公司向兴艺公司偿还欠款及利息，但驳回了兴艺公司的其它诉讼请求。再审法院审理认为公示年报信息是企业的法定义务，各股东对于八源公司在国家企业信用信息公示系统对外公示的实缴出资信息应当知晓而未依法提出异议，应当认定为其明知且认可年报信息。债权人对于公示信息形成的合理信赖依法应当予以保护，虽然八源公司股东新章程中约定的出资期限未届满，但兴艺公司主张应按八源公司在国家企业信用信息公示系统公示的实缴出资时间作为出资期限，依据充分。因此，张钜标、颜经纬、黄润林各自应在未出资本息范围内对八源公司欠兴艺公司的债务承担补充赔偿责任，各股东未缴出资的利息起算点，应按八源公司对外公示的股东实缴出资时间确定。颜经纬、黄润林、任永强明知张钜标未出资而受让其债权，应在各自受让股权占张钜标出让股权的比例范围内对张钜标的补充赔偿责任承担连带责任。再审判决遂对股东的责任方面进行了改判：对八源公司债务，判令张钜标、黄润林、颜经纬分别在未出资本息范围内向兴艺公司承担补充赔偿责任，其中50%的利息自2014年9月22日起算，另50%利息自2015年5月18日起算。对于张钜标的补充赔偿责任，任永强、颜经纬、黄润林分别在对应份额内承担连带责任。如张矩标、黄润林、颜经纬、任永强已因未履行出资义务而对八源公司的其他债务承担了补充赔偿责任，应当予以扣减。

【专家点评】朱慈蕴 清华大学法学院教授、博士生导师

本案中，股东未届出资期限、未实缴出资，却放纵公司在企业信用信息公示系统公示已经实缴出资，判决股东以其同意公示的实缴出资日期，作为其应缴出资日期，在未出资本息范围内对公司不能清偿的债务承担补充赔偿责任，利息自公示的实缴出资日期起算。以此平衡交易相对人的信赖利益，强化企业信用约束，维护企业信用信息公示制度的公信力，保护并促进交易。

本案判决的重大意义有两个方面：一是明确应以公示的出资日作为判断股东对债务人承担赔偿责任的应缴出资日，二是彰显了公司登记的重大意义。

就股东出资义务而言，众所周知是以股东设立公司或者加盟公司时的承诺为准，即认缴的出资额或者认购的股份。但是，本案中股东们通过工商登记系统将认缴的出资登记为已缴，即登记为出资已实缴，并通过公示系统对外彰显，产生了公示效力，与公司进行交易的第三方对该公示产生了合理信赖，应当予以保护。股东对公司债

权人的责任应按公示的时间认定。本案法院的裁判准确地体现了这一点，特别值得赞赏。

就公司登记而言，此次公司法修订将公司登记专列一章，体现了对这一问题的高度重视。企业信用信息公示制度，是构建新型市场监管体制，强化信用监管，推动商事制度改革的基础性制度，其意义深远，也备受关注。国务院于2014年出台《企业信息公示暂行条例》，首次以行政法规的形式规范企业信息公示制度，通过强化企业信用约束手段，提高信用监管效能。但时至今日，仍有不少企业及股东，违反条例规定，在企业信用信息公示系统公示虚假信息，使之不能正常发挥展示企业基本信息、保护交易安全、降低信用风险的作用，扰乱了市场秩序。本案中，股东未届出资期限、未实缴出资，却放纵公司在企业信用信息公示系统公示已经实缴出资，误导社会公众及交易相对方，因公司不能清偿到期债务，债权人请求股东在未出资本息范围内承担补充赔偿责任，法院判决股东以公示的实缴出资日期，作为其应缴出资日期，在未出资本息范围内对公司不能清偿的债务承担补充赔偿责任。本案的法院裁判具有一定开创性和规则意义，有利于司法审判与行政监管、社会监督形成合力，强化企业信用约束，营造公平、合理、可预期的营商环境，也将节省社会资源，极大提升社会管理效能。

六、未履行“投资者适当性义务”，违反期货居间人诚实守信、勤勉尽责义务的期货居间人和对期货居间人疏于管理的期货公司应对投资者各自承担相应的赔偿责任——张亚红诉陶军男、北京首创期货有限责任公司期货交易纠纷案

【案情简介】张亚红（原告）通过居间人陶军男在北京首创期货有限责任公司（以下简称首创期货公司）从事期货交易并受到损失，认为陶军男和首创期货公司均存在过错造成其损失，遂将陶军男和首创期货公司诉至法院。

北京市第二中级人民法院一审判决陶军男、首创期货公司向张亚红连带赔偿损失772717元。陶军男、首创期货公司不服一审判决，向北京市高级人民法院提起上诉，北京市高级人民法院改判陶军男向张亚红赔偿损失579537.83元，首创期货公司向张亚红赔偿损失193179.28元。裁判理由为：作为期货居间人的陶军男应严格履行“投资者适当性义务”，同时对投资者应当负有诚实守信、勤勉尽责的义务。陶军男未履行“投资者适当性义务”，导致张亚红在对期货投资的高风险认知不充分的情况下进行了投资，增加了张亚红经济损失发生的客观可能性，且高风险随后被现实化。同时，陶军男因为张亚红的交易而获取高额比例的居间报酬。陶军男对于张亚红期货交易损失的发生具有较大的主观过错，该过错与损失之间具有法律上的因果关系。因此，陶军男应当承担相应的赔偿责任。虽然首创期货公司的履约行为对于张亚红期货交易损失的发生不具有直接因果关系，但首创期货公司对期货居间人疏于管理，导致期货居间人陶军男未履行“投资者适当性义务”，因此，首创期货公司具有一定过错，应承担相应的赔偿责任。张亚红作为一位有金融产品投资经验的投资者，其风险承受能力级别与其所交易的期货产品风险等级相适配。张亚红的损失发生直接源于期货交易市场的波动，并与张亚红采取的操作方式相关。张亚红对期货投资的高风险不作充分分析判断，对他人指定的期货居间人陶军男的身份未向首创期货公司进行核实，后发生期货交易损失。故虽然陶军男及首创期货公司分别实施的侵权行为造成了对张亚红期货交易结果的同一损害，但均不足以造成全部损害，且期货居间人应当独立承担基于居间经纪关系所产生的民事责任。因此，二审法院结合张亚红、陶军男及首创期货公司存在的过错、过错的性质及大小、过错和损失之间的因果关系等因素，酌定陶军男赔偿张亚红损失的30%，首创期货公司赔偿张亚红损失的10%。

【专家点评】叶林　中国人民大学法学院教授、博士生导师

期货交易者可以直接委托期货公司从事期货交易，也可以借助居间人或者中介人的居间服务。委托期货公司从事期货交易，期货公司和经纪人在向交易者提供服务中，应当分别或者共同向交易者承担交易者适当性义务。期货居间人应当接受期货公司的管理，期货居间人对交易者承担适当性义务，并不免除期货公司对交易者承担的适当性义务，反之亦然。期货公司和期货居间人违反交易者适当性义务的行为往往相互交织，需要甄别交易者与期货居间人或者期货公司之间的法律关系，根据个案情况，交易者可以要求期货居间人承担责任，也可以要求期货公司承担责任，有时还可要求经纪人和期货公司承担赔偿责任。本案在处理中，清晰界定了交易者与居间人和期货公司之间的不同法律关系，分别认定了居间人和期货公司对交易者承担的适当性义务，夯实了案件处理的法理基础。

在我国期货市场的发展中，期货居间人正在发挥越来越大的作用，也开始受到越来越多的关注，已经成为期货交易中不可或缺的一个重要环节。期货居间人接受期货公司委托，作为期货公司与投资者之间的媒介，能够帮助期货公司展业，也能够帮助交易者尽快熟悉期货市场的交易规则，从而有效降低交易者与期货公司的交易成本，提高双方的缔约成功率。然而，我国针对期货居间服务缺少专门规定，期货市场居间服务监管不够完善，在实践中时常出现因期货居间人行为不规范引发的各类民事纠纷。本案即自然人作为期货居间人，因期货公司对期货居间人疏于管理，导致期货居间人未履行“投资者适当性义务”，违反期货居间人诚实守信、勤勉尽责义务，进而给投资者造成损失的民事案件，具有典型性。

针对期货公司与期货居间人之间的权利义务和责任，我国相关法律法规及司法解释未做出明确规定，刚刚颁布实施的《期货和衍生品法》也未做出规定，需要结合民事基本法、既往裁判和行业做法等做出妥当裁判。本案基于《中华人民共和国民法典》《最高人民法院关于审理期货纠纷案件若干问题的规定》《期货公司居间人管理办法（试行）》等相关规定，对期货居间人的含义做出界定，明确期货居间人对投资者及期货公司提供的是居间服务，应当独立承担基于居间关系所产生的民事责任。特别是，作为自然人的居间人，不隶属于任何机构，应以自己的名义开展居间业务，并独立承担基于居间等行为产生的法律后果。在划分交易者、期货居间人和期货公司的法律责任时，应当根据各方当事人是否存在过错、过错的性质及大小、过错和损失之间的因果关系等进行确定。本案特别强调，期货公司与期货居间人之间相对独立，但并非“绝对隔离”，可以参照《期货公司居间人管理办法（试行）》等判断期货公司是否履行了对期货居间人的管理责任。期货公司具有一定过错的，亦应承担相应的赔偿责任。

该案在期货居间人法律地位的认定、期货公司合规经营的准则、期货交易者合法权益保护等方面，提出了遵守法律、符合法理的重要解释，填补了期货居间服务规则不明的漏洞，具有重要的典型意义。同时，本案审理结果参考《期货公司居间人管理办法（试行）》等期货行业惯例，有助于督促期货公司更好地履行对期货经纪人的管理职责，提高期货居间服务的水平，对今后此类案件的审理具有重要的示范和引导作用。

七、证券投资咨询机构在向投资者提供投资建议时，未按照客观谨慎、忠实客户原则履行义务，存在未履行风险揭示义务、向客户承诺保证收益、虚假宣传等欺诈投资者行为，应根据过错程度，对投资者因其侵权行为所导致的损失承担相应赔偿责任——卫龙武诉北京中方信富投资咨询有限公司证券投资咨询纠纷案

【案情简介】北京中方信富投资咨询有限公司（以下简称中方信富公司）具有证券投资咨询

资质。2020年7月，原告卫龙武通过“今日头条”广告推荐得知中方信富公司，向中方信富公司支付5800元购买荐股软件，后支付368000元咨询服务费升级为会员。8月17日，中方信富公司向卫龙武邮寄《中方信富财务管理中心服务协议》《证券投资顾问业务风险揭示书》，卫龙武以协议内容并非双方原来商量的全部内容为由拒绝签字。2020年7月至10月期间，中方信富公司员工梁长元、王军勇以“主力资金”内幕消息诱导卫龙武进行证券交易，明确建议卫龙武购买两只股票，并多次要求卫龙武按其指示操作，承诺卫龙武翻倍收益，最终卫龙武亏损573397.57元。卫龙武向深圳证监局举报中方信富公司深圳分公司，中方信富公司退还卫龙武368000元、5800元。2021年3月11日，深圳证监局在向卫龙武的书面答复中认为，中方信富深圳分公司存在未完成风险揭示、投资者适当性管理程序且未签约即收费，提供投资顾问性质服务未签署投资顾问协议，服务留痕不全等问题。卫龙武以中方信富公司违规行为导致其损失为由诉至法院，请求判令中方信富公司赔偿其损失573397.57元及利息。江苏省南京市江北新区人民法院一审判决驳回卫龙武的全部诉讼请求。卫龙武上诉至江苏省南京市中级人民法院。该院二审认为，中方信富公司未履行风险提示义务、投资者适当性管理程序，存在向客户承诺保证收益、虚假宣传、代客户作出交易决策等违反监管规定和行业自律规定的欺诈投资者行为，应赔偿卫龙武因其侵权行为所导致的损失。同时，卫龙武亦对自身损失的产生存在一定过错。结合双方过错程度，酌定中方信富公司对卫龙武的投资损失承担70%的赔偿责任，判决撤销一审判决，中方信富公司赔偿卫龙武投资损失401378.30元。

【专家点评】冯果 武汉大学法学院教授、博士生导师

证券市场具有高风险属性，依法规范证券投资咨询机构的投资建议服务，对保护投资者合法权益，维护证券市场秩序具有重要意义。本案准确适用《中华人民共和国证券法》有关规定，体现该法在修订过程中进一步强化信息披露要求、规范证券服务机构履职、加强投资者保护等理念，落实最高人民法院《关于为深化新三板改革、设立北京证券交易所提供司法保障的若干意见》精神，明确证券投资咨询机构侵权责任的认定标准，以及违反法律法规、监管规定和行业自律规定，实施欺诈投资者行为的法律后果，判决证券投资咨询机构对投资者的损失予以赔偿，提高其违法违规成本，督促证券投资咨询机构尽责归位，切实保护中小投资者利益。同时，证券市场的交易公平以交易主体的理性判断为前提，本案判决亦体现对中小投资者的警示教育功能，即在充分保护投资者合法权益的基础上，对于盲目相信证券投资咨询机构虚假宣传，意图通过该方式获得远超理性投资的不当高额收益等有违证券市场公平交易原则的行为，司法裁判认定投资者应自行承担相应部分损失。

证券投资咨询机构及投资者均是证券市场的重要参与主体，在增强资本市场活力、深化资本市场改革、提升资本市场功能方面发挥重要作用。本案典型意义在于司法裁判较好地实现了证券投资咨询机构与投资者之间的利益平衡和责任划分，充分彰显了司法审判的引导示范功能。一方面规范证券投资咨询机构的投资建议服务，引导树立客观谨慎、忠实客户的行业规范，压实证券投资服务机构责任，切实保护投资者合法权益；另一方面引导投资者强化理性投资观念，增强风险意识，减少非理性投机行为，从司法层面推动我国资本市场从投机型市场向投资型市场转型，助力我国资本市场健康发展。

八、被保险人的关联公司不构成《保险法》第六十二条规定的“被保险人的组成人员”，保险人可依法对该关联公司行使代位求偿权——中国人民财产保险股份有限公司青岛市分公司与青岛日

联华波科技有限公司等保险人代位求偿权纠纷案

【案情简介】2020 年 4 月 4 日，青岛日联华波科技有限公司（以下简称日联华波公司）仓库起火。火灾造成该公司和青岛牧野车辆装备有限公司、青岛优锐塑胶有限公司（以下简称优锐塑胶公司）、青岛德迈迪医疗科技有限公司（以下简称德迈迪医疗公司）、青岛牧野模具有限公司（以下简称牧野模具公司）财物毁损。消防救援大队出具的《火灾事故认定书》认定：起火时间为 2020 年 4 月 4 日 15 时 40 分许；起火部位位于日联华波公司二楼北侧仓库内；起火原因排除人为纵火，排除物品自燃，不排除电气线路故障引发火灾的可能。日联华波公司、优锐塑胶公司、德迈迪医疗公司、牧野模具公司均在中国人民财产保险股份有限公司青岛市分公司（以下简称人保财险青岛分公司）处投有财产综合保险，约定保险合同载明地址内的下列财产可作为保险标的：（一）属于被保险人所有或与他人共有而由被保险人负责的财产；（二）由被保险人经营管理或代他人保管的财产；（三）其他具有法律上承认的与被保险人有经济利害关系的财产。保险事故发生后，人保财险青岛分公司分别与优锐塑胶公司、德迈迪医疗公司、牧野模具公司、日联华波公司签订赔偿协议，并向除日联华波公司之外的三家公司依约赔偿了保险金。日联华波公司与优锐塑胶公司、德迈迪医疗公司、牧野模具公司（以下简称该三家公司）因存在部分股东或实际控制人一致等情形构成关联公司。原告人保财险青岛分公司起诉日联华波公司，要求在对该三家公司赔偿金额范围内，代位行使该三家公司对日联华波公司请求赔偿的权利。日联华波公司抗辩称，其与该三家公司属于“利益共同体”，构成《保险法》第六十二条规定的“保险人不得对被保险人的家庭成员或者其组成人员行使代位请求赔偿的权利”的情形，人保财险青岛分公司无权向其行使追偿权。

山东省青岛市中级人民法院一审判决支持了人保财险青岛分公司的诉讼请求。日联华波公司提起上诉。山东省高级人民法院二审驳回上诉，维持原判。法院认为，日联华波公司作为被保险人（该三家公司）的关联公司，与被保险人之间不存在经济利益上的同一性，在法律人格上亦不具有依附性，故其不构成《保险法》第六十二条规定的“被保险人的组成人员”，保险人可依法在对该三家公司赔偿保险金后，对日联华波公司行使代位求偿权。

【专家点评】尹田　北京大学法学院教授、博士生导师

保险具有分散风险和消化损失的经济补偿和社会保障功能。保险业的持续健康发展有利于维护正常稳定的经济社会秩序，是现代市场经济活动的“稳压器”，是各类市场主体安心干事创业的有力支撑，对实体经济的有序发展和人民安居乐业发挥着重要服务功能。

本案涉及的保险人代位求偿制度派生于对财产保险发展具有重大意义的保险法基本原则——损失补偿原则。这一制度有利于弥补保险人的财力，实现保险业的持续发展，也有利于引导各类主体依法依规行事，遏制财产侵权行为以及各种安全事故的发生。同时，保险人在向被保险人赔偿保险金后，在赔偿金额范围内代位行使被保险人对侵权人请求赔偿的权利，也可防止被保险人从保险人和第三者处重复受偿而获得不当得利。

对于《保险法》第六十二条有关“保险人不得对被保险人的家庭成员或者其组成人员行使代位请求赔偿的权利”的规定的理解，在理论上和实务中历来存在争议。就“被保险人的组成人员”，有人认为主要包括被保险人的雇佣人员、合伙人、代理人、信托人等，有人则认为主要指与被保险人之间适用免赔规则的执行董事或其他法定代表人等。但无论如何，该规定的立法目的旨在避免被保险人因保险人行使代位求偿权而无法实际获得损失补偿，从而导致保险制度损失填补基本功能的落空。因此，被保险人与保险人代

位求偿权的相对人之间存在经济利益上的“同一性”，应当是确定“被保险人的组成人员”具体范围的基本依据。本案法院判决立足于对被保险人与其关联公司之间的法律地位的分析，指出其相互之间具有独立法律人格即具有独立财产和独立利益，关联公司之间对于不属其所有的财产也并非当然具有保险利益，从法律上将被保险人的法定利益与其关联公司的法定利益予以切割，据此认定本案被保险人的关联公司不构成《保险法》第六十二条规定的“被保险人的组成人员”，保险人可依法对该关联公司行使代位求偿权，这一认定，完全符合保险法相关条款的立法目的，对实务中同类或相似纠纷的解决具有重要的指导意义，也为《保险法》第六十二条在司法裁判中的妥当解释和适用，树立了正确的范本。

九、当事人一方依据合同主要条款主张权利，对方以合同履行与合同约定的主要条款不一致抗辩的，应以实际履行行为确定双方之间的权利义务关系——深圳市衣支米食品科技有限公司与讷河新恒阳生化制品有限公司破产债权确认纠纷案

【案情简介】深圳市衣支米食品科技有限公司（以下简称衣支米公司）与讷河新恒阳生化制品有限公司（以下简称新恒阳公司）于2016年7月签订《销售代理合同》，合同约定新恒阳公司授权衣支米公司为广东地区的独家销售代理商。新恒阳公司于2020年11月进入破产重整程序。衣支米公司于2021年4月向新恒阳公司管理人申报债权578,456.53元，但经管理人审查未予确认，遂提起破产债权确认之诉。一审法院认为，根据双方签订的《销售代理合同》，给付奖励的条件为广东地区独家销售代理并禁止跨区窜货，但从实际履行情况看，双方改变了销售模式及销售地域的约定，在此种情况下，是否仍应给付奖励及如何奖励，双方应进一步协商确定，但未有证据证明对奖励条款重新约定。另外，根据历次对账函显示，衣支米公司均欠新恒阳公司大额货款，如存在奖励，衣支米公司理应就此奖励金额主张抵扣欠款，但在对账过程中双方从未涉及奖励事宜。王红旗既是衣支米公司的实际控制人，也曾是新恒阳公司的职工，对新恒阳公司申请破产重整应为明知，如存在奖励，其未及时申报债权亦不符合常理。从新恒阳公司进入破产重整程序后向衣支米公司发出的询征函的提示内容看，双方已对截至2020年11月30日的债权债务结算完毕并予以确认，也进一步说明案涉《销售代理合同》未实际履行，亦不存在新的奖励条款的约定。故对衣支米公司要求确认其对新恒阳公司享有债权578,456.53元的诉讼请求不予支持。

【专家点评】李曙光 中国政法大学法与经济学研究院教授、博士生导师

破产法实施过程中，有一个常被忽视的重要领域，即每个重要的破产案件都有大量的衍生诉讼，这些案件处理不好，会极大影响破产法实施的效果，加大破产程序的司法成本，甚而影响经济社会的稳定。因此，破产衍生诉讼在破产程序中具有十分重要的地位与作用，重视破产衍生诉讼，不仅能够促使破产程序各项工作顺利进行，还能有效维护债权人、债务人之间以及债权人内部之间的利益平衡，化解各相关利益主体的矛盾与纠纷，实现破产法所追求的公平清偿和集体清偿价值。

本案系破产债权确认纠纷案件，是破产衍生诉讼中较多发生的一类案件，破产债权确认是破产制度中为妥善解决对有异议债权的实体争议而设置的司法审查确认程序。破产债权确认诉讼作为破产程序中债权确认环节重要的法定异议处理程序，对于破产案件的债权人权利保护至关重要，它对破产程序中申报债权的真实性以及债权人表决权的确认具有实际意义。

本案紧紧围绕破产债权确认之诉的实质，以双方签订的书面合同为基础，结合实际履行情况、合同目的、交易习惯等，对债权人与债务人之间是否存在真实的债权债务关系进行审查判断。本

案债权确认程序的正确适用，不仅避免了债务人财产的流失及债权人最终可受偿利益的不当减损，而且保证了破产程序的顺利进行，最终保护了债务人、债权人的合法权益。

当前东北经济正处于全面振兴、优化营商环境和供给侧结构性改革深入推进的攻坚阶段，高效办理破产案件，是优化营商环境的重要指标，而聚焦妥善办理破产衍生诉讼案件，则是办理好破产案件的重要抓手。本案在办理破产衍生诉讼案件中，以平等维护各方市场主体合法权益为根本出发点和落脚点，注重衍生诉讼的实体价值与程序意义，注重其对整个破产程序司法审理专业性与权威性的影响，注重法治思维与市场化思维的运用，既有助于公平清理债权债务关系，办理好破产案件，又有利于充分发挥司法智慧，帮助困境企业脱困重生，实现市场出清、民生保障、企业救治，助推东北地区经济发展的目的。

本案的典型意义在于，依法准确办理破产衍生诉讼，为促进东北地区营商环境不断优化，服务东北地区高质量发展，助推东北振兴迈上更高水平，提供了有力的司法服务和司法保障。

十、综合运用预重整、实质合并、协调审理等制度，充分发挥市场作用，解决大型综合性民营企业集团重整难题——隆鑫系十七家公司重整案

【案情简介】隆鑫系企业包含隆鑫集团相关企业和金菱集团相关企业两个子系，其中隆鑫集团下属隆鑫控股连续多年入选中国500强企业。隆鑫系企业已发展成覆盖摩托车制造、环保、汽车销售、房地产、金融等领域的多元化产业集团，资产涉及A股和H股三家上市公司控制股权，两家上市公司参股权以及境外公司股权。受多重因素影响，企业自2018年起逐渐陷入经营和债务危机。金菱集团等四家公司受隆鑫集团控股，是重庆知名汽车经销商集团，受关联担保影响亦陷入债务危机。2021年9月29日，隆鑫集团等十三家公司分别申请重整并同时申请预重整。重庆五中法院对预重整及预重整辅助机构进行备案登记，预重整辅助机构指导隆鑫集团等十三家公司与债权人开展协商谈判，制作重组协议，招募投资人。2021年11月16日，债权人重庆车生缘商贸有限公司分别申请金菱集团等四家公司重整。2022年1月30日，重庆五中法院依法分别受理隆鑫集团等十三家公司重整，并于2022年3月16日裁定该十三家公司实质合并重整。2022年3月10日，重庆五中法院依法分别受理金菱集团等四家公司重整，并于2022年5月10日裁定该四公司实质合并重整。法院对于隆鑫集团相关企业和金菱集团相关企业的重整进行协调审理，一体化推进。

大型综合性民营企业集团的重整涉及利益主体多、考量因素多，内容复杂。法院在预重整阶段采取“弱介入”，充分发挥私力脱困程序的灵活性，充分发挥庭外重组阶段的市场化功能。预重整辅助机构指导债务人与债权人、出资人、投资人开展大量谈判协商，汇聚各方意见形成的重组协议和投资协议通过了市场化筛选。进入重整程序后，经债权人会议表决通过及法院裁定批准，以重组协议为基础制定的重整计划具备了司法权威性。

大型综合性民营企业集团内部构架复杂。隆鑫系企业下属隆鑫集团相关企业和金菱集团相关企业两个子系内部高度混同，但两系之间的资产和营业关联度弱。由于两子系债务严重关联，均无法单独成功重整，因此对两子系分别实质合并重整，同时对两子系的关联债务处理、出资人权益调整等进行协调审理，从而整体化解了企业债务。

大型综合性民营企业集团重整投资人招募普遍面临投资金额大、单一产业投资人无法应对多元化产业的难题。重整过程中，通过深入挖潜，全面真实披露信息，吸引投资人参与竞争。选择具有不同优势的东部沿海地区基金投资人与西部成渝地区产业投资人组成投资联合体，充分发挥基金投资人募集和管理资金的能力与产业投资人产业背景优势，各施其长、相互配合，解决了多元

化产业需求的匹配难题。

“庭外重组+重整”和“实质合并+协调审理”的灵活运用，诠释了如何综合运用破产制度，充分借助市场力量，解决大型综合性企业集团重整难题。隆鑫系企业重整，整体化解了企业债务420多亿元，维护了7万余户中小投资者、2000余名职工的合法利益，保障了上下游产业链千余家企业的正常生产经营，实现了保就业、保市场主体、保产业链稳定的目标。重整还推动了企业生产更新换代，在全国率先开启电动车和电动摩托车的专项IGBT芯片设计，实现了企业提质增效，高质量发展，为后疫情时代的经济复苏注入“强心剂”。

【专家点评】许德风 北京大学法学院教授、博士生导师

预重整是在庭外重组和破产重整两种制度的基础上融合创新而产生的一种企业挽救辅助性模式，不仅具有简化程序、提高效率、降低成本、化解争议等实际效果，还具有鼓励当事人自治与市场化协商、积极及早自救、自动自觉遵循法治的良好社会导向。预重整的有效实施既离不开充分的市场化运作，也离不开有效的法治化约束。本案中，在庭外重整阶段，法院采取“弱介入”的方式，充分发挥庭外重组的市场化脱困功能，让企业与各方主体进行市场化商业谈判，通过市场化筛选形成切实可行的重组方案，防止庭外重组沦落为司法重整的庭外延伸。同时，法院也为预重整提供合法性和方向性指引，实现了庭外重组和司法重整的有效衔接。也正是由于市场化与法治化的有效结合，吸引了基金和产业投资人结合自身优势，形成合力，较好解决了多元化投资需求的问题。

在市场经济中，企业集团和关联企业的存在已是常态，为了解决上述企业破产中存在的问题，2018年《全国法院破产审判工作会议纪要》对关联企业破产问题进行了相应规定。在审理案件的过程中，应严格区分实质合并和协调审理适用标准，谨慎确定实质合并企业的范围，妥善把握协调审理的程序节奏，为重整计划的制定创造良好的条件。本案中，隆鑫集团相关企业和金菱集团相关企业能够形成各自的重组方案和投资方案，但是两个子系之间关联债务巨大，如果不能有效协调，债权人和投资人都会止步不前。本案两个子系的重整计划对关联债务的清偿做了协调，消减了关联债权人和投资人的疑虑；对招募投资人的进度做了协调，推动了重整计划同步形成；对主要程序节点进行协调，两个子系的重整相互促进，最终一体化推进重整成功。

民营经济是我国经济的重要组成部分，要毫不动摇鼓励、支持、引导非公有制经济发展，维护和推动民营经济健康发展是人民法院肩负的重要职责。隆鑫系企业重整案为人民法院发挥破产重整制度功能，探索一条拯救大型综合性民营企业的道路提供了有益的参考。

（载中华人民共和国最高人民法院网）

第六章　最高人民检察院

第一节　工作动态

1月10日

最高检党组召开党史学习教育专题民主生活会，查找不足补齐短板凝聚共识，弘扬伟大建党精神，传承党的百年奋斗历史经验，以更优检察履职助力实现第二个百年奋斗目标

张军指出，要以此专题民主生活会为新的起点，将批评意见转化为改进工作、促进发展的新动力，以饱满的工作热情和求极致的工作作风投身于第二个百年奋斗目标中，以更大的检察贡献迎接党的二十大胜利召开。党史学习教育中央第十一指导组有关负责同志和中央组织部有关部门负责同志到会指导。

1月17日

全国检察长（扩大）会议在北京召开。 会议强调，坚持能动检察为大局服务为人民司法，以实际行动迎接党的二十大胜利召开

会议认真学习习近平总书记在中央政治局常委会会议听取最高检党组工作汇报时的重要讲话和对政法工作的重要指示精神，全面贯彻党的十九大和十九届历次全会及中央经济工作会议、中央政法工作会议、全国政法队伍教育整顿总结会精神，深入落实《中共中央关于加强新时代检察机关法律监督工作的意见》，总结2021年检察工作和检察队伍教育整顿情况，部署2022年主要任务。

1月24日

由最高人民检察院第七检察厅与中国法学会行政法学研究会主办、对外经济贸易大学法学院和《经贸法律评论》编辑部承办的2021年度十大行政检察典型案例评选结果揭晓

2021年度十大行政检察典型案例包括：崔某诉北京市公安局某分局政府信息公开监督案，张某诉辽宁省某县农合局履行报销医疗费用职责监督案，上海市某区检察院对交通道路标线设置不合理监督案，王某诉江苏省无锡市某区市场监管局行政登记监督案，福建省某县卫健局征收社会抚养费非诉执行监督系列案，某百货公司诉山东省某市人社局工伤认定监督案，毛某诉河南省某市公安局、市政府行政处罚及行政复议监督案，胡某诉湖南省某市某镇政府行政强制监督案，杨某诉广东省某市税务局涉税行政争议监督案，韦某、黎某诉陕西省某市某区建设局撤销备案登记监督案。

此次发布会还公布了2021年度行政检察优秀案例，张某等诉天津市公安局、某区分局行政处罚和行政复议监督案等28个案例入选。

2月8日

最高检召开党组扩大会督办2022年68项重点任务

最高人民检察院召开党组扩大会，进一步传达学习1月24日中央政治局会议精神，深入学习贯彻习近平总书记对政法工作的重要指示和中央政法工作会议精神，听取服务保障全国两会情况和2021年重点督办任务完成情况汇报，督办2022年68项重点任务。最高检院领导、检委会专职委员，机关各内设机构、各直属事业单位主要负责人参加会议。

2月24日

最高检党组理论学习中心组，就学习贯彻习近平法治思想和习近平总书记对政法工作的重要指示精神举行集体学习。会议强调，把讲政治落实落细落具体，服务保障党的二十大胜利召开

最高人民检察院党组理论学习中心组举行集体学习。会议认真学习贯彻党的十九届六中全会精神和习近平总书记对政法工作的重要指示精神，结合学习贯彻《中国共产党政法工作条例》，围绕深入学习领会“两个确立”的决定性意义，走好践行“两个维护”第一方阵，以万无一失的检察履职确保政治安全，迎接和服务保障党的二十大胜利召开进行集体学习研讨。最高检党组书记、检察长张军主持集体学习。最高检院领导、检委会专职委员，最高检机关有关部门负责人参加集体学习。

2月24日

最高人民检察院召开“深化司法民主建设、推进全过程人民民主”新闻发布会，发布检察机关深化司法民主建设、推进全过程人民民主典型案例，以及《人民检察院听证员库建设管理指导意见》

最高检党组副书记、常务副检察长童建明表示，作为党绝对领导下的法律监督机关，人民检察院始终坚持以人民为中心的发展思想，把人民当家作主具体地、现实地落实到检察工作各个方面和监督办案的每一个环节，以检察能动履职为大局服务、为人民司法。检察机关用心用情办好群众身边的“小案”，持续深化群众信访“件件有回复”、行政争议实质性化解、未成年人综合司法保护、公开听证等为民实事，自觉接受人大监督、政协民主监督和社会监督，不断拓宽人民群众有序参与和监督检察工作的渠道，在检察履职中深化落实全过程人民民主，努力让人民群众切实感受到公平正义就在身边。

3月2日

最高人民检察院召开第六批挂职专家学者见面座谈会，最高检党组书记、检察长张军参加座谈会并讲话

张军希望，专家学者挂职能够实现两方面的双赢多赢共赢。一是推动检察实践和理论研究的双赢多赢共赢。通过挂职，以更强的理论指导、引领、促进检察实践发展，同时以更丰富的检察实践反哺理论研究，使理论研究更深入、更中国。二是推动检察实践与法学教育的双赢多赢共赢。通过挂职实践，更加深刻感受感知习近平法治思想在司法检察实践中的伟力，感受感知中国特色社会主义司法检察制度的巨大优势，将实践成果融入法学教学，在教学中增强法学学子的道路自信、理论自信、制度自信、文化自信。

3月9日

十三届全国人大五次会议各代表团分组审议“两高”工作报告

最高检组织200余名检察人员在办公室通过网络视频方式，旁听35个代表团114个小组审议发言，全程记录全国人大代表审议最高检工作报告和对检察工作的意见建议。

3月14日

最高人民检察院召开党组扩大会，传达学习全国两会精神特别是习近平总书记在全国两会期间的重要讲话精神，学习贯彻中央政法委全会精神，

研究贯彻落实举措，以“质量建设年”为抓手部署重点检察工作。最高检党组书记、检察长张军主持会议并讲话

会上，大家一致认为，刚刚闭幕的全国两会，是我国进入全面建设社会主义现代化国家、向第二个百年奋斗目标进军新征程的重要时刻召开的一次重要会议。习近平总书记在全国两会上的重要讲话高屋建瓴、思想深刻，具有很强的政治性、理论性、指导性和针对性，为党绝对领导下的人民检察事业创新发展提出了新的更高要求，要结合检察履职认真学习贯彻全国两会精神特别是习近平总书记重要讲话精神，把忠诚拥护“两个确立”、坚决做到“两个维护”贯穿检察工作始终。

3月25日

最高人民检察院检察长张军在京与蒙古国总检察长扎尔格勒赛汗举行视频会晤

张军强调，当前，国际形势正在发生深刻复杂变化，中蒙两国都处于发展进步的关键阶段，两国检察机关合作潜力巨大。希望两国进一步加强执法司法人员交流合作，特别是新冠肺炎疫情防控期间，两国检察机关各部门、各条线可通过线上方式，展开更多、更具体、针对性更强的检察交流，进一步拓展刑事司法协助合作领域，共同为“一带一路”建设提供更优质的司法保障，共同服务两国经济社会发展，增进两国人民福祉。张军还围绕中国检察公益诉讼制度以及检察机关正在开展的涉案企业合规改革试点工作与对方进行了交流。

扎尔格勒赛汗对中国检察机关近年来取得的工作成绩给予高度肯定，表示愿意致力于深化多领域检察合作，推动中蒙全面战略伙伴关系持续向前发展。

蒙古国驻华大使巴德尔勒、中国驻蒙古国大使馆临时代办张木星、内蒙古自治区检察院检察长李琪林在分会场参加视频会见。

4月2日

最高人民检察院会同全国工商联专门召开会议，深入总结两年来检察机关涉案企业合规改革试点工作情况，并对全面推开改革试点工作作出具体部署

开展涉案企业合规改革试点，是检察机关全面贯彻习近平法治思想，充分发挥检察职能优势，更好推动企业依法守规经营，服务经济社会高质量发展的一项重要制度创新。经过两年试点，该项制度不断释放司法红利。据了解，办案过程中，各试点检察院准确把握改革内涵，将涉案企业合规改革与贯彻少捕慎诉慎押刑事司法政策、落实认罪认罚从宽制度有机结合，同步衔接推进涉企“挂案”清理，加强行刑衔接，确保了办案政治效果、社会效果、法律效果有机统一。对经第三方评估认为违背承诺、整改无效的，要依法追诉，形成威慑和警示，防止以虚假合规逃避刑事制裁。

会议以电视电话会议形式召开。最高检党组副书记、常务副检察长童建明，党组成员、副检察长杨春雷，全国工商联党组成员、副主席鲁勇以及全国工商联法律服务部、最高检企业合规问题研究指导工作组各成员部门负责同志在主会场参加会议。各省级检察院分管经济犯罪检察、法律政策研究工作的负责同志和各省级工商联有关负责同志受邀在分会场参会。

4月13日

全国检察机关党风廉政建设工作会议暨最高检党组巡视“回头看”动员部署会召开。最高检党组书记、检察长张军出席会议并讲话

张军指出，“两个确立”是百年党史赓续的必然历史逻辑，是以习近平同志为核心的党中央从容应对、战胜各种艰难险阻导出的必然政治逻辑，是党的十八大以来党和国家事业取得历史性成就、发生历史性变革的必然实践逻辑；落实政治监督，重在一体加强政治透视和专业审视，促进抓实融为一体的政治和业务建设，做实一切工作首先“从政治上看”；政治责任本身就具有监督职能，政治监督就是对落实政治责任的组织监督。

会议还就贯彻落实近期召开的中央政法委员会全体会议精神，抓好二季度工作进行部署。最高检党组副书记、常务副检察长童建明主持会议并就落实会议精神提出具体要求。

4月19日

最高人民检察院召开党组会，深入学习贯彻习近平总书记关于国家安全的重要论述精神，传达有关工作部署，专题研究检察机关贯彻落实的具体举措。最高检党组书记、检察长张军主持会议

张军指出，决不能简单机械循例办理。有些个案单纯从案件表象、性质看，不属于危害或影响国家安全案件，但在特定时段、特定领域、特定群体中发生，处置不当，就可能酿成影响性案件，形成危害国家安全的因素，就要多根弦，坚决防止就案办案。要把以人民为中心落到实处，从严追诉侵害妇女、儿童、老年人、残疾人等特定群体人身权利犯罪，持续加大互联网金融犯罪惩治力度，从严惩治网络诽谤、侵犯公民个人信息、电信网络诈骗等犯罪，用心用情办好影响人民群众获得感、幸福感、安全感的案件，厚植党执政的政治基础。特别是，要深入落实少捕慎诉慎押刑事司法政策，积极做好不批捕不起诉案件的“后半篇文章”，更加注重辩法析理以案释法，十分用心、细致做好被害方工作，视情用好公开听证、释法说理、司法救助等，从源头上减少申诉案件发生，促进社会内生稳定，最大限度减少社会对立面，通过检察办案助力筑牢国家政治安全、社会稳定的民心基础。

最高检院领导、检委会专职委员，最高检机关各部门、各直属事业单位主要负责人参加会议。

4月25日

第22个世界知识产权日前夕，最高人民检察院与国家知识产权局共商强化知识产权协同保护，会签《关于强化知识产权协同保护的意见》，推动构建“严保护、大保护、快保护、同保护”工作格局。最高检检委会专职委员宫鸣与国家知识产权局党组成员、副局长胡文辉代表最高检和国家知识产权局会签了《意见》

会上，宫鸣和胡文辉分别结合各自职能、运用具体数据介绍了知识产权检察工作情况和知识产权保护总体情况：2020年11月，最高检组建知识产权检察办公室，整合刑事、民事、行政检察等职能。同时在全国部分省市部署开展知识产权检察集中统一履职。截至目前，共有22个省级检察院成立了知识产权检察部门，以机构专门化、队伍专业化、职能一体化建设为抓手，带动履职能力快速提升；2021年，全国商标专利管理和执法部门共办理专利侵权纠纷行政案件4.98万件，查处假冒专利、商标违法案件4.43万件，依法向司法机关移送涉嫌商标侵权犯罪案件1011件。

5月8日

企业合规改革视野下刑事实体法的修改与完善研讨会在中国政法大学企业合规检察研究基地举办。最高人民检察院党组成员、副检察长杨春雷出席会议并致辞。这是最高检与中国政法大学共建的企业合规检察研究基地自4月15日揭牌以来举办的首次重要活动

杨春雷强调，涉案企业合规改革具有很强的政治性、政策性和专业性，建设好、发展好研究基地要胸怀“国之大者”，以更高政治站位推进检校合作；要坚持问题导向，把相关立法建议研究工作抓紧抓实，以更强担当精神破解改革难题；要在合规人才培养上下功夫，更新理念，实现检校资源共享；要在平台整合、搭建上下功夫，以更实工作举措拓展合作深度广度，提升整体合作效能，指导改革试点和司法实践。

中国政法大学校长、教授马怀德致辞，北京大学法学院教授陈瑞华、清华大学法学院教授黎宏等部分专家学者，最高检相关部门以及部分试点检察院主要负责人等参加会议并开展研讨交流。

5月23日

全国检察机关打击整治养老诈骗专项行动工作推进会召开。会议就检察机关全面贯彻落实中央关于打击整治养老诈骗的要求和全国打击整治养老诈骗专项行动推进会精神进行部署推进

会上，最高检党组成员、副检察长孙谦对检察机关部署推进专项行动提出五点要求。一要提高政治站位，把开展好专项行动作为重要政治任务扎实部署推进。二要加大办案力度，迅速形成高压态势。省级检察院要将所有在办养老诈骗案件纳入台账管理，加强针对性指导；要全链条惩治养老诈骗犯罪，准确把握刑事法律政策，全力追赃挽损。三要加强溯源治理，结合办案，主动协同行政主管机关开展整治规范工作，积极开展老年人权益保障公益诉讼，研判、制发检察建议。四要加强新闻宣传，营造养老诈骗人人喊打的社会氛围。要创新落实“谁执法谁普法”普法责任制，不断深化预防犯罪宣传教育实效。五要加强组织保障，建立健全专项工作机制，确保专项行动顺利推进。

会上，江苏、浙江两省检察院进行了经验交流。江苏省检察院建立健全跨部门联席会议、工作专班、联络员等三项机制，切实加强专项行动的组织领导。同时对全省检察机关在办的养老诈骗犯罪情况进行摸排，对检察机关12309平台接收的线索进行详细梳理，通过建立案件台账，进行动态管理，强化办案指导。浙江省检察院坚持以检察数字化改革赋能专项行动，结合办理涉养老非法集资案件发现的涉案公司共性特征，开发上线数字化办案应用模块，分析、研判、核查异常公司涉嫌违法犯罪线索，依法及时惩治养老诈骗违法犯罪，推动专项行动法律监督工作从“数量驱动、个案为主、案卷审查”的个案办理工作模式，向“质量导向、类案为主、数据赋能”的类案治理模式转变。

会议以电视电话会议形式开至全国四级检察院。最高检党组成员、副检察长孙谦出席会议并讲话，党组成员、副检察长陈国庆，检委会专职委员宫鸣出席会议，检委会专职委员张志杰主持会议。

5月28日

全国检察机关“法治进校园”精品网课评选活动结果揭晓

最高人民检察院揭晓全国检察机关“法治进校园”精品网课评选活动结果——《对学生欺凌说“不”》《宪启民法兴邦民族团结歌声亮》等8件作品获得一等奖，《来吧！一起探秘法治世界》《一起播下法治的种子》等12件作品获得二等奖，《家庭教育依法来　祖国花朵向阳开》《拒毒品　爱自己　享未来》等18件作品获得三等奖，《危险、拟像与谈资》《让家成为孩子永远的港湾》等22件作品获得优秀奖。此外，10个省级检察院未成年人检察部门因评选组织有力、效果突出，被授予优秀组织奖。

据了解，为全面贯彻习近平法治思想，加强青少年法治教育，推动检察机关“法治进校园”提质升级，助力检察官担任法治副校长工作走深走实，最高检启动了全国检察机关“法治进校园”精品网课评选工作，并于2022年1月面向全国检察机关未成年人检察部门征集2020年以来由检察机关主创的未成年人法治教育网课。活动启动后，各地共上报精品网课298部。经过初评、复评、审核等多个环节，60部网课脱颖而出，获评精品网课。

6月1日

最高人民检察院发布《未成年人检察工作白皮书（2021）》（下称白皮书）。这是最高检第三次发布未成年人检察工作白皮书。与以往不同，今

年的白皮书首次对涉未成年人“四大检察”业务数据进行深度分析研判

白皮书透露，当前未成年人保护仍然面临严峻复杂的形势，侵害未成年人犯罪数量上升，未成年人犯罪有所抬头，家庭监护问题比较突出，网络对未成年人的影响巨大，未成年人健康成长的社会环境还需优化，等等，未成年人保护依然任重道远。

6月13日

最高人民检察院召开党组会，深入学习贯彻习近平总书记重要指示精神，贯彻落实中央政法委全会精神，听取上半年习近平总书记对检察工作重要指示和《中共中央关于加强新时代检察机关法律监督工作的意见》落实情况，结合重点工作任务“把脉问诊”，研究讨论做好检察环节服务保障经济社会高质量发展、维护社会和谐稳定的举措。最高检党组书记、检察长张军主持会议并提出工作要求

要坚定不移落实好宽严相济刑事政策和少捕慎诉慎押刑事司法政策。必须强调，少捕慎诉慎押与宽严相济的刑事政策是一脉相承、辩证统一的，绝不是一味从宽，而是依法当宽则宽，该严则严。轻罪案件里有依法从重处理的情况，重罪案件里也有依法从轻处理的情形，要从讲政治高度把握好司法政策的正确实施。对危害国家安全、严重暴力、涉黑涉恶等犯罪特别是严重影响人民群众安全感的犯罪，就要体现当严则严，该捕即捕，依法追诉，从重打击。扫黑除恶专项斗争转入常态化开展必须落实抓实。各级检察机关对涉黑涉恶、地痞流氓故意闹事的，手段恶劣的，伤害妇女儿童、老年人、残疾人等以及具有其他恶劣情节的犯罪，必须坚决依法从严追诉、依法从严惩治。

6月14日

企业合规第三方监督评估工作推进会在京召开

会议由国家层面企业合规第三方机制管委会主办，旨在深入贯彻习近平法治思想，有效落实习近平总书记关于“法治是最好的营商环境”“在合法合规中提高企业竞争能力”等重要指示精神，深入总结企业合规改革成效，部署在全国范围内推开第三方机制建设，共同助力稳主体、提信心、促发展

全国政协副主席、中华全国工商业联合会主席高云龙表示，企业合规第三方机制运行一年来，全国已办理涉企合规案件1700多件，其中适用第三方机制案件超过六成，取得了良好效果。近期，又有人社部、应急管理部、海关总署、证监会加入到机制中来，相信定能发挥出更大作用。各方要坚持高点站位，全面贯彻党中央决策部署；强化高效协同，有力提升机制建设效能；统筹他律自律，激发企业整改内生动力；夯实基层基础，切实打通“最后一公尺”。各级工商联要切实担起第三方机制管委会办公室日常工作责任，靠前服务、重心下移，发挥好所属商会在自治自律、促进合规建设等方面的作用，坚持问题导向，补齐制度短板，压实具体案件监督评估第三方组织责任，深入调研、总结经验，做好宣传推广。

6月28日

最高人民检察院党组书记、检察长张军主持召开最高检党组会，学习贯彻习近平总书记在中共中央政治局第四十次集体学习时的重要讲话精神和对有关工作的重要指示批示精神，贯彻落实中共中央办公厅印发的《领导干部配偶、子女及其配偶经商办企业管理规定》精神，研究检察机关一体推进“不敢腐、不能腐、不想腐”的具体举措

会上，大家一致认为，党的十八大以来，在以习近平同志为核心的党中央坚强领导下，反腐败斗争取得压倒性胜利并全面巩固，赢得了保持同人民群众的血肉联系、人民衷心拥护的历史主动，赢得了全党高度团结统一、走在时代前列、带领人民实现中华民族伟大复兴的历史主动。习近平总书记在中共中央政治局第四十次集体学习时的重要讲

话，系统总结了党的十八大以来反腐败斗争取得的显著成效、积累的宝贵经验，就加深对新形势下党风廉政建设和反腐败斗争的认识，提高一体推进不敢腐、不能腐、不想腐的能力和水平进一步提出明确要求。检察机关要结合检察工作实际抓好贯彻落实，引领全面从严管党治检走深走实。

6月30日

最高检发布检察机关全面开展公益诉讼五周年工作情况，五年共立案公益诉讼案件67万余件

检察公益诉讼制度是在习近平法治思想指引下孕育诞生的、以法治思维和法治方式助推国家治理体系和治理能力现代化的重大改革举措。2017年7月1日，十二届全国人大常委会第二十八次会议修改的民事诉讼法和行政诉讼法正式实施，确立了检察机关提起公益诉讼制度，至今已五年。6月30日，最高人民检察院发布检察机关全面开展公益诉讼五周年工作情况，经过持续推进，公益诉讼检察工作全面发展，办案量稳步增长，办案质效不断提升。

7月1日

由最高人民检察院第四检察厅和中国证监会法律部联合举办的全国检察机关证券期货专题业务培训正式开课。培训通过“线上+线下”相结合的方式，面向全国四级检察院，系统讲授证券期货领域相关知识

此次培训是检察机关坚持以习近平法治思想为指导，深入学习贯彻《关于依法从严打击证券违法活动的意见》的具体举措。据悉，2021年3月，中共中央办公厅、国务院办公厅印发该《意见》，要求加强证券领域检察队伍专业化建设。同年9月，最高检驻中国证监会检察室成立后，始终将证券领域检察队伍专业化建设放在重要位置。此次培训通过深入学习我国资本市场法律制度体系和改革举措，系统梳理资本市场各项业务及监管制度，进一步深化检察人员对资本市场运行、监管的理解和认识，提升检察机关对证券期货犯罪案件的办理水平，进而更好防范化解金融风险，助力经济高质量发展。

7月12日

最高人民检察院在京召开全国检察机关加强政治建设暨深化检察改革与理论研究工作推进会。最高检党组书记、检察长张军出席会议并讲话

会议指出，“轻罪不是一味从宽，轻罪中有从重处罚的情节，也要从严处理！”“对严重暴力、涉黑涉恶，残害妇女、儿童、老年人、残疾人等弱势群体，以及其他主观恶性大、情节恶劣的犯罪，必须落实当严则严，该捕即捕，依法追诉，从重打击。”张军强调，要从讲政治的高度，全面贯彻宽严相济刑事政策，统筹落实少捕慎诉慎押刑事司法政策和认罪认罚从宽制度，最大限度减少社会对立面，促进社会内生稳定，特别是要全面准确把握宽与严的辩证关系，充分考虑具体个案的特殊情况和社会公众的心理感受，依法当宽则宽、该严则严。

最高检党组副书记、常务副检察长童建明主持会议并通报了2021年度全国检察基础理论研究优秀成果和优秀集体评选结果，就抓好会议的各项工作部署特别强调，这是一竿子插到底的抓落实推进会，省级检察院不需要再开会再作强调，要在具体调研、指导解决问题中抓实“九分落实”。

7月15日

“检爱同行——法治进乡村”全国巡讲活动启动

最高人民检察院组织的“检爱同行——法治进乡村”全国巡讲活动于重庆市潼南区柏梓镇郭坡村正式启动，内蒙古、广西、四川、贵州、云南、陕西、甘肃、青海、宁夏分会场也通过视频连线形式同步启动,随后,各地巡讲团现场开讲“检爱同行——法治进乡村”全国巡讲第一课。

此次全国巡讲活动为期半年，检察机关将组织一批精品法治巡讲，任职一批乡村学校法治副校长，深入乡村中小学、村委会、儿童保护站等，通过法治课、情景剧、座谈等方式，向当地未成年人特别是留守儿童、事实无人抚养儿童和困境儿童及其家长，学校教职员工和基层未成年人保护工作者等开展法治教育；受理和排查一批案件线索，办理一批侵害未成年人犯罪案件，主动开展法律咨询服务，发现未履行强制报告义务、监护侵害、公益损害等问题的，通过移送主管部门处理、支持起诉、检察建议和公益诉讼等方式，督促相关单位和个人依法履职；联动社会力量，帮扶救助一批涉案未成年人，积极开展司法救助、心理疏导，并会同相关部门开展多元化帮扶；发现未成年人保护的短板弱项，推动解决一批未成年人保护的难点堵点；形成一份报告，向本地未成年人保护工作领导小组做一次专门汇报，协助完善本地未成年人保护社会治理。最高检将重点牵头 160 个乡村振兴重点帮扶县所在的西部 10 省（区、市）检察机关开展巡讲活动。

7 月 26 日

单位犯罪起诉数量从逐年递增到明显下降，涉案企业合规改革试点成效初显

为深入贯彻习近平法治思想，认真落实习近平总书记在民营企业座谈会和企业家座谈会上的重要讲话精神，防止“办了案子、垮了厂子”，2018 年最高检发布 11 项具体检察政策，对企业负责人涉经营类犯罪，依法能不捕的不捕、能不诉的不诉、能不判实刑的提出适用缓刑建议，切实加强对企业合法权益的平等保护。在深化落实中，为防止对该类犯罪一宽了之，促进涉案企业守法经营、预防再犯风险，同时警示其他企业，2020 年 3 月最高检创新开展涉案企业合规改革试点：依法可不捕、不诉的，责成涉案企业作出合规承诺、切实整改，做实既“厚爱”又“严管”，推动企业刑事犯罪诉源治理。2021 年 3 月，最高检部署在北京、上海等 10 个省份开展第二期改革试点，试点范围扩展到 62 个市级院、387 个基层院；2022 年 4 月，企业改革试点在全国检察机关全面推开。试点中，检察机关准确把握合规适用条件，将涉案企业合规改革适用的案件类型明确为：公司、企业等市场主体在生产经营活动涉及的各类犯罪案件，既包括公司、企业等实施的单位犯罪案件，也包括公司、企业实际控制人、经营管理人员、关键技术人员等实施的与生产经营活动密切相关的犯罪案件。

为防止企业搞“纸面合规”、虚假整改，最高检与国务院国资委、全国工商联等多部门探索建立第三方监督评估机制，成立第三方机制管理委员会，高质量遴选确定涉案企业合规第三方机制专业人员库，对涉案企业合规承诺、整改进行客观、公正、有效的监督评估，司法、执法、行业监管携手促进“严管”制度化、防止“厚爱”被滥用。试点以来，全国检察机关已办理合规案件 2382 件，其中适用第三方监督评估机制案件 1584 件；对整改合规的 606 家企业、1159 人依法作出不起诉决定，取得了良好政治效果、社会效果、法律效果。

8 月 9 日

最高检出台支持和服务保障贵州在西部大开发上闯新路 14 条意见

最高检印发《最高人民检察院关于支持和服务保障贵州在新时代西部大开发上闯新路的意见》，就一体贯彻落实《中共中央　国务院关于新时代推进西部大开发形成新格局的指导意见》《中共中央关于加强新时代检察机关法律监督工作的意见》《国务院关于支持贵州在新时代西部大开发上闯新路的意见》，充分发挥检察职能作用，切实支持和服务保障贵州在新时代西部大开发上闯新路提出 14 条具体措施。

8月15日

中国犯罪学学会网络经济犯罪治理专业委员会成立暨"民营企业腐败治理研讨会"在京举行。最高人民检察院二级大检察官、中国犯罪学学会会长万春出席会议并讲话

万春指出，中国犯罪学学会成立网络经济犯罪治理专业委员会（下称专委会），目的是调动学界、行业和司法实务界的专家、学者共同研究复杂犯罪问题，为网络经济犯罪治理提供积极的法律政策和社会对策建议。专委会主要任务是以网络经济犯罪治理与企业合规建设为切入点开展专题研究，邀请学界、司法实务界、企业界以及各相关研究机构的专家组建网络经济犯罪专家智库，定期发布高质量研究报告；以企业网络经济犯罪治理为出发点，集合各方力量，尤其是要发挥互联网企业的作用，形成联防联动研究工作机制；构建预防网络经济犯罪工作平台，开展专题研究、政策解读、问题咨询等服务。

8月18日

第四届民营经济法治建设峰会在京举行。最高人民检察院党组书记、检察长张军出席会议并作主旨演讲，介绍了护航民营经济高质量发展的检察方案

数据体现担当。张军结合检察业务数据介绍了近年来检察机关当好保障民营经济健康发展"老娘舅"的新举措新成效，令与会代表印象深刻——做实"平等保护"，2018年发布11项具体检察政策，明确对企业负责人涉经营类犯罪依法能不捕的不捕、能不诉的不诉、能不判实刑的提出适用缓刑建议，2021年，非国有公司企业事业单位人员不捕率、不诉率为40.2%、27.2%，较2018年分别增加10个、12.6个百分点；会同公安机关常态化清理涉民营企业刑事"挂案"，9000多家企业卸下包袱、轻装上阵；在11个省区市试点弹性监管，允许遵守监督管理规定、表现良好的社区矫正对象临时赴外地从事生产经营活动；深化诉源治理，发布14批63件保障民营企业发展典型案例，指导办案、警示违法，引领依法平等保护的社会法治意识。截至今年6月底，检察机关共办理合规案件2382件，其中适用第三方监督评估机制案件1584件，对整改合规的606家企业、1159人依法作出不起诉决定，另有13件案件中18家企业因未通过监督评估被依法从严追诉。

9月6日

刚刚履新的最高人民检察院党组副书记、副检察长应勇前往人民检察博物馆参观考察，学习回顾党绝对领导下的人民检察事业91年奋斗发展历史

应勇强调，要深入学习贯彻党的十九届六中全会精神和习近平总书记在省部级主要领导干部专题研讨班上的重要讲话精神，全面贯彻习近平法治思想，坚持党对检察工作的绝对领导，履行检察职能，运用法治力量，坚持、捍卫"两个确立"，做到"两个维护"，不断从党史、检察史中汲取奋进新征程的智慧和力量，为实现第二个百年奋斗目标作出更大检察贡献！

位于最高检香山办公区的人民检察博物馆是全国最大的检察专题博物馆，陈列着人民检察制度在不同历史时期的珍贵档案和实物，见证着党的检察事业91年光辉历程。应勇认真参观了土地革命时期，抗日战争与解放战争时期，建国初期，社会主义革命、建设、改革各个时期的检察展品史料，最高检党组副书记、常务副检察长童建明一同参观。

9月9日

最高人民检察院副检察长张雪樵赴中国科学院空天信息创新研究院开展调研座谈

张雪樵充分肯定了双方战略合作协议签订以来的工作成效，特别是合作运用卫星遥感技术，在公益诉讼案件线索发现、证据固定和整改成效跟踪比对等应用技术方面持续发挥的重要作用，同时表示双方要进一步贯彻落实习近平法治思想，继续拓展合作范围，进一步提升科技对检察办案能力、质量、效率的支撑。

张雪樵就深化战略合作工作提出三点建议。一是进一步加强数据共享应用，着力破除“数据孤岛”，打破“数据壁垒”，实现卫星遥感数据共享共用，推动全国检察机关业务工作一体化。二是进一步深化人才培养，定期开展技术交流和业务培训，在全国范围内组建专业化的卫星遥感人才队伍，形成一支业务熟练、技术过硬的公益诉讼检察力量。三是进一步建立长效机制，充分整合各种资源力量，升级、找准工作结合点和切入点，促进人才、项目、资金等有效对接，努力构筑各类要素自由流动、资源优化配置、工作良性互动的生动局面。

9月21日

全国检察机关召开化解信访突出问题电视电话会议。最高人民检察院党组成员、副检察长陈国庆出席并讲话

陈国庆强调，各级检察机关要坚持问题导向，以“钉钉子精神”着力推进重复信访治理“回头看”专项工作，在最短的时间内最大限度消减存量、化解风险。要压实首办责任，基层院领导包案办理首次信访申诉案件工作，要做到真包、真办，努力将信访矛盾化解在萌芽、解决在基层。最高检和各省级检察院要切实担负起对下督导的主体责任，以带案督导为抓手，了解包案责任落实、稳控疏导措施、问题解决化解等情况，从严从实抓好防风险、保安全、护稳定、促发展各项工作，以实际行动迎接党的二十大胜利召开。

9月23日

第二十次上海合作组织成员国总检察长会议在哈萨克斯坦首都阿斯塔纳召开。中国最高人民检察院检察长张军以视频形式出席会议并作主旨发言

张军表示，中国历来高度重视犯罪所得追缴和资产返还工作，严格恪守缔结或参加的《联合国打击跨国有组织犯罪公约》《联合国反腐败公约》关于犯罪资产追回、返还、管理和处置等方面的国际义务，认真履行与各国签订的司法协助条约、资产返还和分享协定等，推动反腐败、反洗钱、打击有组织犯罪等领域国际合作，持续加大跨境犯罪资产追缴、返还工作。积极回应司法协助请求，及时向犯罪受害国返还涉及贪污、洗钱等行为的公共资金。构建严密的国内法体系，2012 年修改刑事诉讼法，增设违法所得没收程序，有效解决“人”“赃”分离下的犯罪所得追缴问题；2018 年制定国际刑事司法协助法，明确没收、返还违法所得的司法协助程序。在国家层面建立统一的反腐败追逃追赃和跨境腐败治理工作机制，深入开展职务犯罪国际追逃追赃专项行动。

会议结束时，张军和与会各国代表团团长共同签署了《第二十次上海合作组织成员国总检察长会议纪要》。会议确定第二十一次上海合作组织成员国总检察长会议由中国最高人民检察院举办。张军在会议结束前的致辞中表示，中国检察机关将与上合组织各国检察机关一起，增进彼此友谊，深化司法合作，将会议达成的各项决议落到实处，并将全力办好明年举行的第二十一次上海合作组织成员国总检察长会议。

9月26日

全国人大常委会调研组专门到最高人民检察院围绕公益诉讼检察工作开展调研座谈。最高检党组书记、检察长张军，最高检党组副书记、副检察长应勇出席座谈会

座谈会上，全国人大常委会委员、全国人大监察和司法委员会副主任委员，中国法学会副会长、党组成员张苏军；全国人大常委会委员、全国人大外事委员会副主任委员陈国民；全国人大常委会委员、全国人大财政经济委员会委员，全国人大常委会预算工作委员会副主任刘修文；全国人大常委会委员、全国人大社会建设委员会委员、中国残疾人联合会副主席吕世明；全国人大华侨委员会委员陈立；全国人大教育科学文化卫生委员会委员张洪贺；全国人大常委会委员、全国人大监察和司法委员会委员鲜铁可；全国人大常委会委员、全国人大外事委员会委员陈福利；全国人大财政经济委员会委员，民进中央常委、经济委员会主任，清华大学社会科学学院学术委员会副主任、政治经济学研究中心主任蔡继明；全国人大常委会副秘书长、机关党组成员郭振华等调研组成员分别对公益诉讼检察工作取得的新进展和新成效表示充分肯定。

9月26日

最高人民检察院机关40余名老干部欢聚北京香山南路111号最高检老干部活动中心开展集中学习和书画、棋牌等活动，标志着最高检老干部活动中心正式落成启用。受最高检党组和张军检察长委托，最高检党组副书记、常务副检察长童建明到现场看望老同志，并祝贺最高检老干部活动中心落成启用

童建明强调，希望最高检离退休干部局和广大老同志把这个基础平台充分利用好，将其作为加强新时代最高检机关离退休干部党的建设的重要阵地，组织好开展好政治学习和各种文化娱乐活动，引领老同志始终坚定理想信念，增强政治定力，提升党性觉悟，对党绝对忠诚，永远听党话跟党走，在乐享幸福晚年生活的同时，积极为党和人民事业、为经济社会发展增添正能量，以实际行动为迎接党的二十大胜利召开营造良好氛围，为学习贯彻党的二十大精神出真招出实力。

10月13日

最高人民检察院召开党组扩大会，学习贯彻党的十九届七中全会精神特别是习近平总书记重要讲话精神，研究检察机关贯彻落实举措。最高检党组书记、检察长张军主持会议并提出要求

最高检党组副书记、副检察长应勇传达了党的十九届七中全会精神特别是习近平总书记重要讲话精神。会议指出，在党的二十大即将胜利召开的重要时刻，党的十九届七中全会统一了思想、坚定了信心，为召开党的二十大作了思想上、政治上、组织上的重要准备。

最高检院领导、检委会专职委员参加会议。中央纪委国家监委驻最高检纪检监察组有关负责人，最高检机关有关部门负责人列席会议。

10月31日

最高人民检察院党组理论学习中心组（扩大）学习暨学习贯彻党的二十大精神专题辅导报告会举行，中央政法委秘书长，国家安全部部长、党委书记陈一新作辅导报告。最高检党组书记、检察长张军主持报告会

报告会以电视电话会议形式开到县级检察院。最高检院领导、检委会专职委员，中央纪委国家监委驻最高检纪检监察组，机关各内设机构、各直属事业单位全体党员干部在主会场参会。地方各级检察院、各级军事检察院全体人员在分会场参加报告会。

11月2日

最高人民检察院发出《关于深入学习宣传贯彻党的二十大精神的通知》，要求深入学习宣传贯彻党的二十大精神

最高人民检察院发出《关于深入学习宣传贯彻党的二十大精神的通知》，要求全国检察机关按照《中共中央关于认真学习宣传贯彻党的二十大精神的决定》和中央政法委部署，把学习宣传贯彻党的二十大精神作为当前和今后一个时期全国检察机关的首要政治任务，紧密结合检察工作“质量建设年”要求，依法能动履行各项检察职能，把学习宣传贯彻党的二十大精神转化为履职尽责的实际成效，奋力谱写新时代新征程检察事业新篇章，为全面建设社会主义现代化国家、全面推进中华民族伟大复兴作出新的更大贡献。

通知强调，各级检察机关要压实领导责任，把握正确导向，做到务求实效，把学习宣传贯彻党的二十大精神摆上重要议事日程，作为一项长期的政治任务，融入日常学习教育，贯穿各项检察工作始终，真正以学习宣传贯彻党的二十大精神统领新时代新征程检察工作高质量发展。

11月8日——————————————

最高检召开党组扩大会抓实二十大精神学习贯彻督办检察人员考核工作

最高人民检察院党组书记、检察长张军主持召开最高检党组扩大会，对2022年第三季度最高检机关平时考核工作情况进行“把脉会诊”，就进一步深化检察人员考核工作提出明确要求。

最高检院领导、检委会专职委员出席会议，最高检机关各部门负责人参加会议。

11月18日——————————————

最高人民法院、最高人民检察院、公安部、司法部联合召开深化刑事案件律师辩护全覆盖试点工作推进会，积极稳妥推进审查起诉阶段律师辩护全覆盖

最高人民法院、最高人民检察院、公安部、司法部联合召开深化刑事案件律师辩护全覆盖试点工作推进会，总结交流试点工作成效，分析存在的问题，研究部署深化刑事案件律师辩护全覆盖试点工作特别是审查起诉阶段试点工作。最高法党组成员、副院长杨万明，最高检党组成员、副检察长陈国庆，公安部党委委员、副部长孙茂利出席会议并讲话。司法部党组成员、副部长熊选国主持会议并讲话。

广东省高级法院、浙江省检察院、宁夏回族自治区检察院、天津市公安局、江苏省司法厅、湖北省司法厅围绕深化试点工作分别作了交流发言。

12月1日——————————————

2022年海峡两岸检察制度研讨会在福建平潭综合实验区召开。中国犯罪学学会会长万春，福建省法学会会长罗东川，福建省检察官协会会长霍敏出席会议并致辞。会议以线上线下相结合的方式进行

本次研讨会由福建省检察官协会、厦门大学法学院、海峡两岸检察制度研究中心主办，平潭综合实验区检察院协办。台湾法学界有关人士通过视频连线或提交论文形式参加会议。与会人员围绕两岸金融安全、网络犯罪、涉案企业合规、刑事诉讼制度四个专题进行深入研讨与交流。

12月8日——————————————

最高检召开党组会，深入学习贯彻党的二十大精神，进一步深入学习中央政治局会议精神，讨论《中共最高检党组关于贯彻落实＜中共中央政治局关于加强和维护党中央集中统一领导的若干规定＞的意见》《最高检贯彻落实中央八项规定实施细则的若干规定（修改稿）》，就贯彻落实党中央决策部署进一步提出明确、具体要求。最高检党组书记、检察长张军主持会议

最高检院领导、检委会专职委员，最高检机关有关部门负责人参加会议。

12月29日

最高人民检察院印发《关于办理人民检察院立案侦查司法工作人员职务犯罪案件加强配合制约工作的规定》（下称《规定》），从职责分工、提前介入、审查逮捕、审查起诉、出庭公诉及其他规定6个方面对办理检察机关立案侦查司法工作人员职务犯罪案件相关工作进行明确规定

最高检第三检察厅负责人介绍，维护政法队伍的纯洁与健康，清除政法队伍“害群之马”是党中央作出的重要决策部署。党的二十大报告强调，“全面从严治党永远在路上，党的自我革命永远在路上”。最高检印发《规定》旨在进一步贯彻落实党中央相关部署要求，严格规范检察机关立案侦查司法工作人员职务犯罪案件办理工作，健全内部配合制约机制，强化自我监督，提升办案质效。

第二节　文告

1月10日

最高人民检察院、教育部联合印发《检察官担任法治副校长工作规定》

为深入贯彻习近平法治思想，认真落实“谁执法谁普法”普法责任制，切实加强青少年法治教育，最高人民检察院、教育部联合印发《检察官担任法治副校长工作规定》（下称《工作规定》），进一步规范推进检察官担任法治副校长工作。

《工作规定》要求，国务院教育行政部门会同最高人民检察院，建立检察机关开展法治副校长工作协调机制，统筹指导地方教育行政部门、检察机关开展法治副校长的聘任、管理、培训、考核、评价、奖励等工作。地方教育行政部门会同县级以上人民检察院，负责本地区检察机关开展法治副校长工作。检察机关在教育行政部门的统筹指导下，加强与人民法院、公安机关、司法行政部门、群团组织和社会力量的协作配合，推动形成法治合力。

《工作规定》指出，教育行政部门会同检察机关，推动法治资源均衡发展，优先保障偏远地区、农村地区、薄弱学校和专门学校的法治副校长配置，鼓励和支持检察官担任法治副校长全覆盖。

《工作规定》强调，检察官担任法治副校长，应当着力督促学校落实“一号检察建议”，落实侵害未成年人案件强制报告制度、教职员工准入查询违法犯罪信息制度，协助学校建立完善预防性侵害、性骚扰工作制度和学生欺凌防控工作制度等校园安全防控机制。履行以下六个方面的职责：一是联系学校实际，结合学生特点和办理涉未成年人案件情况开展法治宣传教育，指导、帮助道德与法治等课程教师开展法治教育；二是指导学校落实未成年人保护责任，依法保护学生权益，协助帮扶受到违法犯罪侵害的学生，协调开展司法救助、心理疏导、身体康复、生活安置等多元综合救助；三是指导学校开展未成年人犯罪预防，协助对违规违纪情节严重的学生或者有不良行为、严重不良行为的学生予以教育惩戒、管理教育或者矫治教育；四是会同学校、相关部门，联合司法社工等对相对不起诉、附条件不起诉，以及被判处非监禁刑的学生实施精准帮教，根据需要对涉罪未成年学生的法定代理人、监护人开展家庭教育指导；五是协助学校依法处理安全事故纠纷，妥善处理在校教师、学生违法犯罪案件，严肃查处侵害师生合法权益和滋扰校园的案件，参与学校周边环境整治，及时向政府相关职能部门等提出意见建议，推动建立长效工作机制，维护学校周边社会秩序；六是指导、协助学校、教师履行法律法规规定的其他工作职责。

《工作规定》明确，检察官担任法治副校长可以采取多种方式：一是参与制定完善学校法治教育工作计划、学生权益保护制度、学生教育惩戒工作制度和安全管理制度等；二是以案释法，开设法治课程、举办法治讲座、专题报告会等法治教育活动；三是组织案例情景模拟、旁听庭审、模拟法庭、检察开放日、参观青少年法治教育实践基地等法治体验活动；四是协助校园网站等平台开设法治宣传教育栏目，举办主题班会、研讨会、辩论赛、知识竞赛等法治学习活动；五是协助开展优秀法治班级、法治模范学生创建活动，以及少年法学院、学生法律援助中心等法治社团活动；六是畅通未成年人维权渠道，收集学校、教职工、学生、家长法治需求和案件线索，提供法律咨询和帮助；七是结合未成年人综合保护和社会治理，为学校、教职工、家长开展法治专题培训；八是其他工作方式。

《工作规定》还对检察官担任法治副校长的聘任和管理、业务培训和工作保障、评价考核和表彰奖励等作出具体规定。

检察官担任法治副校长，开展未成年人法治宣传教育工作，是新修订的未成年人保护法、预防未成年人犯罪法赋予司法机关的法定职责，是加强未成年人权益保护和犯罪预防的重要举措。《工作规定》的制定实施，有利于规范、保障检察官法治副校长充分全面履职，推动法治副校长工作走深走实，在未成年人保护大格局中发挥更大的作用。

（载中华人民共和国最高人民检察院网）

1月13日

最高人民检察院 司法部印发《人民监督员选任管理办法》

为进一步深化人民监督员制度改革，规范人民监督员选任管理工作，最高人民检察院、司法部对2016年制定的《人民监督员选任管理办法》进行了修订，并于目前印发了新的《人民监督员选任管理办法》（以下简称新《办法》）。

新《办法》立足人民监督员制度定位，着眼于建设一支具备较高政治素质，具有广泛代表性和扎实群众基础的人民监督员队伍，总结各地经验做法，坚持问题导向，重点聚焦人民监督员制度调整所涉及的内容，进行相应的修改完善，确保人民监督员选任、管理和使用相衔接。

新《办法》重要的变化是将人民监督员监督的范围由原来的检察机关职务犯罪侦查“案件”修改为覆盖“四大检察”“十大业务”的人民检察院“办案活动”，并完善了监督层级。新《办法》规定，人民监督员分为省级人民检察院人民监督员和设区的市级人民检察院人民监督员，省级人民检察院人民监督员监督同级人民检察院及其分院、派出院办案活动，设区的市级人民检察院人民监督员监督同级和下级人民检察院办案活动。省级人民检察院及其分院、派出院组织监督办案活动，由省级司法行政机关抽选人民监督员。设区的市级人民检察院和基层人民检察院组织监督办案活动，由设区的市级司法行政机关抽选人民监督员。最高人民检察院组织监督办案活动，商司法部在省级人民检察院人民监督员中抽选。

新《办法》还适应人民监督员制度发展趋势，结合实际完善了人民监督员选任管理的具体规定，如任职条件、选任方式、发布公告等。

2月8日

最高人民检察院第八检察厅印发《关于加强国有财产保护、国有土地使用权出让领域公益诉讼检察工作的通知》

最高人民检察院第八检察厅印发《关于加强国有财产保护、国有土地使用权出让领域公益诉讼检察工作的通知》（下称《通知》），要求实现“国财国土”领域市级院层面办案全覆盖，以更好发挥公益诉讼检察职能作用，保护国有财产，服务保障经济社会发展大局。

《通知》强调，要心怀“国之大者”，增强做好“国财国土”领域公益诉讼检察工作的责任感和使命感。当前，一些领域和行业违法行为导致国有财产流失现象还比较严重，这也反映出相关领域行政监管制度机制方面的缺漏。要从强化法律监督、维护公平正义、完善国家治理和促进全体人民共同富裕的高度，认识做好“国财国土”领域公益诉讼检察工作的重要性。

《通知》指出，要聚焦党和国家工作大局和民生热点问题，加大办案力度，实现市级院层面办案全覆盖。国有财产保护领域，包括重大项目建设资金、惠民惠农财政补贴资金、养老基金、医保基金、科研经费等被骗取、冒领，以及群众反映强烈的一些企业和个人偷逃税款，侵占国有财产的案件。国有土地使用权出让领域，重点加强对恶意拖欠土地出让金、长期闲置土地、未批先建等违法行为怠于监管情形的监督。各地要主动出击、深入摸排、积极应对、力求突破，确保办案规模稳中有升，可结合本地区实际，针对问题突出的相关行业、事项开展专项监督活动，推动系统治理和溯源治理。今年，全国每一个市级检察院在这两个领域都要至少各直接立案办理一起，领办、督办几起典型“国财国土”领域公益诉讼案件。各省级院要加大指导力度，统筹组织指挥。

《通知》要求，要采取有效措施，努力提升公益诉讼办案质效。要坚持积极稳妥的原则，把提高办案质效摆在优先位置，通过个案办理，注重挖掘具有普遍性的问题，推动某一类事项、某一个行业、某一个领域的治理。要进一步完善一体化办案机制，严格落实请示报告制度，积极争取党委、人大的领导和支持，坚持双赢多赢共赢的理念，加强与相关行政机关的沟通协调，建立与审计、纪检监察等机关的协作配合机制。要积极落实大数据赋能法律监督战略，提升办案信息化水平，加强学习研究，提高“国财国土”领域公益诉讼工作能力和水平。

（载中华人民共和国最高人民检察院网）

2月18日

最高人民检察院印发《关于加强新时代军地检察机关协作若干问题的意见》的通知

最高人民检察院印发《关于加强新时代军地检察机关协作若干问题的意见》(下称《意见》),明确了新时代加强军地检察协作的重要意义,指出加强军地检察协作是检察机关服务强军目标、服务备战打仗、服务改革强军、服务依法治军的客观要求,也是检察机关的政治责任、法律责任。

据介绍,最高检第二检察厅研究起草《意见》,旨在体现新时代检察工作新理念、新要求、新内容,务求新时代军地检察协作取得实效。为此,最高检第二检察厅成立工作专班,在汇总相关材料、听取军事检察院意见基础上,起草了《意见》初稿,并书面征求了军事检察院的意见,对其提出的意见建议均已采纳。

《意见》分为三部分,共11条。其中,第二部分对积极主动拓展新时代军地检察协作内容提出明确要求,包括依法严厉打击各类危害国防、军队建设和军人军属权益的犯罪,强化对涉军案件的法律监督,加强军人家庭未成年人子女保护工作,共同做好退役军人司法救助工作等八项内容。

《意见》明确,军地检察机关要通力协作,开辟涉军案件"绿色通道",对涉军案件依法快速受理、快速移送,确保依法优先办理。受案后发现属于对方管辖的案件线索,应当按规定及时移送,并将有关证据材料和涉案款物随案移送。在办理涉军案件时,军地检察机关可以在信息查询、证据调取、技术支持等方面开展协作配合。

《意见》指出,要围绕提高"四大检察""十大业务"和协作工作质效,联合开展调查研究,拓展协作范围,注重研究相关领域、重点环节具有普遍性、代表性的突出问题。加强涉军案件数据分析,共同研究案件特点、发案规律、防范对策,积极整合案例素材,编发指导性案例和典型案例,推动协作工作创新发展。

《意见》要求,各级检察机关要站在全局和战略的高度,紧紧围绕新时代强军目标,服务备战打仗、服务改革强军、服务依法治军,进一步增强责任感、使命感,与时俱进加强新时代军地检察协作。

(载中华人民共和国最高人民检察院网,全媒体记者段兆琨)

2月24日

最高人民检察院印发《人民检察院听证员库建设管理指导意见》的通知

各省、自治区、直辖市人民检察院，解放军军事检察院，新疆生产建设兵团人民检察院：

《人民检察院听证员库建设管理指导意见》已经2022年1月5日最高人民检察院第十三届检察委员会第八十五次会议通过。现印发你们，请认真遵照执行。

最高人民检察院

2022年1月26日

人民检察院听证员库建设管理指导意见

第一条　为了推动检察听证工作全面深入开展，规范听证员库建设和管理工作，根据《人民检察院审查案件听证工作规定》等规定，结合工作实际，制定本意见。

第二条　设区的市级以上人民检察院根据需要设立听证员库，作为辖区内检察院选用听证员的主要来源。有条件的基层检察院也可以设立。

第三条　人民检察院案件管理部门负责听证员库的建设管理工作。

第四条　入库人员应当符合《人民检察院审查案件听证工作规定》第七条规定条件。人民检察院可以主动邀请符合条件的人员入库，也可以通过以下途径确定人选，经审查通过后入库：

（一）国家机关、群团组织、企业事业单位、社会组织等单位推荐；

（二）发布征集听证员库成员公告，申请人自愿报名。

人民检察院应当注重吸收具有一定社会工作经验、德高望重的基层群众代表和法学、医学、经济学、理学、工学等专业人士入库。

第五条　人民检察院应当结合本辖区一段时期内的办案数量和案件类型等，合理确定听证员库的人员规模和专业结构，并进行分类管理。

需要吸收已进入其他检察院听证员库的人员进入本院听证员库的，应当经其本人同意。

第六条　听证员库成员具有下列情形之一的，人民检察院取消其听证员库成员资格：

（一）受到刑事处罚；

（二）被开除公职；

（三）被吊销律师、公证员执业证书或者被仲裁委员会除名；

（四）在听证工作中弄虚作假；

（五）存在徇私舞弊等违法情形；

（六）有其他可能影响司法公正的情形。

被取消资格的人员，不得再次入选听证员库。

第七条　听证员库成员有下列情形之一的，人民检察院可以决定其出库，并通知其本人：

（一）因身体等个人原因不能履行听证员职责；

（二）本人书面申请不再担任听证员；

（三）接受听证会邀请后两次无故缺席；

（四）有其他不宜继续担任听证员的情形。

第八条　人民检察院对听证员库成员实行动态管理，并向社会公开。对于取消听证员库成员资格或者决定出库的，要及时出库；需要补充的，按照规定及时补充。

第九条　人民检察院组织召开听证会，一般应当从听证员库中选取听证员。

需要从其他辖区检察院听证员库选取听证员的，可以商请相关人民检察院，按照入库成员自愿原则选用。

需要邀请听证员库以外人员担任听证员的，应当经检察长批准。

第十条　人民检察院应当从听证员库中随机选取听证员。

根据听证案件类型及拟听证事项涉及的专业领域等，需要安排具备专业知识的听证员参加听证会的，应当从听证员库相应类别成员中随机选取。听证员库中没有相关专业成员的，可以邀请听证员库以外的专业人员担任听证员。

第十一条　人民检察院应当为入库听证员建立工作档案，并做好履职评价记录。单位推荐的听证员，还应当向推荐单位定期反馈其履职情况。

履职评价的主要内容包括：

（一）遵守听证工作规定的情况；

（二）工作态度和勤勉状况；

（三）履行职责的情况；

（四）执行保密规定的情况等。

第十二条　听证员参加听证会的交通费、食宿费、劳务费等合理费用，按照人民检察院财务管理办法有关规定执行。

第十三条　本意见自发布之日起实施。

（载中华人民共和国最高人民检察院网）

3月1日

最高人民检察院
关于全面加强新时代知识产权检察工作的意见

创新是引领发展的第一动力，保护知识产权就是保护创新。全面建设社会主义现代化国家，必须更好推进知识产权保护工作。党的十八大以来，以习近平同志为核心的党中央从国家战略高度和进入新发展阶段要求出发，谋划推动知识产权保护工作，走出了一条中国特色知识产权发展之路，知识产权保护工作取得了历史性成就。人民检察院是国家的法律监督机关，担负着追诉知识产权犯罪、监督知识产权法律统一正确实施的重要职责使命。近年来，各级检察机关认真贯彻党中央决策部署，聚焦知识产权保护重点领域和突出问题，持续加大知识产权司法保护力度，为促进经济社会发展做出了积极贡献。

为深入贯彻落实习近平总书记在中央政治局第二十五次集体学习时的重要讲话精神，贯彻落实《中共中央关于加强新时代检察机关法律监督工作的意见》《知识产权强国建设纲要（2021—2035年）》以及《“十四五”时期检察工作发展规划》，现就全面加强新时代知识产权检察工作提出如下意见。

一、总体要求

（一）指导思想。坚持以习近平新时代中国特色社会主义思想为指导，全面贯彻习近平法治思想，深入贯彻党的十九大和十九届历次全会精神，深入学习领会“两个确立”的决定性意义，增强“四个意识”、坚定“四个自信”、做到“两个维护”，紧紧围绕统筹推进“五位一体”总体布局和协调推进“四个全面”战略布局，践行以人民为中心的发展思想，以服务和推动高质量发展、满足人民美好生活需要为目标，以改革创新为动力，坚持依法能动履职，聚焦知识产权司法保护痛点难点堵点，深入推进知识产权检察领域改革，持续健全知识产权检察体制机制，努力提高知识产权检察履职能力和水平，不断提升知识产权保护质效，更好服务经济社会高质量发展，打造检察工作自身高质量发展新引擎，为建设创新型国家和社会主义现代化强国提供更加有力保障。

（二）基本原则。坚持党的领导，在党的统一领导下忠实履行宪法法律赋予的法律监督职责。坚持服务大局，始终把知识产权检察工作放到党和国家工作大局中谋划推动。坚持激励、保护创新，着力提升知识产权综合保护质效，激发全社会创新创造活力。坚持系统观念，统筹推进知识产权检察各项工作，做到系统集成、协同高效。坚持法治思维，严格依照宪法法律忠诚履职尽责。坚持强基导向，夯实知识产权检察基层基础。坚持严格保护、协同保护、平等保护、公正合理保护，注重把握知识产权与社会公共利益之间的平衡，既严格保护知识产权，又确保公共利益和激励创新兼得；既坚持内外平等保护，又坚持总体国家安全观，有效维护国家安全和发展利益。

（三）主要目标。当前和今后一段时期知识产权检察工作的主要目标是：知识产权检察体制机制进一步健全，知识产权检察机构专门化建设取得积极进展，符合检察权运行规律和知识产权案件特点的知识产权检察综合履职模式日臻成熟，知识产权检察基层基础进一步夯实，各项检察职能全面协调充分履行，服务保障创新型国家和社会主义现代化强国建设能力显著增强，知识产权司法保护质效全面提升。

二、坚持以办案为中心，全面提升知识产权检察综合保护质效

（四）狠抓知识产权刑事检察提质增效。加大对侵犯知识产权犯罪打击力度，聚焦人民群众反映强烈的涉农领域产品、生命健康产品、环境保护产品、地理标志产品和文化体育产品等侵权假冒行为，互联网领域侵权假冒行为以及涉新业态新领域、关键核心技术侵犯知识产权犯罪，办理一批典型案件，重拳出击，形成震慑。加强刑事立案监督，重点监督对侵犯知识产权犯罪线索应当移送而不移送、应当立案而不立案、不应当立案而立案、长期“挂案”等违法情形，坚决防止和纠正以刑事手段插手民事纠纷、经济纠纷。加强侦查活动监督，深入推进重大、疑难、复杂侵犯知识产权案件介入侦查引导取证和自行补充侦查工作。会同有关部门修订完善知识产权刑事法律和司法解释，配套制定侵犯知识产权犯罪案件立案追诉标准。全面贯彻宽严相济刑事政策，严格落实少捕慎诉慎押刑事司法政策。健全完善非羁押监管措施，推动降低审前羁押率。规范运用认罪认罚从宽制度，做实企业合规，完善检察办案保护创新创业容错机制。全面推广侵犯知识产权刑事案件权利人诉讼权利义务告知工作，提升知识产权保护质效。

（五）强化知识产权民事检察精准履职。积极构建知识产权民事诉讼多元化监督格局，综合运用多种监督手段对确有错误的裁判结果、审判违法行为以及违法执行活动实行有效监督。加强案件来源机制建设，强化依职权监督意识，畅通案件来源渠道。树立精准监督理念，注重对在司法理念方面有纠偏、创新、引领价值的典型案件提出抗诉，“办理一案，治理一片”。加强对知识产权民事审判、执行活动规律的研究，注重发现普遍性、倾向性问题，及时制发类案监督检察建议，增强监督的主动性和实效性。加大对知识产权领域虚假诉讼法律监督力度，会同有关部门健全虚假诉讼防范、发现和追究机制。研究解决知识产权案件管辖改革带来的检察监督问题，减少当事人诉累。

（六）推动知识产权行政检察走深走实。着力强化对商标、专利、植物新品种等授权确权行政案件的类案研究，加大知识产权行政诉讼监督力度。坚持穿透式监督理念，透过行政诉讼监督促进依法行政。加强对反不正当竞争、反垄断以及打击商标恶意抢注行为等行政执法问题的研究，及时向执法部门移送履职中发现的相关案件线索，促进规范市场秩序，保护公平竞争。因应知识产权行政案件管辖集中特点，健全完善授权确权类行政案件一体化办案机制，适时出台授权确权类行政案件办案指南，探索建立交办、转办、参办等工作机制。

（七）稳步开展知识产权领域公益诉讼。加强对知识产权领域公益诉讼的理论研究和实证分析，把握知识产权公益诉讼特点和规律。梳理知识产权领域公益诉讼案件线索，依托公益诉讼法定领域积极稳妥拓展知识产权领域公益保护。重点加强国家地理标志产品相关生态环境和资源保护，统筹保护涉及的食品药品安全；从维护粮食安全出发，加强种业知识产权的公益保护；从维护英烈权益出发，加大相关商标权、著作权公益损害案件办理力度；聚焦传统文化、民间文艺、传统知识保护，积极稳妥办理文物和文化遗产公益损害案件。通过办理典型案件回应社会关切、维护社会公共利益。加强与相关执法部门的沟通协作，堵塞管理漏洞，促进社会治理创新。

（八）全面推进知识产权综合司法保护。更

新履职理念，强化刑事、民事、行政、公益诉讼等多种检察职能综合履行。立足知识产权刑事、民事、行政、公益诉讼检察职能行使特点，把握综合履职运行规律，积极构建符合知识产权案件特点的综合履职模式。注重加强刑、民、行、公交叉案件研究，剖析典型案件，把握类案办理规律。探索开展刑事附带民事诉讼，提升综合保护质效。注重大数据的深度应用，通过大数据分析发现知识产权司法审判、行业监管突出问题，有针对性地提出对策建议。

（九）加强商业秘密保护。聚焦高新技术、关键核心技术领域以及事关企业生存和发展的侵犯商业秘密案件，加大案件办理力度。坚持罪刑法定原则，合理界定民事纠纷与刑事犯罪边界。加大对采用盗窃、利诱、欺诈、胁迫、电子侵入或者其他不正当手段侵犯商业秘密犯罪以及为境外的机构、组织、人员窃取、刺探、收买、非法提供商业秘密犯罪的打击力度。着力加强对侵犯商业秘密行为的研究，把握侵犯商业秘密案件特点和规律，聚焦取证、举证、认证难点健全工作机制，提高办案质效。针对商业秘密案件办理中发现的企业、科研机构等在商业秘密保护中存在的问题，及时提出检察建议，督促其健全制度、加强管理。

（十）积极推动知识产权法律法规修改完善。开展知识产权基础性法律研究。积极参与推进专利法、商标法、著作权法、反垄断法、科学技术进步法、电子商务法等相关法律法规的修改完善。准确把握知识产权发展态势，加强新业态新领域知识产权保护规则研究，健全大数据、人工智能、基因技术等新业态新领域知识产权保护制度。探索完善互联网领域知识产权保护制度。加强对规制知识产权滥用行为法律制度的研究，推动完善与知识产权相关的反垄断、反不正当竞争等领域立法。推动传统文化、传统知识等领域保护办法完善。探索建立重大创新平台司法服务保障机制，提供信息查询、法律咨询、举报申诉等司法服务，将司法保护延伸到科技创新最前沿。

（十一）深入推进知识产权国际合作。秉持人类命运共同体理念，围绕构建更加公正合理的知识产权治理体制、营造良好外部环境，积极参与相关条约的磋商和谈判，服务保障国家参与世界知识产权组织框架下的全球知识产权治理。积极完善跨境司法协作安排，加强防范打击侵犯知识产权犯罪国际合作。严格依法办理涉外知识产权案件，平等保护外国权利人合法权益。依托“一带一路”知识产权合作平台，积极深化与国家组织的合作和交流，讲好中国知识产权故事。

三、坚持开拓创新，建立完善知识产权检察体制机制

（十二）协同推进知识产权司法改革。更加注重司法改革的系统性、整体性、协同性，深入研究各领域改革关联性和改革措施耦合性，以知识产权检察改革务实举措助推知识产权司法保护体制机制改革系统集成、协同推进。进一步加强与人民法院、公安机关以及行政执法机关的沟通协作，促进常态化协作机制落地落细，统一执法司法理念。加强司法保护与行政确权、行政执法、调解、仲裁、公证存证等环节的信息沟通和共享，促进行政执法标准和司法裁判标准统一，形成有机衔接、优势互补的运行机制。会同有关部门研究制定符合知识产权案件规律的诉讼规范，建立健全与审判机制、检察机制相适应的案件管辖制度和协调机制。加强对惩罚性赔偿制度执行情况的调查研究，严格规范惩罚性赔偿适用。

（十三）积极构建跨行政区划知识产权检察制度。紧紧围绕推动国家区域发展战略实施，探索推进跨行政区划知识产权检察机制建设，聚焦案件管辖、信息共享、机构设置、人员配备等问题，创新履职模式，提升履职效能。依托跨行政区划检察工作改革，及时总结推广跨行政区划知识产权检察工作经验做法，打造若干知识产权保护高地，为跨行政区划检察工作提供知识产权检

察样板。

（十四）完善司法协作机制。立足知识产权大保护工作格局和法律监督职能定位，锚定知识产权保护上下游环节，全面加强跨部门协作，强化知识产权协同保护。落实《行政执法机关移送涉嫌犯罪案件的规定》，完善案件移送标准和程序，实现行政处罚和刑事处罚无缝对接、双向衔接。紧密依托打击侵犯知识产权和制售假冒伪劣商品工作机制，充分发挥知识产权检察职能作用，推动知识产权司法保护走深走实。与公安机关、行政机关同频共振，协同推进各类知识产权保护专项行动。积极与国家知识产权局知识产权保护中心对接，建立常态化工作机制。

（十五）建立专业技术人员辅助办案机制。建立健全知识产权检察案件专家咨询制度、专家辅助人参与办案制度，实现“外智”借助。针对涉及专利、植物新品种、集成电路布图设计、技术秘密、计算机软件等专业技术性较强的案件，引入技术调查官制度。加强与农业农村部、文化和旅游部、海关总署、市场监管总局、国家版权局以及国家知识产权局等行政机关的协作，积极落实行政机关专业人员兼任检察官助理机制。加强与人民法院的沟通协作，推动实现技术调查人才库共建共享。进一步完善智库建设，组建知识产权检察人才库，充分运用智库资源提升专业能力和履职水平。

四、加强组织领导，夯实知识产权检察工作基层基础

（十六）强化政治和组织保障。深刻领会习近平总书记在中央政治局第二十五次集体学习时的重要讲话精神，进一步提高对全面加强知识产权保护极端重要性的认识，准确把握知识产权检察工作的战略定位和历史方位，切实将加强知识产权检察工作作为重要政治任务，摆上重要议事日程抓紧抓实。加强顶层设计和前瞻性思考，加大推进力度，注重与相关职能部门的沟通协调，争取各界支持，为知识产权检察工作发展创造有利条件。加强综合办案组织基层党组织建设，领导干部要履行好“一岗双责”，以党的建设带动队伍建设，引领工作开展。狠抓廉政教育，加强体制机制建设，巩固深化教育整顿成果，打造“五个过硬”检察队伍。

（十七）加强机构专门化建设。进一步加大知识产权机构建设力度，完善知识产权检察体系。各省级院要加强辖区内知识产权检察机构设置的统筹，积极主动与机构编制管理部门沟通联系，在机构设置和职数配置上争取支持；鼓励各地根据知识产权司法实践需要，因地制宜推动知识产权检察业务机构和办案组织建设，科学组建专业化办案团队，在案件较多的地方适时推开知识产权检察职能集中统一履行。

（十八）加强规范化建设。立足检察机关职能定位，研究制定符合检察职能综合履行模式的知识产权检察办案规定，为知识产权检察工作提供基本遵循。进一步加强听证工作，努力做到应听尽听，推动知识产权案件公开听证制度化、规范化、常态化。深入分析知识产权刑事案件刑罚判决情况，制定侵犯知识产权刑事案件证据审查指引，统一法律适用标准，规范检察办案活动。注重建章立制，根据知识产权检察工作特点和规律，建立科学合理的业务考评机制，充分发挥考评“风向标”“指挥棒”作用，努力形成靠制度激发干劲、凝心聚力的良好局面。

（十九）着力提升履职能力。加强对各类知识产权权利属性、案件特点以及司法规律的把握。加强办案团队专业化职业化建设，培育良好的团队文化。强化知识产权检察“一盘棋”意识，充分发挥检察一体化优势，一体调配专业力量。加强业务培训，特别是同堂实战培训，重点加强对多发高发类案、疑难问题以及新类型案件的培训，提升专业素养。适应知识产权检察专业性、技术性要求，形成一批有质量的研究成果。加强与科研院所的交流合作，充分发挥知识产权检察理

论研究基地作用，为解决疑难复杂法律问题提供坚实理论支撑。进一步加大检察官参与知识产权国际交流和培训力度，培养具有国际视野的知识产权检察人才。

（二十）加大知识产权检察工作宣传力度。牢固树立“谁执法谁普法”理念，创新宣传方式、拓宽宣传渠道，通过新闻发布会、检察开放日、公开听证、发布典型案例等多种方式，全面提升知识产权检察工作宣传效果。组织办好“4·26世界知识产权日”知识产权检察主题宣传活动，引领激励创新的知识产权检察文化，厚植文化自觉和文化自信。加强知识产权文化理念传播，增强全社会知识产权意识，推动形成依法保护知识产权、服务保障创新驱动发展的司法环境和社会氛围。

（二十一）加快推进信息化建设。依托智慧检务平台，大力推动大数据、人工智能的深度应用，以现代科技赋能检察工作。运用大数据、区块链等技术推进公安机关、检察机关、审判机关、司法行政机关等跨部门大数据协同办案，实现案件数据和办案信息网上流转，推进涉案财物规范管理和证据、案卷电子化共享。建立完善知识产权检察案件智慧管理系统，实现知识产权检察案件管理、数据汇聚、智能分析、监督制约等系统集成，夯实大数据分析基层基础，实现大数据分析运用常态化。

（载中华人民共和国最高人民检察院网）

3月5日

最高人民检察院印发《检察官惩戒工作程序规定（试行）》

为了严格落实司法责任制，健全检察官惩戒制度，规范检察官惩戒工作，促进和保障检察官依法履职，目前，最高人民检察院印发《检察官惩戒工作程序规定（试行）》（以下简称《程序规定》）。

《程序规定》共24条，自发布之日起施行。制定《程序规定》是检察机关深入贯彻习近平法治思想，认真落实习近平总书记关于检察机关要“敢于监督、善于监督、勇于开展自我监督”重要指示精神的重要举措，也是全国检察队伍教育整顿建章立制的重要成果。

《程序规定》的出台，标志着人民检察院司法责任追究和检察官惩戒制度基本完成了顶层设计。2020年10月，最高人民检察院制定印发了《人民检察院司法责任追究条例》，明确了违反检察职责线索受理、调查核实、追责情形、责任划分、责任豁免、处理方式等方面的具体要求，并适用于检察官惩戒工作。《程序规定》专门就检察官在司法履职中实施违反检察职责的行为，经检察官惩戒委员会审议程序，追究司法责任予以惩戒的程序性事项作出规定，为人民检察院依规依纪依法追究检察官司法责任提供了制度依据。

《程序规定》要求，检察官惩戒工作应当坚持党管干部原则；坚持遵循司法规律，体现检察职业特点；坚持实事求是、客观公正；坚持严肃追责与依法保护有机统一；坚持责任与过错相适应，惩戒与教育相结合等工作原则。

《程序规定》明确，最高人民检察院和省、自治区、直辖市设立检察官惩戒委员会。检察官惩戒委员会委员应当从政治素质高、专业能力强、职业操守好的人大代表、政协委员、法学专家、律师、检察官和法官等专业人员中选任。其中，委员总人数应为单数，检察官委员不少于半数。

《程序规定》规定，检察官惩戒工作由人民检察院与检察官惩戒委员会分工负责。人民检察院按照干部管理权限对检察官涉嫌违反检察职责的行为进行调查核实，根据检察官惩戒委员会的审查意见，依照《人民检察院司法责任追究条例》等有关规定作出是否予以惩戒的决定，并给予停职、延期晋升、调离司法办案工作岗位、免职、责令辞职等组织处理，以及按照有关规定给予处分。检察官惩戒委员会根据人民检察院调查的情况，负责从专业角度审查认定检察官是否存在违反检察职责的行为，提出构成故意违反职责、存在重大过失、存在一般过失或者没有违反职责等审查意见。

《程序规定》还明确了当事检察官在惩戒程序中享有的权利。当事检察官有权申请检察官惩戒委员会委员、惩戒案件审查调查人员回避。检察官惩戒委员会审议惩戒事项时，当事检察官有权出席听证，并进行陈述、举证和辩解，可以向惩戒委员会申请相关人员到听证现场作证或说明情况。当事检察官对审查意见有异议的，可以向检察官惩戒委员会提出，检察官惩戒委员会应当对异议及其理由进行审议并作出决定。当事检察官对惩戒处理决定不服的，可以提出复核和申诉。

（载中华人民共和国最高人民检察院网）

3月14日

中共中央组织部、最高人民法院、最高人民检察院、司法部印发《关于建立法律职业人员统一职前培训制度的指导意见》

为认真贯彻落实中办、国办《关于完善国家统一法律职业资格制度的意见》（厅字〔2015〕25号），推动建立实施法律职业人员统一职前培训制度，中央组织部、最高人民法院、最高人民检察院、司法部印发《关于建立法律职业人员统一职前培训制度的指导意见》（以下简称《意见》），并发出通知，要求各地区各部门结合实际认真贯彻落实。

《意见》明确，建立实施法律职业人员统一职前培训制度，要坚持以习近平新时代中国特色社会主义思想为指导，深入学习贯彻习近平法治思想，全面贯彻落实党的十九大和十九届历次全会精神，深入贯彻中央全面依法治国工作会议精神，深化法治人才供给侧结构性改革，提高法治人才培养质量，努力建设一支忠于党、忠于国家、忠于人民、忠于法律的社会主义法治工作队伍，为推进国家治理体系和治理能力现代化提供有力法治人才保障。

《意见》规定，按照“统一标准、分系统实施”和“谁选谁训”“先选后训”的要求，明确统一职前培训的协调机构、责任分工和实施机构。初任法官、检察官、仲裁员（法律类），申请律师、公证员执业，应当参加职前培训，培训合格方可准予从事相关法律职业。因地制宜、有序推进行政机关中拟初次从事行政处罚决定法制审核、行政复议、行政裁决和法律顾问的公务员（含参照公务员法管理人员）的职前培训工作。

《意见》明确，职前培训分为两个阶段，分别为：集中教学阶段，岗位实习和综合训练阶段。集中教学阶段主要讲授政治理论、职业道德和法律实务等知识，采取集中脱产培训、现场模拟诉讼、远程视频教学、网上学习平台自学等线下和线上相结合的方式进行。岗位实习和综合训练阶段主要通过参与审判、检察、律师、公证、仲裁、行政复议、行政裁决、行政处罚决定法制审核案件办理等业务实践，通过从事审查案件材料、草拟法律文书等辅助事务，提高参训人员的实战能力。

此外，《意见》还规定了培训考核，培训大纲、教材编写，师资库建设，档案管理以及培训期间待遇保障等内容。

（载中华人民共和国最高人民检察院网）

3月18日

最高人民检察院制发八号检察建议　助推安全生产溯源治理

针对当前安全生产监管工作中存在的突出问题，最高检目前向应急管理部制发了安全生产溯源治理方面的检察建议，这也是最高检第八号检察建议（下称“八号检察建议”）。

“八号检察建议”指出，近年来，全国安全生产形势总体明显向好，但造成群死群伤的重特大安全生产事故仍有发生，生产生活领域也多有常见事故发生。安全生产事故的发生原因是多方面的，主要包括：一是一些地方对党中央、国务院有关安全生产工作的决策部署和相关法律法规贯彻落实不到位。二是抓早抓小抓苗头意识不强、措施不力。三是一些监管职责不清、责任不明。四是一些企业片面追求利润最大化，安全生产主体责任落实不力。

针对上述问题，“八号检察建议”提出具体解决建议：一是充分发挥对全国安全生产工作的综合监督管理职能，督促协调各地区各部门认真落实党中央、国务院关于安全生产工作的决策部署。二是把抓早抓小抓苗头作为保障安全生产的重中之重。增强“风险即危险”“隐患即事故”的责任意识，既要抓末端、治已病，更重抓前端、治未病，加大安全风险隐患排查整治力度，防患于未然，有效避免生产安全事故的发生。如及时对发现的每一起企业非事故违规违法生产经营行为依法给予应有的责任追究，增加企业违法成本；建立全国性的生产经营单位安全生产信用体系，对失信企业实施联合惩戒；完善安全生产举报投诉机制，调动全社会力量参与安全生产监督等。三是加大对执法监管人员失职渎职等违法违纪行为的调查追责力度。健全完善事前事后相结合的追责体系，对事故发生后相关责任人员要从严从重追责，同时更重视对事故前执法监管人员失职渎职行为的从严从实追责。四是督促企业切实履行主体责任，增强企业安全生产内生动力，引导企业结合自身特点构建安全生产管理体系，切实提升企业本质安全水平。

“新时代对安全生产工作提出更高要求。为深入贯彻落实习近平总书记关于安全生产工作重要指示批示精神，进一步提高安全生产治理水平，切实维护生产安全和人民群众生命财产安全，推进更高水平的平安中国建设，最高检立足检察职责，结合办案中发现的问题，从‘抓前端、治未病’出发，向应急管理部发出检察建议。”最高检第二检察厅负责人表示，“八号检察建议”同时抄送中央纪委国家监委、国务院安全生产委员会、公安部、交通运输部等11个有关部门，共促安全生产治理水平的提升。

最高检目前还下发了《关于认真贯彻落实最高人民检察院“八号检察建议”的通知》，要求各级检察机关及时作出部署安排，依法能动履职，有效推进溯源治理；注重加强与纪委监委、应急管理、公安、生态环境等有关部门沟通协调，实现双赢多赢共赢；加强宣传教育，构建安全生产治理共同体。

（载最高人民检察院微信公众号，孙凤娟、崔晓丽）

4月7日

最高人民检察院会同全国妇联开展“关注困难妇女群体，加强专项司法救助”专项活动

最高人民检察院与中华全国妇女联合会目前联合下发通知，决定今年3月至年底共同开展“关注困难妇女群体，加强专项司法救助”专项活动，围绕“凡是符合救助条件的困难妇女，均应当及时提供救助帮扶”这一目标，着力优化妇女生活和发展的社会环境。

通知指出，五类进入检察办案环节、符合救助条件的困难妇女，检察机关应当作为重点对象，协同妇联组织加大救助帮扶力度：一是属于防止返贫监测对象的农村妇女；二是遭受家庭暴力、性侵害、拐卖等违法犯罪行为侵害的妇女；三是家庭主要劳动力受到违法犯罪侵害致死或者丧失劳动能力，承担养育未成年子女、赡养老人义务的妇女；四是身患重病或者残疾的妇女；五是赡养义务人没有赡养能力或者事实无人赡养的老年妇女。

按照通知，对于因就业性别歧视、职场性骚扰等民事侵权案件导致生活困难，通过法律途径难以解决，以及因遭受家庭暴力起诉离婚，生活确有困难，根据实际情况认为需要救助的妇女，案件办理地检察机关也可以协同妇联组织开展帮扶救助工作。

通知要求，专项活动开展过程中，检察机关办案部门要切实增强救助意识，全面梳理救助线索，对符合司法救助条件的困难妇女，应当立即启动救助工作程序，指定检察人员优先办理，积极协助妇女提交书面救助申请、生活困难情况的证明材料。被救助的妇女养育未成年子女的，应当一并开展司法救助工作。对妇联组织移送的救助线索，检察机关在办结后应当向妇联组织反馈案件办理情况。开展司法救助，要尊重困难妇女的人格尊严、名誉权和隐私权等合法权利，避免造成“二次伤害”。

通知强调，检察机关和妇联组织应当树立特殊保护意识，对实施司法救助后仍然面临生活困难的妇女，针对具体情况，协调有关单位，借助专业力量，因人施策进行帮扶。建立每月会商机制，实行救助案件信息及时共享，解决突出问题，并研究出台本地区相关工作规范性文件，进一步强化司法救助案件线索移送、联合回访等工作，以自觉依法能动履职更好保障妇女合法权益。

（载《检察日报》2022年4月7日，第1版。全媒体记者闫晶晶，见习记者谷苇卿）

4月7日

最高人民检察院印发
相对薄弱基层检察院动态管理办法

最高人民检察院近日印发《全国检察机关相对薄弱基层检察院动态管理办法》（下称《管理办法》），持续推动基层检察院建设水平整体提升。

据悉，制定《管理办法》，目的在于全面贯彻习近平法治思想，深入贯彻落实习近平总书记关于强基导向的重要指示精神，认真落实《中共中央关于加强新时代检察机关法律监督工作的意见》，规范指导相对薄弱基层检察院脱薄工作。

《管理办法》指出，相对薄弱基层检察院指整体工作相对薄弱、在本地区综合考核中长期落后、依靠自身力量短期难以改观、需上级院重点帮扶指导的县区级检察院。明确了入薄标准“三弱两低”，即政治建设较弱、业务工作较弱、队伍素能较弱、管理水平偏低、保障水平偏低，明确了定薄程序“一评二审三定”，即市院初选、省院确定、最高检备案。

《管理办法》要求，坚持脱薄一批再按照新的标准和条件纳入一批的原则，持续推动解决基层检察院发展建设中的突出问题和困难，补齐短板弱项，指导基层检察院建设全面进步、全面过硬。

《管理办法》对相对薄弱基层检察院的帮扶和管理提出明确的要求。强调要建立相对薄弱基层检察院“一院一档”管理制度，各省级院逐院列明问题清单、任务清单、进展清单，每季度了解相关情况，报最高检；建立健全领导挂点联系、蹲点帮扶、条线指导、结对共建、跟踪督导等帮扶指导工作机制，每半年召开专题党组会，研究脱薄进展情况；充分发挥对口援助优势，重点加强对西藏、新疆等艰苦边远地区相对薄弱基层检察院的帮助支持；日常管理要坚持“最高检统筹、省级检察院主导、市级检察院主抓、基层检察院主责”的工作原则。

《管理办法》明确了脱薄的标准“三加强两提升”，即政治建设明显加强、业务工作明显加强、检务管理水平明显提升、基础保障明显提升。明确了脱薄的程序“一报二评三审四备”，即薄弱院申报、市院评估、省院审核、最高检备案。

《管理办法》强调，相对薄弱基层检察院脱薄应在1年至3年内完成。脱薄评定工作由最高检统筹，各省级院具体组织实施，原则上每年2月底前组织完成。对于脱薄后工作大幅滑坡、符合相对薄弱基层检察院标准的，省级院要重新认定其为相对薄弱基层检察院。上级院及各业务条线要强化脱薄帮扶责任，省级院要把市级院及各部门、各业务条线的帮扶工作成效纳入考核内容，在评优评先中统筹考虑。对在脱薄工作中表现突出、成绩明显的基层院检察长在同等条件下优先提拔使用。对工作长期推进不力、无明显起色的，应对该院检察长进行约谈，必要时作出组织处理。

（载《检察日报》2022年4月7日，第1版。全媒体记者徐丹丹，见习记者刘亭亭）

4月14日

最高人民检察院印发《关于加强新时代国家检察官学院检察教育培训工作的意见》

最高人民检察院目前印发《关于加强新时代国家检察官学院检察教育培训工作的意见》（下称《意见》）。《意见》以贯彻习近平新时代中国特色社会主义思想为主线，认真落实党中央关于干部教育培训的部署，要求深化习近平法治思想全员培训，强化政治与业务融合培训，进一步提高国家检察官学院检察教育培训工作质量和水平。

《意见》指出，国家检察官学院是最高人民检察院直属的检察干部教育培训专门机构，是培养高素质检察人才的主要基地，在推动党的检察事业高质量发展中发挥着重要作用。要加强国家检察官学院及其分院建设，充分发挥检察教育培训职能作用，助推检察工作高质量发展服务保障经济社会高质量发展。

《意见》指出，要不断深化政治与业务融合培训。坚持把贯彻运用习近平新时代中国特色社会主义思想贯穿培训始终，推进习近平新时代中国特色社会主义思想进教材、进课堂、进头脑。促进司法检察理念深化、强化、践行，加强司法检察理念、政策专门培训，并融入各项业务教学。培养提高服务经济社会高质量发展的检察履职能力，常态化加强总体国家安全观教育和意识形态安全、网络安全、金融安全、社会秩序稳定等方面检察业务培训。助推发展完善中国特色社会主义司法检察制度，增强学员中国特色社会主义法治道路和检察制度的自信和定力。提高依法能动履职能力水平，把党中央关于政法工作、检察工作决策部署及检察机关贯彻落实举措及时精准融入培训。

《意见》强调，要不断提高检察教育培训的精准性实效性。健全政治与业务自然融合的培训教学机制和按需施训机制。完善分类别分层次教学体系。健全学员选派和教师选配机制。深化推进同堂培训，大力发展网络培训，深化教学改革。开拓检察教育培训国际视野，培养储备优秀涉外检察人才。

《意见》要求充分发挥国家检察官学院智库咨政作用。深入开展习近平法治思想研究，积极推动成立专门研究机构，充实研究力量。推动检察理论和实务研究，发挥科研中教师和学员两个积极性，协同凝聚智库咨政合力。

《意见》指出，要大力加强检察教育培训基础建设。按照政治与业务自然融合的要求，建设国家检察官学院师资库、课程库、教材资料库、教学案例库。高质量推进教材资料和教学案例资料建设。持续改善检察教育培训保障条件。

《意见》要求切实加强对国家检察官学院工作的领导，持续推进国家检察官学院与分院一体化建设，制定完善国家检察官学院与分院培训教学大纲、教学评价、培训考核、学员管理等规范。

（载中华人民共和国最高人民检察院网）

4月25日

最高人民检察院　国家知识产权局
关于强化知识产权协同保护的意见

各省、自治区、直辖市人民检察院、知识产权局，解放军军事检察院，新疆生产建设兵团人民检察院、知识产权局：

为深入贯彻党中央关于全面加强知识产权保护的决策部署，认真落实中共中央、国务院印发的《知识产权强国建设纲要（2021—2035年）》和国务院印发的《“十四五”国家知识产权保护和运用规划》，优化协作配合机制，强化协同保护力度，整合知识产权行政和司法资源，深化知识产权管理部门与检察机关在知识产权保护工作中的合作，共同推动构建知识产权“严保护、大保护、快保护、同保护”工作格局，现提出如下意见。

一、总体要求

坚持以习近平新时代中国特色社会主义思想为指导，深入贯彻习近平法治思想，全面贯彻党的十九大和十九届历次全会精神，认真落实习近平总书记在十九届中央政治局第二十五次集体学习时的重要讲话精神和党中央决策部署，全面落实中共中央办公厅、国务院办公厅印发的《关于强化知识产权保护的意见》，促进知识产权行政执法标准和司法裁判标准统一，完善行政执法和司法衔接机制，构建大保护工作格局。

二、建立常态化联络机制

（一）明确联络机构。知识产权保护工作中的协作配合，由国家知识产权局知识产权保护司和最高人民检察院知识产权检察办公室归口负责，分别作为国家知识产权局和最高人民检察院之间的日常联络机构。双方各确定一名联络人，负责日常沟通联络。省级以下知识产权管理部门、检察机关根据当地实际情况，建立相应的联络机制，指定专人负责。

（二）建立会商机制。国家知识产权局和最高人民检察院建立知识产权保护协调会商机制，定期组织召开会议，根据工作需要邀请人民法院、公安机关等部门参加，相互通报知识产权保护工作情况，重点针对知识产权保护中存在的普遍性、趋势性问题加强研究，会商提出对策，以会议纪要、会签文件、共同出台指导意见等形式确认共识，并由责任方负责落实。省级以下知识产权管理部门、检察机关在日常工作中要积极拓宽交流沟通的渠道和方式，逐步建立常态化、多样化的会商沟通机制，共同研究落实相关工作。

三、建立健全信息共享机制

（三）建立关联案件双向通报制度。国家知识产权局和最高人民检察院对于行政授权确权和检察监督中的关联案件，保持密切沟通并互相通报案件办理进展情况，维护当事人合法权益。

（四）健全信息通报制度。各级知识产权管理部门、检察机关对不涉及国家秘密的工作情况、监督案件分析、工作简报等信息及时向对方进行通报，共同做好知识产权领域案件数据动态分析、案件规律研判等工作，并适时就知识产权行政执法和司法保护中出现的新情况、新问题进行沟通。

（五）推动建立信息共享平台。各级知识产权管理部门、检察机关要推进专利、商标行政执法与刑事司法衔接工作信息共享平台建设纳入电子政务建设规划，依托知识产权保护信息平台，推动跨部门跨区域信息共享，实现有关案件行政、司法信息互联互通。

四、加强业务支撑

（六）完善专家咨询库和技术调查官人才库建设。各级知识产权管理部门、检察机关要健全完善并充分利用双方已建立的专家咨询库和技术调查官人才库。检察机关建立的专家咨询库、检察研究基地等资源可以与知识产权管理部门共享；对检察机关办理的涉及技术性事项的审查认定及需要委托鉴定的案件，知识产权管理部门可推荐有关专家。双方共同推进在知识产权行政保护和司法保护中对专业技术问题的认定途径科学化、统一化，准确高效认定技术事实，为社会公众提供合理预期，降低维权成本。

（七）加强业务协助。知识产权管理部门就刑事案件的立案追诉标准、证据的固定和保全等问题征求检察机关意见的，检察机关应当及时答复。检察机关在办理案件过程中，需要核实注册商标信息的，可以通过国家知识产权局商标注册证明公示系统核实；需要核实涉案专利法律状态的，可以向国家知识产权局在各地设立的专利代办处申请出具《专利登记簿副本》；需要核实地理标志产品信息的，可以登录国家知识产权局政府网进行检索查询。对于案件中涉及的商标的使用、相同商标、同一种商品、假冒专利行为等认定问题，检察机关可以依据相关司法解释和国家知识产权局制定的专利侵权判断标准、专利审查指南、商标侵权判断标准、商标一般违法判断标准、商标审查审理指南等综合审查认定；必要时，可以商请同级知识产权管理部门提供专业意见，知识产权管理部门应当及时答复。同级知识产权管理部门对相关问题无法认定的，可以逐级请示上级知识产权管理部门，也可以由检察机关逐级请示上级检察机关。

五、加大办案协作力度

（八）建立线索双向移送机制。各级知识产权管理部门在工作中发现涉嫌犯罪的案件线索，在向公安机关移送案件线索的同时抄送同级检察机关。对于公安机关应当立案侦查而不立案侦查的，可建议检察机关依法进行刑事立案监督。检察机关对知识产权管理部门提出的立案监督建议，应当依法受理和审查并及时反馈案件处理情况。各级检察机关对于作出不起诉决定但应予行政处罚的案件，应当移送同级负责专利商标执法的部门，相关部门及时将处理结果反馈同级检察机关。各级知识产权管理部门对人民法院生效的行政判决、裁定、调解书不服的，可依据行政诉讼法等有关法律规定向检察机关申请监督或提供线索，检察机关应依法审查并及时反馈。对于确有错误的，应当依法进行监督。

（九）建立重大案件共同挂牌督办制度。最高人民检察院对办理的重大敏感、疑难复杂案件或涉及重点领域重要行业的案件，应及时与国家知识产权局沟通，必要时双方可共同挂牌督办，加强业务指导，共同做好案件办理和舆情管控工作。

（十）推进跨区域协作共建。国家知识产权局、最高人民检察院加强对各地知识产权管理部门、检察机关的指导和督促，围绕国家制定的区域发展战略规划，共同推进重点地区（环渤海、长三角、珠三角／泛珠三角、成渝、海西、粤港澳大湾区等）知识产权管理部门与检察机关建立联席会议、信息共享、案件移送、协作办案、人才培养等机制，完善知识产权综合保护体系。

六、加强人才交流培训

（十一）建立人才交流机制。各级知识产权管理部门和检察机关可根据工作需要互派综合素质高、专业能力强的干部进行交流学习，深入推进行政机关专业人员兼任检察官助理机制，通过人员交流学习促进双方业务的深度合作，降低沟通成本，提升保护合力。

（十二）探索开展同堂培训。各级知识产权管理部门和检察机关探索建立知识产权执法人员与检察官同堂培训机制，鼓励双方通过共同组织开展培训交流活动、互派人员参加对方组织的培训活动、邀请对方业务专家授课等方式，共同提高业务能力，统一执法办案标准，提升知识产权综合保护水平。

七、深化研究合作

（十三）开展联合调研。对于知识产权行政执法和司法办案中发现的重大问题，国家知识产权局和最高人民检察院可联合立法机关、有关行政部门、行业协会，邀请全国人大代表等开展联合调研，建立成果共建、共享机制，共同推动知识产权立法及政策制定的完善。

（十四）组织业务研讨。各级知识产权管理部门和检察机关共同加强对知识产权保护宏观战略的研究，围绕关键领域、重点行业知识产权行政保护和司法保护中存在的重大疑难和前沿问题组织业务骨干、专家学者进行研讨交流，以厘清分歧，形成共识，推动法律政策完善，推进行政执法标准与司法保护标准的统一。

八、加强宣传配合和国际合作

（十五）加强宣传配合。各级知识产权管理部门和检察机关要加强保护知识产权宣传工作，创新宣传方式，找准宣传亮点，扩大宣传途径，采用召开新闻发布会、发布白皮书和典型案例等方式，宣传知识产权行政和司法综合保护效果，营造尊重创新、保护知识产权的良好社会氛围，展示我国保护知识产权的决心和成效。

（十六）深化国际交流合作。国家知识产权局、最高人民检察院在国际合作中密切配合，以“一带一路”实施共建为契机，共同研判知识产权保护领域国际发展趋势和问题，在国际谈判、国际项目合作等方面加强沟通，扎实稳妥、积极主动参与相关国际交流活动。

九、建立奖惩机制

（十七）建立健全奖优惩劣制度。省级以上知识产权管理部门、检察机关应建立健全奖优惩劣制度，提高执法司法保护综合效能。国家知识产权局和最高人民检察院定期对查办侦破重大案件、推进协作机制、开展理论研究和宣传培训等作出突出贡献的知识产权管理部门、检察机关中的集体和个人进行表扬鼓励；对工作不力的予以通报批评。

最高人民检察院　国家知识产权局

2022 年 4 月 25 日

4月27日

最高人民检察院印发《2022年检察机关常态化开展扫黑除恶斗争工作要点》依法严惩有组织犯罪，充分释放治理效能

今年3月，最高人民检察院印发《2022年检察机关常态化开展扫黑除恶斗争工作要点》，对今年检察机关常态化开展扫黑除恶斗争工作作出部署。最高检扫黑除恶斗争领导小组办公室负责人表示，今年是常态化扫黑除恶斗争深化推进之年，全国检察机关要按照今年5月1日起实施的反有组织犯罪法的立法精神和规定，依法严惩有组织犯罪，特别是要把办理黑社会性质组织犯罪案件作为重中之重的任务常抓不懈，办理一批典型案件，确保新法落地，充分释放治理效能。

涉黑恶犯罪案件财产认定和处置始终是案件办理中的难点。最高检今年对该项工作有何要求？该负责人指出，要严格遵循刑事诉讼法和反有组织犯罪法相关规定，对于公安机关查封、扣押、冻结、处置涉案财物等活动，要加强逮捕和起诉环节的审查制约，维护公民和组织的合法财产权益。加强对涉财产强制性侦查措施的监督，经查明确实与案件无关的财物，督促及时解除查封、扣押、冻结，予以退还。加强涉案财产审查甄别，提起公诉时，应当对涉案财产提出明确处理意见，依法提出没收财产或罚金刑建议。加大“黑财”执行监督力度，监督新办案件判决生效三个月内黑恶财产依法执行到位，非黑恶财产及时处置到位。对已审结案件开展“回头看”，确保涉案财产依法执行、处置到位，对存在的违法行为及时纠正。依法保护民营企业合法权益，助力营造良好营商环境，保障经济平稳健康发展。积极参与《打击治理洗钱违法犯罪三年行动计划（2022—2024）》，严惩涉黑洗钱违法犯罪行为，参与构建完善洗钱风险防控体系。

该负责人要求，各级检察机关要加强扫黑除恶斗争领导小组及其办公室建设，加强组织、制度和物质保障，确保常态化扫黑除恶斗争专人、专职、专业化运行。发挥好办案机制作用。执行落实好提前介入、分级统一把关、重大案件督导督办、重大案件会商报告等办案机制，同时建立涉黑案件报最高检扫黑办备案审查机制。加强扫黑除恶专业人才库建设，在专业培训、重大案件办理工作中充分发挥人才库作用。强化黑恶案件证据审查、量刑建议、出庭公诉、涉案财产处理能力培训。巩固深化教育整顿成果，坚持全面从严管党治检引领过硬检察队伍建设，提升检察机关反有组织犯罪工作制度化、规范化、法治化水平，为党的二十大胜利召开创造安全稳定的政治社会环境。

（载中华人民共和国最高人民检察院网）

4月29日

最高人民检察院联合公安部印发修订后《关于公安机关管辖的刑事案件立案追诉标准的规定（二）》明确规定公安机关管辖的78种经济犯罪案件立案追诉标准

最高人民检察院、公安部4月29日联合发布修订后的《关于公安机关管辖的刑事案件立案追诉标准的规定（二）》（下称“修订后《立案追诉标准（二）》”），依法惩治经济犯罪，切实维护金融安全，以更实举措服务保障经济社会高质量发展。

随着经济社会的发展，我国经济犯罪呈现出新情况新特点，特别是刑法、公司法、证券法等相关法律的修改完善以及受国家监察体制改革和公安部刑事案件管辖分工调整影响，最高人民检察院、公安部2010年5月、2011年11月联合制定出台的《最高人民检察院、公安部关于公安机关管辖的刑事案件立案追诉标准的规定（二）》及其补充规定（下称“原《立案追诉标准（二）》”）已不能完全适应当前执法司法办案实际。对此，最高检、公安部启动了相关修订工作。修订后的《立案追诉标准（二）》对公安机关管辖的78种经济犯罪案件立案追诉标准予以进一步明确规定。

修订后的《立案追诉标准（二）》根据法律和司法解释的修改，对21种案件的立案追诉标准作了修改完善。其中，对证券期货犯罪案件的立案追诉标准进行了全面系统修改，进一步加大对欺诈发行证券、违规披露、不披露重要信息等犯罪的打击力度，保障投资者合法权益。按照修订后的《立案追诉标准（二）》，欺诈发行股票或者公司、企业债券、存托凭证或者国务院依法认定的其他证券，造成投资者直接经济损失数额累计在一百万元以上的，应予立案追诉。

修订后的《立案追诉标准（二）》结合“两高”近期正在研究起草的司法解释，对25种案件的立案追诉标准进行了调整。其中，对非国家工作人员职务犯罪采用与国家工作人员职务犯罪相同的入罪标准，明确规定“公司、企业或者其他单位的人员，利用职务上的便利，将本单位财物非法占为己有，数额在三万元以上的，应予立案追诉”，对国企民企、内资外资、中小微企业等各类市场主体予以同等司法保护，充分体现和落实产权平等保护的时代精神。

修订后的《立案追诉标准（二）》综合考虑我国经济社会发展状况以及相类似罪名立案追诉标准的协调一致等因素，对票据诈骗案等7种案件立案追诉标准中的数额标准作了修改；根据刑法的规定和司法实践的需要，在原《立案追诉标准（二）》的基础上，对走私假币案等8种案件立案追诉标准中的具体情形作了修改。

此外，17种案件的立案追诉标准沿用原《立案追诉标准（二）》的规定未作修改。

修订后的《立案追诉标准（二）》在对部分经济犯罪案件适度提高数额标准的同时，还通过增加犯罪手段、情节及危害后果等标准进一步织密刑事追责法网，继续保持对严重经济犯罪从严追诉的态势不放松。

（载中国中报网）

4月30日

最高人民法院　最高人民检察院　公安部
关于敦促拐卖妇女儿童相关犯罪嫌疑人投案自首的通告

为切实维护广大妇女儿童合法权益，维护社会和谐稳定，依法严厉打击拐卖妇女、儿童犯罪活动，敦促相关犯罪嫌疑人主动投案自首、争取从宽处理，根据《中华人民共和国刑法》《中华人民共和国刑事诉讼法》有关规定，特通告如下：

一、敦促实施或者参与拐卖妇女、儿童，收买被拐卖的妇女、儿童以及关联犯罪行为的犯罪嫌疑人，自本通告发布之日起至2022年6月30目前，尽快到公安机关等有关单位、组织投案自首。

二、在本通告规定期限内自动投案，如实供述自己罪行的，可以依法从轻或者减轻处罚；犯罪较轻的，可以依法免除处罚。犯罪嫌疑人委托他人代为投案或者先以信函、电话、电子邮件等方式投案，本人随后到案的；经亲友规劝，陪同投案的；或者亲友主动报案后将犯罪嫌疑人送去投案的，均视为自动投案。

三、犯罪嫌疑人到案后有检举、揭发他人犯罪行为，经查证属实的；提供重要线索，从而得以侦破其他案件的；或者有积极协助司法机关抓捕其他犯罪嫌疑人等立功表现的，可以依法从轻或者减轻处罚。有重大立功表现的，可以依法减轻或者免除处罚。

四、犯罪嫌疑人要认清形势，珍惜机会，尽快投案自首，争取从宽处理。在规定期限内拒不投案自首，继续实施拐卖妇女、儿童相关犯罪活动的，将依法从严惩处。对于窝藏、包庇拐卖妇女、儿童的犯罪人员，帮助转移、藏匿被拐卖妇女、儿童，或者为拐卖妇女、儿童犯罪提供出具虚假结婚证明、虚假亲子鉴定、虚假出生医学证明等帮助的，将依法严厉打击。对聚众阻碍解救被收买的妇女、儿童的，依法追究刑事责任。

五、鼓励个人和有关组织积极举报、控告拐卖妇女、儿童犯罪，规劝在逃犯罪嫌疑人投案自首。对举报人、控告人及其他有关证人，司法机关依法予以保护。对威胁、报复举报人、控告人，构成犯罪的，依法追究刑事责任。

本通告自发布之日起施行。

最高人民法院　最高人民检察院　公安部

2022年4月24日

5月6日

最高人民检察院联合公安部、生态环境部印发
《关于深入打击危险废物环境违法犯罪和重点排污单位自动监测数据弄虚作假违法犯罪的通知》

为深入贯彻落实《中共中央　国务院关于深入打好污染防治攻坚战的意见》，持续保持打击环境违法犯罪高压态势，最高人民检察院联合公安部、生态环境部（以下简称三部门）印发《关于深入打击危险废物环境违法犯罪和重点排污单位自动监测数据弄虚作假违法犯罪的通知》（以下简称《通知》），连续第三年在全国开展深入打击危险废物环境违法犯罪和重点排污单位自动监测数据弄虚作假违法犯罪专项行动。《通知》对专项行动的工作重点、工作任务和保障措施作出全面部署。

自2020年以来，三部门连续组织开展严厉打击危险废物环境违法犯罪专项行动，2021年又将打击重点排污单位自动监测数据弄虚作假环境违法犯罪行为纳入专项行动。

三部门通过持续打击危险废物环境违法犯罪活动，相关环境违法犯罪高发势头得到遏制，特别是2021年专项行动成效显著。专项行动期间，全国检察机关共批准逮捕危险废物污染环境犯罪1030件1912人，同比分别上升69.6%、68.7%。最高检对3件跨区域重大疑难案件挂牌督办，紧盯污染环境犯罪案件的重点难点，指导破解专项行动难题，并发布4件检察机关依法惩治危险废物污染环境犯罪典型案例，为打击该类犯罪提供类案指导。湖北、江苏、山东、四川等地检察机关分别挂牌督办2至3件影响较大的危险废物污染环境案件，形成以点带面的促进作用。针对重大疑难复杂和跨区域危险废物环境污染案件，各地检察机关在实行省市县三级上下联动的同时，注重加强检察职能横向联动，探索建立刑事、民事、行政和公益诉讼“四检合一”办案模式。此外，检察机关还着力与公安机关、生态环境部门构建一体化联动执法司法模式，强化重大敏感案件的会商督办，畅通案情通报、信息共享渠道，实现对污染环境犯罪“全方位打击、全链条发力、全过程监督”。

《通知》明确了两方面工作重点，一是重点打击无危险废物经营许可证或以合法资质为掩护的单位非法收集、贮存、利用、处置危险废物；明知他人无危险废物经营许可证，向其提供或者委托其收集、贮存、利用、处置危险废物；非法排放、倾倒、处置危险废物3吨以上；违反《危险废物转移管理办法》规定，跨行政区域非法转移、排放、倾倒、处置危险废物；将危险废物隐瞒为中间产物（产品）、副产物（品），非法转移、利用和处置等危险废物环境违法犯罪行为。二是保持严查不正常运行自动监测设备违法行为；重点打击篡改、伪造自动监测数据或者干扰自动监测设施的环境违法犯罪行为；对违法案件中出具比对监测报告的第三方监测单位进行延伸检查，依法严肃查处提供虚假证明文件或出具证明文件重大失实的环境领域违法犯罪行为。此外，《通知》还提出三方面工作任务，包括利用现代信息技术，提升违法犯罪线索摸排、追踪溯源和精准打击的能力；落实执法联动，巩固打击违法犯罪合力；完善办案制度，切实提升办案能力和水平。

《通知》要求，各地检察机关要结合本地产业结构、常见违法问题等实际，制定并细化工作方案，突出重点，广泛动员部署。加强宣传引导工作，对专项行动中发现的环境违法犯罪典型案例予以曝光，强化警醒震慑作用。进一步完善举报奖励和举报人保护机制，将举报非法转移、倾倒危险废物和自动监测数据弄虚作假等列入重点奖励范围。加强对企业的指导帮扶，加大环保法律法规宣传力度，切实增强企业法治意识和生态环境保护意识，落实正向激励措施。

（载中华人民共和国最高人民检察院网）

5月7日

最高人民检察院出台
支持和服务保障浙江高质量发展建设共同富裕示范区 21 条意见

最高检目前制发《关于支持和服务保障浙江高质量发展建设共同富裕示范区的意见》（以下简称《意见》），就认真贯彻落实《中共中央、国务院关于支持浙江高质量发展建设共同富裕示范区的意见》《中共中央关于加强新时代检察机关法律监督工作的意见》，充分发挥检察职能，支持和服务保障浙江高质量发展建设共同富裕示范区提出 21 条具体措施。

《意见》强调，要提高政治站位，深刻认识支持和服务保障浙江高质量发展建设共同富裕示范区的重大意义，自觉融入党和国家工作大局，依法能动履职，综合运用“四大检察”职能，为浙江高质量发展建设共同富裕示范区提供有力司法保障。

《意见》要求，依法严惩金融犯罪、涉众型经济犯罪、侵财犯罪和各类严重犯罪，积极支持推进法治浙江、平安浙江建设，为浙江高质量发展建设共同富裕示范区营造和谐稳定社会环境。依法能动履行法律监督职责，平等保护各类市场主体，全面推进涉案企业合规改革，强化创新成果保护，助力打造市场化法治化国际化营商环境的浙江示范。坚持运用法治思维和法治方式，积极防范化解各类安全风险，打造新时代“枫桥经验”检察样板，以诉源治理助力实现社会治理法治化现代化。助力浙江缩小城乡区域发展差距，推动检察办案环节公共服务均等化，促进实现公共法律服务优质共享。强化生态环境司法保护，服务保障浙江国家生态文明试验区建设。加强陆海统筹，做强海洋检察特色，推进区域检察协作机制建设，服务保障区域一体化发展和共建“一带一路”。持续深化司法改革，实施检察大数据战略，强化基层基础建设，不断提升服务保障共同富裕示范区建设能力和水平。

最高检下一步将加强督促指导，推动浙江检察机关聚焦高质量发展、共同富裕示范区的更高要求，把《意见》落实落细，深化改革创新，勇于探索更具针对性、更高水平的检察履职措施，努力把浙江打造成在全国具有引领性的新时代检察工作高质量发展示范区，引领、带动全国检察工作高质量发展。各地检察机关既要同心协力帮助、支持浙江检察机关落实落细各项要求，也要积极学习借鉴浙江的有益经验，补短板强弱项，更实推动自身检察工作高质量发展，为促进本地经济社会高质量发展和共同富裕作出更大检察贡献。

（载中华人民共和国最高人民检察院网）

5月11日

最高人民法院　最高人民检察院发布
关于办理海洋自然资源与生态环境公益诉讼案件若干问题的规定

《最高人民法院、最高人民检察院关于办理海洋自然资源与生态环境公益诉讼案件若干问题的规定》已于2021年12月27日由最高人民法院审判委员会第1858次会议、2022年3月16日由最高人民检察院第十三届检察委员会第九十三次会议通过，现予公布，自2022年5月15日起施行。

最高人民法院 最高人民检察院

2022年5月10日

法释〔2022〕15号

最高人民法院 最高人民检察院关于办理海洋自然资源与生态环境公益诉讼案件若干问题的规定

（2021年12月27日最高人民法院审判委员会第1858次会议、2022年3月16日最高人民检察院第十三届检察委员会第九十三次会议通过，自2022年5月15日起施行）

为依法办理海洋自然资源与生态环境公益诉讼案件，根据《中华人民共和国海洋环境保护法》《中华人民共和国民事诉讼法》《中华人民共和国刑事诉讼法》《中华人民共和国行政诉讼法》《中华人民共和国海事诉讼特别程序法》等法律规定，结合审判、检察工作实际，制定本规定。

第一条　本规定适用于损害行为发生地、损害结果地或者采取预防措施地在海洋环境保护法第二条第一款规定的海域内，因破坏海洋生态、海洋水产资源、海洋保护区而提起的民事公益诉讼、刑事附带民事公益诉讼和行政公益诉讼。

第二条　依据海洋环境保护法第八十九条第二款规定，对破坏海洋生态、海洋水产资源、海洋保护区，给国家造成重大损失的，应当由依照海洋环境保护法规定行使海洋环境监督管理权的部门，在有管辖权的海事法院对侵权人提起海洋自然资源与生态环境损害赔偿诉讼。

有关部门根据职能分工提起海洋自然资源与生态环境损害赔偿诉讼的，人民检察院可以支持起诉。

第三条　人民检察院在履行职责中发现破坏海洋生态、海洋水产资源、海洋保护区的行为，可以告知行使海洋环境监督管理权的部门依据本规定第二条提起诉讼。在有关部门仍不提起诉讼的情况下，人民检察院就海洋自然资源与生态环境损害，向有管辖权的海事法院提起民事公益诉讼的，海事法院应予受理。

第四条　破坏海洋生态、海洋水产资源、海洋保护区，涉嫌犯罪的，在行使海洋环境监督管理权的部门没有另行提起海洋自然资源与生态环境损害赔偿诉讼的情况下，人民检察院可以在提起刑事公诉时一并提起附带民事公益诉讼，也可以单独提起民事公益诉讼。

第五条　人民检察院在履行职责中发现对破坏海洋生态、海洋水产资源、海洋保护区的行为负有监督管理职责的部门违法行使职权或者不作为，致使国家利益或者社会公共利益受到侵害的，应当向有关部门提出检察建议，督促其依法履行职责。

有关部门不依法履行职责的，人民检察院依法向被诉行政机关所在地的海事法院提起行政公益诉讼。

第六条　本规定自2022年5月15日起施行。

（载中华人民共和国最高人民检察院网）

5月17日

生态环境部联合"两高"等共14家单位印发《生态环境损害赔偿管理规定》

经中央全面深化改革委员会审议通过，生态环境部联合最高法、最高检和科技部、公安部等11个相关部门共14家单位印发了《生态环境损害赔偿管理规定》（以下简称《规定》）。

党中央、国务院高度重视生态环境损害赔偿制度改革。2015年，中办、国办印发《生态环境损害赔偿制度改革试点方案》；2017年，中办、国办印发《生态环境损害赔偿制度改革方案》。改革试点和全面试行以来，生态环境部会同各有关部门积极推进，各地方组织实施，在全国范围内初步构建了责任明确、途径畅通、技术规范、保障有力、赔偿到位、修复有效的生态环境损害赔偿制度，全面完成了阶段性目标。《规定》的印发是进一步巩固改革成果，优化制度建设，推动改革向纵深发展的重要举措。

《规定》以习近平新时代中国特色社会主义思想为指导，落实生态文明体制改革部署，坚持精准、科学、依法治污，聚焦生态环境损害赔偿制度改革试行以来存在的问题和困难，从总则、任务分工、工作程序、保障机制、附则等五方面提出要求，推动生态环境损害赔偿制度在法治轨道上的常态化、规范化、科学化运行。

《规定》明确了部门任务分工、地方党委和政府职责，对案件线索筛查、案件管辖、索赔启动、损害调查、鉴定评估、索赔磋商、司法确认、赔偿诉讼、修复效果评估等重点工作环节作出明确细化的规定，完善鉴定评估机构建设、鉴定评估技术方法、资金管理、公众参与和信息公开等保障机制，加强督察考核，指导改革全面深入开展。

（载人民网，记者余璐）

5月30日

最高人民法院　最高人民检察院　公安部　司法部关于未成年人犯罪记录封存的实施办法

为严格落实《中华人民共和国刑事诉讼法》第286条规定的未成年人犯罪记录封存制度和新修订的未成年人保护法第103条、预防未成年人犯罪法第59条关于未成年人隐私和信息保护的规定，切实解决实践中未成年人犯罪记录和相关记录管理不当导致信息泄露，影响失足未成年人重新回归社会等问题，最高人民法院、最高人民检察院、公安部、司法部会签下发了《关于未成年人犯罪记录封存的实施办法》（以下简称《实施办法》）。现将有关情况通报如下：

一、制定《实施办法》的必要性

2012年修订的刑事诉讼法增加规定了未成年人犯罪记录封存制度，但由于规定较为原则，实践中对封存的主体、封存的具体内容和程序以及查询的主体、内容、程序等把握不一，导致该制度在落实中出现封存管理失范，相关部门监管失序等问题。如一些企业违法提供、出售、使用未成年人犯罪记录，致使未成年人犯罪记录泄露等。近年来，全国人大代表、政协委员也多次提出完善未成年人犯罪记录封存制度的建议、提案。为此，2021 年 6 月，我们就此项制度落实情况开展了专项调研。

通过调研发现，绝大多数省份都存在未成年人犯罪记录应封未封或者违规查询导致泄露信息的案事件，造成涉案未成年人在考试、升学、就业、生活等方面遭遇歧视，很多涉案未成年人因无法正常工作生活而无奈走上信访维权道路。据司法机关统计，2017 年 4 月至 2022 年 4 月，未成年人犯罪不起诉 80855 人、被判处五年有期徒刑以下刑罚 157962 人，共计 238817 人，如果这么大一批罪错未成年人因犯罪记录失密造成就业难、入学难，可能会再次滑向犯罪深渊，使办案环节教育、感化、挽救的全部努力归零，影响社会治理现代化进程。针对实践中存在的问题，为在国家层面统一细化相关法律规定，进一步统一认识，规范工作程序，促进公、检、法、司等各部门之间的衔接配合，形成合力，确保涉案未成年人教育、感化、挽救效果，经反复讨论、研究，最高检会同最高法、公安部、司法部共同制定了《实施办法》。

二、关于《实施办法》的主要内容

《实施办法》全文共计 26 条，涵盖未成年人犯罪记录的定义及范围、封存情形、封存主体及程序、查询主体及申请条件、提供查询服务的主体及程序、解除封存的条件及后果、保密义务及相关责任等内容，基本上解决了目前未成年人犯罪记录封存中遇到的主要问题。具体来讲：

（一）封存内容力求全面。即对于涉及未成年人案件的材料“应封尽封”。一是对于未成年人刑事案件程序中的材料，在诉讼终结前一律加密保存、不得公开；人民法院依法判决后，被判处五年有期徒刑以下刑罚以及免予刑事处罚的，相关部门应当主动对自己掌握的未成年人相关犯罪记录予以封存。对于共同犯罪案件，分案后未封存的成年人卷宗封皮应当标注“含犯罪记录封存信息”，并对相关信息采取必要保密措施。二是对于未成年人不予刑事处罚、不追究刑事责任、不起诉、采取刑事强制措施的记录；对涉罪未成年人进行社会调查、帮教考察、心理疏导、司法救助等工作的记录也应当依法封存。三是对于涉及未成年被害人的案件、涉及未成年人民事、行政、公益诉讼案件，也要注意对未成年人的信息予以保密。四是对于 2012 年 12 月 31 日以前办结的案件符合犯罪记录或者相关记录封存条件的，也应当予以封存。

（二）封存措施力求有效。一是对所有的案件材料，应当执行个人信息保护法的相关规定，加密处理，执行严格的保管制度。除了纸质卷宗、档案材料等实质化封存外，特别强调电子数据也应当同步封存、加密、单独管理，并设置严格的查询权限。二是规定了封存的案件材料不得向任何平台提供或者授权相关平台对接，不得授权网络平台通过联网直接查询未成年人犯罪信息。三是司法机关工作人员均负有在所负责的诉讼环节告知知悉未成年人涉案信息的人员相关未成年人隐私、信息保护规定的义务，以及规定了不履行该义务的法律责任。四是未成年人犯罪记录封存后，非因法定情况，不得解封，但被封存犯罪记录的未成年人，成年后又故意犯罪的，人民法院应当在裁判文书中载明其之前的犯罪记录。

（三）查询程序力求严格。一是进一步明确了查询主体。依法严格限制了单位查询主体，没有国家规定的，有关单位查询未成年人犯罪记录应当不予许可。对于个人查询本人犯罪记录可以依申请受理。二是严格查询程序，明确非因法定事由、非经法定程序，不得向任何单位和个人提供未成年人涉罪记录。对于有关单位和个人查询关于未成年人犯罪记录的申请，认真审核申请理由、依据和目的，严格把关，及时答复。三是明确了出具证明的形式。即对于经查询，确实存在应当封存的犯罪记录，应当出具统一格式的、与完全没有任何犯罪记录人员相同的《无犯罪记录证明》，并后附统一格式。四是对于许可查询的，应当告知查询单位及相关人员严格按照查询目的和使用范围使用有关信息，严格遵守保密义务，不按规定使用所查询的记录或者违反规定泄露相关信息的，应当依法追究相关责任人员的法律责任。五是规范了查询出口。为便于工作，《实施办法》中维持了目前由公安机关、检察机关、审判机关、司法行政机关依职权分别提供犯罪记录查询服务的做法。

（四）责任追究力求到位。一是明确了对信息不当泄露的法律责任。第 20 条规定了承担犯罪记录封存、保护未成年人隐私、信息工作的公职人员，不当泄露未成年人犯罪记录或者隐私、信息的，应当予以处分；造成严重后果，给国家、个人造成重大损失或者恶劣影响的，依法追究相关刑事责任。二是明确了人民检察院对犯罪记录封存工作的检察监督权。规定了检察机关应当将未成年人犯罪记录封存和隐私、信息保护的全过程纳入检察监督范围之内，相关部门在收到纠正意见后要及时审查和反馈。

三、部门联动共同推动未成年人犯罪记录封存制度落到实处

“徒法不足以自行”，下一步，我们将以《实施办法》为抓手，加强部门间的联动和配合，共同抓好制度落实。一是持续加强宣传。促进相关部门和个人摒弃传统的报应主义思想，坚持最有利于未成年人原则，促进全社会了解、支持该制度的落实，保证轻罪未成年人顺利回归社会。二是组织开展相关培训。切实增强相关职责部门和人员对未成年人犯罪记录封存工作的使命感、责任感和自觉性，充分掌握和正确执行此项制度。三是加强对未成年人犯罪记录封存制度的进一步研究。对未成年人犯罪记录封存的争议问题及前沿性问题进行深入调研、论证，科学总结司法实践中的经验以及工作中出现的新情况、新问题，及时回应社会关切，适时修改完善《实施办法》，最大限度发挥未成年人犯罪记录封存制度的价值。

未成年人健康成长关系国家和民族的未来。我们将以贯彻落实未成年人保护法、预防未成年人犯罪法为抓手，进一步加强和改进未成年人司法保护工作，严格落实各部门责任，努力把未成年人犯罪记录封存制度落实好，最大限度教育挽救每一个犯错的孩子，有效保护未成年人的隐私权、受教育权和就业权等合法权益，更好地帮助罪错未成年人受到平等对待，顺利回归社会。

（载中华人民共和国最高人民检察院网）

6月1日

最高人民检察院发布《未成年人检察工作白皮书（2021）》

6月1日，最高人民检察院发布《未成年人检察工作白皮书（2021）》（下称白皮书）。这是最高检第三次发布未成年人检察工作白皮书。与以往不同，今年的白皮书首次对涉未成年人“四大检察”业务数据进行深度分析研判。

白皮书主要包括六方面内容，分别为未成年人检察办案数据分析，遵循司法规律加强双向保护，统筹“四大检察”深化全面综合司法保护，加

强部门协作主动融入“五大保护”，注重犯罪预防提升法治宣传教育效果，坚持质效并重促进专业化规范化建设等，全面展示了未成年人检察工作在过去一年取得的新成效。

白皮书显示，2021年，全国检察机关共受理审查逮捕未成年犯罪嫌疑人55379人，受理审查起诉73998人，经审查，批准逮捕27208人，不批准逮捕27673人；提起公诉35228人（含附条件不起诉考验期满后起诉人数），不起诉22585人（含附条件不起诉考验期满后不起诉人数），附条件不起诉19783人，不捕率、不诉率、附条件不起诉率分别为50.4%、39.1%、29.7%。2021年，全国检察机关共批准逮捕侵害未成年人犯罪45827人，提起公诉60553人。

白皮书指出，2021年未成年人检察业务统一集中办理工作在全国检察机关全面推开，涉及未成年人的刑事、民事、行政、公益诉讼检察职能由未检部门或未检办案组统一行使，未成年人“四大检察”综合司法保护格局初步形成。

白皮书中还展示了检察机关加强双向保护、综合司法保护、主动融入其他“五大保护”(即家庭、学校、社会、网络、政府保护）以及开展法治宣传教育、加强专业化规范化建设等情况，梳理对未成年人检察及司法保护工作具有一定影响和意义的案事件、典型做法、创新机制，以便社会公众更加全面、直观了解未成年人检察工作。

白皮书透露，当前未成年人保护仍然面临严峻复杂的形势，侵害未成年人犯罪数量上升，未成年人犯罪有所抬头，家庭监护问题比较突出，网络对未成年人的影响巨大，未成年人健康成长的社会环境还需优化等等，未成年人保护依然任重道远。

检察机关今年将以最高检向全国人大常委会报告未成年人检察工作为契机，以监督落实“一号检察建议”为牵引，以“质量建设年”为抓手，以强化未成年人综合司法保护为重点，创新进取，能动履职，全面提升未成年人检察工作质效，促推家庭保护、学校保护、社会保护、网络保护、政府保护落实落地，服务保障未成年人安全健康成长，以实际行动迎接党的二十大胜利召开。

（载中华人民共和国最高人民检察院网）

6月30日

“两高一部一局”发布
依法惩治妨害国（边）境管理违法犯罪的意见

6月30日，最高人民法院、最高人民检察院、公安部、国家移民管理局联合发布《关于依法惩治妨害国（边）境管理违法犯罪的意见》（法发〔2022〕18号，以下简称《意见》）。

《意见》坚持以习近平新时代中国特色社会主义思想为指导，深入贯彻习近平法治思想，对依法惩治妨害国（边）境管理违法犯罪的总体要求、法律适用和政策把握作出进一步明确。《意见》主要内容如下：

一是发挥职能作用，依法惩治相关违法犯罪。当前，妨害国（边）境管理违法犯罪呈高发态势，与跨境赌博、电信网络诈骗以及边境地区毒品、走私、暴恐等违法犯罪活动等交织滋长，危害日益严重。《意见》要求人民法院、人民检察院、公安机关、移民管理机构充分发挥职能作用，依法准确认定妨害国（边）境管理违法犯罪行为，加大对组织者、运送者、犯罪集团骨干成员以及屡罚屡犯者的惩治力度，切实维护国（边）境管理秩序和人民群众合法权益。

二是聚焦实践难点，细化相关犯罪认定标准。针对妨害国（边）境管理犯罪的新情况新问题，《意见》根据刑法和相关司法解释的规定，对各类妨害国（边）境管理犯罪的具体认定作出指引。具体而言，《意见》对组织他人偷越国（边）境罪的适用情形、运送他人偷越国（边）境罪的行为方式、偷越国（边）境罪的入罪情形，以及相关犯罪所涉“人数”“次数”的计算等作出明确，进一步规范执法、司法尺度，保障法律统一正确适用。

三是规范案件办理，完善管辖与证据规则。针对妨害国（边）境管理犯罪区域跨度大、行为链条长、涉案人员分散等特点，《意见》对此类犯罪的犯罪地确定、管辖争议处理以及并案规则等作出明确，规范相关案件的侦办和后续处理，进一步严格案件办理的程序要求。针对当前办理妨害国（边）境管理案件过程中反映的问题，《意见》对主观明知的认定、境外证据材料的收集、使用等作出规定，规范相关证据的收集提取与审查判断。

四是突出惩治重点，贯彻宽严相济刑事政策。《意见》坚持区别对待，从严惩治组织他人偷越国（边）境犯罪和运送他人偷越国（边）境犯罪，坚持全链条、全环节、全流程惩治，不断挤压此类犯罪的滋生蔓延空间。同时，要求根据案件具体情况，综合考虑涉案人数、违法所得、前科情况、造成影响或者后果等情节，恰当评估社会危害性，准确认定犯罪和裁量刑罚，确保罪责刑相适应。

下一步，最高人民法院、最高人民检察院、公安部、国家移民管理局，将指导地方各级人民法院、人民检察院、公安机关和移民管理机构，严格执行刑法、出境入境管理法和有关规定，准确把握案件办理政策要求，依法惩治妨害国（边）境管理违法犯罪，有效维护国（边）境安全，切实保障人民群众合法权益。

（载中华人民共和国最高人民法院网）

8月9日

最高人民检察院出台
支持和服务保障贵州在西部大开发上闯新路14条意见

最高检目前印发《最高人民检察院关于支持和服务保障贵州在新时代西部大开发上闯新路的意见》（以下简称《意见》），就一体贯彻落实《中共中央、国务院关于新时代推进西部大开发形成新格局的指导意见》《中共中央关于加强新时代检察机关法律监督工作的意见》《国务院关于支持贵州在新时代西部大开发上闯新路的意见》，充分发挥检察职能作用，切实支持和服务保障贵州在新时代西部大开发上闯新路提出14条具体措施。

《意见》强调，支持贵州在新时代西部大开发上闯新路，是以习近平同志为核心的党中央巩固拓展脱贫攻坚成果、促进区域协调发展、推动新时代西部大开发形成新格局的重大举措。检察机关要坚持以习近平新时代中国特色社会主义思想为指导，全面贯彻习近平法治思想，深刻领会“两个确立”的决定性意义，忠诚践行“两个维护”，以高度的政治自觉、法治自觉、检察自觉，主动融入党和国家工作大局，紧紧围绕贵州“四区一高地”的战略定位，以检察工作高质量发展为新时代西部大开发战略实施提供坚实法治保障。

《意见》要求，要着力服务保障贵州要素市场化配置改革，助力打造安商惠企法治化营商环境。推动巩固拓展脱贫攻坚成果同乡村振兴有效衔接。服务打造内陆开放型经济新高地，服务保障促进贸易投资自由化便利化。服务建设数字经济发展创新区，助力实施数字产业强链行动，服务构建以数字经济为引领的现代产权体系。服务打造生态文明建设先行区，深化跨区域生态检察协作机制，筑牢长江、珠江上游生态屏障，探索建立碳汇补偿等生态检察机制，助力实现“双碳”目标。助力提高保障和改善民生水平，服务保障重点行业领域安全，积极做好社会矛盾化解工作，深入推进诉源治理。深化司法体制改革，深化检察大数据赋能法律监督，加强基层基础建设，打造高素质检察人才队伍。

下一步，最高检将强化对检察机关服务保障贵州在新时代西部大开发上闯新路工作的统筹协调和重点指导，与贵州省检察院对口建立日常对接机制，加强条线指导，细化具体支持措施。《意见》进一步明确，各地检察机关要积极支持贵州检察机关，强化检察协作、结对帮扶和人才交流。贵州检察机关要聚焦高质量发展要求，坚持依法能动履职，深化改革创新，为检察机关服务保障新时代西部大开发形成新格局树立样板。

（载中华人民共和国最高人民检察院网）

9月5日

最高人民法院、最高人民检察院、公安部、国家文物局联合印发《关于办理妨害文物管理等刑事案件若干问题的意见》

文物承载灿烂文明，传承历史文化，维系民族精神，保护文物功在当代、利在千秋。近年来，在公检法机关和文物行政部门的有力打击、严密防范下，文物犯罪势头得到有效遏制；但受暴利驱动，文物犯罪仍然时有发生，并出现了新情况新问题，困扰办案实践。鉴此，最高人民法院、最高人民检察院、公安部、国家文物局联合制定了《关于办理妨害文物管理等刑事案件若干问题的意见》（公通字〔2022〕18号，以下简称《意见》），于2022年9月5日发布。

《意见》坚持以习近平新时代中国特色社会主义思想为指导，深入贯彻习近平法治思想，坚决贯彻落实习近平总书记关于文物工作系列重要论述精神，强调依法惩治文物犯罪和加强文物保护的重要性，要求各级人民法院、人民检察院、公安机关、文物行政部门依法惩治和有效防范文物犯罪，切实保护国家文化遗产安全。《意见》主要内容如下：

一是进一步明确对相关妨害文物管理行为的认定。《意见》明确，针对古建筑、石窟寺等不可移动文物中包含的古文化遗址、古墓葬部分实施盗掘，符合刑法第三百二十八条规定的，以盗掘古文化遗址、古墓葬罪追究刑事责任，并明确了“多次盗掘”的认定标准。针对采用破坏性手段盗窃不可移动文物未遂，同时构成其他文物犯罪的情形，《意见》明确择一重罪论处。《意见》还立足办案实践，就掩饰、隐瞒犯罪所得罪中的“明知”和倒卖文物罪中的“以牟利为目的”的认定，作出了指引性规定。

二是进一步规范涉案文物认定和鉴定评估程序。《意见》明确就涉案文物是否属于古文化遗址、古墓葬等特定类别的不可移动文物，是否具有历史、艺术、科学价值以及有关行为对文物造成的损毁程度和价值影响等事项，均可以进行认定和鉴定评估，并要求鉴定评估报告应当依照《涉案文物鉴定评估管理办法》规定的程序和格式文本出具。

三是进一步明确文物犯罪案件的管辖。根据《意见》规定，文物犯罪案件的犯罪地既包括工具准备地、勘探地、盗掘地，还包括涉案文物的实际取得地、藏匿地、转移地、加工地、储存地等，以解决实践中“由物及案”的管辖难题。同时，为有利查清事实、提高办案效率，《意见》还就妨害文物管理犯罪案件的并案处理作了规定。

四是进一步贯彻宽严相济刑事政策。《意见》规定，对在共同犯罪中起主要作用者可以依法认定主犯，以全链条打击文物犯罪网络；对有文物违法记录或犯罪前科人员及国家工作人员实施相关犯罪的，可酌情从重处罚；对具有自首、立功、认罪认罚等情形的，依法从宽处理。同时，《意见》还要求做好行刑衔接工作，全面打击文物违法犯罪。

下一步，最高人民法院、最高人民检察院、公安部、国家文物局，将指导地方各级人民法院、人民检察院、公安机关和文物行政部门，严格执行刑法、文物保护法和《意见》的有关规定，准确把握政策要求，规范案件办理程序，有效防范和打击文物犯罪，切实保护国家文化遗产安全。

（载中华人民共和国最高人民法院网）

9月21日

“两高两部”联合发布新的取保候审规定

取保候审是刑事诉讼中一项重要的非羁押性强制措施，依法规范适用取保候审，对于尊重和保障人权、节约司法资源、保障刑事诉讼顺利进行具有重要意义。随着我国经济社会发展和法治建设不断进步，犯罪结构和刑罚结构逐渐轻缓化，为贯彻落实好习近平法治思想，适应新时代人民群众需求，充分体现宽严相济刑事政策以及少捕慎诉慎押刑事司法政策，最高人民法院、最高人民检察院、公安部、国家安全部在充分调研的基础上，对取保候审实践中迫切需要解决的问题进行了认真梳理、深入剖析，经过反复研究论证与修改，对1999年印发的《关于取保候审若干问题的规定》进行了修订，并于2022年9月21日正式发布。

《规定》共六章四十条，对取保候审的一般规定、决定、执行、变更、解除、责任等方面作出了规定。其中，重点对以下内容进行了修改：

一是进一步明确了取保候审的适用范围。关于取保候审的对象，《规定》明确对于采取取保候审足以防止发生社会危险性的犯罪嫌疑人，应当依法适用取保候审。关于取保候审的适用条件，明确了对于《刑事诉讼法》第六十七条中的“严重疾病”和“生活不能自理”，分别参照最高人民法院等部门印发的有关规范性文件执行。

二是进一步强化对被取保候审人的执行监管。为进一步明确被取保人的活动范围，《规定》对《刑事诉讼法》第七十一条中“特定的场所”“特定的人员”“特定的活动”的范围进行了细化，以便于实际操作。针对异地执行取保候审的，《规定》对被取保候审人向执行机关报到的期限作出了规定，并明确了未在规定期限内报到的后果及处置措施，以确保异地取保候审有效执行。对被取保候审人申请离开居住地的，进一步细化了相关条件、批准程序、应当遵守的规定等内容。同时，为加大对被取保候审人的违规惩处力度，《规定》还对没收保证金、对保证人罚款、逮捕等措施的条件、程序予以进一步明确，以保障取保候审相关规定得到贯彻执行。

三是解决取保候审执行中遇到的具体问题。针对犯罪嫌疑人、被告人没有经常居住地，而又常年不在户籍地这一常见问题，《规定》明确，在符合一定条件的情况下，可以在被取保候审人暂住地执行取保候审。针对被取保候审人居住地变更后如何处理的问题，《规定》要求，决定取保候审的公安机关应当重新确定被取保候审人变更后的居住地派出所执行，且原执行机关应当与变更后的执行机关进行工作交接。此外，为方便退还被取保候审人保证金，《规定》提出经本人出具书面申请，公安机关可以书面通知银行转账退还保证金。

四是进一步规范取保候审的工作衔接。为顺畅检法机关决定取保候审送交执行工作，《规定》明确人民法院、人民检察院决定取保候审的，将有关法律文书和其他材料送交所在地同级公安机关，由所在地同级公安机关依照规定交付执行。同时，《规定》要求，被取保候审人违反规定需要予以逮捕的，应当提请人民检察院、人民法院依法作出逮捕决定，并由所在地同级公安机关执行。此外，《规定》还进一步规范了取保候审与其他强制措施、判决、决定等的衔接问题。

下一步，最高人民法院、最高人民检察院、公安部、国家安全部，将指导地方各级人民法院、人民检察院、公安机关和国家安全机关，严格执行《刑事诉讼法》《关于取保候审若干问题的规定》及其他有关规定，进一步规范适用取保候审，深入贯彻落实宽严相济刑事政策以及少捕慎诉慎押的刑事司法政策，在保障刑事诉讼活动顺利进行的同时，充分保护公民合法权益。

（载中华人民共和国最高人民法院网）

10月13日

最高人民检察院印发新修订的《检察官教育培训工作条例》

最高人民检察院印发了新修订的《检察官教育培训工作条例》（下称《条例》）。《条例》共8部分59条内容，是检察机关学习贯彻习近平法治思想和《中共中央关于加强新时代检察机关法律监督工作的意见》，提升检察官队伍素质能力，促进新时代检察官教育培训工作高质量发展的重要规范性文件。

《条例》指出，检察官教育培训工作要以习近平新时代中国特色社会主义思想为指导，以贯彻落实习近平法治思想为主线，以提升法律监督能力为核心，以提升检察官政治素质、业务素质、职业道德素质为重点，全面推进检察官队伍革命化、正规化、专业化、职业化建设。

《条例》要求，检察官教育培训工作由最高检统一管理，省级检察院统筹负责，各级检察院按管理权限分级实施。下级院应当定期向上级院报告教育培训工作情况。明确了检察官教育培训工作党组主责、政治部门主管、业务部门主导、国家检察官学院和分院承办的职责分工。

《条例》对教育培训分类及内容进行了明确。其中，检察官政治轮训实行分级分层组织，突出政治建设融入业务培训。初任检察官统一职前培训，时间为一年，集中教学时间不少于一个月。初任检察长、副检察长、检委会专职委员任职培训，应当在任职前或任职后1年内完成培训，时间不少于15天。晋升高级检察官培训应当在晋高1年内完成培训，时间累计不少于30天或230学时。检察官在职期间的岗位培训，每年累计不少于12天或90学时。

《条例》指出，检察官教育培训以脱产培训、自学、检察委员会和检察官联席会议学习、岗位练兵等方式进行。推行线上线下融合、线上咨询答疑、远程案例研讨和会诊等各类教育培训形式。推进跨地区、跨部门共同开展法律职业共同体人员或相关行政部门人员同堂培训。深化检察机关与高等院校、科研院所等交流合作。

《条例》强调，检察官参训情况和考核结果作为年度考核、考察、任职、晋升的重要依据之一。检察官未按规定参加培训或未通过培训考核的，检察官年度考核不得评定为优秀等次。要健全检察官教育培训登记管理制度、教育培训主管部门跟班管理制度、检察官教育培训质量评估制度等，加强对检察官教育培训工作的监督检查。

《条例》还对教育培训组织管理，教育培训机构以及教育培训师资、课程、教材、经费等提出明确要求。

（载中华人民共和国最高人民检察院网）

10月27日

“两高两部”联合出台《关于进一步深化刑事案件律师辩护全覆盖试点工作的意见》

最高人民法院、最高人民检察院、公安部、司法部联合出台了《关于进一步深化刑事案件律师辩护全覆盖试点工作的意见》（以下简称《意见》）。《意见》全面贯彻习近平法治思想，坚持以人民为中心的发展思想，是深化司法体制综合配套改革、促进社会公平正义、加强人权司法保障的又一重要举措。

《意见》指出，2017年10月，最高人民法院、司法部部署在北京等8个省（直辖市）开展刑事案件审判阶段律师辩护全覆盖试点工作。2018年12月，两部门又印发通知，将试点工作扩大至全国，实现了审判阶段刑事辩护和法律帮助全覆盖。试点工作开展以来，各地加强统筹部署，理顺沟通衔接机制，加强法律援助质量监管，取得了积极成效。截至目前，全国共有2594个县（市、区）开展了审判阶段刑事案件律师辩护全覆盖试点工作，占县级行政区域总数的90%以上。以2021年为例，各地因开展试点增加法律援助案件32万余件，占审判阶段刑事法律援助案件总数的63.6%，因开展试点值班律师提供法律帮助的案件55万余件，刑事案件律师辩护率大幅提高，刑事案件被告人人权司法保障进一步增强。但是，试点工作中暴露出律师资源不均、经费保障不足、工作衔接不畅等问题，特别是认罪认罚从宽制度的广泛适用，也对审查起诉阶段律师辩护和值班律师法律帮助提出了更高要求，有必要进一步深化试点工作。

《意见》强调，要充分认识深化刑事案件律师辩护全覆盖试点工作的重大意义。深化试点工作是贯彻落实习近平法治思想，在刑事司法领域落实以人民为中心的发展思想的必然要求；是贯彻落实法律援助法，进一步扩大刑事法律援助范围、不断健全完善法律援助制度的内在需求；是全面贯彻落实宽严相济刑事政策，精准适用认罪认罚从宽制度的重要举措。

《意见》要求，各司法厅（局）要在巩固审判阶段刑事案件律师辩护全覆盖试点工作成效基础上，开展审查起诉阶段律师辩护全覆盖试点工作，商检察机关于11月底前确定2至3个地市（直辖市的区县）开展试点。对犯罪嫌疑人没有委托辩护人且具有可能判处三年以上有期徒刑、本人或其共同犯罪嫌疑人拒不认罪、案情重大复杂、可能造成重大社会影响情形之一的，由人民检察院通知法律援助机构指派律师提供辩护。明确辩护律师在审查起诉阶段及办理认罪认罚案件中的职责，要求辩护律师在审查起诉阶段向犯罪嫌疑人提供法律咨询、程序选择建议、申请变更强制措施、提出羁押必要性审查申请等法律帮助。强调保障律师会见、阅卷等辩护权利，要求人民检察院对作出的退回补充侦查等重大程序性决定，应当依法及时告知辩护律师，向辩护律师公开案件流程信息。

《意见》进一步细化了值班律师参与诉讼的相关规定，为值班律师充分发挥实质性法律帮助作用提供保障。强调办案机关要依法履行权利告知义务，在各个诉讼阶段明确告知犯罪嫌疑人、被告人有权获得值班律师法律帮助。没有辩护人的犯罪嫌疑人、被告人提出约见值班律师要求的，办案机关应当直接送达现场派驻的值班律师或即时通知电话、网络值班律师；不能直接安排或即时送达的，应当在二十四小时内将法律帮助通知书送达法律援助机构。要求办案机关充分保障值班律师权利，为值班律师会见、阅卷提供便利，在侦查、审查逮捕、审查起诉和审判阶段分别听取值班律师意见；值班律师认为办案机关及其工作人员侵犯其执业权利的，有权向人民检察院申诉控告。同时提出，值班律师提供法律帮助应当充分了解案情，查阅案卷材料，向犯罪嫌疑人、被告人充分释明诉讼权利和程序规定后对案件处理提出意见；犯罪嫌疑人、被告人自愿认罪认罚的，应当结合案情释明认罪认罚的性质和法律规定，对人民检察院指控的罪名、量刑建议、诉讼程序适用等提出意见。

《意见》强调，要健全完善协调会商、信息共享等配合机制，加强试点工作信息化建设，进一步提高工作效率，为律师履职创造积极条件。要加强组织领导，争取地方党委、政府支持，积极协调财政部门落实业务经费保障相关规定，提高法律援助经费使用效率，建立健全法律服务资源依法跨区域流动机制，深入挖掘刑事法律援助人员潜力，加强法律援助志愿服务，切实解决经费保障不足、律师资源不均等问题困难，为试点工作提供坚实保障。

（载中华人民共和国最高人民法院网）

11 月 2 日

最高人民检察院发出《通知》要求深入学习宣传贯彻党的二十大精神

11月2日，最高人民检察院发出《关于深入学习宣传贯彻党的二十大精神的通知》，要求全国检察机关按照《中共中央关于认真学习宣传贯彻党的二十大精神的决定》和中央政法委部署，把学习宣传贯彻党的二十大精神作为当前和今后一个时期全国检察机关的首要政治任务，紧密结合检察工作“质量建设年”要求，依法能动履行各项检察职能，把学习宣传贯彻党的二十大精神转化为履职尽责的实际成效，奋力谱写新时代新征程检察事业新篇章，为全面建设社会主义现代化国家、全面推进中华民族伟大复兴作出新的更大贡献。

通知指出，要全面准确学习领会党的二十大精神，深刻领悟、切实担起党和人民赋予检察机关的更重政治责任。党的二十大精神博大精深、内涵丰富，既有政治上的高瞻远瞩和理论上的深邃思考，也有目标上的科学设定和工作上的战略部署。习近平总书记在党的二十大期间、二十届一中全会、二十届中央政治局会议和中央政治局第一次集体学习，以及到陕西延安、河南安阳考察时发表一系列重要讲话，对学习宣传贯彻党的二十大精神作出一系列重要指示，为全党全国学习宣传贯彻党的二十大精神指明了方向、树立了标杆。各级检察机关要认真学习贯彻习近平总书记一系列重要讲话精神，对标对表党中央要求，原原本本、逐字逐句学习党的二十大报告和党章，深刻领悟“两个确立”的决定性意义，坚定不移把坚持“两个确立”转化为做到“两个维护”的高度政治自觉、法治自觉、检察自觉，切实把思想和行动统一到大会精神上来，把智慧和力量凝聚到大会确定的目标任务上来。

通知指出，落实好党的二十大作出的决策部署，根本要做到学思用贯通、知信行合一，在学深悟透、学懂弄通的基础上“做实”。各级检察机关要以检察能动履职不折不扣落实党的二十大确定的大政方针和决策部署，牢记“国之大者”，以法治之力服务推进中国式现代化；强化法律监督，在纵深推进全面依法治国中贡献检察力量；深化全面从严管党治检，锻造堪当时代重任的高素质检察队伍。要以“一分部署、九分落实”的韧劲和决心，紧密结合检察工作“质量建设年”要求，心无旁骛做好自己的事，把学习宣传贯彻党的二十大精神转化为履职尽责的实际成效。

通知强调，要坚持系统观念、做好“结合”文章，以学习宣传贯彻党的二十大精神统领当前和今后一个时期各项检察工作。把学习宣传贯彻党的二十大、二十届一中全会精神与学习党的十八大报告、十九大报告精神结合起来，把学习宣传贯彻党的二十大精神与深入学习贯彻习近平法治思想、认真落实《中共中央关于加强新时代检察机关法律监督工作的意见》结合起来，把抓实当前工作、谋划明年工作与推动检察事业长远发展结合起来，把全员全覆盖主题培训与各级各类常态化培训结合起来，把领导干部带头学与党员干部自觉学结合起来，把系统内学习宣传研究与向社会宣传阐释结合起来，确保全体检察人员将党的二十大精神真正融于心、铸于魂、践于行。

通知强调，各级检察机关要压实领导责任，把握正确导向，做到务求实效，把学习宣传贯彻党的二十大精神摆上重要议事日程，作为一项长期的政治任务，融入日常学习教育，贯穿各项检察工作始终，真正以学习宣传贯彻党的二十大精神统领新时代新征程检察工作高质量发展。

（载《检察日报》2022 年 11 月 3 日，第 1 版。记者戴佳）

11 月 11 日

最高人民法院、最高人民检察院、教育部联合发布《关于落实从业禁止制度的意见》

11月11日，最高人民法院会同最高人民检察院、教育部发布《关于落实从业禁止制度的意见》（法发〔2022〕32号）。

《意见》坚持以习近平新时代中国特色社会主义思想为指导，深入贯彻习近平法治思想，按照最有利于未成年人的原则，就依法严格执行犯罪人员从业禁止制度，进一步加强司法保护与学校保护、社会保护的衔接作出了规定，旨在为净化校园环境、加强师德师风建设，切实保护未成年人提供强有力的司法保障。《意见》共10条，主要内容如下：

一是明确了司法机关在办理教职员工犯罪案件中适用从业禁止、禁止令规定的具体规则。《意见》规定，教职员工实施性侵害、虐待、拐卖、暴力伤害等犯罪的，人民法院应当依照未成年人保护法第六十二条的规定，判决禁止其从事密切接触未成年人的工作。教职员工实施前述规定以外的其他犯罪，人民法院可以根据犯罪情况和预防再犯罪的需要，依照刑法第三十七条之一第一款的规定，判决禁止其自刑罚执行完毕之日或者假释之日起从事相关职业，期限为三年至五年；或者依照刑法第三十八条第二款、第七十二条第二款的规定，对其适用禁止令。

二是规定了在教职员工犯罪案件的判决生效后，人民法院应当向教育行政部门送达裁判文书。《意见》规定，判决生效后，人民法院应当在三十日内将裁判文书送达被告人单位所在地的教育行政部门；必要时，教育行政部门应当将裁判文书转送有关主管部门。因涉及未成年人隐私等原因，不宜送达裁判文书的，可以送达载明被告人的自然情况、罪名及刑期的相关证明材料。

三是明确了人民法院刑事判决与犯罪教职员工所在单位、主管部门处理、处分和处罚的关系。《意见》规定，教职员工犯罪，人民法院作出的判决生效后，所在单位、教育行政部门或者有关主管部门可以依照未成年人保护法、教师法、《教师资格条例》等法律法规给予相应处理、处分和处罚。符合丧失教师资格或者撤销教师资格情形的，教育行政部门应当及时收缴其教师资格证书。

为切实解决司法实践中遇到的问题，突出对未成年人的特殊、优先保护，《意见》还明确，学校、幼儿园等教育机构、校外培训机构的举办者、实际控制人犯罪，参照本意见执行。

下一步，最高人民法院、最高人民检察院、教育部将指导地方各级人民法院、人民检察院、教育行政部门，准确执行刑法、未成年人保护法、教师法和《意见》的有关规定，准确适用、严格执行从业禁止制度，对师德严重违规问题“零容忍”，净化校园环境，为未成年人健康安全成长营造良好环境。

（载中华人民共和国最高人民法院网）

12月5日

“两高”联合发布《关于办理危害生产安全刑事案件适用法律若干问题的解释（二）》

党的二十大对“推进国家安全体系和能力现代化，提高公共安全治理水平”提出新的更高要求。12月15日，最高人民法院、最高人民检察院联合发布《关于办理危害生产安全刑事案件适用法律若干问题的解释（二）》（下称《解释》），进一步明确相关法律适用标准，依法惩治危害生产安全犯罪，维护公共安全，保护人民群众生命安全和公私财产安全，为经济社会高质量发展提供有力司法保障。

《解释》共12条，2022年12月19日起施行。《解释》明确规定了强令、组织他人违章冒险作业罪的行为方式，以及危险作业罪的犯罪主体范围、客观方面构成要件的具体认定等内容，进一步强化了对强令、组织他人违章冒险作业罪和危险作业罪的从严打击，为各级司法机关准确适用上述罪名有效惩治危害生产安全犯罪提供明确依据。

《解释》明确了安全评价中介组织或其人员犯提供虚假证明文件罪和出具证明文件重大失实罪的定罪量刑标准，同时对如何正确认定刑法规定的故意提供虚假证明文件行为作了列举性和提示性规定。按照《解释》规定，承担安全评价职责的中介组织或其人员提供的证明文件有隐瞒生产经营单位重大事故隐患及整改落实情况、主要灾害等级等情况，影响评价结论的，或伪造、篡改生产经营单位相关信息、数据、技术报告或者结论等内容，影响评价结论的，均属于刑法第二百二十九条第一款规定的“虚假证明文件”。承担安全评价职责的中介组织或其人员故意提供虚假证明文件，造成死亡一人以上或者重伤三人以上安全事故的属于刑法第二百二十九条第一款规定的“情节严重”。

《解释》明确，实施危险作业犯罪行为，积极配合有关部门采取措施消除事故隐患，确有悔改表现，认罪认罚的，可以从宽处罚。《解释》还对行政执法与刑事司法衔接工作作了原则性规定，要求人民法院、检察机关对于依法被不起诉或者免予刑事处罚的危害生产安全犯罪和关联犯罪的犯罪人，需要给予行政处罚、政务处分或者其他处分的，要依法移送有关主管机关处理，确保行政执法与刑事司法双向衔接、法律责任落实到位。

《解释》施行后，最高法、最高检将指导地方各级人民法院、人民检察院，准确适用刑法、刑事诉讼法和《解释》的有关规定，坚持依法从严惩处总体原则和宽严相济刑事政策，进一步做好危害生产安全犯罪案件办理工作，切实维护生产安全，保障人民生命财产安全。

为充分发挥典型案例对办理危害生产安全刑事案件的指导作用，进一步明确相关法律适用问题，“两高”在总结以往司法办案的经验做法基础上，联合发布6件依法惩治危害生产安全犯罪典型案例，分别是：杨某锵等重大责任事故、伪造国家机关证件、行贿案，李某、王某华、焦某东等强令违章冒险作业、重大责任事故案，江苏天某安全技术公司、柏某等提供虚假证明文件案，高某海等危险作业案，李某远危险作业案，赵某宽、赵某龙危险作业不起诉案。

（载中华人民共和国最高人民检察院网）

12月9日

最高人民检察院印发《关于加强行贿犯罪案件办理工作的指导意见》

12月9日是第19个“国际反腐败日”，最高人民检察院印发《关于加强行贿犯罪案件办理工作的指导意见》（下称《意见》），强调以“遏源”“断流”的坚定决心和务实举措，依法精准有力惩治行贿犯罪。

行贿犯罪是受贿犯罪的重要诱因，“围猎”腐蚀之风不刹，腐败增量难以有效遏制。坚持受贿行贿一起查，是党中央作出的重要决策部署。党的二十大进一步强调“以零容忍态度反腐惩恶，更加有力遏制增量，更加有效清除存量”“坚持受贿行贿一起查”。最高检第三检察厅负责人介绍，近年来，检察机关加强与监察机关、审判机关互相配合、互相制约，加大惩治行贿犯罪力度，办案质量不断提高，落实坚持受贿行贿一起查决策部署的成效正在彰显。最高检印发《意见》旨在进一步贯彻落实党中央相关部署要求，结合办理行贿犯罪案件的新情况新问题，为各级检察机关立足职能从严惩治行贿、提升办案质效提供规范指引，助力推进受贿行贿一起查，实现腐败问题的标本兼治。

《意见》强调，要准确领会党中央全面从严治党的精神，坚决落实反腐败斗争部署要求。要提高政治站位，自觉担当履职，高度重视、积极履行受贿行贿一起查的政治责任、法治责任和检察责任，以“遏源”“断流”的坚定决心和务实举措，为坚决打赢反腐败斗争攻坚战持久战作出检察贡献。要落实工作要求，把握办案原则，做到惩治与预防相统筹、打击犯罪与促进经济发展相结合，努力实现政治效果、法律效果、社会效果有机统一。

《意见》强调，要坚持“一起查”的主基调，依法精准有力惩治行贿犯罪。要依法准确认定行贿犯罪，准确区分个人行贿与单位行贿。对以单位名义实施行贿、获得的不正当利益归个人所有的，应当认定为个人行贿。行贿人谋取不正当利益的相关行为单独构成犯罪的，应当依法与行贿犯罪数罪并罚。要从严追究性质恶劣的行贿犯罪，从严提出量刑建议，包括适用财产刑的建议，有力惩治行贿犯罪。要严格把握行贿犯罪的从宽处理，认真审查从宽情节证据，区分不同的情形、程度，做到罪责相适、宽严得当。行贿人认罪认罚，可以依法适用认罪认罚从宽制度的，根据案件具体情况依法决定是否从宽、如何从宽。对涉行贿犯罪的企业，符合适用涉案企业合规监管条件的，要按照规定认真做好相关工作，并通过第三方监督评估机制严格督促企业合规整改，不认真落实整改的要依法提起公诉。要加大力度追缴和纠正行贿所获不正当利益，通过认真审查、及时采取措施、探索建立机制、引入专业支持等，确保充分追缴和纠正。

《意见》要求，要依法适用强制措施，区分不同性质查封、扣押、冻结涉案财产。要准确适用限制人身自由强制措施，对于符合相关条件的犯罪嫌疑人，依法采取取保候审、监视居住措施。严禁超范围查封、扣押、冻结涉案财产，对用于生产经营的账户、设备等，一般不予查封、扣押、冻结，切实保障企业合法生产经营活动的开展。

《意见》要求，要加强业务指导，做实配合制约。要严格执行行贿案件不起诉报上一级检察院批准的规定，并层报最高检备案，上级检察院要做好个案指导和综合分析研判。要加强与监察机关、审判机关的沟通，落实好办案衔接规定，确保配合有力、制约有效，促进凝聚共识、协同发力。要加强对行贿犯罪案件的审判监督，综合运用多种方式，强化监督效果。

《意见》指出，要强化诉源治理，推动标本兼治。要促进提升行贿犯罪治理效能，强化数字检察理念，分析研判相关行贿犯罪的规律特点和背后的管理问题，及时提出有针对性的检察建议或者专项报告。要加强预防行贿法治宣传，揭露行贿犯罪的社会危害性，释放坚决惩治行贿的强烈信号，彰显坚决追缴行贿所获不正当利益的鲜明态度，促进形成杜绝行贿、依法办事的社会风尚。

（载中华人民共和国最高人民检察院网）

第三节　典型案例

1月6日

检察机关依法惩治拒不支付劳动报酬犯罪典型案例

2021 年，全国检察机关深入贯彻习近平法治思想，全面落实党中央和国务院有关根治欠薪的决策部署，切实开展党史学习教育“检察为民办实事”实践活动，充分履行法律监督职能，依法惩治拒不支付劳动报酬犯罪，维护劳动者合法权益，为保障民营经济健康发展提供良好的法治营商环境。

2021 年 1 至 11 月，全国检察机关共受理审查起诉拒不支付劳动报酬犯罪案件 2813 件 3243 人，同比分别上升 12.3% 和 12%。通过办案追缴欠薪约 1.68 亿元。保障劳动者及时拿到足额工资，是关系基本民生的大事。2021 年以来，拖欠劳动者工资问题仍时有发生，特别是岁末年初各类项目、工程资金相继进入结算期，叠加疫情冲击影响，拖欠农民工工资现象高发。加之拖欠工资具有一定隐蔽性，部分劳动者法律意识淡薄，劳动者维权仍面临困难。如果得不到及时监管、妥善解决，将影响人民群众的获得感、幸福感、安全感。全国各级检察机关提高政治站位，压实工作责任，坚持以“人民为中心”的司法理念，以办案为核心，综合运用各种法律手段，依法惩治“恶意欠薪”违法犯罪行为，保障民生民利，维护劳动者的合法权益。

一方面立足司法办案，对于情节恶劣，后果严重，经刑事立案追缴仍不履行支付义务的犯罪嫌疑人，依法打击、从严惩处，有效发挥法律的惩治和震慑作用，为根治欠薪问题提供司法保障。2021 年 1 月至 11 月，全国检察机关依法批准逮捕拒不支付劳动报酬犯罪案件 716 件 732 人，提起公诉 1256 件 1382 人。另一方面，检察机关积极贯彻少捕慎诉慎押刑事司法政策，努力实现维权与护企并重。在案件办理中，综合考量案件整体情况，通过羁押必要性审查、积极适用认罪认罚从宽制度等措施，对积极悔改、尽力补救支付劳动报酬的犯罪嫌疑人，依法作出不捕、不诉决定，对提起公诉的提出轻缓刑的量刑建议，最大程度地减少办案对企业正常生产经营的影响，进而更好地维护劳动者薪酬权益。2021 年 1 至 11 月，全国检察机关不批准逮捕拒不支付劳动报酬犯罪案件 893 件 953 人，同比分别上升 55.3% 和 50.8%，不起诉 1031 件 1244 人，同比分别上升 4.1% 和 5.3%。此外，检察机关还积极参与社会治理，注重通过检察建议帮扶企业建立长效机制，督促企业合规经营。同时检察机关注重以案释法，开展法治宣传，以检察服务传递司法温度，取得了良好效果。

近期，最高检从各地检察机关报送的案例中筛选出一批政治效果、法律效果、社会效果好的 5 个典型案例，现予以发布。

案例一

刘某某拒不支付劳动报酬抗诉案

【基本案情】

2018 年下半年至 2019 年 5 月，刘某某以四川省攀枝花市某装饰工程有限责任公司名义承接房屋修建工程，在收到 100 余万元工程款后只支付了部分农民工工资，后采取变更电话号码、前往外地等方式逃避支付剩余农民工工资。2020 年 6 月 17 日，攀枝花市仁和区人力资源和社会保障局向其下达责令改正决定书，刘某某仍未支付。截至 2020 年 7 月，刘某某拖欠 30 名农民工工资 15.4 万元。

2019 年 8 月至 2020 年 5 月，刘某某承接四川省盐边县电力公司某变电站修建工程，在收到工程款 16 万余元后未足额支付 30 名农民工工资，共计拖欠工资 11.8 万余元。2020 年 10 月 21 日，盐边县人力资源和社会保障局向其下达《劳动保障监察限期改正指令书》(下称《指令书》)，但其始终未支付。

因刘某某以逃匿方式逃避支付劳动者报酬，数额较大，经政府有关部门责令支付仍不支付，其行为已构成拒不支付劳动报酬罪，2021 年 5 月 11 日，四川省攀枝花市仁和区人民检察院对刘某某依法提起公诉。同年 6 月 24 日，攀枝花市仁和区人民法院认定刘某某在攀枝花市承接工程过程中拒不支付劳动报酬 15.4 万元，以刘某某犯拒不支付劳动报酬罪，判处其有期徒刑一年七个月，并处罚金人民币 5 万元。仁和区人民检察院认为，一审判决未认定刘某某在盐边县电力公司某变电站修建工程中拖欠农民工工资 11.8 万余元的犯罪事实确有错误，向攀枝花市中级人民法院提出抗诉。攀枝花市人民检察院经审查支持抗诉。同年 11 月 4 日，攀枝花市中级人民法院作出二审判决，采纳了检察机关抗诉意见，依法认定了刘某某拒不支付农民工工资 11.8 万余元的行为构成拒不支付劳动报酬罪，改判其有期徒刑一年十个月，并处罚金 5 万元。

【检察履职情况】

1. 开展自行补充侦查，完善证据依法抗诉。本案一审判决未认定刘某某在盐边县工程中欠薪 11 万余元的行为构成犯罪，理由是认为盐边县人社局送达的《指令书》中在“周某某民工工资”前遗漏了“支付”二字，属于缺乏“经政府有关部门责令支付”法定入罪前置要件。二审期间，攀枝花市人民检察院着眼这一争议焦点，主动开展自行补充侦查工作。依法提取了《送达回证》等书证，询问了人社局执法人员和相关证人，前往涉案公司注册地，对盐边县人社局留置送达《指令书》的现场进行复勘并制作光盘固定证据。经补证查实，盐边县人社局留置送达给刘某某的《指令书》中并未遗漏“支付”二字，但该局移送给公安机关作为证据材料的《指令书》上遗漏了该二字。

2. 申请关键证人出庭，充分说理，准确认定案件事实。二审庭审期间，攀枝花市人民检察院依法申请了盐边县人社局工作人员出席法庭作证。庭审中，出庭检察员围绕盐边县人社局是否依法留置送达了《指令书》，以及留置的《指令书》上是否遗漏“支付”二字等争议焦点对出庭证人进行询问。并结合出示的证人证言、送达回证、复勘视频及照片等新证据，还原了客观事实。检察机关进一步阐释，《指令书》下达前，盐边县人社局已向刘某某告知其欠薪行为已被立案调查，并组织其与被欠薪员工进行调解，且在《指令书》中载明了其拖欠员工工资的客观事实，故尽管盐边县人社局移送给公安机关的《指令书》中遗漏了“支付”二字，但实质上应当认定政府有关部门已履行完责令支付职责。

【典型意义】

1. 依法抗诉，保障劳动者合法权益。该案中检察机关既通过依法指控，严厉打击“恶意欠薪”行为，又果断行使抗诉权发挥法律监督职能，切实践行了对拒不支付劳动报酬违法犯罪行为“零容忍”的检察承诺，为劳动者合法权益构筑起了刑事检察保护屏障。

2. 依法主动履职，实现“三个效果”相统一。检察机关一方面采取自行补充侦查和协调公安机关配合的方式补充侦查、完善证据，提高办案效率，确保办案效果。另一方面采取申请证人出席二审庭审作证、开展交叉询问、出示新证据、加强释法说理等方式，充分履行指控犯罪和法律监督职责，实现了办案“三个效果”的有机统一。

案例二

余某安拒不支付劳动报酬监督移送案

【基本案情】自 2018 年 4 月起，余某安在福建省晋江市经济开发区租赁厂房和机器设备，组织工人从事鞋业制造和加工，于 2019 年 6 月注册成立晋江思福鞋材有限公司（以下简称思福公司，另案处理），余某安系法定代表人和实际经营者。截至 2019 年 6 月底，余某安共拖欠熊某、张某某等 97 名工人工资合计人民币 134 万余元，后于 2019 年 6 月 29 日逃匿失联。同年 7 月 1 日，晋江市人力资源和社会保障局责令余某安支付员工工资，余某安逾期仍不支付。2019 年 7 月 12 日，晋江市人民检察院建议晋江市人力资源和社会保障局将本案线索移送晋江市公安局依法立案，后晋江市公安局对余某安涉嫌拒不支付劳动报酬一案立案侦查。2020 年 4 月，余某安被抓获归案并被取保候审。经晋江市人民检察院、人力资源和社会保障局、乡镇政府协调，余某安通过多种渠道筹措资金，共支付了工人工资 125 万余元，仍拖欠工人工资 9 万余元。

2021 年 5 月，晋江市人民检察院对该案依法提起公诉。同年 8 月，晋江市人民法院以拒不支付劳动报酬罪判处余某安有期徒刑一年，并处罚金人民币三万元。余某安认罪服判。

【检察履职情况】

1.“两法衔接”及时有效，提前介入监督立案。晋江市人民检察院依托“两法衔接”工作机制，通过信息共享平台，发现余某安欠薪数额大、涉及人数多，被欠薪工人诉求强烈，拒不支付劳动报酬行为可能涉嫌犯罪，遂依法启动监督程序。建议晋江市人力资源和社会保障局及时向公安机关移送犯罪线索，监督公安机关及时立案侦查。检察机关及时介入侦查、引导公安机关搜集、固定相关证据，促进行政执法与刑事司法的有效衔接。

2. 拓宽渠道追讨欠薪，积极挽回工人损失。在建议人力资源和社会保障局移送犯罪线索的同时，晋江市检察机关与人力资源和社会保障局、市信访局、乡镇司法所等部门联动，安抚近百名欠薪工人情绪、释法说理，引导理性维权。同时，检察机关协调相关部门及工人代表等共同商议所欠工资的解决方案，通过多渠道多种方式帮助思福公司筹得薪资 125 万余元，解决了被欠薪工人的燃眉之急。

3. 坚持依法惩治犯罪，贯彻宽严相济刑事政策。在审查起诉阶段，被告人余某安如实供述罪行、自愿认罪认罚。晋江市人民检察院综合全案犯罪事实和情节，依法对余某安提起公诉，提出判处有期徒刑一年，并处罚金人民币三万元的量刑建议。法院全部采纳了起诉指控的犯罪事实、罪名及量刑建议，余某安认罪服判，实现了办案“三个效果”的有机统一。

【典型意义】

1. 强化立案监督，发挥“两法衔接”机制作用。晋江市人民检察院坚持以人民为中心的司法理念，履行监督职责，联合多部门开展保障农民工工资支付专项排查工作。依托“两法衔接”机制，强化案件线索摸排，对工作中发现的拒不支付劳动报酬案件线索第一时间分析研判，及时启动立案监督程序，督促行政执法机关依法移送刑事案件线索，促进了行政执法与刑事司法的有效衔接。

2. 打击与追讨并重，积极回应工人追回欠薪的诉求。检察机关坚持依法惩治“恶意欠薪”违法犯罪行为，保障民生民利，传递了良好社会价值导向。与此同时，坚持“为民办实事”，打击欠薪犯罪与追讨欠薪并重，在办案中加强沟通协调，多渠道筹措被拖欠的工人工资，增强了执法活动的实效性，劳动者的劳动权益、劳动成果得到有效维护。

案例三

义乌市某文化传播有限公司、梁某某拒不支付劳动报酬不起诉案

【基本案情】梁某某系浙江省义乌市某文化传播有限公司实际控制人，2018年8月以来，该公司在义乌经营量贩KTV，后因经营不善拖欠方某某、虞某某等27名员工工资共计人民币97089元，梁某某在未付清上述工资的情况下逃匿。上述27名员工于2019年9月26日向义乌市人力资源和社会保障局投诉。同年11月5日，义乌市人社局向该公司及梁某某发出《责令限期改正指令书》，责令其付清员工工资人民币88753元。该公司、梁某某在收到责令通知后仍未在指定的期限内支付。

梁某某归案后，在公安机关侦查阶段支付员工工资88753元，在检察机关审查起诉阶段，又支付了超龄劳动者工资6675元。义乌市人民检察院经审查认为，梁某某虽已构成拒不支付劳动报酬罪，但犯罪情节轻微，于2021年8月23日对梁某某作出相对不起诉决定。

【检察履职过程】

1. 全面审查欠薪事实，对特殊超龄劳动者的欠薪进行平等保护。本案中有2名员工年龄超过了退休年龄，属于超龄劳动者。劳动行政部门以超龄劳动者和用人单位之间系劳务关系而非劳动关系，不受《劳动法》保护为由，未将该2名员工的工资认定在责令支付的范围内。检察机关经审查认为，根据《最高人民法院关于审理劳动争议案件适用法律若干问题的解释（三）》第七条的规定，不能简单将“超龄”与劳务关系画等号，针对未享受养老保险待遇且未领取退休金的超龄劳动者，应当确认其与用人单位之间的劳动关系，适用《劳动法》《劳动合同法》平等保护。基于上述理由，检察机关要求梁某某付清本案2名超龄劳动者的工资。

2. 确保工资顺利发放，依法作出相对不起诉决定。审查起诉阶段，在检察机关的敦促下，梁某某筹措资金将超龄劳动者的工资缴至劳动行政部门专用账户，确保劳动报酬依法、及时、规范发放，有效维护劳动者合法权益。检察机关综合考虑梁某某因经营不善而拖欠支付欠薪，虽有逃匿行为但在案发后全额付清拖欠的工资，未造成严重后果，犯罪情节轻微，且其自愿认罪认罚，故决定对梁某某作相对不起诉处理。

3. 研究论证用工争议，向劳动行政部门发出检察建议。针对因“法无明文规定”导致超龄劳动者的合法权益受损的问题，检察机关通过梳理相关法律规定、查阅司法判例，找准区分劳动关系和劳务关系的法律依据，向劳动行政部门发出《检察建议书》。建议对未享受养老保险待遇且未领取退休金的超龄劳动者适用《劳动法》平等保护。另外，针对已经依法享受养老保险待遇和领取退休金的超龄劳动者，虽然不属于《劳动法》调整范围，但仍建议劳动行政部门对该类劳动者的投诉予以受理，并将相关材料随同刑事案件一并移送，作为综合考量犯罪嫌疑人主观恶性、认

罪悔罪态度的依据，进一步维护劳动者合法权益。

【典型意义】

1. 全面审查行政机关责令支付行为，依法履行法律监督职能。检察机关在办理拒不支付劳动报酬案件过程中，应当全面审查涉案材料，对相关部门的责令支付决定进行合法性、合理性审查，不局限于责令认定的金额，发现问题及时纠正。对影响犯罪嫌疑人罪行轻重、主观恶性、悔罪表现的相关材料，检察机关应当建议行政机关予以移送并综合审查认定。

2. 强化行刑衔接，助力保障劳有所得。我国已步入老龄化社会，超龄人员就业情形越来越多，讨薪困难，劳资纠纷屡见不鲜，严重影响社会稳定。检察机关应当将劳动者的“忧酬烦薪”挂在心上，能动用好司法力量，持续跟踪欠薪发放情况，平等保护劳动者的合法权益。同时，从个案中发现普遍性问题，以检察建议的方式推动行政执法理念转变，充分发挥检察职能做好“后半篇文章”。

案例四

郭某姣拒不支付劳动报酬不起诉案

【基本案情】郭某姣于2019年6月至10月经营北京市某直通便民超市有限公司期间，拖欠朱某某等9名公司员工工资共计人民币7.6万余元。北京市平谷区人力资源和社会保障局先后两次向该公司下达责令改正通知书，责令限期足额支付员工工资，但郭某姣未在规定期限内做出改正。后该局又下达行政处理决定书，责令其按要求支付员工工资。郭某姣则以电话停机、门店关门等方式逃避支付劳动报酬。

北京市公安局平谷分局于2020年7月11日对本案立案侦查，2021年7月22日郭某姣被抓获，7月29日被取保候审。郭某姣到案后如实供述了上述事实，支付了拖欠的大部分劳动报酬，并与9名公司员工达成和解协议。本案移送审查起诉后，平谷区人民检察院经审查认为，郭某姣的行为构成拒不支付劳动报酬罪，但犯罪情节轻微，具有认罪认罚、达成和解协议、提起公诉前足额支付劳动报酬等法定从轻处罚情节，于2021年10月11日对郭某姣作出相对不起诉决定。

【检察履职情况】

1. 综合考察案件背景情况，为化解矛盾打下基础。北京平谷区人民检察院对案件进行全面审查，了解到郭某姣自主创业，服务本地的“菜篮子”工程，后因线上购物冲击等因素影响，导致经营不善。郭某姣因对其行为危害性认识不够等原因，采用逃匿等方式逃避支付劳动报酬，且拒不配合有关部门的调查处理。检察机关主动了解事情的前因后果，为后续促成矛盾化解、刑事和解，实现认罪认罚从宽处理打下基础。

2. 细致教育引导，促成劳动报酬足额支付。郭某姣到案后支付了拖欠的大部分劳动报酬，并与公司员工达成和解协议，其继续足额支付剩余劳动报酬的意愿不高。然而在案件移送审查起诉后，部分员工表达了希望能支付全部工资的愿望。为了更好地化解社会矛盾、保障劳动者合法权益，检察机关加强教育引导，促使郭某姣认识到自己行为的危害性，并以兼职及从亲友处筹集所得资金足额支付了9名员工剩余劳动报酬。

3. 公开听证，对案件作出相对不起诉决定。为保证案件处理结果的公正性，保障当事人合法权益，检察机关组织召开了由人大代表、值班律师、侦查人员参加的听证会，对本案拟不起诉决定进行公开听证。与会人员经讨论一致同意检察机关拟作相对不起诉的处理意见。检察机关还就按时足额支付劳动者工资的重要性、企业诚信、守法、合规经营对郭某姣进行了教育。郭某姣对自己的行为进行检讨并写下悔过书，保证今后一定守法合规经营企业。公开听证不仅提升了不起诉决定的公信力、透明度，还取得了良好的社会效果。

【典型意义】

1. 矫正经营观念，促进企业依法合规经营。

检察机关在办案过程中，不仅要注重核实案件事实、审查证据，还应从企业责任、劳动者权益保护角度出发，向犯罪嫌疑人讲明按时足额支付劳动者工资的重要性以及企业应诚信、守法、合规经营的基本准则，促使企业经营者深刻认识到企业不能只关注经营盈利，同时还肩负着社会责任，让法律意识、规则意识内化于心，实现民营企业良性健康发展。

2. 落实慎诉政策，助力民营企业走出困局。检察机关应充分发挥在服务保障“六稳”“六保”中的作用。对于行为已经构成拒不支付劳动报酬罪的企业经营者，若能真诚认罪悔罪、自愿认罪认罚，且尚未造成严重后果，在提起公诉前已全部支付了拖欠的劳动报酬，并与劳动者达成和解协议的，检察机关应贯彻落实少捕慎诉慎押刑事司法政策，注重发挥相对不起诉的作用，助推民营企业健康发展，帮助企业尽快走出困境。

案例五

晋某华拒不支付劳动报酬不起诉案

【基本案情】2016年6月，晋某华与王某某、潘某某合伙，以晋某华名义从安徽省马鞍山Y建筑安装工程有限公司（下称“Y公司”）承揽江苏省丰县某小区建设工程，并雇佣魏某某等50名农民工进场施工。工程竣工后，晋某华以Y公司工程款未结为由拖欠50名农民工工资共计161.43万余元。2018年7月11日，晋某华向丰县人民法院起诉Y公司支付工程款，经法院判决，Y公司将所欠的208.92万余元工程款汇至丰县人民法院执行账户。此后，50名农民工多次向晋某华讨要劳动报酬，并向丰县人力资源和社会保障局劳动监察大队投诉。但晋某华拒不支付，也拒绝配合从法院执行账户中支出所欠劳动报酬，并拒绝签收劳动保障部门的限期改正指令书，关闭手机藏匿外地。

2020年9月，江苏省丰县人民检察院在工作中发现该案线索，并向公安机关移送。同年10月13日公安机关立案侦查，10月22日将晋某华抓获归案。2021年1月20日，公安机关将该案移送审查起诉，期间，晋某华认罪认罚并支付了全部欠薪，取得被害人谅解。同年2月2日，丰县人民检察院综合全案事实、情节，以及晋某华的悔罪表现，对其作出相对不起诉决定。

【检察履职情况】

1. 开展专项行动，主动发现线索。2020年9月，丰县人民检察院开展“保障农民工工资支付专项行动”。通过主动走访司法行政、人社、信访等部门，查阅反映欠薪问题的申诉、法律援助申请、信访记录等材料，并通过询问农民工、调取相关证据等方式，及时发现晋某华拒不支付农民工工资的犯罪线索，并移送公安机关立案侦查。

2. 加强执行监督，支持起诉维权。为防止晋某华将法院执行账户中的资金转移，丰县人民检察院及时制发执行监督检察建议，建议法院暂缓向晋某华支付执行款，待查清事实后优先支付农民工工资。同时，丰县人民检察院支持8名农民工代表向法院提起民事诉讼。

3. 促进认罪认罚，有效化解矛盾。丰县人民检察院刑事、民事检察部门同时介入，会同公安机关多次向晋某华释法说理，告知主动偿还欠薪可获得从轻处罚，帮助其认识到行为的危害性。最终促成晋某华认罪认罚，并与农民工达成调解，主动将161.43万元转入第三方监管账户，支付50名农民工的全部欠薪，取得被害人谅解。

4. 制发检察建议，推动完善机制。丰县人民检察院全面梳理建设工程领域恶意欠薪案件，针对该领域存在农民工欠薪等问题，向住建局发出检察建议。住建局采纳检察建议制定了7份关于建立健全欠薪突发事件应急预案、工资支付监控预警、工资保证金管理办法等保障性制度文件。检察机关还联合公安、法院、司法行政、人社、住建等部门出台保障农民工工资支付协同配合机制的实施办法，定期共同开展专项整治，建立打击恶意欠薪长效合作机制。

【典型意义】

1. 能动履职，维护劳动者合法权益。检察机关主动将检察监督工作前移，开展专项行动，摸排发现犯罪线索，通过检察履职切实维护劳动者合法权益。在专项活动中，丰县人民检察院共办理刑事案件、支持民事起诉34件，帮助75名劳动者成功讨薪188万余元。

2. 刑民协作，提升检察办案质效。检察机关融合发挥刑事检察和民事检察职能作用，打击犯罪与追讨欠薪同步开展，灵活运用多种手段协同发力。通过移送犯罪线索抓获藏匿的犯罪嫌疑人，释法说理促进认罪认罚，配合追讨欠薪。同时检察机关积极支持农民工起诉维权，发出执行监督检察建议，促成欠薪调解支付，高效办理涉农民工讨薪案件，尽最大努力化解社会矛盾。

（载中华人民共和国最高人民检察院网）

3月1日

检察机关知识产权综合性司法保护典型案例

案例一

大某视界文化传媒有限公司、张某等四人侵犯著作权案

【关键词】网络侵犯著作权　平等保护　行刑衔接　企业合规

【要旨】信息化时代，检察机关要加大对网络侵犯著作权行为的惩治力度，依法平等保护境内外著作权人的合法权利。推动建立健全行政执法与刑事司法衔接机制，积极发挥法律监督在“行刑衔接”中的作用。结合办案推动行业治理，促进企业合规经营。

【案件事实】2017年5月，大某视界文化传媒有限公司（以下简称大某视界公司）成立，张某和李某负责公司日常经营管理，刘某、马某绿为该公司内容制作部主管。2018年5月，大某视界公司开发了名为“大某视界”的视频播放APP上线运行。该程序上线后，大某视界公司未经权利人许可，由刘某、马某绿组织部门人员下载、编辑大量境内外影片，通过视频APP提供给用户观看，并以收取会员费的方式牟利。

2020年1月10日，公安机关将张某等四人抓获。经对后台数据进行提取和鉴定：“大某视界”APP编辑、上传的侵权影片中，包括美国电影协会成员公司享有版权的作品302部，用户观看42万余次，下载1.9万余次；腾讯公司享有版权的作品70部，用户观看8.1万余次，下载4千余次。“大某视界”APP共有注册用户83万余个，充值支付订单9万余个，支付金额人民币140余万元。

【检察机关履职情况】2019年12月，广东省深圳市市场稽查局执法中发现“大某视界”APP可能涉嫌刑事犯罪，向深圳市南山区人民检察院（以下简称南山区检察院）通报相关情况，南山区检察院启动行政执法与刑事司法衔接工作机制。2020年1月，深圳市市场稽查局将该线索移送深圳市公安局南山分局，南山区检察院及时介入侦查，引导公安机关取证。2020年2月13日，南山区检察院以涉嫌侵犯著作权罪对张某等四人批准逮捕，并提出继续侦查意见。

2020年3月30日，公安机关将该案移送南

山区检察院审查起诉。2020 年 4 月 29 日，南山区检察院以侵犯著作权罪对大某视界公司以及张某、李某、刘某、马某绿等四人提起公诉。

2020 年 11 月 11 日，深圳市南山区人民法院以侵犯著作权罪判处被告单位大某视界公司罚金人民币四十万元，判处被告人张某等四人有期徒刑一年至三年不等，并处罚金人民币两万元至十万元不等。部分被告人不服一审判决提出上诉。2021 年 3 月 11 日，深圳市中级人民法院裁定驳回上诉，维持原判。

【典型意义】

（一）依法打击网络侵犯著作权犯罪，平等保护境内外著作权人的合法权利。随着信息网络技术的快速发展，作品的传播更加便捷迅速，一些不法分子借助互联网实施侵犯著作权违法犯罪行为，不仅破坏社会主义市场经济秩序，也给权利人的合法权益造成损害，应当依法惩治。按照《伯尔尼公约》和我国著作权法的规定，涉案外国影视作品受我国法律保护。本案中检察机关秉持平等保护理念，加强对境内外权利人著作权的刑事司法保护，切实维护创作者、传播者、使用者的合法权利。

（二）完善知识产权“行刑衔接”机制，形成保护知识产权合力。为畅通衔接渠道，解决信息不畅、“以罚代刑”等问题，南山区检察院会同相关部门，建立健全知识产权案件“行刑衔接”工作机制。对于涉嫌犯罪的疑难复杂知识产权案件，有关部门商请检察机关提前介入的，南山区检察院主动作为，依法提出法律适用意见，强化引导取证。在案件受理后，及时向行政执法机关通报案件处理进展情况，对案件办理中发现的共性问题进行梳理反馈，形成全方位保护知识产权合力。

（三）积极推动行业治理，促使企业合规经营。南山区检察院积极发挥职能，促使涉案企业剥离违法业务，进行全面合规整改。大某视界公司完善了法律风险防控机制，将 APP 中侵权内容全部删除，并发布公告通报侵权情况，对充值用户进行退费，组织专门团队开展版权购买谈判。检察机关落实“谁执法谁普法”的普法责任制，会同深圳市版权协会，结合案例有针对性开展知识产权刑事合规宣讲，引导更多企业合法合规经营。

案例二

山东福某达环保工程有限公司、马某强、郭某侵犯商业秘密案

【关键词】侵犯商业秘密　刑事附带民事诉讼　认罪认罚　促成民事调解

【要旨】检察机关办理侵犯知识产权刑事案件，应及时告知权利人诉讼权利义务，充分保障其知情权和参与权。做好知识产权案件刑事附带民事诉讼相关工作，加强释法说理，促使侵权人认罪认罚、积极赔偿，达成民事调解，实现办案“三个效果”的有机统一。

【案件事实】马某强、郭某曾系山东天某能源股份有限公司（以下简称天某公司）员工。2017 年 10 月，马某强从天某公司离职后借用他人身份成立山东福某达环保工程有限公司（以下简称福某达公司）。马某强实际控制、经营该公司，并聘用郭某任技术总监。2017 年 10 月至 2018 年 8 月间，郭某违反保密协议和保密规定，在福某达公司使用天某公司的技术信息生产经营与天某公司同类的流化床干燥装置，所得违法收入均进入福某达公司账户。经鉴定，天某公司拥有的一体化埋管流化床处理装置技术信息是商业秘密，福某达公司使用的流化床技术信息与天某公司的上述技术信息相同。经审计，福某达公司侵犯商业秘密行为造成天某公司损失人民币 480 余万元。

【检察机关履职情况】2019 年 4 月 16 日，山东省济南市公安局高新技术产业开发区分局以犯罪嫌疑人马某强、郭某涉嫌侵犯商业秘密罪，移送济南市高新技术产业开发区人民检察院（以下简称高新区检察院）审查起诉。高新区检察院依法向被侵权方天某公司告知诉讼权利义务，听取其意见。天某公司提出希望提起刑事附带民事诉

讼，降低维权成本，挽回经济损失。高新区检察院通过走访权利人了解涉案技术，听取有专门知识的人意见，综合审查全案证据，夯实相关证据基础，追加认定福某达公司涉嫌单位犯罪。

2019年10月14日，高新区检察院以侵犯商业秘密罪对被告单位福某达公司以及被告人马某强、郭某提起公诉。2020年6月10日，天某公司提起刑事附带民事诉讼。同年8月3日，济南高新技术产业开发区人民法院作出刑事附带民事一审判决，以侵犯商业秘密罪判处被告单位福某达公司罚金人民币三十万元；分别判处被告人马某强、郭某有期徒刑四年和三年六个月，并处罚金人民币六万元和五万元；判决福某达公司赔偿天某公司经济损失人民币480余万元，马某强、郭某负连带赔偿责任。一审判决后，被告单位和二名被告人均提出上诉。二审期间，检察机关加强释法说理，促成二名被告人自愿认罪认罚，福某达公司与天某公司在二审开庭前签订谅解协议书，主动赔偿权利人经济损失。2021年4月2日，济南市中级人民法院以谅解协议书内容为基础，作出刑事附带民事调解书。二审法院将达成民事调解作为量刑上的酌定从轻情节予以考虑，于2021年6月4日作出二审判决，以侵犯商业秘密罪判处被告单位福某达公司罚金人民币三十万元；分别判处被告人马某强、郭某有期徒刑三年缓刑四年和有期徒刑三年缓刑三年，并处罚金人民币六万元和五万元。

【典型意义】

（一）及时告知权利人诉讼权利义务，充分保障其合法权利。2021年2月以来，最高人民检察院部署在全国检察机关开展侵犯知识产权刑事案件权利人诉讼权利义务告知工作，切实保障权利人的知情权和参与权。权利人通过参与诉讼活动，及时获知办案进度，补充权利证明、经济损失等证据材料，就案件专业性问题发表意见，并可提起刑事附带民事诉讼，有利于及时查明案件事实，促进案件依法及时公正处理，加大知识产权司法保护力度。

（二）加强知识产权检察集中统一履职，发挥综合司法保护作用。对知识产权案件实行集中统一履职，有助于实现对权利人权益的最佳保护。知识产权权利人依法提起刑事附带民事诉讼，有利于一体解决刑事责任追究和民事责任承担问题，减少权利人另行提起民事诉讼的诉累，提高办案效率，节约司法资源。本案检察机关在天某公司提起刑事附带民事诉讼后，积极做好程序衔接、调解赔偿等相关工作，取得了良好的法律效果与社会效果。

（三）依法惩治侵犯商业秘密犯罪，加强释法说理促成赔偿谅解。本案检察机关通过走访权利人、听取专家意见等方式，解决技术疑难问题，准确认定商业秘密和侵权行为，为指控犯罪奠定坚实基础。加强释法说理，促使被告人认罪认罚并主动赔偿权利人经济损失，双方达成谅解协议，二审法院作出刑事附带民事调解书，并作为二审判决酌定从轻情节予以考虑，既有力惩治了侵犯商业秘密犯罪行为，又切实维护了权利人的合法权益。

案例三

陕西白水某康酒业有限责任公司申请行政诉讼监督案

【关键词】商标争议　实质性化解　诉源治理　和解协议

【要旨】对于历史原因形成的商标纠纷，检察机关在办案中要查清相关商标的历史沿革，注重个案背后的诉源治理，加强释法说理，引导当事人达成和解协议，一揽子解决相关商标纠纷，促进商标行政争议实质性化解。

【案件事实】陕西白水某康酒业有限责任公司（以下简称白水某康公司）系“白水某康”商标的商标权人。伊川某康酒祖资产管理有限公司（以下简称酒祖公司）系“某康”商标的商标权人，该公司许可洛阳某康控股有限公司（以下简称洛阳某康公司）使用“某康”商标。2016年8月9日，北京市工商行政管理局朝阳分局根据洛阳某康公司的举报，对北京永辉超市有限公司朝阳北苑分公司（以下简称永辉超市北苑分公司）作出《责令改正通知书》，认定该超市销售的生产厂家为白水某康公司的白酒上突出使用了“某康”文字，与洛阳某康公司享有权利的“某康”商标构成近似，责令永辉超市北苑分公司停止销售上述侵犯注册商标专用权的商品。

白水某康公司向北京市朝阳区人民法院提起行政诉讼。该院经审查认为，《责令改正通知书》未对白水某康公司的合法权益产生实际影响，其不是涉案被诉行政行为的利害关系人，不符合法定起诉条件，裁定驳回白水某康公司的起诉。白水某康公司分别向北京知识产权法院、北京市高级人民法院提出上诉和申请再审，均未获得支持。之后，白水某康公司向北京市人民检察院第四分院申请监督。

【检察机关履职情况】北京市人民检察院第四分院受理该案后，重点开展了以下工作：

一是查清双方商标历史。上世纪七十年代，河南省伊川县某康酒厂、河南省汝阳县某康酒厂及陕西省白水县某康酒厂均生产“某康”酒，但未以“某康”作为商标申请注册，仅作为酒的特定名称使用。之后，上述三家酒厂均曾提出商标注册申请，由于当时没有商标共有制度，经相关部门协调，决定由河南省伊川县某康酒厂注册“某康”商标，另外两家共同使用。在共用“某康”商标的十多年间，三家酒厂通过在商品包装上注明企业名称的方式区分，逐步形成了各自的产品特色和消费群体，也都获得了诸多荣誉，某康品牌知名度大幅提高，三家酒厂均为某康品牌的发展壮大作出贡献。1992 年 9 月，“某康”商标进入续展注册期，三家酒厂因商标归属和使用问题再起争端。虽经相关部门多方协调，但始终未能达成解决方案。后商标主管机关核准“白水某康”商标予以注册。“某康”商标权利经流转，商标权利人变更为酒祖公司。“白水某康”商标权利经流转，商标权利人变更为白水某康公司。

二是梳理双方纠纷。2015 年起，洛阳某康公司以白水某康公司侵犯注册商标专用权和不正当竞争为由，陆续在全国部分地区向行政部门投诉白水某康公司和提起民事诉讼。白水某康公司则以洛阳某康公司在其生产、销售的产品包装上印制“某康商标唯一持有企业”构成商业诋毁为由，提起民事诉讼。

检察机关经审查认为，被诉的《责令改正通知书》中明确载明涉案侵权商品生产厂家为白水某康公司，且永辉超市已将白水某康公司生产的商品在全国范围内下架。白水某康公司与被诉具体行政行为有法律上的利害关系，具有诉讼主体资格。因“某康”“白水某康”商标复杂的历史因素，两个商标在市场上共存多年，行政机关责令停止销售涉案商品的行为对白水某康公司已产生实质性影响，本案应当进入实体审理程序。

检察机关认为本案具备抗诉条件，但考虑到要彻底解决引发行政诉讼背后的源头问题，决定引导白水某康公司和洛阳某康公司进行和解。检察机关经多次与双方当事人沟通，最终促成双方达成和解协议。双方约定严格按照商标法规定规范使用各自商标，白水某康公司使用“白水某康”商标时要采用商标文字大小一致方式。之后，双方当事人分别对 5 件民事诉讼案件撤回起诉。此外，白水某康公司又与酒祖公司就“某康酒祖及图”“某康酒祖庄园”商标达成共存协议，并对相关 2 件商标行政诉讼案件撤回起诉。2020 年 9 月 3 日，白水某康公司向北京市人民检察院第四分院提交《撤回监督案件申请书》，该院经审查认为撤回监督申请符合相关法律规定，对本案终结审查。

【典型意义】

（一）准确把握商标纠纷历史因素，依法加强商标保护。检察机关办理商标纠纷案件时，对于历史原因形成的商标纠纷，要查清相关商标的历史沿革，注重商标相关权利人在经营和商誉上的传承，妥善划清商业标识边界与尊重商标历史沿革之间的关系。本案相关“某康”“白水某康”商标的核准注册是特定历史条件下形成的，检察机关根据两者的注册情况、使用历史、相关公众的认知、客观形成的市场格局等因素，正确处理了保护商标权人与维持市场秩序的关系。

（二）积极延伸检察职能，促进商标行政争议实质性化解。检察机关办理商标行政诉讼监督案件，尤其是存在历史背景因素、双方民事纠纷不断的案件时，应当注重强化个案背后的诉源治理，避免就案办案。要以涉诉案件事实为基础，注重释法说理，引导当事人缩小分歧、凝聚共识。本案在处理商标行政纠纷时，围绕案件基础事实和当事人实质诉求，开展调查核实工作，精准定位商标纠纷产生的根源，有针对性提出和解建议，促进双方纠纷一揽子解决，促使行政争议实质性化解，真正做到案结事了。

案例四

余姚市浩某润滑油商行销售假冒注册商标的商品行政非诉执行监督案

【关键词】行政非诉执行　追加被执行人　类案监督

【要旨】侵犯知识产权行政非诉执行案件中，作为被执行人的个人独资企业不能清偿生效法律文书确定的债务，行政机关未及时向法院申请追加其出资人为被执行人的，检察机关应当依法建议行政机关申请追加，确保行政处罚执行到位，及时惩处侵权违法行为。

【案件事实】浙江省余姚市浩某润滑油商行（以下简称浩某商行）系个人独资企业，出资人为韩某。2019 年 9 月 16 日，浩某商行因销售假冒注册商标的防冻液、润滑油等商品，被余姚市市场监督管理局（以下简称余姚市市场监管局）作出行政处罚，责令立即停止侵权行为、没收扣押侵权商品并罚款人民币 3 万元。浩某商行在法定期限内未申请行政复议或提起行政诉讼，在催告书送达后亦未履行缴纳罚款义务，余姚市市场监管局向余姚市人民法院（以下简称余姚市法院）申请强制执行。余姚市法院作出行政裁定书，准予强制执行并立案执行。浩某商行于执行立案当日缴纳部分执行款人民币 1.5 万元。

2020 年 12 月 24 日，因浩某商行无财产可供执行，余姚市法院裁定终结本次执行程序。

【检察机关履职情况】2021 年 2 月，浙江省余姚市人民检察院（以下简称余姚市检察院）在履职中发现浩某商行系个人独资企业，根据个人独资企业法的规定，个人独资企业的投资人以其个人财产对企业债务承担无限责任，而余姚市市场监管局在法院裁定终结本次执行程序后未依法申请追加出资人韩某为被执行人，遂依职权启动监督程序。余姚市检察院先后走访余姚市市场监管局、余姚市法院，就该行政处罚及执行情况进行核实，并就个人独资企业行政非诉执行的法律适用问题进行沟通，明确应适用《最高人民法院关于民事执行中变更、追加当事人若干问题的规定》第十三条第一款“作为被执行人的个人独资企业，不能清偿生效法律文书确定的债务，申请执行人申请变更、追加其出资人为被执行人的，人民法院应予支持”，该民事执行规定应适用于行政非诉执行。余姚市市场监管局未申请追加被执行人，不符合相关法律规定。

2021 年 4 月 25 日，余姚市检察院向余姚市市场监管局制发《检察建议书》，建议其向法院申请恢复执行浩某商行案，同时申请追加出资人韩某为被执行人。

2021 年 5 月 6 日，余姚市市场监管局采纳检察建议，向法院提交申请。余姚市法院恢复执行，裁定追加出资人韩某为被执行人，采取执行措施并全部执行完毕。

【典型意义】

（一）依法建议追加被执行人，确保行政处罚执行到位。根据有关法律规定，个人独资企业的出资人以及不能证明公司财产独立于股东自己财产的一人有限责任公司的股东，应对企业债务承担责任。符合上述条件的公司、企业不能清偿生效法律文书确定的债务，行政机关未依法向法院申请追加其股东或出资人为被执行人的，将削弱行政处罚对侵权违法行为的惩治力度。检察机关依法对此类案件开展监督，推动行政处罚执行到位，有助于维护国家利益和社会公共利益，保护知识产权权利人合法权益。

（二）充分利用大数据挖掘类案线索，提升监督质效。在成功办理个案基础上，本案检察机关通过提炼案件特点，对裁判文书网、企业信用信息公示系统等进行大数据分析比对，发现未依法追加个人独资企业出资人、一人公司股东为被执行人的类案线索多起，经调查核实后一并提出检察建议，督促相关行政执法机关在办理此类案件时注意审查被执行人的企业类型和出资情况，对符合条件的，及时向法院申请追加被执行人，加大对侵犯知识产权违法行为的惩治力度。

（载中华人民共和国最高人民检察院网）

3月6日

检察机关与乡村振兴部门加强司法救助协作典型案例

各省、自治区、直辖市人民检察院、乡村振兴局，新疆生产建设兵团人民检察院、乡村振兴局：

为切实加强检察机关与乡村振兴部门在开展国家司法救助工作中的协作，充分发挥司法救助“雪中送炭”“救急解困”功能，深入推进“司法救助助力巩固拓展脱贫攻坚成果助推乡村振兴”专项活动，进一步形成工作合力，更好融入、服务、保障国家乡村振兴大局，现将谢某华等5人国家司法救助案等10件典型案例印发你们，供协作开展司法救助时参考借鉴。

最高人民检察院　国家乡村振兴局

2022年2月23日

案例一

谢某华等5人国家司法救助案

（广西壮族自治区防城港市人民检察院　上思县人民检察院）

【关键词】脱贫不稳定户，乡村振兴部门移送救助线索，联合救助。防止返贫监测对象，司法救助与社会救助衔接

【基本案情】被救助人谢某华，女，1985年9月出生；黄某瑞，女，2006年12月出生；黄某伦，男，2009年6月出生；黄某庭，男，1956年8月出生；陈某莲，1965年11月出生。五人分别系冯某强故意杀人案被害人黄某兴的妻子、未成年子女和父母，其中谢某华亦系冯某强故意杀人案的被害人。

2012年6月24日，冯某强因琐事驾车将黄某兴、谢某华乘坐的摩托车撞倒在地，并用刀砍杀黄某兴、谢某华，致黄某兴当场死亡，谢某华重伤、四级残疾。当日，广西壮族自治区上思县公安局对冯某强以涉嫌故意杀人罪立案侦查，同年9月4日移送上思县人民检察院起诉。上思县人民检察院经审查，报送防城港市人民检察院起诉。2013年5月3日，防城港市人民检察院以故意杀人罪对冯某强提起公诉。2013年10月24日，防城港市中级人民法

院以故意杀人罪判处冯某强死刑，缓期二年执行。

【救助过程】 2021 年 5 月 20 日，上思县人民检察院走访县乡村振兴局，该局移送了脱贫不稳定户谢某华家庭司法救助线索。上思县人民检察院经审查，决定启动司法救助程序。经实地走访调查核实，谢某华家庭原系 2016 年建档立卡贫困户，2018 年纳入低保户，案发前家庭收入来源主要依靠被害人黄某兴，案发后家庭失去主要经济来源，谢某华被砍伤后致残，无任何经济收入，尚拖欠上思县人民医院医疗费 3.45 万元，全家目前依靠政府低保金维持生活，两个未成年子女正常学习生活得不到保障；谢某华等人曾提出刑事附带民事诉讼，因医院未结算无法取得发票，经法院建议于 2013 年 7 月 25 日撤诉，后未再起诉；办案机关及村委会干部多次协调被告人家属赔偿，但因被告人冯某强服刑且家庭经济困难，没有赔偿能力，谢某华等人未得到赔偿。

上思县人民检察院审查认为，谢某华家庭主要劳动力被害，导致生活十分困难，符合司法救助条件，且属于重点救助对象，决定提请防城港市人民检察院进行联合救助，两级检察院共向谢某华等人发放救助金 10 万元。考虑到谢某华家庭上有年迈公婆、下有未成年子女，防城港市、上思县两级检察院经与乡村振兴部门共同研究，由乡村振兴部门将谢某华家庭纳入防止返贫监测对象予以重点帮扶，从社会扶贫资金中给予谢某华脱贫户困难补助 6000 元。上思县人民检察院又协调县财政局从社会捐助专项款中拨出大病救助资金 3.45 万元，帮助谢某华缴纳拖欠医院的医疗费；联合县教育局走访黄某瑞、黄某伦所在学校，协调学校减免二人在校生活费 4000 元，指派心理咨询师为二人提供心理疏导和精神抚慰。上思县红十字会还给谢某华家庭送去日用品、棉被、食用油等生活用品。通过协调落实一系列社会化帮扶措施，实现司法救助与社会救助衔接，显著改善了谢某华家庭的生活处境。

【典型意义】 本案系乡村振兴部门主动向检察机关移送司法救助线索，两方合力开展救助帮扶工作的典型案例。本案中，上思县人民检察院接到县乡村振兴局移送的线索后，依职权启动救助程序。针对案件被害人家庭生活面临较大困难的情况，提请防城港市人民检察院进行联合救助，强化救助力度，优化救助效果，及时缓解被救助人家庭的急难问题。为提升司法救助质效，有效解决被救助人家庭长远生活困难，检察机关加强与乡村振兴部门的救助协作，将被救助人家庭纳入防止返贫监测对象管理，并积极协调相关职能部门落实多元综合帮扶措施，充分展现了检察机关能动履行司法救助职能，积极助推乡村振兴的责任担当。

案例二

毋某法等 4 人国家司法救助案

（山西省晋城市人民检察院泽州县人民检察院）

【关键词】 刑事被害人近亲属　联合救助　实施综合帮扶防止返贫监测对象　救助回访

【基本案情】 被救助人毋某法，男，1962 年 9 月出生；毋某梅，女，1964 年 9 月出生；张某芳，女，1986 年 11 月出生；毋某然，男，2009 年 12 月出生。四人分别系李某龙故意伤害案被害人毋某会的父母、妻子和未成年子女。

2021 年 5 月 27 日，李某龙因琐事与毋某会发生争执，李某龙掏出随身携带的匕首朝毋某会脖子右侧处捅刺一刀，致毋某会受伤，经抢救无效死亡。当日，山西省泽州县公安局对李某龙以涉嫌故意伤害罪立案侦查。移送起诉后，泽州县人民检察院经审查，报送晋城市人民检察院起诉。2021 年 10 月 11 日，晋城市人民检察院提起公诉。被害人毋某会的近亲属毋某法等人提起刑事附带民事诉讼。2021 年 10 月 29 日，晋城市中级人民法院以故意伤害罪判处被告人李某龙无期徒刑，赔偿附带民事诉讼原告人 40801.83 元。

【救助过程】 晋城市人民检察院刑事检察部门将本案救助线索移送本院控告申诉检察部门。晋城市人民检察院控告申诉检察部门经审查，决定指导泽州县人民检察院成立办案组，启动司法救助程序。经到村入户实地调查核实，案发前被害人毋某会系家庭“顶梁柱”，全家生活经济来源主要依靠其打零工挣得收入，案发后全家失去主要经济来源，又遭遇2021年洪涝灾害导致种田收入锐减；毋某法双眼视网膜脱落，进行两次手术后视力极差，患有腰椎间盘突出症，基本丧失劳动能力，毋某梅自幼腿脚有疾，在家照顾毋某法，无其他收入，张某芳在家务农，收入微薄，毋某然小学在读，并且被害人毋某会的祖父母年过八旬，体弱多病，平日用药和生活用度主要由被害人毋某会提供；被告人李某龙无赔偿能力，附带民事赔偿未能实际执行。毋某法等人家庭生活陷入困境。

晋城市、泽州县两级人民检察院审查认为，毋某法等人符合司法救助条件，且系因案导致生活困难的农村地区重点救助对象，决定联合救助77856元，并加快救助金审批进度，及时将救助金发放到位。为使被救助人家庭生活得到长远保障，晋城市人民检察院检察长主持召开座谈会，会同泽州县乡村振兴局等部门共同研究实施综合帮扶。县乡村振兴局将被救助人家庭纳入防止返贫监测对象，在资金、就业、医疗等方面享受扶持政策待遇；县妇联将被救助人张某芳作为特困妇女开展就业培训，落实就业岗位，确保家庭经济来源稳定，并给予在校就读的被救助人毋某然每年1000元补助金直至成年；被救助人所在镇党委政府将被救助人家庭作为重点帮扶对象，给予2000元的生活救济，并列为低保户；晋城市慈善总会给予被救助人家庭3000元的慈善救助金；团县委安排心理咨询师对被救助人毋某然开展心理疏导。2022年1月4日，晋城市、泽州县两级检察院联合乡村振兴部门对被救助人家庭开展回访，毋其法等人的生活已经步入正轨。

【典型意义】本案系检察机关协同乡村振兴等部门对农村地区生活困难的刑事被害人家庭予以重点救助的典型案例。本案中，晋城市、泽州县两级人民检察院依职权启动联合救助程序，到村入户调查核实，查明案件被害人家庭失去“顶梁柱”，生活陷入困境，及时提出予以救助的意见，快速发放救助金，突显了救助效果。检察机关还与乡村振兴等部门共同研商综合帮扶措施，强化与乡村振兴部门的救助协作，有效落实资金、就业、医疗等方面的帮扶政策，并开展联合回访，让被救助人家庭切身感受到党和国家的温暖，有效发挥了司法救助助推乡村振兴的职能作用。

案例三

金某燕等3人国家司法救助案

（浙江省台州市人民检察院　仙居县人民检察院）

【关键词】刑事被害人近亲属　联合救助　预支救助金　社会保障建议函　制定帮扶计划

【基本案情】被救助人金某燕，女，2005年2月出生；王某田，男，1955年7月出生；沈某花，女，1955年7月出生。三人分别系张某甲、张某乙故意杀人案被害人金某平的女儿和父母。

2014年9月14日，张某甲伙同张某乙趁金某平感冒输液之际，将事先准备的兽用麻醉剂注射到金某平的输液瓶中，并对金某平实施捂口鼻行为，致其死亡。2018年11月13日，公安机关对张某甲、张某乙立案侦查。2019年7月19日，浙江省台州市公安局移送台州市人民检察院起诉。2020年1月2日，台州市人民检察院提起公诉。2020年12月21日，台州市中级人民法院以故意杀人罪判处张某甲死刑，缓期二年执行，判处张某乙有期徒刑十五年，判令张某甲、张某乙共同赔偿金某燕、王某田、沈某花经济损失107万元。张某乙提起上诉，2021年2月26日，浙江省高级人民法院作出驳回上诉、维持原判的终审裁定。

【救助过程】台州市人民检察院在办理张某甲、张某乙故意杀人案过程中发现本案司法救助线索，移送仙居县人民检察院，启动联合救助程序。仙居县人民检察院控告申诉检察部门实地走访核实，张某甲、张某乙未向金某燕、王某田、沈某花支付任何赔偿，金某燕初中辍学，自幼跟随父亲及祖父母王某田、沈某花共同生活，其父亲金某平死亡后，家庭失去主要经济来源，王某田年事已高，无法从事体力劳动，沈某花身患糖尿病、高血压等多种疾病，需要常年服药，祖孙三人家庭只能依靠微薄的种地收入和金某燕打工工资维系日常开支，生活难以为继。

台州市、仙居县两级人民检察院审查认为，金某燕、王某田、沈某花符合司法救助条件，且系重点救助对象，决定上门指导三人填报申请资料，调取所需证明材料，并从仙居县慈善总会“温暖检察”慈善基金支出2200元，预支救助金1万元，解三人燃眉之急。经全面评估金某燕、王某田、沈某花生活困难情况，两级人民检察院决定联合救助三人8万元。仙居县人民检察院又主动对接县乡村振兴促进中心，向该中心发送《社会保障建议函》。县乡村振兴促进中心根据仙居县低收入农户“一户一策一干部”政策，及时统筹县民政局、教育局、镇政府等召开联席会议，制定帮扶计划。一是将救助金交由被救助人所在镇政府代管，委托镇政府从2021年6月开始按每月5000元标准向金某燕三人分期发放，直至救助金发放完毕为止；二是县民政局将金某燕三人纳入县低保户范围，享受低收入家庭相关待遇；三是县教育局和镇农办将金某燕纳入“雨露计划”，根据金某燕的就业意向，为其提供免费的职业技能教育，并联系就业单位，帮助其独立生活，自食其力；四是针对沈某花医疗费用负担重的情况，由镇政府根据医疗补充政策性保险，按比例再次办理报销；五是减免被害人金某平的停尸费用，缓解金某燕家庭经济压力；六是为金某燕三人指定专职帮扶干部，协调落实相关帮扶事项。联席会议召开后，所有帮扶计划均落实到位。

【典型意义】本案系检察机关对农村地区生活困难的刑事被害人近亲属进行司法救助，并协同乡村振兴等部门开展长效帮扶的典型案例。本案中，台州市、仙居县两级人民检察院依职权启动联合救助程序，协助被害人近亲属提交救助申请和证明材料，并预支救助金，及时解决被害人家庭急难愁盼问题，充分发挥了司法救助“救急解困”功能。检察机关还坚持“一次救助、长期关怀”理念，根据被救助人家庭现况，主动对接乡村振兴部门，形成立体化多元救助帮扶体系，有效解决了被救助人家庭的后续生活困难。以办理此案为契机，仙居县人民检察院又协同县乡村振兴促进中心开展“困境儿童”专项救助活动，统筹开展温暖关爱、心理救助、就学帮扶等工作，为困境儿童长远生活保障筑牢底盘。

案例四

林某果等4人国家司法救助案

（福建省人民检察院　宁德市人民检察院　霞浦县人民检察院）

【关键词】强制医疗案被害人家属　脱贫不稳定户　联合救助　助推乡村振兴协作平台　带案下访

【基本案情】被救助人林某果，女，1985年7月出生；林某顺，男，2004年10月出生；林某婷，女，2011年8月出生；林某清，男，2012年8月出生。四人分别系苏某故意伤害强制医疗案被害人林某龙的妻子和未成年子女。

2020年1月5日，林某龙因琐事与苏某在福建省霞浦县溪南镇某村发生扭打，期间苏某持竹棍殴打林某龙头部、左眼眶等处，后双方被人劝离。次日10时许，林某龙被发现死于家中。经宁德市物证鉴定所鉴定，林某龙系钝性暴力作用于头部致重型颅脑损伤导致死亡。加害人苏某被霞浦县公安局抓获后，经司法鉴定，患有重度精神发育迟滞，无刑事责任能力。2021年3月17日，霞浦县公安局向霞浦县人民检察院移送强制医疗意见书。霞浦县人民检察院经审查，于2021年4月13日向霞浦县人民法院提出对被申请人苏某强制医疗的申请。2021年5月8日，霞浦县人民法院对苏某作出强制医疗的决定。

【救助过程】霞浦县人民检察院刑事检察部门将本案司法救助线索移送控告申诉检察部门，控告申诉检察部门经审查，发现林某果等人属于农村地区重点救助对象，考虑到本院救助资金有限，遂逐级报请宁德市人民检察院、福建省人民检察院开展联合救助。经调查核实，林某果家庭属于脱贫不稳定户、低保户，林某果系文盲，无固定工作，收入来源不稳定，在林某龙身亡后未获赔偿，主要依靠低保补助、亲戚接济维持家庭生活和三个未成年子女的学费；加害人苏某的父母年迈，疾病缠身，无赔偿能力。

福建省、宁德市、霞浦县三级人民检察院审查认为，林某果等人符合司法救助条件，决定共同救助20万元。霞浦县人民检察院针对该案被救助人家庭系农村地区脱贫不稳定户，决定利用全省司法救助助推乡村振兴协作平台，启动多元救助帮扶机制，主动对接当地乡村振兴局，协调民政、教育、妇联、共青团等部门落实一系列帮扶措施。林某果家庭低保金调至每人每月450元的最高标准；安排林某果从事村保洁员公益性岗位工作，每月获得1500元劳动报酬；两名未成年小学生林某婷、林某清每人每年获得1000元学习困难补助；镇村两级为被救助人家庭提供房屋修缮基金2.5万元，改善林某果等人的居住条件。2021年11月19日，宁德市人民检察院领导带案下访，与当地乡镇领导干部座谈，进一步跟踪各项帮扶措施落实进展情况。

【典型意义】本案系检察机关对农村地区脱贫不稳定户开展司法救助，并协同乡村振兴等部门进行多元帮扶的典型案例。2021年，福建省人民检察院主动走访省乡村振兴局等部门，牵头会签《关于加强国家司法救助与社会救助衔接助力巩固拓展脱贫攻坚成果助推乡村振兴的意见（试行）》，建立健全检察机关与乡村振兴等部门的衔接协作机制，搭建了司法救助助推乡村振兴的协作平台。本案中，被害人家庭未获得加害责任人赔偿，生活十分困难，三名未成年子女学业也难以为继，福建省三级人民检察院为加大救助力度，决定开展联合救助，提高救助金额，救助效果良好。检察机关还利用全省司法救助助推乡村振兴协作平台，积极协调乡村振兴等部门为被救助人家庭提高低保补助标准、改善住房条件、提供公益岗位，为被害人未成年子女提供就学资助，确保了被救助人家庭的长远生活得到有效保障。

案例五

刘某、刘某格国家司法救助案

（江苏省徐州市人民检察院）

【关键词】刑事被害人未成年子女　助推乡村振兴工作平台　共享低收入人口信息库　救助金监管跟踪帮扶

【基本案情】被救助人刘某，男，2018年11月出生；刘某格，男，2020年11月出生。二人均系刘某堂故意杀人案被害人王某莲的未成年子女。

刘某堂患有精神分裂症，2021年4月21日，刘某堂因琐事与王某莲发生矛盾，对王某莲采取双手扼颈、持刀捅刺腹部等手段，致王某莲死亡。案发后，刘某堂持铁叉将前来查看情况的村委会工作人员打伤，并持铁锤打砸警车，对民警进行人身攻击，抗拒抓捕。经鉴定，刘某堂作案时为限制行为能力人。2021年4月22日，公安机关以涉嫌故意杀人罪、妨碍公务罪将刘某堂刑事拘留，后提请检察机关批准逮捕。2021年10月14日，徐州市人民检察院以刘某堂犯故意杀人罪、袭警罪向徐州市中级人民法院提起公诉。2021年11月30日，徐州市中级人民法院以故意杀人罪、袭警罪判处刘某堂无期徒刑。

【救助过程】徐州市人民检察院刑事检察部门将本案司法救助线索移送控告申诉检察部门，控告申诉检察部门依托该院与市乡村振兴局、民政局建立的司法救助助推乡村振兴工作平台，通过共享的全市低收入人口信息库查询到被害人家庭系农村地区生活困难的低保户，遂决定启动救助程序。经走访调查核实，案发前王某莲无经济来源，案发后王某莲幼子刘某和刘某格成为“事实孤儿”，暂由年近七旬的祖父刘某善照顾，依靠刘某善低保收入维持基本生活，后续抚养难以维系。

徐州市人民检察院审查认为，刘某、刘某格符合司法救助条件，且系农村地区生活困难的刑事被害人未成年子女，应予重点救助，决定加大救助力度，为二人发放救助金8万元。考虑到被救助人年龄幼小，其祖父刘某善无抚养条件且监护意识较弱，为保证救助金真正用于被救助人，徐州市人民检察院经与省人大代表、市政协委员以及民政、妇联等部门有关负责人联席会商，决定启动救助金监管机制，与被救助人所在的村委会和专门的司法社工组织机构签订三方协议，明确以分期的形式发放救助金，并由村委会代管，司法社工辅助监管。徐州市人民检察院及时向市乡村振兴局反馈司法救助情况，并协同市乡村振兴局等部门开展跟踪帮扶。针对案发时刘某、刘某格因年幼尚未办理户口，积极沟通公安机关为二人办理落户；将刘某、刘某格纳入困境儿童信息库，认定为“事实无人抚养儿童”，进行长效帮扶，每月发放救助金1600元，定期安排社工上门走访，做好卫生保障，添置生活用品；协调市妇幼保健院儿保所定期为刘某、刘某格进行健康检查，做好医疗保障措施。

【典型意义】本案系检察机关依托与乡村振兴等部门建立的司法救助助推乡村振兴工作平台，对农村地区生活困难的未成年人开展救助的典型案例。徐州市人民检察院认真贯彻最高人民检察院司法救助助力巩固拓展脱贫攻坚成果助推乡村振兴专项活动部署，主动与市乡村振兴局等部门会签《关于进一步加强司法救助工作助推乡村振兴的实施意见》，搭建了司法救助助推乡村振兴的工作平台。本案中，检察机关依托该工作平台，及时查询到刘某、刘某格家庭属于农村地区生活困难的低保户，决定依职权启动救助程序。针对二人年幼、基本生活难以维系等困难情况，加大救助力度，快速审批发放救助金，并建立救助金监管分期发放使用机制，确保了救助金专款专用。检察机关还协同乡村振兴等部门开展多元帮扶，实现司法救助与社会救助有效衔接，为未成年被救助人的健康成长提供了长远保障。

案例六

陈某鑫国家司法救助案

（云南省瑞丽市人民检察院）

【关键词】边缘易致贫户　命案受害家庭未成年人　家庭帮扶计划　开展综合帮扶

【基本案情】被救助人陈某鑫，女，2007年7月出生，系赵某生故意伤害案被害人陈某周的女儿。

2020年9月27日凌晨，赵某生在云南省瑞丽市某烧烤店饮酒后与他人发生争执，被人劝开后离开烧烤店。后赵某生欲返回烧烤店，在途经某快餐店时，无故对陈某周实施殴打，导致陈某周颅脑损伤合并脾脏破裂失血死亡。当日，瑞丽市公安局对赵某生以涉嫌故意伤害罪立案侦查，后移送瑞丽市人民检察院起诉。2020年12月23日，瑞丽市人民检察院报送德宏州人民检察院起诉。2021年3月22日，德宏州人民检察院以赵某生犯故意伤害罪提起公诉，被害人陈某周的近亲属陈某鑫等人提起刑事附带民事诉讼。2021年9月13日，德宏州中级人民法院以故意伤害罪判处赵某生死刑，赔偿附带民事诉讼原告人丧葬费53257元。

【救助过程】德宏州人民检察院刑事检察部门将本案司法救助线索移送控告申诉检察部门，因案发时瑞丽市属于疫情中高风险封控区，经研究，德宏州人民检察院将本案交瑞丽市人民检察院办理。瑞丽市人民检察院经实地走访调查核实，被害人陈某周生前系家庭主要劳动力和经济收入主要来源，在瑞丽市租房居住，每月需支付房租水电费等900元左右，家中没有资产，案发后家庭失去主要经济来源，且未获得赔偿，丧葬费大部分为家庭借款；其妻子南某系缅甸国籍农民，在某快餐店打临工，月收入1500元，受疫情影响，近一年无固定工作和收入，本身患有糖尿病；二人婚后育有一女陈某鑫，系某学校在读学生，因父亲遇害，精神和学习受到严重影响。

瑞丽市人民检察院审查认为，陈某鑫家庭系因案导致的边缘易致贫户，且疫情对其影响很大，家庭生活陷入困境，应予重点救助，决定向陈某鑫发放救助金5万元。为帮助陈某鑫健康成长，保障其家庭长远生活，瑞丽市人民检察院会同市乡村振兴局等部门共同研究制定陈某鑫家庭帮扶计划，开展综合帮扶工作。市乡村振兴局协调陈某鑫的母亲南某到某快餐店就业，保证其每月1600元的固定收入；市妇联安排南某参加市疫情防控工作指挥部、市妇联等部门举办的技能培训班，提高就业能力，待疫情好转，工厂复工复产后，再根据其工作能力协调安置工作岗位；市卫生健康局帮助南某解决外籍人员就医难问题；市教育体育局协调陈某鑫就读的学校为其减免部分学杂费。民政部门还向陈某鑫家庭发放疫情生活困难补助物资和困难救助金2000元。

【典型意义】本案系检察机关对农村地区命案受害家庭未成年人开展司法救助，并协同乡村振兴等部门进行综合帮扶的典型案例。本案中，德宏州人民检察院刑事检察部门在办案过程中，主动了解被害人家庭生活困难情况，将救助线索移送控告申诉检察部门。控告申诉检察部门考虑案发时当地疫情防控要求，遂及时移交当地人民检察院启动司法救助程序。瑞丽市人民检察院调查核实被害人子女系未成年学生、家庭系因案导致的农村地区贫困边缘户、未获得赔偿、疫情对其家庭生活影响很大等情况后，决定加大救助力度，及时发放救助金，解其家庭燃眉之急。检察机关又积极协调乡村振兴等部门实施综合帮扶，为被救助人家庭生活提供长远保障，为未成年人健康成长创造良好条件，彰显了检察温情。

案例七

徐某杰、徐某清国家司法救助案

（上海市金山区人民检察院）

【关键词】刑事被害人近亲属　跨地域救助　司法救助与社会救助衔接　开展综合帮扶　防止返贫监测对象

【基本案情】被救助人徐某杰，女，1955年9月出生；徐某清，男，2006年3月出生。二人分别系吴某故意杀人案被害人徐某明的母亲和未成年子女。

2021年2月9日晚，吴某因琐事在其住处与徐某明、周某发生争执，吴某持刀实施报复，致徐某明被砍死，周某被砍成重伤。2021年5月26日，上海市公安局金山分局以吴某涉嫌故意杀人罪移送上海市金山区人民检察院起诉。同年6月3日，金山区人民检察院报送上海市人民检察院第一分院起诉。2021年7月2日，上海市人民检察院第一分院以被告人吴某犯故意杀人罪向上海市第一中级人民法院提起公诉。

【救助过程】上海市金山区人民检察院刑事检察部门将本案救助线索移送控告申诉检察部门，控告申诉检察部门经审查核实，被害人徐某明来自黑龙江省宁安市农村家庭，依靠打工收入供养在老家生活的母亲徐某杰和独子徐某清；被告人吴某系来沪务工人员，本人及近亲属均无经济赔偿能力。金山区人民检察院决定启动司法救助程序，经委托宁安市乡村振兴局进一步调查核实，徐某杰丧偶多年，患有心脏病，本人无劳动能力和经济收入，儿子徐某明早年离异现又被人杀害，留下未成年的孙子徐某清由其抚养，家庭生活十分困难。

金山区人民检察院审查认为，徐某杰、徐某清符合司法救助条件，决定向二人发放救助金10万元。针对本案被救助人家庭实际困难较大的情况，金山区人民检察院制定司法救助与社会救助衔接方案，指派办案组赴宁安市"面对面"协调当地有关部门聚力开展综合帮扶。办案组在属地检察机关的大力支持下，与宁安市乡村振兴局、医保局、教体局、当地镇政府等职能部门共商形成会议备忘录。宁安市乡村振兴局根据金山区人民检察院移送的案件信息，将徐某杰家庭列为防止返贫监测对象，并协同镇政府、村委会帮扶责任人持续关注和跟进被救助人生活状况，落实日常关爱措施，帮助其家庭恢复"造血"功能；宁安市医保局提供家庭医生签约服务，为徐某杰量身定制医疗方案；宁安市人民检察院和学校配合落实心理疏导，帮助徐某清尽早走出阴影；宁安市教体局结合徐某清学习成绩，为其提供市属某中等职业学校作为中考保底志愿，并协商学校减免学费，保障其习得一技之长。金山区人民检察院还多方联系找到徐某清的生母，引导其与徐某杰就徐某清监护、抚养等问题达成协议，既保证司法救助金安全和定向使用，又促使徐某清生母履行法定抚养义务。

【典型意义】本案系检察机关跨地域对生活困难的刑事被害人近亲属开展司法救助，并在当地乡村振兴等部门支持下进行综合帮扶的典型案例。本案中，上海市金山区人民检察院依职权启动对户籍地在外省的被害人近亲属的司法救助程序，委托当地乡村振兴部门对被害人家庭经济状况进行核实，查明被害人近亲属符合救助条件，并且生活十分困难，决定提高救助标准，及时发放救助金，解决了被救助人家庭面临的急迫困难。为延伸救助效果，金山区人民检察院又在当地检察机关的大力支持和协助下，与当地乡村振兴等部门研商形成备忘录，将被救助人家庭列为防止返贫监测对象，落实未成年人就学、老年人就医等帮扶措施，实现司法救助与社会救助"无缝衔接"，有效防止被救助人家庭因案返贫，为巩固拓展脱贫攻坚成果助推乡村振兴作出积极贡献。金山区人民检察院还与金山区农村综合帮扶领导小组共同研究出台《关于建立国家司法救助与农村综合帮扶工作衔接机制的协作意见》，完善了检察机关司法救助助推乡村振兴工作平台。

案例八

张某英、罗某飞国家司法救助案

（广东省人民检察院　河源市人民检察院　东源县人民检察院）

【关键词】联合排查线索　脱贫不稳定户　联合救助"造血型"帮扶　定期回访

【基本案情】被救助人张某英，女，1936年9月出生；罗某飞，男，1990年2月出生。二人分别系罗某新故意杀人、非法制造枪支案的被害人袁某娣的母亲和儿子。

2014年7月24日19时许，罗某新趁下雨打雷之机，在其位于广东省东源县蓝口镇某村的家门口，手持自制火药枪往罗某仟家方向开枪，致使被害人杨某英右脚中弹受伤。袁某娣和罗某仟在准备送杨某英去医院救治时，罗某新又朝罗某仟家方向开枪，致使袁某娣、杨某英同时头部受伤倒地，二人因伤势过重在送医途中死亡。2015年9月18日，河源市中级人民法院以故意杀人罪、非法制造枪支罪判处罗某新死刑，并赔偿张某英、罗某飞等人经济损失39672.5元。罗某新提起上诉，2016年5月24日，广东省高级人民法院二审裁定驳回上诉，维持原判。

【救助过程】2021年5月，东源县人民检察院与县乡村振兴局下乡排查发现本案司法救助线索，遂引导张某英、罗某飞向检察机关申请司法救助。考虑二人属于重点救助对象，且未获得罗某新及其家属任何赔偿，东源县人民检察院提请河源市人民检察院、广东省人民检察院开展联合救助。经实地走访调查核实，张某英双目失明，一级残疾，与智力残疾的大儿子、二儿子共同生活，一家三口之前系建档立卡贫困户，现在每月共可领取700余元低保金维持生活；罗某飞未婚，之前系建档立卡贫困户，其母亲袁某娣被害后，其父亲、祖父母相继病逝，医治费用和办理几位长辈后事的费用让本就贫困的家庭雪上加霜，其还要赡养年老体弱多病且系五保户的二叔罗某发，无法外出打工，生活来源主要靠经营父亲留下来的几亩茶园，因无钱购买设备，采茶炒茶全靠手工，费用高昂，销路不好，收入甚微且不稳定。

广东省、河源市、东源县三级人民检察院审查认为，张某英、罗某飞因案导致家庭生活十分困难，符合司法救助条件，决定对二人分别救助18万元和15.3万元。三级人民检察院又积极对接乡村振兴等部门，区别二人不同情况，实施综合帮扶。对张某英的帮扶措施：一是做好救助金监管，联系银行为张某英办理共管卡，每月定额支取2000元用于其家庭日常生活开支，遇疾病等大额支出，经监管单位同意可动态调整、灵活支取；二是联系医院眼科专家为张某英检查治疗；三是改善其生活环境，对张某英居住的破旧老房子进行整修，给其门前屋后的小院和道路铺上水泥，并添置家具、家电。对罗某飞开展"造血型"帮扶，力助其乡村茶园转型升级，主要措施：一是协调县茶业协会，吸收罗某飞入会，为其提供行业信息、种植培训和技术支持，并为其更换优良茶种；二是协调县交通局，将通往罗某飞茶园的陡峭狭窄的黄泥路挖宽改造为水泥路，为其生活生产提供极大的便利；三是协调当地供电部门为其使用新设备进行规模化生产拉设三相电；四是县乡村振兴局推广罗某飞茶园的茶叶，扩大茶叶销路。检察机关还定期对张某英、罗某飞家庭进行回访，实时了解二人生活生产情况。张某英、罗某飞的家庭生活已走出困境，罗某飞的茶园经营得有声有色，在规模化生产后还雇用村民采摘茶叶，在自身发展的同时带动村民勤劳致富。

【典型意义】本案是检察机关与乡村振兴部门紧密协作，救扶衔接，积极助推乡村振兴的典型案例。本案中，东源县人民检察院主动作为，会同当地乡村振兴部门下乡排查司法救助线索，引导被害人近亲属提出救助申请。考虑被害人近亲属的特殊困难，广东省三级人民检察院决定开展联合救助，提高救助标准，确保救助效果。检察机关还主动对接乡村振兴等部门，开展针对性综合帮扶，罗某飞的乡村茶园在得到全方位帮扶后转型升级，带动村民勤劳致富，被救助人的生活面貌焕然一新，充分体现了检察机关履行服务乡村振兴政治责任，积极开展司法救助工作取得的良好效果。

案例九

安某小等21人国家司法救助案

（河北省赞皇县人民检察院）

【关键词】刑事被害人依职权启动针对性帮扶联合回访

【基本案情】被救助人安小，男，1937年8月出生；郭某印，男，1953年7月出生；杜某子，男，1948年11月出生。其他十八名救助申请人基本情况略。均系郑某某诈骗案被害人。

2018年5月至2019年5月，郑某某多次冒充民政局、扶贫办工作人员，对河北省赞皇县多个村的五保户、低保户、贫困户，以办理五保、低保手续、残疾证、危房改造等名义，先后骗取21名五保户、低保户、贫困户共计128893.3元，诈骗所得全部用于日常吃喝玩乐。2018年10月30日，赞皇县公安局对郑某某以涉嫌诈骗罪立案侦查。2019年10月17日，赞皇县人民检察院提起公诉。2019年12月27日，赞皇县人民法院以诈骗罪判处郑某某有期徒刑八年，并处罚金8万元。

【救助过程】2021年9月，赞皇县人民检察院控告申诉检察部门陆续接待安某小等多名群众来访，询问关于郑某某诈骗案的赃款追缴情况。赞皇县人民检察院经审查，发现郑某某诈骗案被害人众多，家庭生活都十分困难，决定依职权启动司法救助程序。经调查核实，郑某某诈骗案21名被害人均系农村地区生活困难群众，五保户13人，低保户2人，其他低收入人口6人，并且其中20名是60岁以上老人，主要依靠低保金、五保金以及政府救济生活，每个月的生活补助金是主要生活来源，生活原本就困难，被诈骗后更是雪上加霜，严重影响日常生活，冬天将至，有的被害人连取暖煤也舍不得买；被告人郑某某无正当职业，诈骗的赃款被全部挥霍殆尽，没有能力赔偿被害人的损失。

赞皇县人民检察院审查认为，安某小等人是农村地区生活困难的刑事被害人，符合司法救助条件，决定向安某小等21名被害人发放救助金合计7.68万元。为确保救助长效，赞皇县人民检察院同步将21名被救助人家庭困难情况、司法救助情况书面通报县乡村振兴局。县乡村振兴局经认真研究，决定开展针对性帮扶。一是对被救助人发放扶贫贷款，补贴贷款利息；二是在兴办产业实体方面予以政策支持；三是与被救助人所在乡（镇）村联系，将被救助人纳入扶贫产业救助范围，定期分红；四是对被救助人开展扶志与扶智培训，对有劳动能力的进行厨师技能、养殖、种植、加工等行业培训，扶持被救助人积极就业。赞皇县人民检察院还联合县乡村振兴局进行救助回访，21名被救助人中，有的已享受当地产业扶贫政策，年均增收2000元左右；有的被安排清洁工岗位，月工资800元；还有的被列入公益劳动务工补贴范围，年均增收3000元左右。

【典型意义】本案系检察机关协同乡村振兴部门对农村地区生活困难的刑事被害人进行救助帮扶的典型案例。本案中，赞皇县人民检察院在接待来访群众过程中发现司法救助线索，决定依职权启动司法救助程序。针对诈骗案被害人均是农村五保户、低保户等低收入人群，并且年龄普遍偏大、行动不便、书写困难等特殊情况，主动调取生活困难情况的证明材料，提出予以救助的意见，并及时将救助金发放到位。检察机关还与乡村振兴部门建立司法救助联席会议制度，主动将本案救助情况通报乡村振兴部门，乡村振兴部门高度重视，认真研究后，有针对性地落实了贷款补贴、产业政策、救助分红、就业培训等帮扶措施。从联合回访情况看，被救助人的生活处境得到了明显改善。

案例十

陈某某国家司法救助案

（江西省南城县人民检察院）

【关键词】交通事故被侵权人　司法救助协作机制　乡村振兴部门移送救助线索　民事支持起诉　边缘易致贫户

【基本案情】被救助人陈某某男，1963年9月出生，系周某某道路交通事故案被侵权人。

2020年12月17日，陈某某在道路上行走时，被周某某驾驶的车辆撞伤，造成陈某某全身多处骨折，一只眼睛失明，肺、肾严重损伤，全身瘫痪。抢救出院后，陈某某未获人身损害赔偿。

【救助过程】2021年2月，江西省南城县乡村振兴局发现该县低保户陈某某发生交通事故后没有得到赔偿，导致家庭生活特别困难，可能符合司法救助条件，遂通过与南城县人民检察院建立的司法救助协作机制，向该院移送救助线索。南城县人民检察院经审查，决定启动司法救助程序。经深入陈某某所在镇开展实地调查，听取当地镇代表、村委会干部、周边村民意见，详细了解陈某某家庭生活情况。南城县人民检察院核实，陈某某是聋哑人，三级残疾，其妻叶某某自幼患小儿麻痹症，二级残疾，二人均无劳动能力，系低保户，家庭生活经济来源主要依靠儿子陈某甲每月三千元左右的打工收入；陈某某因交通事故受伤后，先后在南城县人民医院、抚州市人民医院ICU病房抢救，后转至南昌大学第一附属医院动手术、抢救，花去医药费20多万元，大部分费用为其子陈某甲向亲戚借款及贷款，其家庭已无力承担后续的高额医疗费用，家庭生活十分困难。

南城县人民检察院审查认为，陈某某符合司法救助条件，鉴于其身体的特殊情况，上门调取其家庭生活困难的相关证明材料，决定向其发放救助金2万元，并于2021年4月7日依法作出民事支持起诉决定，向南城县人民法院提起民事诉讼，进一步维护陈某某的合法利益。经南城县人民法院判决，保险公司向陈某某支付了交通事故理赔款。南城县人民检察院将对陈某某的司法救助情况向县乡村振兴局进行了反馈，县乡村振兴局决定将陈某某家庭纳入边缘易致贫户进行管理。南城县人民检察院还积极沟通当地镇政府，将陈某某夫妇二人低保金从每人每月 325 元提高到 420 元，并争取到防贫险 1 万余元；积极向县残联反馈残疾人被伤害线索，县残联依据相关政策和陈某某今后的身体康复情况为其重新评定残疾等级，由三级残疾调整为二级残疾，并相应调整增加残疾人补贴和护理补贴。

【典型意义】本案系乡村振兴部门移送司法救助线索，检察机关对农村地区生活困难的残疾人进行救助帮扶的典型案例。本案中，南城县乡村振兴局依托司法救助协作机制，主动向南城县人民检察院移送救助线索。南城县人民检察院经实地走访调查，查明案件被侵权人系生活特别困难的残疾人，并且在交通事故后未获得人身损害赔偿金，遂决定在发放救助金的同时，依职权启动民事支持起诉程序，帮助被救助人获得诉讼救济。检察机关又将司法救助情况反馈给乡村振兴部门，乡村振兴部门及时将被救助人纳入边缘易致贫户进行管理。检察机关还积极与镇政府、县残联等有关方面沟通协调，提高被救助人低保金标准和残疾人补贴、护理补贴标准，实现司法救助与社会救助有机衔接，有效发挥了司法救助助力巩固脱贫攻坚成果助推乡村振兴的职能作用。

（载中华人民共和国最高人民检察院网）

4 月 20 日

行贿犯罪典型案例

各省、自治区、直辖市监察委员会、人民检察院，国家监察委员会各派驻机构、派出机构，新疆生产建设兵团监察委员会、人民检察院，各中管企业、各中管高校监察机构：

为深入贯彻党的十九大关于受贿行贿一起查的重要决策部署，认真落实《关于进一步推进受贿行贿一起查的意见》（中纪发〔2021〕6 号），在保持惩治受贿高压态势的同时，严肃查处行贿，多措并举提高打击行贿的精准性、有效性，推动实现对腐败问题的标本兼治，国家监察委员会、最高人民检察院选编了 5 起行贿犯罪典型案例，现予印发，供参考借鉴。各级监察机关、检察机关要进一步提高政治站位，更新执法司法理念，形成工作合力，高度重视查办行贿犯罪，突出打击重点，加大财产刑运用和追赃挽损力度，切实有效预防行贿犯罪，推动反腐败治理取得更大成效。

国家监察委员会　最高人民检察院

2022 年 3 月 31 日

一、山东薛某某行贿、串通投标案

【关键词】

行贿　串通投标　数罪并罚　监检配合　社会治理

【要旨】

推进受贿行贿一起查，监察机关、检察机关应当切实履行职责，加强协作配合，加大对招标投标等重点领域行贿犯罪查处力度，服务保障优化营商环境。要准确适用法律，对以行贿犯罪手段开路进行串通投标犯罪的，应实行数罪并罚。对案件暴露出的普遍性、典型性问题，检察机关可以依法提出检察建议，促进专项整治，提高社会治理能力。

【基本案情】

被告人薛某某，男，1974年12月20日出生，汉族，住山东省青岛市市南区某某路XX号。

2014年8月，山东省沂水县财政局对沂水县中小学信息化设备采购项目进行招标，被告人薛某某与四川虹某软件股份有限公司投标负责人刘某某（已判决），伙同沂水县财政局原副局长丁某某（已判决），通过协调评审专家修改分数、与其他投标公司围标等方式串通投标，后四川虹某软件股份有限公司中标该项目，中标金额9000余万元，严重损害国家及其他投标人利益。同年年底，被告人薛某某为感谢丁某某在该项目招标投标中提供的帮助，给予丁某某人民币15万元。（其他犯罪事实略）

2020年5月13日、18日，山东省沂水县公安局、县监察委员会分别将薛某某等人串通投标案、薛某某行贿案移送沂水县人民检察院审查起诉。沂水县人民检察院受理后并案审查，于6月12日向沂水县人民法院提起公诉。9月24日，沂水县人民法院以薛某某犯串通投标罪，判处有期徒刑二年，并处罚金人民币二十万元；以犯行贿罪，判处有期徒刑六个月，并处罚金人民币十万元，决定执行有期徒刑二年三个月，并处罚金人民币三十万元。后薛某某上诉，12月24日，临沂市中级人民法院裁定驳回上诉，维持原判。

【监察、检察履职情况】

（一）积极推进受贿行贿一起查，严厉打击招标投标领域行贿犯罪，维护公平公正的市场秩序。在项目招标投标环节弄虚作假甚至搞权钱交易，会给项目质量和安全带来重大隐患。沂水县监察委员会在就薛某某涉嫌行贿犯罪立案调查，征求沂水县人民检察院意见时，检察机关认为薛某某通过行贿方式谋取竞争优势，且其犯罪行为不仅严重影响项目建设质量，还破坏了招标投标领域的公平竞争环境；该案虽行贿数额不大，但涉及的教育系统信息化建设属于重点民生领域项目，是重点打击的行贿行为，应从严惩处。此后，沂水县监察委员会与县人民检察院就调查取证方向、证据标准进行了充分沟通。鉴于薛某某还存在串通投标行为，沂水县监察委员会在对其涉嫌行贿犯罪立案调查的同时，将其串通投标问题线索移送公安机关同步立案侦查。

（二）厘清法律适用关系，准确把握罪数认定，做到罚当其罪。串通投标行为往往与行贿行为相伴而生、密不可分。沂水县人民检察院认为，虽然薛某某实施的串通投标与行贿之间存在关联，但系两种行为，侵犯了两类不同性质的法益。根据最高人民法院、最高人民检察院《关于办理行贿刑事案件具体应用法律若干问题的解释》第六条关于“行贿人谋取不正当利益的行为构成犯罪的，应当与行贿犯罪实行数罪并罚”的规定，薛某某实施的行贿犯罪应与串通投标犯罪数罪并罚。审判机关对上述意见予以采纳。

（三）积极能动履职，加强诉源治理，提升社会治理效果。针对该案暴露出招标投标监督管理涉及部门多，职责定位不清，一定程度存在“都管、都不管”的问题，沂水县人民检察院积极延伸检察职能，认真研究部门“三定”规定，厘清职责权限，从严格投标单位资格审查、规范招标代理机构、加大从业人员违规惩戒力度等方面，分别向县财政局、市场监管局、教育体育局制发检察建议。上述单位对检察建议全部予以采纳并进行了全面整改。同时，根据沂水县人民检察院建议，沂水县有关部门联合开展了招标投标领域突出问题专项整治行动，对近年来招标投标工程项目进行全面梳理排查。截至2022年2月，发现并整改各类不规范问题26个，并对3名串通投标犯罪嫌疑人立案查处，有力净化了招标投标领域公平竞争环境。

【典型意义】

（一）严厉打击重点领域行贿犯罪，服务保

障优化营商环境。坚持受贿行贿一起查，对发生在涉及教育等重大民生项目招标投标领域，严重破坏营商环境和市场公平竞争规则的行贿犯罪，应予以严惩。监察机关、检察机关应加强协作配合，注重对重点领域行贿线索的分析研判，加强会商，凝聚共识。在打击行贿犯罪时，既要考虑行贿金额、次数及犯罪情节，又要充分考虑案件发生的领域和危害后果，依法准确对行贿人作出处理，推动构建公平竞争的市场秩序和亲清政商环境。

（二）加强对行贿犯罪法律适用问题研究，提高打击精准度。行贿犯罪往往与其他犯罪关联并存，监察调查、检察审查过程中，应当加强对行贿犯罪、关联犯罪的研究，结合刑法理论与法律规定，参考司法案例，围绕事实认定、法律适用和案件处理等进行充分论证，厘清罪与非罪、一罪与数罪的界限，调查收集证据，准确适用法律，依法提起公诉，确保对行贿犯罪及关联犯罪的精准打击。

（三）充分履行监检职能，积极参与社会治理。监察机关、检察机关应当对办案中发现的普遍性、典型性问题进行深入剖析，依法提出堵塞漏洞、健全制度、防控风险的建议，促使有关部门履行监管职责、完善监管机制、开展专项整治，全面加强整改，从源头上推进招标投标领域问题解决，达到“办理一案、治理一片”的良好效果，促进社会治理能力的提高，服务经济社会高质量发展大局。

二、浙江贵某贵金属有限公司、李某某单位行贿案

【关键词】

单位行贿　监检衔接　准确定性　一体化监督　生态修复

【要旨】办理行贿案件要落实中央受贿行贿一起查的精神，准确把握单位犯罪和自然人犯罪的区别和联系，精准打击犯罪。要充分发挥监检职能，加强配合制约，深化融合监督，一体推进不敢腐、不能腐、不想腐，在案件办理、追赃挽损、生态修复等方面打好反腐败“组合拳”，实现办理行贿犯罪案件“三个效果”有机统一。

【基本案情】

被告单位浙江贵某贵金属有限公司（以下简称贵某公司），民营企业，单位所在地浙江省仙居县某某街道某某工业园区。

被告人李某某，男，1972年9月21日出生，汉族，贵某公司法定代表人。

2015年至2018年，时任浙江省台州市环保局工作人员林某某（另案处理）、仙居县环保局工作人员王某某（已判决）等有关国家工作人员接受贵某公司法定代表人李某某的请托，为贵某公司在办理《危险废物经营许可证》、生产经营、逃避环保执法检查等方面提供帮助。2015年底，李某某送给林某某一件黄金制品，价值人民币37940元，林某某收受。2018年，李某某以人民币40万元的价格购买一辆二手大众辉腾牌汽车送给王某某，王某某收受；贵某公司将非法提炼金属铑所得的一半利润送给王某某，王某某先后收受人民币635万元，后将其中545万元出借给李某某用于资金周转。（污染环境犯罪事实略）

2020年10月30日，浙江省仙居县人民检察院以被告单位贵某公司、被告人李某某等人犯污染环境罪向仙居县人民法院提起公诉。2021年3月26日，仙居县监察委员会以李某某涉嫌行贿犯罪立案调查，9月8日以贵某公司涉嫌单位行贿犯罪立案调查。9月14日，仙居县监察委员会以贵某公司、李某某涉嫌单位行贿罪向检察机关移送审查起诉，检察机关于10月19日补充起诉。10月30日，仙居县人民法院作出一审判决，以被告单位贵某公司犯污染环境罪，判处罚金人民币十五万元，犯单位行贿罪，判处罚金人民币八十万元，数罪并罚决定执行罚金人民币九十五万元；以被告人李某某犯污染环境罪，判处有期徒刑一年二个月，并处罚金人民币十万元，犯单位行贿罪，判处

有期徒刑二年，并处罚金人民币三十万元，数罪并罚决定执行有期徒刑二年十个月，并处罚金人民币四十万元；对被告单位贵某公司的违法所得人民币一千八百五十万元，向被告单位贵某公司、被告人李某某予以追缴，上缴国库。一审判决后，贵某公司、李某某未上诉，判决已生效。

【监察、检察履职情况】

（一）深挖腐败线索，有效打击受贿行贿犯罪。被告单位贵某公司、被告人李某某等人涉嫌污染环境一案案发后，仙居县监察委员会坚决贯彻落实习近平生态文明思想，聚焦案件背后的责任链条，及时启动问责追责程序，围绕监管失职、利益输送开展调查，对12名有关责任人员予以严肃问责。期间，发现李某某行贿线索，依法对其开展立案调查，采取留置措施，并同步冻结、扣押涉案财物250万元，协调公安、环保部门查封扣押贵某公司库存产品，确保后续追赃挽损工作顺利进行，同时对发现存在受贿嫌疑的4名公职人员予以立案调查。仙居县监察委员会认为，本案发生在环保领域，被告单位贵某公司、被告人李某某以多种方式对数名国家工作人员渗透腐蚀，严重破坏职务廉洁性，危害群众利益，造成严重负面影响，应依法移送司法机关追究其刑事责任。

（二）充分运用监检会商机制，准确把握案件定性。2021年9月1日，仙居县监察委员会就李某某涉嫌行贿罪、王某某涉嫌受贿罪同时书面商请检察机关提前介入。对本案系个人行贿还是单位行贿存在不同认识。监察机关和检察机关共同会商案件后，认为本案构成单位行贿罪。一是从案件事实看，李某某作为公司法定代表人，行贿出发点是为单位谋取不正当利益，使公司在办理危废许可证、经营生产、逃避环保执法检查等方面得到照顾，其行贿资金绝大多数来源于公司经营所得，应当认定其行贿体现的是单位意志，且最终受益对象系单位，对该行为认定为单位行贿更符合案件事实，更能体现罪责刑相适应原则。二是从办案效果看，以单位行贿罪认定，既有利于对贵某公司进行刑事惩处，保护各类市场主体公平竞争，优化法治化营商环境，又有利于促进涉案企业规范经营活动，保护民营经济持续健康发展，激发市场活力。监检达成共识后，检察机关向监察机关书面反馈提前介入审查意见，仙居县监察委员会依法对贵某公司进行补充立案调查，确保程序合法，保障被调查单位的权利义务。调查终结后，仙居县监察委员会以贵某公司、李某某涉嫌单位行贿罪移送审查起诉。

（三）一体化能动履职，推动生态修复。针对本案存在的履职不力、腐败问题，仙居县监察委员会发送监察建议书，要求环保部门履行全面从严治党主体责任，排查廉政风险点，倒查制度漏洞，加强系统内部监督，同步开展党风廉政警示教育活动，以案促廉，做实“后半篇文章”，助力政治生态修复。针对行贿犯罪关联的环境污染损害，仙居县人民检察院充分发挥刑事检察、公益诉讼检察合力，就贵某公司污染环境导致的生态损害及时跟进公益诉讼工作。经制发行政公益诉讼诉前检察建议，推动环保部门与贵某公司开展磋商并签订《浙江贵某贵金属有限公司环境污染案生态环境损害赔偿鉴定评估框架协议》。仙居县人民检察院积极督促贵某公司承担损害赔偿责任，促成该公司预缴生态修复金200万元，并持续跟进监督，推动开展生态损害修复。

（四）开展认罪认罚工作，贯彻宽严相济政策。鉴于贵某公司和李某某归案后自愿如实供述罪行，承认指控的犯罪事实，愿意接受处罚，并积极履行生态修复责任，确有悔罪表现，仙居县人民检察院在办理污染环境案和行贿案中均充分听取贵某公司、李某某及其辩护人的意见，并对案件定罪量刑及认罪认罚从宽制度进行释法说理。同时，通过讯问、走访等形式，理清贵金属、原料等扣押物品情况，积极推动退赃工作，促使贵某公司自愿以被扣押物品抵扣违法所得。最终，贵某公司和李某某自愿认罪认罚，在辩护律师见证下签署《认罪认罚具结书》，检察机关经征求监察机关意见，对贵某公司和李某某从轻提出确定刑量刑建议，被法院判决采纳。

【典型意义】

（一）坚决贯彻受贿行贿一起查，推动腐败问题标本兼治。监察机关和检察机关要深刻认识行贿违法犯罪的政治危害，转变工作理念，加强工作协作，打出反腐败“组合拳”，加强查办贿赂犯罪，一体推进受贿行贿的查处。要加大环保等重点领域行贿受贿犯罪打击力度，斩断腐败问题利益链，破除权钱交易网，彰显对行贿零容忍的坚定决心，在全社会倡导廉洁守法理念，构建亲清政商关系。

（二）准确区分犯罪主体，贯彻宽严相济刑事政策，依法惩治单位行贿。办理涉及公司企业的行贿犯罪案件，监察机关、检察机关应加强配合制约，注意全面调查审查案件事实，充分收集运用证据，甄别判断涉案公司企业与行贿犯罪的联系，准确认定是单位行贿犯罪还是个人行贿犯罪。被告单位和被告人认罪认罚的，要依法贯彻宽严相济刑事政策，增强行贿犯罪案件办理的示范性，助力营造健康经济生态，提高行贿犯罪案件办理质效。

（三）强化一体化监督，积极推进挽损工作，增强办理行贿犯罪案件效果。监察机关、检察机关在办理贿赂案件过程中，应积极落实受贿行贿一起查部署，加大追赃挽损力度。对行贿人因行贿获得的不正当利益，最大限度追缴，不让行贿人因行贿获利，遏制犯罪利益驱动。同时，加大行贿犯罪损害修复，尽可能降低、减少行贿犯罪的危害后果。对于生态环保等重要领域的行贿犯罪，检察机关应坚持零容忍态度，严格依法办案，整合刑事检察、公益诉讼检察等力量，在办理行贿犯罪案件的同时，配套公益诉讼检察措施，有效跟进生态环境修复和保护工作，达到政治生态治理和生态环境修复“双推动”办案效果，实现办理行贿罪案件“三个效果”的有机统一。

三、江西王某某行贿案

【关键词】

监检协作配合　零口供　证据体系　追赃挽损

【要旨】监察机关与检察机关要加强协作配合，统筹推进行贿受贿犯罪案件查处。准确认定行贿人谋取的不正当利益数额，发挥能动检察职能，与监察机关协作配合开展追赃挽损工作。对于“零口供”行贿犯罪嫌疑人，监察机关调查时要注重收集证人证言、书证、物证、视听资料和电子证据等，夯实证据基础，检察机关要充分运用各种证据，形成完善的指控证据体系，依法追究刑事责任。

【基本案情】

被告人王某某，男，1962年10月出生，汉族，河北丰宁金某钼业有限公司（下称金某钼业）法定代表人、股东。

2007年8月，为金某钼业能被江西稀有金属某某集团公司（以下简称江某公司）高价收购，王某某向江某公司总经理钟某某（已判决）请托，并承诺给予好处费。后钟某某违规决定江某公司以人民币2.6亿元的高价收购金某钼业50%的股份。王某某为感谢钟某某，9月6日，王某某安排妻子闫某某向钟某某指定的妻弟罗某的银行账户转账500万元。经鉴定，王某某通过行贿非法获利共计2.15亿元。

2021年2月4日，江西省金溪县监察委员会将案件移送金溪县人民检察院起诉。3月19日，金溪县人民检察院以王某某涉嫌行贿罪向金溪县人民法院提起公诉。11月16日，金溪县人民法院以王某某犯行贿罪，判处有期徒刑十年六个月，追缴王某某违法所得2.15亿元，返还被害单位江某公司。王某某不服，提出上诉，同年12月14日，抚州市中级人民法院裁定驳回上诉，维持原判。

【监察、检察履职情况】

（一）加强协作配合，统筹推进行贿受贿犯

罪案件查处。江西省监察委员会在查办江某公司原总经理钟某某受贿案过程中，发现王某某涉嫌行贿犯罪数额巨大、性质恶劣、后果严重，必须严肃查处。2020 年 10 月，应江西省监察委员会商请，江西省人民检察院派员提前介入钟某某受贿一案，经监检研商，一致认为王某某为谋取不正当利益，向钟某某行贿 500 万元，情节特别严重，给国家利益造成特别重大损失，其行为涉嫌行贿犯罪，应当依法追究其刑事责任。鉴于王某某一直未交代其涉嫌行贿犯罪事实，监察机关与检察机关加强配合，进一步分析钟某某受贿案案情，对钟某某收受王某某 500 万元犯罪事实提出了补充完善证据的意见。在此基础上，江西省监察委员会召集案件论证会，统筹王某某行贿、钟某某受贿案件办理进度，协调证据收集、调取工作，形成了依法处理的共识。同年 12 月 31 日，经江西省、抚州市监察机关逐级指定管辖，金溪县监察委员会对王某某涉嫌行贿一案立案调查。

（二）注重调查、运用书证和证人证言，严密证据体系，依法惩治“零口供”行贿犯罪。王某某不供认行贿犯罪，监察机关注重收集、调取构建王某某涉嫌行贿犯罪链条的各种证据。行贿证据有：王某某的妻子闫某某的证言，证明了行贿款来源以及根据王某某指使通过银行汇款转账过程，企业账目、闫某某汇款转账的银行流水等书证能佐证。钟某某妻弟罗某证言，证明他按照钟某某指使通过自己银行账户接受闫某某汇款并告诉姐夫钟某某、姐姐罗某的事实，罗某银行账户流水等书证能佐证。罗某证言还证明按照钟某某指使动用一部分贿金帮助钟某某和罗某夫妇购买股票理财的事实，股票投资过程的有关书证也进一步印证。罗某证言都能印证事实。谋取不正当利益证据有：江某公司收购金某钼业股权转让协议、会议记录，江某公司参与决策、收购的有关证人证言等证据。钟某某受贿案的一审生效判决书等证据与钟某某的有罪供述，与上述两方面证据均相互印证。检察机关经审查并充分运用证据，认为本案虽为“零口供”，但在案证人证言、企业账目、银行流水、股票、生效判决书等书证，足以形成完整的证据链条，证实王某某为谋取不正当利益，向钟某某行贿 500 万元的事实，证据达到确实、充分的证明标准，可以依法提起公诉。

（三）监察机关与检察机关加强协作，依法追赃挽损。监察机关经与检察机关沟通协商，一致认为应当依法追缴王某某通过行贿犯罪获取的不正当利益。在金溪县监察委员会的协调下，金溪县人民检察院配合成立追赃小组，先后奔赴河北、北京、辽宁等地，依法扣押查封涉案汽车 7 辆、不动产 13 间（栋）、现金 420 万余元、股权 3000 万余元，合计价值 7000 万余元，最大程度地挽回国有资产的损失。监察机关、检察机关会商认为，应对王某某转让给江某公司的股份实际价值进行司法鉴定。经依法鉴定，根据江某公司收购金某钼业价格 2.6 亿元减去收购时金某钼业总资产价值、涉案钼矿采矿权评估价值，计算认定王某某通过行贿违法所得 2.15 亿元。检察机关建议审判机关依法裁判该违法所得返还江某公司，法院予以采纳。

【典型意义】

（一）贯彻落实受贿行贿一起查，对侵吞巨额国有资产的行贿犯罪零容忍。监察机关、检察机关在办理国企领域贿赂或者关联案件过程中，应当密切协作配合，在监察机关统筹下推进行贿受贿案件的查处。通过依法惩治发生在国企领域的行贿受贿犯罪，斩断内外勾结侵吞国有资产的“黑手”，切实维护国有企业合法权益，维护国有资产安全。

（二）对“零口供”的行贿犯罪案件，应多层次调取收集各类证据，综合运用证据规则，构建完整证据体系，严厉惩治行贿犯罪。实践中，为逃避法律追究，行贿受贿双方拒不供认犯罪事实的情况时有发生。对于“零口供”的行贿案件，应根据证据标准，注重运用受贿人有罪供述、特定关系人或者经手贿赂款的证人证言，特别是转账的书证等证据，证明行贿受贿犯罪事实，形成完整的证据链条。案件经审查达到事实清楚，证据确实、充分的程度，依法提起公诉，追究行贿人刑事责任。

（三）准确认定行贿犯罪违法所得，主动协作配合追赃挽损。检察机关在办理行贿案件过程中应积极履行追赃挽损职责，准确认定行贿犯罪违法所得数额，与监察机关加强协作，依法查封、扣押、冻结行贿人涉案资产，配合监察机关查明行贿人违法所得相关证据，为人民法院准确认定行贿犯罪违法所得，判决追缴行贿人违法所得、返还被害单位提供重要支撑。

四、河南高某某行贿案

【关键词】

医药领域　多次行贿　巨额行贿　认罪认罚　财产刑

【要旨】

监察机关与检察机关要加强衔接配合，对医疗药品等重点领域多次行贿、巨额行贿违法犯罪行为，依法惩处，形成联合惩戒行贿犯罪的工作合力。要贯彻宽严相济刑事政策，准确认定从宽情节，积极适用认罪认罚从宽制度办理。要注重综合运用多种措施及适用刑罚，从提高违法犯罪经济成本上进一步遏制行贿犯罪，提高打击行贿的精准性、有效性。

【基本案情】

被告人高某某，男，1974年10月24日出生，汉族，河南双某药业有限公司业务员，负责河南南阳、平顶山地区“大输液”销售业务。

2013年10月至2019年4月，被告人高某某通过南阳市济某医药有限公司（以下简称济某公司）向南阳市方城县某某医院配送其任职公司生产的“大输液”产品。为长期在该医院销售“大输液”产品并增加销量，谋取不正当竞争优势，根据时任该医院院长化某（已判决）的要求，以交付“大输液”利润的方式向化某行贿，先后43次给予化某共计615.9万元；为得到时任该医院药品科科长张某某（已判决）的帮助，先后13次给予张某某人民币共计6万元。

2019年7月15日，河南省南召县监察委员会对高某某涉嫌严重违法问题立案调查，8月22日对高某某以涉嫌行贿罪移送南召县人民检察院审查起诉，10月8日南召县人民检察院对高某某以涉嫌行贿罪向南召县人民法院提起公诉，12月16日南召县人民法院以行贿罪判处高某某有期徒刑五年，并处罚金人民币二十万元。一审判决后，被告人高某某未上诉，判决已生效。

【监察、检察履职情况】

（一）强化衔接配合，依法依规严肃查处医疗药品领域行贿犯罪。监察机关调查中发现，高某某为在行业竞争中获取优势，采用不正当竞争手段排挤其他医药企业，56次向医疗药品领域国家工作人员行贿。南召县监察委员会商请检察机关提前介入，双方就该案的事实、证据等进行了面对面沟通交流，一致认为本案行贿数额特别巨大、情节特别严重，对当地政治生态、法治环境、营商环境等均造成严重破坏，应依法予以严惩。监检双方就案件补充查证，特别是针对本案时间跨度长、行贿次数多的特点，应继续调取有关书证予以佐证形成了共识。南召县监察委员会及时安排专人负责，补充调取了高某某通过济某公司向方城县某某医院配送“大输液”的具体品种、数量清单、双方的结算凭证，以及高某某56次在济某公司领款共计2929.8万元的有关证据，充分印证了高某某在每次医院结算输液款后向化某行贿的时间、金额等，为案件的准确定性奠定了坚实基础。

（二）坚持同向发力，严格落实宽严相济刑事政策。本案行贿数额达621.9万元，属于行贿罪“情节特别严重”的情形，在办案过程中，高某某存在思想顾虑，甚至一度态度消极。南召县监察委员会一方面阐明监察机关查办医疗行业腐败案件的决心，另一方面讲清法律政策，充分告知如实说明情况可以从轻处理的有关规定。最终，高某某放下包袱，敞开心扉，对自己行贿犯罪的具体手段、数额等始终稳定供述。在审查起诉过程中，南召县人民检察院发现，高某某于2019年4月因涉嫌其他犯罪被公安机关指定居所监视居住，在此期间主动交代了向化某、张某某行贿的犯罪事实，应依法认定为自首，可以从轻或者减轻处罚。经与监察机关沟通后，检察机关综合考虑高某某行贿的数额、次数、主观恶性、后果等因素，建议依法对其减轻处罚。同时，检察机关积极开展认罪认罚工作，多次对高某某进行释法说理，充分说明本案的事实、情节及量刑依据，高某某表示认罪认罚，在律师的见证下签署了《认罪认罚具结书》。在庭审中，高某某当庭认罪悔罪，表示服判不上诉。

（三）注重综合治理，通过加大财产刑运用等措施增强办案效果。南召县监察委员会与县人民检察院在从严查处重点领域行贿犯罪基础上，就综合运用刑罚措施、做好案件综合治理交换了意见、凝聚了共识。案件移送审查起诉后，检察机关经充分考虑本案行贿数额、本人获利情况及认罪认罚等情节，依法对被告人提出判处五年至六年有期徒刑、并处罚金二十万元至三十万元的量刑建议，南召县人民法院采纳。南召县人民检察院积极督促被告人高某某主动缴纳罚金，有力推动了财产刑的执行，增强了法律权威和刑罚执行力度。

【典型意义】

（一）从严查办涉及民生的重点领域行贿犯罪，切实增强人民群众的获得感幸福感安全感。办理行贿案件时要突出重点，对医疗药品等民生领域的巨额行贿、多次行贿，进一步加大打击力度。特别是针对行贿人为谋取不正当利益，对重点领域国家工作人员竭力腐蚀，严重扰乱市场经济秩序，严重影响人民群众的获得感幸福感安全感的行贿犯罪，要依法从严予以打击，切实推动有关行业顽瘴痼疾的整改，全面落实以人民为中心的发展理念。

（二）全面考虑行贿犯罪事实、情节，严格落实宽严相济刑事政策。在依法追究行贿犯罪时，检察机关要在全面审查案件事实的基础上，主动及时与监察机关做好衔接，对证据的收集达成一致意见，完善证据体系，切实提高依法打击行贿犯罪的精准性、有效性。既应突出依法从严打击的工作导向，也要注意结合案件事实、证据情况，依法准确认定各种从轻、减轻处罚情节，积极适用认罪认罚从宽制度，实现贿赂犯罪查处的惩治与预防效果。

（三）要注重对行贿犯罪的综合治理，切实增强办案效果。行贿人不择手段“围猎”党员干部的根本原因在于谋取不正当利益。在行贿犯罪案件办理中必须注重综合治理，在依法维护被告人合法权益的基础上，高度重视依法适用财产刑，有针对性地提高行贿人的违法犯罪成本，遏制行贿利益驱动，从根本上预防行贿，最大化实现办案政治效果、社会效果和法律效果的有机统一。

五、四川刘某富行贿、非法采矿案

【关键词】

移送问题线索　重点领域行贿　同步查处　并案审查起诉　追赃挽损

【要旨】检察机关在办理公安机关移送案件的过程中，发现行为人可能涉嫌监察机关管辖的职务犯罪的，应当依照规定将线索移送监察机关。监察机关为主调查互涉案件时，应当统筹协调调查、侦查、审查起诉进度，并就事实认定、法律适用等重要事项进行充分论证，确保关联的受贿行贿案件均衡适用法律。检察机关对监察机关、公安机关分别移送起诉的互涉案件，可以依职权并案处理。在办案中应当注重追赃挽损，依法处理行贿犯罪违法所得及有关不正当利益，不让行贿人从中获利。

【基本案情】

被告人刘某富，男，1968年2月4日出生，汉族，四川省某某市市政建设工程有限公司施工班组长。

（一）行贿罪。2010 年至 2018 年，刘某东历任某某市市政建设工程有限公司（以下简称市政公司）副经理、经理、董事长兼总经理。2012 年，刘某富经刘某东安排，进入市政公司担任施工班组长。2013 年至 2018 年，刘某东帮助刘某富承接了某某市某某新区健康路、南外环路一期等多个道路建设重大项目。其间，刘某富多次直接或者通过他人给予刘某东（已判决）人民币共计 265 万元。

（二）非法采矿罪。2017 年 4 月至 5 月，刘某富在对某某市某某区南外环路一期道路工程施工过程中，在没有采矿许可证的情况下，超越限定范围，在某某区某某镇前进村康泰路非法采挖连砂石共计 25340 方。四川省国土资源厅依法认定刘某富非法采矿造成矿产资源破坏价值共计 96.292 万元。

2018 年 4 月 11 日，刘某富因涉嫌非法采矿罪，被四川省雅安市公安局采取监视居住强制措施。雅安市雨城区人民检察院在提前介入侦查过程中，发现刘某富涉嫌行贿、刘某东涉嫌受贿犯罪问题线索，经与雅安市公安局沟通，将问题线索移送雅安市监察委员会。7 月 16 日，雅安市监察委员会以涉嫌行贿罪对刘某富采取留置措施，10 月 11 日向雅安市人民检察院移送起诉。次日，雅安市人民检察院决定将案件交由雅安市雨城区人民检察院办理。10 月 17 日，雅安市公安局雨城分局以刘某富涉嫌非法采矿罪向雅安市雨城区人民检察院移送起诉。2019 年 2 月 11 日，雅安市雨城区人民检察院以刘某富涉嫌行贿罪、非法采矿罪提起公诉。4 月 23 日，雅安市雨城区人民法院作出一审判决，以行贿罪判处刘某富有期徒刑四年，并处罚金三十万元，以非法采矿罪判处刘某富有期徒刑一年六个月，并处罚金五万元，数罪并罚决定执行有期徒刑五年，并处罚金三十五万元。一审判决后，被告人刘某富未上诉，判决已生效。

【监察、检察履职情况】

（一）检察机关提前介入侦查，发现行贿问题线索，建议公安机关依法移交监察机关处理。雅安市公安机关在对刘某富非法采矿犯罪侦查过程中，检察机关应商请提前介入，通过审查证据材料、会同侦查人员赴现场勘查、联席会议讨论等方式，发现刘某富在没有建设工程资质的情况下，违规担任市政公司施工班组长，借用他人资质承接大量市政公司建设项目。同时刘某富工程建设账目支出情况不清楚，其中可能存在职务违法犯罪问题，检察机关向公安机关提出及时将问题线索移交监察机关处理的建议，推动公安侦查和监察调查有机衔接。

（二）监察机关充分履行组织协调职责，有效提升互涉案件办理质效。2018 年 7 月 6 日，雅安市公安局将刘某富涉嫌行贿、刘某东涉嫌受贿问题线索移交雅安市监察委员会。雅安市监察委员会立即分别成立行贿、受贿案件专案组并开展初步核实，组织检察、公安等相关单位召开案件会商联席会，梳理互涉案件交织点、取证共通点、办理难点，精准确定调查、侦查方向，统筹推进互涉案件证据收集、调取工作。监察机关在对刘某东受贿案立案后，于 7 月 16 日对正被公安机关监视居住的刘某富采取留置措施。监察机关在对行贿、受贿一起查办的同时，也积极为公安机关办理的非法采矿犯罪固定有关证据，做到程序衔接流畅、实体配合高效。

（三）监察机关统筹做好互涉案件移送审查起诉工作，检察机关依法并案审查起诉。鉴于刘某富涉嫌行贿罪、非法采矿罪由监察机关、公安机关分别查办，检察机关在提前介入过程中，及时了解掌握互涉案件办理情况，沟通协商移送起诉工作进度，确保互涉案件同步移送，程序衔接畅通。监察机关在移送审查起诉前，再次邀请检察机关、公安机关进行诉前会商，强化行贿、受贿犯罪的证据材料梳理，为做好职务犯罪调查管辖和其他关联犯罪属地管辖衔接配合，明确以非法采矿案属地管辖为主确定案件管辖，将职务犯罪商请指定管辖并案处理。2018年10月11日、17日，监察机关、公安机关先后向检察机关移送审查起诉，检察机关在分别受理后，为确保互涉案件统一处理，决定并案审查起诉，依法以行贿罪、非法采矿罪向法院提起公诉。

（四）监察机关、检察机关联动配合，及时查明行为人违法所得及获取的不正当利益情况，依法追赃挽损。检察机关审查发现，刘某富通过行贿承接了雅安市19个重要交通道路工程，涉及该市重点打造的川西综合交通枢纽，获取了巨额利益，又在工程建设中通过非法采矿获取更大的非法收益，应依法严惩。为依法追赃挽损，监检配合做好以下工作：一是检察机关要求公安机关补充鉴定，查明刘某富非法开采矿产资源价值共计96.292万元。二是监察机关在受贿行贿一起调查的过程中，查明刘某富通过虚增连砂石用量等方式，在刘某东的帮助下，从市政公司处非法获利1256万余元。三是监察机关、检察机关、公安机关加大协作力度，促使刘某富主动退缴859万元。四是协调公安机关依法处理案件涉及的其他非法所得。在法院判决追缴非法采矿违法所得96.292万元以后，监察机关、检察机关及时与公安机关沟通，对于案件中涉及的其他非法所得，书面建议公安机关依法予以处理。公安机关协调有关部门依法予以收缴。

【典型意义】

（一）检察机关在办案中发现行贿受贿等职务犯罪问题线索，应当依照规定移送监察机关。检察机关在案件办理和履行法律监督职能过程中，发现行为人可能涉嫌监察机关管辖的职务犯罪的，应当依法严格落实线索移送、职能管辖等规定，向监察机关移送问题线索，或建议有关部门向监察机关移送线索，形成惩治腐败工作合力。对于在提前介入侦查工作中发现行贿犯罪线索的，引导公安机关及时固定证据线索，共同做好线索移送工作。特别是针对在国家重要工作、重点工程、重大项目中的行贿犯罪，应当建议依法严肃查处，精准推进受贿行贿一起查。

（二）监察机关办理互涉案件承担为主调查职责的，要统筹组织协调调查、侦查工作，形成反腐败合力。为主调查的监察机关承担组织协调职责，统筹调查和侦查工作进度、协调调查留置措施和刑事强制措施的衔接适用、协商重要调查和侦查措施使用等重要事项。办理互涉案件的公安机关、检察机关，要主动及时向监察机关通报相关案件的办理情况，以便监察机关能够及时全面掌握互涉案件办理情况。相关办案单位应注重形成合力，全面准确认定犯罪事实和涉嫌罪名，确保互涉案件在办案程序、事实认定和法律适用等各方面做到统一均衡。

（三）检察机关对监察机关、公安机关分别移送起诉的互涉案件，可以依职权并案处理，注意做好补查的衔接工作。检察机关应当加强与监察机关、公安机关沟通，协调互涉案件的移送起诉进度，符合并案条件的，在分别受理审查起诉后及时并案处理。需要退回补充调查、退回补充侦查的，检察机关应同时将案件分别退回监察机关、公安机关，并统筹做好程序衔接。符合自行补查条件的，经与监察机关沟通一致，检察机关可以开展自行补充侦查，完善证据体系。

（四）多措并举，依法处理行贿违法所得及有关不正当利益，不让犯罪分子从中获利。加大追赃挽损力度，对行贿犯罪违法所得以及与行贿犯罪有关的不正当利益，应当通过监察执法、刑事处罚、行政处罚等多种方式依法综合运用予以处理，确保任何人不能从行贿等违法犯罪活动中获取非法利益，最大程度为国家挽回损失。

（载中华人民共和国最高人民检察院网）

5月5日

检察机关依法办理民营企业职务侵占犯罪典型案例

各省、自治区、直辖市人民检察院，解放军军事检察院，新疆生产建设兵团人民检察院：

为全面贯彻习近平法治思想，充分发挥典型案例示范引领作用，进一步加大对民营企业内部腐败的打击力度，最高人民检察院选编S保险公司业务总监徐某乙、“保险黑产”犯罪团伙徐某甲、朱某某等7人职务侵占、侵犯公民个人信息案等6件案例作为职务侵占典型案例，现印发你们，供各地办案时参考借鉴。

最高人民检察院

2022年4月19日

案例一

S保险公司业务总监徐某乙、“保险黑产”犯罪团伙徐某甲、朱某某等7人职务侵占、侵犯公民个人信息案

【关键词】

职务侵占　“挂单”　“保险黑产”　法律监督　刑事附带民事公益诉讼　诉源治理

【要旨】保险公司员工内外勾结形成黑色产业链，以“挂单”形式骗取公司钱款，构成职务侵占罪。对于多区域多层级团伙犯罪案件，检察机关要综合运用立案监督、追捕追诉等方式，深挖彻查漏犯漏罪。对于在刑事案件中侵犯众多公民个人信息的违法行为人依法提起刑事附带民事公益诉讼。对于在办案中发现的社会治理问题，可以通过企业合规、检察建议、普法宣传等方式，有效推动行业治理，优化法治营商环境。

【基本案情】

中国S保险股份有限公司上海分公司（以下简称S公司）系上海保险行业龙头企业之一，徐某乙系S公司现代部业务总监，张某某、顾某某等9人系S公司现代部业务主任。

徐某甲、朱某某组织“保险黑产”犯罪团伙，2020年4月至6月，徐某甲与徐某乙合谋，由徐某乙指使张某某、顾某某等人收集并控制S公司新进保险业务员账号。徐某甲、朱某某利用从他人处购买的包含保单号、投保日期、保险险种、保单金额、客户姓名、身份证号码、家庭住址、电话号码等内容的1万余条保单信息，冒充S公司员工联系投保人，以“产品升级”“原保单全额退保”等为名，诱骗投保人将原保单退保后购买新保单，将新保单“挂单”在新进保险业务员账号下，获取S公司支付给新进业务员的新人训练津贴、增员奖等额外奖励184.8万余元。同时，还查明刘某某、徐某丙等2个团伙（另案处理），以相同手段进行“保险黑产”犯罪活动，上述3个团伙共骗取S公司新进业务人员津贴800余万元。此外，“保险黑产”犯罪活动还造成S公司大量保单退保、投保人投诉，严重影响正常经营活动，直接涉及保单3000余张、保单金额达1000余万元，使部分投保人保单权益遭受侵害。

上海市静安区人民检察院于2021年6月至12月，以职务侵占罪、侵犯公民个人信息罪，分案对徐某甲、朱某某、刘某某、徐某丙等44名被

告人提起公诉。同年9月至12月，上海市静安区人民法院先后对徐某甲、朱某某、徐某乙等被告人以职务侵占罪、侵犯公民个人信息罪判处拘役四个月至有期徒刑五年不等刑罚，并处相应罚金。其中，上海市静安区人民法院分别以职务侵占罪判处被告人徐某乙有期徒刑二年六个月，并处罚金人民币九万元；以职务侵占罪、侵犯公民个人信息罪判处被告人徐某甲有期徒刑五年，并处罚金人民币二十一万元，判处被告人朱某某有期徒刑四年四个月，并处罚金人民币二十万元。

【检察机关履职过程】

1. 引导侦查取证，准确定性案件。2020年8月起，上海市公安局静安分局立案多起保险公司被骗新进保险代理人佣金的报案，涉案金额数百万元。案发后，上海市静安区人民检察院提前介入，围绕嫌疑人是否利用职务便利等关键事实，深入分析研判并准确认定：一是保单具有真实性；二是“保险黑产”犯罪团伙将保单“挂单”在新进保险业务员名下目的是骗取新人奖励，这一“挂单”行为本质上利用了保险公司工作人员的职务便利；三是通过“挂单”行为多获取的新人训练津贴、增员奖金额为职务侵占金额。同时，要求侦查机关针对涉案金额进行取证和审计，为案件顺利查办奠定扎实基础。

2. 加强案件审查，深挖漏犯漏案。针对案件人数多、层级多，以及犯罪呈现黑灰利益链、产业链的特点，对案件开展全面审查，梳理犯罪团伙人员架构，区分涉案人员层级作用，加大讯问力度，发现S公司业务总监徐某乙不仅与徐某甲共谋实施犯罪，还与其手下9名业务主任共同实施犯罪，遂对上述9人及时提出追捕、追诉意见，并全部追捕追诉到案。同时发现S公司另一个营业部也涉及“保险黑产”犯罪，涉案金额300余万元，遂对涉案的刘某某犯罪团伙监督立案，先后立案5件25人，其中23人已判决。

3. 提起公益诉讼，保护公民信息。上海市静安区人民检察院在办案中发现被告人涉嫌非法买卖保险投保人个人信息的行为，遂对该线索以民事公益诉讼立案审查，在进一步调取相关证据后，对4名相关人员侵犯公民个人信息案提起刑事附带民事公益诉讼。2021年6月15日，法院判决相关被告人在国家级新闻媒体上公开赔礼道歉、永久删除存储在电脑中的公民个人信息、赔偿公共利益损失共计人民币32.5万余元。

4. 制发检察建议，推动行业治理。针对办案中发现的保险公司未严格审核保险销售人员身份、投保人信息未加密等问题，向该公司制发检察建议，督促企业切实整改、严格管理、合规经营。同时，就行业中暴露出的问题，向上海市保险同业公会制发检察建议，就投保人信息管控、业务账号使用管理、从业人员身份审核、投诉退保件处理等8个方面提出建议，均被采纳。此外，联合上海市保险同业公会、相关保险企业，精准对接行业实际需求，以线下培训交流、线上直播授课的形式开展系列普法讲座，为长三角地区的5万余名保险从业人员开展警示教育直播培训。

【典型意义】

1. 坚持办案与监督并重，在依法查处企业内外涉案人员的同时，提升监督质效。“坚持在办案中监督、在监督中办案”是新时代检察机关司法职能与法律监督职能融合发展的体现。检察机关在依法办案的同时，一要积极开展立案监督，在办案中及时发现和纠正应当立案而不立案的违法情形，提高线索发现处理能力。二要推进侦查活动监督，就新型重大、疑难、复杂案件介入侦查引导取证，与侦查机关会商研判，提高侦查取证活动有效性、针对性。三要依法追诉漏犯，针对团伙犯罪案件开展分区分级精准化审查，厘清案情与人员组织架构，及时纠正遗漏起诉同案犯，全链条摧毁犯罪网络。

2. 刑事与公益诉讼业务实质性融合，依法提起刑事附带民事公益诉讼，严厉打击侵犯公民个人信息行为。一方面，检察机关要牢牢把握职责定位，推动“四大检察”全面协调发展，建立健全检察机关内部线索移送制度，完善办案协作机制。另一方面，检察机关作为公共利益的代表，可以对刑事案件中侵犯众多公民个人信息的违法行为人依法提起刑事附带民事公益诉讼，全面维护公民个人信息安全，加大公共利益司法保护力度，以求极致的标准提升检察工作质效。

3. 惩治犯罪与诉源治理结合，多措并举，更好发挥法治对行业健康发展的引领、规范、保障作用。检察机关要坚持在法治轨道上推进国家治理体系和治理能力现代化，依法能动履职，做深做实做细诉源治理，提升国家治理效能。结合办理的案件，要扎实开展调查研究，查找行业领域的薄弱环节和突出问题，及时向案发单位、有关部门提出加强管理、建章立制的建议，通过企业合规第三方机制考察评估、检察建议、普法宣传等手段，深入开展专项整治，达到办理一批案件、解决一类问题、治理一个行业的效果，实现更高层面、更高水平的源头治理。

案例二

Y电商企业运营人员雷某某职务侵占案

【关键词】

职务侵占　虚拟物品采购　引导取证　合规经营　电商平台反腐败

【要旨】

在办理涉电商企业职务侵占案件中，要结合互联网新经济模式特性，准确认定非法占有目的，厘清职务侵占与挪用资金犯罪的界限，严惩电商企业内部腐败。针对电商职务犯罪案件中虚拟物品电子数据取证难、查处难、易灭失等问题，检察机关要积极引导公安机关调查取证。针对案件暴露出的企业内部腐败问题，制发检察建议，推动企业建章立制、堵塞漏洞、合规经营，同时提出建议督促电商平台优化规则，完善反腐败机制制度，为电商企业与行业健康发展营造更加公平的法治环境、提供更加优质的法治保障。

【基本案情】

2019年12月至2020年3月，被告人雷某某担任经营墙布的浙江某公司（以下简称Y电商企业）品牌运营期间，利用帮公司线上推广品牌、采购直播设备、申请某电商平台店铺等职务便利，编造将钱款用于向公司某直播平台刷礼物、找就职于电商平台的朋友公关等事由，向公司申领备用金、公关费等共计人民币180295.05元并占为己有，用于个人挥霍。

2020年12月14日，浙江省绍兴市越城区人民检察院对被告人雷某某以职务侵占罪提起公诉。2020年12月25日，绍兴市越城区人民法院以职务侵占罪判处雷某某有期徒刑一年。

【检察机关履职过程】

1. 引导侦查，把准案件定性。公安机关以雷某某涉嫌挪用资金罪向检察机关提请批准逮捕。为查明案件事实，检察机关引导公安机关调查雷某某挪用钱款去向、个人经济情况、公司财务管理规定及向雷某某的催讨记录等，查明雷某某存在使用虚假收据报销的侵吞行为，挥霍购买奢侈品的钱款处置事实，自身及家庭无力偿还的经济状况，最终明确雷某某非法占有公司钱款的主观故意，将案件准确定性为职务侵占，依法保护企业财产。

2. 加强核实，查找管理漏洞。传统企业员工报销的财务管理制度一般是员工凭发票、销售单据经层层审批后报销，员工购买的物品、服务有发票单据可予证明，物品、服务在公司一定范围内公开可见。但电商企业中如充礼物、提热度等虚拟物品并非有形可见，企业若不跟进监督核实，不容易察觉，易造成经济损失。本案为核实雷某某是否将钱款用于为公司在某直播平台的账户刷礼物以提升热度，检察机关通过了解该直播平台刷礼物的操作方式，引导公安机关从雷某某手机中查找平台币的购买记录，从而证实其辩解的虚假性。

3. 主动作为，助力企业反腐。涉案电商企业申请在某电商平台开设旗舰店，其符合条件却未通过，转而寻求非正规渠道。雷某某谎称认识该电商平台工作人员可帮助企业公关，向公司申领公关费后供自己消费挥霍。案件审结后，检察机关向涉案企业制发检察建议，引导企业端正思想认识，杜绝“走偏门”的侥幸心理，促进企业合法合规经营。同时，针对电商平台店铺申请环节准入门槛不透明、信息告示不明晰、易造成廉洁风险等问题向电商平台提出建议，督促平台改善反腐败管理机制，从制度、技术等层面堵塞监管漏洞，加强平台反腐败信息公示，不断完善平台反腐败机制。

【典型意义】

1. 依法严惩企业内部腐败，有力维护电商企业合法权益。电商企业作为互联网新经济模式的重要推动者、参与者、引领者，为经济发展提供了新的动能。其商业活动多具有推广行为线上化、虚拟化、电子化特点，犯罪隐蔽性逐步增强，案件查办难度进一步增大。检察机关通过办理本案，从还款能力、钱款去向、有否作假行为等方面准确认定被告人非法占有的主观目的，厘清职务侵占罪与挪用资金罪的界限，精准把握案件罪名，促进法律正确适用，依法严惩电商企业内部腐败犯罪，维护企业合法权益。

2. 深挖彻查电子证据，积极引导电商职务犯罪取证。对电商企业员工在品牌推广中“刷礼物”“买流量”等采购虚拟物品的行为，检察机关抓住“付款记录”这一关键电子数据证据，有效破解了电商职务犯罪中虚拟物品电子数据取证难、查处难、易灭失等问题，为企业监督虚拟物品采购、侦查机关提取电子数据提供指引。同时检察机关深入调查被告人经济状况、企业违规经营等情况，对认定被告人主观故意的证据予以补强，挖掘出电商企业存在的风险隐患，提升了办案的法律效果和社会效果。

3. 充分延伸检察职能，深入推进电商企业合规经营。及时排查发现电商企业案件背后的社会风险隐患，主动提出对策建议，促进在更大范围、更深层次解决影响行业发展的突出问题。一方面，对企业在经营过程中的违规行为，运用鲜活的案例加强警示教育，提升企业和员工法律意识，建立健全内部管理机制，助推诉源治理，防范企业内部刑事犯罪风险。另一方面，对容易引起大众误解的电商平台腐败问题提出建议，推动平台及时优化规则，着力提升平台与商家沟通成效，努力为电商企业与行业的健康发展营造更加公平的法治环境、提供更加优质的法治保障。

案例三

D科技公司营销中心总监张某某、经理罗某某职务侵占案

【关键词】

职务侵占　虚增交易环节　立案监督　追赃挽损　社会治理

【要旨】

检察机关在履行民营经济保护职能过程中，要主动“走出去”，通过搭建检企交流平台、开展立案监督为企业发展营造良好营商环境。面对虚增中间交易环节等新型疑难案件，通过退回补充侦查和自行补充侦查夯实证据体系。要坚持目标导向，多措并举追赃挽损，守护好民营企业的“钱袋子”，同时延伸检察职能，积极参与企业合规经营社会治理。

【基本案情】

2018年至2019年，被告人张某某先后担任广州D公司西南区域营销中心云南办事处高级经理和西南区域营销中心总监，被告人罗某某先后担任上述办事处经理和高级经理。期间，二人利用负责和主管“某交互智能平板产品及配件”（以下简称：某产品）在云南区域的销售业务，指使该公司销售人员分别向广州公司及客户故意隐瞒可以直接进行交易的真相，虚构必须通过云南区域总经销才能进行交易的事实，以此虚增二人参股的昆明A公司、云南B公司作为总经销的中间交易环节；后二人再利

用负责审核及审批某产品销售价格的职务便利，帮助A公司、B公司以较低价格从广州公司购入某产品，随后以较高价格转卖给客户，通过“低买高卖”赚取差价的方式侵占D公司的财产共计人民币155万余元，最终二人以A公司和B公司股东分红的名义从中获取个人利益。

2021年7月23日，广东省广州市黄埔区人民检察院以职务侵占罪对二人提起公诉。2021年9月30日，广东省广州市黄埔区人民法院以犯职务侵占罪，判处二被告人有期徒刑三年，适用缓刑，并处罚金的刑罚。

【检察机关履职过程】

1. 搭建平台掌握信息，依法监督立案。2016年9月，黄埔区人民检察院与区工商联共同搭建“黄小明之非公经济法律服务平台”（黄小明系黄埔区人民检察院的昵称，寓意公开透明），该平台旨在为企业提供涉法涉诉需求反馈渠道及定制法律服务，企业可一键直通检察机关。2020年初，广州D公司通过该平台向检察机关反映，该公司多次以云南办事处工作人员涉嫌职务侵占犯罪向公安机关报案，但公安机关以主要犯罪行为发生在外地，且证据不足为由未受理D公司报案，也未出具不立案文书。黄埔区人民检察院经查认定，被害单位广州公司位于黄埔区，而犯罪结果发生地的司法机关具有管辖权。随后，黄埔检察院依法开展立案监督工作，从法律适用、证据采信等多方面进行释法说理，得到了公安机关认同和支持；同时对案件初查提出侦查取证建议，引导公安机关赴云南调取关键证据。2020年7月21日，公安机关对该案立案侦查。

2. 开展自行补充侦查，提高办案质效。案件移送审查起诉后，二被告人拒不供述犯罪事实，与被害单位各执一词，双方说法均缺乏证据予以印证。由于本案犯罪行为地远在云南，且当时正值云南多地接连突发新冠疫情，导致迟迟调取不到重要证据，在案证据不能形成完整证据链。办案检察官果断开展自行补充侦查工作，前往云南等地询问证人，自行调取销售合同、微信聊天记录等关键证据，查明了二被告人利用职务便利，通过虚增中间交易环节，以二人暗中参股的A公司、B公司“低买高卖”方式从中截取广州D公司利益的犯罪事实。

3. 精准施策开展教育转化，促成退赔、取得谅解。一方面，围绕自行补充侦查的新证据讯问二被告人，并有针对性地出示证据，彻底驳斥无罪辩解，打消侥幸心理。另一方面，充分阐明认定职务侵占罪的理由、法律依据和认罪认罚、退赔与否将面临的不同量刑建议幅度，促使二人转变态度，自愿认罪认罚并退赃退赔，争取从宽量刑建议。随后，二被告人经与广州D公司协商，退还了认定的职务侵占金额及其他不当经营行为对公司造成的损失共计900余万元，补偿了公司的损失，取得了公司的谅解，检察机关也对二被告人提出了适用缓刑的量刑建议并被法院采纳。

4. 依法提出检察建议，促进企业合规经营。案件办理后，黄浦区人民检察院全面梳理检视广州D公司管理制度方面的不足，发现公司存在权限下放过于集中、内部核查跟踪不到位、监察机制运行不健全等内生问题。为此，检察机关向广州D公司发出检察建议，指明该公司存在问题，提出合理配置人员权限、完善内部监察机制的有效建议，督促公司积极整改，进一步建立健全合规管理体系，推动企业健康发展。广州D公司收到检察建议后积极整改落实。

【典型意义】

1. 创新工作方式，搭建检企交流平台，积极开展立案监督为企业发展营造良好营商环境。涉企业经济犯罪案件，往往存在案情复杂、民刑交织、跨地域犯罪、企业掌握证据较薄弱等特点，为企业报案顺利启动立案程序带来一定障碍。检察机关为更好履行民营经济保护职责，可以通过与工商联紧密联系、共建检企交流平台等方式畅通企业向检察机关寻求法律帮助的渠道，更好倾听企业声音。在掌握企业权益受到侵犯的线索后，检察机关要积极向企业提供证据搜集指引，在必要时依法及时开展立案监督，确保刑事案件顺利从企业内部调查进入司法程序，使企业合法权益得到全方位保障。

2. 强化诉前主导，退回补充侦查和自行补充侦查并举破解办案难题，为新型疑难案件夯实证据体系。在办理作案手法新型隐蔽、犯罪嫌疑人拒不认罪等疑难复杂的职务侵占案件时，检察机关要强化引导公安机关调查取证的能力，把准案件定性、取证方向，开列切实可行的引导侦查提纲，必要时开展自行补充侦查补强关键证据。对虚增交易环节类型的职务侵占案件，要注重从被害单位查实行为人职权内容、与客户的正常交易模式、成交价格等证据，从涉案交易对象查实虚增交易环节后的异常交易模式、成交价格等证据，并锁定行为人在异常交易中发挥的作用、“低买高卖”价差利得的流向，综合认定职务侵占犯罪事实，精准认定犯罪数额。

3. 坚持目标导向，多措并举追赃挽损，守护好民营企业的“钱袋子”。检察机关在查办企业产权受到侵害的案件时，要将追赃挽损贯穿刑事诉讼全过程，充分利用刑事和解、认罪认罚从宽、羁押必要性审查等法律制度和手段，将退赃退赔情况作为追究犯罪嫌疑人刑事责任和提出量刑建议的重要依据，对积极退赃退赔的犯罪嫌疑人考虑变更强制措施、提出宽缓量刑建议，最大程度促使犯罪嫌疑人退赃退赔，挽回企业损失，维护企业合法权利，保障企业的经营发展。

4. 延伸检察职能，精准制发检察建议，推进源头治理。优质的检察建议是诉源治理的宝藏。对于企业而言，既需要在权益被侵犯后得到及时救济，也迫切希望能预知风险、堵塞漏洞。因此，检察机关在依法惩治侵犯企业权益犯罪的同时，还要注重剖析案发成因，通过精准制发检察建议，指导、帮助涉案企业完善内部治理结构，增强刑事风险防控能力，从源头封堵职务侵占等侵犯企业利益行为的生存空间。

案例四

A商业银行下属支行主办会计王某某职务侵占、挪用资金案

【关键词】

职务侵占　挪用资金　业务系统漏洞　抗诉改判　追赃挽损　防范金融风险

【要旨】

该案系金融系统管理人员利用银行柜面业务系统（以下简称业务系统）漏洞侵占银行巨额资金的案件，检察机关厘清资金去向，结合套取资金数额、资金用途和偿还能力等客观行为，综合认定被告人具有非法占有目的，精准抗诉并成功改判。检察机关在夯实证据基础的同时注重为企业追赃挽损，结合案件特点和资金流向，联合公安机关、金融部门在第一时间找准追赃挽损的最佳路径，积极为企业挽回损失。积极延伸检察职能，主动参与社会综合治理，以案释法对金融领域从业人员进行警示教育，制发检察建议助推金融行业防范化解金融风险，有效堵塞金融系统漏洞。

【基本案情】

2020年3月4日，被告人王某某调任贵州A商业银行下属支行主办会计，协助支行行长负责对银行柜员、柜面业务、资金调拨、内部操作风险等进行管理，权限高于一般柜员。工作期间，王某某发现该银行业务系统存在10万元以下个人无卡存款业务不需要经过审批即可办理的漏洞，为筹集网络赌博资金，于2020年4月15日至19日，利用该业务系统漏洞及主办会计的职务便利，在没有存入资金的情况下伪造现金存款凭证虚增聂某某等2人账户资金，再从聂某某等2人账户将资金转移，套取银行资金7笔共计59.34万元，其中49.99万元用于网络赌博。同月19日，王某某将款项全部归还。2020年6月23日至6月25日，被告人再次采用相同手段，利用吴某某等4人账户套取银行资金135笔共计1223.84万元，其

中1203.79万余元用于网络赌博，20万余元用于个人消费。同年6月25日，王某某销毁现金存款客户联，将银行联带出单位藏匿家中。同年6月26日上午，王某某向其父亲王某讲明实情后驾车逃匿至贵阳家中，在明知其父亲向银行反映情况后，仍先后两次转账400万元至网络赌博平台。当晚23时许，贵阳市白云区公安局在贵阳市将其抓获归案。案发后，王某某退赃58万余元。

2020年10月28日，贵州省思南县人民检察院以被告人王某某犯挪用资金罪、职务侵占罪提起公诉。同年11月26日，思南县人民法院作出一审判决，认为王某某的行为属于挪用单位资金从事非法活动，不具有非法占有的目的，不构成职务侵占罪，且具有自首情节，以挪用资金罪判处王某某有期徒刑七年。思南县人民检察院认为王某某对套取的1223万元具有非法占有目的，一审法院改变定性为挪用资金不当，且认定自首系法律适用错误，导致量刑明显不当，据此提出抗诉。2021年3月25日，铜仁市中级人民法院二审采纳检察机关抗诉意见，且认定王某某不构成自首，改判王某某犯职务侵占罪判处有期徒刑九年，犯挪用资金罪判处有期徒刑二年，数罪并罚决定执行有期徒刑十年。

【检察机关履职过程】

1. 区别明晰犯罪行为性质，在精准抗诉上下功夫，有效开展监督。思南县人民检察院以被告人王某某犯挪用资金罪、职务侵占罪依法提起公诉，思南县人民法院一审判决认定王某某采用同一作案方式将单位资金转出后用于网络赌博，是同一性质的行为，不具有非法占有资金不归还的主观故意，属于挪用单位资金从事非法活动，构成挪用资金罪，认为王某某不构成职务侵占罪，且认定其具有自首情节。思南县人民检察院提请铜仁市人民检察院进行抗前审查，一致认为王某某前后套取的资金方式、资金用途一致，但在资金数额、偿还能力、主观心态上并不相同。对于王某某“空存实转”套取的59万元，数额较小且已及时归还，故不具有非法占有的目的，仅能认定构成挪用资金罪。对于王某某“空存实转”套取且未归还的1223万余元，在短短4天内将巨额资金全部用于风险性极高的网络赌博非法活动，且销毁、隐匿相关业务凭证并事后逃匿，不具有偿还可能性，故可以认定其主观上具有非法占有故意，造成1223万余元无法归还。且王某某的行为不仅严重侵害了银行系统的资金安全，还会带来巨大金融风险，依法认定职务侵占罪符合罪责刑相适用原则，更能对其行为作出全面客观公正的评价。本案虽系王某某如实告知其父亲套取巨额资金而案发，但案发后潜逃贵阳，公安机关主动开展工作后将其抓获归案。王某某主观上不具有投案的主动性，不构成自首，仅可认定为坦白。思南县人民法院一审判决适用法律错误，导致量刑明显不当，思南县人民检察院据此提出抗诉，抗诉意见均获二审法院支持。

2. 精准把脉扣准关键节点，在协作配合上强力度，及时追赃挽损。检察机关介入侦查，重点引导公安机关逐条查清王某某套取142笔资金的去向，对用于套取资金的全部账户逐一进行核实，收集银行相关业务凭证及审批手续，核实相关人员是否涉嫌犯罪的证据。紧扣王某某被抓获前几个小时仍向赌博平台转账的细节，第一时间与思南县公安局进行座谈分析，认为追赃挽损具有一定的可行性，要求思南县公安局对网络赌博平台进行依法打击，迅速冻结赌博平台有关银行账户予以追赃挽损。公安机关随即成立打击网络赌博犯罪专班，通过资金查控平台冻结涉案账户37个、涉案款688.65万元。同时，王某某退赃58万余元。

3. 同频共振防范金融风险，在社会治理上谋实效，延伸检察职能。为加强金融系统自律监管，推动源头治理、行业共治，铜仁市县两级检察院组织金融系统工作人员观摩庭审开展警示教育。针对本案所暴露出的某银行存在柜面业务系统漏洞，资金监管风险防控机制不足，查库、卡把等内控制度形同虚设，重点岗位和人员管理不到位等金融风险监管问题，分别向涉案银行、铜仁市银保监局制发检察建议，相关金融机构及时整改完善内控机制，调低业务系统远程授权额度和个人无卡存款授权额度，建立个人累计现金存款授权和现金存款累计金额预警机制堵塞业务系统漏洞，建立分层级、分工种的合规组织架构，强化制度落实，加强重点岗位管理。铜仁市银保监会进行责任倒查，对涉案银行予以罚款，对负有责任的行长、分管副行长给予罚款及处分。针对预防企业职务犯罪和防范金融风险的普遍性、典型性问题进行剖析，为铜仁市多家银行进行专题授课，为企业开展合规建设建言献策。

【典型意义】

1. 积极运用抗诉手段，有力维护金融安全。对金融机构内部人员利用职务便利侵占企业巨额资金，严重危害金融安全的犯罪，应结合行为手段、资金数额、资金用途、偿还能力等客观行为，综合判断行为人是否具有非法占有的主观故意，以准确区分挪用资金罪与职务侵占罪。对法院判决在适用法律、定罪量刑上均有错误，且判决结果对服务当地经济发展或者行业发展影响较大的案件，检察机关应当精准履行抗诉职责。通过检察监督，促进解决一个领域、一个地方、一个时期司法理念、政策、导向性问题，有效惩治犯罪与维护企业权益并重，警示金融从业人员合法合规执业，切实提升司法公信力。

2. 坚持应追尽追，最大限度降低企业损失。经济犯罪案件全面追赃挽损是化解社会矛盾的最佳方案之一，也是服务保障企业发展的重要途径。职务侵占案件中，有的行为人将套取的企业资金用于网络赌博，若错失最佳追赃时机则再无挽损可能性，检察机关要以高度的政治执行力和办案敏锐性，把追赃挽损放在与打击犯罪同等重要的位置，迅速与侦查机关、金融部门协作配合，有效形成内外合力，第一时间查清涉案资金流向，迅速冻结查封涉案账户，共同处置网络赌博平台资金，尽最大可能挽回企业资金。

3. 采取多种有效途径，防范化解金融风险。金融系统是经营管理货币和融通资金的职能部门，金融工作人员接触钱、账、有价单证、印章等重要物品范围广、机会多，具有行业特殊性，客观上具有利用职务作案的工作条件，一旦监管不力、内控机制失控，将造成无法估量的危害后果。检察机关应秉持防微杜渐、堵塞漏洞的原则，在办理金融领域职务侵占案件时，要注重结合案件特点，从案发原因着手，探查涉案企业及相关岗位是否存在经营管理问题或漏洞。联合行业主管部门、行业协会及专家，加强对金融领域暴露出的共性问题进行研判、预警、处置。并通过检察建议、观摩庭审、专题授课等方式，帮助企业构建和完善刑事风险防控机制，从而进一步提升金融机构防范风险的能力和水平。

案例五

M、N 全国连锁饮品企业运营经理常某某职务侵占案

【关键词】

职务侵占　“蚂蚁搬家”　电子数据筛选　追赃挽损　快消行业合规

【要旨】

“蚂蚁搬家”式职务侵占利用快消品行业消费频率高、使用时限短、消费群体广的特点，增加了取证和定性难度。检察机关通过介入侦查引导取证与自行补充侦查并行，完善证据链条，运用数字化分层思维制定电子数据筛选标准。以认罪认罚从宽制度为依托积极开展追赃挽损，同时，通过检察监督和普法回访，推动企业筑牢防火墙，合规有序发展。

【基本案情】

2018 年 11 月、2020 年 7 月，被告人常某某先后入职深圳 M 公司、北京 N 公司（均为全国知名连锁饮品店所属民营企业），担任华北区运营经理并负责北京区域 60 余家门店的人事、财物管理。2019 年 5 月至案发，被告人常某某利用其职务上的便利，指使其下属区域经理、门店经理在北京市西城区多家店铺于 21 点后的非高峰时间段以店铺结算系统故障为

由要求客户将消费款项扫码支付至常某某的微信、支付宝账户，收到消费者店内消费款项261,319.5元。2019年8月至案发，被告人常某某借用张某某、闫某等8人身份证、银行卡办理了5家“X茶”门店入职手续，并指使各店面店长用专用手机为上述不上班员工代打卡，虚报、冒领薪酬，上述8人将每月工资打到常某某指定账户，虚报、冒领薪酬共211,651.36元。2020年8月至案发，常某某利用职务上的便利，将部门门店的奶盖机、打杯机等设备通过向公司报损的方式挪运到亲戚的F饮品店经营使用，设备经价格认证中心鉴定为人民币27,923元。经司法会计鉴定，2019年5月至2020年10月期间常某某通过上述三种方式先后侵占公司财物价值共计人民币50万余元。

2021年5月29日，北京市西城区人民检察院以被告人常某某涉嫌职务侵占罪依法提起公诉。同年6月8日，北京市西城区人民法院作出一审判决，采纳检察院确定量刑建议，认定被告人常某某犯职务侵占罪，判处有期徒刑一年十个月。

【检察机关履职过程】

1. 介入侦查与自行补充侦查并行，全面取证准确认定犯罪数额。本案常某某采取虚报、冒领薪酬，“公费私收”等方式侵占公司财物，属于典型的“蚂蚁搬家”式职务侵占案件。因饮品类连锁店属于快消品行业，具有单笔消费金额小、消费频次高、消费群体广，涉案账户的单笔数额少、数据体量大、转账收入来源多等特点，导致犯罪数额的认定成为审查起诉的难点。西城区人民检察院引导侦查机关在交叉比对嫌犯供述与证人证言关键信息的基础上，确定了区分收款时间、区分收款频次、区分收款金额的司法会计审计原则，从几万条转账流水中筛选出与侵占行为疑似关联的上千条记录，检方主动向被害单位关键证人调研取证茶饮门店消费高低峰时间点与消费占比，确立了分层处理的原则，在充分考虑犯罪嫌疑人合理辩解的基础上，制定各方均认可的电子数据筛选标准，由此确定了本案的犯罪数额。

2. 依法适用认罪认罚从宽制度，取得追赃挽损实效。鉴于常某某不认可案发前与被害单位达成的赔偿协议中认定的侵占数额，检察机关通过调研确定了新司法审计计算标准，并委托价格鉴定中心对被侵占物料按被侵占时间客观估价，经过细致的逻辑论证与释法说理，犯罪嫌疑人最终自愿认罪认罚，并主动联系家属退赔。此外，办案过程中发现，常某某下属多名区域经理有“上行下效”挂空饷的行为，行为人虽非法获利，但金额尚未达到入刑标准，检察机关引导侦查机关主动联系涉事人员退赔。

3. 全面发挥检察监督职责，助快消企业堵漏建制。针对办案中发现的“X茶”品牌所隶属的企业在快速扩张连锁经营规模过程中暴露的薄弱环节，检察机关及时向该品牌所属企业制发检察建议，提出员工警示教育、考勤及物料监管、收银操作规范和店铺备付金使用等方面的整改方案。M、N公司收到检察建议后认真研究落实，搭建全国门店销售低峰数据预警系统、设备异常数据响应系统，升级公司监控设置、考勤软件，优化《固定资产管理制度》《门店现金管理制度》，同步开展案件警示教育和员工法治教育，通过后期回访门店落实情况，实现犯罪预防与法律监督双管齐下，引导企业进一步完善刑事风险防控机制。

【典型意义】

1. 数字化办案引导侦查，为同类案件提供指引。本案中，检察机关联合被害企业风控和技术部搭建北京市涉案门店经营收入高低峰的大数据模型，实现企业、侦查机关、检察机关、犯罪嫌疑人四方数据共享。利用客观数据模型与主观供述证言相结合，制定四方均认可的数据分层化处理标准，通过对犯罪嫌疑人支付宝、微信收付款大数据筛选提高司法审计可行性和证明力，为开展犯罪嫌疑人认罪认罚工作打好根基。该案统筹运用数字化技术、数字化思维、数字化认知，为快消品行业的犯罪认定和预防提供了有益借鉴。

2. 延伸检察监督职能，精准保护快消企业产权。检察机关在查办企业产权受侵害案件时，坚持宽严相济刑事政策，将追赃挽损贯穿刑事诉讼全过程，充分运用认罪认罚从宽、刑事和解、羁押必要性审查等法律制度手段，将退赃退赔情节作为提出量刑建议的重要依据，对积极退赃退赔的犯罪嫌疑人提出宽缓量刑建议。同时能动履职，利用案件中发现的“违规不违法”追赃线索，最大程度促使犯罪嫌疑人和企业违规人员退赔，积极挽回企业损失，化解矛盾纠纷，切实提高民营企业获得感。

3. 调研与建议相结合，护航快消品企业合规发展。近年来，快消品行业作为民营经济的重要新生力量创造了巨大的产值，但同时本案也暴露出快消品行业快速扩张时管理滞后的短板。一些企业管理人员利用职务便利，在生产经营活动中进行“公款私用、公物私挪”的犯罪活动，严重影响企业可持续健康发展。办案检察机关通过“调研、监督、落实、普法”四步监督工作法，有针对性地发出检察建议，不仅帮助企业净化内部职场生态环境，更重要的是将无序生长的企业拉回合规发展的道路，实现办理一案、警示一片、教育一方的良好社会效果。

案例六

Z公司技术服务部门陶某及代理商等46人职务侵占案

【关键词】

职务侵占　虚假售后理赔　内外勾结　法律风险防范

【要旨】

对于企业员工与代理商内外勾结的职务侵占案件，检察机关要综合考虑多方证据，准确认定行为构成职务侵占罪还是非国家工作人员受贿罪。对于人数众多的涉企案件，要注重听取企业意见，分情节分区域分层级精准化审查处理。对情节较轻的犯罪嫌疑人以教育转化为主，依法审慎适用强制措施，主动开展羁押必要性审查，合理运用不起诉权，充分保障涉案企业的正常经营活动。同时，结合企业特点和区域特点，查找制度漏洞，引导企业有效防范化解法律风险。

【基本案情】

2015年7月至2017年7月期间，被告人陶某等14人在江苏Z公司技术服务科工作期间，伙同四川S公司等全国25家代理商的负责人江某某等32人，在Z公司品牌轮胎售后理赔过程中，内外勾结，由代理商使用废弃轮胎申请虚假理赔，陶某等技术服务科内部人员利用负责轮胎理赔判定等职务便利，进行虚假判定，将代理商不符合理赔条件的轮胎判定成符合Z公司“三包”理赔的情形，致使该公司做出理赔，造成该公司损失2400余万元，代理商取得理赔收益后将其中约50%回流给陶某等人。陶某等14人参与职务侵占金额在148万元至2400余万元不等；代理商负责人江某某、林某某等32人参与职务侵占金额在9万元至322万元不等。

江苏省常熟市检察院于2018年6月至10月先后以职务侵占罪对陶某等14名Z公司内部人员和江某某等12名涉案金额巨大的代理商负责人提起公诉；同时，对林某某等20名情节较轻的负责人决定相对不起诉。常熟市人民法院于2018年9月至12月先后以被告人陶某等14人犯职务侵占罪判处二年九个月至五年不等的有期徒刑，并处相应没收财产；对被告人江某某等12人判处二年至三年不等的有期徒刑，并适用缓刑。

【检察机关履职过程】

1. 全面审查案件事实证据，确保案件准确定性。因案件中Z公司的代理商属于公司内部技术服务科工作人员的业务对象，客观上存在外部代理商转账给公司内部成员的情形，也有代理商辩解称陶某等人在虚假理赔过程中向代理商索要回扣。为此，检察机关对案件是构成非国家工作人员受贿罪还是职务侵占罪进行了充分论证，并引导公安机关补充了公司内部部门和员工职权分工、公司代理商和技术服务部门工作关系方面的证据。最终，结合犯意由谁提起、钱款的支付计算依据、钱款的来源等关键事实，认定套取理赔款的犯意最初是Z公司内部人员提起，每次混杂在正常理赔中的虚假理赔数量是由内部人员给定“指标”，转账给内部人员的钱款大部分在虚假理赔收益到账后支付，且以虚假理赔收益为计算依据。因此，本案行为性质系Z公司内部人员勾结代理商，利用职务便利，以虚假判定理赔的方式，共同侵占公司理赔款，代理商转账给公司内部成员的钱款系企业的财产，转账属于共犯之间的分赃行为，本案应整体定性为职务侵占罪。

2. 充分听取企业意见，审慎适用强制措施，进行分层处理。本案所涉及的25家代理商运营着Z公司全国80%的销售网络，如果对涉案代理商的负责人全部逮捕、起诉，可能会导致该企业销售网络瘫痪的严重后果，Z公司多次请求司法机关从轻处理。在了解企业经营情况，充分听取企业意见的基础上，检察机关审慎适用强制措施，在确保无串供及影响侦查可能的前提下，除对2名涉案金额巨大、犯罪行为暂未全部查清的负责人暂行逮捕外，对其余30名代理商负责人均不批准逮捕，或建议公安机关直接取保候审；且在查明案情、明确定性后，主动进行羁押必要性审查，建议公安机关变更上述2名负责人的强制措施为取保候审。在审查起诉阶段，依法合理运用不起诉权，准确区分犯罪情节，按照宽严相济原则，对不同情节的犯罪嫌疑人进行分层处理，对20名情节较轻的负责人决定相对不起诉，对提起公诉的被告人也按犯罪情节分别建议适用缓刑或实刑。既稳定了外资企业投资信心，也保障了Z公司及涉案企业的正常经营活动。

3. 结合企业特点和区域特点，引导企业有效防范化解法律风险。在办案过程中，检察机关通过实地走访，了解到Z公司对长期存在的理赔“行业潜规则”缺乏有效惩戒措施、对员工和代理商内外勾结的行为缺乏有效监管、缺乏针对性培训导致部分员工法律意识淡薄等问题。为此，检察机关向Z公司发出检察建议，针对性地提出优化并公开理赔标准、完善内部监管制度、加强法治教育等建议，并对Z公司在全国各地的代理商进行了刑事犯罪风险与防范教育培训，得到Z公司充分认可。在此案的基础上，检察机关联合属地经济技术开发区在常熟市外资企业和民营企业密集地区共建常熟市非公企业法律风险防范教育基地，面向辖区的外资企业和民营企业进行法律风险防范教育。

【典型意义】

1. 根据事实证据充分论证，准确认定案件性质。检察机关在办理涉民营企业职务侵占案件时，要坚持“以事实为依据、以法律为准绳”原则，紧紧围绕犯罪构成要件收集、审查、认定证据。同时依法能动履职，主动担当作为，积极引导公安机关调查取证。本案中，针对不同主体的辩解，检察机关通过充分论证，引导公安机关调查取证，最终，结合犯意由谁提起、获取钱款的手段、钱款的来源等多个方面证据，认定应整体定性为职务侵占罪。

2. 对涉案人数众多的涉企犯罪案件，区别对待、分层处理。全面贯彻宽严相济刑事司法政策，审慎适用强制措施，主动开展羁押必要性审查，合理运用不起诉权，防止“一捕了之”“一诉了之”。对于涉案企业相关人员，不唯“数额”论，而是综合考虑其在整个犯罪过程中的地位、作用、退赃、认罪悔罪等情节进行区别对待，既体现教育挽救的方针，也充分保障涉案企业的正常经营活动。

3. 综合运用检察建议、法治教育等方式，引导企业构建和完善刑事风险防控机制。检察机关在办理涉企案件中，除了查明事实、追诉犯罪外，还应注重结合案件特点，从发案原因着手，探查涉案企业存在的经营问题或管理漏洞。要加强与各级工商联协作，共同联合其他社会组织、行业协会和专家力量，研讨涉案民营企业暴露出的共性问题，研判预测刑事风险点。可以通过检察建议、开展犯罪预防法治教育、在企业密集地区建立法律风险防范教育基地等方式，帮助企业构建和完善刑事风险防控机制，促进企业合规发展。

（载中华人民共和国最高人民检察院网）

8月1日

最高人民检察院 退役军人事务部联合印发检察机关与退役军人事务部门加强司法救助协作典型案例

2021年是推进巩固拓展脱贫攻坚成果同乡村振兴有效衔接的第一年，最高检围绕贯彻落实《意见》，在为期两年的“司法救助助力巩固拓展脱贫攻坚成果助推乡村振兴”专项活动中，将符合条件的退役军人及军人军属等作为重点救助对象，取得了良好效果。

案例一

辽宁王某国家司法救助案

【关键词】

退役军人家属　司法救助与社会救助衔接　综合救助帮扶　救助回访

【基本案情】

被救助人王某，女，1949年11月出生，系孙某也故意杀人案被害人杨某江（退役军人）的妻子。

2020年10月16日18时，孙某也到辽宁省营口市老边区某建筑工地偷盗钢筋条，被负责打更的杨某江制止，孙某也持镰刀追砍杨某江，并用长木板拍打杨某江头部致其趴倒在水渠内，杨某江在水渠内因溺水致机械性窒息而死亡。2020年10月17日，营口市公安局老边分局以孙某也涉嫌故意伤害罪立案侦查，于2020年12月31日以孙某也涉嫌故意杀人罪向营口市人民检察院移送审查起诉。2021年1月29日，营口市人民检察院以故意杀人罪对孙某也提起公诉。2021年5月23日，营口市中级人民法院以故意杀人罪判处孙某也死刑，赔偿附带民事诉讼原告人39632元。孙某也提出上诉，2021年12月20日，辽宁省高级人民法院裁定驳回上诉、维持原判。

【救助过程】

营口市人民检察院刑事检察部门在审查起诉孙某也故意杀人案过程中，发现被害人杨某江系退役军人，其妻子王某可能符合司法救助条件，移送控告申诉检察部门办理。经调查核实：被害人杨某江于1969年至1975年在中国人民解放军某部队服役，期间表现良好，退役后在营口市老边区食品站工作。案发前，杨某江每月有3500元的退休金及每天150元的打更工资，与妻子王某住在农村。王某年逾七十，身患高血压等疾病，不能从事体力劳动，生活依靠杨某江。杨某江与王某育有两个女儿，但均在家照顾孩子无收入。杨某江遇害后，王某家庭生活失去依靠，每月仅有村里发放的100元高龄补贴。被告人孙某也系农民，无业，无赔偿能力，附带民事诉讼赔偿未实际执行。

营口市人民检察院审查认为，王某因案导致生活困难，符合司法救助条件，且系退役军人家属，是检察机关司法救助的重点对象，决定发放司法救助金。为有效保障退役军人家属的合法权益，提升司法救助效果，营口市人民检察院按照《营口市检察机关国家司法救助与社会救助衔接工作指引（试行）》规定，与市退役军人事务局等部门积极开展综合救助帮扶：一是针对家属反映被害人杨某江生前在村里动迁区域打更，工资一直未结算，家属沟通未果的情况，营口市人民检察院与市退役军人事务局多次走访和协调村委会，及时将未结算的工资交付王某；二是营口市退役军人事务局协调市、区两级民政部门将王某纳入低保范围，以保障其基本生活；三是协调营口市乡村振兴局将王某纳入返贫动态监测和帮扶范围，实时跟进生活状况，落实医疗、生活等方面的扶持政策待遇，每逢节假日为其发放米面油等生活物资，送去慰问与关怀；四是营口市人民检察院刑事检察部门和控告申诉检察部门党支部共同与王某建立党建联系点，定期进行回访，跟踪各项帮扶措施落实进展情况，用心纾解王某的低落情绪，抚慰精神上的伤害。

2022年3月1日，营口市人民检察院再次回访看望王某，王某表示各项帮扶措施均落实到位，在党和政府的关怀以及家人的支持下，生活已回归正轨。

【典型意义】

本案系检察机关协同退役军人事务部门对退役军人家属开展司法救助的典型案例。本案中，退役军人为制止违法犯罪活动被杀害，营口市人民检察院在依法惩治被告人犯罪的同时，同步开展对被害人家属的司法救助，及时发放司法救助金，并联合退役军人事务部门协调民政、乡村振兴等部门开展多元化社会救助帮扶，定期回访，跟踪帮扶措施落实情况，用真心真情帮助被救助人重拾生活信心，走出生活困境，充分展现了检察机关和退役军人事务部门关心困难群众、关爱退役军人家属的责任担当。

案例二

江苏蒋某朗国家司法救助案

【关键词】

现役军人亲属　摸排救助线索　多元救助帮扶　军地协作　释法说理答复会

【基本案情】

被救助人蒋某朗，男，2003年11月出生，系刘某朋交通肇事案被害人朱某萍的未成年儿子，现役军人亲属。

2016年2月26日，刘某朋无证驾驶无号牌二轮摩托车与朱某萍驾驶的电动自行车发生交通事故，致朱某萍倒地，刘某朋驾车逃逸，朱某萍继而被申某进驾驶的变型拖拉机碾压，当场死亡。经江苏省泰州市姜堰区公安局交通警察大队认定，刘某朋负该事故的主要责任，申某进负次要责任。在法院审理阶段，刘某朋先行赔偿被害人家属4万元。2016年7月14日，泰州市姜堰区人民法院以交通肇事罪判处刘某朋有期徒刑三年九个月，赔偿附带民事诉讼原告人56万余元。刘某朋不服提起上诉，2016年9月19日，泰州市中级人民法院驳回上诉，维持原判。

【救助过程】

2021年7月，泰州市人民检察院、姜堰区人民检察院摸排司法救助案件线索时，发现刘某朋交通肇事案被害人朱某萍的近亲属无法通过诉讼获得有效赔偿，生活面临困难，可能符合救助条件，主动告知国家司法救助政策，及时启动司法救助程序。经调查核实：案发前，被害人朱某萍与丈夫蒋某进均在泰州市姜堰区务工，有相对稳定的收入。二人共育有一女一子，女儿蒋某琪自2014年起在中国人民解放军某部队服役至今，曾参与第十九批中国赴黎巴嫩维和任务。儿子蒋某朗现读高中，患有I型糖尿病，每年需数万余元的治疗费用。案发后，朱某萍死亡，蒋某进因需照顾年迈患病的双亲和未成年的儿子，辞去工作在家附近打零工，收入微薄。被告人刘某朋出狱后不知去向，至今未履行刑事附带民事判决确定的赔偿义务。

泰州市、姜堰区两级人民检察院审查认为，蒋某朗系现役军人亲属和未成年人，因案导致家庭生活困难，符合司法救助条件，且属于检察机关司法救助的重点救助对象，决定加大救助力度，联合发放司法救助金。泰州市人民检察院和姜堰区人民检察院还积极沟通退役军人事务局等部门开展多元化救助帮扶：一是协调退役军人事务局向蒋某朗家庭发放困难救助金；二是通过泰兴市司法局查询到刘某朋现今工作地点与联系方式，劝导其积极履行民事赔偿义务，同时告知被害人近亲属依法申请强制执行的途径，指定法律援助律师协助办理相关事宜；三是协调蒋某朗所在学校持续关注其学习生活及心理健康状况。

2022年4月，蒋某琪完成维和任务回国，泰州市人民检察院通过电话进行回访，了解到蒋某琪对原案量刑及民事执行等存有疑义。泰州市人民检察院随即函商解放军昆明军事检察院协作进行释法说理。2022年5月10日，泰州市、姜堰区两级人民检察院联合解放军昆明军事检察院，通过远程视频连线方式召开释法说理答复会，邀请蒋某琪家属和来自中国人民解放军的全国人大代表、部队官兵代表、人民调解员参加。答复会上，军地检察机关共同就刑事附带民事判决及执行情况进行释明，同时对民事执行不到位问题给出具体解决办法。蒋某琪对法院判决表示认可，对检察机关给予的救助表示感谢，并表达了将放下思想包袱全身心投入到战备训练的决心和争取继续留队服役多为国家做贡献的心愿，得到了与会全国人大代表的高度肯定。解放军昆明军事检察院还与蒋某琪所在部队联系，通报其家庭的困难情况，希望部队关心蒋某琪的成长进步。

【典型意义】

本案系军地检察机关联合退役军人事务部门对现役军人亲属主动开展司法救助的典型案例。本案中，泰州市检察机关主动摸排司法救助线索，针对被救助人系现役军人亲属和未成年人的实际，及时启动司法救助程序，加大救助力度。在发放司法救助金的同时，为切实解决被救助人家庭的急难愁盼问题，两级检察院加强与退役军人事务等部门的救助协作，通过经济扶助、法律援助、心理辅导等方式开展多元化救助帮扶，并定期进行回访，持续传递党和国家温暖。针对现役军人对案件处理的疑惑，军地检察机关又合力开展释法说理，有效消除现役军人的后顾之忧，确保司法救助真正“救”在点上，“助”在心里，实现了政治效果、法律效果和社会效果有机统一。

案例三

浙江沈某群国家司法救助案

【关键词】

现役军人家属　退役军人事务部门移送线索　检察长带案下访　社会救助和帮扶措施　救助回访

【基本案情】

被救助人沈某群，女，1969年12月出生，系张某某故意杀人案被害人程某某的妻子，现役军人家属。

程某某与张某某系邻里关系，2020年3月3日，二人因废弃砖头和其他建筑废料倾倒问题发生争执，张某某用锄头击打程某某腿部、头部，致程某某当场死亡。2020年5月6日，浙江省武义县公安局以张某某涉嫌故意杀人罪移送武义县人民检察院审查起诉。2020年5月11日，武义县人民检察院报请金华市人民检察院向金华市中级人民法院提起公诉。2021年2月4日，金华市中级人民法院作出一审判决，以张某某犯故意杀人罪判处死刑，缓期二年执行，赔偿刑事附带民事诉讼原告80万元。判决生效后，张某某仅支付小部分赔偿款，余款无力支付。

【救助过程】

2021年，根据金华市检察机关与退役军人事务部门关于联合开展退役军人、军人家属司法救助专项行动方案，武义县退役军人事务局向武义县人民检察院移送本案司法救助线索，武义县人民检察院优先受理，及时启动司法救助程序。武义县人民检察院经调查核实：程某某生前系家庭主要劳动力和经济支柱，其妻子沈某群长年有病在身，父母均已年过八旬无劳动能力，长子程某卓在中国人民解放军某部队服役，次子现年9岁在读小学。程某某因案死亡后，其父母及妻子沈某群以被告人量刑过低和民事赔偿未获全部履行为由，多次向有关部门反映情况。沈某群长子所在部队专门派人到当地帮助处理相关后事，但因涉及邻里纠纷、案情复杂等原因未能有效解决。

武义县人民检察院审查认为，该案符合司法救助条件，还关系到军人家属权益，是检察机关司法救助的重点对象。为加大救助力度，武义县人民检察院经金华市人民检察院提请浙江省人民检察院向沈某群联合发放司法救助金。为有效化解矛盾纠纷，金华市人民检察院检察长带案下访，会同武义县退役军人事务局、信访、民政、教育等部门负责人在该县矛盾纠纷调处中心接访沈某群，悉心进行释法说理、答疑解惑，同时积极协调落实后续社会救助和帮扶措施：金华市、武义县两级信访部门为被救助人家庭提供困难补助金，被救助人所在街道办事处为其提供社会救助金，民政部门减免被害人的遗体冷藏、火化费用，教育部门减免沈某群次子的学费、餐费并为其提供心理辅导。

司法救助案件办结后，武义县人民检察院与县退役军人事务局又多次到沈某群家中进行回访，了解其家庭生活情况，并给沈某群长子程某卓去信告知司法救助情况，让其安心服兵役为国家做贡献。程某卓致电退役军人事务局表示感谢，并将来信情况向其所在部队报告，部队向浙江省人民检察院致信“浙江省三级检察机关联动司法救助，帮助解决程某卓一家的实际困难，解除了他的后顾之忧，让他能在部队全身心地投入练兵备战”。在 2022 年全国两会上，十余名全国人大代表点赞该案是军地协作开展司法救助的典范。

【典型意义】

本案系检察机关协同退役军人事务部门加强对现役军人家属司法救助的典型案例。金华市检察机关高度重视对军人家属和退役军人的司法救助工作，主动联合退役军人事务部门开展专项行动，收到本案司法救助线索后，优先受理并报请浙江省人民检察院联合开展司法救助。针对被救助人对原案处理不服的情况，金华市人民检察院检察长带案下访，面对面进行释法说理，积极会同退役军人事务局等部门商定综合救助方案，从源头有效化解矛盾纠纷。三级检察院联动开展司法救助，退役军人事务局等多部门协同开展社会救助，促进被救助人走出困境，保障军人家属合法权益，为现役军人安心履职创造条件，彰显了检察机关和退役军人事务部门协同落实关爱军人家属责任的政治担当。

案例四

山东曹某迪等 3 人国家司法救助案

【关键词】

退役军人家属　退役军人事务部门移送线索　社会救助建议函　多元救助帮扶

【基本案情】

被救助人曹某迪，女，1995 年 1 月出生；裴某康，男，2016 年 7 月出生；裴某琦，男，2019 年 1 月出生。三人分别系刘某交通肇事案被害人裴某闯（退役军人）的妻子和未成年儿子。

2021 年 10 月 30 日，刘某驾驶小客车载裴某闯与毋某军驾驶的重型半挂车相撞，致刘某、裴某闯受伤，后裴某闯经抢救无效死亡。经认定，刘某负事故主要责任，毋某军负次要责任，裴某闯无责任。2022 年 3 月 2 日，山东省菏泽市公安局定陶分局以刘某涉嫌交通肇事罪移送定陶区人民检察院审查起诉。2022 年 3 月 16 日，定陶区人民检察院提起公诉。2022 年 6 月 16 日，定陶区人民法院以交通肇事罪判处刘某有期徒刑一年二个月。刘某不服，提出上诉。目前，案件正在菏泽市中级人民法院二审审理程序中。

【救助过程】

2022 年 2 月 22 日，定陶区人民检察院与该区退役军人事务局就加强退役军人司法救助工作召开座谈会时，该局移送本案司法救助线索。定陶区人民检察院依托该院司法救助“绿色通道”优先受理，启动司法救助程序。经走访调查核实：裴某闯生前自 2012 年 12 月起在中国人民解放军某部队服役，2014 年 12 月退役后回乡务工，其务工收入系家庭主要经济来源。其父母均为农民，无固定收入，经历丧子之痛后精神恍惚。案发后，裴某闯死亡，其家庭失去“顶梁柱”，其妻子曹某迪需赡养两位老人、抚养两个年幼的儿子，无法外出务工，家庭失去经济来源。交通肇事主要责任人刘某在此次交通事故中亦受伤治疗，家庭经济状况差，无民事赔偿能力；交通肇事次要责任人毋某军家庭经济困难，亦无赔偿能力；二名责任人未给予裴某闯家属任何赔偿。涉案车辆均只购买了“交强险”，无其他商业保险。

定陶区人民检察院审查认为，退役军人裴某闯在交通事故中死亡，其家庭失去“顶梁柱”，因案导致生活困难，符合司法救助条件，其近亲属是检察机关司法救助的重点对象。为加大司法救助力度，有效解决被救助人家庭面临的急迫困难，定陶区人民检察院提请菏泽市人民检察院联合发放司法救助金。同时，定陶区人民检察院依托该院“互通互促救助工作平台”“爱心妈妈”团队，对被救助人及裴某闯父母开展心理疏导、情绪安抚，消除其心理阴影。为切实解决被救助人家庭生活实际困难，定陶区人民检察院向该区有关部门发出“社会救助建议函”，积极协调开展综合救助帮扶：一是定陶区退役军人事务局为曹某迪家庭发放困难帮扶救助金；二是定陶区民政局和当地镇政府将曹某迪母子纳入低保范围；三是定陶区司法局指派法律援助律师帮助曹某迪母子提起民事诉讼，维护其自身合法权益；四是定陶区乡村振兴局将曹某迪家庭纳入防止返贫动态监测范围对象，享受即时帮扶政策；五是共青团定陶区委依托儿童关爱项目为裴某康、裴某琦装修“爱心小屋”，为二未成年人健康成长创造良好条件。

司法救助案件办结后，定陶区人民检察院与区退役军人事务局共同建立退役军人司法救助案件“救助＋回访”长效工作机制，持续关注被救助人家庭生活状况，跟进落实帮扶措施。

【典型意义】

本案系退役军人事务局主动向检察机关移送退役军人司法救助线索，合力开展救助帮扶的典型案例。本案中，定陶区人民检察院依托该院司法救助“绿色通道”，对退役军人事务局主动移送的退役军人家属司法救助线索优先受理，主动启动司法救助程序，加大司法救助力度，提请上级检察院进行联合救助，及时发放司法救助金，开展心理疏导。检察机关加强与退役军人事务局等部门的救助帮扶协作，积极协调落实退役军人家属困难帮扶救助金、低保、法律援助等多元化综合帮扶措施，以“我管”促相关部门“都管”，有力促进了退役军人家属摆脱困境，充分展现了检察机关和退役军人事务部门关心困难群众、关爱退役军人家属的责任担当。

案例五

河南王某存国家司法救助案

【关键词】

退役军人　交通肇事案被害人家属　退役军人事务部门移送线索　优先受理　综合救助帮扶

【基本案情】

被救助人王某存，男，1957 年 10 月出生，系王某交通肇事案被害人张某苹的丈夫，退役军人。

2020 年 10 月 15 日 4 时许，王某无证驾驶小型轿车行驶至某交叉路口时，与被害人张某苹驾驶的二轮电动车相撞，致张某苹当场死亡。经认定，王某对本次事故负主要责任。2021 年 1 月 8 日，河南省灵宝市公安局以王某涉嫌交通肇事罪立案侦查，于 2021 年 3 月 18 日移送灵宝市人民检察院审查起诉。2021 年 4 月 19 日，灵宝市人民检察院向灵宝市人民法院依法提起公诉。2021 年 5 月 7 日，灵宝市人民法院以王某犯交通肇事罪判处其有期徒刑一年三个月。其间，王某存以王某为被告，向灵宝市人民法院提起道路交通事故侵权纠纷民事诉讼，灵宝市人民法院于 2021 年 5 月 21 日判令王某个人赔偿王某存 380956.56 元。民事判决生效后，王某未主动履行民事赔偿义务，王某存申请强制执行。因王某无可供执行财产，灵宝市人民法院于 2022 年 5 月 26 日裁定终结本次执行。

【救助过程】

2021年12月，灵宝市退役军人事务局根据中央政法委等六部门《关于加强退役军人司法救助工作的意见》，主动排查该市退役军人司法救助线索，发现退役军人王某存可能符合司法救助条件，遂将线索移送灵宝市人民检察院处理。灵宝市人民检察院优先受理，及时启动司法救助程序。经调查核实：王某存自1976年12月起在中国人民解放军某部队服役，荣获嘉奖2次，1986年6月转业到灵宝市武装部工作，2017年10月退休，每月有为数不多的退休工资。其母亲现年87岁，患脑中风、高血压、肺结核等疾病，主要依靠王某存照顾，医药开支巨大。其3个子女均无固定工作，家庭生活困难。民事判决生效后，赔偿义务人王某无赔偿能力。

灵宝市人民检察院审查认为，王某存因案导致家庭生活困难，符合司法救助条件，决定予以救助。考虑到王某存系退役军人，是检察机关司法救助的重点救助对象，灵宝市人民检察院加快司法救助资金审批进度，及时发放司法救助金，缓解了王某存家庭燃眉之急。为提升救助效果，2022年2月7日，灵宝市人民检察院与市退役军人事务局等部门会商，协调开展综合救助帮扶：一是灵宝市退役军人事务局上门为王某存办理退役军人优待证，落实退役军人优待政策；二是针对王某存的母亲系外地户籍、未办理慢性病卡，常年用药自费开销大的实际困难，灵宝市人民检察院与市退役军人事务局共同协调外地医疗保障部门成功办理慢性病卡，实现异地结算报销，减少自费用药开支，减轻医疗负担；三是联系灵宝市残联为王某存母亲申领轮椅，方便王某存照顾其母亲生活起居，组织志愿者定期到王某存家中进行慰问照顾；四是协调王某存原工作单位将其纳入重点关爱对象，及时开展困难党员慰问等活动；五是通过市司法局为王某存提供法律援助律师服务，帮助跟进民事判决执行情况。

在办理本案过程中，灵宝市人民检察院与市退役军人事务局多次就深入贯彻中央政法委等六部门《关于加强退役军人司法救助工作的意见》进行沟通研究，决定会签《关于联合救助因案致困退役军人工作的规定》，对因案导致家庭生活陷入困境的退役军人建立司法救助线索移交、司法救助与社会救助衔接等工作机制，畅通困难退役军人司法救助渠道，形成救助合力。

【典型意义】

本案系检察机关与退役军人事务部门合力加强对退役军人司法救助的典型案例。本案中，灵宝市人民检察院收到市退役军人事务局移送的司法救助线索后优先受理，及时启动司法救助程序。针对退役军人妻子因交通肇事死亡、家庭因案导致生活困难情况，灵宝市人民检察提高办案效率，及时发放司法救助金。为促进解决被救助人家庭长远困难，加强与退役军人事务局等部门的沟通协作，联合开展社会救助。

案例六

湖南欧某军等4人国家司法救助案

【关键词】

现役军人亲属　人民武装部门移送线索　多元化救助帮扶　联合回访

【基本案情】被救助人欧某军，男，1969年7月出生；刘某军，女，1970年12月出生；欧某娟，女，1992年8月出生；朱某鑫，男，2019年2月出生。四人均系魏某明寻衅滋事案被害人，现役军人亲属。

2020年4月13日中午，魏某明因生活琐事与姐姐魏某平发生口角，殴打魏某平并打砸家中物品，家人怀疑其精神病发作，拨打报警电话求助。派出所民警现场处置时，魏某明情绪激动拒不配合，并手持阉猪刀逃窜至邻居欧某军家中肆意行凶，先后将欧某军及其妻子刘某军、女儿欧某娟、外孙朱某鑫等四人割伤，造成刘某军、朱某鑫轻伤二级，欧某娟轻伤一级，欧某军轻微伤。经鉴定，魏某明存在双向情感障碍（伴有精神病性症状的躁狂发作），作案时有限定（部分）刑事责任能力。2020年8月10日，湖南省宁乡市公安局以魏某明涉嫌故意伤害罪移送宁乡市人民检察院审查起诉。2020年9月28日，宁乡市人民检察院向宁乡市人民法院提起公诉。2020年12月9日，宁乡市人民法院以寻衅滋事罪判处魏某明有期徒刑四年六个月。

【救助过程】

2020年5月20日，宁乡市人民武装部向宁乡市人民检察院发函移送本案司法救助线索，请求协助解决魏某明寻衅滋事案中被害人欧某军等四人的治疗费用，维护军人家庭合法权益。宁乡市人民检察院迅速启动司法救助程序，其时因案件尚处于公安机关侦查阶段，依托内部协作配合机制，刑事检察部门提前介入，引导公安机关侦查收集、固定犯罪证据，控告申诉检察部门同步对被害人家庭经济状况、发生的治疗费用和犯罪嫌疑人赔偿能力等进行调查。经调查核实：欧某自2019年9月至今在武警河北总队某支队服役，案件四名被害人均系欧某家属，其中欧某的父母欧某军、刘某军务农，欧某的姐姐欧某娟以打工收入维持家庭生活，案发前寄居在父母家照顾幼儿。四名被害人受伤部位多位于头、面、颈部，术后疤痕严重增生，案发时花费医疗费6万余元，刘某军、欧某娟与朱某鑫后续面部整容修复花费约需40余万元，且欧某娟面部构成十级伤残，严重影响就业，家庭失去主要经济来源。被告人魏某明系刑满释放人员，无固定生活来源，无赔偿能力，被害人无法通过诉讼获得赔偿。

宁乡市人民检察院审查认为，四名被害人因案面临急迫生活困难，且系现役军人亲属，属于检察机关司法救助的重点对象。为切实加大司法救助力度，宁乡市人民检察院提请长沙市人民检察院联合发放司法救助金，同时积极协调宁乡市退役军人事务局等部门开展多元化救助帮扶：一是宁乡市退役军人事务局给予救济金，被救助人所在镇政府发放临时救助金，宁乡市司法局、宁乡市公安局、被救助人所在村委会、长沙市惠民帮扶公益服务中心发放慰问金；二是宁乡市人社局安排被救助人欧某娟就近在某厂就业，提供就业帮扶；三是宁乡市心理咨询师协会对被救助人欧某娟、朱某鑫开展心理疏导治疗，帮助被救助人克服心理障碍回归正常生活。四是宁乡市信访局帮助落实省级信访专项救助资金，弥补被救助人面部整容修复支出的巨额费用。

司法救助案件办结后，宁乡市人民检察院联合市退役军人事务局、人民武装部等部门共同出台关于加强军人家属、退役军人司法救助工作的办法，就司法救助线索移送、信息共享、绿色通道、综合帮扶、回访等建立长效工作机制。2022年6月23日，宁乡市人民检察院与宁乡市退役军人事务局共同对被救助人家庭进行回访，送去生活物资，关心问候家庭成员生活近况，持续传递对现役军人亲属的司法关怀和温暖。

【典型意义】

本案系检察机关协同退役军人事务部门对现役军人亲属开展司法救助的典型案例。本案中，宁乡市人民检察院接收人民武装部门移送的现役军人亲属司法救助线索后，同步开展介入侦查、引导取证和司法救助调查核实工作。为切实加大司法救助力度，宁乡市人民检察院提请长沙市人民检察院进行联合救助，还积极协同退役军人事务局等部门开展社会救助，进行综合帮扶，有效缓解被救助人家庭生活困境，让军人安心扎根军营履行军职。为持续传递党和政府温暖，检察机关又会同退役军人事务局等部门建立加强对军人家属、退役军人司法救助长效工作机制，对被救助人家庭开展回访，充分展现了“拥军优属”的政治担当。

案例七

广东黄某斌等3人国家司法救助案

【关键词】

武警边防退役军人　优先受理　联合救助

支持起诉 多元化社会救助 结对帮扶

【基本案情】

被救助人黄某斌，男，1998年1月出生；被救助人黄某廉，男，1968年9月出生；被救助人黄某留，女，1971年5月出生。黄某斌系陈某军抢劫案的被害人，黄某廉（退役军人）、黄某留系黄某斌的父母。

2020年5月24日，陈某军以购买手机为由，将开店销售手机的黄某斌约至广东省江门市江海区一居民楼。黄某斌应邀携带两部新手机到达约定地点后，陈某军趁其不备使用裤腰带勒紧其脖子并抢走其携带的手机。经鉴定：黄某斌颈部被勒至机械性窒息，导致脑部缺血缺氧性脑损伤，对语言指令无反应，重度智能减退，四肢瘫痪，无生活自理能力，损伤程度为重伤一级，伤残程度为二级伤残。2020年5月25日，江门市公安局江海区分局对陈某军涉嫌抢劫罪立案侦查，后移送江海区人民检察院审查起诉。2021年2月3日，江海区人民检察院向江海区人民法院提起公诉。2021年8月5日，江海区人民法院以被告人陈某军犯抢劫罪判处有期徒刑十三年，并处罚金2万元。

【救助过程】

江海区人民检察院刑事检察部门在办理陈某军抢劫案时发现本案司法救助线索，遂将线索移送控告申诉检察部门。因涉及退役军人，江海区人民检察院优先受理，并提请江门市人民检察院进行联合救助，及时启动司法救助程序，加快司法救助案件办理进度。经调查核实：被害人黄某斌的父亲黄某廉自1987年10月起在武警某边防支队服役，服役期间加入中国共产党并担任班长，1990年12月退役后到江门市某塑料厂从事销售工作。案发前，其子黄某斌与他人合伙开店销售手机，收入约每月5000元；其妻子黄某留在江门市汽车总站工作，每月工资1700余元。案发后，黄某斌因案致残，黄某廉辞去工作照顾黄某斌，在医院治疗费用已达35万余元，目前还在继续治疗，每月治疗费用需1万余元。被告人陈某军及其家属未给予任何赔偿，全家目前仅靠黄某留一人的收入维持生活。

江门市、江海区两级人民检察院审查认为，黄某斌因案导致残疾，家庭生活困难，符合司法救助条件，其父亲黄某廉系退役军人，是检察机关司法救助的重点对象，决定共同发放司法救助金。为更好解决被救助人家庭实际困难，江门市人民检察院以支持起诉的方式帮助黄某斌提起刑事附带民事诉讼，江海区人民检察院将黄某斌列为结对帮扶对象，积极发挥该院青年志愿者作用，定期上门开展帮扶救助志愿活动。江海区人民检察院还主动协调区退役军人事务、民政、人社、残联等部门共同实施多元化社会救助：一是江海区退役军人事务局按规定向被救助人家庭发放军人家属补助款；二是江海区残联帮助黄某斌办理残疾证，落实每月残疾人补贴及残疾人康复医疗补助；三是江海区民政局向黄某斌捐赠慈善款；四是江海区人社局在政策许可范围内开展医疗救助，通过社保报销支付一定额度的医疗费用，减轻其支出压力，确保黄某斌得以继续治疗，使其今后尽可能恢复生活自理能力。

江海区人民检察院和区退役军人事务局还组织新闻媒体对该案进行宣传报道，发动社会爱心人士募捐助残解困，一家爱心企业招收年逾50岁的黄某留到该企业上班，确保其家庭有一定的经济来源缴纳社保，其家庭基本生活获得长远保障。

【典型意义】

本案系检察机关协同退役军人事务部门对退役军人家庭开展司法救助的典型案例。本案中，江海区人民检察院发现退役军人司法救助线索后，优先受理、及时办理，并提请江门市人民检察院进行联合救助，加大司法救助力度，及时发放司法救助金，纾解了被救助人家庭生活面临的急迫困难。检察机关还同步开展民事支持起诉和结对帮扶工作，加强与退役军人事务等部门的救助协作，落实退役军人家属补助、就业、医疗等方面的社会帮扶措施，并发动社会爱心人士募捐助残解困，进一步解决了被救助人家庭的实际困难，切实让退役军人家庭感受到司法温暖，充分展现了检察机关和退役军人事务部门关心关爱困难退役军人家庭的责任担当。

案例八

重庆张某训等2人国家司法救助案

【关键词】

抗美援朝志愿军老战士　联合摸排救助线索　绿色通道　救助回访

【基本案情】

被救助人张某训，男，1926年5月出生；被救助人李某碧，女，1944年9月出生。二人系夫妻关系，均系但某某诈骗案被害人，其中张某训系抗美援朝志愿军老战士。

2020年3月，但某某通过免费理疗、洗脚等上门服务骗取张某训、李某碧夫妻二人的信任，以高额回报为诱饵，诈骗张某训、李某碧9万元。2020年9月20日，重庆市公安局永川区分局以但某某涉嫌诈骗罪立案侦查，后移送重庆市永川区人民检察院审查起诉。2020年10月20日，永川区人民检察院向永川区人民法院提起公诉。2021年1月21日，永川区人民法院以诈骗罪判处但某某有期徒刑四年四个月，责令退赔张某训、李某碧经济损失9万元。

【救助过程】

2021年11月5日，永川区人民检察院与区退役军人事务局联合走访排查退役军人司法救助线索时，发现本案司法救助线索，及时启动司法救助程序。经调查核实：张某训1951年6月参加抗美援朝战争，荣立三等功一次，荣获中国人民志愿军抗美援朝出国作战70周年勋章，现身患冠心病、肿瘤等多种疾病，其妻李某碧亦身患多种疾病，二人收入来源主要是张某训的在乡老复员军人定期抚恤补助，维持家庭生活较为困难，被诈骗的9万元系二人平时省吃俭用的所有积蓄，且损失大部分未予追回。张某训子女均已自立成家，家庭负担较重。

永川区人民检察院审查认为，张某训、李某碧二人系因案导致生活困难的农村地区老年人，且张某训系抗美援朝志愿军老战士，属于检察机关司法救助的重点对象，遂开通“绿色通道”，加快案件办理进度，及时向二人发放司法救助金，缓解了二人生活面临的急迫困难。

永川区人民检察院主动向区退役军人事务局反馈司法救助情况，会同区退役军人事务局将张某训作为重点关注帮扶对象，上门开展服务，保障其享受退役军人优抚政策，并联合开展定期回访，持续关注张某训、李某碧身体健康状况和生活情况。

【典型意义】

本案系检察机关会同退役军人事务部门主动排查发现司法救助线索、合力开展司法救助的典型案例。本案中，永川区人民检察院和区退役军人事务局认真贯彻落实中央政法委等六部门《关于加强退役军人司法救助工作的意见》，着力加强救助协作，联合走访摸排发现退役军人司法救助线索，迅速启动司法救助程序，并开通“绿色通道”及时发放司法救助金。检察机关还及时向退役军人事务部门通报司法救助情况，跟踪了解退役军人家庭实际困难解决情况，开展联合回访，更好落实退役军人优抚政策，有效维护退役军人合法权益，让退役军人及其家属切实感受到司法温暖，彰显了检察机关和退役军人事务部门关心关爱困难退役军人的责任担当。

案例九

陕西李某娃等2人国家司法救助案

【关键词】退役军人　刑事被害人近亲属　联合救助　司法救助与社会救助衔接

【基本案情】

被救助人李某娃，男，1949年11月出生；被救助人方某玲，女，1952年3月出生。二人系吴某平抢劫杀人案被害人李某仓的父母，其中李某娃系退役军人。

1999年2月23日，吴某平（案发时系未成年人）伙同陆某自（在逃）为抢劫财物，将出租车司机李某仓骗至陕西省蒲城县一果园内，采用绳子勒颈等方法将李某仓（案发时21岁）杀害，将出租车抢走。案发后公安机关对该案进行立案侦查，发现吴某平、陆某自有重大作案嫌疑，多次组织警力抓捕未果。2020年，公安机关开展清理历年命案积案逃犯专项行动，于2020年4月28日将“漂白”身份的吴某平在西安市新城区抓获归案。经渭南市人民检察院起诉，渭南市中级人民法院于2021年1月14日判决吴某平犯抢劫罪，判处有期徒刑十三年，赔偿刑事附带民事诉讼原告人李某娃等人经济损失37946.5元。

【救助过程】

2020年9月，渭南市人民检察院在审查起诉吴某平抢劫案过程中，发现本案司法救助线索，及时启动司法救助程序。因刑事案件案发久远，被害人家庭发生重大变故，为切实加大司法救助力度，将矛盾化解在基层，渭南市人民检察院决定与蒲城县人民检察院进行联合救助。经调查核实：李某娃系被害人李某仓的父亲，自1970年12月起在中国人民解放军某部队服役五年，退役后回乡务农，2011年因病致一级残疾，其妻方某玲在家务农，因病致三级残疾。李某娃与方某玲育有二子一女。长子李某房于2017年9月因病去世，妻子改嫁后留下一个未成年儿子与李某娃、方某玲共同生活，二人为医治李某房花去家中所有积蓄；次子李某仓被吴某平抢劫杀害时尚未婚配，未留下子女；女儿李某芳出嫁另成立家庭，经济状况一般。李某娃家庭于2015年被确立为建档立卡贫困户，2020年由政策保障托底脱贫。现李某娃、方某玲年纪已高，身患残疾，还需抚养孙子。被告人吴某平被抓获后，判决赔偿李某娃等人的经济损失金额较少且未执行到位。

渭南市、蒲城县两级人民检察院审查认为，李某娃家庭因案导致生活困难，符合司法救助条件，且李某娃系退役军人，家庭原系建档立卡贫困户，属于检察机关司法救助的重点对象，决定共同发放司法救助金。为有效解决被救助人家庭实际困难，渭南市、蒲城县两级人民检察院与退役军人事务局等部门加强协作，联动开展社会救助综合帮扶工作：一是渭南市、蒲城县两级退役军人事务部门向李某娃家庭发放退役军人关爱救助金；二是协调被救助人家庭所在镇政府发放社会救助金，巩固落实被救助人的农村居民基本养老保险、高龄补贴、残疾人补贴、低保等政策；三是共同将李某娃家庭纳入重点回访对象，定期到其家中开展跟踪回访，关注被救助人家庭生活状况，确保被救助人家庭困有所解、难有所助、病有所医、老有所养。

2022年6月，渭南人民检察院与退役军人事务局等部门共同出台《关于建立渭南市检察机关国家司法救助与社会救助衔接机制的实施意见》，着力加大对退役军人等重点救助对象的司法救助力度，为司法救助与社会救助有机衔接提供长效制度保障。

【典型意义】

本案系检察机关协同退役军人事务部门对退役军人家庭加大司法救助力度的典型案例。本案中，渭南市、蒲城县两级人民检察院针对退役军人儿子多年前被抢劫致害，被告人获刑后判决的经济赔偿数额较少且未执行到位，家庭因案造成生活困难等情况，切实加大救助力度，主动开展联合救助。在发放司法救助金的同时，检察机关与退役军人事务局等部门联动开展多元化综合救助帮扶，巩固落实社会救助和保障政策，并就加强退役军人司法救助与社会救助有机衔接建立长效工作机制，持续传递党和政府温暖，有效提升退役军人的荣誉感、归属感和获得感。

（载中华人民共和国最高人民检察院网）

8月10日

涉案企业合规典型案例（第三批）

关于印发《涉案企业合规典型案例（第三批）》的通知

各省、自治区、直辖市人民检察院，解放军军事检察院，新疆生产建设兵团人民检察院：

为全面贯彻习近平法治思想，充分发挥典型案例的示范、指引作用，进一步加强涉案企业合规改革试点工作，现将上海Z公司、陈某某等人非法获取计算机信息系统数据案等5件案例作为第三批涉案企业合规典型案例印发你们，供办案时参考借鉴。

最高人民检察院

2022年7月21日

案例一

上海Z公司、陈某某等人非法获取计算机信息系统数据案

【关键词】

数据合规　监督评估有效性　云听证　行业治理

【要旨】

检察机关针对互联网科创企业的数据合规漏洞，深入开展社会调查，积极引导涉案企业开展数据合规。综合考虑涉案企业行业属性、技术行为合规规则，组建独立、专业的第三方组织，提升涉案企业数据合规监督评估有效性。能动创新优化合规考察模式，在疫情期间灵活运用智慧检务开展“云听证”，兼顾办案的公开与效率，助力复工复产。多措并举推动行业治理，促进互联网行业建立健全数据合规经营体系，助力构建健康清朗的网络生态环境。

【基本案情】

上海Z网络科技有限公司(以下简称“Z公司”)成立于2016年1月，系一家为本地商户提供数字化转型服务的互联网大数据公司。Z公司现有员工1000余人，年纳税总额1000余万元，已帮助2万余家商户完成数字化转型，拥有计算机软件著作权10余件，2020年被评定为高新技术企业。被不起诉人陈某某、汤某某、王某某等人分别系该公司首席技术官、核心技术人员。

2019年至2020年，在未经上海E信息科技有限公司（以下简称“E公司”，系国内特大型美食外卖平台企业）授权许可的情况下，Z公司为了以提供超范围数据服务吸引更多的客户，由公司首席技术官陈某某指使汤某某等多名公司技术人员，通过“外爬”“内爬”等爬虫程序（按照一定的规则，在网上自动抓取数据的程序），非法获取E公司运营的外卖平台(以下简称“E平台”)数据。其中，汤某某技术团队实施“外爬”，以非法技术手段，或利用E平台网页漏洞，突破、绕开E公司设置的IP限制、验证码验证等网络安全措施，通过爬虫程序大量获取E公司存储的店铺信息等数据。王某某技术团队实施“内爬”，利用掌握的登录E平台商户端的账号、密码及自行设计的浏览器插件，违反E平台商户端协议，通过爬虫程序大量获取E公司存储的订单信息等数据。上述行为造成E公司存储的具有巨大商业价

值的海量商户信息被非法获取，同时造成E公司流量成本增加，直接经济损失人民币4万余元。

案发后，Z公司、陈某某等人均认罪认罚，Z公司积极赔偿被害单位经济损失并取得谅解。2020年8月14日，上海市公安局普陀分局以陈某某等人涉嫌非法获取计算机信息系统数据罪提请上海市普陀区检察院审查逮捕。8月21日，普陀区检察院经审查认为，陈某某等人不具有法律规定的社会危险性，依法决定不批准逮捕。2021年6月25日，上海市公安局普陀分局以陈某某等人涉嫌非法获取计算机信息系统数据罪移送普陀区检察院审查起诉。2022年5月，普陀区检察院依法对犯罪嫌疑单位Z公司、犯罪嫌疑人陈某某等14人作出不起诉决定。

【企业合规整改情况及效果】

一是介入侦查，把准案件定性。因本案罪名涉及专业领域、作案手法复杂，侦查之初，普陀区检察院即应公安机关邀请介入侦查，引导取证，明确鉴定方向。一方面，引导公安机关固定Z公司爬虫程序、云服务器电子数据，以查清爬虫的运行模式、被爬取的数据属性等关键事实并加以鉴定。同时，走访被害企业，深入核实被害企业数据防护措施、直接经济损失等，为认定案件事实补充完善证据链条。另一方面，引导公安机关在讯问时关注作案动机、Z公司现状及发展前景等与企业合规相关的问题，督促Z公司积极赔偿被害企业损失，消除影响，同时会同执法司法机关、监管部门、专家学者，围绕爬虫的技术原理、合法性边界、法律适用及数据合规重点、难点，深入开展研讨交流，为案件定性、开展企业合规整改奠定工作基础。

二是认真审查，启动合规考察。案件移送审查起诉后，普陀区检察院经实地走访Z公司查看经营现状以及会同监管部门研商公司运营情况发现，Z公司管理层及员工存在重技术开发、轻数据合规等问题，此次爬取数据出于自身拓展业务的动机，未进行二次售卖。考虑到Z公司系成长型科创企业，陈某某等14名涉案人员均认罪认罚，积极赔偿E公司经济损失并取得谅解，Z公司合规整改意愿强烈，提交了《适用刑事合规不起诉申请书》及企业经营情况、社会贡献度等书面证明材料，检察机关经审查对Z公司作出合规考察决定。

三是因案制宜，围绕数据合规专项计划精准“开方”，对涉案企业开展专业第三方监督评估。经走访座谈、办案调研，普陀区检察院发现，Z公司存在管理盲区、制度空白、技术滥用等合规风险，遂向Z公司制发《合规检察建议书》，从数据合规管理、数据风险识别、评估与处理、数据合规运行与保障等方面提出整改建议。Z公司积极整改，并聘请法律顾问制定数据合规专项整改计划。同时，鉴于开展数据合规的专业性要求较高，本案第三方组织吸纳网信办、知名互联网安全企业、产业促进社会组织等的专家成员，通过询问谈话、走访调查、审查资料、召开培训会等形式，全程监督Z公司数据合规整改工作。第一，数据来源合规。Z公司与E公司达成合规数据交互约定，彻底销毁相关爬虫程序及源代码，对非法获取的涉案数据进行无害化处理，并与E平台API数据接口直连，实现数据来源合法化。第二，数据安全合规。Z公司设立数据安全官，专项负责数据安全及个人信息安全保护工作；构建数据安全管理体系，制定、落实《数据分类分级管理制度》《员工安全管理等级》；加入区级态势感知平台，提升安全威胁的识别、响应处置能力，分拆服务，提高云访问权限，数据及时脱敏、加密，增强网络攻击防护能力。第三，数据管理制度合规。Z公司建立数据合规委员会，制定常态化合规管理制度，开展合规年度报告。

四是“云听证”，确保监督评估考察公正透明。三个月考察期限届满，第三方组织评估认为，涉案企业与个人积极进行合规整改，建立合规组织、完善制度规范、提升技术能级，已完成数据合规建设的整改措施。2022年2月，评定Z公司合规整改合格。普陀区检察院通过听取汇报、现场验收、公开评议等方式对监督考察结果予以充分审查。为保障涉案企业及时复工复产，同年4月28日，普陀区检察院因应疫情开展“云听证”，邀请全国人大代表、人民监督员、侦查机关、第三方组织、被害单位等线上参加或旁听。经评议，参与听证各方一致同意对涉案人员作出不起诉决定。同年5月10日，检察机关经审查后认为，因本案犯罪情节轻微，Z公司及犯罪嫌疑人具有坦白、认罪认罚等法定从宽处罚情节，积极退赔被害企业损失并取得谅解，系初犯，主观恶性小，社会危害性不大，且Z公司合规整改经第三方考察评估合格，依法对Z公司、陈某某等人分别作出不起诉决定。

五是企业合规整改见实效、显长效。为确保企业将数据合规内化为长效机制，根据检察机关不定期回访工作了解,Z公司认真落实合规整改,与E平台达成数据交互合作，通过API数据接口直连，合法合规获取平台数据。同时，Z公司将其与E平台的合作模式进行复制、移植，与3家大型互联网企业达成数据合作。Z公司通过扎实开展企业合规，建立健全数据合规长效机制，公司实现稳步发展，分支机构在全国覆盖面进一步扩大，员工人数比2020年底增加400余人，2021年度全年营收2亿余元，纳税总额1700余万元。

【典型意义】

1. 合规准备工作前移，积极推动侦查过程中合规准备工作，为审查起诉阶段的合规监督考察奠定基础。本案中检察机关积极利用提前介入侦查，引导公安机关收集合规信息与材料，为后续合规工作的高效开展奠定坚实基础。对于挽救企业而言，早合规优于晚合规，检察机关应当与侦查机关密切配合、相向而行，综合运用好介入侦查引导取证、审查逮捕、强制性措施适用等法定职权，把促进合规的工作做在前面，推动合规改革释放出最优效果。

2. 组建专业化第三方组织，提升涉案企业数据合规监督评估的有效性。检察机关立足区域内互联网产业集聚特点，推动设立涉互联网第三方专业人员名录库。针对涉及“网络爬虫”等数据合规专业领域情况，检察机关经社会调查认定涉案企业符合企业合规第三方机制适用条件，商请第三方机制管委会从专类名录库中抽取了由互联网行业管理部门、行业龙头企业和专业协会人员组成的第三方组织，为第三方机制运转提供专业性、公正性、协同性支撑。检察机关依托第三方组织的专业优势，以召开评估工作现场会的形式对涉案企业合规计划的可信性、有效性与全面性进行充分审查，围绕案件反映的数据获取问题开展“因罪施救”“因案明规”，督促涉案企业构建有效的数据合规整改体系，做到“真合身”“真管用”。

3. 能动履职强化审查把关，多措并举保障企业有效推进合规整改。本案中，检察机关在依法适用第三方机制的基础上，一是强化主导责任，因案制宜加强合规考察的审查把关，主动听取第三方组织对企业合规整改的考察情况，协调有关行政机关将涉案企业纳入监测平台，统筹数据专项合规与全面合规，确保企业合规整改措施全方位落实落细，避免出现“纸面合规”“形式合规”。二是延伸合规激励，秉持惩治与挽救并重，加强检企沟通对接，充分听取被害企业意见，积极推动双方企业实现和解，促成涉案企业与数据来源方达成合规数据交互协议，确保数据来源的合法化，最大限度维护涉案企业正常生产经营。三是深化科技赋能，立足疫情防控常态化下的办案要求，通过“云听证”审查方式兼顾办案公开与效率，召开由全国人大代表、第三方组织、涉案企业参加的线上座谈，听取各方意见，延伸办案效果，实现线上线下对接、场内场外联动，以公开促公正赢公信。

4. 由点及面推动行业治理，助力构建健康清朗的网络生态环境。推动网络空间法治化治理，促进互联网企业守法经营，是检察机关依法能动履职、促进诉源治理肩负的重要责任。数字化转型背景下衍生出的数据侵权、网络犯罪问题，亟需规范引导以保障数字经济高质量发展。本案中，涉案企业与被害企业均为大型互联网科创企业，普陀区检察院深化社会综合治理，依法打击网络灰黑产业链的同时，推动促进互联网行业建立数据合规经营体系。一方面，通过案件办理、检察建议、法治宣传等方式，深入涉案企业所在园区引导广大互联网企业树立数据合规意识，从源头防止再次发生类似违法犯罪。另一方面，以“我管”促“都管”助力营造企业合规文化，推动区政府相关部门、司法机关及30余家区内互联网企业深入落实《普陀区互联网企业合规共识框架》，发布《互联网企业常见刑事法律风险防控提示》，为企业风险防范、合规经营提供法律支持，努力实现“办理一个案件、形成一个合规标准、规范一个行业”的良好效果。

案例二

王某某泄露内幕信息、金某某内幕交易案

【关键词】

信息保密合规　证券犯罪　检察建议　第三方监督评估　量化式评估

【要旨】

办理民营企业高管涉证券犯罪案件，要兼顾惩罚个人犯罪和保障民营企业合法权益、激励民营企业合规建设的双重目标。积极适用第三方监督评估机制开展企业合规工作，突出检察机关在合规工作中的全流程主导作用，探索实践“检察建议宏观把控+检察主导第三方考察+检察听证事后监督”的企业合规路径。发挥第三方监督评估组织在引导监督涉案企业落实落细合规计划中的专业化作用，以量化式评估验收标准助推企业合规工作取得实效。

【基本案情】

广东K电子科技股份有限公司（以下简称“K公司”）长期从事汽车电子产品研发制造，连续多年获国家火炬计划重点高新技术企业称号，创设国家级驰名商标，取得700余项专利及软件著作权，2018年开始打造占地30万平方米、可容纳300余家企业的产业园，已被认定为国家级科技企业孵化器。被告人王某某系K公司副总经理、董事会秘书。

2016年12月，K公司拟向深圳市C科技股份有限公司（以下简称“C公司”）出售全资子公司。2017年1月15日，K公司实际控制人卢某某与C公司时任总经理张某某达成合作意向。同年2月9日，双方正式签署《收购意向协议》，同日下午C公司向深交所进行报备，于次日开始停牌。同年4月7日，C公司发布复牌公告，宣布与K公司终止资产重组。经中国证券监督管理委员会认定，上述收购事项在公开前属于内幕信息，内幕信息敏感期为2017年1月15日至4月7日。被告人王某某作为K公司董事会秘书，自动议开始知悉重组计划，参与重组事项，系内幕信息的知情人员。

2016年12月和2017年2月9日，被告人王某某两次向其好友被告人金某某泄露重组计划和时间进程。被告人金某某获取内幕信息后，为非法获利，于2017年2月9日紧急筹集资金，使用本人证券账户买入C公司股票8.37万股，成交金额人民币411万余元，复牌后陆续卖出，金某某亏损合计人民币50余万元。

2021年8月10日，北京市公安局以王某某、金某某涉嫌内幕交易罪向北京市检察院第二分院（以下简称“市检二分院”）移送审查起诉。审查起诉期间，市检二分院对K公司开展企业合规工作，合规考察结束后结合犯罪事实和企业合规整改情况对被告人提出有期徒刑二年至二年半，适用缓刑，并处罚金的量刑建议，与二被告人签署认罪认罚具结书。2021年12月30日，市检二分院以泄露内幕信息罪、内幕交易罪分别对王某某、金某某提起公诉。2022年1月28日，北京

市第二中级法院作出一审判决，认可检察机关指控事实和罪名，认为检察机关开展的合规工作有利于促进企业合法守规经营，优化营商环境，可在量刑时酌情考虑，采纳市检二分院提出的量刑建议，以泄露内幕信息罪判处王某某有期徒刑二年，缓刑二年，并处罚金人民币十万元，以内幕交易罪判处金某某有期徒刑二年，缓刑二年，并处罚金人民币二十万元。

【企业合规整改情况及效果】

一是强化事先审查，确保个人犯罪中企业合规开展必要性。案件办理期间，K公司提出王某某被羁押造成公司业务陷入停滞，主动作出合规经营承诺。市检二分院向K公司负责人、投资人及合作伙伴多方核实，调取企业项目资质、决策会议记录等证明材料，了解到K公司正处于从生产制造模式向产融运营模式转型的关键阶段，王某某长期负责战略规划、投融资等工作，因其羁押已造成多个投融资和招商项目搁浅，导致涉十亿元投资的产业园项目停滞，王某某对企业当下正常经营和持续发展确有重要作用。市检二分院综合考虑犯罪情节、案件查证情况及王某某认罪认罚意愿，及时回应企业需求，变更王某某强制措施为取保候审。同时，鉴于K公司具有良好发展前景，且有合规建设意愿，检察机关经审查评估犯罪行为危害、个人态度、履职影响及整改必要性等因素，于2021年9月8日启动企业合规工作。

二是找准合规风险点，精准提出检察建议。市检二分院结合案件审查情况，在K公司保密制度缺失、人员保密意识淡薄等表象问题外，挖掘出治理结构风险、经营决策风险、制度运行漏洞以及外部关联公司风险等多项深层次合规风险，为制发精准有效的合规整改检察建议奠定基础。2021年10月11日，针对投资参股型企业经营特点，检察机关向K公司制发检察建议书，建议K公司及其必要的关联公司、子公司共同整改，同步建立资本运作信息保密专项制度，并通过调整治理结构、配备责任主体、规范工作程序、加强员工培训等管控措施保障制度落实。

三是及时启动第三方监督评估机制，监督引导企业进行专项整改。为进一步实现检察建议具体化、可行化和专业化落地，确保企业合规整改取得实效，市检二分院决定适用第三方监督评估机制，监督、引导涉案企业进行合规整改。第三方组织对照检察建议，在尽职调查基础上，根据股权控制关系、业务关联程度、管理层交叉任职情况等因素筛选出三家重要子公司同步参加整改，以合规风险自查清单形式引导企业逐员、逐部门排查合规风险点并作出具体整改承诺，以监管清单形式对企业合规计划提出专业性意见。在第三方组织监督、引导下，K公司制定了涵盖组织体系、保密对象、制度重建、运行保障、意识文化以及主体延伸等多个层面的信息保密专项合规计划，并聘请专业合规团队辅导公司逐项完成，规范配置经营决策权，建立体系化信息保密管理和考核制度，新设合规管理责任部门，实现合规管理流程全覆盖，组织开展了辐射内部员工、关联公司以及产业园区企业的专项培训。

四是注重多措并施，确保合规审查结果科学公正。2021年12月20日，经过两个月合规考察，第三方组织参照检察建议和相关合规指引对K公司整改情况进行评价。针对此次专项合规整改特点，量身定制了包括检察建议完成情况、合规方案、合规文化培育等12个模块65项评价要素的评价体系，将企业合规整改工作逐项拆解评分，再累加汇总，最终第三方组织认为K公司整改效果达到良好等级，并出具了合规考察报告。2021年12月23日，市检二分院邀请多位合规领域专家学者作为听证员举行听证会进行公开验收，听证员认真听取合规工作各参与主体介绍涉案企业整改情况，追问评估考察方式、合规责任主体、合规经费投入等细节问题，并在经过闭门评议后发表听证意见，一致同意通过K公司合规整改验收。

2022年5月，K公司完成整改以来，产业园项目已顺利竣工等待验收，王某某主导的约2000万投资和基金项目均已按照新规章制度稳步推进。

【典型意义】

1. 积极稳妥探索可能判处较重刑罚案件适用合规改革的全流程办案机制。本案中犯罪嫌疑人可能判处三年以上有期徒刑，但在涉案企业的经营活动中具有难以替代的作用，简单化起诉、判刑不利于涉案企业正常经营发展，且企业具有强烈的合规意愿。检察机关在侦查、起诉与审判三个主要程序环节上均充分利用了合规工作的有效措施，通过在侦查程序中慎重采取强制措施、在审查起诉环节督促开展专项合规整改、起诉后基于合规整改情况提出宽缓的量刑建议，融通了三个主要程序环节中的合规工作，对可能判处较重刑罚案件如何适用合规改革作出有益探索。

2. 充分发挥检察职能优势，探索检察机关全流程主导的合规路径。检察机关多措并举进行合理安排、科学衔接、有效配置，积极实践“检察建议宏观把控+检察主导第三方考察+检察听证事后监督”的企业合规路径。一方面借助案件审查和检察建议调查程序，深入挖掘犯罪成因，避免“头痛医头，脚痛医脚”式合规；另一方面积极推动检察建议与第三方监督评估相互融通，并通过第三方组织《工作周报》《定期书面报告》等联系机制动态掌握整改进程，及时解决整改问题；此外，在整改结束后向第三方组织和专家学者借智借力，以第三方组织量化式评估验收确保评价体系公开透明，以公开听证展示合规依法公正。

3. 因案施治，依托专项合规推动民营企业完善法人治理结构。本案虽是针对泄露内幕信息和内幕交易犯罪案件开展的专项合规，但检察机关发现并通过第三方组织调查了解到，K公司存在家族式治理、关键人控制、实际决策人与职权分离等民营企业常见的内控失调现象，如脱离个案的特殊情况片面开展专项合规势必不能取得良好效果。为此，检察机关决定以内幕信息保密合规为契机，推动涉案企业向现代企业法人治理结构积极转变，为企业的健康发展打牢法治根基。

4. 依托涉案企业合规改革试点，强化资本市场非上市公司内幕信息保密合规管理，涵养资本市场法治生态。资本市场是信息市场加信心市场，健全内幕信息保密合规管理，是提振投资信心的重要体现。但内幕交易案件暴露出，企业内幕信息保密管理缺失会引起内幕信息泄密风险，诱发内幕交易，在扰乱证券市场秩序的同时，侵害了广大投资者的合法权益。尤其是作为上市公司交易对方的非上市公司，在行政监管相对薄弱的情况下，更应该加强自身合规管理。该案作为全国首例开展涉案企业合规工作的证券犯罪案件，检察机关坚持惩治犯罪与助力维护资本市场秩序并重，依托涉案企业合规改革积极推动资本市场非上市公司更新合规理念，对标上市公司健全自身合规管理体系，培养全链条合规意识，将外部监管类规定内化为自律合规要求，提高资本运作规范化水平，助力营造资本市场良好法治环境。

案例三

江苏F公司、严某某、王某某提供虚假证明文件案

【关键词】

小微企业　简式合规　中介机构　提供虚假证明文件　检察主导

【要旨】

针对涉案的小微企业开展合规整改，可以根据《涉案企业合规建设、评估和审查办法（试行）》简化合规审查、评估、监管等程序，由检察机关主导合规监管和验收评估，并直接对涉案企业提交的合规计划和整改报告进行审查。针对涉案企业和责任人，应坚持认罪认罚从宽制度和宽严相济刑事政策，准确区分单位及责任人的责任。

【基本案情】

被告人严某某、王某某分别是江苏F土地房地产评估咨询有限公司（以下简称F公司）的估

价师和总经理。

2019年1月，F公司接受委托为G工贸实业有限公司（以下简称G公司）协议搬迁项目进行征收估价，先是采取整体收益法形成了总价为2.23亿余元的评估报告初稿。为满足G公司要求，王某某要求严某某将涉案地块评估单价提高。严某某在无事实依据的情况下，通过随意调整评估报告中营业收益率，将单价自2.16万元提高至2.38万元，后又经王某某许可，通过加入丈量面积与证载面积差等方式，再次将单价提高到2.4万余元，最终形成的《房屋征收分户估价报告》将房屋评估总价定为2.49亿余元。后相关部门按此评估报告进行拆迁补偿，造成国家经济损失2576万余元。

2021年5月6日，江苏省南京市公安局江宁分局以F公司、严某某、王某某涉嫌提供虚假证明文件罪向南京市江宁区检察院移送审查起诉。2021年6月6日，江宁区检察院依法对严某某、王某某以提供虚假证明文件罪提起公诉。2021年9月17日，南京市江宁区法院以提供虚假证明文件罪判处严某某有期徒刑二年，罚金十万元；判处王某某有期徒刑一年六个月，缓刑二年，罚金八万元。2022年1月30日，江宁区检察院依法对F公司作出不起诉决定。

【企业合规整改情况及效果】

一是开展办案影响评估，充分论证合规必要性、可行性。受理案件后，江宁区检察院对涉案企业开展办案影响评估，调取涉案企业工商信息、纳税、就业等材料；到涉案企业了解行业资质、业务流程、监督管理制度设置；到城乡建设委员会、房屋征收指导中心、住房保障和房产局等行政主管机关，了解土地、房地产征迁谈判、评估、补偿相关规定。F公司从业人员39人，曾获评市优秀估价机构、诚信单位，涉案导致公司参与的多项招投标业务停滞，经营面临困难。江宁区检察院评估后认为，涉案企业以往经营和纳税均正常，案发后企业和个人认罪认罚，且主动提交合规申请，承诺建立企业合规制度。鉴于此，江宁区检察院决定启动企业合规，确定为期6个月的合规考察期。

二是立足小微企业实际，发挥检察主导作用，探索开展简式合规。涉案企业属于小微企业，江宁区检察院决定对企业涉案的房地产估价业务开展简式合规。包括指导涉案企业开展风险自查，形成自查报告；结合案件办理中暴露出的问题，指导企业修订合规计划；围绕13个风险点，制发检察建议，督促企业查漏补缺。涉案企业依据指导设立合规部门、修订员工手册、制定《评估业务合规管理制度》、委托研发线上审批的OA系统、组织开展业务技术规范培训和合规管理制度培训。为降低合规成本、减轻企业经济负担，由江宁区检察院直接开展合规监管、评估，设置合规整改时间表，要求涉案企业明确整改节点、按时序推进。同时为确保合规监管评估的专业性和公平性，邀请三名专业人员协助检察机关开展合规监管、评估。经过6个月的合规整改，江宁区检察院组织公开听证，对合规整改进行评估验收。

三是区别对待，分别处理涉案民营企业和责任人。鉴于两名责任人严重违反职业道德、违法出具证明文件，造成国家经济损失巨大，江宁区检察院于2021年6月6日依法对严某某、王某某以提供虚假证明文件罪提起公诉。同时，对涉案企业开展合规工作和监管验收，经综合审查认定F公司通过评估验收。2022年1月30日，江宁区检察院依法对F公司作出不起诉决定。

【典型意义】

1. 量身定制，对符合条件的小微企业积极探索简式合规监管。检察机关开展企业合规要准确把握企业合规案件适用条件与企业适用范围，因案制宜，根据企业类型的不同开展具有针对性的企业合规工作。小微企业在治理模式、业务规模、员工数量、资金能力、风险防范等方面与大中型企业存在显著差异。检察机关应当结合小微企业的自身特点，积极探索适合小微企业的合规模式，在保证合规计划制定、实施、验收评估等基本环节的同时，通过简化程序、降低合规成本、制定与大中型企业不同的监管标准等简式合规管理，激发小微企业做实合规的积极性。

2. 有的放矢，检察机关在简式合规计划的审查、监管、评估过程中应发挥主导作用。针对小微企业的合规整改，未启动第三方机制的，可以根据《涉案企业合规建设、评估和审查办法（试行）》的规定，由检察机关对其提交的合规计划和整改报告进行审查，主导合规监管和验收评估。一是根据案件具体情况主动听取公安机关等部门的意见，建立合规监管互通机制；二是设置合规时间表，要求涉案企业明确整改节点、按时序推进；三是依据时间表，采取“定向 + 随机”的方式考察合规进展；四是选择专家学者、行政主管机关、侦查机关代表组成评估小组，同时组织公开听证对合规整改进行评估验收。

3. 区分责任，落细落实民营经济司法保护政策。检察机关在办理涉民营企业案件时，应当贯彻宽严相济刑事政策。一方面，对于确有重大过错的涉案企业责任人依法予以惩处；另一方面，对于涉案企业积极适用企业合规，针对与企业涉嫌犯罪有密切联系的企业内部治理结构、规章制度等问题开展合规整改，帮助企业弥补制度建设和监督管理方面的漏洞，从源头防止再次发生相同或类似违法犯罪。通过对合规考察合格的涉案企业依法作出不起诉决定，积极落实“六稳”“六保”。

案例四

广西陆川县 23 家矿山企业非法采矿案

【关键词】

行业合规　非法采矿　办案模式　第三方监督评估　行业治理

【要旨】

针对非法采矿系列案涉案企业多、案发原因复杂、办案风险大的特点，依托检察机关纵向和地方各部门横向“系统化”、矿山治理“行业化”、检察队伍“专业化”、办案过程“透明化”办案模式，创新利用检察大数据赋能企业合规，推动行业整治，构建良好的企业合规文化，促进矿山企业转型升级，实现“办理一类案件，规范一个行业”的效果。同时，在办理破坏环境资源保护的刑事案件中，依法开展公益诉讼检察工作，提升检察工作质效。

【基本案情】

广西壮族自治区陆川县 Y 公司等 23 家涉案矿山企业系开采销售建筑用花岗岩、高岭土等持证矿山企业（全县当时有持证矿山企业 36 家）。23 家涉案矿山企业共有员工 2000 余人，年度纳税总额 6000 多万元。

2019 年至 2020 年期间，Y 公司等 23 家涉案矿山企业在各自矿区内超深度或超范围越界开采建筑用花岗岩、高岭土等原矿，涉案价值人民币 21.69 万元至 1447.68 万元不等。2021 年 5 月，陆川县公安局对该 23 家矿山企业以涉嫌非法采矿罪立案侦查，陆川县检察院派员提前介入引导侦查。2021 年 8 月开始，陆川县公安局陆续将该系列案件移送陆川县检察院审查起诉。案发后，涉案矿山企业陆续主动退缴违法所得、缴纳罚金，相关责任人也主动投案、认罪认罚、主动提出合规意愿。2021 年 10 月，陆川县检察院对 Y 公司等第一批 6 家涉案矿山企业启动合规工作，经第三方组织对 6 家涉案矿山企业合规整改情况进行评估合格后，依法对 Y 公司等 2 家矿山企业及其责任人、L 石场等 4 家矿山企业责任人作出不起诉决定。

2022 年 1 月，陆川县检察院对 D 公司等 17 家涉案矿山企业陆续启动合规工作，截至 2022 年 5 月底已有 3 家涉案企业通过第三方组织考察评估合格，拟对相关企业和责任人作不起诉处理。尚有 14 家涉案企业因配合全县“半边山”整治进度正在进行整改中，由于有的涉案企业涉案金额较大，且因客观原因不能及时完成全部回填、复绿等环境修复义务，待合规考察结束后，将依据考察结果和案件具体情节依法作出处理决定。截至2021年12月，陆川县检察院依法对2家涉案企业和6名犯罪嫌疑人作出不起诉决定，其余案件正在参照已结案件的模式有序办理中。

【企业合规整改情况及效果】

一是综合审查，积极稳妥在非法采矿案件中适用企业合规。陆川县检察院经调查发现，全县持证矿山企业大部分于十多年前批准设立，由于当时生产技术条件、工艺和管理要求等历史原因，矿区设置普遍不科学、不合理，如矿区范围小，划界不合理，矿区大多设置在半山腰、半边山等，且涉案企业多为小型企业，普遍内部管理制度不完善，员工法律意识淡薄。如果就案办案对众多的涉案企业及相关人员予以追诉，将对全县矿产行业、地方经济造成严重影响，也直接影响2000余人就业。2021年10月，陆川县检察院经综合研判，并层报上级检察院同意后，决定探索对非法采矿系列案适用企业合规。

二是依托“四化”模式，深入推进涉案企业合规改革。陆川县检察院主动向当地党委、政府汇报案件办理过程中遇到的问题和困难，积极争取支持，并促成县政府牵头成立了县矿山企业合规工作领导小组，协调各相关单位协同开展工作，实现企业合规工作推进“系统化”。通过矿山行业风险大排查，梳理矿山企业存在的高发易发风险点，解决矿山行业普遍性问题，推动矿山治理“行业化”。由检察长牵头、抽调刑事检察、公益诉讼检察和行政检察部门业务骨干组成工作专班，集中办理涉企业合规案件，确保办案团队“专业化”。利用检察大数据赋能企业合规，检察大数据同步接入全县矿山视频监控系统及部分行政机关执法数据系统，及时掌握矿山企业整改情况，并对合规计划确定、整改情况评估、拟作处理决定等关键环节举行公开听证，力求办案过程“透明化”。

三是建立以第三方组织为主，其他部门配合的监督考察机制。以第三方监督评估机制管理委员会选任的地质、安监、测绘等专业人员组成的第三方组织为主，相关行政机关参与，共同对全县矿山企业进行风险大排查。根据排查出的非法占用林地、环保污染、超载、爆破、安全用电、高陡边坡、职业病防治等8大类38项风险点，为矿山企业量身制定了《矿山行业企业合规管理计划编制提纲》。第三方组织实地考察企业合规整改情况时，办案检察官、行政机关代表共同参与。第三方组织形成考察评估报告后，检察机关向相关行政机关书面征求意见，并邀请派员参加听证会。

四是企业合规与公益诉讼、检察建议同步开展，促进行业全面合规。案发后，陆川县检察院提前介入引导侦查，了解案件情况，针对办案中发现的突出问题，通过公益诉讼诉前磋商督促林业部门对7家非法占用林地的矿山企业进行查处；通过发送检察建议督促卫生健康部门对1家企业不按要求申报职业病预防情况落实监管职责，确保企业合规整改的刚性。2021年12月，第一批6家涉案矿山企业合规考察期限届满，经第三方组织评估，认为6家涉案矿山企业均已逐步建立完备的生产经营、安全防范、合规内控的管理体系，完成了回填、复绿等环境修复义务。陆川县检察院举行公开听证会，参与听证各方一致同意检察机关对相关企业和人员作不起诉的意见。2021年12月31日，陆川县检察院依法对Y公司等2家涉案矿山企业及其责任人、L石场等4家涉案矿山企业责任人作出不起诉决定。通过企业合规整改、公益诉讼和检察建议方式，督促相关行政部门履行监管职责和涉案企业进行合规整改，有力推动了全县矿山行业全面合规、守法经营。

五是构建良好合规文化，推动采矿行业转型升级。陆川县检察院联合县自然资源局等部门，组织全县30多家持证矿山企业召开警示教育会，以案说法，激发了当地矿山行业开展合规建设的积极性。针对矿山企业矿区范围设置不科学、不合理，容易造成安全隐患等问题，以矿山企业合规整改为契机，督促县自然资源局等部门对原有不科学、不合理并具备整治条件的矿山采取予以注销，通过科学规划、踏勘，重新划定矿区范围，整治“半边山”采石场，优化矿山开发布局，推动采矿行业转型升级。涉案企业通过扎实开展合规整改，提升了相关软硬件设施，其中5家企业完成绿色矿山验收，2家企业年经营收入达到2000万元以上。

【典型意义】

1. 依法能动履职，服务保障地方采矿行业高质量发展。检察机关办理非法采矿犯罪案件，应当充分考量犯罪事实和情节、案发原因背景、对当地经济社会的影响等因素，准确把握法律政策界限和开展企业合规范围条件，既要有力打击犯罪挽回国家损失，也要充分考虑司法办案对就业、税收、行业发展的影响，努力实现办案政治效果、社会效果与法律效果的有机统一。

2. 创新工作方式，强化对第三方组织的履职监督。该系列案中，各涉案企业的情况不一，合规建设内容专业性强，矿山企业在生产经营中动态变化多。为实现检察机关对第三方组织的履职有效性监督，陆川县检察院通过对涉案矿山企业合规整改前后的情况以无人机拍摄进行3D建模，立体展现整改成效，作为评估第三方组织履职情况及涉案企业合规整改情况的客观依据。通过县矿山企业合规工作领导小组协调，检察机关对接全县矿山视频监控系统以及部分行政机关行政执法数据库，实时掌握涉案矿山企业动态，积极应用大数据法律监督工具，强化对第三方组织履职监督，确保合规考察成效。

3. 刑事检察与公益诉讼检察业务实质性融合，提升检察工作质效。一方面，检察机关要牢牢把握职责定位，推动“四大检察”协同发力，建立健全检察机关各内设机构办案协作机制。另一方面，在办理破坏环境资源保护类犯罪案件中，检察机关在提前介入阶段即可开展公益诉讼诉前磋商，针对案件反映的突出问题制发行政检察建议，以公益诉讼检察监督企业合规整改落实情况，加大公共利益司法保护力度。

4. 启动行业合规，推动检察机关落实诉源治理责任。陆川县检察院结合当地矿山行业经济发展特点，会同主管部门研究针对行业顽瘴痼疾的整治措施，以系列案推动行业治理，助力矿山行业领域形成合规建设的法治氛围。通过矿山“行业合规”建设，当地政府加快推进“半边山”矿山整治工作。企业合规在优化当地矿山企业布局、督促矿山转型升级、促进经济有序发展等方面起到积极促进作用，实现“办理一类案件、规范一个行业”的良好效果。

案例五

福建省三明市X公司、杨某某、王某某串通投标案

【关键词】

高科技民营企业合规　串通投标　第三方监督评估　跟踪回访

【要旨】

对于涉案高新技术型民营企业，围绕企业特点全面做好合规前调查，提出整改建议，使涉案企业明确合规整改方向。结合相关领域的合规标准，指导企业细化合规计划，严格督促企业逐条对照落实。综合运用多类型评估、考察机制，确保合规验收环节的质量效果。持续做好不起诉后跟踪回访，助力企业合规守法经营。

【基本案情】

福建省三明市X公司（以下简称X公司）系当地拥有高资质高技术的通信技术规模级设计、施工、集成企业。杨某某系X公司法定代表人、总经理；王某某系X公司副总经理，负责对外招投标、施工及结算等业务。

X公司在投标三明市公安局交警支队3个智能交通系统维保项目过程中，与其它公司串通，由X公司制作标书、垫付保证金，并派遣X公司员

工冒充参与串标公司的投标代理人进行竞标，最终上述3个项目均由X公司中标施工建设，中标金额共计603万余元。上述项目现已施工完毕，并通过工程验收决算。案发后杨某某、王某某主动投案。2021年4月，三明市公安局三元分局以X公司、杨某某、王某某涉嫌串通投标罪向三明市三元区检察院移送审查起诉。2022年1月，检察机关依法对X公司、杨某某、王某某作出不起诉决定。

【企业合规整改情况及效果】

一是深入社会调查启动企业合规。检察机关经审查了解，X公司系具有涉密信息系统集成资质乙级等多项资质、多项专利的高资质、发展型民营企业，企业综合实力在福建省同行业排名前20名，是三明市该行业的龙头企业，累计纳税近7000余万元、企业员工100余名、拥有专利20余件。案发后，公司面临巨大危机，大量人员有失业风险，对当地经济和行业发展产生一定负面影响。审查起诉阶段，检察机关向X公司送达《企业刑事合规告知书》，该公司在第一时间提交了书面合规承诺以及行业地位、科研力量、纳税贡献、承担社会责任等证明材料。X公司及杨某某、王某某均自愿认罪认罚，涉案项目已施工完毕，并通过竣工验收决算，无实质性危害后果。检察机关经过实地走访调研，X公司的合规承诺具有真实性、自愿性，符合企业合规相关规定。检察机关在认真审查调查案件事实、听取行政机关意见以及审查企业书面承诺和证明材料基础上，综合考虑企业发展前景、社会贡献、一贯表现及企业当前暴露出的经营管理机制疏漏，2021年9月启动合规考察程序，确定了3个月的合规考察期。

二是扎实开展第三方监督评估。三明市第三方监督评估机制管委会指定3名专业人员组成第三方组织，对X公司启动企业合规监督考察程序。整改期间，检察机关多次与第三方组织、企业专业律师团队会商，针对X公司在投标经营活动方面存在的风险漏洞，指导企业修订、完善《企业合规整改方案》和《企业合规工作计划》，有针对性地督促企业健全内控机制及合规管理体系。X公司积极对照实施，及时汇报进展情况。检察机关会同第三方组织对合规计划执行情况不定期开展灵活多样的跟踪检查评估。

三是公开听证后作出不起诉决定。2022年1月，第三方组织对X公司企业合规整改进行验收，经评估通过合规考察。检察机关组织召开听证会，听取人大代表、政协委员、人民监督员、侦查机关及社会群众代表对X公司合规整改的意见，听证员一致认可企业整改成效。同月，检察机关经综合审查认为，X公司、杨某某、王某某等人主动投案、认罪认罚、主观恶性较小，相关项目业已施工完毕并通过验收，未给社会造成不良影响。且X公司案发后积极开展有效合规整改，建立健全相关制度机制，堵塞管理漏洞，确保依法经营，不断创造利税，依法对X公司、杨某某、王某某作出不起诉决定。

四是持续做好不起诉后跟踪回访。检察机关经综合考察听取各方意见后，依法作出不起诉决定，让企业“活下去”，有机会“经营好”，X公司对参与投标的13个项目均进行合规审核，最终中标2个项目，金额100多万元。检察机关开展“回头看”，要求X公司对已整改到位部分加强常态监管，较为薄弱环节持续整改。而后检察机关邀请第三方监管人员围绕企业已整改问题及关联持续建设领域进行跟踪回访，继续为企业依法合规经营提供普法服务，确保合规整改效果能够“长效长治”。

【典型意义】

1. 严格把握企业合规适用标准、条件，围绕企业特点全面做好合规前调查。对于涉案高技术型民营企业，检察机关会同有关部门，对涉案公司开展社会调查，通过市场监管、人社、税务、工商联等平台，调查其社会贡献度、发展前景、社会评价、处罚记录等。同时研判发案原因，查找其经营风险和管理缺漏，以“合规告知书+检察建议书”形式，提出整改建议，使涉案企业“合规入脑”，督促其作出合规承诺。检察机关在社会调查时，主动审查涉案公司是否符合适用条件，及时征询涉案企业、个人的意见，与本地区第三方机制管委会提前沟通，做好合规前期准备。

2. 多方协作优化合规计划，严格督促企业逐条对照落实。依托第三方监督评估机制向相关行业领域的专家“借智借力”，立足X公司自身问题，结合相关领域的合规标准，指导企业优化合规计划，对合规体系运行涉及的组织架构、事项流程、内控机制、风险整改、文化培塑等进行分解细化，从提升合规意识、规范投标业务操作到健全配套内部资金流向监管审计等层面，严格按照时间表监督落实，做到点面衔接，实现“合规入心”。检察机关还会同第三方组织通过多次实地走访X公司，与律师团队等会商研讨，指导X公司对合规计划进行修订完善，为后续推进第三方监督评估创造重要前提条件。

3. 综合运用多类型评估、考察机制，确保涉案企业合规整改实质化。评估程序上，坚持问题导向，逐条对照合规计划检视企业整改效果，防止走过场的“纸面合规”。考察方式上，采取灵活、有效方式，不拘泥于特定形式，在不影响正常生产经营的前提下，融合开展实地考察、听取汇报、查阅资料、组织座谈、同业参照等组合方式，推动合规建设，强化员工守法意识。企业通过评估后，检察机关接续用好公开听证、人民监督员监督、人大代表、政协委员监督等方式，以公开促公正，确保合规验收环节的质量效果，实现合规“成效入档”，避免合规建设流于形式。

（载中华人民共和国最高人民检察院网）

11月9日

检察机关惩治养老诈骗违法犯罪典型案例（第二批）

案例一

汪某、唐某等人集资诈骗、非法吸收公众存款案——以投资区块链免费养老为名诈骗老年人

【关键词】

养老诈骗　集资诈骗罪　区块链　免费养老　立案监督

【基本案情】

2018年4月，被告人汪某以BVI公司（注：在英属维尔京群岛注册的公司）等名义，招募代理人以网络广告、线下发布会等多种途径，向不特定社会公众特别是老年人宣传“云储链”项目，宣称“云储链”是具有国际贸易流通、交互、结算、集仓、集采、集运等相关功能的公链，是国家“一带一路”贸易应用背景下的科技创新项目，属于“一带一路”贸易联盟筹建委员会联合中国云仓公司一起开发的支持“一带一路”的贸易体系。投资者可以通过购买公司的节点挖机在网络节点上挖掘“云储链”，所获得的“云储链”可以在交易所上市交易。投资者也可以购买云储链，购买后锁仓180天增值70%，解锁之后可以自由交易，也可以继续持有增值。为吸引养老群体关注，汪某等人还宣称每购买一个价值3美金的“云储链”，便配送一个价值3美金的“养老链”，投资即可到国家五星级养老机构享受免费养老服务。

至2019年10月，被告人汪某、唐某、刘某玉等人通过上述方式累计吸收资金人民币（以下币种同）2200万余元。除将极少部分集资款项用于支付集资参与人的本息，其余大部分用于支付集资团队高额提成、购买奢侈品等，给集资参与人造成本金损失2000余万元。

2021年8月11日，浙江省桐乡市人民法院以集资诈骗罪，判处汪某有期徒刑十一年四个月，剥夺政治权利一年，并处罚金四十万元；判处唐某有期徒刑十年六个月，剥夺政治权利一年，并处罚金三十万元；以非法吸收公众存款罪判处刘某玉等其余10名被告人有期徒刑一年九个月至一年二个月不等。一审宣判后，汪某、唐某上诉。2022年1月6日，浙江省嘉兴市中级人民法院裁定驳回上诉，维持原判。

【检察机关履职过程】

2020年4月10日，浙江省桐乡市公安局以汪某、唐某等人涉嫌集资诈骗罪、刘某玉等人涉嫌非法吸收公众存款罪移送起诉。汪某等人辩解“云储链”是将互联网新兴技术云计算、大数据等与区块链整合，属于数字资产和金融创新，其主观上不具有非法占有目的。浙江省桐乡市人民检察院审查认为，汪某、唐某在非法集资过程中宣称的“云储链”系其自行“开发”包装，并无其所宣传的功能，所谓“半年超70%高额回报”“投资即可到国家五星级养老机构享受免费养老”“支持国家‘一带一路’发展”等均系虚假宣传，属于假借投资“区块链”赠送养老服务为名进行非法集资。汪某、唐某直接支配集资款用于还本付息、个人挥霍等，具有非法占有目的，构成集资诈骗罪。刘某玉等被告人从投资者转变为非法集资协助者，帮助汪某、唐某向不特定社会公众非法吸收资金，对于资金实际去向等不知情，主观上不具有非法占有目的，构

成非法吸收公众存款罪。

2020年9月3日，桐乡市人民检察院对汪某、唐某以集资诈骗罪、刘某玉等10人以非法吸收公众存款罪提起公诉。同时，检察机关在审查起诉过程中发现韩某等5人参与吸收公众存款且金额巨大，遂向公安机关发出《要求说明不立案理由通知书》，公安机关立案侦查后移送起诉。目前，法院已对2人判处非法吸收公众存款罪。

【典型意义】随着老百姓生活日益富足，部分不法分子利用老年人经济宽裕投资需求旺盛，但对互联网金融等新生事物认识不足、缺乏投资专业知识等情况，以“区块链”“元宇宙”等新科技概念为噱头或者假借“一带一路”“乡村振兴”等重大国家政策蹭热点、搞虚假营销，并再以“投资获取高息”“赠送养老服务”等为诱饵吸引老年人等社会公众“投资”，实际上所吸收资金用途与其宣称科技项目、国家政策毫无关系，目的是骗取老年人的养老钱。老年人在将养老钱用于投资理财时，要树立理性投资观念，既要了解所投资的项目，又要了解关于投资理财的相关规定，不要盲目跟风不了解或一知半解的新事物，不要投资于未经批准的非法金融活动。特别是在接触吸收新事物、新知识时，要注意了解社会上伴随出现的新型养老诈骗手法，增强防范意识，守好自己的钱袋子。

案例二

刘某平等人非法吸收公众存款案
——通过“广场舞”应用软件向老年人非法集资

【关键词】

养老诈骗　非法吸收公众存款罪　广场舞　互联网应用软件　延伸治理

【基本案情】

2014年至2015年间，被告人刘某平先后成立北京红舞联盟科技有限公司（以下简称“红舞联盟”）等公司，伙同被告人李某鹏等人，在未经依法批准的情况下，以众筹开发老年人网络社交平台——“红舞联盟”手机应用软件为由，约定8%—14%年化收益率并承诺保本付息，向不特定社会公众特别是爱好广场舞的老年人公开宣传。为吸引老年人投资，刘某平等人在“红舞联盟”手机应用软件推出聊天交友、舞蹈教学、舞场定位、活动报名、积分换购、推荐抽奖等对老年广场舞爱好者具有吸引力的功能，拉拢老年人下载注册。同时，在线下通过发放统一服装、组织广场舞比赛、申请万人同舞“吉尼斯”世界纪录、组织用户旅游考察等方式进行宣传，吸引老年人关注。为拓展吸收资金渠道，刘某平等人吸纳原有社区广场舞队加入“红舞联盟”，将部分广场舞组织者、教学者发展为业务员吸收资金。为解决老年人线上签合同、转账操作不熟练等问题并规避监管，业务员均在线下与老年投资者签合同收取资金。

至2019年7月，被告人刘某平等人向1200余人非法吸收公众存款8.7亿余元。上述资金被用于支付集资参与人本息、向业务员发放提成、投入“红舞联盟”应用软件运营以及其他经营项目，给集资参与人造成本金损失3.3亿余元。

2022年4月2日，北京市海淀区人民法院以非法吸收公众存款罪，判处刘某平有期徒刑九年，并处罚金五十万元；判处李某鹏等24名被告人有期徒刑七年至二年四个月不等，并处罚金；判处王某华等7名被告人有期徒刑三年至二年，并处罚金，同时适用缓刑（本案根据从旧兼从轻原则，适用刑法修正案〔十一〕实施前的刑法条文）。一审判决后，刘某平等7名被告人上诉，2022年8月4日，北京市第一中级人民法院裁定驳回上诉，维持原判。

【检察机关履职过程】

2019年3月26日，北京市公安局海淀分局对刘某平等人非法吸收公众存款案立案侦查。检察机关介入侦查后，建议公安机关以发布公告的方式查明其他未报案参与人、及时固定基础证据材料、尽快委托司法审计，同时以定期座谈方式向集资参与人代表通报案件进展，回应集资参与人关切的问题。2020 年 1 月 30 日，公安机关以刘某平等人涉嫌非法吸收公众存款罪移送起诉。检察机关在审查起诉过程中，向犯罪嫌疑人告知认罪认罚从宽制度，26 名犯罪嫌疑人认罪认罚并签署具结书。检察机关综合各犯罪嫌疑人在犯罪中的地位、作用以及认罪认罚、退缴违法所得等情况，提出不同的量刑建议。2020 年 8 月 7 日，北京市海淀区人民检察院以非法吸收公众存款罪对刘某平等人提起公诉。

北京市海淀区人民检察院对本案所暴露出的涉老年用户互联网应用软件领域风险进行了全面筛查，锁定“养老”“广场舞”“养生”等 17 个关键词，在各大应用软件下载平台筛查涉及养老服务、休闲娱乐、网络交友、消费购物及保健养生五类“涉老 APP”213 个，从中梳理出存在养老诈骗风险的“涉老 APP”26 个，将相关行政公益诉讼线索移送有关部门并获立案，将相关涉嫌违法犯罪线索移送公安机关、行政机关依法处理。在本案办理后，检察机关以本案事实为基础，改编拍摄了打击防范养老诈骗微电影《分生》，网络点击率近百万。

【典型意义】 当前，我国社会老龄化和互联网产业的高速发展，金融市场的不断创新，“银发族”与“互联网”“金融圈”的交集不断扩大。不法分子利用老年人网络风险意识不高、互联网运用不熟练等特点，专门针对老年人的兴趣爱好设计兼具交友、投资等功能的应用软件从事非法集资、诈骗等犯罪活动。这类犯罪以老年人的兴趣爱好为引子，以高额回报为诱饵，再通过身边人身边事打消老年人警惕心理，极易使老年人陷入骗局。老年人要牢记，任何未经金融管理部门批准，以高额回报为幌子吸收资金的行为，都是非法金融活动。检察机关在办理此类新型非法集资案件时，应当能动履职，延伸开展治理工作，从个案中研判类案风险，通过公益诉讼、线索移转等方式，积极协同有关监管部门开展相关行业领域溯源治理，实现“惩治一案、治理一片”的效果。对于手段翻新的养老诈骗案件，还可以通过视频短片等形式进行以案释法，及时向社会公众揭示新型犯罪手段，开展警示教育，提高防范意识。

案例三

陈某等人诈骗案
——在低价旅游中设置购物陷阱诈骗老年人

【关键词】

养老诈骗　诈骗罪　旅游购物　认罪认罚　追赃挽损　溯源治理

【基本案情】

2020 年 12 月至 2021 年 6 月 23 日间，被告人陈某纠集被告人林某滨等 4 人在福建省厦门市湖里区东渡古玩城等处开设多家珠宝店，并雇佣被告人石某婷等 15 人担任“店长”“讲师”“销售人员”等，形成以陈某为组织者、领导者，林某滨等其他人员为组织成员的犯罪集团。该犯罪集团购进廉价玉器产品后，委托某鉴定机构在未经实际鉴定的情况下出具虚假鉴定证书，并以高于实际进价数百倍的价格制作价签放置珠宝店内售卖。随后，陈某串通被告人吴某国等人经营的旅行社，以“不合理低价游”将老年游客等招揽至店内。游客到店后，导游、店内导购人员先向游客虚假宣传珠宝店知名度、商品价值等，再由店内“讲师”冒充“珠宝设计师”等虚假身份进行“专业讲解”，宣扬店内“金镶玉”“玉观音”“和田白玉”等产品具有“传世收藏”“保值增值”价值。最后由冒充“玉石供应商子女”“珠宝店老板子女”等“富二代”身份的员工，向有购买意向的游客谎称交友让利，以所谓“成本价”“打折优惠价”高价出售店内玉器，骗取大量老年被害人钱款。在推销过程中，珠宝店后台工作人员实时监控入店游客的状态，将经观察没有购买意愿或对价格、质量提出质疑的游客逐一请出店外，防止他们影响其他游客购买。至案发，陈某等人共计骗得钱款 702 万余元。

2022 年 7 月 12 日，福建省厦门市湖里区人民法院以诈骗罪判处陈某有期徒刑十年四个月，并处罚金十五万元；判处林某滨等19人有期徒刑四年六个月至十一个月、缓刑一年不等，并处罚金；判处吴某国有期徒刑三年，缓刑四年，并处罚金五万元。被告人均未上诉，判决已生效。

【检察机关履职过程】

2021年10月28日、29日，福建省厦门市公安局湖里分局以陈某等21人涉嫌诈骗罪分别移送起诉，厦门市湖里区人民检察院于2021年11月15日决定并案处理。检察机关审查认为，陈某等人以非法占有为目的，在“不合理低价游”中设置购物骗局，通过赠礼交友、大幅让利等“套路”销售劣质玉器，骗取被害人钱款，构成诈骗罪。审查起诉过程中，检察机关充分运用认罪认罚从宽制度，巩固和扩大追赃挽损效果。最终被告人全部认罪认罚，签署认罪认罚具结书并退缴全部赃款。检察机关根据犯罪嫌疑人的地位、作用以及认罪认罚、退赃退赔情况，对部分被告人提出从轻处罚的量刑建议。

2022年4月11日，厦门市湖里区人民检察院对陈某等21人以诈骗罪提起公诉。同时，检察机关就办案中发现的无证带团、虚假宣传、“不合理低价游”等一系列本地旅游行业存在的问题隐患，主动与旅游监管部门沟通联系、协同整治，吴某国所经营的旅行社被停业整顿并处罚款。检察机关向与珠宝店存在合作关系的其他6家旅行社制发检察建议，督促自查整改、依法规范经营，公益诉讼检察部门亦跟进监督立案。

【典型意义】

旅游是当前老年人热衷的休闲娱乐方式之一，老年人已成为我国旅游市场的重要客户群体，许多旅行社根据老年人的需求和特点专门设计旅游产品，极大地丰富了老年人的晚年生活。但是，不法分子为了骗取老年人钱财，以“低价游”为诱饵吸引老年人报团，在游玩过程中的购物环节，通过编造话术辅之“精湛”演技，以欺骗性手段让老年人错误地将普通、廉价珠宝当作精品、珍品高价买入，让老年人的“舒心游”变成“闹心游”。这类行为看似正常市场销售活动，实则是通过虚构事实、隐瞒真相骗取财物，已构成诈骗罪，应当依法追究刑事责任。检察机关办理这类案件时，既要依法惩治犯罪，又要因人因案精准施策，最大限度挽回老年群体经济损失，保障老年人的合法权益。对于案件背后折射出来的旅游行业存在的深层次问题，检察机关要结合办案综合运用检察建议、公益诉讼等方式为推动整治规范开出检察良方，促进旅游市场规范发展。

案例四

房某亮诈骗案
——以代办养老保险为名诈骗

【关键词】

养老诈骗　诈骗罪　养老保险　代办

【基本案情】

2016年5月以来，被告人房某亮冒充中国移动河北省分公司暗访员、养老办主任的身份，宣称能够为没有工作的人员办理中国移动公司河北省分公司养老保险。女性满55周岁、男性满60周岁后每人每月可领取2000元退休金，未满年龄人员可每月领取500元生活费。为了取得被害人信任，房某亮组织被害人到移动公司各营业点拍照，到外地旅游，承诺办理退休手续后可享受领取取暖费、免费旅游等待遇，宣称办理养老保险后还可购买移动公司在海南等地的员工福利房，并将租借的本地高档小区房屋包装成移动公司福利房组织参观。房某亮收取“保险金”后，只向部分被害人按照约定支付了少量“退休金”和“生活费”，之后便不再支付。

至2019年6月，被告人房某亮以代办养老保险为名诈骗100名有办理养老保险需求人员共计368.75万元，其中，房某亮以发放“退休金”“生活费”名义向部分被害人支付78.4万元，其余用于个人消费等。此外，房某亮还以疏通关系“捞人”为名骗取他人16万元。

2022年6月1日，河北省邯郸市复兴区人民法院以诈骗罪判处房某亮有期徒刑十三年，并处罚金二十万元。房某亮未上诉，判决已生效。

【检察机关履职过程】

河北省邯郸市复兴区人民检察院介入侦查后，考虑到该案被害人大多为接近退休年龄，所损失的多为积攒多年的养老钱，且被害群众人数较多、涉及邯郸市多个县、区，遂多次和公安机关沟通、会商，引导公安机关根据线索逐人核实被骗的时间、地点、金额，收集固定有关证据，全面准确认定被害人人数和具体金额。

2022年5月10日，公安机关以房某亮涉嫌诈骗罪移送起诉，邯郸市复兴区人民检察院审查认为，房某亮虚构身份、以代办养老保险名义诈骗钱款，具有非法占有目的，虽然案发前以支付“退休金”“生活费”等名义返还少部分资金，但这只是维系、扩大骗局的手段，不影响诈骗罪的认定。2022年5月13日，邯郸市复兴区人民检察院对房某亮以诈骗罪提起公诉。

【典型意义】

国家建立基本养老保险制度，保障公民在年老时依法从国家和社会获得物质帮助，是让老年人老有所养的基础制度安排。社会保险法等法律法规对各类养老保险的办理条件有较为明确的规定，任何人不能以欺诈、伪造证明材料等手段骗取社会保险待遇。然而实践中，一些不法分子利用老年人或者接近退休年龄人员对国家养老保险法律、政策不了解的弱点，冒充公司企业人员或者国家机关工作人员，打着能够帮助不符合条件的人员代办职工养老保险等旗号实施诈骗，导致老年人不仅领不到所谓的养老保险金，还赔上了自己的养老钱。办理各类养老保险应当依法进行，社会公众办理养老保险时，要向养老保险办理部门了解清楚法律政策，遇到代办养老保险等涉诈广告时，要及时向有关部门反映或者向公安机关报案，不要向个人账户缴纳所谓的“养老保险费”。

案例五

张某诈骗案
——以投资养老服务券变现业务为名实施诈骗

【关键词】

养老诈骗　诈骗罪　养老服务券　投资变现

【基本案情】

被告人张某原系吉林省通化市东昌区好帮居家养老服务有限公司前台社区服务站站长，负责社区服务站的运营和管理，2019年3月因无故旷工被开除。从2019年5月开始，张某在明知政府印发的养老服务券只能兑换物品或购买服务而不能回收、变现的情况下，向邻居、朋友隐瞒其被开除的事实，谎称好帮居家养老公司有内部福利项目，可以通过低价从不需要家政服务的老人手中收购“好帮养老券”，再按照面值价格卖出，从而赚取差价。张某宣称自己缺乏资金，极力游说邻居、朋友借钱给其投资并承诺赚取差价后给予分红利息。截至12月，通过上述方法，张某共骗取9名被害人共计163.4万元。张某将诈骗款项全部用于个人投资、偿还个人贷款和日常花销。

2022年5月30日，吉林省通化市二道江区人民法院以诈骗罪判处张某有期徒刑十年六个月，并处罚金五十万元。张某未上诉，判决已生效。

【检察机关履职过程】

2022年3月28日，公安机关以张某涉嫌诈骗罪移送起诉。吉林省通化市二道江区人民检察院在审查起诉过程中，专门走访有关养老服务机构，相关服务机构均表示养老服务券只能用于向指定养老服务机构购买服务，不能私下变现。张某编造收购、变现政府发放的养老服务券并从中赚取差价的事由骗取被害人信任，诈骗被害人投资款，构成诈骗罪。2022年4月28日，通化市二道江区人民检察院对张某以诈骗罪提起公诉。

虽然本案不涉及养老服务券违法变现的问题，但也反映养老服务券使用过程中可能存在风险隐患，检察机关在办理案件过程中，针对本案所涉及的养老服务券规范使用问题，建议当地民政局开展了专项摸排，健全监督检查机制，并对养老服务机构及其从业人员进行预防教育，确保养老服务券真正惠及老年人。

【典型意义】为应对人口快速老龄化，加快发展养老服务业，不断满足老年人持续增长的养老服务需求，党中央和国务院相继出台养老服务补贴等养老惠老服务政策。许多地方根据当地实际实行适度普惠的经济困难老年人补贴制度，以政府购买服务的方式对低收入的高龄、独居、失能等养老困难的老年人发放养老服务券，为老年人入住养老机构或者接受社区、居家养老服务提供支持。民政部门等对养老服务券的发放、使用、回收设置了严格制度，养老服务券只能用于购买养老服务，不允许变现使用，所谓投资养老服务券变现的业务本身就是违法。一些不法分子利用从事过养老服务行业的工作背景，虚假宣传养老服务券可以变现，误导、诱骗身边亲友投资所谓的养老服务券变现业务，以实现诈骗钱财的目的，不仅损害被害人的合法权益，而且还严重破坏养老服务券等养老服务产业的社会声誉，也不利于养老惠老服务政策的顺利实施，必须依法从严惩治。社会公众一旦发现假借养老惠老政策之名进行非法套利的，应及时向有关部门举报。检察机关在办案中发现养老服务领域可能存在的风险隐患，应当及时提示有关部门加强防范。

案例六

杨某阁销售有毒、有害食品刑事附带民事公益诉讼案
——向老年人销售含有国家禁止添加成分的“降糖茶”

【关键词】

养老诈骗　销售有毒、有害食品罪　刑事附带民事公益诉讼　行政公益诉讼

【基本案情】

2018年10月，被告人杨某阁在未取得食品经营许可的情况下，从他人处大量购进“三无”产品“降糖茶”，并冒充某三甲医院教授等身份，谎称“降糖茶”为纯植物、无添加、有奇效的保健品，通过快递发货、网络收款等方式向患有糖尿病的老年人或其家属销售。2019年12月，一名购买“降糖茶”的消费者告知杨某阁化验报告显示“降糖茶”中含有西药成分后，杨某阁自行委托检测，发现该产品含西药成分格列苯脲，但其仍继续对外销售。至2020年11月，杨某阁销售金额共计95万余元。经检测，杨某阁销售的“降糖茶”中含有国家食品药品监督管理局办公室发布的《保健食品中可能非法添加的物质名单（第一批）》中所列的格列苯脲和盐酸二甲双胍。

另查明，被告人杨某阁在未取得执业医师资格的情况下，违反执业医师法有关规定，在其经营的养生会所等地为他人实施针灸、开具药方等诊疗行为。

2022年1月26日，北京市东城区人民法院以销售有毒、有害食品罪，判处杨某阁有期徒刑十年，并处罚金二十万元。判令杨某阁支付民事惩罚性赔偿金三百二十六万六千元，并在国家级媒体上就其销售不符合食品安全标准的食品行为向社会公开赔礼道歉、消除危险。杨某阁认罪认罚未提出上诉，判决已生效。

【检察机关履职过程】

北京市东城区人民检察院就涉食品安全案件与区市场监督管理局、公安分局建立常态化会商、信息共享及线索移转机制，在发现案件线索时介入核查工作，2020年9月25日，北京市东城区人民检察院对杨某阁涉嫌销售有毒、有害食品案通知公安机关立案。9月26日，北京市公安局东城分局对杨某阁涉嫌销售有毒、有害食品案立案侦查。立案后，北京市东城区人民检察院刑事检察部

门依法介入侦查，就涉案有毒、有害食品的检验检测、销售金额的查证、电子数据的调取、审查、主观明知的证明等方面提出引导取证意见。在介入侦查过程中，检察机关发现杨某阁通过互联网向老年人及其家属等不特定消费者销售有毒、有害食品的行为涉嫌损害社会公共利益，刑事检察部门依法将线索移转至公益诉讼检察部门。2021年1月6日，北京市东城区人民检察院将杨某阁销售有毒、有害食品行为作为民事公益诉讼线索开展初步调查工作，同年2月2日立案后，在媒体发布诉前公告。北京市公安局东城分局于2021年2月18日以杨某阁涉嫌销售有毒、有害食品罪向北京市东城区人民检察院移送起诉。

检察机关认为，杨某阁在知道所销售的“降糖茶”含有西药成分之日起至案发时的销售行为，已构成销售有毒、有害食品罪。同时，其长期以来明知“降糖茶”系三无产品，不符合食品安全标准，仍然向全国多地的消费者进行销售的行为，侵害众多消费者合法权益，损害社会公共利益，应当承担相应的民事责任，侵权行为自其开始销售“降糖茶”时即2018年10月起算，销售金额共计32万余元。2021年7月27日，北京市东城区人民检察院以销售有毒、有害食品罪对杨某阁提起刑事附带民事公益诉讼。

检察机关在审查中还发现，杨某阁在未取得医师执业资格的情况下，违法在其经营场所等地为老年人等群体实施针灸、开具药方等诊疗行为涉嫌侵害社会公共利益。2022年3月15日，北京市东城区人民检察院将杨某阁非法行医行为作为行政公益诉讼线索开展初核工作，2022年3月30日立案。经调查，东城区人民检察院于2022年6月30日向相关行政机关制发行政公益诉讼诉前检察建议，相关行政机关接收检察建议后已对杨某阁非法行医行政违法行为立案调查。

【典型意义】

健康是老年人安享晚年的“本钱”，但也往往成为不法分子实施违法犯罪所依托的对象，市场上治疗老年疾病的产品层出不穷，其中不乏圈钱的骗局。不法分子蓄意编造“玄妙”的理论，将根本不具有任何功效的产品宣传成可以包治百病的良方或者将含有药品成分的产品包装成日常保健食品，通过各种方式向老年人推销盈利，所谓的产品不仅治不了病，还损失了养老钱，甚至耽误正规治疗，危害老年人的身心健康。老年人在追求健康生活的过程中，不能轻信能包治各种老年疾病的产品宣传，购买前看清楚产品的成分、生产批号等，对于“三无”产品不要购买。检察机关在办理此类案件时，要注意同步审查是否存在损害社会公共利益事实或行政处罚执法线索，融合刑事检察、公益诉讼检察等职能，在惩治刑事犯罪的同时，及时、敏锐发现公益诉讼线索，将查证属实的事实区分不同性质予以准确认定，坚持落实食品药品安全“四个最严”要求，依法要求违法行为人承担十倍惩罚性赔偿责任，确保应查尽查、应罚尽罚。

案例七

广东省江门市江海区人民检察院督促整治，老年人保健品市场乱象行政公益诉讼案

【关键词】

行政公益诉讼　诉前程序　保健品　公开听证　协同治理

【基本案情】

2020年2月以来，广东省江门市江海区辖区内的某生物科技有限公司、保健店、商行、床上用品店、饮用水机经营部等23家商户，以提供“免费聚餐”“免费旅游”“打卡计分兑换礼品”等手段博取老年人信任，再通过播放“权威”视频、传播自制“养生”小程序、提供“专家”课程等方式，夸大甚至杜撰“磁性床垫”“磁性护膝”“磁性能量帽”“安宁固元液”等保健产品功效，误导欺诈老年消费者高价购买。其中多数为“三无”产品，甚至部分为不符合安全标准的食品，其行

为涉嫌侵犯不特定多数老年人的合法权益，严重损害社会公共利益。

【检察机关履职过程】

2022年1月，广东省江门市江海区人民检察院针对老年人保健品市场乱象开展公益诉讼专项监督行动中发现该案线索，于3月3日决定立案，制定调查方案，开展现场调查，及时固定收集相关证据。3月7日，为进一步查明公共利益受损事实，江门市江海区人民检察院召开以“老年保健品安全监管”为主题的公开听证会，邀请人大代表、政协委员、行政机关和行业代表参加，聚焦如何从源头上加强老年人保健品市场监管展开讨论，并形成共识：一是依法督促相关行政部门加强保健品生产、消费市场的源头监管，规范市场准入资格，加强从业人员的监管；二是依法督促相关行政部门加强互联网、电视、电台等媒体严格按照广告法及相关法律法规审核广告内容，杜绝夸大、虚假宣传，避免误导群众；三是建立多部门联动的联络、会商、巡查、协作机制，加大打击“骗老坑老”保健品的力度；四是加大对保健品知识的宣传力度，深入社区、村居开展消费警示活动，曝光典型案例，引导老年人正确认识和消费保健品；五是加强对保健品虚假宣传的监管，公开监督举报电话，发挥群众监督作用，营造全社会参与监督的良好氛围。

2022年3月18日，基于听证会各方意见和已查明的案件事实，江门市江海区人民检察院向市场监管部门发出诉前检察建议，督促其积极履行监管职责，依法保障老年人群体合法权益。市场监管部门收到检察建议后，立即在辖区开展专项行动，根据检察机关提供的线索依法查处涉案商家12家，其中责令关停7家，对其中涉嫌犯罪的5件依法移送公安机关，涉案货值共计400余万元，公安机关现已刑事立案2件。同时，继续加强保健品店准入监管和抽查，将违法犯罪人员列入失信名单，联合检察机关进村居、社区开展养老诈骗法治宣传。

针对老年人保健品市场乱象治理存在涉及部门多、协调难度大、利益链复杂等特点，江门市江海区人民检察院还主动将监督办案情况向当地党委、政法委汇报争取支持，协同推动与市场监管、公安、民政、城管等职能部门建立打击老年人保健品诈骗专项行动协作机制，充分利用各行政部门执法大数据，加强辖区保健品商户的合法经营监管，形成打击合力，巩固整治成果。此外，江门市江海区人民检察院还以“消费者权益保护日”为契机，联合市场监管部门召开保健品市场专项整治行动新闻发布会，详细通报该院办理违法销售老年保健品案件情况，通过以案说法开展警示教育，公开举报监督电话，印发宣传册、设点咨询等形式让涉老反诈宣传进社区、进家庭，切实增强人民群众特别是老年群体的法治意识和识骗防骗能力。

【典型意义】

保健品市场虚假宣传、欺诈销售等“骗老坑老”问题较为突出，严重损害老年人的身心健康，侵害老年人合法权益。检察机关要主动聚焦“骗老坑老”问题集中的保健品等行业领域，部署开展公益诉讼“小专项”活动。在履行公益诉讼职责过程中，要注意运用公开听证、检察建议等方式督促相关部门积极履职，力促形成打击整治合力，以“我管”促“都管”，协同推动建立协作机制，从源头到末端铲除问题隐患。检察机关在开展公益诉讼监督过程中发现涉嫌犯罪线索的，应依法移送公安机关处理。同时，要结合检察办案中发现的问题加大反诈宣传和警示教育力度，积极向老年人和保健品从业人员开展普法宣传，教育引导保健品等相关行业经营者依法诚信经营，帮助老年人提高识别防范虚假宣传营销的意识和能力，维护好自身的合法权益。

（载中华人民共和国最高人民检察院网）

12月30日

检察机关依法惩治涉网络黑恶犯罪典型案例

与主要在线下现实生活中实施的传统黑恶犯罪不同，涉网黑恶犯罪在犯罪手段、方式、影响和后果等方面均有其自身的特点，涉及争议难点问题较多。为更有针对性指导办案，最高检选编了该批典型案例。此次发布的4件典型案例分别为汤某甲等人组织、领导、参加黑社会性质组织案，洪某都等人敲诈勒索案，袁某厚等人敲诈勒索、强迫交易、寻衅滋事案，赵某等人寻衅滋事案。

这批案例还强调，对有组织利用信息网络，以老年人、未成年人、在校学生等特殊群体为对象实施犯罪，导致严重后果的黑恶犯罪，要依法从严从重惩处。

案例一

汤某甲等人组织、领导、参加黑社会性质组织案

【关键词】

黑社会性质组织　网络“套路贷”　在校大学生　网络空间与现实社会复合危害　宽严相济刑事政策

【要旨】

“套路贷”是假借民间借贷之名非法占有他人财物的类型化犯罪行为。按照主客观一致原则，对存在制造民间借贷假象、制造虚假给付事实、故意制造违约、肆意认定违约、违约金及利息畸高、恶意垒高债务、软硬兼施“索债”等情况，综合认定具有非法占有目的，属于“套路贷”犯罪。对有组织地实施网络“套路贷”犯罪活动，实施“软暴力”催收达到与“暴力”或“以暴力相威胁”等相当的程度，产生欺压、残害群众的效果，在网络空间和现实社会造成重大影响的，依法认定为组织、领导、参加黑社会性质组织犯罪。对以老年人、未成年人、在校学生、丧失劳动能力的人为对象实施“套路贷”犯罪，或因实施“套路贷”导致被害人及相关人员自杀、精神失常的，应该评价为在相关领域造成重大影响，依法从严从重惩处。

【基本案情】

被告人汤某甲，南昌赤之顿信息科技有限公司等公司股东。被告人汪某柏，南昌赤之顿信息科技有限公司等公司股东。被告人邓某龙，南昌赤之顿信息科技有限公司等公司股东。被告人汤某乙，南昌赤之顿信息科技有限公司等公司股东。其他31名涉案人员基本情况略。

2017年9月起，被告人汤某甲先后邀约被告人汪某柏、邓某龙、汤某乙注册成立南昌赤之顿信息科技有限公司等6家公司，内设技术部、市场部、风控部、贷后部等部门，依托公司形式运作，利用信息网络，通过“任你花”“100分”等7个APP平台，采取现金贷或者虚假购物再回购形式，签订虚假合同，以扣除服务费、保证金、中介费名义恶意减少实际放贷数额、恶意垒高违约金等手段，向在校大学生以及大学毕业三年以内的群体实施网络“套路贷”犯罪活动。该组织采取发送拼接被害人头像的淫秽图片和侮辱、威胁性短信，以及电话滋扰、短信轰炸等“软暴力”手段，对不能按期还款的被害人及其父母、亲友、同事、同学进行滋扰施压，索取“债务”，逐步形成了以汤某甲为组织、领导者，汪某柏、邓某龙、汤某乙等人为积极参加者，涂某玉等人为一般参加

者，层级分明、骨干成员固定的黑社会性质组织。

该组织人数较多、层级分明，有不同于一般公司的纪律规约，如部门之间禁止相互串门交流；禁止透露自己的工作内容和公司地址；贷后部门员工不得在食堂吃饭，每日催收额未达到3000元以上的员工不得吃饭；不准向公检法子女、政法、军警院校学生放贷等。该组织通过信息网络在全国范围内长期实施诈骗、敲诈勒索、侵犯公民个人信息等犯罪。该组织累计放款8000余万元，收款1.5亿余元，违法所得7000余万元，违法所得用于支持组织运转，向组织成员发放薪酬和提成，剩余由汤某甲等人按比例分赃。该组织“软暴力”催收共计1万余单，导致陈某某、李某某等20余名年轻被害人自杀、自残、抑郁、退学等，引发网络上大量投诉，严重影响被害人及周边亲朋正常生产生活，影响被害人所在校园安全稳定，在网络空间和现实社会造成重大影响，严重破坏经济、社会生活秩序。

在实施犯罪过程中，技术部被告人潘某勇、何某、彭某煊，在被告人汤某甲等人的授意下，以“任你花”APP为基础，先后开发了“100分”“52购物”“365钱包”“91购”“88商城”“9号店”6个APP用于网络贷款，并在APP内植入具有窃取公民个人信息功能的子程序，在被害人通过贷款APP申请贷款的过程中，该子程序即非法获得被害人手机内的通话记录和通讯录内容等公民个人信息。经统计，该组织非法获取公民个人信息共计370万余条。

本案因被害人控告至四川省乐山市公安局案发，由该局立案侦查。2019年3月28日，四川省乐山市公安局将该案移送乐山市人民检察院审查起诉；2019年5月9日，乐山市人民检察院指定该案由夹江县人民检察院办理；2019年11月21日，夹江县人民检察院向夹江县人民法院提起公诉；经开庭审理，2020年8月31日，夹江县人民法院作出一审判决，以组织、领导黑社会性质组织罪、诈骗罪、敲诈勒索罪、侵犯公民个人信息罪，数罪并罚，判处汤某甲有期徒刑二十五年，剥夺政治权利三年，并处没收个人全部财产；对其余被告人以其参与之罪分别判处二十年至六年不等有期徒刑和相应的财产刑。宣判后，部分被告人上诉。2020年11月30日，乐山市中级人民法院裁定驳回上诉，维持原判。

【指控和证明犯罪】

（一）依法审查，准确认定“套路贷”犯罪。该案控辩争议焦点之一为网络无接触型非法放贷能否认定为“套路贷”犯罪。经审查认为，被告人的行为已经形成“套路贷”闭环型特征。汤某甲等人以低息、无抵押、无担保、快速放款等诱饵，诱骗在校或毕业三年以内的大学生在其APP平台借款，隐瞒被害人需要扣除高额服务费、保证金、中介费等事实，以各项费用的名义恶意减少实际放贷数额，实际扣除高达40%—50%费用，属于“制造民间借贷假象”。采取现金贷或者在购物平台中拟制虚假商品，由被害人高价购买、平台低价回购的形式高贷低支，属于“制造资金走账流水等虚假给付事实”。对逾期被害人按照贷款金额每期、每天3%的比例收取高额违约金，通过修改平台的提示内容恶意延长逾期天数，并不断累加，属于“恶意垒高还款数额”。诱使被害人在该组织控制的不同APP贷款来偿还之前欠款，属于“转单平账”。以发送侮辱性图片等“软暴力”方式进行“索债”的行为，属于“软硬兼施索债”。比如，自杀未遂的被害人陈某某在该组织的“100分”APP平台借款，合同约定各项费用总额为借款金额的2%至6%，其借款3177元，实际扣除了高达40%的费用，到手借款为1906元。该借款分三期归还，每期默认还款金额为1059元，每期还款期限为7天，逾期按照每日3%计算违约金。截至案发，陈某某三期借款实际逾期121天，违约金累计高达10865.34元，并被“软暴力”催收。该组织的放贷行为体现出明显的非法占有故意，与平等民事主体之间的民间借贷在主观意图、借贷方式及纠纷处理方式等方面有明显不同，符合“套路贷”认定标准。

（二）把握黑社会性质组织的本质特征，准确定性打击。该案组织特征和经济特征较为明显，审查的重点在该组织的行为特征和危害性特征。行为特征方面，该组织的主要行为手段为“软暴力”索债，且达到了与“暴力”或“以暴力相威胁”等相当的程度。贷后部对贷款逾期一至九天的被害人及其父母采取电话、短信联系的手段“索债”，对贷款逾期十天以上的被害人及其父母、亲友、老师、同学、同事等发送拼接了被害人头像的淫秽图片及侮辱、威胁性短信，并进行电话、短信轰炸等“软暴力”手段“索债”，对被害人及其父母、亲友、老师、同学、同事等进行滋扰施压，迫使被害人按照虚假合同载明的贷款总额归还本金、利息及违约金等费用，牟取暴利。虽然“软暴力”行为未直接造成被害人肉体上伤害，但长期的侮辱、滋扰、威胁给被害人及周边亲朋造成了巨大的精神压力和心理恐惧，扰乱了正常的工作、生活、教学管理秩序。特别是该组织主要针对在校或者毕业三年内大学生这一特殊群体放贷，该群体社会阅历和经验少、周边关系单纯、心理承受能力差，对被害人的长期侮辱、威胁及对其周边亲朋的频繁滋扰导致被害人与身边亲朋无法正常交往，甚至形成了比现实暴力更为恶劣的危害后果。危害性特征方面，危害性特征是黑社会性质组织的本质特征，该组织有目的地向欠缺社会经验和还款能力的在校大学生或毕业三年内的毕业生放款，非法放贷规模大、人数多，犯罪动机卑劣，犯罪后果严重，严重破坏社会生活秩序。抽样取证的259名被害人中，涉及全国181所院校的223名在校大学生，占比86%。从2017年9月至2018年7月间，该组织累计向全国30个省、自治区、直辖市的10852名被害人虚假放贷8000余万元，收款1.5亿余元，违法犯罪所得高达7000余万元。该组织“软暴力”催收10000余笔，抽样取证259名被害人中就有140余人被“软暴力”催收，230名被害人亲朋被滋扰。经对扣押的手机进行抽查，仅18部手机中就存有发送过的侮辱、淫秽图片500余张。经查证的被害人中，3人自杀身亡，3人自杀未遂，3人患抑郁症，14人被迫退学或休学、辞职，后果特别严重。据“聚投诉”和“华声在线”网站统计，“聚投诉”网站涉及28个省区市129件对该犯罪组织7个APP的投诉，点击量达到了47483次，“华声在线”仅涉及“任你花”APP就有23条投诉，涉及11个不同地区，点击量达到了289929次，在网络空间和网络贷款行业造成较大影响。被害人相对集中在四川、云南、陕西、重庆、湖北等地高校，对一定区域内的高校生活、教学秩序稳定造成重大影响。综上，该组织通过实施违法犯罪活动，在网络空间和现实社会中形成重大影响，严重破坏经济和社会生活秩序，符合黑社会性质组织的危害性特征。

（三）分层处理，依法落实宽严相济刑事政策。检察机关依法适用宽严相济刑事政策和认罪认罚从宽制度，对组织、领导者汤某甲，积极参加者汪某柏、邓某龙、汤某乙均提出从重处罚的量刑建议，人民法院采纳量刑建议，对拒不认罪的首犯汤某甲数罪并罚顶格判处有期徒刑二十五年，并处剥夺政治权利三年，没收个人全部财产；对其余31名被告人依据其在组织中的地位、作用、时间长短、获利情况、参与犯罪紧密度等情况依法适用认罪认罚从宽制度，但是考虑到案件社会危害十分严重、情节十分恶劣，故从严把握从宽量刑建议的幅度，依法体现罪责刑相适应的刑法原则。同时，对社会阅历少、参与犯罪时间短，且部分为刚参加工作或者实习的大学生，系为谋生而误入该犯罪组织的犯罪嫌疑人，则予以区别对待，依法从宽处理。

【典型意义】

随着移动互联技术发展和智能手机的普及，传统由线下实施的非法放贷等违法犯罪行为转移到线上。相较于线下“套路贷”，虽然缺少人与人的物理接触，但利用信息网络实施的“套路贷”

犯罪渗透力更强、波及面更广、被害人更多、针对性更强、非法所得更为巨大。犯罪嫌疑人利用非法窃取的公民信息，在索要“债务”过程中，使用各种“软暴力”讨债，手段、情节恶劣，也容易产生更为严重的后果。针对此类案件，要结合贷款的具体手段、情节和后果审慎判断有无非法占有目的，进而认定是属于“套路贷”犯罪还是属于民间借贷或者高利贷。

对于在网络上有组织地以“软暴力”为主要手段实施犯罪的犯罪组织，要结合违法犯罪活动的次数、时间跨度、影响的范围、针对的对象、性质、后果、侵害对象的数量、造成的社会影响及群众安全感是否下降等因素综合判断，对主要针对在校学生或刚毕业大学生等弱势群体实施的网络“套路贷”行为，情节恶劣，造成严重后果的，应当依法严惩；符合黑恶犯罪构成要件的，依法认定为涉黑涉恶组织犯罪。

案例二

洪某都等人敲诈勒索案

【关键词】

恶势力犯罪集团　跨境裸聊敲诈　恶势力组织成员范围界定　组织成员犯罪数额认定　主从犯

【要旨】

对于仅以线上有组织地利用信息网络点对点实施敲诈勒索等违法犯罪活动，具有一定隐秘性、尚未对被害人亲友等周边人群形成滋扰威胁、尚未达到严重破坏经济和社会生活秩序的，可以根据其胁迫手段、受害范围、后果等因素，依法认定为恶势力团伙，符合犯罪集团规定的，依法认定为恶势力犯罪集团。对于犯罪链条长、层级复杂的涉网黑恶案件，应当注重审查区分犯罪分子地位、作用、参与程度等，依法界定有组织犯罪的成员范围。对犯罪集团内部各部门、成员之间围绕犯罪行为存在互相联系、支持和帮助的，组织成员应当对集团犯罪金额承担责任，再根据成员的具体地位、角色以及参与时间长短，区分主从犯，对于从犯，予以从轻或减轻处罚，确保罪刑均衡、罚当其罪。

【基本案情】

被告人洪某都，系犯罪集团财务管理人员。被告人张某强，系犯罪集团物业管理人员。被告人温某兵，系犯罪集团管理人员及Q组代理。被告人董某江，系犯罪集团F组组长。其他390余名涉案人员基本情况略。

2019年11月开始，李某思、曾某运（均在逃）等人为了攫取巨额不法利益，以高薪工作、报销路费为由，先后利诱、招揽并组织被告人洪某都、曹某州等数百人偷渡至缅甸邦康地区，专门采取视频裸聊方式，以胁迫为主要手段勒索被害人财物，逐步形成以李某思为首，曾某运、刘某南（在逃）、许某来、洪某都等人为重要成员，利用信息网络实施犯罪活动的犯罪集团。

该犯罪集团通过培训其招揽的员工，设置专业话术剧本，以网络暧昧、网恋为诱饵诱骗受害人入套，以下载专门APP进行视频在线裸聊为由，诱骗被害人下载木马程序以获取被害人手机通讯录及短信信息，通过播放事先准备好的带有裸露女子内容的视频短片冒充真实裸聊场景，在此过程中截取、录制被害人裸体视频，再以发被害人裸体视频给其亲属、朋友、单位领导等进行威胁，通过网络对我国境内公民实施敲诈勒索。

该犯罪集团设后勤部、后台组、29个“裸聊”敲诈组、7个“杀猪盘”组和5个为犯罪集团提供技术支撑和支付结算的“码商”“Q商”“粉商”。犯罪集团成员相对固定，分工明确，配合紧密，以实施敲诈勒索为主，又先后实施组织他人偷越国境、侵犯公民个人信息、非法拘禁等违法犯罪活动，为非作恶、欺压百姓，被害人遍布国内各地，扰乱经济、社会生活秩序，造成一定社会影响。截至2020年11月，该犯罪集团对我国各地被害人实施敲诈勒索金额高达人民币1.2亿元。其中，被告人洪某都于2019年11月至2020年5月期间，在该裸聊敲诈勒索犯罪集团中担任财务，对接集团11个小组的财务工作，负责部分敲诈勒索资金的收取、对账以及工资发放。

2020年11月至2022年8月，浙江省温州市公安机关以敲诈勒索罪、掩饰、隐瞒犯罪所得罪、非法拘禁罪等罪名，分批将涉及集团骨干、组长、小组长、业务员、下游码商等多个层级共计443名犯罪嫌疑人移送温州检察机关审查起诉。2020年12月至2022年11月，温州检察机关以敲诈勒索罪、组织偷越国境罪等对洪某都、张某强等共计405人分批向人民法院提起公诉，并认定该跨境裸聊犯罪集团为恶势力犯罪集团。截至2022年11月，人民法院对394名被告人分别判处有期徒刑十二年至有期徒刑七个月不等，并处罚金的刑罚。

【指控和证明犯罪】

（一）会同公安机关查明事实，依法认定网络恶势力犯罪集团。一是加强与公安机关沟通协调，有针对性加强侦查取证工作。该案争议焦点之一是，该犯罪集团是否为黑社会性质组织。为此，办案组围绕黑社会性质组织“四个特征”，先后制发10余份侦查取证意见，要求重点围绕犯罪集团是否对被害人家属、亲友等实施滋扰行为及犯罪嫌疑人、被告人在网络空间和现实社会中的控制和影响程度等进行取证。经进一步侦查取证，尚未发现对被害人的周边亲朋频繁滋扰的充分证据，不足以认定形成黑社会性质组织的危害性特征，但经过补充侦查案件涉案金额由500余万元增至1.2亿元，并新增了犯罪组织对内部员工暴力管理行为的证据。二是加强研究论证，认定该犯罪集团的行为特征与危害性特征尚未达到黑社会性质组织的认定标准，但根据实施犯罪过程中所体现出的手段的恶劣性、受害范围的广泛性等特点，已符合恶势力“为非作恶、欺压百姓”的认定标准，故依法认定为恶势力犯罪集团。行为特征方面，暴力或以暴力相威胁始终是黑社会性质组织实施违法犯罪活动的基本手段。该犯罪集团的行为主要表现为以侵害名誉为要挟非法获取财物，如“兄弟，你好好看下这个是不是你的通讯录和你在网络上裸聊的视频，你想不想处理”，此种行为方式与一般的网络敲诈勒索个案并无明显差异，且这种匿名实施的威胁、恐吓，尚达不到在网络空间和现实生活形成一定区域的组织威慑力。在案证据体现的暴力仅系集团对被骗至境外不服从工作安排的内部员工实施非法拘禁、殴打等管理行为，应视为控制管理内部成员组织特征的表现形式，而非行为特征。故，该案尚不具备黑社会性质组织的行为特征。危害性特征方面，该犯罪集团涉及国内受害人群分布全国各地，现有证据表明其犯罪手段主要是针对被害人本人害怕因裸聊名誉受损被迫交付财物实施威胁，除个别家属接到过告知电话外，一般不存在对被害人的周边亲朋频繁滋扰而导致他人无法正常生活，严重破坏正常经济和社会生活秩序的情况，其影响较为隐蔽、单一。因此，综合行为手段和危害后果，在案证据尚不足以认定该组织属于黑社会性质组织。

（二）细致甄别、依法认定网络犯罪恶势力犯罪集团成员。该案争议焦点之二是，是否应将全部到案人员均认定为恶势力犯罪集团的组织成员以及如何划分主从犯。一是明确界定涉恶组织成员标准。该跨境裸聊犯罪集团涉及犯罪嫌疑人近千人，除中高层管理人员之外，还有后勤部、后台组、29个“裸聊”敲诈组、7个“杀猪盘”组和5个为犯罪集团提供技术支撑和支付结算的团伙，涉及集团骨干、组长、小组长、业务员、下游码商等多个层级。对于小组长层级以上人员，一般参与时间较长，且组织、指挥其他人员实施敲诈勒索犯罪，原则上应认定恶势力犯罪集团成员，而对于业务员、下游码商等普通组员则根据其参与时间、有无直接实施敲诈勒索行为、有无拉人入伙以及非法获利等情况综合判断，避免“一刀切”。如已判决的被告人洪某都、张某强、温某兵等重要成员、董某江等小组长以及颜某炀等参与程度较深的组员共计76名均认定为涉恶组织成员。二是明确共同犯罪中主、从犯划分标准。厘清各个涉案人员参与犯罪集团的时间、参与程度、个人获利情况、参与犯罪的原因等情况，明确集团的财务管理人员、现场管理人员为该犯罪集团的重要成员，系主犯，对小组长、组员等层级较低的人员认定为从犯。

（三）统一标准，依法认定犯罪数额，确保罪责刑相适应。该案争议焦点之三是，组员、小组长、大组长（若一组里面组员较多则分成多个小组，每个小组设一名组长，小组长接受大组长管理）等各个层级定罪量刑时，是按照个人参与期间具体实施的敲诈勒索金额认定，还是按照参与期间犯罪集团全部金额认定。围绕上述问题，分析研究后认为，参考2016年两高一部《关于办理电信网络诈骗等刑事案件适用法律若干问题的意见》，多人共同实施电信网络诈骗，犯罪嫌疑人、被告人应对其参与期间该诈骗团伙实施的全部诈骗行为承担责任。本案涉及罪名虽然是敲诈勒索，但在犯罪手段上均系利用网络实施涉众类的侵财犯罪，其背后法理是相通的。对于共同犯罪尤其是集团犯罪，如果集团内部小组之间、成员之间存在联系、支持和帮助，成员就应当对集团金额承担责任；如果是“各自为政”，相互关联性弱、独立性较强的，则原则上应当“责任自负”，仅对个人参与实施的犯罪数额承担刑事责任。专案组在阅卷中发现该犯罪集团统一食宿，进行统一管理，统一提供码商粉商等技术支持，部分已归案的骨干人员和组员均供称组织存在被害人甄别流程，经分析认为是“大鱼的”，组员“钓上来”直接交由组织安排的“枪手”跟进，并且组员、“枪手”也按照一定的比例分成，各小组之间成立交流群，相互探讨技术问题，足以体现该犯罪集团小组之间、成员之间存在一定的联络、支持和帮助。故，一是该犯罪集团的组长、组员及负责技术、后勤等帮助、辅助行为的人员，按照参与期间犯罪集团全部金额认定，个人金额、获利情况能够查实的，在事实认定中一并表述并作为追缴判项的依据。二是量刑尺度统一到成员的具体地位、角色以及在窝点的时间长短，如上述人员按集团犯罪全部金额认定后，可以认定为从犯，予以从轻或减轻处罚，从而确保罪责刑相适应。三是参与时间明显较短（如不超过一个月的）且无法查实个人具体敲诈勒索数额的，可不作犯罪处理。

【典型意义】

随着黑恶犯罪不断向互联网延伸，犯罪链条不断拉长，各类网络上下游犯罪等新型犯罪日益增多。利用信息网络实施“裸聊”的行为极具有诱惑性、隐蔽性，“裸聊”行为双方甚至可能涉嫌传播淫秽物品、淫秽表演等违法犯罪。不法分子抓住被害人因为裸聊被敲诈而羞于报警的心态，牟取不法经济利益，不仅侵犯他人财产，同时也对被害人的心理造成严重侵害，且在全国范围针对不特定人实施，影响范围广，因此依法严厉打击惩治利用信息网络实施“裸聊”敲诈犯罪刻不容缓。在办理利用信息网络实施“裸聊”敲诈案件中，应当准确理解信息网络空间与现实社会的交织关系，在是否应当认定为涉黑恶犯罪组织的问题上，除了要查清组织特征结构、经济特征外，尤其要严格把握组织行为特征。

案例三

袁某厚等人敲诈勒索、强迫交易、寻衅滋事案

【关键词】

恶势力犯罪集团　网络新媒体　线上线下相结合　软暴力　敲诈勒索　强迫交易

【要旨】

对于有组织地利用自媒体等信息网络平台，采用线上线下相结合方式，以曝光负面信息或不实信息相威胁或曝光相关信息后提供有偿删帖服务等方式，多次索要他人财物或强迫提供服务、销

售商品，严重侵犯他人人身和财产权利，扰乱社会秩序，造成恶劣社会影响的，依法认定为恶势力组织。对于以威胁手段索要他人财物或强迫提供服务、销售商品，应当从被害方是否有涉案服务或商品的正常需求、行为人是否实际提供服务、商品服务及其对价是否合理、主观目的和侵害的法益等方面准确区分认定为敲诈勒索或强迫交易。

【基本案情】

被告人袁某厚，安徽省六安市徽网广告传媒有限公司（以下简称“徽网公司”）法定代表人、六网论坛负责人。被告人何某菲，六网论坛综合部主任、业务部经理。被告人李某，六网论坛办公室主任、业务部经理。其他6名被告人基本情况略。

2013年3月，被告人袁某厚注册成立徽网公司，担任该公司法定代表人。同年5月，袁某厚从他人处接手经营六网论坛自媒体网站平台，该平台未取得新闻服务许可，不具备新闻采编、发布资质。2013年至2020年6月，袁某厚为谋取不法利益，陆续招募被告人李某、何某菲等人进入徽网公司，并将人员分配至编辑部、综合部、办公室等部门，明确各自分工，配发六网论坛工作证，购置设备。其间，袁某厚利用其六安市机关效能建设监督员等兼职身份，指使安排李某、何某菲等人搜集六安市境内相关单位或个人的负面信息，利用六网论坛网站平台，通过线上线下相结合的方式，以曝光负面信息或者不撤回、删除负面信息相威胁，有组织地利用网络信息要挟、恐吓他人，长期实施敲诈勒索、强迫交易、寻衅滋事犯罪活动，为非作恶，扰乱经济、社会生活秩序，造成较为恶劣的社会影响，形成了以被告人袁某厚为首要分子，被告人李某、何某菲为重要成员，被告人程某等5人为一般成员的恶势力犯罪集团。

被告人袁某厚等人为谋取不法利益，通过采访拍摄、网络转载、网友举报等途径获取六安市境内企事业单位、政府部门等负面信息后，以曝光相要挟，要求被害方与六网论坛挂靠的徽网公司签订制式宣传合作协议，以收取宣传费的方式敲诈被害人钱财。协议到期时，袁某厚等人再次要求被害人续签，长期勒索“宣传费”。2013年至2020年6月，袁某厚单独或伙同其他被告人先后实施91起敲诈勒索犯罪，涉案金额共计279万余元。

2013年7月至2020年5月，被告人袁某厚等人以曝光负面新闻等威胁手段，强迫M中学等6家单位从袁某厚等人处购买煤炭、拓印纸、接受宣传服务，其中袁某厚涉案金额共计845万余元。2014年至2019年，袁某厚多次恐吓多名个人和单位，严重影响他人的工作生活、生产经营，情节恶劣。

本案由安徽省六安市公安局金安分局侦查终结移送金安区人民检察院审查起诉。2020年11月8日，金安区人民检察院将该案向金安区人民法院提起公诉。经开庭审理，2021年2月4日，金安区人民法院判决袁某厚犯敲诈勒索、强迫交易、寻衅滋事罪，数罪并罚，决定执行有期徒刑十八年六个月，并处罚金人民币七十万元。判决被告人李某、何某菲等3人犯敲诈勒索、强迫交易、寻衅滋事罪，判处有期徒刑十一年十个月至五年八个月不等，并处罚金的刑罚；判决其他5名被告人犯敲诈勒索、寻衅滋事罪，判处有期徒刑二年十个月至六个月不等，并处罚金的刑罚。被告人不服判决提出上诉，2021年6月24日，六安市中级人民法院作出二审判决，对定罪量刑维持原判。

【指控和证明犯罪】

（一）依法审查，准确区分敲诈勒索、强迫交易罪。本案的主要犯罪方式为袁某厚等人在未取得新闻服务许可的情况下，利用兼职监督员身份、使用密拍设备搜寻六安市境内企事业单位、政府部门或个人的负面信息，通过曝光负面信息相威胁，或者在其控制的自媒体发帖炒作后，在被害方要求删帖时明示或暗示对方与其签订宣传服务合作协议或购买指定商品等方式，迫使被害方给予财物、签订服务协议或购买商品，获取非法经济利益。检察机关共起诉敲诈勒索事实91起，强迫交易事实6起。被告人及其辩护人提出，部分按照敲诈勒索起诉的事实存在自愿、真实、正常的交易，不应当认定为敲诈勒索罪，即使构成犯罪，也应当都认定为强迫交易罪。检察机关认为，敲诈勒索和强迫交易都可以表现为通过暴力、威胁手段，使被害人产生恐惧心理，进而违背真实意愿作出某种行为。结合案件事实，重点从以下三个方面对两罪认定进行了区分。

一是被害方是否存在对涉案服务或商品的正常需求。本案涉及的服务或商品主要是袁某厚等人依托六网论坛等网络平台提供的“宣传服务”以及煤炭、用纸等商品。被害方大部分为政府部门、中小学校、医院等事业单位以及少部分公司企业，在案证据表明，大部分单位对网络平台宣传没有需求。如有的被害政府部门表示，其本身没有宣传推广需求，即使有也主要与官方电视台、报社联系，且均为免费；有的被害农村中心小学，本身不需要做推广宣传；有的当地较大的医院、企业知名度较高，对六网论坛这种用户量较少的小平台没有宣传需求。被害方之所以同意与袁某厚等人合作，是基于对袁某厚等人恶意曝光负面信息及其恶名的恐惧，相关的宣传服务需求系袁某厚等人通过胁迫方式强加，不属于正常需求。涉案M中学、六安市裕安区城南镇某羽绒公司等被害方对煤炭存在正常需求，之前从他处购买煤炭，在已有长期固定供煤渠道的情况下，被迫转从袁某厚等人处购买煤炭，符合强迫交易罪的犯罪构成。二是是否实际提供服务、商品以及对价是否合理。签订宣传服务协议后，绝大部分被害方未获得袁某厚等人的有效服务，或者服务与对价严重不成比例。袁某厚等人提供的所谓“宣传服务”包括：在六网论坛这样一个用户量、人流量得靠员工刷数据的小平台上挂字幕横幅广告，帮被害方删除该论坛上的负面网帖，复制粘贴被害方介绍文字到论坛帖子中。这些服务与动辄上万元的服务费对价不匹配。而对于涉案某置业公司，六网论坛提供了现场采编发布该公司相关活动、微信公众号全年推广等较为实质的服务，故对该起事实定性为强迫交易罪。三是主观目的和侵害的法益是否存在不同。敲诈勒索是以非法占有为目的，直接侵害他人的财产权益；强迫交易侵犯的是正常、有序的市场交易秩序。本案以曝光负面信息等相要挟签订宣传服务协议并获“宣传费”的有关事实中，行为人主观上就是以非法占有他人财物为目的，而不是提供服务，实际也未提供有效服务。在强迫购买煤炭等商品的事实中，行为人主观目的不是直接占有他人财物，而是通过扰乱正常的市场交易行为的方式获取不正当利益，被害方并没有明显的财产损失。综上，将确有商品和服务需求且实际提供了商品、服务，对价在合理范围内的，基于威胁被迫从行为人处购买上述服务和商品的6起事实认定为强迫交易，其他事实认定为敲诈勒索。

（二）依法认定恶势力犯罪集团。一是从组织特征上看，袁某厚等人以公司为形式，经常纠集在一起，共同故意实施多次犯罪活动。该犯罪组织以威胁或者其他手段，在一定区域内多次实施犯罪活动，时间长达七年之久，已形成以袁某厚为首要分子，何某菲、李某作为较为固定的成员，程某等人作为一般成员的稳定组织，人数较多，有明确的层级、分工、纪律及行为模式，获利由袁某厚以工资、提成等形式分配。二是从行为特征上看，该犯罪组织采用“线上”及“线下”相结合的方式实施威胁、恐吓、滋扰等“软暴力”犯罪。一方面针对负面信息未按正常程序向相关部门反馈，“线上”有组织地恶意炒作曝光，通过六网论坛宣传造势给被害方造成极大的心理压力和形象负担，令被害方不得不忍气吞声，签订不对等的宣传协议或购买商品才息事宁人。另一方面，“线下”在不具备新闻采编资质等情况下，携带拍摄设备到相关单位、公司采集信息，扰乱办公秩序，甚至当面恐吓威胁。如，袁某厚等人闯进被害的某粮油公司进行拍摄，刻意选择在315消费者权益保护目前夕通过恶意剪辑，无中生有，对被害公司进行恐吓，市场监管部门为避免形成恶劣影响，不得不对被害公司下令停业整顿。三是从社会危害性特征上看，七年来，被告人袁某厚一伙持续敲诈多家单位和个人，作案90余起，敛财260余万元；强迫M中学向其购煤800余万元；非法发布不实帖文恐吓威逼基层干部，严重影响他人生活工作；多次滋事恐吓某粮油公司致使其停业整顿、客户流失、产品退货，造成严重经济损失。该集团成员在六安市较大范围、多个行业为非作恶，扰乱经济、社会生活秩序，造成恶劣的社会影响，符合恶势力团伙特征。四是多人共同实施犯罪，形成犯罪集团。在具体实施敲诈勒索、强迫交易等犯罪过程中，袁某厚负责指挥、分工，也经常直接参与，李某、何某非等人接受袁某厚的指使、安排具体实施犯罪，被告人之间存在共同的犯意，袁某厚等人已经形成了固定的犯罪组织，符合犯罪集团特征。综上，认定袁某厚等人属于恶势力犯罪集团。认定犯罪集团成员过程中，结合员工的从业时间、职务职责、参与犯罪的次数进行严格区分，对于从业时间一年以上、曾担任编辑部主任等重要工作职责、参与犯罪三次以上的，判定应当存在明知以曝光相要挟实施违法犯罪的主观故意，认定为恶势力犯罪集团成员。对其他普通员工，如大专毕业后应聘六网论坛仅实习两三个月的文字编辑洪某某，鉴于其工作时间短，社会阅历较少，结合其在六网论坛的地位、作用，认定其明知实施敲诈勒索犯罪的证据不足，最终对洪某某作出存疑不起诉决定。

【典型意义】

国家依法保护传统和新媒体的新闻监督权和社会公众的公民监督权，维护正常的舆论监督、社会监督秩序。依法惩治不具有新闻采编资质或打着“舆论监督”旗号，利用信息网络平台，通过有偿新闻、有偿删帖、以曝光负面信息相威胁索要财物等方式实施的敲诈勒索、强迫交易等犯罪行为。对于有组织实施此类犯罪行为，严重破坏经济社会生活秩序，符合黑恶势力特征的，依法予以严惩，维护清朗网络空间环境。

案例四

赵某等人寻衅滋事案

【关键词】

恶势力犯罪集团　网贷　“软暴力”催收　寻衅滋事

【要旨】

行为人针对债务人利用信息网络实施催收行为超过法律允许的限度，使用从网贷公司获取的欠款人手机通讯录信息，滋扰、纠缠、辱骂、威胁、恐吓债务人以及与债务无关的第三方，情节恶劣，严重破坏社会秩序的，应当认定为寻衅滋事罪。有组织地利用信息网络实施“软暴力”催收行为，符合恶势力犯罪集团认定标准的，应依法认定为恶势力犯罪集团。在依法严惩利用信息网络实施“软暴力”催收行为的同时，应当贯彻宽严相济刑事政策，依法妥善处理涉众犯罪案件。

【基本案情】

被告人赵某，北京元海慧诚金融服务外包有限公司（以下简称“元海公司”）法定代表人。被告人郭某焕，元海公司副总经理。被告人郑某波，元海公司催收部负责人。其他39名被告人基本情况略。

2015年4月以来，赵某先后成立元海公司及多家关联公司从事网络贷款催收业务，依托公司形成了一个以赵某、郭某焕为首要分子，包括部门负责人、高级主管、高级组长、培训师、催收员等人组成的多层级、组织严密的非法催收恶势力犯罪集团。

2015年4月至2019年4月间，元海公司业务员在催收过程中，采用发送PS淫秽图片、群呼、使用轰炸软件发短信等“软暴力”手段，对欠款人及其紧急联系人、通讯录联系人进行滋扰、言语辱骂、威胁、恐吓。被害人涉及全国大部分省份，侦查机关取证被害人达700余人。上述行为造成广州市公安局某城区分局及某派出所、湖北省随州市某医院及120急救中心等众多单位和个人无法正常工作，众多被骚扰人员因此产生恐惧心理，导致家庭矛盾，工作、生活受到严重影响。经审计，2017年至2019年，该公司催收员通过上述方式收取服务费1.87亿余元，待收服务费1.13亿余元，公司所收服务费部分用于公司运营及以工资、业绩提成等名义发放给各催收人员等。

本案由北京市公安局昌平分局侦查终结移送北京市昌平区人民检察院审查起诉。2020年1月23日，昌平区人民检察院以赵某等人涉嫌寻衅滋事罪且属于恶势力犯罪集团对42名被告人提起公诉。2020年7月29日，昌平区人民法院判决赵某犯寻衅滋事罪，并采纳检察机关量刑建议，判处赵某有期徒刑七年，并处剥夺政治权利一年，罚金人民币一百万元；判决其他41名被告人犯寻衅滋事罪，判处有期徒刑六至一年五个月不等，或并处罚金的刑罚。一审宣判后，所有被告人服判未上诉。

【指控与证明犯罪】

（一）本案涉网贷“软暴力”催收行为构成寻衅滋事罪。一是本案针对债务人的“软暴力”催收行为超过法律允许的合理限度，属寻衅滋事违法犯罪行为，应当被刑事处罚。法律为保障民事行为中各方主体的权益，维护公平公正的交易秩序，设置了诸如协商、仲裁、诉讼等纠纷解决规则、制度。催收作为解决债务纠纷的一种方式，亦应当按照法律允许的方式进行，不得超过合理限度。本案被告人为了催收欠款，不分时段，长期采用频繁拨打电话、群发短信、组织群呼、使用手机轰炸软件等手段给欠款人施压，有的咒骂欠款人家人，威胁上门砍人，以其家人安全相威胁；有的一天甚至发上千条验证码信息进行短信轰炸；有的把经过PS的欠款人裸照发送给欠款人亲友，并配上辱骂文字，践踏他人人格尊严。上述行为严重违反了《互联网金融逾期债务催收自律公约（试行）》关于“催收人员…不得采用恐吓、威胁、辱骂以及违反公序良俗的语言或行为胁迫债务人及相关当事人”等规定，催收手段违反行业规则，也为法律所不容许。有些受害者不堪忍受“软暴力”催收行为的影响向相关网络平台进行投诉，也有受害者向公安机关等有关部门进行过投诉和举报，有关部门对此进行过批评制止，但催收公司仍未改正，继续实施非法催收行为。二是本案中催收人员使用从网贷公司获取的欠款人手机通讯录信息，骚扰、纠缠、辱骂、威胁欠款人的亲友甚至普通联系人，系寻衅滋事。网贷公司放贷时，预设霸王条款，以极小文字设置贷款人同意网贷公司收集个人通讯录数据等信息的格式条款，在未充分提示贷款人的情况下收集个人手机通讯录数据等信息，违反了民法关于订立合同时提供格式条款一方应合理提示的规定。催收公司使用其获取的与债务无关的个人、单位的联系方式，对无关的个人、单位发送带有威胁、辱骂内容的短信和持续不断的电话骚扰，侵害了第三方的隐私、生活安宁以及工作秩序。三是上述对债务人以及债务人以外的第三方实施的非法催收行为，达到了情节恶劣，破坏社会秩序的程度。本案“软暴力”催收时间长、次数多。催收人员针对个人用“呼死你”之类的恶意软件进行短信、电话轰炸、辱骂。涉案催收公司，雇佣300余名催收员，每个催收员打电话的总次数、发送短信的条数数以千计、万计。本案“软暴力”催收受害者总数超万人，被害人分布地域广，涉及全国32个省（自治区、直辖市）。受害者中包括欠款人本人以及与债务无关的个人、单位。本案“软暴力”催收造成严重后果，社会危害性大。催收公司通过发送带有侮辱、威胁、辱骂等内容的短信和持续不断的骚扰等催收行为既给被害人个人造成心理强制，又严重影响个人及单位正常工作、生活和社会秩序。如被告人对广州市某派出所辅警进行电话催收，恶意占用报警电话线路，骚扰办公电话19小时有余，甚至威胁电话“轰炸”该公安分局20余个派出所的值班室电话。又如湖北省某医院一后勤人员网贷逾期，催收人员遂对该医院各科室（包括急诊）进行电话“轰炸”，造成120急救室无法工作。

（二）本案有组织利用信息网络实施“软暴力”催收构成恶势力犯罪集团。一是被告人多人多次实施网络“软暴力”催收，有明确的纠集者，骨干成员相对固定，成员众多，存续时间较长，符合恶势力组织的组织特征。为实施非法网络催收，2015年4月以来，赵某先后成立并控制元海公司及多家关联公司，下设催收部、质检部、招聘部等工作部门，催收部分设30余个催收组，招募300余名业务员，整个组织以公司形式运营，逐步形成了以赵某、郭某焕等人为首，包括部门负责人—高级主管、高级组长、培训师—催收员组成的规模较大、层级分明，骨干成员相对固定，相对稳定的犯罪组织。该案催收公司人员长期通过电信网络有组织地采取“软暴力”手段滋扰、威胁、恐吓、辱骂他人，足以使他人产生恐惧、恐慌、困扰进而形成心理强制，尤其是恶意滋扰与债务无关的人员，属于为非作恶、欺压百姓。该案催收公司人员采取“软暴力”催收行为，违法犯罪次数多，涉及的侵害对象多，违法所得数额巨大，严重扰乱社会秩序。如有个别欠款人在持续不断的催收骚扰下，精神失常、抑郁甚至产生自杀倾向。催收员还利用电话“轰炸”派出所、医院等单位，严重破坏了单位正常的工作秩序，社会影响较为恶劣。二是有组织地利用信息网络实施“软暴力”催收，构成恶势力犯罪集团。该恶势力组织实行公司化运作，公司虽在内部设立合规部但流于形式，公司管理人员对催收人员进行催收话术和催收方式培训，对催收人员实施恶意催收有明确授意，公司控制人和高级管理人员定期组织中高层人员召开例会，研讨催收情况并按催收业绩严格考核催收员，组织成员对实施“软暴力”催收存在共同故意，属于为共同实施犯罪而组成的较为固定的犯罪组织。综上，该犯罪组织符合恶势力认定条件，同时符合犯罪集团法定条件，应认定为恶势力犯罪集团。

（三）贯彻宽严相济刑事政策分层处理涉众型犯罪。对于犯罪嫌疑人众多的“软暴力”催收案件，检察机关贯彻宽严相济刑事政策，依法适用认罪认罚从宽制度。对于催收工作的实际控制人、主要部门负责人、作用较大的催收员，依法予以从严惩处；对于实施违法催收行为次数少、违法所得少，能够主动退缴违法所得，认罪悔罪态度好，如实供述本人及上下游同案犯的行为，对案件的侦破和犯罪事实认定起重要作用，社会阅历少的刚毕业学生或务工的年轻人，属于初犯、偶犯等，本着教育挽救的方针，依法予以从宽处理。

【典型意义】

信息化时代人们的正常生活难以离开网络，信息网络的快速便捷性导致滋扰、纠缠、辱骂、威胁行为成本低，利用信息网络实施“软暴力”催收具有传播快、强度大、危害严重等特点。行为人可以不分时段、不分对象不间断实施滋扰、威胁等行为，制造、编造的欠款人负面信息、泄露的个人隐私在网络空间传播迅速，范围广泛，对当事人人格尊严、生活秩序造成严重损害。检察机关应当深刻认识非法催收行为的趋势变化，高度重视该类行为的危害性，切实加强与公安机关等部门的协作配合，及时收集处置群众反映的问题线索，打早打小，除恶务尽。

同时，惩治“软暴力”催收并不是保护、放纵“老赖”，目的是规范催收方式，打击“软暴力”催收这一越界手段行为，维护正常的纠纷解决秩序和网贷市场秩序。对于确实有合法债务纠纷，要区分“软暴力”催收的具体情节、后果的严重程度，视情分别采用行政手段或刑事手段予以打击治理。要重点打击违法违规获得、利用公民个人信息，尤其是针对债务人之外的其他人员的滋扰、威胁、恐吓行为。

（载中华人民共和国最高人民检察院网）

第四节 最高人民检察院年度法治报告

2023年1月17日

2022年度十大检察新闻

1月17日，由检察日报社主办的2022年度十大检察新闻、十大法律监督案例评选揭晓。“党的二十大报告强调‘加强检察机关法律监督工作’‘完善公益诉讼制度’，赋予检察机关更重责任”等入选十大检察新闻。“经最高检依法抗诉，河南谭修义蒙冤29年后被改判无罪”等入选十大法律监督案例。

据了解，该评选活动已连续开展十年，评选过程包括初评、复评和定评三个环节。初评环节，从检察日报和其他媒体包括网站、新媒体报道的与检察工作有关的新闻中，筛选出十大检察新闻预选条目23个、十大法律监督案例预选条目23个。复评环节，今年1月8日至12日，在正义网和检察日报客户端开设专题，广大读者和网友进行投票。此外，主办方还邀请最高检特约监督员及35家省级法律期刊负责人参与投票。综合各方面投票情况，活动组委会确定2022年度十大检察新闻、十大法律监督案例备选条目各15条进入定评环节。在1月17日上午召开的定评会上，与会评委通过无记名投票最终评选出2022年度十大检察新闻、十大法律监督案例。（刘亭亭）

1. 党的二十大报告强调“加强检察机关法律监督工作”“完善公益诉讼制度”，赋予检察机关更重责任

2022年10月16日，举世瞩目的中国共产党第二十次全国代表大会在北京人民大会堂开幕。党的二十大报告专门强调“加强检察机关法律监督工作”“完善公益诉讼制度”，这是继2021年6月党中央印发《中共中央关于加强新时代检察机关法律监督工作的意见》（下称《意见》）后，又一次赋予检察机关更重责任。

2022年10月24日，最高检召开党组会，传达学习党的二十大和二十届一中全会精神，研究检察机关贯彻落实举措；10月30日，最高检党组理论学习中心组（扩大）学习暨学习贯彻党的二十大精神专题辅导报告会举行，中央政法委秘书长，国家安全部部长、党委书记陈一新作辅导报告；2022年11月1日，最高检召开党组会，围绕党的二十大提出的“完善公益诉讼制度”的要求进行深入研究讨论，结合检察工作实际提出贯彻落实举措。

2022年11月2日，最高检发出《关于深入学习宣传贯彻党的二十大精神的通知》，要求全国检察机关按照《中共中央关于认真学习宣传贯彻党的二十大精神的决定》和中央政法委部署，把学习宣传贯彻党的二十大精神作为当前和今后一个时期全国检察机关的首要政治任务，紧密结合检察工作“质量建设年”要求，依法能动履行各项检察职能，把学习宣传贯彻党的二十大精神转化为履职尽责的实际成效。

2022年11月3日，最高检举行党的二十大精神集体学习。11月8日，最高检机关青年干部学习贯彻党的二十大精神培训班开班。11月15日，最高检党组理论学习中心组（扩大）学习会举行，会议要求更加自觉坚定做到“两个维护”，深入落实党的二十大各项决策部署，以更高站位加强检察机关法律监督工作。11月24日，最高检领导参加所在支部学习贯彻党的二十大精神专题党员大会并讲授党课时提出，要紧紧围绕“五个牢牢把握”，立足法定职责，结合已经推开的工作去深切感悟，结合正在推进的工作去深刻把握，结合应该推动的工作去深入思考，真正把思想和行动统一到党的二十大精神上来。

最高检党组指出，学习贯彻党的二十大精神，是当前和今后一个时期首要的政治任务。要深刻领悟、践行习近平新时代中国特色社会主义思想的世界观和方法论，牢记“国之大者”，做到“六个坚持”，结合《意见》，谋划今后一个时期党的检察事业的发展，把二十大报告明确具体赋予检察机关的更重责任和早已融入在日常检察履职中的政治责任、法治责任、检察责任更好担负起来。

2. 多部新出台新修订法律明确规定公益诉讼条款，检察公益诉讼法定办案领域形成“4+N”新格局

党的二十大报告专门强调“完善公益诉讼制度”。顺应人民群众对公益保护的新需求，2022年，新制定实施的反电信网络诈骗法以及新修订的反垄断法、农产品质量安全法和妇女权益保障法均规定了公益诉讼条款。公益诉讼法定办案领域从最初的生态环境和资源保护、食品药品安全、国有财产保护、国有土地使用权出让四大领域，逐步拓展到包括英烈保护、未成年人保护、安全生产、军人地位和权益保障、个人信息保护、反垄断、反电信网络诈骗、妇女权益保障、农产品质量安全等在内的“4+N”领域，并继续向无障碍环境建设、文物保护等新领域拓展，检察公益诉讼走向更广阔空间，发挥更大作用。

2022年6月修订的反垄断法规定：“经营者实施垄断行为，损害社会公共利益的，设区的市级以上人民检察院可以依法向人民法院提起民事公益诉讼。”

2022年9月修订的农产品质量安全法规定：“食用农产品生产经营者违反本法规定，污染环境、侵害众多消费者合法权益，损害社会公共利益的，人民检察院可以依照《中华人民共和国民事诉讼法》《中华人民共和国行政诉讼法》等法律的规定向人民法院提起诉讼。”

2022年10月修订的妇女权益保障法规定：“侵害妇女合法权益，导致社会公共利益受损的，检察机关可以发出检察建议；有下列情形之一的，检察机关可以依法提起公益诉讼：确认农村妇女集体经济组织成员身份时侵害妇女权益或者侵害妇女享有的农村土地承包和集体收益、土地征收征用补偿分配权益和宅基地使用权益；侵害妇女平等就业权益；相关单位未采取合理措施预防和制止性骚扰；通过大众传播媒介或者其他方式贬低损害妇女人格；其他严重侵害妇女权益的情形。”

2022年12月1日起施行的反电信网络诈骗法第四十七条规定：“人民检察院在履行反电信网络诈骗职责中，对于侵害国家利益和社会公共利益的行为，可以依法向人民法院提起公益诉讼。”

5年前，修订后的民事诉讼法、行政诉讼法列明公益诉讼包含生态环境和资源保护等四大领域。党的十九届四中全会明确要求“拓展公益诉讼案件范围”后，最高检将探索拓展公益诉讼新领域案件的指导原则从“稳妥、积极”调整为“积极、稳妥”。据统计，2019年11月至2022年6月，全国检察机关共办理新领域案件10万余件。经过持续推进，新领域办案数量稳步增长，办案质效不断提升，获得人民群众广泛认可。在此基础上，更多单行法赋予检察机关在相应领域提起公益诉讼的法定职责。5年来，新制定或修订的英雄烈士保护法、安全生产法等一系列法律均对检察机关提起公益诉讼作出规定。法定办案领域的不断拓展，反映了国家和人民群众对公益诉讼的现实需求，展现了公益诉讼的制度价值和发展潜力。

3. 最高检向全国人大常委会报告未检工作，检察机关以未成年人司法保护助推“六大保护”融通发力

2022年10月28日，最高人民检察院向十三届全国人大常委会第三十七次会议作关于人民检察院开展未成年人检察工作情况的报告。听取和审议这个报告后，全国人大常委会就促推“六大保护”整体落实等提出了意见建议。同年12月，最高检印发《关于认真贯彻落实全国人大常委会审议意见推进未成年人检察工作高质量发展的通知》，要求各地检察机关结合深入学习贯彻党的二十大精神，落实新修订的未成年人保护法和预防未成年人犯罪法（下称“两法”）要求，更好推进新时代新征程下未成年人检察工作高质量发展。

“两法”2021年6月实施以来，检察机关坚持以习近平法治思想为指引，深入落实《中共中央关于加强新时代检察机关法律监督工作的意见》，切实履行未成年人保护“两法”赋予的更重法律监督责任，充分发挥刑事、民事、行政、公益诉讼“四大检察”职能作用，主动融入其他“五大保护”，推动未成年人检察工作取得新的进展。

2022年1月，最高检、教育部联合印发《检察官担任法治副校长工作规定》，进一步规范推进检察官担任法治副校长工作，当前全国3.9万余名检察官在7.7万余所学校担任法治副校长。2022年11月11日，最高法会同最高检、教育部发布《关于落实从业禁止制度的意见》，对师德严重违规问题“零容忍”，净化校园环境，为未成年人健康安全成长营造良好环境。

为更好地帮助罪错未成年人顺利回归社会，2022年5月30日，最高法、最高检、公安部、司法部联合发布《关于未成年人犯罪记录封存的实施办法》，进一步规范未成年人犯罪记录封存工作，有效保护未成年人的隐私权、受教育权和就业权等合法权益。

2022年5月，最高检组织编写的《未成年人保护法律全书》出版发行。该书以“两法”为重点，以“六大保护”为主线，以孩子为主体，以未成年人的视角为读者呈现了363个法治知识点，涵盖了未成年人从出生到成年前的各个阶段，同时配有1000多幅手绘彩色插图，是一本图文并茂、百科式的未成年人法治教育用书。

“两法”修订后，未成年人保护公益诉讼工作被确定为检察机关的“法定之责”。2022年，多地检察机关以能动检察履职推动地方人大出台决议加强未成年人文身治理，最高检也向国务院未成年人保护工作领导小组报送了《关于未成年人文身问题有关情况的分析报告》。2022年6月6日，国务院未成年人保护工作领导小组办公室发布了《未成年人文身治理工作办法》，明确禁止为未成年人文身。为贯彻反有组织犯罪法，依法从严惩治利用未成年人实施黑恶势力等有组织犯罪的行为，2022年8月，最高检会同最高法、公安部、司法部印发了《关于办理涉未成年人有组织犯罪案件若干问题的意见》。

4. 最高检发布9批36件指导性案例涉多个新领域创下多个“首次”，更加注重以检察能动履职促进诉源治理

2022年，最高人民检察院发布了第三十三批至第四十一批指导性案例，共9批36件。与往年不同，2022年发布的指导性案例具有涉多个新的业务领域、与群众生活联系更加密切、发布更加及时灵活的特点，更加注重以检察能动履职促进诉源治理。

2022年2月14日，在社区矫正法通过两周年之际，最高检首次以社区矫正法律监督为主题发布指导性案例。5个案例充分体现了社区矫正法、社区矫正法实施办法明确的检察机关8项监督职责，既积极回应了社区矫正法律监督实践需

要，又依法保障了社区矫正对象合法权益。当月，最高检首次发布以人格权刑事司法保护为主题的指导性案例，包括“辣笔小球”侮辱英烈案、杭州女子取快递遭诽谤案等，向社会传递“网络空间不是法外之地”的强烈信号，引导和规范社会行为。

2022年6月24日，最高检以新型毒品犯罪为主题发布第三十七批指导性案例，既指导检察机关依法惩治和预防新型毒品犯罪，又落实“谁执法谁普法”的普法责任制，向全社会宣传新型毒品犯罪的危害。

2022年7月15日，民法典颁布两周年之际，最高检以民事生效裁判监督为主题，围绕保障民法典实施，发布了第三十八批指导性案例。该批指导性案例聚焦老百姓日常生活中的操心事、烦心事、揪心事，展现了“以全面实施民法典为契机，进一步加强民事检察工作”的法律监督实践。

2022年8月30日，最高检首次以刑事申诉公开听证为主题发布第三十九批指导性案例，推广各地在刑事申诉案件公开听证过程中的优秀和成功经验做法，充分发挥指导性案例的示范引领作用，让司法办案阳光化、透明化，不断满足人民群众的知情权，积极回应社会关切。

2022年9月22日，最高检在黔桂滇三省（区）万峰湖联合水上检察室召开新闻发布会，发布第四十一批指导性案例，即万峰湖流域生态环境受损公益诉讼案。这是最高检第一次采用“一批次一案例”的形式发布指导性案例。万峰湖专案的成功办理，是中国特色社会主义的体制优势转化为国家治理和社会治理效能的又一个真实写照。万峰湖专案指导性案例发布，彰显了公益诉讼检察在跨区划生态环境受损问题解决上的独特价值作用。跨行政区划公益诉讼检察不仅是一项司法制度，更代表了社会治理理念的更新、社会治理模式的转型，为破解“公地悲剧”这一世界性难题提供了“中国方案”，同时对省级以上检察院直接办理生态环境和资源保护领域的公益诉讼案件、检察一体化办案模式的运用以及检察机关以办案为中心推进诉源治理等起到示范引领作用。

5. 发挥“巡”的优势、“驻”的便利，最高检跨省监狱交叉巡回检察实现全覆盖并首次组织开展跨省看守所交叉巡回检察

在2022年1月的全国检察长（扩大）会议上，最高人民检察院对2022年巡回检察工作作出部署：要不断深化巡回检察，借鉴监狱巡回检察经验，全面推开看守所巡回检察，积极探索开展社区矫正巡回检察。

2022年12月，最高检组成以青海、北京两地检察机关为主体，最高检第五检察厅及部分省份参加的第六巡回检察组，正式进驻海南省美兰监狱开展跨省交叉巡回检察工作。这是2020年11月以来，最高检组织开展系列跨省监狱交叉巡回检察的“收官之作”。本次巡回检察的开展，标志着由最高检直接组织的跨省监狱交叉巡回检察实现所有省份“全覆盖”。

在近两年成功组织开展跨省监狱交叉巡回检察的基础上，最高检于2022年11月首次直接组织开展跨省看守所交叉巡回检察。由黑龙江、浙江、江西、陕西四省检察机关组成的巡回检察组分别对云南、广东、湖南、河北四省的有关看守所开展巡回检察。巡回检察组在重点检察看守所监管执法、执行羁押期限、罪犯留所服刑等情况的同时，注重刀刃向内，检验检察机关监督履职是否到位，推动派驻检察进一步规范履职。同时落实“巡回检察就是办案”的要求，注重查办司法工作人员相关职务犯罪案件。

此前的2021年4月至10月，最高检在全国20个省（区、市）部署开展了看守所巡回检察试点工作。试点工作结束后，最高检下发了《关于2021年全国看守所巡回检察试点中发现检察履职问题的通报》。此次跨省交叉巡回检察，将对此前通报中提到的问题对照检查落实情况。跨省交叉巡回检察工作结束后，最高检还将适时开展“回头看”活动，做好巡回检察“后半篇文章”。

6. 全国检察机关、公安机关共同设立侦查监督与协作配合办公室 3662 个，实现中央全面依法治国委员会提出的全覆盖目标

自 2021 年 10 月最高检、公安部印发《关于健全完善侦查监督与协作配合机制的意见》以来，各级检察机关、公安机关密切协作配合，共同采取切实有效的措施推进《意见》落实。至 2022 年 5 月，全国检察机关、公安机关共同设立侦查监督与协作配合办公室 3662 个，实现中央全面依法治国委员会提出的侦查监督与协作配合办公室全覆盖目标。

在侦查监督与协作配合办公室实质化运行推动下，2022 年上半年，刑事案件办理质效得到提升，全国捕后不诉和无罪判决率、不捕复议复核提出率及改变率均有所下降，广东捕后不诉和无罪判决人数同比减少 62%，福建不捕不诉后复议复核率同比下降 36%；少捕慎诉慎押刑事司法政策和理念向诉讼前端有效传导，公安机关提请逮捕率同比减少 22 个百分点，诉前羁押率同比下降 12.7 个百分点；检察监督履职质效明显提升，全国检察机关开展立案（撤案）监督数同比上升 50%，纠正侦查活动违法同比上升 57.9%，公安机关采纳纠正率达 97.3%，同比增加 8.7 个百分点。

2022 年 9 月 7 日，最高检召开侦查监督与协作配合办公室全覆盖工作推进会，就推进办公室规范化、实质化、长效化运行提出明确要求。最高检党组要求各级检察机关切实提高政治站位和职责使命，始终秉持双赢多赢共赢理念，会同公安机关推动形成检察机关侦查监督与公安机关执法监督相互衔接、相互促进的工作格局，共同构建以证据为核心的刑事指控体系，共同提升指控证明犯罪和保障人权的能力和水平。

7. 检察机关全面实施“数字检察战略”，以大数据运用赋能新时代法律监督

数字检察战略的提出，是检察机关深入学习贯彻习近平法治思想和习近平总书记关于网络强国、数字中国的重要论述，贯彻新发展理念，适应信息化时代新趋势的重要举措。

2022 年 1 月召开的全国检察长（扩大）会议强调，要以检察大数据战略赋能新时代检察工作高质量发展。要跟上、适应信息化大势，充分挖掘、用好大数据，以“数字革命”驱动新时代法律监督整体提质增效。要积极探索大数据运用方式、平台、工具，充分发挥大数据在惩防违法犯罪、监督纠正违法、保护国家和社会公益、促进国家治理中的作用。

2022 年 5 月 7 日，最高检党组理论学习中心组举行集体学习，围绕“以检察大数据战略赋能新时代法律监督，助力提升法治体系建设效能”开展学习研讨。

2022 年 6 月 29 日，全国检察机关数字检察工作会议召开，对加快数字检察建设，以“数字革命”驱动新时代法律监督提质增效，更好以检察工作高质量发展服务经济社会高质量发展作出部署。围绕切实加强组织保障和安全管理，确保数字检察建设稳健推进，最高检党组就加强组织领导、建强人才队伍、优化评价机制、加强安全管理提出明确要求，要求各级检察院检察长要作为第一责任人，把实施检察大数据战略作为“一把手工程”，积极思考谋划，狠抓部署落实，靠前协调解决重点难点堵点问题。要聚焦数字时代对“四大检察”“十大业务”提出的新要求，创新设计数字检察、大数据法律监督培训课程及教材，强化大数据法律监督实战练兵，一体提升复合业务能力。

目前，检察大数据战略赋能新时代检察监督工作成效明显。不少类案监督线索被发现，法律监督模式也逐步实现从被动监督到主动监督、从个案监督到类案监督、从监督办案到社会治理的转变，检察监督质效得到有效提升。

8. 涉案企业合规改革试点全面推开，检察机关办理涉案企业合规案件快速增长

2022 年 4 月 2 日，最高人民检察院会同全国

工商联召开会议，深入总结两年来检察机关涉案企业合规改革试点工作情况，并对全面推开涉案企业合规改革试点工作作出具体部署。

最高检要求各级检察机关要提高政治站位，紧扣关键环节，全力推进涉案企业合规改革各项工作。要聚焦选好“案”，准确把握企业合规案件及第三方机制适用条件。聚焦搭好“台”，加快建立完善第三方机制管委会及专业人员库。聚焦立好“规”，立足标本兼治，“因罪施救”“因案明规”，确保涉案企业整改“合规计划”真合身、真管用。聚焦督促“改”，加强与第三方机制管委会沟通协调，加强对第三方组织组建以及涉案企业合规计划制定、执行等审查把关，促涉案企业真整改、真合规。聚焦促进“治”，在第三方监督评估基础上，严格依法作出处理决定，以依法办案、能动履职实现治罪与治理并重，促进系统治理、诉源治理。聚焦提升“效”，通过健全第三方监督评估监督管理机制、完善典型案例培育制发、深化检校合作等，进一步健全第三方机制各项配套制度。

2022 年，检察机关共办理企业合规案件 5150 件，对整改合规的 1498 家企业、3051 人依法不起诉，引导一批涉案企业重获新生，走上守法合规经营之路。全面推开涉案企业合规改革试点工作以来，新增案件约占总数的七成，适用主体更加多元，从小微企业向地区支柱型企业、大型跨国企业、高新科技企业等主体延伸。案件类型不断丰富，从虚开发票等简单案件向证券犯罪、网络犯罪等重大疑难复杂案件拓展。

从办案数量上看，涉案企业合规案件快速增长，目前已过半数的基层检察机关都有了相关办案经验，涉案企业合规改革试点全面推开的良好态势正在形成。2022 年 6 月，人力资源和社会保障部、应急管理部、海关总署、中国证券监督管理委员会四部门也加入了最高检会同有关部门组建的第三方监督评估机制管委会，涉案企业合规改革推进的领域更加宽广、涉案类型更加丰富、部门协作更加有力。

总体来看，各地检察机关准确把握改革内涵，将推进涉案企业合规改革与贯彻少捕慎诉慎押刑事司法政策、落实认罪认罚从宽制度有机结合，同步衔接推进涉企“挂案”清理，加强检察听证，推动行政执法与刑事司法双向衔接，确保了办案政治效果、社会效果、法律效果有机统一。

目前，涉案企业合规改革探索正在向社会治理层面纵深发展，重大复杂案件与涉案大型企业越来越多地适用企业合规改革，有助于营造安商惠企的法治化营商环境，真正助力各类企业纾困发展。结合改革试点全面推开后工作形势发展需要，最高检在 2022 年 8 月向社会发布第三批涉案企业合规典型案例的基础上，针对不同企业类别、不同案件类型，2022 年 12 月，又发布第四批涉案企业合规典型案例，对推动涉案企业合规改革试点全面深入开展提供示范引导。

9. 最高检制发“八号检察建议”，促进源头防范化解安全生产风险

为全面贯彻习近平法治思想，深入贯彻落实习近平总书记有关安全生产工作的重要指示批示精神，促进相关职能部门通过加强执法监管，从源头上防范化解安全生产风险，最高人民检察院 2022 年 2 月向应急管理部制发了有关安全生产溯源治理的“八号检察建议”，同时抄送 11 个相关部门。

“八号检察建议”制发后，主送和抄送单位高度重视，应急管理部、生态环境部、交通运输部等相关部门专门回复落实“八号检察建议”的有关情况，各相关部门对落实“八号检察建议”、进一步强化安全生产工作均高度重视，推进举措务实有效。最高检于安全生产月发布了检察机关落实“八号检察建议”的十大典型案事例。2022 年 9 月 15 日，最高检在安徽合肥召开落实“八号检察建议”现场推进会。

按照最高检部署要求，各地检察机关高度重视“八号检察建议”落实工作，积极争取党委支持，主动走访政府相关职能部门、深入企业一线，送达、宣讲“八号检察建议”，与应急管理等部门联合出台落实“八号检察建议”的规范性文件，以线上线下多种方式深入宣传“八号检察建议”，“四大检察”协同发力，因地制宜推进建议落实，取得了较为明显的成效。从事故发生数量和行政机关处罚情况看，以河南省上半年数据为例，生产安全事故发生数、死亡人数分别较上年同期下降18.2%、39.8%，全省应急管理部门累计使用执法文书52000余份，非事故行政处罚2200余次，责任追究89人，其中建议给予党纪政务处分50人，建议给予党纪处分23人，移送追究刑事责任16人。从安全生产领域法律监督效果看，浙江省检察机关2022年1至10月通过数字化监督模型，共发现行政执法机关“该移未移”线索53条、“该罚未罚”线索113条；发现侦查机关“该立未立”线索42条、“该撤未撤”线索14条；制发安全生产治理类检察建议65件；向行政执法机关移送行政处罚线索9条；检察机关内部互移监督线索122条。

党的二十大对“推进国家安全体系和能力现代化”“提高公共安全治理水平”提出新的更高要求。2022年12月15日，最高人民法院、最高人民检察院联合发布《关于办理危害生产安全刑事案件适用法律若干问题的解释（二）》（下称《解释》），进一步明确相关法律适用标准，依法惩治危害生产安全犯罪，维护公共安全，保护人民群众生命安全和公私财产安全，为经济社会高质量发展提供有力司法保障。

10．“检察蓝”守护“夕阳红”，检察机关积极参与打击整治养老诈骗专项行动共起诉8516人

2022年4月，中央政法委、最高人民检察院等12家单位组成全国打击整治养老诈骗专项行动办公室，部署开展打击整治养老诈骗专项行动。目前，专项行动取得了明显的成效，现已转入常态化阶段。

在专项行动中，各级检察机关认真贯彻落实习近平总书记关于老龄工作的重要指示精神和平安中国建设协调小组确定的总体方案，成立领导小组，制定实施方案，召开推进会，全面深入推进依法打击、整治规范、宣传教育各项工作，有力惩治、震慑了一批犯罪，协同整治、规范了一些行业乱象，集中传播、普及了各类反诈知识。

最高检成立了专项行动领导小组，印发了检察机关实施方案，召开工作推进会，结合检察职责，细化落实全国专项办制定的总体方案，并对省级检察院开展专项行动相关工作进行部署安排，要求依法从严打击犯罪的同时，把公益诉讼、检察建议作为协同整治规范的重要抓手。

专项行动中，最高检组织各级检察机关对10起重大养老诈骗案件挂牌督办，组织地方检察机关及时起诉一批在办养老诈骗案件。最高检先后发布两批13件惩治养老诈骗犯罪典型案例，进一步解决司法实践中养老诈骗犯罪的具体理解适用问题，落实“谁执法谁普法”普法责任，深化反诈宣传教育。

围绕提供“养老服务”、投资“养老项目”、销售“养老产品”、宣称“以房养老”、代办“养老保险”、开展“养老帮扶”等六大重点领域，检察机关与公安机关、人民法院密切协作配合、相互监督制约，迅速形成了严厉惩治态势。专项行动期间，全国检察机关共批准逮捕各类养老诈骗犯罪7594人，提起公诉8516人；提起公诉的案件中，涉及养老产业的1292人，提供所谓“养老服务”的561人，投资所谓“养老项目”的470人，销售所谓“养老产品”的423人，宣称“以房养老”的69人，代办所谓“养老保险”的126人，开展所谓“养老帮扶”的29人。

（载中华人民共和国最高人民检察院网）

2023年1月17日

2022年度十大法律监督案例

1. 经最高检依法抗诉，河南谭修义蒙冤29年后被改判无罪

2022年12月，由最高人民检察院抗诉、最高人民法院指令再审的谭修义故意杀人、强奸案宣判，河南省高级法院改判谭修义无罪。谭修义自1993年7月21日被警方刑事拘留至2022年10月20日被释放，失去自由超过29年。

1993年夏，河南省商水县谭庄镇前谭村村民谭某娜一家遇害，时年39岁的谭修义被认定为犯罪嫌疑人。1999年12月，周口地区中级法院一审以故意杀人罪判处谭修义死刑，缓期二年执行。谭修义不服，提出上诉。2000年5月，河南省高级法院以事实不清为由，裁定撤销原判，发回重审。2002年1月，周口市中级法院以强奸罪、故意杀人罪两罪并罚，判处谭修义死缓。谭修义再次上诉。2003年7月，河南省高级法院裁定驳回上诉，维持原判。

裁判发生法律效力后，谭修义家属委托律师持续向河南省高级法院和河南省检察院申诉。2017年12月，河南省高级法院驳回申诉。2018年11月，河南省检察院立案复查后认为，原审判决认定事实不清，证据不确实、不充分。2020年6月，河南省检察院向最高检提请抗诉。

最高检审查认为，除谭修义部分有罪供述和现场勘验记录、尸检报告部分内容一致外，无客观证据证实谭修义作案。现场勘验记录、尸检报告、技术鉴定书和部分证人证言仅能证明三被害人在家中被杀及案发现场情况，其他证人仅能证明案发前后谭修义活动情况，不能证明其实施犯罪。

最高检认为，谭修义强奸时间不能认定，强奸行为无法证明。在谭修义供述中，其实施强奸时被害人穿的是裤子，但尸检报告和证人证言显示被害人穿的是裙子。关于故意杀人罪部分，最高检认为谭修义部分作案工具不清、刑事技术鉴定结论不具有唯一性。此外，谭修义有罪供述前后矛盾，且系先证后供，不应当采信。该案事实不清、证据不足，主要证据之间存在矛盾。

2022年3月16日，最高检为保障公民合法权益，准确惩治犯罪，维护司法公正，向最高法提出抗诉。最高法审查后，指令河南省高级法院再审。2022年12月，河南省高级法院采纳了检察机关的抗诉意见，改判谭修义无罪。

2. 最高检通过卫星遥感监测发现4条水环境问题线索，长三角地区检察机关能动履职推动大运河流域水环境综合治理

2022年11月10日，在江苏苏州举行的大运河流域生态环境公益诉讼案听证会上，这起由最高检通过卫星遥感监测发现、长三角三地共6家检察院共同办理的案件获得听证员和第三方认可，认为相关水环境问题整治成效明显，可以结案。

2021年6月，最高检通过卫星遥感监测发现4条涉大运河、太浦河流域水环境问题线索，随后层转江苏省苏州市检察机关办理。卫星遥感监测表明，汾湖湾318国道南、京杭大运河北段等水体悬浮物浓度、富营养化偏高。由于问题线索跨区域多、涉及面广、成因复杂，采用了四级检察机关联动办案模式，利用公益诉讼快检技术、无人机（船）、水下机器人等设备精准排查。生态环境部组织专家论证，江苏省生态环境厅指派20名执法人员协查，交通运输、水务、自然资源等10多个行政部门均参与排查，查明沿岸违规砂石混凝土搅拌站、偷排生产废水的碎石作坊等问题企业56家。

检察机关专案组向属地政府、相关行政职能部门制发行政公益诉讼检察建议14份，推动行政部门关停取缔问题企业27家，整治提升29家，拆除21家企业违法建筑13.6万平方米，补办企业环评手续和涉水许可证17家，改造提升标准化码头10个，修复市政管网10处。针对涉案水域码头多为“生产经营＋码头”的特点，通过分析报告、情况反映推动当地港口码头、砂石搅拌行业开展专项整治，实现保护生态环境、保障民生需求、服务地方经济发展的“多赢”。

苏州市检察院协同该市吴江区、吴中区检察院共同推进整治，并向浙江省嘉善县、湖州市南浔区及上海市青浦区检察院提供办案线索，促使三地检察机关共发检察建议14份，推动长三角饮用水源保护、偷排污水、岸线堆放垃圾等问题集中整改。

2022年11月10日，三地6家检察院联合召开以“实地查验＋公开听证”方式进行的网络直播听证会，中科院空天信息创新研究院及行政部门、村镇社区等18家单位受邀参加。中科院空天信息创新研究院作出评价：4条线索水域水质总体稳定达到或优于III类，水体浊度显著改善。听证员评议认为，整治行动及时精准，案涉区域水质达标，生态明显改善，可以结案。

在第四届服务保障长江经济带发展检察论坛上，该案受到高度肯定，被评为检察机关服务保障长江经济带发展典型案例。

3. 侮辱“冰雕连”英烈，海南检察机关依法对网络“大v”罗昌平提起公诉和刑事附带民事公益诉讼

经海南省三亚市城郊检察院提起公诉和刑事附带民事公益诉讼，2022年5月5日，城郊法院对被告人罗昌平侵害英雄烈士名誉、荣誉暨刑事附带民事公益诉讼一案依法公开宣判。

2021年10月6日，网络“大v”罗昌平在其三亚市住处使用新浪微博账号发表帖文，侮辱在抗美援朝长津湖战役中牺牲的中国人民志愿军“冰雕连”英烈，引发公众强烈愤慨，造成恶劣社会影响。

经网民举报，2021年10月8日，三亚市公安局吉阳分局以罗昌平涉嫌侵害英雄烈士名誉、荣誉罪立案侦查并将其刑事拘留。同日，城郊检察院决定对罗昌平侵害英雄烈士名誉、荣誉违法行为的民事公益诉讼案立案调查。同年10月21日，城郊检察院对罗昌平批准逮捕。2022年1月19日，公安机关将该案移送城郊检察院审查起诉。

2022年2月18日，城郊检察院针对罗昌平发表侮辱志愿军英烈名誉、荣誉言论的行为，依法向城郊法院提起公诉和刑事附带民事公益诉讼。检察机关起诉指控：被告人罗昌平以侮辱方式侵害英雄烈士名誉、荣誉，损害社会公共利益，情节严重，依法应当以侵害英雄烈士名誉、荣誉罪追究其刑事责任，并请求判令罗昌平承担相应民事责任。罗昌平自愿认罪认罚。检察机关认为，在网络上公然侮辱、诋毁英雄烈士的言行，不仅是对英雄烈士的名誉、荣誉的严重侵害，更是对社会主义核心价值观和爱国主义精神的公然反对和践踏，检察机关将全面履行刑事公诉和公益诉讼检察职能，加强对英雄烈士名誉、荣誉的综合保护，弘扬社会主义核心价值观和爱国主义精神，维护社会公共利益，教育引导全社会形成崇尚捍卫英雄烈士的浓厚氛围。

2022年3月30日，城郊法院一审公开开庭审理该案。5月5日，城郊法院一审判决采纳检察机关的量刑建议，判处被告人罗昌平有期徒刑七个月。针对检察机关提起的民事公益诉讼，法院也作出了判决：责令被告人罗昌平在新浪网、《法治日报》和《解放军报》上公开赔礼道歉。

2022年5月23日，罗昌平履行生效判决义务，就其侵害英雄烈士、荣誉的错误言论在媒体上公开赔礼道歉。

4. 最高检依法抗诉获改判，“蒙娜丽莎”商标纠纷案历经10年终落幕

2022年6月14日，经最高人民检察院抗诉、最高人民法院指令北京市高级法院再审，一起涉及“蒙娜丽莎”商标争议的行政纠纷案历经10年终于落下帷幕。此案系最高检知识产权检察办公室成立以来，首例提起抗诉并成功改判的行政诉讼案件，有力地维护了商标注册秩序和权利人的合法权利。

1999年12月，某康体设备有限公司向原国家工商行政管理总局商标局（此职能现已归入国家知识产权局）提出“蒙娜丽莎 MonaLisa”商标（下称“蒙”商标）注册申请。此后，“蒙”商标几经流转，被转让至某建材公司（下称建材公司）和某洁具公司（下称洁具公司）名下。

然而，建材公司和洁具公司发现，某集团名下有一个比“蒙”商标注册晚但读起来也包含“蒙娜丽莎”发音的“M MONALISA”商标（下称“M1”商标），且冠以该商标的商品和自家销售的商品存在种类重叠，可能造成消费者混淆，导致自家商标的商业价值受损。

2012年3月，建材公司和洁具公司向原国家工商行政管理总局商标评审委员会（此职能现已归入国家知识产权局）提起争议申请，要求对“M1”商标予以撤销。

商标评审委员会裁定某集团的“M1”商标在烹调器具、高压锅（电加压炊具）、盥洗室（抽水马桶）、坐便器上予以撤销，在其余商品上予以维持。某集团不服裁定，向北京市第一中级法院提起行政诉讼，要求“M1”商标在盥洗室（抽水马桶）、坐便器商品上继续维持注册，对于烹调器具、高压锅（电加压炊具）商品不再要求核准注册。

一审过程中，某集团将另外一个商标——“M MONALISA 蒙娜丽莎”商标（下称“M”商标）引入本案。“M”商标为某陶瓷公司1999年7月提出注册申请、2000年11月核准注册的商标。根据当时的《区分表》，该商标核定使用在第19类瓷砖等商品上。目前这一商标被转让至该集团名下。某集团主张，“M”商标在瓷砖领域具有极高的知名度，在实际销售过程中，已有消费者将“M1”商标的盥洗室（抽水马桶）、坐便器与“M”商标联系起来。“M”商标可以看作是某集团“M1”商标的在先基础商标，“M”商标的知名度可以延续到“M1”商标，从而使其与建材公司和洁具公司的“蒙”商标显著区分开来。

北京市第一中级法院最终认为，某集团“M”商标的商业信誉可以延续到“M1”商标上，核定使用在盥洗室（抽水马桶）、坐便器上的“M1”商标和核定使用在浴室装置等商品上的“蒙”商标不构成使用在类似商品上的近似商标，遂于2015年2月作出判决，撤销商标评审委员会作出的裁定，重新裁定。

商标评审委员会及建材公司、洁具公司不服，上诉至北京市高级法院。2016年1月，该院二审判决驳回上诉，维持原判。后建材公司、洁具公司向最高法申请再审也被驳回，遂向北京市检察院申请监督，北京市检察院提请最高检对该案抗诉。最高检知识产权检察办公室经审查认为该案符合抗诉规定，遂依法向最高法提出抗诉。最高法指令北京市高级法院再审此案。

2022年3月，北京市高级法院公开开庭审理此案。6月14日，该院再审判决撤销原一、二审判决，认为一、二审判决认定事实及适用法律存在错误，依法予以撤销并维持商标评审委员会的裁定，最高检抗诉成功。

5. 广东检察机关提起公诉的康美药业案法院终审维持原判，上市公司财务造假、违规披露“一条龙”犯罪行为被严惩

经广东省佛山市检察院提起公诉，2021年11

月17日，佛山市中级法院对康美药业原董事长马兴田等12人操纵证券市场案公开宣判。马兴田因操纵证券市场罪，违规披露、不披露重要信息罪以及单位行贿罪数罪并罚，被判处有期徒刑12年，并处罚金人民币120万元；康美药业原副董事长、常务副总经理许冬瑾及其他责任人员11人，因参与相关证券犯罪被分别判处有期徒刑并处罚金。一审宣判后，马兴田提出上诉。广东省高级法院经审理于2022年1月6日作出终审裁定，驳回上诉，维持原判。该案体现了检察机关依法严惩上市公司财务造假、违规披露"一条龙"犯罪行为，坚决维护资本市场深化改革和健康发展的决心和力度。

2015年至2018年间，马兴田伙同他人，违规筹集大量资金，利用实际控制的股票交易账户自买自卖、连续交易，操纵康美药业股票价格和交易量，致使共计20次连续20个交易日累计成交量达到同期该证券总成交量30%以上，共计7次连续10个交易日累计成交量达到同期该证券总成交量50%以上。

马兴田还组织、策划、指挥公司相关人员进行财务造假，向公司股东和公众披露虚假经营信息；故意隐瞒控股股东及关联方非经营性占用资金116亿余元不予披露。

此外，2007年至2012年间，马兴田为康美药业谋取不正当利益，向多名国家工作人员行贿共计港币790万元，人民币60万元，康美药业及马兴田均构成单位行贿罪。

经广东证监局立案调查，中国证监会于2020年5月13日作出对康美药业罚款60万元、对马兴田等人罚款10万元至90万元不等的行政处罚决定，对马兴田等6人作出市场禁入的决定，并移送公安机关立案侦查。

经公安部交办，广东省揭阳市公安局侦查终结后以马兴田等12人涉嫌违规披露、不披露重要信息罪，操纵证券市场罪向揭阳市检察院移送起诉。2021年10月27日，经指定管辖，佛山市检察院以马兴田等12人涉嫌违规披露、不披露重要信息罪，操纵证券市场罪提起公诉。佛山市中级法院将该案与此前提起公诉的康美药业、马兴田单位行贿案并案审理。

案件办理中，检察机关提前介入侦查，引导公安机关全面收集康美药业及其控股股东资金流转、信息披露、股票交易情况，结合财务报告、审计报告、当事人供述等证据，依法认定康美药业单位行贿，实际控制人马兴田等人违规披露、不披露重要信息，操纵证券市场，单位行贿等犯罪事实清楚，证据确实充分。

6. 北京检察机关全链条打击侵犯知识产权犯罪，全国首例侵犯冬奥会、冬残奥会知识产权刑事案件宣判

2022年1月25日，北京市石景山区法院对一起通过网络平台销售假冒"冰墩墩""雪容融"形象玩偶、钥匙链等商品的销售假冒注册商标的商品案一审宣判。这起由石景山区检察院提起公诉的韦某升等三人销售假冒注册商标的商品案是全国首例侵犯冬奥会、冬残奥会知识产权的刑事案件。

2021年11月至12月间，韦某升、韦某泽、韦某飞在浙江省义乌市等地，通过网络平台销售假冒权利人"北京2022年冬奥会和冬残奥会组织委员会"（下称北京冬奥组委）注册商标的奥运吉祥物玩偶、钥匙链等商品。其中，韦某升、韦某泽、韦某飞共同销售侵权商品玩偶，销售金额人民币9万余元；韦某升、韦某泽共同销售侵权商品钥匙链，销售金额人民币2万余元。公安机关查获待售的假冒注册商标的玩偶369个，货值人民币1.4万余元；查获待售的假冒注册商标的钥匙链60个，货值人民币700余元。

2021年11月，石景山区检察院作为北京冬奥组委住所地的检察机关，在履职中发现某网络平台上存在销售涉冬奥侵权产品的违法线索后，及时向北京市公安局石景山分局移送该线索。公安机关立案后，石景山区检察院适时介入侦查，列明详细侦查取证提纲，引导公安机关赴上海、浙江等地开展取证，完善证据链条。2022 年 1 月 11 日，石景山区检察院以销售假冒注册商标的商品罪对韦某升、韦某泽、韦某飞批准逮捕。

审查起诉阶段，石景山区检察院引导公安机关继续深挖案件线索，根据已到案人员的网络平台销售记录、快递记录等证据，成功将生产侵权商品的两名上游人员顾某军、顾某旗追诉到案。

2022 年 1 月 14 日，石景山区检察院以涉嫌销售假冒注册商标的商品罪对被告人韦某升、韦某泽、韦某飞提起公诉，三名被告人均认罪认罚。同年 1 月 25 日，法院以销售假冒注册商标的商品罪分别判处被告人韦某升、韦某泽、韦某飞有期徒刑六个月至十个月不等，各并处罚金人民币 1 万元。三名被告人均未提出上诉，判决已生效。生产、销售侵权奥运商品的上游人员顾某军、顾某旗分别被判处有期徒刑十个月和有期徒刑八个月，并各处罚金人民币 3 万元。

7. 江苏检察机关办理全国首例电竞酒店违规接纳未成年人提供上网服务民事公益诉讼案，全部诉讼请求获裁判支持

2022 年 5 月 12 日，江苏省宿迁市检察院诉某酒店管理公司向未成年人提供上网服务民事公益诉讼案宣判。这是全国首例涉电竞酒店领域民事公益诉讼案件。

2021 年 4 月，宿迁市宿城区检察院多次收到涉电竞酒店侵害未成年人权益案件线索。该院在办理刑事案件中了解到，有的未成年人为了支付入住电竞酒店的高额费用，实施盗窃等违法犯罪行为。

检察机关进一步走访调查发现，作为近年来迅速发展的新兴业态，不少电竞酒店存在以旅馆住宿之名接纳大量未成年人无限制上网现象。宿城区 12 家电竞酒店住宿登记系统中接纳未成年人入住记录达 800 余条，其中 Z 酒店就达 380 余条。宿城区检察院与区文旅局、市场监管局、公安局等 6 家单位召开未成年人网络公益保护联席会议 3 次，就电竞酒店属性、危害、执法依据等问题进行研究。

2021 年 5 月，宿城区检察院与区文旅局等部门联合会签《宿城区关于推进未成年人网络保护工作实施意见》，督促相关行政机关以开通电竞酒店接纳未成年人上网专门线索受理渠道、在辖区内开展为期 3 个月的电竞酒店专项排查、对电竞酒店经营者违规接纳未成年人入住行为进行训诫等方式，开展专项治理。

专项治理后，检察机关跟进监督发现，Z 酒店仍持续接纳未成年人提供上网服务，且为躲避检查采取未成年人入住不予登记等规避手段。2022 年 1 月，宿城区检察院对 Z 酒店以民事公益诉讼案件立案调查并履行公告程序。2022 年 3 月 2 日，案件移送宿迁市检察院。3 月 22 日，宿迁市检察院将该案诉至宿迁市中级法院，请求判令 Z 酒店禁止向未成年人提供互联网上网服务，并在国家级媒体上公开赔礼道歉。

2022 年 5 月 12 日，宿迁市中级法院公开开庭审理本案并当庭宣判，检察机关的全部诉讼请求均获法院支持。庭审结束后，宿迁市检察院联合法院对涉案未成年人父母进行训诫，并联合市文旅、市场监管、公安等 9 家单位召开新业态下未成年人保护座谈会，共促新业态领域的监管与治理。

8. 经吉林检察机关依法提起公诉，公安部原副部长孙力军受贿、操纵证券市场、非法持有枪支被判处死缓

经吉林省长春市检察院提起公诉，2022 年 9 月 23 日，长春市中级法院公开宣判孙力军涉嫌受贿、操纵证券市场、非法持有枪支案。

2022 年 1 月 13 日，最高人民检察院发布消息，吉林检察机关对孙力军涉嫌受贿、操纵证券市场、非法持有枪支案提起公诉。

2022 年 7 月 8 日，长春市中级法院一审公开开庭审理该案。检察机关指控：2001 年至

2020年4月，被告人孙力军利用担任上海市卫生局外事处副处长，上海市人民政府外事办公室综合业务处处长，公安部办公厅副主任、国内安全保卫局局长、公安部党委委员、副部长等职务上的便利以及职权、地位形成的便利条件，为有关单位和个人在企业经营、职务调整、案件办理等事项上提供帮助，直接或通过他人非法收受财物，共计折合人民币6.46亿余元。2018年，孙力军应他人请托，指使有关人员通过集中资金优势连续买卖等行为，影响股票交易价格和交易量，情节特别严重。孙力军还违反枪支管理规定，非法持有枪支2支。检察机关提请以受贿罪、操纵证券市场罪、非法持有枪支罪追究孙力军的刑事责任。

2022年9月23日，法院判决被告人孙力军以受贿罪判处死刑，缓期二年执行，剥夺政治权利终身，并处没收个人全部财产，在其死刑缓期执行二年期满依法减为无期徒刑后，终身监禁，不得减刑、假释，以操纵证券市场罪判处有期徒刑八年，并处罚金人民币100万元，以非法持有枪支罪判处有期徒刑五年，决定执行死刑，缓期二年执行，剥夺政治权利终身，并处没收个人全部财产，在其死刑缓期执行二年期满依法减为无期徒刑后，终身监禁，不得减刑、假释；对孙力军受贿犯罪所得及孳息依法予以追缴，上缴国库。

9. 上海检察机关办理全国首例数据合规典型案例，助力企业可持续发展

2022年4月28日，上海市普陀区检察院召开一场不起诉公开听证远程视频会。经讨论，听证员、公安机关、第三方组织、被害单位等一致同意对上海Z网络科技有限公司（下称“Z公司”）、陈某某等人非法获取计算机信息系统数据案中的涉案企业及人员作不起诉处理。5月10日，普陀区检察院依法对犯罪嫌疑单位Z公司、犯罪嫌疑人陈某某等14人作出不起诉决定。

Z公司是一家为本地商户提供数字化转型服务的互联网大数据公司。2019年至2020年，Z公司为经营需要，在未经授权许可情况下，由首席技术官和多名技术人员通过爬虫技术非法获取某生活服务平台数据。

2020年8月14日，上海市公安局普陀分局以陈某某等人涉嫌非法获取计算机信息系统数据罪提请普陀区检察院审查逮捕。8月21日，普陀区检察院经审查认为，陈某某等人不具有法律规定的社会危险性，依法决定不批准逮捕。2021年6月25日，上海市公安局普陀分局以陈某某等人涉嫌非法获取计算机信息系统数据罪移送普陀区检察院审查起诉。

案件移送审查起诉后，普陀区检察院经实地走访Z公司查看经营现状以及会同监管部门研商公司运营情况发现，Z公司管理层及员工存在重技术开发、轻数据合规等问题，此次爬取数据出于自身拓展业务的动机，未进行二次售卖，被害公司损失不大，犯罪情节比较轻微。

考虑到Z公司系成长型科创企业，陈某某等人均认罪认罚，积极赔偿被害单位经济损失并取得谅解，Z公司合规整改意愿强烈，提交了有关书面证明材料，检察机关经审查对Z公司作出合规考察决定。

2021年8月，普陀区检察院对Z公司启动合规治理，从数据合规管理、数据风险识别、评估与处理、数据合规运行与保障等方面提出整改建议，并商请第三方管委会抽取网信办、网络安全企业、专业协会人员组成第三方组织，全程监督、评估合规整改。三个月考察期限届满，第三方组织评估认为，涉案企业与个人积极进行合规整改，建立合规组织、完善制度规范、提升技术能级，已完成数据合规建设的整改措施。2022年初，Z公司经第三方监督评估合格。

根据检察机关不定期回访工作了解，Z公司通过扎实开展企业合规，建立健全数据合规长效机制，实现稳步发展。

10. 三级检察院接续监督一起历时8年3次审理的工伤认定行政诉讼案，最高检依法抗诉获改判

2022年7月4日，湖北省武汉市人社局作出认定李某为工伤的处理决定。这起历时8年、3次审理的工伤认定行政诉讼案，经三级检察机关依法监督，终于取得圆满结果。

2014年7月5日下班后，李某被老板指派外出给客户送货，结束工作开车回家的路上撞到一处花坛发生事故，致其四肢瘫痪、一级伤残，脖子以下全无知觉，需长年卧床，生存期内一级护理依赖。

2014年，李某向武汉市人社局申请认定工伤，被以需提交事故责任认定书为由中止工伤认定。因某区交通大队只能提供事故证明，无法提供事故责任认定书，李某撤回申请。2015年，李某提起民事诉讼。法院认为李某应当进行工伤认定程序予以救济。2017年，李某再次申请认定工伤。市人社局以李某受伤情形不能认定为在下班途中受到非本人主要责任的交通事故伤害，不予认定为工伤。李某提起行政复议，复议机关认定市人社局决定正确。2018年，李某提起行政诉讼，经法院一审、二审及再审，均被驳回。

2019年，李某向检察机关提出监督申请。武汉市检察院经审查，依法提请湖北省检察院抗诉。检察机关认为，李某被老板指派加班送货，其往返时间和路线都因送货这一工作原因而固定，事故发生在返回期间，因工作原因外出状态还在持续，其受伤是在因工外出期间，因工作原因造成，应认定为工伤；根据《工伤保险条例》，用人单位不认为是工伤时，应由用人单位负举证责任。因此，事故责任认定的举证责任不应由李某承担，人社部门不能以职工没有事故责任认定书为由不予认定。

2019年12月，湖北省检察院提出抗诉。2020年8月，法院再审维持原判。2020年底，湖北省检察院依法启动跟进监督程序，向最高检提请抗诉。最高检第七检察厅与湖北检察机关再赴实地补充调查。经全面审查，最高检支持湖北省检察院提请抗诉意见，于2021年6月向最高法提出抗诉，充分说明检察机关的调查核实情况，详细阐述抗诉意见和理由。

2022年4月，最高法采纳最高检抗诉意见，作出撤销原审判决、撤销复议决定、撤销不予认定工伤决定，责令武汉市人社局对李某的工伤认定申请重新作出决定的判决。其后，最高检责成湖北检察机关跟进后续情况。湖北检察机关向相关行政部门重申了抗诉意见，获得对方认可。行政争议得以实质性化解。

针对李某一家因案致贫情况，2022年8月，湖北省检察院依法为李某申请了司法救助金。2022年底，李某顺利拿到了司法救助金。

（载中华人民共和国最高人民检察院网）

2023年2月19日

2022年度十大行政检察典型案例

2月19日，由最高人民检察院第七检察厅与中国法学会行政法学研究会主办，对外经济贸易大学法学院和《经贸法律评论》编辑部承办的2022年度十大行政检察典型案例评选结果揭晓。

1. 牛某某诉北京市公安局某分局不履行法定职责监督案

【关键词】

抗诉改判　处警标准　确认违法

【案例简介】

2018年12月28日上午9时9分左右，郭某某（牛某某之夫）向110报警称有人私闯民宅，不认识对方，已经上了房顶。当地派出所经了解，系村委会实施的“帮拆”行为，称已电话反馈报警人，未到现场处警。同日，派出所对郭某某报警被打伤一事作为行政案件立案，后根据轻伤二级的鉴定意见，转为刑事案件立案侦查。牛某某诉至某区法院，请求判决确认某分局对2018年12月28日的报警未依法履行保护其人身财产安全法定职责的行为违法。某区法院判决驳回牛某某的诉讼请求。牛某某上诉、申请再审均被法院驳回。

牛某某向北京市检察院某分院申请监督。某分院向北京市公安局调取郭某某拨打110报警电话录音。经审查认为，某分局接到报警后应当到现场进行处置。根据《人民警察法》《110接处警工作规则》的相关规定，对危及人身或财产安全迫切需要处置的紧急报警，处警民警接到指令后应当迅速前往现场开展处置工作。本案中，郭某某的报警反映其人身财产安全正面临危险，需要公安机关出警帮助，属于迫切需要处置的紧急报警。“帮拆”行为的理由不能免除某分局的法定职责。虽然公安机关称通过电话告知报警人情况，但该告知行为不能免除公安机关前往现场处置的法定职责。据此，提请上级检察院抗诉。上级检察院提出抗诉，该案发回重审并得到改判，最终确认了某公安分局对2018年12月28日报警未到现场处置行为违法。

【意义】

在涉及村委会“帮拆”的案件中，公安机关应当根据报警、求助事项的紧急程度依法处理，对紧急报警、求助，公安机关以不属于公安机关管辖范围为由而未到现场处置的，应当认定为不履行法定职责。人民法院在审查“帮拆”背景下公安机关履责类案件中，对公安机关是否履行法定职责，应当依据《110接处警工作规则》等规定对公安机关履责情况进行实质性全面审查，并保持不同诉讼中的审查立场协调统一。对生效判决错误认定公安机关履责标准的，检察机关应通过抗诉方式，监督人民法院依法再审，以更加刚性的司法判决促进公安机关接处警工作规范化、法治化，更好保护公民、法人或者其他组织的人身、财产安全。

2. 肖某等3人与河北省某市住建局行政裁判执行监督案

【关键词】

执行监督　工程建筑质量　跨区域一体化协作　社会治理

【案例简介】

2021年，某市某花园小区肖某等3名购房人先后以工程建筑质量不合格为由，起诉某市住房和城乡建设局不履行法定职责。法院生效判决责令某市住建局对“某房地产开发有限公司对某花园小区项目建设过程中出现严重质量问题后未经修复即强制交房等违法行为”履行监管职责。某市住建局怠于履行判决内容，肖某等3人向管辖地某区检察院申请执行监督。

为应对法院一审行政诉讼案件跨行政区域集中管辖现状，全市检察机关构建行政检察跨区域协作机制，争议地某市检察院协助管辖地某区检察院办理生效裁判执行监督案件。在上级检察院的指导下，某区检察院和某市检察院相互配合开展工作。某区检察院约谈肖某等人了解情况和诉求；某市检察院对接某市住建局，听取意见、查阅档案、实地走访，围绕诉求展开调查，确认某市住建局具备履行判决的客观条件和能力。在充分沟通的前提下，检察机关组织召开协调会，督促某市住建局迅速立案，已履行判决义务。肖某等3人对处理结果给予充分认可，主动撤回执行监督申请，行政争议得到实质性化解。

个案化解后，某市检察院经进一步调查发现，某市住建局未按照相关管理规定认真审查建设工程竣工验收备案材料，在工程质量监管和工程验收备案环节履职不当，影响了众多购房者的切身利益，导致此类行政诉讼案件多发、频发。针对住建领域暴露出的监管漏洞，某市检察院向某市住建局提出检察建议，督促其强化工程质量监督管理职责，维护人民群众切身利益。住建局十分重视，组织力量对近三年来的工程质量监管投诉台账和项目竣工验收档案进行“回头看”，检查全市23个小区，发现问题小区6个，涉及17栋楼，修复问题29处。

【意义】在行政诉讼管辖制度改革的大背景下，检察机关创新构建行政检察跨区域协作机制，通过“行政争议发生地检察院＋行政诉讼管辖地检察院”联动模式，实现信息共享、协同办案，监督行政机关及时履行判决义务，有力保障了司法公信力和权威性。同时拓展监督视野，以个案为切入点，以数据为支撑，以检察建议为载体，开展类案监督，以“我管”促“都管”，推动住建领域普遍性问题解决，维护人民群众切身利益，促进社会和谐稳定，实现案结事了政和。

3. 吉林省某市检察院督促医保局落实见义勇为医疗保障制度案

【关键词】

检察建议　见义勇为　医疗保障　司法救助

【案例简介】

2021年8月，某市居民丁某某（73岁）发现犯罪嫌疑人程某某用刀攮伤邱某某，挺身而出、主动施救邱某某也被犯罪嫌疑人程某某用刀刺成重伤。2021年11月，经某市见义勇为评审委员会审议，确认丁某某的行为为见义勇为。犯罪嫌疑人案发后死亡，其没有财产可供赔偿。丁某某受伤后，花费近10万余元，多次在医院治疗。丁某某家属几次向某市医保中心申请报销医疗费用，医保中心因丁某某的伤情是第三人加害且无法向第三人追偿不符合医保报销条件，对其医疗费用未予报销。

某市检察院在开展“全面深化行政检察监督依法护航民生民利”专项活动中发现该案线索，认为市医保局作为辖区内社会保险管理部门，可能存在履行职责不到位的情形，遂启动行政检察监督程序。某市检察院审查认为，根据国务院办公厅转发民政部等部门《关于加强见义勇为人员权益保护的意见》，见义勇为负伤人员，因紧急救治发生的医疗费用，无加害人或责任人以及加害人或责任人逃逸或者无力承担的，应按规定通过基本医疗保障制度解决。本案中，丁某某见义勇为后身受重伤，花费近10万余元。犯罪嫌疑人案发后死亡，其没有财产进行赔偿。某市医保局应当落实对其医疗保障措施。遂向某市医保局提出检察建议，并进行公开宣告送达，建议其健全完善医疗保障制度机制，及时报销本案见义勇为人员医疗费用。

为推动检察建议的落实，某市检察院召开公开听证会，邀请人大代表、政协委员等参加听证会并发表意见。与会人员一致认为，医保局应当落实国家对见义勇为人士的保障措施政策，及时为本案见义勇为的老人报销医疗费用。医保局表示采纳检察机关的意见，立即研究落实检察建议内容。

承办检察官帮助老人整理医疗费用票据，积极与医保中心进行联系，督促医保部门尽快报销医疗费用发放到丁某某手中，实现救急救早。某市检察院考虑到丁某某年事已高，后续需要多次到医院治疗，仅靠退休工资无力支付养老院费用和治疗费用，遂帮助丁某某依法申请司法救助，给予司法救助金2万元。

【意义】

国家对公民在法定职责、法定义务以外，为保护国家利益、社会公共利益和他人人身、财产安全挺身而出的见义勇为行为，依法予以保护，对见义勇为人员的合法权益，依法予以保障。落实见义勇为人员权益保护的政策措施，包括对于加害人无力承担的医疗费用，国家要按规定通过基本医疗保障解决的制度。检察机关通过制发检察建议督促行政机关落实见义勇为人员权益保护的政策措施，弘扬社会主义核心价值体系，倡导良好社会风尚。

4. 严某等诉上海市及某区规划和自然资源局撤销验收合格证监督案

【关键词】

竣工规划验收　停车位　一揽子化解　检察建议

【案例简介】

2017年3月，严某及严某某共同购买了某联排别墅，后上海某区规划资源局作出建设工程竣工规划验收合格证。2018年10月，严某二人收房后，发现地下室入户门的出行通道被设置成停车位，妨碍正常进出。严某二人要求撤销验收合格证被行政机关拒绝，申请复议被维持后提起行政诉讼。上海某区法院以验收合格证属于涉及业主共有利益的行政行为，严某二人仅以自己的名义提起诉讼不具备原告资格为由，裁定驳回起诉。严某二人提出上诉、申请再审均未获支持，遂向上海市检察院某分院申请行政检察监督。

检察机关审查认为，本案实质是随着人民生活水平提高，家用汽车普及，人们对住宅小区规划建设提出了更高的安全性、便捷性要求。本案中，法院生效裁定以严某二人不具有行政诉讼主体资格为由驳回起诉，《最高人民法院关于适用〈中华人民共和国行政诉讼法〉的解释》第十八条规定业主委员会可以自己的名义提起诉讼，但并不意味着当业主专有部分合法权益受到损害时，业主就不能以自己的名义提起诉讼，《民法典》关于业主建筑物区分所有权的保护价值应当溢出到公法。考虑到严某二人的实质诉求是解决“堵门”问题，即使抗诉也难以解决当事人之间的争议，还可能对业主办理产权证书带来不利影响，同时了解到严某二人因车位堵门拒交物业费引发物业纠纷，正向某区检察院申请民事检察监督，分院决定与区院合力一揽子化解“行民”争议。最终严某二人与开发商、物业公司达成和解协议，以优惠价格购得堵门车位，撤回行政、民事监督申请。行政机关、相关企业还采用本案争议化解方案解决该小区类案诉讼。同时，检察机关依靠勘查获取的数据、向建设部国家标准制定专家及最高检专家库成员咨询获取的专家意见，针对地方性城市停车规范标准滞后于人民群众现实新需求的情况，向行政机关发出检察建议并抄送相关单位，建议提升停车库设计合理性与安全性，提高技术标准规范，均获得采纳及落实。

【意义】

当行政行为因规范性文件的滞后，已经不能满足人民群众日益增长的新需求时，检察机关应当充分发挥行政监督职能，既要探索何种方式能获得案件办理的最佳政治效果、法律效果、社会效果，通过一揽子化解行民争议，解决老百姓家门口的“出行困难”问题；同时也要挖掘《民法典》

的公法价值，推进国家治理体系和治理能力现代化，通过检察建议促进行政机关提高规范性文件制定标准。

5. 江苏省南通市检察机关促进问题企业注销登记专项治理案

【关键词】

恶意注销　大数据赋能　系统监督　社会治理

【案例简介】

南通市检察机关在办理江阴某金属矿砂公司安全生产违法非诉执行监督案、南通市某磷肥厂环境违法非诉执行监督案等一系列“恶意注销”案件中，发现问题企业通过注销登记逃避法律责任问题存在于行政处罚、行政非诉执行程序，以及刑事诉讼、民事诉讼、仲裁、执行等各个执法司法环节，严重影响行政和司法权威，损害国家和社会公共利益。遂决定在全市范围内开展恶意注销专项监督。

南通市检察机关利用大数据赋能，对全市5000余条涉案企业注销数据及对应上万条法院裁判、执行文书、检察文书、行政处罚等信息进行数据碰撞、筛选，发现各类型案件线索141件。南通市检察机关发挥一体化履职优势，对发现案件线索逐一审查研判，通过交办、提办等方式精准监督，全市立案监督51件，发出执行监督检察建议22件，行政违法行为监督检察建议22件，审违检察建议5件，再审检察建议2件。

针对专项监督中重点领域治理漏洞，检察机关创设《企业涉案情况告知函》，函告涉案企业注册地行政审批部门企业涉案信息，提醒及时关注涉案企业重大事项变更情况。通过召集辖区行政执法及行政审批部门召开联席会议、会签文件、向党委政府专项报告等形式，堵塞恶意注销漏洞，推进社会治理。

【意义】

商事登记制度改革是优化营商环境的重要举措，但少数问题企业却意图通过注销登记以逃避法律责任履行，扰乱了市场经济秩序。检察机关依法精准监督，有效规制企业“恶意注销”行为，维护国有资产及第三人合法权益。案件办理中树立系统思维，坚持从个案监督、类案监督到社会治理的履职路径，立足个案办理经验，梳理研判“恶意注销”多发易发环节，通过大数据赋能，高效整合挖掘监督线索，推动实现专项监督。通过穿透式监督发现社会治理难点堵点和执法司法“病灶”，抓实溯源治理。通过联席会议、会签文件、专题报告等多种形式，推动恶意注销专项治理，优化法治化营商环境，营造诚实守信社会氛围。

6. 何某某诉浙江省某市某区人社局工伤认定监督案

【关键词】

工伤认定　跟进监督　新入职劳动者权益保护

【案例简介】

2019年5月10日，何某某入职某公司从事水电工岗位，公司未为其办理社会保险。5月13日下午，何某某从公司出发去购买安装公司洗脸盆所需的下水弯头，其驾驶电动自行车路经某路口时摔倒，致脑部等多部位受伤。何某某向某市某区人社局申请工伤认定，该局作出不予认定工伤决定书。何某某不服提出行政诉讼，请求判令撤销该决定书。某区法院一审认为何某某所提证据不足以证明其所受伤害系工伤而驳回其诉讼请求。何某某未在规定期限内提出上诉，一审生效后何某某不服判决结果，向某市中级法院申请再审亦被驳回。

何某某向某区检察院申请监督。该院经审查后认为何某某系在工作时间获公司授权后外出购买物料，摔伤路段也处于合理路线之内，符合工伤情形，某区人社局对何某某不予认定工伤错误。某区检察院向区法院提出再审检察建议，但区法院未采纳。某区检察院遂向某市检察院提请抗诉。某市检察院经审查，依法向某市中级法院提出抗诉。某市中级法院指令某区法院再审。

因何某某的实质诉求是要求赔偿，某区检察院同步开展行政实质性化解工作，联合法院与某区人社局、企业沟通协调，引导企业与何某某在再审过程中达成和解协议，企业依法支付赔偿款。考虑到何某某因工伤事故劳动能力下降，且妻残子幼，生活困难，检察机关依法为其申请司法救助。何某某撤回监督申请。2022 年 9 月 2 日，某区法院依法裁定终结本案诉讼。

针对本案反映出的新招聘尚未参保、短期灵活用工等人员因客观原因有时难以获得充分社会保障支持，尤其是在工伤中权益无法得到及时保障的情况，某区检察院与法院、司法局、人社局签订《关于在涉劳动关系检察工作中加强共同调处与协作支持的意见（试行）》，就如何实质化解争议、避免“程序空转”、加强治理堵漏等达成共识。

【意义】

对于人民法院未采纳再审检察建议，处理错误的，检察机关应当提请上级人民检察院监督。上级人民检察院认为下级人民检察院提请抗诉理由成立的，应当向同级人民法院提出抗诉。同时，坚持以抗促和的办案理念，综合运用释法说理、法律援助、司法救助等措施，推进行政争议实质性化解。对案件办理过程中发现的新招聘尚未参保、短期灵活用工等人员难以获得充分社会保障问题，与相关行政机关建立长效机制，有效保障该类人员的权益。

7. 施某甲（郭某）诉福建省某市政府颁证行为监督案

【关键词】

起诉期限　撤销国有土地使用证　行政争议实质性化解

【案例简介】

郭某的母亲施某甲因祖遗内地房产被母胞弟施某乙私占（以上均为中国香港居民），提起民事诉讼胜诉获判各自按份继承。但登记部门以案涉房产《房屋所有权证》与《国有土地使用证》上记载的权利主体不一致等原因，不予办理变更登记。施某甲起诉至法院，分别诉请撤销某市政府于 1992 年 3 月颁发的《国有土地使用证》、于 1994 年 4 月颁发的《房屋所有权证》。两起案件均因超过最长 20 年起诉期限，被某市中级法院驳回起诉，上诉、再审均未获支持。施某甲在行政诉讼期间过世。案涉房产纠纷历经 15 次民事、行政诉讼及刑事自诉，多年信访上访，长达近 30 年的争议依然处于“程序空转”。

福建省检察院受理监督申请后，经审查认为，案件确已超过最长 20 年起诉期限，法院裁定驳回起诉并无不当，但为切实维护申请人的合法权益，避免“程序空转”，检察机关决定开展行政争议实质性化解工作。经调查核实查明，施某乙存在故意隐瞒真实情况以独子身份骗取登记机关错误将案涉房产的《国有土地使用证》登记到其名下的事实（登记机关始终未曾发现该骗证事实）。在充分查清事实真相基础上，福建省检察院注重从解决历史遗留问题而非追责的角度与行政机关开展沟通协调，通过从法理、事理、情理上分析论证，最大限度争取共识。据此，福建省检察院于 2020 年 7 月 6 日向某市自然资源和规划局发函，建议该局依法对案涉《国有土地使用证》及权属登记予以纠正。同时，福建省检察院持续督促和协助自然资源主管部门开展调查复核、公开听证、法理论证等自我纠错工作，先后召集省、市、区三级自然资源主管部门及某市不动产登记中心召开 5 场协调会和论证会，解决了一系列法律适用问题。经过 3 年跟踪推进，最终促成登记机关决定撤销案涉《国有土地使用证》，实质性解决了近 30 年的错误登记颁证问题。郭某从香港来电和来信，对该处理结果表示满意和感谢，书面申请撤回对两个案件的监督申请。

【意义】

检察机关对于因超过起诉期限、维权陷入困

境的行政诉讼监督案件，不能只满足于程序结案、形式正确，而要坚持以人民为中心的立场，充分发挥法律监督职能，依法监督纠正错误行政行为，解决群众合法合理的诉求。检察机关运用“穿透式”办案方式，针对迄今近30年的登记颁证行为，在查清事实的基础上，引导登记机关自我纠错，并坚持跟踪推进，最终实质性解决争议，消除了权利人进一步申请颁证的障碍，解决困扰申请人多年的揪心事，也增强了申请人对内地司法公正的信心，实现政治效果、社会效果和法律效果的有机统一。

8. 苏某诉山东省某市房管局、赵某房屋行政登记监督案

【关键词】

再审检察建议　公房租赁　主体资格　住房保障

【案例简介】

1996年某区房产管理局为苏某办理了涉案房屋《公房租赁证》。1999年赵某伪造申请材料对涉案房屋进行产权调换，并获取了某市房产管理局为其颁发的《房屋所有权证》。2008年赵某提起民事诉讼要求涉案房屋的承租人苏某腾房，苏某始得知其租住的公有房屋已被赵某违法获取，遂以某市房产管理局为被告、赵某为第三人提起行政诉讼，要求依法撤销某市房管局为赵某颁发的《房屋所有权证》。某区法院以苏某与被诉行政行为不具有法律上的利害关系，依法不具有原告主体资格为由，裁定驳回起诉。苏某不服，提出上诉。某市中级法院二审驳回上诉，维持原裁定。苏某向检察机关申请监督。

山东省某市检察院依法受理并经调查核实查明：涉案房屋一直由苏某租住。在对涉案房屋进行产权调换过程中，赵某伪造申请材料、相关部门为赵某出具了明显与事实不符的房屋使用权人证明。审查认为，苏某作为涉案房屋合法承租人，具有提起本案行政诉讼的原告主体资格。某市房管局为赵某颁发《房屋所有权证》的行政行为缺乏事实根据，依法应予撤销。据此，山东省某市检察院向市中级法院发出再审检察建议。2018年该院采纳检察建议，裁定撤销原裁定，指令某区法院继续审理。区法院一审判决确认某市国土资源局（房产管理局的房产登记职能已转入国土资源局）为赵某颁发涉案房屋所有权证的行政行为违法。赵某提出上诉，市中级法院判决维持。

因赵某在本案再审过程中与第三人李某恶意串通签订房屋买卖合同，将涉案房屋转移登记至李某名下，李某为购买涉案房屋向某银行贷款，并办理了该房屋的抵押登记手续，2020年起苏某又先后提起民事诉讼、行政诉讼。诉讼过程中，检察机关及时将该案涉及违法处置公租房的事实与法院进行充分沟通。2022年法院判决撤销了李某对涉案房屋的不动产权证书。某区住房和城乡建设局（某区房管局并入该局）重新为苏某办理公房租赁证，苏某补缴自房屋涉诉以来的租赁费。

苏某继续要求对涉案房屋进行房改。为督促行政机关依法履行职责，推动苏某对涉案房屋进行房改的合法诉求及早实现，2022年某区检察院向某区住建局发出检察建议，建议其依法及时履行公房管理职责，根据相关政策规定，对承租人苏某的房改要求进行审查，推动问题合法合理、公平公正解决。区住建局回函表示，经初步审查已将苏某房改手续上报某市住建局审批。某市住建局经审查认为，在某银行对涉案房屋的抵押权登记撤销前，房改程序无法继续进行。苏某又提起行政诉讼要求撤销抵押权登记。在该案法院诉前和解阶段，经两级检察机关多方沟通协调并向某银行发出社会治理检察建议，最终促成银行主动申请撤销了涉案房屋的抵押权登记，彻底消除了苏某办理房改的障碍。苏某对该案撤回起诉。

【意义】

公房承租人对行政机关的颁证行为具有诉的利益，与该具体行政行为存在法律上的利害关系。检察机关通过开展行政裁判结果监督，纠正法院确有错误的生效裁判，依法维护当事人合法权益。

一些行政诉讼案件中，即便错误的裁判结果得以纠正也无法实现对当事人合法权益的全面保护。检察机关通过对涉诉行政行为及关联行政行为的合法性进行审查，并对与所办案件相关的一系列诉争进展情况保持跟进，发挥一体化办案优势，依法能动运用检察监督方式和手段，确保当事人受损的合法权益得到全面救济，推动行政争议实质性化解，将国家住房保障政策落到实处。

9. 任某诉湖南省长沙市某街道办事处行政强制监督系列案

【关键词】

行政强制　专家论证　行政争议实质性化解

【案例简介】

涉案房屋登记在长沙原某运贸公司名下，该公司2001年改制，2007年3月经破产程序后注销。2017年，因涉案房屋位于饮用水水源保护区，政府拟对涉案房屋拆除并制定补偿政策，任某等6户自称涉案房屋的公房承租人，不满1170元每平方米的补偿标准，双方未能签订协议。2018年9月，涉案房屋被长沙市某街道办强制拆除。任某等6户诉至法院，要求确认涉案拆除行为违法。一审认为任某6户无证据证明是公房承租人，亦非产权人，在涉案房屋上亦无重大添附，其并非涉案行政行为利害关系人，遂裁定驳回起诉。任某等6人上诉、申请再审均未获支持，遂向某市检察院申请监督。

某市检察院调查中取得涉案企业长沙原某运贸公司留守处人员胡某的证言等证据，证明涉案房屋曾作为公房分配给任某等人居住，遂提请省检察院抗诉。省检察院经调查核实查明：涉案企业改制时明确了企业资产优惠售卖，对职工住房问题全部解决到位。涉案房屋因水毁严重，破产时经评估已无使用价值，不属于优惠售卖范围，被废弃搁置。涉案房屋所在土地也被某市政府收回，企业与员工之间不再有承租关系。申请人要求按照公房承租人的标准予以补偿没有事实与法律依据，法院裁定正确，遂依法作出不支持监督决定。为实质性化解行政争议，承办检察官多次组织双方当事人和谈，召开专家论证会，加入申请人微信群持续5个月24小时在线答疑解惑，上门组织申请人学习讨论类案，最终帮助申请人认清案件法律关系，按照原搬迁政策签订了和解协议。对其中一位生活特别困难又无住房的申请人，依政策为其申请了公租房和3万元困难补助。涉及6户40人持续了4年的6个案件画上圆满句号。申请人和政府工作人员均表示，通过检察机关的办案，既有“满满的收获”，又受到了“法律的洗礼”。

【意义】

检察机关在化解争议的同时要引导当事人树立法治意识，为建设社会主义现代化的法治国家贡献检察力量。一方面对于正确的生效裁判，要依法支持，为司法大局服务。另一方面要通过多种措施，用真心、真情贯彻落实“谁执法谁普法”工作，让申请人感受到司法的温度，更感受到法律的权威，并相信法律、自觉遵守法律，服从正确的裁判，息诉息访，安居乐业，真正实现案结事了政和。

10. 广东省某市交通运输局申请执行违法运营行政处罚决定监督案

【关键词】

行政处罚　冒用身份信息　线索移送　检察一体化

【案例简介】

2016年8月22日，某市交通运输局针对何某违法从事载客业务行为作出罚款三万元的行政处罚决定，向甲区法院（集中管辖）申请强制执行。甲区法院裁定准予强制执行。乙区法院于2018年10月29日作出执行通知书，要求何某履行义务并冻结其相关银行账户。2019年12月31日，何某向甲区法院提起行政诉讼，请求撤销行政处罚决定。甲区法院以“诉讼标的已为生效裁判或者调解书所羁束”为由裁定不予立案。何某向甲区检察院申请监督。

甲区检察院依法受理。经调取2013年何某的驾驶证档案、补证档案及车辆行驶证档案、被处罚时执法人员所登记的证件信息等发现，上述材料与何某本人提供的相关证件记录明显不同，也与何某2013年以前档案材料所记载的不一致。经调查，发现何某身份证件被王某冒用。甲区检察院主动向市院汇报，获得指导与支持，同时向有关部门移送线索。经有关部门核查，市车管所经办民警在办理何某机动车驾驶证遗失补证业务过程中，审核把关不严，导致王某通过提交虚假资料补领了非何某本人照片的机动车驾驶证。本案系王某用自己的照片和何某的姓名、住址、身份证号码等信息，以证件遗失补办的方式向市车管所申请办理驾驶证供自己使用，因违法运营被处罚。公安机关对王某涉嫌使用虚假身份证件、盗用身份证件立案侦查。2021年11月24日，某市丙区法院对王某犯使用虚假身份证件罪，判处拘役三个月，缓刑六个月，并处罚金人民币一千元。案发后，被告人王某已赔偿何某并取得其谅解。基于已查清事实，甲区检察院认为，市交通运输局行政处罚决定认定违法主体错误，依法应当撤销。2021年12月9日，甲区检察院向甲区法院发出检察建议书，要求对本案行政非诉执行审查裁定的错误依法予以纠正。2022年5月5日，甲区法院撤销准予执行裁定。甲区检察院继续跟进该案，督促市交通运输局撤销对何某的行政处罚，而改为对王某的违法行为作出行政处罚。王某已交纳全部罚款。乙区法院终结强制执行程序，解除对何某账户的查封和限制高消费措施，将其从失信人员名单中删除。

【意义】

检察机关在履行行政非诉执行监督职责中，因应法院集中管辖，强化上下一体联动、一体履职。发挥行政检察“一手托两家”作用，充分运用行政违法行为监督、违纪违法线索移送等方式，协同联动，形成监督合力，实现一案多查，切实提升监督质效。通过依法制发检察建议，持续跟踪问效，督促行政机关和人民法院依法履职，维护行政相对人合法权益。

（载中华人民共和国最高人民检察院网）

第七章　公安部

第一节　工作动态

1月5日

公安部党委书记、分管日常工作的副部长王小洪主持召开公安部党委会暨理论学习中心组学习（扩大）会议

传达学习习近平总书记在中共中央政治局党史学习教育专题民主生活会上的重要讲话精神、关于党史学习教育的重要指示和党史学习教育总结会议精神，2022年新年贺词和在全国政协新年茶话会上的重要讲话精神，在北京考察2022年冬奥会、冬残奥会筹办备赛工作时的重要讲话精神，研究贯彻落实意见。

中央党史学习教育第十一指导组有关同志到会指导。部机关局级单位主要负责同志和驻部纪检监察组、国家移民管理局有关负责同志列席会议。

1月14日

公安部在京召开新闻发布会，通报公安部党委深入贯彻落实习近平总书记重要指示精神，紧密结合党史学习教育和公安队伍教育整顿，扎实开展"我为群众办实事"实践活动，部署全国公安机关开展"净网2021"专项行动的工作举措和取得的成效等情况

公安部网络安全保卫局政委孙劲峰，副局长李彤，二级巡视员孔长青，北京市公安局网络安全保卫总队政委李树启介绍有关情况，并回答提问，公安部新闻发言人贾俊强主持。

贾俊强还通报了近期公安机关开展疫情防控工作情况。针对近期天津、河南等地新冠肺炎疫情形势，公安部党委高度重视，要求相关地方公安机关把疫情防控作为当前工作的重中之重，充分发挥职能作用，全力维护疫情发生地区的医疗隔离秩序，积极配合做好人员隔离转送、社区监测防控等工作，依法严厉打击各类妨害疫情防控的违法犯罪活动，全面加强社会面整体防控，全力以赴做好疫情防控和维护社会安全稳定各项工作。

1月17日

全国公安厅局长会议在京召开，国务委员、公安部部长赵克志出席并讲话

会议指出，习近平总书记就政法工作作出重要指示，充分肯定了过去一年政法工作取得的成绩，明确提出了当前和今后一个时期政法工作的目标任务，为做好新时代政法工作提供了根本遵循。刚刚结束的中央政法工作会议就学习贯彻习近平总书记重要指示精神、做好今年政法工作作出了全面部署。我们要紧密结合公安工作实际，认真抓好贯彻落实。

公安部党委书记、分管日常工作的副部长王小洪主持会议。在京部党委委员孙新阳、杜航伟、许甘露、冯延、陈思源出席会议。中央和国家机关有关部门负责同志应邀出席会议。会议以电视电话会议形式开至县级公安机关。

2月6日

截至2月6日22时，春节期间，全国公安机关和广大公安民警忠诚履职，186场大型活动全部安全顺利举办

春节期间，全国公安机关和广大公安民警深入学习贯彻习近平总书记在春节团拜会上的重要讲话精神，精心组织、周密部署，团结奋斗、忠诚履职，统筹做好春节、冬奥安保、疫情防控和维护社会稳定工作，确保人民群众在平安祥和的氛围中欢度新春佳节，确保北京冬奥会开幕式和各项赛事安全顺利举行。

2月15日

国务委员、公安部部长赵克志在京主持召开打击治理跨境赌博工作第四次专题会议，研究部署今年打击治理工作

会议指出，2021年，在以习近平同志为核心的党中央坚强领导下，我们继续采取最严厉的措施打击治理跨境赌博犯罪，集中开展系列专项行动，系统治理涉赌黑灰产问题，摧毁了一批特大跨境赌博团伙在我境内招赌吸金网络，侦破了一批重大案件，打击治理工作整体呈现压倒性态势，成为近年来打击力度最大、治理效果最明显的一年。随着打击治理力度空前加大，跨境赌博犯罪集团遭受重创，但其生存土壤尚未彻底铲除。要不断提高政治判断力、政治领悟力、政治执行力，深刻认识、准确把握打击治理跨境赌博工作面临的新形势新特点，始终保持严打严防严管严控态势，扎实抓好今年打击治理跨境赌博各项工作措施的落实，不断推动打击治理工作取得新成效新突破。

公安部副部长林锐通报了有关工作情况。中央和国家机关有关负责同志出席会议并作了发言。公安部有关单位主要负责同志参加会议。

2月28日

全国公安机关“昆仑2022”专项行动动员部署视频会议召开，公安部党委委员、副部长杜航伟讲话

会议强调，要认真学习贯彻习近平总书记重要指示精神，按照公安部党委部署要求，切实增强工作责任感紧迫感，深入开展“昆仑2022”专项行动，依法严厉打击食药环和知识产权犯罪，努力为党的二十大胜利召开创造安全稳定的政治社会环境。

3月2日

全国公安机关打击拐卖妇女儿童犯罪专项行动动员部署电视电话会议召开，部署打击拐卖妇女儿童犯罪专项行动，切实维护妇女儿童合法权益，坚决维护国家政治安全和社会稳定，以实际行动迎接党的二十大胜利召开

公安部要求，要集中摸排一批线索，特别是对来历不明的流浪乞讨、智力障碍、精神疾病、聋哑残疾等妇女儿童要全面摸排，确保底数清、情况明。要深化“百万警进千万家”活动，会同社区、街道和村组深入群众家庭，走访福利院、救助管理机构等，全面梳理排查侵害妇女儿童权益线索，重点排查疑似被拐人员，充分发挥民政、卫健、妇联等部门职能优势，在福利救助、卫生健康服务、走访慰问等工作中及时发现拐卖犯罪线索。要建立健全举报机制，广泛发动群众揭发检举涉拐线索。对疑似被拐人员和寻亲人员，要第一时间采集DNA等信息，加强信息研判，为专项行动提供有力支撑。

民政部、国家卫健委、全国妇联有关部门负责同志就拐卖受害人救助、安置、关爱等工作提出了工作要求。

3月24日

打击整治枪支爆炸物品违法犯罪部际联席会议第四次全体会议暨全国专项行动推进会在京召开，国务委员、公安部部长、部际联席会议总召集人赵克志出席并讲话

公安部副部长、国家移民管理局局长许甘露主持会议，并通报了2021年专项行动工作情况，对公安机关深入推进专项行动作了安排。中央网信办、海关总署、国家邮政局等部门负责同志和浙江、福建、云南等地联席会议主要负责同志在会上作了发言。部际联席会议成员单位分管负责同志和有关司局负责同志在主会场参加会议。各省区市联席会议成员单位和相关部门负责同志在分会场参加会议。

4月1日

国务委员、公安部部长赵克志在京应邀以视频形式出席巴基斯坦第二届“伊斯兰堡安全对话”高级别闭门会并作主旨发言

赵克志表示，面对当前复杂动荡的国际和地区安全形势，习近平主席提出的共同、综合、合作、可持续的新安全观，对解决好亚洲安全问题具有重大现实意义和时代价值。中方愿积极倡导、坚定践行新安全观，与各方一道，携手应对各类安全风险挑战，共同维护亚洲地区安全稳定，推动构建普遍安全的人类命运共同体。

4月2日

在公安部统一部署指挥下，北京、天津、河北等15个省区市公安机关同步开展收网行动，依法严厉打击为电信网络诈骗搭建固话语音专线的犯罪团伙。截至4月2日，共抓获违法犯罪嫌疑人610余名，缴获电脑、语音网关等作案设备5100余台，集中收网行动取得阶段性成效

经查，今年以来，全国共发生利用固定电话号码实施的电信网络诈骗案件5200余起，涉案金额高达5亿元，危害十分严重。公安部对此高度重视，立即部署上海公安机关开展深入研判、精准打击。经深挖扩线，公安机关共拓展发现涉案线索4300余条，涉及全国31个省区市。为坚决打击此类违法犯罪、斩断电信网络诈骗犯罪链条，公安部会同工信部于近日进行专项部署，组织各地公安机关和工信部门迅速行动、重拳出击，集中开展收网行动。北京、天津、河北等15个省区市公安机关成功抓获了一批违规代理商工作人员及与境外诈骗团伙勾连人员，打掉了一批违法犯罪窝点，狠狠打击了电信网络诈骗分子及黑灰产关联犯罪团伙的嚣张气焰。

公安部有关负责人表示，公安机关将始终保持对电信网络诈骗犯罪的高压严打态势，继续会同相关行业主管部门，紧盯此类犯罪新动向、新特点，多措并举、以打开路，坚决遏制电信网络诈骗犯罪多发高发态势，切实维护人民群众财产安全和合法权益。

4月6日

公安部部署全国公安机关开展缉捕在逃境外经济犯罪嫌疑人“猎狐2022”专项行动

“猎狐2022”专项行动是中央反腐败协调小组国际追逃追赃和跨境腐败治理工作办公室部署开展的“天网2022”行动的重要组成部分。公安机关将按照部署要求，全力缉捕各类外逃经济犯罪嫌疑人，通过多种方式拓展追赃渠道，协助纪检监察部门开展对外逃职务犯罪嫌疑人的追逃追赃工作，配合中国人民银行继续开展预防、打击利用离岸公司和地下钱庄向境外转移赃款专项行动，加大反洗钱力度。

据了解，在去年开展的“猎狐2021”专项行动中，公安机关抓获一大批外逃经济犯罪嫌疑人，追赃约14亿元。公安部有关负责人表示，公安机关将坚决贯彻落实十九届中央纪委六次全会精神，深入开展“猎狐 2022”专项行动，始终保持追逃追赃高压态势，全力服务反腐败工作，切实维护国家利益和国家安全，以实际行动迎接党的二十大胜利召开。

4月19日

全国公安机关打击整治养老诈骗专项行动部署会召开。会议强调，各级公安机关要依法严厉打击整治养老诈骗违法犯罪，切实维护老年人合法权益，以实际行动迎接党的二十大胜利召开

公安部指出，要广泛发动群众，强化部门协同，及时发现核查处置养老诈骗违法犯罪线索。要紧抓以提供“养老服务”、投资“养老项目”、销售“养老产品”、宣称“以房养老”、代办“养老保险”、开展“养老帮扶”等为名，实施诈骗、集资诈骗、非法吸收公众存款、组织领导传销活动、合同诈骗、制售伪劣商品和生产、销售、提供假药、劣药等侵害老年人财产权益的各类违法犯罪活动为重点，深入开展破案攻坚，追捕在逃犯罪嫌疑人。要挂牌督办一批案情重大、影响恶劣的大要案件，层层传导压力，压紧压实责任，推动破案攻坚取得实效。据了解，2017 年以来，全国公安机关共破获养老诈骗案件 4500 余起，抓获犯罪嫌疑人 1.1 万余名。

4月21日

全国公安机关北京冬奥会冬残奥会安全保卫工作总结表彰大会召开

国务委员、公安部部长赵克志主持并讲话。他要求，要深入学习贯彻习近平总书记重要讲话精神，总结冬奥安保工作经验，巩固拓展冬奥安保成果，扎实做好维护国家政治安全和社会稳定各项工作，以实际行动迎接党的二十大胜利召开。

5月18日

公安部“昆仑 2022”专项行动挂牌督办 76 起案件

为更好地发挥大要案件攻坚的引领牵动作用，专项行动开展以来，公安部“昆仑 2022”专项行动领导小组办公室先后分两批挂牌督办 76 起重大典型案件。

公安部要求，各地公安机关要切实提高政治站位，紧密结合“喜迎二十大、忠诚保平安”主题实践活动，加强组织领导，强化破案攻坚，密切部门协作，严格依法办案，深入开展侦查打击工作，为党的二十大胜利召开创造安全稳定的政治社会环境。

6月1日

中共中央政治局委员、全国人大常委会副委员长王晨在公安机关调研时强调，要深入学习贯彻习近平新时代中国特色社会主义思想，加快推进反电信网络诈骗立法，坚决打击遏制电信网络诈骗犯罪活动，切实维护人民群众切身利益

王晨指出，当前，电信网络诈骗犯罪活动形势依然严峻复杂，相关案件高发多发，在刑事犯罪案件中占据较大比重，呈现组织化、链条化、技术手段多变、跨境实施等特征，严重危害人民群众切身利益，影响社会和谐稳定，损害国家良好形象，是人民群众反映强烈的突出问题。要坚决贯彻以习近平同志为核心的党中央关于打击治理电信网络诈骗犯罪活动的决策部署，强化系统观念，注重源头治理、综合治理、全链条治理，总结“四专两合力”的工作经验，聚焦人民群众的“急难愁盼”，彻底扭转打不胜打、防不胜防的局面。要充分利用技术手段开展预警防范打击，进一步加强追赃挽损工作，积极推进国际执法合作，坚决打击跨境作案犯罪活动。要开展针对性宣传教育，推进反诈宣传进社区、进农村、进家庭、进学校、进企业。要加快立法进程，统筹发展和安全，集思广益，把各方面的立法建议吸收到正在审议的反电信网络诈骗法草案中，依法推动落实打防管控各项措施，压实金融、通信、互联网等行业监管主体责任。

6月8日

公安部扫黑除恶斗争领导小组工作会议6月8日召开，公安部党委委员、副部长杜航伟出席并讲话

会议强调，要深入贯彻落实习近平总书记重要指示精神和党中央决策部署，按照公安部党委和全国扫黑办第二次主任会议部署要求，紧紧围绕2022年常态化扫黑除恶“十件实事”，强化责任担当，忠诚履职尽责，持续深入推进常态化扫黑除恶斗争，以实际行动迎接党的二十大胜利召开。

2021年，全国公安机关持续保持对黑恶犯罪严打高压态势，共打掉黑社会性质组织190余个、恶势力犯罪集团1080余个，抓获犯罪嫌疑人1.7万名，破获各类刑事案件1.9万起，累计抓获涉黑恶目标在逃人员618名，有力巩固了扫黑除恶专项斗争成果。

6月13日

在公安部统一指挥下，北京、四川、湖南等31个省区市公安机关同步开展集中收网行动，依法严厉打击为电信网络诈骗提供新型“GOIP”通话服务的违法犯罪团伙

由于“简易组网GOIP”设备，普遍成为各类电信网络诈骗团伙拨打诈骗电话的作案工具。因此，公安部对此高度重视，部署北京、四川、湖南等地公安机关专题研究，深挖细查，逐步查清了犯罪分子作案手法和设备特点，迅速捣毁一批“简易组网GOIP”违法犯罪窝点，同时拓展研判出相关线索400余条，发现相关案件690余起，涉案金额4900余万元，涉及全国多个省区市。在掌握相关犯罪事实和证据基础上，公安部决定组织全国公安机关开展集群战役进行集中收网，全面彻底打掉新型“简易组网GOIP”违法犯罪团伙，坚决斩断这一关键犯罪链条，狠狠打击电信网络诈骗及黑灰产关联犯罪分子的嚣张气焰。截至6月13日，共抓获违法犯罪嫌疑人870余名，缴获“GOIP”设备2390余套、手机卡银行卡等作案工具1.8万张（台）。

6月22日

公安部通知，要求各地公安机关提高政治站位，强化责任担当，紧密结合“昆仑2022”等专项行动，依法严厉打击非法占用农用地、制售假劣农资等犯罪行为，全力维护国家粮食安全，以实际行动迎接党的二十大胜利召开

公安部要求，要按照“打源头、端窝点、摧网络、断链条、追流向”的要求，对制售假种子、假农资、假化肥等涉农资犯罪快侦快办、深挖彻查，依法严惩。要坚持网上网下结合，及时发现搜集制售假劣农资犯罪线索。要针对农资犯罪受害个体分散、单个案值不大的特点，特别是农资“忽悠团”流窜作案特点，加强组织协调，统一指挥、集中行动，坚决斩断犯罪链条。

公安部要求，要加强同自然资源、农业农村、市场监管等部门的协作配合，加强行刑衔接，推动源头治理，切实形成工作合力。要加强宣传引导和法治宣传教育，以案说法、以案释法，提高农民群众防范意识，警示和震慑犯罪。

6月28日

按照公安部统一部署，全国公安机关紧密结合夏季治安打击整治“百日行动”，深入推进打击整治养老诈骗专项行动，截至6月28日，已成功破获侵害老年人权益案件7880余起，抓获违法犯罪嫌疑人17510余名，打掉违法犯罪团伙1040余个，为人民群众挽回经济损失84亿余元，取得明显阶段性成效

工作中，各地公安机关注重加强宣传防范，灵活运用面对面宣讲、发放宣传资料、大喇叭广播等形式开展防范知识宣传，提高老年人识骗防骗能力，最大限度挤压诈骗分子“行骗空间”。通过公开举报电话、举报信箱和深入辖区走访等方式，广泛发动群众举报，不断提高线索发现能力。针对侦办工作中发现的监管漏洞，推动加强源头治理和行业监管，最大限度预防减少案件发生。贵州公安机关对涉及养老产业的企业进行全面排查，对相关线索进行深入分析研判。重庆公安机关结合反诈宣传工作，充分发挥基层社区力量，对老年人“点对点”发布风险提示和预警信息，取得良好效果。

7月31日

公安部党委决定，组建10个督察组，从7月下旬到9月底对全国省级公安机关“百日行动”开展全覆盖专项督察

根据部署，督察组深入天津、湖南、青海、宁夏等地公安机关，对夏季治安打击整治“百日行动”开展情况进行严格专项督察，要求提高政治站位，全力推动“百日行动”各项要求不折不扣落到实处、取得实效。

8月5日

全国打击骗取留抵退税违法犯罪专项行动视频推进会召开，公安部党委委员、副部长陈思源，国家税务总局党委委员、副局长姚来英出席并讲话

会议强调，要深入贯彻党中央、国务院决策部署，进一步提高政治站位、强化底线思维、坚持问题导向，紧密结合夏季治安打击整治“百日行动”，以更坚决的态度、更精准的打击、更有效的举措，全力推进打击骗取留抵退税违法犯罪专项行动，以实际行动迎接党的二十大胜利召开。

8月9日

全面深化公安改革推进会在京召开，公安部党委书记、部长王小洪出席并讲话

会议强调，要深入学习贯彻习近平总书记重要指示精神和党中央决策部署，增强“四个意识”、坚定“四个自信”、做到“两个维护”，按照全面深化政法改革推进会部署要求，坚持政治导向、民意导向、实战导向、强基导向、法治导向，加快推进同警务体制改革相适应、相衔接、相配套的机制制度改革，推动各项公安改革系统集成、高度融合、协同高效，推动公安工作高质量发展，更好服务党和国家工作大局，以实际行动迎接党的二十大胜利召开。

8月10日

公安部组织指挥广东、河南、湖南等30个省区市公安机关同步开展为期一周的集中收网行动，成功打掉一批刷单类电信网络诈骗及提供返利收款、推广引流等服务的黑灰产犯罪团伙，共抓获违法犯罪嫌疑人1100余名，缴获手机、电脑等作案工具3000余个（台）

公安机关在工作中发现，为增强诈骗活动迷惑性、提高引流成功率，犯罪分子不断变换作案手法，引流方式从单一发布兼职广告向利用网络色情、免费领取礼品等多种方式转变，诈骗手法从传统购买商品、点赞返利向“做任务式”刷单、投资理财刷单演变。其中，“做任务式”刷单诈骗最为突出，犯罪分子通常打着“免费做任务得佣金”的幌子，吸引受害人尝试“做任务”，并在前期以小额返利骗取受害人信任，随后逐步诱导受害人下载诈骗APP进行垫资充值，在受害人提现时以“任务未完成”“卡单”等为由拒不支付受害人本金和佣金，甚至诱骗其追加投入更多资金，最终导致受害人血本无归。

公安机关提醒广大群众切实增强防范意识，不要轻信所谓的“兼职刷单”，不要点击、下载未知来源的网址链接和APP，谨防上当受骗。

8月17日

公安部制定出台服务经济社会发展助力稳住经济大盘重点措施

为深入贯彻党中央、国务院关于统筹推进疫情防控和经济社会发展的决策部署，落实“疫情要防住、经济要稳住、发展要安全”要求，充分发挥公安机关职能优势，更好地服务经济社会发展，助力稳住经济大盘，公安部目前制定并印发了2022年服务经济社会发展助力稳住经济大盘重点措施。

公安部要求，各地公安机关和各警种各部门要坚持围绕中心、服务大局，紧密结合工作实际，以“细致、精致、极致”的工作作风，细化措施、明确责任、有序推进、狠抓落实，确保各项重点措施取得实实在在的成效。

8月24日

公安部党委书记、部长王小洪主持召开公安部党委理论学习中心组学习（扩大）会议，专题学习习近平总书记关于政法工作的重要论述，并结合深入学习贯彻习近平总书记在中国人民警察警旗授旗仪式上的重要训词精神进行交流研讨

王小洪强调，要认真学习贯彻习近平总书记关于政法工作的重要论述，深入贯彻落实习近平总书记重要训词精神，增强“四个意识”、坚定“四个自信”、做到“两个维护”，牢牢把握对党忠诚、服务人民、执法公正、纪律严明总要求，忠实履行党和人民赋予的新时代使命任务，以维护安全稳定的实际行动迎接党的二十大胜利召开。

9月6日

国务院反拐部际联席会议联络员会议暨全国打拐专项行动推进会召开，反拐部际联席会议召集人、公安部副部长杜航伟出席并讲话

会议强调，要深入贯彻落实《中国反对拐卖人口行动计划（2021—2030年）》及其实施细则，提高政治站位，增强信心决心，依法严厉打击拐卖犯罪，深入推进反拐综合治理，坚决维护妇女儿童合法权益，以实际行动迎接党的二十大胜利召开。

最高法、最高检、民政部、国家卫健委、全国妇联有关部门负责同志在会上发言。安徽、贵州省公安厅有关负责同志作交流发言。

9月23日

公安部党委理论学习中心组学习习近平新时代中国特色社会主义思想辅导报告会在京举行，邀请中国社会科学院马克思主义研究院党委书记、副院长辛向阳作专题辅导。公安部党委书记、部长王小洪和在京部党委委员出席会议

部机关各局级单位主要负责同志，驻部纪检监察组、国家移民管理局负责同志和在京直属单位主要负责同志参加会议。部机关和垂管单位、在京直属单位以及国家移民管理局的其他党员干部通过电视电话会议系统和机关网络电视系统收听收看。

9月26日

为鼓舞士气、激励斗志，公安部近日发布命令，对全国公安机关夏季治安打击整治“百日行动”168个有功集体和个人予以表彰

命令指出，2022年6月下旬以来，全国公安机关牢固树立以人民为中心的发展思想，在公安部党委的领导和指挥下，全警动员、全力以赴开展夏季治安打击整治“百日行动”，狠抓防风险、保安全、护稳定各项措施落实，确保了社会大局安全稳定。行动期间，各级公安机关和广大公安民警讲政治、敢担当、善斗争，深入推进各条战线专项行动，全面落实打防管治各项措施，依法严厉打击各类违法犯罪活动，大力整治突出社会治安问题，及时化解安全风险隐患，有效净化了社会治安环境，有力提升了人民群众安全感和满意度，为捍卫政治安全、维护社会安定、保障人民安宁作出了重要贡献，为党的二十大安保维稳工作奠定了坚实基础。

9月29日

中国警察协会第二届理事会第三次常务理事会议在京召开，公安部党委书记、部长、中国警察协会会长王小洪出席并讲话

会议强调，要在深入贯彻深入研究习近平法治思想上形成合力，要在服务公安主责主业上形成合力，要在助推公安改革创新上形成合力，要在加强公安智库建设上形成合力。

中国警察协会副会长朱昌杰主持会议，副会长孙永波、刘杰、王惠敏、马耀权出席会议。会议听取了中国警察协会第二届学术委员会筹备工作情况汇报，审议通过了《中国警察协会学术委员会管理办法》，选举产生了中国警察协会第二届学术委员会全体委员和专家委员、主任委员、副主任委员，并为新当选的学术委员会专家代表颁发聘书。中国工程院院士邬江兴、广东警官学院教授廖广军作为学术委员会专家代表作了发言。中国警察协会秘书长、常务理事、监事和第二届学术委员会部分专家在主会场参加会议。来自省级公安机关、警察院校的学术委员会专家在各分会场参加会议。

10月14日

上海合作组织地区反恐机构理事会第三十八次会议在印度新德里市举行。中国公安部代表团和印度、哈萨克斯坦、吉尔吉斯斯坦、巴基斯坦、俄罗斯、塔吉克斯坦和乌兹别克斯坦主管机关及地区反恐怖机构执委会代表共同研究打击恐怖主义、分裂主义和极端主义合作事宜

会议总结了地区反恐怖机构理事会决议落实情况，并就下一步合作达成重要共识。会议通过了执委会工作计划和边防、网络反恐等方面的专门合作计划，决定2023年继续开展边防联合行动共同应对来自热点地区的恐怖主义威胁。各方将采取措施，加强上海合作组织成员国主管机关务实合作，提高执委会工作效率。各方就执委会组织、干部、财务以及完善成员国打击“三股势力”领域法律基础问题通过了一系列决议。

10月17日

来自公安系统的党的二十大代表陆续来到北京展览馆，参观“奋进新时代”主题成就展

参观“扎实推进法治社会建设”“建设更高水平的平安中国”“推进国家安全体系和能力现代化”等单元时，来自公安系统的党的二十大代表无不为过去十年公安机关为捍卫国家安全、维护社会安定、保障人民安宁取得的突出成绩而感到自豪。“接受了一次爱国主义的洗礼，又一次感受到了祖国的强盛伟大，也体味到祖国美好今天的来之不易。”党的二十大代表、云南省迪庆藏族自治州公安局森林警察支队政委兼德钦县羊拉乡副乡长、派出所党支部书记、所长顿珠培楚说。

10月23日

中共中央书记处书记、公安部部长、党委书记王小洪主持召开公安部党委（扩大）会议，认真传达学习党的二十大和党的二十届一中全会精神，研究贯彻落实意见

会议强调，要全面贯彻习近平新时代中国特色社会主义思想，深刻领悟“两个确立”的决定性意义，增强“四个意识”、坚定“四个自信”、做到“两个维护”，弘扬伟大建党精神，迅速兴起学习宣传贯彻党的二十大精神热潮，切实把习近平总书记重要讲话精神和党中央重大决策部署贯彻落实到公安工作各方面全过程，更好为全面建设社会主义现代化国家、全面推进中华民族伟大复兴保驾护航。

公安部机关局级单位主要负责同志和驻部纪检监察组、国家移民管理局有关负责同志列席会议。

11月16日

公安部、中央网信办、中央文明办、教育部、司法部、交通运输部、应急管理部、共青团中央联合发出通知，决定自即日起至年底，以"文明守法平安回家"为主题，共同组织开展第十一个122"全国交通安全日"主题活动

通知要求，要加强主题策划，丰富活动内涵，优先组织农村交通安全宣传，深化"美丽乡村行"交通安全巡回宣讲，推动交通安全纳入"文明村镇"创建。提高"一老一小"人群交通安全自护能力，精准组织"亮屏行动"，完善交通安全全媒体传播格局，推动交通安全文化和交通安全宣传纵深发展，发动企事业单位、专业机构、社会组织履行企业社会责任，在协同共建中不断提升全社会交通文明程度。

11月29日

公安部在全球公共安全合作论坛（连云港）首届大会开幕式上，举行了"长城纪念章"首次集体颁授仪式，为20位来自亚洲、欧洲、非洲、美洲有关国家的执法安全部门官员颁授了金质、银质长城纪念章"

公安部历来高度重视并积极推进与各国执法部门务实合作，许多国家执法警务人员在与中方开展反恐、禁毒、打击跨国犯罪、追逃追赃等国际警务合作中作出了重要贡献。为诚挚感谢外国执法警务人员等国际友人所作贡献，进一步巩固友谊、增进团结，参照国际通行做法，经批准，公安部设立了"长城纪念章"。"长城纪念章"分为金质、银质两级，为涉外荣誉性纪念。

12月28日

公安部印发通知，部署全国公安机关切实做好2023年元旦春节维护安全稳定工作

公安部要求，要紧盯人民群众反映强烈的突出治安问题，始终保持严打高压态势，坚决遏制一些违法犯罪多发势头，依法查处危害医疗秩序和借疫情防控哄抬物价、囤积居奇等行为。要准确把握岁末年初治安规律特点，紧密结合本地治安实际，因地制宜组织开展针对性强、见效快的专项打击整治行动。要坚持打防结合、专群结合，强化社会面整体防控，加大社会面警力投入，充分发动群防群治力量开展"平安守护"，加强繁华商业街区、学校幼儿园、医院、旅游景区等重点部位和人员密集场所巡防巡控，切实提高见警率、管事率，确保社会治安大局持续稳定。

12月29日

2022年，全国公安机关深入贯彻落实党中央决策部署，积极会同有关部门持续采取最严厉的措施打击治理跨境赌博犯罪，不断巩固扩大打击治理成果，取得明显成效

全年共侦办跨境赌博相关犯罪案件3.7万余起，打掉网络赌博平台2600余个、实体赌场1100余个，打掉非法支付平台和地下钱庄2500余个、非法技术服务团队1200余个、赌博推广平台1600余个，一大批犯罪嫌疑人被移送审查起诉。

公安机关将全面贯彻落实党的二十大精神，始终保持以最严厉的措施打击治理跨境赌博犯罪不动摇，全力铲除跨境赌博犯罪生存土壤，不断推动打击治理工作取得新成效，切实维护人民群众合法权益。

第二节　文告

1月11日

最高人民法院　最高人民检察院　公安部
关于依法惩治侵害英雄烈士名誉、荣誉违法犯罪的意见
公通字〔2022〕5号

各省、自治区、直辖市高级人民法院，人民检察院，公安厅、局，新疆维吾尔自治区高级人民法院生产建设兵团分院，新疆生产建设兵团人民检察院、公安局：

为依法惩治侵害英雄烈士名誉、荣誉违法犯罪活动，维护社会公共利益，传承和弘扬英雄烈士精神、爱国主义精神，培育和践行社会主义核心价值观，根据《中华人民共和国刑法》《中华人民共和国刑事诉讼法》《中华人民共和国英雄烈士保护法》等法律和相关司法解释的规定，制定本意见。

一、关于英雄烈士的概念和范围

根据英雄烈士保护法第二条的规定，刑法第二百九十九条之一规定的“英雄烈士”，主要是指近代以来，为了争取民族独立和人民解放，实现国家富强和人民幸福，促进世界和平和人类进步而毕生奋斗、英勇献身的英雄烈士。

司法适用中，对英雄烈士的认定，应当重点注意把握以下几点：

（一）英雄烈士的时代范围主要为“近代以来”，重点是中国共产党、人民军队和中华人民共和国历史上的英雄烈士。英雄烈士既包括个人，也包括群体；既包括有名英雄烈士，也包括无名英雄烈士。

（二）对经依法评定为烈士的，应当认定为刑法第二百九十九条之一规定的“英雄烈士”；已牺牲、去世，尚未评定为烈士，但其事迹和精神为我国社会普遍公认的英雄模范人物或者群体，可以认定为“英雄烈士”。

（三）英雄烈士是指已经牺牲、去世的英雄烈士。对侮辱、诽谤或者以其他方式侵害健在的英雄模范人物或者群体名誉、荣誉，构成犯罪的，适用刑法有关侮辱、诽谤罪等规定追究刑事责任，符合适用公诉程序条件的，由公安机关依法立案侦查，人民检察院依法提起公诉。但是，被侵害英雄烈士群体中既有已经牺牲的烈士，也有健在的英雄模范人物的，可以统一适用侵害英雄烈士名誉、荣誉罪。

二、关于侵害英雄烈士名誉、荣誉罪入罪标准

根据刑法第二百九十九条之一的规定，侮辱、诽谤或者以其他方式侵害英雄烈士的名誉、荣誉，损害社会公共利益，情节严重的，构成侵害英雄烈士名誉、荣誉罪。

司法实践中，对侵害英雄烈士名誉、荣誉的行为是否达到“情节严重”，应当结合行为方式，涉及英雄烈士的人数，相关信息的数量、传播方式、传播范围、传播持续时间，相关信息实际被点击、浏览、转发次数，引发的社会影响、危害后果以及行为人前科情况等综合判断。根据案件具体情况，必要时，可以参照适用《最高人民法院、最高人民检察院关于办理利用信息网络实施诽谤等刑事案件适用法律若干问题的解释》（法释〔2013〕21号）的规定。

侵害英雄烈士名誉、荣誉，达到入罪标准，但行为人认罪悔罪，综合考虑案件具体情节，认为犯罪情节轻微的，可以不起诉或者免予刑事处罚；情节显著轻微危害不大的，不以犯罪论处；构成违反治安管理行为的，由公安机关依法给予治安管理处罚。

三、关于办案工作要求

（一）坚决依法惩治。英雄烈士的事迹和精神是中华民族共同的历史记忆和宝贵的精神财富，英雄不容亵渎、先烈不容诋毁、历史不容歪曲。各级公安机关、人民检察院、人民法院要切实增强责任感和使命感，依法惩治侵害英雄烈士名誉、荣誉的违法犯罪活动，坚决维护中国特色社会主义制度，坚决维护社会公共利益。

（二）坚持宽严相济。对侵害英雄烈士名誉、荣誉的，要区分案件具体情况，落实宽严相济刑事政策，突出惩治重点，重在教育挽救，避免打击扩大化、简单化，确保实现政治效果、法律效果和社会效果的有机统一。对利用抹黑英雄烈士恶意攻击我国基本社会制度、损害社会公共利益，特别是与境外势力勾连实施恶意攻击，以及长期、多次实施侵害行为的，要依法予以严惩。对没有主观恶意，仅因模糊认识、好奇等原因而发帖、评论的，或者行为人系在校学生、未成年人的，要以教育转化为主，切实做到教育大多数、打击极少数。

（三）严格规范办案。公安机关要落实严格规范公正文明执法要求，依法全面、及时收集、固定证据，严格履行法定程序，依法保障嫌疑人合法权益。人民检察院对公安机关提请批准逮捕、移送审查起诉的案件，符合批捕、起诉条件的，依法予以批捕、起诉。对重大、疑难案件，公安机关可以商请人民检察院派员通过审查证据材料等方式，就案件定性、证据收集、法律适用等提出意见建议。人民法院要加强审判力量，制定庭审预案，依法审理。公安机关、人民检察院、人民法院要与退役军人事务部门和军队有关部门建立健全工作联系机制，妥善解决英雄烈士甄别、认定过程中的问题。

最高人民法院　最高人民检察院　公安部

2022年1月11日

1月24日

全国扫黑办印发通知要求 切实抓好《反有组织犯罪法》贯彻实施工作

2021年12月24日，第十三届全国人大常委会第三十二次会议审议通过《反有组织犯罪法》。同日，国家主席习近平签署第101号主席令予以公布，将于2022年5月1日起正式实施。目前，全国扫黑办专门印发通知，要求各省（区、市）和新疆生产建设兵团扫黑除恶斗争领导小组及办公室、全国扫黑除恶斗争领导小组各成员单位切实抓好《反有组织犯罪法》贯彻实施工作，依法严惩涉黑涉恶违法犯罪，推动常态化扫黑除恶斗争深入开展，为党的二十大胜利召开创造安全稳定的政治社会环境。

通知强调，制定颁布实施《反有组织犯罪法》，是常态化开展扫黑除恶斗争的必然要求，是党中央开展扫黑除恶斗争的标志性成果，是构建中国特色反有组织犯罪制度的成功探索和伟大实践，有利于健全完善以法律、立法解释、司法解释等多种形式相互衔接配套的反有组织犯罪法律体系，更好运用法治思维和法治方式打击黑恶势力，确保扫黑除恶斗争始终在法治轨道上向前推进；有利于进一步健全行业领域涉黑涉恶违法犯罪防控体系，汇聚全社会共防共治的强大力量，从源头上预防减少黑恶势力滋生蔓延；有利于进一步强化执法司法机关的法治意识、人权意识、证据意识、程序意识和自觉监督意识，努力让人民群众在每一起扫黑除恶案件中感受到公平正义。各地和各成员单位要从提高社会治理现代化能力和水平，建设更高水平的平安中国、法治中国，巩固共产党长期执政地位、确保国家长治久安、保障人民安居乐业的高度，深刻认识制定《反有组织犯罪法》的重要性，将学习、宣传、贯彻、实施《反有组织犯罪法》，作为当前和今后一个时期的重要任务抓实抓好。

通知指出，《反有组织犯罪法》以《宪法》为依据，在遵守《刑法》《刑事诉讼法》等刑事法律规范体系完整性前提下，适应新形势、新任务，对反有组织犯罪法律制度进行了完善和创新，将三年扫黑除恶专项斗争的工作机制和成功做法通过法律的形式固定下来，明确了有组织犯罪的法律概念，建立了有组织犯罪预防制度，完善了有组织犯罪案件办理机制，规范了有组织犯罪涉案财产处置规定，健全了有组织犯罪法律责任体系，实现了扫黑除恶长效常治机制成型入轨。各地和各成员单位在贯彻实施过程中，要组织相关工作人员逐条认真学习《反有组织犯罪法》主要内容，深刻理解条文内涵精髓，贯彻落实宽严相济刑事政策，真正做到依法依规、宽严有据、罚当其罪，提升运用法律武器打击、防范黑恶犯罪的能力水平。

通知要求，各地和各成员单位要分层分级统筹开展有针对性的系统化、专业化培训，教育引导社会各界充分认识制定和实施《反有组织犯罪法》的重大意义，在党委和政府统一领导下，落实普法责任制，列入“八五”普法责任清单，充分利用主流媒体、网站、新媒体等平台，开辟《反有组织犯罪法》宣传周专题、专栏，通过组织讲师团宣讲、专家学者访谈、知识竞赛、开设宣传橱窗等，广泛宣传解读《反有组织犯罪法》，提高全社会知晓度，不断增强人民群众运用法律与黑恶势力作斗争的信心和能力，推动常态化扫黑除恶斗争走深走实，实现城乡更安宁、群众更安乐。

（载中华人民共和国最高人民法院网，李阳）

1月26日

公安部 中华全国总工会 共青团中央联合表彰全国先进保安服务公司和优秀保安员

公安部、中华全国总工会、共青团中央联合发布表彰决定，对全国50家先进保安服务公司、100名优秀保安员进行表彰。北京都杰保安服务有限公司等50家保安服务公司被评为“第五届全国先进保安服务公司”，白永波、蔡云华、胡正毅、唐钦培、唐努尔·沙黑等100名保安员被评为“第五届全国优秀保安员”。

决定指出，近年来，我国保安服务业持续保持蓬勃发展的良好态势，保安行业为服务经济社会发展、保障人民群众生命财产安全和维护社会治安稳定作出了重要贡献，特别是在新冠肺炎疫情联防联控和防汛抗洪救灾等工作中发挥了积极作用，涌现出了一批先进集体和个人。全国保安服务公司和全体保安人员要坚持以习近平新时代中国特色社会主义思想为指导，增强“四个意识”、坚定“四个自信”、做到“两个维护”，以受表彰的集体和个人为榜样，进一步发扬锐意进取、改革创新，规范发展、服务社会，忠于职守、爱岗敬业，不怕牺牲、顽强拼搏的精神，坚持围绕中心、服务大局，团结拼搏、开拓进取，立足新发展阶段，完整、准确、全面贯彻新发展理念，积极服务和融入新发展格局，推进保安服务业高质量发展，努力为建设更高水平的平安中国、实现中华民族伟大复兴的中国梦作出新的更大贡献，以优异成绩迎接党的二十大胜利召开。

据了解，自1984年12月深圳蛇口成立第一家保安服务公司以来，我国现代保安服务业从无到有，不断发展壮大。截至目前，全国保安服务公司发展到1.3万余家，保安从业人员发展到640余万人，保安服务业已发展成为集门卫、守护、巡逻、押运、安检等于一体的服务产业，新型安全服务技术和模式不断涌现，产业功能日趋增强，在服务经济社会发展、服务群众、健全社会治安防控体系和增加社会就业等方面发挥着越来越重要的作用。近5年来，保安队伍平均每年为公安机关提供破案线索10万余条，协助抓获违法犯罪嫌疑人9万余人，参加各种大型活动安保约4万人次，82名保安员在工作岗位上牺牲，1.1万名保安员负伤。

（载新华网，记者熊丰）

1月26日

中国人民银行、公安部、国家监察委员会、最高人民法院、最高人民检察院、国家安全部、海关总署、国家税务总局、银保监会、证监会、国家外汇管理局联合印发《打击治理洗钱违法犯罪三年行动计划（2022—2024年）》

为依法打击治理洗钱违法犯罪活动，进一步健全洗钱违法犯罪风险防控体系，中国人民银行、公安部、国家监察委员会、最高人民法院、最高人民检察院、国家安全部、海关总署、国家税务总局、银保监会、证监会、国家外汇管理局联合印发了《打击治理洗钱违法犯罪三年行动计划（2022—2024年）》，决定于2022年1月至2024年12月在全国范围内开展打击治理洗钱违法犯罪三年行动。三年行动的牵头单位为中国人民银行和公安部。

党的十八大以来，在以习近平同志为核心的党中央坚强领导下，各有关部门认真履职，密切配合，预防和打击洗钱及相关违法犯罪取得积极进展，反洗钱主管部门和各金融监督管理部门指导反洗钱义务机构强化风险为本的意识，各级监察、司法、侦查机关以及行业主管部门对黑社会性质的组织犯罪、毒品犯罪、贪污贿赂犯罪、涉税犯罪等保持高压态势，并对所涉洗钱犯罪以刑法第一百九十一条和第三百一十二条等追究刑事责任。

当前，打击治理洗钱违法犯罪的形势依然严峻。《打击治理洗钱违法犯罪三年行动计划（2022—2024年）》要求各部门提高政治站位，加强组织领导，加强宣传培训，从修订反洗钱法和办理洗钱刑事案件相关司法解释、落实“一案双查”工作机制、加强情报线索研判和案件会商、强化洗钱类型分析和反洗钱调查协查、增强反洗钱义务机构洗钱风险防控能力等方面落实工作责任，结合各地实际和部门职能进一步细化各项工作措施，依法打击各类洗钱违法犯罪行为，尤其要加大力度惩治刑法第一百九十一条规定的洗钱犯罪，坚决遏制洗钱及相关犯罪的蔓延势头，推动源头治理、系统治理和综合治理，构建完善国家洗钱风险防控体系，切实维护国家安全、社会稳定、经济发展和人民群众利益。

（载人民银行网）

1月27日

公安部党委作出决定
号召全警向第五期全国“公安楷模”学习

公安部党委目前作出向第五期全国“公安楷模”学习的决定，号召全国公安机关和广大民警深入学习贯彻习近平新时代中国特色社会主义思想，深入学习贯彻党的十九大和十九届历次全会精神，深入学习贯彻习近平总书记关于加强新时代公安工作的重要论述、重要训词精神，广泛开展学习宣传“公安楷模”活动，大力弘扬公安英模精神，以更加昂扬的姿态护航新征程、建功新时代，忠实履行党和人民赋予的新时代使命任务，为党的二十大胜利召开创造安全稳定的政治社会环境。

决定指出，潘东升、刘安等11名个人和浙江省诸暨市公安局枫桥派出所等3个集体的先进事迹，感人至深、催人奋进，彰显了新时代人民公安为人民的初心使命，展现了公安机关践行对党忠诚、服务人民、执法公正、纪律严明总要求的丰硕成果，充分展示了新时代公安民警忠诚履职、担当奉献、攻坚克难、不怕牺牲的良好精神风貌，是全国公安机关和广大公安民警学习的榜样。

决定号召，全国公安机关和广大民警向第五期全国“公安楷模”学习，要以“公安楷模”为榜样，自觉用习近平新时代中国特色社会主义思想武装头脑，弘扬伟大建党精神，深刻认识“两个确立”的决定性意义，增强“四个意识”、坚定“四个自信”、做到“两个维护”，做到绝对忠诚、绝对纯洁、绝对可靠。要以“公安楷模”为榜样，始终把人民放在心中最高位置，把人民对美好生活的向往作为奋斗目标，坚持和发展新时代“枫桥经验”，深化公安“放管服”改革，持续开展“我为群众办实事”实践活动，着力为群众做好事、办实事、解难事，不断增强人民群众获得感、幸福感、安全感。要以“公安楷模”为榜样，以强烈的使命感和责任感，聚焦护航新征程的新使命，坚定不移走改革强警、科技兴警之路，持续推动全警实战大练兵活动深入开展，苦练过硬本领，做到平时多流汗、战时少流血，努力锻造“四个铁一般”公安铁军，确保关键时刻能够拉得出、冲得上、打得赢。要以“公安楷模”为榜样，明大德、守公德、严私德，自重自省自警自励，慎独慎初慎微慎友，保持清清爽爽的同志关系、规规矩矩的上下级关系、干干净净的政商关系，营造风清气正的良好警营生态。

决定要求，各级公安机关要贯彻中央政法工作会议和全国公安厅局长会议精神，巩固深化党史学习教育和队伍教育整顿成果，弘扬伟大建党精神，赓续传承英模精神，深入开展“喜迎二十大、忠诚保平安”主题实践活动、“公安心向党 护航新征程”主题宣传活动，大力选树宣传公安先进典型，精心组织向英雄模范学习活动，努力营造崇尚英模、学习英模、争当英模的浓厚氛围，充分展现党领导的社会主义国家人民警察克己奉公、无私奉献的良好形象，教育激励广大公安民警进一步学习英模先进事迹、弘扬英模崇高精神，激发豪情壮志，汇聚奋进力量，忠实履行捍卫政治安全、维护社会安定、保障人民安宁的职责使命，在新时代新征程上展现新气象新作为，以实际行动迎接党的二十大胜利召开。

（载《人民公安报》2022年1月27日，第1版，记者石杨）

3月21日

公安部党委印发意见
巩固全国公安队伍教育整顿成果深入推进政治建警全面从严治警

公安部党委印发《关于巩固全国公安队伍教育整顿成果推进政治建警全面从严治警的意见》，要求以习近平新时代中国特色社会主义思想为指导，深入贯彻习近平法治思想和习近平总书记关于新时代公安工作的重要论述，巩固深化全国公安队伍教育整顿成果，弘扬伟大建党精神，发扬自我革命精神，以党的政治建设为统领，突出筑牢政治忠诚、清除害群之马、整治顽瘴痼疾、弘扬英模精神、提升素质能力，坚持党对公安工作的绝对领导、坚持人民公安为人民的初心使命、坚持严的主基调，深入推进政治建警全面从严治警，着力锻造对党忠诚、服务人民、执法公正、纪律严明的公安队伍，为公安机关履行好新时代使命任务提供坚强保证。

意见要求，要教育全警牢牢把握“公安姓党”的根本政治属性，深刻领悟“两个确立”的决定性意义，切实增强做到“两个维护”的高度自觉，把党的领导落实到公安工作各方面、全过程。要把深入学习贯彻习近平新时代中国特色社会主义思想作为首要政治任务，推动党史学习教育常态化长效化，完善政治轮训制度。要把坚决彻底肃清孙力军政治团伙流毒影响作为重中之重，强化教育警示和党内监督。要严肃党内政治生活，发挥基层党组织战斗堡垒和党员先锋模范作用。要加强干部队伍建设，健全常态化干部交流和锻炼培养机制。

意见要求，要深化正风肃纪反腐，严格落实新时代政法干警“十个严禁”要求，深查严查司法腐败行为，坚决清除害群之马。要用好党性教育、谈心谈话等形式，用好公安部12389违纪违法举报、信访举报等平台，运用举报线索核查、案件倒查等途径，健全与纪委监委线索协查、行动协同等机制，运用监督执纪“四种形态”，深入核查问题线索。要强化日常监督管理，深入构建公安大监督格局，完善更加严密的教育管理、预警预防等制度体系，推进横向监督与条线监督贯通融合、上下联动。

意见要求，要持续整治违反防止干预司法“三个规定”、违规插手经济纠纷、逐利执法等问题和行为，将顽瘴痼疾整治情况纳入党风廉政建设责任制和绩效考评体系，常态化整治顽瘴痼疾。要加强执法监督制约，构建上下贯通、内外结合、系统完备、规范高效的执法制约监督体系，充分运用智能化手段监管整治执法顽疾。要优化公安执法服务，建立涉法涉诉信访评查化解机制，完善执法服务标准化制度体系和基层基础工作标准规范，深化公安“放管服”改革。

意见要求，要加大先进典型发现、挖掘、培育和宣传力度，推进表彰奖励和典型宣传工作一体化运行，提高公安英模影响力和英模精神传播力。要健全公安民警职业荣誉制度，不断增强民警职业荣誉感、自豪感、归属感。要切实维护公安机关执法权威和民警合法权益，深化爱警暖警工作，完善困难帮扶机制，激励民警担当作为。

意见要求，要强化实战化教育训练，巩固全

警实战大练兵成果，深入实施素质强警交流合作，深化公安高等教育改革。要严格执行公安机关人民警察招录相关规定，严把队伍入口关。要深化警务运行机制改革，深化大数据智能化建设应用，提高基层实力和战斗力。

意见要求，各级公安机关党委要严格履行管党治警政治责任和主体责任，各级公安纪检监察部门要发挥专职监督作用，政工、督审、信访等部门要各司其职，形成齐抓共管工作格局。要健全完善部省市县公安机关全面从严管党治警工作体系，切实加强督导问责。要把制度建设贯穿始终，加快构建更加系统完备的政治建警全面从严治警法规制度体系。

（载《人民公安报》2022年3月21日，第1版，记者邵磊）

4月18日

中共中央办公厅　国务院办公厅印发《关于加强打击治理电信网络诈骗违法犯罪工作的意见》

中共中央办公厅、国务院办公厅印发了《关于加强打击治理电信网络诈骗违法犯罪工作的意见》（以下简称《意见》），对加强打击治理电信网络诈骗违法犯罪工作作出安排部署。

《意见》强调，要坚持以习近平新时代中国特色社会主义思想为指导，深入贯彻党的十九大和十九届历次全会精神，坚持以人民为中心，统筹发展和安全，强化系统观念、法治思维，坚持严厉打击、依法办案，实现法律效果与社会效果有机统一，坚持打防结合、防范为先，强化预警劝阻，加强宣传教育，坚持科技支撑、强化反制，运用科技信息化手段提升技术反制能力，坚持源头治理、综合治理，加强行业监管，强化属地管控，坚持广泛动员、群防群治，发动群众力量，汇聚群众智慧，坚决遏制电信网络诈骗违法犯罪多发高发态势，提升社会治理水平，使人民获得感、幸福感、安全感更加充实、更有保障、更可持续，为建设更高水平的平安中国、法治中国作出贡献。

《意见》要求，要依法严厉打击电信网络诈骗违法犯罪。坚持依法从严惩处，形成打击合力，提升打击效能；坚持全链条纵深打击，依法打击电信网络诈骗以及上下游关联违法犯罪；健全涉诈资金查处机制，最大限度追赃挽损；进一步强化法律支撑，为实现全链条打击、一体化治理提供法治保障；加强国际执法司法合作，积极推动涉诈在逃人员通缉、引渡、遣返工作。

《意见》要求，要构建严密防范体系。强化技术反制，建立对涉诈网站、APP及诈骗电话、诈骗短消息处置机制；强化预警劝阻，不断提升预警信息监测发现能力，及时发现潜在受害群众，采取劝阻措施；强化宣传教育，建立全方位、广覆盖的反诈宣传教育体系，开展防范电信网络诈骗违法犯罪知识进社区、进农村、进家庭、进学校、进企业活动，形成全社会反诈的浓厚氛围。

《意见》要求，要加强行业监管源头治理。建立健全行业安全评估和准入制度；加强金融行业监管，及时发现、管控新型洗钱通道；加强电信行业监管，严格落实电话用户实名制；加强互联网行业监管；完善责任追究制度，建立健全行业主管部门、企业、用户三级责任制；建立健全信用惩戒制度，将电信网络诈骗及关联违法犯罪人员纳入严重失信主体名单。《意见》还要求，要强化属地管控综合治理，加强犯罪源头地综合整治。

《意见》强调，各级党委和政府要加强对打击治理电信网络诈骗违法犯罪工作的组织领导，统筹力量资源，建立职责清晰、协同联动、衔接紧密、运转高效的打击治理体系。金融、电信、互联网等行业主管部门要全面落实行业监管主体责任，各地要强化落实属地责任，全面提升打击治理电信网络诈骗违法犯罪的能力水平。

（载《人民公安报》2022 年 4 月 19 日，第 1 版）

5 月 5 日

公安部制定
2022 年推进行政管理服务改革优化营商环境重点措施

为认真贯彻落实党中央、国务院决策部署，统筹推进维护安全稳定和促进经济社会发展工作，公安部目前制定并印发了 2022 年推进行政管理服务改革优化营商环境重点措施。

在支持服务国家重大发展战略方面，公安部要求，要全力服务保障北京、上海、粤港澳大湾区建设世界人才中心和创新高地，促进引进高精尖人才以及内地与港澳间人才交流交往；改善通关营商环境，持续推动边检申报、行政许可办理等更多手续“网上办”“掌上办”“一网通办、一网通管”；在做好常态化疫情防控条件下，全力保障运输大宗商品、鲜活商品、抗疫物资、民生物资跨境交通运输通关便捷高效，全力服务国家产业链供应链安全稳定。

在培育激发市场主体活力方面，公安部要求，要继续推动公安机关已出台减税降费政策措施的落实，组织有关警种部门落实已调整降低的行政事业性收费标准；加强“企业诉求平台”企业举报投诉线索督办核查工作，持续整治有案不立、压案不查、违规插手经济纠纷等问题，有效维护企业合法权益；继续优化完善计算机信息系统安全专用产品销售许可服务和全国公安机关互联网安全管理服务，配合国家发改委等牵头部门开展涉企乱收费专项行动，根据需要更新公开涉企收费目录清单；组织开展公安便民措施落实情况网上督察，对公安机关各项便民措施落实情况开展常态监督，督促落地见效。

在服务企业群众生产生活方面，公安部要求，要指导北京、上海、重庆、杭州、广州、深圳 6 个重点城市试行公安服务“一窗通办”，建设涉及治安、户政、交管等公安服务综合窗口，推进更多事项实现在线办理；持续深化高频户政业务“跨省通办”工作，在深入总结试点经验的基础上，稳步扩大试点范围；加快推动公安部户政管理电子证照及政务服务系统建设；推动实现暂住登记线上申报办理，在有条件城市探索实施电子居住证改革，实现居住证申领、生成、发放、使用的全流程数字化；制定出台铁路公安机关制作旅客临时身份证明工作规范，为群众铁路出行提供更优质的安全保障和便捷服务；在全国40家大型机场开通旅客“易安检”服务，采取更快捷的安检措施提高通行效率；认真做好新制修订的《机动车驾驶证申领和使用规定》《机动车登记规定》《道路交通安全违法行为记分管理办法》3个部门规章的贯彻实施工作。

在提高监管效能方面，公安部要求，要贯彻落实行政许可事项清单管理要求，制定公安部、国家移民管理局主管的许可事项实施规范，切实提升行政许可标准化水平；常态化开展扫黑除恶斗争，严厉打击盘踞在重点行业领域欺行霸市、强买强卖、恶意阻工、暴力讨债以及插手企业经济纠纷的黑恶势力，切实维护良好的市场秩序；坚持对各类市场主体依法平等保护，依法严厉打击侵犯知识产权和制售伪劣商品犯罪，切实维护公平竞争的市场秩序，着力营造稳定、公平、透明、可预期的营商环境。继续严厉打击侵害企业合法权益的违法犯罪活动，坚决保障企业及其经营者的合法权益，为企业创新发展营造良好法治环境；组织开展专项行动加强打击治理电信网络诈骗违法犯罪，大力开展预警防范和多种形式的反诈宣传，加大被骗资金拦截止付力度，最大限度为受骗企业和群众追赃挽损。

在深化“互联网+公安政务服务”方面，公安部要求，要建立完善居民身份证电子证照服务机制，扩大居民身份证电子证照在政务服务领域中的应用范围；完善“互联网+”户政管理服务功能，逐步实现具备条件的户政管理行政审批事项全国“一网通办”；深化总结“一网通办”试点成果，围绕政务服务事项标准化、政务服务流程优化、政务服务业务机制建设等进一步提炼试点形成的可复制好经验、好做法，并组织在全国范围内推广应用；推进公安部“互联网+政务服务”平台与国家政务服务平台事项信息同步，为企业群众提供标准化、一致性的线上办事指引服务。

（载中华人民共和国公安部网）

5月16日

国务院办公厅
关于推动12345政务服务便民热线
与110报警服务台高效对接联动的意见
国办发〔2022〕12号

各省、自治区、直辖市人民政府，国务院各部委、各直属机构：

近年来，一些地区推动12345政务服务便民热线（以下简称12345）与110报警服务台（以下简称110）建立非警务警情分流联动机制，在提升协同联动处置效率、缓解非警务警情占用警力资源方面开展了积极探索。同时，实践中仍存在12345与110职责边界不清晰、联动机制不健全、数据共享不充分、信息化支撑不到位等问题，12345与110对接联动工作效率不高，非警务警情占用警力资源情况仍较为普遍。为推动12345与110高效对接联动，科学合理分流非警务求助、快速有效处置突发警情，进一步提升协同服务效能，经国务院同意，现提出以下意见。

一、总体要求

（一）指导思想。

以习近平新时代中国特色社会主义思想为指导，全面贯彻落实党的十九大和十九届历次全会精神，坚持以人民为中心，坚持系统观念，加快转变政府职能，加强12345与110能力建设，以对接联动机制顺畅运行为目标，以分流联动事项高效办理为重点，以平台数据智能应用为支撑，加快建立职责明晰、优势互补、科技支撑、高效便捷的12345与110高效对接联动机制，进一步提升政务服务水平，不断增强人民群众的获得感、幸福感、安全感。

（二）工作目标。

2022年底前，各地区基本建成12345与110高效对接联动机制，形成12345推动部门协同高效履职、及时解决涉及政府管理和服务的非紧急诉求，110依法打击违法犯罪活动、及时处置紧急危难警情、更好维护社会治安秩序的工作格局。2023年底前，全面实现12345与110平台互联互通、相关数据资源共享，不断提升对接联动工作规范化、专业化、智能化水平。

二、推动高效对接联动

（一）明确职责边界。

12345是地方人民政府受理企业和群众对政府管理和服务的非紧急诉求的便民热线平台，受理范围为：企业和群众关于经济调节、市场监管、社会管理、公共服务、生态环境保护等领域的咨询、非紧急求助、投诉、举报和意见建议等。

110是公安机关受理处置企业和群众报警、紧急求助和警务投诉的报警服务平台，受理范围为：刑事类警情、治安类警情、道路交通类警情、危及人身和财产安全或者社会治安秩序的群体性事件以及其他需要公安机关处置的与违法犯罪有关的报警；公共设施险情、灾害事故以及其他危及人身和财产安全、公共安全等需要公安机关参与处置的紧急求助；对公安机关及其人民警察正在发生的违法违纪或者失职行为的投诉。

（二）建立健全对接联动机制。

1. 建立健全转办机制。各地区12345或者110通过电话接到明确属于对方受理范围内的事项，以一键转接方式及时转交对方受理。责任单位不明确或者职责交叉的，可以通过三方通话（诉求方、12345、110）方式了解具体诉求后，由12345与110协商确定受理平台，对协商后仍无法确定的，由首先接到企业和群众诉求的平台先行受理，如存在危及人身和财产安全、公共安全的紧急情况，由110及时派警先行处置。12345或者110通过互联网渠道接到明确属于对方受理范围内的事项，可在线转交对方受理。对明确不属于12345与110受理范围的事项，话务人员要做好合理引导和解释工作。

2. 建立健全日常联动机制。各地区110接到可能引发违法犯罪特别是暴力事件、个人极端事件的矛盾纠纷时，第一时间派警处置，属于12345受理范围的转交12345，12345及时将诉求事项转至属地政府和相关职能部门办理，开展联合调处，推动矛盾隐患源头化解。12345接到影响社会稳定的线索，第一时间转交110处置，12345工单承办单位发现矛盾纠纷激化、事态难以控制或者涉及违法犯罪的，应当联动110派警处置。

3. 建立健全应急联动机制。各地区12345、110都要建立与119、120、122等紧急热线和水电气热等公共事业服务热线的应急联动机制，确保一旦发生自然灾害、事故灾难、公共卫生事件、社会安全事件等突发事件，能够快速响应、高效处置，为企业和群众提供更加及时、专业、高效的紧急救助服务。同时，要建立健全

12345与110应急联动机制，遇到突发事件时及时启动应急联动方案，话务座席严重不足时由上级政务服务便民热线管理机构和公安机关统筹协调其他地区远程话务座席给予支持。

4. 建立健全会商交流机制。各地区要建立健全12345与110会商机制，对职责边界不清、存在管辖争议的高频诉求事项，及时召集相关职能部门研究会商，逐一厘清职责权限、明确管辖主体、制定处置规范，确保企业和群众诉求有人管、管得好。同时，建立健全12345与110定期交流机制，通报工作运行情况，及时研究解决对接联动工作中存在的问题，有条件的地方可互派工作人员进驻对方平台，切实提升对接联动工作效能。

（三）强化系统支撑和数据共享应用。

1. 推动平台融合互通。各地区要科学规划设计，有效整合资源，加大投入力度，加快12345与110平台对接联通，鼓励有条件的地方建设一体化联动工作平台。12345与110平台要按照统一的组织机构和行政区划代码，规范工单和警单标准、受理反馈项目等数据格式，梳理整合平台融合互通的建设需求和业务流程，实现信息数据互联互通、工单警单双向流转、受理反馈闭环运行、对接事项跟踪督办和智能监管。

2. 加强数据共享应用。对各地区12345与110双向分流联动事项相关数据，要在确保安全的前提下，采取统一开放数据或者服务接口、共建中间数据库等方式共享，做到可查、可看、可追溯、可批量应用。最大限度挖掘数据价值，综合应用数据分析成果，常态化开展政务服务诉求和警情数据融合研判，有效排查民意热点、风险隐患、矛盾问题，为部门履职、效能监管和科学决策提供支撑。

三、加强能力建设

（一）提升12345接办质效。

各地区要进一步加大政务服务便民热线归并力度，对按照双号并行、设分中心形式已经完成归并但仍保留话务座席的热线号码，不具备“7×24小时”人工服务能力或者人工接通率低于60%的，将话务座席并入12345统一管理，可以保留号码。加强对12345工单承办单位办理工作的督查考核，及时公开办理情况，不断提高响应率、问题解决率和满意度，确保企业和群众诉求事项办得成、办得快、办得好。结合各地实际，配足话务座席，切实提高热线接通率。加强热线知识库建设，协调相关部门对高频问题动态制定“一问一答”口径，提高解答准确性和效率。积极推行“即问即答”“接诉即办”“工单直转办理一线”等工作方式，强化值班值守，缩短办理时限。

各地区要加强12345平台与部门业务系统的互联互通，实现信息实时全量共享。12345定期汇总企业和群众高频咨询类问题，督促相关部门主动发布信息。强化科技赋能，进一步加强12345平台和网上12345能力建设，开发智能推荐、语音自动转写、自助派单功能。加强智能化客服系统建设，遇突发情况话务量激增、人工服务无法有效满足企业和群众需求时，智能化客服系统要能对高频问题进行自动解答，并引导企业和群众通过网上12345咨询反映情况。注重运用大数据、人工智能等技术手段，服务科学决策和促进社会治理水平提高，进一步提升企业和群众体验。

（二）提升110接处警工作效能。

各地公安机关要根据本地区110接警量，科学合理设置接警座席，配齐配强接警人员和指挥调度民警，强化设备和系统保障，确保110“生命线”全天候畅通，并拓宽互联网报警渠道，满足企业和群众需求。建立各警种和实战单位与110接处警工作相衔接的快速响应机制，加强对一线处警工作的数据赋能和后台支撑，积极探索推行预防警务，有效提升接处警工作效能。

四、保障措施

（一）加强组织领导。坚持党对12345与

110对接联动工作的全面领导，确保正确政治方向。国务院办公厅、公安部负责统筹协调12345与110对接联动工作，加强对各地区对接联动工作的指导，及时研究解决工作中的重大问题，并分别负责建立完善12345、110评估指标体系，委托第三方机构进行常态化评估评价，以规范有效的考核评估促进各地区12345、110不断提高服务效能。地方各级人民政府要加强组织领导，压实工作责任，强化监督考核，健全问责机制，各地区政务服务便民热线管理机构和公安机关具体负责12345与110高效对接联动的实施工作，制定政策措施，细化分流转办具体规则和事项清单，确保对接联动工作落地见效。

（二）加强支持保障。各地区要加大对12345与110对接联动工作、系统建设、人员培训等的财政保障力度。组织开展12345与110业务培训，持续提升工作人员的综合素质和服务水平。落实好对一线人员的政策保障、权益保护等措施，对表现突出或者贡献突出的单位和个人，按照国家有关规定给予表彰奖励。

（三）加强宣传引导。各地区各有关部门要充分利用政府网站、政务服务平台、新闻媒体等，广泛宣传12345与110的工作职责、受理范围等，引导企业和群众正确使用12345与110。同时，加强经验做法总结和复制推广，巩固和拓展12345与110对接联动工作成果。对恶意骚扰12345与110等违法行为，加大打击和曝光力度。

国务院办公厅

2022年4月23日

7月19日

公安部通报表扬146个集体和299名个人

公安部决定，对全国公安政治工作成绩突出的146个集体和299名个人予以通报表扬。

通报指出，近年来，全国公安政工部门坚持以习近平新时代中国特色社会主义思想为指导，深入贯彻党中央关于加强党的政治建设的重大决策部署，牢牢把握从政治上建设和掌握公安机关的根本要求，突出政治建设、强化党建引领，以锻造“三个绝对”“四个铁一般”高素质过硬公安铁军为目标，扎实组织开展“不忘初心、牢记使命”主题教育、党史学习教育、公安队伍教育整顿和肃清流毒影响等工作，大力加强党的基层组织和党员队伍建设，深入推进政治建警、改革强警、科技兴警、从严治警，不断夯实全面从严管党治警基础，有效凝聚警心士气，有力推动了公安队伍革命化正规化专业化职业化建设，为维护国家政治安全和社会稳定、圆满完成各项公安保卫任务提供了坚强保障。各级公安政工部门和广大政工民警以强烈的事业心、责任感、使命感，以极端负责和“细致、精致、极致”的工作作风，全力以赴投入公安政治工作，不断推进公安事业创新发展，涌现出一大批工作扎实、成绩突出的集体和个人。

通报要求，全国公安机关和广大公安民警特别是政工部门和政工民警要以受到表扬的集体、个人为榜样，更加紧密地团结在以习近平同志为核心的党中央周围，深入学习贯彻党的十九大和十九届历次全会精神，深刻领悟“两个确立”的决定性意义，增强“四个意识”、坚定“四个自信”、做到“两个维护”，不断提升政治判断力、政治领悟力、政治执行力，以习近平总书记亲切会见全国公安系统英雄模范立功集体表彰大会代表为动力，大力弘扬伟大建党精神和公安英模精神，以更加强烈的使命责任担当和历史主动精神奋进新征程、建功新时代，积极投身“喜迎二十大、忠诚保平安”主题实践活动，以实际行动迎接党的二十大胜利召开。

（载《人民公安报》2022 年 7 月 19 日，第 1 版）

8 月 17 日

公安部制定出台
服务经济社会发展助力稳住经济大盘重点措施

为深入贯彻党中央、国务院关于统筹推进疫情防控和经济社会发展的决策部署，贯彻落实“疫情要防住、经济要稳住、发展要安全”要求，充分发挥公安机关职能优势，更好地服务经济社会发展，助力稳住经济大盘，公安部目前制定并印发了 2022 年服务经济社会发展助力稳住经济大盘重点措施。

——推进首次申领居民身份证“跨省通办”，提升群众工作生活便捷度。2022 年 8 月 1 日起，在长三角、闽赣、川渝黔三个片区的 9 省市全面推开区域内首次申领居民身份证“跨省通办”。10 月 1 日起，在全国其他省市逐步启动试点工作，年底前在试点地区实现群众首次申领居民身份证无须回户籍地，可在现居住地就近办理。

——深化电子证照在政务服务领域应用，为企业群众办事节约成本。在确保数据安全的前提下，建成公安部“互联网 + 政务服务”平台电子证照、电子印章系统，为各地公安机关、各业务警种政务服务系统提供电子证照共享、电子印章备案等服务，为电子证照跨地区跨部门互通互认提供基础支撑。

——出台二手车交易登记便利措施，促进汽车更新消费。会同商务部、税务总局推出便利企业群众办理二手车交易登记新措施，自 2022 年 10 月 1 日起，对经商务部门备案的汽车销售企业办理二手车转移登记的，实行单独签注管理，核发临时号牌，进一步降低二手车交易登记成本。提供交管 12123APP 查询、出示车辆抵押登记信息服务，便利二手车交易登记管理，更好促进二手车行业健康发展。

——提升货运通行效率，助力物流保通保畅。全天候监测全国路网运行态势，推动解决擅自阻断道路、违规设置防疫检查站点问题，及时预警处置严重交通拥堵，协调开辟防疫检查站点重点物资保障通道，提高货车通行效率。进一步放宽城市道路货车通行限制，城市道路采取分时段禁限行措施的，每天允许货车通行的时间放宽到不少于 7 小时。对 4.5 吨以下货车不再细分限行吨位，逐步放宽中型厢式、封闭式货车通行限制。对新能源配送货车给予延长通行时间、扩大通行范围等便利，鼓励对新能源轻型厢式及封闭式货车不限行。积极推广利用交管12123APP等网上渠道申请、发放货车电子通行证。

——优化机动车检验制度，压降车辆检验成本。会同市场监管总局、生态环境部、交通运输部等部门出台深化机动车检验制度改革优化车检服务工作意见，进一步优化私家车检验周期，减少检验频次。推行网上预约、“交钥匙工程”等便利措施，优化车辆检验服务流程，提升检验服务规范化、标准化水平，降低企业群众检车成本。

改进乡村民宿管理，服务乡村民宿高质量发展。会同文化和旅游部等部门出台关于促进乡村民宿高质量发展的指导意见，指导各地通过联合审核、告知承诺等方式，为乡村民宿经营者提供便捷的办证服务。创新服务管理，指导各地通过手机APP、小程序、二维码等简便易行、不增加经营成本的方式，便利乡村民宿经营者落实住宿登记等安全管理要求。

——开展公安机关收费清理整治，减轻企业群众负担。按照国务院统一部署，研究公布公安机关涉企收费减免缓缴清单，落实减免缓缴措施。开展公安机关涉企违规收费专项清理整治，重点清理整治降费政策落实不到位、借疫情防控名义违规收费、收取明令取消的费用、强制捆绑搭售、乱检查乱罚款等问题，坚决纠正公安机关涉企乱收费行为。

——落实包容审慎执法要求，保障企业群众合法权益。推进公安机关服务保障常态化疫情防控和经济社会发展包容审慎执法，稳慎开展涉疫现场执法、稳慎处理涉疫违法犯罪、稳慎办理涉企案件、稳慎适用财产强制措施和羁押性强制措施，严禁逐利执法，强化监督救济。组织开展违反异地办案协作和禁止逐利执法有关规定专项网上督察，严防因执法不当影响企业正常生产经营。

——依法打击经济社会领域突出违法犯罪，坚决维护市场经济秩序。严厉打击严重涉疫违法犯罪，全力服务疫情防控大局。常态化开展自然资源、交通运输、工程建设、农贸市场等重点领域扫黑除恶斗争，依法严厉打击电信网络诈骗、养老诈骗、跨境赌博、非法集资、侵权假冒等违法犯罪，坚决维护市场主体和群众合法权益。严厉打击粮食、食糖、成品油、贵重金属、稀土等走私违法犯罪活动，切实维护国家农业、能源和资源安全。

公安部要求，各地公安机关和各警种各部门要坚持围绕中心、服务大局，紧密结合工作实际，以“细致、精致、极致”的工作作风，细化措施、明确责任、有序推进、狠抓落实，确保各项重点措施取得实实在在的成效。

（载中华人民共和国公安部网）

8月22日

公安部党委印发指导意见深入推进爱警暖警工作

公安部党委近日印发指导意见，要求深入学习贯彻习近平总书记关于新时代公安工作的重要论述和党的建警治警方针，坚持严管厚爱结合、激励约束并重，充分发挥组织职能作用，用足用活用好各项从优待警政策规定，因地制宜、尽力而为，进一步加大爱警暖警工作力度，真正让“有困难找组织”成为广大民警的第一选择，切实增强公安民警职业荣誉感、自豪感、归属感，有效提升队伍凝聚力、向心力、战斗力。

意见要求，要加强政治关爱激励，全面加强公安机关党的政治建设，忠实践行对党忠诚、服务人民、执法公正、纪律严明总要求，发扬优良传统，传承红色基因，强化职业道德教育，弘扬人民警察职业精神，提高民警政治能力；完善人民警察荣誉制度，规范晋（授）衔、授予（追授）奖励等荣誉仪式和入警宣誓、从警纪念、退休纪念仪式；完善慰问工作机制，在元旦春节、人民警察节等重要节日和烈士纪念日，对烈士、因公牺牲民警家属以及英模、伤残等民警进行慰问。要强化职业发展激励，加强民警思想淬炼、政治历练、实践锻炼、专业训练，注重在急难险重任务和重大斗争中发现了解、考察培养、选拔使用干部；深化人民警察职级序列改革，完善选人用人制度，激发队伍生机活力；鼓励支持民警参加职业培训、在职学历教育，提高民警素质能力；树立“严管就是厚爱、监督就是保护”理念，推动全面从严管党治警常态化制度化，完善容错纠错机制，激励民警担当作为。要注重先进典型引领，加强警营文化建设，大力宣传公安机关先进典型和模范人物，充分展示党领导的社会主义国家人民警察克己奉公、无私奉献的良好形象。

意见要求，要加强身心健康保护，强化职业安全防护，为基层一线民警配齐配足警械装备，强化使用培训和规范管理；加强疫情防护物资保障，落实涉疫值勤防护规定和防护措施；深化全警实战大练兵，加强基础技能训练、警务战术训练和“最小作战单元”现场处置、涉险区域执法急救等专项训练，提高安全防护意识，增强安全防护本领；建立健全民警执法权威和合法权益受侵犯澄清保护及慰问制度等机制，维护民警执法权威和合法权益，依法严惩袭警辱警等违法犯罪行为。要科学调配使用警力，合理确定勤务等级，改进重大任务执勤备勤模式，健全警力支援机制，保持队伍旺盛的战斗力。加强民警健康促进与教育，组织民警参与警体训练和全民健身活动，提高身体素质；落实年休假制度，完善轮休调休机制，保证民警合理休息休整；严格落实体检干预，定期开展心理健康筛查评测。持续整治形式主义、官僚主义突出问题，精简会议文件报表，规范优化各类考核评比，减轻民警负担。

意见要求，要积极争取卫健部门支持，确定民警紧急医疗救治定点医院，畅通医疗救治“绿色通道”，提高医疗救治效率；做好民警因公负伤医疗费保障，及时报销医疗费用；推动建立英烈家属紧急医疗救治机制，协调帮助患急危重症的公安烈士、因公牺牲民警的父母、配偶、子女及时就医。要加强家属就业帮扶，在公安机关人民警察招录工作中，对符合人民警察录用条件、志愿从事公安工作的公安烈士子女、因公牺牲和一级至四级因公伤残的公安英模子女优先予以录用；积极协调有关部门支持，为无业、失业民警配偶、子女提供技能培训。要贯彻落实有关加强和改进公安英烈和因公牺牲伤残公安民警子女教育优待工作的要求，确保公安烈士、公安英模、因公牺牲和一级至四级因公伤残民警的子女享受教育优待措施；组织开展助学工程，将因公牺牲伤残民警子女、重病特困民警子女纳入各类资助项目。要严格落实抚恤优待政策，及时兑现烈士遗属、因公牺牲民警遗属、病故民警遗属和伤残民警各项抚恤优待待遇。要加强值班备勤民警休息用房建设，完善基层公安机关"五小工程"建设；认真落实离退休干部政治、生活待遇，真情关爱离退休民警，开展精准化、精细化服务，让广大离退休民警安享晚年。

意见要求，要加强组织领导，注重统筹协调，着眼锻造"四个铁一般"公安铁军谋划推进爱警暖警工作，确定专门机构、专门队伍保障爱警暖警工作，聚焦民警重大关切和所需所盼，用心用情用力推动解决民警实际困难，切实将爱警暖警工作抓实抓细抓到位，让民警安身、安心、安业。

（载中华人民共和国公安部网）

8月29日

公安部印发《公安机关反有组织犯罪工作规定》

为深入贯彻落实《中华人民共和国反有组织犯罪法》，保证公安机关依法、规范、高效开展反有组织犯罪工作，切实保护公民和组织的合法权益，公安部制定印发《公安机关反有组织犯罪工作规定》，自2022年10月1日起施行。

反有组织犯罪法是我国第一部专门、系统、完备规范反有组织犯罪工作的法律，是党中央开展扫黑除恶专项斗争的标志性成果和常态化扫黑除恶的法治保障。公安部制定发布《公安机关反有组织犯罪工作规定》，对法律的规定要求进行有效衔接，为公安机关充分发挥扫黑除恶主力军作用，在反有组织犯罪工作中依法行政、依法办案提供了重要依据，对于不断推进公安机关反有组织犯罪工作专业化、规范化、法治化具有重要意义。

《公安机关反有组织犯罪工作规定》共10章76条，在反有组织犯罪法搭建的法律框架基础上，作了承接细化和充实巩固，系统归纳了公安机关反有组织犯罪工作职责和基本原则；对公安机关预防和治理职责及相关程序作了细化；明确了公安机关核查有组织犯罪线索的法律地位和具体程序；明确了公安机关办理有组织犯罪案件的一般规定和特殊要求；强化了公安机关反有组织犯罪"打财断血""打伞破网"工作机制；明确了反有组织犯罪法新设定行政处罚的实施办法，并对国际合作、专业队伍建设、物质保障、证人保护等有关内容作了细化规定。

公安部有关负责人表示，公安机关将以规定出台为契机，进一步加强反有组织犯罪法的宣传贯彻工作，坚持标本兼治、惩防并举，积极构建及时主动发现、全面彻底打击、专业精准防控、长效综合治理、高效协同配合的反有组织犯罪工作新格局，不断推动常态化扫黑除恶工作走深走实，为建设更高水平的平安中国、法治中国贡献更大力量。

（载中华人民共和国公安部网）

9月9日

商务部、公安部等17部门联合印发《关于搞活汽车流通　扩大汽车消费若干措施的通知》

为扎实推进相关政策落地落实，切实便利群众企业办事，商务部会同公安部印发《关于完善二手车市场主体备案和车辆交易登记管理的通知》（以下简称《通知》），推出了系列便利二手车交易登记新措施，进一步降低二手车交易登记成本，更好促进汽车梯次消费和二手车市场持续健康发展。

完善二手车市场主体备案　加强部门信息共享

《通知》要求省级商务主管部门依托全国汽车流通信息管理应用服务系统，做好辖区内二手车销售企业（以下简称"销售企业"）、二手车交易市场（以下简称"交易市场"）等市场主体备案管理工作，指导企业如实填报备案企业名称、地址场所等信息，并按要求及时、准确、全面报送相关经营信息等，完善二手车市场主体备案等管理，规范二手车流通发展。商务部门将与公安、税务等部门及时共享二手车市场主体备案信息，为相关部门推行便民利企改革措施创造条件。

便利办理二手车交易登记　促进汽车梯次消费

为更好促进二手车商品化流通，切实便利群众企业办事，两部门围绕推进简政放权、减证便民，推出了更多减手续、减环节等便民利企服务举措。

便利企业经销二手车，已备案销售企业办理待售的非营运小微型载客汽车办理转让登记时，公安交管部门实行单独签注管理，核发临时行驶车号牌，便利二手小客车商品化流通。对销售企业已备案营业执照及公章影像的，向公安交管部门申请转让登记时可提交加盖公章的营业执照复印件，无需再提交原件。

便利群众查询车辆状态，提供"交管12123"APP车主查询、出示车辆抵押登记信息服务，方便二手车交易中确认车辆状态，促进二手车诚信交易、放心消费。

推进"一站式"交易登记服务，鼓励具备条件的销售企业、交易市场等设立机动车登记服务站，提供交易、开票、登记等"一站式"服务，减少群众往返办事负担。

强化事中事后监管　规范二手车经营行为

此次两部门在推进便民利企改革同时，坚持放管结合、放管并重，明确二手车交易登记要求，强化监督管理，保证公平公正，保障群众合法权益。

规范二手车经营行为，要求销售企业、交易市场应当认真核对交易双方和车辆信息及凭证，严格按照法律法规规章开展经营活动，规范开具二手车交易发票。

加强监督检查，地方商务主管部门将依法依规加强对销售企业、交易市场的检查力度和频次，公安交管部门将加强对机动车登记服务站监管，指导服务站点规范便捷协助办理登记业务。

严格查处违规行为，对存在违规办理交易手

续、违规使用临时行驶车号牌等企业，商务、公安交管部门将依法依规予以处理。

商务部、公安部将加强组织部署，强化部门协作，指导各地做好二手车市场主体备案管理、优化二手车转让登记等工作，便利群众企业办事，更好促进二手车流通健康持续发展。

（载中华人民共和国公安部网）

9月15日

公安部、市场监管总局、生态环境部、交通运输部联合印发《关于深化机动车检验制度改革优化车检服务工作的意见》

机动车检验是保障道路交通安全、推进大气污染防治的重要工作，直接关系到人民群众切身利益。为贯彻落实党中央、国务院决策部署，解决好公共服务领域群众关注的“关键小事”，经国务院同意，公安部、市场监管总局、生态环境部、交通运输部联合印发《关于深化机动车检验制度改革优化车检服务工作的意见》(以下简称《意见》)，部署深化车检制度改革。

近年来，相关部门持续推进新车6年内免检、跨省异地检验、检验标志电子化、货车“三检合一”等多轮车检制度改革，在保障车辆安全环保性能的同时，不断提升车检服务水平。此次四部门部署深化车检改革坚持以人民为中心，紧紧围绕扎实做好稳增长稳市场主体保就业工作，进一步简程序、降成本、提服务，推出优化检验市场准入、放宽私家车检验周期、网上预约检验、“交钥匙”便捷办等系列新措施，优化车检服务，规范检验行为，推进检验服务规范化、标准化，更加便利群众企业办事，更好服务经济社会发展。

推进简政放权，全面提升检验能力

此次改革将进一步优化机动车检验机构资质认定制度，推行资质认定告知承诺制度，压缩许可和技术评审时限，全面推行网上审批和证书电子化，实现资质认定全流程网上办理。全面整合安检和环检机构资质认定条件，实现检验机构同时具备安全技术检验和排放检验能力，为群众提供一站式便民服务。

在推进加快检验机构建设同时，综合评估检验机构数量、分布和检测能力，探索试点汽车4S店开展检验，提供维修、保养、车检一体化服务。

创新服务举措，改进优化车检服务

此次改革围绕推进车检服务标准化、规范化，提出了系列优化车检服务新举措，减少排队等候时间，优化群众办事体验。

调整优化检验周期，进一步优化调整非营运小微型载客汽车(9座含9座以下，面包车除外)、摩托车检验周期。

对非营运小微型载客汽车，将原10年内上线检验3次调整为检验2次（第6年、第10年），并将原15年以后每半年检验1次，调整为每年检验1次。

对摩托车，将原10年内上线检验5次调整为检验2次（第6年、第10年），10年以后每年检验1次。

此次调整后，非营运小客车、摩托车在10年内，只需要在第6年、第10年到检验机构上线检验，期间每两年申领一次检验标志；超过10年的，每年上线检验1次。

推进网上预约车检，积极推行互联网、手机APP等“点对点”车检预约服务，群众可以在交管“12123”APP网上预约车检地点和时间，方便群众“随到随检”。

全面推进货车年审跨省通办，货车车主可通过互联网道路运输便民服务系统、道路运政一网通办微信小程序，在全国范围内办理道路运输证年审。

优化车检服务流程，推行车检“交钥匙”便捷办服务，优化服务流程，由检验机构工作人员一次性负责办结，提供高效快捷服务。

规范窗口服务标准，推进车检服务大厅、服务窗口、检测流程标准化，以标准促规范，以服务提品质，全面提升车检服务水平。

坚持放管结合，强化检验监督管理

此次改革，围绕完善监管制度机制，进一步加强检验机构监督检查，提升检验规范化、标准化水平。

加强资质认定监督管理，采用现场观察、案卷审查等方式，加强对检验机构资质认定技术评审活动的监督，建立健全责任追究机制。

规范检验机构收费行为，加强检验机构收费行为监管，实行一次收费，严禁违规收费和相互串通、操纵市场价格行为。

提升环检服务水平，监督检验机构准确执行排放检验标准和技术规范，提升检验质量。

严格违规检验责任追究，加强部门联合监督检查，健全“双随机、一公开”监管机制，依法严厉查处替检代检、只收费不检车、不执行国家标准检验等违法违规行为。严禁检验机构与非法中介人员内外勾结招揽客源、违规检验，对检验机构有关人员与非法中介内外勾结违规检验构成犯罪的，依法追究刑事责任。

为确保改革措施落地落实，公安、市场监管、生态环境、交通运输等四部门将密切协作配合，强化组织部署，制定配套实施细则，加强对地方相关部门指导，切实抓好改革措施落地落实，推动改革取得惠民利企实效，更好促进行业规范发展，助力促进经济社会平稳健康发展。

（载中华人民共和国公安部网）

10 月 15 日

公安部政治部发出通知 要求切实做好公安民警辅警疫情防护工作

公安部政治部 10 月 15 日发出通知，要求各级公安机关认真贯彻落实党中央决策部署，按照王小洪部长和部党委部署要求，充分认识当前疫情防控的复杂性、艰巨性、反复性，切实做好公安民警辅警疫情防护工作，筑牢疫情防控安全屏障，确保广大公安民警辅警全身心投入党的二十大安保维稳各项工作。

通知要求，要毫不松懈落实常态化疫情防控措施，进一步加大公安机关重点部位、重点场所、重点岗位防控防护力度，教育民警辅警严格落实清洁消毒、体温检测、佩戴口罩等规定要求。要进一步严密监管场所疫情防控措施，加强风险隐患排查，严防疫情输入风险。要不断完善公安院校疫情防控方案，落实落细防控措施，压实防控责任，强化师生关爱，确保校园安全稳定。要按照“保重点、保急需、保一线”的原则，充足保障公安民警辅警执法执勤必需必备的各类疫情防护装备。要教育引导广大公安民警辅警及家属严格执行当地疫情防控要求，坚持不扎堆、不聚集，不参加聚餐、聚会和聚集性活动。要积极争取党委、政府和卫健等部门支持，对确诊感染新冠肺炎、因公负伤、患重大疾病的民警辅警，积极协调进行医疗救治。要强化高危民警辅警健康干预，最大限度避免带病上岗、疲劳上岗。要加强心理健康服务，有针对性地开展心理疏导，帮助民警辅警克服抗疫工作中出现的紧张、焦虑等情绪。

通知要求，要切实推进爱警暖警。要认真贯彻落实公安部党委关于深入推进爱警暖警工作的指导意见要求，从实从细抓好各项从优待警措施的落实，真正让“有困难找组织”成为广大民警第一选择。要组织开展专项慰问活动，深入基层一线，看望慰问坚守岗位的公安民警辅警，及时帮助解决现实困难和问题。要结合“公安心向党、护航新征程”主题宣传活动，集中宣传公安队伍忠于职守、无私奉献的感人事迹和在疫情防控、安保维稳工作中涌现出来的先进典型，加大即时表彰奖励力度，发挥正面激励和示范引领作用。要做好公安英烈、因公牺牲民警辅警家庭、因公伤残民警辅警的关爱帮扶工作，积极做好生活保障，让他们感受到党和政府的关怀温暖。

（载中华人民共和国公安部网）

10月24日

公安部通令嘉奖圆满完成党的二十大安保维稳任务的全国公安机关各单位和民警辅警

公安部目前发布命令，对圆满完成中国共产党第二十次全国代表大会安保维稳任务的全国公安机关各单位和民警辅警予以通令嘉奖。

嘉奖令指出，2022年10月16日至22日，中国共产党第二十次全国代表大会在北京胜利召开。这是在全党全国各族人民迈上全面建设社会主义现代化国家新征程、向第二个百年奋斗目标进军的关键时刻召开的一次十分重要的大会。做好党的二十大安保维稳工作，是党和人民交给公安机关的重大政治任务。全国公安机关认真贯彻落实党中央决策部署，在公安部党委和地方各级党委、政府领导下，牢固树立全国"一盘棋"思想，深入开展"喜迎二十大、忠诚保平安"实践活动，扎实推进夏季治安打击整治"百日行动"，举全警之力、集全警之智，统筹抓好防风险、保安全、护稳定各项措施落实，战胜了一个又一个挑战，打赢了一场又一场硬仗，为党的二十大胜利召开创造了安全稳定的政治社会环境。特别是北京市公安机关充分发挥安保主力军作用，狠抓社会面整体防控，全面排查消除风险隐患，严密组织各项警卫勤务，确保了会议活动安全顺利和首都社会大局持续稳定。工作中，各级公安机关领导干部以"时时放心不下"的政治责任感和使命感，勇于担当、敢于负责，身先士卒、靠前指挥，充分发挥了模范带头作用；全体民警辅警舍小家顾大家，恪尽职守、顽强拼搏，连续奋战、无私奉献，以实际行动展现了新时代公安队伍的过硬素质、优良作风和坚强战斗力，为圆满完成党的二十大安保维稳任务作出了突出贡献，向党和人民交上了一份满意答卷。

嘉奖令强调，希望全国公安机关和广大公安民警辅警深入学习贯彻党的二十大精神，深入学习贯彻习近平总书记关于新时代公安工作的重要论述，深刻领悟"两个确立"的决定性意义，增强"四个意识"、坚定"四个自信"、做到"两个维护"，弘扬伟大建党精神，自信自强、守正创新，踔厉奋发、勇毅前行，以更加昂扬的斗志、更加饱满的热情和更加顽强的作风，积极投身新时代人民公安事业的伟大实践，坚决维护国家政治安全和社会稳定，努力为全面建设社会主义现代化国家、全面推进中华民族伟大复兴作出新的更大贡献。

（载中华人民共和国公安部网）

10月31日

公安部党委印发实施意见
加强和改进新时代公安人才工作

为全面学习贯彻党的二十大精神，认真贯彻落实习近平总书记关于做好新时代人才工作的重要思想和新时代公安工作的重要论述，深入落实中央人才工作会议、全国公安工作会议精神，公安部党委近日印发《关于加强和改进新时代公安人才工作的实施意见》(以下简称《实施意见》)，对新时代公安人才工作和人才队伍建设作出全面部署和总体规划。

《实施意见》明确，以习近平新时代中国特色社会主义思想为指导，坚持人才是第一资源、创新是第一动力，聚焦战斗力标准，立足实战化要求，加强专业化建设，健全完善具有公安特色的人才工作体系，全方位做好人才引进、培养、使用、管理、保障工作，培养造就一大批适应新时代要求的专门性人才和复合型人才，为履行捍卫政治安全、维护社会安定、保障人民安宁的新时代使命任务提供强有力的人才保障和智力支撑。

《实施意见》强调，要牢牢把握“公安姓党”的根本政治属性，加强党对公安人才工作的全面领导，强化政治引领，将党管人才原则贯穿公安人才工作全过程，教育引导公安人才深入学习习近平新时代中国特色社会主义思想，深刻领悟“两个确立”的决定性意义，增强“四个意识”、坚定“四个自信”、做到“两个维护”，始终确保坚定正确的政治方向。

《实施意见》指出，要聚焦新时代公安工作新形势新任务新要求，遵循人才成长规律，结合各级公安机关和公安院校、科研单位不同需求，加强公安人才工作顶层设计，科学设定中长期发展目标任务，统筹实施符合公安人才特点的培养工程，积极创建服务国家政治安全和社会稳定的各类创新平台，健全完善公安机关专家人才库，全面加强重点领域人才培养，推动各方面公安优秀人才脱颖而出。

《实施意见》提出，要实行更加积极、更加开放、更加有效的人才引进和使用政策，吸引更多优秀人才投身公安事业；严格人才使用管理机制，尊重人才创新自主权，坚决破除唯论文、唯职称、唯学历、唯奖项现象；强化科研诚信审核，严厉打击学术不端行为；强化人才激励保障机制，拓宽人才职业发展空间，加大表彰奖励力度，最大限度激发各类人才创新创造活力。

《实施意见》要求，各级公安机关党委要为公安人才办实事、做好事、解难事，积极支持公安人才参加科技创新、项目研究、学历提升、专业培训等活动，加大公安院校、科研单位经费投入力度。要保障公安人才专心科研，减少参加非学术性、应酬性活动和不必要的评审评价活动，切实为公安人才松绑减负，积极营造鼓励创新、宽容失败的工作环境，保障有力、安心安业的生活环境，公开平等、竞争择优的制度环境。

（载中华人民共和国公安部网）

11月4日

公安部党委发出通知
要求深入学习宣传贯彻党的二十大精神

公安部党委11月2日印发《关于深入学习宣传贯彻党的二十大精神的通知》，强调学习宣传贯彻党的二十大精神，是当前和今后一个时期全国公安机关的首要政治任务。要教育引导全警在全面学习、全面把握、全面落实上下功夫，深刻领悟“两个确立”的决定性意义，增强“四个意识”、坚定“四个自信”、做到“两个维护”，切实把思想和行动统一到党的二十大精神上来，把智慧和力量凝聚到党的二十大确定的各项任务上来，在新时代新征程上展现新担当新作为，为全面建设社会主义现代化国家、全面推进中华民族伟大复兴作出新的更大贡献。

通知指出，中国共产党第二十次全国代表大会，是在全党全国各族人民迈上全面建设社会主义现代化国家新征程、向第二个百年奋斗目标进军的关键时刻召开的一次十分重要的大会，是一次高举旗帜、凝聚力量、团结奋进的大会。学习宣传贯彻党的二十大精神，事关党和国家事业继往开来，事关中国特色社会主义前途命运，事关中华民族伟大复兴，对于动员全党全国各族人民更加紧密地团结在以习近平同志为核心的党中央周围，高举中国特色社会主义伟大旗帜，坚定道路自信、理论自信、制度自信、文化自信，为全面建设社会主义现代化国家、全面推进中华民族伟大复兴而团结奋斗，具有重大现实意义和深远历史意义。各级公安机关和广大公安民警要深刻认识党的二十大的重大意义，切实增强学习宣传贯彻党的二十大精神的积极性、主动性、自觉性，坚持用党的二十大精神武装头脑、指导实践、推动工作，坚定践行“对党忠诚、服务人民、执法公正、纪律严明”总要求，忠实履行捍卫政治安全、维护社会安定、保障人民安宁的新时代使命任务，更好地为全面建设社会主义现代化国家、全面推进中华民族伟大复兴保驾护航。

通知要求，要全面准确学习领会党的二十大精神，切实用党的二十大精神统一全警的思想和行动。要原原本本、逐字逐句学习研读党的二十大报告和党章，学习习近平总书记在党的二十届一中全会上的重要讲话和近期一系列重要讲话精神，深刻领悟党的二十大提出的新思想新论断、作出的新部署新要求，吃透领会精神实质、准确把握核心要义，真正把党的二十大精神学习好、领会好、贯彻好、落实好。要深刻领会党的二十大的主题，坚持“三个务必”，坚定历史自信、增强历史主动，坚定不移为新时代中国特色社会主义保驾护航，矢志不渝做新时代中国特色社会主义事业的建设者、捍卫者。要深刻领会过去5年的工作和新时代10年的伟大变革，深刻领悟“两个确立”的决定性意义，更加坚定自觉地维护习近平总书记党中央的核心、全党的核心地位，更加坚定自觉地忠诚核心、拥护核心、跟随核心、捍卫核心，确保在任何时候任何情况下都坚决听从习近平总书记命令、服从党中央指挥。要深刻领会开辟马克思主义中国化时代化新境界，牢牢把握习近平新时代中国特色社会主义思想的世界观和方法论，坚持好、运用好贯穿其中的立场观点方法，着力提高运用党的创新理论分析和解决问题的能力，更好引领新时代公安工作高质量发展。要深刻领会新时代新征程中国共产党的使命任务，增强忧患意识、坚持底线思维，强化责任担当、发扬斗争精神，在新时代新征程上充分发挥法治中国建设生力军、平安中国建设主力军作用，努力为全面建设社会主义现代化国家创造安全稳定的政治社会环境。要深刻领会、系统把握中国式现代化的中国特色和本质要求，以更高的政治站位、更强的历史主动，更加自觉地服务党和国家工作大局，努力为以中国式现代化全面推进中华民族伟大复兴贡献更大力量。要深刻领会社会主义经济建设、政治建设、文化建设、社会建设、生态文明建设等方面的重大部署，始终坚持围绕中心、服务大局，忠实践行人民公安为人民的初心使命，全力服务保障经济社会发展，不断满足人民对美好生活的向往，努力使人民群众的获得感、幸福感、安全感更加充实、更有保障、更可持续。要深刻领会教育科技人才、法治建设、国家安全等方面的重大部署，坚定不移贯彻总体国家安全观，不断创新完善维护政治安全和社会稳定的机制措施，创新公安机关参与基层社会治理机制，着力建设更高水平的平安中国，以新安全格局保障新发展格局；深入推进法治公安建设，不断提高运用法治思维和法治方式维护安全稳定、促进公平正义的能力水平；深入贯彻人才强国战略、创新驱动发展战略，加强公安人才队伍建设，推进公安科技自主创新，不断提升公安机关核心战斗力。要深刻领会国防和军队建设、港澳台工作、外交工作等方面的重大部署，履行好公安机关在维护边境安全、反分裂斗争和深化国际警务合作、服务外交大局等方面的重要职责，在贯彻“一国两制”、推进祖国统一、维护世界和平发展中作出新的贡献。要深刻领会坚持党的全面领导和全面从严治党的重大部署，牢牢把握以伟大自我革命引领伟大社会革命的重要要求，认真贯彻新时代党的建设新的伟大工程战略部署，持续巩固深化公安队伍教育整顿成果，纵深推进全面从严管党治警，着力锻造“三个绝对”“四个铁一般”的高素质过硬公安铁军。

通知要求，要坚持突出重点、抓住关键，扎实抓好党的二十大精神学习宣传工作。要把学习宣传的着力点聚焦到习近平总书记是党中央的核心、全党的核心，习近平新时代中国特色社会主义思想是党必须长期坚持的指导思想上；聚焦到党的十九大以来的重大成就和新时代 10 年的伟大变革上；聚焦到把握好马克思主义中国化时代化最新成果的世界观和方法论，坚持好、运用好贯穿其中的立场观点方法上；聚焦到中国式现代化在理论和实践的创新突破上；聚焦到贯彻落实党的二十大作出的重大决策部署上；聚焦到以习近平同志为核心的新一届中央领导集体是深受全党全国各族人民拥护和信赖的领导集体上；聚焦到习近平总书记是全党拥护、人民爱戴、当之无愧的党的领袖上。要紧紧围绕上述重点，紧密结合党中央即将在全党开展的主题教育，紧密结合深入推进“公安心向党 护航新征程”等主题宣传活动，在全国公安机关扎实抓好党的二十大精神学习宣传工作，确保党的二十大精神真正入脑入心，凝聚激发全警护航新征程、建功新时代的强大力量。要抓住“关键少数”，突出领导带头，坚持以上率下，先学一步、学深一层，带头学习会议文件，带头宣讲学习体会，带头贯彻会议要求，组织全警深入学习领会党的二十大精神。要创新学习形式，坚持多措并举，创新丰富载体形式，通过组织理论学习中心组学习、“三会一课”、青年理论学习小组学习和宣讲报告、辅导交流、专题讨论、座谈讲座等多种方式，做到网上网下同步发力，确保学习宣传贯彻工作有力度、有声势、有成效。要抓好全员培训，面向全警开展形式多样、分层次、全覆盖的全员培训，把学习党的二十大精神纳入公安教育培训工作整体计划，作为政治训练、入警训练、晋升训练和公安院校教育等重要内容，推动党的二十大精神进警营、进教材、进课堂、进头脑。要深入宣传报道，创新全媒体传播理念方法，构建大宣传工作格局，形成强大声势、营造浓厚氛围；充分发挥先进典型正向激励和示范带动作用，大力选树、集中表彰一批先进典型，切实凝聚起忠实履行新时代使命任务的磅礴力量。要加强研究阐释，紧密结合党的二十大提出的一系列重大创新理论、重大战略部署，认真梳理新征程上公安工作面临的新情况新问题，有针对性地开展专题调研、理论研究，深刻阐释党的二十大精神对新时代公安工作的指导意义和实践要求，精心研究谋划提出当前和今后一个时期公安工作思路举措，进一步加强和改进新时代公安工作和公安队伍建设。

通知要求，要紧密结合公安工作实际，在新时代新征程上更好担负起党和人民赋予的光荣使命任务。要紧紧围绕坚持和加强党中央集中统一领导，坚决做到“两个维护”，牢记“公安姓党”的根本政治属性，坚持从政治上建设和掌握公安机关，坚决把党的绝对领导落实到公安工作各方面全过程，永葆绝对忠诚、绝对纯洁、绝对可靠的政治本色。要紧紧围绕强化党的创新理论武装，坚持不懈用习近平新时代中国特色社会主义思想凝心铸魂，坚定理想信念、牢记初心使命，自觉运用蕴含其中的科学世界观和方法论武装头脑、指导实践、推动工作，确保公安工作始终沿着正确方向前进。要紧紧围绕推进国家安全体系和能力现代化，牢记“国之大者”，始终把防范政治安全风险置于首位，坚定不移贯彻总体国家安全观，坚持政治安全、人民安全、国家利益至上有机统一，严密防范、严厉打击敌对势力渗透、破坏、颠覆、分裂活动，有效防范化解影响国家政治安全和社会稳定的各类风险隐患。要紧紧围绕增进民生福祉，坚持以人民为中心，提升公安机关社会治理的能力和水平，全心全意做好保民安、护民利、惠民生、聚民力等各项工作，不断增强人民群众获得感、幸福感、安全感。要紧紧围绕建设更高水平的平安中国，深化推进警务体制机制改革，大力加强基层基础建设，加快构建符合新时代要求、体现实战化特点、具有中国特色的现代警务体系，着力提升公安工作现代化水平。要紧紧围绕建设法治中国，深入贯彻习近平法治思想，全面推进法治公安建设，坚持严格规范公正文明执法，切实将公平正义的价值追求融入公安执法各方面全过程。要紧紧围绕落实新时代党的建设新要求，永葆自我革命精神，始终坚持政治建警、全面从严治警，注重抓党建带队建，持续巩固深化队伍教育整顿成果，坚决彻底肃清孙力军政治团伙流毒影响，努力打造一支党和人民满意的“四个铁一般”过硬公安铁军。要把学习宣传贯彻党的二十大精神与做好当前公安各项工作紧密结合起来，准确把握当前和今后一个时期社会治安的规律特点，切实加强风险评估、排查预警、源头防控和应急处置等工作，严厉打击群众反映强烈的突出违法犯罪活动，确保社会大局持续安全稳定。

通知要求，要切实加强组织领导，确保学习宣传贯彻党的二十大精神工作取得实效。要把学习宣传贯彻党的二十大精神置于重中之重的位置，紧扣新时代新征程党的中心任务，紧密结合深入学习贯彻习近平总书记关于新时代公安工作的重要论述和全国公安工作会议精神，紧密结合公安工作实际，精心组织实施，迅速兴起学习宣传贯彻党的二十大精神的热潮。各级公安机关党委要认真履行抓好党的二十大精神学习宣传贯彻工作的主体责任，主要负责同志要切实担负起第一责任人责任，紧密结合本地区本部门本警种工作实际，制定工作方案，细化工作措施，强化系统指导。要牢牢把握正确导向，严格按照党中央精神全面准确开展宣传，把准方向、把牢导向，弘扬主旋律、传播正能量，切实用党的二十大精神统一思想、凝聚力量。要着力提升实际效果，坚持因地制宜、因时制宜，采取富有时代特色、体现实践要求的方法，不断拓展学习宣传贯彻的广度和深度，努力增强学习宣传贯彻党的二十大精神的针对性、实效性和吸引力、感染力。要大力加强检查督导，狠抓推动落实，不断推动学习宣传贯彻工作往深里走、往实里走。

（载中华人民共和国公安部网）

11月28日

国务院中央军委批转公安部中央军委政治工作部中央军委后勤保障部关于调整规范军人家属随军及落户有关政策意见

国务院、中央军委目前批转了公安部、中央军委政治工作部、中央军委后勤保障部《关于调整规范军人家属随军及落户有关政策的意见》。

《意见》明确，现役军官（含警官）和三级军士长以上军士（含警士），以及驻国家、军队确定的艰苦边远地区、三类以上岛屿和西藏自治区部队服役的一级上士，其配偶和未成年子女、无独立生活能力的子女，经旅（团）级以上单位的政治工作部门批准，可以随军；驻京部队军人家属随军有关政策由军队参照党中央关于北京市新增落户审批和管理文件精神另行制定，新政策出台前仍暂按现行有关政策执行。军人配偶符合到军人所在单位驻地自主落户条件，经驻地人民政府有关部门批准且办理落户手续的，落户30日之内，军人应当向所在旅（团）级以上单位的政治工作部门报告和备案。

《意见》要求，地方各级人民政府、各有关部门要认真落实军人家属随军及落户有关政策，对符合随军和自主落户条件的军人家属，优先提供服务和保障。军队各级要加强政策形势教育，引导广大官兵集中精力练兵备战，为实现党在新时代的强军目标作出贡献。

这次调整规范军人家属随军及落户有关政策，是贯彻落实军事政策制度改革部署的实际举措，对增强部队凝聚力战斗力具有重要意义。

（载新华网）

12月12日

国家互联网信息办公室、工业和信息化部、公安部联合发布《互联网信息服务深度合成管理规定》

国家互联网信息办公室、工业和信息化部、公安部联合发布《互联网信息服务深度合成管理规定》（以下简称《规定》），自2023年1月10日起施行。国家互联网信息办公室有关负责人表示，出台《规定》，旨在加强互联网信息服务深度合成管理，弘扬社会主义核心价值观，维护国家安全和社会公共利益，保护公民、法人和其他组织的合法权益。

近年来，深度合成技术快速发展，在服务用户需求、改进用户体验的同时，也被一些不法人员用于制作、复制、发布、传播违法和不良信息，诋毁、贬损他人名誉、荣誉，仿冒他人身份实施诈骗等，影响传播秩序和社会秩序，损害人民群众合法权益，危害国家安全和社会稳定。出台《规定》，是防范化解安全风险的需要，也是促进深度合成服务健康发展、提升监管能力水平的需要。

《规定》明确了制定目的依据、适用范围、部门职责和导向要求。明确在中华人民共和国境内应用深度合成技术提供互联网信息服务，适用本规定。明确国家和地方网信部门统筹协调深度合成服务的治理和相关监督管理职责，国务院电信主管部门、公安部门以及地方相关部门的监督管理职责。明确提供深度合成服务的总体要求。鼓励相关行业组织加强行业自律。

《规定》明确了深度合成服务的一般规定。强调不得利用深度合成服务从事法律、行政法规禁止的活动。要求深度合成服务提供者落实信息安全主体责任，建立健全管理制度和技术保障措施，制定公开管理规则、平台公约，对使用者进行真实身份信息认证，加强深度合成内容管理，建立健全辟谣机制和申诉、投诉、举报机制。明确应用程序分发平台应当落实安全管理责任，核验深度合成类应用程序相关情况。

《规定》明确了深度合成数据和技术管理规范。要求深度合成服务提供者和技术支持者加强训练数据管理和技术管理，保障数据安全，不得非法处理个人信息，定期审核、评估、验证算法机制机理。深度合成服务提供者对使用其服务生成或编辑的信息内容，应当添加不影响使用的标识。提供智能对话、合成人声、人脸生成、沉浸式拟真场景等生成或者显著改变信息内容功能的服务的，应当进行显著标识，避免公众混淆或者误认。要求任何组织和个人不得采用技术手段删除、篡改、隐匿相关标识。

《规定》明确了监督检查与法律责任。明确具有舆论属性或者社会动员能力的深度合成服务提供者、技术支持者应当履行备案和变更、注销备案手续。上线具有舆论属性或者社会动员能力的新产品、新应用、新功能的，应当开展安全评估。深度合成服务提供者、技术支持者应当依法配合网信部门和有关主管部门开展的监督检查，并提供必要的支持和协助。发现存在较大信息安全风险的，网信部门和有关主管部门可以按照职责依法要求其采取暂停信息更新、用户账号注册或者其他服务等措施。明确违反规定的法律责任。

《规定》明确了相关用语的含义。要求深度合成服务提供者和技术支持者从事网络出版服务、网络文化活动、网络视听节目服务的，应当同时符合有关主管部门的规定。

国家互联网信息办公室有关负责人指出，深度合成服务治理需要政府、企业、社会、网民等多方主体共同参与，推动深度合成技术的依法、合理、有效使用，积极防范化解深度合成技术带来的风险，促进互联网信息服务健康发展，维护网络空间良好生态。

（载中华人民共和国公安部网）

第三节　典型案例

1月17日

市场监管总局公安部农业农村部联合发布农村假冒伪劣食品专项执法行动十大典型案例

2020年10月，市场监管总局、公安部、农业农村部、商务部、中华全国供销合作总社联合印发通知，在全国范围内开展为期一年的农村假冒伪劣食品专项执法行动，严厉打击经营未经检验检疫的肉类、食品中添加非食用物质、“三无”食品、超过保质期食品等人民群众深恶痛绝的违法行为。一年来，各地区各有关部门积极行动，取得了显著成效，共查处农村假冒伪劣食品违法案件16.2万件，罚没款14.8亿元，查扣违法产品4369吨，吊销许可证96件，从业资格限制155人，对直接责任人罚款1728万元，公安机关侦办涉嫌犯罪案件（含行政机关移送）1912件。市场监管总局、公安部、农业农村部现联合发布10件农村假冒伪劣食品专项执法行动典型案例。

案例一

浙江金华查处浦江县龙鼎副食品商行生产经营标注虚假生产日期食用油及擅自从事食盐批发业务案

2020年11月，浙江省金华市浦江县市场监管局根据举报，对位于城乡接合部的浦江县龙鼎副食品商行进行检查。经查，浦江县龙鼎副食品商行持有食品经营许可证，自2020年5月开始，陆续购进4种不同品牌的食用油及食用油包装100套；2020年8月，当事人将一批临近保质期的食用油打开包装后装入上述100套油桶内，并更换包装标注为新近生产日期，混入同批购进的正常食用油中，作为新油销售。截至案发，更换包装后的食用油已全部售完，货值金额14950元。执法人员责令当事人召回更换包装的食用油，共计召回问题食用油148桶，并于2020年12月30日监督销毁。当事人的上述行为违反了《中华人民共和国食品安全法》第三十四条第（十）项和第三十五条的规定，属于未经许可生产经营、标注虚假生产日期食品的违法行为；同时，检查中发现，当事人为非食盐定点批发企业，擅自从事食盐批发业务，违反了《食盐专营办法》等相关规定。金华市浦江县市场监管局依法作出没收违法所得、罚款50.28万元的行政处罚。

案例二

重庆渝北查处毛顺明农副产品经营部非法使用工业松香加工猪头肉案

2020年8月，重庆市渝北区市场监管局木耳镇市场监管所根据举报，对渝北区毛顺明农副产品经营部进行检查，现场发现该食品加工点使用工业松香进行脱毛。经检验，已清洗猪头肉使用的残留松香、熬制时使用的松香和未使用的松香主体成分均是松香酸（工业松香）。至案发，当事人使用工业松香加工了约8000个猪头计4万斤，涉案货值金额逾192万元，违法所得逾144万元。当事人的行为违反了《中华人民共和国食品安全法》第三十四条第（一）项，构成食品中添加食品添加剂以外的化学物质的违法行为。目前，案件还在办理中。

案例三

北京查处生产销售假冒“全聚德”烤鸭、标签含有虚假内容“京悦德”牌北京烤鸭案

2021年4月，根据北京市场有关低价“全聚德”烤鸭线索，北京市市场监管局经过摸排，锁定了北京鑫盛荣达商贸有限公司及法定代表人孔某，捣毁了位于房山区梨村的库房，当场查获涉嫌假冒“全聚德”包材近2000个，“京悦德”牌北京烤鸭4905只。经查，孔某等人以每套1元的价格购入假冒“全聚德”包材，以每只13.5元的价格购入塑封好的烤鸭，运至北京以每只20元的价格分销给下线。经查，标签含有虚假内容，外包装上标注的受委托方为山东德州市某食品有限公司，实际为河北省保定市博野县某食品厂，违反了《中华人民共和国食品安全法》第七十一条第一款规定，北京市市场监管局依法对北京鑫盛荣达商贸有限公司作出没收违法所得20.1万元、没收违法生产经营的“京悦德”牌北京烤鸭4905只、货值金额10倍罚款264.7万元、吊销食品经营许可证的行政处罚，并对法定代表人孔某处以五年内不得申请食品生产经营许可，或者从事食品生产经营管理工作、担任食品生产经营企业食品安全管理人员的行政处罚。

案例四

天津查处欣海福食品贸易有限公司销售侵犯注册商标专用权食品及未履行《食品安全法》等法律义务案

2021年1月，天津市市场监管综合执法总队根据举报，对天津市欣海福食品贸易有限公司经营场所和库房进行检查，现场发现用于销售的标识南京百事可乐饮料有限公司生产的百事可乐浓缩糖浆277箱。经现场鉴定，上述糖浆商品非南京百事公司生产，属侵犯“百事可乐”商标专用权的商品。执法人员当场对上述商品予以扣押，并抽样送检。经查，涉案食品符合食品安全标准，但侵犯注册商标专用权，当事人共购进上述糖浆500箱，已销售223箱，购货时未查验供货方营业执照、食品经营许可证及食品合格证明文件等材料。当事人的行为违反了《商标法》第五十七条、《食品安全法》第五十三条第一款及《食品安全法实施条例》第六十七条规定，构成购进食品未查验合格证明文件及销售侵犯注册商标专用权商品的行为，天津市市场监管综今执法总队对该公司依法作出警告、没收侵犯注册商标专用权的百事可乐浓缩糖浆265箱、罚款45.8万元的行政处罚。同时，当事人主要负责人陈某对上述违法行为负有直接责任，按照《食品安全法实施条例》第七十五条规定，天津市市场监管综合执法总队对陈某个人作出“罚款20000元”的行政处罚。

案例五

四川成都查处林某销售未经检验检疫毛肚案

2020年12月，成都市金牛区市场监管局接到公安机关线索通报，称在金牛区金芙蓉大道开展冷链疫情食品检查时发现林某（货主）驾驶车辆上装载约1吨重可能涉疫的鲜毛肚，金牛区局随即进行现场调查。经查，该批毛肚共1070公斤系林某通过微信联系从境外购货，取货时未履行进货查验义务，未取得检验检疫进口通关证、核酸检测报告、消杀证明等文件。当事人林某经营未经检疫的毛肚、未履行进货查验义务的行为违反《食品安全法》第三十四条、第五十三条等规定。金牛区市场监管局依照《食品安全法》第一百二十三条、第一百二十六条规定，给予当事人警告、没收涉案毛肚，并处货值金额17倍计208.6万元的行政处罚。

案例六

浙江杭州破获“3.30”制售有毒有害牛百叶系列案

2021年3月，根据工作中发现线索，杭州市公安局侦破制售有毒有害牛百叶系列案，打掉犯罪团伙7个，抓获犯罪嫌疑人27名，现场查获非法添加甲醛等非食用物质的牛百叶4吨，案值200余万元。经查，黄某、刘某等犯罪团伙在杭州城乡接合部的村民院落内，使用吊白块、甲醛等化学物质将牛肚、牛百叶浸泡增重、漂白后销往当地一些农贸市场摊位。案件侦破后，当地政府组织对市场销售动物内脏制品进行专项整治，取得明显成效。

案例七

河南新乡破获“7·21”制售假冒品牌矿泉水案

2021年10月，根据工作中发现线索，新乡市公安局侦破一起制售假冒品牌矿泉水案，抓获犯罪嫌疑人12名，现场查获假冒品牌矿泉水成品33.6万瓶、瓶体50余万个、瓶盖80余万个、标签60余万贴。经查，2018年以来，犯罪嫌疑人郑某某等人在农村民房内设立窝点，购买设备、搭建生产线，抽取地下井水简单过滤后灌装假冒品牌矿泉水，通过微信发展下线，将涉案产品销往多个省份，案值2000余万元。目前，该案已移送检察机关审查起诉。

案例八

重庆云阳破获胡某某等制售假酒案

2021年1月，根据工作中发现线索，重庆市公安局打假总队会同云阳县公安局侦破一起制售假酒案，抓获犯罪嫌疑人14名，现场查获假酒原液2吨、假冒大众品牌白酒1.5万瓶、假酒包材8万余套。经查，2018年1月以来，犯罪嫌疑人彭某某等人未经商标权利人许可，购买酒瓶、散装白酒和包材，在雅安市的农村院落设立窝点，大量生产销售假冒品牌白酒，案值1000余万元。目前，该案已移送检察机关审查起诉。

案例九

福建厦门破获“6·11”私屠滥宰生猪案

2021年6月，根据工作中发现线索，厦门市公安局侦破一起私屠滥宰生猪案，抓获犯罪嫌疑人38名，现场查获生猪100余头、已宰白条猪6800公斤。经查，2021年1月份以来，孟某某犯罪团伙在当地农村地区租赁多个位置偏僻的简易搭盖房，私设生猪屠宰点，从省内外大量购买未经检验检疫的生猪，私自屠宰后销往市场。目前，该案已移送检察机关审查起诉。

案例十

安徽六安查处张某某生产、销售不符合安全标准食品案

2020年10月，安徽省六安市金安区农业农村局执法人员在城北高速入口非洲猪瘟检查站例行检查时发现，车牌为皖AWU973的江淮轻型普通货车上装载有生猪胴体，共73头，每头重约23千克。经现场检查，生猪胴体无动物检疫验讫印章，驾驶员也无法提供动物检疫合格证明和非洲猪瘟检测报告，后经金安区动物疫病预防和控制中心检测，该批生猪产品为不合格生猪产品。经查，该批生猪产品为货主张某某所有。案件随后移送金安区公安分局依法立案侦查。2021年3月，六安市中级人民法院依法判处张某某等8人犯生产、销售不符合安全标准的食品罪，分别判处有期徒刑六个月到一年八个月，并处罚金一万元到七万元。

（载中华人民共和国公安部网）

5月18日

公安部“昆仑2022”专项行动挂牌督办76起案件

今年年初，公安部部署全国公安机关深入开展“昆仑2022”专项行动，对食药环和知识产权领域犯罪发起凌厉攻势。各地公安机关按照统一部署，全面落实“打源头、端窝点、摧网络、断链条、追流向”的打击目标和“全环节、全要素、全链条”的侦办要求，深入摸排线索、强化破案攻坚、推动源头治理，坚决斩断食药环和知识产权领域犯罪利益链条。为更好地发挥大要案件攻坚的引领牵动作用，专项行动开展以来，公安部“昆仑2022”专项行动领导小组办公室先后分两批挂牌督办76起重大典型案件。公安部要求，各地公安机关要切实提高政治站位，紧密结合“喜迎二十大、忠诚保平安”主题实践活动，加强组织领导，强化破案攻坚，密切部门协作，严格依法办案，深入开展侦查打击工作，为党的二十大胜利召开创造安全稳定的政治社会环境。

附：部分挂牌督办案件

1、天津宝坻“1·21”系列非法捕捞水产品案

2022年1月，天津市公安机关根据工作中发现线索，侦破系列非法捕捞水产品案，抓获犯罪嫌疑人84名。经查，2021年5月至7月，犯罪嫌疑人王某勇等人在禁渔期使用禁捕工具在天津潮白河及周边水域，非法捕捞螺蛳等水产品50余万公斤。

2、山西太原“1·03”销售假药案

2022年1月，山西省太原市公安机关根据群众举报线索，侦破一起销售假药案，抓获犯罪嫌疑人3名，现场查获涉案假冒冬虫夏草10余公斤。经查，2019年以来，犯罪嫌疑人谭其宁等人购进与冬虫夏草外形相似的亚香棒虫草，通过网络平台以正品冬虫夏草名义对外销售，销售范围涉及全国25个省份。

3、内蒙古牙克石齐某危害珍贵、濒危野生动物案

2022年1月，内蒙古自治区牙克石市公安机关根据群众举报线索，侦破一起危害珍贵、濒危野生动物案，现场查获国家一级保护野生动物驼鹿以及狍子、野猪等野生动物死体、残体若干，收缴狩猎用气步枪子弹若干。经查，2010年以来，犯罪嫌疑人齐某通过布置猎套、放猎犬等方式非法猎捕野生动物，经转卖用于食用和制作工艺品。

4、辽宁本溪“9·18”假冒注册商标案

2021年10月，辽宁省本溪市公安机关根据工作中发现线索，侦破一起假冒注册商标案，抓获犯罪嫌疑人29名，捣毁生产、仓储窝点10处，现场查获假冒品牌洗衣液商标标识、塑料桶等包材4万余件，查扣带有某知名网络销售平台公司标志的快递服装17套、面包车17台。经查，2021年3月以来，犯罪嫌疑人郑某、纪某等人租用民房设立制假窝点，生产假冒品牌洗衣液，交由犯罪嫌疑人崔某等人以不足正品4折的价格对外批发销售。

5、吉林龙井李某江等人非法采矿案

2021年9月，吉林省龙井市公安机关根据生态环境部门移送中央环保督察信访案件和群众举报线索，侦破一起非法采矿案，抓获犯罪嫌疑人10名。经查，2021年3月以来，犯罪嫌疑人李某江等人在未取得采矿许可证的情况下，以养殖名义承包山场，雇佣人员在吉林省龙井市某遗留金矿非法开采黄金并对外销售。

6、江苏盐城张某华等人生产、销售伪劣产品案

2022年1月，江苏省盐城市公安机关根据工作中发现线索，侦破一起生产、销售伪劣产品案，抓获犯罪嫌疑人9名，现场查获假冒品牌氯化钾化肥32吨。经查，2021年上半年以来，犯罪嫌疑人张某华等人购进氯化钾、氯化钠等化肥原料，按比例混合、分装生产伪劣化肥，并假冒品牌化肥对外销售。

7、安徽灵璧解某好等人污染环境案

2022年3月，安徽省灵璧县公安机关根据生态环境部门移送案件，侦破一起污染环境案，抓获犯罪嫌疑人6名。经查，2020年1月以来，犯罪嫌疑人程某钰冒充他人公司资质，从江苏省徐州市某再生资源有限公司接收固体废物处置业务，联系犯罪嫌疑人解某好等人将接收的固体废物非法倾倒至多处基本农田内，造成环境严重污染。

8、山东青岛“10·28”假冒注册商标案

2021年10月，山东省青岛市公安机关根据权利人举报线索，侦破一起假冒注册商标案，抓获犯罪嫌疑人10名，打掉犯罪团伙4个，捣毁生产销售、仓储窝点23处，现场查获假冒品牌净水设备前置过滤器、净水机、净水龙头、各类滤芯等侵权商品6500余件。经查，2021年5月以来，犯罪嫌疑人李某、许某等人设立制假窝点，生产假冒品牌净水设备，通过网店以及水暖城、建材城门店，以不足正品3折的价格销往全国16个省份。

9、湖南长沙陈某雷等人生产、销售有毒、有害食品案

2022年1月，湖南省长沙市公安机关根据群众举报线索，侦破一起生产、销售有毒、有害食品案，抓获犯罪嫌疑人43名，现场查获有毒有害减肥食品1000余盒。经查，2020年9月以来，犯罪嫌疑人陈某雷等人生产添加西布曲明成分的咖啡类减肥食品，层级发展下线对外销售。

10、广东潮州“3·13”生产、销售伪劣产品案

2022年4月，广东省潮州市公安机关根据工作中发现线索，侦破一起生产、销售伪劣产品案，抓获犯罪嫌疑人46名，捣毁制假窝点5处，现场查获多种假冒品牌洗护商品1.3万瓶、未灌装洗发液20吨以及制假设备一批。经查，2021年底以来，犯罪嫌疑人王某涛等人设立制假窝点，购进生产原料，加工生产多种假冒伪劣洗护商品并对外销售。

11、广西百色“12·01”滥伐林木案

2022年1月，广西自治区百色市公安机关根据工作中发现线索，侦破一起滥伐林木案，抓获犯罪嫌疑人3名。经查，2021年5月以来，犯罪嫌疑人刘某好等人以清山工程转包的方式，雇佣挖掘机毁林开垦，造成大量林地和林木遭到破坏，涉案林木蓄积8100余立方米。

12、重庆某环保科技有限公司污染环境案

2022年3月，重庆市合川区公安机关根据工作中发现线索，侦破一起污染环境案，抓获犯罪嫌疑人20名，现场查获危险废物废铝灰1万余吨。经查，2019年12月以来，犯罪嫌疑人李某生成立某环保科技有限公司，组织从川渝两地非法收运、处置废铝灰，租赁多个闲置厂房非法贮存废铝灰，造成环境严重污染。

（载中华人民共和国公安部食品药品犯罪侦查局）

9月18日

公安部“昆仑2022”专项行动挂牌督办第十批案件

按照公安部夏季治安打击整治“百日行动”部署要求，为充分发挥大要案件攻坚的引领牵动作用，公安部“昆仑2022”专项行动领导小组办公室目前决定，对天津武清孙某等人生产、销售伪劣产品案等39起案件进行挂牌督办。这是“昆仑2022”专项行动开展以来，公安部挂牌督办的第10批案件。公安部公布了其中部分典型案件。

公安部要求，要切实提高政治站位，紧密结合“喜迎二十大、忠诚保平安”主题实践活动和夏季治安打击整治“百日行动”，加强组织领导，强化破案攻坚，密切部门协作，严格依法办案，深入开展侦查打击工作，对相关案件“打源头、端窝点、摧网络、断链条、查流向”，实现“全环节、全要素、全链条”打击，为党的二十大胜利召开创造安全稳定的政治社会环境。

附：部分挂牌督办案件

1、天津武清公安机关侦办孙某等人生产、销售伪劣产品案

2022年8月，天津市武清区公安机关根据农业农村部门通报线索，侦破一起生产、销售伪劣产品案，抓获犯罪嫌疑人5名，现场查获伪劣农药4吨、百草枯原液44公斤。经查，2022年以来，犯罪嫌疑人孙某伙同他人购进百草枯原液、工业盐等原料，非法生产含有百草枯成分的无标桶装除草剂农药，同时从河北省某市购进无标桶装除草剂农药，一并在江苏省某县贴牌封装后，通过网店对外销售，涉案金额2000余万元。

2、辽宁沈阳公安机关侦办鄂某莉等人涉药品诈骗案

2022年7月，辽宁省沈阳市公安机关根据工作中发现线索，侦破一起涉药品诈骗案，抓获犯罪嫌疑人10名，涉案金额2000余万元。经查，2018年1月以来，以犯罪嫌疑人鄂某莉为首的犯罪团伙在辽宁省沈阳市各大医院门前，以假冒医护人员或同类病患等方式骗取中老年患者及其家属信任后，将每公斤价格不足10元的花茶、果茶冒充“天山雪莲”“藏红花”等名贵中药材，宣称其销售的“名贵中药材”有治疗癌症、心脏病等疾病的功效，可以替代药品使用，并以上百倍的价格销售，骗取患者高额钱财。

3、吉林珲春公安机关侦办王某民等人盗伐、滥伐林木案

2022年5月，吉林省珲春市公安机关根据有关单位举报线索，侦破一起盗伐、滥伐林木案，抓获犯罪嫌疑人5名。经查，2022年4月以来，犯罪嫌疑人王某民在未取得采伐许可证的情况下，组织人员在东北虎豹国家公园林区盗伐、滥伐林木，涉案林木蓄积1700余立方米，造成森林植被和野生动物生存环境严重破坏。

4、江苏泰州公安机关侦办“4·18”侵犯著作权案

2022年3月，江苏省泰州市公安机关根据工

作中发现线索，侦破一起侵犯著作权案，抓获犯罪嫌疑人9名，捣毁印刷、仓储窝点3处，查扣印刷机械设备10余台，封停涉案网店30余家。经查，2019年以来，犯罪嫌疑人通过网上下载或购买方式收集各类电子书籍600余套，在湖南株洲、娄底等地印刷盗版书籍，并利用电商平台开设网店对外销售。初步查明，涉案制售盗版60余家出版社书籍16万余册。

5、浙江舟山公安机关侦办“4·14”假冒注册商标案

2022年4月，浙江省舟山市公安机关根据权利人企业举报线索，侦破一起假冒注册商标案，抓获犯罪嫌疑人4名。经查，2019年5月，犯罪嫌疑人李某从权利人企业离职后，纠集原供职权利人企业多名技术人员和销售人员，伪造销售授权书、产品技术参数报告，利用其掌握的原权利人企业业务网络接单生产假冒权利人企业品牌阻火阀门等产品，涉案金额2000余万元。

6、江西宜春公安机关侦办卢某平等人污染环境案

2022年6月，江西省宜春市公安机关通过深挖在侦案件获取线索，侦破一起污染环境案，抓获犯罪嫌疑人15名。经查，2021年1月以来，犯罪嫌疑人卢某平等人在江西省宜春市一废弃猪舍内，使用溴代、甲苯等原材料非法生产麻黄碱，并将含有甲苯、二氯甲烷、二甲苯、丙酮的有毒有害生产废水直排至附近渗坑，造成周边环境严重污染。

7、山东枣庄公安机关侦办“4·12”非法狩猎、非法经营案

2022年5月，山东省枣庄市公安机关根据工作中发现线索，侦破一起非法狩猎、非法经营案，抓获犯罪嫌疑人22名，捣毁非法收购、生产窝点11处，现场查获中华蟾蜍活（死）体10万余只、蟾皮1吨。经查，2020年以来，犯罪嫌疑人李某洋等人收购张某成等人在多地非法狩猎的野生中华蟾蜍，并以其经营的养殖场为掩护，生产加工蟾酥、蟾皮等中药材，销往安徽、内蒙古等省区，涉案金额1000余万元。

8、河南郑州公安机关侦办王某军等人非法占用农用地案

2021年12月，河南省郑州市公安机关根据行政部门通报线索，侦破一起非法占用农用地案，抓获犯罪嫌疑人3名。经查，2017年12月以来，河南省郑州市高新区庄王村原村干部王某军等人为获取非法利益，将高新区某房地产项目建筑垃圾直接倾倒堆放于该村40余户农户所属的耕地内，造成170余亩耕地的种植条件严重破坏。

9、重庆永川公安机关侦办张某海等人污染环境案

2022年6月，重庆市永川区公安机关根据群众举报线索，侦破一起污染环境案，抓获犯罪嫌疑人20名。经查，2022年3月以来，重庆市某建材有限责任公司以具有利用处置水基岩屑资质为掩护，从多个页岩气钻井平台收集远超出公司处置能力的水基岩屑。期间，公司负责人张某海安排员工将部分水基岩屑非法倾倒，造成环境严重污染。

10、陕西扶风公安机关侦办权某等人非法采矿案

2022年5月，陕西省扶风县公安机关根据群众举报线索，侦破一起非法采矿案，抓获犯罪嫌疑人10名。经查，2019年11月以来，陕西省某农牧科技有限公司实际控制人权某等人在未取得采矿许可证的情况下，以种植猕猴桃进行土壤置换为幌子，在扶风县上宋乡牛蹄村承包的200余亩耕地内非法开采砂石并销往周边县区。经鉴定，涉案非法开采砂石16万余立方米。

（载中华人民共和国公安部网）

12 月 13 日

最高人民检察院公安部联合挂牌督办第二批 3 起特大跨境电信网络诈骗犯罪案件

为依法严厉打击跨境电信网络诈骗犯罪，全力推进“拔钉”“断流”等专项行动，最高人民检察院、公安部联合挂牌督办第二批 3 起特大跨境电信网络诈骗犯罪案件，全力缉捕电信网络诈骗犯罪集团头目和骨干，切实维护良好社会秩序和人民群众合法权益。

近年来，各级检察机关、公安机关深入贯彻落实习近平总书记关于打击治理电信网络诈骗犯罪工作的重要指示精神，按照国务院打击治理电信网络新型违法犯罪工作部际联席会议部署，密切配合、多措并举，始终坚持以人民为中心，依法、从严、全链条打击电信网络诈骗及其关联犯罪，深挖电信网络诈骗集团幕后“金主”，打击惩处工作取得明显成效。今年 6 月“拔钉”行动开展以来，国务院联席办先后将 470 余名电信网络诈骗集团头目和骨干纳入重点缉捕范围。截至目前，公安机关已抓获其中 240 余名，检察机关已逮捕 150 余名、起诉 80 余名。在公安部 A 级通缉令公开通缉的 12 名电信网络诈骗集团重大头目和骨干人员中，公安机关已抓获 10 名，检察机关起诉 6 名，其他犯罪嫌疑人正在全力缉捕中。

为依法严厉打击跨境电信网络诈骗犯罪集团嚣张气焰，最高检、公安部联合挂牌督办了第一批 5 起特大电信网络诈骗案件，相关地方检察机关、公安机关加强研判分析，强化协作配合，推动打击工作取得阶段性重大进展。其中，浙江“12.30”电信网络诈骗案已抓获 11 名主犯，判决 4 名。主要组织者葛某一审被判处无期徒刑，剥夺政治权利终身，并处没收个人全部财产，其余 3 名主犯均被判处十年以上有期徒刑。福建“4.09”电信网络诈骗案已抓获主犯李某滨，深挖发现的另外三个诈骗窝点，陆续抓获相关组织者、管理者 10 人，均已提起公诉，同步查扣涉案财物价值 2 亿余元。河南“6.20”电信网络诈骗案已抓获公安部 A 级通缉令通缉的在逃人员张某龙，并抓获周某辉等 4 名犯罪集团幕后组织者，均已提起公诉。湖南“8.07”电信网络诈骗案已抓获曾某波等 4 名诈骗集团主犯，全链条打击为诈骗集团非法提供“两卡”等帮助的犯罪团伙，已起诉犯罪嫌疑人 39 名。重庆“6.15”电信网络诈骗案已起诉诈骗犯罪嫌疑人 100 余名，查封、扣押、冻结境内涉案资产 6000 余万元。

最高检、公安部有关负责人表示，全国检察机关和公安机关将深入学习贯彻党的二十大精神，认真贯彻反电信网络诈骗法，坚持以“零容忍”的态度，全力抓捕、从严惩治跨境电信网络诈骗犯罪集团头目和骨干，坚决“打财断血”，有力斩断犯罪链条，全力追赃挽损，切实守护人民群众合法权益和财产安全。检察机关和公安机关正告相关违法犯罪嫌疑人，认清形势、珍惜机会，不要心存任何侥幸，尽快投案自首，争取宽大处理。

最高检公安部联合挂牌督办的第二批3起特大跨境电信网络诈骗案件

1. 浙江桐乡"3.03"电信网络诈骗案

2021年7月，浙江公安机关在对电信网络诈骗犯罪线索开展集中研判时，深挖出一个盘踞在境外的电信网络诈骗犯罪集团。公安机关初步查明，该犯罪集团在境外商业园区设立虚假公司，组织人员偷渡到境外从事诈骗活动，通过在境外搭建的虚假网络投资平台对我国公民实施诈骗。

2. 湖北咸宁"3.03"电信网络诈骗案

2021年4月，湖北公安机关在侦办本地案件时，深挖出一个盘踞在境外，专门为电信网络诈骗团伙提供洗钱服务的"地下钱庄"。公安机关顺线追查，发现一个通过冒充金融公司客服实施电信网络诈骗的犯罪集团，初步查明作案800余起。该诈骗集团与境外"地下钱庄"长期勾连，形成"境内引流推广—境外实施诈骗—地下钱庄运作—赃款回流境内"的犯罪链条。

3. 四川南充"4.01"电信网络诈骗案

2021年2月，四川公安机关从电信网络诈骗犯罪线索入手，深挖出盘踞在境外的10余个电信网络诈骗团伙，涉及犯罪人员800余名。经查，这些犯罪团伙从国内招募人员赴境外从事诈骗活动，利用虚假投资APP，通过网络交友、诱导投资等方式对国内公民实施诈骗。

（载公安部刑事侦查局）

第八章 司法部

第一节 工作动态

1 月 8 日

司法部党组书记、部长唐一军主持召开部党组会议，认真学习习近平总书记重要讲话和中共中央政治局党史学习教育专题民主生活会精神，研究贯彻落实意见

会议指出，习近平总书记在中央政治局党史学习教育专题民主生活会上的重要讲话高屋建瓴、思想深邃、立意高远、内涵丰富，为弘扬伟大建党精神，坚持党的百年奋斗历史经验，坚定历史自信，不忘初心使命，勇于担当作为，走好新的赶考之路指明了前进方向，提供了根本遵循。各级司法行政机关要认真学习领会习近平总书记重要讲话和中央政治局专题民主生活会精神，切实把思想和行动统一到习近平总书记重要讲话精神上来，增强“四个意识”、坚定“四个自信”、做到“两个维护”，不断提高政治判断力、政治领悟力、政治执行力，忠诚履职尽责，勇于担当作为，奋进新征程、建功新时代，以优异成绩迎接党的二十大胜利召开。

1 月 24 日

按照中央党史学习教育部署，1 月 24 日，司法部党组召开党史学习教育专题民主生活会。司法部党组书记、部长唐一军主持会议，党史学习教育中央第十一指导组组长王秀峰出席并讲话

会议书面通报了中共司法部党组 2020 年度民主生活会、队伍教育整顿专题民主生活会整改措施落实情况和这次专题民主生活会会前征求意见情况。唐一军代表部党组进行对照检查，深入查摆不足，深刻剖析根源，提出今后的努力方向和改进措施。随后，唐一军带头，党组成员逐一发言，大家开诚布公、坦诚相见，紧密联系思想和工作实际，认真进行对照检查，严肃开展批评和自我批评，达到了统一思想、提高认识、增进团结、明确方向的效果。

党史学习教育中央第十一指导组、中央组织部有关负责同志到会指导。

2 月 11 日

司法部召开党风廉政建设工作会议，部党组书记、部长唐一军出席会议并讲话

唐一军指出，要深入学习贯彻习近平总书记在十九届中央纪委六次全会上的重要讲话精神，提高政治站位、强化责任担当、狠抓工作落实，着力推动党风廉政建设和反腐败斗争向纵深发展。

唐一军强调，要认真履行主体责任，知责、明责、履责、尽责，切实做到真管真严、敢管敢严、长管长严，把全面从严治党各项工作一篙不松、一抓到底。要全面贯通监督责任，构建同向发力、协作互动、齐抓共管的工作格局，凝聚监督合力。

要严格廉洁自律，时刻自重自省自警自励，做到慎独慎初慎微慎友，不踩红线、不越底线，经得起诱惑、防得住“围猎”，堂堂正正做人，干干净净做事。要加强纪检队伍建设，配齐配强工作力量，切实提高履职本领，全面提升纪检工作质量。

2月28日

司法部安全生产委员会召开2022年第一次全体会议，部党组书记、部长、安委会主任唐一军出席会议并讲话

唐一军指出，司法部安委会成立以来，加强组织领导，完善制度机制，狠抓工作落实，各成员单位积极履职尽责，切实防范化解安全风险，积极推动安全生产法治保障、监所安全、普法宣传及法律服务等取得进展，有力确保了司法行政系统安全生产形势平稳向好。同时司法行政系统安全生产工作还存在一些问题和不足，要深化思想认识、树牢安全理念，围绕中心大局、加强法治建设，突出监所重点、强化监督管理，坚持问题导向、推进法律服务，加强内部管理、提高应急能力，推进专项整治、形成长效机制，切实强化政治担当，牢牢守住安全底线，把安全之弦绷得紧而又紧，把安全工作抓得实而又实，全力推动司法行政系统安全生产工作持续平稳向好。

会议审议通过《司法部安全生产委员会2022年工作要点》。部安委会副主任，成员单位主要负责同志，部安委办主任、副主任及各工作专班人员参加会议。

3月18日

司法部召开全国司法行政系统新冠疫情防控工作电视电话会议，司法部党组书记、部长唐一军出席会议并讲话

唐一军强调，要重点抓好监所疫情防控工作，务必做到措施再落实。进一步强化监所全面封控、闭环管理，构筑疫情防控的坚固防线，坚决防范疫情输入风险，确保监所绝对安全、万无一失。要严格落实疫情防控各项措施，务必做到工作再抓实。进一步压实“四方”责任，落实“四早”要求，抓好办公场所和人员疫情防控。充分发挥司法行政职能作用，为疫情防控大局提供坚强有力法治保障。要切实加强疫情防控的组织领导，务必做到责任再压实。强化督导问效，严明工作纪律，抓好统筹协调，弘扬斗争精神，坚持科学精准，强化真抓实干，尽锐出战、决战决胜，全力抓好司法行政系统疫情防控工作，以实际行动迎接党的二十大胜利召开。

4月1日

司法部党组书记、部长唐一军主持召开部党组（扩大）会议，通报中央纪委国家监委给予全国政协社会和法制委员会原副主任傅政华开除党籍、开除公职处分的决定。与会同志一致表示，坚决拥护、坚决支持党中央决定，坚决彻底肃清傅政华流毒影响，始终在政治立场、政治方向、政治原则、政治道路上同以习近平同志为核心的党中央保持高度一致，坚决做到绝对忠诚、绝对纯洁、绝对可靠

会议强调，要着力提高思想认识，持续强化政治建设。要切实深刻汲取教训，不断净化政治生态。要彻底肃清流毒影响，坚决清除政治隐患。要始终坚持政治统领，全面加强自身建设。要弘扬自我革命精神，推进全面从严治党。

司法部党组成员出席会议，中央依法治国办秘书局、驻部纪检监察组、部机关各厅局、在京直属单位负责同志列席会议。

4月14日

司法部部长唐一军以视频方式会见古巴驻华大使佩雷拉，就加强两国在法律和司法领域交流合作等议题交换意见

唐一军表示，中国和古巴是好朋友、好同志、好兄弟，传统友谊深厚。两党两国最高领导人就深化新时期中古关系达成系列重要共识，为中古关系发展指明了前进方向。近年来，两国在法律和司法等领域交流合作取得积极成果，不断推动中古关系全面发展。

唐一军指出，中国司法部高度重视深化中古两国在法律和司法领域务实合作，交流依法治国经验，增进两国友谊。面对百年变局和世纪疫情，中方愿同古方一道努力，落实好两国元首重要共识，当好社会主义的同路人、共同发展的好伙伴、携手抗疫的好榜样、战略协作的好战友。

4月21日

司法部党组书记、部长唐一军主持召开部党组会议，传达学习《信访工作条例》和学习贯彻《信访工作条例》座谈会精神，研究贯彻落实意见

会议强调，要充分发挥职能作用，认真抓好《条例》学习宣传贯彻工作。要加强立法衔接，进一步对信访相关法律法规进行研究梳理，着力完善配套政策法规。要加强宣传引导，指导各地区各部门严格落实“谁执法谁普法”普法责任制，把《条例》作为“八五”普法的重要内容，在全社会营造办事依法、遇事找法、解决问题用法、化解矛盾靠法的良好环境。要加强学习培训，把《条例》作为重要学习内容，纳入教育培训计划，组织开展形式多样的专题学习和交流研讨，确保取得实实在在的学习效果。司法部党组成员熊选国、刘志强、蒲增繁、刘炤出席会议，中央依法治国办秘书局，部机关各厅局、在京直属单位负责人列席会议。

5月27日

司法部党组书记、部长唐一军主持召开司法部党组理论学习中心组2022年第四次集体学习（扩大）会议，围绕深入学习贯彻习近平法治思想，统筹推进国内法治和涉外法治，坚决维护国家主权、安全、发展利益，进行研讨交流

会议强调，要深刻领会和把握习近平总书记关于统筹推进国内法治和涉外法治重要论述的科学内涵和实践要求，埋头苦干，开拓进取，努力开创涉外法治工作新局面。坚持国内法治与涉外法治相统筹，着力加快涉外法治工作战略布局。要坚持党对涉外法治工作的集中统一领导，前瞻谋划、科学施策、系统推进，牢牢把握涉外法治工作的正确方向。坚持敢于斗争与善于斗争相结合，着力运用法治思维法治方式坚决维护我主权、安全和发展利益。要胸怀“国之大者”，把握全局，保持定力，坚定信心，做好工作。坚持面上推进与点上突破相协调，着力加强涉外法治体系建设。要加快重点领域、涉外领域立法，健全涉外执法标准和程序，提高涉外执法司法水平。坚持机构建设与人才培养相统一，着力夯实涉外法治工作根基。要加快培育高水平涉外法律服务机构，加大涉外律师人才培养力度，加强涉外法治人才培养机制建设，建设一支高素质涉外法治人才队伍和一批高水平涉外法律服务机构。坚持合作交流与传播阐释相融合，着力扩大中国法治影响力。要深化习近平法治思想的阐释宣传，提升对外法治传播能力与实效，加强国际法治交流合作，推动构建人类命运共同体。

6月22日

司法部召开全国司法行政系统“乡村振兴 法治同行”活动暨公共法律服务体系建设视频推进会，部署推进“乡村振兴 法治同行”活动重点任务落实，加快推进现代公共法律服务体系建设

会议要求，全国司法行政系统要深入学习宣传贯彻习近平法治思想，深化基层依法治理，加强农村法治文化建设。要推进乡村公共法律服务网络全覆盖，持续加强基层公共法律服务实体平台建设，推进司法所规范化建设，深入推进线上线下融合发展。要推进乡村矛盾纠纷预防化解，大力加强乡村人民调解组织队伍建设，开展乡村矛盾纠纷排查化解。要推进村（居）法律顾问工作，着力发挥村（居）法律顾问职能作用，发展壮大村（居）法律顾问队伍，推动村（居）法律顾问工作从有形覆盖向有效覆盖转变。要推进贯彻落实法律援助法，加强县域法律援助机构建设，提高乡村法律援助服务质效。

司法部党组成员、副部长熊选国，国家乡村振兴局党组成员、副局长蒋天宝出席会议并讲话。黑龙江、山东、河南、广东、四川、甘肃等6省司法厅作交流发言。

6月30日

司法部部长唐一军以视频方式出席圣彼得堡国际法律论坛并发言。论坛由俄罗斯联邦司法部主办，主题为“遵守法律”，旨在促进各国在进一步完善法律体制、更好服务于经济社会发展等方面的交流合作

唐一军强调，当前百年变局和世纪疫情交织叠加，世界进入新的动荡变革期，不稳定性不确定性显著上升。中国将坚定维护以联合国为核心的国际体系和以国际法为基础的国际秩序，践行共商共建共享的全球治理观，坚持以公平正义为理念引领全球治理体系变革。为此提出三点倡议：一是进一步加强法治国际合作，运用法治方式推动共建“一带一路”、欧亚经济合作，为更加有力地应对全球性挑战贡献智慧和力量；二是进一步完善国际经贸规则，积极发挥法治在推进世界多极化、经济全球化发展中的积极作用，促进合作共赢；三是进一步深化法律服务合作，积极为开展政治对话、经济合作、文化交流提供法律支持，以法治力量服务推动构建人类命运共同体。

6月30日

司法部党组书记、部长唐一军主持召开司法部党组理论学习中心组2022年第五次集体学习（扩大）会议，围绕深入学习贯彻总体国家安全观，坚决维护国家主权、安全、发展利益，进行研讨交流

会议强调，要深刻理解总体国家安全观的核心要义，准确把握统筹发展和安全的重大原则，全面践行总体国家安全观的实践要求，坚持稳字当头、稳中求进，紧紧围绕全力护航党的二十大这条主线，落实党中央“疫情要防住、经济要稳住、发展要安全”的部署要求，充分发挥职能作用，全力控疫情、保安全、促发展。要在做到“两个维护”、加强政治建设上下功夫见实效。坚持党对全面依法治国的集中统一领导和对司法行政工作的绝对领导，坚决做到“两个维护”，不断提高政治能力，始终保持正确政治方向。要在坚持底线思维、防范化解风险上下功夫见实效。着力加强风险研判预警，突出维护重点领域安全，全力确保社会大局稳定，切实筑牢维护国家安全的屏障。要在勇于担当作为、永葆斗争精神上下功夫见实效。发扬斗争精神，把握斗争策略，增强斗争本领，有效应对风险挑战。要在层层压实责任、狠抓工作落实上下功夫见实效。健全国家安全工作制度机制，明确分工任务，层层抓好落实，以钉钉子精神推动维护国家安全各项任务落实落地，以实际成效迎接党的二十大胜利召开。

7月15日

司法部召开欢送第十批援藏和第五批援青干部座谈会。受司法部党组书记、部长唐一军委托，部党组成员、政治部主任赵昌华主持座谈会并讲话

赵昌华指出，选派优秀干部援藏援青是司法部党组深入学习贯彻习近平总书记关于西藏工作的重要论述和新时代党的治藏方略的重要举措，也是统筹推进司法部干部“育选管用”建设忠诚干净担当的高素质专业化干部队伍的具体举措。4名援派干部是司法部优秀干部的代表，是司法行政干部学习的榜样。

刘华春、彭飞、李任、李曼4名援派干部分别发言，表示要牢记部党组的殷殷嘱托，坚决完成好援派工作，为全面依法治国和司法行政工作贡献自己的力量。

7月19日

中央依法治国办召开市县法治建设督察工作动员培训会议，中央依法治国办副主任、司法部党组书记、部长唐一军出席会议并讲话

唐一军强调，要坚持以习近平新时代中国特色社会主义思想为指导，深入学习贯彻习近平法治思想，认真贯彻落实习近平总书记关于督察工作重要指示精神，深刻领悟“两个确立”的决定性意义，增强“四个意识”、坚定“四个自信”、做到“两个维护”，不断提高政治判断力、政治领悟力、政治执行力，以开展督察为有力抓手，加强市县法治建设，夯实基层法治基础，推动习近平法治思想和党中央全面依法治国决策部署不折不扣贯彻落实到位。

此次督察，来自中央有关部门和单位、地方有关单位的120名干部，全国人大代表、专家学者和律师、记者组成8个督察组，分别由省部级领导干部带队，分赴山西、辽宁、江苏、福建、河南、湖北、贵州、云南等省份开展市县法治建设工作督察。

7月22日

司法部党组书记、部长唐一军主持召开部党组会议，传达学习习近平总书记在新疆考察调研时的重要讲话精神，组织学习《习近平谈治国理政》第四卷，专题学习《纪检监察机关派驻机构工作规则》，结合全面依法治国和司法行政工作实际，研究贯彻落实意见

会议强调，要深入学习贯彻习近平总书记重要讲话精神，深刻领悟“两个确立”的决定性意义，增强“四个意识”、坚定“四个自信”、做到“两个维护”，不断提高政治判断力、政治领悟力、政治执行力，完整准确贯彻新时代党的治疆方略，坚决维护新疆社会稳定和长治久安，努力为建设团结和谐、繁荣富裕、文明进步、安居乐业、生态良好的美好新疆贡献力量。要把深入学习《习近平谈治国理政》第四卷作为重要政治任务，切实用习近平新时代中国特色社会主义思想武装头脑、指导实践、推动工作。要认真贯彻落实《纪检监察机关派驻机构工作规则》，始终坚持严的主基调，坚持不懈把从严管党治警向纵深推进，以实际行动迎接党的二十大胜利召开。

7月27日

“一带一路”律师联盟杭州中心成立活动在浙江省杭州市举办。司法部副部长熊选国向活动致贺信，浙江省副省长高兴夫、“一带一路”律师联盟秘书长康煜、浙江省司法厅厅长陈伟在活动现场为联盟杭州中心揭牌

熊选国指出，自2013年国家主席习近平提出共建“一带一路”倡议以来，共建“一带一路”已经进入第九个年头。截至2022年初，我国已与180多个国家和国际组织，签署200多份共建“一带一路”合作文件，“一带一路”倡议成为全球治理体系的重要组成部分，在促进世界繁荣发展方面发挥着越来越重要的作用。

熊选国强调，“一带一路”律师联盟是中华全国律师协会发起成立，在华登记注册的国际性律师组织，其宗旨是为“一带一路”建设提供优质高效法律服务支持。联盟杭州中心是“一带一路”律师联盟在中国境内设立的第五个代表机构，对浙江深入融入“一带一路”建设，争创市场化法治化国际化营商环境的整体优势，全力保障经济高质量发展具有重要意义。希望广大律师积极借助“一带一路”律师联盟平台，推动全球治理体系创新，努力构建更加公正合理的国际新秩序，为促进世界法治文明建设贡献力量。

8月25日

中国法律援助基金会举行换届会议。受司法部党组书记、部长唐一军委托，部党组成员、政治部主任赵昌华出席会议并讲话

赵昌华指出，党的十八大以来，以习近平同志为核心的党中央高度重视法律援助工作，习近平总书记多次对法律援助工作作出重要指示，为我们做好新时代法律援助工作指明了前进方向、提供了根本遵循。6年来，法律援助基金会在司法部的领导下，在第四届理事会的带领下，认真贯彻党中央决策部署，做了大量卓有成效的工作，为维护困难群众合法权益、推进全面依法治国发挥了积极作用。

会议选举产生了第五届理事会理事、监事。选举赵大程同志担任中国法律援助基金会第五届理事会理事长。

9月1日

司法部党组成员、副部长熊选国来到位于首钢园5号馆的2022年服贸会法律服务专题展，逐一走访参观了43家法律服务机构，了解各参展机构人员、业务等基本情况，并与参展机构负责人进行了亲切交流

熊选国强调，各法律服务机构要积极借助专题展平台，加强与参展企业、机构的交流互动，充分展示我国律师事务所、仲裁机构、公证机构良好形象和专业实力，努力提升我国涉外法律服务的国际影响力和竞争力。

本届专题展共有43家参展机构，包括金杜、君合、方达等33家在涉外法律服务领域业绩突出的律师事务所，贸仲、北仲等7家涉外仲裁案件数量和标的额均居国内前列的仲裁机构，正阳等3家涉外公证业务具有较强品牌影响力的公证机构。

9月2日

全国司法行政系统先进模范表彰大会在京举行。司法部党组书记、部长唐一军出席大会并讲话。人力资源和社会保障部党组成员、副部长李忠在大会上宣读表彰决定，全国司法行政系统297个先进集体、347名先进工作者和146名劳动模范受到表彰

唐一军指出，党的十八大以来，全国司法行政系统在以习近平同志为核心的党中央坚强领导下，深入学习贯彻习近平新时代中国特色社会主义思想特别是习近平法治思想，全面贯彻党的十九大和十九届历次全会精神，增强“四个意识”、坚定“四个自信”、做到“两个维护”，紧紧围绕党和国家工作大局，强化使命担当、忠诚履职尽责，奋力开创全面依法治国和司法行政工作新局面。广大司法行政干警和法律服务工作者深入践行习近平总书记重要训词精神，恪尽职守、奋勇拼搏，涌现了一大批对党忠诚、信念坚定、服务人民、爱岗敬业、务实奉献的先进典型，为推进平安中国、法治中国建设作出了积极贡献。

9月15日

中国司法行政戒毒工作协会召开第三次会员代表大会。受司法部党组书记、部长唐一军委托，部党组成员、副部长刘志强出席会议并讲话

刘志强强调，新一届理事会要坚持以习近平新时代中国特色社会主义思想为指导，深入学习贯彻习近平法治思想，深刻领悟“两个确立”的决定性意义，增强“四个意识”、坚定“四个自信”、做到“两个维护”。要坚持党对协会工作的全面领导，始终保持正确政治方向；要积极服务戒毒中心工作，切实加强戒毒理论研究；要充分发挥协会优势，积极搭建交流服务平台；要加强自身建设，大力提升工作能力水平。

会议审议通过了中国司法行政戒毒工作协会第二届理事会工作报告、章程修订草案、第二届理事会财务工作报告和单位会员会费标准。会议选举产生了中国司法行政戒毒工作协会第三届理事会理事，肖义舜同志当选为中国司法行政戒毒工作协会第三届会长。会议还选举产生了第三届理事会常务理事、副会长、秘书长。

9月24日

“新时代中国刑事司法改革发展与展望”研讨会在京举行，司法部党组成员、副部长熊选国出席开幕式并致辞

熊选国强调，刑事案件律师辩护全覆盖试点是贯彻落实习近平总书记提出的“努力让人民群众在每一个司法案件中感受到公平正义”，加强刑事司法人权保障的重要举措。要深化刑事案件律师辩护全覆盖试点，争取今年年底前基本实现审判阶段律师辩护全覆盖。要开展审查起诉阶段律师辩护全覆盖试点，保障犯罪嫌疑人合法权益。要提高辩护质量，推动律师辩护从有形覆盖到有效覆盖。要建立健全律师资源依法跨区域流动机制和动态调配机制，解决律师资源不足问题。

熊选国强调，要推进律师参与认罪认罚从宽制度改革，完善法律援助值班律师制度。要完善值班律师派驻，确保值班律师法律帮助全覆盖。要加强经费保障，进一步推动法律援助法有关规定落实。要发挥值班律师作用，加强值班律师与辩护律师工作衔接，保障律师执业权利，完善有关保障机制及配套制度，提高法律服务质量。

10月16日

10月16日上午10时，中国共产党第二十次全国代表大会在北京人民大会堂隆重召开，习近平总书记代表第十九届中央委员会向大会作报告。按照部党组部署，10月16日上午，司法部各级党员干部在部机关集中收看了党的二十大开幕会，并积极开展学习研讨

司法部将通过组织集体学习、专题讲座等多种形式，做好党的二十大精神学习宣传贯彻工作，坚决在思想上政治上行动上同以习近平同志为核心的党中央保持高度一致，坚持党对司法行政工作的绝对领导，切实把思想和行动统一到党的二十大报告精神上来，统一到党中央决策部署上来，以更加昂扬的精神面貌、更加卓有成效的工作响应党的号召、不负党员初心使命，自信自强、守正创新，踔厉奋发、勇毅前行，推动党的二十大精神在全面依法治国和司法行政工作中落地生根。

10月24日

司法部党组书记、部长唐一军主持召开部党组（扩大）会议，专题传达学习习近平总书记重要讲话和党的二十大精神，研究贯彻落实意见

会议强调，要深入学习宣传贯彻党的二十大精神，深刻领悟“两个确立”的决定性意义，增强“四个意识”、坚定“四个自信”、做到“两个维护”，不断提高政治判断力、政治领悟力、政治执行力，更加紧密地团结在以习近平同志为核心的党中央周围，高举中国特色社会主义伟大旗帜，全面贯彻习近平新时代中国特色社会主义思想，弘扬伟大建党精神，奋力推进新时代全面依法治国和司法行政工作高质量发展，为全面建设社会主义现代化国家、全面推进中华民族伟大复兴提供有力法治保障。

10月27日

为贯彻落实中共中央办公厅印发的《关于加强新时代离退休干部党的建设工作的意见》，日前，司法部紧密结合部机关干部队伍建设工作实际，制定印发了《司法部机关干部荣誉退休实施办法》（以下简称《实施办法》）

《实施办法》坚持以习近平新时代中国特色社会主义思想为指导，以习近平总书记关于老干部工作的重要论述为根本遵循，注重发扬党的政治优势和优良传统，旨在通过建立推行机关干部荣誉退休制度，引导离退休干部过好退休生活，激励他们“离岗不离党、退休不褪色、离职不离纪法约束”，激发在职干部勇于担当、奋发作为的热情和动力，切实增强部机关广大党员干部的仪式感、荣誉感、归属感。

《实施办法》明确，干部退休前，应按照干部管理权限，组织开展一次专题谈心谈话，肯定工作成绩，了解思想状况，听取意见建议，提出希望要求等。干部退休文件下发后，要及时完成组织关系转接、涉老政策宣传、提供服务指南、录入信息平台等服务对接工作，实现干部在岗工作和光荣退休无缝对接。要第一时间为退休干部举办以“6+X”为主要内容的荣誉退休仪式，具体包括宣布一份退休决定、致一封感谢信、颁发一本退休证、赠送一份纪念品、送上一份祝福、留下一段感言。同时，鼓励结合自身工作，创新形式、丰富载体，组织更多彰显厅局特色、符合退休干部个人特点的活动。每年年底，司法部党组根据当年新退休人员情况，统一组织集体荣誉退休仪式。

11 月 9 日

第四届上海国际仲裁高峰论坛适值第五届中国国际进口博览会期间在上海召开，司法部副部长刘志强以视频方式出席论坛并致辞

刘志强指出，习近平主席高度重视仲裁工作，强调要培育一批国际一流的仲裁机构，把涉外法治保障和服务工作做得更有成效，为推动新时代仲裁事业改革发展提供了根本遵循。为深入贯彻习近平主席关于仲裁工作的重要指示精神，司法部正在统筹推进国际商事仲裁中心建设试点工作，将其作为新时期大力加强涉外法律服务工作的战略性任务，努力将我国建设成为国际仲裁新目的地。

上海市副市长彭沉雷出席论坛并致辞。来自15个国家和地区的近200名国内外仲裁组织、仲裁机构代表和仲裁专家学者参加本次论坛。

11 月 11 日

粤港澳大湾区法治建设论坛在深圳举办，司法部党组成员、副部长熊选国以视频方式出席论坛并致辞

熊选国指出，推进粤港澳大湾区建设，是习近平总书记亲自谋划、亲自部署、亲自推动的重大国家战略，是推动形成高水平对外开放新格局的重要举措，也是推动“一国两制”行稳致远的重大实践。党的二十大报告提出，推进粤港澳大湾区建设，支持香港、澳门更好融入国家发展大局，为实现中华民族伟大复兴更好发挥作用。法治建设是大湾区建设的重要组成部分，高质量推进粤港澳大湾区建设，要充分发挥法治保障作用。近年来，司法部坚决贯彻党中央决策部署，充分发挥广东改革开放先行先试优势，积极探索密切内地与港澳法律服务业交流合作新途径新机制，不断推进大湾区法律服务合作和法治建设取得新成效。

熊选国强调，要深化粤港澳法律服务合作，积极参与深圳社会主义先行示范区建设、横琴粤澳深度合作区发展和前海深港现代服务业合作区改革开放，在推进大湾区高质量发展中发挥更大作用；要推动粤港澳大湾区法律服务协同发展，加快建设国际法律服务中心、国际商事争议解决中心和国际商事仲裁中心，在打造粤港澳法律服务国际品牌中发挥更大作用；要做好港澳律师粤港澳大湾区内地执业试点工作，深化三地人才培养和法律服务机构建设务实合作，在建设大湾区高水平法律服务人才高地中发挥更大作用。

12 月 9 日

司法部部长唐一军以视频方式出席第九次上海合作组织成员国司法部长会议并讲话，会议通过了《第九次上海合作组织成员国司法部长会议联合声明》

唐一军倡议，当前世界百年未有之大变局正

在加速演进，面临前所未有的机遇和挑战。中国司法部愿与各成员国司法部一道，进一步完善上海合作组织司法部长会议机制，进一步深化各国在公共法律服务领域的务实合作，进一步加强法治信息化领域的交流合作，秉持“上海精神”，凝聚法治共识，实现共同发展，推动多边关系和各领域合作不断迈上新台阶。

本次会议由巴基斯坦伊斯兰共和国法律和司法部主办，上海合作组织各成员国司法部、上海合作组织秘书处代表出席会议。

12月30日

司法部党组书记、部长唐一军主持召开司法部党组理论学习中心组集体学习（扩大）会议，深入学习领会习近平总书记重要讲话和中央经济工作会议精神，围绕全面贯彻落实党的二十大精神，着力推动经济发展在法治轨道上运行，进行研讨交流

会议强调，要坚持稳中求进工作总基调，紧紧围绕完整、准确、全面贯彻新发展理念，构建新发展格局，推动高质量发展，着力增强法治保障力、助推力、服务力和影响力，切实把党中央关于经济工作的重大决策部署落到实处，努力以高水平法治保障高质量发展。要始终坚持科学立法，健全完善社会主义市场经济法律制度，不断增强立法系统性、整体性、协同性、时效性。要加快法治政府建设，依法更好发挥政府作用，使有效市场和有为政府更好结合。要推动严格执法司法，依法平等保护各类市场主体产权和合法权益。要加强法治社会建设，恪守契约精神，在全社会大力弘扬社会主义法治精神，推动社会信用体系建设全面纳入法治轨道。要持续优化营商环境，把法治化摆在突出位置，以优良的法治环境为经济社会发展保驾护航。

第二节　文告

1月12日

司法部 中央文明办出台法律援助志愿者管理办法

目前，司法部、中央文明办联合印发《法律援助志愿者管理办法》（以下简称《办法》），就法律援助志愿者的服务原则和范围、申请条件、权利义务、服务管理、激励保障等方面作出了规定。

《办法》明确，法律援助志愿者是指根据法律援助机构等单位安排，运用自身专业知识和技能无偿提供法律援助及相关服务的公民。法律援助志愿者的服务范围包括：提供法律咨询、代拟法律文书、刑事辩护与代理、民事案件、行政案件、国家赔偿案件的诉讼代理及非诉讼代理、值班律师法律帮助、劳动争议调解与仲裁代理等法律援助服务；为受援人提供外语、少数民族语言翻译、心理疏导等相关服务；为有需要的残疾受援人提供盲文、手语翻译等无障碍服务；为法律援助经费筹集提供支持，参与法律援助的宣传、培训、理论研究、案件质量评估等工作。

《办法》规定了法律援助志愿服务的提供主体和主要职责，明确法律援助机构负责组织实施法律援助志愿服务活动，可以委托事业单位、社会组织招募法律援助志愿者，开展法律援助志愿服务活动。高等院校、科研机构可以组织从事法学教育、研究工作的人员和法学专业学生作为法律援助志愿者，依法为经济困难公民和符合法定条件的其他当事人提供法律咨询、代拟法律文书、案件代理、劳动争议调解与仲裁代理服务。工会、共产主义青年团、妇女联合会、残疾人联合会等群团组织自行组织招募的，应当接受法律援助机构的业务指导，引导志愿者落实法律援助服务标准，有关工作进行备案登记。

《办法》强化法律援助志愿者的保障措施，明确组织可能发生人身危险或为期一年以上的专项法律援助志愿服务活动的，法律援助机构等招募单位应当与志愿者签订服务协议，为志愿者购买相应的人身意外伤害保险。法律援助志愿者在提供志愿服务过程中受到人身、财产权益侵害的，法律援助机构等招募单位应当提供必要帮助，依法维护法律援助志愿者的合法权益。

《办法》要求，司法行政机关协调参与法律援助志愿服务相关部门，建立健全法律援助志愿服务激励机制，开展法律援助志愿服务宣传，提供必要的经费、培训和场所支持，推动法律援助志愿者在就学、公共服务等方面享有优惠奖励政策。

《办法》的出台，是落实法律援助法关于鼓励和规范社会力量参与法律援助志愿服务规定而推出的具体举措，对于扩大法律援助供给，推进法律援助服务均等化，更好地满足新时代人民群众日益增长的法律援助需求，维护困难群众的合法权益，具有重要意义。

（载中华人民共和国司法部网）

1月12日

司法部印发《司法鉴定机构和司法鉴定人退出管理办法（试行）》

为加强司法鉴定执业活动监督，规范司法鉴定机构和司法鉴定人退出管理工作，根据《行政许可法》《行政处罚法》《全国人民代表大会常务委员会关于司法鉴定管理问题的决定》《司法鉴定机构登记管理办法》《司法鉴定人登记管理办法》等规定，司法部制定印发《司法鉴定机构和司法鉴定人退出管理办法（试行）》（以下简称《办法》）。

近年来，司法部加强顶层设计，不断完善司法鉴定制度体系，建立实施鉴定机构和鉴定人准入专家评审和能力考核制度，先后出台“三大类”司法鉴定执业分类规定和准入评审细则等一系列规范性文件；强化监管力度，组织开展“双随机、一公开”监督抽查、文书质量评查、能力验证、专项治理、清理整顿等，严格准入、严格监管成为常态，司法鉴定行业呈现良性有序、健康发展局面。但由于法律规章等规定的鉴定机构和鉴定人退出情形较为原则且分散，退出机制不顺畅，退出实施存在制度障碍，部分地方对个别司法鉴定机构和司法鉴定人违法违规行为的认定、处理等还不到位，不利于形成行业有序竞争、优胜劣汰的发展格局。细化退出情形，完善退出机制，对于规范执业行为，不断提升司法鉴定质量和公信力具有重要意义。

《办法》共十三条，全面规定了退出概念、原则、实施主体、退出情形和程序、监督管理等。一是明确司法鉴定机构和司法鉴定人退出指经司法行政机关审核登记的司法鉴定机构和司法鉴定人因具有规定的退出情形，由原负责登记的司法行政机关依法办理注销登记手续。二是明确省级司法行政机关应当建立健全工作机制，依法推动司法鉴定机构和司法鉴定人退出规范化、制度化。三是明确撤销登记、注销登记的具体情形，并就加强监管的情形、与退出的衔接作出规定。四是明确退出程序和救济途径，司法行政机关撤销、注销登记的，应当作出书面决定，说明法律依据和理由；司法鉴定机构和司法鉴定人有异议的可以依法申请行政复议或者提起行政诉讼。五是明确司法行政机关的监管责任，省级司法行政机关应当及时公布相关退出信息，并通报有关单位；地市级司法行政机关应当履行属地监管职责，加强日常监督管理。

（载中华人民共和国司法部网）

1月12日

司法部印发
《司法鉴定机构诚信等级评估办法（试行）》

为全面贯彻落实习近平法治思想，加强对司法鉴定机构和司法鉴定人管理，规范司法鉴定执业行为，确保司法鉴定机构和司法鉴定人依法诚信执业，司法部制定印发《司法鉴定机构诚信等级评估办法（试行）》（以下简称《办法》）。

司法鉴定诚信体系建设，事关司法鉴定质量和公信力，是推动司法鉴定行业健康有序发展，提升人民群众对司法鉴定工作满意度的关键所在，是破解司法鉴定行业顽瘴痼疾的重要举措。作为中央政法委确定的司法部部级专项调研课题，在经过大量实地调研、吸收不同行业等级管理经验基础上，该《办法》以试行方式发布。通过诚信等级评估，将鉴定机构和鉴定人执业行为、信誉、服务等纳入评价体系，为司法行政机关监管工作提供重要抓手，同时倒逼鉴定机构和鉴定人恪守诚信执业底线，不断提高鉴定质量和服务水平。该《办法》共二十一条，全面规定了司法鉴定机构诚信等级评估的目的依据、定义、适用范围、评估内容、评估程序和结果运用等。一是明确诚信等级评估为司法行政机关对司法鉴定机构诚信执业等进行评估并评定相应等级的活动。二是明确“正面激励、分级分类、综合评价、公开公正、动态管理”原则，从正向角度促使机构不断改善硬件、软件条件，提升综合实力。三是科学设置评估指标和量化表，将评估指标分为基础指标和加分指标，基础指标主要对党建工作，遵守法律、法规、规范性文件和职业道德、执业纪律，执行司法鉴定程序、标准和技术规范等影响司法鉴定诚信执业的基本要素进行评价，对于不具备基本条件的，实行一票否决或者加大扣分比例，促使机构履行依法诚信执业职责；加分指标主要为机构参加社会公益活动、科研活动、能力验证、信息化等，鼓励鉴定机构做精做优。四是明确评估程序，一般由机构自查自评、地市级司法行政机关初评、省级司法行政机关综合评估并发布等三个步骤组成。五是进一步强化结果运用，明确省级司法行政机关应当将评估结果通过《国家司法鉴定人和司法鉴定机构名册》、门户网站等方式向社会公布，并通报或共享给相关单位，机构应当在执业场所公示评估结果；同时，根据评估结果对机构实施有针对性的管理手段，提高管理的精准性和实效性。

（载中华人民共和国司法部网）

4月6日

司法部、全国普法办部署开展 2022年全民国家安全教育日普法宣传活动

今年4月15日是第七个全民国家安全教育日。司法部、全国普法办目前联合印发通知，部署开展2022年全民国家安全教育日普法宣传活动。今年的活动主题是“树牢总体国家安全观，感悟新时代国家安全成就，为迎接党的二十大胜利召开营造良好氛围”。

通知强调，2022年全民国家安全教育日普法宣传活动要坚持以习近平新时代中国特色社会主义思想为指导，深入学习贯彻习近平法治思想，全面贯彻落实党的十九大和十九届历次全会精神，深刻领悟“两个确立”的决定性意义，增强“四个意识”、坚定“四个自信”、做到“两个维护”，坚持总体国家安全观，统筹发展和安全，把国家安全贯穿到党和国家工作各方面全过程，深入开展宪法和国家安全法、反分裂国家法、国防法、反恐怖主义法、数据安全法、生物安全法、网络安全法等国家安全相关法律的学习宣传，着力推动大安全理念深入人心，推动构建大安全格局，为全面建设社会主义现代化国家提供有力安全保障，以实际行动迎接党的二十大胜利召开。

通知强调，各地各部门法治宣传教育职能部门要结合疫情防控实际，通过多种形式和手段，因地制宜开展全民国家安全教育日普法宣传，推动国家安全法律法规进农村、进社区、进校园、进机关、进企业、进军营、进网络。结合国家安全面临的新形势，统筹传统安全和非传统安全，加强数据安全法、生物安全法及相关法律法规的宣传，推动全社会充分认识数据安全、生物安全对于国家安全和经济社会发展的重要性，提高全社会防范和应对风险的意识和能力。

通知要求，要抓好领导干部、青少年等重点群体的国家安全法治宣传教育。加大以案普法力度，深入剖析典型案例，加强释法说理，让典型案例成为全民法治公开课，让社会公众知晓哪些是危害国家安全的行为、应当承担什么样的法律责任，充分发挥典型案例的教育警示作用，切实增强宣传实效。

（载中华人民共和国司法部网）

4月11日

司法部、教育部、科技部、国务院国资委、全国工商联、中国贸促会印发《关于做好涉外仲裁人才培养项目实施工作的通知》

为深入贯彻习近平总书记关于加强涉外法治人才培养工作的重要指示精神，认真落实中共中央《法治中国建设规划（2020－2025年）》和中央人才工作会议关于做好涉外仲裁人才培养的任务要求，加强涉外仲裁人才队伍建设，司法部、教育部、科技部、国务院国资委、全国工商联、中国贸促会印发《关于做好涉外仲裁人才培养项目实施工作的通知》（以下简称《通知》）。

《通知》明确，加强涉外仲裁人才培养，要坚持以习近平新时代中国特色社会主义思想为指导，深入学习贯彻习近平法治思想，全面贯彻落实党的十九大和十九届历次全会精神，创新涉外仲裁人才培养机制，优化涉外仲裁人才培养路径，着力培养一批具有国际视野、通晓国际规则，能够在跨境法律服务市场提供专业服务的中国涉外仲裁人才，建立适应中国国际仲裁品牌和国际商事仲裁中心建设的专业人才培育、培训工作格局，为建设法治中国提供坚实人才支撑和智力支持。

《通知》规定，要统筹利用现有资源培育涉外仲裁人才，通过组建涉外仲裁人才培养专家委员会、建立涉外仲裁人才培训基地、组建涉外仲裁高端人才库、开展涉外仲裁项目证书教育、实施法律硕士专业学位（国际仲裁）研究生培养项目和组织开展专题教育等重点举措，有序推进涉外仲裁人才培养工作。

《通知》要求，到2025年，建立起与国际通行仲裁制度相适应的涉外仲裁人才培养体系，遴选1000名高端领军人才、培训1000名职业进阶人才、培养1000名青年后备人才，打造一支坚定不移走中国特色社会主义法治道路的高素质专业化涉外仲裁人才队伍。

（载中华人民共和国司法部网）

9月3日

人力资源社会保障部 司法部
关于表彰全国司法行政系统先进集体
先进工作者和劳动模范的决定

各省、自治区、直辖市人力资源社会保障厅（局）、司法厅（局），新疆生产建设兵团人力资源社会保障局、司法局、监狱管理局，司法部机关各厅局、各直属单位：

党的十九大以来，在以习近平同志为核心的党中央坚强领导下，全国司法行政系统坚持以习近平新时代中国特色社会主义思想为指导，深入学习贯彻习近平法治思想，全面贯彻党的十九大和十九届历次全会精神，深入贯彻习近平总书记关于司法行政工作的重要指示和重要训词精神，弘扬伟大建党精神，紧紧围绕党和国家工作大局，忠诚履职尽责、勇于担当作为，切实履行维护国家安全、社会安定、人民安宁的重大责任，在维护国家政治安全和社会稳定、司法行政领域全面深化改革、常态化扫黑除恶、政法队伍教育整顿等方面取得新成效，为建设更高水平的平安中国、法治中国作出重要贡献，涌现出一大批对党忠诚、司法为民、务实奉献、成绩突出的先进典型。

为表彰先进、弘扬正气，人力资源社会保障部、司法部决定，授予北京市司法局普法与依法治理处等297个集体“全国司法行政系统先进集体”称号，授予庞雷等347名同志“全国司法行政系统先进工作者”称号，授予杨晨等146名同志“全国司法行政系统劳动模范”称号。被授予“全国司法行政系统先进工作者”和“全国司法行政系统劳动模范”称号的个人，享受省部级表彰奖励获得者待遇。希望受到表彰的先进集体和先进个人珍惜荣誉、再接再厉，充分发挥模范带头作用，奋力推进全面依法治国和司法行政工作高质量发展。

全国司法行政系统、广大司法行政干警和法律服务工作者要以受到表彰的先进集体和先进个人为榜样，学习他们对党忠诚、信念坚定的政治品格，牢记宗旨、心系百姓的高尚情怀，勤勉履职、爱岗敬业的扎实作风，忠于职守、英勇无畏的战斗精神，弘扬法治、维护正义的优秀品质，要坚持党对全面依法治国的集中统一领导和对司法行政工作的绝对领导，深刻领悟“两个确立”的决定性意义，增强“四个意识”、坚定“四个自信”、做到“两个维护”，不断提高政治判断力、政治领悟力、政治执行力，更加紧密地团结在以习近平同志为核心的党中央周围，不忘初心、牢记使命，踔厉奋发、笃行不怠，以更加强烈的责任感和使命感，立足新起点、担当新使命、展现新作为，以实际行动迎接党的二十大胜利召开，为实现第二个百年奋斗目标、实现中华民族伟大复兴的中国梦而不懈奋斗！

附件：全国司法行政系统先进集体、先进工作者和劳动模范表彰名单

人力资源社会保障部　司法部

2022年6月15日

一、全国司法行政系统先进集体表彰名单(297个)

北京市（8个）

北京市司法局普法与依法治理处

北京市监狱管理局清河分局柳林监狱

北京市天堂河强制隔离戒毒所

北京市女子监狱七监区

北京市天河监狱遣送一监区

北京市朝阳区司法局

北京市东城区北新桥街道司法所

北京市延庆区司法局普法与依法治理科

天津市（5个）

天津市滨海监狱十监区

天津市青泊洼强制隔离戒毒所四大队

天津市河东区司法局行政执法协调监督科

天津市红桥区法律援助中心

天津市监狱教育改造科

河北省（11个）

河北省正定县司法局

河北省张家口市崇礼区司法局

河北省女子强制隔离戒毒所一大队

河北省司法厅律师工作管理处

河北省阜城县司法局

河北金龙律师事务所

河北省大名县司法局

河北省深州监狱十七监区

河北省文安县司法局

河北省沧州监狱十五监区

河北省围场满族蒙古族自治县司法局四合永司法所

山西省（10个）

山西省运城市司法局

山西省大同市灵丘县司法局落水河司法所

山西省长治大辛庄强制隔离戒毒所

山西省太原市尖草坪区司法局

山西省忻州市忻府区司法局

山西省吕梁市汾阳市司法局

山西省临汾市洪洞县司法局

山西省阳泉第一监狱狱政管理科

山西省平遥监狱六监区

山西省女子监狱十一监区

内蒙古自治区（8个）

内蒙古自治区包头市司法局

内蒙古自治区兴安盟司法局

内蒙古自治区赤峰市司法局

内蒙古自治区锡林郭勒盟西乌珠穆沁旗公共法律服务中心

内蒙古自治区鄂尔多斯市准格尔旗司法局

内蒙古自治区巴彦淖尔市乌拉特中旗司法局

内蒙古自治区第二女子监狱

内蒙古自治区女子强制隔离戒毒所一大队

辽宁省（13个）

辽宁省沈阳市司法局立法一处

辽宁省大连市瓦房店市司法局

辽宁省鞍山市法律援助中心

辽宁省本溪市山城公证处

辽宁省丹东市公共法律服务中心（丹东市人民调解中心）

辽宁省阜新市彰武县司法局

辽宁省辽阳市司法局人民参与和促进法治科

辽宁省监狱管理局指挥中心

辽宁省女子监狱一监区

辽宁省抚顺第二监狱一监区

辽宁省营口监狱十三监区

辽宁省铁岭监狱一监区

辽宁省关山子强制隔离戒毒所

吉林省（8 个）

吉林省吉林市舒兰市司法局朝阳司法所

吉林省白城市法律援助中心

吉林省延边朝鲜族自治州敦化市司法局

吉林省白山市临江市公共法律服务中心

吉林省松原市宁江区司法局

吉林省宁江监狱

吉林省女子监狱一监区

吉林省梅河口市司法局行政复议应诉科

黑龙江省（10 个）

黑龙江省牡丹江监狱十一监区

黑龙江省泰来监狱六监区

黑龙江省七台河监狱九监区

黑龙江省齐齐哈尔监狱六监区

黑龙江省强制隔离戒毒所医院

黑龙江司法警官职业学院思想政治理论课教研部

黑龙江省司法厅立法二处

黑龙江省绥化市庆安县司法局

黑龙江省鹤岗市绥滨县司法局北岗司法所

黑龙江省伊春市人民政府行政复议局

上海市（8 个）

上海市司法局行政执法协调监督处

上海市四岔河监狱三监区

上海市女子监狱一监区

上海市青东强制隔离戒毒所四大队

上海市普陀区司法局

上海市长宁区司法局北新泾司法所

上海市崇明区法律援助中心

上海仲裁委员会上海金融仲裁院

江苏省（13 个）

江苏省南京市秦淮区司法局

江苏省宜兴市司法局

江苏省溧阳市司法局

江苏省苏州市相城区司法局

江苏省灌南县司法局

江苏省盐城市司法局

江苏省高邮市司法局高邮司法所

江苏省宿迁市司法局

江苏省法律援助中心

江苏省南京女子监狱

江苏省新康监狱

江苏省戒毒管理局戒毒管理办公室

江苏剑桥颐华律师事务所

浙江省（12 个）

浙江省金华监狱

浙江省第二女子监狱

浙江省第二监狱指挥中心

浙江省十里坪监狱三监区

浙江省十里坪强制隔离戒毒所戒毒医疗中心

浙江省杭州市富阳区司法局

浙江省宁波市慈溪市司法局

浙江省温州市乐清市司法局

浙江省嘉兴市桐乡市司法局乌镇司法所

浙江省金华市浦江县司法局白马司法所

浙江省台州市黄岩区司法局北洋司法所

中共浙江省委全面依法治省委员会办公室秘书处

安徽省（10 个）

安徽省合肥市长丰县司法局

安徽省阜阳市司法局

安徽省滁州市明光市司法局
安徽省六安市司法局
安徽省宣城市司法局
安徽省铜陵市义安区司法局
安徽警官职业学院信息管理系
安徽省白湖监狱管理分局坝镇监区
安徽省女子强制隔离戒毒所警戒护卫大队
安徽省合肥监狱第九监区

福建省（9个）

福建省泉州市司法局
福建省龙岩市司法局
福建省厦门市湖里区司法局
福建省漳州市龙海区司法局
福建省莆田市荔城区西天尾司法所
福建省南平市法律援助中心
福建省女子监狱
福建省女子司法强制隔离戒毒所五大队
福建省司法厅办公室

江西省（10个）

江西省司法厅指挥中心
江西省永桥强制隔离戒毒所
江西省南昌县向塘司法所
江西省萍乡市安源区司法局
江西省新余市渝水区司法局
江西省贵溪市罗河司法所
江西省宜春市司法局
江西省上饶市玉山县司法局
江西省吉安市遂川县司法局
江西省抚州市东乡区司法局

山东省（14个）

山东省青岛市法律援助中心
山东省枣庄市公共法律服务中心
山东省龙口市司法局
山东省潍坊市司法局
山东省威海市司法局
山东省日照市法律援助中心
山东省平邑县司法局社区矫正大队
山东省禹城市司法局
山东省高唐县司法局
山东省滨州市司法局
山东省单县司法局
山东省临沂监狱
山东省泰安监狱
山东省女子强制隔离戒毒所所政管理科（诊断评估中心）

河南省（13个）

河南省郑州市大豫公证处
河南省洛阳市栾川县司法局城关司法所
河南省鹤壁市法律援助中心
河南师大方正律师事务所（新乡）
河南省焦作市温县司法局
河南省许昌市司法局法制审核科
河南省信阳市司法局社区矫正管理科
河南省驻马店市司法局
河南省豫东监狱
河南省平原监狱
河南省鹤壁市监狱
河南省女子强制隔离戒毒所
河南省司法厅基层工作指导处

湖北省（11个）

湖北省襄阳市司法局
湖北省黄冈市司法局

湖北省襄北监狱八监区

湖北省武汉市青山区司法局钢花村司法所

湖北省荆门市矛盾纠纷多元化解中心

湖北省孝感市孝南区司法局

湖北省武汉警官职业学院

湖北省沙洋强制隔离戒毒所六大队

湖北省司法厅立法一处

湖北省黄石市下陆区司法局

湖北省江北监狱五监区

湖南省（11个）

湖南省津市监狱罪犯总医院特殊病犯监区

湖南省冷水江市司法局

湖南省女子监狱三监区

湖南省新开铺强制隔离戒毒所生活医疗科

湖南通程律师事务所

湖南省网岭监狱六监区

湖南省资兴市司法局

湖南省浏阳市司法局

湖南省湘潭市岳塘区司法局

湖南省常德市司法局公共法律服务管理科

湖南省益阳市银鑫公证处

广东省（15个）

广东省广州市天河区司法局

广东省珠海市司法局

广东省佛山市南海区司法局行政复议与应诉股

广东省东莞市司法局

广东省阳西县司法局

广东省湛江市法律援助处

广东省茂名市司法局普法与依法治理科

广东省新兴县司法局簕竹司法所

广东省惠州监狱

广东省深圳监狱

广东省高明监狱一监区

广东省北江监狱九监区

广东省第二强制隔离戒毒所二大队

广东省女子强制隔离戒毒所三大队

广东省委全面依法治省委员会办公室秘书处

广西壮族自治区（9个）

广西壮族自治区崇左市司法局

广西壮族自治区梧州市司法局

广西壮族自治区玉林市法律援助中心

广西壮族自治区象州县司法局

广西壮族自治区都安瑶族自治县司法局

广西壮族自治区司法厅行政复议与应诉处（自治区人民政府行政复议办公室）

广西壮族自治区桂林市司法局行政复议与应诉科（桂林市人民政府行政复议办公室）

广西壮族自治区女子监狱一监区

广西壮族自治区第四强制隔离戒毒所

海南省（3个）

海南省三亚市司法局

海南省新成监狱刑罚执行科

海南省府城强制隔离戒毒所

重庆市（8个）

重庆市永川监狱

重庆市渝州监狱八监区

重庆市嘉陵教育矫治所

重庆市渝北区司法局

重庆市永川区司法局

重庆市南川区司法局

重庆市涪陵区司法局清溪司法所

重庆市江津区法律援助中心

四川省（13 个）

四川省成都市司法局公共法律服务和法律援助管理处

四川省宜宾市司法局

四川省自贡市司法局

四川省内江市司法局

四川省泸州市司法局

四川省德阳市司法局

四川省广元市司法局

四川省雅安市司法局

四川省丹棱县司法局

四川省开江县司法局

四川省眉州监狱

四川省邑州监狱

四川省新华强制隔离戒毒所所政管理科

贵州省（8 个）

贵州省贵阳市司法局

贵州省安顺市紫云苗族布依族自治县司法局

贵州省六盘水市六枝特区司法局社区矫正管理股

贵州省铜仁市碧江区司法局

贵州省黔东南州凯里市司法局广场路司法所

贵州省六盘水监狱

贵州省第二强制隔离戒毒所

贵州省司法厅立法二处

云南省（9 个）

云南省昆明市法律援助中心

云南省楚雄彝族自治州司法局

云南省石屏县司法局

云南省勐海县司法局打洛司法所

云南省德宏州司法局

云南省兰坪县司法局啦井司法所

云南省香格里拉市司法局建塘司法所

云南省西双版纳监狱

云南省第五强制隔离戒毒所医院

西藏自治区（3 个）

西藏自治区拉萨市曲水县司法局

西藏自治区日喀则市南木林县司法局卡孜中心司法所

西藏自治区阿里地区日土县司法局

陕西省（10 个）

陕西省宝鸡市司法局

中共陕西省委全面依法治省委员会办公室秘书处

陕西省汉中监狱特警队

陕西省长安强制隔离戒毒所

陕西省商州监狱第一监区

陕西省汉中市司法局

陕西省咸阳市彬州市司法局

陕西省榆林市司法局行政复议应诉一科

陕西省安康市司法局

陕西省商洛市柞水县司法局

甘肃省（9 个）

甘肃省监狱管理局兰州医院医务处

甘肃省第三强制隔离戒毒所教育矫治大队

甘肃勇盛律师事务所

甘肃省兰州市榆中县司法局

甘肃省金昌市公共法律服务中心（法援中心）

甘肃省天水市武山县山丹司法所

甘肃省平凉市泾川县高平司法所

甘肃省白银市景泰县司法局

甘肃省张掖市临泽县司法局

青海省（3 个）

青海省西宁市司法局

青海省海南藏族自治州司法局

青海省监狱管理局中心医院（青海红十字医院）

宁夏回族自治区（3 个）

宁夏回族自治区吴忠监狱

宁夏回族自治区石嘴山市司法局

宁夏回族自治区银川市兴庆区司法局

新疆维吾尔自治区（10 个）

新疆维吾尔自治区乌鲁木齐经济技术开发区（头屯河区）司法局

新疆维吾尔自治区吐鲁番市托克逊县司法局

新疆维吾尔自治区昌吉回族自治州司法局普法与依法治理科

新疆维吾尔自治区喀什地区叶城县司法局

新疆维吾尔自治区和田地区于田县司法局

新疆维吾尔自治区博尔塔拉蒙古自治州博乐市司法局达勒特镇司法所

新疆维吾尔自治区巴音郭楞蒙古自治州轮台县司法局

新疆维吾尔自治区阿勒泰地区布尔津县司法局

新疆维吾尔自治区卡尔墩监狱

新疆维吾尔自治区哈拉布拉监狱

兵团司法局（3 个）

新疆生产建设兵团司法局普法与依法治理处

新疆生产建设兵团第十四师司法局 225 团司法所

新疆生产建设兵团第八师石河子市司法局政策法规科

兵团监狱局（5 个）

新疆生产建设兵团第一师塔门监狱

新疆生产建设兵团第一师科克库勒监狱第一监区

新疆生产建设兵团第二师乌鲁克监狱第二监区

新疆生产建设兵团第三师图木舒克监狱第五监区

新疆生产建设兵团第八师新安监狱第二监区

部机关各厅局及直属单位（2 个）

司法部国际合作局司法协助处

司法部司法鉴定科学研究院法医临床学研究室

二、全国司法行政系统先进工作者表彰名单（347 名）

北京市（7 名）

庞　雷　北京市司法局行政复议应诉综合处处长

张昕航（满族）北京市双河强制隔离戒毒所党委书记、所长

唐晶晶（女）北京市天河监狱十监区监区长

熊士杰　北京市利康强制隔离戒毒所指挥中心教导员

姚一平　北京市监狱管理局清河分局前进监狱一监区教导员

师　锋　北京市海淀区司法局律师工作科科长

马清明　北京市石景山区法律援助中心主任

天津市（5 名）

刘金玉　天津市长泰监狱一监区监区长、一级警长

李　昱　天津市津西监狱六监区监区长、二级警长

任　璐　天津市板桥强制隔离戒毒所教育科科长、一级警长

任　峰　天津市河西区司法局友谊路司法所所长

常　鸿（女）天津市司法局机关党委办公室副主任、团委副书记（兼）

河北省（14 名）

刘志魁　河北省石家庄市司法局党组书记、局长

王建立　河北省饶阳县司法局王同岳镇司法所所长

李丽坤（女）河北省司法厅宣传中心管理八级职员

张朝阳　河北省秦皇岛市司法局行政执法协调监督处处长

高晓晶（女）河北省迁安市司法局五重安司法所所长

沈智勇　河北省保定市直隶公证处副主任

刘福成（满族）河北省丰宁满族自治县司法局大阁司法所所长

于洪玉　河北省沧州市司法局党组成员、副局长

栗向华　河北省沧南监狱三监区监区长、一级警长

闫国安（满族）河北省上板城监狱六监区监区长、一级警长

王婷燕（女）河北省张家口市公共法律服务中心主任

王　路　河北省唐山市司法局法律援助工作管理处处长

赵万红　河北省沧州市强制隔离戒毒所四大队二级警长

陈　荣（女）河北省宁晋县司法局局长

山西省（9名）

庞素梅（女）山西省晋城市法律援助中心负责人

权进强　山西省晋中市司法局政治部副主任

王青元　山西省司法厅人民参与和促进法治处处长、一级调研员

郭树平　山西省新康监狱检验科主任

杨长林　山西省临汾强制隔离戒毒所附属医院院长、四级高级警长

陶海燕（女）山西省阳泉市司法局法治一科科长

王　超（女）山西省长治市司法局立法科科长

王耀敏　山西省朔州市司法局法治督察调研科副科长

黄　琪　山西省阳泉第二监狱十监区副教导员

内蒙古自治区（8名）

姜　琼（女）内蒙古自治区呼伦贝尔市司法局公共法律服务管理科科长

张春波（女）内蒙古自治区通辽市司法局社区矫正执法支队支队长

那顺陶格陶（蒙古族）内蒙古自治区赤峰市阿鲁科尔沁旗巴彦温都尔司法所所长

王有艾　内蒙古自治区乌兰察布市察哈尔右翼后旗司法局社区矫正执法大队大队长

何　云（女）内蒙古自治区阿拉善盟阿右旗司法局巴丹吉林司法所所长

王乾坤　内蒙古自治区包头监狱监狱长

朱国玉（蒙古族）内蒙古自治区赤峰监狱教育科科长

王　平　内蒙古自治区司法厅办公室主任

辽宁省（14名）

刘铁山　辽宁省沈阳市新民市司法局公主屯司法所所长

辛维真　辽宁省大连市西岗区司法局公共法律服务管理科科长

宋志刚　辽宁省鞍山市监狱医疗中心主任

张献军（满族）辽宁省抚顺市清原满族自治县司法局湾甸子司法所所长

刘　强（满族）辽宁省阜新市司法局副局长

孙　红（女）辽宁省铁岭市清河区司法局法律援助中心九级管理岗

王丽艳（女）辽宁省朝阳市建平县司法局副局长

郭茂山　辽宁省盘锦市双台子区司法局陆家司法所所长

田贵耕　辽宁省司法厅警务处副处长

金长磊　辽宁省沈阳第一监狱十九监区副监区长

田凤军 辽宁省凌源第四监狱企业副总经理

宿 鹏 辽宁省大连南关岭监狱三监区副监区长

王振亚 辽宁省盘锦监狱一监区监区长

孔德华（满族）辽宁省北镇监狱十监区副监区长

吉林省（9名）

张 进（女）吉林省监狱管理局生活卫生处处长

徐 彦（女）吉林省女子强制隔离戒毒所教育改造科科长

孙彦玲（女）吉林省四平市司法局法治调研和法治督察处处长

慈向东 吉林省辽源市司法局党组书记、局长

李乃强 吉林省长白山管委会池北区司法所副所长

杨天华 吉林省长春铁北监狱生产经营管理科科长

陈宏宇 吉林省公主岭监狱七监区监区长

梁永生 吉林省梅河监狱四监区监区长

宫玉国 吉林省通化监狱一监区监区长

黑龙江省（12名）

芦茂胜 黑龙江省哈尔滨监狱七监区监区长、一级警长

丁 瑞 黑龙江省北安监狱病犯监区监区长、一级警长

张 鹏 黑龙江省呼兰监狱狱政管理科科长、一级警长

裴 桐（女）黑龙江省女子监狱入监集训监区副监区长、三级警长

邴秀川 黑龙江省新建监狱八监区副监区长、一级警长

刘虹余 黑龙江省松北强制隔离戒毒所三大队大队长、一级警长

孟霁雨 黑龙江省政法管理干部学院法治理论教研部主任、教授

吕 崧 黑龙江省司法厅组织培训处副处长

张 肃 黑龙江省司法厅法律援助工作管理处一级主任科员

吴修军（蒙古族）黑龙江省大庆市杜尔伯特蒙古族自治县司法局副局长

毕继朋 黑龙江省黑河市孙吴县司法局副局长

徐金龙 黑龙江省哈尔滨市万家强制隔离戒毒所三大队四级警长

上海市（7名）

张 铭（女）上海市司法局律师工作处副处长

徐树年 上海市周浦监狱八监区民警

施宇锋（女） 上海市女子强制隔离戒毒所二大队副大队长

马敏华 上海市宝山区司法局社区矫正科科长

曾 辉 上海市金山区司法局依法治区协调监督科科长

姜慧萍（女）上海市闵行区司法局颛桥司法所所长

潘 浩 上海市徐汇公证处主任

江苏省（16名）

刘 永 江苏省南京市溧水区司法局局长

孙冬花（女）江苏省徐州市司法局宣传教育处副处长

岳林云（女）江苏省常州市司法局地方立法处处长

王 侃 江苏省苏州市司法局局长

祁建中 江苏省南通市司法局副局长

贾春萍（女）江苏省淮安市洪泽区社区矫正管理局局长

潘晓霞（女）江苏省盐城市司法局政治部副主任

丁慧卿（女）江苏省镇江市扬中开发区司法所所长

杨庆雨　江苏省泰州市司法局执法协调监督处处长

郝浩然　江苏省宿迁市依法治市办秘书处处长

韩震龙　江苏省司法厅备案审查处处长

石汉栋　江苏省江宁监狱一监区党支部书记、监区长

田长兰（女）江苏省镇江女子监狱十监区党支部书记、监区长

徐国洪　江苏省常州监狱教育矫治支队支队长

孙　浩（女）江苏省女子强制隔离戒毒所所政管理科科长

秦永新　江苏省宜兴强制隔离戒毒所习艺劳动指导科一级警长

浙江省（16名）

蔡文光　浙江省女子监狱党委书记、政治委员

李永剑　浙江省十里丰监狱九监区监区长

徐宏翔　浙江省监狱中心医院一监（病）区副监区长（副主任）

王　斌　浙江省乔司监狱指挥中心主任

姚建飞　浙江省十里坪强制隔离戒毒所戒毒医疗中心副主任

郑孙勇　浙江警官职业学院安全防范系二级调研员

邵伟东　浙江省杭州市北郊监狱党委委员、政治处主任

何春辉　浙江省宁波市望春监狱办公室副主任

黄高子　浙江省温州市司法局戒毒工作处副处长

王　峰　浙江省湖州市安吉县司法局党委书记、局长

丁周权　浙江省绍兴市柯桥司法局齐贤司法所所长

毛慧卿（女）浙江省衢州市江山市司法局局长

焦　熠　浙江省舟山市普陀区司法局六横司法所所长

林鉴永　浙江省台州市司法局行政复议处处长

林　慧（女）浙江省丽水市莲都区司法局党组成员、副局长

陈　昂　浙江省司法厅组织教育处处长

安徽省（9名）

朱　淼（女）安徽省宿州市砀山县司法局良梨司法所所长

王丽虹（女）安徽省蚌埠市固镇县司法局公共法律服务管理股股长、四级主任科员（法律援助中心主任）

郑红英（女）安徽省安庆市望江县司法局凉泉司法所所长

吴秋瑾（女）安徽省女子监狱三级高级警长

杨　晨　安徽省九成监狱管理分局第十四监区政治教导员

姜克军　安徽省蚌埠监狱第六监区监区长、一级警长

金云海　安徽省南湖强制隔离戒毒所凤凰山大队党委委员、三级警长

侯家胤　安徽省司法厅法治调研处副处长

陈友云　安徽省马鞍山市和县司法局西埠司法所所长

福建省（10名）

唐新文　福建省福州市司法局党组书记、局长、一级调研员

官文胜　福建省司法厅组织教育与警务管理处处长、一级调研员

李黎萌（女）福建省泉州市丰泽区司法局党组书记、局长、一级主任科员

刘　勇　福建省上杭县司法局党组书记、局长、一级主任科员

陈银龙　福建省漳州市司法局办公室主任、一级主任科员

苏秀琴（女）福建省大田县司法局法制科科长、四级主任科员

林　云（女）　福建省建瓯市司法局房道司法所所长

黄亚舜　福建省福鼎市司法局山前司法所所长

童　亮　福建省建阳监狱第九监区监区长

刘　亭　福建省榕城司法强制隔离戒毒所医院三级警长

江西省（9名）

方柸梅（女）江西省司法厅立法二处处长

吴青春　江西省赣江监狱五监区监区长

刘忠元　江西省强制隔离戒毒所二大队大队长

涂红梅（女）江西司法警官职业学院政治部副主任、组织人事处处长

钟　将　江西省九江市浔阳区湓浦司法所所长

王慧萍（女）江西省景德镇市司法局人事警务科科长

王万春　江西省鹰潭市司法局党组成员、副局长

魏　华　江西省宜春市铜鼓县公共法律服务中心主任、公证员

吴云瑛（女）江西省抚州市委依法治市办秘书科科长

山东省（18名）

赵　强　山东省济南监狱三监区副监区长

滕恒乐　山东省青岛监狱第十三监区第三分监区分监区长、一级警长

王丽丽（女）山东省淄博市博山区司法局党组成员

燕中民　山东省滕州市司法局副局长、滕州市普法服务中心主任

张俊鹏　山东省东营市司法局办公室主任

王新华（女）山东省潍坊市法律援助中心主任

国庆启　山东省济宁市司法局党委副书记、副局长

张昊宁　山东省泰安市司法局办公室主任

谢　强　山东省威海监狱二监区监区长

王文华　山东省五莲县司法局党组书记、局长

于德民　中共临沂市委全面依法治市办公室秘书科科长、一级主任科员

于化民　山东省平原县司法局党组书记、局长

张　瑾（女）山东省女子监狱十二监区教导员、一级警长

郭　强　山东省淄博监狱六监区监区长、一级警长

徐良云　山东省微湖监狱党委书记、监狱长、一级高级警长

唐　磊　山东省鲁中强制隔离戒毒所康复训练中心主任、二级警长

刘广乾　山东司法警官职业学院党委委员、副院长

井庆慧（女）山东省司法厅人民参与和促进法治一处二级主任科员

河南省（16名）

燕　强　河南省开封市强制隔离戒毒所副所长

吴红兵　河南省平顶山市司法局副局长

郭松林　河南省安阳市汤阴县司法局任固司法所所长

张丽娟（女）河南省濮阳市司法局律师公证管理科二级主任科员

贺响洲　河南省漯河市司法局依法行政与普法工作科科长

乔　琰　河南省南阳市西峡县司法局局长

董慧贤（女）河南省周口市项城市法律援助中心主任

任德成　河南省济源示范区司法局基层工作指导科科长

闫万平　河南省第三监狱生活卫生科科长

曹　亮　河南省第四监狱狱政设施管理科一级警长

牛　旭（女）河南省女子监狱七监区教导员

吴　杰　河南省新乡监狱教育改造科副科长

苗松涛　河南省豫中监狱狱政管理科科长

翟　凯　河南省第三强制隔离戒毒所一大队大队长

张新冉　河南司法警官职业学院总务处四级调研员

刘元庆　河南省司法厅办公室一级主任科员

湖北省（14名）

王　玲（女）湖北省武汉市司法局行政复议处处长

徐　娟（女）湖北省襄阳市襄州区司法局社区矫正办公室主任

韩永胜　湖北省荆州市司法局行政复议应诉科科长

王恩波　湖北省宜昌市兴山县司法局高桥司法所工作人员

周　奕　湖北省十堰市司法局律师工作科科长

张　炯　湖北省鄂州市鄂城区司法局凤凰司法所所长

陈　娟（女，土家族）湖北省恩施州巴东县司法局官渡口司法所所长

张晓容（女）湖北省天门市司法局办公室主任

张　玲（女）湖北省神农架林区司法局律师公证法律援助管理科科长

王　琳（女）湖北省襄南监狱刑罚执行科副科长

车　兵　湖北省宜昌监狱劳动改造科科长

刘海燕（女）湖北省随州市司法局党委委员、副局长

刘子文　湖北省潜江市司法局周矶管理区司法所所长

许　丽（女）湖北省仙桃市司法局普法与依法治理科科长

湖南省（15名）

匡美强　湖南省郴州市司法局人民参与和促进法治科科长

罗友田　湖南省女子监狱监狱长

何太平　中共益阳市委全面依法治市委员会办公室秘书科科长

姚农业　湖南省邵阳市强制隔离戒毒所出入所大队大队长

罗顺民　湖南省永州监狱二监区监区长

周　杨　湖南省津市监狱收押调遣中心主任

李永辉　湖南省永州市司法局法律事务服务科副科长

李　剑　湖南省怀化监狱三监区监区长

杜群林　湖南省赤山监狱二级高级警长

张存义　湖南省新开铺强制隔离戒毒所七大队大队长

罗伯红（土家族）湖南省慈利县司法局龙潭河中心司法所所长

罗赛华（女）湖南省未成年犯管教所八监区教导员

谭　波　湖南省娄底市司法局副局长

胡　鹏（土家族）湖南省武陵监狱一监区政治教导员

李承芳　湖南省常德仲裁委员会秘书处副秘书长

广东省（20名）

段柳为　广东省广州市司法局法律顾问处一

级主任科员

王小波　广东省深圳市司法局立法二处二级主任科员

何瑞茂　广东省深圳市罗湖区司法局区委依法治区办秘书科科长

黄乐生　广东省汕头市司法局普法与依法治理科一级主任科员

刘日红　广东省仁化县司法局周田司法所所长

吴镜明　广东省连平县司法局忠信司法所所长

徐振西　广东省大埔县司法局茶阳司法所所长

丘旭才　广东省惠州市惠城区司法局水口司法所所长

苟晓彤（女）广东省江门市司法局党组书记、局长

谢庆满　广东省肇庆市司法局副局长

马球英（女）广东省连州市司法局社区矫正管理股股长

陈肖越　广东省潮州市委依法治市办秘书科科长

叶元春　广东省揭阳市司法局副局长、市律师行业党委书记

高海波　广东省清远监狱党委委员、副监狱长

梁　波　广东省番禺监狱医院门诊部副主任

张丽芳（女）广东省女子监狱九监区监区长

廖光平　广东省明康监狱七监区一级警长

余剑华　广东省广州监狱企业生产经营部部长

罗素玲（女）广东省南丰强制隔离戒毒所医院副院长

刘　斌　广东省第四强制隔离戒毒所第二出入所大队教导员

广西壮族自治区（12名）

韦金雨（女，壮族）广西壮族自治区梧州市法律援助中心主任

辛　欢（女）广西壮族自治区女子强制隔离戒毒所医院副院长

韦直升　广西壮族自治区柳州监狱二监区监区长

王黎明　广西壮族自治区钦州市司法局社区矫正警察支队副支队长、一级主任科员

李锡文　广西壮族自治区桂中监狱宣传教育科科长

曾庆汝（女）广西壮族自治区柳州市司法局法治督察科科长

盘正旭（壮族）广西壮族自治区忻城县司法局城关司法所所长

顾家敏　广西壮族自治区隆林各族自治县司法局党组书记、局长

苏　嫦（女）广西壮族自治区南宁市司法局行政复议一科（南宁市人民政府行政复议办公室）科长、一级主任科员

赵业锋　广西壮族自治区贺州市司法局立法科科长

池月华（女）广西壮族自治区北海市司法局复议应诉科科长、一级主任科员

邹初英　广西壮族自治区司法厅法治调研处二级主任科员

海南省（3名）

梅振中　海南省委全面依法治省办秘书处副处长

吴钰飞　海南省琼山监狱党委书记、监狱长

李其鸿　海南省琼山强制隔离戒毒所所政管理科科长、一级警长

重庆市（6名）

张　凯　重庆市司法局法治督察处处长

余　勇　重庆市渝西监狱狱政管理科科长

黄家友　重庆市北碚强制隔离戒毒所三大队大队长

柏远新　重庆市荣昌区司法局党委委员、副局长

杨松柏　重庆市长寿区司法局规范性文件管理科科长、行政执法协调监督科科长

李绍灯（苗族）重庆市彭水苗族土家族自治县司法局汉葭司法所所长

四川省（20名）

王忠伟　四川省资阳市司法局党组成员、副局长

王　群（女）四川省乐山市沙湾区司法局党组成员、机关党委书记

王　静（女）四川省平武县司法局党组书记、局长

克让措（女，藏族）四川省壤塘县司法局党组书记、局长

陈雨珍（女）四川省平昌县司法局党委副书记、局长

何　茂　四川省遂宁市委依法治市办秘书科科长

杨丽君（女）四川省南充市司法局合法性审查二科科长

邓明睿　四川省凉山州司法局立案与行政审批科科长

杨筱洁（女，彝族）四川省米易县司法局攀莲司法所司法助理员

益西卓玛（女，藏族）四川省道孚县司法局一级科员

马　旭　四川省司法厅法治调研处一级主任科员

张光明　四川省广元监狱七监区监区长

段黎红（女）四川省女子监狱七监区监区长

先小君（女）四川省成都女子监狱四监区监区长

刘　磊　四川省雷马屏监狱五监区监区长

郑莲丽（女）四川省凉山监狱二监区监区长

蒋华林　四川省嘉陵监狱一监区监区长

曾　娟（女）四川省女子强制隔离戒毒所三大队大队长

曾玉梅（女）四川省资阳强制隔离戒毒所七大队教导员

包杨川　四川司法警官职业学院刑事司法系副主任

贵州省（12名）

吴强华　贵州省贵阳市三江强制隔离戒毒所六大队大队长

任世群（女，仡佬族）贵州省遵义市司法局普法与依法治理科科长

戴建旗（女）贵州省六盘水市司法局法治调研督察科副科长

邹春芳（女）贵州省安顺市法制研究中心副主任

张　维（穿青人）贵州省毕节市司法局副局长

李廷吉（土家族）贵州省铜仁市江口县司法局闵孝司法所所长

赵清微（女）贵州省黔南州瓮安县司法局副局长

梁　玉（女）贵州省黔西南州晴隆县司法局三宝司法所所长

李芳臣（苗族）贵州省监狱管理局一级主任科员

王海波　贵州省遵义监狱二监区副监区长

蒋兴新（彝族）贵州省司法厅法治调研处副处长

杨中政（仡佬族）贵州省女子强制隔离戒毒所财务科副科长

云南省（15名）

杨江红（女）云南省昆明市盘龙区司法局公

共法律服务管理科科长、盘龙区法律援助中心副主任

胡峰宇　云南省昭通市司法局戒毒工作指导科科长

陶　娟（女）云南省曲靖市沾益区司法局盘江司法所所长

陈加平（彝族）云南省峨山彝族自治县司法局小街司法所所长

徐　强　云南省腾冲市司法局四级主任科员

易凯春　云南省牟定县司法局党组成员、副局长

马富会（女，苗族）云南省马关县司法局金厂司法所所长

李　涯　云南省孟连县司法局芒信司法所所长

赵小鹏（白族）云南省大理州强制隔离戒毒所六大队大队长

刀屯进（傣族）云南省瑞丽市司法局姐相司法所所长

木向红（女，纳西族）云南省丽江市古城区司法局束河古镇司法所所长

肖　冬（佤族）云南省沧源佤族自治县司法局班洪法律服务所主任

刘正铝　云南省嵩明监狱医院一级警长

刘　伟　云南省曲靖监狱二监区监区长

何朝川　云南省第一强制隔离戒毒所办公室主任

西藏自治区（3名）

桑　吉（藏族）西藏自治区林芝市朗县司法局副局长

平措多吉（藏族）西藏自治区那曲市色尼区司法局副局长

杨国福　西藏自治区山南市司法局党组书记、副局长

陕西省（10名）

李文清　陕西省华山监狱第十五监区副教导员

张秀玲（女）中共陕西省渭南市委依法治市委员会办公室秘书科科长

张武兵　陕西省眉县强制隔离戒毒所五大队大队长

花　薇（女）陕西省监狱管理局财务装备处副处长

李　方　陕西省西安市未央区司法局二级调研员

赵科林　陕西省宝鸡市眉县司法局局长

郝　强　陕西省延安市法律援助中心副主任

李　波　陕西省汉中市宁强县司法局局长

李　利（女）陕西省咸阳市司法局人民参与和促进法治科科长

陈　伟　陕西省铜川市印台区司法局副局长

甘肃省（7名）

冯　怡　甘肃省司法厅办公室主任、一级调研员

牛维强　甘肃省白银监狱一监区监区长、一级警长

海晓君（回族）甘肃省女子强制隔离戒毒所政治处副主任、一级警长

王永刚　甘肃省庆阳市合水县司法局社区矫正安置帮教股股长

袁　野（女，高山族）甘肃省张掖市民乐县丰乐司法所科员

张兴虎　甘肃省嘉峪关市司法局法治调研科科长

王　森　甘肃省临夏市司法局七级职员

青海省（4名）

宋瑞兵　青海省海西蒙古族藏族自治州格尔木市司法局副局长

仁　增（藏族）青海省黄南藏族自治州尖扎县司法局尖扎滩司法所所长

郭海彦　青海省女子监狱党委书记、政委、一

级高级警长

阿　彬（藏族）青海省格尔木强制隔离戒毒所警戒护卫大队大队长

宁夏回族自治区（2名）

李　红（女，回族）宁夏回族自治区固原市原州区司法局彭堡司法所所长

杨　玲（女，回族）宁夏回族自治区银川市司法局律师工作科科长

新疆维吾尔自治区（12名）

袁志军　新疆维吾尔自治区阿克苏地区沙雅县司法局党组成员、副局长、三级主任科员

杨巧霞（女）新疆维吾尔自治区阿勒泰地区司法局四级调研员

杨　俊　新疆维吾尔自治区昌吉回族自治州昌吉市司法局社区矫正与安置帮教科科长、二级主任科员

李小艳（女）新疆维吾尔自治区哈密市司法局基层科科长、一级主任科员

麦提赛伊迪·麦提如则（维吾尔族）新疆维吾尔自治区和田地区策勒县司法局党组副书记、局长、四级调研员

诺尔登·马木提（维吾尔族）新疆维吾尔自治区克拉玛依市司法局政治处主任、机关党委专职副书记

冶鹏飞（回族）新疆维吾尔自治区巴音郭楞蒙古自治州焉耆县司法局矫正教育办主任、三级主任科员

侯　方（女）新疆维吾尔自治区塔城地区塔城市司法局法律援助中心主任、三级主任科员

杨海铭　新疆维吾尔自治区乌鲁木齐市高新区（新市区）安宁渠镇司法所所长

孙春旺　新疆维吾尔自治区库尔勒监狱党委书记、政委

朱志杰　新疆维吾尔自治区监狱管理局监狱工作研究所所长、一级调研员

韩国丽（女）新疆维吾尔自治区乌鲁木齐第二强制隔离戒毒所医院副院长、一级警长

兵团司法局（2名）

顾宗莲（女，回族）新疆生产建设兵团司法局政治部（警务部）副主任

任海洋　新疆生产建设兵团司法局装备财务保障处二级主任科员

兵团监狱局（6名）

高卫东　新疆生产建设兵团第三师盖米里克监狱第一监区监区长、一级警长

余增智　新疆生产建设兵团第三师金墩监狱政治处副主任、一级警长

杨敬周　新疆生产建设兵团第六师芳草湖监狱第八监区监区长、二级警长

胡　城　新疆生产建设兵团第一师沙河监狱教育改造大队大队长、二级警长

张　良（满族）新疆生产建设兵团第二师库尔勒监狱第四监区监区长、四级高级警长

李玉涛　新疆生产建设兵团第八师石河子监狱第二监区监区长、一级警长

部机关各厅局及直属单位（5名）

王怀宇　中央依法治国办秘书局文秘处一级主任科员

崔雅超（女）司法部办公厅保密密码处一级主任科员

张　昊　司法部立法二局六处处长

马维理　司法部燕城监狱第五监区副监区长

翟中东　司法部中央司法警官学院教授

三、全国司法行政系统劳动模范表彰名单（146名）

北京市（6名）

杨　晨　北京金诚同达律师事务所主任、管理合伙人

万　欣　北京天霜律师事务所主任

王　涛　北京市方圆公证处三级公证员

王笑强　国家信息中心电子数据司法鉴定中心司法鉴定人

刘跃新　北京市西城区人民调解协会会长

丁建勇　北京仲裁委员会办公室副秘书长

天津市（3名）

宋春娇（女）天津乔满晟律师事务所主任

吴凤颖（女）天津澍泽律师事务所律师

牛　淼（女）天津市辰信公证处主任

河北省（6名）

田荣飞　河北省清河司法医学鉴定中心主任、清河县"鉴调一体"化解社会矛盾纠纷指导服务中心副主任

倪泗洋　河北省冀中监狱职工

田增辉　河北信联律师事务所合伙人会议主席、党支部书记

张文河（回族）河北省邯郸市律师协会会长

刘海军　河北达公律师事务所主任、党总支书记

陈　华（女）河北省三河市公证处主任

山西省（5名）

席廷宏　山西省临汾市翼城县王庄镇王庄村人民调解委员会主任

柴兆亮　山西省太原市城南公证处四级公证员

张喜喜　山西昱兴泰贸易有限责任公司保卫科科长

李庆旗　山西韶风律师事务所主任

闫艳兰　山西成诚律师事务所律师

内蒙古自治区（3名）

李永强　内蒙古超伦律师事务所主任

刘长发　内蒙古自治区扎兰屯监狱维修队队长

胡丽妹（女，满族）内蒙古东日律师事务所主任

辽宁省（6名）

阚雪飞　辽宁良友律师事务所主任

王　岚（女）辽宁和昌律师事务所主任

贾　蕊（女）辽宁省本溪市溪湖区河东法律服务所主任

靖瑛琳（女）辽宁华英律师事务所主任

王　辉　辽宁营口市人民调解中心主任

周红伟（女）辽宁卓辰律师事务所主任

吉林省（3名）

刘沫含（女，满族）吉林衡丰律师事务所律师

王晓辉（女）吉林王晓辉律师事务所主任

吴延峰　吉林省镇赉监狱三监区加工厂中级电焊工

黑龙江省（6名）

张志勇　黑龙江省莲江口农场第十四生产队队长

梁晓东　黑龙江省香兰农场社区居民委员会主任

刘国章　黑龙江省凤凰山农场九大队副大队长

王　亮　黑龙江省绥化强制隔离戒毒所办公室工人

程淑华（女）黑龙江省花园强制隔离戒毒所工人

赵　平　黑龙江省齐齐哈尔市鹤城公证处信息中心主任

上海市（6名）

卫敏训　上海市未成年犯管教所高级工

厉　明　上海四维乐马律师事务所律师

陆金弟（女）上海市静安区陆金弟人民调解工作室主任

孙　晔（女）上海市浦东新区物业管理纠纷人民调解委员会人民调解员

谢嵩军　上海市黄浦区瑞金二路街道人民调解委员会人民调解员

吴　蔚（女）上海市嘉定区人民调解中心（非诉讼争议解决中心）主任

江苏省（7名）

李进华　江苏省大中农场集团有限公司分场长

王　辉　江苏省五图河农场有限公司副分场长

赵　远　江苏省东海强制隔离戒毒所职工

薛济民　江苏省新高的律师事务所首席合伙人

潘　虹（女）江苏省引航律师事务所主任

邵　军（女）江苏省盐城市盐城公证处主任

沈晓林　江苏省南京东南司法鉴定中心主任

浙江省（5名）

沈田丰　中华全国律师协会常务理事、杭州市律师协会会长、杭州市律师行业党委副书记、国浩律师（杭州）事务所合伙人

王　瑾　浙江省宁波市甬城公证处主任

杨康乐　浙江嘉瑞成律师事务所管委会主任

陆访泉　浙江省嘉善县司法局姚庄司法所人民调解员

周拥军　浙江近真律师事务所主任

安徽省（5名）

王士宏　安徽省淮北市濉溪县临涣镇茶馆人民调解委员会主任

张芳春（女）安徽乐行律师事务所主任、律师

宋海燕（女）安徽滨阳律师事务所律师

董鸿尚　安徽瀛国伦律师事务所律师

施世庆　安徽省池州市青阳县西华镇人民调解委员会主任

福建省（5名）

王桂英（女）福建旭丰律师事务所主任、一级律师

蔡丽羡（女）福建泾渭明律师事务所主任、一级律师

颜木海　福建九越律师事务所党支部书记、律师

沈　洁　福建省永安市公证处主任、四级公证员

莫鹏海　福建省漳州司法强制隔离戒毒所工勤人员

江西省（5名）

赵咏生　江西省饶州监狱保卫科治安中队中队长

余秀军（女）江西神州司法鉴定中心负责人

张立陶　江西省九江市柴桑律师事务所管理委员会主任

谢福胜　江西省赣州市司法局高级工

王铁平　江西文修律师事务所主任

山东省（7名）

李荣凯　山东省济南市中正荣凯法律服务所主任

杨希勇　山东三和德通律师事务所党支部书记、主任

张东坤　山东民桥律师事务所主任

刘桂民（女）山东省东阿县公证处主任

王宝军　山东省滨州市律师行业党委副书记、山东民杰律师事务所党支部书记

张思领　山东省菏泽市律师行业党委专职副书记

张行进　山东齐鲁律师事务所律师

河南省（6名）

赵京辉　北京市隆安（郑州）律师事务所

郭胜利（女）河南甘棠律师事务所（三门峡）

刘志伟　河南言华律师事务所（商丘）

王　飞　河南省新乡监狱职工

李连顺　河南省第二监狱职工

张海杰　河南省第二强制隔离戒毒所职工

湖北省（6名）

胡迎法　湖北诚明律师事务所首席合伙人、党支部书记

胡开凤（女）北京盈科（宜昌）律师事务所专职律师

文学勤　湖北省黄州监狱黄湖农工贸有限责任公司水电公司副经理

刘　涙　湖北省沙洋广华监狱十一监区（艾滋病犯监区）医生

张波霞（女）湖北省狮子山所医疗卫生大队职工

黎　勇　湖北省咸宁市通城县司法局塘湖司法所工作人员

湖南省（6名）

薛宏志　湖南联合创业律师事务所党支部书记、合伙人

高向荣　湖南君见律师事务所党支部书记、主任

柳林莉（女）湖南省万世达实业有限责任公司劳务加工厂副厂长

赵海洋　湖南星邦律师事务所主任律师

曹景毅　湖南岳州律师事务所主任律师

王　宝（女）湖南金州（湘潭）律师事务所专职律师、湘潭市律师协会会长

广东省（7名）

周　磊　广东国智律师事务所律师

罗苑卫（女）广东省广州市广州公证处副主任

傅德辉　广东正澳律师事务所专职律师

唐国雄　广东国融律师事务所主任

何钰辉　广东省河源监狱警务保障中心四级技术工

杜伟沵　广东省韶关监狱水电所所长

黄日新　广东省三水强制隔离戒毒所三级电工

广西壮族自治区（3名）

周梅初　广西壮族自治区凭祥市浦寨涉外纠纷人民调解委员会主任

邓燕鸣（女）广西壮族自治区南宁市东博公证处公证员

覃　明（壮族）广西齐川律师事务所主任

海南省（3名）

王军卫　海南三和元律师事务所律师

黄章强　海南省海口市琼州公证处主任

赵劲松　海南省新康监狱办公室工勤人员

重庆市（3名）

张兴安　重庆渝万律师事务所主任

蒋　丹（女）重庆市中信公证处主任

章东志　重庆市忠县忠州法律服务所主任

四川省（6名）

王宗旗　成都市律师协会会长、四川明炬律师事务所主任

江　勇　四川欣锐律师事务所党支部书记、副主任

黄晓明（女）四川省自贡监狱医院护师

时　莉（女）四川瀛领禾石律师事务所高级合伙人

钟　良　四川省成都市蜀都公证处党总支书记、主任

廖正华（女）四川省成都市成华区府青路街道八里庄社区人民调解委员会主任

贵州省（3名）

张　军　贵州省监狱管理局中级技师

白　敏（女）贵州省律师协会会长

姜　锐　贵州省贵阳市开阳县金中镇法律服务所主任

云南省（4名）

蔡　亚（女）云南民定律师事务所副主任

赵薇薇（女，白族）云南省瑞丽市公证处主任

李晓达　云南鼎安司法鉴定中心负责人

李忠永（哈尼族）云南小龙潭矿务局有限责

任公司机修分公司职工

西藏自治区（2名）

阿旺拉姆（女，藏族）西藏自治区拉萨市阳光公证处副主任

旦　增（藏族）西藏波密监狱高级工

陕西省（3名）

屈金冈　北京市安理（西安）律师事务所主任

杨　磊　陕西省西安市汉唐公证处主任

邓建军　陕西省汉江监狱劳动改造科供水供电站班长

甘肃省（3名）

陈　灿　甘肃锐城律师事务所主任

潘　虹（女）甘肃省敦煌市莫高法律服务所主任

王祖国　甘肃金城律师事务所主任

青海省（3名）

常有梅（女）青海省西宁市城北区红梅调解室专职调解员

米　粮（回族）青海浩门欣源农业有限公司七大队大队长

姜有生　青海言度律师事务所主任

宁夏回族自治区（3名）

任海兵　宁夏回族自治区银川强制隔离戒毒所职工

田　超　宁夏回族自治区吴忠市律师协会会长、宁夏世仑律师事务所主任

刘小亮　宁夏回族自治区中卫仲裁委秘书处主任

新疆维吾尔自治区（3名）

郭喜荣（女）新疆维吾尔自治区克孜勒苏柯尔克孜自治州阿图什市司法局法律援助中心法律援助律师

胡志翔　新疆维吾尔自治区喀什地区律师行业党委副书记、律师协会会长，新疆正嘉律师事务所主任

李丽（女）新疆维吾尔自治区伊犁哈萨克自治州伊宁市司法局解放路街道李丽个人调解室专职调解员

兵团司法局（2名）

华　晏（女）新疆瑞合律师事务所主任、党支部书记

丁旭圆　新疆生产建设兵团第八师石河子市公证处主任

部机关各厅局及直属单位（2名）

郝志军（回族）司法部法治日报社印刷厂印刷车间工人

沈小英（女）司法部法律出版社有限公司分社长

（载《法治日报》2022年9月3日，3、4版）

10月27日

司法部建立机关干部荣誉退休制度

为贯彻落实中共中央办公厅印发的《关于加强新时代离退休干部党的建设工作的意见》，日前，司法部紧密结合部机关干部队伍建设工作实际，制定印发了《司法部机关干部荣誉退休实施办法》（以下简称《实施办法》）。

《实施办法》坚持以习近平新时代中国特色社会主义思想为指导，以习近平总书记关于老干部工作的重要论述为根本遵循，注重发扬党的政治优势和优良传统，旨在通过建立推行机关干部荣誉退休制度，引导离退休干部过好退休生活，激励他们“离岗不离党、退休不褪色、离职不离纪法约束”，激发在职干部勇于担当、奋发作为的热情和动力，切实增强部机关广大党员干部的仪式感、荣誉感、归属感。

《实施办法》明确，干部退休前，应按照干部管理权限，组织开展一次专题谈心谈话，肯定工作成绩，了解思想状况，听取意见建议，提出希望要求等。干部退休文件下发后，要及时完成组织关系转接、涉老政策宣传、提供服务指南、录入信息平台等服务对接工作，实现干部在岗工作和光荣退休无缝对接。要第一时间为退休干部举办以“6+X”为主要内容的荣誉退休仪式，具体包括宣布一份退休决定、致一封感谢信、颁发一本退休证、赠送一份纪念品、送上一份祝福、留下一段感言。同时，鼓励结合自身工作，创新形式、丰富载体，组织更多彰显厅局特色、符合退休干部个人特点的活动。每年年底，司法部党组根据当年新退休人员情况，统一组织集体荣誉退休仪式。

司法部有关负责人表示，离退休干部是党和国家的宝贵财富，是推进新时代中国特色社会主义伟大事业的重要力量。推行干部荣誉退休制度，是坚持党对老干部工作的集中统一领导、全面加强离退休干部党的建设的重要举措，是强化政治引领、深化离退休党员干部队伍建设的重要内容，是做好干部退休衔接工作、健全完善干部教育管理监督闭环体系的重要手段。

据了解，《实施办法》共十二条，从开展专题谈心谈话、举办荣誉退休仪式、强化党内政治关怀、做好服务保障对接等方面，对做好部机关干部荣誉退休工作作出了具体规定。

（载中华人民共和国司法部网）

11月5日

司法部发出通知
要求深入学习宣传贯彻党的二十大精神

11月4日，司法部发出《关于深入学习宣传贯彻党的二十大精神的通知》，要求全国司法行政系统认真学习贯彻习近平总书记重要讲话精神，深入贯彻落实中共中央关于认真学习宣传贯彻党的二十大精神的决定，切实把学习宣传贯彻党的二十大精神作为当前和今后一个时期的首要政治任务，迅速兴起学习宣传贯彻党的二十大精神的热潮。要深刻认识党的二十大的重大意义，全面贯彻习近平新时代中国特色社会主义思想，深刻领悟“两个确立”的决定性意义，进一步增强“四个意识”、坚定“四个自信”、做到“两个维护”，不断提高政治判断力、政治领悟力、政治执行力，坚持全面学习、全面把握、全面落实，切实把思想和行动统一到党的二十大精神上来，更加紧密地团结在以习近平同志为核心的党中央周围，坚定信心、踔厉奋发，勇毅前行、团结奋斗，为全面建设社会主义现代化国家、全面推进中华民族伟大复兴提供坚强法治保障。

通知强调，要完整准确全面领会党的二十大的丰富内涵、精神实质、实践要求，原原本本、逐字逐句学习党的二十大报告和党章，学习习近平总书记在党的二十届一中全会上的重要讲话精神，深刻领会党的二十大的主题，深刻领会过去5年的工作和新时代10年的伟大变革，深刻领会开辟马克思主义中国化时代化新境界的历史责任，深刻领会新时代新征程中国共产党的使命任务，深刻领会中国式现代化的中国特色和本质要求，深刻领会新时代推进法治中国建设的战略部署，深刻领会坚定不移推进全面从严治党的重大部署，深刻领会以团结奋斗创造新的伟业的时代要求。

通知强调，要准确把握党的二十大精神的总目标、总方向、总要求，深入贯彻落实党的二十大提出的重大决策部署，坚持知行合一、学以致用，坚定捍卫“两个确立”、坚决做到“两个维护”，深化理论武装、坚定理想信念，服务中心大局、强化法治保障，聚焦重大部署、建设法治中国，统筹发展安全、维护安全稳定，践行为民宗旨、加强法律服务，坚持自我革命、锻造过硬队伍，切实把党的二十大精神和党中央决策部署落实到全面依法治国和司法行政工作各方面全过程，真正转化为思路、细化为举措、实化为行动。

通知要求，要切实加强组织领导，立足全面依法治国和司法行政实际，提高政治站位、切实负起责任，坚持多措并举、抓好学习宣传，狠抓贯彻落实、务求取得实效，切实把司法行政系统学习宣传贯彻工作精心谋划好、精细组织好、精准落实好，奋力推进新时代全面依法治国和司法行政工作高质量发展。

（载中华人民共和国司法部网）

11 月 16 日

人力资源社会保障部
司法部等九部门联合印发
《关于进一步加强劳动人事争议协商调解工作的意见》

为深入贯彻党的二十大精神，落实党中央、国务院关于“坚持把非诉讼纠纷解决机制挺在前面”的重要决策部署，人力资源社会保障部、中央政法委、最高人民法院、工业和信息化部、司法部、财政部、中华全国总工会、中华全国工商业联合会、中国企业联合会/中国企业家协会近日联合印发《关于进一步加强劳动人事争议协商调解工作的意见》。

《意见》坚持以习近平新时代中国特色社会主义思想为指导，明确“人民至上、源头治理、创新发展、灵活高效”的基本原则，提出了持续加强制度机制和能力建设的目标任务。强调加强源头治理，强化争议预防指导，健全风险监测预警机制；强化协商和解，指导用人单位建立内部争议协商机制，强化和解协议履行和效力；做实多元调解，推进调解组织建设，加强调解工作规范化建设；加强工作联动，健全劳动人事争议调解与人民调解、行政调解、司法调解联动工作体系，强化调解与仲裁、诉讼衔接；提升服务能力，加强队伍建设，加大保障力度。

（载中华人民共和国司法部网）

第三节　指导案例

3月26日

司法部发布律师工作指导案例

为充分发挥司法行政职能作用，做好新时代律师工作，更好满足人民群众对法律服务的需求，3月26日，司法部发布3篇律师代理、辩护成功的诉讼案例。

此次发布的3篇案例，2篇为民事诉讼案例，1篇为行政诉讼案例。案例一为某房地产公司与杨某因合同产生的民事纠纷，律师紧紧围绕争议焦点发表代理意见，观点明确、逻辑清晰、结构严谨。案例二涉及继父母与继子女、亲生子女与继子女之间的继承纠纷，律师就继子女继承权的前提条件层层剖析，逻辑清晰，论据充分。案例三是一起行政诉讼案例，承办律师认真分析社会保险有关法律、法规和规章，向社会保险经办机构申请先行支付并得到了法院支持，在用工单位逃避赔偿或无财产可供执行时，最大限度维护了委托人的合法权益。

以上案例均可在12348中国法网的“司法行政（法律服务）案例库”中搜索查询。

案例一

律师代理某房地产公司参与杨某诉其合同纠纷一审、重审、二审案

本案为某房地产公司与杨某因合同产生的民事纠纷。律师作为一审、重审、二审湖南某房地产开发有限公司代理人，认为本案争议焦点是涉案《合作协议书》《股东会会议决议》《协议书》内容是否违反法律、法规的强制性效力性规定，交易标的是否合法，协议条款约定的300万元是“关系处理费”还是“劳动报酬”，其行为是恶意串通还是虚假意思表示实施的民事法律行为。律师发表代理意见，认为《合作协议书》《股东会会议决议》及《协议书》约定的300万元实为“关系处理费”，违反法律、法规的强制性效力性规定，应当认定为无效，杨某并非善意相对人或第三人，且其在担任某公司经理职务期间，某公司已付清其每月22000元的劳动报酬。因此，杨某主张的300万元劳动报酬的诉讼请求无事实和法律依据，某公司不应当支付。

本案代理意见观点明确、逻辑清晰、结构严谨，使法院采纳其观点，是类似关系费与劳动报酬性质争议案件的典型胜诉案件，显示了律师的专业法律功底，对相关案件的处理具有指导意义。

案例编号：HNXLGLD1606706729

案例二

律师代理刘某甲诉继母刘某同父异母妹妹温某刘某甲父亲继子刘某乙继承纠纷一审案

本案为一起比较复杂的继承案件，涉及被继承人生前的多名配偶、亲生子女及继子女间的继承争议，并且存在部分继承人达成协议后反悔并在诉讼中增加继子女参加诉讼的复杂案情，代理律师紧紧围绕案件焦点问题即继子女继承权的前提条件发表意见，认为判断继父母与继子女之间是否享有继承权，以是否形成“扶养关系”为标准，而“扶养”一词是指相互扶助之意，对双方而言既是权利又是义务，故而继承法上的扶养关系应包括抚养和赡养两项内容。因为继父母与继子女之间原本缺乏血缘作为继承关系的纽带，故而法律要求他们之间的关系要“拟制”达到亲生父母与子女之间关系的相应程度时，继子女才能继承继父母的遗产。故应将法律要求继父母与继子女之间的“扶养”关系，理解为包含继父母对继子女的“抚养”和继子女对继父母的“赡养”。本案中，只有刘父对刘某乙进行了“抚养”，但刘某乙没有对刘父进行“赡养”，双方不存在法律真正意义上的“扶养关系”。

律师在代理意见中结合案情多方面层层论述，以案释法，论点明确，论据充分，逻辑清晰，并得到法院采纳，显示了律师的专业法律功底，对相关继承案件的处理思路具有指导意义。

案例编号：HBLGLD1606791572

案例三

律师代理工伤受害人江某诉某医疗保险基金管理中心先予支付工伤保险待遇行政诉讼一审、二审案

本案中，律师代理工伤受害人江某向某医疗保险基金管理中心申请先予支付工伤保险待遇。律师认为，社会保险法首次确立了社会保险先行支付制度，目的是保障公民在遭受疾病、工伤等困境时从国家和社会获取帮助的权利。《社会保险基金先行支付暂行办法》明确规定了社会保险待遇先行支付的具体条件和程序。工伤保险待遇先行支付制度的意义在于，在用人单位不支付工伤保险待遇的情况下，对工伤职工及时予以救助。当事人工伤后，用工单位逃避赔偿或者无财产可供执行的情况下，如何有效维护当事人的合法权益，这是一个难题。承办律师认真分析了社会保险有关法律、法规和规章，认为当事人满足申请先行支付工伤保险待遇的条件，该诉讼请求得到了法院的支持，最大限度地维护了委托人江某的合法权益，取得了良好的社会效果。

案例编号：AHLGLD1547017870

（载中华人民共和国司法部网）

4月20日

司法部发布司法鉴定工作指导案例

为充分发挥司法行政职能作用，指导和规范司法行政工作，更好满足人民群众的法律服务需求，4月20日，司法部发布“司法鉴定科学研究院对倾倒废酸意外死亡受害人进行法医病理鉴定案”“徐州医科大学司法鉴定所对大学生运动中猝死进行法医病理鉴定案”“司法鉴定科学研究院对劳动合同是否存在换页进行文书鉴定案”“西南政法大学司法鉴定中心对合同纠纷涉录音真实性进行声像资料鉴定案”等4篇案例，作为指导规范全国司法鉴定工作可推广、可借鉴的典型案例。

此次发布的案例，主要集中在生态环保、生命健康、合同内容、视听资料等领域，与人民群众生产生活密切相关，充分体现了司法鉴定服务人民群众、服务办案机关的专业要求和实现科学性与法律性相统一的专业特色，具有较强的示范性、典型性、借鉴性和指导性。

近年来，司法部和各级司法行政机关认真贯彻落实中央关于司法鉴定工作的决策部署，积极推进统一司法鉴定管理体制改革，切实加强监督管理，通过连续开展血液酒精检测鉴定专项检查、警示教育活动、清理整顿、“双随机、一公开”监督抽查、全面评查等措施不断织严织密监管网络，综合运用认证认可、能力验证、文书质量评查、标准化等多种手段持之以恒加强质量监管，指导、监督司法鉴定机构和司法鉴定人依法规范诚信执业，不断提升司法鉴定质量和公信力，为保障诉讼顺利进行、促进司法公正、维护人民合法权益作出了重要贡献。

以上案例均可在中国法律服务网的“司法行政（法律服务）案例库”中搜索查询。

案例一

司法鉴定科学研究院对倾倒废酸意外死亡受害人进行法医病理鉴定案

某日，司法鉴定科学研究院接到某地公安机关的委托，要求查明吕某的死亡原因。经了解，吕某（男，32岁）于某日凌晨将酸洗池内13吨左右的废酸倾倒在某公路辅道下水道时发生意外死亡。这是一起涉嫌非法倾倒废酸污染环境致人死亡案件，若处理不妥，将引起不良社会影响。因此，死亡原因鉴定成为这个案件妥善处理后续工作的基础。

案件受理后，三名鉴定人在公安机关的陪同下立即奔赴案发现场。由于现场是露天场所，收集有毒有害气体的现场证据已不可能，只能从尸体上找证据。鉴定人按照系统尸体检验规范对吕某进行尸体解剖，并提取心血、尿液和胃内容物等作毒物检验。

废酸是酸性液体清除金属表面氧化物后产生的液体废弃物，可产生硫化氢等有毒有害气体。血液中硫离子浓度是推断硫化氢中毒的最可靠指标，吸入硫化氢中毒死亡者血液中硫离子质量浓度范围为0.11～31.84μg/mL。通过对吕某心血进行检验，发现其硫离子质量浓度为1.75μg/mL，已超过正常人体内硫离子浓度，可导致中毒死亡。尸体检验也发现吕某存在中毒死亡的一般尸体征象，未发现其他可导致死亡的暴力因素和致死性疾病。鉴定意见：吕某符合吸入硫化氢气体中毒死亡。

案例编号：SHSJYW1609237728

案例二

徐州医科大学司法鉴定所对大学生运动中猝死进行法医病理鉴定案

大学生李某某，21岁。2020年某日，李某某在家属为其报名的校外体能培训中心跑步训练时突然倒地，经当地医院抢救无效后死亡。李某某家属与培训中心就赔偿问题产生纠纷。为查明李某某死亡原因，人民法院委托徐州医科大学司法鉴定所进行法医学鉴定。

尸体解剖发现，李某某冠状动脉起源及走行异常，左、右冠状动脉均起源于主动脉右窦，左、右冠状动脉开口直径明显减小，并高出右冠状动脉半月瓣边缘，随后左冠状动脉主干垂直向左走行于主动脉与肺动脉之间，并于室间隔表面分为左前降支及左旋支。显微镜观察发现左冠状动脉主干局部管腔狭窄，管壁厚薄不均等。

同时，发现双肺主支气管及叶支气管内见大量灰黑色食物残渣填充，显微镜观察，发现部分大气道及细小支气管内可见大量异物填充，其间可见较多植物细胞成分，符合异物吸入表现。经查阅资料，发现内源性异物吸入多见于麻醉、醉酒或意识昏迷者，将呕吐物或返流的胃内容物误吸入呼吸道。因此，其符合心脏病发作、急性循环功能衰竭过程中致异物吸入。

鉴定意见：李某某符合冠状动脉畸形、狭窄致心脏病发作、急性循环功能衰竭死亡。剧烈运动为心脏病发作、急性循环功能衰竭的诱发因素。该鉴定意见被法院采信，李某某家属表示理解。

案例编号：JSSJYW1620967398

案例三

司法鉴定科学研究院对劳动合同是否存在换页印刷进行文书鉴定案

孙某与就职的某公司发生劳动争议。依据劳动合同法，孙某要求公司方支付未签订劳动合同的二倍工资及其他经济赔偿。一审过程中，公司方向法院提交了一份两页的《劳动合同》，用以证明双方签订了书面劳动合同。孙某对该合同提出异议，认为自己仅与某公司签订过试用期合同，从未签订正式劳动合同，怀疑公司利用试用期合同的落款页制作了所提交的劳动合同。为查清事实，人民法院委托司法鉴定科学研究院就该劳动合同第1页和第2页是否为同一时间连续打印形成进行鉴定。

该合同为打印形式文件，第2页落款处有劳动者的签名。检验发现，该合同第2页比第1页多一组装订孔；第1页与第2页纸张的种类不同，打印体文字的排版格式、相同字的笔画形态和显微墨迹分布特征均有明显差异。另外，该合同第1页上有印刷机具留下的周期性痕迹，而第2页上没有。综合上述检验结果，鉴定意见为：检材《劳动合同》的第1页与第2页上打印体字迹不是一次印制形成。

二审法院经审理认为：公司方提交的劳动合同前后页形成上存在重大瑕疵，且该合同前后内容逻辑上没有衔接的地方，应就存在瑕疵的合理性进行举证，但公司方并未就此举证，应承担举证不能的责任，故应当认定双方之间并未签署正式的书面劳动合同，判决公司方依照劳动合同法的相关规定，向劳动者每月支付二倍的工资。

案例编号：SHSJYW1609241153

案例四

西南政法大学司法鉴定中心对合同纠纷录音证据语音真实性进行声像资料鉴定案

2020年9月，人民法院在办理“原告鄂某某与被告侯某某合同纠纷”一案中，需核查涉案关键录音证据的真实性，特委托西南政法大学司法鉴定中心对存储于数字录音笔中的一段检材录音是否经过编辑修改，以及检材录音是否由上述数字录音笔直接录制形成进行司法鉴定。

本案鉴定涉及检材录音的提取与固定，以及录音完整性和原始性鉴定的各方面检验要点，包括录音文件的文件属性检验、元数据检验、听觉检验、图谱检验和数字录音笔的机身检验、系统时间检验、系统功能检验、存储介质检验、文件管理方式检验等。

鉴定过程中，鉴定人秉持系统检验思维，对前述9个方面进行了深入、全面的检验。针对检材录音所表现出的“文件应有时长小于实际时长”的现象，录音中间特定时刻语音音节不完整、语音信号突然终止等现象，以及录音结束位置语音信号突然终止的现象，依据本底噪声检验、存储介质检验以及与样本录音的比较检验结果，给出了科学合理的解释。最终，鉴定人作出了“检材录音未发现剪辑处理痕迹”以及“检材录音是送检的数字录音笔直接录制形成”的鉴定意见。

鉴定完成后，鉴定机构及时向委托人出具了包含《图片说明》在内的18页《司法鉴定意见书》。在后续案件审理过程中，诉讼原被告双方对上述鉴定意见均无异议。据此，委托人支持了原告的诉讼请求，原告的13万余元的经济损失得以顺利挽回。

案例编号：CQSJYW1611042451

（载中华人民共和国司法部网）

5月31日

司法部发布社区矫正工作指导案例

为充分发挥社区矫正工作指导案例的示范引领作用，指导和规范社区矫正工作，推动社区矫正法正确实施，更好地满足人民群众的法律服务需求，2022年5月31日，司法部发布4篇社区矫正工作指导案例，分别是“四川省眉山市丹棱县对缓刑社区矫正对象付某某依法接收案例”“江苏省南通市海安市对缓刑社区矫正对象吕某某依法给予警告并使用电子定位装置案例”“上海市青浦区对缓刑社区矫正对象蔡某某教育帮扶案例”“辽宁省鞍山市铁西区对暂予监外执行对象秦某依法提请收监执行案例”。

社区矫正是在党中央和国务院领导下，立足我国基本国情发展起来的具有中国特色的非监禁刑事执行制度。我国社区矫正工作从2003年开始试点以来，经过多年的探索实践，发展迅速、成效显著。特别是2020年7月1日，《中华人民共和国社区矫正法》实施以来，社区矫正工作进入了新的发展阶段。此次发布的案例，是从司法行政（法律服务）案例库中挑选的自社区矫正法实施以来办理的典型案例，分别来自四川、江苏、上海、辽宁4个省市，涵盖了社区矫正接收、监督管理、教育帮扶和终止等执法环节。

主要有以下特点：一是积极维护社区矫正对象合法权益。如案例一“四川省眉山市丹棱县对缓刑社区矫正对象付某某依法接收案例”中，执行地社区矫正机构协助人民法院核实并确定社区矫正对象付某某工作地为执行地，依法接收并为其办理经常性跨市、县活动审批，对促进社区矫正对象接受矫正，更好融入社会具有指导意义。二是体现了严格执法理念。如案例二“江苏省南通市海安市对缓刑社区矫正对象吕某某依法给予警告并使用电子定位装置案例”中，针对吕某某未经批准外出的情形，执行地社区矫正机构依法给予其警告并决定对其使用电子定位装置，严格管理，切实提高监督管理的精准性和实效性；案例四“辽宁省鞍山市铁西区对暂予监外执行对象秦某依法提请收监执行案例”中，针对秦某伪造妊娠检查的医学材料，虚构分娩事实，意图逃避监禁刑罚执行的情形，执行地社区矫正机构及时展开调查，走访核实证据，依法对其提请收监执行，对切实防止“纸面服刑”具有指导意义。三是践行了分类管理、个别化矫正原则。如案例三“上海市青浦区对缓刑社区矫正对象蔡某某教育帮扶案例”中，执行地社区矫正机构对有嗜酒不良习惯、自控能力差、有过多次违法记录的社区矫正对象蔡某某，因人施教，进行精准化教育帮扶，取得了较好效果。

面对新时代人民群众对法治、公平、正义、安全等方面更高水平的期待和需求，全国社区矫正机构将以此次指导案例发布为契机，坚持以习近平新时代中国特色社会主义思想特别是习近平法治思想为指导，进一步提高社区矫正规范化、精细化、智能化水平，切实维护国家安全和社会稳定，为推进新时代国家治理体系和治理能力现代化作出积极贡献。

案例一

四川省眉山市丹棱县对缓刑社区矫正对象付某某依法接收案例

付某某2021年4月9日因交通肇事罪被眉山市东坡区人民法院判处有期徒刑十个月，缓刑一年。由于付某某户籍地居住地均为眉山市东坡区，根据《中华人民共和国社区矫正法》第十七条规定，眉山市东坡区将被确定为付某某社区矫正执行地。由于付某某一直在眉山市丹棱县从事快递揽收、派送工作，根据《中华人民共和国社区矫正法实施办法》第二十六条规定，若将眉山市东坡区确定为付某某的社区矫正执行地，则付某某需要长期办理请假手续才可继续从事快递工作。为方便工作，解决生计，付某某本人及家人均希望能将眉山市丹棱县确定为付某某社区矫正执行地，让其在丹棱县接受社区矫正。

丹棱县社区矫正执法大队经过实地走访、查看材料，并与付某某本人沟通后，了解了其工作情况和家庭情况，按照《中华人民共和国社区矫正法》第十七条“有利于社区矫正对象接受矫正、更好地融入社会的原则，确定执行地”的规定，接收了付某某，使其在工作地眉山市丹棱县接受社区矫正，并按照《中华人民共和国社区矫正法实施办法》第二十九条为其办理了经常性跨市、县活动审批。

案例编号：SCSJJDJS1623134862

案例二

江苏省南通市海安市对缓刑社区矫正对象吕某某依法给予警告并使用电子定位装置案例

社区矫正对象吕某某因犯盗窃罪被江苏省海安市人民法院判处拘役五个月，缓刑十个月。2021年2月，海安市社区矫正机构在信息化核查时，发现吕某某未经批准离开海安市，且本人手机关机，无法与其取得联系。海安市社区矫正机构立即采取通信联络、信息化核查、实地查访等方式组织查找，并做好记录，固定证据。查找无果后，海安市社区矫正机构及时通知执行地公安机关协助查找，并将查找情况通报执行地人民检察院。在公安机关的协助下，海安市社区矫正机构与不假外出至河北威县的吕某某取得联系，责令其立即返回接受调查处理。

吕某某返回海安后，执行地受委托司法所立即对其违纪行为开展调查取证工作。经核查，吕某某确系未经批准离开海安市，违反社区矫正法、社区矫正法实施办法关于外出的监督管理规定，情节较重。司法所随即向海安市社区矫正机构提出给予吕某某警告的建议，经海安市社区矫正机构合议，依法作出给予吕某某警告的决定，同时经海安市司法局负责人批准，决定对其使用电子定位装置。吕某某受到警告处分后，海安市社区矫正机构将其管理等级从普通管理上调为严格管理，并及时调整了矫正方案，加大教育帮扶措施，切实提高监督管理的精准性和实效性，最终帮助吕某某顺利解矫。

案例编号：JSSJJDGL1650875827

案例三

上海市青浦区对缓刑社区矫正对象蔡某某教育帮扶案例

2019年11月14日，蔡某某因故意伤害罪被上海市青浦区人民法院依法判处有期徒刑一年，缓刑一年。蔡某某是离异后再婚，因与妻子长期分居，感情淡漠，与儿子沟通不多，导致其亲子关系比较疏离，且其嗜酒，长期与酒友厮混在一起，社交圈有不良人员，有过多次违法记录。

执行地受委托司法所对蔡某某多次开展家庭走访，一方面协助其规划生活，改变目前生活状态；另一方面引导其控制喝酒的量，让其每天给自己定一个饮酒量化指标，逐步递减，循序渐进；同时鼓励其继续坚持跑步锻炼，通过运动的方式进行减压，释放不良情绪，重新建立积极向上的精神面貌。矫正小组成员还通过心理健康教育，帮助蔡某某学习了解如何正确认识自我和不断完善自我、如何提高处理家庭问题的能力、如何加强自我心理调节等方面的知识和技巧，通过运用心理学专业方法，逐渐矫正其不良心理和行为习惯，促进其个体身心健康，重新建立自信。

矫正小组成员通过结构式家庭治疗模式的治疗技巧，帮助蔡某某改变家庭成员间的沟通交往方式，提升处理家庭问题的能力，逐步改善家庭关系。通过多方努力，蔡某某与其家庭成员重新接纳彼此，修复了家庭关系。目前夫妻两人共同经营一家理发店，蔡某某也与不良朋友断绝了来往，家庭关系日趋缓和改善。夫妻俩表示今后会认认真真做生意，和和美美过日子，对今后的生活充满了信心。

案例编号：SHSJJXBF1611208928

案例四

辽宁省鞍山市铁西区对暂予监外执行对象秦某依法提请收监执行案例

社区矫正对象秦某，女，1986年9月出生，户籍地、居住地均为辽宁省鞍山市铁西区。2017年11月，因犯组织卖淫罪被山东省郯城县人民法院判处有期徒刑五年，并处罚金人民币30万元。秦某因系怀孕、哺乳期妇女，分别于2018年9月12日、2019年9月10日、2020年4月30日被郯城县人民法院决定暂予监外执行，2018年9月19日起在受委托的司法所接受社区矫正。

在社区矫正期间，秦某分别于2018年、2019年两次怀孕，生下两个孩子，2020年第三次怀孕。在第三次怀孕期间，社区矫正机构发现秦某伪造妊娠检查的医学材料，虚构分娩事实，意图逃避刑罚执行。因其暂予监外执行的情形消失，且刑期未满，社区矫正机构决定立即启动收监执行程序，制作提请收监执行相关材料邮寄至原判法院，并将收监执行建议书抄送检察机关。2021年1月5日，山东省郯城县人民法院决定对秦某收监执行。

案例编号：LNSJJCZZ1650874125

（载中华人民共和国司法部网）

6月6日

司法部发布2021年度十大环境损害司法鉴定指导案例

近年来，各级司法行政机关认真学习贯彻习近平生态文明思想，深入贯彻落实习近平总书记关于公共法律服务工作的重要指示精神，大力加强环境损害司法鉴定规范化、法治化、标准化建设，充分发挥职能作用，积极服务长江经济带、黄河流域高质量发展和检察环境公益诉讼，有力满足了环境资源诉讼、环境行政执法和生态环境损害赔偿制度改革等鉴定需求。截至2021年底，经司法行政机关登记的环境损害司法鉴定机构220家，同比增长10%，环境损害司法鉴定人3800余名，同比增长15%，环损鉴定2021年业务量2.06万件，同比增长36%。环境损害司法鉴定为打赢污染防治攻坚战，建设美丽中国作出了积极贡献。

在第五十一个世界环境日来临之际，为展示环境损害司法鉴定的积极作用，宣传业务知识，加强工作指导，推动环境损害司法鉴定机构和鉴定人依法规范执业，更好建设美丽中国，经各地推荐和专家评议，司法部公共法律服务管理局组织编写了2021年度十大环境损害司法鉴定指导案例，现予发布。

案例一

涉嫌走私再生黄铜货物的固体废物属性鉴定案

【关键词】 司法鉴定　固体废物属性鉴别　黄铜丝　混合黄铜

【案情概况】 2021年，海关查获两单涉嫌走私再生黄铜货物，一单申报名称为黄铜丝，进口量为9350千克，一单申报名称为混合黄铜，进口量为26260千克，两单货物初检鉴别均判定属于固体废物。受有关部门委托，生态环境部华南环境科学研究所华南环境损害司法鉴定中心对固体废物属性进行复检鉴别。

鉴定人根据《再生黄铜原料》（GB/T 38470-2019）和《固体废物鉴别标准通则》（GB 34330-2017），对夹杂物含量、化学成分、金属总量、金属黄铜量、金属回收率等指标进行了鉴别。结果显示，申报名称为黄铜丝的货物各项指标满足《再生黄铜原料》（GB/T 38470-2019）的要求，不属于固体废物；申报名称为混合黄铜的货物金属黄铜量为91.48%，不满足《再生黄铜原料》（GB/T 38470-2019）中混合黄铜金属黄铜量不小于95.0%的要求，属于固体废物。

【鉴定要点】 本案需要准确区分具有商品属性的再生黄铜原料与固体废物，鉴定人根据《再生黄铜原料》（GB/T 38470-2019），通过不同炉型、熔炼覆盖剂、清渣剂的对比试验，得到了准确的金属回收率数据。

【案例意义】 再生黄铜作为一种原料，可满足部分企业生产需要，但其夹带的其他污染物也会造成环境污染和生态破坏。采用科学的方法界定高品质再生黄铜原料与铜及铜合金废料，对于保护生态环境具有重要作用。本案采用科学的测定方法，精确判定了混合黄铜的固体废物属性，为海关部门执法提供了技术依据。

案例二

对不明加工物性质鉴定案

【关键词】 司法鉴定　污染物性质鉴定　固体废物　危险废物

【案情概况】 2021年，安徽省某生态环境局执法检查时，发现一厂区附近有浓烈异味，现场大门紧闭。执法人员将大门打开后发现疑似不明化工生产线，现场堆放大量装满不明液体的铁皮桶、吨桶及空桶，部分空桶上有残缺的危险废物、易燃易爆品等标签。经调查，现场为“三无”小作坊，工厂负责人自称利用乙酯、甲醇、丁脂、二甲苯、甲烷生产油漆、稀释剂、固化剂等化工原料，但无法提供相关环评许可、原料成分说明等资料。受某地生态环境局委托，安徽省环境科学研究院司法鉴定中心对涉案不明物质进行污染物性质鉴定。

鉴定人对现场进行了踏勘，根据《中华人民共和国固体废物污染环境防治法》和《固体废物鉴别标准通则》(GB 34330-2017)，判定涉案现场不明物质为固体废物，排除其产品或原料商品属性。同时，根据鉴别对象包装与存储情况，选取代表性样品进行测试分析，根据《危险废物鉴别技术规范》（HJ 298-2019）和《国家危险废物名录》（2021 年版），查明涉案现场不明废物具有毒性（T），判定污染物性质属于危险废物，固废类别为废有机溶剂与含有机溶剂废物（HW06）。

【鉴定要点】本案需要对非法生产过程中使用的原料或加工出的所谓产品进行定性。因涉案不明物质为无任何环保手续的非法加工产物，无相关原料成分或产品质量说明，不属于合法的商品，检测成分含多种对环境或人体健康有毒有害物质，根据《固体废物鉴别标准 通则》（GB 34330-2017）中“4.1 i）由于其他原因而不能在市场出售、流通或者不能按照原用途使用的物质”，可判定为固体废物。在对现场固体废物属性进行鉴别时，鉴定人根据现场物质情况或快速检测结果，结合案情与经验综合预判鉴定对象存在潜在危险属性，然后做出对应鉴别分析，判定固废为危险废物。

【案例意义】利用“三无”小作坊非法收集、处置或倾倒危险废物的案件时有发生，本案通过对不明物质性质进行鉴定，为管理部门执法提供了证据支持。同时，本案对不明物质定性及对不明固体废物危险属性确定的方法等可为办理同类案件提供参考。

案例三

对废水超标排放致环境损害鉴定案

【关键词】司法鉴定 环境损害鉴定 废水地表水

【案情概况】2021 年 8 月 12 日，某地污染源监控系统显示某钢铁公司废水总排口化学需氧量（COD）、氨氮浓度超标。经调取 2021 年 5 月 1 日 0 时至 2021 年 8 月 31 日 23 时污染源监控系统中该钢铁公司废水总排口在线监测数据，发现 COD 和氨氮多次出现超标情况。受某地生态环境局委托，江西新余司法鉴定中心对超标排放废水造成的环境损害进行鉴定。

鉴定人按照《生态环境损害鉴定评估技术指南基础方法第 2 部分：水污染虚拟治理成本法》（GB/T 39793.2-2020）确定的工作程序开展鉴定。根据监测数据，2021 年 5 月 1 日 0 时至 2021 年 8 月 31 日 23 时，该公司总计超标排污时长为 115 小时，污水排放口监控点排放流量总计 158325.95 吨。纳污水体为Ⅲ类水体功能，可用于农业灌溉，危害系数取 1.5；因废水多个污染物超标，最大超标倍数为氨氮超标 3.00 倍，超标系数取 1.25；超标排放行为发生在农业用水功能区，但未有监测数据表明引起渔业用水水质异常，环境功能系数取 2，由此计算出调整系数为 3.75。同时，根据污水处理厂该型废水治理成本及该钢铁公司自身处理成本，废水治理成本取 1.5233 元 / 吨。综合以上数据，计算得到该公司排放超标废水造成的环境损害数额为 904417 元。

【鉴定要点】本案采用虚拟治理成本法进行鉴定的要点如下：一是要明确该方法的适用情形，即只有在排放污染物的事实存在，由于生态环境损害观测或应急监测不及时等原因导致损害事实不明确或生态环境已自然恢复；或是不能通过恢复工程完全恢复的生态环境损害；或是实施恢复工程的成本远远大于其收益的情形。二是调整系数计算需要综合考虑多种因素。

【案例意义】2017年修改后的水污染防治法明确指出排放水污染物，不得超过国家或者地方规定的水污染物排放标准和重点水污染物排放总量控制指标。废水中COD等污染因子超标，其进入地表水环境，易造成水体富营养化，导致水生植物和藻类大量繁殖，致使水体透明度下降、溶解氧降低、水质变化、鱼类及其他生物死亡等。对此类案件进行鉴定，为打击超标排放行为提供支持，有助于规范企业行为，保护地表水环境。

案例四

废液挥发致环境空气损害鉴定案

【关键词】司法鉴定　环境空气损害　虚拟治理成本法

【案情概况】某公司试验“化学合成多糖项目”产生了约600升废液。该公司将废液运至某山庄待拆除房屋内存放，割开装盛废液的塑料桶，加速桶内液体自然蒸发散味。为对废液中的有机组分挥发造成的环境空气损害数额进行评估，吉林中实司法鉴定中心受托进行了鉴定。

鉴定人员采用虚拟治理成本法对生态环境修复费用进行了鉴定评估。鉴定显示，该试验废液主要成分为吡啶、二甲基亚砜、甲苯、丙酮、二氯甲烷、氯仿，挥发至环境空气中的挥发性有机物（VOCs）为600 kg。经计算，该公司试验废液挥发造成的环境空气污染修复费用为100800元，加上清除污染费用、生态环境修复期间服务功能的损失、生态环境功能永久性损害造成的损失以及生态环境损害赔偿调查、鉴定评估等合理费用，试验废液挥发造成的环境空气损害数额为130800元。

【鉴定要点】本案符合《环境损害鉴定评估推荐方法（第II版）》虚拟治理成本法中“对于环境污染行为所致生态环境损害无法通过恢复工程完全恢复、恢复成本远远大于其收益或缺乏生态环境损害恢复评价指标的情形”，以及《关于虚拟治理成本法适用情形与计算方法的说明》中“排放污染物的事实存在，由于生态环境损害观测或应急监测不及时等原因导致损害事实不明确或生态环境已自然恢复的情形”。虚拟治理成本法量化了生态环境修复费用，为生态环境损害赔偿提供了依据。

【案例意义】2021年实施的民法典明确规定了生态环境损害赔偿责任。在生态环境损害赔偿案件中，通过鉴定评估确定生态环境修复费用、生态环境修复期间服务功能的损失、生态环境功能永久性损害造成的损失等，由损害实施人进行赔偿，体现了“环境有价，损害担责”。

案例五

废气超标排放致大气环境损害鉴定案

【关键词】司法鉴定　大气环境损害鉴定　废气超标排放

【案情概况】2020年12月，某市生态环境保护综合行政执法局等部门对某公司焦炉烟气进行监测，结果显示二氧化硫（SO_2）排放浓度为708mg/m^3，超过《炼焦化学工业污染物排放标准》（GB 16171-2012）中二氧化硫排放浓度排放限值（50mg/m^3）的13倍。受有关部门委托，重庆市正港司法鉴定中心对废气超标排放造成的大气环境损害进行鉴定。

鉴定人采用《环境影响评价技术导则　大气环境》（HJ 2.2-2018）推荐的预测模式进行鉴定。本案废气排放期间，SO_2最大落地浓度出现在距离焦炉烟囱底部中心1160m处，最大落地浓度值为76.8μg/m^3，最大落地点浓度超过环境本底值（年平均浓度11μg/m^3）65.8μg/m^3，对周边环境空气质量造成损害。根据《生态环境损害鉴定评估技术指南　基础方法　第1部分：大气污染虚拟治理成本法》（GB/T 39793.1-2020）推荐的理论技术方法评估，最终计算超标排放二氧化硫造成的环境损害量化数额为336518.28元。

【鉴定要点】由于鉴定时废气排放行为已经完成，且排放期间没有相关数据追踪，无法根据周边环境空气实时监测数据对周边空气环境的影响程度和范围进行还原，因此本案根据《环境影响评价技术导则 大气环境》（HJ2.2-2018）相应技术导则推荐的估算模型进行预测模拟，以此确定是否对周边大气环境质量造成影响。

【案例意义】在空气污染环境损害鉴定中，大气环境污染损害的溯源一直是一个技术难点，本案根据《环境影响评价技术导则 大气环境》（HJ 2.2-2018）相应技术导则推荐的预测模式进行鉴定评估，为开展类似鉴定提供了借鉴。

案例六

不明有机物非法处理致环境损害鉴定案

【关键词】 司法鉴定 土壤与地下水环境损害鉴定 不明有机物

【案情概况】2020年初，浙江省某生态环境局检查发现某场址上的企业未经审批非法处理多种不明有机物，场地遗存不明黑色液态废物约300吨，现场刺激性气味浓郁。受当地生态环境局委托，浙江省环科院环境损害司法鉴定所对不明有机物非法处理造成的环境损害进行司法鉴定。

鉴定人通过定性定量分析相结合的方法，确定特征污染物为苯、苯胺、二氯甲烷、苯乙烯、二氯丙烷、三氯乙烷、三氯丙烷等多种小分子化合物，不明遗存废物为具有毒性物质含量特性的危险废物；通过比较分析场址历史影像图中建、构筑物的变迁，结合水文地质资料地表水、地下水流向，有针对性地布点钻探采样检测，确定土壤及地下水损害范围为6500 m^2；依据《建设用地土壤污染风险评估技术导则》（HJ 25.3-2019），计算并确定了苯胺、苯、二氯乙烷、氯仿、二氯丙烷、三氯乙烷、三氯丙烷的修复目标值；根据检测数据，通过插值模拟计算，土壤需修复体积5867m^3，地下水修复量18984 m^3，未超过修复目标值但受损害土壤量共14016.5m^3。最终计算出生态环境损害共1282万元。

【鉴定要点】本案通过定性小分子化合物确定特征污染物及其危险特性，通过场址历史影像图识别调查区域、污染场地的健康风险评估明确修复目标值、数值模拟计算土壤损害范围等多种方法的综合应用，确保生态环境损害范围、程度及实物量化的准确性，为地块的修复及赔偿提供了依据。

【案例意义】危险废物是列入国家危险废物名录或者根据国家规定的危险废物鉴别标准和鉴别方法认定的具有危险特性的固体废物，处理不当极易造成环境污染。本案采用多种方法进行鉴定，科学计算出生态环境损害数额，有力支持了环境损害赔偿工作，也为开展不明有机物非法处理致生态环境损害鉴定评估提供了参考。

案例七

超标排污污染河水致养殖场鱼苗死亡鉴定案

【关键词】司法鉴定 超标排污 因果关系鉴定

【案情概况】2019年5月，五家水产养殖场向某人民法院提起诉讼，主张位于其水源河流上游的生猪养殖场超标排污导致鱼苗死亡。受人民法院委托，重庆市明镜司法鉴定所对河流水质情况与五家水产养殖场所养殖的鱼苗死亡之间是否存在因果关系进行鉴定。

生猪养殖场位于水产养殖场取水点上游，该河流为五家水产养殖场唯一取水源。河流水体特征污染物检测数据显示，氨氮、化学需氧量等水质指标均沿水流方向总体呈递增趋势，水体污染程度增加。生猪养殖场排污口位置分布在水产养殖场上游，污染物存在合理的迁移路径。对照《淡水水生生物水质基准—氨氮》（2020年版）及《淡水水生生物水质基准技术报告—氨氮》（2020年版）中鱼苗养殖氨氮长期致死浓度，水产养殖场水源水质氨氮指标明显偏高，长期使用该河水养育鱼苗会导致鱼苗死亡，从而确认河水水质与水产养殖场鱼苗死亡之间存在间接因果关系。

【鉴定要点】超标排污与鱼苗死亡之间是否存在因果关系需要全面判断。通过对河流水体特征污染物检测数据分析可知，河流水质指标氨氮浓度、化学需氧量浓度均随河道水流流向总体呈递增趋势，与生猪养殖场排污口分布情况相符，表明污染物存在合理的迁移路径。生猪养殖场位于五家水产养殖场取水点上游且为唯一取水来源，可认定生猪养殖场排污行为与水产养殖场污染源引入存在间接关系。对照《淡水水生生物水质基准—氨氮》（2020年版）和《淡水水生生物水质基准技术报告—氨氮》（2020年版），得出河水水质与水产养殖场鱼苗死亡之间存在间接因果关系。

【案例意义】本案是长江流域超标排污案件。通过案件办理，一是梳理了鉴定过程中的关键技术环节，为类似排污案件造成的生态环境损害鉴定提供借鉴和指导；二是为诉讼活动提供了证据支持，保障了相关企业的合法权益；三是有助于规范养殖企业的养殖行为，保护长江流域生态环境安全。

案例八

长江干流水域非法采砂致生态环境损害鉴定案

【关键词】司法鉴定　工程恢复法　非法采砂

【案情概况】2016年5月，某工程公司在未取得采砂许可证的情况下，组织三艘吸砂船和五艘运砂船在长江干流水域非法盗采江砂近80万立方米，价值逾1800万元。当地人民检察院就该非法采砂破坏长江生态环境案提起公益诉讼。受当地人民法院委托，湖北省生态环境科学研究院生态环境损害司法鉴定中心对非法采砂行为造成的生态环境损害进行鉴定。鉴定人采用工程恢复法进行河道生境的理论恢复费用计算，主要为恢复采砂江段河床的原始结构，拟设计购买同等质地、同等体量的江砂回填至非法采砂区。受损江段生境恢复方面的损害价值通过理论上的恢复工程费用计算，一般包括采购江砂费用、陆运至码头的运输费、吊装费、船运至采砂区的相关费用等。根据案卷、笔录、价格认证、市场价格调研等鉴材和基础资料，基于已经确定的非法盗采江砂数量，采用工程造价软件中某地定额进行计算，综合得到本案非法采砂的恢复工程费用，即涉案江段生境的理论恢复费用约为3000万元。同时，基于本案江段附近水域底栖动物种类、底栖生物密度、生物量和非法采砂面积，计算得到底栖生物资源的直接经济损失与恢复费用共计约1200元。

【鉴定要点】由于本案非法采砂行为发生至鉴定时已逾五年，结合长江干流流量大、冲淤恢复能力强等特点，经过综合分析，认为采砂区域河床形态已通过冲淤回填逐渐自然恢复，无须开展实际人工修复工程。但此种情形下仍需对非法采砂造成的生态环境损害采用环境价值评估方法进行价值量化，故采用理论治理成本法，即以工程恢复法等量估算自然恢复行为的理论成本或价值。

【案例意义】河砂是河流生态系统重要的组成部分，有助于维持河道相对稳定和水砂动态平衡，是固着藻类和底栖动物等附着生物生存的物质基础。严厉打击长江流域非法采砂行为，对保护长江流域生态环境具有重要意义。本案损害发生至损害鉴定之间时间周期长，通过采用工程恢复法来进行河道生境的理论恢复费用计算，基于可取得的关于本案江段附近水域底栖动物资源的调查资料计算底栖生物资源的直接经济损失与恢复费用，为同类时间跨度大、已无须实际人工修复的水域损害价值评估提供办案思路。

案例九

盗伐林木致生态服务功能损失价值鉴定评估案

【关键词】司法鉴定　生态系统环境损害鉴定　盗伐林木

【案情概况】2020年2月，某自然保护区管理站林班内林木被盗伐，导致林木生态系统所具有的涵养水源、固碳释氧和生物多样性等服务功能损失。受某检察院委托，海南省林业科学研究院（海南省红树林研究院）对被盗伐林木的生态服务功能损失价值进行鉴定评估。

鉴定人通过资料收集、现场踏勘、样方调查、采集样本、生物多样性观测等收集相关参数，依据《森林生态系统服务功能评估规范》（LY/T 1721-2008）中确定的量化指标，计算出涵养水源功能评估价值为 35481.76 元 /a，保育土壤功能评估价值为 140.52 元 /a，固碳释氧功能评估价值为 14341.93 元/a，积累营养物质功能评估价值为 581.08 元/a，净化大气环境功能评估价值为 1471.86 元 /a，森林防护功能评估价值为 16408.22 元 /a，生物多样性保护功能评估总价值为 384.7 元 /a，森林游憩功能评估价值 6092.88 元 /a。最终合计算出林木的生态服务功能损失总价值为 74902.95 元 /a。

【鉴定要点】非法盗伐林木事件时有发生，精准计算盗伐林木造成的生态服务功能损失为办理相关诉讼提供了证据。本案依据《森林生态系统服务功能评估规范》（LY/T 1721—2008）中 8 个类别量化指标对被盗伐林木生态服务功能损失进行评估，全面考虑相关技术参数，计算出了被盗伐林木生态服务功能损失总价值。

【案例意义】在环境损害司法鉴定案件中，对森林生态系统服务功能的评估一直是讨论热点，本案从社会公共参数、生态站长期监测参数、文献来源参数和有关部门公布的相关参数等获得评估数据来源，再对照《森林生态系统服务功能评估规范》（LY/T 1721—2008）中的量化指标，科学地评价了生态服务功能损失价值。

案例十

野牦牛肉和西藏野驴肉的种属鉴定和价值鉴定案

【关键词】司法鉴定　种属鉴定　基因组学方法

【案情概况】2019 年，甘肃省某地公安部门查获 1440.46 公斤疑似野牦牛肉和 87.8 公斤疑似西藏野驴肉。为确定涉案物品的种属，判断损害价值，经公安机关委托，云南濒科委司法鉴定中心进行了种属鉴定和价值鉴定。

鉴定人采用分子生物学方法对涉案检材进行检验鉴定。参照《野生动物及其产品的物种鉴定规范》（LY/T 2501-2015）标准，鉴定人取适量组织样品，提取每份实验样品的基因组 DNA，选用 16S rDNA 基因和 COI 基因对实验样品进行核酸扩增和测序，并采用 DNA 条形码方法进行比对鉴定。为区分牦牛是家养型还是野生型，鉴定人采用相关领域前沿的基因组学技术和群体遗传学分析方法，对 DNA 条形码鉴定为牦牛的 21 个样品进行高通量测序，获得 21 个样品的基因组，认定为野牦牛。种属鉴定及保护级别认定结论见下表。

种属鉴定及保护级别认定表

编号	名称	鉴定方法	物种名		保护级别	
			中文学名	拉丁名	国家	CITES
1、4~5、7~17、19~25	疑似野生动物制品	分子	野牦牛	*Bos mutus*	I	I
2~3、18	疑似野生动物制品	分子	西藏野驴	*Equus kiang*	I	II
6	疑似野生动物制品	分子	驴	*Equus asinus*	——	——

注：a. 保护级别中，国家一栏，I为国家I级保护动物，II为国家II级保护动物；3 为“国家保护的有益的或者有重要经济、科学研究价值的陆生野生动物”（简称：三有动物）。CITES 一栏，I为列入《濒危野生动植物种国际贸易公约》（CITES）附录I，II为列入 CITES 附录II。

b. 各物种的种属：

野牦牛：偶蹄目牛科牦牛属野牦牛 *Bos mutus*；

西藏野驴：奇蹄目马科西藏野驴 *Equus kiang*；

驴：奇蹄目马科驴 *Equus asinus*。

在经济价值计算方面，鉴定人根据原国家林业局《野生动物及其制品价值评估方法》（国家林业局令　第 46 号）的相关规定，计算得出涉案物品经济价值合计 8600000 元。

【鉴定要点】本案在种属鉴定的方法上采用了 DNA 条形码和基因组学两种前沿的分子生物学技术，通过对送检鉴定材料进行 DNA 提取、扩增、测序、比对分析、群体遗传学分析等，确定送检材料为野牦牛肉和西藏野驴肉。

【案例意义】野牦牛和西藏野驴都是国家一级保护动物，数量稀少。2020 年 2 月 24 日《全国人民代表大会常务委员会关于全面禁止非法野生动物交易、革除滥食野生动物陋习、切实保障人民群众生命健康安全的决定》明确提出严厉打击非法野生动物交易、全面禁止食用野生动物。对野生动物及其制品的种属鉴定和价值鉴定，为盗猎、非法买卖和走私珍稀动物等违法犯罪行为的认定提供了专业技术支持，也为保护生物多样性作出了贡献。

（载《法治日报》2022 年 6 月 6 日，第 7 版）

6月24日

司法部发布戒毒工作指导案例

为充分发挥戒毒工作指导案例的示范引领作用，指导和规范司法行政戒毒工作，不断提高教育戒治规范化、科学化、现代化水平，6月24日，司法部发布5篇戒毒工作指导案例，分别是“通过认知引导的新型神经反馈治疗冰毒成瘾患者的案例”“一例运用‘认知行为重构’项目化训练提高戒毒人员拒毒技能的教学案例”“花样跳绳提高戒毒人员平衡协调能力的案例”“多举措开展防范毒品滥用宣传教育的案例”“依托爱心企业构建解戒人员回归社会一站式服务的案例”。

此次发布的案例，是从司法行政（法律服务）案例库近7000个戒毒案例中挑选出来的，分别来自安徽、北京、山西、广东、江苏5个省市，涵盖了戒毒医疗、教育矫治、康复训练、禁毒宣传教育、综合性教育戒治5个类别，主要有以下特点：一是积极引进行之有效的新技术新方法。如案例一中，安徽省戒毒管理局引进中国科技大学研发的拥有完全自主知识产权的认知引导新型神经反馈技术，通过特定的认知任务范式结合自行发展的人工智能机器学习算法，确定特异性成瘾线索反应的全脑活动模式，随后训练患者在神经反馈中降低调控该模式，进而缓解成瘾行为。二是创新研发戒毒人员防复吸系列课程。案例二中，北京市天堂河强制隔离戒毒所开展的“成瘾者认知行为重构”教学项目以认知行为治疗为基本原理，聚焦成瘾想法、感受和行为的认知重构，帮助戒毒人员了解、觉察复吸链条，识别复吸链条上各类风险因素，学习应对技能和制定应对方案，以达到降低复吸的目的。三是综合矫治促进戒毒人员身心健康。案例三中，山西省长治大辛庄强制隔离戒毒所依据男性戒毒人员的身心特点，编制科学、合理的花样跳绳运动方案，在跳绳动作加入武术、杂技、街舞和健美操等元素，在寓教于乐中帮助戒毒人员强身健体、预防疾病、愉悦身心，进而增强了戒治信心。四是履职尽责扎实开展毒品预防教育。案例四中，广东省第二强制隔离戒毒所多措并举开展防范毒品滥用宣传教育活动，在科学普及禁毒戒毒知识、有效防范毒品滥用、广泛传播“健康人生、绿色无毒”理念、教育引导广大人民群众特别是青少年正确认知毒品危害，在提高识毒防毒拒毒的意识和能力等方面取得了良好成效。五是融合各方力量促进戒毒人员顺利回归社会。案例五中，江苏省戒毒管理局依托社会力量，加强戒毒人员社会化延伸工作，携手爱心企业建立戒毒人员衔接、教育、就业、帮扶一站式服务机制，实现了解除强制隔离戒毒人员回归社会的全链条闭环管理，打通了重获新生的“最后一公里”。

案例一

通过认知引导的新型神经反馈治疗冰毒成瘾患者的案例

成瘾线索反应是成瘾的核心病症之一，因此降低大脑对成瘾相关线索的反应有助于治疗物质成瘾。从主动报名的戒毒人员中招募73名冰毒成瘾者，进行认知引导的新型神经反馈训练，通过对比训练前后各项成瘾指标来判断治疗效果，达到降低复吸率的目的。试验发现，经过新型神经反馈训练后，戒毒人员能够有效调控自己的神经信号，主观上也认为自己对冰毒的渴求显著降低，出所后更容易保持操守，更愿意建立新的健康的朋友关系。

案例编号：AHJDYL1624004452

案例二

一例运用“认知行为重构”项目化训练提高戒毒人员拒毒技能的教学案例

戒毒人员在生活中遇到负性情绪、压力事件、毒品诱发情境等外界刺激时，思想和行为会发生变化，如果无法及时察觉与干预，就容易诱发复吸行为。北京市天堂河强制隔离戒毒所选取30名康复巩固期戒毒人员，运用《成瘾者认知行为重构》教学项目，以认知行为治疗为基本原理，通过问题与成瘾、管理成瘾想法、管理成瘾感受、管理成瘾行为等课程，帮助戒毒人员了解、觉察复吸链条，识别复吸链条上各类风险因素，学习应对技能和制定应对方案，以达到降低复吸的目的。通过30课时的学习与训练，80%戒毒人员能够理解课程中的基本理论，系统地察觉和分析自己的复吸风险点，有针对性地匹配拒毒技能，取得良好效果。

案例编号：BJJDJZ1628304269

案例三

花样跳绳提高戒毒人员平衡协调能力的案例

组织戒毒人员开展丰富多彩的康复训练项目，能够改善戒毒人员的身体素质，培养坚韧耐挫的意志品质，增强合作进取的团队意识，降低毒瘾渴求度。山西省长治大辛庄强制隔离戒毒所将花样跳绳纳入日常康复训练中，选取100名康复巩固期戒毒人员，制定为期8周的花样跳绳运动方案，每周3次、每次90分钟，并通过闭目单脚站立、闭目原地踏步、8字跑、一分钟跳绳等项目测试戒毒人员训练前后的平衡能力和协调能力变化。测试发现，花样跳绳可以有效提高戒毒人员的平衡能力和协调能力，改善身体机能，减少损伤风险，促进身心健康。

案例编号：SXJJDKX1632581121

案例四

多举措开展防范毒品滥用宣传教育的案例

为加强禁毒宣传教育，在全社会形成自觉抵制毒品的浓厚氛围，广东省第二强制隔离戒毒所坚持关口前移、预防为先，结合“我为群众办实事”实践活动，面向社会公众特别是青少年群体开展防范毒品滥用宣传教育活动。活动通过“大联合”“结对子”“新帮扶”“微公益”等方式，采用营造氛围、发放资料、开设讲座、开展问答、举办展览、组织宣誓、制作视频、“线上+线下”等措施，在科学普及禁毒知识、有效防范毒品滥用、广泛传播“健康人生、绿色无毒”理念、教育引导广大人民群众特别是青少年正确认知毒品危害、全面提升识毒防毒拒毒的意识和能力等方面取得了良好效果。

案例编号：GDJDXJ1637308504

案例五

依托爱心企业构建解戒人员回归社会一站式服务的案例

衔接帮扶是全国统一的司法行政戒毒工作基本模式的重要内容，也是戒毒人员顺利回归社会、彻底戒除毒瘾的重要助力。在实际工作中，解戒人员多数文化程度较低，缺乏就业技能，缺乏自信心，加上社会大众的不理解，致使很多解戒人员回归社会后面临着生活难、就业难、巩固难等问题，最终导致走上复吸的老路。江苏省建湖县后续照管工作站紧紧围绕“服务照管对象、巩固戒毒成果、降低复吸率”的目标，不断创新工作方法，开拓工作阵地，积极争取爱心企业支持，成立全省首家企业后续照管服务站，构建解戒人员“出所衔接、教育引导、就业安置、帮扶救助”一站式服务机制，为解戒人员顺利回归社会铺设了一条阳光之路。

案例编号：JSJDJJ1634801893

（载中华人民共和国司法部网）

8月2日

司法部发布人民调解工作指导案例

为充分发挥人民调解工作指导案例的示范引领作用，指导和规范人民调解工作有效开展，2022年8月2日，司法部发布“宁波市海曙区张某与某甲平台合同纠纷调解案”“徐闻县高某与陈某邻里纠纷调解案”“徐州市泉山区朱某某与王某某损害赔偿纠纷调解案”“衡阳市侯某某与某银行金融纠纷调解案”4个案例，向社会展示调解工作优势特点和工作成效，为调解纠纷提供可推广、可借鉴的典型经验。

此次发布的案例，主要集中在合同纠纷、邻里纠纷、损害赔偿纠纷、金融纠纷等与人民群众生产生活密切相关的领域，充分体现了人民调解扎根基层、贴近群众、灵活便捷等优势特点，也体现了人民调解在服务疫情防控和特殊群体中发挥的积极作用，具有较强的典型性、示范性和指导性。例如，在宁波市海曙区张某与某甲平台合同纠纷调解案中，针对未成年人参与网络直播平台并巨额“打赏”主播的行为，调解员及时收集证据，准确适用法律规定，同时通过指出网络平台管理漏洞，帮助未成年人家庭追回了钱款，维护了未成年人的合法权益。

近年来，各级司法行政机关和广大人民调解组织、人民调解员充分发挥调解职能优势，服务群众、服务大局，扎实做好矛盾纠纷源头预防、排查预警、调解化解工作，及时有效化解了大量社会矛盾纠纷，切实筑牢了维护社会和谐稳定的“第一道防线”，为建设更高水平的平安中国、法治中国作出了重要贡献。

以上案例均可在中国法律服务网的“司法行政（法律服务）案例库”中搜索查询。

案例一

宁波市海曙区张某与某甲平台合同纠纷调解案

宁波市海曙区张某女儿张某甲8周岁，小学2年级，平时用奶奶的手机上网课、做作业。2021年3月，张某在检查张某甲在线作业时发现十几条消费提醒短信，显示前一晚消费了8万余元。经询问，张某甲承认在两个知名直播软件甲平台、乙平台注册账号，并不时给主播点赞“打赏”。张某随即联系了两个平台客服，乙平台退回3万余元，但甲平台拒绝退款，并与张某产生纠纷，张某遂向某镇人民调解委员会申请调解。

调解员通过调查取证、证据收集，证明点赞“打赏”行为确为张某甲所为，且甲平台的主播明知张某甲系小学生。调解员在出示证据的同时，指出甲平台存在未落实用户实名制和最高打赏金额限制等管理漏洞，并向甲平台指出根据《中华人民共和国民法典》的规定，张某甲系限制民事行为能力人，除可以独立实施纯获利益的民事法律行为或者与其年龄、智力相适应的民事法律行为外，实施的其他民事法律行为须经其法定代理人同意、追认。张某作为张某甲的监护人，有充分的法律依据要求甲平台退回“打赏”。甲平台对此表示认可，并同意在10个工作日内退回钱款。

案例编号：ZJRTHZ1618969898

案例二

徐闻县高某与陈某邻里纠纷调解案

2020年3月初，徐闻县某乡某村的陈某购买了一台渔网编织机，将其安置于自家院子编织渔网出售。隔壁民宿房主高某找到陈某，表示近日接连有房客反映陈某家的渔网编织机作业时噪音较大，干扰正常休息。高某要求陈某将渔网编织机搬走，陈某予以拒绝，高某向某乡人民调解委员会申请调解。

调解员经过现场调查，建议高某让陈某免费

在民宿住一晚，陈某家属通宵开机编织渔网，由陈某亲身体验后再进行调解。第二天，陈某向调解员表示，在机器噪音影响下心里烦躁，难以入睡。调解员适时展开调解工作，指出根据《中华人民共和国民法典》的规定，不动产权利人不得违反国家规定排放噪音等有害物质。侵权行为危及他人人身、财产安全的，被侵权人有权请求侵权人承担停止侵害、排除妨碍、消除危险等侵权责任。陈某对此表示认可。鉴于出售渔网为陈某家庭唯一经济来源，调解员建议陈某在与高某的民宿之间修建隔音围墙，在渔网编织机底部加装防震装置，中午和晚上以及国家法定节假日期间停止渔网编织机工作。高某和陈某一致表示同意，并达成调解协议。

案例编号：GDRTQT1639465424

案例三

徐州市泉山区朱某某与王某某损害赔偿纠纷调解案

2021 年 11 月，外卖员王某某要求进入徐州市泉山区某小区配送外卖，因其拒绝出示健康码和行程码，被安保人员朱某某阻拦在小区外。双方因此发生争吵和推搡，朱某某被王某某推倒在地，后经医院诊断，朱某某胸壁挫伤。二人自行协商赔偿事宜无果，朱某某向徐州市某公调对接人民调解委员会申请调解。

调解员在播放监控录像还原事发情况的同时，向王某某指出，其争分夺秒配送外卖可以理解，但疫情特殊时期进出小区应配合安保人员的正常核查，徐州市疫情防控应急指挥部紧急发布的通告中规定，严格非封控区和非管控区的其他小区（村）出入管理，落实进出人员和车辆登记、体温监测、查验健康码和行程卡等措施。朱某某要求王某某出示健康码和行程码符合疫情防控要求。根据《中华人民共和国民法典》的规定，侵害他人造成人身损害的，应当赔偿医疗费、护理费、交通费、营养费、住院伙食补助费等为治疗和康复支出的合理费用，以及因误工减少的收入。王某某动手伤人造成朱某某人身损害，理应赔偿朱某某因此产生的各项损失。王某某表示认识到自己的错误，应当配合疫情防控要求，并向朱某某表示道歉。调解员随即协助双方就赔偿金额进行协商，双方最终达成一致意见并签订调解协议。

案例编号：JSRTQT1640140361

案例四

衡阳市侯某某与某银行金融纠纷调解案

2020 年 3 月，侯某某在网上申请了某银行信用卡，网上初审通过后，侯某某前往某银行营业部进行身份核查及手续确认。因侯某某系盲人，无法本人签字，不能按照一般信用卡申请流程办理业务，某银行未为其发放信用卡。侯某某对某银行业务流程提出异议，并与某银行产生纠纷，侯某某向某金融消费纠纷人民调解委员会申请调解。

为维护侯某某的合法权益，调解员邀请了市残联肢残协会工作人员参加调解。调解员向某银行进行释法明理，指出根据《中华人民共和国商业银行法》的规定，商业银行与客户的业务往来，应当遵循平等、自愿、公平和诚实信用的原则。《中国人民银行金融消费者权益保护实施办法》规定，银行、支付机构应当尊重社会公德，尊重金融消费者的人格尊严和民族风俗习惯，不得因金融消费者性别、年龄、种族、民族或者国籍等不同实行歧视性差别对待，不得使用歧视性或者违背公序良俗的表述。盲人客户只是行为受到了限制，权利并没有丧失，某银行设置的信用卡发卡规定没有考虑到盲人等特殊群体的需求。调解员建议某银行采取适合盲人的方式进行身份核查，某银行表示接受调解员的建议，采用录音录像和口述的方式对侯某某进行了身份核查，并为其发放了信用卡。双方矛盾纠纷得到妥善化解。

案例编号：HNXRTHZ1621850620

（载中华人民共和国司法部网）

9月5日

司法部发布法律援助工作指导案例

为充分发挥司法行政职能作用，指导和规范法律援助工作，更好地为人民群众提供公共法律服务，2022年9月5日，司法部发布“重庆市潼南区法律援助中心对谭某等19名农民工劳动争议提供法律援助案”“上海市青浦区法律援助中心对未成年人徐某涉嫌故意伤害罪提供法律援助案”“广东省广州市法律援助处对农民工张某劳动争议纠纷提供法律援助案”“浙江省宁波市江北区法律援助中心对徐某医疗损害责任纠纷提供法律援助案”“安徽省六安市霍邱县法律援助中心对农民工王某某矽肺职业病工伤赔偿纠纷提供法律援助案”等5个案例，旨在向社会展示法律援助在全面推进依法治国、保障服务民生、维护人民群众合法权益方面的良好效果，为指导促进全国法律援助工作发展提供可推广、可复制、可借鉴的典型经验。

法律援助是国家建立的为经济困难公民和其他符合条件的当事人无偿提供法律咨询、代理、刑事辩护等法律服务的制度，在维护当事人合法权益、保障法律正确实施和维护社会公平正义方面发挥着重要作用。2021年8月《中华人民共和国法律援助法》颁布并于2022年1月1日实施，法律援助工作进入了新的发展阶段。此次发布的案例集中在劳动纠纷、医疗事故赔偿纠纷、工伤事故纠纷等事项范围，受援人包括了农民工、未成年人、退休军人遗属等，展现了法律援助作为国家的重要制度安排，在维护法律平等、保障公民合法权益中的重要作用。5个案例中，有的法律关系复杂，有的历经多个诉讼程序，法律援助律师从法治为民、维护群众合法权益出发，依法办案，充分发挥专业优势，用心用情做好援助服务，最大限度保护了受援人的合法权益，具有较强的典型性、示范性、借鉴性和指导性。

目前，各级司法行政机关法律援助机构坚持以习近平新时代中国特色社会主义思想为指导，深入贯彻落实习近平法治思想，不断推进法律援助法落地落实，不断提高法律援助服务质量，努力让人民群众在每一起案件中感受到公平正义。

以上案例均可在12348中国法律服务网“司法行政（法律服务）案例库”中搜索查阅。

案例一

重庆市潼南区法律援助中心对谭某等19名农民工劳动争议提供法律援助案

【案例简介】谭某等19人系重庆市某科技股份有限公司生产部员工，双方签有书面劳动合同。2021年4月27日，谭某等人因公司疫情期间拖欠工资和解除劳动合同事宜向重庆市潼南区法律援助中心申请法律援助。法律援助中心经审查，认为谭某等19人符合法律援助条件指派重庆渝潼律师事务所律师吴毅承办该案。

因人数较多，承办律师根据每个人的工资标准、工资发放情况、欠付工资金额、劳动合同期限等具体情况，分别制作了劳动仲裁申请书，并指导谭某等人通过快递向公司寄出《解除劳动合同通知书》。

2021年5月10日，承办律师代谭某等人向潼南区劳动人事争议仲裁委员会提交劳动仲裁申请。庭审中，承办律师依据事实和法律，提出以下代理意见：

根据规定，企业因疫情防控期间停工停产一个工资周期内的应按劳动合同规定的标准支付劳动者工资。公司应按劳动合同规定的标准支付谭某等人2020年2月的工资。

2020年1月13日至2月1日是公司安排的春节正常放假，谭某等人未提供正常劳动并非其本人原因造成。根据相关法律规定，公司应按最低工资标准补齐2020年1月份工资。

2021年春节假期满后，公司仍未安排谭某等人上班，直至2021年4月26日谭某等人按相关法律规定解除劳动合同，一共停工停产68天，此段时间停工停产非因谭某等人原因造成。公司应在停工停产一个工资支付周期内按照劳动合同规定的标准支付工资，超过一个工资支付周期的按照最低工资标准的70%支付生活费。

因公司存在未及时足额支付劳动者劳动报酬及停工停产生活费的行为，应向谭某等人支付经济补偿。

仲裁委经审理后，采纳了承办律师的意见，于2021年6月作出裁决：由重庆市某科技股份有限公司向谭某等人支付2020年1、2月、2021年2月工资、2021年3月1日至4月26日期间的生活费及解除劳动合同经济补偿共计35.7684万元。

案例编号：CQFYGL1642559980

案例二

上海市青浦区法律援助中心对未成年人徐某涉嫌故意伤害罪提供法律援助案

【案例简介】2020年10月27日，徐某在上班时与同事刘某发生口角并踢了刘某一脚，致使刘某右腿膝盖受伤。2020年11月18日，经司法鉴定，刘某遭外力作用，致右胫骨平台骨折，评定为轻伤二级。2020年12月9日，徐某因涉嫌故意伤害罪被上海市公安局青浦分局取保候审。

因徐某系未成年人，根据刑事案件律师辩护全覆盖的有关规定，2021年7月，上海市青浦区法律援助中心收到青浦区人民检察院指派辩护通知后，指派上海衡茂律师事务所俞献强律师为徐某在审查起诉阶段提供法律援助。

承办律师经过阅卷、会见，并与承办检察官沟通案情后提交了辩护意见：徐某实施故意伤害行为时系年满十六周岁未满十八周岁的未成年人，根据刑法有关规定，应当从轻、减轻处罚；徐某在被害人报警后等待民警到场并至派出所都积极配合公安机关调查，从始至终，徐某均如实供述了自己的违法行为，应当认定为自首；徐某表示自愿认罪认罚，应对其适用认罪认罚从宽制度；本案犯罪情节轻微。徐某一时冲动踢了被害人一脚致其受伤，而非蓄意伤人，且其愿意对被害人进行赔偿；徐某未有违法犯罪前科，系初犯、偶犯；徐某在取保候审期间充分遵守规定，配合办案，也表达了深深的愧疚和悔过之意。基于上述理由，希望检察院能本着办理未成年人案件教育为主、惩罚为辅的精神，对徐某从轻或减轻处罚，适用附条件不起诉。

随后，承办律师与被害人父亲就赔偿事宜进行了多次沟通、磋商，达成了赔偿方案，被害人出具了刑事谅解书，对徐某的伤害行为表示了谅解。

2021年9月18日，青浦区人民检察院采纳了承办律师的辩护意见，作出《附条件不起诉决定书》，决定对徐某附条件不起诉。

案例编号：SHFYGL1640919545

案例三

广东省广州市法律援助处对农民工张某劳动争议纠纷提供法律援助案

【案例简介】农民工张某，于2000年7月

16 日入职某公司担任租赁站建材保管和养护工，全年几乎无休。某公司未与张某签订过劳动合同，也未为张某缴纳过社保。自 2019 年 3 月起，某公司多次口头通知张某解除劳动关系，但因补偿金问题协商未果。某公司继续表达辞退的意思但又不出具书面通知，张某仍继续上班。

2019 年 5 月 5 日，广州市法律援助处收到张某的法律援助申请。经审查，决定为其提供法律援助并指派北京市安博（广州）律师事务所周睿律师办理该案。

因张某并不清楚自己单位的准确名称，承办律师指导张某去银行网点取得了近 15 年的工资流水，并查明近 5 年工资的发薪单位名称是某公司，解决了诉讼主体的问题。2019 年 5 月，张某向广州市劳动调解争议仲裁委员会申请劳动争议仲裁。

2019 年 9 月，广州市劳动调解争议仲裁委员会裁决确认张某与某公司 2014 年 9 月 1 日至 2019 年 5 月 20 日存在劳动关系。双方均不服仲裁裁决，起诉至广州市天河区人民法院。

2020 年 5 月，广州市天河区人民法院判决确认张某与某公司 2014 年 9 月 1 日至 2019 年 9 月 30 日存在劳动关系，并按相应期间支付违法解约赔偿金。对于一审判决，双方均不服，向广州市中级人民法院提起上诉。

二审期间，承办律师申请了律师调查令，前往银行调查获得关键证据，证明自 2005 年 8 月 1 日起，张某的发薪单位均是某公司或者其子公司、分公司。2020 年 11 月，广州市中级人民法院据此判决确认张某与某公司自 2005 年 8 月 1 日至 2019 年 9 月 30 日存在劳动关系。

之后，承办律师指导张某持判决书向某公司所在地的湖北省社保主管部门申请追缴自 2005 年 8 月至 2019 年 9 月的社保，后某公司完成补缴。

随后，承办律师继续代理张某申请劳动仲裁，要求某公司支付违法解除劳动合同赔偿金约 12 万元，获得支持。裁决后，某公司不服，向番禺区人民法院起诉。2021 年 11 月 16 日，番禺区人民法院判决维持仲裁裁决，本案得到圆满解决。

案例编号：GDFYGL1637897916

案例四

浙江省宁波市江北区法律援助中心对徐某医疗损害责任纠纷提供法律援助案

【案例简介】2015 年 4 月，徐某因“排尿终末疼痛 5 天”就诊于浙江省某医院，医院为其进行相应检查并以“膀胱结石”进行开药处理，但患者病情并未好转反而加重，后因膀胱癌治疗无效不幸于 2018 年 6 月 3 日离世。徐某的妻子与女儿认为某医院在 2015 年 4 月的超声等检查中存在误诊等医疗过错。徐某女儿与某医院共同申请当地医学会进行医疗损害鉴定。鉴定意见认为，医院存在医疗过错，对患者徐某死亡承担次要责任。因医患双方协商不成，徐某家属于 2020 年 4 月 23 日向宁波市江北区法律援助中心申请法律援助。江北区法律援助中心经审查，认为符合法律援助条件，于同日指派浙江鑫目律师事务所章李律师承办此案。

承办律师经多次与当地医疗纠纷理赔中心沟通，并多次咨询相关专家及省级医学会意见，在对患者的病历资料及医疗费票据等证据完成整理后，以当地医学会出具的鉴定意见为依据，代理受援人向江北区人民法院提起诉讼。

2020 年 11 月 17 日，江北区人民法院受理本案。经承办律师与法院、医院沟通，就医方的具体过错行为的严重性进行详细论证，成功说服医院承担 40% 赔偿责任。承办律师还找出相应法律依据、类似判例，跟法院进行沟通，认为患者医疗费报销部分属于投保后的保险利益所得，仍应计入赔偿金额，不能因此减轻医院的赔偿责任。

在法院调解下，某医院同意按照次要责任中最高的赔偿比例即 40% 赔偿责任进行赔偿。最终原告顺利拿到了50多万赔偿款，合法权益受到保护。

案例编号：ZJFYGL1615960516

案例五

安徽省六安市霍邱县法律援助中心对农民工王某某矽肺职业病工伤赔偿纠纷提供法律援助案

【案例简介】2002年6月至2013年8月，农民工王某某在安徽省某矿业集团有限公司（以下简称矿业公司）从事炮工工作。2013年8月，矿业公司因发生安全事故停产，王某某在家等待复工期间发觉身体不适前往医院诊治。2018年11月14日经六安市某医院诊断为职业性矽肺壹期。2019年2月25日经霍邱县人力资源和社会保障局认定其患职业病（矽肺）为工伤，并经相关部门鉴定王某某为劳动功能障碍七级。

王某某就工伤赔偿事宜来到霍邱县法律援助中心请求帮助。法律援助中心经审核决定给予法律援助，并指派安徽兴隆律师事务所聂珺律师承办此案。

承办律师多次前往矿业公司进行沟通协商，但矿业公司均以自己不应当承担责任为由拒绝调解。2019年9月1日承办律师代受援人向霍邱县劳动仲裁庭申请仲裁。

仲裁庭审中，矿业公司提出王某某所在工作场所系陕西某公司承包，王某某的实际用工单位也是该公司，王某某与本矿业公司不存在劳动合同关系。承办律师对被申请人提交的证据逐一质证，提出了反驳意见。仲裁委员会经查明后，当庭驳回了矿业公司的申请。

承办律师抓住三个关键点提出代理意见：第一，根据霍邱县人力资源和社会保障局作出的工伤认定，王某某请求解除与矿业公司之间的劳动关系，并要求支付一次性工伤医疗补助金和一次性伤残就业补助金具有事实和法律依据。第二，王某某的职业病诊断、工伤认定及劳动功能障碍程度鉴定程序合法、结果客观公正，矿业公司依法应承担职业病工伤事故法律责任。第三，王某某主张的赔偿项目和具体赔偿数额符合法律规定，并有证据佐证，因矿业公司未给王某某缴纳工伤保险，应按照七级工伤保险待遇的项目和标准支付一次性伤残补助金等相关费用。

2020年11月6日，霍邱县劳动人事争议仲裁委员会裁定王某某与矿业公司解除劳动关系，矿业公司向王某某支付各项费用合计316801元。

案例编号：AHFYGL1635300191

（载中华人民共和国司法部网）

12 月 30 日

司法部发布律师工作指导案例

为充分发挥司法行政职能作用，做好新时代律师工作，更好满足人民群众对法律服务的需求，2022 年 12 月 30 日，司法部发布 3 篇律师代理成功的诉讼案例。

此次发布的 3 篇案例均为民事诉讼案例。案例一“律师代理某建设集团诉某置业公司建设工程施工合同纠纷二审案”，为建设工程施工合同纠纷案，涉及工程招投标、招投标过程中备案合同和非备案合同的效力之争以及结算合同效力问题，在一审判决败诉的情况下，代理律师围绕结算协议的独立性进行论证，最终赢得法院支持。案例二“律师代理某商业经营公司参与汪某伟诉某蔬菜集团、某蔬菜批发市场、某商业经营公司债权转让合同纠纷再审案”，为债权转让纠纷案，涉及不良资产处理以及全民所有制企业法人与公司法人的认定，律师从事实认定和二者法律适用的不同作为切入点，释法说理，最大限度维护了委托人的合法权益。案例三“律师代理某银行分行参与某融资担保公司提起的执行异议之诉二审、再审案”，为执行异议之诉纠纷案，涉及在执行标的上同时存在质权与抵押权如何确定清偿顺序的问题，律师适用民法典以及《全国法院民商事审判工作会议纪要》的相关规定进行分析论证，逻辑清晰、结构严谨，对相关案件的处理具有一定的指导意义。

以上案例均可在中国法律服务网的“司法行政（法律服务）案例库”中搜索查询。

案例一

律师代理某建设集团诉某置业公司建设工程施工合同纠纷二审案

【案例简介】招投标过程中，备案合同与非备案合同均无效，如何认定双方结算协议的效力问题？本案中，律师作为承包人二审代理律师，认为本案的主要焦点在于承、发包双方在施工过程中签订的三份《补充协议》是否有效。虽然承发包双方签订的建设工程施工合同的备案合同与非备案合同均无效，但在承包人履行合同中或之后，承包人对发包人产生了工程款债权，双方就发包人已经发生的拖欠工程款债务约定清偿方式并签订还款性质的协议，该还款协议是独立存在的，合法有效。本案代理意见观点明确、逻辑清晰、结构严谨，使二审法院采纳其观点，是类似案件的典型胜诉案件，显示了律师的专业法律功底。

案例编号：BJLGLD1547171587

案例二

律师代理某商业经营公司参与汪某伟诉某蔬菜集团、某蔬菜批发市场、某商业经营公司债权转让合同纠纷再审案

【案例简介】本案是一起典型的债权转让纠纷案，不仅涉及不良资产处理，还涉及全民所有制企业法人与公司法人的认定。律师代理商业经营公司，以蔬菜集团公司为全民所有制企业法人

而非公司法人为切入点，从全民所有制企业法人与公司法人的区别和法律适用层层分析，论证商业经营公司资产与蔬菜集团资产各自权属清晰，相互独立。本案历经一审、二审以及最高人民法院再审，最终最高人民法院在认定事实、归纳焦点以及适用法律上基本全部采纳了商业经营公司代理人的观点。律师代理思路清晰，逻辑严密，论据充分，值得借鉴。

案例编号：JLLGLD1629081615

案例三

律师代理某银行分行参与某融资担保公司提起的执行异议之诉二审、再审案

【案例简介】本案为执行标的上同时存在浮动抵押权和质权而产生的执行纠纷。代理律师结合全案事实和法院观点释法说理，并适用民法典以及《全国法院民商事审判工作会议纪要》的相关规定进行分析论证，清晰阐明了同一动产上浮动抵押权和质权竞存时，根据民法典第四百一十五条的规定，根据是否完成公示及公示的先后顺序来确定清偿顺序。本案中，某银行分行对于涉案纸张办理了抵押登记，还设定了质权并对质押物采取了监管措施，抵押权登记和质权成立时间均早于某融资担保公司的质权成立时间，某银行分行对涉案纸张的执行款应当优于某融资担保公司受偿，即动产浮动抵押权依法登记后，抵押权能对抗嗣后以该抵押财产设立质权的质权人。承办律师通过认真分析案情，正确运用相关法律，得到了最高人民法院的支持，最大限度地维护了委托人的合法权益，取得了良好的代理效果。

案例编号：HNXLGLD1624955932

（载中华人民共和国司法部网）